DRESBACH
Kommunale Finanzwirtschaft
Nordrhein-Westfalen

Kommunale Finanzwirtschaft Nordrhein-Westfalen

Vorschriften-
sammlung
zur
Kommunalen
Finanzwirtschaft
NRW

Herausgegeben
von
Heinz Dresbach
Dozent
an der
Hochschule
für Polizei und
öffentliche
Verwaltung NRW
(HSPV NRW)
a.D.

VERLAG DRESBACH · Bergisch Gladbach

VORWORT

zur 49. Auflage

Transaktionen mit Büchern, Magazinen, Zeitschriften, Zeitungen und anderen Druckerzeugnissen werden angesichts explodierender Papierpreise immer schwieriger. Vor allem Rohstoffe wie Altpapier, Zellstoff und Holz verteuerten sich dramatisch. Preistreiber sind zudem die der COVID-19-Pandemie, den Geschehnissen in der Ukraine, dem Klimawandel und den Strukturveränderungen in der Branche geschuldeten höheren Lohn-, Energie-, Logistik- und Frachtkosten sowie Unterbrechungen und Störungen entlang der globalisierten Lieferketten.

Die Verkaufspreise im Papier-Großhandel stiegen allein im März 2022 gegenüber dem Vorjahresmonat um 20,2 Prozent. Zwischenzeitlich sind für das dritte und vierte Quartal weitere Preisanpassungen für die Papierproduktion und das Papierrecycling angekündigt und in Teilen schon umgesetzt.

Wer einen berechenbaren Markt bei Kosten, Lieferzeiten und Flexibilität in der Vergangenheit gewohnt war, muss sich umstellen. Verlage erhalten bei ihren Aufträgen für den Buchdruck keine Preisfixierung, sondern nur Mengenreservierungen. Eine Verifizierung von Lieferfähigkeiten und Lieferzeitpunkten ist momentan nicht mehr möglich.

Zwangsläufig wird die Druckbranche die dramatisch gestiegenen Einkaufs- und Produktionskosten bei ihrer Preisfindung berücksichtigen müssen.

Trotz der widrigen Ausgangssituation und der ungewissen Zukunftsperspektive haben Herausgeber und Verlag nach eingehenden Abwägungen entschieden, den außergewöhnlichen Herausforderungen entgegenzutreten und die Tradition des renommierten Jahrestitels mit einer 49. Edition des >DRESBACH< fortzuführen. Das zeugt von Zuversicht, Motivation und Engagement.

Bei der Durchführung dieses Projekts galt es, eine im zurückliegenden Jahr zutage getretene Vielzahl von relevanten fachspezifischen Neuerungen und Änderungen zu identifizieren und zu berücksichtigen. Diese wurden in bewährter Weise integriert, um bei konsequenter Fokussierung auf Authentizität und Kontinuität erneut ein Printwerk zu präsentieren, das den Verwaltungspraktikern/innen, den wissenschaftlich Lehrenden und Studierenden sowie den kommunalen Mandatsträgern/innen topaktuell den Gesamtbestand der kommunalfinanzwirtschaftlichen und kommunalverfassungsrechtlichen Materie bietet.

Seit dem Erscheinen der Vorauflage im Herbst 2021 sind in der Tat rechtliche Vorgaben in mehr als 180 Paragrafen und Reglements der kodifizierten Fachmaterie durch eine Reihe von Änderungsgesetzen und Verordnungen modifiziert, nachgebessert, neu geschaffen oder außer Kraft gesetzt worden. Ebenso bestand in einigen kommunalrelevanten Erlass- und Richtlinienbereichen Anpassungsbedarf.

Die Reformmaßnahmen betreffen im Einzelnen folgende Regelwerke der Neuedition:

- **Gemeindeordnung NRW (GO NRW)** [§ 7 Abs. 6, § 24 Abs. 1, § 25 Abs. 2, § 26 Abs. 2 bis 3, § 26a Abs. 1 bis 4, § 27 Abs. 12, § 34 Abs. 1, § 36 Abs. 5, § 37 Abs. 1, § 43 Abs. 3, § 44 Abs. 3, § 45 Abs. 1 bis 4, § 46 Abs. 2, § 47 Abs. 2, § 47a Abs. 1 bis 5, § 48 Abs. 4 bis 5, § 54 Abs. 4, § 55 Abs. 5, § 58 Abs. 1, § 58a, § 60 Abs. 2 bis 3, § 62 Abs. 2, § 94 Abs. 1, § 108a Abs. 4, § 113 Abs. 6 bis 7, § 133 Abs. 4 bis 5, § 134 Abs. 1 bis 2, § 135]

- **Kommunalhaushaltsverordnung NRW (KomHVO NRW)** [§ 33a]

- **Kreisordnung NRW (KrO NRW)** [§ 21, § 22, § 23, § 23a Abs. 1 bis 4, § 26, § 28 Abs. 2, § 29 Abs. 3, § 30, § 32a, § 33 Abs. 4 bis 5, § 39 Abs. 3 bis 4, § 41 Abs. 3, § 41a, § 50 Abs. 4 bis 5, § 66]

- **Landschaftsverbandsordnung (LVerbO NRW)** [§ 6 Abs. 3, § 8b, § 9 Abs. 1, § 11 Abs. 5, § 13a, § 14 Abs. 1, § 15 Abs. 4, § 16 Abs. 1, § 19 Abs. 3, § 32 Abs. 1 bis 2, § 33]
- **Gesetz über kommunale Gemeinschaftsarbeit NRW (GkG NRW)** [§ 15b Abs. 1, § 17 Abs. 1 bis 3]
- **Kommunalabgabengesetz NRW (KAG NRW)** [Neufassung der Förderrichtlinie Straßenbaubeiträge Nrn. 1 - 8]
- **Grundsteuergesetz (GrStG)** [§ 15 Abs. 1 bis 3, § 19 Abs. 2]
- **Gewerbesteuergesetz (GewStG)** [§ 2 Abs. 8, § 7 Satz 9, § 8 Nr. 5, § 9 Nr. 2 bis 3, § 36 Abs. 3, 4a und 5b]
- **Abgabenordnung (AO)** [§ 3, § 162, § 233, § 233a Abs. 2, 3, 5 und 8, § 238 Abs. 1a bis 1c, § 239 Abs. 1 und 5]
- **Gemeindefinanzierungsgesetz 2022 NRW (GFG 2022 NRW)** [Neufassung §§ 1 bis 34; Anlagen 1 bis 3]
- **Kommunale Vergabegrundsätze NRW** [Nrn. 4.2, 5.2, 5,3, 10]
- **Gemeindeprüfungsanstaltsgesetz NRW (GPAG NRW)** [§ 2 Abs. 4, § 2a Abs. 4 bis 5, § 10 Abs. 1 bis 2, § 11]
- **Verwaltungsgebührensatzung 2022 der GPA** [Neufassung §§ 1 bis 9]
- **Entschädigungsverordnung NRW (EntschVO NRW)** [§ 1 Nrn. 1 bis 5, § 2 Nrn. 1 bis 3, § 3 Abs. 2]
- **Einkommensteuergesetz (EStG)** [§ 6, § 7]
- **Bewertungsgesetz (BewG)** [§ 266]
- **Krediterlass NRW** [Nr. 6]
- **Orientierungsdatenerlass NRW für die mittelfristige Ergebnis- und Finanzplanung** [Neufassung]
- **Bereichsabgrenzungen in den Finanzstatistiken** [Abgrenzung A: Bereiche 0, 1, 2, 4; Abgrenzung B: Bereich 7]
- **Investitionsförderungsgesetz NRW (InföG NRW)** [§ 14]
- **Einheitslastenabrechnungsgesetz NRW (ELAG NRW)** [Außerkrafttreten]
- **Beschleunigungsgesetz betr. Aufstellung kommunaler Gesamtabschlüsse NRW** [Außerkrafttreten]
- **Kommunalinvestitionsförderungsgesetz NRW (KInvFöG NRW)** [§ 1, § 2, § 17]
- **NKF-Covid-19-Isolierungsgesetz NRW (NKF-CIG NRW)** [§ 1 Abs. 1 bis 2, § 2 Abs. 1 bis 2, § 3, § 4 Abs. 1 bis 5, § 5 Abs. 1 bis 2 und 4 bis 6, § 6 Abs. 1, § 8]
- **Sonderhilfen-Stärkungspakt NRW** [Außerkrafttreten]
- **Digitalsitzungsverordnung NRW (DigiSiVO NRW)** [Neuregelung]

Zur Aktualität des Werkes gehört es auch, den umfassenden und besonders benutzerfreundlichen Stichwortbestand mit rund 10.000 Textverweisen der dynamischen Rechtsentwicklung anzupassen. Allein über einhundert Such- und Leitwörter sind im Index dieser Auflage neu hinzugefügt worden. Dadurch wird der verbreiteten Ansicht entgegengewirkt, Sachregister seien für Autoren bei der Buchproduktion ein notwendiges Übel oder lästiges Beiwerk. Die immer wieder zu verzeichnenden positiven Feedbacks unserer Kundinnen und Kunden zeigen, wie wichtig und wertvoll das Sachverzeichnis für einen schnellen, zielgerichteten und lückenlosen Zugriff auf die gesuchten Informationen ist.

Herausgeber und Verlag hoffen, mit der Neuauflage den praktischen Anwendungsbedürfnissen in Praxis, Studium und Lehre weiterhin Rechnung zu tragen und sind, wie auch in der Vergangenheit, für Hinweise und Anregungen dankbar, die Anlass geben, das Dokumentierte zu überprüfen.

Die Bearbeitung dieser Kodifikation wurde Ende Juni 2022 abgeschlossen. Damit berücksichtigt die 49. Auflage den Rechtsstand zum 1. Juli 2022.

Bergisch Gladbach, im September 2022   Heinz Dresbach

Inhaltsverzeichnis

	Seite
Vorwort	
Gemeindeordnung für das Land Nordrhein-Westfalen (GO NRW)	9
Erstes NKF-Weiterentwicklungsgesetz NRW (1. NKF-WG NRW) - Auszug -	40d
Zweites NKF-Weiterentwicklungsgesetz NRW (2. NKF-WG NRW) - Auszug -	40e
NKF Einführungsgesetz NRW (NKF-EG NRW)	41
Kommunalhaushaltsverordnung NRW (KomHVO NRW)	43
VV Muster zur GO NRW und KomHVO NRW (Runderlass des MHKBG NRW)	59
Kreisordnung für das Land Nordrhein-Westfalen (KrO NRW)	117
Landschaftsverbandsordnung für das Land Nordrhein-Westfalen (LVerbO NRW)	131
Eigenbetriebsverordnung für das Land Nordrhein-Westfalen (EigVO NRW)	141
Gesetz über kommunale Gemeinschaftsarbeit NRW (GkG NRW)	147
Kommunalabgabengesetz für das Land Nordrhein-Westfalen (KAG NRW)	153
- VV Muster Straßen- und Wegekonzept NRW	159
- Förderrichtlinie Straßenausbaubeiträge NRW	161
Grundsteuergesetz (GrStG) - neue Fassung -	163
Grundsteuergesetz (GrStG) - aktuelle Fassung -	170
Gewerbesteuergesetz (GewStG)	171

Anhang

1	Grundgesetz - (GG) - Auszug -	183
2	Stabilitäts- und Wachstumsgesetz (StWG)	187
3	Haushaltsgrundsätzegesetz (HGrG)	191
4	Landesverfassung NRW (LVerf NRW) - Auszug -	201
5	Realsteuerzuständigkeitsgesetz NRW (RealStZustG NRW)	203
6	Abgabenordnung (AO) - Auszug -	205
7	Baugesetzbuch (BauGB) - Auszug -	219
8	Gemeindefinanzreformgesetz (GemFinRefG)	223
9	Einkommensteuerschlüsselzahlenermittlungsverordnung (EStSchlEV)	225
10	Umsatzsteuerschlüsselzahlenfestsetzungsverordnung (UStSchlFestV)	227
11	Gemeindefinanzierungsgesetz 2022 NRW (GFG 2022 NRW)	229
12	Kommunale Vergabegrundsätze NRW (Runderlass des MHKBG NRW)	245
13	Konzessionsabgabenverordnung NRW (KAV NRW)	247
14	Kommunalunternehmensverordnung NRW (KUV NRW)	249
15	Gemeindeprüfungsanstaltsgesetz NRW (GPAG NRW)	253
16	Benutzungsgebührensatzung der Gemeindeprüfungsanstalt NRW 2021	255
17	Verwaltungsgebührensatzung der Gemeindeprüfungsanstalt NRW 2022	256a
18	Bekanntmachungsverordnung NRW (BekanntmVO NRW)	257
19	Entschädigungsverordnung NRW (EntschVO NRW)	258a
20	Einkommensteuergesetz (EStG) - Auszug -	259
21	Einkommensteuerrichtlinien (EStR) - Auszug -	263
22	Anschaffungs-/Herstellungskosten und Erhaltungsaufwendungen (Runderlass des BMF)	265
23	Bewertungsgesetz (BewG) - Auszug -	269
24	Handelsgesetzbuch (HGB) - Auszug -	271
25	Krediterlass NRW (Runderlass des MIK NRW)	281
26	Orientierungsdaten NRW (Runderlass des MHKBG NRW)	285
27	Kommunale Kapitalanlagen NRW (Runderlass des MIK NRW)	289
28	Zuordnungsvorschriften zum finanzstatistischen Kontenrahmen NRW (ZOV Kontenrahmen)	291
29	Zuordnungsvorschriften Produktgruppen NRW (ZOVPG NRW)	313
30	Bereichsabgrenzungen in den Finanzstatistiken NRW	335
31	NKF-Kennzahlenset NRW (NKF-Kennzahlen NRW)	337
32	Ausführungserlass Haushaltssicherung/Haushaltssanierung NRW (Erlass des MIK NRW)	345
33	Stärkungspaktgesetz NRW	353
34	Zukunftsinvestitionsgesetz (ZuInvG)	359
35	Investitionsförderungsgesetz NRW (InvföG NRW)	361
36	Zukunftsinvestitions- und Tilgungsfondsgesetz NRW (ZTFoG NRW)	369
37	Pensionsverpflichtungen und Beihilfeverpflichtungen NRW (Runderlass des MHKBG NRW)	370
38	Komponentenansatz NRW (Anwendungserlass des MHKBG NRW)	371
39	Digitalsitzungsverordnung NRW (DigiSiVO NRW)	373
40	Tariftreue- und Vergabegesetz NRW (TVgG NRW)	377
41	Kommunalinvestitionsförderungsgesetz NRW (KInvFöG NRW)	379
42	NKF-COVID-19-Isolierungsgesetz NRW (NKF-CIG NRW)	389
43	Kontenplan für die Ausbildung an der HSPV NRW	391

Stichwortverzeichnis 397

Gemeindeordnung für das Land Nordrhein-Westfalen (GO NRW)

in der Fassung der Bekanntmachung vom 14.07.1994 (GV. NRW. S. 666), zuletzt geändert durch Gesetz vom 13.04.2022 (GV. NRW. S. 490)

1. Teil
Grundlagen der Gemeindeverfassung

§ 1
Wesen der Gemeinden

(1) Die Gemeinden sind die Grundlage des demokratischen Staatsaufbaues. Sie fördern das Wohl der Einwohner in freier Selbstverwaltung durch ihre von der Bürgerschaft gewählten Organe. Sie handeln zugleich in Verantwortung für die zukünftigen Generationen.

(2) Die Gemeinden sind Gebietskörperschaften.

§ 2
Wirkungskreis

Die Gemeinden sind in ihrem Gebiet, soweit die Gesetze nicht ausdrücklich etwas anderes bestimmen, ausschließliche und eigenverantwortliche Träger der öffentlichen Verwaltung.

§ 3
Aufgaben der Gemeinden

(1) Den Gemeinden können nur durch Gesetz Pflichtaufgaben auferlegt werden.

(2) Pflichtaufgaben können den Gemeinden zur Erfüllung nach Weisung übertragen werden; das Gesetz bestimmt den Umfang des Weisungsrechts, das in der Regel zu begrenzen ist. Für die gemeinsame Wahrnehmung von Pflichtaufgaben zur Erfüllung nach Weisung ist der Anwendungsbereich des Gesetzes über kommunale Gemeinschaftsarbeit nur nach Maßgabe der Absätze 5 und 6 sowie des § 4 Abs. 8 eröffnet.

(3) Eingriffe in die Rechte der Gemeinden sind nur durch Gesetz zulässig. Rechtsverordnungen zur Durchführung solcher Gesetze bedürfen der Zustimmung des für die kommunale Selbstverwaltung zuständigen Ausschusses des Landtags und, sofern nicht die Landesregierung oder das für Kommunales zuständige Ministerium sie erlassen, der Zustimmung des für Kommunales zuständigen Ministeriums.

(4) Werden den Gemeinden neue Pflichten auferlegt oder werden Pflichten bei der Novellierung eines Gesetzes fortgeschrieben oder erweitert, ist gleichzeitig die Aufbringung der Mittel zu regeln. Führen diese neuen Pflichten zu einer Mehrbelastung der Gemeinden, ist ein entsprechender Ausgleich zu schaffen.

(5) Zur Effizienzsteigerung kann eine Gemeinde mit einer benachbarten Gemeinde gemäß §§ 23 ff. des Gesetzes über kommunale Gemeinschaftsarbeit in der Fassung der Bekanntmachung vom 1. Oktober 1979 (GV. NRW. S. 621) in der jeweils geltenden Fassung vereinbaren, dass ihr gemäß § 3 Abs. 2 übertragene Aufgaben von der benachbarten Gemeinde übernommen oder für sie durchgeführt werden. Satz 1 gilt auch für den Abschluss einer öffentlich-rechtlichen Vereinbarung zwischen einer kreisfreien Stadt und einem benachbarten Kreis.

(6) Absatz 5 gilt nur, soweit

- Bundesrecht oder Recht der Europäischen Gemeinschaften nicht entgegensteht, oder
- der Abschluss einer öffentlich-rechtlichen Vereinbarung nicht durch Gesetz oder Rechtsverordnung ausdrücklich eingeschränkt oder ausgeschlossen ist, oder
- durch die beabsichtigte Aufgabenverlagerung schutzwürdige Belange Dritter nicht unangemessen beeinträchtigt werden oder Gründe des öffentlichen Wohls nicht entgegenstehen.

§ 4
Zusätzliche Aufgaben kreisangehöriger Gemeinden

(1) Mittleren kreisangehörigen Städten (Absatz 2) und Großen kreisangehörigen Städten (Absatz 3) können neben den Aufgaben nach den §§ 2 und 3 zusätzliche Aufgaben durch Gesetz oder Rechtsverordnung übertragen werden.

(2) Eine kreisangehörige Gemeinde ist auf eigenen Antrag zur Mittleren kreisangehörigen Stadt zu bestimmen, wenn ihre maßgebliche Einwohnerzahl an drei aufeinanderfolgenden Stichtagen (Absatz 7) mehr als 20 000 Einwohner beträgt. Sie ist von Amts wegen zur Mittleren kreisangehörigen Stadt zu bestimmen, wenn ihre maßgebliche Einwohnerzahl an fünf aufeinanderfolgenden Stichtagen ab dem 31. Dezember 2017 (Absatz 7) mehr als 25 000 Einwohner beträgt.

(3) Eine kreisangehörige Gemeinde ist auf eigenen Antrag zur Großen kreisangehörigen Stadt zu bestimmen, wenn ihre maßgebliche Einwohnerzahl an drei aufeinanderfolgenden Stichtagen (Absatz 7) mehr als 50 000 Einwohner beträgt. Sie ist von Amts wegen zur Großen kreisangehörigen Stadt zu bestimmen, wenn ihre maßgebliche Einwohnerzahl an fünf aufeinanderfolgenden Stichtagen ab dem 31. Dezember 2017 (Absatz 7) mehr als 60 000 Einwohner beträgt.

(4) Eine Große kreisangehörige Stadt ist auf eigenen Antrag zur Mittleren kreisangehörigen Stadt zu bestimmen, wenn ihre maßgebliche Einwohnerzahl an fünf aufeinanderfolgenden Stichtagen (Absatz 7) weniger als 50 000 Einwohner beträgt. Sie ist von Amts wegen zur Mittleren kreisangehörigen Stadt zu bestimmen, wenn ihre maßgebliche Einwohnerzahl an fünf aufeinanderfolgenden Stichtagen (Absatz 7) weniger als 45 000 Einwohner beträgt.

(5) Eine Mittlere kreisangehörige Stadt oder eine Große kreisangehörige Stadt ist auf eigenen Antrag in der Rechtsverordnung (Absatz 6) zu streichen, wenn ihre maßgebliche Einwohnerzahl an fünf aufeinanderfolgenden Stichtagen (Absatz 7) weniger als 20 000 Einwohner beträgt. Sie ist von Amts wegen in der Rechtsverordnung (Absatz 6) zu streichen, wenn ihre maßgebliche Einwohnerzahl an fünf aufeinanderfolgenden Stichtagen (Absatz 7) weniger als 15 000 Einwohner beträgt.

(6) Über Anträge nach den Absätzen 2 bis 5 entscheidet das für Kommunales zuständige Ministerium. Ihnen ist zu entsprechen, wenn zwingende übergeordnete Interessen nicht entgegenstehen. Die Bestimmung kreisangehöriger Gemeinden zur Mittleren oder Großen kreisangehörigen Stadt erfolgt durch Rechtsverordnung der Landesregierung. Änderungen dieser Rechtsverordnung treten zum 1. Januar des auf die Verkündung folgenden übernächsten Kalenderjahres in Kraft.

(7) Maßgeblich ist die jeweils auf den 30. Juni und 31. Dezember eines jeden Jahres fortgeschriebene Bevölkerungszahl (Stichtage), die vom Landesbetrieb Information und Technik Nordrhein-Westfalen - Geschäftsbereich Statistik - veröffentlicht wird.

(8) Eine Gemeinde kann gemäß §§ 23 ff. des Gesetzes über kommunale Gemeinschaftsarbeit

a) mit einer oder mehreren benachbarten Gemeinden vereinbaren, eine oder mehrere Aufgaben nach Absatz 1 in der Form gemeinsam wahrzunehmen, dass eine der Gemeinden die Aufgabe übernimmt oder für die übrigen Beteiligten durchführt,

b) als Mittlere oder Große kreisangehörige Stadt mit dem Kreis vereinbaren, dass eine oder mehrere ihr nach Absatz 1 übertragene Aufgaben vom Kreis übernommen werden.

In den Fällen des Buchstaben a) muss die Summe der Einwohnerzahl der beteiligten Gemeinden die jeweilige

Einwohnerzahl des Absatzes 2 Satz 1 oder des Absatzes 3 Satz 1 überschreiten (additiver Schwellenwert). Die Gemeinde gilt insoweit als Mittlere bzw. Große kreisangehörige Stadt. Die Absätze 4 und 5 gelten entsprechend. Soweit durch die Vereinbarung Aufgaben vom Kreis auf die Gemeinde übergehen, ist das Benehmen mit dem abgebenden Kreis erforderlich. Der Kreis gilt insoweit als Beteiligter im Sinne von § 29 Abs. 4 des Gesetzes über kommunale Gemeinschaftsarbeit. § 3 Abs. 6 gilt entsprechend.

§ 5
Gleichstellung von Frau und Mann

(1) Die Verwirklichung des Verfassungsgebots der Gleichberechtigung von Frau und Mann ist auch eine Aufgabe der Gemeinden. Zur Wahrnehmung dieser Aufgabe können die Gemeinden Gleichstellungsbeauftragte bestellen.

(2) In kreisangehörigen Städten und Gemeinden mit mehr als 10 000 Einwohnern sowie in kreisfreien Städten sind hauptamtlich tätige Gleichstellungsbeauftragte zu bestellen.

(3) Die Gleichstellungsbeauftragte wirkt bei allen Vorhaben und Maßnahmen der Gemeinde mit, die die Belange von Frauen berühren oder Auswirkungen auf die Gleichberechtigung von Frau und Mann und die Anerkennung ihrer gleichberechtigten Stellung in der Gesellschaft haben.

(4) Die Gleichstellungsbeauftragte kann in Angelegenheiten ihres Aufgabenbereiches an den Sitzungen des Verwaltungsvorstands, des Rates und seiner Ausschüsse teilnehmen. Ihr ist auf Wunsch das Wort zu erteilen. Sie kann die Öffentlichkeit über Angelegenheiten ihres Aufgabenbereichs unterrichten.

(5) Die Gleichstellungsbeauftragte kann in Angelegenheiten, die ihren Aufgabenbereich berühren, den Beschlussvorlagen des Bürgermeisters widersprechen; in diesem Fall hat der Bürgermeister den Rat zu Beginn der Beratung auf den Widerspruch und seine wesentlichen Gründe hinzuweisen.

(6) Das Nähere zu den Absätzen 3 bis 5 regelt die Hauptsatzung.

§ 6
Geheimhaltung

Die Gemeinden sind verpflichtet, Angelegenheiten der zivilen Verteidigung, die auf Anordnung der zuständigen Behörde oder ihrem Wesen nach gegen die Kenntnis Unbefugter geschützt werden müssen, geheimzuhalten. Sie haben hierbei Weisungen der Landesregierung auf dem Gebiet des Geheimschutzes zu beachten.

§ 7
Satzungen

(1) Die Gemeinden können ihre Angelegenheiten durch Satzung regeln, soweit Gesetze nichts anderes bestimmen. Satzungen bedürfen der Genehmigung der Aufsichtsbehörde nur, wenn dies gesetzlich ausdrücklich vorgeschrieben ist.

(2) In den Satzungen können vorsätzliche und fahrlässige Zuwiderhandlungen gegen Gebote und Verbote mit Bußgeld bedroht werden. Zuständige Verwaltungsbehörde im Sinne des § 36 Abs. 1 Nr. 1 des Gesetzes über Ordnungswidrigkeiten ist der Bürgermeister.

(3) Jede Gemeinde hat eine Hauptsatzung zu erlassen. In ihr ist mindestens zu ordnen, was nach den Vorschriften dieses Gesetzes der Hauptsatzung vorbehalten ist. Die Hauptsatzung und ihre Änderung kann der Rat nur mit der Mehrheit der gesetzlichen Zahl der Mitglieder beschließen.

(4) Satzungen sind öffentlich bekanntzumachen. Sie treten, wenn kein anderer Zeitpunkt bestimmt ist, mit dem Tage nach der Bekanntmachung in Kraft.

(5) Das für Kommunales zuständige Ministerium bestimmt durch Rechtsverordnung, welche Verfahrens- und Formvorschriften bei der öffentlichen Bekanntmachung von Satzungen und sonstigen ortsrechtlichen Bestimmungen einzuhalten sind, soweit nicht andere Gesetze hierüber besondere Regelungen enthalten.

(6) Die Verletzung von Verfahrens- oder Formvorschriften dieses Gesetzes kann gegen Satzungen, sonstige ortsrechtliche Bestimmungen und Flächennutzungspläne nach Ablauf von sechs Monaten seit ihrer Verkündung nicht mehr geltend gemacht werden, es sei denn,

a) eine vorgeschriebene Genehmigung fehlt oder ein vorgeschriebenes Anzeigeverfahren wurde nicht durchgeführt,

b) die Satzung, die sonstige ortsrechtliche Bestimmung oder der Flächennutzungsplan ist nicht ordnungsgemäß öffentlich bekanntgemacht worden,

c) der Bürgermeister hat den Ratsbeschluss vorher beanstandet oder

d) der Form- oder Verfahrensmangel ist gegenüber der Gemeinde vorher gerügt und dabei die verletzte Rechtsvorschrift und die Tatsache bezeichnet worden, die den Mangel ergibt.

Bei der öffentlichen Bekanntmachung der Satzung, der sonstigen ortsrechtlichen Bestimmung und des Flächennutzungsplans ist auf die Rechtsfolgen nach Satz 1 hinzuweisen.

(7) Die Gemeinden bestimmen in ihrer Hauptsatzung die Form der öffentlichen Bekanntmachung für die nach diesem Gesetz oder anderen Rechtsvorschriften vorgeschriebenen sonstigen öffentlichen Bekanntmachungen, soweit nicht andere Gesetze hierüber besondere Regelungen enthalten. Für die Form und den Vollzug der Bekanntmachung gilt die Rechtsverordnung nach Absatz 5 entsprechend.

§ 8
Gemeindliche Einrichtungen und Lasten

(1) Die Gemeinden schaffen innerhalb der Grenzen ihrer Leistungsfähigkeit die für die wirtschaftliche, soziale und kulturelle Betreuung ihrer Einwohner erforderlichen öffentlichen Einrichtungen.

(2) Alle Einwohner einer Gemeinde sind im Rahmen des geltenden Rechts berechtigt, die öffentlichen Einrichtungen der Gemeinde zu benutzen und verpflichtet, die Lasten zu tragen, die sich aus ihrer Zugehörigkeit zu der Gemeinde ergeben.

(3) Grundbesitzer und Gewerbetreibende, die nicht in der Gemeinde wohnen, sind in gleicher Weise berechtigt, die öffentlichen Einrichtungen zu benutzen, die in der Gemeinde für Grundbesitzer und Gewerbetreibende bestehen, und verpflichtet, für ihren Grundbesitz oder Gewerbebetrieb im Gemeindegebiet zu den Gemeindelasten beizutragen.

(4) Diese Vorschriften gelten entsprechend für juristische Personen und für Personenvereinigungen.

§ 9
Anschluss- und Benutzungszwang

Die Gemeinden können bei öffentlichem Bedürfnis durch Satzung für die Grundstücke ihres Gebiets den Anschluss an Wasserleitung, Kanalisation und ähnliche der Volksgesundheit dienende Einrichtungen sowie an Einrichtungen zur Versorgung mit Fernwärme (Anschlusszwang) und die Benutzung dieser Einrichtungen und der Schlachthöfe (Benutzungszwang) vorschreiben. Die Satzung kann Ausnahmen vom Anschluss- und Benutzungszwang zulassen. Sie kann den Zwang auch auf bestimmte Teile des Gemeindegebiets und auf bestimmte Gruppen von Grundstücken oder Personen beschränken. Im Falle des Anschluss- und Benutzungszwangs für Fernwärme soll die Satzung zum Ausgleich von sozialen Härten angemessene Übergangsregelungen enthalten.

§ 10
Wirtschaftsführung

Die Gemeinden haben ihr Vermögen und ihre Einkünfte so zu verwalten, dass die Gemeindefinanzen gesund bleiben. Auf die wirtschaftliche Leistungsfähigkeit der Abgabepflichtigen ist Rücksicht zu nehmen.

§ 11
Aufsicht

Die Aufsicht des Landes schützt die Gemeinden in ihren Rechten und sichert die Erfüllung ihrer Pflichten.

§ 12
Funktionsbezeichnungen

Die Funktionsbezeichnungen dieses Gesetzes werden in weiblicher oder männlicher Form geführt.

§ 13
Name und Bezeichnung

(1) Die Gemeinden führen ihren bisherigen Namen. Der Rat kann mit einer Mehrheit von drei Vierteln seiner Mitglieder den Gemeindenamen ändern. Die Änderung des Gemeindenamens bedarf der Genehmigung des für Kommunales zuständigen Ministeriums. Sätze 2 und 3 finden auch in den Fällen Anwendung, in denen der Gemeindename durch Gesetz festgelegt wurde, wenn seit dem Inkrafttreten des Gesetzes zehn Jahre vergangen sind.

(2) Die Bezeichnung "Stadt" führen die Gemeinden, denen diese Bezeichnung nach dem bisherigen Recht zusteht. Sobald eine Gemeinde als Mittlere kreisangehörige Stadt zusätzliche Aufgaben wahrzunehmen hat, führt sie unabhängig von der künftigen Einwohnerentwicklung die Bezeichnung "Stadt". Eine kreisangehörige Stadt, in der die Kreisverwaltung ihren Sitz hat, ist berechtigt, die Bezeichnung "Kreisstadt" zu führen.

(3) Die Gemeinden können auch andere Bezeichnungen, die auf der Geschichte oder der heutigen Eigenart oder Bedeutung der Gemeinden beruhen, führen. Der Rat kann mit einer Mehrheit von drei Vierteln seiner Mitglieder diese Bezeichnung bestimmen und ändern. Die Bestimmung und Änderung der Bezeichnung bedarf der Genehmigung des für Kommunales zuständigen Ministeriums.

§ 14
Siegel, Wappen und Flaggen

(1) Die Gemeinden führen Dienstsiegel.

(2) Die Gemeinden führen ihre bisherigen Wappen und Flaggen.

(3) Die Änderung und die Einführung von Dienstsiegeln, Wappen und Flaggen bedürfen der Genehmigung der Aufsichtsbehörde.

2. Teil
Gemeindegebiet

§ 15
Gemeindegebiet

Das Gebiet jeder Gemeinde soll so bemessen sein, dass die örtliche Verbundenheit der Einwohner gewahrt und die Leistungsfähigkeit der Gemeinde zur Erfüllung ihrer Aufgaben gesichert ist.

§ 16
Gebietsbestand

(1) Das Gebiet der Gemeinde besteht aus den Grundstücken, die nach geltendem Recht zu ihr gehören. Grenzstreitigkeiten entscheidet die Aufsichtsbehörde.

(2) Jedes Grundstück soll zu einer Gemeinde gehören.

§ 17
Gebietsänderungen

(1) Aus Gründen des öffentlichen Wohls können Gemeindegrenzen geändert, Gemeinden aufgelöst oder neugebildet werden.

(2) Werden durch die Änderung von Gemeindegrenzen die Grenzen von Gemeindeverbänden berührt, so bewirkt die Änderung der Gemeindegrenzen unmittelbar auch die Änderung der Gemeindeverbandsgrenzen.

§ 18
Gebietsänderungsverträge

(1) Die beteiligten Gemeinden und Gemeindeverbände treffen, soweit erforderlich, Vereinbarungen über die aus Anlass einer Gebietsänderung zu regelnden Einzelheiten (Gebietsänderungsverträge). In diese Verträge sind insbesondere die für die Auseinandersetzung, die Rechtsnachfolge und die Überleitung des Ortsrechts notwendigen Bestimmungen aufzunehmen.

(2) Gebietsänderungsverträge bedürfen der Genehmigung der Aufsichtsbehörde. Kommt ein Gebietsänderungsvertrag nicht zustande, so bestimmt die Aufsichtsbehörde die aus Anlass der Gebietsänderung zu regelnden Einzelheiten.

§ 19
Verfahren bei Gebietsänderungen

(1) Die Gemeinden haben vor Aufnahme von Verhandlungen über Änderungen ihres Gebiets die Aufsichtsbehörde zu unterrichten.

(2) Vor jeder Gebietsänderung ist der Wille der betroffenen Bevölkerung in der Weise festzustellen, dass den Räten der beteiligten Gemeinden Gelegenheit zur Stellungnahme gegeben wird. Außerdem sind die Gemeindeverbände zu hören, deren Grenzen durch die Gebietsänderung berührt werden.

(3) Änderungen des Gemeindegebiets bedürfen eines Gesetzes. In Fällen von geringer Bedeutung kann die Änderung von Gemeindegrenzen durch die Bezirksregierung ausgesprochen werden; wenn die Grenzen von Regierungsbezirken berührt werden, ist das für Kommunales zuständige Ministerium zuständig. Geringe Bedeutung hat eine Grenzänderung, wenn sie nicht mehr als zehn vom Hundert des Gemeindegebiets der abgebenden Gemeinde und nicht mehr als insgesamt 200 Einwohner erfasst. Die Sätze 2 und 3 finden auch in dem Falle Anwendung, dass eine Gemeindegrenze durch Gesetz festgelegt wurde, wenn seit dem Inkrafttreten des Gesetzes zehn Jahre vergangen sind; gesetzliche Vorschriften, die die Änderung von Gemeindegrenzen bereits zu einem früheren Zeitpunkt zulassen, bleiben unberührt.

(4) In dem Gesetz oder in der Entscheidung nach Absatz 3 Satz 2 sind die Gebietsänderungsverträge oder die Bestimmungen der Aufsichtsbehörde über die Einzelheiten der Gebietsänderung zu bestätigen.

§ 20
Wirkungen der Gebietsänderung

(1) Der Ausspruch der Änderung des Gemeindegebiets und die Entscheidung über die Auseinandersetzung begründen Rechte und Pflichten der Beteiligten. Sie bewirken den Übergang, die Beschränkung oder Aufhebung von dinglichen Rechten, sofern der Gebietsänderungsvertrag oder die Entscheidung über die Auseinandersetzung derartiges vorsehen. Die Aufsichtsbehörde ersucht die zuständigen Behörden um die Berichtigung des Grundbuchs, des Wasserbuchs und anderer öffentlicher Bücher. Sie kann Unschädlichkeitszeugnisse ausstellen.

(2) Rechtshandlungen, die aus Anlass der Änderung des Gemeindegebiets erforderlich sind, sind frei von öffentlichen Abgaben sowie von Gebühren und Auslagen, soweit diese auf Landesrecht beruhen.

3. Teil
Einwohner und Bürger

§ 21
Einwohner und Bürger

(1) Einwohner ist, wer in der Gemeinde wohnt.

(2) Bürger ist, wer zu den Gemeindewahlen wahlberechtigt ist.

§ 22
Pflichten der Gemeinden gegenüber ihren Einwohnern

(1) Die Gemeinden sind in den Grenzen ihrer Verwaltungskraft ihren Einwohnern bei der Einleitung von Verwaltungsverfahren behilflich, auch wenn für deren Durchführung eine andere Behörde zuständig ist. Zur Rechtsberatung sind die Gemeinden nicht verpflichtet.

(2) Die Gemeinden haben Vordrucke für Anträge, Anzeigen und Meldungen, die ihnen von anderen Behörden überlassen werden, bereitzuhalten.

(3) Soweit Anträge beim Kreis oder bei der Bezirksregierung einzureichen sind, haben die Gemeinden die Anträge entgegenzunehmen und unverzüglich an die zuständige Behörde weiterzuleiten. Die Einreichung bei der Gemeinde gilt als Antragstellung bei der zuständigen Behörde, soweit Bundesrecht nicht entgegensteht. Durch Rechtsverordnung des für Kommunales zuständigen Ministeriums können Anträge, die bei anderen Behörden zu stellen sind, in diese Regelung einbezogen werden.

§ 23
Unterrichtung der Einwohner

(1) Der Rat unterrichtet die Einwohner über die allgemein bedeutsamen Angelegenheiten der Gemeinde. Bei wichtigen Planungen und Vorhaben der Gemeinde, die unmittelbar raum- oder entwicklungsbedeutsam sind oder das wirtschaftliche, soziale oder kulturelle Wohl ihrer Einwohner nachhaltig berühren, sollen die Einwohner möglichst frühzeitig über die Grundlagen sowie Ziele, Zwecke und Auswirkungen unterrichtet werden.

(2) Die Unterrichtung ist in der Regel so vorzunehmen, dass Gelegenheit zur Äußerung und zur Erörterung besteht. Zu diesem Zweck kann der Rat Versammlungen der Einwohner anberaumen, die auf Gemeindebezirke (Ortschaften) beschränkt werden können. Die näheren Einzelheiten, insbesondere die Beteiligung der Bezirksvertretungen in den kreisfreien Städten sind in der Hauptsatzung zu regeln. Vorschriften über eine förmliche Beteiligung oder Anhörung bleiben unberührt.

(3) Ein Verstoß gegen die Absätze 1 und 2 berührt die Rechtmäßigkeit der Entscheidung nicht.

§ 24
Anregungen und Beschwerden

(1) Jede Einwohnerin oder jeder Einwohner der Gemeinde, die oder der seit mindestens drei Monaten in der Gemeinde wohnt, hat das Recht, sich einzeln oder in Gemeinschaft mit anderen in Textform nach § 126b des Bürgerlichen Gesetzbuches mit Anregungen oder Beschwerden in Angelegenheiten der Gemeinde an den Rat oder die Bezirksvertretung zu wenden. Die Zuständigkeiten der Ausschüsse, der Bezirksvertretungen und des Bürgermeisters werden hierdurch nicht berührt. Die Erledigung von Anregungen und Beschwerden kann der Rat einem Ausschuss übertragen. Der Antragsteller ist über die Stellungnahme zu den Anregungen und Beschwerden zu unterrichten.

(2) Die näheren Einzelheiten regelt die Hauptsatzung.

§ 25
Einwohnerantrag

(1) Einwohner, die seit mindestens drei Monaten in der Gemeinde wohnen und das 14. Lebensjahr vollendet haben, können beantragen, dass der Rat über eine bestimmte Angelegenheit, für die er gesetzlich zuständig ist, berät und entscheidet.

(2) Der Antrag muss in Textform eingereicht werden. Er muss ein bestimmtes Begehren und eine Begründung enthalten. Er muss bis zu drei Personen benennen, die berechtigt sind, die Unterzeichnenden zu vertreten. Die Verwaltung ist in den Grenzen ihrer Verwaltungskraft ihren Einwohnern bei der Einleitung eines Einwohnerantrages behilflich.

(3) Der Einwohnerantrag muss unterzeichnet sein,
1. in kreisangehörigen Gemeinden von mindestens fünf vom Hundert der Einwohner, höchstens jedoch von 4 000 Einwohnern,
2. in kreisfreien Städten von mindestens vier vom Hundert der Einwohner, höchstens jedoch von 8 000 Einwohnern.

§ 4 Absatz 7 gilt entsprechend.

(4) Jede Liste mit Unterzeichnungen muss den vollen Wortlaut des Antrags enthalten. Eintragungen, welche die Person des Unterzeichners nach Namen, Vornamen, Geburtsdatum und Anschrift nicht zweifelsfrei erkennen lassen, sind ungültig. Die Angaben werden von der Gemeinde geprüft.

(5) Der Antrag ist nur zulässig, wenn nicht in derselben Angelegenheit innerhalb der letzten zwölf Monate bereits ein Antrag gestellt wurde.

(6) Die Voraussetzungen der Absätze 1 bis 5 müssen im Zeitpunkt des Eingangs des Antrags bei der Gemeinde erfüllt sein.

(7) Der Rat stellt unverzüglich fest, ob der Einwohnerantrag zulässig ist. Er hat unverzüglich darüber zu beraten und zu entscheiden, spätestens innerhalb von vier Monaten nach seinem Eingang. Den Vertretern des Einwohnerantrags soll Gelegenheit gegeben werden, den Antrag in der Ratssitzung zu erläutern.

(8) In kreisfreien Städten kann ein Einwohnerantrag an eine Bezirksvertretung gerichtet werden, wenn es sich um eine Angelegenheit handelt, für welche die Bezirksvertretung zuständig ist. Die Absätze 1 bis 7 gelten entsprechend mit der Maßgabe, dass
1. antrags- und unterzeichnungsberechtigt ist, wer im Stadtbezirk wohnt und
2. die Berechnung der erforderlichen Unterzeichnungen sich nach der Zahl der im Stadtbezirk wohnenden Einwohner richtet.

(9) Das für Kommunales zuständige Ministerium kann durch Rechtsverordnung das Nähere über die Durchführung des Einwohnerantrags regeln.

§ 26
Bürgerbegehren und Bürgerentscheid

(1) Die Bürger können beantragen (Bürgerbegehren), dass sie an Stelle des Rates über eine Angelegenheit der Gemeinde selbst entscheiden (Bürgerentscheid). Der Rat kann mit einer Mehrheit von zwei Dritteln der gesetzlichen Zahl der Mitglieder beschließen, dass über eine Angelegenheit der Gemeinde ein Bürgerentscheid stattfindet (Ratsbürgerentscheid). Absatz 2 Satz 1 sowie die Absätze 5, 7, 8 und 10 gelten entsprechend.

(2) Das Bürgerbegehren muss in Textform eingereicht werden und die zur Entscheidung zu bringende Frage sowie eine Begründung enthalten. Es muss bis zu drei Bürger benennen, die berechtigt sind, die Unterzeichnenden zu vertreten (Vertretungsberechtigte). Bürger, die beabsichtigen, ein Bürgerbegehren durchzuführen, teilen dies der Verwaltung in Textform mit. Die Verwaltung ist in den Grenzen ihrer Verwaltungskraft ihren Bürgern bei der Einleitung eines Bürgerbegehrens behilflich. Sie teilt den Vertretungsberechtigten in Textform eine Einschätzung der mit der Durchführung der verlangten Maßnahme verbundenen Kosten (Kostenschätzung) mit. Die Kostenschät-

zung der Verwaltung ist bei der Sammlung der Unterschriften nach Absatz 4 anzugeben. Wenn die Kostenschätzung nach Satz 5 vorliegt, können die Vertretungsberechtigten nach Satz 2 beantragen zu entscheiden, ob das Bürgerbegehren mit Ausnahme der Voraussetzungen des Absatzes 4 zulässig ist. Der Antrag ist in der gemäß § 25 Absatz 4 vorgeschriebenen Form einschließlich der zur Entscheidung zu bringenden Frage, der Begründung sowie der anzugebenden Kostenschätzung vorzulegen und von den Vertretungsberechtigten sowie mindestens 25 Bürgern zu unterzeichnen. Über den Antrag hat der Rat innerhalb von acht Wochen zu entscheiden. Der Rat kann in der Hauptsatzung die Entscheidung über den Antrag nach Satz 7 auf den Hauptausschuss übertragen, der ebenfalls innerhalb von acht Wochen zu entscheiden hat. Absatz 6 Satz 3 und 6 gilt entsprechend.

(3) Richtet sich ein Bürgerbegehren gegen einen Beschluss des Rates, muss es innerhalb von sechs Wochen nach der Bekanntmachung des Beschlusses eingereicht sein. Gegen einen Beschluss, der nicht der Bekanntmachung bedarf, beträgt die Frist drei Monate nach dem Sitzungstag. Nach der Mitteilung nach Absatz 2 Satz 3 ist der Ablauf der Fristen aus Satz 1 und Satz 2 bis zur Mitteilung der Verwaltung nach Absatz 2 Satz 5 gehemmt. Nach einem Antrag nach Absatz 2 Satz 7 ist der Ablauf der Fristen aus Satz 1 und Satz 2 bis zur Entscheidung nach Absatz 2 Satz 9 gehemmt.

(4) Ein Bürgerbegehren muss in Gemeinden

- bis	10 000 Einwohner von	10 %
- bis	20 000 Einwohner von	9 %
- bis	30 000 Einwohner von	8 %
- bis	50 000 Einwohner von	7 %
- bis	100 000 Einwohner von	6 %
- bis	200 000 Einwohner von	5 %
- bis	500 000 Einwohner von	4 %
- über	500 000 Einwohner von	3 %

der Bürger unterzeichnet sein.

Maßgeblich ist die bei der letzten allgemeinen Kommunalwahl festgestellte Zahl der Wahlberechtigten. Für die Zahl der Einwohner gilt § 4 Absatz 7 entsprechend. Nach Absatz 2 Satz 8 erfolgte Unterzeichnungen sind anzurechnen. Die Angaben werden von der Gemeinde geprüft. Im Übrigen gilt § 25 Abs. 4 entsprechend.

(5) Ein Bürgerbegehren ist unzulässig über

1. die innere Organisation der Gemeindeverwaltung,
2. die Rechtsverhältnisse der Mitglieder des Rates, der Bezirksvertretungen und der Ausschüsse sowie der Bediensteten der Gemeinde,
3. die Haushaltssatzung, die Eröffnungsbilanz, den Jahresabschluss und den Gesamtabschluss der Gemeinde (einschließlich der Wirtschaftspläne und des Jahresabschlusses der Eigenbetriebe) sowie die kommunalen Abgaben und die privatrechtlichen Entgelte,
4. Angelegenheiten, die im Rahmen eines Planfeststellungsverfahrens oder eines förmlichen Verwaltungsverfahrens mit Öffentlichkeitsbeteiligung oder eines abfallrechtlichen, immissionsschutzrechtlichen, wasserrechtlichen oder vergleichbaren Zulassungsverfahrens zu entscheiden sind,
5. die Aufstellung, Änderung, Ergänzung und Aufhebung von Bauleitplänen mit Ausnahme der Entscheidung über die Einleitung des Bauleitplanverfahrens.

Ein Bürgerbegehren darf nur Angelegenheiten zum Gegenstand haben, über die innerhalb der letzten zwei Jahre nicht bereits ein Bürgerentscheid durchgeführt worden ist.

(6) Der Rat stellt unverzüglich fest, ob das Bürgerbegehren zulässig ist. Liegt bereits eine Entscheidung nach Absatz 2 Satz 9 oder Satz 10 vor, so entscheidet der Rat lediglich darüber, ob die Voraussetzungen des Absatzes 4 vorliegen. Gegen die ablehnende Entscheidung des Rates können nur die Vertreter des Bürgerbegehrens nach Absatz 2 Satz 2 einen Rechtsbehelf einlegen. Entspricht der Rat dem zulässigen Bürgerbegehren nicht, so ist innerhalb von drei Monaten nach der Entscheidung nach Satz 1 oder Satz 2 ein Bürgerentscheid durchzuführen. Entspricht der Rat dem Bürgerbegehren, so unterbleibt der Bürgerentscheid. Den Vertretern des Bürgerbegehrens soll Gelegenheit gegeben werden, den Antrag in der Sitzung des Rates zu erläutern. Ist die Zulässigkeit des Bürgerbegehrens nach Satz 1 oder Satz 2 abschließend festgestellt, darf bis zur Feststellung des Ergebnisses des Bürgerentscheids eine dem Begehren entgegenstehende Entscheidung der Gemeindeorgane nicht mehr getroffen oder mit dem Vollzug einer derartigen Entscheidung nicht mehr begonnen werden, es sei denn, zu diesem Zeitpunkt haben rechtliche Verpflichtungen der Gemeinde hierzu bestanden (Sperrwirkung des zulässigen Bürgerbegehrens).

(7) Bei einem Bürgerentscheid kann über die gestellte Frage nur mit Ja oder Nein abgestimmt werden. Die Frage ist in dem Sinne entschieden, in dem sie von der Mehrheit der gültigen Stimmen beantwortet wurde, sofern diese Mehrheit in Gemeinden mit

bis zu 50.000 Einwohnern	mindestens 20 Prozent
über 50.000 bis zu 100.000 Einwohnern	mindestens 15 Prozent
mehr als 100.000 Einwohnern	mindestens 10 Prozent

der Bürger beträgt. § 4 Absatz 7 gilt entsprechend.

Bei Stimmengleichheit gilt die Frage als mit Nein beantwortet. Sollen an einem Tag mehrere Bürgerentscheide stattfinden, hat der Rat eine Stichfrage für den Fall zu beschließen, dass die gleichzeitig zur Abstimmung gestellten Fragen in einer miteinander nicht zu vereinbarenden Weise beantwortet werden (Stichentscheid). Es gilt dann diejenige Entscheidung, für die sich im Stichentscheid die Mehrheit der gültigen Stimmen ausspricht. Bei Stimmengleichheit im Stichentscheid gilt der Bürgerentscheid, dessen Frage mit der höchsten Stimmenzahl mehrheitlich beantwortet worden ist.

(8) Der Bürgerentscheid hat die Wirkung eines Ratsbeschlusses. Vor Ablauf von zwei Jahren kann er nur auf Initiative des Rates durch einen neuen Bürgerentscheid abgeändert werden.

(9) In kreisfreien Städten können Bürgerbegehren und Bürgerentscheid in einem Stadtbezirk durchgeführt werden, wenn es sich um eine Angelegenheit handelt, für welche die Bezirksvertretung zuständig ist. Die Absätze 1 bis 8 gelten entsprechend mit der Maßgabe, dass

1. das Bürgerbegehren von im Stadtbezirk wohnenden Bürgern unterzeichnet sein muss,
2. bei einem Bürgerentscheid nur die im Stadtbezirk wohnenden Bürger stimmberechtigt sind,
3. die Bezirksvertretung mit Ausnahme der Entscheidung nach Absatz 6 Satz 1 an die Stelle des Rates tritt.

(10) Das für Kommunales zuständige Ministerium kann durch Rechtsverordnung das Nähere über die Durchführung des Bürgerbegehrens und des Bürgerentscheids regeln. Dabei sind die § 32 Abs. 6, § 34a und § 41 der Kommunalwahlordnung zu berücksichtigen.

§ 26a
Transparenzpflichten bei Bürgerbegehren und Bürgerentscheid

(1) Die Unterlagen zur Einreichung eines Bürgerbegehrens müssen eine Erklärung darüber enthalten, ob und in welcher Gesamthöhe die nach § 26 Absatz 2 Satz 2 genannten Vertretungsberechtigten Zuwendungen von Dritten für die Vorbereitung und Durchführung des Bürgerbegehrens erhalten oder eigene Mittel dafür eingesetzt haben. Zuwendungen eines einzelnen Zuwenders für den Zweck der Vorbereitung und Durchführung des Bürgerbegehrens, deren Gesamtwert 10.000 Euro übersteigt, sind unter Angabe des Namens und der Anschrift des Zuwenders sowie der Gesamthöhe der Zuwendung anzugeben.

(2) Erhalten die Vertretungsberechtigten des Bürgerbegehrens nach Antragstellung eine Zuwendung, die alleine oder zusammen mit weiteren Zuwendungen dieses Zuwenders den Gesamtwert von 10.000 Euro übersteigt, teilen die Vertretungsberechtigten dies dem Bürgermeister unverzüglich mit. Wird über die Frage des Bürgerbegehrens ein Bürgerentscheid durchgeführt, besteht die Mitteilungspflicht bis zu dessen Abschluss fort.

(3) Im Falle der Durchführung eines Bürgerentscheids veröffentlicht der Bürgermeister die Erklärungen und Mitteilungen der Vertretungsberechtigten 16 Tage vor dem Bürgerentscheid über eine öffentliche Bekanntmachung. Sofern nach dieser Frist weitere Erklärungen und Mitteilungen eingehen, veröffentlicht sie der Bürgermeister in geeigneter Weise spätestens am Tag vor dem Bürgerentscheid. In Fällen nach Satz 2 ist eine vereinfachte Bekanntmachung möglich.

(4) Die Vertretungsberechtigten versichern bei der Einreichung eines Bürgerbegehrens an Eides statt, dass der Mitteilungspflicht vollständig und richtig nachgekommen worden ist. Wird über die Frage des Bürgerbegehrens ein Bürgerentscheid durchgeführt, müssen die Vertretungsberechtigten 16 Tage vor dem Entscheid die Erklärung an Eides statt erneuern.

§ 27
Politische Teilhabe von Menschen mit Einwanderungsgeschichte

(1) In einer Gemeinde, in der mindestens 5.000 ausländische Einwohner ihre Hauptwohnung haben, ist ein Integrationsrat zu bilden.

In einer Gemeinde, in der mindestens 2.000 ausländische Einwohner ihre Hauptwohnung haben, ist ein Integrationsrat zu bilden, wenn mindestens 200 Wahlberechtigte gemäß Absatz 3 Satz 1 es beantragen.

In anderen Gemeinden kann ein Integrationsrat gebildet werden.

Der Integrationsrat wird gebildet, indem die Mitglieder nach Absatz 2 Satz 1 gewählt werden und die vom Rat nach Absatz 2 Satz 4 bestellten Ratsmitglieder hinzutreten. Die Zahl der nach Absatz 2 Satz 1 zu wählenden Mitglieder muss die Zahl der nach Absatz 2 Satz 4 zu bestellenden Ratsmitglieder übersteigen.

(2) In allgemeiner, unmittelbarer, freier, gleicher und geheimer Wahl werden für die Dauer der Wahlperiode des Rates die Mitglieder nach Listen oder als Einzelbewerber gewählt. Für die Mitglieder nach Listen und die Einzelbewerber können Stellvertreter gewählt werden.

Die Wahl der Mitglieder findet am Tag der Kommunalwahl statt; in den Fällen des Absatz 1 Satz 2 und 3 ist auch eine spätere Wahl zulässig.

Für den Integrationsrat bestellt der Rat aus seiner Mitte die weiteren Mitglieder. Die Bestellung von Stellvertretern ist zulässig.

(3) Wahlberechtigt ist, wer
1. nicht Deutscher im Sinne des Artikels 116 Absatz 1 des Grundgesetzes ist,
2. eine ausländische Staatsangehörigkeit besitzt,
3. die deutsche Staatsangehörigkeit durch Einbürgerung erhalten hat oder
4. die deutsche Staatsangehörigkeit nach § 4 Absatz 3 des Staatsangehörigkeitsgesetzes in der im Bundesgesetzblatt Teil III, Gliederungsnummer 102-1, veröffentlichten bereinigten Fassung, zuletzt geändert durch Artikel 1 des Gesetzes vom 28. August 2013 (BGBl. I S. 3458), erworben hat.

Darüber hinaus muss die Person am Wahltag
1. 16 Jahre alt sein,
2. sich seit mindestens einem Jahr im Bundesgebiet rechtmäßig aufhalten und
3. mindestens seit dem sechzehnten Tag vor der Wahl in der Gemeinde ihre Hauptwohnung haben.

Die Gemeinde erstellt ein Wählerverzeichnis und benachrichtigt die Wahlberechtigten. Wahlberechtigte, die nicht in dem Wählerverzeichnis eingetragen sind, können sich bis zum zwölften Tag vor der Wahl in das Wählerverzeichnis eintragen lassen. Sie haben den Nachweis über ihre Wahlberechtigung zu führen.

(4) Nicht wahlberechtigt sind Ausländer,
1. auf die das Aufenthaltsgesetz in der Fassung der Bekanntmachung vom 25. Februar 2008 (BGBl. I S. 162), zuletzt geändert durch Artikel 1 des Gesetzes vom 12. Juli 2018 (BGBl. I S. 1147), nach seinem § 1 Absatz 2 Nummer 2 oder 3 keine Anwendung findet oder
2. die Asylbewerber sind.

(5) Wählbar sind mit Vollendung des 18. Lebensjahres alle wahlberechtigten Personen nach Absatz 3 Satz 1 sowie alle Bürger.

Darüber hinaus muss die Person am Wahltag
1. sich seit mindestens einem Jahr im Bundesgebiet rechtmäßig aufhalten und
2. seit mindestens drei Monaten in der Gemeinde ihre Hauptwohnung haben.

(6) Bei der Feststellung der Zahl der ausländischen Einwohner nach Absatz 1 lässt die Gemeinde die in Absatz 4 bezeichneten Ausländer sowie die Personen, die neben einer ausländischen auch die deutsche Staatsangehörigkeit besitzen, außer Betracht.

(7) Für die Rechtsstellung der nach Absatz 2 Satz 1 gewählten Mitglieder gelten die §§ 30, 31, 32 Absatz 2, 33, 43 Absatz 1, 44 und 45 mit Ausnahme des Absatzes 5 Nummer 1 entsprechend.

Der Integrationsrat wählt aus seiner Mitte einen Vorsitzenden und einen oder mehrere Stellvertreter.

Der Integrationsrat regelt seine inneren Angelegenheiten durch eine Geschäftsordnung.

(8) Rat und Integrationsrat sollen sich über die Themen und Aufgaben der Integration in der Gemeinde abstimmen. Der Integrationsrat kann sich darüber hinaus mit allen Angelegenheiten der Gemeinde befassen. Auf Antrag des Integrationsrates ist eine Anregung oder Stellungnahme des Integrationsrates dem Rat, einer Bezirksvertretung oder einem Ausschuss vorzulegen. Der Vorsitzende des Integrationsrates oder ein anderes vom Integrationsrat benanntes Mitglied ist berechtigt, bei der Beratung dieser Angelegenheit an der Sitzung teilzunehmen; auf sein Verlangen ist ihm dazu das Wort zu erteilen.

(9) Der Integrationsrat soll zu Fragen, die ihm vom Rat, einem Ausschuss, einer Bezirksvertretung oder vom Bürgermeister vorgelegt werden, Stellung nehmen.

(10) Dem Integrationsrat sind die zur Erledigung seiner Aufgaben erforderlichen Mittel zur Verfügung zu stellen. Der Rat kann nach Anhörung des Integrationsrates den Rahmen festlegen, innerhalb dessen der Integrationsrat über ihm vom Rat zugewiesene Haushaltsmittel entscheiden kann.

(11) Für die Wahl zum Integrationsrat nach Absatz 2 Satz 1 gelten die §§ 2, 5 Absatz 1, §§ 9 bis 13, 24 bis 27, 30, 34 bis 46, 47 Satz 1 und § 48 des Kommunalwahlgesetzes entsprechend; § 29 Kommunalwahlgesetz gilt entsprechend, soweit die Gemeinden keine abweichenden Regelungen treffen. Das für Kommunales zuständige Ministerium kann durch Rechtsverordnung das Nähere über die Wahlvorschläge sowie weitere Einzelheiten über die Vorbereitung und Durchführung der Wahl sowie über die Wahlprüfung regeln.

(12) Anstelle eines Integrationsrates kann durch Beschluss des Rates ein beratender Ausschuss (Integrationsausschuss) gebildet werden. Für den Integrationsausschuss gelten die Regelungen für den Integrationsrat entsprechend. Ergänzend

sind auf den Integrationsausschuss die § 57 Absatz 4 Satz 1, § 58 und § 58a anzuwenden. Die Zahl der nach Absatz 2 Satz 1 gewählten Mitglieder muss die Zahl der vom Rat nach Absatz 2 Satz 4 bestellten Ratsmitglieder und der vom Rat nach § 58 Absatz 3 bestellten sachkundigen Bürger übertreffen. Der Integrationsausschuss ist wie ein Ratsausschuss in die Beratungsfolge des Rates einzubinden.

§ 27a
Interessenvertretungen, Beauftragte

Die Gemeinde kann zur Wahrnehmung der spezifischen Interessen von Senioren, von Jugendlichen, von Menschen mit Behinderung oder anderen gesellschaftlichen Gruppen besondere Vertretungen bilden oder Beauftragte bestellen. Das Nähere kann durch Satzung geregelt werden.

§ 28
Ehrenamtliche Tätigkeit und Ehrenamt

(1) Der Einwohner ist zu einer nebenberuflichen vorübergehenden Tätigkeit für die Gemeinde verpflichtet (ehrenamtliche Tätigkeit).

(2) Der Bürger ist zur nebenberuflichen Übernahme eines auf Dauer berechneten Kreises von Verwaltungsgeschäften für die Gemeinde verpflichtet (Ehrenamt).

§ 29
Ablehnungsgründe

(1) Einwohner und Bürger können die Übernahme einer ehrenamtlichen Tätigkeit oder eines Ehrenamts ablehnen, ihre Ausübung verweigern oder das Ausscheiden verlangen, wenn ein wichtiger Grund vorliegt.

(2) Ob ein wichtiger Grund vorliegt, entscheidet der Rat, soweit er nicht die Entscheidung dem Bürgermeister überträgt.

(3) Der Rat kann gegen einen Bürger oder Einwohner, der ohne wichtigen Grund die Übernahme einer ehrenamtlichen Tätigkeit oder eines Ehrenamts ablehnt oder ihre Ausübung verweigert, ein Ordnungsgeld bis zu 250 Euro und für jeden Fall der Wiederholung ein Ordnungsgeld bis zu 500 Euro festsetzen. Die Ordnungsgelder werden im Verwaltungszwangsverfahren beigetrieben.

§ 30
Verschwiegenheitspflicht

(1) Der zu ehrenamtlicher Tätigkeit oder in ein Ehrenamt Berufene hat, auch nach Beendigung seiner Tätigkeit, über die ihm dabei bekannt gewordenen Angelegenheiten, deren Geheimhaltung ihrer Natur nach erforderlich, besonders vorgeschrieben, vom Rat beschlossen oder vom Bürgermeister angeordnet ist, Verschwiegenheit zu wahren. Ihrer Natur nach geheim sind insbesondere Angelegenheiten, deren Mitteilung an andere dem Gemeinwohl oder dem berechtigten Interesse einzelner Personen zuwiderlaufen würde. Er darf die Kenntnis vertraulicher Angelegenheiten nicht unbefugt verwerten.

(2) Der zu ehrenamtlicher Tätigkeit oder in ein Ehrenamt Berufene darf ohne Genehmigung über Angelegenheiten, über die er Verschwiegenheit zu wahren hat, weder vor Gericht noch außergerichtlich aussagen oder Erklärungen abgeben.

(3) Die Genehmigung, als Zeuge auszusagen, darf nur versagt werden, wenn die Aussage dem Wohle des Bundes oder eines Landes Nachteile bereiten oder die Erfüllung öffentlicher Aufgaben ernstlich gefährden oder erheblich erschweren würde.

(4) Ist der zu ehrenamtlicher Tätigkeit oder in ein Ehrenamt Berufene Beteiligter in einem gerichtlichen Verfahren oder soll sein Vorbringen der Wahrnehmung seiner berechtigten Interessen dienen, so darf die Genehmigung auch dann, wenn die Voraussetzungen des Absatzes 3 erfüllt sind, nur versagt werden, wenn ein zwingendes öffentliches Interesse dies erfordert. Wird sie versagt, so ist der Schutz zu gewähren, den die öffentlichen Interessen zulassen.

(5) Die Genehmigung erteilt bei den vom Rat zu ehrenamtlicher Tätigkeit oder in ein Ehrenamt Berufenen der Rat, im Übrigen der Bürgermeister.

(6) Wer die Pflichten nach Absatz 1 oder 2 verletzt, kann zur Verantwortung gezogen werden. Soweit die Tat nicht mit Strafe bedroht ist, gilt § 29 Abs. 3 entsprechend.

§ 31
Ausschließungsgründe

(1) Der zu ehrenamtlicher Tätigkeit oder in ein Ehrenamt Berufene darf weder beratend noch entscheidend mitwirken, wenn die Entscheidung einer Angelegenheit

1. ihm selbst,
2. einem seiner Angehörigen,
3. einer von ihm kraft Gesetzes oder kraft Vollmacht vertretenen natürlichen oder juristischen Person

einen unmittelbaren Vorteil oder Nachteil bringen kann. Unmittelbar ist der Vorteil oder Nachteil, wenn die Entscheidung eine natürliche oder juristische Person direkt berührt.

(2) Das Mitwirkungsverbot gilt auch, wenn der Betreffende

1. bei einer natürlichen Person, einer juristischen Person oder einer Vereinigung, der die Entscheidung einen unmittelbaren Vorteil oder Nachteil bringen kann, gegen Entgelt beschäftigt ist und nach den tatsächlichen Umständen, insbesondere der Art seiner Beschäftigung, ein Interessenwiderstreit anzunehmen ist,
2. Mitglied des Vorstandes, des Aufsichtsrates oder eines gleichartigen Organs einer juristischen Person oder einer Vereinigung ist, der die Entscheidung einen unmittelbaren Vorteil oder Nachteil bringen kann, es sei denn, er gehört den genannten Organen als Vertreter oder auf Vorschlag der Gemeinde an,
3. in anderer als öffentlicher Eigenschaft in der Angelegenheit ein Gutachten abgegeben hat oder sonst tätig geworden ist.

(3) Die Mitwirkungsverbote der Absätze 1 und 2 gelten nicht,

1. wenn der Vorteil oder Nachteil nur darauf beruht, dass jemand einer Berufs- oder Bevölkerungsgruppe angehört, deren gemeinsame Interessen durch die Angelegenheit berührt werden,
2. bei Wahlen zu einer ehrenamtlichen Tätigkeit oder in ein Ehrenamt und für die Abberufung aus solchen Tätigkeiten,
3. bei Wahlen, Wiederwahlen und Abberufungen nach § 71, es sei denn, der Betreffende selbst steht zur Wahl,
4. bei Beschlüssen eines Kollegialorgans, durch die jemand als Vertreter der Gemeinde in Organe der in Absatz 2 Nr. 2 genannten Art entsandt oder aus ihnen abberufen wird; das gilt auch für Beschlüsse, durch die Vorschläge zur Berufung in solche Organe gemacht werden,
5. bei gleichzeitiger Mitgliedschaft in der Vertretung einer anderen Gebietskörperschaft oder deren Ausschüssen, wenn ihr durch die Entscheidung ein Vorteil oder Nachteil erwachsen kann.

(4) Wer annehmen muss, nach Absatz 1 oder 2 von der Mitwirkung ausgeschlossen zu sein, hat den Ausschließungsgrund unaufgefordert der zuständigen Stelle anzuzeigen und den Sitzungsraum zu verlassen; bei einer öffentlichen Sitzung kann er sich in dem für die Zuhörer bestimmten Teil des Sitzungsraumes aufhalten. Für die Entscheidung in Fällen, in denen der Ausschluss streitig bleibt, ist bei Mitgliedern eines Kollegialorgans dieses, sonst der Bürgermeister zuständig. Verstöße gegen die Offenbarungspflicht sind von dem Kollegialorgan durch Beschluss, vom Bürgermeister durch einen schriftlichen Bescheid festzustellen.

(5) Angehörige im Sinne des Absatzes 1 Nr. 2, des § 72, des § 93 Abs. 5, § 103 Abs. 7 und des § 104 Abs. 3 sind

1. der Ehegatte oder die eingetragene Lebenspartnerin oder der eingetragene Lebenspartner,
2. Verwandte und Verschwägerte gerader Linie sowie durch Annahme als Kind verbundene Personen,
3. Geschwister,
4. Kinder der Geschwister,
5. Ehegatten der Geschwister und Geschwister der Ehegatten,
6. eingetragene Lebenspartnerinnen oder Lebenspartner der Geschwister und Geschwister der eingetragenen Lebenspartnerinnen oder Lebenspartner,
7. Geschwister der Eltern.

Die unter den Nummern 1, 2, 5 und 6 genannten Personen gelten nicht als Angehörige, wenn die Ehe rechtswirksam geschieden oder aufgehoben oder die Lebenspartnerschaft aufgehoben ist.

(6) Die Mitwirkung eines wegen Befangenheit Betroffenen kann nach Beendigung der Abstimmung nur geltend gemacht werden, wenn sie für das Abstimmungsergebnis entscheidend war.

§ 32
Treupflicht

(1) Inhaber eines Ehrenamts haben eine besondere Treupflicht gegenüber der Gemeinde. Sie dürfen Ansprüche anderer gegen die Gemeinde nicht geltend machen, es sei denn, dass sie als gesetzliche Vertreter handeln.

(2) Absatz 1 gilt auch für ehrenamtlich Tätige, wenn der Auftrag mit den Aufgaben ihrer ehrenamtlichen Tätigkeit in Zusammenhang steht. Ob diese Voraussetzungen vorliegen, entscheidet bei den vom Rat zu ehrenamtlicher Tätigkeit Berufenen der Rat, im Übrigen der Bürgermeister.

§ 33
Entschädigung

Der zu ehrenamtlicher Tätigkeit oder in ein Ehrenamt Berufene hat Anspruch auf Ersatz seiner Auslagen und des Verdienstausfalls. Der Verdienstausfall kann nach § 45 berechnet werden.

§ 34
Ehrenbürgerrecht und Ehrenbezeichnung

(1) Die Gemeinde kann Persönlichkeiten, die sich um sie besonders verdient gemacht haben, das Ehrenbürgerrecht verleihen. Sie kann langjährigen Ratsmitgliedern, Bürgermeisterinnen oder Bürgermeistern und Ehrenbeamten nach ihrem Ausscheiden eine Ehrenbezeichnung verleihen.

(2) Beschlüsse über die Verleihung oder die Entziehung des Ehrenbürgerrechts und über die Entziehung einer Ehrenbezeichnung fasst der Rat mit einer Mehrheit von zwei Dritteln der gesetzlichen Zahl der Mitglieder.

4. Teil
Bezirke und Ortschaften

§ 35
Stadtbezirke in den kreisfreien Städten

(1) Die kreisfreien Städte sind verpflichtet, das gesamte Stadtgebiet in Stadtbezirke einzuteilen.

(2) Bei der Einteilung des Stadtgebiets in Stadtbezirke soll auf die Siedlungsstruktur, die Bevölkerungsverteilung und die Ziele der Stadtentwicklung Rücksicht genommen werden. Die einzelnen Stadtbezirke sollen eine engere örtliche Gemeinschaft umfassen und nach der Fläche und nach der Einwohnerzahl so abgegrenzt werden, dass sie gleichermaßen bei der Erfüllung gemeindlicher Aufgaben beteiligt werden können; zu diesem Zweck können benachbarte Wohngebiete zu einem Stadtbezirk zusammengefasst werden. Der Kernbereich des Stadtgebiets soll nicht auf mehrere Stadtbezirke aufgeteilt werden.

(3) Das Stadtgebiet soll in nicht weniger als drei und nicht mehr als zehn Stadtbezirke eingeteilt werden.

(4) Die näheren Einzelheiten regelt die Hauptsatzung. Stadtbezirksgrenzen können nur zum Ende der Wahlperiode des Rates geändert werden.

(5) Die Aufsichtsbehörde kann im Einzelfall zulassen, dass das Stadtgebiet in mehr als zehn Stadtbezirke eingeteilt wird, wenn dies wegen der Abgrenzungsmerkmale nach Absatz 2 erforderlich sein sollte.

§ 36
Bezirksvertretungen in den kreisfreien Städten

(1) Für jeden Stadtbezirk ist eine Bezirksvertretung zu wählen. Die Mitglieder der Bezirksvertretungen werden in allgemeiner, unmittelbarer, freier, gleicher und geheimer Wahl auf die Dauer von fünf Jahren gewählt. Die näheren Vorschriften trifft das Kommunalwahlgesetz. Nach Ablauf der Wahlperiode üben die bisherigen Mitglieder der Bezirksvertretungen ihre Tätigkeit bis zum Zusammentritt der neugewählten Bezirksvertretung weiter aus.

(2) Die Bezirksvertretung besteht aus mindestens elf und höchstens neunzehn Mitgliedern einschließlich des Vorsitzenden. Der Vorsitzende führt die Bezeichnung Bezirksvorsteher. Der Rat kann beschließen, dass der Bezirksvorsteher die Bezeichnung Bezirksbürgermeister führt. Die Mitgliederzahlen können nach den Einwohnerzahlen der Stadtbezirke gestaffelt werden; die Gesamtzahl der Mitglieder muss ungerade sein. Das Nähere regelt die Hauptsatzung.

(3) Nach Beginn der Wahlperiode der Bezirksvertretung muss die erste Sitzung innerhalb von sechs Wochen stattfinden; dazu beruft der bisherige Bezirksvorsteher die Bezirksvertretung ein. Die Bezirksvertretung wählt aus ihrer Mitte ohne Aussprache den Bezirksvorsteher und einen oder mehrere Stellvertreter. § 67 Abs. 2 bis 5 findet entsprechende Anwendung. Der Bezirksvorsteher und die Stellvertreter dürfen nicht zugleich Bürgermeister oder Stellvertreter des Bürgermeisters sein.

(4) Der Bezirksvorsteher kann neben den Entschädigungen, die ihm als Mitglied der Bezirksvertretung zustehen, eine in der Hauptsatzung festzusetzende Aufwandsentschädigung erhalten. Für Stellvertreter des Bezirksvorstehers sowie für Fraktionsvorsitzende können in der Hauptsatzung entsprechende Regelungen getroffen werden. Das für Kommunales zuständige Ministerium bestimmt durch Rechtsverordnung die Höhe der Aufwandsentschädigung.

(5) Die Bezirksvertretungen dürfen keine Ausschüsse bilden. Auf die Mitglieder der Bezirksvertretungen und das Verfahren in den Bezirksvertretungen finden die für den Rat geltenden Vorschriften mit der Maßgabe entsprechende Anwendung, dass die Geschäftsordnung des Rates besondere Regelungen für die Bezirksvertretungen enthält und in Fällen äußerster Dringlichkeit der Bezirksvorsteher mit einem Mitglied der Bezirksvertretung entscheiden kann; § 60 Abs. 1 Satz 1 und Absatz 2 findet keine Anwendung. Abweichend von § 48 Abs. 1 Satz 4 brauchen Zeit und Ort der Sitzungen der Bezirksvertretungen sowie die Tagesordnung nicht öffentlich bekannt gemacht zu werden; der Oberbürgermeister soll die Öffentlichkeit hierüber vorher in geeigneter Weise unterrichten. Zu einzelnen Punkten der Tagesordnung können Sachverständige und Einwohner gehört werden. § 58a findet entsprechende Anwendung.

(6) Die nicht der Bezirksvertretung als ordentliche Mitglieder angehörenden Ratsmitglieder, die in dem Stadtbezirk wohnen oder dort kandidiert haben, haben das Recht, an den Sitzungen der Bezirksvertretung mit beratender Stimme teilzunehmen. Zu diesem Zweck sind der Oberbürgermeister und diese Ratsmitglieder wie die ordentlichen Mitglieder der Bezirksvertretung zu deren Sitzungen zu laden. Die übrigen Ratsmitglieder und Ausschussmitglieder können nach Maßgabe der Geschäftsordnung an nichtöffentlichen Sitzungen als Zuhörer teilnehmen. Die Teilnahme an Sitzungen als Zuhörer begründet

keinen Anspruch auf Ersatz des Verdienstausfalls und auf Zahlung von Sitzungsgeld.

(7) Der Oberbürgermeister ist berechtigt und auf Verlangen einer Bezirksvertretung verpflichtet, an den Sitzungen der Bezirksvertretung mit beratender Stimme teilzunehmen; ihm ist auf Verlangen jederzeit das Wort zu erteilen. Er kann sich von einem Beigeordneten oder einer anderen leitenden Dienstkraft vertreten lassen. Das Nähere regelt die Hauptsatzung.

§ 37
Aufgaben der Bezirksvertretungen in den kreisfreien Städten

(1) Soweit nicht der Rat nach § 41 Abs. 1 ausschließlich zuständig ist, entscheiden die Bezirksvertretungen unter Beachtung der Belange der gesamten Stadt und im Rahmen der vom Rat erlassenen allgemeinen Richtlinien in allen Angelegenheiten, deren Bedeutung nicht wesentlich über den Stadtbezirk hinausgeht, insbesondere in folgenden Angelegenheiten:

a) Unterhaltung und Ausstattung der im Stadtbezirk gelegenen Schulen und öffentlichen Einrichtungen, wie Sportplätze, Altenheime, Friedhöfe, Bibliotheken und ähnliche soziale und kulturelle Einrichtungen;

b) Angelegenheiten des Denkmalschutzes, der Pflege des Ortsbildes sowie der Grünpflege;

c) die Festlegung der Reihenfolge der Arbeiten zum Um- und Ausbau sowie zur Unterhaltung und Instandsetzung von Straßen, Wegen und Plätzen von bezirklicher Bedeutung einschließlich der Straßenbeleuchtung, soweit es sich nicht um die Verkehrssicherungspflicht handelt;

d) Betreuung und Unterstützung örtlicher Vereine, Verbände und sonstiger Vereinigungen und Initiativen im Stadtbezirk;

e) kulturelle Angelegenheiten des Stadtbezirks einschließlich Kunst im öffentlichen Raum, Heimat- und Brauchtumspflege im Stadtbezirk, Pflege von vorhandenen Paten- oder Städtepartnerschaften;

f) Information, Dokumentation und Repräsentation in Angelegenheiten des Stadtbezirks.

Die näheren Einzelheiten sind in der Hauptsatzung zu regeln. Der Rat kann dabei die in Satz 1 aufgezählten Aufgaben im Einzelnen abgrenzen. Hinsichtlich der Geschäfte der laufenden Verwaltung gilt § 41 Abs. 3.

(2) Bei Streitigkeiten der Bezirksvertretungen untereinander und zwischen Bezirksvertretungen und den Ausschüssen über Zuständigkeiten im Einzelfall entscheidet der Hauptausschuss.

(3) Die Bezirksvertretungen erfüllen die ihnen zugewiesenen Aufgaben im Rahmen der vom Rat bereitgestellten Haushaltsmittel; dabei sollen sie über den Verwendungszweck eines Teils dieser Haushaltsmittel allein entscheiden können. Die bezirksbezogenen Haushaltsmittel sollen unter Berücksichtigung der Gesamtaufwendungen und Gesamtauszahlungen der Stadt sowie des Umfangs der entsprechenden Anlagen und Einrichtungen fortgeschrieben werden.

(4) Die Bezirksvertretungen wirken an den Beratungen über die Haushaltssatzung mit. Sie beraten über alle Haushaltspositionen, die sich auf ihren Bezirk und ihre Aufgaben auswirken, und können dazu Vorschläge machen und Anregungen geben. Über die Haushaltspositionen nach Satz 2 und die Haushaltsmittel nach Absatz 3 ist den Bezirksvertretungen eine geeignete Übersicht als Auszug aus dem Entwurf der Haushaltssatzung nach § 80, getrennt nach Bezirken, zur Beratung vorzulegen. Die Übersichten sind dem Haushaltsplan als Anlage beizufügen.

(5) Die Bezirksvertretung ist zu allen wichtigen Angelegenheiten, die den Stadtbezirk berühren, zu hören. Insbesondere ist ihr vor der Beschlussfassung des Rates über Planungs- und Investitionsvorhaben im Bezirk und über Bebauungspläne für den Bezirk Gelegenheit zur Stellungnahme zu geben. Darüber hinaus hat die Bezirksvertretung bei diesen Vorhaben, insbesondere im Rahmen der Bauleitplanung, für ihr Gebiet dem Rat gegenüber ein Anregungsrecht. Der Rat kann allgemein oder im Einzelfall bestimmen, dass bei der Aufstellung von Bebauungsplänen von räumlich auf den Stadtbezirk begrenzter Bedeutung das Beteiligungsverfahren nach § 3 Baugesetzbuch den Bezirksvertretungen übertragen wird. Die Bezirksvertretung kann zu allen den Stadtbezirk betreffenden Angelegenheiten Vorschläge und Anregungen machen. Insbesondere kann sie Vorschläge für vom Rat für den Stadtbezirk zu wählende oder zu bestellende ehrenamtlich tätige Personen unterbreiten. Bei Beratungen des Rates oder eines Ausschusses über Angelegenheiten, die auf einen Vorschlag oder eine Anregung einer Bezirksvertretung zurückgehen, haben der Bezirksvorsteher oder sein Stellvertreter das Recht, dazu in der Sitzung gehört zu werden.

(6) Der Oberbürgermeister oder der Bezirksvorsteher können einem Beschluss der Bezirksvertretung spätestens am 14. Tag nach der Beschlussfassung unter schriftlicher Begründung widersprechen, wenn sie der Auffassung sind, dass der Beschluss das Wohl der Stadt gefährdet. Der Widerspruch hat aufschiebende Wirkung. Über die Angelegenheit ist in einer neuen Sitzung der Bezirksvertretung, die frühestens am dritten Tag und spätestens drei Wochen nach dem Widerspruch stattzufinden hat, erneut zu beschließen. Verbleibt die Bezirksvertretung bei ihrem Beschluss, so entscheidet der Rat endgültig, wenn der Widersprechende das verlangt. Im Übrigen gilt § 54 Abs. 3 entsprechend.

§ 38
Bezirksverwaltungsstellen in den kreisfreien Städten

(1) Für jeden Stadtbezirk ist eine Bezirksverwaltungsstelle einzurichten. Die Hauptsatzung kann bestimmen, dass die Bezirksverwaltungsstelle für mehrere Stadtbezirke zuständig ist oder dass im Stadtbezirk gelegene zentrale Verwaltungsstellen die Aufgaben einer Bezirksverwaltungsstelle miterfüllen.

(2) In der Bezirksverwaltungsstelle sollen im Rahmen einer sparsamen und wirtschaftlichen Haushaltsführung Dienststellen so eingerichtet und zusammengefasst werden, dass eine möglichst ortsnahe Erledigung der Verwaltungsaufgaben gewährleistet ist. Die Befugnisse, die dem Oberbürgermeister nach § 62 und § 73 zustehen, bleiben unberührt.

(3) Bei der Bestellung des Leiters einer Bezirksverwaltungsstelle ist die Bezirksvertretung anzuhören. Der Leiter der Bezirksverwaltungsstelle oder sein Stellvertreter ist verpflichtet, an den Sitzungen der Bezirksvertretung teilzunehmen.

§ 39
Gemeindebezirke in den kreisangehörigen Gemeinden

(1) Das Gemeindegebiet kann in Bezirke (Ortschaften) eingeteilt werden. Dabei ist auf die Siedlungsstruktur, die Bevölkerungsverteilung und die Ziele der Gemeindeentwicklung Rücksicht zu nehmen.

(2) Für jeden Gemeindebezirk sind vom Rat entweder Bezirksausschüsse zu bilden oder Ortsvorsteher zu wählen. In Gemeindebezirken mit Bezirksausschüssen können Bezirksverwaltungsstellen eingerichtet werden. Der Rat kann beschließen, dass der Ortsvorsteher die Bezeichnung Ortsbürgermeister führt.

(3) Den Bezirksausschüssen sollen im Rahmen des § 41 Abs. 2 Aufgaben zur Entscheidung übertragen werden, die sich ohne Beeinträchtigung der einheitlichen Entwicklung der gesamten Gemeinde innerhalb eines Gemeindebezirks erledigen lassen. Der Rat kann allgemeine Richtlinien erlassen, die bei der Wahrnehmung der den Bezirksausschüssen zugewiesenen Aufgaben zu beachten sind. Er stellt die erforderlichen Haushaltsmittel bereit. § 37 Abs. 5 gilt entsprechend.

(4) Auf die Bezirksausschüsse sind die für die Ausschüsse des Rates geltenden Vorschriften mit folgenden Maßgaben anzuwenden:

1. Bei der Bestellung der Mitglieder durch den Rat ist das bei der Wahl des Rates im jeweiligen Gemeindebezirk erzielte Stimmenverhältnis zugrunde zu legen;
2. ihnen dürfen mehr sachkundige Bürger als Ratsmitglieder angehören;
3. für Parteien und Wählergruppen, die im Rat vertreten sind, findet § 58 Abs. 1 Satz 7 bis 10 sinngemäß Anwendung;
4. der Bezirksausschuss wählt aus den ihm angehörenden Ratsmitgliedern einen Vorsitzenden und einen oder mehrere Stellvertreter; § 67 Abs. 2 findet entsprechende Anwendung.

(5) § 36 Abs. 6 und Abs. 7 gelten entsprechend.

(6) Ortsvorsteher wählt der Rat unter Berücksichtigung des bei der Wahl des Rates im jeweiligen Gemeindebezirk erzielten Stimmenverhältnisses für die Dauer seiner Wahlperiode. Sie sollen in dem Bezirk, für den sie bestellt werden, wohnen und müssen dem Rat angehören oder angehören können. § 67 Abs. 4 gilt entsprechend.

(7) Der Ortsvorsteher soll die Belange seines Bezirks gegenüber dem Rat wahrnehmen. Falls er nicht Ratsmitglied ist, darf er an den Sitzungen des Rates und der in § 59 genannten Ausschüsse weder entscheidend noch mit beratender Stimme mitwirken; das Recht, auch dort gehört zu werden, kann zugelassen werden. Der Ortsvorsteher kann für das Gebiet seiner Ortschaft mit der Erledigung bestimmter Geschäfte der laufenden Verwaltung beauftragt werden; er ist sodann zum Ehrenbeamten zu ernennen. Er führt diese Geschäfte in Verantwortung gegenüber dem Bürgermeister durch. Er kann eine angemessene Aufwandsentschädigung erhalten. Das für Kommunales zuständige Ministerium bestimmt durch Rechtsverordnung die Höhe der Aufwandsentschädigung und in welchem Umfang daneben der Ersatz von Auslagen zulässig ist. Ortsvorsteher haben einen Anspruch auf Freistellung nach Maßgabe des § 44 und erhalten Ersatz des Verdienstausfalls nach Maßgabe des § 45.

(8) Die im Rahmen der Bezirkseinteilung erforderlichen Vorschriften trifft der Rat durch die Hauptsatzung.

5. Teil
Der Rat

§ 40
Träger der Gemeindeverwaltung

(1) Die Verwaltung der Gemeinde wird ausschließlich durch den Willen der Bürgerschaft bestimmt.

(2) Die Bürgerschaft wird durch den Rat und den Bürgermeister vertreten. Der Rat besteht aus den gewählten Ratsmitgliedern und dem Bürgermeister (Mitglied kraft Gesetzes). Die Vertretung und Repräsentation des Rates obliegt dem Bürgermeister (in kreisfreien Städten: Oberbürgermeister). Den Vorsitz im Rat führt der Bürgermeister. Der Bürgermeister hat im Rat Stimmrecht. In den Fällen der §§ 47 Abs. 1, 48 Abs. 1, 50 Abs. 3, 53 Abs. 2, 55 Abs. 3 und 4, 58 Abs. 1, 3 und Abs. 5, 66 Abs. 1, 69 Abs. 1 Satz 2, 73 Abs. 1 und 3 und 96 Abs. 1 Satz 4 stimmt er nicht mit.

§ 41
Zuständigkeiten des Rates

(1) Der Rat der Gemeinde ist für alle Angelegenheiten der Gemeindeverwaltung zuständig, soweit dieses Gesetz nichts anderes bestimmt. Die Entscheidung über folgende Angelegenheiten kann der Rat nicht übertragen:

a) die allgemeinen Grundsätze, nach denen die Verwaltung geführt werden soll,
b) die Wahl der Mitglieder der Ausschüsse und ihrer Vertreter,
c) die Wahl der Beigeordneten,
d) die Verleihung und die Entziehung des Ehrenbürgerrechts und einer Ehrenbezeichnung,
e) die Änderung des Gemeindegebiets, soweit nicht in diesem Gesetz etwas anderes bestimmt ist,
f) den Erlass, die Änderung und die Aufhebung von Satzungen und sonstigen ortsrechtlichen Bestimmungen,
g) abschließende Beschlüsse im Flächennutzungsplanverfahren und abschließende Satzungsbeschlüsse auf der Grundlage des Baugesetzbuchs und des Maßnahmengesetzes zum Baugesetzbuch,
h) den Erlass der Haushaltssatzung und des Stellenplans, die Aufstellung eines Haushaltssicherungskonzeptes, die Zustimmung zu überplanmäßigen und außerplanmäßigen Aufwendungen und Auszahlungen sowie zu überplanmäßigen und außerplanmäßigen Verpflichtungsermächtigungen, die Festlegung von Wertgrenzen für die Veranschlagung und Abrechnung einzelner Investitionsmaßnahmen,
i) die Festsetzung allgemein geltender öffentlicher Abgaben und privatrechtlicher Entgelte,
j) die Feststellung des Jahresabschlusses und die Entlastung sowie die Bestätigung des Gesamtabschlusses; sofern ein Gesamtabschluss nicht erstellt wird, die Beschlussfassung über den Beteiligungsbericht,
k) den Beschluss über die gegenüber der Gemeindeprüfungsanstalt und der Aufsichtsbehörde abzugebende Stellungnahme gemäß § 105 Absatz 7,
l) die teilweise oder vollständige Veräußerung oder Verpachtung von Eigenbetrieben, die teilweise oder vollständige Veräußerung einer unmittelbaren oder mittelbaren Beteiligung an einer Gesellschaft oder anderen Vereinigungen des privaten Rechts, die Veräußerung eines Geschäftsanteils an einer eingetragenen Kreditgenossenschaft sowie den Abschluss von anderen Rechtsgeschäften im Sinne des § 111 Abs. 1 und 2,
m) die Errichtung, Übernahme, Erweiterung, Einschränkung und Auflösung von Anstalten des öffentlichen Rechts gemäß § 114 a, öffentlichen Einrichtungen und Eigenbetrieben, die Bildung oder Auflösung eines gemeinsamen Kommunalunternehmens gemäß § 27 Abs. 1 bis 3 und 6 des Gesetzes über kommunale Gemeinschaftsarbeit, die Änderung der Unternehmenssatzung eines gemeinsamen Kommunalunternehmens sowie der Austritt aus einem gemeinsamen Kommunalunternehmen, die erstmalige unmittelbare oder mittelbare Beteiligung sowie die Erhöhung einer unmittelbaren oder mittelbaren Beteiligung an einer Gesellschaft oder anderen Vereinigungen in privater Rechtsform, den Erwerb eines Geschäftsanteils an einer eingetragenen Kreditgenossenschaft,
n) die Umwandlung der Rechtsform von Anstalten des öffentlichen Rechts gemäß § 114a, öffentlichen Einrichtungen und Eigenbetrieben sowie die Umwandlung der Rechtsform von Gesellschaften, an denen die Gemeinde beteiligt ist, soweit der Einfluss der Gemeinde (§ 63 Abs. 2 und § 113 Abs. 1) geltend gemacht werden kann,
o) die Umwandlung des Zwecks, die Zusammenlegung und die Aufhebung von Stiftungen einschließlich des Verbleibs des Stiftungsvermögens,
p) die Umwandlung von Gemeindegliedervermögen in freies Gemeindevermögen sowie die Veränderung der Nutzungsrechte am Gemeindegliedervermögen,
q) die Übernahme von Bürgschaften, den Abschluss von Gewährverträgen und die Bestellung sonstiger Sicherheiten für andere sowie solche Rechtsgeschäfte, die den vorgenannten wirtschaftlich gleichkommen,
r) die Bestellung und Abberufung der Leitung und der Prüfer der örtlichen Rechnungsprüfung sowie die Übertragung von Aufgaben auf die örtliche Rechnungsprüfung,

s) die Genehmigung von Verträgen der Gemeinde mit Mitgliedern des Rates, der Bezirksvertretungen und der Ausschüsse sowie mit dem Bürgermeister und den leitenden Dienstkräften der Gemeinde nach näherer Bestimmung der Hauptsatzung,
t) die Übernahme neuer Aufgaben, für die keine gesetzliche Verpflichtung besteht,
u) die Festlegung strategischer Ziele unter Berücksichtigung der Ressourcen.

(2) Im Übrigen kann der Rat die Entscheidung über bestimmte Angelegenheiten auf Ausschüsse oder den Bürgermeister übertragen. Er kann ferner Ausschüsse ermächtigen, in Angelegenheiten ihres Aufgabenbereichs die Entscheidung dem Bürgermeister zu übertragen.

(3) Geschäfte der laufenden Verwaltung gelten im Namen des Rates als auf den Bürgermeister übertragen, soweit nicht der Rat sich, einer Bezirksvertretung oder einem Ausschuss für einen bestimmten Kreis von Geschäften oder für einen Einzelfall die Entscheidung vorbehält.

§ 42
Wahl der Ratsmitglieder

(1) Die Ratsmitglieder werden von den Bürgern in allgemeiner, unmittelbarer, freier, gleicher und geheimer Wahl für die Dauer von fünf Jahren gewählt. Die näheren Vorschriften trifft das Kommunalwahlgesetz.

(2) Nach Ablauf der Wahlperiode üben die bisherigen Ratsmitglieder ihre Tätigkeit bis zum Zusammentritt des neugewählten Rates weiter aus.

§ 43
Rechte und Pflichten der Ratsmitglieder

(1) Die Ratsmitglieder sind verpflichtet, in ihrer Tätigkeit ausschließlich nach dem Gesetz und ihrer freien, nur durch Rücksicht auf das öffentliche Wohl bestimmten Überzeugung zu handeln; sie sind an Aufträge nicht gebunden.

(2) Für die Tätigkeit als Ratsmitglied, Mitglied einer Bezirksvertretung oder Mitglied eines Ausschusses gelten die Vorschriften der §§ 30 bis 32 mit folgenden Maßgaben entsprechend:

1. Die Pflicht zur Verschwiegenheit kann ihnen gegenüber nicht vom Bürgermeister angeordnet werden;
2. die Genehmigung, als Zeuge auszusagen, erteilt bei Ratsmitgliedern der Rat, bei Mitgliedern der Bezirksvertretungen die Bezirksvertretung und bei Ausschussmitgliedern der Ausschuss;
3. die Offenbarungspflicht über Ausschließungsgründe besteht bei Ratsmitgliedern gegenüber dem Bürgermeister, bei Mitgliedern der Bezirksvertretungen gegenüber dem Bezirksvorsteher und bei Ausschussmitgliedern gegenüber dem Ausschussvorsitzenden vor Eintritt in die Verhandlung;
4. über Ausschließungsgründe entscheidet bei Ratsmitgliedern der Rat, bei Mitgliedern der Bezirksvertretungen die Bezirksvertretung, bei Ausschussmitgliedern der Ausschuss;
5. ein Verstoß gegen die Offenbarungspflicht wird vom Rat, von der Bezirksvertretung beziehungsweise vom Ausschuss durch Beschluss festgestellt;
6. Mitglieder der Bezirksvertretungen sowie sachkundige Bürger und sachkundige Einwohner als Mitglieder von Ausschüssen können Ansprüche anderer gegen die Gemeinde nur dann nicht geltend machen, wenn diese im Zusammenhang mit ihren Aufgaben stehen; ob diese Voraussetzungen vorliegen, entscheidet die Bezirksvertretung beziehungsweise der Ausschuss.

(3) Die Ratsmitglieder und die Mitglieder der Ausschüsse müssen gegenüber dem Bürgermeister, die Mitglieder einer Bezirksvertretung gegenüber dem Bezirksvorsteher Auskunft über ihre wirtschaftlichen und persönlichen Verhältnisse geben, soweit das für die Ausübung ihres Mandats von Bedeutung sein kann. Die näheren Einzelheiten regelt der Rat. Die Auskunft ist vertraulich zu behandeln. Name, Anschrift, der ausgeübte Beruf sowie andere vergütete und ehrenamtliche Tätigkeiten können veröffentlicht werden. Nach Ablauf der Wahlperiode sind die gespeicherten Daten der ausgeschiedenen Mitglieder zu löschen. § 7 des Korruptionsbekämpfungsgesetzes vom 16. Dezember 2004 (GV. NRW. 2005 S. 8) in der jeweils geltenden Fassung bleibt unberührt.

(4) Erleidet die Gemeinde infolge eines Beschlusses des Rates einen Schaden, so haften die Ratsmitglieder, wenn sie
a) in vorsätzlicher oder grob fahrlässiger Verletzung ihrer Pflicht gehandelt haben,
b) bei der Beschlussfassung mitgewirkt haben, obwohl sie nach dem Gesetz hiervon ausgeschlossen waren und ihnen der Ausschließungsgrund bekannt war,
c) der Bewilligung von Aufwendungen und Auszahlungen zugestimmt haben, für die das Gesetz oder die Haushaltssatzung eine Ermächtigung nicht vorsieht, wenn nicht gleichzeitig die erforderlichen Deckungsmittel bereitgestellt werden.

§ 44
Freistellung

(1) Niemand darf gehindert werden, sich um ein Mandat als Ratsmitglied, Mitglied einer Bezirksvertretung oder Mitglied eines Ausschusses zu bewerben, es anzunehmen oder auszuüben. Benachteiligungen am Arbeitsplatz im Zusammenhang mit der Bewerbung, der Annahme oder der Ausübung eines Mandats sind unzulässig. Entgegenstehende Vereinbarungen sind nichtig. Kündigungen oder Entlassungen aus Anlass der Bewerbung, Annahme oder Ausübung eines Mandats sind unzulässig.

(2) Die Ratsmitglieder, Mitglieder der Bezirksvertretungen oder Mitglieder der Ausschüsse sind für die Zeit der Ausübung des Mandats von ihrer Verpflichtung zur Arbeit freizustellen. Zur Ausübung des Mandats gehören Tätigkeiten, die mit dem Mandat in unmittelbarem Zusammenhang stehen oder auf Veranlassung des Rates, der Bezirksvertretung oder des Ausschusses erfolgen. Auf Veranlassung des Rates erfolgt auch eine Tätigkeit als vom Rat entsandter Vertreter der Gemeinde in Organen und Gremien von juristischen Personen und Vereinigungen des privaten oder öffentlichen Rechts sowie als Stellvertreter des Bürgermeisters. Bei Mandatsträgern, die innerhalb eines vorgegebenen Arbeitszeitrahmens über Lage und Dauer der individuellen Arbeitszeit selbst entscheiden können, ist die Zeit der Ausübung des Mandats innerhalb dieses Arbeitszeitrahmens zur Hälfte auf ihre Arbeitszeit anzurechnen. Der Anspruch auf Ersatz des Verdienstausfalls nach § 45 ist in diesem Fall auf diese Hälfte beschränkt.

(3) Zur Teilnahme an kommunalpolitischen Bildungsveranstaltungen, die der Ausübung ihres Mandats förderlich sind, haben Ratsmitglieder, Mitglieder der Bezirksvertretungen oder Mitglieder der Ausschüsse einen Anspruch auf Urlaub an bis zu acht Arbeitstagen in jeder Wahlperiode, jedoch an nicht mehr als vier aufeinanderfolgenden Arbeitstagen im Jahr. Für die Zeit des Urlaubs besteht nach diesem Gesetz kein Anspruch auf Lohn oder Gehalt; weitergehende Vorschriften bleiben unberührt. Der Verdienstausfall und die Aufwendungen für die entgeltliche Betreuung von pflege- oder betreuungsbedürftigen Angehörigen sind nach Maßgabe der Regelungen des § 45 Absatz 1 zu ersetzen.

Sind Ratsmitglieder, Mitglieder der Bezirksvertretungen oder Mitglieder der Ausschüsse zugleich auch Kreistagsabgeordnete oder Mitglieder von Ausschüssen des Kreistages, so besteht der Anspruch auf Urlaub in jeder Wahlperiode nur einmal.

Der Arbeitgeber bzw. Dienstherr darf den Urlaub zu dem von dem Beschäftigten mitgeteilten Zeitpunkt ablehnen, wenn zwingende betriebliche Belange oder Urlaubsanträge anderer Beschäftigter entgegenstehen.

§ 45
Entschädigung der Ratsmitglieder

1) Die Ratsmitglieder sowie die Mitglieder der Ausschüsse und Bezirksvertretungen haben Anspruch auf eine angemessene Aufwandsentschädigung und auf Ersatz des Verdienstausfalles, der ihnen durch die Mandatsausübung entsteht, soweit sie während der Arbeitszeit erforderlich ist. Personen, die nicht oder weniger als 20 Stunden pro Woche erwerbstätig sind, jedoch einen Haushalt von mindestens zwei Personen, wovon eine Person ein pflege- oder betreuungsbedürftiger Angehöriger ist, oder einen Haushalt von mindestens drei Personen führen, erhalten anstelle des Verdienstausfalls eine Entschädigung in Form eines Stundenpauschalsatzes. Aufwendungen für die entgeltliche Betreuung von pflege- oder betreuungsbedürftigen Angehörigen während der Ausübung des Mandats werden erstattet.

(2) Der Rat kann in der Hauptsatzung beschließen, dass den Ratsmitgliedern sowie den Mitgliedern der Ausschüsse und Bezirksvertretungen zusätzlich zu den Ansprüchen nach Absatz 1 Auslagenersatz sowie sonstige Leistungen gewährt werden, soweit diese nicht durch Rechtsverordnung geregelt sind und einen unmittelbaren Bezug zur Mandatsausübung aufweisen.

(3) Die Absätze 1 und 2 sind auch auf Fraktionssitzungen anzuwenden. Fraktionssitzungen sind auch Sitzungen von Teilen einer Fraktion wie Fraktionsvorstand und Fraktionsarbeitskreise. Die Zahl der ersatzpflichtigen Fraktionssitzungen pro Jahr ist in der Hauptsatzung zu beschränken.

(4) Auf die Aufwandsentschädigung kann nicht verzichtet werden. Der Anspruch auf Aufwandsentschädigung ist nicht übertragbar. Wird das Mandat länger als drei Monate nicht wahrgenommen, kann eine Aufwandsentschädigung für die Zeit der andauernden Nichtausübung des Mandats nicht beansprucht werden, es sei denn, das Mitglied hat die Nichtausübung nicht zu vertreten.

§ 46
Aufwandsentschädigung

(1) Neben den Entschädigungen, die den Ratsmitgliedern nach § 45 zustehen, erhalten
1. Stellvertreter des Bürgermeisters nach § 67 Absatz 1,
2. Vorsitzende von Ausschüssen des Rates mit Ausnahme des Wahlprüfungsausschusses,
3. Fraktionsvorsitzende - bei Fraktionen mit mindestens acht Mitgliedern auch ein stellvertretender Vorsitzender, mit mindestens 16 Mitgliedern auch zwei und mit mindestens 24 Mitgliedern auch drei stellvertretende Vorsitzende -

eine vom für Kommunales zuständigen Ministerium durch Rechtsverordnung festzusetzende angemessene Aufwandsentschädigung. Eine Aufwandsentschädigung ist nicht zu gewähren, wenn das Ratsmitglied hauptberuflich tätiger Mitarbeiter einer Fraktion ist.

(2) Die Aufwandsentschädigung gemäß Absatz 1 Satz 1 Nummer 2 wird als monatliche Pauschale gezahlt. Der Rat kann in der Hauptsatzung beschließen, dass
1. weitere oder sämtliche Ausschüsse von der Regelung in Absatz 1 Satz 1 Nummer 2 ausgenommen werden,
2. die Aufwandsentschädigung abweichend von Satz 1 für einzelne oder sämtliche Ausschüsse als Sitzungsgeld gezahlt wird.

Ausnahmen nach Satz 2 kann der Rat nur mit einer Mehrheit von zwei Dritteln seiner Mitglieder beschließen, dies gilt nicht, soweit der Rat beschlossene Ausnahmen wieder aufhebt.

§ 47
Einberufung des Rates

(1) Der Rat wird vom Bürgermeister einberufen. Nach Beginn der Wahlperiode muss die erste Sitzung innerhalb von sechs Wochen stattfinden. Im Übrigen tritt der Rat zusammen, so oft es die Geschäftslage erfordert, jedoch soll er wenigstens alle zwei Monate einberufen werden. Er ist unverzüglich einzuberufen, wenn ein Fünftel der Ratsmitglieder oder eine Fraktion unter Angabe der zur Beratung zu stellenden Gegenstände es verlangen.

(2) Die Ladungsfrist, die Form der Einberufung und die Geschäftsführung des Rates sowie die Art der Information der Öffentlichkeit über den Zugang der Öffentlichkeit zu einer digitalen Sitzung sind durch die Geschäftsordnung zu regeln, soweit hierüber nicht in diesem Gesetz Vorschriften getroffen sind. Der Rat regelt in der Geschäftsordnung Inhalt und Umfang des Fragerechts der Ratsmitglieder.

(3) Kommt der Bürgermeister seiner Verpflichtung zur Einberufung des Rates nicht nach, so veranlasst die Aufsichtsbehörde die Einberufung.

§ 47a
Einberufung von Sitzungen in besonderen Ausnahmefällen

(1) In besonderen Ausnahmefällen wie Katastrophen, einer epidemischen Lage oder anderen außergewöhnlichen Notsituationen kann die Durchführung von Sitzungen des Rats, der Ausschüsse und der Bezirksvertretungen in digitaler Form erfolgen, sofern die dafür erforderlichen Voraussetzungen erfüllt sind (digitale Sitzung).

(2) Bei einer digitalen Sitzung nehmen alle Gremienmitglieder ohne persönliche Anwesenheit am Sitzungsort unter Einsatz technischer Hilfsmittel durch zeitgleiche Bild-Ton-Übertragung an der Sitzung teil. Bei einer digitalen Sitzung gelten per Bild-Ton-Übertragung teilnehmende Gremienmitglieder als anwesend im Sinne von § 49 Absatz 1 Satz 1. Einer digitalen Sitzung steht eine hybrid durchgeführte Sitzung gleich, in der Gremienmitglieder teils persönlich anwesend und teils ohne persönliche Anwesenheit an der Sitzung teilnehmen, während die Sitzungsleitung am Sitzungsort anwesend ist.

(3) Dem Rat bleibt die Feststellung eines Ausnahmefalls nach Absatz 1 und die Entscheidung darüber vorbehalten, ob infolge dessen digitale oder hybride Sitzungen durchgeführt werden. Der Beschluss darüber ist mit zwei Dritteln seiner Mitglieder, längstens für einen Zeitraum von zwei Monaten, zu fassen. Die Stimmabgaben können in Textform erfolgen. Die Beschlussfassung soll so rechtzeitig gefasst werden, dass die Frist des § 47 Absatz 2 Satz 1 gewahrt werden kann. Die Verlängerung ist bei einem weiteren Andauern des besonderen Ausnahmefalles möglich. Für den Beschluss über eine Verlängerung gilt Satz 2 entsprechend.

(4) Die Durchführung von digitalen und hybriden Sitzungen ist nur zulässig, wenn und soweit die erforderlichen technischen Voraussetzungen für ihre Durchführung vorliegen und jedes Gremienmitglied über eine digitale Zugangsmöglichkeit zur Sitzung verfügt. Für die digitalen und hybriden Sitzungen dürfen nur die Anwendungen verwendet werden, die von der für die Zertifizierung zuständigen Stelle zugelassen sind. Die Gemeinde hat in ihrem Verantwortungsbereich dafür Sorge zu tragen, dass die technischen Voraussetzungen während der Sitzung durchgehend bestehen; die Gremienmitglieder stellen ihre Sitzungsteilnahme per Bild-Ton-Übertragung in eigener Verantwortung sicher.

(5) Bei digitalen Sitzungen wird der Öffentlichkeitsgrundsatz über die Bild-Ton-Übertragung der Sitzung gewahrt. Die Herstellung der Öffentlichkeit nach Satz 1 erfolgt über die Bereitstellung eines geschützten Zugangs zur digitalen Sitzung. § 48 Absatz 4 gilt entsprechend.

§ 48
Tagesordnung und Öffentlichkeit der Ratssitzungen

(1) Der Bürgermeister setzt die Tagesordnung fest. Er hat dabei Vorschläge aufzunehmen, die ihm innerhalb einer in der Geschäftsordnung zu bestimmenden Frist von einem Fünftel der Ratsmitglieder oder einer Fraktion vorgelegt werden. Fragestunden für Einwohner können in die Tagesordnung aufgenommen werden, wenn Einzelheiten hierüber in der Geschäftsordnung geregelt sind. Zeit und Ort der Sitzung sowie die Tagesordnung sind von ihm öffentlich bekanntzumachen. Die Tagesordnung kann in der Sitzung durch Beschluss des Rates erweitert werden, wenn es sich um Angelegenheiten handelt, die keinen Aufschub dulden oder die von äußerster Dringlichkeit sind.

(2) Die Sitzungen des Rates sind öffentlich. Durch die Geschäftsordnung kann die Öffentlichkeit für Angelegenheiten einer bestimmten Art ausgeschlossen werden. Auf Antrag des Bürgermeisters oder eines Ratsmitglieds kann für einzelne Angelegenheiten die Öffentlichkeit ausgeschlossen werden. Anträge auf Ausschluss der Öffentlichkeit dürfen nur in nichtöffentlicher Sitzung begründet und beraten werden. Falls dem Antrag stattgegeben wird, ist die Öffentlichkeit in geeigneter Weise zu unterrichten, dass in nichtöffentlicher Sitzung weiter verhandelt wird.

(3) Personenbezogene Daten dürfen offenbart werden, soweit nicht schutzwürdige Interessen Einzelner oder Belange des öffentlichen Wohls überwiegen; erforderlichenfalls ist die Öffentlichkeit auszuschließen.

(4) In öffentlichen Sitzungen sind Bildaufnahmen zulässig, wenn sie die Ordnung der Sitzung nicht gefährden. Film- und Tonaufnahmen von den Ratsmitgliedern mit dem Ziel der Veröffentlichung sind in öffentlicher Sitzung nur zulässig, soweit die Hauptsatzung dies bestimmt.

(5) Mitglieder der Bezirksvertretungen und der Ausschüsse können nach Maßgabe der Geschäftsordnung an den nichtöffentlichen Sitzungen des Rates als Zuhörer teilnehmen, soweit deren Aufgabenbereich durch den Beratungsgegenstand berührt wird. Die Teilnahme als Zuhörer begründet keinen Anspruch auf Ersatz des Verdienstausfalls und auf Zahlung von Sitzungsgeld.

§ 49
Beschlussfähigkeit des Rates

(1) Der Rat ist beschlussfähig, wenn mehr als die Hälfte der gesetzlichen Mitgliederzahl anwesend ist. Er gilt als beschlussfähig, solange seine Beschlussunfähigkeit nicht festgestellt ist.

(2) Ist eine Angelegenheit wegen Beschlussunfähigkeit zurückgestellt worden und wird der Rat zur Verhandlung über denselben Gegenstand einberufen, so ist er ohne Rücksicht auf die Zahl der Erschienenen beschlussfähig. Bei der zweiten Ladung muss auf diese Bestimmung ausdrücklich hingewiesen werden.

§ 50
Abstimmungen

(1) Beschlüsse werden mit Stimmenmehrheit gefasst, soweit das Gesetz nichts anderes vorschreibt. Bei Stimmengleichheit gilt ein Antrag als abgelehnt. Bei der Beschlussfassung wird offen abgestimmt. Auf Antrag einer in der Geschäftsordnung zu bestimmenden Zahl von Mitgliedern des Rates ist namentlich abzustimmen. Auf Antrag mindestens eines Fünftels der Mitglieder des Rates ist geheim abzustimmen. Zum selben Tagesordnungspunkt hat ein Antrag auf geheime Abstimmung Vorrang gegenüber einem Antrag auf namentliche Abstimmung. Die Geschäftsordnung kann weitere Regelungen treffen.

(2) Wahlen werden, wenn das Gesetz nichts anderes bestimmt oder wenn niemand widerspricht, durch offene Abstimmung, sonst durch Abgabe von Stimmzetteln, vollzogen. Gewählt ist die vorgeschlagene Person, die mehr als die Hälfte der gültigen Stimmen erhalten hat. Nein-Stimmen gelten als gültige Stimmen. Erreicht niemand mehr als die Hälfte der Stimmen, so findet zwischen den Personen, welche die beiden höchsten Stimmenzahlen erreicht haben, eine engere Wahl statt. Gewählt ist, wer in dieser engeren Wahl die meisten Stimmen auf sich vereinigt. Bei Stimmengleichheit entscheidet das Los.

(3) Haben sich die Ratsmitglieder zur Besetzung der Ausschüsse auf einen einheitlichen Wahlvorschlag geeinigt, ist der einstimmige Beschluss der Ratsmitglieder über die Annahme dieses Wahlvorschlages ausreichend. Kommt ein einheitlicher Wahlvorschlag nicht zustande, so wird nach den Grundsätzen der Verhältniswahl in einem Wahlgang abgestimmt. Dabei sind die Wahlstellen auf die Wahlvorschläge der Fraktionen und Gruppen des Rates entsprechend dem Verhältnis der Stimmenzahlen, die auf die einzelnen Wahlvorschläge entfallen, zur Gesamtzahl der abgegebenen gültigen Stimmen zu verteilen. Jedem Wahlvorschlag werden zunächst so viele Sitze zugeteilt, wie sich für ihn ganze Zahlen ergeben. Sind danach noch Sitze zu vergeben, so sind sie in der Reihenfolge der höchsten Zahlenbruchteile zuzuteilen. Bei gleichen Zahlenbruchteilen entscheidet das Los. Scheidet jemand vorzeitig aus einem Ausschuss aus, wählen die Ratsmitglieder auf Vorschlag der Fraktion oder Gruppe, welcher das ausgeschiedene Mitglied bei seiner Wahl angehörte, einen Nachfolger.

(4) Hat der Rat zwei oder mehr Vertreter oder Mitglieder im Sinne der §§ 63 Abs. 2 und 113 zu bestellen oder vorzuschlagen, die nicht hauptberuflich tätig sind, ist das Verfahren nach Absatz 3 entsprechend anzuwenden. Dies gilt ebenso, wenn zwei oder mehr Personen vorzeitig aus dem Gremium ausgeschieden sind, für das sie bestellt oder vorgeschlagen worden waren und für diese mehrere Nachfolger zu wählen sind. Scheidet eine Person vorzeitig aus dem Gremium aus, für das sie bestellt oder vorgeschlagen worden war, wählt der Rat den Nachfolger für die restliche Zeit nach Absatz 2.

(5) Bei Beschlüssen und Wahlen zählen Stimmenthaltungen und ungültige Stimmen zur Feststellung der Beschlussfähigkeit, nicht aber zur Berechnung der Mehrheit mit.

(6) Ein Mitglied in dessen Person ein Ausschließungsgrund nach § 31 besteht, kann an der Beratung und Abstimmung nicht teilnehmen.

§ 51
Ordnung in den Sitzungen

(1) Der Bürgermeister leitet die Verhandlungen, eröffnet und schließt die Sitzungen, handhabt die Ordnung und übt das Hausrecht aus.

(2) In der Geschäftsordnung kann bestimmt werden, in welchen Fällen durch Beschluss des Rates einem Ratsmitglied bei Verstößen gegen die Ordnung die auf den Sitzungstag entfallenden Entschädigungen ganz oder teilweise entzogen werden und es für eine oder mehrere Sitzungen ausgeschlossen wird.

(3) Enthält die Geschäftsordnung eine Bestimmung gemäß Absatz 2, so kann der Bürgermeister, falls er es für erforderlich hält, den sofortigen Ausschluss des Ratsmitgliedes aus der Sitzung verhängen und durchführen. Der Rat befindet über die Berechtigung dieser Maßnahme in der nächsten Sitzung.

§ 52
Niederschrift der Ratsbeschlüsse

(1) Über die im Rat gefassten Beschlüsse ist eine Niederschrift aufzunehmen. Diese wird vom Bürgermeister und einem vom Rat zu bestellenden Schriftführer unterzeichnet.

(2) Der wesentliche Inhalt der Beschlüsse soll in öffentlicher Sitzung oder in anderer geeigneter Weise der Öffentlichkeit zugänglich gemacht werden, soweit nicht im Einzelfall etwas anderes beschlossen wird.

§ 53
Behandlung der Ratsbeschlüsse

(1) Beschlüsse, die die Durchführung der Geschäftsordnung betreffen, führt der Bürgermeister aus. Wenn er persönlich be-

troffen ist, handelt der Stellvertreter.

(2) Beschlüsse, die

a) die Geltendmachung von Ansprüchen der Gemeinde gegen den Bürgermeister,

b) die Amtsführung des Bürgermeisters,

betreffen, führt der allgemeine Vertreter des Bürgermeisters aus.

§ 54
Widerspruch und Beanstandung

(1) Der Bürgermeister kann einem Beschluss des Rates spätestens am dritten Tag nach der Beschlussfassung unter schriftlicher Begründung widersprechen, wenn er der Auffassung ist, dass der Beschluss das Wohl der Gemeinde gefährdet. Der Widerspruch hat aufschiebende Wirkung. Über die Angelegenheit ist in einer neuen Sitzung des Rates, die frühestens am dritten Tage und spätestens zwei Wochen nach dem Widerspruch stattzufinden hat, erneut zu beschliessen. Ein weiterer Widerspruch ist unzulässig.

(2) Verletzt ein Beschluss des Rates das geltende Recht, so hat der Bürgermeister den Beschluss zu beanstanden. Die Beanstandung hat aufschiebende Wirkung. Sie ist schriftlich in Form einer begründeten Darlegung dem Rat mitzuteilen. Verbleibt der Rat bei seinem Beschluss, so hat der Bürgermeister unverzüglich die Entscheidung der Aufsichtsbehörde einzuholen. Die aufschiebende Wirkung bleibt bestehen.

(3) Verletzt der Beschluss eines Ausschusses, dem eine Angelegenheit zur Entscheidung übertragen ist, das geltende Recht, so findet Absatz 2 Satz 1 bis 3 entsprechende Anwendung. Verbleibt der Ausschuss bei seinem Beschluss, so hat der Rat über die Angelegenheit zu beschließen.

(4) Die Verletzung eines Mitwirkungsverbots nach § 43 Abs. 2 Satz 1 in Verbindung mit § 31 kann gegen den Beschluss des Rates oder eines Ausschusses, dem eine Angelegenheit zur Entscheidung übertragen ist, nach Ablauf von sechs Monaten seit der Beschlussfassung oder, wenn eine öffentliche Bekanntmachung erforderlich ist, sechs Monate nach dieser nicht mehr geltend gemacht werden, es sei denn, dass der Bürgermeister den Beschluss vorher beanstandet hat oder die Verletzung des Mitwirkungsverbots vorher gegenüber der Gemeinde gerügt und dabei die Tatsache bezeichnet worden ist, die die Verletzung ergibt.

§ 55
Kontrolle der Verwaltung

(1) Der Rat ist durch den Bürgermeister über alle wichtigen Angelegenheiten der Gemeindeverwaltung zu unterrichten. Der Bürgermeister ist verpflichtet, einem Ratsmitglied auf Verlangen Auskunft zu erteilen oder zu einem Tagesordnungspunkt Stellung zu nehmen. In Angelegenheiten einer Bezirksvertretung ist dessen Mitglied in gleicher Weise berechtigt und der Bürgermeister verpflichtet.

(2) Bezirksvorsteher und Ausschussvorsitzende können vom Bürgermeister jederzeit Auskunft und Akteneinsicht über Angelegenheiten verlangen, die zum Aufgabenbereich ihrer Bezirksvertretung bzw. ihres Ausschusses gehören.

(3) Der Rat überwacht die Durchführung seiner Beschlüsse und der Beschlüsse der Bezirksvertretungen und Ausschüsse sowie den Ablauf der Verwaltungsangelegenheiten. Zu diesem Zweck kann der Rat mit der Mehrheit der Ratsmitglieder vom Bürgermeister Einsicht in die Akten durch einen von ihm bestimmten Ausschuss oder einzelne von ihm beauftragte Mitglieder verlangen.

(4) In Einzelfällen muss auf Beschluss des Rates mit der Mehrheit der Ratsmitglieder oder auf Verlangen eines Fünftels der Ratsmitglieder oder einer Fraktion auch einem einzelnen, von den Antragstellern jeweils zu benennenden Ratsmitglied Akteneinsicht gewährt werden. Einem einzelnen, von den Antragstellern zu benennenden Mitglied einer Bezirksvertretung oder eines Ausschusses steht ein Akteneinsichtsrecht nur aufgrund eines Beschlusses der Bezirksvertretung beziehungsweise des Ausschusses zu. Dritte sind von der Teilnahme an der Akteneinsicht ausgeschlossen. Akteneinsicht darf einem Ratsmitglied oder einem Mitglied der Bezirksvertretung nicht gewährt werden, das wegen Interessenwiderstreits von der Beratung und Entscheidung der Angelegenheit ausgeschlossen ist.

(5) Jedem Ratsmitglied oder jedem Mitglied einer Bezirksvertretung ist vom Bürgermeister auf Verlangen Akteneinsicht zu gewähren, soweit die Akten der Vorbereitung oder der Kontrolle von Beschlüssen des Rates, des Ausschusses oder der Bezirksvertretung dienen, der es angehört. Dritte sind von der Teilnahme an der Akteneinsicht ausgeschlossen. Die Akteneinsicht darf nur verweigert werden, soweit ihr schutzwürdige Belange Betroffener oder Dritter entgegenstehen. Die ablehnende Entscheidung ist in Textform zu begründen. Akteneinsicht darf einem Ratsmitglied oder einem Mitglied der Bezirksvertretung nicht gewährt werden, das wegen Interessenwiderstreits von der Beratung und Entscheidung der Angelegenheit ausgeschlossen ist.

§ 56
Fraktionen

(1) Fraktionen sind freiwillige Vereinigungen von Ratsmitgliedern oder von Mitgliedern einer Bezirksvertretung, die sich auf der Grundlage grundsätzlicher politischer Übereinstimmung zu möglichst gleichgerichtetem Wirken zusammengeschlossen haben. Im Rat einer kreisangehörigen Gemeinde muss eine Fraktion aus mindestens zwei Mitgliedern, im Rat einer kreisfreien Stadt aus mindestens drei Mitgliedern, in einer Bezirksvertretung aus mindestens zwei Mitgliedern bestehen. Satz 1 gilt für Gruppen ohne Fraktionsstatus im Rat oder einer Bezirksvertretung entsprechend. Eine Gruppe im Rat oder in einer Bezirksvertretung besteht aus mindestens zwei Mitgliedern.

(2) Die Fraktionen wirken bei der Willensbildung und Entscheidungsfindung in der Vertretung mit; sie können insoweit ihre Auffassung öffentlich darstellen. Ihre innere Ordnung muss demokratischen und rechtsstaatlichen Grundsätzen entsprechen. Sie geben sich ein Statut, in dem das Abstimmungsverfahren, die Aufnahme und der Ausschluss aus der Fraktion geregelt werden.

(3) Die Gemeinde gewährt den Fraktionen und Gruppen aus Haushaltsmitteln Zuwendungen zu den sächlichen und personellen Aufwendungen für die Geschäftsführung. Die Zuwendungen an die Fraktionen und Gruppen sind in einer besonderen Anlage zum Haushaltsplan darzustellen. Über die Verwendung der Zuwendungen ist ein Nachweis in einfacher Form zu führen, der unmittelbar dem Bürgermeister zuzuleiten ist. Eine Gruppe erhält mindestens 90 Prozent einer proportionalen Ausstattung, die zwei Dritteln der Zuwendungen entspricht, die die kleinste Fraktion nach Absatz 1 Satz 2 erhält oder erhalten würde. Einem Ratsmitglied, das keiner Fraktion oder Gruppe angehört, stellt die Gemeinde in angemessenem Umfang Sachmittel und Kommunikationsmittel zum Zwecke seiner Vorbereitung auf die Ratssitzung zur Verfügung. Der Rat kann stattdessen beschließen, dass ein Ratsmitglied aus Haushaltsmitteln finanzielle Zuwendungen erhält, die die Hälfte des Betrages nicht übersteigen dürfen, die eine Gruppe mit zwei Mitgliedern erhielte. In diesem Fall ist nach den Sätzen 2 und 3 zu verfahren.

(4) Ein hauptberuflich tätiger Mitarbeiter einer Fraktion kann Ratsmitglied sein. Nähere Einzelheiten über die Bildung der Fraktionen, ihre Rechte und Pflichten sowie den Umgang mit personenbezogenen Daten regelt die Geschäftsordnung. Die Geschäftsordnung bestimmt auch, ob eine Fraktion ein Ratsmitglied, das keiner Fraktion angehört, als Hospitant aufnehmen kann. Bei der Feststellung der Mindeststärke einer Fraktion zählen Hospitanten nicht mit.

(5) Soweit personenbezogene Daten an Ratsmitglieder oder Mitglieder einer Bezirksvertretung übermittelt werden dürfen, ist ihre Übermittlung auch an Mitarbeiter einer Fraktion oder

einer Gruppe oder eines einzelnen Ratsmitgliedes nach Absatz 3 Satz 4 zulässig, wenn diese zur Verschwiegenheit verpflichtet sind.

§ 57
Bildung von Ausschüssen

(1) Der Rat kann Ausschüsse bilden.

(2) In jeder Gemeinde müssen ein Hauptausschuss, ein Finanzausschuss und ein Rechnungsprüfungsausschuss gebildet werden. Der Rat kann beschließen, dass die Aufgaben des Finanzausschusses vom Hauptausschuss wahrgenommen werden.

(3) Den Vorsitz im Hauptausschuss führt der Bürgermeister. Er hat Stimmrecht im Hauptausschuss. Der Hauptausschuss wählt aus seiner Mitte einen oder mehrere Vertreter des Vorsitzenden.

(4) Der Rat kann für die Arbeit der Ausschüsse allgemeine Richtlinien aufstellen. Beschlüsse von Ausschüssen mit Entscheidungsbefugnis können erst durchgeführt werden, wenn innerhalb einer in der Geschäftsordnung zu bestimmenden Frist weder vom Bürgermeister noch von einem Fünftel der Ausschussmitglieder Einspruch eingelegt worden ist. Über den Einspruch entscheidet der Rat. § 54 Abs. 3 bleibt unberührt.

§ 58
Zusammensetzung der Ausschüsse und ihr Verfahren

(1) Der Rat regelt mit der Mehrheit der Stimmen der Ratsmitglieder die Zusammensetzung der Ausschüsse und ihre Befugnisse. Soweit er stellvertretende Ausschussmitglieder bestellt, ist die Reihenfolge der Vertretung zu regeln. Der Bürgermeister hat das Recht, mit beratender Stimme an den Sitzungen der Ausschüsse teilzunehmen; ihm ist auf Verlangen jederzeit das Wort zu erteilen. An nichtöffentlichen Sitzungen eines Ausschusses können die stellvertretenden Ausschussmitglieder sowie alle Ratsmitglieder als Zuhörer teilnehmen; nach Maßgabe der Geschäftsordnung können auch die Mitglieder der Bezirksvertretungen als Zuhörer teilnehmen, ebenso die Mitglieder anderer Ausschüsse, soweit deren Aufgabenbereich durch den Beratungsgegenstand berührt wird. Die Teilnahme als Zuhörer begründet keinen Anspruch auf Ersatz des Verdienstausfalls und auf Zahlung von Sitzungsgeld. Wird in einer Ausschusssitzung ein Antrag beraten, den ein Ratsmitglied gestellt hat, das dem Ausschuss nicht angehört, so kann es sich an der Beratung beteiligen. Fraktionen, die in einem Ausschuss nicht vertreten sind, sind berechtigt, für diesen Ausschuss ein Ratsmitglied oder einen sachkundigen Bürger, der dem Rat angehören kann, zu benennen. Das benannte Ratsmitglied oder der benannte sachkundige Bürger wird vom Rat zum Mitglied des Ausschusses bestellt. Sie wirken in dem Ausschuss mit beratender Stimme mit. Bei der Zusammensetzung und der Berechnung der Beschlussfähigkeit des Ausschusses werden sie nicht mitgezählt. Ein Ratsmitglied hat das Recht, mindestens einem der Ausschüsse als Mitglied mit beratender Stimme anzugehören. Die Sätze 8 bis 10 gelten entsprechend.

(2) Auf die Ausschussmitglieder und das Verfahren in den Ausschüssen finden die für den Rat geltenden Vorschriften entsprechende Anwendung. Der Ausschussvorsitzende setzt die Tagesordnung im Benehmen mit dem Bürgermeister fest. Auf Verlangen des Bürgermeisters ist der Ausschussvorsitzende verpflichtet, einen Gegenstand in die Tagesordnung aufzunehmen. Der Ausschussvorsitzende ist in gleicher Weise verpflichtet, wenn eine Fraktion dies beantragt. Abweichend von § 48 Abs. 1 Satz 4 brauchen Zeit und Ort der Ausschusssitzungen sowie die Tagesordnung nicht öffentlich bekanntgemacht zu werden; der Bürgermeister soll die Öffentlichkeit hierüber vorher in geeigneter Weise unterrichten.

(3) Zu Mitgliedern der Ausschüsse, mit Ausnahme des Hauptausschusses, können neben Ratsmitgliedern auch sachkundige Bürger, die dem Rat angehören können, bestellt werden. Zur Übernahme der Tätigkeit als sachkundiger Bürger ist niemand verpflichtet. Die Zahl der sachkundigen Bürger darf die Zahl der Ratsmitglieder in den einzelnen Ausschüssen nicht erreichen. Die Ausschüsse sind nur beschlussfähig, wenn die Zahl der anwesenden Ratsmitglieder die Zahl der anwesenden sachkundigen Bürger übersteigt. Sie gelten auch insoweit als beschlussfähig, solange ihre Beschlussunfähigkeit nicht festgestellt ist. Die Ausschüsse können Vertreter derjenigen Bevölkerungsgruppen, die von ihrer Entscheidung vorwiegend betroffen werden und Sachverständige zu den Beratungen zuziehen.

(4) Als Mitglieder mit beratender Stimme können den Ausschüssen volljährige sachkundige Einwohner angehören, die in entsprechender Anwendung des § 50 Abs. 3 zu wählen sind. Im Übrigen gilt Absatz 3 Satz 1 und 2 entsprechend.

(5) Haben sich die Fraktionen über die Verteilung der Ausschussvorsitze geeinigt und wird dieser Einigung nicht von einem Fünftel der Ratsmitglieder widersprochen, so bestimmen die Fraktionen die Ausschussvorsitzenden aus der Mitte der den Ausschüssen angehörenden stimmberechtigten Ratsmitglieder. Soweit eine Einigung nicht zustande kommt, werden den Fraktionen die Ausschussvorsitze in der Reihenfolge der Höchstzahlen zugeteilt, die sich durch Teilung der Mitgliederzahlen der Fraktionen durch 1, 2, 3 usw. ergeben; mehrere Fraktionen können sich zusammenschließen. Bei gleichen Höchstzahlen entscheidet das Los, das der Bürgermeister zu ziehen hat. Die Fraktionen benennen die Ausschüsse, deren Vorsitz sie beanspruchen, in der Reihenfolge der Höchstzahlen und bestimmen die Vorsitzenden. Scheidet ein Ausschussvorsitzender während der Wahlperiode aus, bestimmt die Fraktion, der er angehört, ein Ratsmitglied zum Nachfolger. Die Sätze 1 bis 5 gelten für stellvertretende Vorsitzende entsprechend.

(6) Werden Ausschüsse während der Wahlperiode neu gebildet, aufgelöst oder ihre Aufgaben wesentlich verändert, ist das Verfahren nach Absatz 5 zu wiederholen.

(7) Über die Beschlüsse der Ausschüsse ist eine Niederschrift aufzunehmen. Diese ist dem Bürgermeister und den Ausschussmitgliedern zuzuleiten.

§ 58a
Hybride Sitzungen der Ausschüsse

In der Hauptsatzung kann bestimmt werden, dass Ausschüsse des Rates auch außerhalb der besonderen Ausnahmefälle nach § 47a Absatz 1 hybride Sitzungen durchführen dürfen. Von diesem Recht ausgenommen sind die in § 57 Absatz 2 genannten Ausschüsse. Dem jeweiligen Ausschuss bleibt die Entscheidung darüber vorbehalten. Der Beschluss darüber, ob eine Sitzung des Ausschusses als hybride Sitzung durchgeführt werden soll, ist mit einfacher Mehrheit zu fassen. Die Beschlussfassung soll so rechtzeitig gefasst werden, dass § 47 Absatz 2 gewahrt werden kann. § 47a Absatz 2 Satz 3 und Absatz 4 gilt entsprechend.

§ 59
Hauptausschuss, Finanzausschuss und Rechnungsprüfungsausschuss

(1) Der Hauptausschuss hat die Arbeiten aller Ausschüsse aufeinander abzustimmen.

(2) Der Finanzausschuss bereitet die Haushaltssatzung der Gemeinde vor und trifft die für die Ausführung des Haushaltsplans erforderlichen Entscheidungen, soweit hierfür nicht andere Ausschüsse zuständig sind.

(3) Der Rechnungsprüfungsausschuss prüft den Jahresabschluss und den Lagebericht der Gemeinde unter Einbezug des Prüfungsberichtes. Er bedient sich hierbei der örtlichen Rechnungsprüfung oder eines Dritten gemäß § 102 Absatz 2. Die Verantwortlichen nach Satz 2 haben an der Beratung über diese Vorlagen im Rechnungsprüfungsausschuss teilzunehmen und über die wesentlichen Ergebnisse ihrer Prüfung, insbesondere wesentliche Schwächen des internen Kontrollsystems bezogen auf den Rechnungslegungsprozess, zu berichten. Der Rechnungsprüfungsausschuss hat zu dem Ergebnis der Jahresabschlussprüfung schriftlich gegenüber dem Rat Stellung zu nehmen. Am Schluss dieses Berichtes hat der Rechnungsprü-

fungsausschuss zu erklären, ob nach dem abschließenden Ergebnis seiner Prüfung Einwendungen zu erheben sind und ob er den vom Bürgermeister aufgestellten Jahresabschluss und Lagebericht billigt. Sofern ein Gesamtabschluss und Gesamtlagebericht erstellt wird, finden die Sätze 1 bis 5 entsprechende Anwendung auf den Gesamtabschluss.

(4) Werden der Jahresabschluss, der Gesamtabschluss, der Lagebericht oder der Gesamtlagebericht nach Vorlage des Prüfungsberichts geändert, so hat der Rechnungsprüfungsausschuss diese Unterlagen erneut zu prüfen, soweit es die Änderung erfordert. Über das Ergebnis der Prüfung ist dem Rat gemäß Absatz 3 Satz 4 und 5 zu berichten.

§ 60 [1)]
Eil- und Dringlichkeitsentscheidungen

(1) Der Hauptausschuss entscheidet in Angelegenheiten, die der Beschlussfassung des Rates unterliegen, falls eine Einberufung des Rates nicht rechtzeitig möglich ist (Eilentscheidung). Ist auch die Einberufung des Hauptausschusses nicht rechtzeitig möglich und kann die Entscheidung nicht aufgeschoben werden, weil sonst erhebliche Nachteile oder Gefahren entstehen können, kann die Bürgermeisterin oder der Bürgermeister und im Falle ihrer oder seiner Verhinderung die allgemeine Vertreterin oder der allgemeine Vertreter mit einem Ratsmitglied entscheiden (Dringlichkeitsentscheidung). Die nach Satz 1 oder nach Satz 2 getroffenen Entscheidungen sind dem Rat in der nächsten Sitzung zur Genehmigung vorzulegen. Er kann die Entscheidungen aufheben, soweit nicht schon Rechte anderer durch die Ausführung des Beschlusses entstanden sind.

(2) Der Hauptausschuss entscheidet ferner in Angelegenheiten, die der Beschlussfassung des Rates unterliegen, wenn und solange nach § 14 des Infektionsschutz- und Befugnisgesetzes vom 14. April 2020 (GV. NRW. S. 218b), das zuletzt durch Gesetz vom 04. Mai 2021(GV. NRW. S. 566) geändert worden ist, eine epidemische Lage von landesweiter Tragweite festgestellt ist und wenn zwei Drittel der Mitglieder des Rates einer Delegierung an den Hauptausschuss zugestimmt haben. Die Stimmabgaben können in Textform erfolgen. [1)]

(3) Ist die Einberufung eines Ausschusses, dem eine Angelegenheit zur Entscheidung übertragen ist, nicht rechtzeitig möglich, kann die Bürgermeisterin oder der Bürgermeister und im Falle ihrer oder seiner Verhinderung die allgemeine Vertreterin oder der allgemeine Vertreter mit der oder dem Ausschussvorsitzenden oder einem anderen dem Ausschuss angehörenden Ratsmitglied entscheiden. Die Entscheidung ist dem Ausschuss in der nächsten Sitzung zur Genehmigung vorzulegen. Absatz 1 Satz 4 gilt entsprechend. [1)]

§ 61
Planung der Verwaltungsaufgaben

Im Rahmen der vom Rat festgelegten allgemeinen Richtlinien entscheidet der Hauptausschuss über die Planung der Verwaltungsaufgaben von besonderer Bedeutung. Zu diesem Zweck hat der Bürgermeister den Hauptausschuss regelmäßig und frühzeitig über solche Planungsvorhaben zu unterrichten.

6. Teil
Bürgermeister
§ 62 [2)]
Aufgaben und Stellung des Bürgermeisters

(1) Der Bürgermeister ist kommunaler Wahlbeamter. Der Bürgermeister ist verantwortlich für die Leitung und Beaufsichtigung des Geschäftsgangs der gesamten Verwaltung. Er leitet und verteilt die Geschäfte. Dabei kann er sich bestimmte Aufgaben vorbehalten und die Bearbeitung einzelner Angelegenheiten selbst übernehmen.

(2) Der Bürgermeister bereitet die Beschlüsse des Rates, der Bezirksvertretungen und der Ausschüsse vor. Er führt diese Beschlüsse und Entscheidungen nach § 60 Absatz 1 Satz 2 und Absatz 3 Satz 1 sowie Weisungen, die im Rahmen des § 3 Abs. 2 und des § 132 ergehen, unter der Kontrolle des Rates und in Verantwortung ihm gegenüber durch. Der Bürgermeister entscheidet ferner in Angelegenheiten, die ihm vom Rat oder von den Ausschüssen zur Entscheidung übertragen sind.

(3) Dem Bürgermeister obliegt die Erledigung aller Aufgaben, die ihm aufgrund gesetzlicher Vorschriften übertragen sind.

(4) Der Bürgermeister hat die Gemeindevertretung über alle wichtigen Gemeindeangelegenheiten zu unterrichten.

§ 63
Vertretung der Gemeinde

(1) Unbeschadet der dem Rat und seinen Ausschüssen zustehenden Entscheidungsbefugnisse ist der Bürgermeister der gesetzliche Vertreter der Gemeinde in Rechts- und Verwaltungsgeschäften. § 74 Abs. 3 und § 64 bleiben unberührt.

(2) Für die Vertretung der Gemeinde in Organen von juristischen Personen oder Personenvereinigungen gilt § 113.

§ 64
Abgabe von Erklärungen

(1) Erklärungen, durch welche die Gemeinde verpflichtet werden soll, bedürfen der Schriftform. Sie sind vom Bürgermeister oder dem allgemeinen Vertreter zu unterzeichnen, soweit nicht dieses Gesetz etwas anderes bestimmt.

(2) Absatz 1 gilt nicht für Geschäfte der laufenden Verwaltung.

(3) Geschäfte, die ein für ein bestimmtes Geschäft oder einen Kreis von Geschäften ausdrücklich Bevollmächtigter abschließt, bedürfen nicht der Form des Absatzes 1, wenn die Vollmacht in der Form dieses Absatzes erteilt ist.

(4) Erklärungen, die nicht den Formvorschriften dieses Gesetzes entsprechen, binden die Gemeinde nicht.

§ 65
Wahl des Bürgermeisters

(1) Der Bürgermeister wird von den Bürgern in allgemeiner, unmittelbarer, freier, gleicher und geheimer Wahl auf die Dauer von fünf Jahren nach den Grundsätzen der Mehrheitswahl zugleich mit dem Rat gewählt. Scheidet der Bürgermeister durch Tod, Eintritt in den Ruhestand oder aus sonstigen Gründen vor Ablauf seiner Amtszeit aus dem Amt aus oder ist die Wahl eines Bürgermeisters aus anderen Gründen während der Wahlperiode des Rates erforderlich, so findet die Wahl des Nachfolgers spätestens sechs Monate nach Ausscheiden des Bürgermeisters aus dem Amt statt. Die näheren Vorschriften trifft das Kommunalwahlgesetz. [3)]

(2) Wählbar ist, wer am Wahltag Deutscher im Sinne von Artikel 116 Abs. 1 des Grundgesetzes ist oder wer die Staatsangehörigkeit eines Mitgliedstaates der Europäischen Union besitzt und eine Wohnung in der Bundesrepublik Deutschland innehat, das 23. Lebensjahr vollendet hat und nicht vom Wahlrecht ausgeschlossen ist sowie die Gewähr dafür bietet, dass er jederzeit für die freiheitlich demokratische Grundordnung im Sinne des Grundgesetzes eintritt. Nicht wählbar ist, wer am Wahltag infolge Richterspruchs in der Bundesrepublik Deutschland die Wählbarkeit oder die Fähigkeit zur Bekleidung öffentlicher Ämter nicht besitzt.

(3) Der Bürgermeister wird vom Vorsitzenden (ehrenamtlicher

[1)] zu § 60 Absatz 2 und 3: gemäß Artikel 7 Gesetz zur Einführung digitaler Sitzungen für kommunale Gremien und zur Änderung kommunalrechtlicher Vorschriften vom 13.04.2022 treten folgende Änderungen am 01. Januar 2023 in Kraft. § 60 wird wie folgt geändert:
a) Absatz 2 wird aufgehoben.
b) Absatz 3 wird Absatz 2.

[2)] zu § 62: gemäß Artikel 7 Gesetz zur Einführung digitaler Sitzungen für kommunale Gremien und zur Änderung kommunalrechtlicher Vorschriften vom 13.04.2022 treten folgende Änderungen am 01. Januar 2023 in Kraft. In § 62 Absatz 2 Satz 2 wird die Angabe "Absatz 3" durch die Angabe "Absatz 2" und die Angabe "Abs." durch das Wort "Absatz" ersetzt.

[3)] zu § 65 Absatz 1: siehe Übergangsregelungen gemäß Artikel 5 des Gesetzes zur Stärkung der kommunalen Demokratie (S. 40f)

Stellvertreter oder Altersvorsitzender) in einer Sitzung des Rates vereidigt und in sein Amt eingeführt.

(4) Für die dienstrechtliche Stellung gelten die beamtenrechtlichen Vorschriften.

(5) Endet das Beamtenverhältnis des Bürgermeisters vor Ablauf seiner Amtszeit, wird der Nachfolger bis zum Ende der nächsten Wahlperiode des Rates gewählt, es sei denn, die Amtszeit des Nachfolgers beginnt innerhalb der ersten zwei Jahre der Wahlperiode des Rates. In diesem Fall endet sie mit dem Ende der laufenden Wahlperiode.

(6) Eine Wahl findet nach Ablauf des 51. Monats nach der allgemeinen Kommunalwahl nicht mehr statt.

§ 66
Abwahl des Bürgermeisters

(1) Der Bürgermeister kann von den Bürgern der Gemeinde vor Ablauf seiner Amtszeit abgewählt werden. Zur Einleitung des Abwahlverfahrens bedarf es

1. eines von mindestens der Hälfte der gesetzlichen Zahl der Ratsmitglieder gestellten Antrags und eines mit einer Mehrheit von zwei Dritteln der gesetzlichen Zahl der Ratsmitglieder zu fassenden Beschlusses. Zwischen dem Eingang des Antrags und dem Beschluss des Rates muss eine Frist von mindestens zwei Wochen liegen. Über den Antrag auf Einleitung des Abwahlverfahrens ist ohne Aussprache namentlich abzustimmen;

oder

2. eines in Gemeinden
   a) mit bis zu 50.000 Einwohnern von mindestens 20 Prozent der wahlberechtigten Bürger der Gemeinde,
   b) mit über 50.000 bis zu 100.000 Einwohnern von mindestens 17,5 Prozent der wahlberechtigten Bürger der Gemeinde und
   c) mit mehr als 100.000 Einwohnern von mindestens 15 Prozent der wahlberechtigten Bürger der Gemeinde

   gestellten Antrags; § 26 Absatz 4 Sätze 2 und 3 gelten entsprechend.

Der Bürgermeister ist abgewählt, wenn sich für die Abwahl eine Mehrheit der abgegebenen gültigen Stimmen der wahlberechtigten Bürger ergibt, sofern diese Mehrheit mindestens 25 Prozent der Wahlberechtigten beträgt. Für das weitere Verfahren gelten die Vorschriften des Kommunalwahlgesetzes entsprechend. Der Bürgermeister scheidet mit dem Ablauf des Tages, an dem der Wahlausschuss die Abwahl feststellt, aus seinem Amt. Die Aufsichtsbehörde kann für die Dauer des Abwahlverfahrens das Ruhen der Amtsgeschäfte des Bürgermeisters anordnen, wenn der Rat dies mit einer Mehrheit von zwei Dritteln der gesetzlichen Zahl der Ratsmitglieder beantragt.

(2) Der Bürgermeister kann binnen einer Woche

1. nach dem Beschluss gemäß Absatz 1 Satz 2 Nummer 1

oder

2. nach Feststellung der Zulässigkeit des Antrags nach Absatz 1 Satz 2 Nummer 2 durch den Rat

auf die Entscheidung der Bürger über seine Abwahl verzichten. Der Verzicht ist schriftlich gegenüber dem ehrenamtlichen Stellvertreter zu erklären. Mit dem Ablauf des Tages, an dem dieser Verzicht dem ehrenamtlichen Stellvertreter zugeht, gilt die Abwahl als erfolgt.

(3) Der Antrag nach Absatz 1 Satz 2 Nummer 2 ist schriftlich beim Rat einzureichen und muss das Begehren zweifelsfrei erkennen lassen. Er muss bis zu drei Bürger benennen, die berechtigt sind, die Unterzeichnenden zu vertreten. § 25 Absatz 4 gilt entsprechend. Die Unterzeichnenden müssen an dem von ihnen anzugebenden Tag ihrer Unterschrift wahlberechtigt sein. Die Unterschriften dürfen bei Eingang des Antrags nicht älter als vier Monate sein. Nach Antragseingang eingereichte Unterschriftslisten werden nicht mehr berücksichtigt. Der Rat stellt unverzüglich fest, ob der Antrag zulässig ist. Gegen die ablehnende Entscheidung des Rates können nur die Vertreter des Antrags nach Satz 2 Klage erheben.

§ 67
Wahl der Stellvertreter des Bürgermeisters

(1) Der Rat wählt für die Dauer seiner Wahlperiode aus seiner Mitte ohne Aussprache ehrenamtliche Stellvertreter des Bürgermeisters. Sie vertreten den Bürgermeister bei der Leitung der Ratssitzungen und bei der Repräsentation.

(2) Bei der Wahl der Stellvertreter des Bürgermeisters wird nach den Grundsätzen der Verhältniswahl in einem Wahlgang geheim abgestimmt. Dabei sind die Wahlstellen auf die Wahlvorschläge der Fraktionen und Gruppen des Rates nach der Reihenfolge der Höchstzahlen zu verteilen, die sich durch Teilung der auf die Wahlvorschläge entfallenden Stimmenzahlen durch 1, 2, 3 usw. ergeben. Erster Stellvertreter des Bürgermeisters ist, wer an erster Stelle des Wahlvorschlags steht, auf den die erste Höchstzahl entfällt, zweiter Stellvertreter, wer an vorderster noch nicht in Anspruch genommener Stelle des Wahlvorschlags steht, auf den die zweite Höchstzahl entfällt, dritter Stellvertreter, wer an vorderster noch nicht in Anspruch genommener Stelle des Wahlvorschlags steht, auf den die dritte Höchstzahl entfällt usw. Zwischen Wahlvorschlägen mit gleichen Höchstzahlen findet eine Stichwahl statt; bei Stimmengleichheit entscheidet das vom Bürgermeister zu ziehende Los. Nimmt ein gewählter Bewerber die Wahl nicht an, so ist gewählt, wer an nächster Stelle desselben Wahlvorschlags steht. Ist ein Wahlvorschlag erschöpft, tritt an seine Stelle der Wahlvorschlag mit der nächsten Höchstzahl. Scheidet ein stellvertretender Bürgermeister während der Wahlperiode aus, ist der Nachfolger für den Rest der Wahlperiode ohne Aussprache in geheimer Abstimmung nach § 50 Abs. 2 zu wählen.

(3) Die Stellvertreter des Bürgermeisters und die übrigen Ratsmitglieder werden von dem Bürgermeister eingeführt und in feierlicher Form zur gesetzmäßigen und gewissenhaften Wahrnehmung ihrer Aufgaben verpflichtet.

(4) Der Rat kann die Stellvertreter des Bürgermeisters abberufen. Der Antrag kann nur mit der Mehrheit der gesetzlichen Zahl der Mitglieder gestellt werden. Zwischen dem Eingang des Antrags und der Sitzung des Rates muss eine Frist von wenigstens zwei Tagen liegen. Über den Antrag ist ohne Aussprache abzustimmen. Der Beschluss über die Abberufung bedarf einer Mehrheit von zwei Dritteln der gesetzlichen Zahl der Mitglieder. Der Nachfolger ist innerhalb einer Frist von zwei Wochen ohne Aussprache in geheimer Abstimmung nach § 50 Abs. 2 zu wählen.

(5) Der Bürgermeister - im Falle seiner Verhinderung der Altersvorsitzende - leitet die Sitzung bei der Wahl der Stellvertreter des Bürgermeisters sowie bei Entscheidungen, die vorher getroffen werden müssen. Dies gilt auch für die Abberufung der Stellvertreter des Bürgermeisters.

§ 68
Vertretung im Amt

(1) Der Rat bestellt einen Beigeordneten zum allgemeinen Vertreter des Bürgermeisters. Die übrigen Beigeordneten sind zur allgemeinen Vertretung des Bürgermeisters nur berufen, wenn der zur allgemeinen Vertretung bestellte Beigeordnete verhindert ist. Die Reihenfolge bestimmt der Rat. Ist ein Beigeordneter nicht vorhanden, so bestellt der Rat den allgemeinen Vertreter.

(2) Die Beigeordneten vertreten den Bürgermeister in ihrem Arbeitsgebiet.

(3) Der Bürgermeister kann andere Bedienstete mit der auftragsweisen Erledigung bestimmter Angelegenheiten betrauen. Er kann die Befugnis auf Beigeordnete für deren Arbeitsgebiet übertragen.

§ 69
Teilnahme an Sitzungen

(1) Der Bürgermeister und die Beigeordneten nehmen an den

Sitzungen des Rates teil. Der Bürgermeister ist berechtigt und auf Verlangen eines Ratsmitgliedes verpflichtet, zu einem Punkt der Tagesordnung vor dem Rat Stellung zu nehmen. Auch Beigeordnete sind hierzu verpflichtet, falls es der Rat oder der Bürgermeister verlangt.

(2) Der Bürgermeister und die Beigeordneten sind berechtigt und auf Verlangen eines Ausschusses in Angelegenheiten ihres Geschäftsbereichs verpflichtet, an dessen Sitzungen teilzunehmen. Absatz 1 Satz 2 gilt entsprechend.

7. Teil
Verwaltungsvorstand und Gemeindebedienstete

§ 70
Verwaltungsvorstand

(1) Sind Beigeordnete bestellt, bilden sie zusammen mit dem Bürgermeister und Kämmerer den Verwaltungsvorstand. Der Bürgermeister führt den Vorsitz.

(2) Der Verwaltungsvorstand wirkt insbesondere mit bei
a) den Grundsätzen der Organisation und der Verwaltungsführung,
b) der Planung von Verwaltungsaufgaben mit besonderer Bedeutung,
c) der Aufstellung des Haushaltsplans, unbeschadet der Rechte des Kämmerers,
d) den Grundsätzen der Personalführung und Personalverwaltung,
e) der Konzeption der Kosten- und Leistungsrechnung.

(3) Der Bürgermeister ist verpflichtet, zur Erhaltung der Einheitlichkeit der Verwaltungsführung regelmäßig den Verwaltungsvorstand zur gemeinsamen Beratung einzuberufen. Die Mitglieder des Verwaltungsvorstandes sind verpflichtet, sich im Interesse der Einheitlichkeit der Verwaltungsführung gegenseitig zu unterrichten und zu beraten.

(4) Bei Meinungsverschiedenheiten entscheidet der Bürgermeister. Die Beigeordneten sind berechtigt, ihre abweichenden Meinungen in Angelegenheiten ihres Geschäftsbereichs dem Hauptausschuss vorzutragen. Dieses haben sie dem Bürgermeister vorab mitzuteilen.

§ 71
Wahl der Beigeordneten

(1) Die Zahl der Beigeordneten wird durch die Hauptsatzung festgelegt. Die Beigeordneten sind kommunale Wahlbeamte. Sie werden vom Rat für die Dauer von acht Jahren gewählt.

(2) Die Wahl oder Wiederwahl darf frühestens sechs Monate vor Freiwerden der Stelle erfolgen. Die Stellen der Beigeordneten sind auszuschreiben, bei Wiederwahl kann hiervon abgesehen werden.

(3) Die Beigeordneten müssen die für ihr Amt erforderlichen fachlichen Voraussetzungen erfüllen und eine ausreichende Erfahrung für dieses Amt nachweisen. In kreisfreien Städten und Großen kreisangehörigen Städten muss mindestens einer der Beigeordneten die Befähigung zum Richteramt oder zur Laufbahn des allgemeinen Verwaltungsdienstes im Land Nordrhein-Westfalen in der Laufbahngruppe 2, zweites Einstiegsamt, besitzen. In den übrigen Gemeinden muss mindestens einer der Beigeordneten mindestens die Befähigung für die Laufbahn des allgemeinen Verwaltungsdienstes im Land Nordrhein-Westfalen in der Laufbahngruppe 2, erstes Einstiegsamt, besitzen.

(4) In kreisfreien Städten muss ein Beigeordneter als Stadtkämmerer bestellt werden.

(5) Die Beigeordneten sind verpflichtet, eine erste und zweite Wiederwahl anzunehmen, wenn sie spätestens drei Monate vor Ablauf der Amtszeit wiedergewählt werden. Lehnt ein Beigeordneter die Weiterführung des Amtes ohne wichtigen Grund ab, so ist er mit Ablauf der Amtszeit zu entlassen. Ob ein wichtiger Grund vorliegt, entscheidet der Rat. Ein wichtiger Grund liegt vor, wenn die Anstellungsbedingungen gegenüber denen der davor liegenden Amtszeit verschlechtert werden.

(6) Die Beigeordneten werden vom Bürgermeister vereidigt.

(7) Der Rat kann Beigeordnete abberufen. Der Antrag kann nur von der Mehrheit der gesetzlichen Zahl der Mitglieder gestellt werden. Zwischen dem Eingang des Antrags und der Sitzung des Rates muss eine Frist von mindestens sechs Wochen liegen. Über den Antrag ist ohne Aussprache abzustimmen. Der Beschluss über die Abberufung bedarf einer Mehrheit von zwei Dritteln der gesetzlichen Zahl der Mitglieder. Ein Nachfolger ist innerhalb einer Frist von sechs Monaten zu wählen.

§ 72
Gründe der Ausschließung vom Amt

Die Beigeordneten dürfen untereinander nicht Angehörige sein.

§ 73
Geschäftsverteilung und Dienstaufsicht

(1) Der Rat kann die Geschäftskreise der Beigeordneten im Einvernehmen mit dem Bürgermeister festlegen. Kommt ein Einvernehmen nicht zu Stande, kann der Rat den Geschäftskreis der Beigeordneten mit der Mehrheit der gesetzlichen Zahl der Ratsmitglieder festlegen. Bei Entscheidungen des Rates nach Satz 1 und 2 stimmt der Bürgermeister nicht mit. Erfolgt keine Entscheidung nach Satz 1 oder 2 gilt § 62 Absatz 1 Satz 3 und 4.

(2) Der Bürgermeister ist Dienstvorgesetzter der Bediensteten der Gemeinde.

(3) Der Bürgermeister trifft die dienstrechtlichen und arbeitsrechtlichen Entscheidungen, soweit gesetzlich nichts anderes bestimmt ist. Die Hauptsatzung kann bestimmen, dass für Bedienstete in Führungsfunktionen Entscheidungen, die das beamtenrechtliche Grundverhältnis oder das Arbeitsverhältnis eines Bediensteten zur Gemeinde verändern, durch den Rat oder den Hauptausschuss im Einvernehmen mit dem Bürgermeister zu treffen sind, soweit gesetzlich nichts anderes bestimmt ist. Kommt ein Einvernehmen nicht zu Stande, kann der Rat die Entscheidung mit einer Mehrheit von zwei Dritteln der gesetzlichen Zahl der Ratsmitglieder treffen. Bei Entscheidungen des Rates nach Satz 2 und 3 stimmt der Bürgermeister nicht mit. Erfolgt keine Entscheidung nach Satz 2 oder 3, gilt Satz 1. Bedienstete in Führungsfunktionen sind Leiter von Organisationseinheiten, die dem Hauptverwaltungsbeamten oder einem anderen Wahlbeamten oder diesem in der Führungsfunktion vergleichbaren Bediensteten unmittelbar unterstehen, mit Ausnahme von Bediensteten mit Aufgaben eines persönlichen Referenten oder Pressereferenten.

§ 74
Bedienstete der Gemeinde

(1) Die Bediensteten der Gemeinde müssen die für ihren Arbeitsbereich erforderlichen fachlichen Voraussetzungen erfüllen, insbesondere die Ablegung der vorgeschriebenen Prüfungen nachweisen.

(2) Der Stellenplan ist einzuhalten; Abweichungen sind nur zulässig, soweit sie aufgrund des Besoldungs- oder Tarifrechts zwingend erforderlich sind.

(3) Die nach geltendem Recht auszustellenden Urkunden für Beamte sowie Arbeitsverträge und sonstige schriftliche Erklärungen zur Regelung der Rechtsverhältnisse von Bediensteten bedürfen der Unterzeichnung durch den Bürgermeister oder seinen allgemeinen Vertreter. Der Bürgermeister kann die Unterschriftsbefugnis durch Dienstanweisung übertragen.

8. Teil
Haushaltswirtschaft

§ 75
Allgemeine Haushaltsgrundsätze

(1) Die Gemeinde hat ihre Haushaltswirtschaft so zu planen und zu führen, dass die stetige Erfüllung ihrer Aufgaben gesichert ist. Die Haushaltswirtschaft ist wirtschaftlich, effizient und sparsam zu führen. Dabei ist den Erfordernissen des gesamtwirtschaftlichen Gleichgewichts Rechnung zu tragen.

(2) Der Haushalt muss in jedem Jahr in Planung und Rechnung ausgeglichen sein. Er ist ausgeglichen, wenn der Gesamtbetrag der Erträge die Höhe des Gesamtbetrages der Aufwendungen erreicht oder übersteigt. Die Verpflichtung des Satzes 1 gilt als erfüllt, wenn der Fehlbedarf im Ergebnisplan und der Fehlbetrag in der Ergebnisrechnung durch Inanspruchnahme der Ausgleichsrücklage gedeckt werden können. Anstelle einer bestehenden oder fehlenden Ausgleichsrücklage oder zusätzlich zur Verwendung der Ausgleichsrücklage kann im Ergebnisplan auch eine pauschale Kürzung von Aufwendungen bis zu einem Betrag von 1 Prozent der Summe der ordentlichen Aufwendungen unter Angabe der zu kürzenden Teilpläne veranschlagt werden (globaler Minderaufwand).

(3) In der Bilanz ist eine Ausgleichsrücklage zusätzlich zur allgemeinen Rücklage als gesonderter Posten des Eigenkapitals anzusetzen. Der Ausgleichsrücklage können Jahresüberschüsse durch Beschluss nach § 96 Absatz 1 Satz 2 zugeführt werden, soweit die allgemeine Rücklage einen Bestand in Höhe von mindestens 3 Prozent der Bilanzsumme des Jahresabschlusses der Gemeinde aufweist.

(4) Wird bei der Aufstellung der Haushaltssatzung eine Verringerung der allgemeinen Rücklage vorgesehen, bedarf dies der Genehmigung der Aufsichtsbehörde. Die Genehmigung gilt als erteilt, wenn die Aufsichtsbehörde nicht innerhalb eines Monats nach Eingang des Antrages der Gemeinde eine andere Entscheidung trifft. Die Genehmigung kann unter Bedingungen und mit Auflagen erteilt werden. Sie ist mit der Verpflichtung, ein Haushaltssicherungskonzept nach § 76 aufzustellen, zu verbinden, wenn die Voraussetzungen des § 76 Abs. 1 vorliegen.

(5) Weist die Ergebnisrechnung bei der Bestätigung des Jahresabschlusses gem. § 95 Abs. 3 trotz eines ursprünglich ausgeglichenen Ergebnisplans einen Fehlbetrag oder einen höheren Fehlbetrag als im Ergebnisplan ausgewiesen aus, so hat die Gemeinde dies der Aufsichtsbehörde unverzüglich anzuzeigen. Die Aufsichtsbehörde kann in diesem Fall Anordnungen treffen, erforderlichenfalls diese Anordnungen selbst durchführen oder - wenn und solange diese Befugnisse nicht ausreichen - einen Beauftragten bestellen, um eine geordnete Haushaltswirtschaft wieder herzustellen. §§ 123 und 124 gelten sinngemäß.

(6) Die Liquidität der Gemeinde einschließlich der Finanzierung der Investitionen ist sicherzustellen.

(7) Die Gemeinde darf sich nicht überschulden. Sie ist überschuldet, wenn nach der Bilanz das Eigenkapital aufgebraucht ist.

§ 76
Haushaltssicherungskonzept

(1) Die Gemeinde hat zur Sicherung ihrer dauerhaften Leistungsfähigkeit ein Haushaltssicherungskonzept aufzustellen und darin den nächstmöglichen Zeitpunkt zu bestimmen, bis zu dem der Haushaltsausgleich wieder hergestellt ist, wenn bei der Aufstellung der Haushaltssatzung

1. durch Veränderungen des Haushalts innerhalb eines Haushaltsjahres der in der Schlussbilanz des Vorjahres auszuweisende Ansatz der allgemeinen Rücklage um mehr als ein Viertel verringert wird oder

2. in zwei aufeinanderfolgenden Haushaltsjahren geplant ist, den in der Schlussbilanz des Vorjahres auszuweisenden Ansatz der allgemeinen Rücklage jeweils um mehr als ein Zwanzigstel zu verringern oder

3. innerhalb des Zeitraumes der mittelfristigen Ergebnis- und Finanzplanung die allgemeine Rücklage aufgebraucht wird.

Dies gilt entsprechend bei der Bestätigung über den Jahresabschluss gemäß § 95 Absatz 3.

(2) Das Haushaltsicherungskonzept dient dem Ziel, im Rahmen einer geordneten Haushaltswirtschaft die künftige, dauernde Leistungsfähigkeit der Gemeinde zu erreichen. Es bedarf der Genehmigung der Aufsichtsbehörde. Die Genehmigung soll nur erteilt werden, wenn aus dem Haushaltssicherungskonzept hervorgeht, dass spätestens im zehnten auf das Haushaltsjahr folgende Jahr der Haushaltsausgleich nach § 75 Absatz 2 wieder erreicht wird. Im Einzelfall kann durch Genehmigung der Bezirksregierung auf der Grundlage eines individuellen Sanierungskonzeptes von diesem Konsolidierungszeitraum abgewichen werden. Die Genehmigung des Haushaltssicherungskonzeptes kann unter Bedingungen und mit Auflagen erteilt werden.

§ 77
Grundsätze der Finanzmittelbeschaffung

(1) Die Gemeinde erhebt Abgaben nach den gesetzlichen Vorschriften.

(2) Sie hat die zur Erfüllung ihrer Aufgaben erforderlichen Finanzmittel

1. soweit vertretbar und geboten, aus selbst zu bestimmenden Entgelten für die von ihr erbrachten Leistungen, sowie

2. im Übrigen aus Steuern

zu beschaffen, soweit die sonstigen Finanzmittel nicht ausreichen.

(3) Die Gemeinde hat bei der Finanzmittelbeschaffung auf die wirtschaftlichen Kräfte ihrer Abgabepflichtigen Rücksicht zu nehmen.

(4) Die Gemeinde darf Kredite nur aufnehmen, wenn eine andere Finanzierung nicht möglich ist oder wirtschaftlich unzweckmäßig wäre.

§ 78
Haushaltssatzung

(1) Die Gemeinde hat für jedes Haushaltsjahr eine Haushaltssatzung zu erlassen.

(2) Die Haushaltssatzung enthält die Festsetzung

1. des Haushaltsplans
   a) im Ergebnisplan unter Angabe des Gesamtbetrages der Erträge und der Aufwendungen des Haushaltsjahres,
   b) im Finanzplan unter Angabe des Gesamtbetrages der Einzahlungen und Auszahlungen aus laufender Verwaltungstätigkeit, des Gesamtbetrages der Einzahlungen und Auszahlungen aus der Investitionstätigkeit und aus der Finanzierungstätigkeit des Haushaltsjahres,
   c) unter Angabe der vorgesehenen Kreditaufnahmen für Investitionen (Kreditermächtigung),
   d) unter Angabe der vorgesehenen Ermächtigungen zum Eingehen von Verpflichtungen, die künftige Haushaltsjahre mit Auszahlungen für Investitionen belasten (Verpflichtungsermächtigungen),

2. der Inanspruchnahme der Ausgleichsrücklage und der Verringerung der allgemeinen Rücklage,

3. des Höchstbetrages der Kredite zur Liquiditätssicherung,

4. der Steuersätze, die für jedes Haushaltsjahr neu festzusetzen sind,

5. des Jahres, in dem der Haushaltsausgleich wieder hergestellt ist.

Sie kann weitere Vorschriften enthalten, die sich auf die Erträge und die Aufwendungen, Einzahlungen und Auszahlungen, den Stellenplan des Haushaltsjahres und das Haushaltssicherungskonzept beziehen.

(3) Die Haushaltssatzung tritt mit Beginn des Haushaltsjahres in Kraft und gilt für das Haushaltsjahr. Sie kann Festsetzungen für zwei Haushaltsjahre, nach Jahren getrennt, enthalten.

(4) Haushaltsjahr ist das Kalenderjahr, soweit für einzelne Bereiche durch Gesetz oder Rechtsverordnung nichts anderes bestimmt ist.

§ 79
Haushaltsplan

(1) Der Haushaltsplan enthält alle im Haushaltsjahr für die Erfüllung der Aufgaben der Gemeinde voraussichtlich

1. anfallenden Erträge und eingehenden Einzahlungen,
2. entstehenden Aufwendungen und zu leistenden Auszahlungen,
3. notwendigen Verpflichtungsermächtigungen.

Die Vorschriften über die Sondervermögen der Gemeinde bleiben unberührt.

(2) Der Haushaltsplan ist in einen Ergebnisplan und einen Finanzplan sowie in Teilpläne zu gliedern. Das Haushaltssicherungskonzept gemäß § 76 ist Teil des Haushaltsplans; der Stellenplan für die Bediensteten ist Anlage des Haushaltsplans.

(3) Der Haushaltsplan ist Grundlage für die Haushaltswirtschaft der Gemeinde. Er ist nach Maßgabe dieses Gesetzes und der aufgrund dieses Gesetzes erlassenen Vorschriften für die Haushaltsführung verbindlich. Ansprüche und Verbindlichkeiten Dritter werden durch ihn weder begründet noch aufgehoben.

§ 80
Erlass der Haushaltssatzung

(1) Der Entwurf der Haushaltssatzung mit ihren Anlagen wird vom Kämmerer aufgestellt und dem Bürgermeister zur Bestätigung vorgelegt.

(2) Der Bürgermeister leitet den von ihm bestätigten Entwurf dem Rat zu. Soweit er von dem ihm vorgelegten Entwurf abweicht, kann der Kämmerer dazu eine Stellungnahme abgeben. Wird von diesem Recht Gebrauch gemacht, hat der Bürgermeister die Stellungnahme mit dem Entwurf dem Rat vorzulegen.

(3) Nach Zuleitung des Entwurfs der Haushaltssatzung mit ihren Anlagen an den Rat ist dieser unverzüglich bekannt zu geben und während der Dauer des Beratungsverfahrens im Rat zur Einsichtnahme verfügbar zu halten. In der öffentlichen Bekanntgabe ist eine Frist von mindestens vierzehn Tagen festzulegen, in der Einwohner oder Abgabepflichtige gegen den Entwurf Einwendungen erheben können und die Stelle anzugeben, bei der die Einwendungen zu erheben sind. Die Frist für die Erhebung von Einwendungen ist so festzusetzen, dass der Rat vor der Beschlussfassung über die Haushaltssatzung mit ihren Anlagen in öffentlicher Sitzung darüber beschließen kann.

(4) Der Entwurf der Haushaltssatzung mit ihren Anlagen ist vom Rat in öffentlicher Sitzung zu beraten und zu beschließen. In der Beratung des Rates kann der Kämmerer seine abweichende Auffassung vertreten.

(5) Die vom Rat beschlossene Haushaltssatzung mit ihren Anlagen ist der Aufsichtsbehörde anzuzeigen. Die Anzeige soll spätestens einen Monat vor Beginn des Haushaltsjahres erfolgen. Die Haushaltssatzung darf frühestens einen Monat nach der Anzeige bei der Aufsichtsbehörde öffentlich bekannt gemacht werden. Die Anzeigefrist beginnt erst zu laufen, wenn die gemäß Satz 1 anzuzeigenden Unterlagen der Aufsichtsbehörde vollständig vorgelegt wurden. Die Aufsichtsbehörde kann im Einzelfall aus besonderem Grund die Anzeigefrist verkürzen oder verlängern. Ist ein Haushaltssicherungskonzept nach § 76 aufzustellen, so darf die Haushaltssatzung erst nach Erteilung der Genehmigung bekannt gemacht werden.

(6) Die Haushaltssatzung mit ihren Anlagen ist im Anschluss an die öffentliche Bekanntmachung bis zum Ende der in § 96 Abs. 2 benannten Frist zur Einsichtnahme verfügbar zu halten.

§ 81
Nachtragssatzung

(1) Die Haushaltssatzung kann nur durch Nachtragssatzung geändert werden, die spätestens bis zum Ablauf des Haushaltsjahres zu beschließen ist. Für die Nachtragssatzung gelten die Vorschriften für die Haushaltssatzung entsprechend.

(2) Die Gemeinde hat unverzüglich eine Nachtragssatzung zu erlassen, wenn

1. sich zeigt, dass trotz Ausnutzung jeder Sparmöglichkeit
    a) ein erheblicher Jahresfehlbetrag entstehen wird und der Haushaltsausgleich nur durch eine Änderung der Haushaltssatzung erreicht werden kann oder
    b) ein erheblich höherer Jahresfehlbetrag als geplant entstehen wird und der höhere Fehlbetrag nur durch eine Änderung der Haushaltssatzung vermieden werden kann,
2. bisher nicht veranschlagte oder zusätzliche Aufwendungen oder Auszahlungen bei einzelnen Haushaltspositionen in einem im Verhältnis zu den Gesamtaufwendungen oder Gesamtauszahlungen erheblichen Umfang geleistet werden müssen,
3. Auszahlungen für bisher nicht veranschlagte Investitionen geleistet werden sollen.

Dies gilt nicht für überplanmäßige Auszahlungen im Sinne des § 83 Abs. 3.

(3) Absatz 2 Nrn. 2 und 3 findet keine Anwendung auf

1. geringfügige Investitionen und Instandsetzungen an Bauten, die unabweisbar sind,
2. Umschuldung von Krediten für Investitionen.

(4) Im Übrigen kann, wenn die Entwicklung der Erträge oder der Aufwendungen oder die Erhaltung der Liquidität es erfordert, der Rat die Inanspruchnahme von Ermächtigungen sperren. Er kann seine Sperre und die des Kämmerers oder des Bürgermeisters aufheben.

(5) Im Zuge der Ausbreitung der COVID-19-Pandemie findet im Haushaltsjahr 2020 Absatz 4 keine Anwendung.

§ 82
Vorläufige Haushaltsführung

(1) Ist die Haushaltssatzung bei Beginn des Haushaltsjahres noch nicht bekannt gemacht, so darf die Gemeinde ausschließlich

1. Aufwendungen entstehen lassen und Auszahlungen leisten, zu denen sie rechtlich verpflichtet ist oder die für die Weiterführung notwendiger Aufgaben unaufschiebbar sind; sie darf insbesondere Bauten, Beschaffungen und sonstige Investitionsleistungen, für die im Haushaltsplan des Vorjahres Finanzpositionen oder Verpflichtungsermächtigungen vorgesehen waren, fortsetzen,
2. Realsteuern nach den Sätzen des Vorjahres erheben,
3. Kredite umschulden.

(2) Reichen die Finanzmittel für die Fortsetzung der Bauten, der Beschaffungen und der sonstigen Leistungen des Finanzplans nach Absatz 1 Nr. 1 nicht aus, so darf die Gemeinde mit Genehmigung der Aufsichtsbehörde Kredite für Investitionen bis zu einem Viertel des Gesamtbetrages der in der Haushaltssatzung des Vorjahres festgesetzten Kredite aufnehmen. Die Gemeinde hat dem Antrag auf Genehmigung eine nach Dringlichkeit geordnete Aufstellung der vorgesehenen un-

aufschiebbaren Investitionen beizufügen. Die Genehmigung soll unter dem Gesichtspunkt einer geordneten Haushaltswirtschaft erteilt oder versagt werden; sie kann unter Bedingungen und mit Auflagen erteilt werden. Sie ist in der Regel zu versagen, wenn die Kreditverpflichtungen mit der dauernden Leistungsfähigkeit der Gemeinde nicht in Einklang stehen.

(3) Ist im Fall des § 76 Abs. 1 die Haushaltssatzung bei Beginn des Haushaltsjahres noch nicht bekannt gemacht, gelten ergänzend zu den Regelungen der Absätze 1 und 2 die nachfolgenden Bestimmungen vom Beginn des Haushaltsjahres - bei späterer Beschlussfassung über die Haushaltssatzung vom Zeitpunkt der Beschlussfassung - bis zur Genehmigung des Haushaltssicherungskonzeptes:

1. Die Gemeinde hat weitergehende haushaltswirtschaftliche Beschränkungen für die Besetzung von Stellen, andere personalwirtschaftliche Maßnahmen und das höchstzulässige Aufwandsvolumen des Ergebnishaushalts sowie die Regelungen zur Nachweisführung gegenüber der Aufsichtsbehörde zu beachten, die durch Rechtsverordnung des für Kommunales zuständigen Ministeriums im Einvernehmen mit dem für Finanzen zuständigen Ministerium festgelegt werden.

2. Der in Absatz 2 festgelegte Kreditrahmen kann mit Genehmigung der Aufsichtsbehörde überschritten werden, wenn das Verbot der Kreditaufnahme anderenfalls zu einem nicht auflösbaren Konflikt zwischen verschiedenen gleichrangigen Rechtspflichten der Gemeinde führen würde. Die Genehmigung kann unter Bedingungen und mit Auflagen erteilt werden.

(4) Die Bestimmungen des Absatzes 3 gelten ab dem 1. April des Haushaltsjahres bis zur Beschlussfassung über einen ausgeglichenen Haushalt oder bis zur Erteilung der Genehmigung für ein Haushaltssicherungskonzept auch dann, wenn bis zu dem Termin kein ausgeglichener Haushalt beschlossen worden ist.

§ 83
Überplanmäßige und außerplanmäßige Aufwendungen und Auszahlungen

(1) Überplanmäßige und außerplanmäßige Aufwendungen und Auszahlungen sind nur zulässig, wenn sie unabweisbar sind. Die Deckung soll jeweils im laufenden Haushaltsjahr gewährleistet sein. Über die Leistung dieser Aufwendungen und Auszahlungen entscheidet der Kämmerer, soweit der Rat keine andere Regelung trifft. Der Kämmerer kann mit Zustimmung des Bürgermeisters und des Rates die Entscheidungsbefugnis auf andere Bedienstete übertragen.

(2) Sind die überplanmäßigen und außerplanmäßigen Aufwendungen und Auszahlungen erheblich, bedürfen sie der vorherigen Zustimmung des Rates; im Übrigen sind sie dem Rat zur Kenntnis zu bringen. § 81 Abs. 2 bleibt unberührt.

(3) Für Investitionen, die im folgenden Jahr fortgesetzt werden, sind überplanmäßige Auszahlungen auch dann zulässig, wenn ihre Deckung erst im folgenden Jahr gewährleistet ist. Absatz 1 Sätze 3 und 4 und Absatz 2 gelten sinngemäß.

(4) Die Absätze 1 bis 3 finden entsprechende Anwendung auf Maßnahmen, durch die später über- oder außerplanmäßige Aufwendungen und Auszahlungen entstehen können.

§ 84
Mittelfristige Ergebnis- und Finanzplanung

Die Gemeinde hat ihrer Haushaltswirtschaft eine fünfjährige Ergebnis- und Finanzplanung zu Grunde zu legen und in den Haushaltsplan einzubeziehen. Das erste Planungsjahr ist das laufende Haushaltsjahr. Die Ergebnis- und Finanzplanung für die dem Haushaltsjahr folgenden drei Planungsjahre soll in den einzelnen Jahren ausgeglichen sein. Sie ist mit der Haushaltssatzung der Entwicklung anzupassen und fortzuführen.

§ 85
Verpflichtungsermächtigungen

(1) Verpflichtungen zur Leistung von Auszahlungen für Investitionen in künftigen Jahren dürfen grundsätzlich nur eingegangen werden, wenn der Haushaltsplan hierzu ermächtigt. Sie dürfen ausnahmsweise auch überplanmäßig oder außerplanmäßig eingegangen werden, wenn sie unabweisbar sind und der in der Haushaltssatzung festgesetzte Gesamtbetrag der Verpflichtungsermächtigungen nicht überschritten wird. § 83 Abs. 1 Sätze 3 und 4 gelten sinngemäß.

(2) Die Verpflichtungsermächtigungen gelten bis zum Ende des auf das Haushaltsjahr folgenden Jahres und, wenn die Haushaltssatzung für das übernächste Jahr nicht rechtzeitig öffentlich bekannt gemacht wird, bis zum Erlass dieser Haushaltssatzung.

§ 86
Kredite

(1) Kredite dürfen nur für Investitionen unter der Voraussetzung des § 77 Absatz 4 und zur Umschuldung aufgenommen werden. Die daraus übernommenen Verpflichtungen müssen mit der dauernden Leistungsfähigkeit der Gemeinde in Einklang stehen. Die Kreditaufnahme erfolgt grundsätzlich in Euro. In anderen Währungen ist die Kreditaufnahme nur in Verbindung mit einem Währungssicherungsgeschäft zulässig.

(2) Die Kreditermächtigung gilt bis zum Ende des auf das Haushaltsjahr folgenden Jahres und, wenn die Haushaltssatzung für das übernächste Jahr nicht rechtzeitig öffentlich bekannt gemacht wird, bis zum Erlass dieser Haushaltssatzung.

(3) Die Aufnahme einzelner Kredite bedarf der Genehmigung der Aufsichtsbehörde, sobald die Kreditaufnahme nach § 19 des Gesetzes zur Förderung der Stabilität und des Wachstums der Wirtschaft beschränkt worden ist. Die Einzelgenehmigung kann nach Maßgabe der Kreditbeschränkungen versagt werden.

(4) Entscheidungen der Gemeinde über die Begründung einer Zahlungsverpflichtung, die wirtschaftlich einer Kreditverpflichtung gleichkommt, sind der Aufsichtsbehörde unverzüglich, spätestens einen Monat vor der rechtsverbindlichen Eingehung der Verpflichtung, anzuzeigen. Absatz 1 Satz 2 gilt sinngemäß. Eine Anzeige ist nicht erforderlich für die Begründung von Zahlungsverpflichtungen im Rahmen der laufenden Verwaltung.

(5) Die Gemeinde darf zur Sicherung des Kredits keine Sicherheiten bestellen. Die Aufsichtsbehörde kann Ausnahmen zulassen, wenn die Bestellung von Sicherheiten der Verkehrsübung entspricht.

§ 87
Sicherheiten und Gewährleistung für Dritte

(1) Die Gemeinde darf keine Sicherheiten zugunsten Dritter bestellen. Die Aufsichtsbehörde kann Ausnahmen zulassen. Für die Bestellung von Sicherheiten zur Finanzierung des Erwerbs von Grundstücken der Gemeinde durch Dritte finden die Sätze 1 und 2 keine Anwendung.

(2) Die Gemeinde darf Bürgschaften und Verpflichtungen aus Gewährverträgen nur im Rahmen der Erfüllung ihrer Aufgaben übernehmen. Die Entscheidung der Gemeinde zur Übernahme ist der Aufsichtsbehörde unverzüglich, spätestens einen Monat vor der rechtsverbindlichen Übernahme, anzuzeigen.

(3) Absatz 2 gilt sinngemäß für Rechtsgeschäfte, die den in Absatz 2 genannten Rechtsgeschäften wirtschaftlich gleichkommen, insbesondere für die Zustimmung zu Rechtsgeschäften Dritter, aus denen der Gemeinde in künftigen Haushaltsjahren Verpflichtungen zu Leistungen erwachsen können.

§ 88
Rückstellungen

(1) Rückstellungen sind für ungewisse Verbindlichkeiten, für drohende Verluste aus schwebenden Geschäften und für hin-

sichtlich ihrer Höhe oder des Zeitpunktes ihres Eintritts unbestimmte Aufwendungen in angemessener Höhe zu bilden.

(2) Rückstellungen dürfen nur aufgelöst werden, soweit der Grund hierfür entfallen ist.

§ 89
Liquidität

(1) Die Gemeinde hat ihre Zahlungsfähigkeit durch eine angemessene Liquiditätsplanung sicherzustellen.

(2) Zur rechtzeitigen Leistung ihrer Auszahlungen kann die Gemeinde Kredite zur Liquiditätssicherung bis zu dem in der Haushaltssatzung festgesetzten Höchstbetrag aufnehmen, soweit dafür keine anderen Mittel zur Verfügung stehen. Diese Ermächtigung gilt über das Haushaltsjahr hinaus bis zum Erlass der neuen Haushaltssatzung.

§ 90
Vermögensgegenstände

(1) Die Gemeinde soll Vermögensgegenstände nur erwerben, soweit dies zur Erfüllung ihrer Aufgaben erforderlich ist oder wird.

(2) Die Vermögensgegenstände sind pfleglich und wirtschaftlich zu verwalten. Bei Geldanlagen ist auf eine ausreichende Sicherheit zu achten; sie sollen einen angemessenen Ertrag erbringen.

(3) Die Gemeinde darf Vermögensgegenstände, die sie zur Erfüllung ihrer Aufgaben in absehbarer Zeit nicht braucht, veräußern. Vermögensgegenstände dürfen in der Regel nur zu ihrem vollen Wert veräußert werden. Ausnahmen sind im besonderen öffentlichen Interesse zulässig. Dies gilt insbesondere für Veräußerungen zur Förderung von sozialen Einrichtungen, des sozialen Wohnungsbaus, des Denkmalschutzes und der Bildung privaten Eigentums unter sozialen Gesichtspunkten. Vor dem Unterwertverkauf eines Grundstücks an Unternehmen ist die Vereinbarkeit der Vergünstigung mit dem Binnenmarkt sicherzustellen.

(4) Für die Überlassung der Nutzung eines Vermögensgegenstandes gilt Absatz 3 sinngemäß.

(5) Für die Verwaltung und Bewirtschaftung von Gemeindewaldungen gelten die Vorschriften dieses Gesetzes und des Landesforstgesetzes.

§ 91
Inventar, Inventur und allgemeine Bewertungsgrundsätze

(1) Die Gemeinde hat zum Schluss eines jeden Haushaltsjahres ihre Grundstücke und grundstücksgleichen Rechte, ihre Forderungen und Schulden, den Betrag des baren Geldes sowie ihre sonstigen Vermögensgegenstände genau zu verzeichnen und dabei den Wert der einzelnen Vermögensgegenstände und Schulden anzugeben (Inventar).

(2) Körperliche Vermögensgegenstände sind durch eine körperliche Bestandsaufnahme zu erfassen, soweit durch Gesetz oder Rechtsverordnung nichts anderes bestimmt ist.

(3) Das Inventar ist innerhalb der einem ordnungsgemäßen Geschäftsgang entsprechenden Zeit aufzustellen.

(4) Die Bewertung des in der Bilanz auszuweisenden Vermögens, der Sonderposten, der Rückstellungen, der Verbindlichkeiten und der Rechnungsabgrenzungsposten richtet sich nach den Grundsätzen ordnungsmäßiger Buchführung. Dabei gilt insbesondere:

1. Die Wertansätze in der Eröffnungsbilanz des Haushaltsjahres müssen mit denen der Schlussbilanz des vorhergehenden Haushaltsjahres übereinstimmen.
2. die Vermögensgegenstände, Sonderposten, Rückstellungen, Verbindlichkeiten und Rechnungsabgrenzungsposten sind zum Abschlussstichtag einzeln zu bewerten;
3. es ist wirklichkeitsgetreu zu bewerten; vorhersehbare Risiken und Verluste, die bis zum Abschlussstichtag entstanden sind, sind zu berücksichtigen, selbst wenn diese erst zwischen dem Abschlussstichtag und dem Tag der Aufstellung des Jahresabschlusses bekannt geworden sind; Gewinne sind nur zu berücksichtigen, sofern sie am Abschlussstichtag realisiert sind;
4. Aufwendungen und Erträge des Haushaltsjahres sind unabhängig von den Zeitpunkten der entsprechenden Zahlungen im Jahresabschluss zu berücksichtigen und
5. die auf den vorhergehenden Jahresabschluss angewandten Bewertungsmethoden sollen beibehalten werden.

(5) Von den Grundsätzen des Absatzes 4 darf nur in begründeten Ausnahmefällen abgewichen werden.

§ 92
Eröffnungsbilanz

(1) Die Gemeinde hat zu Beginn des Haushaltsjahres, in dem sie erstmals ihre Geschäftsvorfälle nach dem System der doppelten Buchführung erfasst, eine Eröffnungsbilanz aufzustellen. Auf die Eröffnungsbilanz sind die für den Jahresabschluss geltenden Vorschriften mit Ausnahme des § 95 Absatz 2 Satz 1 Nummern 1 bis 3 entsprechend anzuwenden. Die Vorschriften des § 95 Absatz 3 und § 96 sind entsprechend anzuwenden.

(2) Die Ermittlung der Wertansätze für die Eröffnungsbilanz ist auf der Grundlage von vorsichtig geschätzten Zeitwerten vorzunehmen. Die in der Eröffnungsbilanz angesetzten Werte für die Vermögensgegenstände gelten für die künftigen Haushaltsjahre als Anschaffungs- oder Herstellungskosten, soweit nicht Wertberichtigungen nach Absatz 5 vorgenommen werden.

(3) Die Eröffnungsbilanz einschließlich des Anhangs mit allen Anlagen unterliegt der örtlichen Prüfung nach §§ 101 bis 104, § 59 Absatz 3 gilt entsprechend.

(4) Die Eröffnungsbilanz einschließlich des Anhangs mit allen Anlagen unterliegt der überörtlichen Prüfung nach § 105.

(5) Ergibt sich bei der Aufstellung späterer Jahresabschlüsse, dass in der Eröffnungsbilanz Vermögensgegenstände oder Sonderposten oder Schulden fehlerhaft angesetzt worden sind, so ist der Wertansatz zu berichtigen oder nachzuholen. Die Eröffnungsbilanz gilt dann als geändert. Eine Berichtigung kann letztmals im vierten der Eröffnungsbilanz folgenden Jahresabschluss vorgenommen werden. Vorherige Jahresabschlüsse sind nicht zu berichtigen.

§ 93
Finanzbuchhaltung

(1) Die Finanzbuchhaltung hat die Buchführung und die Zahlungsabwicklung der Gemeinde zu erledigen. Die Buchführung muss unter Beachtung der Grundsätze ordnungsmäßiger Buchführung so beschaffen sein, dass innerhalb einer angemessenen Zeit ein Überblick über die wirtschaftliche Lage der Gemeinde gegeben werden kann. Die Zahlungsabwicklung ist ordnungsgemäß und sicher zu erledigen.

(2) Die Gemeinde hat, wenn sie ihre Finanzbuchhaltung nicht nach § 94 durch eine Stelle außerhalb der Gemeindeverwaltung besorgen lässt, dafür einen Verantwortlichen und einen Stellvertreter zu bestellen.

(3) Soweit die ordnungsgemäße Erledigung und die Prüfung gewährleistet sind, kann die Finanzbuchhaltung für funktional begrenzte Aufgabenbereiche auch durch mehrere Stellen der Verwaltung erfolgen. Absatz 2 bleibt unberührt.

(4) Die mit der Prüfung und Feststellung des Zahlungsanspruches und der Zahlungsverpflichtung beauftragten Bediensteten dürfen nicht die Zahlungen der Gemeinde abwickeln. Das Gleiche gilt für die mit der Rechnungsprüfung beauftragten Bediensteten.

(5) Der Verantwortliche für die Zahlungsabwicklung und sein Stellvertreter dürfen nicht Angehörige des Bürgermeisters, des Kämmerers, der Leitung und der Prüfer der örtlichen Rech-

nungsprüfung sowie mit der Prüfung beauftragter Dritter sein.

(6) Die Geschäftsvorfälle der Sondervermögen und der Treuhandvermögen sind gesondert abzuwickeln, wenn für diese gesonderte Jahresabschlüsse aufgestellt werden.

§ 94
Übertragung der Finanzbuchhaltung

(1) Soweit die Gemeinde die Erfüllung ihrer Verpflichtungen im Rahmen der Finanzbuchhaltung nach § 93 nicht selbst besorgt, hat sie diese auf eine andere juristische Person des öffentlichen Rechts zu übertragen. Die ordnungsgemäße Erledigung und die Prüfung nach den für die Gemeinde geltenden Vorschriften ist zu gewährleisten. Der Beschluss über die Besorgung ist der Aufsichtsbehörde anzuzeigen.

(2) Für die automatisierte Ausführung der Geschäfte der kommunalen Haushaltswirtschaft dürfen nur Fachprogramme verwendet werden, die von der Gemeindeprüfungsanstalt Nordrhein-Westfalen zugelassen sind. Gleiches gilt für die Verwendung dieser Fachprogramme nach wesentlichen Programmänderungen. Die Gültigkeit der Zulassung soll befristet werden. Bei Programmen, die für mehrere Gemeinden Anwendung finden sollen, genügt eine Zulassung. Die technischen Standards, die erforderlich sind, um die gesetzlichen Voraussetzungen für die Programmzulassung zu erfüllen, werden von der Gemeindeprüfungsanstalt Nordrhein-Westfalen im Benehmen mit dem für Kommunales zuständigen Ministerium im Rahmen einer Verwaltungsvorschrift als Prüfhandbuch niedergelegt. [1]

§ 95 [2]
Jahresabschluss

(1) Die Gemeinde hat zum Schluss eines jeden Haushaltsjahres einen Jahresabschluss aufzustellen. Der Jahresabschluss muss klar und übersichtlich sein. Der Jahresabschluss hat sämtliche Vermögensgegenstände, Schulden, Rechnungsabgrenzungsposten, Erträge, Aufwendungen, Einzahlungen und Auszahlungen zu enthalten, soweit nichts anderes bestimmt ist. Er hat unter Beachtung der Grundsätze ordnungsmäßiger Buchführung ein den tatsächlichen Verhältnissen entsprechendes Bild der Vermögens-, Finanz- und Ertragslage der Gemeinde zu vermitteln.

(2) Der Jahresabschluss besteht aus
1. der Ergebnisrechnung,
2. der Finanzrechnung,
3. den Teilrechnungen und
4. der Bilanz.

Der Jahresabschluss ist um einen Anhang zu erweitern, der mit den Bestandteilen des Jahresabschlusses nach Satz 1 eine Einheit bildet. Darüber hinaus hat die Gemeinde einen Lagebericht aufzustellen.

(3) Am Schluss des Anhangs sind für die Mitglieder des Verwaltungsvorstands nach § 70, soweit dieser nicht zu bilden ist, für den Bürgermeister und den Kämmerer, sowie für die Ratsmitglieder, auch wenn die Personen im Haushaltsjahr ausgeschieden sind, anzugeben,
1. Familienname mit mindestens einem ausgeschriebenen Vornamen,
2. der ausgeübte Beruf,
3. die Mitgliedschaft in Aufsichtsräten und anderen Kontrollgremien im Sinne des § 125 Absatz 1 Satz 5 des Aktiengesetzes vom 6. September 1965 (BGBl. I S. 1089), das zuletzt durch Artikel 9 des Gesetzes vom 17. Juli 2017 (BGBl. I S. 2446) geändert worden ist,
4. die Mitgliedschaft in Organen von verselbstständigten Aufgabenbereichen der Gemeinde in öffentlich-rechtlicher oder privatrechtlicher Form,
5. die Mitgliedschaft in Organen sonstiger privatrechtlicher Unternehmen.

§ 43 Abs. 2 Nrn. 5 und 6 gelten entsprechend.

(4) Dem Anhang sind als Anlagen beizufügen
1. ein Anlagenspiegel,
2. ein Forderungsspiegel,
3. ein Eigenkapitalspiegel,
4. ein Verbindlichkeitenspiegel und
5. eine Übersicht über die in das folgende Jahr übertragenen Haushaltsermächtigungen.

(5) Der Entwurf des Jahresabschlusses und des Lageberichtes wird vom Kämmerer aufgestellt und dem Bürgermeister zur Bestätigung vorgelegt. Der Bürgermeister leitet den von ihm bestätigten Entwurf innerhalb von drei Monaten nach Ablauf des Haushaltsjahres dem Rat zur Feststellung zu. Soweit er von dem ihm vorgelegten Entwurf abweicht, kann der Kämmerer dazu eine Stellungnahme abgeben. Wird von diesem Recht Gebrauch gemacht, hat der Bürgermeister die Stellungnahme mit dem Entwurf dem Rat vorzulegen.

§ 96 [2]
Feststellung des Jahresabschlusses und Entlastung

(1) Der Rat stellt bis spätestens 31. Dezember des auf das Haushaltsjahr folgenden Jahres den vom Rechnungsprüfungsausschuss geprüften Jahresabschluss durch Beschluss fest. Zugleich beschließt er über die Verwendung des Jahresüberschusses oder die Behandlung des Jahresfehlbetrages. Soweit in den Jahresabschlüssen der letzten drei vorhergehenden Haushaltsjahre aufgrund entstandener Fehlbeträge der Ergebnisrechnung die allgemeine Rücklage reduziert wurde, ist ein Jahresüberschuss insoweit zunächst der allgemeinen Rücklage zuzuführen. In der Beratung des Rates über den Jahresabschluss kann der Kämmerer seine abweichende Auffassung vertreten. Die Ratsmitglieder entscheiden über die Entlastung des Bürgermeisters. Verweigern sie die Entlastung oder sprechen sie diese mit Einschränkungen aus, so haben sie dafür die Gründe anzugeben. Wird die Feststellung des Jahresabschlusses vom Rat verweigert, so sind die Gründe dafür gegenüber dem Bürgermeister anzugeben.

(2) Der vom Rat festgestellte Jahresabschluss ist der Aufsichtsbehörde unverzüglich anzuzeigen. Der Jahresabschluss ist öffentlich bekannt zu machen und danach bis zur Feststellung des folgenden Jahresabschlusses zur Einsichtnahme verfügbar zu halten.

§ 96a
Abweichungsbefugnis
in besonderen Ausnahmefällen

Das für Kommunales zuständige Ministerium wird ermächtigt, in Ausnahmefällen wie Katastrophen, einer epidemischen Lage von landesweiter Tragweite oder eines außergewöhnlichen Notstandes nach Artikel 115 des Grundgesetzes durch Rechtsverordnung, die mit Zustimmung des Landtags erlassen wird, Abweichendes zum Achten Teil dieses Gesetzes zu regeln.

9. Teil
Sondervermögen, Treuhandvermögen

§ 97
Sondervermögen

(1) Sondervermögen der Gemeinde sind

---

[1] § 94 Absatz 2 tritt gemäß Artikel 10 des 2. NKFWG NRW am 01.01.2021 in Kraft (s. Seite 40e).

[2] zu §§ 95 und 96: siehe Übergangsregelungen gemäß Artikel 8 Erstes NKF-Weiterentwicklungsgesetz (s. Seite 40d).

1. das Gemeindegliedervermögen,
2. das Vermögen der rechtlich unselbstständigen örtlichen Stiftungen,
3. wirtschaftliche Unternehmen (§ 114) und organisatorisch verselbstständigte Einrichtungen (§ 107 Abs. 2) ohne eigene Rechtspersönlichkeit,
4. rechtlich unselbstständige Versorgungs- und Versicherungseinrichtungen.

(2) Sondervermögen nach Absatz 1 Nrn. 1 und 2 unterliegen den Vorschriften über die Haushaltswirtschaft. Sie sind im Haushaltsplan und im Jahresabschluss der Gemeinde gesondert nachzuweisen.

(3) Für Sondervermögen nach Absatz 1 Nr. 3 sind die Vorschriften des § 75 Abs. 1, Abs. 2 Sätze 1 und 2, Abs. 6 und 7, der §§ 84 bis 90, des § 92 Abs. 3 und 7 und der §§ 93, 94 und 96 sinngemäß anzuwenden.

(4) Für Sondervermögen nach Absatz 1 Nr. 4 können die für die Wirtschaftsführung und das Rechnungswesen der Eigenbetriebe geltenden Vorschriften sinngemäß angewendet werden. Absatz 3 gilt sinngemäß.

§ 98
Treuhandvermögen

(1) Für rechtlich selbständige örtliche Stiftungen sowie Vermögen, die die Gemeinde nach besonderem Recht treuhänderisch zu verwalten hat, sind besondere Haushaltspläne aufzustellen und Sonderrechnungen zu führen. Die Vorschriften des § 75 Abs. 1, Abs. 2 Sätze 1 und 2, Abs. 6 und 7, der §§ 78 bis 80, 82 bis 87, 89, 90, 93 und 94 sowie § 96 Abs. 1 sind sinngemäß anzuwenden, soweit nicht Vorschriften des Stiftungsgesetzes entgegen stehen. Die §§ 78 und 80 sind mit der Maßgabe sinngemäß anzuwenden, dass an die Stelle der Haushaltssatzung der Beschluss über den Haushaltsplan tritt und von der öffentlichen Bekanntgabe und dem Verfügbarhalten zur Einsichtnahme nach § 80 Abs. 3 und 6 abgesehen werden kann.

(2) Unbedeutendes Treuhandvermögen kann im Haushalt der Gemeinde gesondert nachgewiesen werden.

(3) Mündelvermögen sind abweichend von den Absätzen 1 und 2 nur im Jahresabschluss gesondert nachzuweisen.

(4) Besondere gesetzliche Vorschriften oder Bestimmungen des Stifters bleiben unberührt.

§ 99
Gemeindegliedervermögen

(1) Für die Nutzung des Gemeindevermögens, dessen Ertrag nach bisherigem Recht nicht der Gemeinde, sondern sonstigen Berechtigten zusteht (Gemeindegliedervermögen) bleiben die bisherigen Vorschriften und Gewohnheiten unberührt.

(2) Gemeindegliedervermögen darf nicht in Privatvermögen der Nutzungsberechtigten umgewandelt werden. Es kann in freies Gemeindevermögen umgewandelt werden, wenn die Umwandlung aus Gründen des Gemeinwohls geboten ist. Den bisher Berechtigten ist ein Einkaufsgeld zurückzuzahlen, durch welches sie das Recht zur Teilnahme an der Nutzung des Gemeindegliedervermögens erworben haben. Soweit nach den bisher geltenden rechtlichen Vorschriften Nutzungsrechte am Gemeindegliedervermögen den Berechtigten gegen ihren Willen nicht entzogen oder geschmälert werden dürfen, muss von der Gemeinde bei der Umwandlung eine angemessene Entschädigung gezahlt werden. Handelt es sich um Nutzungsrechte an landwirtschaftlich genutzten Grundstücken, so kann die Entschädigung auch durch Hergabe eines Teils derjenigen Grundstücke gewährt werden, an denen die Nutzungsrechte bestehen.

(3) Gemeindevermögen darf nicht in Gemeindegliedervermögen umgewandelt werden.

§ 100
Örtliche Stiftungen

(1) Örtliche Stiftungen sind die Stiftungen des privaten Rechts, die nach dem Willen des Stifters von einer Gemeinde verwaltet werden und die überwiegend örtlichen Zwecken dienen. Die Gemeinde hat die örtlichen Stiftungen nach den Vorschriften dieses Gesetzes zu verwalten, soweit nicht durch Gesetz oder Stifter anderes bestimmt ist. Das Stiftungsvermögen ist von dem übrigen Gemeindevermögen getrennt zu halten und so anzulegen, dass es für seinen Verwendungszweck greifbar ist.

(2) Die Umwandlung des Stiftungszwecks, die Zusammenlegung und die Aufhebung von rechtlich unselbständigen Stiftungen stehen der Gemeinde zu; sie bedürfen der Genehmigung der Aufsichtsbehörde.

(3) Gemeindevermögen darf nur im Rahmen der Aufgabenerfüllung der Gemeinde und nur dann in Stiftungsvermögen eingebracht werden, wenn der mit der Stiftung verfolgte Zweck auf andere Weise nicht erreicht werden kann.

10. Teil
Rechnungsprüfung

§ 101
Örtliche Rechnungsprüfung

(1) Kreisfreie Städte, Große und Mittlere kreisangehörige Städte haben eine örtliche Rechnungsprüfung einzurichten. Große und Mittlere kreisangehörige Städte können sich durch eine öffentlich-rechtliche Vereinbarung zur Erfüllung dieser Pflicht einer anderen örtlichen Rechnungsprüfung bedienen. Gemeinden ohne örtliche Rechnungsprüfung können einen geeigneten Bediensteten als Rechnungsprüferin oder als Rechnungsprüfer bestellen oder sich eines anderen kommunalen Rechnungsprüfers oder eines Wirtschaftsprüfers oder einer Wirtschaftsprüfungsgesellschaft bedienen. Die Vorschriften des Gesetzes über kommunale Gemeinschaftsarbeit gelten entsprechend. Für den Rechnungsprüfer gelten Absätze 2, 5 und 6 sowie §§ 102 bis 104, für den Wirtschaftsprüfer und die Wirtschaftsprüfungsgesellschaft Absätze 2 und 6 sowie §§ 102 bis 104 mit Ausnahme von § 104 Absatz 2 Satz 1 entsprechend.

(2) Die örtliche Rechnungsprüfung ist bei der Erfüllung der ihr zugewiesenen Prüfungsaufgaben unabhängig und an Weisungen nicht gebunden. Im Übrigen ist die örtliche Rechnungsprüfung dem Rat unmittelbar verantwortlich und in ihrer sachlichen Tätigkeit ihm unmittelbar unterstellt.

(3) Die Leiterin oder der Leiter der örtlichen Rechnungsprüfung muss hauptamtlich bei der Gemeinde bedienstet sein. Sie oder er muss die für das Amt erforderliche Vorbildung, Erfahrung und Eignung besitzen.

(4) Der Rat bestellt die Leitung der örtlichen Rechnungsprüfung sowie die Prüfer und beruft sie ab. Die Leitung und die Prüfer können nicht Mitglieder des Rates sein und dürfen eine andere Stellung in der Gemeinde nur innehaben, wenn dies mit ihren Prüfungsaufgaben vereinbar ist.

(5) Die Leitung der örtlichen Rechnungsprüfung kann nur durch Beschluss des Gemeinderats und nur dann abberufen werden, wenn die ordnungsgemäße Erfüllung der Aufgaben nicht mehr gewährleistet ist. Der Beschluss muss mit einer Mehrheit von zwei Dritteln der Stimmen aller Mitglieder des Gemeinderates gefasst werden und ist der Aufsichtsbehörde anzuzeigen.

(6) Die Leitung und die Prüfer der örtlichen Rechnungsprüfung dürfen zum Bürgermeister, zu einem Beigeordneten, einem Stellvertreter des Bürgermeisters, zum Kämmerer und zu anderen Bediensteten der Finanzbuchhaltung nicht in einem die Befangenheit begründenden Verhältnis nach § 31 Absatz 1 und 2 stehen. Sofern von der Möglichkeit des § 102 Absatz 2 und 10, des § 103 Absatz 2 Satz 2 oder des § 103 Absatz 5 Gebrauch gemacht wird, erstreckt sich Satz 1 auch auf die jeweiligen Leitungen sowie auf die Bediensteten der Finanzbuchhaltung

der dort genannten Sondervermögen, Eigenbetriebe oder Einrichtungen. Sie dürfen eine andere Stellung in der Gemeinde nur innehaben, wenn dies mit der Unabhängigkeit und den Aufgaben der Rechnungsprüfung vereinbar ist. Sie dürfen Zahlungen für die Gemeinde weder anordnen noch ausführen.

§ 102
Örtliche Prüfung des Jahresabschlusses und des Gesamtabschlusses

(1) Der Jahresabschluss und der Lagebericht sind, vor Feststellung durch den Rat, durch die örtliche Rechnungsprüfung zu prüfen (Jahresabschlussprüfung). Hat keine Prüfung stattgefunden, so kann der Jahresabschluss nicht festgestellt werden. Wird der Jahresabschluss oder der Lagebericht nach Vorlage des Prüfberichtes geändert, so sind diese Unterlagen erneut zu prüfen, soweit es die Änderung erfordert. Über das Ergebnis der Prüfung ist zu berichten, der Bestätigungsvermerk ist entsprechend zu ergänzen.

(2) Die Gemeinde kann mit der Durchführung der Jahresabschlussprüfung einen Wirtschaftsprüfer, eine Wirtschaftsprüfungsgesellschaft oder die Gemeindeprüfungsanstalt nach vorheriger Beschlussfassung durch den Rechnungsprüfungsausschuss beauftragen. Gemeinden ohne eigene Rechnungsprüfung können sich zudem für die Durchführung der Jahresabschlussprüfung einer anderen örtlichen Rechnungsprüfung bedienen.

(3) In die Prüfung des Jahresabschlusses ist die Buchführung einzubeziehen. Die Prüfung des Jahresabschlusses hat sich darauf zu erstrecken, ob die gesetzlichen Vorschriften und sie ergänzenden ortsrechtlichen Bestimmungen oder sonstigen Satzungen beachtet worden sind. Die Prüfung ist so anzulegen, dass Unrichtigkeiten und Verstöße gegen die in Satz 2 aufgeführten Bestimmungen, die sich auf die Darstellung des sich nach § 95 Absatz 1 Satz 4 ergebenden Bildes der Vermögens-, Finanz- und Ertragslage der Gemeinde wesentlich auswirken, bei gewissenhafter Berufsausübung erkannt werden.

(4) In die Prüfung des Jahresabschlusses sind die Entscheidungen und Verwaltungsvorgänge aus delegierten Aufgaben auch dann einzubeziehen, wenn die Zahlungsvorgänge selbst durch den Träger der Aufgabe vorgenommen werden und insgesamt finanziell von erheblicher Bedeutung sind.

(5) Der Lagebericht ist darauf zu prüfen, ob er mit dem Jahresabschluss sowie mit den bei der Prüfung gewonnenen Erkenntnissen in Einklang steht und ob er insgesamt ein zutreffendes Bild von der Lage der Gemeinde vermittelt. Dabei ist auch zu prüfen, ob die Chancen und Risiken der künftigen Entwicklung zutreffend dargestellt sind. Die Prüfung des Lageberichts hat sich auch darauf zu erstrecken, ob die gesetzlichen Vorschriften zu seiner Aufstellung beachtet worden sind.

(6) Die Bürgermeisterin oder der Bürgermeister haben dafür Sorge zu tragen, dass den mit der Jahresabschlussprüfung Beauftragten die Entwürfe des Jahresabschlusses und des Lageberichtes unverzüglich nach der Bestätigung vorgelegt werden. Sie haben den Beauftragten zu gestatten, die Bücher und Schriften der Gemeinde sowie die Vermögensgegenstände und Schulden zu prüfen.

(7) Die mit der Jahresabschlussprüfung Beauftragten können von der Bürgermeisterin oder dem Bürgermeister alle Aufklärungen und Nachweise verlangen, die für eine sorgfältige Prüfung notwendig sind. Soweit es die Vorbereitung der Jahresabschlussprüfung erfordert, haben die mit der Jahresabschlussprüfung Beauftragten die Rechte auch schon vor Aufstellung des Jahresabschlusses. Soweit es für eine sorgfältige Prüfung erforderlich ist, haben die mit der Jahresabschlussprüfung Beauftragten die Rechte auch gegenüber Mutter- und Tochterunternehmen.

(8) Die mit der Jahresabschlussprüfung Beauftragten haben über Art und Umfang sowie über das Ergebnis der Prüfung zu berichten. §§ 321 und 322 des Handelsgesetzbuches in der im Bundesgesetzblatt Teil III, Gliederungsnummer 4100-1, veröffentlichten bereinigten Fassung, das zuletzt durch Artikel 11 Absatz 28 des Gesetzes vom 18. Juli 2017 (BGBl. I S. 2745) geändert worden ist, gelten entsprechend.

(9) Die mit der Jahresabschlussprüfung Beauftragten dürfen an der Führung der Bücher und an der Aufstellung des Jahresabschlusses und des Lageberichtes nicht mitgewirkt haben.

(10) Für die Prüfung der Jahresabschlüsse der in § 97 Absatz 1 Nummer 1, 2 und 4 benannten Sondervermögen finden die Absätze 1 bis 9 entsprechende Anwendung; § 101 Absatz 6 ist zu beachten.

(11) Sofern ein Gesamtabschluss und ein Gesamtlagebericht aufgestellt werden, finden die Absätze 1 bis 9 entsprechende Anwendung.

§ 103
Örtliche Prüfung der Eigenbetriebe

(1) Zur Vorbereitung der Beschlussfassung des Rates über den Jahresabschluss und den Lagebericht ist der Jahresabschluss und der Lagebericht zu prüfen (Jahresabschlussprüfung).

(2) Die Betriebsleitung kann mit der Durchführung der Jahresabschlussprüfung einen Wirtschaftsprüfer, eine Wirtschaftsprüfungsgesellschaft oder die Gemeindeprüfungsanstalt nach vorheriger Beschlussfassung durch den Betriebsausschuss beauftragen. Wird die Buchführung des Eigenbetriebs nach den für Gemeinden geltenden Vorschriften geführt, so kann abweichend dazu auch die örtliche Rechnungsprüfung mit der Prüfung nach Absatz 1 beauftragt werden.

(3) Für die Prüfung nach Absatz 1 gilt § 102 entsprechend. Im Rahmen der Jahresabschlussprüfung ist in entsprechender Anwendung des § 53 Absatz 1 Nummer 1 und 2 des Haushaltsgrundsätzegesetzes vom 19. August 1969 (BGBl. I S. 1273), das zuletzt durch Artikel 10 des Gesetzes vom 14. August 2017 (BGBl. I S. 3122) geändert worden ist, ferner die Ordnungsmäßigkeit der Geschäftsführung zu prüfen und über die wirtschaftlich bedeutsamen Sachverhalte zu berichten. Die Kosten der Jahresabschlussprüfung trägt der Betrieb.

(4) In dem Bericht über die Prüfung des Jahresabschlusses und des Lageberichtes ist ferner darauf einzugehen, ob das von der Gemeinde zur Verfügung gestellte Eigenkapital angemessen verzinst wird.

(5) Die Absätze 1 bis 4 gelten entsprechend für Einrichtungen, die gemäß § 107 Absatz 2 entsprechend den Vorschriften über das Rechnungswesen der Eigenbetriebe geführt werden, § 101 Absatz 6 ist zu beachten.

§ 104
Weitere Aufgaben der örtlichen Rechnungsprüfung

(1) Weitere Aufgaben der örtlichen Rechnungsprüfung sind:

1. die laufende Prüfung der Vorgänge in der Finanzbuchhaltung zur Vorbereitung der Prüfung des Jahresabschlusses,
2. die dauernde Überwachung der Zahlungsabwicklung der Gemeinde und ihrer Sondervermögen sowie die Vornahme der Prüfungen,
3. bei Durchführung der Finanzbuchhaltung mit Hilfe automatisierter Datenverarbeitung (DV-Buchführung) der Gemeinde und ihrer Sondervermögen die Prüfung der Programme vor ihrer Anwendung,
4. die Prüfung der Finanzvorfälle gemäß § 100 Absatz 4 der Landeshaushaltsordnung in der Fassung der Bekanntmachung vom 26. April 1999 (GV. NRW. S. 158) in der jeweils geltenden Fassung,
5. die Prüfung von Vergaben und
6. die Wirksamkeit interner Kontrollen im Rahmen des internen Kontrollsystems.

(2) Die örtliche Rechnungsprüfung kann ferner folgende

Aufgaben wahrnehmen:
1. die Prüfung der Zweckmäßigkeit und der Wirtschaftlichkeit der Verwaltung,
2. die Prüfung der Wirtschaftsführung und des Rechnungswesens der Eigenbetriebe und anderer Einrichtungen der Gemeinde nach § 107 Absatz 2,
3. die Prüfung der Betätigung der Gemeinde als Gesellschafterin, Aktionärin oder Mitglied in Gesellschaften und anderen Vereinigungen des privaten Rechts oder in der Rechtsform der Anstalt des öffentlichen Rechts gemäß § 114a sowie die Buch- und Betriebsprüfung, die sich die Gemeinde bei einer Beteiligung, bei der Hingabe eines Darlehens oder sonst vorbehalten hat.

(3) Der Rat kann der örtlichen Rechnungsprüfung weitere Aufgaben übertragen.

(4) Der Bürgermeister kann innerhalb seines Amtsbereichs unter Mitteilung an den Rechnungsprüfungsausschuss der örtlichen Rechnungsprüfung Aufträge zur Prüfung erteilen.

(5) Der Prüfer kann für die Durchführung seiner Prüfung nach den Absätzen 1 bis 4 Aufklärung und Nachweise verlangen, die für eine sorgfältige Prüfung notwendig sind. Der Prüfer hat die Rechte nach Satz 1 auch gegenüber den Abschlussprüfern der verselbstständigten Aufgabenbereiche.

(6) Die örtliche Rechnungsprüfung kann sich mit Zustimmung des Rechnungsprüfungsausschusses Dritter als Prüfer bedienen.

(7) Ein Dritter darf nicht Prüfer sein,
1. wenn er Mitglied des Rates, Angehöriger des Bürgermeisters, des Kämmerers oder des Verantwortlichen für die Zahlungsabwicklung oder seines Stellvertreters ist,
2. wenn er Beschäftigter der verselbstständigten Aufgabenbereiche der Gemeinde ist, die in öffentlich-rechtlicher oder privatrechtlicher Form geführt werden, oder diesen in den letzten drei Jahren vor der Bestellung als Prüfer angehört hat,
3. wenn er in den letzten fünf Jahren mehr als 30 Prozent der Gesamteinnahmen aus seiner beruflichen Tätigkeit aus der Prüfung und Beratung der zu prüfenden Gemeinde und der verselbstständigten Aufgabenbereiche der Gemeinde, die in öffentlich-rechtlicher oder privatrechtlicher Form geführt werden, bezogen hat und dies auch im laufenden Jahr zu erwarten ist; verselbstständigte Aufgabenbereiche der Gemeinde in privatrechtlicher Form müssen nur einbezogen werden, wenn die Gemeinde mehr als 20 Prozent der Anteile daran besitzt.

§ 102 Absatz 9 gilt entsprechend.

§ 105
Überörtliche Prüfung

(1) Die überörtliche Prüfung als Teil der allgemeinen Aufsicht des Landes über die Gemeinden ist Aufgabe der Gemeindeprüfungsanstalt.

(2) Die Gemeindeprüfungsanstalt ist bei der Durchführung ihrer Aufgaben unabhängig und an Weisungen nicht gebunden.

(3) Die überörtliche Prüfung erstreckt sich darauf, ob
1. bei der Haushaltswirtschaft der Gemeinden sowie ihrer Sondervermögen die Gesetze und die zur Erfüllung von Aufgaben ergangenen Weisungen (§ 3 Absatz 2) eingehalten worden sind und
2. die zweckgebundenen Staatszuweisungen bestimmungsgemäß verwendet worden sind.

Die überörtliche Prüfung stellt zudem fest, ob die Gemeinde sachgerecht und wirtschaftlich verwaltet wird. Dies kann auch auf vergleichender Grundlage geschehen. Bei der Prüfung sind vorhandene Ergebnisse der Prüfung des Jahresabschlusses und des Lageberichtes, des Gesamtabschlusses und des Gesamtlageberichtes, der Jahresabschlüsse der Eigenbetriebe, Sonder- und Treuhandvermögen sowie, wenn eine Befreiung für die Erstellung eines Gesamtabschlusses und eines Gesamtlageberichtes vorliegen, der Beteiligungsbericht und Ergebnisse der örtlichen Rechnungsprüfung aus der Aufgabenwahrnehmung nach § 103 zu berücksichtigen.

(4) Die überörtliche Prüfung soll in jeder Gemeinde alle fünf Jahre unter Einbeziehung sämtlicher vorliegender Jahresabschlüsse und Lageberichte, Gesamtabschlüsse und Gesamtlageberichte, Beteiligungsberichte sowie Jahresabschlüssen der Sondervermögen, Treuhandvermögen, Unternehmen und Beteiligungen stattfinden.

(5) Die Gemeindeprüfungsanstalt teilt das Prüfungsergebnis in Form eines Prüfungsberichts
1. der geprüften Gemeinde,
2. den Aufsichtsbehörden und
3. den Fachaufsichtsbehörden, soweit ihre Zuständigkeit berührt ist,

mit.

(6) Der Bürgermeister legt den Prüfungsbericht dem Rechnungsprüfungsausschuss zur Beratung vor. Die Bürgermeisterin oder der Bürgermeister hat zu den Feststellungen und Empfehlungen, die im Prüfungsbericht gegenständlich sind, Stellung zu nehmen. Der Rechnungsprüfungsausschuss unterrichtet den Rat über das Ergebnis seiner Beratungen.

(7) Der Rat beschließt über die gegenüber der Gemeindeprüfungsanstalt und der Aufsichtsbehörde abzugebende Stellungnahme in Bezug auf die im Prüfungsbericht enthaltenen Feststellungen und Empfehlungen in öffentlicher Sitzung innerhalb einer dafür bestimmten Frist; das Ergebnis aus der Vorberatung im Rechnungsprüfungsausschuss kann einbezogen werden.

(8) Die Gemeindeprüfungsanstalt soll Gemeinden, Körperschaften, Anstalten, Stiftungen, Verbände und Einrichtungen des öffentlichen Rechts auf Antrag in Fragen
1. der Organisation und Wirtschaftlichkeit der Verwaltung,
2. der Rechnungslegung und der Rechnungsprüfung und
3. solchen, die mit der Ausschreibung, Vergabe und Abrechnung von baulichen Maßnahmen zusammenhängen,

beraten. Sonstige im öffentlichen Interesse tätige juristische Personen kann sie in diesen Fragen auf Antrag beraten.

(9) Werden Prüfungsaufgaben nach § 92 Absatz 3 oder nach § 102 Absatz 1, § 103 Absatz 1 durch die Gemeindeprüfungsanstalt bei den Gemeinden durchgeführt, dürfen die mit diesen Aufgaben befassten Prüfer nicht gleichzeitig in diesen Gemeinden die überörtliche Prüfung nach Absatz 3 oder Beratungstätigkeiten nach Absatz 8 wahrnehmen. Die Gemeindeprüfungsanstalt hat insofern ein geeignetes Rotationsverfahren zur Anwendung zu bringen.

§ 106
- gestrichen -

11. Teil
Wirtschaftliche Betätigung und nichtwirtschaftliche Betätigung

§ 107
Zulässigkeit wirtschaftlicher Betätigung

(1) Die Gemeinde darf sich zur Erfüllung ihrer Aufgaben wirtschaftlich betätigen, wenn
1. ein öffentlicher Zweck die Betätigung erfordert,
2. die Betätigung nach Art und Umfang in einem angemessenen Verhältnis zu der Leistungsfähigkeit der Gemeinde steht und

3. bei einem Tätigwerden außerhalb der Wasserversorgung, des öffentlichen Verkehrs sowie des Betriebes von Telekommunikationsleitungsnetzen einschließlich der Telekommunikationsdienstleistungen der öffentliche Zweck durch andere Unternehmen nicht besser und wirtschaftlicher erfüllt werden kann.

Das Betreiben eines Telekommunikationsnetzes umfasst nicht den Vertrieb und/oder die Installation von Endgeräten von Telekommunikationsanlagen. Als wirtschaftliche Betätigung ist der Betrieb von Unternehmen zu verstehen, die als Hersteller, Anbieter oder Verteiler von Gütern oder Dienstleistungen am Markt tätig werden, sofern die Leistung ihrer Art nach auch von einem Privaten mit der Absicht der Gewinnerzielung erbracht werden könnte. [1]

(2) Als wirtschaftliche Betätigung im Sinne dieses Abschnitts gilt nicht der Betrieb von
1. Einrichtungen, zu denen die Gemeinde gesetzlich verpflichtet ist,
2. öffentlichen Einrichtungen, die für die soziale und kulturelle Betreuung der Einwohner erforderlich sind, insbesondere Einrichtungen auf den Gebieten
    - Erziehung, Bildung oder Kultur (Schulen, Volkshochschulen, Tageseinrichtungen für Kinder und sonstige Einrichtungen der Jugendhilfe, Bibliotheken, Museen, Ausstellungen, Opern, Theater, Kinos, Bühnen, Orchester, Stadthallen, Begegnungsstätten),
    - Sport oder Erholung (Sportanlagen, zoologische und botanische Gärten, Wald-, Park- und Gartenanlagen, Herbergen, Erholungsheime, Bäder, Einrichtungen zur Veranstaltung von Volksfesten),
    - Gesundheits- oder Sozialwesen (Krankenhäuser, Bestattungseinrichtungen, Sanatorien, Kurparks, Senioren- und Behindertenheime, Frauenhäuser, soziale und medizinische Beratungsstellen),
3. Einrichtungen, die der Straßenreinigung, der Wirtschaftsförderung, der Fremdenverkehrsförderung oder der Wohnraumversorgung dienen,
4. Einrichtungen des Umweltschutzes, insbesondere der Abfallentsorgung oder Abwasserbeseitigung sowie des Messe- und Ausstellungswesens,
5. Einrichtungen, die ausschließlich der Deckung des Eigenbedarfs von Gemeinden und Gemeindeverbänden dienen.

Auch diese Einrichtungen sind, soweit es mit ihrem öffentlichen Zweck vereinbar ist, nach wirtschaftlichen Gesichtspunkten zu verwalten und können entsprechend den Vorschriften über die Eigenbetriebe geführt werden. Das für Kommunales zuständige Ministerium kann durch Rechtsverordnung bestimmen, dass Einrichtungen, die nach Art und Umfang eine selbständige Betriebsführung erfordern, ganz oder teilweise nach den für die Eigenbetriebe geltenden Vorschriften zu führen sind; hierbei können auch Regelungen getroffen werden, die von einzelnen der für die Eigenbetriebe geltenden Vorschriften abweichen.

(3) Die wirtschaftliche Betätigung außerhalb des Gemeindegebietes ist nur zulässig, wenn die Voraussetzungen des Absatzes 1 vorliegen und die berechtigten Interessen der betroffenen kommunalen Gebietskörperschaften gewahrt sind. Die Aufnahme einer wirtschaftlichen Betätigung auf ausländischen Märkten ist nur zulässig, wenn die Voraussetzungen des Absatzes 1 Satz 1 Nr. 1 und Nr. 2 vorliegen. Die Aufnahme einer solchen Betätigung bedarf der Genehmigung.

(4) Die nichtwirtschaftliche Betätigung außerhalb des Gemeindegebiets ist nur zulässig, wenn die Voraussetzungen des Absatzes 1 Satz 1 Nr. 1 und Nr. 2 vorliegen und die berechtigten Interessen der betroffenen kommunalen Gebietskörperschaften gewahrt sind. Diese Voraussetzungen gelten bei in den Krankenhausplan des Landes aufgenommenen Krankenhäusern als erfüllt. Die Aufnahme einer nichtwirtschaftlichen Betätigung auf ausländischen Märkten ist nur zulässig, wenn die Voraussetzungen des Absatzes 1 Satz 1 Nr. 1 und Nr. 2 vorliegen. Die Aufnahme einer solchen Betätigung bedarf der Genehmigung.

(5) Vor der Entscheidung über die Gründung von bzw. die unmittelbare oder mittelbare Beteiligung an Unternehmen im Sinne des Absatzes 1 ist der Rat auf der Grundlage einer Marktanalyse über die Chancen und Risiken des beabsichtigten wirtschaftlichen Engagements und über die Auswirkungen auf das Handwerk und die mittelständische Wirtschaft zu unterrichten. Den örtlichen Selbstverwaltungsorganisationen von Handwerk, Industrie und Handel und den für die Beschäftigten der jeweiligen Branchen handelnden Gewerkschaften ist Gelegenheit zur Stellungnahme zu den Marktanalysen zu geben.

(6) Bankunternehmen darf die Gemeinde nicht errichten, übernehmen oder betreiben.

(7) Für das öffentliche Sparkassenwesen gelten die dafür erlassenen besonderen Vorschriften.

§ 107a
Zulässigkeit energiewirtschaftlicher Betätigung

(1) Die wirtschaftliche Betätigung in den Bereichen der Strom-, Gas- und Wärmeversorgung dient einem öffentlichen Zweck und ist zulässig, wenn sie nach Art und Umfang in einem angemessenen Verhältnis zu der Leistungsfähigkeit der Gemeinde steht.

(2) Mit den Bereichen Strom-, Gas- und Wärmeversorgung unmittelbar verbundene Dienstleistungen sind zulässig, wenn sie den Hauptzweck fördern. Die Gemeinde stellt sicher, dass bei der Erbringung dieser Dienstleistungen die Belange kleinerer Unternehmen, insbesondere des Handwerks, berücksichtigt werden.

(3) Die Aufnahme einer überörtlichen energiewirtschaftlichen Betätigung ist zulässig, wenn die Voraussetzung des Absatzes 1 vorliegt und die berechtigten Interessen der betroffenen kommunalen Gebietskörperschaften gewahrt sind. Bei der Versorgung mit Strom und Gas gelten nur die Interessen als berechtigt, die nach den Vorschriften des Energiewirtschaftsgesetzes eine Einschränkung des Wettbewerbs zulassen. Die Aufnahme einer energiewirtschaftlichen Betätigung auf ausländischen Märkten ist zulässig, wenn die Voraussetzung des Absatzes 1 vorliegt. Die Aufnahme einer solchen Betätigung bedarf der Genehmigung.

(4) Vor der Entscheidung über die Gründung von bzw. die unmittelbare Beteiligung an Unternehmen im Sinne des Absatzes 1 ist der Rat über die Chancen und Risiken des beabsichtigten wirtschaftlichen Engagements zu unterrichten. Den örtlichen Selbstverwaltungsorganisationen von Handwerk, Industrie und Handel und den für die Beschäftigten der jeweiligen Branchen handelnden Gewerkschaften ist Gelegenheit zur Stellungnahme zu geben, sofern die Entscheidung die Erbringung verbundener Dienstleistungen betrifft.

§ 108 [2]
Unternehmen und Einrichtungen des privaten Rechts

(1) Die Gemeinde darf Unternehmen und Einrichtungen in einer Rechtsform des privaten Rechts nur gründen oder sich daran beteiligen, wenn

1. bei Unternehmen (§ 107 Abs. 1) die Voraussetzungen des § 107 Abs. 1 Satz 1 gegeben sind und bei Unternehmen im Bereich der energiewirtschaftlichen Betätigung die Voraussetzung des § 107 a Abs. 1 gegeben ist,

---

[1] zu § 107 Absatz 1: siehe Übergangsregelungen gemäß Artikel 10 Absatz 1 Zweites NKF-Weiterentwicklungsgesetz (s. Seite 40e)

[2] zu § 108: siehe Übergangsregelung gemäß Artikel 8 des Zweiten NFKWG (s. Seite 40e)

2. bei Einrichtungen (§ 107 Abs. 2) ein wichtiges Interesse der Gemeinde an der Gründung oder der Beteiligung vorliegt,
3. eine Rechtsform gewählt wird, welche die Haftung der Gemeinde auf einen bestimmten Betrag begrenzt,
4. die Einzahlungsverpflichtung der Gemeinde in einem angemessenen Verhältnis zu ihrer Leistungsfähigkeit steht,
5. die Gemeinde sich nicht zur Übernahme von Verlusten in unbestimmter oder unangemessener Höhe verpflichtet,
6. die Gemeinde einen angemessenen Einfluss, insbesondere in einem Überwachungsorgan, erhält und dieser durch Gesellschaftsvertrag, Satzung oder in anderer Weise gesichert wird,
7. das Unternehmen oder die Einrichtung durch Gesellschaftsvertrag, Satzung oder sonstiges Organisationsstatut auf den öffentlichen Zweck ausgerichtet wird,
8. bei Unternehmen und Einrichtungen in Gesellschaftsform gewährleistet ist, dass der Jahresabschluss und der Lagebericht, soweit nicht weitergehende gesetzliche Vorschriften gelten oder andere gesetzliche Vorschriften entgegenstehen, aufgrund des Gesellschaftsvertrages oder der Satzung in entsprechender Anwendung der Vorschriften des Dritten Buches des Handelsgesetzbuches für große Kapitalgesellschaften aufgestellt und geprüft werden,
9. bei Unternehmen und Einrichtungen in Gesellschaftsform, vorbehaltlich weitergehender oder entgegenstehender gesetzlicher Vorschriften, durch Gesellschaftsvertrag oder Satzung gewährleistet ist, dass die für die Tätigkeit im Geschäftsjahr gewährten Gesamtbezüge im Sinne des § 285 Nummer 9 des Handelsgesetzbuches der Mitglieder der Geschäftsführung, des Aufsichtsrates, des Beirates oder einer ähnlichen Einrichtung im Anhang zum Jahresabschluss jeweils für jede Personengruppe sowie zusätzlich unter Namensnennung die Bezüge jedes einzelnen Mitglieds dieser Personengruppen unter Aufgliederung nach Komponenten im Sinne des § 285 Nummer 9 Buchstabe a des Handelsgesetzbuches angegeben werden. Die individualisierte Ausweisungspflicht gilt auch für:
    a) Leistungen, die den genannten Mitgliedern für den Fall einer vorzeitigen Beendigung ihrer Tätigkeit zugesagt worden sind,
    b) Leistungen, die den genannten Mitgliedern für den Fall der regulären Beendigung ihrer Tätigkeit zugesagt worden sind, mit ihrem Barwert sowie den von der Gesellschaft während des Geschäftsjahres hierfür aufgewandten oder zurückgestellten Betrag,
    c) während des Geschäftsjahres vereinbarte Änderungen dieser Zusagen und
    d) Leistungen, die einem früheren Mitglied, das seine Tätigkeit im Laufe des Geschäftsjahres beendet hat, in diesem Zusammenhang zugesagt und im Laufe des Geschäftsjahres gewährt worden sind.

    Eine Gewährleistung für die individualisierte Ausweisung von Bezügen und Leistungszusagen ist im Falle der Beteiligung an einer bestehenden Gesellschaft auch dann gegeben, wenn in Gesellschaftsvertrag oder Satzung die erstmalige individualisierte Ausweisung spätestens für das zweite Geschäftsjahr nach Erwerb der Beteiligung festgelegt ist.
10. bei Unternehmen der Telekommunikation einschließlich von Telefondienstleistungen nach § 107 Abs. 1 Satz 1 Nr. 3 im Gesellschaftsvertrag die unmittelbare oder im Rahmen einer Schachtelbeteiligung die mittelbare Haftung der Gemeinde auf den Anteil der Gemeinde bzw. des kommunalen Unternehmens am Stammkapital beschränkt ist. Zur Wahrnehmung gleicher Wettbewerbschancen darf die Gemeinde für diese Unternehmen weder Kredite nach Maßgabe kommunalwirtschaftlicher Vorzugskonditionen in Anspruch nehmen noch Bürgschaften und Sicherheiten i.S. von § 87 leisten.

Die Aufsichtsbehörde kann von den Vorschriften der Nummern 3, 5 und 8 in begründeten Fällen Ausnahmen zulassen. Wird von Satz 1 Nummer 8 eine Ausnahme zugelassen, kann auch von Satz 1 Nummer 9 eine Ausnahme zugelassen werden.

(2) Absatz 1 Satz 1 Nummer 9 gilt für die erstmalige unmittelbare oder mittelbare Beteiligung an einer Gesellschaft einschließlich der Gründung einer Gesellschaft, wenn den beteiligten Gemeinden oder Gemeindeverbänden alleine oder zusammen oder zusammen mit einer Beteiligung des Landes mehr als 50 vom Hundert der Anteile gehören. Bei bestehenden Gesellschaften, an denen Gemeinden oder Gemeindeverbände unmittelbar oder mittelbar alleine oder zusammen oder zusammen mit dem Land mit mehr als 50 vom Hundert beteiligt sind, trifft die Gemeinden und Gemeindeverbände eine Hinwirkungspflicht zur Anpassung an die Vorgaben des Absatzes 1 Satz 1 Nummer 9. Die Hinwirkungspflicht nach Satz 2 bezieht sich sowohl auf die Anpassung von Gesellschaftsvertrag oder Satzung als auch auf die mit Absatz 1 Satz 1 Nummer 9 verfolgte Zielsetzung der individualisierten Ausweisung der dort genannten Bezüge und Leistungszusagen.

(3) Gehören einer Gemeinde mehr als 50 vom Hundert der Anteile an einem Unternehmen oder einer Einrichtung in Gesellschaftsform, muss sie darauf hinwirken, dass

1. in sinngemäßer Anwendung der für die Eigenbetriebe geltenden Vorschriften
   a) für jedes Wirtschaftsjahr ein Wirtschaftsplan aufgestellt wird,
   b) der Wirtschaftsführung eine fünfjährige Finanzplanung zugrunde gelegt und der Gemeinde zur Kenntnis gebracht wird,
   c) die Feststellung des Jahresabschlusses, die Verwendung des Ergebnisses sowie das Ergebnis der Prüfung des Jahresabschlusses und des Lageberichts unbeschadet der bestehenden gesetzlichen Offenlegungspflichten öffentlich bekannt gemacht werden und der Jahresabschluss und der Lagebericht bis zur Feststellung des folgenden Jahresabschlusses zur Einsichtnahme verfügbar gehalten werden,
2. in dem Lagebericht oder in Zusammenhang damit zur Einhaltung der öffentlichen Zwecksetzung und zur Zweckerreichung Stellung genommen wird,
3. nach den Wirtschaftsgrundsätzen (§ 109) verfahren wird, wenn die Gesellschaft ein Unternehmen betreibt.

Gehört der Gemeinde zusammen mit anderen Gemeinden oder Gemeindeverbänden die Mehrheit der Anteile an einem Unternehmen oder an einer Einrichtung, soll sie auf eine Wirtschaftsführung nach Maßgabe des Satzes 1 Nr. 1 a) und b) sowie Nr. 2 und Nr. 3 hinwirken.

(4) Die Gemeinde darf unbeschadet des Absatzes 1 Unternehmen und Einrichtungen in der Rechtsform einer Aktiengesellschaft nur gründen, übernehmen, wesentlich erweitern oder sich daran beteiligen, wenn der öffentliche Zweck nicht ebenso gut in einer anderen Rechtsform erfüllt wird oder erfüllt werden kann.

(5) Die Gemeinde darf unbeschadet des Absatzes 1 Unternehmen und Einrichtungen in der Rechtsform einer Gesellschaft mit beschränkter Haftung nur gründen oder sich daran beteiligen, wenn durch die Ausgestaltung des Gesellschaftsvertrags sichergestellt ist, dass

1. die Gesellschafterversammlung auch beschließt über
   a) den Abschluss und die Änderungen von Unternehmensverträgen im Sinne der §§ 291 und 292 Abs. 1 des Aktiengesetzes,

b) den Erwerb und die Veräußerung von Unternehmen und Beteiligungen,
c) den Wirtschaftsplan, die Feststellung des Jahresabschlusses und die Verwendung des Ergebnisses sowie
d) die Bestellung und die Abberufung der Geschäftsführer, soweit dies nicht der Gemeinde vorbehalten ist, und

2. der Rat den von der Gemeinde bestellten oder auf Vorschlag der Gemeinde gewählten Mitgliedern des Aufsichtsrats Weisungen erteilen kann, soweit die Bestellung eines Aufsichtsrates gesetzlich nicht vorgeschrieben ist.

(6) Vertreter der Gemeinde in einer Gesellschaft, an der Gemeinden, Gemeindeverbände oder Zweckverbände unmittelbar oder mittelbar mit mehr als 25 vom Hundert beteiligt sind, dürfen

a) der Gründung einer anderen Gesellschaft oder einer anderen Vereinigung in einer Rechtsform des privaten Rechts, einer Beteiligung sowie der Erhöhung einer Beteiligung der Gesellschaft an einer anderen Gesellschaft oder einer anderen Vereinigung in einer Rechtsform des privaten Rechts nur zustimmen, wenn
   - die vorherige Entscheidung des Rates vorliegt,
   - für die Gemeinde selbst die Gründungs- bzw. Beteiligungsvoraussetzungen vorliegen und
   - sowohl die Haftung der gründenden Gesellschaft als auch die Haftung der zu gründenden Gesellschaft oder Vereinigung durch ihre Rechtsform auf einen bestimmten Betrag begrenzt sind oder
   - sowohl die Haftung der sich beteiligenden Gesellschaft als auch die Haftung der Gesellschaft oder Vereinigung, an der eine Beteiligung erfolgt, durch ihre Rechtsform auf einen bestimmten Betrag begrenzt sind;

b) einem Beschluss der Gesellschaft zu einer wesentlichen Änderung des Gesellschaftszwecks oder sonstiger wesentlicher Änderungen des Gesellschaftsvertrages nur nach vorheriger Entscheidung des Rates zustimmen.

In den Fällen von Satz 1 Buchstabe a) gilt Absatz 1 Satz 2 und 3 entsprechend. Als Vertreter der Gemeinde im Sinne von Satz 1 gelten auch Geschäftsführer, Vorstandsmitglieder und Mitglieder von sonstigen Organen und ähnlichen Gremien der Gesellschaft, die von der Gemeinde oder auf ihre Veranlassung oder ihren Vorschlag in das Organ oder Gremium entsandt oder gewählt worden sind. Beruht die Entsendung oder Wahl auf der Veranlassung oder dem Vorschlag mehrerer Gemeinden, Gemeindeverbände oder Zweckverbände, so bedarf es der Entscheidung nur des Organs, auf das sich die beteiligten Gemeinden und Gemeindeverbände oder Zweckverbände geeinigt haben. Die Sätze 1 bis 4 gelten nicht, soweit ihnen zwingende Vorschriften des Gesellschaftsrechts entgegenstehen.

(7) Die Gemeinde kann einen einzelnen Geschäftsanteil an einer eingetragenen Kreditgenossenschaft erwerben, wenn eine Nachschusspflicht ausgeschlossen oder die Haftungssumme auf einen bestimmten Betrag beschränkt ist.

§ 108 a
Arbeitnehmermitbestimmung in fakultativen Aufsichtsräten

(1) Soweit im Gesellschaftsvertrag eines Unternehmens (§ 107 Absatz 1, § 107a Absatz 1) oder einer Einrichtung (§ 107 Absatz 2) in Privatrechtsform, an der die Gemeinde unmittelbar oder mittelbar mit mehr als 50 Prozent der Anteile beteiligt ist, ein fakultativer Aufsichtsrat vorgesehen ist, können diesem Arbeitnehmervertreter angehören. Arbeitnehmervertreter können von der Gemeinde in den fakultativen Aufsichtsrat entsandt werden, wenn diese mehr als zwei Aufsichtsratsmandate besetzt. In diesem Fall ist ein angemessener Einfluss der Gemeinde im Sinne des § 108 Absatz 1 Satz 1 Nummer 6 gegeben, wenn bei mehr als zwei von der Gemeinde in den Aufsichtsrat zu entsendenden Vertretern nicht mehr als ein Drittel der auf die Gemeinde entfallenden Aufsichtsratsmandate durch Arbeitnehmervertreter des Unternehmens oder der Einrichtung nach Maßgabe der folgenden Absätze besetzt werden.

(2) Wird ein Aufsichtsratsmandat oder werden zwei Aufsichtsratsmandate mit Arbeitnehmervertretern besetzt, so müssen diese als Arbeitnehmer im Unternehmen oder in der Einrichtung beschäftigt sein. Werden mehr als zwei Aufsichtsratsmandate mit Arbeitnehmervertretern besetzt, so müssen mindestens zwei Aufsichtsratsmandate mit Arbeitnehmern besetzt werden, die im Unternehmen oder in der Einrichtung beschäftigt sind.

(3) Der Rat der Gemeinde bestellt aus einer von den Beschäftigten des Unternehmens oder der Einrichtung gewählten Vorschlagsliste die in den fakultativen Aufsichtsrat zu entsendenden Arbeitnehmervertreter. Die Bestellung bedarf eines Beschlusses der Mehrheit der gesetzlichen Zahl der Mitglieder des Rates. Die Vorschlagsliste muss mindestens die doppelte Zahl der zu entsendenden Arbeitnehmervertreter enthalten. Der Rat hat das Recht, mit der Mehrheit der gesetzlichen Zahl seiner Mitglieder sämtliche Vorschläge der Liste zurückzuweisen und eine Neuwahl zu verlangen. In diesem Fall können die Beschäftigten eine neue Vorschlagsliste wählen; Sätze 1 bis 4 gelten entsprechend. Im Falle einer erneuten Zurückweisung der Vorschläge durch den Rat bleiben die für die Arbeitnehmervertreter vorgesehenen Aufsichtsratsmandate unbesetzt.

(4) § 113 Absatz 1 Satz 2 und 3 und Absatz 6 sowie § 9 des Drittelbeteiligungsgesetzes vom 18. Mai 2004 (BGBl. I S. 974), das zuletzt durch Artikel 2 Absatz 114 des Gesetzes vom 22. Dezember 2011 (BGBl. I S. 3044) geändert worden ist, gelten für die nach Absatz 3 für den fakultativen Aufsichtsrat vom Rat bestellten Arbeitnehmervertreter entsprechend. Verliert ein vom Rat bestellter Arbeitnehmervertreter, der als Arbeitnehmer im Unternehmen oder in der Einrichtung beschäftigt ist, die Beschäftigteneigenschaft in dem Unternehmen oder der Einrichtung, muss der Rat ihn entsprechend § 113 Absatz 1 Satz 3 aus seinem Amt im fakultativen Aufsichtsrat abberufen.

(5) Zur Wahl der Vorschlagsliste nach Absatz 3 sind alle Beschäftigten des Unternehmens beziehungsweise der Einrichtung wahlberechtigt, die am Tage der Wahl das 18. Lebensjahr vollendet haben. Nicht wahlberechtigt und nicht wählbar sind Geschäftsführer und Vorstände des Unternehmens beziehungsweise der Einrichtung. In die Vorschlagsliste können nur Personen aufgenommen werden, die das 18. Lebensjahr vollendet haben. Im Gesellschaftsvertrag, der Satzung oder dem Organisationsstatut des Unternehmens beziehungsweise der Einrichtung ist die Amtsdauer der Arbeitnehmervertreter zu regeln. Sie soll die regelmäßige Amtsdauer der nach § 113 Absatz 2 Satz 2 neben dem Bürgermeister oder dem von ihm benannten Bediensteten der Gemeinde in den fakultativen Aufsichtsrat bestellten weiteren Vertreter nicht überschreiten.

(6) Die Wahl der Vorschlagsliste erfolgt auf Grund von Wahlvorschlägen des Betriebsrats und der Beschäftigten. Die Wahlvorschläge der Beschäftigten müssen von mindestens einem Zehntel der Wahlberechtigten, jedoch mindestens von drei Wahlberechtigten unterzeichnet sein. Sieht der Gesellschaftsvertrag des Unternehmens oder der Einrichtung die Stellvertretung eines verhinderten Aufsichtsratsmitglieds vor, kann in jedem Wahlvorschlag zusammen mit jedem Bewerber für diesen ein stellvertretendes Mitglied vorgeschlagen werden. Ein Bewerber kann nicht zugleich als stellvertretendes Mitglied vorgeschlagen werden. Wird ein Bewerber gemäß Absatz 3 als Aufsichtsratsmitglied bestimmt, so ist auch das zusammen mit ihm vorgeschlagene stellvertretende Mitglied bestimmt. Das für Kommunales zuständige Ministerium bestimmt durch Rechtsverordnung das Verfahren für die Wahl der Vorschlagsliste, insbesondere die Vorbereitung der Wahl und die Aufstellung der Wählerlisten, die Frist für die Einsichtnahme in

die Wählerlisten und die Erhebung von Einsprüchen gegen sie, die Wahlvorschläge und die Frist für ihre Einreichung, das Wahlausschreiben und die Frist für seine Bekanntmachung, die Stimmabgabe, die Feststellung des Wahlergebnisses und die Fristen für seine Bekanntmachung, die Anfechtung der Wahl und die Aufbewahrung der Wahlakten.

(7) Der Bürgermeister teilt dem zur gesetzlichen Vertretung berufenen Organ des Unternehmens oder der Einrichtung die Namen der vom Rat für den Aufsichtsrat bestellten Arbeitnehmervertreter und ihrer im Falle des Absatzes 6 Satz 5 bestimmten stellvertretenden Mitglieder mit. Gleichzeitig informiert er die für den Aufsichtsrat bestellten Arbeitnehmervertreter und die im Falle des Absatzes 6 Satz 5 bestimmten stellvertretenden Mitglieder.

(8) Wird ein Arbeitnehmervertreter von seinem Amt gemäß § 113 Absatz 1 Satz 3 abberufen oder scheidet er aus anderen Gründen aus dem Aufsichtsrat aus, ist gleichzeitig auch das zusammen mit ihm nach Absatz 6 Satz 5 bestimmte stellvertretende Mitglied abberufen oder ausgeschieden. Wird ein stellvertretendes Mitglied von seinem Amt gemäß § 113 Absatz 1 Satz 3 abberufen oder scheidet es aus anderen Gründen als stellvertretendes Mitglied aus dem Aufsichtsrat aus, bleibt die Position des stellvertretenden Mitglieds unbesetzt. Für den abberufenen oder ausgeschiedenen Arbeitnehmervertreter bestellt der Rat mit der Mehrheit der gesetzlichen Zahl seiner Mitglieder aus dem noch nicht in Anspruch genommenen Teil der Vorschlagsliste nach Absatz 3 einen Nachfolger. Kommt eine solche Mehrheit nicht zustande, können die Beschäftigten den noch nicht in Anspruch genommenen Teil der Vorschlagsliste um neue Vorschläge ergänzen. Für die Ergänzung der Vorschlagsliste gelten die Absätze 5 und 6 entsprechend. Kommt auch dann keine Mehrheit der gesetzlichen Zahl der Mitglieder des Rates für die Bestellung eines Nachfolgers zustande, bleibt das Aufsichtsratsmandat unbesetzt.

(9) Die Absätze 1 bis 8 gelten mit folgenden Maßgaben entsprechend in den Fällen, in denen an einem Unternehmen oder einer Einrichtung in Privatrechtsform zwei oder mehr Gemeinden unmittelbar oder mittelbar mit insgesamt mehr als 50 Prozent der Anteile beteiligt sind:

1. Die Bestellung der in den fakultativen Aufsichtsrat zu entsendenden Arbeitnehmervertreter bedarf übereinstimmender, mit der Mehrheit der gesetzlichen Zahl der Mitglieder zustande gekommener Beschlüsse der Räte mindestens so vieler beteiligter Gemeinden, dass hierdurch insgesamt mehr als die Hälfte der kommunalen Beteiligung an dem Unternehmen oder der Einrichtung repräsentiert wird. Kommen solche übereinstimmenden Beschlüsse nicht oder nicht im erforderlichen Umfang zustande, kann eine neue Vorschlagsliste gewählt werden. Kommen auch hierzu entsprechende übereinstimmende Beschlüsse der beteiligten Räte nicht oder nicht im erforderlichen Umfang zustande, bleiben die für die Arbeitnehmervertreter vorgesehenen Aufsichtsratsmandate unbesetzt.

2. Für die Bestellung eines Nachfolgers im Sinne des Absatzes 8 gilt Nummer 1 Satz 1 entsprechend. Kommen danach übereinstimmende Beschlüsse der beteiligten Räte nicht oder nicht im erforderlichen Umfang zustande, können die Beschäftigten den noch nicht in Anspruch genommenen Teil der Vorschlagsliste um neue Vorschläge ergänzen. Für die Ergänzung der Vorschlagsliste gelten die Absätze 5 und 6 entsprechend. Kommen auch dann übereinstimmende Beschlüsse der beteiligten Räte nicht oder nicht im erforderlichen Umfang zustande, bleibt das Aufsichtsratsmandat unbesetzt.

3. Für die nach § 113 Absatz 1 Satz 2 und 3 zu treffenden Entscheidungen bedarf es übereinstimmender Beschlüsse der Räte mindestens so vieler beteiligter Gemeinden, dass hierdurch insgesamt mehr als die Hälfte der kommunalen Beteiligung an dem Unternehmen oder der Einrichtung repräsentiert wird.

§ 108 b
Regelung zur Vollparität

(1) Nach Maßgabe der folgenden Regelungen kann für die fakultativen Aufsichtsräte kommunal beherrschter Gesellschaften, die von den bis zum 31. Oktober 2025 amtierenden kommunalen Vertretungen zu bestellen sind, auf Antrag eine Ausnahme von der in § 108a geregelten Drittelparität zugelassen werden.

(2) Die Ausnahme ist von der Gemeinde, die die Gesellschaft beherrscht, bei der zuständigen Aufsichtsbehörde unter Beifügung eines entsprechenden Ratsbeschlusses und des vorgesehenen Gesellschaftsvertrages zu beantragen. Sind an der kommunal beherrschten Gesellschaft zwei oder mehr Gemeinden beteiligt, muss der Antrag von sämtlichen an der Gesellschaft beteiligten Gemeinden unter Beifügung der entsprechenden Ratsbeschlüsse gestellt werden.

(3) Die zuständige Aufsichtsbehörde hat die Ausnahme zuzulassen, wenn die in Absatz 2 genannten Unterlagen ordnungsgemäß vorliegen und der Gesellschaftsvertrag den sonstigen Anforderungen des § 108a und der nachfolgenden Absätze entspricht. Die Zulassung der Ausnahme durch die zuständige Aufsichtsbehörde bedarf vor ihrem Wirksamwerden der Genehmigung des für Kommunales zuständigen Ministeriums.

(4) Sind sämtliche Aufsichtsratsmandate von der Gemeinde zu besetzen, können abweichend von § 108a Absatz 1 Satz 3 bis zur Hälfte der Aufsichtsratsmandate mit Arbeitnehmervertretern besetzt werden. Wird die Hälfte der Aufsichtsratsmandate mit Arbeitnehmervertretern besetzt, muss der Gesellschaftsvertrag vorsehen, dass der Aufsichtsratsvorsitzende nicht zu dem von der Arbeitnehmerseite vorgeschlagenen Personenkreis gehört. Außerdem muss der Gesellschaftsvertrag für den Fall, dass eine Abstimmung im Aufsichtsrat Stimmengleichheit ergibt, regeln, dass noch in derselben Sitzung des Aufsichtsrats eine erneute Abstimmung über denselben Gegenstand herbeigeführt wird, bei der der Aufsichtsratsvorsitzende zwei Stimmen hat.

(5) Ist ein Teil der Aufsichtsratsmandate von Gesellschaftern zu besetzen, die die Vorschriften des 11. Teils nicht unmittelbar, sinngemäß oder entsprechend anzuwenden haben, muss der Gesellschaftsvertrag vorsehen, dass die Mehrzahl der auf die Gemeinde entfallenden Aufsichtsratsmandate mit Personen besetzt wird, die nicht von der Arbeitnehmerseite vorgeschlagen werden.

(6) Im Übrigen gelten die Regelungen des § 108a. Das für Kommunales zuständige Ministerium bestimmt durch Rechtsverordnung das Verfahren für die Wahl der Vorschlagsliste, insbesondere die Vorbereitung der Wahl und die Aufstellung der Wählerlisten, die Frist für die Einsichtnahme in die Wählerlisten und die Erhebung von Einsprüchen gegen sie, die Wahlvorschläge und die Frist für ihre Einreichung, das Wahlausschreiben und die Frist für seine Bekanntmachung, die Stimmabgabe, die Feststellung des Wahlergebnisses und die Fristen für seine Bekanntmachung, die Anfechtung der Wahl und die Aufbewahrung der Wahlakten.

§ 109
Wirtschaftsgrundsätze

(1) Die Unternehmen und Einrichtungen sind so zu führen, zu steuern und zu kontrollieren, dass der öffentliche Zweck nachhaltig erfüllt wird. Unternehmen sollen einen Ertrag für den Haushalt der Gemeinde abwerfen, soweit dadurch die Erfüllung des öffentlichen Zwecks nicht beeinträchtigt wird.

(2) Der Jahresgewinn der wirtschaftlichen Unternehmen als Unterschied der Erträge und Aufwendungen soll so hoch sein, dass außer den für die technische und wirtschaftliche Entwicklung des Unternehmens notwendigen Rücklagen mindestens eine marktübliche Verzinsung des Eigenkapitals erwirtschaftet wird.

§ 110
Verbot des Mißbrauchs wirtschaftlicher Machtstellung

Bei Unternehmen, für die kein Wettbewerb gleichartiger Unternehmen besteht, dürfen der Anschluss und die Belieferung nicht davon abhängig gemacht werden, dass auch andere Leistungen oder Lieferungen abgenommen werden.

§ 111
Veräußerung von Unternehmen, Einrichtungen und Beteiligungen

(1) Die teilweise oder vollständige Veräußerung eines Unternehmens oder einer Einrichtung oder einer Beteiligung an einer Gesellschaft sowie andere Rechtsgeschäfte, durch welche die Gemeinde ihren Einfluss auf das Unternehmen, die Einrichtung oder die Gesellschaft verliert oder vermindert, sind nur zulässig, wenn die für die Betreuung der Einwohner erforderliche Erfüllung der Aufgaben der Gemeinde nicht beeinträchtigt wird.

(2) Vertreter der Gemeinde in einer Gesellschaft, an der Gemeinden, Gemeindeverbände oder Zweckverbände unmittelbar oder mittelbar mit mehr als 50 v. H. beteiligt sind, dürfen Veräußerungen oder anderen Rechtsgeschäften i. S. des Absatzes 1 nur nach vorheriger Entscheidung des Rates und nur dann zustimmen, wenn für die Gemeinde die Zulässigkeitsvoraussetzung des Absatzes 1 vorliegt.

§ 112
Informations- und Prüfungsrechte

(1) Gehören einer Gemeinde unmittelbar oder mittelbar Anteile an einem Unternehmen oder einer Einrichtung in einer Rechtsform des privaten Rechts in dem in § 53 des Haushaltsgrundsätzegesetzes bezeichneten Umfang, so soll sie

1. die Rechte nach § 53 Abs. 1 des Haushaltsgrundsätzegesetzes ausüben,
2. darauf hinwirken, dass ihr die in § 54 des Haushaltsgrundsätzegesetzes vorgesehenen Befugnisse eingeräumt werden.

(2) Ist eine Beteiligung der Gemeinde an einer Gesellschaft keine Mehrheitsbeteiligung im Sinne des § 53 des Haushaltsgrundsätzegesetzes, so soll die Gemeinde, so weit ihr Interesse dies erfordert, darauf hinwirken, dass ihr im Gesellschaftsvertrag oder in der Satzung die Befugnisse nach § 53 des Haushaltsgrundsätzegesetzes eingeräumt werden. Bei mittelbaren Minderheitsbeteiligungen gilt dies nur, wenn die Beteiligung den vierten Teil der Anteile übersteigt und einer Gesellschaft zusteht, an der die Gemeinde allein oder zusammen mit anderen Gebietskörperschaften mit Mehrheit im Sinne des § 53 des Haushaltsgrundsätzegesetzes beteiligt ist.

§ 113
Vertretung der Gemeinde in Unternehmen oder Einrichtungen

(1) Die Vertreter der Gemeinde in Beiräten, Ausschüssen, Gesellschafterversammlungen, Aufsichtsräten oder entsprechenden Organen von juristischen Personen oder Personenvereinigungen, an denen die Gemeinde unmittelbar oder mittelbar beteiligt ist, haben die Interessen der Gemeinde zu verfolgen. Sie sind an die Beschlüsse des Rates und seiner Ausschüsse gebunden. Die vom Rat bestellten Vertreter haben ihr Amt auf Beschluss des Rates jederzeit niederzulegen. Die Sätze 1 bis 3 gelten nur, soweit durch Gesetz nichts anderes bestimmt ist.

(2) Bei unmittelbaren Beteiligungen vertritt ein vom Rat bestellter Vertreter die Gemeinde in den in Absatz 1 genannten Gremien. Sofern weitere Vertreter zu benennen sind, muss der Bürgermeister oder der von ihm vorgeschlagene Bedienstete der Gemeinde dazuzählen. Die Sätze 1 und 2 gelten für mittelbare Beteiligungen entsprechend, sofern nicht ähnlich wirksame Vorkehrungen zur Sicherung hinreichender gemeindlicher Einfluss- und Steuerungsmöglichkeiten getroffen werden.

(3) Die Gemeinde ist verpflichtet, bei der Ausgestaltung des Gesellschaftsvertrages einer Kapitalgesellschaft darauf hinzuwirken, dass ihr das Recht eingeräumt wird, Mitglieder in den Aufsichtsrat zu entsenden. Über die Entsendung entscheidet der Rat. Zu den entsandten Aufsichtsratsmitgliedern muss der Bürgermeister oder der von ihm vorgeschlagene Bedienstete der Gemeinde zählen, wenn diese mit mehr als einem Mitglied im Aufsichtsrat vertreten ist. Dies gilt sowohl für unmittelbare als auch für mittelbare Beteiligungen.

(4) Ist der Gemeinde das Recht eingeräumt worden, Mitglieder des Vorstandes oder eines gleichartigen Organs zu bestellen oder vorzuschlagen, entscheidet der Rat.

(5) Die Vertreter der Gemeinde haben den Rat über alle Angelegenheiten von besonderer Bedeutung frühzeitig zu unterrichten. Die Unterrichtungspflicht besteht nur, soweit durch Gesetz nichts anderes bestimmt ist.

(6) Die Vertreterinnen und Vertreter der Gemeinde haben über die zur Wahrnehmung des Vertretungsamtes sowie die zur Beurteilung und Überwachung der Geschäfte, die das Unternehmen oder die Einrichtung betreibt, erforderliche betriebswirtschaftliche Erfahrung und Sachkunde zu verfügen. Die Gemeinde soll den nach Satz 1 entsandten Personen die Gelegenheit geben, regelmäßig an Fortbildungsveranstaltungen teilzunehmen, die der Wahrnehmung dieser Aufgaben dienlich sind. Die nach Satz 1 entsandten Personen haben sich regelmäßig zur Wahrnehmung dieser Aufgaben fortzubilden.

(7) Wird ein Vertreter der Gemeinde aus seiner Tätigkeit in einem Organ haftbar gemacht, so hat ihm die Gemeinde den Schaden zu ersetzen, es sei denn, dass er ihn vorsätzlich oder grob fahrlässig herbeigeführt hat. Auch in diesem Falle ist die Gemeinde schadensersatzpflichtig, wenn ihr Vertreter nach Weisung des Rates oder eines Ausschusses gehandelt hat.

§ 114
Eigenbetriebe

(1) Die gemeindlichen wirtschaftlichen Unternehmen ohne Rechtspersönlichkeit (Eigenbetriebe) werden nach den Vorschriften der Eigenbetriebsverordnung und der Betriebssatzung geführt.

(2) In den Angelegenheiten des Eigenbetriebes ist der Betriebsleitung ausreichende Selbständigkeit der Entschließung einzuräumen. Die Zuständigkeiten des Rates sollen soweit wie möglich dem Betriebsausschuss übertragen werden.

(3) Bei Eigenbetrieben mit mehr als 50 Beschäftigten besteht der Betriebsausschuss zu einem Drittel aus Beschäftigten des Eigenbetriebes. Die Gesamtzahl der Ausschussmitglieder muss in diesem Fall durch drei teilbar sein. Bei Eigenbetrieben mit weniger als 51, aber mehr als zehn Beschäftigten gehören dem Betriebsausschuss zwei Beschäftigte des Eigenbetriebes an. Die dem Betriebsausschuss angehörenden Beschäftigten werden aus einem Vorschlag der Versammlung der Beschäftigten des Eigenbetriebes gewählt, der mindestens die doppelte Zahl der zu wählenden Mitglieder und Stellvertreter enthält. Wird für mehrere Eigenbetriebe ein gemeinsamer Betriebsausschuss gebildet, ist die Gesamtzahl aller Beschäftigten dieser Eigenbetriebe maßgebend; Satz 4 gilt entsprechend. Die Zahl der sachkundigen Bürger darf zusammen mit der Zahl der Beschäftigten die der Ratsmitglieder im Betriebsausschuss nicht erreichen.

§ 114a
Rechtsfähige Anstalten des öffentlichen Rechts

(1) Die Gemeinde kann Unternehmen und Einrichtungen in der Rechtsform einer Anstalt des öffentlichen Rechts errichten oder bestehende Regie- und Eigenbetriebe sowie eigenbetriebsähnliche Einrichtungen im Wege der Gesamtrechtsnachfolge in rechtsfähige Anstalten des öffentlichen Rechts umwandeln. § 108 Abs. 1 Satz 1 Nr. 1 und Nr. 2 gilt entsprechend.

(2) Die Gemeinde regelt die Rechtsverhältnisse der Anstalt durch eine Satzung. Die Satzung muss Bestimmungen über den

Namen und die Aufgaben der Anstalt, die Zahl der Mitglieder des Vorstands und des Verwaltungsrates, die Höhe des Stammkapitals, die Wirtschaftsführung, die Vermögensverwaltung und die Rechnungslegung enthalten.

(3) Die Gemeinde kann der Anstalt einzelne oder alle mit einem bestimmten Zweck zusammenhängende Aufgaben ganz oder teilweise übertragen. Sie kann zugunsten der Anstalt unter der Voraussetzung des § 9 durch Satzung einen Anschluss- und Benutzungszwang vorschreiben und der Anstalt das Recht einräumen, an ihrer Stelle Satzungen für das übertragene Aufgabengebiet zu erlassen; § 7 gilt entsprechend.

(4) Die Anstalt kann nach Maßgabe der Satzung andere Unternehmen oder Einrichtungen gründen oder sich an solchen beteiligen oder eine bestehende Beteiligung erhöhen, wenn das dem Anstaltszweck dient. Für die Gründung von und die Beteiligung an anderen Unternehmen und Einrichtungen in einer Rechtsform des privaten Rechts sowie deren Veräußerung und andere Rechtsgeschäfte im Sinne des § 111 gelten die §§ 108 bis 113 entsprechend. Für die in Satz 2 genannten Gründungen und Beteiligungen muss ein besonders wichtiges Interesse vorliegen.

(5) Die Gemeinde haftet für die Verbindlichkeiten der Anstalt unbeschränkt, soweit nicht Befriedigung aus deren Vermögen zu erlangen ist (Gewährträgerschaft). Rechtsgeschäfte im Sinne des § 87 dürfen von der Anstalt nicht getätigt werden.

(6) Die Anstalt wird von einem Vorstand in eigener Verantwortung geleitet, soweit nicht gesetzlich oder durch die Satzung der Gemeinde etwas anderes bestimmt ist. Der Vorstand vertritt die Anstalt gerichtlich und außergerichtlich.

(7) Die Geschäftsführung des Vorstands wird von einem Verwaltungsrat überwacht. Der Verwaltungsrat bestellt den Vorstand auf höchstens 5 Jahre; eine erneute Bestellung ist zulässig. Er entscheidet außerdem über

1. den Erlass von Satzungen gemäß Absatz 3 Satz 2,
2. die Beteiligung oder Erhöhung einer Beteiligung der Anstalt an anderen Unternehmen oder Einrichtungen sowie deren Gründung,
3. die Feststellung des Wirtschaftsplans und des Jahresabschlusses,
4. die Festsetzung allgemein geltender Tarife und Entgelte für die Leistungsnehmer,
5. die Bestellung des Abschlussprüfers,
6. die Ergebnisverwendung,
7. Rechtsgeschäfte der Anstalt im Sinne des § 111.

Im Fall der Nummer 1 unterliegt der Verwaltungsrat den Weisungen des Rates und berät und beschließt in öffentlicher Sitzung. In den Fällen der Nummern 2 und 7 bedarf es der vorherigen Entscheidung des Rates. Dem Verwaltungsrat obliegt außerdem die Entscheidung in den durch die Satzung der Gemeinde bestimmten Angelegenheiten der Anstalt. In der Satzung kann ferner vorgesehen werden, dass bei Entscheidungen der Organe der Anstalt von grundsätzlicher Bedeutung die Zustimmung des Rates erforderlich ist.

(8) Der Verwaltungsrat besteht aus dem vorsitzenden Mitglied und den übrigen Mitgliedern. Den Vorsitz führt der Bürgermeister. Soweit Beigeordnete mit eigenem Geschäftsbereich bestellt sind, führt derjenige Beigeordnete den Vorsitz, zu dessen Geschäftsbereich die der Anstalt übertragenen Aufgaben gehören. Sind die übertragenen Aufgaben mehreren Geschäftsbereichen zuzuordnen, so entscheidet der Bürgermeister über den Vorsitz. Die übrigen Mitglieder des Verwaltungsrates werden vom Rat für die Dauer der Wahlperiode gewählt; für die Wahl gilt § 50 Absatz 4 sinngemäß. Die Amtszeit von Mitgliedern des Verwaltungsrats endet mit dem Ende der Wahlperiode oder bei Mitgliedern des Verwaltungsrats, die dem Rat angehören, mit dem vorzeitigen Ausscheiden aus dem Rat. Die Mitglieder des Rats üben ihr Amt bis zum Amtsantritt der neuen Mitglieder weiter aus. Mitglieder des Verwaltungsrats können nicht sein:

1. Bedienstete der Anstalt,
2. leitende Bedienstete von juristischen Personen oder sonstigen Organisationen des öffentlichen oder privaten Rechts, an denen die Anstalt mit mehr als 50 v.H. beteiligt ist; eine Beteiligung am Stimmrecht genügt,
3. Bedienstete der Aufsichtsbehörde, die unmittelbar mit Aufgaben der Aufsicht über die Anstalt befasst sind.

(9) Die Anstalt hat das Recht, Dienstherr von Beamten zu sein, wenn sie auf Grund einer Aufgabenübertragung nach Absatz 3 hoheitliche Befugnisse ausübt. Wird die Anstalt aufgelöst oder umgebildet, so gilt für die Rechtsstellung der Beamten und der Versorgungsempfänger Kapitel II Abschnitt III des Beamtenrechtsrahmengesetzes.

(10) Der Jahresabschluss und der Lagebericht der Anstalt werden nach den für große Kapitalgesellschaften geltenden Vorschriften des Handelsgesetzbuches aufgestellt und geprüft, sofern nicht weitergehende gesetzliche Vorschriften gelten oder andere gesetzliche Vorschriften entgegenstehen. § 285 Nummer 9 Buchstabe a) des Handelsgesetzbuches ist mit der Maßgabe anzuwenden, dass die für die Tätigkeit im Geschäftsjahr gewährten Gesamtbezüge der Mitglieder des Vorstands sowie die für die Tätigkeit im Geschäftsjahr gewährten Leistungen für die Mitglieder des Verwaltungsrates im Anhang des Jahresabschlusses für jede Personengruppe sowie zusätzlich unter Namensnennung die Bezüge und Leistungen für jedes einzelne Mitglied dieser Personengruppen unter Aufgliederung nach Komponenten im Sinne des § 285 Nummer 9 Buchstabe a) des Handelsgesetzbuches angegeben werden, soweit es sich um Leistungen des Kommunalunternehmens handelt. Die individualisierte Ausweisungspflicht gilt auch für Leistungen entsprechend § 108 Absatz 1 Satz 1 Nummer 9 Satz 2.

(11) § 14 Abs. 1, § 31, § 74, § 75 Abs. 1, § 77, § 84 sowie die Bestimmungen des 13. Teils über die staatliche Aufsicht sind auf die Anstalt sinngemäß anzuwenden.

§ 115
Anzeige

(1) Entscheidungen der Gemeinde über

a) die Gründung oder wesentliche Erweiterung einer Gesellschaft oder eine wesentliche Änderung des Gesellschaftszwecks oder sonstiger wesentlicher Änderungen des Gesellschaftsvertrages,
b) die Beteiligung an einer Gesellschaft oder die Änderung der Beteiligung an einer Gesellschaft,
c) die gänzliche oder teilweise Veräußerung einer Gesellschaft oder der Beteiligung an einer Gesellschaft,
d) die Errichtung, die Übernahme oder die wesentliche Erweiterung eines Unternehmens, die Änderung der bisherigen Rechtsform oder eine wesentliche Änderung des Zwecks,
e) den Abschluss von Rechtsgeschäften, die ihrer Art nach geeignet sind, den Einfluss der Gemeinde auf das Unternehmen oder die Einrichtung zu mindern oder zu beseitigen oder die Ausübung von Rechten aus einer Beteiligung zu beschränken,
f) die Führung von Einrichtungen entsprechend den Vorschriften über die Eigenbetriebe,
g) den Erwerb eines Geschäftsanteils an einer eingetragenen Genossenschaft,
h) die Errichtung, wesentliche Erweiterung oder Auflösung einer rechtsfähigen Anstalt des öffentlichen Rechts gemäß § 114 a, die Beteiligung oder Erhöhung einer Beteiligung der Anstalt an anderen Unternehmen oder Einrichtungen oder deren Gründung sowie Rechtsgeschäfte der Anstalt im Sinne des § 111

sind der Aufsichtsbehörde unverzüglich, spätestens sechs Wochen vor Beginn des Vollzugs, anzuzeigen. Aus der Anzeige muss zu ersehen sein, ob die gesetzlichen Voraussetzungen erfüllt sind. Die Aufsichtsbehörde kann im Einzelfall aus besonderem Grund die Frist verkürzen, verlängern oder ergänzende Unterlagen verlangen.

(2) Für die Entscheidung über die mittelbare Beteiligung an einer Gesellschaft gilt Entsprechendes, wenn ein Beschluss des Rates nach § 108 Abs. 6 oder § 111 Abs. 2 zu fassen ist.

12. Teil
Gesamtabschluss

§ 116
Gesamtabschluss

(1) Die Gemeinde hat in jedem Haushaltsjahr für den Abschlussstichtag 31. Dezember einen Gesamtabschluss aufzustellen. § 95 Absatz 1 gilt entsprechend.

(2) Der Gesamtabschluss besteht aus

1. der Gesamtergebnisrechnung,
2. der Gesamtbilanz,
3. dem Gesamtanhang,
4. der Kapitalflussrechnung und
5. dem Eigenkapitalspiegel.

Darüber hinaus hat die Gemeinde einen Gesamtlagebericht aufzustellen.

(3) Zum Zwecke der Aufstellung des Gesamtabschlusses sind die Jahresabschlüsse aller verselbständigten Aufgabenbereiche in öffentlich-rechtlicher oder privatrechtlicher Form mit dem Jahresabschluss der Gemeinde zu konsolidieren, sofern im Gesetz oder durch Rechtsverordnung nicht anderes bestimmt ist. Für mittelbare Beteiligungen gilt § 290 Absatz 3 des Handelsgesetzbuches entsprechend.

(4) Auf den Gesamtabschluss sind, soweit seine Eigenart keine Abweichung bedingt oder im Gesetz oder durch Rechtsver-ordnung nichts anderes bestimmt ist, die Vorschriften über den gemeindlichen Jahresabschluss entsprechend anzuwenden.

(5) Hat sich die Zusammensetzung der in den Gesamtabschluss einbezogenen verselbständigten Aufgabenbereiche gemäß Absatz 3 im Laufe des Haushaltsjahres wesentlich geändert, so sind in den Gesamtabschluss Angaben aufzunehmen, die es ermöglichen, die aufeinanderfolgenden Gesamtabschlüsse sinnvoll zu vergleichen.

(6) Die in den Gesamtabschluss einzubeziehenden verselbständigten Aufgabenbereiche nach Absatz 3 haben der Gemeinde ihre Jahresabschlüsse, Lageberichte, und wenn eine Abschlussprüfung stattgefunden hat, die Prüfungsberichte sowie, wenn ein Zwischenabschluss aufzustellen ist, einen auf den Stichtag des Gesamtabschlusses aufgestellten Abschluss unverzüglich einzureichen. Die Gemeinde kann von jedem verselbständigten Aufgabenbereich nach Absatz 3 alle Aufklärungen und Nachweise verlangen, welche die Aufstellung des Gesamtabschlusses und des Gesamtlageberichtes erfordert.

(7) Am Schluss des Gesamtanhangs sind für die Mitglieder des Verwaltungsvorstands nach § 70, soweit dieser nicht zu bilden ist, für den Bürgermeister und den Kämmerer, sowie für die Ratsmitglieder, auch wenn die Personen im Haushaltsjahr ausgeschieden sind, anzugeben:

1. der Familienname mit mindestens einem ausgeschriebenen Vornamen,
2. der ausgeübte Beruf,
3. die Mitgliedschaften in Aufsichtsräten und anderen Kontrollgremien im Sinne des § 125 Absatz 1 Satz 5 des Aktiengesetzes,
4. die Mitgliedschaft in Organen von verselbstständigten Aufgabenbereichen der Gemeinde in öffentlich-rechtlicher oder privatrechtlicher Form,
5. die Mitgliedschaft in Organen sonstiger privatrechtlicher Unternehmen.

(8) Der Gesamtabschluss und der Gesamtlagebericht sind innerhalb der ersten neun Monate nach dem Abschlussstichtag aufzustellen, § 95 Absatz 5 findet für deren Aufstellung entsprechende Anwendung.

(9) Für die Prüfung des Gesamtabschlusses und des Gesamtlageberichtes gilt § 59 Absatz 3 entsprechend. Der Rat bestätigt den geprüften Gesamtabschluss durch Beschluss, § 96 Absatz 1 Sätze 1, 4 und 7 und Absatz 2 finden entsprechende Anwendung.

§ 116a
Größenabhängige Befreiungen

(1) Eine Gemeinde ist von der Pflicht, einen Gesamtabschluss und einen Gesamtlagebericht aufzustellen, befreit, wenn am Abschlussstichtag ihres Jahresabschlusses und am vorhergehenden Abschlussstichtag jeweils mindestens zwei der nachstehenden Merkmale zutreffen:

1. die Bilanzsummen in den Bilanzen der Gemeinde und der einzubeziehenden verselbständigten Aufgabenbereiche nach § 116 Absatz 3 übersteigen insgesamt nicht mehr als 1.500.000.000 Euro,
2. die der Gemeinde zuzurechnenden Erträge aller vollkonsolidierungspflichtigen verselbständigten Aufgabenbereiche nach § 116 Absatz 3 machen weniger als 50 Prozent der ordentlichen Erträge der Ergebnisrechnung der Gemeinde aus,
3. die der Gemeinde zuzurechnenden Bilanzsummen aller vollkonsolidierungspflichtigen verselbständigten Aufgabenbereiche nach § 116 Absatz 3 machen insgesamt weniger als 50 Prozent der Bilanzsumme der Gemeinde aus.

(2) Über das Vorliegen der Voraussetzungen für die Befreiung von der Pflicht zur Aufstellung eines Gesamtabschlusses entscheidet der Rat für jedes Haushaltsjahr bis zum 30. September des auf das Haushaltsjahr folgenden Jahres. Das Vorliegen der Voraussetzungen nach Absatz 1 ist gegenüber dem Rat anhand geeigneter Unterlagen nachzuweisen. Die Entscheidung des Rates ist der Aufsichtsbehörde jährlich mit der Anzeige des durch den Rat festgestellten Jahresabschlusses der Gemeinde vorzulegen.

(3) Sofern eine Gemeinde von der größenabhängigen Befreiung im Zusammenhang mit der Erstellung eines Gesamtabschlusses Gebrauch macht, ist ein Beteiligungsbericht gemäß § 117 zu erstellen.

§ 116b
Verzicht auf die Einbeziehung

In den Gesamtabschluss und den Gesamtlagebericht müssen verselbstständigte Aufgabenbereiche nach § 116 Absatz 3 nicht einbezogen werden, wenn sie für die Verpflichtung, ein den tatsächlichen Verhältnissen entsprechendes Bild der Vermögens-, Finanz- und Ertragslage der Gemeinde zu vermitteln, von untergeordneter Bedeutung sind. Die Anwendung des Satzes 1 ist im Gesamtanhang anzugeben und zu begründen. Aufgabenträger mit dem Zweck der unmittelbaren oder mittelbaren Trägerschaft an Sparkassen sind nicht im Gesamtabschluss zu konsolidieren.

§ 117
Beteiligungsbericht

(1) In den Fällen, in denen eine Gemeinde von der Aufstellung eines Gesamtabschlusses unter den Voraussetzungen des § 116a befreit ist, ist in dem Jahr ein Beteiligungsbericht zu erstellen. Für die Erstellung des Beteiligungsberichtes gilt § 116 Absatz 6 Satz 2 entsprechend. Über den Beteiligungsbericht ist ein gesonderter Beschluss des Rates in öffentlicher Sitzung herbeizuführen.

(2) Der Beteiligungsbericht hat folgende Informationen zu sämtlichen verselbstständigten Aufgabenbereichen in öffentlich-rechtlicher und privatrechtlicher Form zu enthalten, sofern in

diesem Gesetz oder in einer Rechtsverordnung nichts anderes bestimmt wird:
1. die Beteiligungsverhältnisse,
2. die Jahresergebnisse der verselbständigten Aufgabenbereiche,
3. eine Übersicht über den Stand der Verbindlichkeiten und die Entwicklung des Eigenkapitals jedes verselbständigten Aufgabenbereiches sowie
4. eine Darstellung der wesentlichen Finanz- und Leistungsbeziehungen der Beteiligungen untereinander und mit der Gemeinde.

§ 118
- weggefallen -

13. Teil
Aufsicht

§ 119
Allgemeine Aufsicht und Sonderaufsicht

(1) Die Aufsicht des Landes (§ 11) erstreckt sich darauf, dass die Gemeinden im Einklang mit den Gesetzen verwaltet werden (allgemeine Aufsicht).

(2) Soweit die Gemeinden ihre Aufgaben nach Weisung erfüllen (§ 3 Abs. 2), richtet sich die Aufsicht nach den hierüber erlassenen Gesetzen (Sonderaufsicht).

§ 120
Aufsichtsbehörden

(1) Die allgemeine Aufsicht über die kreisangehörigen Gemeinden führt der Landrat als untere staatliche Verwaltungsbehörde; § 59 Kreisordnung bleibt unberührt.

(2) Die allgemeine Aufsicht über kreisfreie Städte führt die Bezirksregierung.

(3) Obere Aufsichtsbehörde ist für kreisangehörige Gemeinden die Bezirksregierung, für kreisfreie Städte das für Kommunales zuständige Ministerium.

(4) Oberste Aufsichtsbehörde ist das für Kommunales zuständige Ministerium.

(5) Sind an Angelegenheiten, die nach diesem Gesetz der Genehmigung oder der Entscheidung der Aufsichtsbehörde bedürfen, Gemeinden verschiedener Kreise oder Regierungsbezirke beteiligt, ist die gemeinsame nächsthöhere Aufsichtsbehörde oder die von dieser bestimmte Aufsichtsbehörde zuständig.

§ 121
Unterrichtungsrecht

Die Aufsichtsbehörde kann sich jederzeit über die Angelegenheiten der Gemeinde unterrichten.

§ 122
Beanstandungs- und Aufhebungsrecht

(1) Die Aufsichtsbehörde kann den Bürgermeister anweisen, Beschlüsse des Rates und der Ausschüsse, die das geltende Recht verletzen, zu beanstanden (§ 54 Abs. 2 und 3). Sie kann solche Beschlüsse nach vorheriger Beanstandung durch den Bürgermeister und nochmaliger Beratung im Rat oder Ausschuss aufheben.

(2) Die Aufsichtsbehörde kann Anordnungen des Bürgermeisters, die das geltende Recht verletzen, beim Rat beanstanden. Die Beanstandung ist schriftlich in Form einer begründeten Darlegung dem Rat mitzuteilen. Sie hat aufschiebende Wirkung. Billigt der Rat die Anordnungen des Bürgermeisters, so kann die Aufsichtsbehörde die Anordnung aufheben.

§ 123
Anordnungsrecht und Ersatzvornahme

(1) Erfüllt die Gemeinde die ihr kraft Gesetzes obliegenden Pflichten oder Aufgaben nicht, so kann die Aufsichtsbehörde anordnen, dass sie innerhalb einer bestimmten Frist das Erforderliche veranlasst.

(2) Kommt die Gemeinde der Anordnung der Aufsichtsbehörde nicht innerhalb der bestimmten Frist nach, so kann die Aufsichtsbehörde die Anordnung an Stelle und auf Kosten der Gemeinde selbst durchführen oder die Durchführung einem anderen übertragen.

§ 124
Bestellung eines Beauftragten

Wenn und solange die Befugnisse der Aufsichtsbehörde nach den §§ 121 bis 123 nicht ausreichen, kann das für Kommunales zuständige Ministerium einen Beauftragten bestellen, der alle oder einzelne Aufgaben der Gemeinde auf ihre Kosten wahrnimmt. Der Beauftragte hat die Stellung eines Organs der Gemeinde.

§ 125
Auflösung des Rates

Das für Kommunales zuständige Ministerium kann durch Beschluss der Landesregierung ermächtigt werden, einen Rat aufzulösen, wenn er dauernd beschlussunfähig ist oder wenn eine ordnungsgemäße Erledigung der Gemeindeaufgaben aus anderen Gründen nicht gesichert ist. Innerhalb von drei Monaten nach Bekanntgabe der Auflösung ist eine Neuwahl durchzuführen.

§ 126
Anfechtung von Aufsichtsmaßnahmen

Maßnahmen der Aufsichtsbehörde können unmittelbar mit der Klage im Verwaltungsstreitverfahren angefochten werden.

§ 127
Verbot von Eingriffen anderer Stellen

Andere Behörden und Stellen als die allgemeinen Aufsichtsbehörden sind zu Eingriffen in die Gemeindeverwaltung nach den §§ 121 ff. nicht befugt.

§ 128
Zwangsvollstreckung

(1) Zur Einleitung der Zwangsvollstreckung gegen die Gemeinde wegen einer Geldforderung bedarf der Gläubiger einer Zulassungsverfügung der Aufsichtsbehörde, es sei denn, dass es sich um die Verfolgung dinglicher Rechte handelt. In der Verfügung hat die Aufsichtsbehörde die Vermögensgegenstände zu bestimmen, in welche die Zwangsvollstreckung zugelassen wird, und über den Zeitpunkt zu befinden, in dem sie stattfinden soll. Die Zwangsvollstreckung wird nach den Vorschriften der Zivilprozessordnung durchgeführt.

(2) Ein Insolvenzverfahren über das Vermögen der Gemeinde ist nicht zulässig.

(3) Die Bestimmung des § 123 bleibt unberührt.

14. Teil
Übergangs- und Schlussvorschriften, Sondervorschriften

§ 129
Weiterentwicklung der kommunalen Selbstverwaltung (Experimentierklausel)

Zur Erprobung neuer Steuerungsmodelle und zur Weiterentwicklung der kommunalen Selbstverwaltung auch in der grenzüberschreitenden kommunalen Zusammenarbeit kann das für Kommunales zuständige Ministerium im Einzelfall zeitlich begrenzte Ausnahmen von organisations- und haushaltsrechtlichen Vorschriften des Gesetzes oder der zur Durchführung ergangenen Rechtsverordnungen zulassen. Darüber hinaus kann es durch Rechtsverordnung Ausnahmen von anderen

Vorschriften des Gesetzes oder der zur Durchführung ergangenen Rechtsverordnungen zulassen. Die Rechtsverordnung kann Gemeinden auf Antrag und zeitlich befristet eine alternative Aufgabenerledigung ermöglichen, soweit die grundsätzliche Erfüllung des Gesetzesauftrags sichergestellt ist. § 5 bleibt hiervon unberührt.

§ 130
Unwirksame Rechtsgeschäfte

(1) Rechtsgeschäfte, die ohne die aufgrund dieses Gesetzes erforderliche Genehmigung der Aufsichtsbehörde abgeschlossen werden, sind unwirksam.

(2) Rechtsgeschäfte, die gegen das Verbot des § 86 Abs. 5, des § 87 Abs. 1 oder des § 110 verstoßen, sind nichtig.

§ 131
Befreiung von der Genehmigungspflicht

Das für Kommunales zuständige Ministerium wird ermächtigt, durch Rechtsverordnung Rechtsgeschäfte, die nach den Vorschriften der Teile 8 bis 11 der Genehmigung der Aufsichtsbehörde bedürfen, von der Genehmigung allgemein freizustellen und statt dessen die vorherige Anzeige an die Aufsichtsbehörde vorzuschreiben.

§ 132
Auftragsangelegenheiten

Bis zum Erlass neuer Vorschriften sind die den Gemeinden zur Erfüllung nach Weisung übertragenen staatlichen Angelegenheiten (Auftragsangelegenheiten) nach den bisherigen Vorschriften durchzuführen.

§ 133
Ausführung des Gesetzes

(1) Das für Kommunales zuständige Ministerium wird ermächtigt, im Einvernehmen mit dem für Finanzen zuständigen Ministerium zur Durchführung dieses Gesetzes durch Rechtsverordnung zu regeln:
1. Inhalt und Gestaltung des Haushaltsplans, der mittelfristigen Ergebnis- und Finanzplanung sowie die Haushaltsführung und die Haushaltsüberwachung; dabei kann es bestimmen, dass Einzahlungen und Auszahlungen, für die ein Dritter Kostenträger ist oder die von einer zentralen Stelle ausgezahlt werden, nicht im Haushalt der Gemeinde abgewickelt werden,
2. die Veranschlagung von Erträgen, Aufwendungen sowie Einzahlungen und Auszahlungen und Verpflichtungsermächtigungen, die Bildung von Budgets sowie den Ausweis von Zielen und Kennzahlen,
3. Inhalt und Umfang von Abschreibungen, die Bildung von Rückstellungen und von Rücklagen sowie deren Mindesthöhe und Verwendung,
4. die Erfassung, den Nachweis, die Bewertung und die Fortschreibung der Vermögensgegenstände und der Schulden,
5. die Geldanlagen und ihre Sicherung,
6. die Ausschreibung von Lieferungen und Leistungen sowie die Vergabe von Aufträgen einschließlich des Abschlusses von Verträgen,
7. die Stundung, die Niederschlagung und den Erlass von Ansprüchen sowie die Behandlung von Kleinbeträgen,
8. Inhalt, Gestaltung, Prüfung und Aufbewahrung des Jahresabschlusses und des Gesamtabschlusses,
9. die Aufgaben und die Organisation der Finanzbuchhaltung, deren Beaufsichtigung und Prüfung sowie die ordnungsgemäße Abwicklung der Buchführung und des Zahlungsverkehrs, einschließlich ihrer Grundsätze und Verfahren,
10. die erstmalige Bewertung von Vermögen und Schulden und die Aufstellung, Prüfung und Aufbewahrung der Eröffnungsbilanz sowie die Vereinfachungsverfahren und Wertberichtigungen,
11. die zeitliche Aufbewahrung von Büchern, Belegen und sonstigen Unterlagen,
12. Aufbau und Verwaltung, Wirtschaftsführung, Rechnungswesen und Prüfung der Eigenbetriebe, deren Freistellung von diesen Vorschriften sowie das Wahlverfahren zur Aufstellung des Vorschlages der Versammlung der Beschäftigten für die Wahl von Beschäftigten als Mitglieder des Betriebsausschusses und ihrer Stellvertreter, ferner das Verfahren zur Bestimmung der Nachfolger im Falle des Ausscheidens dieser Mitglieder oder Stellvertreter vor Ablauf der Wahlperiode des Rates,
13. das Verfahren bei der Errichtung der rechtsfähigen Anstalt des öffentlichen Rechts und deren Aufbau, die Verwaltung, die Wirtschaftsführung sowie das Rechnungs- und Prüfungswesen.

(2) Das für Kommunales zuständige Ministerium erlässt die erforderlichen Verwaltungsvorschriften, insbesondere für
1. die Gliederung des Haushaltsplans in Produktbereiche,
2. die Kontierung von Erträgen und Aufwendungen im Ergebnisplan und in der Ergebnisrechnung,
3. die Kontierung von Einzahlungen und Auszahlungen im Finanzplan und in der Finanzrechnung,
4. Verfahren zur Ermittlung von Wertansätzen und deren Kontierung in der Bilanz,
5. die Einrichtung und Zuordnung von Konten für die Finanzbuchhaltung,
6. die Ausgestaltung von Sicherheitsstandards für die Finanzbuchhaltung,
7. die Festlegung von Nutzungsdauern für Vermögensgegenstände,
8. Verfahren zur Ermittlung von Wertansätzen für Vermögen und Schulden in der Eröffnungsbilanz,
9. Inhalt und Gestaltung von Prüfungsberichten.

(3) Das für Kommunales zuständige Ministerium gibt, soweit es für die Vergleichbarkeit der Haushalte erforderlich ist, durch Verwaltungsvorschrift Muster insbesondere für
1. die Haushaltssatzung und ihre Bekanntmachung,
2. die Beschreibung und Gliederung der Produktbereiche und Produktgruppen sowie die Gestaltung des Haushaltsplanes und des Finanzplanes,
3. die Form des Haushaltsplanes und seiner Anlagen und des Finanzplanes,
4. die Form der Anlagenübersicht, der Forderungsübersicht, der Eigenkapitalübersicht und der Verbindlichkeitenübersicht,
5. die Zahlungsanordnungen, Buchführung, den Kontenrahmen, den Jahresabschluss und den Gesamtabschluss und ihren jeweiligen Anlagen und
6. den Beteiligungsbericht

im Ministerialblatt für das Land Nordrhein-Westfalen bekannt. Die Gemeinden sind verpflichtet, diese Muster zu verwenden. Die Bekanntgabe von Mustern nach Satz 1 Nummer 2 und 3 erfolgt im Benehmen mit dem für Finanzen zuständigen Ministerium.

(4) Das für Kommunales zuständige Ministerium wird ermächtigt, durch Rechtsverordnung im Benehmen mit dem für Kommunales zuständigen Ausschuss des Landtags und mit der oder dem Beauftragten der Landesregierung Nordrhein-Westfalen für Informationstechnik Vorschriften zur Verwirklichung der in § 47a Absatz 2 bis 5 bezeichneten Anforderungen zu erlassen. Dies betrifft insbesondere Vorgaben hinsichtlich der technischen und organisatorischen Umsetzung von Sitzungen in digitaler und in hybrider Form im Einzelnen, insbesondere bei Verfahren nach § 48 Absatz 2 Satz 2 bis 5 sowie § 50 Absatz 1 und 2, einschließlich datenschutzrechtlicher und informationssicherheitsrechtlicher Standards. Die Rechtsverordnung kann ferner eine juristische Person des öffentlichen Rechts als zuständige Stelle für die Zertifizierung nach § 47a Absatz 4 Satz 2 bestimmen und die für sie maßgeblichen

1. NKF-Weiterentwicklungsgesetz (Auszug)

Verfahren und Anforderungen näher festlegen.

(5) Das für Kommunales zuständige Ministerium wird ermächtigt, durch Rechtsverordnung, nähere Vorschriften über die Voraussetzungen der Ansprüche nach § 45 Absatz 1 zu treffen und insbesondere die Höhe der zu gewährenden Aufwandsentschädigung durch Festlegung unter anderem von Regelstundensätzen, Höchstbeträgen, Monatspauschalen und Sitzungsgeldern festzusetzen.

§ 134
Übergangsregelungen

(1) Die in § 7 Absatz 6 Satz 1 genannte Frist gilt für alle ab dem 15. Dezember 2021 verkündeten Satzungen und ortsrechtlichen Bestimmungen. Für alle vorher verkündeten Satzungen und ortsrechtlichen Bestimmungen gelten die zum Zeitpunkt der Bekanntmachung geltenden Fristen.

(2) Die in § 54 Absatz 4 genannten Fristen gelten für alle ab dem 15. Dezember 2021 gefassten beziehungsweise öffentlich bekannt gemachten Beschlüsse. Für alle vorher gefassten beziehungsweise öffentlich bekannt gemachten Beschlüsse gelten die zum Zeitpunkt des Beschlusses beziehungsweise der Bekanntmachung geltenden Fristen.

§ 135
Inkrafttreten

Das Gesetz tritt am 17. Oktober 1994 in Kraft. § 108b tritt mit Ablauf des 28. Februar 2026 außer Kraft.

Erstes Gesetz zur Weiterentwicklung des Neuen Kommunalen Finanzmanagements für Gemeinden und Gemeindeverbände im Land Nordrhein-Westfalen (1. NKF-Weiterentwicklungsgesetz - NKFWG)

vom 18.09.2012 (GV. NRW. S. 432)

- Auszug -

(Die Regelungen der Artikel 1 bis 7 des 1. NKFWG wurden in die betroffenen haushaltsrechtlichen Normtexte der GO, der KrO, der LVerbO, des GkG, des GPAG und der KomHVO eingearbeitet.)

Artikel 8
Übergangsregelungen zu den Artikeln 1 bis 7

§ 1
Überführung der Ausgleichsrücklage

Die in der Bilanz des Jahresabschlusses des Haushaltsjahres 2012 angesetzte Ausgleichsrücklage ist mit ihrem Bestand im Jahresabschluss des Haushaltsjahres 2012 in die Ausgleichsrücklage nach der ab dem Haushaltsjahr 2013 geltenden Vorschrift zu überführen. Dieses gilt entsprechend, wenn die Ausgleichsrücklage keinen Bestand mehr aufweist.

§ 2
Behandlung des Jahresergebnisses 2012

Nach der Überführung kann der in der Bilanz des Haushaltsjahres 2012 angesetzte Jahresüberschuss nach § 95 Absatz 2 der Gemeindeordnung zugeführt werden. Ein angesetzter Fehlbetrag ist zu verrechnen.

§ 3
Jahresüberschüsse der Vorjahre

Jahresüberschüsse der Vorjahre des Haushaltsjahres 2012, die der allgemeinen Rücklage zugeführt wurden, können im Jahresabschluss des Haushaltsjahres 2012 der Ausgleichsrücklage zugeführt werden, soweit ihr Bestand nicht den Höchstbetrag von einem Drittel des Eigenkapitals erreicht hat.

§ 4
Anzeige der Jahresabschlüsse des Haushaltsjahres 2010 und der Vorjahre

Der Anzeige des Jahresabschlusses des Haushaltsjahres 2011 sind die Jahresabschlüsse des Haushaltsjahres 2010 und der Vorjahre beizufügen, soweit diese noch nicht nach § 96 Absatz 2 Satz 1 der Gemeindeordnung angezeigt worden sind. Die Jahresabschlüsse des Haushaltsjahres 2010 und der Vorjahre können in der vom Bürgermeister nach § 95 Absatz 3 der Gemeindeordnung bestätigten Entwurfsfassung der Anzeige beigefügt werden. Der Rat ist über diese Anzeige zu unterrichten.

Artikel 9
Rückkehr zum einheitlichen Verordnungsrang

Die auf dem Artikel 7 beruhenden Teile der dort geänderten Rechtsverordnung können auf Grund der in § 133 der Gemeindeordnung enthaltenen einschlägigen Ermächtigungen durch Rechtsverordnung geändert oder aufgehoben werden.

Artikel 10
Überprüfung der Auswirkungen dieses Gesetzes

§ 1
Überprüfung

Die Vorschriften über die Haushaltswirtschaft der Gemeinden werden nach einem Erfahrungszeitraum von vier Jahren nach Inkrafttreten des Gesetzes durch die Landesregierung unter Mitwirkung der Spitzenverbände der Kommunen und der Fachverbände überprüft.

§ 2
Bericht an den Landtag

Die Landesregierung unterrichtet den Landtag über das Ergebnis der Überprüfung, insbesondere über den Änderungsbedarf bei den für die Haushaltswirtschaft der Gemeinden getroffenen gesetzlichen Regelungen.

Artikel 11
Inkrafttreten

Das Gesetz tritt am Tage nach seiner Verkündung in Kraft. Die Vorschriften sind erstmals auf das Haushaltsjahr 2013 anzuwenden. Abweichend davon wird zugelassen, dass die durch die Artikel 1 bis 7 geänderten haushaltsrechtlichen Vorschriften sowie die Überführung der Ausgleichsrücklage nach § 1 des Artikels 8 erstmals auf den Jahresabschluss des Haushaltsjahres 2012 angewendet werden können.

Zweites Gesetz
zur Weiterentwicklung des Neuen Kommunalen Finanzmanagements für Gemeinden und Gemeindeverbände im Land Nordrhein-Westfalen und weiterer kommunalrechtlicher Vorschriften (2. NKF-Weiterentwicklungsgesetz - 2. NKFWG NRW)

vom 18.12.2018 (GV. NRW. S. 759, zuletzt geändert durch Gesetz vom 11.04.2019 (GV. NRW. S. 202))

- Auszug -

(Die Regelungen der Artikel 1 bis 7 des 2. NKFWG NRW wurden in die betroffenen Normtexte der GO, der KrO, der LVerbO, des GPAG und des Beschleunigungsgesetzes eingearbeitet.)

Artikel 8
Übergangsregelung zu Artikel 1 Nr. 23a (Änderung des § 108 der Gemeindeordnung für das Land Nordrhein-Westfalen durch das "Zweites Gesetz zur Weiterentwicklung des Neuen Kommunalen Finanzmanagements für Gemeinden und Gemeindeverbände im Land Nordrhein-Westfalen und weiterer kommunalrechtlicher Vorschriften (2. NKF-Weiterentwicklungsgesetz - 2. NKFWG NRW))

(1) Bei bestehenden Gesellschaften, die von der Option der entsprechenden Anwendung der für Eigenbetriebe geltenden Vorschriften Gebrauch gemacht haben, trifft die Gemeinden eine Hinwirkungspflicht zur Anpassung an die geänderten Vorgaben des § 108 Absatz 1 Satz 1 Nummer 8 der Gemeindeordnung für das Land Nordrhein-Westfalen.

(2) Befreiungen von der Jahresabschlussprüfung einschließlich der damit verbundenen Entscheidungen über andere geeignete Prüfungsmaßnahmen, die nach dem bis zum Inkrafttreten der Übergangsregelung geltenden Recht von der Gemeindeprüfungsanstalt ausgesprochen wurden, bleiben unberührt.

(3) Soweit nach Inkrafttreten der Änderung des § 108 Absatz 1 Satz 1 Nummer 8 der Gemeindeordnung für das Land Nordrhein-Westfalen Entscheidungen erforderlich werden, die nach dem zuvor geltenden Recht von der Gemeindeprüfungsanstalt zu treffen waren, obliegen diese Entscheidungen nunmehr der jeweils zuständigen Kommunalaufsichtsbehörde.

Artikel 10
Übergangsregelung und Inkrafttreten

(1) Für die Jahresabschlüsse der Eigenbetriebe, die für bis zum Ablauf des 31. Dezember 2020 endende Wirtschaftsjahre aufzustellen sind, gelten die Vorschriften der Gemeindeordnung über die Jahresabschlussprüfung der Eigenbetriebe in der Fassung der Bekanntmachung vom 14. Juli 1994 (GV. NRW. S. 666), die zuletzt durch Artikel 15 des Gesetzes vom 23. Januar 2018 (GV. NRW. S. 90) geändert worden ist, fort. Diese Übergangsregelung gilt auch für Einrichtungen, die gemäß § 107 Absatz 2 entsprechend den Vorschriften über das Rechnungswesen der Eigenbetriebe geführt werden.

(2) Artikel 6 tritt mit Wirkung vom 1. Januar 2017 in Kraft.

(3) Artikel 4 Nummer 2 tritt am 1. November 2020 in Kraft.

(4) Artikel 1 Nummer 15 Buchstabe b tritt am 1. Januar 2021 in Kraft.

(5) Im Übrigen tritt dieses Gesetz am 1. Januar 2019 in Kraft.

Artikel 5
des Gesetzes zur Stärkung der kommunalen Demokratie

vom 09.04.2013 (GV. NRW. S. 194)
geändert durch Gesetz vom 01.10.2013 (GV. NRW. S. 564)

Übergangsregelungen zum Kommunalwahlgesetz, zur Gemeindeordnung, zur Kreisordnung und zum Landesbeamtengesetz

Abweichend von den nach den Artikeln 1 bis 4 dieses Gesetzes zu bestimmenden Amtszeiten und Wahltagen gelten folgende Übergangsregelungen:

§ 1
Festlegung von Wahltagen

(1) Die allgemeinen Kommunalwahlen finden im Jahr 2014 in der Zeit zwischen dem 1. April und dem 15. Juli statt; sie sollen am Tag der Wahl der Abgeordneten des Europäischen Parlaments aus der Bundesrepublik Deutschland durchgeführt werden. Dieser Wahltag wird vom für Inneres zuständigen Ministerium festgelegt und bekannt gemacht (Wahlausschreibung).

(2) Die Nachfolger der bei Inkrafttreten dieses Gesetzes im Amt befindlichen Bürgermeister und Landräte, deren Amtszeit am 20. Oktober 2014 endet, werden am 28. September 2014 gewählt.

(3) Die Wahl der Nachfolger der am 30. August 2009 gewählten Bürgermeister und Landräte, deren Amtszeit mit Ablauf des 20. Oktober 2015 endet, findet am 13. September 2015 statt; ihre Amtszeit beginnt am 21. Oktober 2015. Der Wahltag wird vom für Inneres zuständigen Ministerium bekannt gemacht (Wahlausschreibung).

(4) In der Zeit vom 13. Dezember 2014 bis zum Tag der Wahlen der Bürgermeister und Landräte am 13. September 2015 findet eine Wahl des Bürgermeisters oder Landrats nicht statt.

(5) In der Zeit vom 1. September 2019 bis zum Tag der allgemeinen Kommunalwahlen im Jahr 2020 findet eine Wahl des Bürgermeisters oder Landrats nicht statt.

§ 2
Ende der Wahlperiode der im Jahr 2014 gewählten Vertretungen

Die Wahlperiode der im Jahr 2014 gewählten Vertretungen endet mit Ablauf des Tages vor dem Beginn der Wahlperiode der im Jahr 2020 gewählten Vertretungen. Die Wahlperiode der im Jahr 2020 gewählten Vertretungen beginnt am 1. November 2020.

§ 3
Ende der Amtszeit der Bürgermeister und Landräte, die ab Inkrafttreten dieses Gesetzes bis einschließlich 21. Oktober 2015 ihr Amt antreten

Die Amtszeit der Bürgermeister und Landräte, die in der Zeit ab Inkrafttreten dieses Gesetzes bis einschließlich 21. Oktober 2015 ihr Amt antreten, endet mit Ablauf des Tages vor dem Beginn der Wahlperiode der im Jahr 2020 gewählten Vertretungen.

§ 4
Nachfolge der Bürgermeister und Landräte, deren Amtszeit zwischen dem 22. Oktober 2015 und dem Beginn der Wahlperiode der im Jahr 2020 gewählten Vertretungen endet

Die Nachfolger der Bürgermeister und Landräte, deren Amtszeit zwischen dem 22. Oktober 2015 und dem Beginn der Wahlperiode der im Jahr 2020 gewählten Vertretungen endet, werden bis zum Ablauf der nächsten Wahlperiode der Vertretungen gewählt. In den Fällen, in denen die Amtszeit innerhalb der ersten drei Jahre der laufenden Wahlperiode des Rates beginnt, endet diese mit Ablauf des Tages vor dem Beginn der Wahlperiode der im Jahr 2020 gewählten Vertretungen.

§ 5
Einmaliges Niederlegungsrecht für Bürgermeister und Landräte

Bürgermeister und Landräte, deren Amtszeit zwischen dem Beginn der Wahlperiode der im Jahr 2014 gewählten kommunalen Vertretungen und dem 20. Oktober 2015 (einschließlich) endet und die ihre Entlassung aus dem Beamtenverhältnis auf Zeit anlässlich des Endes der Wahlperiode der kommunalen Vertretungen im Jahr 2014 verlangen, treten nach Ablauf des 22. Tages des auf das Ende der Wahlperiode folgenden Monats in den Ruhestand, sofern sie die Voraussetzungen des § 119 Absatz 4 Satz 3 LBG NRW erfüllen und die Entlassung bis zum 30. November 2013 beantragen; die Zeit bis zum regulären Ende ihrer Amtszeit wird dabei auf die Wartezeit nach § 119 Absatz 4 Satz 3 LBG NRW angerechnet und erhöht die ruhegehaltsfähige Dienstzeit.

Artikel 6
Inkrafttreten

Dieses Gesetz tritt am Tag nach der Verkündung in Kraft. Abweichend von Satz 1 treten § 65 Absatz 6 der Gemeindeordnung und § 44 Absatz 6 der Kreisordnung am Tage nach dem Wahltag für die allgemeinen Kommunalwahlen des Jahres 2014 in Kraft.

Gesetz zur Einführung des Neuen Kommunalen Finanzmanagements für Gemeinden im Land Nordrhein-Westfalen

(NKF Einführungsgesetz NRW – NKFEG NRW)

vom 16.11.2004 (GV. NRW. S. 644),
zuletzt geändert durch GO-Reformgesetz vom 09.10.2007
(GV. NRW. S. 380)

§ 1
Umstellung auf die doppelte Buchführung, Eröffnungsbilanzstichtag

(1) Gemeinden und Gemeindeverbände haben spätestens ab dem Haushaltsjahr 2009 ihre Geschäftsvorfälle nach dem System der doppelten Buchführung in ihrer Finanzbuchhaltung zu erfassen und zum Stichtag 1. Januar 2009 eine Eröffnungsbilanz nach § 92 Abs. 1 bis 3 der Gemeindeordnung aufzustellen.

(2) In der Zeit vom In-Kraft-Treten dieses Gesetzes bis zum Stichtag 1. Januar 2009 können Gemeinden und Gemeindeverbände jeweils mit Beginn eines Haushaltsjahres mit der Erfassung der Geschäftsvorfälle nach dem System der doppelten Buchführung beginnen. Zu diesem Stichtag ist eine Eröffnungsbilanz aufzustellen.

(3) Gemeinden und Gemeindeverbände können bis zum Stichtag nach Absatz 2 Satz 1 schrittweise in einzelnen Aufgabenbereichen die Geschäftsvorfälle nach dem System der doppelten Buchführung erfassen. Wird nur in einzelnen Aufgabenbereichen begonnen, ist für diese eine Vermögens- und Schuldenübersicht nach § 5 aufzustellen.

§ 2
Aufstellung des ersten Gesamtabschlusses

(1) Gemeinden und Gemeindeverbände haben spätestens zum Stichtag 31. Dezember 2010 den ersten Gesamtabschluss nach § 116 der Gemeindeordnung aufzustellen. In der Zeit vom In-Kraft-Treten dieses Gesetzes bis zum Stichtag nach Satz 1 kann ein Gesamtabschluss jeweils zum Schluss eines Haushaltsjahres aufgestellt werden, wenn bereits ein Jahresabschluss nach § 95 der Gemeindeordnung aufgestellt wird.

(2) Bei der Aufstellung des ersten Gesamtabschlusses brauchen keine Vorjahreszahlen angegeben zu werden.

§ 3
Aufstellung des neuen Beteiligungsberichts

(1) Gemeinden und Gemeindeverbände haben spätestens zum Stichtag 31. Dezember 2010 einen Beteiligungsbericht nach § 117 der Gemeindeordnung und § 52 der Gemeindehaushaltsverordnung aufzustellen. In der Zeit vom In-Kraft-Treten dieses Gesetzes bis zum Stichtag nach Satz 1 kann der Beteiligungsbericht nach den Vorschriften des Satzes 1 jeweils zum Schluss eines Haushaltsjahres aufgestellt werden.

(2) Gemeinden und Gemeindeverbände haben vom In-Kraft-Treten dieses Gesetzes bis zum Stichtag nach Absatz 1 Satz 1 einen Beteiligungsbericht nach § 112 Abs. 3 der Gemeindeordnung in der bis zum 31.12.2004 geltenden Fassung zu erstellen, wenn sie keinen Beteiligungsbericht nach Absatz 1 erstellen.

§ 4
Umstellung von Aufgabenbereichen

Die Umstellung von einzelnen Aufgabenbereichen der Gemeinde oder des Gemeindeverbandes vom kameralen Rechnungswesen auf eine Rechnungsführung nach den Regeln der doppelten Buchführung ist nach § 1 jeweils zum 1. Januar eines Haushaltsjahres vorzunehmen. Für den dann ab diesem Haushaltsjahr aufzustellenden doppischen/kameralen Haushalt gelten die jeweiligen haushaltsrechtlichen Vorschriften, soweit in den §§ 6 bis 9 keine anderen Regelungen getroffen werden.

§ 5
Vermögens- und Schuldenübersicht

(1) Zu Beginn der Rechnungsführung nach § 1 ist nach den Regeln der doppelten Buchführung für die umgestellten Aufgabenbereiche eine Vermögens- und Schuldenübersicht unter Beachtung der Grundsätze ordnungsmäßiger Buchführung und der allgemein anerkannten kaufmännischen Regeln aufzustellen.

(2) In der ersten Vermögens- und Schuldenübersicht und in den nachfolgenden erweiterten Vermögens- und Schuldenübersichten ist die Vermögens- und Finanzsituation der umgestellten Aufgabenbereiche jeweils zum Stichtag 1. Januar eines Haushaltsjahres bis zur Erstellung der Eröffnungsbilanz darzustellen. Dazu sind die Vermögenswerte den Finanzierungsmitteln gegenüberzustellen, soweit diese den Aufgabenbereichen zugeordnet werden können.

(3) Jeweils zum Stichtag 1. Januar eines Haushaltsjahres sind die dem jeweiligen Aufgabenbereich zugeordneten Vermögensteile sowie die zugeordneten Finanzierungsmittel zu erfassen, nach den Vorschriften über die Bewertung von Vermögen und Schulden zu bewerten und in die Vermögens- und Schuldenübersicht zu übernehmen.

(4) Zur jeweiligen Vermögens- und Schuldenübersicht sind in einem Anhang unter Angabe der jeweiligen Posten die verwendeten Bewertungsmethoden anzugeben und so zu erläutern, dass sachverständige Dritte die Posten beurteilen können. Dazu sind anzugeben, die Datengrundlagen, die verwendeten Wertindizes und die Grundlagen, auf der die vorsichtig geschätzten Zeitwerte der Posten ermittelt worden sind.

(5) Die Vermögens- und Schuldenübersicht ist dem Rat vorzulegen. Sie bedarf nicht eines Bestätigungsvermerks des Rechnungsprüfungsausschusses.

§ 6
Aufstellung des doppischen/kameralen Haushaltsplans

(1) In den einzelnen Bestimmungen der Haushaltssatzung sind entsprechend den umgestellten Aufgabenbereichen die Gesamtbeträge der Erträge und der Aufwendungen sowie der Einzahlungen und der Auszahlungen zusätzlich zu den dort auszuweisenden Gesamtbeträgen der Einnahmen und der Ausgaben auszuweisen.

(2) Der Haushaltsplan ist in einen doppischen und einen kameralen Planbereich zu gliedern. Im doppischen Teil ist für jeden einzelnen Aufgaben-/Produktbereich ein produktorientierter Teilplan gem. § 4 der Gemeindehaushaltsverordnung aufzustellen. Ein Ergebnis- und ein Finanzplan ist aufzustellen, wenn mehrere Teilpläne aufzustellen sind. Die nicht umgestellten Aufgabenbereiche sind im kameralen Teil auszuweisen, in dem zusätzlich der Überschuss bzw. Zuschuss für die umgestellten Aufgabenbereiche, entsprechend seiner Verwendung als Zuschuss für die laufende Verwaltungstätigkeit oder als Investitionszuschuss zu veranschlagen ist, der im Haushaltsjahr voraussichtlich kassenwirksam wird.

(3) Die Vorschriften über den jährlichen Haushaltsausgleich nach § 75 der Gemeindeordnung i.V.m. § 22 der Gemeindehaushaltsverordnung gelten in der bis zum In-Kraft-Treten dieses Gesetzes geltenden Fassung mit der Maßgabe fort, dass der Feststellung des Haushaltsausgleichs die jahresbezogenen kameralen Einnahmen und Ausgaben zu Grunde zu legen sind, solange nicht sämtliche Aufgabenbereiche auf eine Rechnungsführung nach den Regeln der doppelten Buchführung umgestellt und eine Eröffnungsbilanz nach § 92 Abs. 1 der Gemeindeordnung aufgestellt worden sind. Die Vorschriften über die Aufstellung eines Haushaltssicherungskonzeptes nach § 76 der Gemeindeordnung bleiben unberührt.

§ 7
Ausführung des
doppischen/kameralen Haushalts

Für die Ausführung des Haushalts in den nicht auf die doppelte Buchführung umgestellten Aufgabenbereichen sind die Vorschriften der Gemeindeordnung, der Gemeindehaushaltsverordnung und der Gemeindekassenverordnung entsprechend § 9 zu beachten.

§ 8
Rechnungslegung über den
doppischen/kameralen Haushalt

(1) Für die Aufstellung der Jahresrechnung, die die kameralen Teile des Haushalts umfasst, findet § 9 entsprechende Anwendung. Zusätzlich ist im kameralen Teil der Überschuss bzw. Zuschuss als Zahlung an die umgestellten Aufgabenbereiche, entsprechend seiner Verwendung als Zuschuss für die laufende Verwaltungstätigkeit oder als Investitionszuschuss auszuweisen.

(2) Für die auf die Rechnungsführung nach den Regeln der doppelten Buchführung umgestellten Aufgabenbereiche sind produktorientierte Teilrechnungen gem. § 40 der Gemeindehaushaltsverordnung zu führen. Eine Ergebnis- und eine Finanzrechnung ist aufzustellen, wenn mehrere Teilrechnungen aufgestellt werden.

(3) Zum Abschluss des Haushaltsjahres sind ergänzend zur Jahresrechnung die Posten der Vermögens- und Schuldenübersicht zum Stichtag 31. Dezember eines Haushaltsjahres abzubilden und um die Werte für die hinzugekommen umgestellten Aufgabenbereiche zu erweitern.

§ 9
Weitergeltung von Vorschriften

Für Gemeinden und Gemeindeverbände, die ihre Geschäftsvorfälle nach dem System der doppelten Buchführung in der Zeit vom Inkrafttreten dieses Gesetzes bis zum Beginn des Haushaltsjahres nach Aufstellung der Eröffnungsbilanz nach § 1 Abs. 3 in Teilschritten erfassen, finden für die nicht umgestellten Aufgabenbereiche die Vorschriften der Gemeindeordnung, der Gemeindehaushaltsverordnung und der Gemeindekassenverordnung in der bis zum 31. Dezember 2004 geltenden Fassung weiterhin Anwendung.

§ 10
Überprüfung der
Auswirkungen dieses Gesetzes

(1) Die Auswirkungen dieses Gesetzes mit den darin enthaltenen Vorschriften über eine Haushaltswirtschaft nach den Regeln der doppelten Buchführung werden nach einem Erfahrungszeitraum von vier Jahren nach In-Kraft-Treten des Gesetzes durch die Landesregierung unter Mitwirkung der Spitzenverbände der Kommunen und der Fachverbände überprüft.

(2) Die Landesregierung unterrichtet den Landtag über das Ergebnis der Überprüfung, insbesondere über den Stand der Umsetzung und den Änderungsbedarf bei den für die Haushaltswirtschaft getroffenen Regelungen.

Verordnung
über das Haushaltswesen
der Kommunen im Land Nordrhein-Westfalen
(Kommunalhaushaltsverordnung Nordrhein-Westfalen - KomHVO NRW)

vom 12.12.2018 (GV. NRW. S. 708),
zuletzt geändert durch Verordnung vom 09.12.2021 (GV. NRW. S. 1442)

Auf Grund des § 133 Absatz 1 der Gemeindeordnung für das Land Nordrhein-Westfalen in der Fassung der Bekanntmachung vom 14. Juli 1994 (GV. NRW. S. 666), der zuletzt durch Artikel 15 Nummer 4 Buchstabe a des Gesetzes vom 23. Januar 2018 (GV. NRW. S. 90) geändert worden ist, und auf Grund des § 7 Absatz 2 des NKF-COVID-19-Isolierungsgesetzes vom 29. September 2020 (GV. NRW. S. 916), das durch Artikel 1 des Gesetzes vom 1. Dezember 2021 (GV. NRW. S. 1346) geändert worden ist, verordnet das Ministerium für Heimat, Kommunales, Bau und Gleichstellung im Einvernehmen mit dem Ministerium der Finanzen:

Teil 1
Haushaltsplan, Finanzplan

§ 1 Bestandteile des Haushaltsplans und Anlagen

(1) Der Haushaltsplan besteht aus
1. dem Ergebnisplan,
2. dem Finanzplan,
3. den Teilplänen,
4. dem Haushaltssicherungskonzept, wenn ein solches erstellt werden muss oder fortzuschreiben ist.

(2) Dem Haushaltsplan sind als Anlagen beizufügen
1. der Vorbericht,
2. der Stellenplan,
3. der Haushaltsquerschnitt als je eine Übersicht über die Erträge und Aufwendungen, die Veranschlagung des ordentlichen Ergebnisses und des Teilergebnisses der Produktgruppen des Ergebnisplans sowie über den Saldo aus laufender Verwaltungstätigkeit, die Einzahlungen, die Auszahlungen, den Saldo aus Investitionstätigkeit, den Finanzierungsmittelüberschuss oder -fehlbetrag und die Verpflichtungsermächtigungen der Produktgruppen des Finanzplans nach § 3,
4. eine Übersicht über den voraussichtlichen Stand der Verbindlichkeiten aus Krediten für Investitionen und aus Liquiditätskrediten und der ihnen wirtschaftlich gleichkommenden Rechtsgeschäfte sowie der Verpflichtungen aus Bürgschaften, Gewährverträgen und der ihnen wirtschaftlich gleichkommenden Rechtsgeschäfte, jeweils bezogen auf den Beginn des Vorjahres sowie auf den Beginn und das Ende des Haushaltsjahres,
5. eine Übersicht über die Entwicklung des Eigenkapitals,
6. eine Übersicht über die aus Verpflichtungsermächtigungen in den einzelnen Jahren voraussichtlich fällig werdenden Auszahlungen; werden Auszahlungen in den Jahren fällig, auf die sich der Finanzplan noch nicht erstreckt, ist die voraussichtliche Deckung des Zahlungsmittelbedarfs dieser Jahre gesondert darzustellen,
7. die Ergebnisrechnung, die Finanzrechnung und die Bilanz des Vorvorjahres; soweit der betreffende Jahresabschluss noch nicht festgestellt wurde, reicht der von der Hauptverwaltungsbeamtin oder dem Hauptverwaltungsbeamten bestätigte Entwurf,
8. die Wirtschaftspläne und neuesten Jahresabschlüsse der Sondervermögen, für die Sonderrechnungen geführt werden,
9. die Wirtschaftspläne und neuesten Jahresabschlüsse der Unternehmen und Einrichtungen mit eigener Rechtspersönlichkeit, an denen die Kommune mit mehr als 20 Prozent unmittelbar oder mittelbar beteiligt ist; an die Stelle der Wirtschaftspläne und Jahresabschlüsse kann eine kurz gefasste Übersicht über die Wirtschaftslage und die voraussichtliche Entwicklung der Unternehmen und Einrichtungen treten,
10. in den kreisfreien Städten die Übersichten mit bezirksbezogenen Haushaltsangaben.

Für die Vorlage der Anlagen gemäß Nummer 7 kann die Aufsichtsbehörde in begründeten Einzelfällen bis zum Haushaltsjahr 2021 Ausnahmen zulassen.

(3) Den im Haushaltsplan für das Haushaltsjahr zu veranschlagenden Erträgen und Aufwendungen sowie Einzahlungen und Auszahlungen sind die Ergebnisse der Rechnung des Vorvorjahres und die Haushaltspositionen des Vorjahres voranzustellen und die Planungspositionen der dem Haushaltsjahr folgenden drei Jahre anzufügen (mittelfristige Ergebnis- und Finanzplanung).

§ 2 Ergebnisplan

(1) Der Ergebnisplan enthält in Form des vorgegebenen Musters nach § 133 Absatz 3 der Gemeindeordnung:

die ordentlichen Erträge:
1. Steuern und ähnliche Abgaben,
2. Zuwendungen und allgemeine Umlagen,
3. sonstige Transfererträge,
4. öffentlich-rechtliche Leistungsentgelte,
5. privatrechtliche Leistungsentgelte,
6. Kostenerstattungen und Kostenumlagen,
7. sonstige ordentliche Erträge,
8. aktivierte Eigenleistungen,
9. Bestandsveränderungen,

die ordentlichen Aufwendungen:
10. Personalaufwendungen,
11. Versorgungsaufwendungen,
12. Aufwendungen für Sach- und Dienstleistungen,
13. bilanzielle Abschreibungen,
14. Transferaufwendungen,
15. sonstige ordentliche Aufwendungen,

außerdem:
16. Finanzerträge,
17. Zinsen und sonstige Finanzaufwendungen

und:
18. außerordentliche Erträge,
19. außerordentliche Aufwendungen.

(2) Im Ergebnisplan sind für jedes Haushaltsjahr
1. der Saldo aus der Summe der ordentlichen Erträge und der Summe der ordentlichen Aufwendungen als ordentliches Ergebnis,
2. der Saldo aus den Finanzerträgen und den Zinsen und sonstigen Finanzaufwendungen als Finanzergebnis,
3. die Summe aus dem ordentlichen Ergebnis und dem Finanzergebnis als Ergebnis der laufenden Verwaltungstätigkeit,
4. der Saldo aus den außerordentlichen Erträgen und den außerordentlichen Aufwendungen als außerordentliches Ergebnis,
5. die Summe aus Ergebnis der laufenden Verwaltungstätigkeit und außerordentlichem Ergebnis als Jahresergebnis

auszuweisen.

(3) Die Zuordnung von Erträgen und Aufwendungen zu den Positionen des Ergebnisplans ist auf der Grundlage des vom für Kommunales zuständigen Ministerium bekannt gegebenen Kontierungsplans vorzunehmen.

§ 3
Finanzplan

(1) Der Finanzplan enthält in Form des vorgegebenen Musters nach § 133 Absatz 3 der Gemeindeordnung:

die Einzahlungen aus laufender Verwaltungstätigkeit:

1. Steuern und ähnliche Abgaben,
2. Zuwendungen und allgemeine Umlagen,
3. sonstige Transfereinzahlungen,
4. öffentlich-rechtliche Leistungsentgelte,
5. privatrechtliche Leistungsentgelte,
6. Kostenerstattungen und Kostenumlagen,
7. sonstige Einzahlungen,
8. Zinsen und sonstige Finanzeinzahlungen,

die Auszahlungen aus laufender Verwaltungstätigkeit:

9. Personalauszahlungen,
10. Versorgungsauszahlungen,
11. Auszahlungen für Sach- und Dienstleistungen,
12. Zinsen und sonstige Finanzauszahlungen,
13. Transferauszahlungen,
14. sonstige Auszahlungen,

aus Investitionstätigkeit

die Einzahlungen:

15. aus Zuwendungen für Investitionsmaßnahmen,
16. aus der Veräußerung von Sachanlagen,
17. aus der Veräußerung von Finanzanlagen,
18. von Beiträgen und ähnlichen Entgelten und
19. sonstige Investitionseinzahlungen,

die Auszahlungen:

20. für den Erwerb von Grundstücken und Gebäuden,
21. für Baumaßnahmen,
22. für den Erwerb von beweglichem Anlagevermögen,
23. für den Erwerb von Finanzanlagen,
24. von aktivierbaren Zuwendungen und
25. sonstige Investitionsauszahlungen,

aus Finanzierungstätigkeit:

26. Einzahlungen aus der Aufnahme von Krediten für Investitionen und diesen wirtschaftlich gleichkommenden Rechtsverhältnissen,
27. Einzahlungen aus der Aufnahme von Krediten zur Liquiditätssicherung,
28. Auszahlungen für die Tilgung von Krediten für Investitionen und diesen wirtschaftlich gleichkommenden Rechtsverhältnissen,
29. Auszahlungen für die Tilgung von Krediten zur Liquiditätssicherung.

(2) Im Finanzplan sind für jedes Haushaltsjahr

1. der Zahlungsmittelsaldo aus den Ein- und Auszahlungen aus laufender Verwaltungstätigkeit als Saldo aus laufender Verwaltungstätigkeit,
2. der Saldo aus den Ein- und Auszahlungen aus Investitionstätigkeit als Saldo aus Investitionstätigkeit,
3. die Summe der Salden nach den Nummern 1 und 2 als Finanzmittelüberschuss oder Finanzmittelfehlbetrag,
4. der Saldo aus den Ein- und Auszahlungen aus Finanzierungstätigkeit als Saldo aus Finanzierungstätigkeit,
5. die Summe aus Finanzmittelüberschuss oder Finanzmittelfehlbetrag und aus dem Saldo nach Nummer 4,
6. die Summe nach Nummer 5 und dem Bestand am Anfang des Haushaltsjahres als Bestand an Finanzmitteln am Ende des Haushaltsjahres

auszuweisen.

(3) Die Zuordnung von Einzahlungen und Auszahlungen zu den Positionen des Finanzplans ist auf der Grundlage des vom für Kommunales zuständigen Ministerium bekannt gegebenen Kontierungsplans vorzunehmen.

§ 4
Teilpläne, Budgets

(1) Der Haushaltsplan ist in Teilpläne zu gliedern. Die Teilpläne sind produktorientiert zu bilden. Sie bestehen aus einem Teilergebnisplan und einem Teilfinanzplan. Sie werden nach Produktbereichen oder nach Verantwortungsbereichen (Budgets) unter Beachtung des vom für Kommunales zuständigen Ministerium bekannt gegebenen Produktrahmens aufgestellt.

(2) Die Aufstellung der Teilpläne ist nach folgenden Maßgaben vorzunehmen:

1. Werden Teilpläne nach Produktbereichen aufgestellt, sollen dazu die Ziele und soweit möglich die Kennzahlen zur Messung der Zielerreichung, die Produktgruppen und die wesentlichen Produkte beschrieben werden.
2. Werden Teilpläne nach Produktgruppen oder nach Produkten aufgestellt, sollen dazu die Ziele und die Kennzahlen zur Messung der Zielerreichung beschrieben werden. Diesen Teilplänen sind die Produktbereiche nach Absatz 1 voranzustellen, deren Teilergebnispläne die Summen der Erträge und der Aufwendungen und deren Teilfinanzpläne die Summen der Einzahlungen und der Auszahlungen für Investitionen ausweisen müssen.
3. Werden Teilpläne nach örtlichen Verantwortungsbereichen aufgestellt, sollen dazu die Aufgaben und die dafür gebildeten Produkte sowie die Ziele und die Kennzahlen zur Messung der Zielerreichung beschrieben werden. Diesen Teilplänen sind in einer Übersicht die Produktbereiche nach Absatz 1 voranzustellen, deren Teilergebnispläne die Summen der Erträge und der Aufwendungen und deren Teilfinanzpläne die Summen der Einzahlungen und der Auszahlungen für Investitionen ausweisen müssen.

(3) Die Teilergebnispläne sind entsprechend § 2 aufzustellen. Für jeden Teilergebnisplan ist ein Jahresergebnis entsprechend § 2 Absatz 2 darzustellen. Soweit Erträge und Aufwendungen aus internen Leistungsbeziehungen für die Haushaltsbewirtschaftung erfasst werden, sind diese zusätzlich abzubilden.

(4) Für die Teilfinanzpläne gilt § 3 entsprechend, soweit die dort enthaltenen Einzahlungen und Auszahlungen nicht zentral im Haushalt oder einem Teilfinanzplan veranschlagt sind. Abweichend von Satz 1 kann die Darstellung im Teilfinanzplan auf § 3 Absatz 1 Nummern 15 bis 19 und Nummern 20 bis 25 unter Angabe des Saldos aus § 3 Absatz 2 Nummer 2 beschränkt werden. Die Investitionen sind einzeln oberhalb der vom Vertretungsorgan festgelegten Wertgrenze unter Angabe der Ein- und Auszahlungen sowie der jeweiligen Investitionssumme und der Verpflichtungsermächtigungen für die Folgejahre darzustellen.

(5) Die zur Ausführung des Haushaltsplans getroffenen Bewirtschaftungsregelungen sind in den Teilplänen oder in der Haushaltssatzung auszuweisen.

(6) Eine Position im Teilergebnisplan oder im Teilfinanzplan, die keinen Betrag ausweist, kann entfallen, es sei denn, im Vorjahr oder im Vorvorjahr wurde unter dieser Position ein Betrag ausgewiesen oder in der mittelfristigen Ergebnis- und Finanzplanung soll unter dieser Position ein Betrag ausgewiesen werden.

§ 5
Haushaltssicherungskonzept

Im Haushaltssicherungskonzept gemäß § 76 der Gemeindeordnung sind die Ausgangslage, die Ursachen der entstandenen

Fehlentwicklung und deren vorgesehene Beseitigung zu beschreiben. Das Haushaltssicherungskonzept soll die schnellstmögliche Wiedererlangung des Haushaltsausgleichs gewährleisten und darstellen, wie nach Umsetzung der darin enthaltenen Maßnahmen der Haushalt so gesteuert werden kann, dass er in Zukunft dauerhaft ausgeglichen sein wird.

§ 6
Berücksichtigung von Orientierungsdaten im Haushaltsplan

Bei der Aufstellung und Fortschreibung der Ergebnis- und Finanzplanung sollen die vom für Kommunales zuständigen Ministerium bekannt gegebenen Orientierungsdaten berücksichtigt werden.

§ 7
Vorbericht

(1) Der Vorbericht soll einen Überblick über die Eckpunkte des Haushaltsplans geben. Die Entwicklung und die aktuelle Lage der Kommune sind anhand der im Haushaltsplan enthaltenen Informationen und der Ergebnis- und Finanzdaten darzustellen.

(2) Der Vorbericht soll unter Berücksichtigung der nachfolgenden Gliederung Aussagen enthalten über:

1. welche wesentlichen Ziele und Strategien die Kommune verfolgt und welche Änderungen gegenüber dem Vorjahr eintreten werden,
2. wie sich die wesentlichen Erträge, Aufwendungen, Einzahlungen und Auszahlungen, das Vermögen, die Verbindlichkeiten und die Zinsbelastungen sowie die Verpflichtungen aus Bürgschaften, Gewährverträgen und ihnen wirtschaftlich gleichkommenden Rechtsgeschäften in den beiden dem Haushaltsjahr vorangegangenen Haushaltsjahren entwickelt haben und voraussichtlich im mittelfristigen Ergebnis- und Finanzplanungszeitraum entwickeln werden,
3. wie sich das Jahresergebnis und das Eigenkapital im Haushaltsjahr und in den dem Haushaltsjahr folgenden drei Jahren entwickeln werden und in welchem Verhältnis diese Entwicklung zum Deckungsbedarf des Finanzplans steht,
4. welche wesentlichen Investitionen, Instandsetzungs- und Erhaltungsmaßnahmen im Haushaltsjahr geplant sind und welche Auswirkungen sich hieraus für die Haushalte der folgenden Jahre ergeben,
5. wie sich der Saldo aus laufender Verwaltungstätigkeit und aus Finanzierungstätigkeit entwickeln wird unter besonderer Angabe der Entwicklung der Kredite zur Liquiditätssicherung inklusive eines darzustellenden Abbaupfades,
6. wenn ein Haushaltssicherungskonzept aufgestellt wurde, wie die für das Haushaltsjahr vorgesehenen Maßnahmen im Haushaltsplan verwirklicht werden und wie sich diese auf die künftige Entwicklung der Ertrags-, Finanz- und Vermögenslage auswirken,
7. welche wesentlichen haushaltswirtschaftlichen Belastungen sich insbesondere aus der Eigenkapitalausstattung und der Verlustabdeckung für andere Organisationseinheiten und Vermögensmassen, aus Umlagen, aus Straßenentwässerungskostenanteilen, der Übernahme von Bürgschaften und anderen Sicherheiten sowie Gewährverträgen ergeben werden oder zu erwarten sind aus
    a) den Sondervermögen der Kommune, für die aufgrund gesetzlicher Vorschriften Sonderrechnungen geführt werden,
    b) den Formen interkommunaler Zusammenarbeit, an denen die Kommune beteiligt ist, und
    c) den unmittelbaren und mittelbaren Beteiligungen der Kommune an Unternehmen in einer Rechtsform des öffentlichen und privaten Rechts.

§ 8
Stellenplan

(1) Der Stellenplan hat die im Haushaltsjahr erforderlichen Stellen der Beamtinnen und Beamten und der nicht nur vorübergehend beschäftigten Bediensteten auszuweisen. Stellen von Beamtinnen und Beamten in Einrichtungen von Sondervermögen, für die Sonderrechnungen geführt werden, sind gesondert aufzuführen.

(2) Im Stellenplan ist ferner für jede Besoldungs- und Entgeltgruppe die Gesamtzahl der Stellen für das Vorjahr sowie der am 30. Juni des Vorjahres besetzten Stellen anzugeben. Wesentliche Abweichungen vom Stellenplan des Vorjahres sowie geplante zukünftige Veränderungen sind zu erläutern.

(3) Dem Stellenplan ist beizufügen:

1. eine Übersicht über die vorgesehene Aufteilung der Stellen des Stellenplans auf die Produktbereiche, soweit diese nicht auszugsweise den einzelnen Teilplänen beigefügt sind,
2. eine Übersicht über die vorgesehene Zahl der Nachwuchskräfte und der informatorisch beschäftigten Dienstkräfte.

§ 9
Haushaltsplan für zwei Jahre

(1) Werden in der Haushaltssatzung Ermächtigungen für zwei Haushaltsjahre ausgesprochen, sind im Ergebnisplan die Erträge und Aufwendungen und im Finanzplan die Einzahlungen, Auszahlungen und Verpflichtungsermächtigungen für jedes der beiden Haushaltsjahre getrennt aufzuführen.

(2) Die Fortschreibung der mittelfristigen Ergebnis- und Finanzplanung im ersten Haushaltsjahr ist dem Vertretungsorgan vor Beginn des zweiten Haushaltsjahres vorzulegen.

(3) Anlagen nach § 1 Absatz 2 Nummer 8 bis 10, die nach der Beschlussfassung über die Haushaltssatzung nach Absatz 1 erstellt worden sind, müssen der Fortschreibung nach Absatz 2 beigefügt werden.

§ 10
Nachtragshaushaltsplan

(1) Der Nachtragshaushaltsplan muss alle erheblichen Änderungen der Erträge und Aufwendungen und der Einzahlungen und Auszahlungen, die zum Zeitpunkt seiner Aufstellung übersehbar sind, einschließlich der bereits geleisteten oder angeordneten über- und außerplanmäßigen Aufwendungen und Auszahlungen, sowie die damit zusammenhängenden Änderungen der Ziele und Kennzahlen enthalten.

(2) Enthält der Nachtragshaushaltsplan neue Verpflichtungsermächtigungen, so sind deren Auswirkungen auf die mittelfristige Finanzplanung anzugeben; die Übersicht nach § 1 Absatz 2 Nummer 6 ist zu ergänzen.

Teil 2
Planungsgrundsätze

§ 11
Allgemeine Planungsgrundsätze

(1) Die Erträge und Aufwendungen sind in ihrer voraussichtlich dem Haushaltsjahr zuzurechnenden Höhe, die Einzahlungen und Auszahlungen in Höhe der im Haushaltsjahr voraussichtlich eingehenden oder zu leistenden Beträge zu veranschlagen, sie sind sorgfältig zu schätzen, soweit sie nicht errechenbar sind.

(2) Die Erträge, Aufwendungen, Einzahlungen und Auszahlungen sind in voller Höhe und getrennt voneinander zu veranschlagen, soweit in dieser Verordnung nichts anderes bestimmt ist.

(3) Für denselben Zweck sollen Aufwendungen und Auszah-

lungen nicht an verschiedenen Stellen im Haushaltsplan veranschlagt werden. Wird ausnahmsweise anders verfahren, ist auf die Ansätze gegenseitig zu verweisen.

§ 12
Verpflichtungsermächtigungen

(1) Die Verpflichtungsermächtigungen sind in den Teilfinanzplänen maßnahmenbezogen zu veranschlagen. Dabei ist anzugeben, wie sich die Belastungen voraussichtlich auf die künftigen Jahre verteilen werden. Dies gilt nur für die Investitionen, die nach § 4 Absatz 4 Satz 3 darzustellen sind.

(2) Es kann erklärt werden, dass einzelne Verpflichtungsermächtigungen auch für andere Investitionsmaßnahmen in Anspruch genommen werden können. Der in der Haushaltssatzung festgesetzte Gesamtbetrag der Verpflichtungsermächtigungen darf nicht überschritten werden.

§ 13
Investitionen

(1) Bevor Investitionen oberhalb der vom Vertretungsorgan festgelegten Wertgrenzen beschlossen und im Haushaltsplan ausgewiesen werden, soll unter mehreren in Betracht kommenden Möglichkeiten durch einen Wirtschaftlichkeitsvergleich, mindestens durch einen Vergleich der Anschaffungs- oder Herstellungskosten nach § 34 Absatz 2 und 3 und der Folgekosten, die für die Kommune wirtschaftlichste Lösung ermittelt werden. Dabei ist die künftige Bevölkerungsentwicklung zu berücksichtigen.

(2) Ermächtigungen für Baumaßnahmen dürfen im Finanzplan erst veranschlagt werden, wenn Baupläne, Kostenberechnungen und Erläuterungen vorliegen, aus denen die Art der Ausführung, die Gesamtkosten der Maßnahme, getrennt nach Grunderwerb und Herstellungskosten, einschließlich der Einrichtungskosten sowie der Folgekosten ersichtlich sind und denen ein Bauzeitplan beigefügt ist. Die Unterlagen müssen auch die voraussichtlichen Jahresauszahlungen unter Angabe der Kostenbeteiligung Dritter und die für die Dauer der Nutzung entstehenden jährlichen Haushaltsbelastungen ausweisen.

(3) Vor Beginn einer Investition unterhalb der festgelegten Wertgrenzen muss mindestens eine Kostenberechnung vorliegen.

§ 14
Verfügungsmittel

Verfügungsmittel der Hauptverwaltungsbeamtin oder des Hauptverwaltungsbeamten sind im Haushaltsplan gesondert zu veranschlagen. Die verfügbaren Mittel dürfen nicht überschritten werden, sind nicht übertragbar und nicht deckungsfähig.

§ 15
Fremde Finanzmittel

(1) Im Finanzplan werden nicht veranschlagt:

1. durchlaufende Finanzmittel,
2. Finanzmittel, die die Kommune auf Grund rechtlicher Vorschriften unmittelbar in den Haushalt eines anderen öffentlichen Aufgabenträgers zu buchen hat, einschließlich der ihr zur Selbstbewirtschaftung zugewiesenen Finanzmittel,
3. Finanzmittel, die in der Zahlungsabwicklung mit dem endgültigen Kostenträger oder mit einer anderen Institution, die unmittelbar mit dem endgültigen Kostenträger abrechnet, anstelle der Kommune vereinnahmt oder ausgezahlt werden.

(2) Die Hauptverwaltungsbeamtin oder der Hauptverwaltungsbeamte kann anordnen, dass Zahlungen nach Absatz 1 angenommen oder geleistet werden dürfen, wenn dies im Interesse der Kommune liegt und gewährleistet ist, dass diese Zahlungen in die Prüfung der Zahlungsabwicklung einbezogen werden

§ 16
Interne Leistungsbeziehungen

Werden in den Teilplänen zum Nachweis des vollständigen Ressourcenverbrauchs interne Leistungsbeziehungen erfasst, sind diese dem Jahresergebnis des Teilergebnisplans und der Teilergebnisrechnung hinzuzufügen und müssen sich im Ergebnisplan und in der Ergebnisrechnung insgesamt ausgleichen.

§ 17
Kosten- und Leistungsrechnung

(1) Nach den örtlichen Bedürfnissen der Kommune soll eine Kosten- und Leistungsrechnung zur Unterstützung der Verwaltungssteuerung und für die Beurteilung der Wirtschaftlichkeit und Leistungsfähigkeit bei der Aufgabenerfüllung geführt werden.

(2) Die Hauptverwaltungsbeamtin oder der Hauptverwaltungsbeamte regelt die Grundsätze über Art und Umfang der Kosten- und Leistungsrechnung und legt sie dem Vertretungsorgan zur Kenntnis vor.

§ 18
Weitere Vorschriften für die Haushaltsplanung

(1) Die Veranschlagung von Personalaufwendungen in den Teilplänen richtet sich nach den im Haushaltsjahr voraussichtlich besetzten Stellen. Dabei können die Personalaufwendungen für Personen, die nicht im Stellenplan geführt werden, zentral veranschlagt werden.

(2) Die Versorgungs- und die Beihilfeaufwendungen können auf die Teilpläne aufgeteilt oder zentral veranschlagt werden.

§ 19
Erläuterungen

Die Ansätze im Haushaltsplan sind, soweit erforderlich, zu erläutern. Insbesondere sind zu erläutern:

1. Ansätze von Erträgen und Aufwendungen, soweit sie wesentlich sind und von den bisherigen Ansätzen wesentlich abweichen,
2. neue Investitionen; erstrecken sie sich über mehrere Jahre, ist bei jeder folgenden Veranschlagung die bisherige Abwicklung darzulegen,
3. Notwendigkeit und Höhe der Verpflichtungsermächtigungen,
4. Ansätze für Aufwendungen und Auszahlungen zur Erfüllung von Verträgen, die die Kommune über ein Jahr hinaus zu erheblichen Zahlungen verpflichten, sowie
5. Sperrvermerke, Zweckbindungen und andere besondere Bestimmungen im Haushaltsplan.

Teil 3
Besondere Vorschriften
für die Haushaltswirtschaft

§ 20
Grundsätze der Gesamtdeckung

Soweit in dieser Verordnung nichts anderes bestimmt ist, dienen

1. die Erträge insgesamt zur Deckung der Aufwendungen des Ergebnisplanes und
2. die Einzahlungen insgesamt zur Deckung der Auszahlungen des Finanzplanes.

§ 86 Absatz 1 der Gemeindeordnung bleibt hiervon unberührt.

§ 21
Bildung von Budgets

(1) Zur flexiblen Haushaltsbewirtschaftung können Erträge und Aufwendungen zu Budgets verbunden werden. In den Budgets ist die Summe der Erträge und die Summe der Aufwendungen für die Haushaltsführung verbindlich. Die Sätze 1 und 2 gelten auch für Einzahlungen und Auszahlungen für Investitionen.

(2) Es kann bestimmt werden, dass Mehrerträge bestimmte Ermächtigungen für Aufwendungen erhöhen und Mindererträge bestimmte Ermächtigungen für Aufwendungen vermindern. Das Gleiche gilt für Mehreinzahlungen und Mindereinzahlungen für Investitionen. Die Mehraufwendungen oder Mehrauszahlungen gelten nicht als überplanmäßige Aufwendungen oder Auszahlungen.

(3) Die Bewirtschaftung der Budgets darf nicht zu einer Minderung des Saldos aus laufender Verwaltungstätigkeit nach § 3 Absatz 2 Nummer 1 führen. Die Inanspruchnahme von Budgets nach Absatz 2 ist nur zulässig, wenn das geplante Jahresergebnis nicht gefährdet ist und die Vorschriften des § 86 der Gemeindeordnung beachtet werden.

§ 22
Ermächtigungsübertragung

(1) Ermächtigungen für Aufwendungen und Auszahlungen sind übertragbar. Die Hauptverwaltungsbeamtin oder der Hauptverwaltungsbeamte regelt mit Zustimmung des Vertretungsorgans die Grundsätze über Art, Umfang und Dauer der Ermächtigungsübertragungen.

(2) Werden Ermächtigungen für Aufwendungen und Auszahlungen übertragen, erhöhen sie die entsprechenden Positionen im Haushaltsplan des folgenden Jahres.

(3) Sind Erträge oder Einzahlungen auf Grund rechtlicher Verpflichtungen zweckgebunden, bleiben die entsprechenden Ermächtigungen zur Leistung von Aufwendungen bis zur Erfüllung des Zwecks und die Ermächtigungen zur Leistung von Auszahlungen bis zur Fälligkeit der letzten Zahlung für ihren Zweck verfügbar.

(4) Werden Ermächtigungen übertragen, ist dem Vertretungsorgan eine Übersicht der Übertragungen mit Angabe der Auswirkungen auf den Ergebnisplan und den Finanzplan des Folgejahres vorzulegen. Die Übertragungen sind im Jahresabschluss im Plan-/Ist-Vergleich der Ergebnisrechnung gemäß § 39 Absatz 2 und der Finanzrechnung gemäß § 40 und im Anhang gesondert anzugeben.

§ 23
Überwachung der Forderungen

(1) Die der Kommune zustehenden Forderungen sind vollständig zu erfassen und rechtzeitig durchzusetzen. Der Zahlungseingang ist zu überwachen.

(2) Die Kommune kann davon absehen, Ansprüche von weniger als 10 Euro geltend zu machen, es sei denn, dass die Durchsetzung aus grundsätzlichen Erwägungen geboten ist, letzteres gilt insbesondere für Gebühren.

(3) Mit juristischen Personen des öffentlichen Rechts kann auf der Grundlage der Gegenseitigkeit etwas anderes vereinbart werden.

§ 24
Bewirtschaftung und Überwachung der Aufwendungen und Auszahlungen

(1) Die im Haushaltsplan enthaltenen Ermächtigungen dürfen erst dann in Anspruch genommen werden, wenn die Aufgabenerfüllung dies erfordert. Die Inanspruchnahme ist zu überwachen.

(2) Bei Ermächtigungen für Investitionen muss die rechtzeitige Bereitstellung der Finanzmittel gesichert sein. Dabei darf die Finanzierung anderer, bereits begonnener Maßnahmen nicht beeinträchtigt werden.

(3) Die Absätze 1 und 2 gelten für die Inanspruchnahme von Verpflichtungsermächtigungen entsprechend.

(4) Abgaben, abgabeähnliche Erträge und allgemeine Zuweisungen, die die Kommune zurückzuzahlen hat, sind bei den Erträgen abzusetzen, auch wenn sie sich auf Erträge der Vorjahre beziehen.

(5) Die für die Bewirtschaftung festgelegten Sperrvermerke oder andere besondere Bestimmungen sind, soweit sie bereits bei der Aufstellung des Haushaltsplans feststehen, im Haushaltsplan oder in der Haushaltssatzung auszuweisen.

§ 25
Berichtspflicht, haushaltswirtschaftliche Sperre

(1) Das Vertretungsorgan ist unverzüglich zu unterrichten, wenn sich abzeichnet, dass

1. sich das Ergebnis des Ergebnisplanes oder des Finanzplanes wesentlich verschlechtert,
2. sich die Gesamtauszahlungen einer Maßnahme des Finanzplanes nach § 4 Absatz 4 Satz 3 wesentlich erhöhen werden oder
3. eine haushaltswirtschaftliche Sperre nach Absatz 2 ausgesprochen wird.

(2) Soweit und solange die Entwicklung der Erträge und Einzahlungen oder Aufwendungen und Auszahlungen es erfordert, kann die Inanspruchnahme von Ansätzen für Aufwendungen und Auszahlungen und Verpflichtungsermächtigungen durch die Kämmerin oder den Kämmerer gesperrt werden. § 81 Absatz 4 der Gemeindeordnung bleibt unberührt.

§ 26
Vergabe von Aufträgen [1]

(1) Der Vergabe von Aufträgen muss eine öffentliche Ausschreibung oder eine beschränkte Ausschreibung mit Teilnahmewettbewerb vorausgehen, sofern nicht die Natur des Geschäfts oder besondere Umstände eine Ausnahme in Form einer beschränkten Ausschreibung ohne Teilnahmewettbewerb, Verhandlungsvergabe mit oder ohne Teilnahmewettbewerb beziehungsweise einer freihändigen Vergabe rechtfertigen.

(2) Bei der Vergabe von Aufträgen unterhalb der jeweils geltenden Schwellenwerte gemäß § 106 des Gesetzes gegen Wettbewerbsbeschränkungen in der Fassung der Bekanntmachung vom 26. Juni 2013 (BGBl. I S. 1750, 3245), das zuletzt durch Artikel 10 des Gesetzes vom 12. Juli 2018 (BGBl. I S. 1151) geändert worden ist, sind die Vergabebestimmungen anzuwenden, die das für Kommunales zuständige Ministerium bekannt gibt.

§ 27
Stundung, Niederschlagung und Erlass

(1) Ansprüche der Kommune dürfen ganz oder teilweise gestundet werden, wenn ihre Einziehung bei Fälligkeit eine erhebliche Härte für den Schuldner bedeuten würde und der Anspruch durch die Stundung nicht gefährdet erscheint. Gestundete Beträge sind in der Regel angemessen zu verzinsen.

(2) Ansprüche der Kommune dürfen niedergeschlagen werden, wenn zu erwarten ist, dass die Einziehung keinen Erfolg haben wird, oder wenn die Kosten der Einziehung außer Verhältnis zur Höhe des Anspruchs stehen.

(3) Ansprüche der Kommune dürfen ganz oder zum Teil erlassen werden, wenn ihre Einziehung nach Lage des einzelnen

---

[1] zu § 26: Kommunale Vergabegrundsätze (s. Seite 245)

Falles für den Schuldner eine besondere Härte bedeuten würde. Das Gleiche gilt für die Rückzahlung oder Anrechnung von geleisteten Beträgen.

(4) Ansprüche der Kommune, die diese als dauerhaft uneinbringlich einschätzt, sind auszubuchen und dürfen nicht im Inventar geführt werden.

**Teil 4
Buchführung, Inventar, Zahlungsabwicklung**

§ 28
Buchführung

(1) Alle Geschäftsvorfälle sowie die Vermögens- und Schuldenlage sind nach dem System der doppelten Buchführung und unter Beachtung der Grundsätze ordnungsmäßiger Buchführung in den Büchern klar ersichtlich und nachprüfbar aufzuzeichnen. Die Bücher müssen Auswertungen nach der Haushaltsgliederung, nach der sachlichen Ordnung sowie in zeitlicher Ordnung zulassen.

(2) Die Eintragungen in die Bücher müssen vollständig, richtig, zeitgerecht und geordnet vorgenommen werden, so dass die Geschäftsvorfälle in ihrer Entstehung und Abwicklung nachvollziehbar sind. Eine Eintragung oder eine Aufzeichnung in den Büchern darf nicht in einer Weise verändert werden, dass der ursprüngliche Inhalt nicht mehr feststellbar ist. Auch solche Veränderungen dürfen nicht vorgenommen werden, deren Beschaffenheit es ungewiss lässt, ob sie ursprünglich oder erst später gemacht worden sind.

(3) Den Buchungen sind Belege, durch die der Nachweis der richtigen und vollständigen Ermittlung der Ansprüche und Verpflichtungen zu erbringen ist, zu Grunde zu legen (begründende Unterlagen). Die Buchungsbelege müssen Hinweise enthalten, die eine Verbindung zu den Eintragungen in den Büchern herstellen.

(4) Aus den Buchungen der zahlungswirksamen Geschäftsvorfälle sind die Zahlungen für den Ausweis in der Finanzrechnung durch eine von der Kommune bestimmte Buchungsmethode zu ermitteln. Die Ermittlung darf nicht durch eine indirekte Rückrechnung aus dem in der Ergebnisrechnung ausgewiesenen Jahresergebnis erfolgen.

(5) Bei der Buchführung mit Hilfe automatisierter Datenverarbeitung (DV-Buchführung) muss unter Beachtung der Grundsätze zur ordnungsmäßigen Führung und Aufbewahrung von Büchern, Aufzeichnungen und Unterlagen in elektronischer Form sowie zum Datenzugriff (GoBD) sichergestellt werden, dass

1. fachlich geprüfte Programme und freigegebene Verfahren eingesetzt werden,
2. die Daten vollständig und richtig erfasst, eingegeben, verarbeitet und ausgegeben werden,
3. nachvollziehbar dokumentiert ist, wer, wann, welche Daten eingegeben oder verändert hat,
4. in das automatisierte Verfahren nicht unbefugt eingegriffen werden kann,
5. die gespeicherten Daten nicht verloren gehen und nicht unbefugt verändert werden können,
6. die gespeicherten Daten bis zum Ablauf der Aufbewahrungsfristen jederzeit in angemessener Frist lesbar und maschinell auswertbar sind,
7. Berichtigungen der Bücher protokolliert und die Protokolle wie Belege aufbewahrt werden,
8. elektronische Signaturen mindestens während der Dauer der Aufbewahrungsfristen nachprüfbar sind,
9. die Unterlagen, die für den Nachweis der richtigen und vollständigen Ermittlung der Ansprüche oder Zahlungsverpflichtungen sowie für die ordnungsgemäße Abwicklung der Buchführung und des Zahlungsverkehrs erforderlich sind, einschließlich eines Verzeichnisses über den Aufbau der Datensätze und die Dokumentation der eingesetzten Programme und Verfahren bis zum Ablauf der Aufbewahrungsfrist verfügbar bleiben; § 59 bleibt unberührt,
10. die Verwaltung von Informationssystemen und automatisierten Verfahren von der fachlichen Sachbearbeitung und der Erledigung von Aufgaben der Finanzbuchhaltung verantwortlich abgegrenzt wird.

(6) Für durchlaufende Finanzmittel sowie andere haushaltsfremde Vorgänge sind gesonderte Nachweise zu führen.

(7) Der Buchführung ist der vom für Kommunales zuständigen Ministerium bekannt gegebene Kontenrahmen zu Grunde zu legen. Der Kontenrahmen kann bei Bedarf ergänzt werden. Die eingerichteten Konten sind in einem Verzeichnis (Kontenplan) aufzuführen.

§ 29
Inventar, Inventur

(1) Für die Aufstellung des Inventars und die Durchführung der Inventur gemäß § 91 Absatz 1 und 2 der Gemeindeordnung gilt:

1. Vermögensgegenstände des Sachanlagevermögens sowie Roh-, Hilfs- und Betriebsstoffe können, wenn sie regelmäßig ersetzt werden und ihr Gesamtwert für die Kommune von nachrangiger Bedeutung ist, mit einer gleichbleibenden Menge und einem gleichbleibenden Wert (Festwert) angesetzt werden, sofern ihr Bestand in seiner Größe, seinem Wert und seiner Zusammensetzung nur geringen Veränderungen unterliegt, jedoch ist in der Regel alle fünf Jahre eine körperliche Bestandsaufnahme durchzuführen;
2. wird für Aufwuchs ein pauschaliertes Festwertverfahren angewendet, ist eine Revision nach zehn Jahren und eine Neuberechnung des Forsteinrichtungswerks alle 20 Jahre durchzuführen und
3. gleichartige Vermögensgegenstände des Vorratsvermögens sowie andere gleichartige oder annähernd gleichwertige bewegliche Vermögensgegenstände und Schulden können jeweils zu einer Gruppe zusammengefasst und mit dem gewogenen Durchschnittswert angesetzt werden.

(2) Die Hauptverwaltungsbeamtin oder der Hauptverwaltungsbeamte regelt das Nähere über die Durchführung der Inventur.

(3) Das Verfahren und die Ergebnisse der Inventur sind so zu dokumentieren, dass diese für sachverständige Dritte in angemessener Zeit nachvollziehbar sind.

§ 30
Inventurvereinfachungsverfahren

(1) Bei der Aufstellung des Inventars darf der Bestand der Vermögensgegenstände nach Art, Menge und Wert auch mit Hilfe anerkannter mathematisch-statistischer Methoden auf Grund von Stichproben ermittelt werden. Das Verfahren muss den Grundsätzen ordnungsmäßiger Buchführung entsprechen. Der Aussagewert des auf diese Weise aufgestellten Inventars muss dem Aussagewert eines auf Grund einer körperlichen Bestandsaufnahme aufgestellten Inventars gleichkommen.

(2) Bei der Aufstellung des Inventars für den Schluss eines Haushaltsjahres bedarf es einer körperlichen Bestandsaufnahme der Vermögensgegenstände für diesen Zeitpunkt nicht, soweit durch Anwendung eines den Grundsätzen ordnungsmäßiger Buchführung entsprechenden anderen Verfahrens gesichert ist, dass der Bestand der Vermögensgegenstände nach Art, Menge und Wert auch ohne die körperliche Bestandsaufnahme für diesen Zeitpunkt festgestellt werden kann. Bei Anwendung

des Buchinventurverfahrens soll das Intervall für die körperliche Bestandsaufnahme bei körperlichen beweglichen Vermögensgegenständen des Anlagevermögens fünf Jahre und bei körperlichen unbeweglichen Vermögensgegenständen des Anlagevermögens zehn Jahre nicht überschreiten.

(3) In dem Inventar für den Schluss eines Haushaltsjahres brauchen Vermögensgegenstände nicht verzeichnet zu werden, wenn

1. die Kommune ihren Bestand auf Grund einer körperlichen Bestandsaufnahme oder auf Grund eines nach Absatz 2 zulässigen anderen Verfahrens nach Art, Menge und Wert in einem besonderen Inventar verzeichnet hat, das für einen Tag innerhalb der letzten drei Monate vor oder der ersten beiden Monate nach dem Schluss des Haushaltsjahres aufgestellt ist, und

2. auf Grund des besonderen Inventars durch Anwendung eines den Grundsätzen ordnungsmäßiger Buchführung entsprechenden Fortschreibungs- oder Rückrechnungsverfahrens gesichert ist, dass der am Schluss des Haushaltsjahres vorhandene Bestand der Vermögensgegenstände für diesen Zeitpunkt ordnungsgemäß bewertet werden kann.

(4) Die Hauptverwaltungsbeamtin oder der Hauptverwaltungsbeamte kann für bewegliche Gegenstände des Sachanlagevermögens, deren Anschaffungs- oder Herstellungskosten im Einzelnen wertmäßig den Betrag von 800 Euro ohne Umsatzsteuer nicht überschreiten, Befreiungen von § 91 Absatz 1 und 2 der Gemeindeordnung vorsehen.

(5) Sofern Vorratsbestände von Roh-, Hilfs- und Betriebsstoffen, Waren sowie unfertige und fertige Erzeugnisse bereits dem Lager entnommen sind, gelten sie als verbraucht und dürfen nicht erfasst und bewertet werden.

§ 31
Zahlungsabwicklung, Liquiditätsplanung

(1) Zur Zahlungsabwicklung gehören die Annahme von Einzahlungen, die Leistung von Auszahlungen und die Verwaltung der Finanzmittel. Jeder Zahlungsvorgang ist zu erfassen und zu dokumentieren, dabei sind die durchlaufenden und die fremden Finanzmittel nach § 15 Absatz 1 gesondert zu erfassen.

(2) Jeder Zahlungsanspruch und jede Zahlungsverpflichtung sind auf ihren Grund und ihre Höhe zu prüfen und festzustellen (sachliche und rechnerische Feststellung). Die Hauptverwaltungsbeamtin oder der Hauptverwaltungsbeamte regelt die Befugnis für die sachliche und rechnerische Feststellung.

(3) Zahlungsabwicklung und Buchführung dürfen nicht von demselben Beschäftigten wahrgenommen werden. Beschäftigten, denen die Buchführung oder die Abwicklung von Zahlungen obliegt, darf die Befugnis zur sachlichen und rechnerischen Feststellung nur übertragen werden, wenn und soweit der Sachverhalt nur von ihnen beurteilt werden kann. Zahlungsaufträge sind von zwei Beschäftigten freizugeben.

(4) Die Finanzmittelkonten sind am Schluss des Buchungstages oder vor Beginn des folgenden Buchungstages mit den Bankkonten abzugleichen. Am Ende des Haushaltsjahres sind sie für die Aufstellung des Jahresabschlusses abzuschließen und der Bestand an Finanzmitteln ist festzustellen.

(5) Die Zahlungsabwicklung ist mindestens einmal jährlich unvermutet zu prüfen. Überwacht die örtliche Rechnungsprüfung dauernd die Zahlungsabwicklung, kann von der unvermuteten Prüfung abgesehen werden.

(6) Die Kommune hat ihre Zahlungsfähigkeit durch eine angemessene Liquiditätsplanung unter Einbeziehung der im Finanzplan ausgewiesenen Einzahlungen und Auszahlungen sicherzustellen.

§ 32
Sicherheitsstandards und interne Aufsicht

(1) Um die ordnungsgemäße Erledigung der Aufgaben der Finanzbuchhaltung unter besonderer Berücksichtigung des Umgangs mit Zahlungsmitteln sowie die Verwahrung und Verwaltung von Wertgegenständen sicherzustellen, sind von der Hauptverwaltungsbeamtin oder dem Hauptverwaltungsbeamten nähere Vorschriften unter Berücksichtigung der örtlichen Gegebenheiten zu erlassen. Die Vorschriften können ein Weisungsrecht oder einen Zustimmungsvorbehalt der Hauptverwaltungsbeamtin oder des Hauptverwaltungsbeamten vorsehen, müssen inhaltlich hinreichend bestimmt sein und bedürfen der Schriftform. Sie sind dem Vertretungsorgan zur Kenntnis zu geben.

(2) Die örtlichen Vorschriften nach Absatz 1 müssen mindestens Bestimmungen in Ausführung des § 23 Absatz 1 und der §§ 28, 31 und 59 sowie über

1. die Aufbau- und Ablauforganisation der Finanzbuchhaltung (Geschäftsablauf) mit Festlegungen über

    1.1 sachbezogene Verantwortlichkeiten,

    1.2 schriftliche Unterschriftsbefugnisse oder elektronische Signaturen mit Angabe von Form und Umfang,

    1.3 zentrale oder dezentrale Erledigung der Zahlungsabwicklung mit Festlegung eines Verantwortlichen für die Sicherstellung der Zahlungsfähigkeit,

    1.4 Buchungsverfahren mit und ohne Zahlungsabwicklung sowie die Identifikation von Buchungen,

    1.5 die tägliche Abstimmung der Konten mit Ermittlung der Liquidität,

    1.6 die Jahresabstimmung der Konten für den Jahresabschluss,

    1.7 die Behandlung von Kleinbeträgen,

    1.8 Stundung, Niederschlagung und Erlass von Ansprüchen der Kommune,

    1.9 Mahn- und Vollstreckungsverfahren mit Festlegung einer zentralen Stelle sowie gegebenenfalls weiterer Stellen mit deren abweichend davon festgelegten Einzelzuständigkeiten,

2. den Einsatz von automatisierter Datenverarbeitung in der Finanzbuchhaltung mit Festlegungen über

    2.1 die Freigabe von Verfahren,

    2.2 Berechtigungen im Verfahren,

    2.3 Dokumentation der eingegebenen Daten und ihrer Veränderungen,

    2.4 Identifikationen innerhalb der sachlichen und zeitlichen Buchung,

    2.5 Nachprüfbarkeit von elektronischen Signaturen,

    2.6 Sicherung und Kontrolle der Verfahren,

    2.7 die Abgrenzung der Verwaltung von Informationssystemen und automatisierten Verfahren von der fachlichen Sachbearbeitung und der Erledigung der Aufgaben der Finanzbuchhaltung,

3. die Verwaltung der Zahlungsmittel mit Festlegungen über

    3.1 Einrichtung von Bankkonten,

    3.2 Unterschriften von zwei Beschäftigten im Bankverkehr,

    3.3 Aufbewahrung, Beförderung und Entgegennahme von Zahlungsmitteln durch Beschäftigte und Automaten,

    3.4 Einsatz von Geldkarte, Debitkarte oder Kreditkarte sowie Schecks,

    3.5 Anlage nicht benötigter Zahlungsmittel,

    3.6 Aufnahme und Rückzahlung von Krediten zur Liquiditätssicherung,

    3.7 die durchlaufende Zahlungsabwicklung und fremde

Finanzmittel,
- 3.8 die Bereitstellung von Liquidität im Rahmen eines Liquiditätsverbundes, wenn ein solcher eingerichtet ist,
4. die Sicherheit und Überwachung der Finanzbuchhaltung mit Festlegungen über
   - 4.1 ein Verbot bestimmter Tätigkeiten in Personalunion,
   - 4.2 die Sicherheitseinrichtungen,
   - 4.3 die Aufsicht und Kontrolle über Buchführung und Zahlungsabwicklung,
   - 4.4 regelmäßige und unvermutete Prüfungen,
   - 4.5 die Beteiligung der örtlichen Rechnungsprüfung und der Kämmerin oder des Kämmerers,
5. die sichere Verwahrung und die Verwaltung von Wertgegenständen sowie von Unterlagen nach § 59

enthalten.

(3) Beschäftigte, denen die Abwicklung von Zahlungen obliegt, können mit der Stundung, Niederschlagung und dem Erlass von kommunalen Ansprüchen beauftragt werden, wenn dies der Verwaltungsvereinfachung dient und eine ordnungsgemäße Erledigung gewährleistet ist.

(4) Die Hauptverwaltungsbeamtin oder der Hauptverwaltungsbeamte hat die Aufsicht über die Finanzbuchhaltung. Sie oder er kann die Aufsicht einer Beigeordneten oder einem Beigeordneten oder einer oder einem sonstigen Beschäftigten übertragen, der oder dem nicht die Abwicklung von Zahlungen obliegt. Ist eine Kämmerin oder ein Kämmerer bestellt, so hat sie oder er die Aufsicht über die Finanzbuchhaltung, sofern sie oder er nicht nach § 93 Absatz 2 der Gemeindeordnung als Verantwortliche oder als Verantwortlicher für die Finanzbuchhaltung bestellt ist.

Teil 5
Vermögen und Schulden

§ 33
Allgemeine Bewertungsanforderungen

(1) Die Bewertung des im Jahresabschluss auszuweisenden Vermögens und der Schulden ist unter Beachtung der Grundsätze ordnungsmäßiger Buchführung vorzunehmen. Dabei gilt insbesondere:
1. Die Wertansätze der Eröffnungsbilanz des Haushaltsjahres müssen mit denen der Schlussbilanz des vorhergehenden Haushaltsjahres übereinstimmen.
2. Die Vermögensgegenstände und die Schulden sind zum Abschlussstichtag einzeln zu bewerten.
3. Es ist wirklichkeitsgetreu zu bewerten, namentlich sind alle vorhersehbaren Risiken und Verluste, die bis zum Abschlussstichtag entstanden sind, zu berücksichtigen, selbst wenn diese erst zwischen dem Abschlussstichtag und dem Tag der Aufstellung des Jahresabschlusses bekannt geworden sind; Risiken und Verluste, für deren Verwirklichung im Hinblick auf die besonderen Verhältnisse der öffentlichen Haushaltswirtschaft nur eine geringe Wahrscheinlichkeit spricht, bleiben außer Betracht. Gewinne sind nur zu berücksichtigen, wenn sie am Abschlussstichtag realisiert sind.
4. Im Haushaltsjahr entstandene Aufwendungen und erzielte Erträge sind unabhängig von den Zeitpunkten der entsprechenden Zahlungen im Jahresabschluss zu berücksichtigen.
5. Die auf den vorhergehenden Jahresabschluss angewandten Bewertungsmethoden sollen beibehalten werden.

(2) Von den Grundsätzen des Absatzes 1 darf nur in begründeten Ausnahmefällen abgewichen werden.

§ 33a
Aufwendungen für die Erhaltung der gemeindlichen Leistungsfähigkeit

(1) In den Jahresabschlüssen 2020 bis 2022 sind Aufwendungen zur Erhaltung der gemeindlichen Leistungsfähigkeit, soweit sie nicht bilanzierungsfähig sind, als Bilanzierungshilfe zu aktivieren. Der Posten ist in der Bilanz unter der Bezeichnung "Aufwendungen zur Erhaltung der gemeindlichen Leistungsfähigkeit" vor dem Anlagevermögen auszuweisen und im Anhang zu erläutern.

(2) Die Bewertung der nach Absatz 1 zu aktivierenden Bilanzierungshilfen erfolgt gemäß § 5 des NKF-COVID-19-Isolierungsgesetzes in der Fassung der Bekanntmachung vom 29. September 2020 (GV. NRW. S. 916), das durch Artikel 1 des Gesetzes vom 01. Dezember 2021 (GV. NRW. S. 1346) geändert worden ist.

(3) Die weitere bilanzielle Behandlung der in den Jahresabschlüssen der Haushaltsjahre 2020 bis 2022 aktivierten Bilanzierungshilfen in den Haushaltsjahren nach 2022 richtet sich nach § 6 des NKF-COVID-19-Isolierungsgesetzes.

§ 34
Wertansätze für Vermögensgegenstände

(1) Ein Vermögensgegenstand ist in die Bilanz aufzunehmen, wenn die Kommune das wirtschaftliche Eigentum daran inne hat und dieser selbstständig verwertbar ist. Als Anlagevermögen sind nur die Gegenstände auszuweisen, die dazu bestimmt sind, dauernd der Aufgabenerfüllung der Kommune zu dienen.

(2) Anschaffungskosten sind die Aufwendungen, die geleistet werden, um einen Vermögensgegenstand zu erwerben und ihn in einen betriebsbereiten Zustand zu versetzen, soweit sie dem Vermögensgegenstand einzeln zugeordnet werden können. Zu den Anschaffungskosten gehören auch die Nebenkosten sowie die nachträglichen Anschaffungskosten. Minderungen des Anschaffungspreises sind abzusetzen.

(3) Herstellungskosten sind die Aufwendungen, die durch den Verbrauch von Gütern und die Inanspruchnahme von Diensten für die Herstellung eines Vermögensgegenstands, seine Erweiterung oder für eine über seinen ursprünglichen Zustand hinausgehende wesentliche Verbesserung entstehen. Dazu gehören die Materialkosten, die Fertigungskosten und die Sonderkosten der Fertigung. Bei der Berechnung der Herstellungskosten dürfen auch angemessene Teile der notwendigen Materialgemeinkosten, der notwendigen Fertigungsgemeinkosten und des Wertverzehrs des Anlagevermögens, soweit er durch die Fertigung veranlasst ist, eingerechnet werden. Kosten der allgemeinen Verwaltung sowie Aufwendungen für soziale Einrichtungen der Verwaltung, für freiwillige soziale Leistungen und für betriebliche Altersversorgung brauchen nicht eingerechnet zu werden. Aufwendungen im Sinne der Sätze 3 und 4 dürfen nur insoweit berücksichtigt werden, als sie auf den Zeitraum der Herstellung entfallen.

(4) Zinsen für Fremdkapital gehören nicht zu den Herstellungskosten. Zinsen für Fremdkapital, welches zur Finanzierung der Herstellung eines Vermögensgegenstands verwendet wird, dürfen als Herstellungskosten angesetzt werden, soweit sie auf den Zeitraum der Herstellung entfallen.

(5) Forderungen sind mit dem Nominalbetrag anzusetzen. Soweit ein Ausfallrisiko besteht, ist der Nominalbetrag entweder durch Einzel- oder durch Pauschalwert- oder durch pauschale Einzelwertberichtigung zu vermindern.

§ 35
Bewertungsvereinfachungsverfahren

Soweit es den Grundsätzen ordnungsmäßiger Buchführung entspricht, kann für den Wertansatz gleichartiger Vermögensgegenstände des Vorratsvermögens unterstellt werden, dass die zuerst oder die zuletzt angeschafften oder hergestellten Vermögensgegenstände zuerst verbraucht oder veräußert worden sind. § 29 Absatz 1 Nummer 1 und 3 sind auch auf den Jahresabschluss anwendbar.

§ 35a
Bildung von Bewertungseinheiten

Werden Kredite gemäß § 86 Absatz 1 Satz 4 der Gemeindeordnung aufgenommen, kann § 254 des Handelsgesetzbuchs angewandt werden. Sofern hiervon Gebrauch gemacht wird, sind § 88 Absatz 1 der Gemeindeordnung, § 33 Absatz 1 Nummer 2 und 3, § 36 Absatz 1 dieser Verordnung und § 256a des Handelsgesetzbuchs in dem Umfang und für den Zeitraum nicht anzuwenden, in dem die gegenläufigen Wertänderungen oder Zahlungsströme sich ausgleichen.

§ 36
Abschreibungen und Zuschreibungen

(1) Bei Vermögensgegenständen des Anlagevermögens, deren Nutzung zeitlich begrenzt ist, sind die Anschaffungs- oder Herstellungskosten um planmäßige Abschreibungen zu vermindern. Die Anschaffungs- oder Herstellungskosten sollen dazu linear auf die Haushaltsjahre verteilt werden, in denen der Vermögensgegenstand voraussichtlich genutzt wird. Die degressive Abschreibung oder die Leistungsabschreibung können dann angewandt werden, wenn dies dem tatsächlichen Ressourcenverbrauch besser entspricht.

(2) Bei Gebäuden dürfen für das Bauwerk und für die mit ihm verbundenen Gebäudeteile (Komponenten) Dach und Fenster unterschiedliche Nutzungsdauern bestimmt werden (Komponentenansatz). Darüber hinaus dürfen weitere Komponenten gebildet werden, soweit es sich um mit dem Gebäude verbundene physische Gebäudebestandteile handelt und deren Wert im Einzelnen mindestens 5 Prozent des Neubauwertes beträgt. Bei Straßen, Wegen und Plätzen in bituminöser Bauweise mit Unterbau dürfen für die Komponenten Deckschicht und Unterbau unterschiedliche Nutzungsdauern bestimmt werden. Für alle anderen Vermögensgegenstände ist die Anwendung des Komponentenansatzes ausgeschlossen.

(3) Vermögensgegenstände des Anlagevermögens, deren Anschaffungs- oder Herstellungskosten wertmäßig den Betrag von 800 Euro ohne Umsatzsteuer nicht übersteigen, die selbstständig genutzt werden können und einer Abnutzung unterliegen, können unmittelbar als Aufwand verbucht werden. In diesem Fall wird die Auszahlung der laufenden Verwaltungstätigkeit zugeordnet.

(4) Für die Bestimmung der wirtschaftlichen Nutzungsdauer von abnutzbaren Vermögensgegenständen ist die vom für Kommunales zuständigen Ministerium bekannt gegebene Abschreibungstabelle für Kommunen zu Grunde zu legen. Innerhalb des dort vorgegebenen Rahmens ist unter Berücksichtigung der tatsächlichen örtlichen Verhältnisse die Bestimmung der jeweiligen Nutzungsdauer so vorzunehmen, dass eine Stetigkeit für zukünftige Festlegungen von Abschreibungen gewährleistet wird. Eine Übersicht über die örtlich festgelegten Nutzungsdauern der Vermögensgegenstände (Abschreibungstabelle) sowie ihre nachträglichen Änderungen sind der Aufsichtsbehörde auf Anforderung vorzulegen.

(5) Wird, soweit nicht von der Möglichkeit des Absatzes 2 Gebrauch gemacht wird, durch Erhaltung oder Instandsetzung eines Vermögensgegenstandes des Anlagevermögens oder einer Komponente desselben, die im Sinne des Absatzes 2 als erheblich einzustufen wäre, eine Verlängerung seiner wirtschaftlichen Nutzungsdauer erreicht, ist er neu zu bewerten und die Restnutzungsdauer neu zu bestimmen. Entsprechend ist zu verfahren, wenn in Folge einer voraussichtlich dauernden Wertminderung eine Verkürzung eintritt.

(6) Außerplanmäßige Abschreibungen sind bei einer voraussichtlich dauernden Wertminderung eines Vermögensgegenstandes des Anlagevermögens vorzunehmen, um diesen mit dem niedrigeren Wert anzusetzen, der diesem am Abschlussstichtag beizulegen ist. Bei Finanzanlagen können außerplanmäßige Abschreibungen auch bei einer voraussichtlich nicht dauernden Wertminderung vorgenommen werden. Außerplanmäßige Abschreibungen sind im Anhang zu erläutern.

(7) Bei einer voraussichtlich dauernden Wertminderung von Grund und Boden durch die Anschaffung oder Herstellung von Infrastrukturvermögen können außerplanmäßige Abschreibungen bis zur Inbetriebnahme der Vermögensgegenstände linear auf den Zeitraum verteilt werden, in dem die Vermögensgegenstände angeschafft oder hergestellt werden. Absatz 6 Satz 3 gilt entsprechend.

(8) Bei Vermögensgegenständen des Umlaufvermögens sind Abschreibungen vorzunehmen, um diese mit einem niedrigeren Wert anzusetzen, der sich aus einem beizulegenden Wert am Abschlussstichtag ergibt.

(9) Stellt sich in einem späteren Haushaltsjahr heraus, dass die Gründe für eine Wertminderung eines Vermögensgegenstandes des Anlagevermögens nicht mehr bestehen, so ist der Betrag der Abschreibung im Umfang der Werterhöhung unter Berücksichtigung der Abschreibungen, die inzwischen vorzunehmen gewesen wären, zuzuschreiben. Zuschreibungen sind im Anhang zu erläutern.

§ 37
Wertansätze für Rückstellungen

(1) Pensionsverpflichtungen nach den beamtenrechtlichen Vorschriften sind als Rückstellung anzusetzen. Zu den Rückstellungen nach Satz 1 gehören bestehende Versorgungsansprüche sowie sämtliche Anwartschaften und andere fortgeltende Ansprüche nach dem Ausscheiden aus dem Dienst. Für die Rückstellungen ist im Teilwertverfahren der Barwert zu ermitteln. Der Berechnung ist ein Rechnungszinsfuß von 5 Prozent zu Grunde zu legen. Der Barwert für Ansprüche auf Beihilfen nach § 75 des Gesetzes über die Beamtinnen und Beamten des Landes Nordrhein-Westfalen sowie andere Ansprüche außerhalb des Beamtenversorgungsgesetzes für das Land Nordrhein-Westfalen kann als prozentualer Anteil der Rückstellungen für Versorgungsbezüge nach Satz 1 ermittelt werden. Der Prozentsatz nach Satz 5 ist aus dem Verhältnis des Volumens der gezahlten Leistungen nach Satz 5 zu dem Volumen der gezahlten Versorgungsbezüge zu ermitteln. Er bemisst sich nach dem Durchschnitt dieser Leistungen in den drei dem Jahresabschluss vorangehenden Haushaltsjahren. Die Ermittlung des Prozentsatzes ist mindestens alle fünf Jahre vorzunehmen. Abweichend kann der Barwert für die gesamten zukünftigen Ansprüche nach Satz 5 auf Grundlage des Durchschnitts dieser Leistungen im vorgenannten Zeitraum ermittelt werden.

(2) Soweit auf Grund einer allgemeinen Besoldungsanpassung Zuführungen zu den Rückstellungen nach Absatz 1 erforderlich sind, können diese Beträge ratierlich über die drei auf das Jahr der Anpassung folgenden Haushaltsjahre in der Ergebnisplanung beziehungsweise der Ergebnisrechnung verteilt werden.

(3) Für die Rekultivierung und Nachsorge von Deponien sind Rückstellungen in Höhe der zu erwartenden Gesamtkosten zum Zeitpunkt der Rekultivierungs- und Nachsorgemaßnahmen anzusetzen. Das gilt entsprechend für die Sanierung von Altlasten.

(4) Für unterlassene Instandhaltung von Sachanlagen sind Rückstellungen anzusetzen, wenn die Nachholung der Instandhaltung hinreichend konkret beabsichtigt ist und als bisher unterlassen bewertet werden muss. Die vorgesehenen Maßnahmen müssen am Abschlussstichtag einzeln bestimmt und wertmäßig beziffert sein.

(5) Für Verpflichtungen, die dem Grunde oder der Höhe nach zum Abschlussstichtag noch nicht genau bekannt sind, müssen Rückstellungen angesetzt werden, sofern der zu leistende Betrag nicht geringfügig ist. Es muss wahrscheinlich sein, dass eine Verbindlichkeit zukünftig entsteht, die wirtschaftliche Ursache vor dem Abschlussstichtag liegt und die zukünftige

Inanspruchnahme voraussichtlich erfolgen wird. Ferner können Rückstellungen gebildet werden für unbestimmte Aufwendungen in künftigen Haushaltsjahren für die erhöhte Heranziehung zu Umlagen nach § 56 Kreisordnung für das Land Nordrhein-Westfalen, § 22 Landschaftsverbandsordnung für das Land Nordrhein-Westfalen, § 2 Städteregion Aachen Gesetz, § 19 des Gesetzes über den Regionalverband Ruhr aufgrund von ungewöhnlich hohen Steuereinzahlungen des Haushaltsjahres, die in die Berechnungen der Umlagegrundlage nach dem jeweils geltenden Gesetz zur Regelung der Zuweisungen des Landes Nordrhein-Westfalen an die Gemeinden und Gemeindeverbände einbezogen werden.

(6) Für drohende Verluste aus schwebenden Geschäften und aus laufenden Verfahren müssen Rückstellungen angesetzt werden, sofern der voraussichtliche Verlust nicht geringfügig sein wird.

(7) Sonstige Rückstellungen dürfen nur gebildet werden, soweit diese durch Gesetz oder Verordnung zugelassen sind. Rückstellungen sind aufzulösen, wenn der Grund hierfür entfallen ist.

Teil 6
Jahresabschluss

§ 38
Jahresabschluss

(1) Die Kommune hat zum Schluss eines jeden Haushaltsjahres einen Jahresabschluss unter Beachtung der Grundsätze ordnungsmäßiger Buchführung und der in dieser Verordnung enthaltenen Maßgaben aufzustellen. Der Jahresabschluss besteht aus

1. der Ergebnisrechnung,
2. der Finanzrechnung,
3. den Teilrechnungen,
4. der Bilanz und
5. dem Anhang.

(2) Dem Jahresabschluss ist ein Lagebericht nach § 49 beizufügen. Sofern eine Kommune von der größenabhängigen Befreiung im Zusammenhang mit der Erstellung des Gesamtabschlusses und des Gesamtlageberichtes Gebrauch macht, sind in den Anhang des kommunalen Jahresabschlusses Angaben zu Erträgen und Aufwendungen mit den einzubeziehenden vollkonsolidierungspflichtigen verselbstständigten Aufgabenbereichen aufzunehmen.

§ 39
Ergebnisrechnung

(1) In der Ergebnisrechnung sind die dem Haushaltsjahr zuzurechnenden Erträge und Aufwendungen getrennt voneinander nachzuweisen. Dabei dürfen Aufwendungen nicht mit Erträgen verrechnet werden, soweit durch Gesetz oder Verordnung nichts anderes zugelassen ist. Für die Aufstellung der Ergebnisrechnung gilt § 2 entsprechend.

(2) Den in der Ergebnisrechnung nachzuweisenden Ist-Ergebnissen sind die Ergebnisse der Rechnung des Vorjahres und die fortgeschriebenen Planansätze des Haushaltsjahres voranzustellen sowie ein Plan-/Ist-Vergleich anzufügen, der die nach § 22 Absatz 1 übertragenen Ermächtigungen gesondert auszuweisen hat.

(3) Erträge und Aufwendungen, die unmittelbar mit der allgemeinen Rücklage verrechnet werden, sind nachrichtlich nach dem Jahresergebnis auszuweisen.

§ 40
Finanzrechnung

In der Finanzrechnung sind die im Haushaltsjahr eingegangenen Einzahlungen und geleisteten Auszahlungen getrennt voneinander nachzuweisen. Dabei dürfen Auszahlungen nicht mit Einzahlungen verrechnet werden, soweit durch Gesetz oder Verordnung nicht anderes zugelassen ist. Für die Aufstellung der Finanzrechnung finden § 3 und § 39 Absatz 2 entsprechende Anwendung. In dieser Aufstellung sind die Zahlungen aus der Aufnahme und der Tilgung von Krediten zur Liquiditätssicherung gesondert auszuweisen. Fremde Finanzmittel nach § 15 Absatz 1 sind darin in Höhe der Änderung ihres Bestandes gesondert vor den gesamten liquiden Mitteln auszuweisen.

§ 41
Teilrechnungen

(1) Entsprechend den gemäß § 4 aufgestellten Teilplänen sind Teilrechnungen, gegliedert in Teilergebnisrechnung und Teilfinanzrechnung, aufzustellen. § 39 Absatz 2 findet entsprechende Anwendung.

(2) Die Teilrechnungen sind jeweils um Ist-Zahlen zu den in den Teilplänen ausgewiesenen Leistungsmengen und Kennzahlen zu ergänzen.

§ 42
Bilanz

(1) Die Bilanz hat sämtliche Vermögensgegenstände als Anlage- oder Umlaufvermögen, das Eigenkapital und die Schulden sowie die Rechnungsabgrenzungsposten zu enthalten und ist entsprechend den Absätzen 3 und 4 zu gliedern, soweit in der Gemeindeordnung oder in dieser Verordnung nichts anderes bestimmt ist.

(2) In der Bilanz dürfen Posten auf der Aktivseite nicht mit Posten auf der Passivseite sowie Grundstücksrechte nicht mit Grundstückslasten verrechnet werden.

(3) Die Aktivseite der Bilanz ist mindestens in die Posten

0. Aufwendungen zur Erhaltung der gemeindlichen Leistungsfähigkeit,
1. Anlagevermögen,
    1.1 Immaterielle Vermögensgegenstände,
    1.2 Sachanlagen,
        1.2.1 Unbebaute Grundstücke und grundstücksgleiche Rechte,
            1.2.1.1 Grünflächen,
            1.2.1.2 Ackerland,
            1.2.1.3 Wald, Forsten,
            1.2.1.4 Sonstige unbebaute Grundstücke,
        1.2.2 Bebaute Grundstücke und grundstücksgleiche Rechte,
            1.2.2.1 Kinder- und Jugendeinrichtungen,
            1.2.2.2 Schulen,
            1.2.2.3 Wohnbauten,
            1.2.2.4 Sonstige Dienst-, Geschäfts- und Betriebsgebäude,
        1.2.3 Infrastrukturvermögen,
            1.2.3.1 Grund und Boden des Infrastrukturvermögens,
            1.2.3.2 Brücken und Tunnel,
            1.2.3.3 Gleisanlagen mit Streckenausrüstung und Sicherheitsanlagen,
            1.2.3.4 Entwässerungs- und Abwasserbeseitigungsanlagen,
            1.2.3.5 Straßennetz mit Wegen, Plätzen und Verkehrslenkungsanlagen,
            1.2.3.6 Sonstige Bauten des Infrastrukturvermögens,

1.2.4 Bauten auf fremdem Grund und Boden,
1.2.5 Kunstgegenstände, Kulturdenkmäler,
1.2.6 Maschinen und technische Anlagen, Fahrzeuge,
1.2.7 Betriebs- und Geschäftsausstattung,
1.2.8 Geleistete Anzahlungen, Anlagen im Bau,
1.3 Finanzanlagen,
   1.3.1 Anteile an verbundenen Unternehmen,
   1.3.2 Beteiligungen,
   1.3.3 Sondervermögen,
   1.3.4 Wertpapiere des Anlagevermögens,
   1.3.5 Ausleihungen,
      1.3.5.1 an verbundene Unternehmen,
      1.3.5.2 an Beteiligungen,
      1.3.5.3 an Sondervermögen,
      1.3.5.4 Sonstige Ausleihungen,
2. Umlaufvermögen,
  2.1 Vorräte,
     2.1.1 Roh-, Hilfs- und Betriebsstoffe, Waren,
     2.1.2 Geleistete Anzahlungen,
  2.2 Forderungen und sonstige Vermögensgegenstände,
     2.2.1 Öffentlich-rechtliche Forderungen und Forderungen aus Transferleistungen,
     2.2.2 Privatrechtliche Forderungen,
     2.2.3 Sonstige Vermögensgegenstände,
  2.3 Wertpapiere des Umlaufvermögens,
  2.4 Liquide Mittel,
3. Aktive Rechnungsabgrenzung,
zu gliedern und nach Maßgabe des § 44 Absatz 7 um den Posten
4. Nicht durch Eigenkapital gedeckter Fehlbetrag
zu ergänzen.

(4) Die Passivseite der Bilanz ist mindestens in die Posten
1. Eigenkapital,
  1.1 Allgemeine Rücklage,
  1.2 Sonderrücklagen,
  1.3 Ausgleichsrücklage,
  1.4 Jahresüberschuss/Jahresfehlbetrag,
2. Sonderposten,
  2.1 für Zuwendungen,
  2.2 für Beiträge,
  2.3 für den Gebührenausgleich,
  2.4 Sonstige Sonderposten,
3. Rückstellungen,
  3.1 Pensionsrückstellungen,
  3.2 Rückstellungen für Deponien und Altlasten,
  3.3 Instandhaltungsrückstellungen,
  3.4 Sonstige Rückstellungen nach § 37 Absatz 5 und 6,
4. Verbindlichkeiten,
  4.1 Anleihen,
     4.1.1 für Investitionen,
     4.1.2 zur Liquiditätssicherung,
  4.2 Verbindlichkeiten aus Krediten für Investitionen,
     4.2.1 von verbundenen Unternehmen,
     4.2.2 von Beteiligungen,
     4.2.3 von Sondervermögen,
     4.2.4 vom öffentlichen Bereich,
     4.2.5 von Kreditinstituten,
  4.3 Verbindlichkeiten aus Krediten zur Liquiditätssicherung,
  4.4 Verbindlichkeiten aus Vorgängen, die Kreditaufnahmen wirtschaftlich gleichkommen,
  4.5 Verbindlichkeiten aus Lieferungen und Leistungen,
  4.6 Verbindlichkeiten aus Transferleistungen,
  4.7 Sonstige Verbindlichkeiten,
  4.8 Erhaltene Anzahlungen,
5. Passive Rechnungsabgrenzung
zu gliedern.

(5) In der Bilanz ist zu jedem Posten nach den Absätzen 3 und 4 der Betrag des Vorjahres anzugeben. Sind die Beträge nicht vergleichbar, ist dies im Anhang zu erläutern. Ein Posten der Bilanz, der keinen Betrag ausweist, kann entfallen, es sei denn, dass im vorhergehenden Haushaltsjahr unter diesem Posten ein Betrag ausgewiesen wurde.

(6) Neue Posten dürfen hinzugefügt werden, wenn ihr Inhalt nicht von einem vorgeschriebenen Posten der Absätze 3 und 4 erfasst wird. Dies gilt nicht für Wertberichtigungen zu Forderungen. Werden Posten hinzugefügt, ist dies im Anhang anzugeben.

(7) Die vorgeschriebenen Posten der Bilanz dürfen zusammengefasst werden, wenn sie einen Betrag enthalten, der für die Vermittlung eines den tatsächlichen Verhältnissen entsprechenden Bildes der Vermögens- und Schuldenlage der Kommune nicht erheblich ist oder dadurch die Klarheit der Darstellung vergrößert wird. Die Zusammenfassung von Posten der Bilanz ist im Anhang anzugeben. Dies gilt auch für die Mitzugehörigkeit zu anderen Posten, wenn Vermögensgegenstände oder Schulden unter mehrere Posten der Bilanz fallen.

(8) Die Zuordnung von Wertansätzen für Vermögensgegenstände und Schulden zu den Posten der Bilanz ist auf der Grundlage des vom für Kommunales zuständigen Ministerium bekannt gegebenen Kontierungsplans vorzunehmen.

§ 43
Rechnungsabgrenzungsposten

(1) Als aktive Rechnungsabgrenzungsposten sind vor dem Abschlussstichtag geleistete Ausgaben, soweit sie Aufwand für eine bestimmte Zeit nach diesem Tag darstellen, anzusetzen. Satz 1 gilt entsprechend, wenn Sachzuwendungen geleistet werden.

(2) Ist der Rückzahlungsbetrag einer Verbindlichkeit höher als der Auszahlungsbetrag, so darf der Unterschiedsbetrag in den aktiven Rechnungsabgrenzungsposten aufgenommen werden. Der Unterschiedsbetrag ist durch planmäßige jährliche Abschreibungen aufzulösen, die auf die gesamte Laufzeit der Verbindlichkeit verteilt werden können.

(3) Als passive Rechnungsabgrenzungsposten sind vor dem Abschlussstichtag eingegangene Einnahmen, soweit sie einen Ertrag für eine bestimmte Zeit nach diesem Tag darstellen, anzusetzen. Satz 1 gilt entsprechend, wenn erhaltene Zuwendungen für Investitionen an Dritte weitergeleitet werden.

§ 44
Weitere Vorschriften zu einzelnen Bilanzposten

(1) Immaterielle Vermögensgegenstände des Anlagevermögens, die nicht entgeltlich erworben oder selbst hergestellt wurden, dürfen nicht aktiviert werden.

(2) Bei geleisteten Zuwendungen für Vermögensgegenstände, an denen die Kommune das wirtschaftliche Eigentum hat, sind die Vermögensgegenstände zu aktivieren. Ist kein Vermögens-

gegenstand zu aktivieren, jedoch die geleistete Zuwendung mit einer mehrjährigen, zeitbezogenen Gegenleistungsverpflichtung verbunden, ist diese als Rechnungsabgrenzungsposten zu aktivieren und entsprechend der Erfüllung der Gegenleistungsverpflichtung aufzulösen. Besteht eine mengenbezogene Gegenleistungsverpflichtung, ist diese als immaterieller Vermögensgegenstand des Anlagevermögens zu bilanzieren. Ein Rechnungsabgrenzungsposten ist auch bei einer Sachzuwendung zu bilden.

(3) Erträge und Aufwendungen aus dem Abgang und der Veräußerung von Vermögensgegenständen nach § 90 Absatz 3 Satz 1 der Gemeindeordnung sowie aus Wertveränderungen von Finanzanlagen sind unmittelbar mit der allgemeinen Rücklage zu verrechnen. Die Verrechnungen sind im Anhang zu erläutern.

(4) Erhaltene Zuwendungen für die Anschaffung oder Herstellung von Vermögensgegenständen, deren ertragswirksame Auflösung durch den Zuwendungsgeber ausgeschlossen wurde, sind in Höhe des noch nicht aktivierten Anteils der Vermögensgegenstände in einer Sonderrücklage zu passivieren. Diese Sonderrücklage kann auch gebildet werden, um die vom Vertretungsorgan beschlossene Anschaffung oder Herstellung von Vermögensgegenständen zu sichern. In dem Jahr, in dem die vorgesehenen Vermögensgegenstände betriebsbereit sind, ist die Sonderrücklage durch Umschichtung in die allgemeine Rücklage aufzulösen. Sonstige Sonderrücklagen dürfen nur gebildet werden, soweit diese durch Gesetz oder Verordnung zugelassen sind.

(5) Für erhaltene und zweckentsprechend verwendete Zuwendungen und Beiträge für Investitionen sind Sonderposten auf der Passivseite zwischen dem Eigenkapital und den Rückstellungen anzusetzen. Die Auflösung der Sonderposten ist entsprechend der Abnutzung des geförderten Vermögensgegenstandes vorzunehmen. Werden erhaltene Zuwendungen für Investitionen an Dritte weitergeleitet, darf ein Sonderposten nur gebildet werden, wenn die Kommune die geförderten Vermögensgegenstände nach Absatz 2 Satz 1 zu aktivieren hat.

(6) Kostenüberdeckungen der kostenrechnenden Einrichtungen am Ende eines Kalkulationszeitraumes, die nach § 6 des Kommunalabgabengesetzes für das Land Nordrhein-Westfalen ausgeglichen werden müssen, sind als Sonderposten für den Gebührenausgleich anzusetzen. Kostenunterdeckungen, die ausgeglichen werden sollen, sind im Anhang anzugeben.

(7) Ergibt sich in der Bilanz ein Überschuss der Passivposten über die Aktivposten, ist der entsprechende Betrag auf der Aktivseite der Bilanz unter der Bezeichnung "Nicht durch Eigenkapital gedeckter Fehlbetrag" gesondert auszuweisen.

§ 45
Anhang

(1) Im Anhang sind zu den Posten der Bilanz die verwendeten Bilanzierungs- und Bewertungsmethoden anzugeben. Die Positionen der Ergebnisrechnung und die in der Finanzrechnung nachzuweisenden Einzahlungen und Auszahlungen aus der Investitionstätigkeit und der Finanzierungstätigkeit sind zu erläutern. Die Anwendung von Vereinfachungsregelungen und Schätzungen ist zu beschreiben. Die Erläuterungen sind so zu fassen, dass sachverständige Dritte die Sachverhalte beurteilen können.

(2) Gesondert anzugeben und zu erläutern sind:

1. Besondere Umstände, die dazu führen, dass der Jahresabschluss nicht ein den tatsächlichen Verhältnissen entsprechendes Bild der Vermögens-, Schulden-, Ertrags- und Finanzlage der Kommune vermittelt,
2. die Verringerung der allgemeinen Rücklage und ihre Auswirkungen auf die weitere Entwicklung des Eigenkapitals innerhalb der auf das abgelaufene Haushaltsjahr bezogenen mittelfristigen Ergebnis- und Finanzplanung,
3. Abweichungen vom Grundsatz der Einzelbewertung und von bisher angewandten Bewertungs- und Bilanzierungsmethoden,
4. die Vermögensgegenstände des Anlagevermögens, für die Rückstellungen für unterlassene Instandhaltung gebildet worden sind, unter Angabe des Rückstellungsbetrages,
5. die Aufgliederung des Postens "Sonstige Rückstellungen" entsprechend § 37 Absatz 5 und 6, sofern es sich um wesentliche Beträge handelt,
6. Abweichungen von der standardmäßig vorgesehenen linearen Abschreibung sowie von der örtlichen Abschreibungstabelle bei der Festlegung der Nutzungsdauer von Vermögensgegenständen,
7. noch nicht erhobene Beiträge aus fertiggestellten Erschließungsmaßnahmen,
8. bei Fremdwährungen der Kurs der Währungsumrechnung,
9. die Verpflichtungen aus Leasingverträgen,
10. Name und Sitz anderer Unternehmen, die Höhe des Anteils am Kapital, das Eigenkapital und das Ergebnis des letzten Geschäftsjahrs dieser Unternehmen, für das ein Jahresabschluss vorliegt, soweit es sich um Beteiligungen im Sinne des § 271 Absatz 1 des Handelsgesetzbuchs handelt,
11. bei Anwendung des § 35a,
    a) mit welchem Betrag jeweils Vermögensgegenstände, Schulden, schwebende Geschäfte und mit hoher Wahrscheinlichkeit erwartete Transaktionen zur Absicherung welcher Risiken in welche Arten von Bewertungseinheiten einbezogen sind sowie die Höhe der mit Bewertungseinheiten abgesicherten Risiken,
    b) für die jeweils abgesicherten Risiken, warum, in welchem Umfang und für welchen Zeitraum sich die gegenläufigen Wertänderungen oder Zahlungsströme künftig voraussichtlich ausgleichen einschließlich der Methode der Ermittlung,
    c) eine Erläuterung der mit hoher Wahrscheinlichkeit erwarteten Transaktionen, die in Bewertungseinheiten einbezogen wurden,
    soweit die Angaben nicht im Lagebericht gemacht werden.

Im Anhang ist anzugeben, ob und für welchen Zeitraum ein gültiger Gleichstellungsplan gemäß § 5 des Gesetzes zur Gleichstellung von Frauen und Männern für das Land Nordrhein-Westfalen vorliegt.

Zu erläutern sind auch die im Verbindlichkeitsspiegel auszuweisenden Haftungsverhältnisse sowie alle Sachverhalte, aus denen sich künftig erhebliche finanzielle Verpflichtungen ergeben können, und weitere wichtige Angaben, soweit sie nach Vorschriften der Gemeindeordnung oder dieser Verordnung für den Anhang vorgesehen sind.

(3) Dem Anhang ist ein Anlagenspiegel, ein Forderungsspiegel und ein Verbindlichkeitsspiegel nach den §§ 46 bis 48 sowie ein Eigenkapitalspiegel und eine Übersicht über die in das folgende Jahr übertragenen Haushaltsermächtigungen beizufügen.

(4) Kommunen, die ausschließlich Beteiligungen ohne beherrschenden Einfluss halten und somit von der Aufstellung eines Gesamtabschlusses und eines Beteiligungsberichtes befreit sind, müssen eine Übersicht sämtlicher verselbstständigter Aufgabenbereiche in öffentlich-rechtlicher und privatrechtlicher Form beifügen. Die Übersicht muss die Angaben nach § 117 Absatz 2 Gemeindeordnung enthalten.

§ 46
Anlagenspiegel

(1) Im Anlagenspiegel ist die Entwicklung der Posten des Anlagevermögens darzustellen.

(2) Im Anhang ist die Entwicklung der einzelnen Posten des

Anlagevermögens in einer gesonderten Aufgliederung darzustellen. Dabei sind, ausgehend von den gesamten Anschaffungs- und Herstellungskosten, die Zugänge, Abgänge, Umbuchungen und Zuschreibungen des Geschäftsjahrs sowie die Abschreibungen gesondert aufzuführen. Zu den Abschreibungen sind gesondert folgende Angaben zu machen:

1. die Abschreibungen in ihrer gesamten Höhe zu Beginn und Ende des Geschäftsjahrs,
2. die im Laufe des Geschäftsjahrs vorgenommenen Abschreibungen und
3. Änderungen in den Abschreibungen in ihrer gesamten Höhe im Zusammenhang mit Zu- und Abgängen sowie Umbuchungen im Laufe des Geschäftsjahrs.

Sind in die Herstellungskosten Zinsen für Fremdkapital einbezogen worden, ist für jeden Posten des Anlagevermögens anzugeben, welcher Betrag an Zinsen im Geschäftsjahr aktiviert worden ist.

§ 47
Forderungsspiegel

(1) Im Forderungsspiegel sind die Forderungen der Kommune nachzuweisen. Er ist mindestens entsprechend § 42 Absatz 3 Nummer 2.2.1 und 2.2.2 zu gliedern.

(2) Zu den Posten nach Absatz 1 Satz 2 ist jeweils der Gesamtbetrag am Abschlussstichtag unter Angabe der Restlaufzeit, gegliedert in Betragsangaben für Forderungen mit Restlaufzeiten bis zu einem Jahr, von einem bis fünf Jahren und von mehr als fünf Jahren sowie der Gesamtbetrag am vorherigen Abschlussstichtag anzugeben.

§ 48
Verbindlichkeitenspiegel

(1) Im Verbindlichkeitenspiegel sind die Verbindlichkeiten der Kommune nachzuweisen. Er ist mindestens entsprechend § 42 Absatz 4 Nummer 4 zu gliedern. Nachrichtlich sind die Haftungsverhältnisse aus der Bestellung von Sicherheiten, gegliedert nach Arten und unter Angabe des jeweiligen Gesamtbetrages, auszuweisen.

(2) Zu den Posten nach Absatz 1 Satz 1 sind jeweils der Gesamtbetrag am Abschlussstichtag unter Angabe der Restlaufzeit, gegliedert in Betragsangaben für Verbindlichkeiten mit Restlaufzeiten bis zu einem Jahr, von einem bis zu fünf Jahren und von mehr als fünf Jahren sowie der Gesamtbetrag am vorherigen Abschlussstichtag anzugeben.

§ 49
Lagebericht

Der Lagebericht ist so zu fassen, dass ein den tatsächlichen Verhältnissen entsprechendes Bild der Vermögens-, Schulden-, Ertrags- und Finanzlage der Kommune vermittelt wird. Dazu ist ein Überblick über die wichtigen Ergebnisse des Jahresabschlusses und Rechenschaft über die Haushaltswirtschaft im abgelaufenen Jahr zu geben. Über Vorgänge von besonderer Bedeutung, auch solcher, die nach Schluss des Haushaltsjahres eingetreten sind, ist zu berichten. Außerdem hat der Lagebericht eine ausgewogene und umfassende, dem Umfang der kommunalen Aufgabenerfüllung entsprechende Analyse der Haushaltswirtschaft und der Vermögens-, Schulden-, Ertrags- und Finanzlage der Kommune zu enthalten. In die Analyse sollen produktorientierte Ziele und Kennzahlen, soweit sie bedeutsam für das Bild der Vermögens-, Schulden-, Ertrags- und Finanzlage der Kommune sind, einbezogen und unter Bezugnahme auf die im Jahresabschluss enthaltenen Ergebnisse erläutert werden. Auch ist auf die Chancen und Risiken für die künftige Entwicklung der Kommune einzugehen, zu Grunde liegende Annahmen sind anzugeben.

Teil 7
Gesamtabschluss

§ 50
Gesamtabschluss

(1) Der Gesamtabschluss besteht aus
1. der Gesamtergebnisrechnung,
2. der Gesamtbilanz,
3. dem Gesamtanhang,
4. der Kapitalflussrechnung und
5. dem Eigenkapitalspiegel.

(2) Dem Gesamtabschluss ist ein Gesamtlagebericht beizufügen.

(3) Auf den Gesamtabschluss sind, soweit seine Eigenart keine Abweichungen bedingt oder nichts anderes bestimmt ist, die §§ 33 bis 39, 42 bis 44 und 48 entsprechend anzuwenden.

(4) Sofern in diesem Abschnitt auf Vorschriften des Handelsgesetzbuchs verwiesen wird, finden diese in der Fassung des Handelsgesetzbuchs vom 10. Mai 1897 (RGBl. S. 105), zuletzt geändert durch Gesetz vom 23. Juni 2017 (BGBl. I S. 1693), entsprechende Anwendung.

§ 51
Konsolidierung

(1) Verselbstständigte Aufgabenbereiche in öffentlich-rechtlichen Organisationsformen sind entsprechend den §§ 300, 301, 303 bis 305 und 307 bis 309 des Handelsgesetzbuchs zu konsolidieren.

(2) Stehen Unternehmen und Einrichtungen des privaten Rechts unter der einheitlichen Leitung der Kommune, sind diese entsprechend Absatz 1 zu konsolidieren. Dies gilt auch, wenn der Kommune

1. die Mehrheit der Stimmrechte der Gesellschafter zusteht,
2. das Recht zusteht, die Mehrheit der Mitglieder des Verwaltungs-, Leitungs- oder Aufsichtsorgans zu bestellen oder abzuberufen und sie gleichzeitig Gesellschafterin ist oder
3. das Recht zusteht, einen beherrschenden Einfluss auf Grund eines mit diesem Unternehmen geschlossenen Beherrschungsvertrags oder auf Grund einer Satzungsbestimmung dieses Unternehmens auszuüben.

(3) Verselbstständigte Aufgabenbereiche unter maßgeblichem Einfluss der Kommune sind entsprechend den §§ 311 und 312 des Handelsgesetzbuchs zu konsolidieren.

§ 52
Gesamtlagebericht, Gesamtanhang

(1) Durch den Gesamtlagebericht ist das durch den Gesamtabschluss zu vermittelnde Bild der Vermögens-, Schulden-, Ertrags- und Finanzgesamtlage der Kommune einschließlich der verselbstständigten Aufgabenbereiche zu erläutern. Dazu sind in einem Überblick der Geschäftsablauf mit den wichtigsten Ergebnissen des Gesamtabschlusses und die Gesamtlage in ihren tatsächlichen Verhältnissen darzustellen. Außerdem hat der Lagebericht eine ausgewogene und umfassende, dem Umfang der kommunalen Aufgabenerfüllung entsprechende Analyse der Haushaltswirtschaft der Kommune unter Einbeziehung der verselbstständigten Aufgabenbereiche und der Gesamtlage der Kommune zu enthalten. In die Analyse sollen produktorientierte Ziele und Kennzahlen, soweit sie bedeutsam für das Bild der Vermögens-, Schulden-, Ertrags- und Finanzgesamtlage der Kommune sind, einbezogen und unter Bezugnahme auf die im Gesamtabschluss enthaltenen Ergebnisse erläutert werden. Auch ist auf die Chancen und Risiken für die künftige Gesamtentwicklung der Kommune einzugehen, zu Grunde liegende Annahmen sind anzugeben.

Der Gesamtabschluss muss zu sämtlichen verselbstständigten Aufgabenbereichen in öffentlich-rechtlicher und privatrechtlicher Form die Angaben nach § 53 Absatz 1 bis 3 enthalten.

(2) Im Gesamtanhang sind zu den Posten der Gesamtbilanz und den Positionen der Gesamtergebnisrechnung die verwendeten Bilanzierungs- und Bewertungsmethoden anzugeben und so zu erläutern, dass sachverständige Dritte die Wertansätze beurteilen können. Die Anwendung von zulässigen Vereinfachungsregelungen und Schätzungen ist im Einzelnen anzugeben.

(3) Dem Gesamtanhang ist eine Kapitalflussrechnung unter Beachtung des Deutschen Rechnungslegungsstandards Nummer 21 (DRS 21) in der vom Bundesministerium der Justiz nach § 342 Absatz 2 des Handelsgesetzbuchs bekannt gemachten Form beizufügen.

§ 53
Beteiligungsbericht

Im Beteiligungsbericht nach § 117 der Gemeindeordnung sind in Form des vorgegebenen Musters nach § 133 Absatz 3 der Gemeindeordnung gesondert anzugeben und zu erläutern

1. die Beteiligungsverhältnisse,
2. die Ziele der Beteiligung und
3. die Erfüllung des öffentlichen Zwecks.

Teil 8
Sonderbestimmungen für die erstmalige Bewertung von Vermögen und die Eröffnungsbilanz

§ 54
Aufstellung der Eröffnungsbilanz

(1) Die Kommune hat eine Eröffnungsbilanz nach § 92 der Gemeindeordnung unter Beachtung der Grundsätze ordnungsmäßiger Buchführung und der in der Gemeindeordnung und dieser Verordnung enthaltenen Vorschriften aufzustellen. Die Eröffnungsbilanz ist entsprechend § 42 Absatz 3 und 4 zu gliedern, ihr ist ein Anhang entsprechend § 45 Absatz 1 und 2 sowie ein Forderungsspiegel nach § 47 und ein Verbindlichkeitenspiegel nach § 48 beizufügen. Sie ist durch einen Lagebericht entsprechend § 49 zu ergänzen.

(2) Vor der Aufstellung der Eröffnungsbilanz ist eine Inventur nach § 29 durchzuführen und ein Inventar aufzustellen. § 30 Absatz 2 bis 4 findet entsprechende Anwendung.

§ 55
Ermittlung der Wertansätze

(1) Die Ermittlung der Wertansätze für die Eröffnungsbilanz ist auf der Grundlage von vorsichtig geschätzten Zeitwerten durch geeignete Verfahren vorzunehmen. Bei der Bewertung der Vermögensgegenstände und Schulden finden die §§ 32 bis 37 und die §§ 42 bis 44 entsprechende Anwendung, soweit nicht nach den §§ 56 und 57 zu verfahren ist. Dabei ist bei den Vermögensgegenständen des Anlagevermögens, deren Nutzung zeitlich begrenzt ist, die Restnutzungsdauer festzulegen.

(2) Bei der Bewertung von Vermögensgegenständen dürfen Sachverhalte, für die Rückstellungen nach § 37 gebildet werden, nicht wertmindernd berücksichtigt werden.

§ 56
Besondere Bewertungsvorschriften

(1) Bei bebauten Grundstücken, die für die in § 107 Absatz 2 Nummer 2 der Gemeindeordnung, im Gesetz über den Brandschutz, die Hilfeleistung und den Katastrophenschutz vom 17. Dezember 2015 (GV. NRW. S. 886) in der jeweils geltenden Fassung und im Gesetz über den Rettungsdienst sowie die Notfallrettung und den Krankentransport durch Unternehmer vom 24. November 1992 (GV. NRW. S. 458) in der jeweils geltenden Fassung benannten Aufgabenbereiche genutzt werden, sollen die Gebäude anhand des Sachwertverfahrens bewertet werden. Dabei sind in der Regel die aktuellen Normalherstellungskosten zu Grunde zu legen, sofern nicht ausnahmsweise besser geeignete örtliche Grundlagen für die Wertermittlung verfügbar sind. Insbesondere Gebäude oder wesentliche Gebäudeteile, die in marktvergleichender Weise genutzt werden, können abweichend von Satz 2 anhand des Ertragswertverfahrens bewertet werden. Der Grund und Boden ist mit 25 bis 40 Prozent des aktuellen Werts des umgebenden erschlossenen Baulands in der bestehenden örtlichen Lage anzusetzen.

(2) Grund und Boden von Infrastrukturvermögen im planungsrechtlichen Innenbereich der Kommune ist mit 10 Prozent des nach § 13 Absatz 1 der Verordnung über die Gutachterausschüsse für Grundstückswerte abgeleiteten gebietstypischen Werts für das Gebiet der Kommune für baureifes Land für freistehende Ein- und Zweifamilienhäuser des individuellen Wohnungsbaus in mittlerer Lage anzusetzen. Grund und Boden von Infrastrukturvermögen im planungsrechtlichen Außenbereich ist mit 10 Prozent des Bodenrichtwerts für Ackerland anzusetzen, sofern nicht wegen der umliegenden Grundstücke andere Bodenrichtwerte gelten, mindestens jedoch mit einem Euro pro Quadratmeter anzusetzen.

(3) Für die Kulturpflege bedeutsame bewegliche Vermögensgegenstände sollen, wenn sie auf Dauer versichert sind, mit ihrem Versicherungswert, andernfalls mit dem einer dauerhaften Versicherung zu Grunde zu legenden Wert angesetzt werden. Sonstige Kunstgegenstände, Ausstellungsgegenstände und andere bewegliche Kulturobjekte können mit einem Erinnerungswert angesetzt werden.

(4) Baudenkmäler, die nicht als Gebäude oder als Teil eines Gebäudes genutzt werden, und Bodendenkmäler sind mit einem Erinnerungswert anzusetzen.

(5) Eine Aufteilung der Aufwendungen für Anlagen im Bau nach den einzelnen Posten des Sachanlagevermögens ist nicht vorzunehmen. Wertmindernde Umstände sind zu berücksichtigen.

(6) Beim Ansatz von Beteiligungen an Unternehmen in Form von Aktien oder anderen Wertpapieren, die an einer Börse zum amtlichen Handel oder zum geregelten Markt zugelassen oder in den Freiverkehr einbezogen sind, findet Absatz 7 entsprechende Anwendung. Beteiligungen an Unternehmen, die nach § 116 Absatz 3 der Gemeindeordnung nicht in den Gesamtabschluss einbezogen zu werden brauchen, sowie Sondervermögen und rechtlich unselbstständige Stiftungen können mit dem anteiligen Wert des Eigenkapitals angesetzt werden. Die übrigen Beteiligungen an Unternehmen sollen unter Beachtung ihrer öffentlichen Zwecksetzung anhand des Ertragswertverfahrens oder des Substanzwertverfahrens bewertet werden. Dabei darf die Wertermittlung auf die wesentlichen wertbildenden Faktoren unter Berücksichtigung vorhandener Planungsrechnungen beschränkt werden.

(7) Wertpapiere, die an einer Börse zum amtlichen Handel oder zum geregelten Markt zugelassen oder in den Freiverkehr einbezogen sind, sind mit dem Tiefstkurs der vergangenen zwölf Wochen ausgehend vom Bilanzstichtag anzusetzen, andere Wertpapiere mit ihren historischen Anschaffungskosten. Wertpapiere sind als Anlagevermögen zu aktivieren. Sie sind nur dann als Umlaufvermögen anzusetzen, wenn sie zur Veräußerung oder als kurzfristige Anlage liquider Mittel bis zu einem Jahr bestimmt sind.

(8) Für die Bestimmung der wirtschaftlichen Restnutzungsdauer von abnutzbaren Vermögensgegenständen findet § 36 Absatz 4 entsprechende Anwendung.

(9) Die Bewertung von Vermögensgegenständen und Schulden sowie die Zuordnung der ermittelten Wertansätze zu den Posten der Eröffnungsbilanz ist auf der Grundlage der vom für Kommunales zuständigen Ministerium bekannt gegebenen Bewertungsrichtlinie vorzunehmen.

§ 57
Vereinfachungsverfahren für die Ermittlung von Wertansätzen

(1) Vermögensgegenstände, für die ein Zeitwert von weniger als **800 Euro** ohne Umsatzsteuer ermittelt wird, müssen nicht angesetzt werden. Sie können mit ihrem Zeitwert, wenn sie noch länger als ein Jahr genutzt werden, oder mit einem Erinnerungswert angesetzt werden.

(2) Am Bilanzstichtag auf ausländische Währung lautende Verbindlichkeiten und erhaltene Anzahlungen sind mit dem Briefkurs, Forderungen und geleistete Anzahlungen mit dem Geldkurs in Euro umzurechnen.

(3) Eine eigenständige Bewertung von Maschinen und technischen Anlagen, die Teil eines Gebäudes sind, sowie von selbstständigen beweglichen Gebäudeteilen kann unterbleiben, wenn deren voraussichtliche Nutzungsdauer nicht erheblich von der des zugehörigen Gebäudes abweicht oder wenn diese keine wesentliche Bedeutung haben. Dies gilt nicht für Vermögensgegenstände, die nur vorübergehend in ein Gebäude eingebaut oder eingefügt sind (Scheinbestandteile).

(4) Zum Zwecke der Gebührenkalkulation ermittelte Wertansätze für Vermögensgegenstände können übernommen werden.

(5) Für gleichartige oder sachlich durch eine Fördermaßnahme verbundene Vermögensgegenstände kann der Prozentanteil der erhaltenen Zuwendungen und Beiträge an den Anschaffungs- und Herstellungskosten des geförderten Vermögensgegenstandes mit Hilfe mathematisch-statistischer Methoden auf Grund von Stichproben oder durch andere geeignete Verfahren pauschal ermittelt werden. Dieser Prozentanteil ist der Ermittlung des ansetzbaren Werts der Sonderposten unter Berücksichtigung des angesetzten Zeitwerts des Vermögensgegenstandes zu Grunde zu legen.

§ 58
Berichtigung von Wertansätzen nach Feststellung der Eröffnungsbilanz

(1) Ergibt sich bei der Aufstellung späterer Jahresabschlüsse, dass in der Eröffnungsbilanz Vermögensgegenstände oder Sonderposten oder Schulden

1. mit einem zu niedrigen Wert,
2. mit einem zu hohen Wert,
3. zu Unrecht oder
4. zu Unrecht nicht

angesetzt worden sind, so ist in der später aufzustellenden Bilanz der Wertansatz zu berichtigen, wenn es sich um einen wesentlichen Wertbetrag handelt. Eine Berichtigungspflicht besteht auch, wenn am späteren Abschlussstichtag die fehlerhaft angesetzten Vermögensgegenstände nicht mehr vorhanden sind oder die Schulden nicht mehr bestehen. Maßgeblich für die Beurteilung der Fehlerhaftigkeit sind die zum Eröffnungsbilanzstichtag bestehenden objektiven Verhältnisse.

(2) Ist eine Berichtigung vorzunehmen, so ist eine sich daraus ergebende Wertänderung ergebnisneutral mit der allgemeinen Rücklage zu verrechnen. Wertberichtigungen oder Wertnachholungen sind im Anhang der Bilanz zum aufzustellenden Jahresabschluss gesondert anzugeben. Eine Berichtigung von Wertansätzen durch eine neue Ausübung von Wahlrechten oder Ermessensspielräumen ist nicht zulässig.

Teil 9
Schlussvorschriften

§ 59
Aufbewahrung von Unterlagen, Aufbewahrungsfristen

(1) Die Kommune ist verpflichtet, die Bücher, die Unterlagen über die Inventur, die Jahresabschlüsse, die dazu ergangenen Anweisungen und Organisationsregelungen, die Buchungsbelege und die Unterlagen über den Zahlungsverkehr sowie die Eröffnungsbilanz geordnet und sicher aufzubewahren.

(2) Die Jahresabschlüsse und die Eröffnungsbilanz sind dauernd aufzubewahren. Die Bücher sind zehn Jahre, die Belege und die sonstigen Unterlagen sechs Jahre aufzubewahren. Die Fristen beginnen am 1. Januar des der Beschlussfassung des Vertretungsorgans über die Feststellung des Jahresabschlusses folgenden Haushaltsjahres.

(3) Bei der Sicherung der Bücher, der Belege und der sonst erforderlichen Aufzeichnungen auf Datenträger oder Bildträger muss insbesondere sichergestellt sein, dass der Inhalt der Daten- oder Bildträger mit den Originalen übereinstimmt, während der Dauer der Aufbewahrungsfrist verfügbar und maschinell auswertbar ist und jederzeit innerhalb einer angemessenen Frist lesbar gemacht werden kann.

(4) Werden automatisierte Verfahren, in denen Bücher und Belege gespeichert sind, geändert oder abgelöst, muss die maschinelle Auswertung der gespeicherten Daten innerhalb der Aufbewahrungsfristen auch mit den geänderten oder neuen Verfahren oder durch ein anderes System gewährleistet sein.

§ 60
Sondervermögen, Treuhandvermögen

Soweit auf Sondervermögen und Treuhandvermögen der Kommune gesetzliche Vorschriften über die Haushaltswirtschaft Anwendung finden, gilt diese Verordnung sinngemäß.

§ 61
Inkrafttreten

Diese Verordnung tritt am 1. Januar 2019 in Kraft. Gleichzeitig tritt die Gemeindehaushaltsverordnung NRW vom 16. November 2004 (GV. NRW. S. 644, ber. 2005 S. 15), die zuletzt durch Verordnung vom 27. April 2018 (GV. NRW. S. 239) geändert worden ist, außer Kraft.

Seite 58

bleibt aus drucktechnischen Gründen frei

Muster
für das doppische Rechnungswesen
sowie zu Bestimmungen der
Gemeindeordnung für
das Land Nordrhein-Westfalen
und der Kommunalhaushaltsverordnung
Nordrhein-Westfalen
(VV Muster zur GO NRW und KomHVO NRW)

Runderlass des
Ministeriums für Heimat, Kommunales, Bau und Gleichstellung
vom 08.11.2019 (MBl. NRW. 2019 S. 662)

1. Muster

Die nachfolgend aufgeführten Muster erleichtern die Haushaltswirtschaft der Kommunen. Sie sichern ein Mindestmaß an Transparenz und Einheitlichkeit.

Anlagen 1 bis 32

Die in den Mustern **(Anlagen 1 bis 32)** im Benehmen mit dem Ministerium der Finanzen vorgegebenen Mindestinhalte dienen der Vergleichbarkeit der kommunalen Haushalte und sind gemäß § 133 Absatz 3 der Gemeindeordnung für das Land Nordrhein-Westfalen in der Fassung der Bekanntmachung vom 14. Juli 1994 (GV. NRW. S. 666), die zuletzt durch Artikel 5 des Gesetzes vom 11. April 2019 (GV. NRW. S. 202) geändert worden ist, (im Folgenden GO NRW genannt) von den Kommunen zu verwenden. Das Muster für den Beteiligungsbericht (Anlage 32) wird zu einem späteren Zeitpunkt bekannt gegeben.

1.1 Muster für Haushaltssatzungen

1.1.1 Muster für die Haushaltssatzung (Anlage 1)

Die Haushaltssatzung muss in Ausführung des § 78 GO NRW die für die jährliche Haushaltswirtschaft der Kommune erforderlichen Regelungen enthalten. Sie muss nach den im Muster aufgezeigten Bestimmungen, gegebenenfalls in alternativer Form, aufgebaut werden.

1.1.2 Muster für die Nachtragssatzung (Anlage 2)

Eine Nachtragssatzung, die nach § 81 GO NRW aufzustellen ist, verändert die nach § 78 GO NRW aufgestellte Haushaltssatzung. Sie muss die vorgesehenen Veränderungen enthalten und nach den im Muster aufgezeigten Bestimmungen, gegebenenfalls in alternativer Form, aufgebaut werden.

1.2 Muster für den Haushaltsplan

1.2.1 Muster für den Haushaltsquerschnitt (Anlage 3)

Der Haushaltsquerschnitt ist nach § 1 Absatz 2 Nummer 3 der Kommunalhaushaltsverordnung Nordrhein-Westfalen vom 12. Dezember 2018 (GV. NRW. S. 708) (im Folgenden KomHVO NRW genannt) dem Haushaltsplan als Anlage beizufügen. Er aggregiert Werte der Haushaltsplanung und unterstützt damit die jeweiligen Adressatinnen und Adressaten des Haushaltsplans durch übersichtliche Darstellung wesentlicher Inhalte des Haushaltes.

1.2.2 Muster für den Ergebnisplan (Anlage 4)

Der Ergebnisplan ist nach § 1 Absatz 1 Nummer 1 KomHVO NRW Bestandteil des Haushaltsplans und bildet die Zusammenführung der Haushaltspositionen nach § 2 KomHVO NRW mit dem Planungszeitraum nach § 1 Absatz 3 KomHVO NRW ab. Er muss die in § 2 KomHVO NRW vorgegebene Mindestgliederung aufweisen. Gemäß § 75 Absatz 2 Satz 4 GO NRW kann ein globaler Minderaufwand unter Angabe der zu kürzenden Teilpläne veranschlagt werden. Diese rechtlichen Vorgaben sowie die verbindlichen Zuordnungen zu den betroffenen Haushaltspositionen im kommunalen Kontierungsplan (Anlage 18) sind bei der Aufstellung des jährlichen Haushaltsplans zu beachten.

1.2.3 Muster für den Finanzplan (Anlage 5)

Der Finanzplan ist nach § 1 Absatz 1 Nummer 2 KomHVO NRW Bestandteil des Haushaltsplans und bildet die Zusammenführung der Haushaltspositionen nach § 3 KomHVO NRW mit dem Planungszeitraum nach § 1 Absatz 3 KomHVO NRW ab. Er muss die in § 3 KomHVO NRW vorgegebene Mindestgliederung aufweisen. Soweit ein globaler Minderaufwand veranschlagt wurde, kann dieser nachrichtlich bei den Auszahlungen aus laufender Verwaltungstätigkeit ausgewiesen werden. Diese rechtlichen Vorgaben sowie die verbindlichen Zuordnungen zu den betroffenen Haushaltspositionen im kommunalen Kontierungsplan (Anlage 18) sind bei der Aufstellung des jährlichen Haushaltsplans zu beachten.

1.2.4 Bildung von Produktbereichen (Anlage 6)

Die im Haushaltsplan abzubildenden Produktbereiche bilden die Verbindung zwischen dem an sie anknüpfenden Ressourcenverbrauch und den angestrebten Zielen und Wirkungen. Die produktorientierte Gliederung soll deshalb nach § 4 KomHVO NRW das führende Gliederungsprinzip für den Haushaltsplan sein. Die vorgesehenen 17 Produktbereiche spiegeln das unverzichtbare Mindestmaß an Einheitlichkeit und Information wider.

Die Kommunen sind verpflichtet, für Steuerungs- und Informationszwecke und aus Gründen der Vergleichbarkeit der kommunalen Haushalte sowie für die Prüfung des Haushalts durch die Aufsichtsbehörde die erste Gliederungsstufe ihres Haushalts auf der Grundlage der in Anlage 6 aufgeführten 17 Produktbereiche auszugestalten. Diese Produktbereiche werden für verbindlich erklärt. Die Bildung der entsprechenden Teilpläne ist in der aufgeführten Reihenfolge der 17 Produktbereiche vorzunehmen. Die zur Abgrenzung der Produktbereiche vorgenommene Zuordnung, nach der unter anderem die fachlichen Verwaltungsaufgaben und die wirtschaftlichen Betätigungen den sachlich betroffenen Produktbereichen zuzuordnen sind, ist gleichfalls verbindlich. Die Gliederungsziffern werden zur Anwendung empfohlen. Es können auch die zweistelligen Gliederungsziffern aus der Übersicht der Produktgruppen der kommunalen Finanzstatistik zur Anwendung kommen, weil die Produktbereiche 1 bis 16 die Grundlage für diese Produktgruppen bilden.

1.2.5 Gliederung des örtlichen Haushaltsplans (Anlage 7)

Die Ziele, die Steuerung der Kommune zu verbessern und den Ressourcenverbrauch vollständig zu berücksichtigen, erfordern eine entsprechende Gliederung des Haushaltsplans. Zugleich wird den Kommunen die Befugnis eingeräumt, den Haushaltsplan nach ihren örtlichen Bedürfnissen eigenverantwortlich zu untergliedern.

1.2.6 Muster für produktorientierte Teilpläne (Anlage 8)

Die produktorientierten Teilpläne sollen jeweils die notwendigen Produktinformationen entsprechend der vorgenommenen Gliederungstiefe, den Teilergebnisplan, den Teilfinanzplan, Ziele, Leistungsmengen und messbare Kennzahlen, gegebenenfalls einen Auszug aus der Stellenübersicht, und soweit erforderlich die speziellen Bewirtschaftungsregeln sowie die notwendigen Erläuterungen enthalten.

1.2.7 Muster für den Teilergebnisplan (Anlage 9)

Die Inhalte der Teilpläne, die auf der Grundlage der Produktbereiche gebildet werden und nach § 1 Absatz 1 Nummer 3 KomHVO NRW Bestandteil des Haushaltsplans sind, enthalten als wichtigsten Bestandteil den Teilergebnisplan nach § 4 KomHVO NRW. Die Teilergebnispläne stellen eine Untergliederung des Ergebnisplans dar. Ihnen kommt die entscheidende Bedeutung bei den Beratungen und Entscheidungen über den Haushaltsplan zu. Sie müssen die in § 2 KomHVO NRW vorgegebene Mindestgliederung aufweisen (§ 4 Absatz 3

VV Muster zur GO NRW und KomHVO NRW

KomHVO NRW). Dabei ist zu berücksichtigen, dass nach § 4 Absatz 6 KomHVO NRW auch gegebenenfalls eine Haushaltsposition, die mehrjährig keinen Betrag ausweist, entfallen kann. Außerdem besteht die Verpflichtung, die Erträge und Aufwendungen aus internen Leistungsbeziehungen dann in den Teilergebnisplänen abzubilden, wenn sie für die Haushaltsbewirtschaftung erfasst werden. Eine Verpflichtung für eine solche Erfassung besteht allerdings nicht (§ 16 KomHVO NRW). Soweit ein globaler Minderaufwand für einen Teilergebnisplan veranschlagt wurde, kann die Kürzung ausgewiesen werden. Diese rechtlichen Vorgaben sind bei der Aufstellung der Teilpläne zu beachten.

1.2.8 Muster für den Teilfinanzplan (Anlage 10 A und 10 B)

Auch wenn im Rahmen der Teilpläne dem Teilergebnisplan die entscheidende Bedeutung zukommt, ist der Teilfinanzplan ein unverzichtbarer Bestandteil der Teilpläne. Ihm sind nach § 4 Absatz 4 KomHVO NRW vor allem die Informationen über die vorgesehenen Investitionen zu entnehmen. Die Teilfinanzpläne stellen zudem eine Untergliederung des Finanzplans dar. Dabei ist zu beachten, dass der jeweilige Teilfinanzplan aus zwei Teilen besteht. Der Teil A (Zahlungsübersicht, Anlage 10 A) hat mindestens die Einzahlungen und Auszahlungen für Investitionen nach Arten einschließlich der damit verbundenen Verpflichtungsermächtigungen zu enthalten. Der Kommune bleibt es dabei freigestellt, auch alle oder nur einzelne Einzahlungen und Auszahlungen aus laufender Verwaltungstätigkeit abzubilden. Der Teil B (Anlage 10 B) hat die Planung der einzelnen Investitionsmaßnahmen mit den diesen zugeordneten Ein- und Auszahlungen, Verpflichtungsermächtigungen und den bereitgestellten Mitteln sowie den gesamten getätigten Zahlungen zu enthalten. Diese rechtlichen Vorgaben sind bei der Aufstellung der Teilpläne zu beachten.

1.3 Muster für den Stellenplan
1.3.1 Muster für die Gliederung der Stellen (Anlage 11 A und 11 B)

Der Stellenplan der Kommune nach § 8 KomHVO NRW hat sämtliche Stellen für die Beschäftigten unabhängig von ihrer Besetzung auszuweisen und ist nach Beschäftigungsverhältnissen zu untergliedern. Er ist danach in Besoldungs- und Entgeltgruppen aufzuteilen. Bei Beamtenverhältnissen soll eine Einteilung in Besoldungsgruppen und in Laufbahngruppen vorgenommen werden. Der Stellenplan ist gemäß § 1 Absatz 2 Nummer 2 KomHVO NRW dem Haushaltsplan als Anlage beizufügen. Die Muster sind anzupassen, soweit sich Änderungen auf Grund von Tarifverträgen ergeben.

1.3.2 Muster für die Stellenübersichten (Anlage 12 A 1 bis 12 B)

Die Übersicht über die Aufteilung der Stellen des Stellenplans auf die Produktbereiche nach § 8 Absatz 3 Nummer 1 KomHVO NRW bildet die Grundlage für die Aufteilung der Personalaufwendungen auf die Teilpläne. Die Gesamtübersicht hat die gesamte Aufteilung der Stellen zu enthalten, soweit die Stellen nicht in den einzelnen Teilplänen ausgewiesen werden. Außerdem ist in der Übersicht nach § 8 Absatz 3 Nummer 2 KomHVO NRW ein Überblick über die Dienstkräfte in der Ausbildungszeit, die Nachwuchskräfte, zu geben. Die Übersichten sind laut §§ 1 Absatz 2 Nummer 2, 8 Absatz 3 KomHVO NRW mit dem Stellenplan dem Haushaltsplan beizufügen. Sie sind anzupassen, soweit sich Änderungen auf Grund von Tarifverträgen ergeben.

1.4 Muster für besondere Übersichten zum Haushaltsplan
1.4.1 Muster für die Zuwendungen an Fraktionen, Gruppen und einzelne Ratsmitglieder (Anlage 13 A und 13 B)

In der Übersicht über die Zuwendungen an die Fraktionen nach § 56 GO NRW sind jeweils getrennt für jede Fraktion sowohl die Geldleistungen als auch die geldwerten Leistungen anzugeben. Die Übersicht ist gemäß § 56 Absatz 3 GO NRW dem Haushaltsplan beizufügen.

1.4.2 Muster für die Übersicht über den Stand der Verbindlichkeiten (Anlage 14)

Den Verbindlichkeiten kommt eine große Bedeutung für die kommunale Haushaltswirtschaft zu, so dass auf eine gesonderte und aktuelle Darstellung zum Zeitpunkt der Aufstellung des Haushaltsplans nicht verzichtet werden kann. Um deren mögliche Entwicklung aufzuzeigen, ist in der Übersicht der Stand am Ende des Vorvorjahres sowie der voraussichtliche Stand zu Beginn und zum Ende des Haushaltsjahres in der Gliederung des Verbindlichkeitenspiegels anzugeben. Die Übersicht ist gemäß § 1 Absatz 2 Nummer 4 KomHVO NRW dem Haushaltsplan beizufügen.

1.4.3 Muster für die Übersicht über die Verpflichtungsermächtigungen (Anlage 15)

Die Übersicht über die Verpflichtungsermächtigungen muss erkennen lassen, in welcher Höhe aus der Inanspruchnahme von Verpflichtungsermächtigungen in den späteren Jahren voraussichtlich Auszahlungen erwachsen werden und auf welche Jahre sich diese verteilen. Sie ist nach § 1 Absatz 2 Nummer 6 KomHVO NRW dem Haushaltsplan beizufügen.

1.5 Muster für die Buchführung
1.5.1 Abschreibungstabelle (Anlage 16)

Unabhängig davon, ob die Abschreibung nach Zeit oder nach Leistung vorgenommen wird, kommt der Bestimmung der Nutzungsdauern für die einzelnen Vermögensgegenstände eine entscheidende Bedeutung zu. Mit dem 2. NKF-Weiterentwicklungsgesetz vom 18. Dezember 2018 (GV. NRW. 2018 S. 759) sind die Möglichkeiten zur Bestimmung der Nutzungsdauern in bestimmten Fällen flexibilisiert worden. § 36 Absatz 2 KomHVO NRW bietet mit dem Komponentenansatz für die Abschreibung von Gebäuden und Straßen die Möglichkeit, Komponenten mit unterschiedlichen Nutzungsdauern zu bestimmen. Nach § 36 Absatz 5 KomHVO NRW führen Erhaltungs- und Instandhaltungsmaßnahmen an Vermögensgegenständen des Anlagevermögens unter den genannten Voraussetzungen zu einer Neubestimmung der Nutzungsdauer.

Um im kommunalen Bereich dennoch eine möglichst hohe Vergleichbarkeit zu erreichen, ist die Vorgabe eines verbindlichen Rahmens für die Nutzungsdauern geboten. In Ausführung des § 36 KomHVO NRW sind daher kommunenübergreifend Abschreibungszeiträume weitestgehend festgelegt worden. Die "NKF-Rahmentabelle der Gesamtnutzungsdauer für kommunale Vermögensstände" ist nach § 36 Absatz 4 KomHVO NRW für die Festlegung und Ausgestaltung der örtlichen Nutzungsdauern von Vermögensgegenständen verbindlich.

Die Kommune hat unter Berücksichtigung der tatsächlichen örtlichen Verhältnisse die Bestimmung der jeweiligen Nutzungsdauer selbst vorzunehmen. Sie hat sich dabei in der Regel innerhalb des vorgegebenen Rahmens zu bewegen und eine Übersicht, die Abschreibungstabelle, zu erstellen. Außerdem muss sie bei unveränderter Sachlage die Stetigkeit für zukünftige Festlegungen von Abschreibungen durch Beibehaltung der einmal getroffenen Festlegung gewährleisten. Wegen der erheblichen Bedeutung, der aus den Nutzungsdauern zu entwickelnden Abschreibungen auf den Ergebnisplan, die Ergebnisrechnung und auf die kommunale Bilanz hat die Aufsichtsbehörde nach § 36 Absatz 4 Satz 3 KomHVO NRW die Möglichkeit, sich die Übersicht über die örtlich festgelegten Nutzungsdauern der Vermögensgegenstände sowie ihre nachträglichen Änderungen von der Kommune vorlegen zu lassen.

1.5.2 NKF-Kontenrahmen (Anlage 17)

Die systematischen Anforderungen an eine Finanzbuchhaltung, die notwendige Überprüfbarkeit der Buchungen, eine interkommunale Vergleichbarkeit sowie die Anforderungen der Finanzstatistik bedingen, einen allgemeinen verbindlichen Kontenrahmen festzulegen. Die verbindliche Vorgabe für die Kommune nach § 28 Absatz 7 Satz 1 KomHVO NRW beschränkt sich dabei darauf, dieses den allgemeinen buchungstechnischen Prinzipien folgende Ordnungsgerüst der Bildung der einzelnen Konten zu Grunde zu legen. Der NKF-Kontenrahmen stellt den verbindlichen Rahmen für die eigenverantwortliche Ausgestaltung und Konkretisierung von Konten. Er ist in der Reihenfolge seiner Kontenklassen einschließlich ihrer Bezeichnungen verbindlich. Die Verbindlichkeit des Kontenrahmens besteht auch, wenn Inhalte einer Kontenklasse nicht im Rahmen der doppelten Buchführung bebucht, sondern statistisch mitgeführt werden. Der Gebrauch der zweistelligen Ziffern erleichtert unter anderem die Erfüllung der finanzstatistischen Anforderungen, weil der NKF-Kontenrahmen auch dafür die Grundlage bildet. Mit diesem Kontenrahmen wird den Kommunen noch ein ausreichender Spielraum für die weitere Ausgestaltung der Konten gelassen.

Der NKF-Kontenrahmen ist nach dem Abschlussgliederungsprinzip gegliedert, das heißt die Einteilung der Kontenklassen ist nach der Reihenfolge der einzelnen Posten in der Bilanz und nach der Reihenfolge der einzelnen Haushaltspositionen in der Ergebnisrechnung und in der Finanzrechnung erfolgt. In diesem NKF-Kontenrahmen sind die Kontenklassen 0 bis 8 für die Durchführung der "Geschäftsbuchführung" belegt, die selbstständig abgeschlossen wird und damit einen in sich geschlossenen Rechnungskreis bildet. Die Kosten- und Leistungsrechnung wird in einem zweiten Rechnungskreis abgewickelt. Hierfür wird die Kontenklasse 9 freigehalten, so dass der Kommune ausreichend Raum für die Gestaltung ihrer Kosten- und Leistungsrechnung bleibt. Der NKF-Kontenrahmen ist in der Regel jeweils weiter in Kontengruppen, Kontenarten und Konten zu untergliedern, um die örtlich ausgeprägten Konten zu bilden. Die Kommune ist nach § 28 Absatz 7 Satz 3 KomHVO NRW verpflichtet, alle ihre Konten in einem Verzeichnis, dem Kontenplan, aufzuführen.

In diesem kommunalen Kontenplan werden alle Konten systematisch zusammengestellt, die in der örtlichen Buchführung der Kommune Verwendung finden. Dies erfordert unter Einbeziehung der §§ 2, 3 und 42 KomHVO NRW mindestens die Einrichtung von Konten für die Ergebnisrechnung, die Finanzrechnung und die Bilanz. Diese Regelungen geben den Kommunen die notwendige Gestaltungsfreiheit, die weitere Untergliederung der Konten nach eigenen örtlichen Bedürfnissen vorzunehmen. Dabei ist zu entscheiden, ob anhand der Bewirtschaftungsbefugnisse beziehungsweise der Budgetbildung weitere Konten oder Unterkonten abgegrenzt werden sollen. In die Festlegung der örtlichen Konten können auch die Anforderungen der Finanzstatistiken einbezogen werden. Es besteht dafür jedoch keine Vorgabe. Es wird empfohlen, bereits bei der Einrichtung von Konten festzulegen, ob die finanzstatistischen Anforderungen direkt aus den Konten heraus oder über Nebenrechnungen erfüllt werden sollen.

1.5.3 Kontierungsplan (Anlage 18)

Zur Nachvollziehbarkeit der Erträge und Aufwendungen sowie der Einzahlungen und Auszahlungen im Rahmen einer Beurteilung des kommunalen Haushalts ist es sachgerecht, dass die Kommunen bei der Aufstellung des Haushaltsplans den verbindlich vorgegebenen Kontierungsplan beachten. Er sichert die richtige Zuordnung auch für die Erstellung des Jahresabschlusses. Für die Bilanz ist deshalb ebenfalls eine entsprechende Zuordnung zu beachten. Auf dieser Grundlage wird das Buchungsgeschehen der Kommunen nachvollziehbar sowie eine Vergleichbarkeit für die Aufsichtsbehörden gesichert. Dies erleichtert zudem den Kommunen ihre Meldepflichten für die Finanzstatistik zu erfüllen.

1.6 Muster für den Jahresabschluss

1.6.1 Muster für die Ergebnisrechnung (Anlage 19)

In der Ergebnisrechnung nach § 39 KomHVO NRW sind für die Ertrags und Aufwandsarten jeweils Jahressummen auszuweisen, um das tatsächliche Ressourcenaufkommen und den tatsächlichen Ressourcenverbrauch im Haushaltsjahr abzubilden. Dazu ist durch die Bildung von Salden wie im Ergebnisplan das ordentliche Ergebnis und das Finanzergebnis als Ergebnis der laufenden Verwaltungstätigkeit festzustellen. Außerdem muss durch den Saldo aus außerordentlichen Erträgen und außerordentlichen Aufwendungen das außerordentliche Ergebnis ermittelt werden. Zudem ist es zur Vervollständigung des Gesamtbildes über die Haushaltswirtschaft des Jahres erforderlich, das ordentliche Ergebnis und das außerordentliche Ergebnis zu einem Jahresergebnis zusammenzuführen. Soweit ein globaler Minderaufwand veranschlagt wurde, ist lediglich der im Ergebnisplan festgesetzte (Plan-)Betrag in die Ergebnisrechnung zu übernehmen.

Eine solche "Abrechnung" ist jedoch nur vollständig, wenn auch ein Ansatz / Ist Vergleich vorgenommen wird, das heißt Planabweichungen durch die Gegenüberstellung von der im Haushaltsplan ausgewiesenen Positionen mit den Ist-Werten gesondert festgestellt und ausgewiesen werden. Den Kommunen wird empfohlen, bei Bedarf nicht nur die nach § 39 Absatz 2 KomHVO NRW auszuweisenden übertragenen Ermächtigungen in dem Plan- / Ist-Vergleich gesondert auszuweisen, sondern darüber hinaus auch andere Veränderungen seit Beginn der Ausführung des beschlossenen Haushaltsplans aufzuzeigen, zum Beispiel Erhöhungen oder Minderungen der Haushaltspositionen, deren Ursache in einer Nachtragssatzung liegt. Diese Veränderungen sind Planfortschreibungen und haben die ursprünglich vom Rat beschlossenen Haushaltspositionen auf Grund von zulässigen haushaltswirtschaftlichen Maßnahmen und Entscheidungen verändert. Zu diesem Plan- / Ist-Vergleich gehört auch, dass das aktuelle Ergebnis in einen Zusammenhang mit den Vorjahren gestellt wird, um die Ergebnisse des abgelaufenen Haushaltsjahres besser bewerten zu können. Außerdem ist es erforderlich, zu den nachzuweisenden Ist-Ergebnissen des Haushaltsjahres auch die Ergebnisse der Rechnung des Vorjahres anzugeben. Diese rechtlichen Vorgaben sind bei der Aufstellung der Ergebnisrechnung zu beachten.

1.6.2 Muster für die Teilergebnisrechnungen (Anlage 20)

Die Teilergebnisrechnungen nach § 41 KomHVO NRW sind entsprechend der Ergebnisrechnung zu gliedern. In diesen Rechnungen sind die Erträge und Aufwendungen aus internen Leistungsbeziehungen auszuweisen, wenn diese im Teilergebnisplan enthalten sind, weil die Kommune sie für ihre Haushaltsbewirtschaftung erfasst hat. Eine Verpflichtung für eine gesonderte Erfassung der Erträge und Aufwendungen aus internen Leistungsbeziehungen durch die Kommune besteht nach § 16 KomHVO NRW allerdings nicht. Sind in den Teilplänen zum Nachweis des vollständigen Ressourcenverbrauchs die internen Leistungsbeziehungen erfasst, sind diese dem Jahresergebnis der Teilergebnisrechnung hinzuzufügen und müssen sich in der Ergebnisrechnung insgesamt ausgleichen. Soweit ein globaler Minderaufwand für einen Teilergebnisplan veranschlagt wurde, ist die Kürzung auch in der Teilergebnisrechnung auszuweisen. Es ist lediglich der im Teilergebnisplan festgesetzte (Plan-)Betrag in die Teilergebnisrechnung zu übernehmen Diese rechtlichen Vorgaben sind bei der Aufstellung der Teilergebnisrechnungen zu beachten.

1.6.3 Muster für die Finanzrechnung (Anlage 21)

In der Finanzrechnung nach § 40 KomHVO NRW sind für sämtliche Einzahlungs- und Auszahlungsarten, jeweils Jahressummen, auszuweisen, um die tatsächlichen Einzahlungen und Auszahlungen im Haushaltsjahr nach Arten aufzuzeigen und insgesamt die erfolgte Änderung des Bestandes an Finanzmitteln nachzuweisen. Dazu ist wie im Finanzplan der Saldo für die Zahlungen aus laufender Verwaltungstätigkeit, der Saldo für die Zahlungen aus der Investitionstätigkeit und aus beiden der Finanzmittelüberschuss oder Finanzmittelfehlbetrag zu ermitteln. Durch die Einbeziehung des Saldos aus der Finanzierungstätigkeit, aus den Zahlungen aus der Aufnahme und der Tilgung von Krediten für Investitionen und Krediten zur Liquiditätssicherung, lässt sich dann die Änderung des Bestandes an eigenen Finanzmitteln feststellen und ausweisen.

Es ist jedoch zur Vervollständigung des Gesamtbildes erforderlich, den Bestand am Anfang des Haushaltsjahres mit der Änderung des Bestandes im abgelaufenen Haushaltsjahr und dem Bestand an fremden Finanzmitteln zusammen zu führen, um damit den Endbestand der Finanzmittel sowie den Finanzmittelfluss insgesamt zu ermitteln und abzubilden. Dieser Endbestand an Finanzmitteln ist als vorhandene liquide Mittel der Kommune in dem dafür vorgesehenen Bilanzposten anzusetzen. In der Finanzrechnung sind auch die Ergebnisse der Rechnung des Vorjahres abzubilden. Zudem ist ein Planvergleich wie bei der Ergebnisrechnung vorzunehmen, der entsprechend den Erläuterungen zur Ergebnisrechnung erweitert werden sollte. Diese rechtlichen Vorgaben sind bei der Aufstellung der Finanzrechnung zu beachten.

1.6.4 Muster für die Teilfinanzrechnungen (Anlage 22 A und 22 B)

Die Teilfinanzrechnungen nach § 41 KomHVO NRW sind entsprechend der Finanzrechnung zu gliedern. Sie bestehen wie die Teilfinanzpläne aus zwei Teilen. Der Teil A (Zahlungsübersicht, Anlage 22 A) enthält die Einzahlungen und Auszahlungen für Investitionen nach Arten. Der Kommune bleibt es freigestellt, darin auch alle oder nur einzelne Einzahlungen und Auszahlungen aus laufender Verwaltungstätigkeit abzubilden. Der Teil B (Anlage 22 B) enthält die Abrechnung für die einzelnen Investitionsmaßnahmen oberhalb der vom Vertretungsorgan festgesetzten Wertgrenzen mit den diesen zugeordneten Ein- und Auszahlungen, entsprechend dem Stand am Ende des Haushaltsjahres. Außerdem sind die gesamten investiven Einzahlungen und Auszahlungen für Investitionen unterhalb der vom Vertretungsorgan festgesetzten Wertgrenzen auszuweisen. Diese rechtlichen Vorgaben sind bei der Aufstellung der Teilfinanzrechnungen zu beachten.

1.6.5 Muster für die Struktur der Bilanz (Anlage 23)

Die Bilanz ist als Gegenüberstellung von Vermögen und Finanzierungsmitteln der Kommune zum Abschlussstichtag ein wesentlicher Bestandteil des doppischen Rechnungssystems. Die Bilanzen der Kommunen müssen einheitlich gegliedert sein. Daher ist in § 42 Absatz 1 KomHVO NRW festgelegt, dass die Posten "Anlagevermögen", "Umlaufvermögen", "Eigenkapital", "Schulden" und "Rechnungsabgrenzungsposten" in jede kommunale Bilanz gehören und diese in eine Aktivseite und eine Passivseite zu gliedern sind.

Auf der Aktivseite der Bilanz wird das Vermögen der Kommune mit den zum Abschlussstichtag ermittelten Werten angesetzt. Damit wird die Mittelverwendung der Kommune dokumentiert. Auf der Passivseite der Bilanz werden die Verbindlichkeiten der Kommune und ihr Eigenkapital gezeigt. Dadurch wird die Mittelherkunft beziehungsweise die Finanzierung des Vermögens offengelegt und dokumentiert. Die Gliederung der Bilanz erfolgt dabei auf beiden Seiten nach Fristigkeiten. So wird auf der Aktivseite zwischen Anlagevermögen (langfristig) und Umlaufvermögen (kurzfristig) unterschieden. Auf der Passivseite wird zuerst das Eigenkapital und dann das Fremdkapital gezeigt. Auch auf dieser Seite gilt das Prinzip der Fristigkeit, denn die allgemeine Rücklage steht vor der Ausgleichsrücklage (im Eigenkapital) und die Kredite für Investitionen stehen vor den Krediten zur Liquiditätssicherung.

Für die Bilanzgliederung gilt unter Beachtung des Grundsatzes der Klarheit und Übersichtlichkeit, dass die Bezeichnung der einzelnen Posten klar und verständlich unter Einbeziehung der rechtlichen Begriffsinhalte sein muss, jeder Posten mit dem dazugehörigen in Ziffern ausgedrückten Betrag eine eigene Zeile erhält, die Posten in der Bilanz in sinnvoller Weise aufeinander folgen und untereinander gesetzt werden. Dazu sind eine weitere Aufgliederung oder "davon"-Vermerke je nach Bedeutung für die Kommune, insbesondere in Bezug auf die Darstellung ihrer Aufgabenerfüllung, sachgerecht und zulässig.

Diese rechtlichen Vorgaben sind bei der Aufstellung der Bilanz zu beachten. Außerdem sind die verbindlichen Zuordnungen zu den Bilanzposten durch den kommunalen Kontierungsplan näher definiert worden (Anlage 18).

1.6.6 Muster für den Anlagenspiegel (Anlage 24)

Im Anlagenspiegel nach § 46 KomHVO NRW ist die Entwicklung einzelner Posten des Anlagevermögens im Haushaltsjahr detailliert darzustellen. Er ist daher mindestens entsprechend § 42 Absatz 3 Nummer 1 KomHVO NRW zu gliedern. Um die Änderungen dieser Bilanzposten nachvollziehbar zu machen, sind dazu jeweils tabellarisch die Anschaffungs- oder Herstellungskosten, die Zugänge, Abgänge und Umbuchungen, die Zuschreibungen, die Änderungen durch Zu- und Abgänge sowie durch Umbuchungen, die kumulierten Abschreibungen, die Buchwerte am Abschlussstichtag und am vorherigen Abschlussstichtag und die Abschreibungen im Haushaltsjahr anzugeben.

Die "historischen" Anschaffungs- oder Herstellungskosten (Spalte 1) eines Vermögensgegenstandes werden ausgewiesen, solange der Vermögensgegenstand vorhanden ist, selbst wenn er bereits vollständig abgeschrieben ist. Erst im Jahr nach dem Abgang des Vermögensgegenstandes sind dessen Anschaffungs- oder Herstellungskosten aus dem Anlagenspiegel herauszunehmen.

Als Zugänge und Abgänge (Spalten 2 und 3) werden die Anschaffungs- oder Herstellungskosten der Vermögensgegenstände ausgewiesen, die im Haushaltsjahr tatsächlich dem Anlagevermögen zugegangen oder aus dem Anlagevermögen abgegangen sind. Wenn Vermögensgegenstände im Haushaltsjahr veräußert werden, sind deren historische Anschaffungs- oder Herstellungskosten unter den Abgängen zu erfassen. Erst im Jahr danach sind dessen Anschaffungs- oder Herstellungskosten aus dem Anlagenspiegel herauszunehmen.

Bei den Umbuchungen (Spalte 4) werden Umgliederungen vorhandener Anlagewerte erfasst, zum Beispiel die Umgliederung von Vermögensgegenständen aus "Anlagen im Bau" nach ihrer Fertigstellung in den entsprechenden Posten des Anlagevermögens. Umbuchungen liegen aber nicht bei Umschichtungen vom Anlagevermögen ins Umlaufvermögen vor. Diese Fälle sind als Abgänge zu erfassen.

Auch die Abschreibungen im Haushaltsjahr (Spalte 7) sowie die Zuschreibungen im Haushaltsjahr (Spalte 8) sind auszuweisen. Erfolgen Zuschreibungen bei den Vermögensgegenständen, so dürfen diese nicht saldiert, sondern müssen unter Beachtung des Bruttoprinzips erfasst werden.

Unter kumulierten Abschreibungen (Spalte 10) sind sämtliche vorgenommenen Abschreibungen zu erfassen seit der Vermögensgegenstand mit seinen historischen Anschaffungs- oder Herstellungskosten zum Anlagevermögen der Kommune gehört. Diese kumulierten Abschreibungen sind gegebenenfalls um vorgenommene Zuschreibungen zu korrigieren. Ist ein Vermögensgegenstand durch Abgang oder Umbuchung aus dem Anlagevermögen ausgeschieden, so sind die kumulierten Abschreibungen des Vermögensgegenstandes nicht mehr auszuweisen. Im Anlagenspiegel sind aber noch die Abschreibungen aus dem abgelaufenen Haushaltsjahr aufzuzeigen, um die Übereinstimmung mit der Ergebnisrechnung zu sichern.

Die im Anlagenspiegel auszuweisenden Buchwerte (Spalten 11 und 12) ergeben sich rechnerisch als Restbuchwerte aus den Werten desselben Haushaltsjahres. Um die Veränderung beziehungsweise die Entwicklung aufzuzeigen, ist der Stand am Ende des Haushaltsjahres sowie am Endes des Vorjahres anzugeben.

Diese rechtlichen Vorgaben sind bei der Aufstellung des Anlagenspiegels zu beachten. Den Anlagenspiegel kann die Kommune eigenverantwortlich nach örtlichen Bedürfnissen um Zusatzinformationen ergänzen, soweit dadurch die Klarheit und Übersichtlichkeit der Darstellung nicht beeinträchtigt wird.

1.6.7 Muster für den Forderungsspiegel (Anlage 25)

Der Forderungsspiegel nach § 47 KomHVO NRW soll den Stand und die Entwicklung einzelner Posten des Umlaufvermögens im Haushaltsjahr detailliert nachweisen. Er ist daher mindestens entsprechend § 42 Absatz 3 Nummer 2.2. KomHVO NRW zu gliedern. Um die Änderungen dieser Bilanzposten nachvollziehbar zu machen, ist dazu jeweils tabellarisch der Gesamtbetrag am Abschlussstichtag unter Angabe der Restlaufzeit, gegliedert in Betragsangaben für Forderungen mit Restlaufzeiten bis zu einem Jahr, von einem bis fünf Jahren und von mehr als fünf Jahren sowie der Gesamtbetrag am vorherigen Abschlussstichtag anzugeben.

Diese rechtlichen Vorgaben sind bei der Aufstellung des Forderungsspiegels zu beachten. Den Forderungsspiegel kann die Kommune eigenverantwortlich nach örtlichen Bedürfnissen um Zusatzinformationen ergänzen, soweit dadurch die Klarheit und Übersichtlichkeit der Darstellung nicht beeinträchtigt wird.

1.6.8 Muster für den Eigenkapitalspiegel (Anlage 26)

Der Eigenkapitalspiegel ist nach § 45 Absatz 3 KomHVO NRW dem Jahresabschluss als Anlage beizufügen. Er gibt Aufschluss über die Struktur und Entwicklung des kommunalen Eigenkapitals.

1.6.9 Muster für den Verbindlichkeitenspiegel (Anlage 27)

Der Verbindlichkeitenspiegel weist den Stand und die Entwicklung der Verbindlichkeiten im Haushaltsjahr detaillierter nach und ist mindestens nach den in § 48 Absatz 1 KomHVO NRW aufgeführten Posten zu gliedern. Um die Änderungen nachvollziehbar zu machen, ist dazu jeweils tabellarisch der Gesamtbetrag am Abschlussstichtag unter Angabe der Restlaufzeit, gegliedert in Betragsangaben für Verbindlichkeiten mit Restlaufzeiten bis zu einem Jahr, von einem bis zu fünf Jahren und von mehr als fünf Jahren sowie der Gesamtbetrag am vorherigen Abschlussstichtag anzugeben. Der Verbindlichkeitenspiegel dient dazu, die Struktur der Verschuldung der Kommune transparent zu machen.

Ergänzend werden in dem Verbindlichkeitenspiegel auch die Haftungsverhältnisse aus der Bestellung von Sicherheiten, gegliedert nach Arten und unter Angabe des jeweiligen Gesamtbetrages nachrichtlich ausgewiesen, um auch diese Verpflichtungen der Kommune offen zu legen.

Diese rechtlichen Vorgaben sind bei der Aufstellung des Verbindlichkeitenspiegels zu beachten. Den Verbindlichkeitenspiegel kann die Kommune um Zusatzinformationen ergänzen, soweit dadurch die Klarheit und Übersichtlichkeit der Darstellung nicht beeinträchtigt wird.

1.7 Muster für den Gesamtabschluss

1.7.1 Positionenrahmen für den NKF-Gesamtabschluss (Anlage 28)

Mit dem Positionenrahmen für den NKF-Gesamtabschluss werden die Grundstruktur der Summenbilanz sowie die Struktur der Summenergebnisrechnung für die Aufstellung des Gesamtabschlusses aufgezeigt. Damit sollen die Abschlusspositionen für den Gesamtabschluss vereinheitlicht und sachgerechte Meldungen, insbesondere durch die kommunalen Betriebe, erreicht werden. Der Positionenrahmen besteht aus zwei Teilen. Im Teil A wird festgelegt, in welche Positionen der Gesamtbilanz, die auf die Gliederung der Bilanz nach § 42 KomHVO NRW ausgerichtet ist, die Bilanzpositionen der zu konsolidierenden Betriebe der Kommune eingehen sollen. Im Teil B wird festgelegt, in welche Positionen der Gesamtergebnisrechnung, die auf die Gliederung der Ergebnisrechnung nach § 39 in Verbindung mit § 2 KomHVO NRW ausgerichtet ist, die Positionen der Gewinn- und Verlustrechnung der zu konsolidierenden Betriebe der Kommune eingehen sollen. Die Vorschriften der §§ 33 bis 39, 42 bis 44 und 48 KomHVO NRW sind nach § 50 Absatz 3 KomHVO NRW auf den Gesamtabschluss entsprechend anzuwenden, soweit seine Eigenart keine Abweichungen bedingt oder nichts anderes bestimmt ist.

Die Bezifferungen der in Teil A enthaltenen Bilanzposten und der in Teil B enthaltenen Ergebnispositionen sind für die örtliche Anwendung nicht verbindlich. Sie sind von der Kommune eigenverantwortlich in fachlicher und technischer Hinsicht unter Berücksichtigung der örtlichen Gegebenheiten vorzunehmen.

1.7.2 Muster für die Gesamtbilanz (Anlage 29)

Die Darstellung der Gesamtbilanz ist auf die wichtigen Bilanzposten auszurichten, die nach § 50 Absatz 3 KomHVO in Verbindung mit § 42 KomHVO NRW auch in der kommunalen Bilanz enthalten sein sollen, denn auch im Gesamtabschluss muss eine Mindesteinheitlichkeit bei der Gliederung der Gesamtbilanz durch die Kommunen gewährleistet werden. Gleichwohl können örtliche Gegebenheiten so gewichtig sein, dass diese bei der Gestaltung der Bestandteile des kommunalen Gesamtabschlusses nicht außer Betracht bleiben dürfen.

Von der Kommune ist auch zu prüfen, ob einzelnen Bilanzposten eine geringe Bedeutung zukommt, so dass ein Verzicht als gesonderter Posten in der Gesamtbilanz in Betracht kommen kann. Bei einem Verzicht müssen dann im Gesamtanhang ausreichend differenzierte Angaben zu diesem örtlichen Sachverhalt gemacht werden. Die Bezifferung der Aktiv- und Passivposten ist von der Kommune unter Berücksichtigung der örtlichen Gegebenheiten eigenverantwortlich in fachlicher und technischer Hinsicht festzulegen.

1.7.3 Muster für die Gesamtergebnisrechnung (Anlage 30)

Die Darstellung der Gesamtergebnisrechnung ist auf die Positionen auszurichten, die nach § 39 in Verbindung mit § 2 KomHVO NRW mindestens in der kommunalen Ergebnisrechnung enthalten sein sollen (§ 50 Absatz 3 KomHVO). Auch im Gesamtabschluss muss eine Mindesteinheitlichkeit der Gesamtergebnisrechnungen der Kommunen gewährleistet werden.

Für die örtliche Anwendung ist die Bezifferung von Ertrags- und Aufwandspositionen sowie von Summen und Salden von der Kommune unter Berücksichtigung der örtlichen Gegebenheiten eigenverantwortlich in fachlicher und technischer Hinsicht festzulegen.

1.7.4 Muster für die Gesamtkapitalflussrechnung

Dem Gesamtanhang im kommunalen Gesamtabschluss ist nach § 52 Absatz 3 KomHVO NRW eine Gesamtkapitalflussrechnung beizufügen. Eine Abbildung der kommunalen Zahlungsströme in der Gesamtkapitalflussrechnung im Gesamtabschluss der Kommune hat unter Beachtung des Deutschen Rechnungslegungsstandards 21 zu erfolgen. Die Gesamtkapitalflussrechnung soll wie in der kommunalen Finanzrechnung in die drei Bereiche "Laufende Geschäftstätigkeit", "Investitionstätigkeit" und "Finanzierungstätigkeit" gegliedert und es sollen die Strukturen der kommunalen Einzahlungs- und Auszahlungsströme aufgezeigt werden. Dazu enthält der Deutsche Rechnungslegungsstandard 21 entsprechende Muster. Auf ein kommunalspezifisches Muster wird deshalb verzichtet.

VV Muster zur GO NRW und KomHVO NRW

1.7.5 Muster für den Gesamteigenkapitalspiegel (Anlage 31)

Der Gesamteigenkapitalspiegel ist nach § 50 Absatz 1 Nr. 5 KomHVO NRW Bestandteil des Gesamtabschlusses. Er gibt Aufschluss über die Eigenkapitalstruktur und -entwicklung des "Konzerns Kommune".

1.7.6 Muster für den Beteiligungsbericht (Anlage 32)

Der Beteiligungsbericht enthält die näheren Informationen über sämtliche Beteiligungen der kommunalen Gebietskörperschaft. Er lenkt den Blick jährlich auf die einzelnen Beteiligungen, indem er Auskunft über alle verselbständigten Aufgabenbereiche der Kommune, deren Leistungsspektrum und deren wirtschaftliche Situation und Aussichten, unabhängig davon, ob diese dem Konsolidierungskreis für den Gesamtabschluss angehören. Damit erfolgt eine differenzierte Darstellung der Leistungsfähigkeit der kommunalen Gebietskörperschaft.

2 Anlagenübersicht

Anlage 1	Muster für die Haushaltssatzung
Anlage 2	Muster für die Nachtragssatzung
Anlage 3	Muster für den Haushaltsquerschnitt
Anlage 4	Muster für den Ergebnisplan
Anlage 5	Muster für den Finanzplan
Anlage 6	Bildung von Produktbereichen
Anlage 7	Gliederung des örtlichen Haushaltsplans
Anlage 8	Muster für produktorientierte Teilpläne
Anlage 9	Muster für den Teilergebnisplan
Anlage 10	Muster für den Teilfinanzplan
Anlage 11	Muster für die Gliederung der Stellen
Anlage 12	Muster für die Stellenübersichten
Anlage 13	Muster für die Zuwendungen an Fraktionen
Anlage 14	Muster für die Übersicht über den Stand der Verbindlichkeiten
Anlage 15	Muster für die Übersicht über die Verpflichtungsermächtigungen
Anlage 16	Abschreibungstabelle
Anlage 17	NKF-Kontenrahmen
Anlage 18	Kontierungsplan
Anlage 19	Muster für die Ergebnisrechnung
Anlage 20	Muster für die Teilergebnisrechnungen
Anlage 21	Muster für die Finanzrechnung
Anlage 22	Muster für die Teilfinanzrechnungen
Anlage 23	Muster für die Struktur der Bilanz
Anlage 24	Muster für den Anlagenspiegel
Anlage 25	Muster für den Forderungsspiegel
Anlage 26	Muster für den Eigenkapitalspiegel
Anlage 27	Muster für den Verbindlichkeitenspiegel
Anlage 28	Positionenrahmen für den NKF-Gesamtabschluss
Anlage 29	Muster für die Gesamtbilanz
Anlage 30	Muster für die Gesamtergebnisrechnung
Anlage 31	Muster für den Gesamteigenkapitalspiegel
Anlage 32	Muster für den Beteiligungsbericht

3. Inkrafttreten, Außerkrafttreten

Dieser Erlass tritt am Tag nach der Veröffentlichung in Kraft und mit Ablauf des 31. Dezember 2024 außer Kraft. Gleichzeitig mit dem Inkrafttreten des Runderlasses nach Satz 1 tritt der Runderlass des Innenministeriums "Muster für das doppische Rechnungswesen und zu Bestimmungen der Gemeindeordnung (GO) und der Gemeindehaushaltsverordnung (GemHVO) vom 24. Februar 2005 (MBl. NRW. S. 354), der zuletzt durch Runderlass vom 19. Dezember 2017 (MBl. NRW. S. 1057) geändert worden ist, außer Kraft.

Anlagenübersicht
VV Muster zu GO NRW und KomHVO NRW

Nr.	Inhalt	
1	**Muster**	
1.1	**Muster für Haushaltssatzungen**	
1.1.1	Muster für die Haushaltssatzung	Anlage 1
1.1.2	Muster für die Nachtragssatzung	Anlage 2
1.2	**Muster für den Haushaltsplan**	
1.2.1	Muster für den Haushaltsquerschnitt	Anlage 3
1.2.2	Muster für den Ergebnisplan	Anlage 4
1.2.3	Muster für den Finanzplan	Anlage 5
1.2.4	Bildung von Produktbereichen	Anlage 6
1.2.5	Gliederung des örtlichen Haushaltsplans	Anlage 7
1.2.6	Muster für produktorientierte Teilpläne	Anlage 8
1.2.7	Muster für den Teilergebnisplan	Anlage 9
1.2.8	Muster für den Teilfinanzplan	Anlage 10 A und 10 B
1.3	**Muster Stellenplan**	
1.3.1	Muster für die Gliederung der Stellen	Anlage 11 A und 11 B
1.3.2	Muster für die Stellenübersichten	Anlage 12 A 1 und 12 B
1.4.	**Muster für besondere Übersichten zum Haushaltsplan**	
1.4.1	Muster für die Zuwendungen an Fraktionen	Anlage 13 A und 13 B
1.4.2	Muster für die Übersicht über den Stand der Verbindlichkeiten	Anlage 14
1.4.3	Muster für die Übersicht über die Verpflichtungsermächtigungen	Anlage 15
1.5	**Muster für die Buchführung**	
1.5.1	Abschreibungstabelle	Anlage 16
1.5.2	NKF-Kontenrahmen	Anlage 17
1.5.3	Kontierungsplan	Anlage 18
1.6	**Muster für den Jahresabschluss**	
1.6.1	Muster für die Ergebnisrechnung	Anlage 19
1.6.2	Muster für die Teilergebnisrechnungen	Anlage 20
1.6.3	Muster für die Finanzrechnung	Anlage 21
1.6.4	Muster für die Teilfinanzrechnungen	Anlage 22 A und 22 B
1.6.5	Muster für die Struktur der Bilanz	Anlage 23
1.6.6	Muster für den Anlagenspiegel	Anlage 24
1.6.7	Muster für den Forderungsspiegel	Anlage 25
1.6.8	Muster für den Eigenkapitalspiegel	Anlage 26
1.6.9	Muster für den Verbindlichkeitenspiegel	Anlage 27
1.7.	**Muster für den Gesamtabschluss**	
1.7.1	Positionenrahmen für den NKF-Gesamtabschluss	Anlage 28
1.7.2	Muster für die Gesamtbilanz	Anlage 29
1.7.3	Muster für die Gesamtergebnisrechnung	Anlage 30
1.7.4	**Muster für die Gesamtkapitalflussrechnung**	
1.7.5.	Muster für den Gesamteigenkapitalspiegel	Anlage 31
1.7.6	Muster für den Beteiligungsbericht	Anlage 32

VV Muster zur GO NRW und KomHVO NRW

(Anlage 1)

Haushaltssatzung und Bekanntmachung der Haushaltssatzung

1. **Haushaltssatzung
   der Kommune ...
   für das Haushaltsjahr ...**

   Aufgrund der §§ 78 ff. der Gemeindeordnung für das Land Nordrhein-Westfalen in der Fassung der Bekanntmachung vom 14. Juli 1994 (GV. NRW. S. 666), die zuletzt durch Gesetz vom ... geändert worden ist, hat das Vertretungsorgan der Kommune ... mit Beschluss vom ... folgende Haushaltssatzung erlassen:

   ## § 1

   Der Haushaltsplan für das Haushaltsjahr [1] ..., der die für die Erfüllung der Aufgaben der Kommune voraussichtlich erzielbaren Erträge und entstehenden Aufwendungen sowie eingehenden Einzahlungen und zu leistenden Auszahlungen und notwendigen Verpflichtungsermächtigungen enthält, wird

   im Ergebnisplan mit

dem Gesamtbetrag der Erträge auf	... EUR *(100 %)*
dem Gesamtbetrag der Aufwendungen auf	... EUR *(100 %)*
ggf. abzüglich globaler Minderaufwand von	... EUR *(max. 1 % ordentl. Aufwend.)*
ggf. somit auf	... EUR *(minimal 99 %)*

   im Finanzplan mit

dem Gesamtbetrag der Einzahlungen aus der laufenden Verwaltungstätigkeit auf	.. EUR
dem Gesamtbetrag der Auszahlungen aus der laufenden Verwaltungstätigkeit auf	.. EUR
(ggf. nachrichtlich: Globaler Minderaufwand von	.. EUR im Ergebnisplan)
dem Gesamtbetrag der Einzahlungen aus der Investitionstätigkeit auf	.. EUR
dem Gesamtbetrag der Auszahlungen aus der Investitionstätigkeit auf	.. EUR
dem Gesamtbetrag der Einzahlungen aus der Finanzierungstätigkeit auf	.. EUR
dem Gesamtbetrag der Auszahlungen aus der Finanzierungstätigkeit auf	.. EUR

   festgesetzt.

   Ggf.: Der vorgenannte globale Minderaufwand im Ergebnisplan gemäß § 75 Absatz 2 Satz 4 GO NRW wird in den folgenden Teilplänen abgebildet:

   Teilplan XX, Teilplan XY, usw.

   (Festsetzungsvariante "ggf." im Ergebnisplan, nachrichtlich im Finanzplan und hinsichtlich der Benennung von Teilplänen bezieht sich ausschließlich auf etwaigen in der Haushaltssatzung festgesetzten globalen Minderaufwand, die kursiven und verkleinerten Erläuterungen bei den Beträgen des Ergebnisplans entfallen in der Satzung.)

   ## § 2 [1]

   Der Gesamtbetrag der Kredite, deren Aufnahme für Investitionen erforderlich ist, wird auf ... EUR festgesetzt.

   (<u>alternativ</u>: Kredite für Investitionen werden nicht veranschlagt.)

   ## § 3 [1]

   Der Gesamtbetrag der Verpflichtungsermächtigungen, der zur Leistung von Investitionsauszahlungen in künftigen Jahren erforderlich ist, wird auf

   ... EUR

   festgesetzt.

   (<u>alternativ</u>: Verpflichtungsermächtigungen werden nicht veranschlagt.)

   ## § 4 [1]

   Die Inanspruchnahme der Ausgleichsrücklage aufgrund des voraussichtlichen Jahresergebnisses im Ergebnisplan wird auf

   ... EUR

   und/oder

   die Verringerung der allgemeinen Rücklage aufgrund des voraussichtlichen Jahresergebnisses im Ergebnisplan wird auf

   ... EUR

   festgesetzt.

   (<u>alternativ</u>: Eine Inanspruchnahme des Eigenkapitals soll nicht erfolgen.)

   (Bei ggf. in der Haushaltssatzung festgesetztem globalen Minderaufwand erfolgt die Festsetzung der Verringerung(en) nach Berücksichtigung des globalen Minderaufwandes.)

§ 5 [1)]

Der Höchstbetrag der Kredite, die zur Liquiditätssicherung in Anspruch genommen werden dürfen, wird auf

... EUR

festgesetzt.

(alternativ: Kredite zur Liquiditätssicherung werden nicht beansprucht.)

§ 6 [2)]

Die Steuersätze für die Gemeindesteuern werden für das Haushaltsjahr [1)]..... wie folgt festgesetzt:

1. Grundsteuer
1.1 für die land- und forstwirtschaftlichen Betriebe
   (Grundsteuer A) auf ... v.H.
1.2 für die Grundstücke
   (Grundsteuer B) auf ... v.H.

2. Gewerbesteuer auf ... v.H.

§ 7

Nach dem Haushaltssicherungskonzept ist der Haushaltsausgleich im Jahre ... wiederhergestellt. Die im Haushaltssicherungskonzept enthaltenen Konsolidierungsmaßnahmen sind bei der Ausführung des Haushaltsplans umzusetzen.

(alternativ: entfällt)

§ 8 ff. [3)]

2. Bekanntmachung der Haushaltssatzung

nach den geltenden Vorschriften und:

(Erfüllung der Anzeigepflicht):

Die vorstehende Haushaltssatzung mit ihren Anlagen für das Haushaltsjahr ... wird hiermit öffentlich bekannt gemacht. Die Haushaltssatzung mit ihren Anlagen ist gemäß § 80 Absatz 5 GO NRW dem Landrat als untere staatliche Verwaltungsbehörde in ... (alternativ: der Bezirksregierung in ...) mit Schreiben vom ... angezeigt worden.

(Bei einer Verringerung der Rücklage):

Die nach § 75 Absatz 4 GO NRW erforderliche Genehmigung der Verringerung der Rücklage ist vom Landrat als untere staatliche Verwaltungsbehörde in ... (alternativ: der Bezirksregierung in ...) mit Verfügung vom ... erteilt worden.

(Bei der Aufstellung von Haushaltssicherungskonzepten):

Die nach § 76 Absatz 2 GO NRW erforderliche Genehmigung des Haushaltssicherungskonzeptes ist vom Landrat als untere staatliche Verwaltungsbehörde in ... (alternativ: der Bezirksregierung in ...) mit Verfügung vom ... erteilt worden.

(Verfügbarmachung zur Einsichtnahme):

Der Haushaltsplan (und das Haushaltssicherungskonzept) liegen zur Einsichtnahme vom ... bis ... im ... öffentlich aus und sind unter der Adresse … im Internet verfügbar.

..., den ...

....
(Unterschrift)

Fußnoten:

1) Bei der Festsetzung für zwei Haushaltsjahre sind die einzelnen Jahresbeträge anzugeben.

2) Erlässt die Kommune aufgrund der Realsteuergesetze eine besondere Hebesatzsatzung, so ist in der Haushaltssatzung zum Ausdruck zu bringen, dass die Angabe der Steuersätze in der Haushaltssatzung nur deklaratorische Bedeutung hat.

3) Hier können weitere Vorschriften gem. § 78 Absatz 2 GO NRW aufgenommen werden.

VV Muster zur GO NRW und KomHVO NRW

(Anlage 2)

Nachtragssatzung und Bekanntmachung der Nachtragssatzung

1. **Nachtragssatzung zur Haushaltssatzung der Kommune ... für das Haushaltsjahr ...**

Aufgrund des § 81 der Gemeindeordnung für das Land Nordrhein-Westfalen in der Fassung der Bekanntmachung vom 14. Juli 1994 (GV. NRW. S. 666), die zuletzt durch Gesetz vom …geändert worden ist, hat das Vertretungsorgan der Kommune ... mit Beschluss vom ... folgende Nachtragssatzung zur Haushaltssatzung vom ... erlassen:

§ 1

Mit dem Nachtragshaushaltsplan werden

	die bisherigen festgesetzten Gesamtbeträge EUR	erhöht um EUR	vermindert um EUR	und damit der Gesamtbetrag des Haushaltsplans einschl. Nachträge festgesetzt auf EUR
Ergebnisplan Erträge Aufwendungen				
Finanzplan aus der laufenden Verwaltungstätigkeit: Einzahlungen Auszahlungen aus der Investitionstätigkeit: Einzahlungen Auszahlungen aus der Finanzierungstätigkeit: Einzahlungen Auszahlungen				

§ 2

Der Gesamtbetrag der Kredite, deren Aufnahme für die Investitionen erforderlich ist, wird gegenüber der bisherigen Festsetzung in Höhe von ... EUR um ... EUR vermindert/erhöht und damit auf ... EUR festgesetzt.

(alternativ: Der bisher festgesetzte Gesamtbetrag der Kredite für Investitionen wird nicht geändert.)

§ 3

Der Gesamtbetrag der Verpflichtungsermächtigungen, der zur Leistung von Investitionsauszahlungen in künftigen Jahren erforderlich ist, wird gegenüber der bisherigen Festsetzung in Höhe von ... EUR um ... EUR vermindert/erhöht und damit auf ... EUR festgesetzt.

(alternativ: Der bisherige festgesetzte Gesamtbetrag der Verpflichtungsermächtigungen wird nicht geändert.)

§ 4

Die Inanspruchnahme der Ausgleichsrücklage aufgrund des voraussichtlichen Jahresergebnisses im Ergebnisplan wird gegenüber der bisherigen Festsetzung in Höhe von ... EUR um ... EUR vermindert/erhöht und damit auf ... EUR

und/oder

die Verringerung der allgemeinen Rücklage aufgrund des voraussichtlichen Jahresergebnisses im Ergebnisplan wird gegenüber der bisherigen Festsetzung in Höhe von ... EUR um ... EUR vermindert/erhöht und damit auf ... EUR festgesetzt.

(<u>alternativ</u>: Die bisher festgesetzte Inanspruchnahme der Ausgleichsrücklage und/oder die bisher festgesetzte Verringerung der allgemeinen Rücklage wird nicht geändert oder eine Inanspruchnahme des Eigenkapitals soll nicht erfolgen.)

§ 5

Der Höchstbetrag der Kredite, die zur Liquiditätssicherung in Anspruch genommen werden dürfen, wird gegenüber der bisherigen Festsetzung in Höhe von ... EUR um ... EUR vermindert/erhöht und damit auf ... EUR festgesetzt.

(<u>alternativ</u>: Der bisher festgesetzte Höchstbetrag der Kredite zur Liquiditätssicherung wird nicht geändert.)

§ 6 [1]

Die Steuersätze für die Gemeindesteuern werden für das Haushaltsjahr..... wie folgt festgesetzt:

Steuerart	bisher v.H.	erhöht um v.H.	vermindert v.H.	nunmehr v.H.
1. **Grundsteuer**				
1.1 für die land- und forstwirtschaftlichen Betriebe (Grundsteuer A)				
1.2 für die Grundstücke (Grundsteuer B)				
2. **Gewerbesteuer**				

(<u>alternativ</u>: Die Steuersätze werden nicht geändert.)

§ 7 ff. [2]

2. Bekanntmachung der Nachtragssatzung

nach den geltenden Vorschriften und:

(Erfüllung der Anzeigepflicht):
Die vorstehende Nachtragssatzung für das Haushaltsjahr ... wird hiermit öffentlich bekannt gemacht. Die Nachtragssatzung mit ihren Anlagen ist gemäß § 80 Absatz 5 GO NRW dem Landrat als untere staatliche Verwaltungsbehörde in ... (alternativ: der Bezirksregierung in ...) mit Schreiben vom ... angezeigt worden.

(Bei einer Verringerung der Rücklage):
Die nach § 75 Absatz 4 GO NRW erforderliche Genehmigung der Verringerung der Rücklage ist vom Landrat als untere staatliche Verwaltungsbehörde in ... (alternativ: der Bezirksregierung in ...) mit Verfügung vom ... erteilt worden.

(Bei der Aufstellung von Haushaltssicherungskonzepten):
Die nach § 76 Absatz 2 GO NRW erforderliche Genehmigung des Haushaltssicherungskonzeptes ist vom Landrat als untere staatliche Verwaltungsbehörde in ... (alternativ: der Bezirksregierung in ...) mit Verfügung vom ... erteilt worden.

(Verfügbarmachung zur Einsichtnahme):
Der Nachtragshaushaltsplan liegt zur Einsichtnahme vom ... bis ... im ... öffentlich aus und ist unter der Adresse … im Internet verfügbar.

..., den ...

....
(Unterschrift)

Fußnoten:
1) *Erlässt die Kommune aufgrund der Realsteuergesetze eine besondere Hebesatzsatzung, so ist in der Nachtragssatzung zum Ausdruck zu bringen, dass die Angabe der Steuersätze in der Nachtragssatzung nur deklaratorische Bedeutung hat.*
2) *Hier können Regelungen zur Haushaltssicherung und weitere Vorschriften gem. § 78 Absatz 2 Satz 2 GO NRW getroffen werden.*

(Anlage 3)

Haushaltsquerschnitt

Teil 1: Ergebnisplanung

PB	PG	Bezeichnung	ordentliche Erträge	ordentliche Aufwendungen	ordentliches Ergebnis	Finanzergebnis	Ergebnis der laufenden Verwaltungstätigkeit	Außerordentliches Ergebnis	Ergebnis des Teilhaushaltes [1]
			EUR	EUR	EUR	EUR	EUR	EUR	EUR

Teil 2: Finanzplanung

PB	PG	Bezeichnung	Einzahlungen aus laufender Verwaltungstätigkeit	Auszahlungen aus laufender Verwaltungstätigkeit	Saldo aus laufender Verwaltungstätigkeit	Einzahlungen aus Investitionstätigkeit	Auszahlungen aus Investitionstätigkeit	Saldo aus Investitionstätigkeit	Finanzmittelüberschuss/ -fehlbetrag	Einzahlungen aus Finanzierungstätigkeit	Auszahlungen aus Finanzierungstätigkeit	Saldo aus Finanzierungstätigkeit	Verpflichtungsermächtigungen
			EUR	EUR	EUR	EUR	EUR	EUR	EUR	EUR	EUR	EUR	EUR

Fußnoten:

1) *Die Angabe erfolgt ohne interne Leistungsverrechnung*

(Anlage 4)

Ergebnisplan

Ertrags- und Aufwandsarten		Ergebnis des Vor-vor-jahres EUR	Ansatz des Vor-jahres EUR	Ansatz des Haus-halts-jahres EUR	Planung Haus-halts-jahr + 1 EUR	Planung Haus-halts-jahr + 2 EUR	Planung Haus-halts-jahr + 3 EUR
		1	2	3	4	5	6
1	Steuern und ähnliche Abgaben						
2	+ Zuwendungen und allgemeine Umlagen						
3	+ Sonstige Transfererträge						
4	+ Öffentlich-rechtliche Leistungsentgelte						
5	+ Privatrechtliche Leistungsentgelte						
6	+ Kostenerstattungen und Kostenumlagen						
7	+ Sonstige ordentliche Erträge						
8	+ Aktivierte Eigenleistungen						
9	+/- Bestandsveränderungen						
10	= Ordentliche Erträge						
11	- Personalaufwendungen						
12	- Versorgungsaufwendungen						
13	- Aufwendungen für Sach- und Dienstleistungen						
14	- Bilanzielle Abschreibungen						
15	- Transferaufwendungen						
16	- Sonstige ordentliche Aufwendungen						
17	= Ordentliche Aufwendungen						
18	= **Ordentliches Ergebnis** (= Zeilen 10 und 17)						
19	+ Finanzerträge						
20	- Zinsen und sonstige Finanzaufwendungen						
21	= **Finanzergebnis** (= Zeilen 19 und 20)						
22	= **Ergebnis der laufenden Verwaltungstätigkeit** (= Zeilen 18 und 21)						
23	+ Außerordentliche Erträge						
24	- Außerordentliche Aufwendungen						
25	= **Außerordentliches Ergebnis** (= Zeilen 23 und 24)						
26	= **Jahresergebnis** (= Zeilen 22 und 25)						
27	- globaler Minderaufwand						
28	= **Jahresergebnis nach Abzug globaler Minderaufwand** (= Zeilen 26 und 27)						
Nachrichtlich: Verrechnung von Erträgen und Aufwendungen mit der allgemeinen Rücklage							
29	Verrechnete Erträge bei Vermögensgegenständen						
30	Verrechnete Erträge bei Finanzanlagen						
31	Verrechnete Aufwendungen bei Vermögensgegenständen						
32	Verrechnete Aufwendungen bei Finanzanlagen						
33	**Verrechnungssaldo** (=Zeilen 29 bis 32)						

(Anlage 5)

Finanzplan

Ein- und Auszahlungsarten	Ergebnis des Vorvorjahres	Ansatz des Vorjahres	Ansatz des Haushaltsjahres	Planung Haushaltsjahr + 1	Planung Haushaltsjahr + 2	Planung Haushaltsjahr + 3
	EUR	EUR	EUR	EUR	EUR	EUR
	1	2	3	4	5	6
1 Steuern und ähnliche Abgaben						
2 + Zuwendungen und allgemeine Umlagen						
3 + Sonstige Transfereinzahlungen						
4 + Öffentlich-rechtliche Leistungsentgelte						
5 + Privatrechtliche Leistungsentgelte						
6 + Kostenerstattungen, Kostenumlagen						
7 + Sonstige Einzahlungen						
8 + Zinsen und sonstige Finanzeinzahlungen						
9 = Einzahlungen aus laufender Verwaltungstätigkeit						
10 - Personalauszahlungen						
11 - Versorgungsauszahlungen						
12 - Auszahlungen für Sach- und Dienstleistungen						
13 - Zinsen und sonstige Finanzauszahlungen						
14 - Transferauszahlungen						
15 - Sonstige Auszahlungen						
16 = Auszahlungen aus laufender Verwaltungstätigkeit *						
17 = **Saldo aus laufender Verwaltungstätigkeit** (= Zeilen 9 und 16)						
18 + Zuwendungen für Investitionsmaßnahmen						
19 + Einzahlungen aus der Veräußerung von Sachanlagen						
20 + Einzahlungen aus der Veräußerung von Finanzanlagen						
21 + Einzahlungen aus Beiträgen und ähnlichen Entgelten						
22 + Sonstige Investitionseinzahlungen						
23 = Einzahlungen aus Investitionstätigkeit						
24 - Auszahlungen für den Erwerb von Grundstücken und Gebäuden						
25 - Auszahlungen für Baumaßnahmen						
26 - Auszahlungen für den Erwerb von beweglichem Anlagevermögen						
27 - Auszahlungen für den Erwerb von Finanzanlagen						
28 - Auszahlungen von aktivierbaren Zuwendungen						
29 - Sonstige Investitionsauszahlungen						
30 = Auszahlungen aus Investitionstätigkeit						
31 = **Saldo aus Investitionstätigkeit** (= Zeilen 23 und 30)						
32 = **Finanzmittelüberschuss/-fehlbetrag** (= Zeilen 17 und 31)						
33 + Einzahlungen aus der Aufnahme und durch Rückflüsse von Krediten für Investitionen und diesen wirtschaftlich gleichkommenden Rechtsverhältnissen						
34 + Einzahlungen aus der Aufnahme und durch Rückflüsse von Krediten zur Liquiditätssicherung						
35 - Auszahlungen für die Tilgung und Gewährung von Krediten für Investitionen und diesen wirtschaftlich gleichkommenden Rechtsverhältnissen						
36 - Auszahlungen für die Tilgung und Gewährung von Krediten zur Liquiditätssicherung						
37 = **Saldo aus Finanzierungstätigkeit**						
38 = **Änderung des Bestandes an eigenen Finanzmitteln** (= Zeilen 32 und 37)						
39 + Anfangsbestand an Finanzmitteln						
40 = **Liquide Mittel** (= Zeilen 38 und 39)						

* ggf. nachrichtlich: Globaler Minderaufwand in EUR

(Anlage 6)

Bildung von Produktbereichen im kommunalen Haushalt

Bei der Bildung von Produktbereichen sowie deren Abbildung im Haushaltsplan der Kommune sind die nachfolgend aufgeführten Produktbereiche verbindlich. Die zur Abgrenzung der Produktbereiche vorgenommene Zuordnung ist zu beachten. Dazu gilt, dass die fachlichen Verwaltungsaufgaben und die wirtschaftlichen Betätigungen den sachlich betroffenen Produktbereichen zuzuordnen sind.

1. Gesamtübersicht

Der kommunale Haushaltsplan ist in produktorientierte Teilpläne nach folgenden verbindlichen Produktbereichen und in der ausgewiesenen Reihenfolge zu gliedern:

Produktbereiche		
01 Innere Verwaltung	07 Gesundheitsdienste	13 Natur- und Landschaftspflege
02 Sicherheit und Ordnung	08 Sportförderung	14 Umweltschutz
03 Schulträgeraufgaben	09 Räumliche Planung und Entwicklung, Geoinformationen	15 Wirtschaft und Tourismus
04 Kultur und Wissenschaft		16 Allgemeine Finanzwirtschaft
05 Soziale Leistungen		17 Stiftungen
06 Kinder-, Jugend- und Familienhilfe	10 Bauen und Wohnen	
	11 Ver- und Entsorgung	
	12 Verkehrsflächen und -anlagen, ÖPNV	

Innerhalb der Grenzen dieser Produktbereiche können Teilpläne auch nach Produktgruppen oder nach Produkten aufgestellt werden. Es bleibt dabei jeder Kommune überlassen, ob sie im Haushaltsplan lediglich eine weitere Gliederungsebene darstellen (Produktgruppen) oder tiefer untergliedern (Produkte) will.

2. Inhaltsbestimmung

Die Produktbereiche im kommunalen Haushalt sind nach der folgenden Zuordnung abzugrenzen:

01 Innere Verwaltung
Vertretungsorgan, Ausschüsse, Bezirksvertretungen, Bezirksausschüsse
Kreistag, Kreisausschuss, Ausschüsse
Bürgermeister/in, Bezirksvorsteher/in, Ortsvorsteher/in, Beigeordnete
Landrat/Landrätin
Ausländerbeirat
Fraktionen, Zuwendungen gemäß § 56 Absatz 3 der GO NRW
Allgemeine Verwaltungsangelegenheiten
Rats- und Verwaltungsbeauftragte
Controlling, Finanzbuchhaltung, Kämmerei
Einrichtungen für die gesamte Verwaltung
Einrichtungen für Verwaltungsangehörige
Örtliche Rechnungsprüfung
Angelegenheiten der unteren staatlichen Verwaltungsbehörde

02 Sicherheit und Ordnung
Statistische Angelegenheiten
Aufgaben bei der Durchführung von Wahlen und Abstimmungen
Öffentliche Ordnungsangelegenheiten
Brandschutz
Rettungsdienst
Abwehr von Großschadensereignissen

03 Schulträgeraufgaben
Grundschulen
Hauptschulen
Realschulen, Abendrealschulen als Weiterbildungskolleg
Gymnasien, Abendgymnasien als Weiterbildungskolleg
Kollegs
Gesamtschulen
Förderschulen
Berufskollegs in Form von Berufsschule, Berufsfachschule, Fachschule, Fachoberschule
Schülerbeförderung
Fördermaßnahmen für einzelne Schüler
schulartenübergreifende Maßnahmen
Sonstige schulische Einrichtungen der Allgemeinbildung

04 Kultur und Wissenschaft
Museen, Sammlungen, sonstige Kultureinrichtungen
Theater
Musikpflege, Musikschulen
Heimatpflege
Sonstige Kulturpflege
Förderung von wissenschaftlichen Einrichtungen

05 Soziale Leistungen
Grundversorgung an natürliche Personen
Soziale Einrichtungen
Sonstige soziale Leistungen

06 Kinder-, Jugend- und Familienhilfe
Förderung von Kindern und Jugendlichen
Förderung der Erziehung in der Familie
Adoptionsvermittlung
Tageseinrichtungen für Kinder

Einrichtungen der Jugendarbeit
Sonstige Einrichtungen zur Förderung junger Menschen und Familien

07 **Gesundheitsdienste**
Krankenhäuser, Kliniken
Sonstige Gesundheitseinrichtungen
Gesundheitsschutz und -pflege

08 **Sportförderung**
Allgemeine Förderung des Sports
Sportstätten und Bäder

09 **Räumliche Planung und Entwicklung, Geoinformationen**
Räumliche Planungs- und Entwicklungsmaßnahmen
Geoinformationen

10 **Bauen und Wohnen**
Bau- und Grundstücksordnung
Wohnungsbauförderung
Denkmalschutz und -pflege

11 **Ver- und Entsorgung**
Elektrizitäts-, Gas-, Wasser-, Fernwärmeversorgung
Abfallwirtschaft
Abwasserbeseitigung

12 **Verkehrsflächen und -anlagen, ÖPNV**
Durchführung von Bau- und Unterhaltungsaufgaben bei Straßen
Winterdienst
Verkehrssicherungsanlagen
Straßenreinigung
Parkeinrichtungen
ÖPNV
Sonstiger Personen- und Güterverkehr

13 **Natur- und Landschaftspflege**
Öffentliches Grün, Landschaftsbau
Öffentliche Gewässer, Wasserbauliche Anlagen
Friedhofs- und Bestattungswesen
Land- und Forstwirtschaft

14 **Umweltschutz**
Umweltschutzmaßnahmen
Umweltschutzbeauftragte

15 **Wirtschaft und Tourismus**
Wirtschaftsförderung
Allgemeine Einrichtungen und Unternehmen
Tourismus

16 **Allgemeine Finanzwirtschaft**
Steuern
Allgemeine Zuweisungen, allgemeine Umlagen
Sonstige allgemeine Finanzwirtschaft

17 **Stiftungen**

(Anlage 7)

Gliederung des örtlichen Haushaltsplans
Gliederungsvarianten

1. Gliederung nach Produktbereichen
Der kommunale Haushaltsplan ist in produktorientierte Teilpläne nach folgenden verbindlichen Produktbereichen und in der ausgewiesenen Reihenfolge zu gliedern:

Produktbereiche		
01 Innere Verwaltung 02 Sicherheit und Ordnung 03 Schulträgeraufgaben 04 Kultur und Wissenschaft 05 Soziale Leistungen 06 Kinder-, Jugend- und Familienhilfe	07 Gesundheitsdienste 08 Sportförderung 09 Räumliche Planung und Entwicklung, Geoinformationen 10 Bauen und Wohnen 11 Ver- und Entsorgung 12 Verkehrsflächen und -anlagen, ÖPNV	13 Natur- und Landschaftspflege 14 Umweltschutz 15 Wirtschaft und Tourismus 16 Allgemeine Finanzwirtschaft 17 Stiftungen

Abbildung 1

Innerhalb der Grenzen dieser Produktbereiche können Teilpläne auch nach Produktgruppen oder nach Produkten aufgestellt werden. Es bleibt dabei jeder Kommune überlassen, ob sie im Haushaltsplan lediglich eine weitere Gliederungsebene darstellen (Produktgruppen) oder tiefer untergliedern (Produkte) will. Teilpläne unterhalb der Produktbereichsebene können auch nach örtlichen Verantwortungsbereichen aufgestellt werden. Auch diese Teilpläne können in Produktgruppen oder Produkte untergliedert werden.

Die Aufzählung der Produktbereiche folgt der Abstimmung der Länder, erleichtert die Sortierung der Produktbereiche sowie die Zuordnung der Produktgruppen und Produkte zu den Produktbereichen.

2. Produktorientierte Untergliederung der Produktbereiche:
Die Kommune kann unterhalb der Ebene der verbindlich vorgegebenen Produktbereiche nach ihren eigenen Bedürfnissen diese Teilpläne untergliedern:

2.1 Die Kommune kann eigene Produktgruppen und Produkte bilden (Beispiel):

Verbindliche Produktbereiche*	Eigene Produktgruppen	Eigene Produkte
01 Innere Verwaltung ... 03 Schulträgeraufgaben ... 05 Soziale Leistungen ... 07 Gesundheitsdienste ... 09 Räumliche Planung und Entwicklung, Geoinformationen ... 16 Allgemeine Finanzwirtschaft ...	Bildung von Produktgruppen nach den örtlichen Bedürfnissen	Bildung von Produkten nach den örtlichen Bedürfnissen

* Vollständige Abbildung siehe Abbildung 1

2.2 Die Kommune kann den Empfehlungen Dritter folgen:

2.2.1 Empfehlungen der NKF-Modellkommunen (Beispiel):

Verbindliche Produktbereiche*	Produktgruppen nach NKF *(Auszug)*	Produkte nach NKF *(Auszug)*
01 Innere Verwaltung	08 Personalmanagement	01 Personalsteuerung
...	...	...
03 Schulträgeraufgaben	04 Schulaufsicht	04 Nichtschülerprüfung
...	...	...
05 Soziale Leistungen	01 Unterst. von Senioren	02 Altenarbeit
...	...	...
07 Gesundheitsdienste	03 Gesundheitshilfe	04 Sucht- und Drogenhilfe
...	...	...
09 Räumliche Planung und Entwicklung, Geoinformationen	01 Räumliche Planung	02 Flächennutzungsplan
...	...	...
16 Allgemeine Finanzwirtschaft	01 Allgemeine Finanzwirtschaft	

* *Vollständige Abbildung siehe Abbildung 1*

2.2.2 Empfehlungen der Länder für die Finanzstatistik (Beispiel):

Verbindliche Produktbereiche*	Produktgruppen für die Finanzstatistik *(Auszug)*	Produkte
01 Innere Verwaltung	111 Vw.steuerung und Service	
...	...	
03 Schulträgeraufgaben	211 Grundschulen	
...	...	
05 Soziale Leistungen	315 Soziale Einrichtungen	**Bildung von Produkten nach den örtlichen Bedürfnissen**
...	...	
07 Gesundheitsdienste	412 Gesundheitseinrichtungen	
...	...	
09 Räumliche Planung und Entwicklung, Geoinformationen	511 Räumliche Planung- und Entwicklungsmaßnahmen	
...	...	
16 Allgemeine Finanzwirtschaft	612 Sonst. allg. Finanzwirtschaft	
...		

* *Vollständige Abbildung siehe Abbildung 1*

Die finanzstatistisch erforderlichen Produktgruppen, zu denen Zahlungsarten mit Beträgen zuzuordnen und im Rahmen der Meldepflichten zur Finanzstatistik zu erfassen sind, werden auf der Grundlage des Finanz- und Personalstatistikgesetzes bekannt gegeben.

3. Organisationsbezogene Untergliederung der Produktbereiche (Beispiel):

Die Kommune kann die Teilpläne nach Produktbereichen weiter nach organisatorischen Gesichtspunkten untergliedern (Beispiel):

	Verbindliche Produktbereiche*	
01 Innere Verwaltung ... 03 Schulträgeraufgaben ...	05 Soziale Hilfen ... 07 Gesundheitsdienste	09 Räumliche Planung und Entwicklung, Geoinformationen ... 16 Allgemeine Finanzwirtschaft
Örtliche Organisation *(Beispiel)*		
Fachbereich 1	**Fachbereich 2**	**Fachbereich 3**
Hauptamt	Schulverwaltungsamt	Planungsamt
Amt für Finanzwesen	Kulturamt	Bauamt
Ordnungsamt	Sozialamt	Umweltamt
Rechnungsprüfungsamt	Jugendamt	

* Vollständige Abbildung siehe Abbildung 1

Es bleibt der Kommune überlassen, ob sie eine oder mehrere Organisationsebenen im Haushaltsplan abbildet. Diesen Organisationsebenen können Produktgruppen oder Produkte zugeordnet werden.

4. Abbildung der Produktbereiche bei Untergliederungen

Die verbindlichen Produktbereiche sind den o.a. möglichen Untergliederungen der Produktbereichsebene voranzustellen. Dabei ist es dann ausreichend, wenn im jeweiligen Teilergebnisplan des Produktbereiches die Summen der Erträge und der Aufwendungen und im jeweiligen Teilfinanzplan die Summen der Einzahlungen und der Auszahlungen für Investitionen ausgewiesen werden.

Die Kommune muss durch ihre Produktbildung sicherstellen, dass bei einer Untergliederung der Produktbereichsebene auch die Produktbereiche ordnungsgemäß im Haushaltsplan ausgewiesen werden.

(Anlage 8)

Muster über den Aufbau von Teilplänen für den kommunalen Haushaltsplan

1. Gestaltung der Teilpläne

In den Teilplänen des kommunalen Haushalts werden auf der Grundlage des § 4 KomHVO im Wesentlichen die folgenden Informationen gegeben:
- Erläuterungen zum Produktbereich, den Produktgruppen mit den beschriebenen Produkten,
- die Ziele und Kennzahlen zur Messung der Zielerreichung,
- ggf. Auszüge aus der Stellenübersicht,
- Aufwendungen und Erträge, ggf. einschließlich der Erträge und Aufwendungen aus den internen Leistungsbeziehungen (im Teilergebnisplan),
- investive Einzahlungen und Auszahlungen (= Teilfinanzplan) mit der Übersicht einzelner Maßnahmen bei Investitionen oberhalb der vom Vertretungsorgan festgelegten Wertgrenzen.

Zusätzlich können weitere ergänzende Angaben gemacht werden:
- spezielle Bewirtschaftungsregeln,
- Erläuterungen zu den Haushaltspositionen,
- quantitative und qualitative Leistungsmengen, soweit sie zielbezogen und steuerungsrelevant sind,
- Daten über die örtlichen Verhältnisse, z.B. zur Verwaltungsorganisation, der Verantwortlichkeiten, der Auftragsgrundlage, den Zielgruppen, der Wettbewerbssituation etc.

Die Angaben können in Textform oder Graphiken aufbereitet und in besonderen Feldern in den betreffenden Teilplänen dargestellt werden, soweit keine Verbindlichkeit für einzelne Bereiche besteht. Im Haushaltsplan sollten die Teilpläne gleichartig gestaltet sein.

2. Gliederung der Teilpläne

Das Muster zeigt eine Möglichkeit der Gliederung des Teilplanes anhand eines Produktbereiches schematisch auf. Darin enthaltene Bezeichnungen sollen lediglich den Aufbau des Teilplanes verdeutlichen. Die konkrete Ausgestaltung nach den örtlichen Bedürfnissen muss durch jede Kommune selbst erfolgen.

VV Muster zur GO NRW und KomHVO NRW

Haushaltsplan ...	Fachliche Zuständigkeit: Frau/Herr

Gesundheitsdienste
Produktbereich 07

Inhalte des Produktbereiches

Beschreibung und Zielsetzung:
Zielgruppe(n):
Besonderheiten im Haushaltsjahr:

Produktbereichsübersicht

Produktgruppen mit
- den wesentlichen beschriebenen Produkten:
- den einzelnen Zielen:
- den Kennzahlen zur Messung der Zielerreichung:

(Die Kennzahlen und ggf. die Leistungsmengen sollen nach Arten und möglichst entsprechend der Zeitreihe nach § 1 Abs. 3 KomHVO gegliedert werden.)

Personaleinsatz

(Die Angaben zum eingesetzten Personal - Auszug aus der Stellenübersicht nach § 8 KomHVO - sollen nach Beschäftigungsverhältnissen gegliedert werden. Diese Abbildung kann durch Angaben in einer Zeitreihe nach § 1 Abs. 3 KomHVO ergänzt werden.)

Teilergebnisplan

	Haushalts-positionen	Vor-vor-jahr	Vor-jahr	**Haus-halts-jahr**	Plan-Jahr (Hj +1)	Plan-Jahr (Hj +2)	Plan-Jahr (Hj +3)

(Der Teilergebnisplan muss die in § 2 vorgegebene Mindestgliederung enthalten (vgl. Nr. 1.2.7 des Erlasses sowie Anlage 9).

Teilfinanzplan

	Haushalts-positionen	Vor-vor-jahr	Vor-jahr	**Haus-halts-jahr**	Plan-Jahr (Hj +1)	Plan-Jahr (Hj +2)	Plan-Jahr (Hj +3)

(Der Teilfinanzplan muss die in § 3 vorgegebene Mindestgliederung enthalten (vgl. Nr. 1.2.8 des Erlasses sowie Anlagen 10 A und 10 B).

Bewirtschaftungsregelungen	Für den Teilergebnisplan: Für den Teilfinanzplan: Sonstiges:
Erläuterungen zu den Haushaltspositionen	Für den Teilergebnisplan: Für den Teilfinanzplan: Sonstiges:

Sonstige Daten über örtliche Verhältnisse

(Anlage 9)

Teilergebnisplan

Ertrags- und Aufwandsarten	Ergebnis des Vorvorjahres EUR	Ansatz des Vorjahres EUR	Ansatz des Haushaltsjahres EUR	Planung Haushaltsjahr +1 EUR	Planung Haushaltsjahr +2 EUR	Planung Haushaltsjahr +3 EUR
	1	2	3	4	5	6
1 ↓ 9 *Ertragsarten wie im Ergebnisplan*						
10 = **Ordentliche Erträge**						
11 ↓ 16 *Aufwandsarten wie im Ergebnisplan*						
17 = **Ordentliche Aufwendungen**						
18 = **Ordentliches Ergebnis** (= Zeilen 10 und 17)						
19 20 Arten wie im Ergebnisplan						
21 = **Finanzergebnis** (= Zeilen 19 und 20)						
22 = **Ergebnis der laufenden Verwaltungstätigkeit** (= Zeilen 18 und 21)						
23 + Außerordentliche Erträge						
24 - Außerordentliche Aufwendungen						
25 = **Außerordentliches Ergebnis** (= Zeilen 23 und 24)						
26 = **Ergebnis** - vor Berücksichtigung der internen Leistungsbeziehungen - (= Zeilen 22 und 25)						
27 + Erträge aus internen Leistungsbeziehungen						
28 - Aufwendungen aus internen Leistungsbeziehungen						
29 = **Teilergebnis** (= Zeilen 26, 27, 28)						
30 - globaler Minderaufwand						
31 = **Teilergebnis nach Abzug globaler Minderaufwand** (= Zeilen 29 und 30)						

Der Ausweis eines globalen Minderaufwands in den Zeilen 30 und 31 kann entfallen.

(Anlage 10 A)

Teilfinanzplan
A. Zahlungsübersicht

Einzahlungs- und Auszahlungsarten	Ergebnis des Vorvorjahres EUR	Ansatz des Vorjahres EUR	Ansatz des Haushaltsjahres EUR	Verpflichtungsermächtigungen EUR	Planung Haushaltsjahr +1 EUR	Planung Haushaltsjahr +2 EUR	Planung Haushaltsjahr +3 EUR
	1	2	3	4	5	6	7
Laufende Verwaltungstätigkeit *(Einzahlungen und Auszahlungen nach Arten können wie im Finanzplan abgebildet werden.)*							
Investitionstätigkeit							
Einzahlungen							
1 aus Zuwendungen für Investitionsmaßnahmen							
2 aus der Veräußerung von Sachanlagen							
3 aus der Veräußerung von Finanzanlagen							
4 aus Beiträgen u. ä. Entgelten							
5 Sonstige Investitionseinzahlungen							
6 **Summe:** (invest. Einzahlungen)							
Auszahlungen							
7 für den Erwerb von Grundstücken und Gebäuden							
8 für Baumaßnahmen							
9 für den Erwerb von beweglichem Anlagevermögen							
10 für den Erwerb von Finanzanlagen							
11 von aktivierbaren Zuwendungen							
12 Sonstige Investitionsauszahlungen							
13 **Summe:** (invest. Auszahlungen)							
14 **Saldo:** der Investitionstätigkeit (Einzahlungen ./. Auszahlungen)							

Fußnote: Zu den Verpflichtungsermächtigungen in Spalte 4 ist anzugeben, wie sich die Belastung auf die folgenden Jahre verteilt.

(Anlage 10 B)

Teilfinanzplan
B. Planung einzelner Investitionsmaßnahmen

Investitions- maßnahmen	Ergeb- nis des Vor- vor- jahres EUR 1	Ansatz des Vor- jahres EUR 2	Ansatz des Haus- halts- jahres EUR 3	Ver- pflich- tungs- er- mäch- tigun- gen EUR 4	Pla- nung Haus- halts- jahr + 1 EUR 5	Pla- nung Haus- halts- jahr + 2 EUR 6	Pla- nung Haus- halts- jahr + 3 EUR 7	Bisher bereit- gestellt (ein- schl. Sp. 2) EUR 8	Gesamt- einzah- lungen/ -aus- zahlun- gen EUR 9
Investitionsmaßnahmen oberhalb der festgesetzten Wertgrenzen									
Maßnahme: ... + Einzahlungen aus Investitionszuwendungen - Auszahlungen für den Erwerb von Grundstücken und Gebäuden - Auszahlungen für Baumaßnahmen									
Saldo: (Einzahlungen ./. Auszahlungen)									
Weitere Maßnahmen: (Gliederung wie oben)									

Investitionsmaßnahmen unterhalb der festgesetzten Wertgrenzen									
Summe der investiven Einzahlungen									
Summe der investiven Auszahlungen									
Saldo: (Einzahlungen ./. Auszahlungen)									

Fußnote: Zu den Verpflichtungsermächtigungen in Spalte 4 ist anzugeben, wie sich die Belastung auf die folgenden Jahre verteilt.

(Anlage 11 A)

Stellenplan
Teil A: Beamte
- Kommunalverwaltung[1] / Sondervermögen mit Sonderrechnung[1] -

Wahlbeamte und Laufbahngruppen[2]	Besoldungsgruppe	Zahl der Stellen ...[3]		Zahl der Stellen ...[5]	Zahl der tatsächlich besetzten Stellen am 30.06. ...[5]	Erläuterungen
		insgesamt	davon ausgesondert[4]			
1	2	3	4	5	6	7
Insgesamt						

Fußnoten:
1) Für Kommunalverwaltung und für jedes Sondervermögen sind jeweils gesonderte Stellenpläne aufzustellen (gilt auch für Tarifbeschäftigte).
2) Die Angabe der Amtsbezeichnung wird freigestellt.
3) Einzusetzen ist das Haushaltsjahr.
4) Zahl der Stellen, die vor der Berechnung der Stellenanteile nach § 27 LBesG NRW ausgesondert wurden.
5) Einzusetzen ist das Vorjahr.

(Anlage 11 B)

Stellenplan
Teil B: Tarifbeschäftigte

Entgeltgruppe/ Sondertarif	Zahl der Stellen ... [1]	Zahl der Stellen ... [2]	Zahl der tatsächlich besetzten Stellen am 30.06. .... [2]	Erläuterungen
1	2	3	4	5

Fußnoten:
1) *Einzusetzen ist das Haushaltsjahr.*
2) *Einzusetzen ist das Vorjahr.*

(Anlage 12 A 1)

Stellenübersicht
Teil A: Aufteilung nach der Haushaltsgliederung
- Beamtinnen und Beamte -

Produkt-bereich	Bezeichnung	Wahl-beamte	Laufbahn-gruppe 2, zweites Einstiegsamt	Laufbahn-gruppe 2, erstes Einstiegsamt	Laufbahn-gruppe 1, zweites Einstiegsamt	Erläuterungen
		B 11 →	B 2 →	A 13 →	A 9 →	
1	2	3	4	5	6	7

(Anlage 12 A 2)

Stellenübersicht
Teil A: Aufteilung nach der Haushaltsgliederung
- Tarifbeschäftigte -

Produkt-bereich	Bezeichnung	...¹⁾
1	2	3

Fußnote:
1) Einteilung der Kopfspalte nach den Entgeltgruppen.

(Anlage 12 B)

Stellenübersicht
Teil B: Dienstkräfte in der Ausbildungszeit
- Nachwuchskräfte und informatorisch beschäftigte Dienstkräfte -

Bezeichnung	Art der Vergütung	Vorgesehen für ...¹⁾	Beschäftigt am 01.10. ...²⁾	Erläuterungen
1	2	3	4	5
Inspektoranwärterinnen/ Inspektoranwärter	Anwärterbezüge			
Verwaltungspraktikantinnen/ Verwaltungspraktikanten	Unterhaltszuschuss /-beihilfe			
Auszubildende	Ausbildungsvergütung			
Praktikantinnen/ Praktikanten	fester Satz			
Insgesamt				

Fußnoten:
1) Einzusetzen ist das Haushaltsjahr.
2) Einzusetzen ist das Vorjahr.

(Anlage 13 A)

Zuwendungen an Fraktionen, Gruppen und einzelne Ratsmitglieder
Teil A: Geldleistungen

Nr.	Fraktion, Gruppe, einzelnes Ratsmitglied	Im Haushaltsplan enthalten		Ergebnis aus Jahresabschluss	Erläuterungen [4]
		... [1] EUR	... [2] EUR	... [3] EUR	
1	2	3	4	5	6

Fußnoten:
1) *Haushaltsjahr*
2) *Vorjahr*
3) *Vorvorjahr*
4) *Spalte 6 kann entfallen, wenn die Erläuterungen an anderer Stelle stehen*

(Anlage 13 B)

Zuwendungen an Fraktionen, Gruppen und einzelne Ratsmitglieder
Teil B: Geldwerte Leistungen

Fraktion, Gruppe, Ratsmitglied:

Zweckbestimmung	Geldwert			Erläuterungen
	Haushaltsjahr ... EUR	Vorjahr ... EUR	mehr (+) weniger (-) EUR	
1	2	3	4	5
1. Gestellung von Personal der kommunalen Körperschaft für die Fraktionsarbeit				
1.1 für die Sicherung des Informationsaustauschs, organisatorische Arbeiten und sonstige Dienste (Geschäftsstellenbetrieb)				
1.2 für Sachgebiete der Fraktionsarbeit (Fraktionsassistenten)				
1.3 für Fahrer von Dienstfahrzeugen				
2. Bereitstellung von Fahrzeugen				
3. Bereitstellung von Räumen				
3.1 für die Fraktionsgeschäftsstelle				
3.2 dauernd oder bedarfsweise für die Durchführung von Fraktionssitzungen				
4. Bereitstellung einer Büroausstattung				
4.1 Büromöbel und -maschinen				
4.2 sonstiges Büromaterial				
5. Übernahme laufender oder einmaliger Kosten für				
5.1 bereitgestellte Räume (Heizung, Reinigung, Beleuchtung)				
5.2 Fachliteratur und -zeitschriften				
5.3 Telefon, Telefax, Datenübertragungsleitungen				
5.4 Rechnerzeiten auf zentraler ADV-Anlage				
6. Sonstiges				

(Anlage 14)

Übersicht
über den voraussichtlichen Stand der Verbindlichkeiten

Art	Stand am Ende des Vorvorjahres ... TEUR	Voraussichtlicher Stand zu Beginn des Haushaltsjahres ... TEUR	Voraussichtlicher Stand zum Ende des Haushaltsjahres ... TEUR
	1	2	3
(Untergliederung wie im Verbindlichkeitenspiegel)			

(Anlage 15)

Übersicht
über die aus Verpflichtungsermächtigungen
voraussichtlich fällig werdenden Auszahlungen

Verpflichtungs-ermächtigungen im Haushaltsplan des Jahres: ...[1]	Voraussichtlich fällige Auszahlungen[2]			Folgejahre
	... TEUR	... TEUR	... TEUR	TEUR
1	2	3	4	5	6
Summe					

Gemäß § 1 Abs. 2 Nr. 6 KomHVO NRW ist hier die voraussichtliche Deckung des Zahlungsmittelbedarfs der Folgejahre (Spalte 6) zu erläutern.

Fußnoten:
1) In Spalte 1 sind das Haushaltsjahr und alle früheren Jahre aufzuführen, in denen Verpflichtungsermächtigungen veranschlagt waren, aus deren Inanspruchnahme noch Auszahlungen fällig werden.
2) In der Spalte 2 ist das Haushaltsjahr einzusetzen. In den Spalten 3 ff. sind die dem Haushaltsjahr folgenden Jahre einzusetzen.

(Anlage 16)

NKF-Rahmentabelle
der Gesamtnutzungsdauer für kommunale Vermögensgegenstände

Nr.	Vermögensgegenstand	Nutzung in Jahren
1	**Gebäude und bauliche Anlagen**	
1.01	Abwasserhebe- und -reinigungsanlagen (baulicher Teil)	30 - 40
1.02	Abwasserkanäle	50 - 80
1.03	Auslaufbauwerke einschl. Rechen und Schützen (Bauwerke)	30 - 50
1.04	Baracken, Behelfsbauten	20 - 40
1.05	Einlaufbauwerke einschl. Rechen und Schützen (Bauwerke)	30 - 50
1.06	Feuerwehrgerätehäuser (massiv)	40 - 80
1.07	Feuerwehrgerätehäuser (sonstige Bauweise)	20 - 40
1.08	Freibäder (bauliche Anlagen)	30 - 50
1.09	Garagen (massiv)	40 - 60
1.10	Garagen (sonstige Bauweise)	20 - 40
1.11	Gemeindezentren, Bürgerhäuser, Saalbauten, Vereins-, Jugendheime	40 - 80
1.12	Geschäftshäuser (auch gemischt genutzt mit Wohnungen)	50 - 80
1.13	Hallen (massiv)	40 - 60
1.14	Hallen (sonstige Bauweise)	20 - 40
1.15	Hallenbäder	40 - 70
1.16	Heime, Personal- und Schwestern-, Alten-, Kinder-	40 - 80
1.17	Hochwasserschutzanlagen (dauerhafte), z. B. Deiche	70 - 100
1.18	Industriegebäude, Werkstätten (mit und ohne Sozialtrakt)	40 - 60
1.19	Kapellen, Kirchen	60 - 80
1.20	Kindergärten, Kindertagesstätten	40 - 80
1.21	Krankenhäuser	40 - 60
1.22	Krematorien	50 - 60
1.23	Lager (massiv)	40 - 60
1.24	Lager (sonstige Bauweise)	20 - 40
1.25	Leichenhallen, Trauerhallen	60 - 80
1.26	Parkhäuser, Tiefgaragen	30 - 50
1.27	Pumpenhäuser	20 - 50
1.28	Rettungswachen (massiv)	40 - 80
1.29	Rettungswachen (sonstige Bauweise)	20 - 40
1.30	Schleusen, Wehre (Stahl oder Beton)	40 - 50
1.31	Schleusen, Wehre (sonstige Bauweise)	20 - 30
1.32	Schulgebäude (massiv)	40 - 80
1.33	Schulgebäude (sonstige Bauweise)	20 - 40
1.34	Silobauten (Beton)	28 - 33
1.35	Silobauten (Kunststoff oder Stahl)	17 - 25
1.36	Sportanlagen (nur Sozialgebäude u. a. Funktionsgebäude)	40 - 60
1.37	Straßenabläufe einschl. Anschlusskanäle	50 - 80
1.38	Transformatoren- und Schalthäuser, Trafostationshäuser	20 - 50
1.39	Tunnel	70 - 80
1.40	Verwaltungsgebäude (massiv)	40 - 80
1.41	Verwaltungsgebäude (sonstige Bauweise)	20 - 40

Nr.	Vermögensgegenstand	Nutzung in Jahren
1.42	Wassertürme	40- 50
1.43	Wohncontainer	10 - 20
1.44	Wohnhäuser (auch Mehrfamilienhäuser)	50 - 80
1.45	Gebäudekomponente - Dach	30 – 50
1.46	Gebäudekomponente - Fenster	30 - 50
2	**Straßen, Wege, Plätze (Grundstückseinrichtungen)**	
2.01	Betonmauer, Ziegelmauer	20 - 40
2.02	Brücken (Holzkonstruktion)	20 - 40
2.03	Brücken (Mauerwerk, Beton- oder Stahlkonstruktion, Verbundsystem)	50 - 100
2.04	Gewässerausbau naturnah, offene Gräben	20 - 50
2.05	Kompostdeponie, -plätze	10 - 25
2.06	Löschwasserteiche	20 - 40
2.07	Straßen- und Stadtmobiliar	10 - 30
2.08	Spielplätze, Bolzplätze	10 - 15
2.09	Sportplätze (Rasen- und Hartplätze)	20 - 25
2.10	Straßen (Anlieger-, Hauptverkehrsstraßen) Wege, Plätze, Parkflächen	30 - 60
2.11	Straßenkomponente - Deckschicht	10 - 30
2.12	Straßenkomponente - Unterbau	30 - 80
2.13	Wege, Plätze, Parkflächen (in einfacher Bauart)	10 - 30
3	**Technische Anlagen (Betriebsanlagen)**	
3.01	Abwasserhebe- und -reinigungsanlagen (maschinelle Einrichtungen)	10 - 33
3.02	Alarmgeber, Alarmanlagen	5 - 15
3.03	Aufzüge (mobil), Hublifte, Hebebühnen, Arbeitsbühnen	10 - 25
3.04	Bahnkörper, Gleisanlagen, Gleiseinrichtungen, Weichen	15 - 33
3.05	Baucontainer, Bürocontainer, Transportcontainer	10 - 20
3.06	Beleuchtungsanlagen	20 - 30
3.07	Beschallungsanlagen	5 - 15
3.08	Blockheizkraftwerke (Kraft-Wärmekopplungsanlagen)	10 - 20
3.09	Dampfkessel, Dampfmaschinen, Dampfturbinen, Dampfversorgungsleitungen	10 - 20
3.10	Druckluftanlagen, Kompressoren	5 - 15
3.11	Druckrohrleitungen	20 - 40
3.12	Gasleitungen	40 - 45
3.13	Heiß- und Kaltluftanlagen, Abzugsvorrichtungen, Ventilatoren, Klimaanlagen	10 - 15
3.14	Heizkanäle	40 - 50
3.15	Kabelnetze (auch Rohre, Schächte)	20 - 25
3.16	Leitstellentechnik	5 - 15
3.17	Mess- und Prüfgeräte	8 - 12
3.18	Notstromaggregate, Stromgeneratoren, -umformer, Gleichrichter	15 - 20
3.19	Ozonmessstation, Umweltmessstation	8 - 12
3.20	Photovoltaikanlagen	20 - 25
3.21	Solaranlagen	10 - 15
3.22	Stromverteileranlagen	10 - 15
3.23	Telekommunikationseinrichtungen, Betriebsfunkanlagen, Antennenmasten	10 - 15
3.24	Verkehrsrechner (Verkehrsleitsystem)	10 - 15
3.25	Videoanlagen, Überwachungsanlagen	5 - 15
3.26	Waschanlage, Waschstraße	5 - 15
3.27	Wasseraufbereitungsanlagen, Wasserenthärtungsanlagen, Wasserreinigungsanlagen	10 - 15
3.28	Windkraftanlagen	15 - 20

Nr.	Vermögensgegenstand	Nutzung in Jahren
4	**Maschinen und Geräte**	
4.00	Maschinen und Geräte	5 - 20
	z. B.: Atemschutzgerät, Maskendichtprüfgerät	8 - 12
	z. B.: Bohrhammer, Bohrmaschine	5 - 8
	z. B.: Druckereimaschinen und ähnliches	13 - 15
	z. B.: Fahrkartenverkaufsautomat, Fahrkartenentwerter	8 - 12
	z. B.: medizinisch-technische Geräte	8 - 10
	z. B.: Parkscheinautomat	8 - 12
	z. B.: Spielgeräte (Wippe, Rutsche, Schaukel, Klettergeräte usw.)	8 - 10
5	**Büro- und Geschäftsausstattung**	
5.00	Büro- und Geschäftsausstattung	3 - 20
	z. B. Büromaschinen, Flipcharts, Software	5 - 10
	z. B.: Büromöbel	10 - 20
	z. B.: Computer und Zubehör	3 - 5
	z. B.: Werkstatteinrichtungen	10 - 15
6	**Fahrzeuge**	
6.01	Anhänger, Auflieger	10 - 15
6.02	Bagger, sonstige Baufahrzeuge	8 - 12
6.03	Fahrräder	4 - 8
6.04	Fäkalienwagen, Hochdruckspülwagen u. ä.	8 - 10
6.05	Feuerwehrfahrzeuge, Feuerlöschfahrzeuge, Kraftfahrdrehleiter, Löschboot	15 - 20
6.06	Hubwagen, Gerätewagen	6 - 10
6.07	Kleintransporter, Mannschaftstransportfahrzeuge	6 - 10
6.08	Krankentransportwagen, -fahrzeuge, Notarzteinsatzwagen, Rettungstransportwagen	6 - 8
6.09	Lastkraftwagen, Sattelschlepper, Wechselaufbauten u. ä.	8 – 12
6.10	Lokomotiven, Waggons, Gelenkwagen-Waggons, Kesselwagen	25 – 30
6.11	Motorräder, Motorroller	6 - 10
6.12	Müllentsorgungsfahrzeuge	6 - 10
6.13	Omnibusse	6 - 10
6.14	Personenkraftwagen, Wohnwagen	6 - 10
6.15	Rettungsboot	8 - 12
6.16	Traktoren	8 - 12

Haushaltsrechtlicher NKF – Kontenrahmen (Anlage 17)

Aktiva		Passiva			Ergebnisrechnung		Finanzrechnung		Abschluss	KLR
Kontenklasse 0	Kontenklasse 1	Kontenklasse 2	Kontenklasse 3		Kontenklasse 4	Kontenklasse 5	Kontenklasse 6	Kontenklasse 7	Kontenklasse 8	Kontenklasse 9
Immaterielle Vermögensgegenstände und Sachanlagen	Finanzanlagen, Umlaufvermögen und aktive Rechnungsabgrenzung	Eigenkapital, Sonderposten und Rückstellungen	Verbindlichkeiten und passive Rechnungsabgrenzung		Erträge	Aufwendungen	Einzahlungen	Auszahlungen	Abschlusskonten	Kosten- und Leistungsrechnung
00 ...	10 Anteile an verbundenen Unternehmen	20 Eigenkapital	30 Anleihen		40 Steuern und ähnliche Abgaben	50 Personalaufwendungen	60 Steuern und ähnliche Abgaben	70 Personalauszahlungen	80 Eröffnungs-/Abschlusskonten	90 Kosten- und Leistungsrechnung (KLR)
01 Immaterielle Vermögensgegenstände	11 Beteiligungen	21 Wertberichtigungen *(kein Bilanzausweis)*	31 ...		41 Zuwendungen und allgemeine Umlagen	51 Versorgungsaufwendungen	61 Zuwendungen und allgemeine Umlagen	71 Versorgungsauszahlungen	81 Korrekturkonten	
02 Unbebaute Grundstücke und grundstücksgleiche Rechte	12 Sondervermögen	22 ...	32 Verbindlichkeiten aus Krediten für Investitionen		42 Sonstige Transfererträge	52 Aufwendungen für Sach- und Dienstleistungen	62 Sonstige Transfereinzahlungen	72 Auszahlungen für Sach- und Dienstleistungen	82 Kurzfristige Erfolgsrechnung	Die Ausgestaltung der KLR ist von jeder Kommune selbst festzulegen.
03 Bebaute Grundstücke und grundstücksgleiche Rechte	13 Ausleihungen	23 Sonderposten	33 Verbindlichkeiten aus Krediten zur Liquiditätssicherung		43 Öffentlich-rechtliche Leistungsentgelte	53 Transferaufwendungen	63 Öffentlich-rechtliche Leistungsentgelte	73 Transferauszahlungen		
04 Infrastrukturvermögen	14 Wertpapiere	24 ...	34 Verbindlichkeiten aus Vorgängen, die der Kreditaufnahme wirtschaftlich gleichkommen		44 Privatrechtliche Leistungsentgelte, Kostenerstattungen und Kostenumlagen	54 Sonstige ordentliche Aufwendungen	64 Privatrechtliche Leistungsentgelte, Kostenerstattungen und Kostenumlagen	74 Sonstige Auszahlungen aus laufender Verwaltungstätigkeit		
05 Bauten auf fremdem Grund und Boden	15 Vorräte	25 Pensionsrückstellungen	35 Verbindlichkeiten aus Lieferungen und Leistungen		45 Sonstige ordentliche Erträge	55 Zinsen und sonstige Finanzaufwendungen	65 Sonstige Einzahlungen aus laufender Verwaltungstätigkeit	75 Zinsen und sonstige Finanzauszahlungen		
06 Kunstgegenstände, Kulturdenkmäler	16 Öffentlich-rechtliche Forderungen und Forderungen aus Transferleistungen	26 Rückstellungen für Deponien und Altlasten	36 Verbindlichkeiten aus Transferleistungen		46 Finanzerträge	56 ...	66 Zinsen und sonstige Finanzeinzahlungen	76 ...		
07 Maschinen und technische Anlagen, Fahrzeuge	17 Privatrechtliche Forderungen, sonstige Vermögensgegenstände	27 Instandhaltungsrückstellungen	37 Sonstige Verbindlichkeiten		47 Aktivierte Eigenleistungen, Bestandsveränderungen	57 Bilanzielle Abschreibungen	67 ...	77 ...		
08 Betriebs- und Geschäftsausstattung	18 Liquide Mittel	28 Sonstige Rückstellungen	38 Erhaltene Anzahlungen		48 Erträge aus internen Leistungsbeziehungen	58 Aufwendungen aus internen Leistungsbeziehungen	68 Einzahlungen aus Investitionstätigkeit	78 Auszahlungen aus Investitionstätigkeit		
09 Geleistete Anzahlungen, Anlagen im Bau	19 Aktive Rechnungsabgrenzung	29 ...	39 Passive Rechnungsabgrenzung		49 Außerordentliche Erträge	59 Außerordentliche Aufwendungen	69 Einzahlungen aus Finanzierungstätigkeit	79 Auszahlungen aus Finanzierungstätigkeit		

(Anlage 18)

Zuordnungsvorschriften
zum kommunalen haushaltsrechtlichen Kontenrahmen
(Kommunaler Kontierungsplan)

In der kommunalen Finanzbuchhaltung sind die Geschäftsvorfälle auf der Grundlage des Kontenrahmens nach den folgenden Zuordnungen im Rahmen der Buchungen zu kontieren:

0   Immaterielle Vermögensgegenstände und Sachanlagen

01 Immaterielle Vermögensgegenstände
Konzessionen
Lizenzen
DV-Software
(Hier sind nur Vermögensgegenstände des Anlagevermögens, die entgeltlich erworben oder nicht selbst hergestellt wurden, zu erfassen.)

02 Unbebaute Grundstücke und grundstücksgleiche Rechte
Grünflächen
   (Erholungsflächen als Parkanlagen oder sonstige Freizeit- und Erholungsflächen)
Ackerland
   (landwirtschaftlich oder gartenbaulich genutzte Flächen)
Wald, Forsten
Sonstige unbebaute Grundstücke
(Bei den einzelnen Posten sollen Grund und Boden, Aufbauten und Betriebsvorrichtungen getrennt erfasst werden.)

03 Bebaute Grundstücke und grundstücksgleiche Rechte
Grundstücke mit Kinder- und Jugendeinrichtungen
Grundstücke mit Schulen
Grundstücke mit Wohnbauten
Grundstücke mit sonstigen Dienst-, Geschäfts- und Betriebsgebäuden
(Bei den einzelnen Posten sollen Grund und Boden, Aufbauten und Betriebsvorrichtungen getrennt erfasst werden.)

04 Infrastrukturvermögen
Grund und Boden des Infrastrukturvermögens
   (Unbebaute Grundstücke sowie Grund und Boden von bebauten Grundstücken)
Brücken und Tunnel
Gleisanlagen mit Streckenausrüstung und Sicherheitsanlagen
Entwässerungs- und Abwasserbeseitigungsanlagen
   (Kläranlagen, Abwasserkanäle, Stauraumkanäle, Regenrückhaltebecken, Regenwasserbehandlungsanlagen, öffentliche Toiletten)
Straßennetz mit Wegen, Plätzen und Verkehrslenkungsanlagen
Sonstige Bauten des Infrastrukturvermögens
   (Strom-, Gas-, Wasserleitungen und dazu gehörige Anlagen, wasserbauliche Anlagen)

05 Bauten auf fremdem Grund und Boden

06 Kunstgegenstände, Kulturdenkmäler
Gemälde, Skulpturen, Antiquitäten usw.
Baudenkmäler, Bodendenkmäler, sonstige Kulturdenkmäler

07 Maschinen und technische Anlagen, Fahrzeuge

08 Betriebs- und Geschäftsausstattung
Einrichtungsgegenstände von Büros und Werkstätten, Werkzeuge u. a.

09 Geleistete Anzahlungen, Anlagen im Bau

VV Muster zur GO NRW und KomHVO NRW

1 Finanzanlagen, Umlaufvermögen und aktive Rechnungsabgrenzung

10 Anteile an verbundenen Unternehmen

11 Beteiligungen
(Sofern sie nicht zu den verbundenen Unternehmen gehören)
Anteile an Kapitalgesellschaften (auch Gemeinnützige Gesellschaften)
Anstalten des öffentlichen Rechts
Anteile an sonstigen juristischen Personen, z. B. Zweckverbände
Rechtlich selbstständige Stiftungen
Beteiligungen an Personengesellschaften

12 Sondervermögen
Sondervermögen nach § 97 GO NRW

13 Ausleihungen
Ausleihungen
- an verbundene Unternehmen
- an Beteiligungen
- an Sondervermögen
Anteile an Genossenschaft sind als "Sonstige Ausleihungen" anzusetzen

14 Wertpapiere
Wertpapiere in Form von Unternehmensanteilen
Sonstige Wertpapiere
(In der Bilanz getrennt bei Anlage- oder Umlaufvermögen anzusetzen.)

15 Vorräte
Rohstoffe/Fertigungsmaterial
Hilfsstoffe, Betriebsstoffe
Waren
Unfertige/fertige Erzeugnisse, unfertige Leistungen
Zu veräußernde Bau- und Gewerbegrundstücke
Geleistete Anzahlungen auf Vorräte
Sonstige Vorräte

16 Öffentlich-rechtliche Forderungen und Forderungen aus Transferleistungen
Gebührenforderungen
Beitragsforderungen
Steuerforderungen
Forderungen aus Transferleistungen
Sonstige öffentlich-rechtliche Forderungen

17 Privatrechtliche Forderungen, sonstige Vermögensgegenstände
Privatrechtliche Forderungen
- gegenüber dem privaten Bereich
- gegenüber dem öffentlichen Bereich
- gegen verbundene Unternehmen
- gegen Beteiligungen
- gegen Sondervermögen
Sonstige Vermögensgegenstände

18 Liquide Mittel
Guthaben bei Banken, Kreditinstituten, der Bundesbank, der Europäischen Zentralbank u. a.
Entgegennahme von Schecks
Kassenbestand in Form von Bargeld

19 Aktive Rechnungsabgrenzung (RAP)
Ausgaben für andere Haushaltsjahre
Kreditbeschaffungskosten
Zölle und Verbrauchssteuern
Umsatzsteuer auf erhaltene Anzahlungen
Geleistete Zuwendungen mit Gegenleistungsverpflichtung

2 Eigenkapital, Sonderposten und Rückstellungen

20 Eigenkapital
Allgemeine Rücklage
Sonderrücklage
Ausgleichsrücklage
Jahresüberschuss/Jahresfehlbetrag

21 Wertberichtigungen
Einzelwert- und Pauschalwertberichtigungen zu Forderungen
(kein Bilanzausweis)

22 *(nicht belegt)*

23 Sonderposten
Sonderposten aus Zuwendungen
Sonderposten aus Beiträgen
Sonderposten für den Gebührenausgleich
Sonstige Sonderposten

24 *(nicht belegt)*

25 Pensionsrückstellungen
 - für Beschäftigte
 - für Versorgungsempfänger

26 Rückstellungen für Deponien und Altlasten

27 Instandhaltungsrückstellungen
für unterlassene Instandhaltung u. a.

28 Sonstige Rückstellungen
 - für nicht in Anspruch genommenen Urlaub
 - für Arbeitszeitguthaben
 - für die Aufbewahrung von Unterlagen
 - für die Inanspruchnahme von Altersteilzeit

29 *(nicht belegt)*

3 Verbindlichkeiten und passive Rechnungsabgrenzung

30 Anleihen
konvertible und nicht konvertible

31 *(nicht belegt)*

32 Verbindlichkeiten aus Krediten für Investitionen
- von verbundenen Unternehmen
- von Beteiligungen
- von Sondervermögen
- vom öffentlichen Bereich
- von Kreditinstituten

33 Verbindlichkeiten aus Krediten zur Liquiditätssicherung
- vom öffentlichen Bereich
- von Kreditinstituten

34 Verbindlichkeiten aus Vorgängen, die Kreditaufnahmen wirtschaftlich gleichkommen
Schuldübernahmen
Leibrentenverträge
Verträge über die Durchführung städtebaulicher Maßnahmen
Gewährung von Schuldendiensthilfen an Dritte
Leasingverträge
Restkaufgelder im Zusammenhang mit Grundstücksgeschäften
Sonstige Kreditaufnahmen gleichkommende Vorgänge

35 Verbindlichkeiten aus Lieferungen und Leistungen
- gegen verbundene Unternehmen
- gegen Beteiligungen
- gegen Sondervermögen
- gegen den öffentlichen Bereich
- gegen den privaten Bereich
- im Ausland

36 Verbindlichkeiten aus Transferleistungen
- gegen verbundene Unternehmen
- gegen Beteiligungen
- gegen Sondervermögen
- gegen den öffentlichen Bereich
- gegen übrige Bereiche

37 Sonstige Verbindlichkeiten
Steuerverbindlichkeiten aus den Steuerarten
- gegenüber Sozialversicherungsträgern
- gegenüber Mitarbeitern, Organmitgliedern und Gesellschaftern

38 Erhaltene Anzahlungen
Erhaltene Anzahlungen

39 Passive Rechnungsabgrenzung (RAP)
Einnahmen für andere Haushaltsjahre
Erhaltene Zuwendungen für Dritte

4 Erträge

40 Steuern und ähnliche Abgaben
Realsteuern als Grundsteuer A, Grundsteuer B, Gewerbesteuer
Gemeindeanteile an Gemeinschaftssteuern, ... an der Einkommensteuer, ... an der Umsatzsteuer,
Andere Steuern, z. B. Vergnügungssteuer, Hundesteuer, Jagdsteuer, Zweitwohnungssteuer
Steuerähnliche Einnahmen, z. B. Fremdenverkehrsabgaben, Abgaben von Spielbanken u. a.
Ausgleichsleistungen nach dem Familienleistungsausgleich
Ausgleichsleistungen wegen der Umsetzung der Grundsicherung für Arbeitsuchende

41 Zuwendungen und allgemeine Umlagen
Zuwendungen
> *(Unter Zuwendungen werden Zuweisungen und Zuschüsse erfasst. Zuweisungen sind Übertragungen finanzieller Mittel zwischen Gebietskörperschaften und Zuschüsse sind Übertragungen vom unternehmerischen und übrigen Bereich an Kommunen.)*

VV Muster zur GO NRW und KomHVO NRW

Schlüsselzuweisungen vom Land
Bedarfszuweisungen vom Land, von Gemeinden, Gemeindeverbänden (GV)
Allgemeine Zuweisungen vom Bund, vom Land, von Gemeinden (GV)
Zuweisungen und Zuschüsse für laufende Zwecke
Erträge aus der Auflösung von Sonderposten
Allgemeine Umlagen vom Land, von Gemeinden (GV)
> *(Unter allgemeinen Umlagen werden Zuweisungen von Gemeinden und Gemeindeverbänden an Körperschaften erfasst, die ohne Zweckbindung an einen bestimmten Aufgabenbereich zur Deckung eines allgemeinen Finanzbedarfs aufgrund eines bestimmten Schlüssels geleistet werden.)*

Kreisumlage einschließlich Mehrbelastung
Jugendamtsumlage
Landschaftsumlage
Verbandsumlage des Regionalverbandes Ruhrgebiet

42 Sonstige Transfererträge
Ersatz von sozialen Leistungen außerhalb von Einrichtungen und in Einrichtungen
Schuldendiensthilfen
Andere sonstige Transfererträge

43 Öffentlich-rechtliche Leistungsentgelte
Verwaltungsgebühren
> *Öffentlich-rechtliche Gebühren (Entgelte) für die Inanspruchnahme von Verwaltungsleistungen und Amtshandlungen, z. B. Passgebühren, Genehmigungsgebühren, Gebühren für die Bauüberwachung, Gebühren für Beglaubigungen, für Erlaubnisscheine, Vermessungs-(Abmarkungs-)gebühren usw.*

Benutzungsgebühren und ähnliche Entgelte
> *Entgelte für die Benutzung von öffentlichen Einrichtungen und Anlagen und für die Inanspruchnahme wirtschaftlicher Dienstleistungen z. B. Entgelte für die Lieferung von Elektrizität, Gas, Fernwärme, Wasser, einschl. Grundgebühren, Zählermiete*

Entgelte der Verkehrsunternehmen
> *Entgelte für die Inanspruchnahme von Einrichtungen der Abwasserbeseitigung, der Müllabfuhr, der Straßenreinigung, des Bestattungswesens, für die Sondernutzung von Straßen*

Entgelte für Arbeiten zur Unterhaltung von Straßen, Anlagen und dgl.
Entgelte für die Unterhaltung der Hausanschlüsse für Gas, Wasser, Abwasser und Elektrizität
Sonstige Entgelte, z. B. *Parkgebühren, Pflegesätze der Krankenhäuser, Alten- und Pflegeheime (auch Einkaufsgelder), Eintrittsgelder zu kulturellen oder sportlichen Veranstaltungen*
Pflege von Gräbern
Zweckgebundene Abgaben
Erträge aus der Auflösung von Sonderposten für Beiträge, für den Gebührenausgleich und aus ähnlichen Sonderposten

44 Privatrechtliche Leistungsentgelte, Kostenerstattungen und Kostenumlagen
Privatrechtliche Leistungsentgelte
- Erträge aus Verkauf
- Mieten und Pachten
Kostenerstattungen und Kostenumlagen
- Erträge aus Kostenerstattungen und Kostenumlagen
- Erträge aus aufgabenbezogenen Leistungsbeteiligungen, z. B. aus der Umsetzung der Grundsicherung für Arbeitssuchende

45 Sonstige ordentliche Erträge
Erträge aus der Veräußerung von Vermögensgegenständen, sofern diese nicht mit der allgemeinen Rücklage zu verrechnen sind
Konzessionsabgaben
Erträge aus der Auflösung von sonstigen Sonderposten
Erstattung von Steuern vom Einkommen und Ertrag für Vorjahre
Nicht zahlungswirksame ordentliche Erträge, z. B. Erträge aus Zuschreibungen, aus der Auflösung oder Herabsetzung von Wertberichtigungen auf Forderungen, aus der Auflösung von Rückstellungen

46 Finanzerträge
Zinserträge
Finanzerträge aus Beteiligungen, Gewinnabführungsverträgen, Wertpapieren des Anlage- und des Umlaufvermögens, auch andere zinsähnliche Erträge

47 Aktivierte Eigenleistungen, Bestandsveränderungen
Aktivierte Eigenleistungen
Selbst erstellte aktivierungsfähige Vermögensgegenstände
Bestandsveränderungen
Bestandsveränderungen an unfertigen und fertigen Erzeugnissen

48 Erträge aus internen Leistungsbeziehungen

49 Außerordentliche Erträge

5 Aufwendungen

50 Personalaufwendungen
Bezüge der Beamten, Vergütungen der Tarifbeschäftigten, Aufwendungen für sonstige Beschäftigte
Beiträge zu Versorgungskassen und Zusatzversorgungskassen
Beiträge zur gesetzlichen Sozialversicherung
Beihilfen und Unterstützungsleistungen und dgl. für Beschäftigte
Zuführungen zu Pensionsrückstellungen für Beschäftigte und Altersteilzeit
Aufwendungen für Rückstellungen für nicht genommenen Urlaub und Arbeitszeitguthaben
Pauschalierte Lohnsteuer

51 Versorgungsaufwendungen
Versorgungsaufwendungen
Beiträge zur gesetzlichen Sozialversicherung
Beihilfen und Unterstützungsleistungen und dgl. für Versorgungsempfänger
Zuführungen zu Pensionsrückstellungen für Versorgungsempfänger

52 Aufwendungen für Sach- und Dienstleistungen
- für Fertigung, Vertrieb und Waren
- für Energie/Wasser/Abwasser
- für Unterhaltung der Grundstücke und Gebäude, des Infrastrukturvermögens, der Maschinen und technischen Anlagen, von Fahrzeugen, der Betriebsvorrichtungen, der Betriebs- und Geschäftsausstattung
- für die Bewirtschaftung der Grundstücke, Gebäude usw.
- für weitere Verwaltungs- und Betriebsaufwendungen, z. B. Schülerbeförderungskosten, Lernmittel
- für Kostenerstattungen
- für sonstige Sach- und Dienstleistungen

53 Transferaufwendungen
Aufwendungen für Zuweisungen und Zuschüsse für laufende Zwecke
Schuldendiensthilfen
Sozialtransferaufwendungen
- Leistungen an natürliche Personen außerhalb von Einrichtungen und in Einrichtungen
- Leistungen der Sozialhilfe, auch Grundsicherung im Alter
- Leistungen der Jugendhilfe
- Leistungen an Arbeitssuchende
- Leistungen an Kriegsopfer und ähnliche Anspruchsberechtigte
- Leistungen an Asylbewerber
- sonstige soziale Leistungen
Aufwendungen wegen Steuerbeteiligungen, z. B. Gewerbesteuerumlage Finanzierungsbeteiligung Fonds Deutsche Einheit
Allgemeine Zuweisungen an Gemeinden (GV)
Allgemeine Umlagen
- an das Land *(auch Nachzahlung aus der Abrechnung des Solidarbeitrages)*
- an Gemeinden (GV)
Sonstige Transferaufwendungen

54 Sonstige ordentliche Aufwendungen
Sonstige Personal- und Versorgungsaufwendungen
    für Personaleinstellungen, Aus- und Fortbildung, Umschulung, übernommene Reisekosten, für Beschäftigtenbetreuung und Dienstjubiläen, Umzugskostenvergütung für Dienst- und Schutzkleidung, persönliche Ausrüstungsgegenstände, Personalnebenaufwendungen, Ausgleichsabgabe
Aufwendungen für die Inanspruchnahme von Rechten und Diensten
    Mieten, Pachten, Erbbauzinsen, Leasing, Leiharbeitskräfte, Aufwendungen für ehrenamtliche und sonstige Tätigkeiten, zu denen Aufwendungen für den Rat, Ausschüsse, Fraktionen, Beiräte auch für die Mitgliedschaft in Aufsichtsräten zählen
Geschäftsaufwendungen
    Büromaterial, Zeitungen, Fachliteratur, Telekommunikationsleistungen, Porto, Öffentlichkeitsarbeit, Bekanntmachungen u. a.
Aufwendungen für Beiträge
    Versicherungsbeiträge, Beiträge zu Wirtschaftsverbänden, Berufsvertretungen und Vereinen
Wertberichtigungen
    Aufwendungen aus Wertberichtigungen, die nicht als bilanzielle Abschreibung zu erfassen und nicht mit der allgemeinen Rücklage zu verrechnen sind
Verluste aus Finanzanlagen und aus Wertpapieren
    aus dem Abgang von Finanzanlagen und Beteiligungen, aus dem Abgang von Wertpapieren
Aufwendungen für besondere Finanzauszahlungen
    Aufwendungen für nicht rückzahlbare Zuweisungen für Investitionen
Betriebliche Steueraufwendungen
    Grundsteuer, Kraftfahrzeugsteuer, Ausfuhrzölle, andere Verbrauchsteuern, sonstige betriebliche Steueraufwendungen
Aufwendungen für Steuern vom Einkommen und Ertrag
Aufgabenbezogene Leistungsbeteiligungen, z. B. aus der Umsetzung der Grundsicherung für Arbeitssuchende
Andere sonstige ordentlichen Aufwendungen

Verfügungsmittel, Aufwendungen für Schadensfälle

55 Zinsen und sonstige Finanzaufwendungen
Zinsaufwendungen
Sonstige Finanzaufwendungen

56 *(nicht belegt)*

57 Bilanzielle Abschreibungen
- als nutzungsbedingte Wertminderungen in Form von planmäßigen und außerplanmäßigen Abschreibungen
- auf immaterielle Vermögensgegenstände des Anlagevermögens
- auf Gebäude u. a.
- auf das Infrastrukturvermögen, z. B. Brücken und Tunnel, Gleisanlagen mit Streckenausrüstung und Sicherheitsanlagen, Entwässerungs- und Abwasserbeseitigungsanlagen, Straßen, Wege, Plätze, Verkehrslenkungsanlagen, auf sonstige Bauten des Infrastrukturvermögens
- auf Maschinen und technische Anlagen, Fahrzeuge
- auf Betriebs- und Geschäftsausstattung und geringwertige Wirtschaftsgüter
- auf Finanzanlagen
- auf das Umlaufvermögen

58 Aufwendungen aus internen Leistungsbeziehungen

59 Außerordentliche Aufwendungen

6 Einzahlungen

60 Steuern und ähnliche Abgaben
(vgl. Nummer 40)

61 Zuwendungen und allgemeine Umlagen
(vgl. Nummer 41, jedoch ohne den Bereich "Erträge aus der Auflösung von Sonderposten")

62 Sonstige Transfereinzahlungen
(vgl. Nummer 42)

63 Öffentlich-rechtliche Leistungsentgelte
(vgl. Nummer 43, jedoch ohne den Bereich "Erträge aus der Auflösung von Sonderposten")

64 Privatrechtliche Leistungsentgelte, Kostenerstattungen und Kostenumlagen
(vgl. Nummer 44)

65 Sonstige Einzahlungen aus laufender Verwaltungstätigkeit
Konzessionsabgaben
Erstattung von Steuern vom Einkommen und Ertrag für Vorjahre

66 Zinsen und sonstige Finanzeinzahlungen
Zinseinzahlungen
Sonstige Finanzeinzahlungen

67 *(nicht belegt)*

68 Einzahlungen aus Investitionstätigkeit
Zuwendungen für Investitionsmaßnahmen
Einzahlungen aus der Veräußerung von Sachanlagen
Einzahlungen aus der Veräußerung von Finanzanlagen
Beiträge und ähnliche Entgelte
Sonstige Investitionseinzahlungen
Rückflüsse von Ausleihungen

69 Einzahlungen aus Finanzierungstätigkeit
Kreditaufnahmen für Investitionen
Kreditaufnahmen zur Liquiditätssicherung
Rückflüsse von Darlehen (ohne Ausleihungen)

7 Auszahlungen

70 Personalauszahlungen
Personalauszahlungen
Beiträge zu Zusatzversorgungskassen
(vgl. Nummer 50)

71 Versorgungsauszahlungen
Versorgungsauszahlungen
Umlagezahlungen an Versorgungskassen
(vgl. Nummer 51)

72 Auszahlungen für Sach- und Dienstleistungen
(vgl. Nummer 52)

73 Transferauszahlungen
(vgl. Nummer 53)

74 Sonstige Auszahlungen aus laufender Verwaltungstätigkeit
(vgl. Nummer 54)

75 Zinsen und sonstige Finanzauszahlungen
(vgl. Nummer 55)

76 *(nicht belegt)*

77 *(nicht belegt)*

78 Auszahlungen aus Investitionstätigkeit
Auszahlungen für den Erwerb von Vermögensgegenständen (auch Ablösung von Dauerlasten)
   (Wird das Wahlrecht des § 36 Abs. 3 KomHVO in Anspruch genommen, sind die Auszahlungen für die Anschaffung des entsprechenden Vermögensgegenstandes der laufenden Verwaltungstätigkeit zuzuordnen.)
Auszahlungen für die Abwicklung von Baumaßnahmen
   (Eine Trennung zwischen den Baumaßnahmen oberhalb der vom Rat festgelegten Wertgrenze ist vorzunehmen.)
Auszahlungen von aktivierbaren Zuwendungen
Gewährung von Ausleihungen

79 Auszahlungen aus Finanzierungstätigkeit
Tilgung von Krediten für Investitionen
Tilgung von Krediten zur Liquiditätssicherung
Gewährung von Darlehen

8 Abschlusskonten

80 Eröffnungs-/Abschlusskonten
Eröffnungsbilanz-Konto
Schlussbilanz-Konto
Ergebnisrechnungs-Konto
Finanzrechnungs-Konto

81 Korrekturkonten

82 Kurzfristige Erfolgsrechnung

9 Kosten- und Leistungsrechnung

90 Kosten- und Leistungsrechnung (KLR)
   (Die Ausgestaltung der KLR ist von jeder Kommune selbst festzulegen.)

(Anlage 19)

Ergebnisrechnung

Ertrags- und Aufwandsarten	Ergebnis des Vorjahres	Fortgeschriebener Ansatz des Haushaltsjahres	davon Ermächtigungsübertragungen aus dem Vorjahr	Ist-Ergebnis des Haushaltsjahres	Vergleich Ansatz/Ist (Sp. 4 ./. Sp. 2)	Ermächtigungsübertragungen in das Folgejahr
	EUR	EUR	EUR	EUR	EUR	EUR
	1	2	3	4	5	6
1 Steuern und ähnliche Abgaben						
2 + Zuwendungen und allgemeine Umlagen						
3 + Sonstige Transfererträge						
4 + Öffentlich-rechtliche Leistungsentgelte						
5 + Privatrechtliche Leistungsentgelte						
6 + Kostenerstattungen und Kostenumlagen						
7 + Sonstige ordentliche Erträge						
8 + Aktivierte Eigenleistungen						
9 +/- Bestandsveränderungen						
10 = **Ordentliche Erträge**						
11 - Personalaufwendungen						
12 - Versorgungsaufwendungen						
13 - Aufwendungen für Sach- und Dienstleistungen						
14 - Bilanzielle Abschreibungen						
15 - Transferaufwendungen						
16 - Sonstige ordentliche Aufwendungen						
17 = **Ordentliche Aufwendungen**						
18 = **Ordentliches Ergebnis** (= Zeilen 10 und 17)						
19 + Finanzerträge						
20 - Zinsen und sonstige Finanzaufwendungen						
21 = **Finanzergebnis** (= Zeilen 19 und 20)						
22 = **Ergebnis der laufenden Verwaltungstätigkeit** (= Zeilen 18 und 21)						
23 + Außerordentliche Erträge						
24 - Außerordentliche Aufwendungen						
25 = **Außerordentliches Ergebnis** (= Zeilen 23 und 24)						
26 = **Jahresergebnis** (= Zeilen 22 und 25)						
27 - Globaler Minderaufwand [1]				0		
28 = **Jahresergebnis nach Abzug globaler Minderaufwand** (= Zeilen 26 und 27)						
<u>Nachrichtlich</u>: Verrechnung von Erträgen und Aufwendungen mit der allgemeinen Rücklage						
29 Verrechnete Erträge bei Vermögensgegenständen						
30 Verrechnete Erträge bei Finanzanlagen						
31 Verrechnete Aufwendungen bei Vermögensgegenständen						
32 Verrechnete Aufwendungen bei Finanzanlagen						
33 **Verrechnungssaldo** (=Zeilen 29 bis 32)						

Fußnote:
1) Beim globalen Minderaufwand ist in der Spalte des fortgeschriebenen Ansatzes lediglich der im Ergebnisplan festgesetzte Betrag zu übernehmen.

(Anlage 20)

Teilergebnisrechnung

Ertrags- und Aufwandsarten	Ergebnis des Vorjahres EUR	Fortge- schriebener Ansatz des Haushalts- jahres EUR	davon Ermäch- tigungs- übertra- gungen aus dem Vorjahr EUR	Ist- Ergebnis des Haushalts- jahres EUR	Vergleich Ansatz/Ist (Sp. 4 ./. Sp. 2) EUR	Ermäch- tigungs- übertra- gungen in das Folgejahr EUR
	1	2	3	4	5	6
1 ↓ 9 *Ertragsarten wie im Ergebnisplan*						
10 = **Ordentliche Erträge**						
11 ↓ 16 - *Aufwandsarten wie im Ergebnisplan*						
17 = **Ordentliche Aufwendungen**						
18 = **Ordentliches Ergebnis** (= Zeilen 10 und 17)						
19 ↓ 20 *Arten wie im Ergebnisplan*						
21 = **Finanzergebnis** (= Zeilen 19 und 20)						
22 = **Ergebnis aus der laufenden Verwaltungstätigkeit** (= Zeilen 18 und 21)						
23 + Außerordentliche Erträge						
24 - Außerordentliche Aufwendungen						
25 = **Außerordentliches Ergebnis** (= Zeilen 23 und 24)						
26 = **Ergebnis** - vor Berücksichtigung der internen Leistungs- beziehungen - (= Zeilen 22 und 25)						
27 + Erträge aus internen Leistungs- beziehungen						
28 - Aufwendungen aus internen Leistungsbeziehungen						
29 = **Teilergebnis** (= Zeilen 26, 27, 28)						
30 - Globaler Minderaufwand [1]						
31 = **Teilergebnis nach Abzug globaler Minderaufwand** (= Zeilen 30 und 31)						

Fußnote:
1) Beim globalen Minderaufwand ist in der Spalte des fortgeschriebenen Ansatzes lediglich der im Teilergebnisplan festgesetzte Betrag zu übernehmen.

(Anlage 21)

Finanzrechnung

Ein- und Auszahlungsarten	Ergebnis des Vorjahres	Fortgeschriebener Ansatz des Haushaltsjahres	davon Ermächtigungsübertragungen aus dem Vorjahr	Ist-Ergebnis des Haushaltsjahres	Vergleich Ansatz/Ist (Sp. 4 ./. Sp. 2)	Ermächtigungsübertragungen in das Folgejahr
	EUR	EUR	EUR	EUR	EUR	EUR
	1	2	3	4	5	6
1 Steuern und ähnliche Abgaben						
2 + Zuwendungen und allgemeine Umlagen						
3 + Sonstige Transfereinzahlungen						
4 + Öffentlich-rechtliche Leistungsentgelte						
5 + Privatrechtliche Leistungsentgelte						
6 + Kostenerstattungen, Kostenumlagen						
7 + Sonstige Einzahlungen						
8 + Zinsen und sonstige Finanzeinzahlungen						
9 = **Einzahlungen aus laufender Verwaltungstätigkeit**						
10 - Personalauszahlungen						
11 - Versorgungsauszahlungen						
12 - Auszahlungen für Sach- und Dienstleistungen						
13 - Zinsen und sonstige Finanzauszahlungen						
14 - Transferauszahlungen						
15 - Sonstige Auszahlungen						
16 = **Auszahlungen aus laufender Verwaltungstätigkeit**						
17 = **Saldo aus laufender Verwaltungstätigkeit** (= Zeilen 9 und 16)						
18 + Zuwendungen für Investitionsmaßnahmen						
19 + Einzahlungen aus der Veräußerung von Sachanlagen						
20 + Einzahlungen aus der Veräußerung von Finanzanlagen						
21 + Einzahlungen aus Beiträgen u.ä. Entgelten						
22 + Sonstige Investitionseinzahlungen						
23 = **Einzahlungen aus Investitionstätigkeit**						
24 - Auszahlungen für den Erwerb von Grundstücken und Gebäuden						
25 - Auszahlungen für Baumaßnahmen						
26 - Auszahlungen für den Erwerb von beweglichem Anlagevermögen						
27 - Auszahlungen für den Erwerb von Finanzanlagen						
28 - Auszahlungen von aktivierbaren Zuwendungen						
29 - Sonstige Investitionsauszahlungen						
30 = **Auszahlungen aus Investitionstätigkeit**						
31 = **Saldo aus Investitionstätigkeit** (= Zeilen 23 und 30)						
32 = **Finanzmittelüberschuss/-fehlbetrag** (= Zeilen 17 und 31)						
33 + Einzahlungen aus der Aufnahme und durch Rückflüsse von Krediten für Investitionen und diesen wirtschaftlich gleichkommenden Rechtsverhältnissen						
34 + Einzahlungen aus der Aufnahme und durch Rückflüsse von Krediten zur Liquiditätssicherung						
35 - Auszahlungen für die Tilgung und Gewährung von Krediten für Investitionen und diesen wirtschaftlich gleichkommenden Rechtsverhältnissen						
36 - Auszahlungen für die Tilgung und Gewährung von Krediten zur Liquiditätssicherung						
37 = **Saldo aus Finanzierungstätigkeit**						
38 = **Änderung des Bestandes an eigenen Finanzmitteln**						
39 + Anfangsbestand an Finanzmitteln						
40 + Änderung des Bestandes an fremden Finanzmitteln						
41 = **Liquide Mittel** (= Zeilen 38, 39 und 40)						

(Anlage 22 A)

Teilfinanzrechnung
A. Zahlungsnachweis

Ein- und Auszahlungsarten	Ergebnis des Vorjahres EUR	Fortgeschriebener Ansatz des Haushaltsjahres EUR	davon Ermächtigungsübertragungen aus dem Vorjahr EUR	Ist-Ergebnis des Haushaltsjahres EUR	Vergleich Ansatz/Ist (Sp. 4 ./. Sp. 2) EUR	Ermächtigungsübertragungen in das Folgejahr EUR
	1	2	3	4	5	6
Laufende Verwaltungstätigkeit *(Einzahlungen und Auszahlungen nach Arten können wie in der Finanzrechnung abgebildet werden.)*						
Investitionstätigkeit						
Einzahlungen						
1 aus Zuwendungen für Investitionsmaßnahmen						
2 aus der Veräußerung von Sachanlagen						
3 aus der Veräußerung von Finanzanlagen						
4 aus Beiträgen u. ä. Entgelten						
5 Sonstige Investitionseinzahlungen						
6 **Summe:** (invest. Einzahlungen)						
Auszahlungen						
7 für den Erwerb von Grundstücken und Gebäuden						
8 für Baumaßnahmen						
9 für den Erwerb von beweglichem Anlagevermögen						
10 für den Erwerb von Finanzanlagen						
11 von aktivierbaren Zuwendungen						
12 Sonstige Investitionsauszahlungen						
13 **Summe:** (invest. Auszahlungen)						
14 **Saldo:** der Investitionstätigkeit (Einzahlungen ./. Auszahlungen)						

(Anlage 22 B)

Teilfinanzrechnung
B. Nachweis einzelner Investitionsmaßnahmen

Investitionsmaßnahmen	Ergebnis des Vorjahres EUR	Fortgeschriebener Ansatz des Haushaltsjahres EUR	davon Ermächtigungsübertragungen aus dem Vorjahr EUR	Ist-Ergebnis des Haushaltsjahres EUR	Vergleich Ansatz/Ist (Sp. 4 ./. Sp. 2) EUR	Ermächtigungsübertragungen in das Folgejahr EUR
	1	2	3	4	5	6
Investitionsmaßnahmen oberhalb der festgesetzten Wertgrenzen						
Maßnahme: ... + Einzahlungen aus Investitionszuwendungen - Auszahlungen für den Erwerb von Grundstücken und Gebäuden - Auszahlungen für Baumaßnahmen						
Saldo: (Einzahlungen ./. Auszahlungen)						
Weitere Maßnahmen (Gliederung wie oben)						
Investitionsmaßnahmen unterhalb der festgesetzten Wertgrenzen						
Summe der investiven Einzahlungen						
Summe der investiven Auszahlungen						
Saldo: (Einzahlungen ./. Auszahlungen)						

VV Muster zur GO NRW und KomHVO NRW

(Anlage 2)

Struktur der kommunalen Bilanz in Nordrhein-Westfalen

AKTIVA

1. Anlagevermögen
   - 1.1 Immaterielle Vermögensgegenstände
   - 1.2 Sachanlagen
     - 1.2.1 Unbebaute Grundstücke und grundstücksgleiche Rechte
       - 1.2.1.1 Grünflächen
       - 1.2.1.2 Ackerland
       - 1.2.1.3 Wald, Forsten
       - 1.2.1.4 Sonstige unbebaute Grundstücke
     - 1.2.2 Bebaute Grundstücke und grundstücksgleiche Rechte
       - 1.2.2.1 Kinder- und Jugendeinrichtungen
       - 1.2.2.2 Schulen
       - 1.2.2.3 Wohnbauten
       - 1.2.2.4 Sonstige Dienst-, Geschäfts- und Betriebsgebäude
     - 1.2.3 Infrastrukturvermögen
       - 1.2.3.1 Grund und Boden des Infrastrukturvermögens
       - 1.2.3.2 Brücken und Tunnel
       - 1.2.3.3 Gleisanlagen mit Streckenausrüstung und Sicherheitsanlagen
       - 1.2.3.4 Entwässerungs- und Abwasserbeseitigungsanlagen
       - 1.2.3.5 Straßennetz mit Wegen, Plätzen und Verkehrslenkungsanlagen
       - 1.2.3.6 Sonstige Bauten des Infrastrukturvermögens
     - 1.2.4 Bauten auf fremdem Grund und Boden
     - 1.2.5 Kunstgegenstände, Kulturdenkmäler
     - 1.2.6 Maschinen und technische Anlagen, Fahrzeuge
     - 1.2.7 Betriebs- und Geschäftsausstattung
     - 1.2.8 Geleistete Anzahlungen, Anlagen im Bau
   - 1.3 Finanzanlagen
     - 1.3.1 Anteile an verbundenen Unternehmen
     - 1.3.2 Beteiligungen
     - 1.3.3 Sondervermögen
     - 1.3.4 Wertpapiere des Anlagevermögens
     - 1.3.5 Ausleihungen
       - 1.3.5.1 an verbundene Unternehmen
       - 1.3.5.2 an Beteiligungen
       - 1.3.5.3 an Sondervermögen
       - 1.3.5.4 Sonstige Ausleihungen
2. Umlaufvermögen
   - 2.1 Vorräte
     - 2.1.1 Roh-, Hilfs- und Betriebsstoffe, Waren
     - 2.1.2 Geleistete Anzahlungen
   - 2.2 Forderungen und sonstige Vermögensgegenstände
     - 2.2.1 Öffentlich-rechtliche Forderungen und Forderungen aus Transferleistungen
     - 2.2.2 Privatrechtliche Forderungen
     - 2.2.3 Sonstige Vermögensgegenstände
   - 2.3 Wertpapiere des Umlaufvermögens
   - 2.4 Liquide Mittel
3. Aktive Rechnungsabgrenzung
4. Nicht durch Eigenkapital gedeckter Fehlbetrag

PASSIVA

1. Eigenkapital
   - 1.1 Allgemeine Rücklage
   - 1.2 Sonderrücklagen
   - 1.3 Ausgleichsrücklage
   - 1.4 Jahresüberschuss/Jahresfehlbetrag
2. Sonderposten
   - 2.1 für Zuwendungen
   - 2.2 für Beiträge
   - 2.3 für den Gebührenausgleich
   - 2.4 Sonstige Sonderposten
3. Rückstellungen
   - 3.1 Pensionsrückstellungen
   - 3.2 Rückstellungen für Deponien und Altlasten
   - 3.3 Instandhaltungsrückstellungen
   - 3.4 Sonstige Rückstellungen
4. Verbindlichkeiten
   - 4.1 Anleihen
     - 4.1.1 für Investitionen
     - 4.1.2 zur Liquiditätssicherung
   - 4.2 Verbindlichkeiten aus Krediten für Investitionen
     - 4.2.1 von verbundenen Unternehmen
     - 4.2.2 von Beteiligungen
     - 4.2.3 von Sondervermögen
     - 4.2.4 vom öffentlichen Bereich
     - 4.2.5 von Kreditinstituten
   - 4.3 Verbindlichkeiten aus Krediten zur Liquiditätssicherung
   - 4.4 Verbindlichkeiten aus Vorgängen, die Kreditaufnahmen wirtschaftlich gleichkommen
   - 4.5 Verbindlichkeiten aus Lieferungen und Leistungen
   - 4.6 Verbindlichkeiten aus Transferleistungen
   - 4.7 Sonstige Verbindlichkeiten
   - 4.8 Erhaltene Anzahlungen
5. Passive Rechnungsabgrenzung

Anlagenspiegel

(Anlage 24)

Anlagevermögen	Anschaffungs-und Herstellungskosten *					Abschreibungen und Zuschreibungen					Buchwert	
	Stand am 01.01. des Haushaltsjahres	Zugänge	Abgänge	Umbuchungen im Haushaltsjahr	Stand am 31.12. des Haushaltsjahres	Kumulierte Abschreibungen zum 31.12. des Vorjahres	Abschreibungen im Haushaltsjahr	Zuschreibungen im Haushaltsjahr	Änderungen durch Zu- und Abgänge sowie Umbuchungen im Haushaltsjahr	Kumulierte Abschreibungen zum 31.12. des Haushaltsjahres	am 31.12. des Haushaltsjahres	am 31.12. des Vorjahres
	EUR	EUR +	EUR -	EUR +/-	EUR	EUR	EUR -	EUR +	EUR +/-	EUR -	EUR	EUR
1. Immaterielle Vermögensgegenstände												
2. Sachanlagen												
2.1 Unbebaute Grundstücke und grundstücksgleiche Rechte												
2.1.1 Grünflächen												
2.1.2 Ackerland												
2.1.3 Wald, Forsten												
2.1.4 Sonstige unbebaute Grundstücke												
2.2 Bebaute Grundstücke und grundstücksgleiche Rechte												
2.2.1 Kindertageseinrichtungen												
2.2.2 Schulen												
2.2.3 Wohnbauten												
2.2.4 Sonstige Dienst-, Geschäfts- und Betriebsgebäude												
2.3 Infrastrukturvermögen												
2.3.1 Grund und Boden des Infrastrukturvermögens												
2.3.2 Brücken und Tunnel												
2.3.3 Gleisanlagen mit Streckenausrüstung und Sicherheitsanlagen												
2.3.4 Entwässerungs- und Abwasserbeseitigungsanlagen												
2.3.5 Straßennetz mit Wegen, Plätzen und Verkehrslenkungsanlagen												
2.3.6 Sonstige Bauten des Infrastrukturvermögens												
2.4 Bauten auf fremdem Grund und Boden												
2.5 Kunstgegenstände, Kulturdenkmäler												
2.6 Maschinen und technische Anlagen, Fahrzeuge												
2.7 Betriebs- und Geschäftsausstattung												
2.8 Geleistete Anzahlungen, Anlagen im Bau												
3. Finanzanlagen												
3.1 Anteile an verbundenen Unternehmen												
3.2 Beteiligungen												
3.3 Sondervermögen												
3.4 Wertpapiere des Anlagevermögens												
3.5 Ausleihungen												
3.5.1 an verbundene Unternehmen												
3.5.2 an Beteiligungen												
3.5.3 an Sondervermögen												
3.5.4 Sonstige Ausleihungen												

*Aktivierte Zinsen gem. § 34 Abs. 4 Satz 2 KomHVO sind anzugeben. Diese Angabe kann nachrichtlich erfolgen.

(Anlage 25)

Forderungsspiegel

Art der Forderungen	Gesamtbetrag am 31.12. des Haushaltsjahres EUR	mit einer Restlaufzeit von			Gesamtbetrag am 31.12. des Vorjahres EUR
		bis zu 1 Jahr EUR	1 bis 5 Jahre EUR	mehr als 5 Jahre EUR	
	1	2	3	4	5
(Gliederung mindestens wie in § 42 Absatz 3 Nummern 2.2.1 und 2.2.2 KomHVO NRW)					

Eigenkapitalspiegel

(Anlage 26)

Bezeichnung	Bestand zum 31.12. des Vorjahres [1] EUR	Verrechnung des Vorjahres-ergebnisses EUR	Verrechnungen mit der allgemeinen Rücklage nach § 44 Abs. 3 KomHVO im Haushaltsjahr EUR	Veränderungen der Sonderrücklage EUR	Jahresergebnis des Haushaltsjahres (vor Beschluss über Ergebnisverwend.) EUR	Bestand zum 31.12. des Haushaltsjahres [2] EUR
1.1 Allgemeine Rücklage						
1.2 Sonderrücklagen						
1.3 Ausgleichsrücklage						
1.4 Jahresüberschuss/-fehlbetrag						
1.5 Nicht durch Eigenkapital gedeckter Fehlbetrag (Gegenposten zu Aktiva) [1]						
Summe Eigenkapital						
4. Nicht durch Eigenkapital gedeckter Fehlbetrag						

[1] Besteht ein negatives Eigenkapital, so sind die Positionen 1.1 bis 1.4 auszuweisen (auch negativ) und kumuliert über die Position 1.5 auszubuchen.
[2] Bestand vor Verrechnung des Jahresergebnisses

Nachrichtlich: Ergebnisverrechnungen Vorjahre (§ 96 Abs. 1 Satz 3 GO NRW)

	3. Vorjahr	Vorvorjahr	Vorjahr	Saldo
Allgemeine Rücklage (+/-)				
Ausgleichsrücklage (+/-)				
Summe				

(Anlage 27)

Verbindlichkeitenspiegel

Art der Verbindlichkeiten	Gesamtbetrag am 31.12. des Haushaltsjahres EUR	mit einer Restlaufzeit von			Gesamtbetrag am 31.12. des Vorjahres EUR
		bis zu 1 Jahr EUR	1 bis 5 Jahre EUR	mehr als 5 Jahre EUR	
	1	2	3	4	5
1. Anleihen					
1.1 für Investitionen					
1.2 zur Liquiditätssicherung					
2. Verbindlichkeiten aus Krediten für Investitionen					
2.1 von verbundenen Unternehmen					
2.2 von Beteiligungen					
2.3 von Sondervermögen					
2.4 vom öffentlichen Bereich					
2.5 von Kreditinstituten					
3. Verbindlichkeiten aus Krediten zur Liquiditätssicherung					
4. Verbindlichkeiten aus Vorgängen, die Kreditaufnahmen wirtschaftlich gleichkommen					
5. Verbindlichkeiten aus Lieferungen und Leistungen					
6. Verbindlichkeiten aus Transferleistungen					
7. Sonstige Verbindlichkeiten					
8. Erhaltene Anzahlungen					
9. Summe aller Verbindlichkeiten					
Nachrichtlich anzugeben: Haftungsverhältnisse aus der Bestellung von Sicherheiten: z. B. Bürgschaften u. a.					

VV Muster zur GO NRW und KomHVO NRW

(Anlage 28)

NKF-Positionenrahmen für den Gesamtabschluss
Teil A:
Gesamtbilanz
(Summenbilanz)

A Aktiva

A1 Immaterielle Vermögensgegenstände
    Geschäfts- oder Firmenwert
        Geschäfts- oder Firmenwert aus den Einzelabschlüssen
        Geschäfts- oder Firmenwert aus der Vollkonsolidierung
        Geschäfts- oder Firmenwert aus der Equity-Konsolidierung
        (nur bei Kapitalanteilsmethode)
    Sonstige immaterielle Vermögensgegenstände
        Sonstige selbstgeschaffene immaterielle Vermögensgegenstände aus den Einzelabschlüssen
        Sonstige entgeltlich erworbene immaterielle Vermögensgegenstände
    Anzahlungen auf immaterielle Vermögensgegenstände
        Anzahlungen auf immaterielle Vermögensgegenstände an Vollkonsolidierungskreis
        Anzahlungen auf immaterielle Vermögensgegenstände an Sonstige

A2 Sachanlagen

Unbebaute Grundstücke und grundstücksgleiche Rechte
    Grünflächen
    Ackerland
    Wald, Forsten
    Sonstige unbebaute Grundstücke

Bebaute Grundstücke und grundstücksgleiche Rechte
    Grundstücke mit Kinder- und Jugendeinrichtungen
    Grundstücke mit Schulen
    Grundstücke mit Wohnbauten
    Grundstücke mit Krankenhäusern
    Grundstücke mit sozialen Einrichtungen
    Grundstücke mit Sportstätten
    Grundstücke mit Mehrzweck- und Messehallen
    Grundstücke mit sonstigen Dienst-, Geschäfts- und Betriebsgebäuden

Infrastrukturvermögen
    Grund und Boden des Infrastrukturvermögens
    Brücken und Tunnel
    Gleisanlagen mit Streckenausrüstung und Sicherheitsanlagen
    Entwässerungs- und Abwasserbeseitigungsanlagen
    Straßennetz mit Wegen, Plätzen und Verkehrslenkungsanlagen
    Stromversorgungsanlagen
    Gasversorgungsanlagen
    Wasserversorgungsanlagen
    Abfallbeseitigungsanlagen
    Sonstige Bauten des Infrastrukturvermögens

Bauten auf fremdem Grund und Boden
    Bauten auf fremdem Grund und Boden
    Kunstgegenstände, Kulturdenkmäler
    Kunstgegenstände
    Baudenkmäler
    Bodendenkmäler
    Sonstige Kulturgüter

Maschinen und technische Anlagen, Fahrzeuge
    Maschinen und technische Anlagen
    Spezialfahrzeuge
    Fahrzeuge für den ÖPNV
    Sonstige Fahrzeuge

Betriebs- und Geschäftsausstattung
    Betriebs- und Geschäftsausstattung

Geleistete Anzahlungen und Anlagen im Bau
    Geleistete Anzahlungen
        Geleistete Anzahlungen an Vollkonsolidierungskreis
        Geleistete Anzahlungen an Sonstige
    Anlagen im Bau

A3 Finanzanlagen

Anteile an verbundenen Unternehmen
Anteile an verbundenen Unternehmen im Vollkonsolidierungskreis
Anteile an sonstigen verbundenen Unternehmen

Anteile an assoziierten Unternehmen
Anteile an assoziierten Betrieben

Übrige Beteiligungen
Übrige Beteiligungen

Sondervermögen
Voll zu konsolidierende Sondervermögen
Nicht voll zu konsolidierende Sondervermögen

Wertpapiere des Anlagevermögens
Wertpapiere des Anlagevermögens vom Vollkonsolidierungskreis
Sonstige Wertpapiere des Anlagevermögens

Ausleihungen
Ausleihungen an verbundene Unternehmen
    Ausleihungen an verbundene Unternehmen im Vollkonsolidierungskreis
    Ausleihungen an sonstige verbundene Unternehmen
Ausleihungen an Beteiligungen
Ausleihungen an Sondervermögen
    Ausleihungen an Sondervermögen im Vollkonsolidierungskreis
    Ausleihungen an sonstige Sondervermögen
Ausleihungen von kommunalen Betrieben an Kommune
Sonstige Ausleihungen

A4 Umlaufvermögen

Vorräte
Rohstoffe / Fertigungsmaterial, Hilfsstoffe, Betriebsstoffe
Waren (auch Grundstücke des Umlaufvermögens)
Unfertige Erzeugnisse, unfertige Leistungen
Fertige Erzeugnisse
Geleistete Anzahlungen für Vorräte
    Geleistete Anzahlungen für Vorräte an Vollkonsolidierungskreis
    Geleistete Anzahlungen für Vorräte an Sonstige

Forderungen und sonstige Vermögensgegenstände

Forderungen
Eingefordertes, noch nicht eingezahltes Kapital
    Eingefordertes, noch nicht eingezahltes Kapital vom Vollkonsolidierungskreis
    Eingefordertes, noch nicht eingezahltes Kapital von Sonstigen
Sonstige Forderungen
    Sonstige Forderungen an Vollkonsolidierungskreis
    Sonstige Forderungen an Sonstige

Sonstige Vermögensgegenstände
Sonstige Vermögensgegenstände vom Vollkonsolidierungskreis
Sonstige Vermögensgegenstände von Sonstigen

Wertpapiere des Umlaufvermögens
Wertpapiere des Umlaufvermögens vom Vollkonsolidierungskreis
Sonstige Wertpapiere des Umlaufvermögens

Liquide Mittel

A5 Aktive Rechnungsabgrenzung (RAP)
Aktive latente Steuern (aus Einzelabschlüssen)
Sonstige aktive Rechnungsabgrenzung
    Sonstige aktive Rechnungsabgrenzungsposten vom Vollkonsolidierungskreis
    Sonstige aktive Rechnungsabgrenzungsposten von Sonstigen

A6 Nicht durch Eigenkapital gedeckter Fehlbetrag
Nicht durch Eigenkapital gedeckter Fehlbetrag

VV Muster zur GO NRW und KomHVO NRW

P Passiva

P1 Eigenkapital

Allgemeine Rücklage
Allgemeine Rücklage
Grundkapital / Stammkapital
Kapitalrücklage
Gewinnrücklagen
Unterschiedsbetrag aus der Kapitalkonsolidierung
Ergebnisvorträge

Sonderrücklagen
Sonderrücklagen

Ausgleichsrücklage
Ausgleichsrücklage

Gesamtjahresüberschuss / Gesamtjahresfehlbetrag ohne anderen Gesellschaftern zuzurechnendes Ergebnis
Konzernanteil am Jahresergebnis

Ausgleichsposten für Anteile anderer Gesellschafter
Ausgleichsposten für Anteile anderer Gesellschafter

Gegenposten des nicht durch Eigenkapital gedeckten Fehlbetrages
Gegenposten des nicht durch Eigenkapital gedeckten Fehlbetrages

P2 Unterschiedsbetrag aus der Kapitalkonsolidierung

P3 Sonderposten

Sonderposten für Zuwendungen
Sonderposten für Zuwendungen vom Vollkonsolidierungskreis
Sonderposten für Zuwendungen von Sonstigen

Sonderposten für Beiträge
Sonderposten für Beiträge vom Vollkonsolidierungskreis
Sonderposten für Beiträge von Sonstigen

Sonderposten für den Gebührenausgleich
Sonderposten für den Gebührenausgleich

Sonstige Sonderposten
Sonstige Sonderposten vom Vollkonsolidierungskreis
Sonstige Sonderposten von Sonstigen
Sonderposten mit Rücklageanteil

P4 Rückstellungen

Pensionsrückstellungen
Pensionsrückstellungen

Rückstellungen für Deponien und Altlasten
Rückstellungen für Deponien
Rückstellungen für Altlasten

Instandhaltungsrückstellungen
Instandhaltungsrückstellungen

Steuerrückstellungen
Steuerrückstellungen gegenüber Kommune
Steuerrückstellungen gegenüber Sonstigen
Passive latente Steuern aus Einzelabschlüssen

Sonstige Rückstellungen
Sonstige Rückstellungen gegenüber Vollkonsolidierungskreis
Sonstige Rückstellungen gegenüber Sonstigen

P5 Verbindlichkeiten

Anleihen
Anleihen vom Vollkonsolidierungskreis
    für Investitionen
    zur Liquiditätssicherung
Anleihen von Sonstigen
    für Investitionen
    zur Liquiditätssicherung

Verbindlichkeiten aus Krediten für Investitionen
Verbindlichkeiten aus Krediten für Investitionen gegenüber dem Vollkonsolidierungskreis
Verbindlichkeiten aus Krediten für Investitionen gegenüber Sonstigen

Verbindlichkeiten aus Krediten zur Liquiditätssicherung
  Verbindlichkeiten aus Krediten zur Liquiditätssicherung gegenüber dem Vollkonsolidierungskreis
  Verbindlichkeiten aus Krediten zur Liquiditätssicherung gegenüber Sonstigen

Verbindlichkeiten aus Vorgängen, die Kreditaufnahmen wirtschaftlich gleichkommen
  Verbindlichkeiten aus Vorgängen, die Kreditaufnahmen wirtschaftlich gleichkommen gegenüber dem Vollkonsolidierungskreis
  Verbindlichkeiten aus Vorgängen, die Kreditaufnahmen wirtschaftlich gleichkommen gegenüber Sonstigen

Verbindlichkeiten aus Lieferungen und Leistungen
  Verbindlichkeiten aus Lieferungen und Leistungen gegenüber dem Vollkonsolidierungskreis
  Verbindlichkeiten aus Lieferungen und Leistungen gegenüber Sonstigen

Sonstige Verbindlichkeiten
  Sonstige Verbindlichkeiten gegenüber dem Vollkonsolidierungskreis
  Sonstige Verbindlichkeiten gegenüber Sonstigen

Erhaltene Anzahlungen
  Erhaltene Anzahlungen vom Vollkonsolidierungskreis
  Erhaltene Anzahlungen von Sonstigen

P6 Passive Rechnungsabgrenzung (RAP)
  Passive Rechnungsabgrenzungsposten vom Vollkonsolidierungskreis
  Passive Rechnungsabgrenzungsposten von Sonstigen

Teil B:
Positionenrahmen zur Gesamtergebnisrechnung
(Summenergebnisrechnung)

E Ordentliche Gesamterträge

E1 Steuern und ähnliche Abgaben
  Steuern und ähnliche Abgaben vom Vollkonsolidierungskreis
  Steuern und ähnliche Abgaben von Sonstigen

E2 Zuwendungen und allgemeine Umlagen
  Zuwendungen und allgemeine Umlagen vom Vollkonsolidierungskreis
  Zuwendungen und allgemeine Umlagen von Sonstigen

E3 Sonstige Transfererträge
  Sonstige Transfererträge vom Vollkonsolidierungskreis
  Sonstige Transfererträge von Sonstigen

E4 Öffentlich-rechtliche Leistungsentgelte
  Öffentlich-rechtliche Leistungsentgelte vom Vollkonsolidierungskreis
  Öffentlich-rechtliche Leistungsentgelte von Sonstigen

E5 Privatrechtliche Leistungsentgelte
  Privatrechtliche Leistungsentgelte vom Vollkonsolidierungskreis
  Privatrechtliche Leistungsentgelte von Sonstigen

E6 Kostenerstattungen und Kostenumlagen
  Kostenerstattungen und Kostenumlagen vom Vollkonsolidierungskreis
  Kostenerstattungen und Kostenumlagen von Sonstigen

E7 Sonstige ordentliche Erträge
  Sonstige ordentliche Erträge vom Vollkonsolidierungskreis
  Sonstige ordentliche Erträge von Sonstigen

E8 Aktivierte Eigenleistungen
  Aktivierte Eigenleistungen

E9 Bestandsveränderungen
  Bestandsveränderungen

A Ordentliche Gesamtaufwendungen

A1 Personalaufwendungen
  Aufwendungen aus Personalgestellung im Vollkonsolidierungskreis
  Sonstige Personalaufwendungen

A2 Versorgungsaufwendungen
  Versorgungsaufwendungen

A3 Aufwendungen für Sach- und Dienstleistungen
  Aufwendungen für Sach- und Dienstleistungen an Vollkonsolidierungskreis
  Aufwendungen für Sach- und Dienstleistungen an Sonstige

VV Muster zur GO NRW und KomHVO NRW

A4 Bilanzielle Abschreibungen
   Abschreibungen von Aufwendungen für die Ingangsetzung und Erweiterung des Geschäftsbetriebs
   Abschreibungen auf den Geschäfts- oder Firmenwert aus den Einzelabschlüssen
   Abschreibungen auf den Geschäfts- oder Firmenwert aus der Vollkonsolidierung
   Abschreibungen auf den Geschäfts- oder Firmenwert aus der Equity-Konsolidierung (nur bei Kapitalanteilsmethode)
   Abschreibungen auf selbstgeschaffene immaterielle Vermögensgegenstände
   Abschreibungen auf voll zu konsolidierende verbundene Unternehmen
   Abschreibungen auf Sondervermögen
   Abschreibungen auf Vermögensgegenstände des Umlaufvermögens
   Sonstige Abschreibungen

A5 Transferaufwendungen
   Transferaufwendungen an Vollkonsolidierungskreis
   Transferaufwendungen an Sonstige

A6 Sonstige ordentliche Aufwendungen

   Steuern vom Einkommen und Ertrag
   Steuern vom Einkommen und Ertrag an Vollkonsolidierungskreis
   Steuern vom Einkommen und Ertrag an Sonstige

   Sonstige Steuern
   Sonstige Steuern an Vollkonsolidierungskreis
   Sonstige Steuern an Sonstige

   Latente Steuern
   Latente Steuern aus den Einzelabschlüssen

   Aufwendungen aus Verlustübernahmen
   Aufwendungen aus Verlustübernahmen vom Vollkonsolidierungskreis
   Aufwendungen aus Verlustübernahmen von Sonstigen

   Übrige sonstige ordentliche Aufwendungen
   Übrige sonstige ordentliche Aufwendungen an Vollkonsolidierungskreis
   Übrige sonstige ordentliche Aufwendungen an Sonstige

S1 Ordentliches Gesamtergebnis
   (Saldo aus E1 bis E 9 und A1 bis A6)

F1 Finanzerträge

   Erträge aus Gewinnabführungsverträgen / Verlustübernahmen
   Erträge aus Gewinnabführungsverträgen vom Vollkonsolidierungskreis
   Erträge aus Gewinnabführungsverträgen von Sonstigen
   Erträge aus Verlustübernahmen vom Vollkonsolidierungskreis
   Erträge aus Verlustübernahmen von Sonstigen

   Beteiligungserträge
   Beteiligungserträge von voll zu konsolidierenden verbundenen Unternehmen
   Beteiligungserträge von Sondervermögen
   Beteiligungserträge von Sonstigen

   Zinserträge und sonstige Finanzerträge

   Zinserträge
   Zinserträge vom Vollkonsolidierungskreis
   Zinserträge von Sonstigen

   Erträge aus assoziierten Beteiligungen
   Erträge aus assoziierten Beteiligungen (ggf. nach Arten)

   Sonstige Finanzerträge
   Sonstige Finanzerträge vom Vollkonsolidierungskreis
   Sonstige Finanzerträge von Sonstigen

F2 Finanzaufwendungen

   Aufwendungen aus Gewinnabführungsverträgen
   Aufwendungen aus Gewinnabführungsverträgen vom Vollkonsolidierungskreis
   Aufwendungen aus Gewinnabführungsverträgen von Sonstigen

   Zinsaufwendungen und sonstige Finanzaufwendungen

   Zinsaufwendungen
   Zinsaufwendungen an Vollkonsolidierungskreis
   Zinsaufwendungen an Sonstige

   Aufwendungen aus assoziierten Beteiligungen
   Aufwendungen aus assoziierten Beteiligungen (ggf. nach Arten)

Sonstige Finanzaufwendungen
    Sonstige Finanzaufwendungen an Vollkonsolidierungskreis
    Sonstige Finanzaufwendungen an Sonstige

S2 Gesamtfinanzergebnis
    (Saldo aus F1 und F2)

S3 Gesamtergebnis der laufenden Geschäftstätigkeit
    (Saldo aus S1 und S2)

AE1 Außerordentliche Erträge
    Außerordentliche Erträge vom Vollkonsolidierungskreis
    Außerordentliche Erträge von Sonstigen

AE2 Außerordentliche Aufwendungen
    Außerordentliche Aufwendungen an Vollkonsolidierungskreis
    Außerordentliche Aufwendungen an Sonstige

S4 Außerordentliches Gesamtergebnis
    (Saldo aus AE1 und AE2)

S5 Gesamtjahresüberschuss / Gesamtjahresfehlbetrag
    (Saldo aus S3 und S4)

AG1 Anderen Gesellschaftern zuzurechnendes Ergebnis

S6 Gesamtjahresüberschuss / Gesamtjahresfehlbetrag ohne anderen Gesellschaftern zuzurechnendes Ergebnis
    (Saldo aus S5 und AG1)

(Anlage 29)

Gesamtbilanz

AKTIVA				PASSIVA			
Bilanzposten		Haushaltsjahr EUR	Vorjahr EUR	Bilanzposten		Haushaltsjahr EUR	Vorjahr EUR
1.	Anlagevermögen			1.	Eigenkapital		
1.1	Immaterielle Vermögensgegenstände			1.1	Allgemeine Rücklage		
1.2	Sachanlagen			1.2	Sonderrücklagen		
1.2.1	Unbebaute Grundstücke und grundstücksgleiche Rechte (örtlich weiter zu untergliedern)			1.3	Ausgleichsrücklage		
				1.4	Gesamtjahresergebnis ohne anderen Gesellschaftern zuzurechnendes Ergebnis		
1.2.2	Bebaute Grundstücke u. grundstücksgleiche Rechte (örtlich weiter zu untergliedern)			1.5	Ausgleichsposten für die Anteile anderer Gesellschafter *		
				2.	Unterschiedsbetrag aus der Kapitalkonsolidierung		
1.2.3	Infrastrukturvermögen			3.	Sonderposten		
1.2.3.1	Grund und Boden des Infrastrukturvermögens			3.1	Sonderposten für Zuwendungen		
1.2.3.2	Bauten des Infrastrukturvermögens (örtlich weiter zu untergliedern)			3.2	Sonderposten für Beiträge		
				3.3	Sonderposten für den Gebührenausgleich		
1.2.4	Bauten auf fremden Grund und Boden			3.4	Sonstige Sonderposten		
1.2.5	Kunstgegenstände, Kulturdenkmäler			4.	Rückstellungen		
1.2.6	Maschinen und technische Anlagen, Fahrzeuge			4.1	Pensionsrückstellungen		
				4.2	Rückstellungen für Deponien und Altlasten		
				4.3	Instandhaltungsrückstellungen		
1.2.7	Betriebs- und Geschäftsausstattung			4.4	Steuerrückstellungen		
1.2.8	Geleistete Anzahlungen und Anlagen im Bau			4.5	Sonstige Rückstellungen		
				5.	Verbindlichkeiten		
1.3	Finanzanlagen			5.1	Anleihen		
1.3.1	Anteile an verbundenen Unternehmen			5.2	Verbindlichkeiten aus Krediten für Investitionen		
1.3.2	Anteile an assoziierten Unternehmen			5.3	Verbindlichkeiten aus Krediten zur Liquiditätssicherung		
1.3.3	Übrige Beteiligungen						
1.3.4	Sondervermögen			5.4	Verbindlichkeiten aus Vorgängen, die Kreditaufnahmen wirtschaftlich gleichkommen		
1.3.5	Wertpapiere des Anlagevermögens						
1.3.6	Ausleihungen						
2.	Umlaufvermögen			5.5	Verbindlichkeiten aus Lieferungen und Leistungen		
2.1	Vorräte						
2.1.1	Roh-, Hilfs- und Betriebsstoffe, Waren			5.6	Sonstige Verbindlichkeiten		
2.1.2	Geleistete Anzahlungen			5.7	Erhaltene Anzahlungen		
2.2	Forderungen und sonstige Vermögensgegenstände			6.	Passive Rechnungsabgrenzung		
2.2.1	Forderungen						
2.2.2	Sonstige Vermögensgegenstände						
2.3	Wertpapiere des Umlaufvermögens						
2.4	Liquide Mittel						
3.	Aktive Rechnungsabgrenzung						
4.	Nicht durch Eigenkapital gedeckter Fehlbetrag						

* Enthält das Ergebnis, das den anderen Gesellschaftern zuzurechnen ist.

(Anlage 30)

Gesamtergebnisrechnung

		Ertrags- und Aufwandsarten	Ergebnis des Haushaltsjahres EUR	Ergebnis des Vorjahres EUR
			1	2
1		Steuern und ähnliche Abgaben		
2	+	Zuwendungen und allgemeine Umlagen		
3				
4	+	Sonstige Transfererträge		
5	+	Öffentlich-rechtliche Leistungsentgelte		
6	+	Privatrechtliche Leistungsentgelte		
7	+	Kostenerstattungen und Kostenumlagen		
8				
9	+	Sonstige ordentliche Erträge		
	+	Aktivierte Eigenleistungen		
	+/-	Bestandsveränderungen		
10	=	Ordentliche Gesamterträge		
11	-	Personalaufwendungen		
12	-	Versorgungsaufwendungen		
13	-	Aufwendungen für Sach- und Dienstleistungen		
14	-	Bilanzielle Abschreibungen		
15	-	Transferaufwendungen		
16	-	Sonstige ordentliche Aufwendungen		
17	=	Ordentliche Gesamtaufwendungen		
18	=	**Ordentliches Gesamtergebnis** (= Zeilen 10 und 17)		
19	+	Finanzerträge		
20	-	Finanzaufwendungen		
21	=	**Gesamtfinanzergebnis** (= Zeilen 19 und 20)		
22	=	**Gesamtergebnis der laufenden Geschäftstätigkeit** (= Zeilen 18 und 21)		
23	+	Außerordentliche Erträge		
24	-	Außerordentliche Aufwendungen		
25	=	**Außerordentliches Gesamtergebnis** (= Zeilen 23 und 24)		
26	=	**Gesamtjahresergebnis** (= Zeilen 22 und 25)		
27	-	Anderen Gesellschaftern zuzurechnendes Ergebnis		
28	=	**Gesamtjahresergebnis ohne anderen Gesellschaftern zuzurechnendes Ergebnis** (= Zeilen 26 und 27)		

(Anlage 31)

Gesamteigenkapitalspiegel

Bezeichnung	Wert zum 31.12. des Vorjahres	Verrechnung des Vorjahresergebnisses	Gesamtjahresergebnis im Haushaltsjahr	Verrechnungen mit der allgemeinen Rücklage nach § 44 Abs. 3 KomHVO	Kapitalerhöhung der Minderheitsgesellschafter	Änderungen im Konsolidierungskreis	Sonstige Veränderungen im Eigenkapital	Wert zum 31.12. des Haushaltsjahres
	EUR	EUR	EUR	EUR	EUR	EUR	EUR	EUR
1.1 Allgemeine Rücklage								
1.2 Sonderrücklagen								
1.3 Ausgleichsrücklage								
1.4 Gesamtjahresergebnis ohne anderen Gesellschaftern zuzurechnendes Ergebnis								
1.5 Ausgleichsposten für Anteile anderer Gesellschafter								
1.6 Nicht durch Eigenkapital gedeckter Fehlbetrag (Gegenposten zu Aktiva) [1]								
Gesamteigenkapital								
4. Nicht durch Eigenkapital gedeckter Fehlbetrag								

[1] Besteht ein negatives Gesamteigenkapital, so sind die Positionen 1.1 bis 1.5 auszuweisen (auch negativ) und kumuliert über die Position 1.6 auszubuchen.

VV Muster zur GO NRW und KomHVO NRW

(Anlage 32)

Beteiligungsbericht

Berichtsjahr der Kommune

Hinweise zu diesem Muster:

- **Gelb-farbene Textfelder:** Hier werden jeweils individuelle Angaben eingesetzt.
    - Bei der Angabe „Berichtsjahr" ist das jeweilige Berichtsjahr (in der Form „JJJJ") anzugeben.
    - Bei der Angabe „Vorjahr" ist das dem Berichtsjahr vorangehende Jahr (in der Form „JJJJ") anzugeben.
    - Bei der Angabe „Kommune" ist die jeweilige Bezeichnung der kommunalen Gebietskörperschaft anzugeben. Der jeweils vorangestellte Artikel ist entsprechend anzupassen.
    - Die Angabe „Rat" sowie der jeweils vorangestellte Artikel sind bei den Gemeindeverbänden entsprechend anzupassen.
    - Bei der Angabe „Datum" ist das Datum des jeweiligen Ratsbeschlusses anzugeben.
    - Bei der Angabe „xxx"/ „xxx,x"/ „xxxx" ist der jeweilige Zahlenwert bzw. das jeweilige Jahr anzugeben.
    - Bei der Angabe „Beteiligung_neu" ist der Name der neuen Beteiligung der kommunalen Gebietskörperschaft anzugeben.
    - Bei der Angabe „Beteiligung_verändert" ist der Name der Beteiligung anzugeben, deren Beteiligungsquote sich im Berichtsjahr verändert hat.
    - Bei der Angabe „Beteiligung" ist der Name der Beteiligung anzugeben, über die die kommunale Gebietskörperschaft an mittelbaren Beteiligungen beteiligt ist.
    - Bei der Angabe „Beteiligung_alt" ist der Name der alten Beteiligung der kommunalen Gebietskörperschaft anzugeben.

- **Grün-farbene Textfelder:** Diese enthalten Bearbeitungshinweise und können gelöscht werden.
- Als „optional" gekennzeichneter Inhalt: Die Übernahme steht im Ermessen der zur Erstellung eines Beteiligungsberichtes Verpflichteter.
- Das vorliegende Muster legt die Mindestvorgaben an den Beteiligungsbericht fest. Bei Bedarf können diese durch die kommunalen Gebietskörperschaften um zusätzliche Informationen (z.B. Organigramm, Abkürzungsverzeichnis etc.) ergänzt werden.

Veröffentlichung des Beteiligungsberichtes Berichtsjahr der Kommune

Optional: Vorwort

Inhaltsverzeichnis

1	Allgemeines zur Zulässigkeit der wirtschaftlichen Betätigung von Kommunen	6
2	Beteiligungsbericht Berichtsjahr	8
2.1	Rechtliche Grundlagen zur Erstellung eines Beteiligungsberichtes	8
2.2	Gegenstand und Zweck des Beteiligungsberichtes	9
3	Das Beteiligungsportfolio der Kommune	10
3.1	Änderungen im Beteiligungsportfolio	11
3.2	Beteiligungsstruktur	12
3.3	Wesentliche Finanz- und Leistungsbeziehungen	13
3.4	Einzeldarstellung	14
3.4.1	Unmittelbare Beteiligungen	14
3.4.1.1	Name der Beteiligung aus Tabelle 1 – lfd. Nr. 1	16
3.4.1.2	Name der Beteiligung aus Tabelle 1 – lfd. Nr. 2	20
3.4.2	Mittelbare Beteiligungen	21
3.4.2.1	Name der Beteiligung aus Tabelle 1 – lfd. Nr. 3	21
3.4.2.2	Name der Beteiligung aus Tabelle 1 – lfd. Nr. 4	23
4	Optional: Organisation der Beteiligungsverwaltung	24
5	Optional: Public Corporate Governance Kodex	25

1 Allgemeines zur Zulässigkeit der wirtschaftlichen und nichtwirtschaftlichen Betätigung von Kommunen

Das kommunale Selbstverwaltungsrecht nach Art. 28 Absatz 2 Grundgesetz erlaubt den Kommunen, alle Angelegenheiten der örtlichen Gemeinschaft im Rahmen der Gesetze in eigener Verantwortung zu regeln. Die Kommunen sind gem. Art. 78 Absatz 2 der Verfassung für das Land Nordrhein-Westfalen in ihrem Gebiet die alleinigen Träger der öffentlichen Verwaltung, soweit die Gesetze nichts anderes vorschreiben.

Durch diese verfassungsrechtlich verankerte Selbstverwaltungsgarantie haben die Kommunen die Möglichkeit, sich über den eigenen Hoheitsbereich hinausgehend wirtschaftlich zu betätigen. Ihren rechtlichen Rahmen findet die wirtschaftliche Betätigung im 11. Teil (§§ 107 ff.) der Gemeindeordnung Nordrhein-Westfalen (GO NRW). Hierin ist geregelt, unter welchen Voraussetzungen eine wirtschaftliche bzw. nichtwirtschaftliche Betätigung zulässig ist („ob") und welcher Rechtsform – öffentlich-rechtlich oder privatrechtlich – die Kommunen sich dabei bedienen dürfen („wie").

Gemäß § 107 Absatz 1 GO NRW darf sich eine Gemeinde zur Erfüllung ihrer Aufgaben wirtschaftlich betätigen, wenn ein öffentlicher Zweck die Betätigung erfordert (Nummer 1), die Betätigung nach Art und Umfang in einem angemessenen Verhältnis zur Leistungsfähigkeit der Gemeinde steht (Nummer 2) und bei einem Tätigwerden außerhalb der Wasserversorgung, des öffentlichen Verkehrs sowie des Betriebes von Telekommunikationsleitungsnetzen einschließlich der Telekommunikationsdienstleistungen der öffentliche Zweck durch andere Unternehmen nicht besser und wirtschaftlicher erfüllt werden kann (Nummer 3).

Von der wirtschaftlichen Betätigung ist die sog. nichtwirtschaftliche Betätigung gemäß § 107 Absatz 2 GO NRW abzugrenzen. Hierunter fallen Einrichtungen, zu denen die Gemeinde gesetzlich verpflichtet ist (Nummer 1), öffentliche Einrichtungen, die für die soziale und kulturelle Betreuung der Einwohner erforderlich sind, Einrichtungen, die der Straßenreinigung, der Wirtschaftsförderung, der Fremdenverkehrsförderung oder der Wohnraumversorgung dienen (Nummer 3), Einrichtungen des Umweltschutzes (Nummer 4) sowie Einrichtungen, die ausschließlich der Deckung des Eigenbedarfs von Gemeinden und Gemeindeverbänden dienen (Nummer 5). Auch diese Einrichtungen sind, soweit es mit ihrem öffentlichen Zweck vereinbar ist, nach wirtschaftlichen Gesichtspunkten zu verwalten und können entsprechend den Vorschriften über die Eigenbetriebe geführt werden.

In § 109 sind die allgemeinen Wirtschaftsgrundsätze, die sowohl für die wirtschaftliche als auch für die nichtwirtschaftliche Betätigung gelten, niedergelegt. Demnach sind die Unternehmen und Einrichtungen so zu führen, zu steuern und zu kontrollieren, dass der öffentliche Zweck nachhaltig erfüllt wird. Unternehmen sollen einen Ertrag für den Haushalt der Gemeinde abwerfen, soweit dadurch die Erfüllung des öffentlichen Zwecks nicht beeinträchtigt wird. Der Jahresgewinn der wirtschaftlichen Unternehmen als Unterschied der Erträge und Aufwendungen soll so hoch sein, dass außer den für die technische und wirtschaftliche Entwicklung des Unternehmens notwendigen Rücklagen mindestens eine marktübliche Verzinsung des Eigenkapitals erwirtschaftet wird.

Bei der Ausgestaltung der wirtschaftlichen Betätigung liegt es vorbehaltlich der gesetzlichen Bestimmungen im Ermessen der Kommunen, neben öffentlich-rechtlichen auch privatrechtliche Organisationsformen zu wählen. So dürfen Kommunen unter den Voraussetzungen des § 108 GO NRW Unternehmen und Einrichtungen in einer Rechtsform des privaten Rechts gründen oder sich daran beteiligen. Unter anderem muss die Erfüllung des öffentlichen Zwecks durch Gesellschaftsvertrag, Satzung oder sonstiges Organisationsstatut gewährleistet sein und eine Rechtsform gewählt werden, welche die Haftung der Gemeinde auf einen bestimmten Betrag begrenzt.

Da im Verfassungsstaat das Gemeinwohl der allgemeine Legitimationsgrund aller Staatlichkeit ist, muss jedes Handeln der öffentlichen Hand einen öffentlichen Zweck verfolgen. Die gesetzliche Normierung der Erfüllung des öffentlichen Zwecks als Grundvoraussetzung für die Aufnahme einer wirtschaftlichen und nichtwirtschaftlichen Betätigung einer Kommune soll daher gewährleisten, dass sich diese stets im zulässigen Rahmen kommunaler Aufgabenerfüllung zu bewegen hat. Es ist daher nicht Angelegenheit der kommunalen Ebene, sich ausschließlich mit dem Ziel der Gewinnerzielung in den wirtschaftlichen Wettbewerb zu begeben. Stattdessen kann eine wirtschaftliche bzw. nichtwirtschaftliche Betätigung nur Instrument zur Erfüllung bestehender kommunaler Aufgaben sein.

Die Ausgestaltung des öffentlichen Zwecks ist dabei so vielfältig wie der verfassungsrechtlich umrissene Zuständigkeitsbereich der Kommunen. Der „öffentliche Zweck" stellt einen unbestimmten Rechtsbegriff dar, für dessen inhaltliche Bestimmung zuvorderst die Zielsetzung des gemeindlichen Handelns maßgeblich ist.

2 Beteiligungsbericht Berichtsjahr

2.1 Rechtliche Grundlagen zur Erstellung eines Beteiligungsberichtes

Grundsätzlich haben sämtliche Kommunen gemäß § 116 Absatz 1 GO NRW in jedem Haushaltsjahr für den Abschlussstichtag 31. Dezember einen Gesamtabschluss, der die Jahresabschlüsse sämtlicher verselbständigter Aufgabenbereiche in öffentlich-rechtlicher oder privatrechtlicher Form konsolidiert, sowie einen Gesamtlagebericht nach Absatz 2 aufzustellen.

Hiervon abweichend sind Kommunen gemäß § 116a Absatz 1 GO NRW von der Pflicht zur Aufstellung eines Gesamtabschlusses und Gesamtlageberichts befreit, wenn am Abschlussstichtag ihres Jahresabschlusses und am vorhergehenden Abschlussstichtag jeweils mindestens zwei der drei im Gesetz genannten Merkmale zutreffen.

Über das Vorliegen der Voraussetzungen für die Befreiung von der Pflicht zur Aufstellung eines Gesamtabschlusses entscheidet der Rat gemäß § 116a Absatz 2 Satz 1 GO NRW für jedes Haushaltsjahr bis zum 30. September des auf das Haushaltsjahr folgenden Jahres.

Der Rat der Kommune hat am Datum gemäß § 116a Absatz 2 Satz 1 GO NRW entschieden, von der nach § 116a Absatz 1 GO NRW vorgesehenen Befreiung von der Pflicht zur Aufstellung eines Gesamtabschlusses und Gesamtlageberichts Gebrauch zu machen. Daher hat die Kommune gemäß § 116a Absatz 3 GO NRW einen Beteiligungsbericht nach § 117 GO NRW zu erstellen.

Der Beteiligungsbericht hat gemäß § 117 Absatz 2 GO NRW grundsätzlich folgende Informationen zu sämtlichen verselbständigten Aufgabenbereichen in öffentlich-rechtlicher und privatrechtlicher Form zu enthalten:

1. die Beteiligungsverhältnisse,
2. die Jahresergebnisse der verselbständigten Aufgabenbereiche,
3. eine Übersicht über den Stand der Verbindlichkeiten und die Entwicklung des Eigenkapitals jedes verselbständigten Aufgabenbereiches sowie
4. eine Darstellung der wesentlichen Finanz- und Leistungsbeziehungen der Beteiligungen untereinander und mit der Gemeinde.

Über den Beteiligungsbericht ist nach § 117 Absatz 1 Satz 3 GO NRW ein gesonderter Beschluss des Rates in öffentlicher Sitzung herbeizuführen. Der Rat der Kommune hat am Datum den Beteiligungsbericht Berichtsjahr beschlossen.

2.2 Gegenstand und Zweck des Beteiligungsberichtes

Der Beteiligungsbericht enthält die näheren Informationen über sämtliche unmittelbaren und mittelbaren Beteiligungen an sämtlichen verselbstständigten Aufgabenbereichen in öffentlich-rechtlicher und privatrechtlicher Form der Kommune. Er lenkt den Blick jährlich auf die einzelnen Beteiligungen, indem er Auskunft über alle verselbständigten Aufgabenbereiche der Kommune, deren Leistungsspektrum und deren wirtschaftliche Situation und Aussichten gibt, unabhängig davon, ob diese dem Konsolidierungskreis für einen Gesamtabschluss angehören würden. Damit erfolgt eine differenzierte Darstellung der Leistungsfähigkeit der Kommune durch die Abbildung der Daten der einzelnen Beteiligungen.

Die Gliederung des Beteiligungsberichtes und die Angaben zu den einzelnen Beteiligungen ermöglichen, dass eine Beziehung zwischen den gebotenen Informationen und den dahinterstehenden Aufgaben hergestellt werden kann. Dies ermöglicht durch den Vergleich der Leistungen mit den Aufgaben auch die Feststellung, ob die Erfüllung der Aufgaben der Kommune durch die verschiedenen Organisationsformen nachhaltig gewährleistet ist.

Der Beteiligungsbericht unterstützt damit eine regelmäßige Aufgabenkritik und eine Analyse der Aufbauorganisation der Kommune insgesamt durch die Mitglieder der Vertretungsgremien.

Adressat der Aufstellungspflicht ist die Kommune. Um diese Pflicht erfüllen zu können, müssen der Kommune die entsprechenden Informationen zur Verfügung stehen.

Hierzu kann die Kommune unmittelbar von jedem verselbständigten Aufgabenbereich alle Aufklärungen und Nachweise verlangen, die die Aufstellung des Beteiligungsberichtes erfordert (vgl. § 117 Absatz 1 Satz 2 i. V. m. § 116 Absatz 6 Satz 2 GO NRW).

Die verwendeten wirtschaftlichen Daten beruhen auf den im Laufe des Jahres Berichtsjahr festgestellten Abschlüssen für das Geschäftsjahr Berichtsjahr. Die Angaben zur Besetzung der Überwachungsorgane weisen das gesamte Jahr Berichtsjahr aus.

3 Das Beteiligungsportfolio der Kommune

[**Bearbeitungshinweis**: Hier kann optional eine grafische Übersicht über die Beteiligungsverhältnisse der Kommune (bspw. als Organigramm) eingefügt werden.]

3.1 Änderungen im Beteiligungsportfolio

[**Bearbeitungshinweis:** Hier sind sämtliche Zugänge, Abgänge und Veränderungen in den Beteiligungsquoten zu dokumentieren und zu erläutern. Dabei sind folgende Angaben zu berücksichtigen: das Jahr des Zu-/Abgangs bzw. der Veränderung (entspricht im Wesentlichen dem Berichtsjahr), die Beteiligungsquote (bei mittelbaren Beteiligungen die durchgerechnete Beteiligungsquote) sowie die Beteiligungsart (unmittelbar oder mittelbar). Die nachfolgenden Textbausteine dienen nur als Muster und können von der Kommune – unter Beibehaltung der verbindlichen Angaben – durch individuelle Formulierungen ersetzt werden.]

Im Jahr Berichtsjahr hat es verschiedene [optional: keine] Änderungen bei den unmittelbaren und mittelbaren Beteiligungen der Kommune gegeben.

Zugänge

Im Jahr Berichtsjahr wurde die Beteiligung_neu gegründet. Die Kommune ist zu xxx,x % beteiligt [optional: Die Kommune ist zu xxx,x % (durchgerechnete Beteiligungsquote) mittelbar beteiligt. Die Beteiligung_neu wird von der Beteiligung gehalten]. Die Beteiligung_neu wird daher neu in den Beteiligungsbericht aufgenommen.

Veränderung in Beteiligungsquoten

Bei der Beteiligung_verändert haben sich im Jahr Berichtsjahr die Beteiligungsquoten geändert. Die Kommune ist neu mit xxx,x % beteiligt [optional: Die Kommune ist neu mit xxx,x % (durchgerechnete Beteiligungsquote) mittelbar beteiligt. Die Beteiligung_verändert wird von der Beteiligung gehalten].

Abgänge

Die unmittelbare [optional: mittelbare] Beteiligung der Kommune an der Beteiligung_alt endete im Jahr Berichtsjahr.

Aufgrund der Handelsregisterlöschung der Beteiligung_alt wird diese Beteiligung im Beteiligungsbericht nicht mehr dargestellt.

Optional: Ausblick auf geplante Änderungen

3.2 Beteiligungsstruktur

Tabelle 1:
Übersicht der Beteiligungen der Kommune mit Angabe der Beteiligungsverhältnisse und Jahresergebnisse

[**Bearbeitungshinweis:** Hier sind sämtliche Beteiligungen der kommunalen Gebietskörperschaft aufzuführen. Je nach Umfang der örtlichen Beteiligungsstrukturen kann die Kommune auch zwei Tabellen anlegen – eine für die unmittelbaren Beteiligungen sowie eine für die mittelbaren Beteiligungen. Macht die Kommune hiervon Gebrauch, entfällt jeweils die Spalte „Beteiligungsart".

Die Sortierung bzw. Gliederung obliegt der kommunalen Gebietskörperschaft. Die Beteiligungen können bspw. absteigend nach dem (durchgerechneten) Anteil am Stammkapital oder nach einzelnen Wirtschaftssektoren dargestellt werden.

Die Ausleihungen sowie Wertpapiere des Anlagevermögens sollen hier lediglich nachrichtlich aufgeführt werden.]

Lfd. Nr.	Beteiligung		Höhe des Stammkapitals und des Jahresergebnisses am 31.12 Berichtsjahr	(durchgerechneter) Anteil der Kommune am Stammkapital		Beteiligungsart
			TEURO	TEURO	%	
1	Beispielunternehmen GmbH		1.000	1.000	100,0	Unmittelbar
	Jahresergebnis	Berichtsjahr	+ 300			
2	Beispielunternehmen AG		5.000	1.000	20,0	Mittelbar
	Jahresergebnis	Berichtsjahr	+ 100			
3	Jahresergebnis	Berichtsjahr				
4	Jahresergebnis	Berichtsjahr				
5	Jahresergebnis	Berichtsjahr				
6	Jahresergebnis	Berichtsjahr				
7	Jahresergebnis	Berichtsjahr				

3.3 Wesentliche Finanz- und Leistungsbeziehungen

Tabelle 2:
Übersicht über die wesentlichen Finanz- und Leistungsbeziehungen im Kommunalkonzern Kommune (in TEUR)

[**Bearbeitungshinweis:** Die Entscheidung über die Wesentlichkeit ist von der Kommune unter Einbeziehung und Abwägung der örtlichen Kenntnisse und Gegebenheiten zu treffen und zu erläutern. Die angeführten Leistungskennzahlen sind verbindlich, können aber bei Bedarf durch die Kommune ergänzt werden.]

	gegenüber	Stadt	Service GmbH	Verwaltungs-GmbH	Beförderungs-GmbH	Energie AG
Stadt	Forderungen					
	Verbindlichkeiten					
	Erträge					
	Aufwendungen					
Service GmbH	Forderungen					
	Verbindlichkeiten					
	Erträge					
	Aufwendungen					
Verwaltungs-GmbH	Forderungen					
	Verbindlichkeiten					
	Erträge					
	Aufwendungen					
Beförderungs-GmbH	Forderungen					
	Verbindlichkeiten					
	Erträge					
	Aufwendungen					
Energie AG	Forderungen					
	Verbindlichkeiten					
	Erträge					
	Aufwendungen					

3.4 Einzeldarstellung

[**Bearbeitungshinweis:** Nachfolgend soll die Einzeldarstellung für die wesentlichen unmittelbaren Beteiligungen erfolgen. Die Sortierung bzw. Gliederung der nachfolgend aufgeführten Beteiligungen obliegt der kommunalen Gebietskörperschaft. Die Beteiligungen können bspw. absteigend nach dem Anteil am Stammkapital oder nach einzelnen Wirtschaftssektoren dargestellt werden.

Als wesentlich gelten Beteiligungen, wenn diese die Voraussetzungen des § 51 KomHVO erfüllen oder eine strategische Relevanz haben bzw. an der deren Berichterstattung ein besonderes Interesse besteht. Die Entscheidung der Wesentlichkeit ist von der Kommune unter Einbeziehung und Abwägung der örtlichen Kenntnisse und Gegebenheiten zu treffen und zu erläutern. Sofern es örtlich sachgerechter erscheint, unmittelbare und mittelbare Beteiligungen zusammenhängend darzustellen (Bsp. Holding), kann auf die nachfolgende Differenzierung hinsichtlich unmittelbarer Beteiligungen (Kapitel 3.4.1) und mittelbarer Beteiligungen (Kapitel 3.4.2) verzichtet werden.]

3.4.1 Unmittelbare Beteiligungen der Kommune zum 31. Dezember Berichtsjahr

Die unmittelbaren Beteiligungen werden in der Bilanz unter der langfristigen Vermögensposition „Finanzanlagen"

- als „Anteile an verbundenen Unternehmen" ausgewiesen. In dieser Bilanzposition kommen Beteiligungen zum Ausweis, bei denen die Kommune einen beherrschenden Einfluss auf die Beteiligung ausüben kann. Dieser liegt in der Regel vor, wenn die Kommune mehr als 50 % der Anteile hält,

- als „Beteiligungen" ausgewiesen. In dieser Bilanzposition kommen Anteile an Unternehmen und Einrichtungen zum Ausweis, die die Kommune mit der Absicht hält, eine auf Dauer angelegte, im Regelfall über ein Jahr hinausgehende Verbindung einzugehen und bei denen es sich nicht um verbundene Unternehmen handelt,

- als „Sondervermögen" ausgewiesen. Hierbei handelt es sich um Kommunalvermögen, das zur Erfüllung eines bestimmten Zwecks dient und daher getrennt vom allgemeinen Haushalt der Kommune geführt wird. Sondervermögen sind gemäß § 97 GO NRW das Gemeindegliedervermögen, das Vermögen rechtlich unselbstständiger örtlicher Stiftungen, Eigenbetriebe (§ 114 GO NRW) und organisatorisch verselbstständigte Einrichtungen (§ 107 Abs. 2 GO NRW) ohne eigene Rechtspersönlichkeit,

- als „Wertpapiere des Anlagevermögens" ausgewiesen. Hierbei handelt es sich um Unternehmensanteile, die auf Dauer angelegt werden, durch die jedoch keine dauernde Verbindung der Kommune zum Unternehmen hergestellt werden soll. Aufgrund dessen werden diese lediglich in Tabelle 1 nachrichtlich ausgewiesen,

- als „Ausleihungen" ausgewiesen. Hierbei handelt es sich um langfristige Finanzforderungen der Kommune gegenüber Dritten, die durch den Einsatz kommunalen Kapitals an diese entstanden sind und dem Geschäftsbetrieb der Kommune dauerhaft dienen sollen. Mit Ausnahme von GmbH-Anteilen, die nicht als verbundene Unternehmen oder Beteiligungen ausgewiesen werden, weil sie lediglich als Kapitalanlage gehalten werden, handelt es sich bei den Ausleihungen nicht um Beteiligungen im Sinne der GO NRW. Aufgrund dessen werden diese lediglich in Tabelle 1 nachrichtlich ausgewiesen.

3.4.1.1 [bitte Name der Beteiligung aus Tabelle 1 – lfd. Nr. 1 – hier eintragen]

Optional: Basisdaten

Anschrift	
Gründungsjahr	
…	

Zweck der Beteiligung

[**Bearbeitungshinweis:** Hier ist der Zweck des Unternehmens bzw. der Einrichtung, der sich aus dem Gesellschaftsvertrag und / oder dem Handelsregistereintrag ergibt, zu benennen.]

Ziel der Beteiligung und Erfüllung des öffentlichen Zwecks

[**Bearbeitungshinweis:** Hier ist zu erläutern, ob und inwiefern der geforderte öffentliche Zweck als eine der Prämissen für die wirtschaftliche bzw. nichtwirtschaftliche Betätigung von Kommunen bei der vorliegenden Beteiligung erfüllt wird.]

Darstellung der Beteiligungsverhältnisse

[**Bearbeitungshinweis:** Hier sind alle Anteilseigner mit ihren Anteilen in Prozent zu nennen. Zudem sind die von der Beteiligung gehaltenen Beteiligungen unter Angabe des Beteiligungsanteils anzuführen.]

Darstellung der wesentlichen Finanz- und Leistungsbeziehungen

[**Bearbeitungshinweis:** Hier sind die in der Tabelle 2 dargestellten Finanz- und Leistungsbeziehungen zu erläutern. Gewinnausschüttungen und Verlustübernahmen sind gesondert zu erläutern.]

Übersicht über den Stand der Verbindlichkeiten und die Entwicklung des Eigenkapitals

Vermögenslage				Kapitallage			
Aktiva				**Passiva**			
	Berichtsjahr	Vorjahr	Veränderungen Berichts- zu Vorjahr		Berichtsjahr	Vorjahr	Veränderung Berichtsjahr zu Vorjahr
	TEURO	TEURO	TEURO		TEURO	TEURO	TEURO
Anlagevermögen				Eigenkapital			
Umlaufvermögen				Sonderposten			
				Rückstellungen			
				Verbindlichkeiten			
Aktive Rechnungsabgrenzung				Passive Rechnungsabgrenzung			
Bilanzsumme				Bilanzsumme			

Nachrichtlicher Ausweis Bürgschaften:

[**Bearbeitungshinweis:** Es sind die Höhe der jeweiligen Bürgschaft sowie der Bürgschaftsnehmer, Bürgschaftsgeber (ggf. obsolet, weil es die Kommune ist) und Gläubiger der Hauptforderung zu benennen. Sollten sich Anzeichen dafür ergeben, dass der Bürgschaftsfall eintreten könnte, so ist hierauf hinzuweisen.]

Entwicklung der Gewinn- und Verlustrechnung

[**Bearbeitungshinweis:** Je nach Rechtsform ist die Darstellung anzupassen, z.B. für Eigenbetriebe oder Zweckverbände, die nach NKF Rechnung legen.]

	Berichtsjahr	Vorjahr	Veränderung Berichts- zu Vorjahr
	TEURO	TEURO	TEURO
1. Umsatzerlöse			
2. Sonstige betriebliche Erträge			
3. Materialaufwand			
4. Personalaufwand			
5. Abschreibungen			
6. Sonstige betriebliche Aufwendungen			
7. Finanzergebnis			
8. Ergebnis vor Ertragssteuern			
9. Jahresüberschuss (+) / -fehlbetrag (-)			

Kennzahlen

	Berichtsjahr	Vorjahr	Veränderung Berichts- zu Vorjahr
	%	%	%
Eigenkapitalquote			
Eigenkapitalrentabilität			
Anlagendeckungsgrad 2			
Verschuldungsgrad			
Umsatzrentabilität			

Personalbestand

Zum 31. Dezember Berichtsjahr waren xxx Mitarbeiterinnen und Mitarbeiter (Vorjahr: xxx) für das Unternehmen tätig.

Geschäftsentwicklung

[**Bearbeitungshinweis:** Hier erfolgt eine kurze, aber nachvollziehbare Darstellung der Geschäftsentwicklung für das abgeschlossene Geschäftsjahr (u. a. auch Entwicklung des Eigenkapitals, des Jahresergebnisses und der Verbindlichkeiten). Auf Besonderheiten, die die Lage der Beteiligung beeinflusst haben, ist kurz einzugehen. Außerdem ist eine kurze, aber nachvollziehbare Wiedergabe der Chancen und Risiken für die künftige Entwicklung der Beteiligung sowie ggf. diesbezügliche Bewertung aus Sicht der kommunalen Gebietskörperschaft vorzunehmen.

An dieser Stelle kann der Lagebericht der jeweiligen Beteiligung verwendet werden.]

Organe und deren Zusammensetzung

[**Bearbeitungshinweis:** Hier sind die Organe der Beteiligung aufzuführen und deren Mitglieder namentlich zu benennen.]

Information der Öffentlichkeit über die Zusammensetzung von Aufsichts- und Verwaltungsräten nach Geschlecht

Gemäß § 12 Absatz 6 des Gesetzes über die Gleichstellung von Frauen und Männern für das Land Nordrhein-Westfalen (Landesgleichstellungsgesetz – LGG) ist die Öffentlichkeit über die Zusammensetzung von Aufsichts- und Verwaltungsräten nach Geschlecht regelmäßig in geeigneter Form zu unterrichten.

Dem Aufsichtsgremium in diesem Unternehmen gehören von den insgesamt XX Mitgliedern XX Frauen an (Frauenanteil: XX %).

Variante 1: Damit wird der im § 12 Absatz 1 LGG geforderte Mindestanteil von Frauen in Höhe von 40 Prozent erreicht/überschritten.

Variante 2: Damit wird der im § 12 Absatz 1 LGG geforderte Mindestanteil von Frauen in Höhe von 40 Prozent nicht erreicht/unterschritten.

Vorliegen eines Gleichstellungsplanes nach § 2 Absatz 2 und § 5 LGG

Gemäß § 2 Absatz 2 LGG haben die Gemeinden und Gemeindeverbände beziehungsweise ihre Vertreterinnen und Vertreter in den Unternehmensgremien bei der Gründung von Unternehmen in Rechtsformen des privaten Rechts in unmittelbarer und mittelbarer Beteiligung dafür Sorge zu tragen, dass die entsprechende Anwendung des LGG in der Unternehmenssatzung verankert wird.

Gehört einer Gemeinde oder einem Gemeindeverband allein oder gemeinsam mit anderen Gebietskörperschaften die Mehrheit der Anteile eines Unternehmens in einer Rechtsform des privaten Rechts, wirken die Vertreterinnen und Vertreter darauf hin, dass in dem Unternehmen die Ziele des LGG beachtet werden. Dies gilt sowohl für unmittelbare als auch für mittelbare Beteiligungen. Für Unternehmen, die auf eine Beendigung ihrer Geschäftstätigkeit ausgerichtet sind, findet § 2 Absatz 2 LGG keine Anwendung.

Ein Gleichstellungsplan nach § 5 LGG wurde für die Jahre xxxx bis xxxx erstellt. Ein Gleichstellungsplan nach § 5 LGG befindet sich in Erstellung und soll voraussichtlich im Jahr xxxx in Kraft treten. Der Gleichstellungsplan nah § 5 LGG befindet sich derzeit in Fortschreibung.

3.4.1.2 [bitte Name der Beteiligung aus Tabelle 1 – lfd. Nr. 2 – hier eintragen]

3.4.2 Mittelbare Beteiligungen der Kommune zum 31. Dezember Berichtsjahr

[**Bearbeitungshinweis:** Zu den wesentlichen bzw. strategisch bedeutsamen mittelbaren Beteiligungen sind ergänzende Angaben zu folgenden Gesichtspunkten zu erstellen: Zweck der Beteiligung, Bilanzsumme, Eigen- und Fremdkapital, Jahresergebnis und laufende und/oder absehbare Chancen und Risiken für den kommunalen Kernhaushalt bzw. Holding. Darüber hinaus können optional weitere Aspekte analog zur Einzeldarstellung der unmittelbaren Beteiligungen beleuchtet werden.

Die Beurteilung, ob es sich um eine wesentliche Beteiligung handelt, ist auf der Grundlage der örtlichen Verhältnisse und Erfahrungen vorzunehmen. Als Anhaltspunkt kann eine durchgerechnete Beteiligungsquote von mehr als 20 % dienen. Eine Beteiligung kann allerdings auch bei einer geringeren durchgerechneten Beteiligungsquote eine wesentliche Bedeutung haben. Dies beispielsweise dann der Fall, wenn die mittelbare Beteiligung für den Kernhaushalt nicht unerhebliche Erträge an diesen abführt bzw. nicht unerhebliche Aufwendungen aus diesem erhält und somit eine nicht nur nachrangige finanzielle Bedeutung für den Kernhaushalt hat. Weiterhin könnte die mittelbare Beteiligung eine strategische Relevanz haben bzw. an der Berichterstattung ein besonderes Interesse bestehen.]

3.4.2.1 [bitte Name der Beteiligung aus Tabelle 1 – lfd. Nr. 3 – hier eintragen]

Optional: Basisdaten

Zweck der Beteiligung

Ziel der Beteiligung und Erfüllung des öffentlichen Zwecks

Optional: Darstellung der Beteiligungsverhältnisse

Optional: Darstellung der wesentlichen Finanz- und Leistungsbeziehungen

Übersicht über den Stand der Verbindlichkeiten und die Entwicklung des Eigenkapitals

Optional: Entwicklung der Gewinn- und Verlustrechnung

Optional: Kennzahlen

Optional: Personalbestand

Geschäftsentwicklung

Optional: Organe und deren Zusammensetzung

Optional: Information der Öffentlichkeit über die Zusammensetzung von Aufsichts- und Verwaltungsräten nac Geschlecht

Optional: Vorliegen eines Gleichstellungsplanes nach § 2 Absatz 2 und § 5 LGG

3.4.2.2 [bitte Name der Beteiligung aus Tabelle 1 – lfd. Nr. 4 – hier eintragen]

4 Optional: Organisation der Beteiligungsverwaltung

[**Bearbeitungshinweis:** Hier kann die Organisation der Beteiligungsverwaltung – bspw. durch eine grafische Übersic zur Aufbauorganisation des Beteiligungsmanagements – dargestellt und Zuständigkeiten bzw. Ansprechpartner aufg führt werden.]

5 Optional: Public Corporate Governance Kodex

[**Bearbeitungshinweis:** Hier besteht die Möglichkeit, den PCGK der Kommune abzubilden.]

Kreisordnung für das Land Nordrhein-Westfalen (KrO NRW)

in der Fassung der Bekanntmachung vom 14.07.1994 (GV. NRW. S. 646), zuletzt geändert durch Gesetz vom 13.04.2022 (GV. NRW. S. 490)

1. TEIL
GRUNDLAGEN DER KREISVERFASSUNG

§ 1
Wesen der Kreise

(1) Die Kreise verwalten ihr Gebiet zum Besten der kreisangehörigen Gemeinden und ihrer Einwohner nach den Grundsätzen der gemeindlichen Selbstverwaltung.

(2) Die Kreise sind Gemeindeverbände und Gebietskörperschaften.

(3) Das Gebiet des Kreises bildet zugleich den Bezirk der unteren staatlichen Verwaltungsbehörde.

§ 2
Wirkungsbereich

(1) Die Kreise sind, soweit die Gesetze nicht ausdrücklich etwas anderes bestimmen, ausschließliche und eigenverantwortliche Träger der öffentlichen Verwaltung zur Wahrnehmung der auf ihr Gebiet begrenzten überörtlichen Angelegenheiten.

Die Wahrnehmung örtlicher Aufgaben durch die Gemeinden bleibt unberührt. Mehrere Gemeinden können überörtliche, auf ihre Gebiete begrenzte Aufgaben durch Zweckverbände oder im Wege öffentlich-rechtlicher Vereinbarungen durchführen.

(2) Die Kreise nehmen ferner die Aufgaben wahr, die ihnen aufgrund gesetzlicher Vorschriften übertragen sind. Den Kreisen können nur durch Gesetz Pflichtaufgaben auferlegt werden. Pflichtaufgaben können den Kreisen zur Erfüllung nach Weisung übertragen werden; das Gesetz bestimmt den Umfang des Weisungsrechts, das in der Regel zu begrenzen ist. Für die gemeinsame Wahrnehmung von Pflichtaufgaben zur Erfüllung nach Weisung ist der Anwendungsbereich des Gesetzes über kommunale Gemeinschaftsarbeit nur nach Maßgabe der Absätze 5 und 6 eröffnet.

(3) Eingriffe in die Rechte der Kreise sind nur durch Gesetz zulässig. Rechtsverordnungen zur Durchführung solcher Gesetze bedürfen der Zustimmung des für die kommunale Selbstverwaltung zuständigen Ausschusses des Landtags und, sofern nicht die Landesregierung oder das für Kommunales zuständige Ministerium sie erlassen, der Zustimmung des für Kommunales zuständigen Ministeriums.

(4) Werden den Kreisen neue Pflichten auferlegt oder werden Pflichten bei der Novellierung eines Gesetzes fortgeschrieben oder erweitert, ist gleichzeitig die Aufbringung der Mittel zu regeln. Führen diese neuen Pflichten zu einer Mehrbelastung der Kreise, ist ein entsprechender Ausgleich zu schaffen.

(5) Zur Effizienzsteigerung kann ein Kreis mit einem benachbarten Kreis gemäß §§ 23 ff. des Gesetzes über kommunale Gemeinschaftsarbeit vereinbaren, dass ihm gemäß § 2 Abs. 2 Satz 3 übertragene Aufgaben von dem benachbarten Kreis übernommen oder für ihn durchgeführt werden. Satz 1 gilt auch für den Abschluss einer öffentlich-rechtlichen Vereinbarung zwischen einem Kreis und einer benachbarten kreisfreien Stadt.

(6) Absatz 5 gilt nur, soweit

- Bundesrecht oder Recht der Europäischen Gemeinschaften nicht entgegensteht, oder

- der Abschluss einer öffentlich-rechtlichen Vereinbarung nicht durch Gesetz oder Rechtsverordnung ausdrücklich eingeschränkt oder ausgeschlossen ist, oder

- durch die beabsichtigte Aufgabenverlagerung schutzwürdige Belange Dritter nicht unangemessen beeinträchtigt werden oder Gründe des öffentlichen Wohls nicht entgegenstehen.

§ 3
Gleichstellung von Frau und Mann

(1) Die Verwirklichung des Verfassungsgebots der Gleichberechtigung von Frau und Mann ist auch eine Aufgabe der Kreise, die zur Wahrnehmung dieser Aufgabe hauptamtlich tätige Gleichstellungsbeauftragte bestellen.

(2) Die Gleichstellungsbeauftragte wirkt bei allen Vorhaben und Maßnahmen des Kreises mit, die Belange von Frauen berühren oder Auswirkungen auf die Gleichberechtigung von Frau und Mann und die Anerkennung ihrer gleichberechtigten Stellung in der Gesellschaft haben.

(3) Die Gleichstellungsbeauftragte kann in Angelegenheiten ihres Aufgabenbereiches an den Sitzungen des Kreisausschusses, des Kreistages und seiner Ausschüsse teilnehmen. Ihr ist auf Wunsch das Wort zu erteilen. Sie kann die Öffentlichkeit über Angelegenheiten ihres Aufgabenbereichs unterrichten.

(4) Die Gleichstellungsbeauftragte kann in Angelegenheiten, die ihren Aufgabenbereich berühren, den Beschlussvorlagen des Landrates widersprechen; in diesem Fall hat der Landrat den Kreistag zu Beginn der Beratung auf den Widerspruch und seine wesentlichen Gründe hinzuweisen.

(5) Das Nähere zu den Absätzen 2 bis 4 regelt die Hauptsatzung.

§ 4
Geheimhaltung

Die Kreise sind verpflichtet, Angelegenheiten der zivilen Verteidigung, die auf Anordnung der zuständigen Behörde oder ihrem Wesen nach gegen die Kenntnis Unbefugter geschützt werden müssen, geheimzuhalten. Sie haben hierbei Weisungen der Landesregierung auf dem Gebiet des Geheimschutzes zu beachten.

§ 5
Satzungen

(1) Die Kreise können ihre Angelegenheiten durch Satzung regeln, soweit Gesetze nichts anderes bestimmen. Satzungen bedürfen der Genehmigung der Aufsichtsbehörde nur, wenn dies gesetzlich ausdrücklich vorgeschrieben ist.

(2) In den Satzungen können vorsätzliche und fahrlässige Zuwiderhandlungen gegen Gebote und Verbote mit Bußgeld bedroht werden. Zuständige Verwaltungsbehörde im Sinne des § 36 Abs. 1 Nr. 1 des Gesetzes über Ordnungswidrigkeiten ist der Landrat.

(3) Jeder Kreis hat eine Hauptsatzung zu erlassen. In ihr ist mindestens zu ordnen, was nach den Vorschriften dieses Gesetzes der Hauptsatzung vorbehalten ist. Die Hauptsatzung und ihre Änderung kann der Kreistag nur mit der Mehrheit der gesetzlichen Zahl der Mitglieder beschließen.

(4) Satzungen sind öffentlich bekanntzumachen. Sie treten, wenn kein anderer Zeitpunkt bestimmt ist, mit dem Tage nach der Bekanntmachung in Kraft.

(5) Das für Kommunales zuständige Ministerium bestimmt durch Rechtsverordnung, welche Verfahrens- und Formvorschriften bei der öffentlichen Bekanntmachung von Satzungen und sonstigen ortsrechtlichen Bestimmungen einzuhalten sind, soweit nicht andere Gesetze hierüber besondere Regelungen enthalten.

(6) Die Verletzung von Verfahrens- oder Formvorschriften dieses Gesetzes kann gegen Satzungen und sonstige ortsrechtliche Bestimmungen nach Ablauf von sechs Monaten seit ihrer

Verkündung nicht mehr geltend gemacht werden, es sei denn,

a) eine vorgeschriebene Genehmigung fehlt oder ein vorgeschriebenes Anzeigeverfahren wurde nicht durchgeführt,

b) die Satzung oder die sonstige ortsrechtliche Bestimmung ist nicht ordnungsgemäß öffentlich bekanntgemacht worden,

c) der Landrat hat den Kreistagsbeschluss vorher beanstandet oder

d) der Form- oder Verfahrensmangel ist gegenüber dem Kreis vorher gerügt und dabei die verletzte Rechtsvorschrift und die Tatsache bezeichnet worden, die den Mangel ergibt.

Bei der öffentlichen Bekanntmachung der Satzung oder der sonstigen ortsrechtlichen Bestimmung ist auf die Rechtsfolgen nach Satz 1 hinzuweisen.

(7) Die Kreise bestimmen in ihrer Hauptsatzung die Form der öffentlichen Bekanntmachung für die nach diesem Gesetz oder anderen Rechtsvorschriften vorgeschriebenen sonstigen öffentlichen Bekanntmachungen, soweit nicht andere Gesetze hierüber besondere Regelungen enthalten. Für die Form und den Vollzug der Bekanntmachung gilt die Rechtsverordnung nach Absatz 5 entsprechend.

§ 6
Einrichtungen und Lasten

(1) Die Kreise schaffen innerhalb der Grenzen ihrer Leistungsfähigkeit die für die wirtschaftliche, soziale und kulturelle Betreuung ihrer Einwohner erforderlichen öffentlichen Einrichtungen.

(2) Alle Einwohner eines Kreises sind im Rahmen des geltenden Rechts berechtigt, die öffentlichen Einrichtungen des Kreises zu benutzen, und verpflichtet, die Lasten zu tragen, die sich aus ihrer Zugehörigkeit zum Kreis ergeben.

(3) Grundbesitzer und Gewerbetreibende, die nicht im Kreis wohnen, sind in gleicher Weise berechtigt, die öffentlichen Einrichtungen zu benutzen, die im Kreis für Grundbesitzer und Gewerbetreibende bestehen und verpflichtet, für ihren Grundbesitz oder Gewerbebetrieb im Gebiet des Kreises zu den Lasten des Kreises beizutragen.

(4) Diese Vorschriften gelten entsprechend für juristische Personen und Personenvereinigungen.

§ 7
Anschluss- und Benutzungszwang

Die Kreise können bei öffentlichem Bedürfnis durch Satzung für die Grundstücke des Kreisgebiets den Anschluss an überörtliche, der Volksgesundheit dienende Einrichtungen sowie an Einrichtungen zur Versorgung mit Fernwärme (Anschlusszwang) und die Benutzung dieser Einrichtungen (Benutzungszwang) vorschreiben. Die Satzung kann Ausnahmen vom Anschluss- und Benutzungszwang zulassen. Sie kann den Zwang auch auf bestimmte Teile des Kreisgebiets und auf bestimmte Gruppen von Grundstücken oder Personen beschränken. Im Falle des Anschluss- und Benutzungszwangs für Fernwärme soll die Satzung zum Ausgleich von sozialen Härten angemessene Übergangsregelungen enthalten.

§ 8
Verwaltung

Die Verwaltung des Kreises liegt bei dem Kreistag, dem Kreisausschuss und dem Landrat.

§ 9
Wirtschaftsführung

Die Kreise haben ihr Vermögen und ihre Einkünfte so zu verwalten, dass die Kreisfinanzen gesund bleiben. Auf die wirtschaftlichen Kräfte der kreisangehörigen Gemeinden und der Abgabepflichtigen ist Rücksicht zu nehmen.

§ 10
Aufsicht

Die Aufsicht des Landes schützt die Kreise in ihren Rechten und sichert die Erfüllung ihrer Pflichten.

§ 11
Funktionsbezeichnungen

Die Funktionsbezeichnungen dieses Gesetzes werden in weiblicher oder männlicher Form geführt.

§ 12
Name, Bezeichnung und Sitz

(1) Die Kreise führen ihre bisherigen Namen. Der Kreistag kann mit einer Mehrheit von drei Vierteln seiner Mitglieder den Kreisnamen ändern. Die Änderung des Kreisnamens bedarf der Genehmigung des für Kommunales zuständigen Ministeriums. Sätze 2 und 3 finden auch in den Fällen Anwendung, in denen der Kreisname durch Gesetz festgelegt wurde, wenn seit dem Inkrafttreten des Gesetzes zehn Jahre vergangen sind.

(2) Die Kreise können Bezeichnungen, die auf der Geschichte oder der heutigen Eigenart oder Bedeutung des Kreises beruhen, führen. Der Kreistag kann mit einer Mehrheit von drei Vierteln seiner Mitglieder diese Bezeichnung bestimmen und ändern. Die Bestimmung und Änderung der Bezeichnung bedarf der Genehmigung des für Kommunales zuständigen Ministeriums.

(3) Der Kreistag bestimmt den Sitz der Kreisverwaltung; der Beschluss bedarf der Genehmigung der Landesregierung.

§ 13
Siegel, Wappen und Flaggen

(1) Die Kreise führen Dienstsiegel.

(2) Die Kreise führen ihre bisherigen Wappen und Flaggen.

(3) Die Änderung und die Einführung von Dienstsiegeln, Wappen und Flaggen bedürfen der Genehmigung der Bezirksregierung.

2. TEIL
KREISGEBIET

§ 14
Kreisgebiet

Das Gebiet jedes Kreises soll so bemessen sein, dass die Leistungsfähigkeit des Kreises zur Erfüllung seiner Aufgaben gesichert ist.

§ 15
Gebietsbestand

Das Gebiet des Kreises besteht aus der Gesamtheit der nach geltendem Recht zum Kreis gehörenden Gemeinden.

§ 16
Gebietsänderung

(1) Aus Gründen des öffentlichen Wohles können Grenzen eines Kreises durch Eingliederung oder Ausgliederung von Gemeinden geändert, Kreise aufgelöst oder neugebildet werden.

(2) Das Verfahren zur Änderung des Gebiets eines Kreises wird durch Antrag einer unmittelbar beteiligten Gebietskörperschaft an die Aufsichtsbehörde des Kreises eingeleitet. Werden durch die beantragte Gebietsänderung die Grenzen von Kreisen verschiedener Regierungsbezirke berührt, so ist der Antrag an die obere Aufsichtsbehörde zu richten. Das Verfahren kann auch durch die Aufsichtsbehörde oder die obere Aufsichtsbehörde eingeleitet werden.

(3) Vor einer Änderung des Gebiets eines Kreises ist der Wille der unmittelbar beteiligten Gebietskörperschaften in der Weise

festzustellen, dass ihren Vertretungen Gelegenheit zur Stellungnahme gegeben wird.

(4) Die Änderung der Grenzen von Kreisen bewirkt ohne weiteres die Änderung der Grenzen der Landschaftsverbände.

§ 17
Gebietsänderungsverträge

Die Kreise treffen, soweit erforderlich, über die Änderung ihres Gebiets Vereinbarungen (Gebietsänderungsverträge). Derartige Verträge bedürfen der Genehmigung der Aufsichtsbehörde. Kommt ein Gebietsänderungsvertrag nicht zustande, so bestimmt die Aufsichtsbehörde die Einzelheiten der Gebietsänderung.

§ 18
Durchführung der Gebietsänderung

Die Änderung des Gebiets eines Kreises erfolgt durch Gesetz. In diesem sind die Bestimmungen über die Gebietsänderung zu bestätigen und der Tag der Rechtswirksamkeit der Gebietsänderung festzulegen.

§ 19
Wirkungen der Gebietsänderung

(1) Der Ausspruch der Änderung des Gebiets eines Kreises und die Bestätigung des Gebietsänderungsvertrags begründen Rechte und Pflichten der Beteiligten. Sie bewirken den Übergang, die Beschränkung oder Aufhebung von dinglichen Rechten, sofern der Gebietsänderungsvertrag derartiges vorsieht. Die Aufsichtsbehörde ersucht die zuständigen Behörden um die Berichtigung des Grundbuchs, des Wasserbuchs und anderer öffentlicher Bücher. Sie kann Unschädlichkeitszeugnisse ausstellen.

(2) Rechtshandlungen, die aus Anlass der Änderung des Gebiets eines Kreises erforderlich sind, sind frei von öffentlichen Abgaben sowie von Gebühren und Auslagen, soweit diese auf Landesrecht beruhen.

3. TEIL
EINWOHNER UND BÜRGER

§ 20
Einwohner

Einwohner des Kreises sind die Einwohner der kreisangehörigen Gemeinden.

§ 21
Anregungen und Beschwerden

(1) Jede Einwohnerin oder jeder Einwohner des Kreises, die oder der seit mindestens drei Monaten in dem Kreis wohnt, hat das Recht, sich einzeln oder in Gemeinschaft mit anderen in Textform nach § 126b des Bürgerlichen Gesetzbuches mit Anregungen oder Beschwerden in Angelegenheiten des Kreises an den Kreistag zu wenden. Die Zuständigkeiten des Kreisausschusses, der Ausschüsse und des Landrats werden hierdurch nicht berührt. Die Erledigung von Anregungen und Beschwerden kann der Kreistag einem Ausschuss übertragen. Der Antragsteller ist über die Stellungnahme zu den Anregungen und Beschwerden zu unterrichten.

(2) Die näheren Einzelheiten regelt die Hauptsatzung.

§ 22
Einwohnerantrag

(1) Einwohner, die seit mindestens drei Monaten im Kreis wohnen und das 14. Lebensjahr vollendet haben, können beantragen, dass der Kreistag über eine bestimmte Angelegenheit, für die er gesetzlich zuständig ist, berät und entscheidet.

(2) Der Antrag muss in Textform eingereicht werden. Er muss ein bestimmtes Begehren und eine Begründung enthalten. Er muss bis zu drei Personen benennen, die berechtigt sind, die Unterzeichnenden zu vertreten. Die Verwaltung ist in den Grenzen ihrer Verwaltungskraft ihren Einwohnern bei der Einleitung eines Einwohnerantrages behilflich.

(3) Ein Einwohnerantrag muss von mindestens 4 Prozent der Einwohner unterzeichnet sein, höchstens jedoch von 8 000 Einwohnern. § 4 Absatz 7 der Gemeindeordnung für das Land Nordrhein-Westfalen in der Fassung der Bekanntmachung vom 14. Juli 1994 (GV. NRW. S. 666) in der jeweils geltenden Fassung gilt entsprechend.

(4) Jede Liste mit Unterzeichnungen muss den vollen Wortlaut des Antrags enthalten. Eintragungen, welche die Person des Unterzeichners nach Namen, Vornamen, Geburtsdatum und Anschrift nicht zweifelsfrei erkennen lassen, sind ungültig. Die Angaben werden vom Kreis geprüft.

(5) Der Antrag ist nur zulässig, wenn nicht in derselben Angelegenheit innerhalb der letzten zwölf Monate bereits ein Antrag gestellt wurde.

(6) Die Voraussetzungen der Absätze 1 bis 5 müssen im Zeitpunkt des Eingangs des Antrags beim Kreis erfüllt sein.

(7) Der Kreistag stellt unverzüglich fest, ob der Einwohnerantrag zulässig ist. Er hat unverzüglich darüber zu beraten und zu entscheiden, spätestens innerhalb von vier Monaten nach seinem Eingang. Den Vertretern des Einwohnerantrags soll Gelegenheit gegeben werden, den Antrag in der Kreistagssitzung zu erläutern.

(8) Das für Kommunales zuständige Ministerium kann durch Rechtsverordnung das Nähere über die Durchführung des Einwohnerantrags regeln.

§ 23
Bürgerbegehren und Bürgerentscheid

(1) Die Bürger der kreisangehörigen Gemeinden können beantragen (Bürgerbegehren), dass sie anstelle des Kreistags über eine Angelegenheit des Kreises selbst entscheiden (Bürgerentscheid). Der Kreistag kann mit einer Mehrheit von zwei Dritteln der gesetzlichen Zahl der Mitglieder beschließen, dass über eine Angelegenheit des Kreises ein Bürgerentscheid stattfindet (Kreistagsbürgerentscheid). Absatz 2 Satz 1 sowie die Absätze 5, 7, 8 und 9 gelten entsprechend.

(2) Das Bürgerbegehren muss in Textform eingereicht werden und die zur Entscheidung zu bringende Frage sowie eine Begründung enthalten. Es muss bis zu drei Bürger der zum Kreis gehörenden Gemeinden benennen, die berechtigt sind, die Unterzeichnenden zu vertreten (Vertretungsberechtigte). Bürger, die beabsichtigen, ein Bürgerbegehren durchzuführen, teilen dies der Verwaltung in Textform mit. Die Verwaltung ist in den Grenzen ihrer Verwaltungskraft ihren Bürgern bei der Einleitung eines Bürgerbegehrens behilflich. Sie teilt den Vertretungsberechtigten in Textform eine Einschätzung der mit der Durchführung der verlangten Maßnahme verbundenen Kosten (Kostenschätzung) mit. Die Kostenschätzung der Verwaltung ist bei der Sammlung der Unterschriften nach Absatz 4 anzugeben. Wenn die Kostenschätzung nach Satz 5 vorliegt, können die Vertretungsberechtigten nach Satz 2 beantragen zu entscheiden, ob das Bürgerbegehren mit Ausnahme der Voraussetzungen des Absatzes 4 zulässig ist. Der Antrag ist in der gemäß § 22 Absatz 4 vorgeschriebenen Form einschließlich der zur Entscheidung zu bringenden Frage, der Begründung sowie der anzugebenden Kostenschätzung vorzulegen und von den Vertretungsberechtigten sowie mindestens 25 Bürgern zu unterzeichnen. Über den Antrag hat der Kreistag innerhalb von acht Wochen zu entscheiden. Der Kreistag kann in der Hauptsatzung die Entscheidung über den Antrag nach Satz 7 auf den Kreisausschuss übertragen, der ebenfalls innerhalb von acht Wochen zu entscheiden hat. Absatz 6 Satz 3 und 6 gilt entsprechend.

(3) Richtet sich ein Bürgerbegehren gegen einen Beschluss des Kreistags, muss es innerhalb von sechs Wochen nach der Bekanntmachung des Beschlusses eingereicht sein. Gegen den Beschluss, der nicht der Bekanntmachung bedarf, beträgt die Frist drei Monate nach dem Sitzungstag. Nach der Mitteilung nach Absatz 2 Satz 3 ist der Ablauf der Fristen aus Satz 1 und Satz 2 bis zur Mitteilung der Verwaltung nach Absatz 2 Satz 5 gehemmt. Nach einem Antrag nach Absatz 2 Satz 7 ist der Ablauf der Fristen aus Satz 1 und Satz 2 bis zur Entscheidung nach Absatz 2 Satz 9 gehemmt.

(4) Ein Bürgerbegehren muss in einem Kreis

bis 200 000 Einwohner	von 5 %,
mit mehr als 200 000 Einwohnern, aber nicht mehr als 500 000 Einwohner	von 4 %,
mit mehr als 500 000 Einwohnern	von 3 %

der Bürger der kreisangehörigen Gemeinden unterzeichnet sein. Maßgeblich ist die bei der letzten allgemeinen Kommunalwahl festgestellte Zahl der Wahlberechtigten. Für die Zahl der Einwohner gilt § 4 Absatz 7 der Gemeindeordnung für das Land Nordrhein-Westfalen in der jeweils geltenden Fassung entsprechend. Nach Absatz 2 Satz 8 erfolgte Unterzeichnungen sind anzurechnen. Die Angaben werden vom Kreis geprüft. Im Übrigen gilt § 22 Abs. 4 entsprechend.

(5) Ein Bürgerbegehren ist unzulässig über

1. die innere Organisation der Kreisverwaltung,
2. die Rechtsverhältnisse der Mitglieder des Kreistages, der Mitglieder des Kreisausschusses und der Mitglieder der Ausschüsse sowie der Bediensteten des Kreises,
3. die Haushaltssatzung, die Eröffnungsbilanz, den Jahresabschluss und den Gesamtabschluss des Kreises (einschließlich der Wirtschaftspläne und des Jahresabschlusses der Eigenbetriebe) sowie die kommunalen Abgaben und die privatrechtlichen Entgelte,
4. Angelegenheiten, die im Rahmen eines Planfeststellungsverfahrens oder eines förmlichen Verwaltungsverfahrens mit Öffentlichkeitsbeteiligung oder eines abfallrechtlichen, immissionsschutzrechtlichen, wasserrechtlichen oder vergleichbaren Zulassungsverfahrens zu entscheiden sind,

Ein Bürgerbegehren darf nur Angelegenheiten zum Gegenstand haben, über die innerhalb der letzten zwei Jahre nicht bereits ein Bürgerentscheid durchgeführt worden ist.

(6) Der Kreistag stellt unverzüglich fest, ob das Bürgerbegehren zulässig ist. Liegt bereits eine Entscheidung nach Absatz 2 Satz 9 oder Satz 10 vor, so entscheidet der Kreistag lediglich darüber, ob die Voraussetzungen des Absatzes 4 vorliegen. Gegen die ablehnende Entscheidung des Kreistages können nur die Vertreter des Bürgerbegehrens nach Absatz 2 Satz 2 einen Rechtsbehelf einlegen. Entspricht der Kreistag dem zulässigen Bürgerbegehren nicht, so ist innerhalb von drei Monaten nach der Entscheidung nach Satz 1 oder Satz 2 ein Bürgerentscheid durchzuführen. Entspricht der Kreistag dem Bürgerbegehren, so unterbleibt der Bürgerentscheid. Den Vertretern des Bürgerbegehrens soll Gelegenheit gegeben werden, den Antrag in der Sitzung des Kreistags zu erläutern. Ist die Zulässigkeit des Bürgerbegehrens nach Satz 1 oder Satz 2 abschließend festgestellt, darf bis zur Feststellung des Ergebnisses des Bürgerentscheids eine dem Begehren entgegenstehende Entscheidung der Kreisorgane nicht mehr getroffen oder mit dem Vollzug einer derartigen Entscheidung nicht mehr begonnen werden, es sei denn, zu diesem Zeitpunkt haben rechtliche Verpflichtungen des Kreises hierzu bestanden (Sperrwirkung des zulässigen Bürgerbegehrens).

(7) Bei einem Bürgerentscheid kann über die gestellte Frage nur mit Ja oder Nein abgestimmt werden. Die Frage ist in dem Sinne entschieden, in dem sie von der Mehrheit der gültigen Stimmen beantwortet wurde, sofern diese Mehrheit in Kreisen mit

bis zu 200.000 Einwohnern	mindestens 20 Prozent
über 200.000 bis zu 500.000 Einwohnern	mindestens 15 Prozent
mehr als 500.000 Einwohnern	mindestens 10 Prozent

der Bürger beträgt. § 4 Absatz 7 der Gemeindeordnung für das Land Nordrhein-Westfalen gilt entsprechend.

Bei Stimmengleichheit gilt die Frage als mit Nein beantwortet. Sollen an einem Tag mehrere Bürgerentscheide stattfinden, hat der Kreistag eine Stichfrage für den Fall zu beschließen, dass die gleichzeitig zur Abstimmung gestellten Fragen in einer miteinander nicht zu vereinbarenden Weise beantwortet werden (Stichentscheid). Es gilt dann diejenige Entscheidung, für die sich im Stichentscheid die Mehrheit der gültigen Stimmen ausspricht. Bei Stimmengleichheit im Stichentscheid gilt der Bürgerentscheid, dessen Frage mit der höchsten Stimmenzahl mehrheitlich beantwortet worden ist.

(8) Der Bürgerentscheid hat die Wirkung eines Kreistagsbeschlusses. Vor Ablauf von zwei Jahren kann er nur auf Initiative des Kreistags durch einen neuen Bürgerentscheid abgeändert werden.

(9) Das für Kommunales zuständige Ministerium kann durch Rechtsverordnung das Nähere über die Durchführung des Bürgerbegehrens und des Bürgerentscheids regeln.

§ 23a
Transparenzpflichten bei Bürgerbegehren und Bürgerentscheid

(1) Die Unterlagen zur Einreichung eines Bürgerbegehrens müssen eine Erklärung darüber enthalten, ob und in welcher Gesamthöhe die nach § 23 Absatz 2 Satz 2 genannten Vertretungsberechtigten Zuwendungen von Dritten für die Vorbereitung und Durchführung des Bürgerbegehrens erhalten oder eigene Mittel dafür eingesetzt haben. Zuwendungen eines einzelnen Zuwenders für den Zweck der Vorbereitung und Durchführung des Bürgerbegehrens, deren Gesamtwert 10.000 Euro übersteigt, sind unter Angabe des Namens und der Anschrift des Zuwenders sowie der Gesamthöhe der Zuwendung anzugeben.

(2) Erhalten die Vertretungsberechtigten des Bürgerbegehrens nach Antragstellung eine Zuwendung, die alleine oder zusammen mit weiteren Zuwendungen dieses Zuwenders den Gesamtwert von 10.000 Euro übersteigt, teilen die Vertretungsberechtigten dies dem Landrat unverzüglich mit. Wird über die Frage des Bürgerbegehrens ein Bürgerentscheid durchgeführt, besteht die Mitteilungspflicht bis zu dessen Abschluss fort.

(3) Im Falle der Durchführung eines Bürgerentscheids veröffentlicht der Landrat die Erklärungen und Mitteilungen der Vertretungsberechtigten 16 Tage vor dem Bürgerentscheid über eine öffentliche Bekanntmachung. Sofern nach dieser Frist weitere Erklärungen und Mitteilungen eingehen, veröffentlicht sie der Landrat in geeigneter Weise spätestens am Tag vor dem Bürgerentscheid. In Fällen nach Satz 2 ist eine vereinfachte Bekanntmachung möglich.

(4) Die Vertretungsberechtigten versichern bei der Einreichung eines Bürgerbegehrens an Eides statt, dass der Mitteilungspflicht vollständig und richtig nachgekommen worden ist. Wird über die Frage des Bürgerbegehrens ein Bürgerentscheid durchgeführt, müssen die Vertretungsberechtigten 16 Tage vor dem Entscheid die Erklärung an Eides statt erneuern.

§ 24
Ehrenamtliche Tätigkeit und Ehrenamt

Einwohner und Bürger der kreisangehörigen Gemeinden sind zur ehrenamtlichen Tätigkeit und zur Übernahme und Ausübung von Ehrenämtern für den Kreis unter den gleichen Voraussetzungen und mit den gleichen Folgen verpflichtet wie in der Gemeinde, in der sie Einwohner oder Bürger sind. § 34 der Gemeindeordnung findet keine Anwendung.

4. TEIL
KREISTAG

§ 25
Allgemeines

(1) Der Kreistag besteht aus den Kreistagsmitgliedern, die von den Bürgern der kreisangehörigen Gemeinden gewählt werden (Kreistagsmitglieder) und dem Landrat (Mitglied kraft Gesetzes).

(2) Vorsitzender des Kreistags ist der Landrat. Ihm obliegt die repräsentative Vertretung des Kreises. Der Landrat hat im Kreistag Stimmrecht. In den Fällen der §§ 26 Abs. 1 Buchstabe i, 26 Abs. 2, 32 Abs. 1 Satz 3, 33 Abs. 1 Satz 2, 35 Abs. 3, 38 Abs. 2, 41 Abs. 3, 5 und 7, 45 Abs. 1, 48 Abs. 1 Satz 2 und 49 Abs. 1 Satz 3 und 4 stimmt er nicht mit.

§ 26
Zuständigkeiten des Kreistags

(1) Der Kreistag beschließt über die Angelegenheiten des Kreises, die ihrer Bedeutung nach einer solchen Entscheidung bedürfen oder die er sich vorbehält, soweit nicht in diesem Gesetz etwas anderes bestimmt ist. Er ist ausschließlich zuständig für

a) die Aufstellung allgemeiner Grundsätze, nach denen die Verwaltung geführt werden soll,

b) die Wahl der Mitglieder des Kreisausschusses und ihrer Stellvertreter,

c) die Wahl der Mitglieder der anderen Ausschüsse,

d) die Bestellung des allgemeinen Vertreters des Landrats und des Kämmerers,

e) die Änderung des Gebiets des Kreises, die Bestimmung des Namens und der Bezeichnung des Kreises und des Sitzes der Kreisverwaltung sowie die Änderung und Einführung von Dienstsiegeln, Wappen und Flaggen, soweit nicht in diesem Gesetz etwas anderes bestimmt ist,

f) den Erlass, die Änderung, die Aufhebung von Satzungen und sonstigen ortsrechtlichen Bestimmungen,

g) den Erlass der Haushaltssatzung und des Stellenplans, die Aufstellung eines Haushaltssicherungskonzeptes, die Zustimmung zu überplanmäßigen und außerplanmäßigen Aufwendungen und Auszahlungen und überplanmäßigen und außerplanmäßigen Verpflichtungsermächtigungen, die Festlegung von Wertgrenzen für die Veranschlagung und Abrechnung einzelner Investitionsmaßnahmen,

h) die Festsetzung allgemein geltender öffentlicher Abgaben und privatrechtlicher Entgelte sowie der Kreisumlage,

i) die Feststellung des Jahresabschlusses und die Entlastung sowie die Bestätigung des Gesamtabschlusses, sofern ein Gesamtabschluss nicht erstellt wird, die Beschlussfassung über den Beteiligungsbericht,

j) den Beschluss über die gegenüber der Gemeindeprüfungsanstalt und der Aufsichtsbehörde abzugebende Stellungnahme gemäß § 105 Absatz 7 der Gemeindeordnung für das Land Nordrhein-Westfalen,

k) den Erwerb von Vermögensgegenständen, soweit es sich nicht um Geschäfte der laufenden Verwaltung handelt,

l) die teilweise oder vollständige Veräußerung oder Verpachtung von Eigenbetrieben, die teilweise oder vollständige Veräußerung einer unmittelbaren oder mittelbaren Beteiligung an einer Gesellschaft oder anderen Vereinigungen des privaten Rechts, die Veräußerung eines Geschäftsanteils an einer eingetragenen Kreditgenossenschaft sowie den Abschluss von anderen Rechtsgeschäften im Sinne des § 111 Abs. 1 und 2 Gemeindeordnung,

m) die Errichtung, Übernahme, Erweiterung, Einschränkung und Auflösung von Anstalten des öffentlichen Rechts gemäß § 114a der Gemeindeordnung, öffentlichen Einrichtungen und Eigenbetrieben, die Bildung oder Auflösung eines gemeinsamen Kommunalunternehmens gemäß § 27 Abs. 1 bis 3 und 6 des Gesetzes über kommunale Gemeinschaftsarbeit, die Änderung der Unternehmenssatzung eines gemeinsamen Kommunalunternehmens sowie der Austritt aus einem gemeinsamen Kommunalunternehmen, die erstmalige unmittelbare oder mittelbare Beteiligung sowie die Erhöhung einer unmittelbaren oder mittelbaren Beteiligung an einer Gesellschaft oder anderen Vereinigungen in privater Rechtsform, den Erwerb eines Geschäftsanteils an einer eingetragenen Kreditgenossenschaft,

n) die Umwandlung der Rechtsform von Anstalten des öffentlichen Rechts gem. § 114a der Gemeindeordnung, öffentlichen Einrichtungen und Eigenbetrieben sowie die Umwandlung der Rechtsform von Gesellschaften, an denen der Kreis beteiligt ist, soweit der Einfluss des Kreises geltend gemacht werden kann,

o) die Umwandlung des Zwecks, die Zusammenlegung und die Aufhebung von Stiftungen einschließlich des Verbleibs des Stiftungsvermögens,

p) die Übernahme von Bürgschaften, den Abschluss von Gewährverträgen und die Bestellung sonstiger Sicherheiten für andere sowie solche Rechtsgeschäfte, die den vorgenannten wirtschaftlich gleichkommen,

q) die Bestellung und Abberufung der Leitung und der Prüfer der örtlichen Rechnungsprüfung sowie die Übertragung von Aufgaben auf die örtliche Rechnungsprüfung,

r) die Genehmigung von Verträgen des Kreises mit Kreistags- und Ausschussmitgliedern, mit dem Landrat und den leitenden Dienstkräften des Kreises nach näherer Bestimmung der Hauptsatzung,

s) die Übernahme neuer Aufgaben, für die keine gesetzliche Verpflichtung besteht,

t) alle Angelegenheiten, in denen das Gesetz die Zuständigkeit des Kreistags ausdrücklich vorschreibt,

u) die Festlegung strategischer Ziele unter Berücksichtigung der Ressourcen.

Der Kreistag kann durch die Hauptsatzung die Erledigung bestimmter Geschäfte, für die er nach Satz 2 Buchstaben j bis l zuständig ist, auf den Kreisausschuss übertragen.

(2) Der Kreistag ist durch den Landrat über alle wichtigen Angelegenheiten der Kreisverwaltung zu unterrichten; er überwacht die Durchführung seiner Beschlüsse sowie den Ablauf der Verwaltungsangelegenheiten. Auch kann der Kreistag vom Landrat Einsicht in die Akten durch einen von ihm bestimmten Ausschuss oder einzelne von ihm beauftragte Mitglieder fordern. In Einzelfällen muss auf Verlangen von mindestens einem Fünftel der Kreistagsmitglieder oder einer Fraktion auch einem einzelnen, von den Antragstellern zu benennenden Kreistagsmitglied Akteneinsicht gewährt werden. Ausschussvorsitzende können vom Landrat jederzeit Auskunft und Akteneinsicht über die Angelegenheiten verlangen, die zum Aufgabenbereich ihres Ausschusses gehören. Dritte sind von der Teilnahme an der Akteneinsicht ausgeschlossen. Akteneinsicht darf einem Kreistagsmitglied nicht gewährt werden, das wegen Interessenwiderstreits von der Beratung und Entscheidung der Angelegenheit ausgeschlossen ist.

(3) Über wichtige Anordnungen der Aufsichtsbehörde und Anordnungen, bei denen die Aufsichtsbehörden dies bestimmen, ist der Kreistag vom Landrat zu unterrichten.

(4) Der Landrat ist verpflichtet, einem Kreistagsmitglied auf Verlangen Auskunft zu erteilen oder zu einem Tagesordnungspunkt Stellung zu nehmen. Jedem Kreistagsmitglied ist vom Landrat auf Verlangen Akteneinsicht zu gewähren, soweit die Akten im Zusammenhang mit der Vorbereitung oder der Kontrolle von Beschlüssen des Kreistages oder des Ausschusses stehen, dem es angehört. Dritte sind von der Teilnahme an der Akteneinsicht ausgeschlossen. Die Akteneinsicht darf nur verweigert werden, soweit ihr schutzwürdige Belange Betroffener oder Dritter entgegenstehen. Die ablehnende Entscheidung ist in Textform zu begründen. Akteneinsicht darf einem Kreistagsmitglied nicht gewährt werden, das wegen Interessenwiderstreits von der Beratung und Entscheidung der Angelegenheit ausgeschlossen ist.

(5) Für die Vertretung der Kreise in Organen von juristischen Personen oder Personenvereinigungen gilt § 113 der Gemeindeordnung entsprechend. Vertreter des Kreises, die Mitgliedschaftsrechte in Organen, Beiräten oder Ausschüssen von juristischen Personen oder Personenvereinigungen wahrnehmen, werden vom Kreistag bestellt oder vorgeschlagen. Ist mehr als ein Vertreter des Kreises zu benennen, muss der Landrat oder der von ihm vorgeschlagene Bedienstete des Kreises dazuzählen. Die Vertreter des Kreises sind an die Beschlüsse des Kreistags und des Kreisausschusses gebunden. Sie haben ihr Amt auf Beschluss des Kreistags jederzeit niederzulegen. Die Sätze 1 bis 5 gelten nur, soweit durch Gesetz nichts anderes bestimmt ist.

(6) Absatz 5 gilt entsprechend, wenn dem Kreis das Recht eingeräumt wird, Mitglieder des Vorstandes, des Aufsichtsrates oder eines gleichartigen Organs zu bestellen oder vorzuschlagen.

(7) Werden die vom Kreis bestellten oder vorgeschlagenen Personen aus dieser Tätigkeit haftbar gemacht, so hat ihnen der Kreis den Schaden zu ersetzen, es sei denn, dass sie ihn vorsätzlich oder grob fahrlässig herbeigeführt haben. Auch in diesem Fall ist der Kreis schadensersatzpflichtig, wenn die vom Kreis bestellten Personen nach Weisung des Kreistags oder des Kreisausschusses gehandelt haben.

§ 27
Wahl der Kreistagsmitglieder

(1) Die Kreistagsmitglieder werden in allgemeiner, unmittelbarer, freier, gleicher und geheimer Wahl auf die Dauer von fünf Jahren gewählt. Die näheren Vorschriften trifft das Kommunalwahlgesetz.

(2) Nach Ablauf der Wahlperiode üben die bisherigen Kreistagsmitglieder ihre Tätigkeit bis zur ersten Sitzung des neugewählten Kreistags weiter aus.

§ 28
Rechte und Pflichten der Kreistagsmitglieder

(1) Die Kreistagsmitglieder sind verpflichtet, in ihrer Tätigkeit ausschließlich nach dem Gesetz und ihrer freien, nur durch Rücksicht auf das öffentliche Wohl bestimmten Überzeugung zu handeln; sie sind an Aufträge nicht gebunden.

(2) Für die Tätigkeit als Kreistagsmitglied oder als Mitglied eines Ausschusses gelten die Vorschriften der §§ 30 bis 32 Gemeindeordnung mit folgenden Maßgaben entsprechend:

1. Die Pflicht zur Verschwiegenheit kann ihnen gegenüber nicht vom Landrat angeordnet werden;
2. die Genehmigung, als Zeuge auszusagen, erteilt bei Kreistagsmitgliedern der Kreistag, bei Kreisausschussmitgliedern der Kreisausschuss und bei Ausschussmitgliedern der Ausschuss;
3. die Offenbarungspflicht über Ausschließungsgründe besteht bei Kreistags- und Kreisausschussmitgliedern gegenüber dem Landrat, bei Ausschussmitgliedern gegenüber dem Ausschussvorsitzenden vor Eintritt in die Verhandlung;
4. über Ausschließungsgründe entscheidet bei Kreistagsmitgliedern der Kreistag, bei Kreisausschussmitgliedern der Kreisausschuss und bei Ausschussmitgliedern der Ausschuss;
5. ein Verstoß gegen die Offenbarungspflicht wird vom Kreistag, vom Kreisausschuss bzw. vom Ausschuss durch Beschluss festgestellt;
6. sachkundige Bürger und sachkundige Einwohner als Mitglieder von Ausschüssen können Ansprüche anderer gegen den Kreis nur dann nicht geltend machen, wenn diese in Zusammenhang mit ihren Aufgaben stehen; ob diese Voraussetzungen vorliegen, entscheidet der Ausschuss.

Die Kreistagsmitglieder, Mitglieder des Kreisausschusses und Mitglieder der Ausschüsse müssen gegenüber dem Landrat Auskunft über ihre wirtschaftlichen und persönlichen Verhältnisse geben, soweit das für die Ausübung ihrer Tätigkeit von Bedeutung sein kann. Die näheren Einzelheiten regelt der Kreistag. Name, Anschrift, der ausgeübte Beruf sowie andere vergütete und ehrenamtliche Tätigkeiten können veröffentlicht werden. Die Auskünfte sind vertraulich zu behandeln. Nach Ablauf der Wahlperiode sind die gespeicherten Daten der ausgeschiedenen Kreistagsmitglieder zu löschen. § 7 des Korruptionsbekämpfungsgesetzes vom 16. Dezember 2004 (GV. NRW. 2005 S. 8) in der jeweils geltenden Fassung bleibt unberührt.

(3) Erleidet der Kreis infolge eines Beschlusses des Kreistags einen Schaden, so haften die Kreistagsmitglieder, wenn sie

a) in vorsätzlicher oder grob fahrlässiger Verletzung ihrer Pflicht gehandelt haben,

b) bei der Beschlussfassung mitgewirkt haben, obwohl sie nach dem Gesetz hiervon ausgeschlossen waren und ihnen der Ausschließungsgrund bekannt war,

c) der Bewilligung von Ausgaben zugestimmt haben, für die das Gesetz oder die Haushaltssatzung eine Ermächtigung nicht vorsieht, wenn nicht gleichzeitig die erforderlichen Deckungsmittel bereitgestellt werden.

§ 29
Freistellung

(1) Niemand darf gehindert werden, sich um ein Mandat als Mitglied des Kreistags oder eines Ausschusses zu bewerben, es anzunehmen oder auszuüben. Benachteiligungen am Arbeitsplatz in Zusammenhang mit der Bewerbung, der Annahme oder der Ausübung eines Mandats sind unzulässig. Entgegenstehende Vereinbarungen sind nichtig. Kündigungen oder Entlassungen aus Anlass der Bewerbung, Annahme oder Ausübung eines Mandats sind unzulässig.

(2) Die Kreistagsmitglieder und Mitglieder der Ausschüsse sind für die Zeit der Ausübung des Mandats von ihrer Verpflichtung zur Arbeit freizustellen. Zur Ausübung des Mandats gehören Tätigkeiten, die mit dem Mandat in unmittelbarem Zusammenhang stehen oder auf Veranlassung des Kreistages oder des Ausschusses erfolgen. Auf Veranlassung des Kreistages erfolgt auch eine Tätigkeit als vom Kreistag entsandter Vertreter des Kreises in Organen und Gremien von juristischen Personen oder Vereinigungen des privaten und öffentlichen Rechts sowie als Stellvertreter des Landrats. Bei Mandatsträgern, die innerhalb eines vorgegebenen Arbeitszeitrahmens über Lage und Dauer der individuellen Arbeitszeit selbst entscheiden können, ist die Zeit der Ausübung des Mandats innerhalb dieses Arbeitszeitrahmens zur Hälfte auf ihre Arbeitszeit anzurechnen. Der Anspruch auf Ersatz des Verdienstausfalls nach § 30 ist in diesem Fall auf diese Hälfte beschränkt.

(3) Zur Teilnahme an kommunalpolitischen Bildungsveranstaltungen, die der Ausübung ihres Mandats förderlich sind, haben Kreistagsmitglieder oder Mitglieder von Ausschüssen des Kreistages einen Anspruch auf Urlaub an bis zu acht Arbeitstagen in jeder Wahlperiode, jedoch an nicht mehr als vier aufeinanderfolgenden Arbeitstagen im Jahr. Für die Zeit des Urlaubs besteht nach diesem Gesetz kein Anspruch auf Lohn oder Gehalt; weitergehende Vorschriften bleiben unberührt. Der Verdienstausfall und die Aufwendungen für die entgeltliche Betreuung von pflege- oder betreuungsbedürftigen Angehörigen sind nach Maßgabe der Regelungen des § 30 zu ersetzen.

Sind Kreistagsmitglieder oder Mitglieder von Ausschüssen des Kreistages zugleich auch Ratsmitglieder, Mitglieder von Bezirksvertretungen oder Mitglieder von Ausschüssen einer Gemeinde, so besteht der Anspruch auf Urlaub in jeder Wahlperiode nur einmal.

Der Arbeitgeber bzw. Dienstherr darf den Urlaub zu dem von dem Beschäftigten mitgeteilten Zeitpunkt ablehnen, wenn zwingende betriebliche Belange oder Urlaubsanträge anderer Beschäftigter entgegenstehen.

§ 30
Entschädigung der Kreistagsmitglieder

Für die Entschädigung der Mitglieder des Kreistags, des Kreisausschusses und der Ausschüsse gelten die §§ 45 und 133 Absatz 5 der Gemeindeordnung für das Land Nordrhein-Westfalen entsprechend.

§ 31
Aufwandsentschädigung

(1) Neben den Entschädigungen, die den Kreistagsmitgliedern nach § 30 zustehen, erhalten

1. Stellvertreter des Landrats nach § 46 Absatz 1,
2. Vorsitzende von Ausschüssen des Kreistags mit Ausnahme des Wahlprüfungsausschusses,
3. Fraktionsvorsitzende - bei Fraktionen mit mindestens acht Mitgliedern auch ein stellvertretender Vorsitzender, mit mindestens 16 Mitgliedern auch zwei und mit mindestens 24 Mitgliedern auch drei stellvertretende Vorsitzende -

eine vom für Kommunales zuständigen Ministerium durch Rechtsverordnung festzusetzende angemessene Aufwandsentschädigung. Eine Aufwandsentschädigung ist nicht zu gewähren, wenn das Kreistagsmitglied hauptberuflich tätiger Mitarbeiter einer Fraktion ist.

(2) Die Aufwandsentschädigung gemäß Absatz 1 Satz 1 Nummer 2 wird als monatliche Pauschale gezahlt. Der Kreistag kann in der Hauptsatzung beschließen, dass

1. weitere oder sämtliche Ausschüsse von der Regelung in Absatz 1 Satz 1 Nummer 2 ausgenommen werden,
2. die Aufwandsentschädigung abweichend von Satz 1 für einzelne oder sämtliche Ausschüsse als Sitzungsgeld gezahlt wird.

Ausnahmen nach Satz 2 kann der Kreistag nur mit einer Mehrheit von zwei Dritteln seiner Mitglieder beschließen, dies gilt nicht, soweit der Kreistag beschlossene Ausnahmen wieder aufhebt.

§ 32
Einberufung des Kreistags

(1) Der Kreistag wird von dem Landrat einberufen. Nach Beginn der Wahlperiode muss die erste Sitzung innerhalb von sechs Wochen stattfinden; im Übrigen soll der Kreistag zusammentreten, so oft es die Geschäftslage erfordert, mindestens jedoch alle drei Monate. Der Kreistag ist unverzüglich einzuberufen, wenn ein Fünftel der Kreistagsmitglieder oder eine Fraktion unter Angabe der zur Beratung zu stellenden Gegenstände es verlangen.

(2) Die Ladungsfrist, die Form der Einberufung und die Geschäftsführung des Kreistags sind durch die Geschäftsordnung zu regeln, soweit hierüber nicht in diesem Gesetz Vorschriften getroffen sind. Der Kreistag regelt in der Geschäftsordnung Inhalt und Umfang des Fragerechts der Kreistagsmitglieder.

(3) Kommt der Landrat seiner Verpflichtung zur Einberufung des Kreistags nicht nach, so veranlasst die Aufsichtsbehörde die Einberufung.

§ 32a
Einberufung von Sitzungen
in besonderen Ausnahmefällen

§ 47a der Gemeindeordnung für das Land Nordrhein-Westfalen gilt für die Einberufung des Kreistags, des Kreisausschusses und der Ausschüsse nach § 41 in besonderen Ausnahmefällen entsprechend.

§ 33
Tagesordnung und Öffentlichkeit der Kreistagssitzungen

(1) Der Landrat setzt die Tagesordnung fest. Er hat dabei Vorschläge aufzunehmen, die ihm innerhalb einer in der Geschäftsordnung zu bestimmenden Frist von einem Fünftel der Kreistagsmitglieder oder einer Fraktion vorgelegt werden. Fragestunden für Einwohner kann er in die Tagesordnung aufnehmen, wenn Einzelheiten hierüber in der Geschäftsordnung geregelt sind. Zeit und Ort der Sitzung sowie die Tagesordnung sind von ihm öffentlich bekanntzumachen. Die Tagesordnung kann in der Sitzung durch Beschluss des Kreistags erweitert werden, wenn es sich um Angelegenheiten handelt, die keinen Aufschub dulden oder die von äußerster Dringlichkeit sind.

(2) Die Sitzungen des Kreistags sind öffentlich. Durch die Geschäftsordnung kann die Öffentlichkeit für Angelegenheiten einer bestimmten Art ausgeschlossen werden. Auf Antrag eines Kreistagsmitglieds oder auf Vorschlag des Landrats kann für einzelne Angelegenheiten die Öffentlichkeit ausgeschlossen werden. Anträge und Vorschläge auf Ausschluss der Öffentlichkeit dürfen nur in nichtöffentlicher Sitzung begründet und beraten werden. Falls dem Antrag oder dem Vorschlag stattgegeben wird, ist die Öffentlichkeit in geeigneter Weise zu unterrichten, dass in nichtöffentlicher Sitzung weiter verhandelt wird.

(3) Personenbezogene Daten dürfen offenbart werden, soweit nicht schützenswerte Interessen Einzelner oder Belange des öffentlichen Wohls überwiegen; erforderlichenfalls ist die Öffentlichkeit auszuschließen.

(4) § 48 Absatz 4 der Gemeindeordnung für das Land Nordrhein-Westfalen gilt entsprechend.

(5) Mitglieder der Ausschüsse können nach Maßgabe der Geschäftsordnung an den nichtöffentlichen Sitzungen des Kreistags als Zuhörer teilnehmen, soweit deren Aufgabenbereich durch den Beratungsgegenstand berührt wird. Die Teilnahme als Zuhörer begründet keinen Anspruch auf Ersatz des Verdienstausfalls und auf Zahlung von Sitzungsgeld.

§ 34
Beschlussfähigkeit des Kreistags

(1) Der Kreistag ist beschlussfähig, wenn mehr als die Hälfte der gesetzlichen Mitgliederzahl anwesend ist. Er gilt als beschlussfähig, solange seine Beschlussunfähigkeit nicht festgestellt ist.

(2) Ist eine Angelegenheit wegen Beschlussunfähigkeit des Kreistags zurückgestellt worden und wird der Kreistag zur Beratung über denselben Gegenstand einberufen, so ist er ohne Rücksicht auf die Zahl der Erschienenen beschlussfähig. Bei der zweiten Ladung muss auf diese Bestimmung ausdrücklich hingewiesen werden.

§ 35
Abstimmungen

(1) Beschlüsse werden mit Stimmenmehrheit gefasst, soweit das Gesetz nichts anderes vorschreibt. Bei Stimmengleichheit gilt ein Antrag als abgelehnt. Bei der Beschlussfassung wird offen abgestimmt. Auf Antrag einer in der Geschäftsordnung zu bestimmenden Zahl von Mitgliedern des Kreistages ist namentlich abzustimmen. Auf Antrag mindestens eines Fünftels der Mitglieder des Kreistages ist geheim abzustimmen. Zum selben Tagesordnungspunkt hat ein Antrag auf geheime Abstimmung Vorrang gegenüber einem Antrag auf namentliche Abstimmung. Die Geschäftsordnung kann weitere Regelungen treffen.

(2) Wahlen werden, wenn das Gesetz nichts anderes bestimmt oder wenn niemand widerspricht, durch offene Abstimmung, sonst durch Abgabe von Stimmzetteln vollzogen. Gewählt ist die vorgeschlagene Person, die mehr als die Hälfte der gültigen Stimmen erreicht hat. Nein-Stimmen gelten als gültige Stimmen. Erreicht niemand mehr als die Hälfte der Stimmen, so findet zwischen den Personen, welche die beiden höchsten Stimmenzahlen erreicht haben, eine engere Wahl statt. Gewählt ist, wer in dieser engeren Wahl die meisten Stimmen auf sich vereinigt. Bei Stimmengleichheit entscheidet das Los.

(3) Haben sich die Kreistagsmitglieder zur Besetzung der Ausschüsse auf einen einheitlichen Wahlvorschlag geeinigt, ist der einstimmige Beschluss der Kreistagsmitglieder über die Annahme dieses Wahlvorschlags ausreichend. Kommt ein einheitlicher Wahlvorschlag nicht zustande, so wird nach den Grundsätzen der Verhältniswahl in einem Wahlgang abgestimmt. Dabei sind die Wahlstellen auf die Wahlvorschläge der Fraktionen und Gruppen des Kreistages entsprechend dem Verhältnis der Stimmenzahlen, die auf die einzelnen Wahlvorschläge entfallen, zur Gesamtzahl der abgegebenen gültigen Stimmen zu verteilen. Jedem Wahlvorschlag werden zunächst so viele Sitze zugeteilt, wie sich für ihn ganze Zahlen ergeben. Sind danach noch Sitze zu vergeben, so sind sie in der Reihenfolge der höchsten Zahlenbruchteile zuzuteilen. Bei gleichen Zahlenbruchteilen entscheidet das Los. Scheidet jemand vorzeitig aus dem Ausschuss aus, wählen die Kreistagsmitglieder auf Vorschlag der Fraktion oder Gruppe, welcher das ausgeschiedene Mitglied bei seiner Wahl angehörte, einen Nachfolger.

(4) Hat der Kreistag zwei oder mehr Vertreter oder Mitglieder im Sinne des § 26 Abs. 5 und 6 zu bestellen oder vorzuschlagen, die nicht hauptberuflich tätig sind, ist das Verfahren nach Absatz 3 entsprechend anzuwenden. Dies gilt ebenso, wenn zwei oder mehr Personen vorzeitig aus dem Gremium ausgeschieden sind, für das sie bestellt oder vorgeschlagen worden waren und für diese mehrere Nachfolger zu wählen sind. Scheidet eine Person vorzeitig aus dem Gremium aus, für das sie bestellt oder vorgeschlagen war, wählt der Kreistag den Nachfolger für die restliche Zeit nach Absatz 2.

(5) Bei Beschlüssen und Wahlen zählen Stimmenthaltungen und ungültige Stimmen zur Feststellung der Beschlussfähigkeit, nicht aber zur Berechnung der Mehrheit mit.

(6) Ein Mitglied, in dessen Person ein Ausschließungsgrund nach § 31 Gemeindeordnung besteht, kann an der Beratung und Abstimmung nicht teilnehmen.

§ 36
Ordnung in den Sitzungen

(1) Der Landrat leitet die Verhandlungen, eröffnet und schließt die Sitzungen, sorgt für die Aufrechterhaltung der Ordnung und übt das Hausrecht aus.

(2) In der Geschäftsordnung kann bestimmt werden, in welchen Fällen durch Beschluss des Kreistags einem Kreistagsmitglied bei Verstößen gegen die Ordnung die auf den Sitzungstag entfallenden Entschädigungen ganz oder teilweise entzogen werden und es für eine oder mehrere Sitzungen ausgeschlossen wird.

(3) Enthält die Geschäftsordnung eine Bestimmung gemäß Absatz 2, so kann der Landrat, falls er es für erforderlich hält, den sofortigen Ausschluss des Kreistagsmitglieds aus der Sitzung verhängen und durchführen. Der Kreistag beschließt in der nächsten Sitzung über die Berechtigung dieser Maßnahme.

§ 37
Niederschrift der Kreistagsbeschlüsse

(1) Über die im Kreistag gefassten Beschlüsse ist eine Niederschrift aufzunehmen. Diese wird vom Landrat und einem vom Kreistag zu bestellenden Schriftführer unterzeichnet.

(2) Der wesentliche Inhalt der Beschlüsse soll in öffentlicher Sitzung oder in anderer geeigneter Weise der Öffentlichkeit zugänglich gemacht werden, soweit nicht im Einzelfall etwas anderes beschlossen wird.

§ 38
Behandlung der Kreistagsbeschlüsse

(1) Beschlüsse, die die Durchführung der Geschäftsordnung betreffen, führt der Landrat aus. Wenn er persönlich beteiligt ist, handelt der Stellvertreter.

(2) Beschlüsse, die die Geltendmachung von Ansprüchen des Kreises gegen den Landrat oder die Amtsführung des Landrates betreffen, führt der allgemeine Vertreter aus.

§ 39 [1)]
Widerspruch und Beanstandung

(1) Der Landrat kann einem Beschluss des Kreistags spätestens am dritten Tage nach der Beschlussfassung unter schriftlicher Begründung widersprechen, wenn er der Auffassung ist, dass der Beschluss das Wohl des Kreises gefährdet. Der Widerspruch hat aufschiebende Wirkung. Über die Angelegenheit ist in einer neuen Sitzung des Kreistags, die frühestens am dritten Tage und spätestens vier Wochen nach dem Widerspruch stattzufinden hat, erneut zu beschließen. Ein weiterer Widerspruch ist unzulässig.

(2) Verletzt ein Beschluss des Kreistags das geltende Recht, so hat der Landrat den Beschluss zu beanstanden. Die Beanstandung ist dem Kreistag mit Begründung schriftlich mitzuteilen. Sie hat aufschiebende Wirkung. Verbleibt der Kreistag bei seinem Beschluss, so hat der Landrat unverzüglich die Entscheidung der Aufsichtsbehörde einzuholen. Die aufschiebende Wirkung bleibt bestehen.

(3) Die Verletzung eines Mitwirkungsverbots nach § 28 Abs. 2 Satz 1 in Verbindung mit § 31 der Gemeindeordnung kann gegen einen Beschluss des Kreistags nach Ablauf von sechs Monaten seit der Beschlussfassung oder, wenn eine öffentliche Bekanntmachung erforderlich ist, sechs Monate nach dieser nicht mehr geltend gemacht werden, es sei denn, dass der Landrat den Beschluss vorher beanstandet hat oder die Verletzung des Mitwirkungsverbots vorher gegenüber dem Kreis gerügt und dabei die Tatsache bezeichnet worden ist, die die Verletzung ergibt.

(4) Absätze 1 bis 3 finden in den Fällen des § 50 Absatz 1 bis 4 entsprechende Anwendung.

§ 40
Fraktionen

(1) Fraktionen sind freiwillige Vereinigungen von Kreistagsmitgliedern, die sich auf der Grundlage grundsätzlicher politischer Übereinstimmung zu möglichst gleichgerichtetem Wirken zusammengeschlossen haben. Eine Fraktion besteht aus mindestens zwei Kreistagsmitgliedern, in einem Kreistag mit mehr als 59 Kreistagsmitgliedern aus mindestens drei

---

[1)] zu § 39 Absatz 4: gemäß Artikel 7 Gesetz zur Einführung digitaler Sitzungen für kommunale Gremien und zur Änderung kommunalrechtlicher Vorschriften vom 13.04.2022 treten folgende Änderungen am 01. Januar 2023 in Kraft. In § 39 Absatz 4 wird vor dem Wort "Absätze" das Wort "Die" eingefügt und die Angabe "4" durch die Angabe "3" ersetzt.

Kreistagsmitgliedern. Satz 1 gilt für Gruppen ohne Fraktionsstatus im Kreistag entsprechend. Eine Gruppe besteht aus mindestens zwei Kreistagsmitgliedern.

(2) Die Fraktionen wirken bei der Willensbildung und Entscheidungsfindung in der Vertretung mit; sie können insoweit ihre Auffassung öffentlich darstellen. Ihre innere Ordnung muss demokratischen und rechtsstaatlichen Grundsätzen entsprechen. Sie geben sich ein Statut, in dem das Abstimmungsverfahren, die Aufnahme und der Ausschluss aus der Fraktion geregelt werden.

(3) Der Kreis gewährt den Fraktionen und Gruppen aus Haushaltmitteln Zuwendungen zu den sächlichen und personellen Aufwendungen für die Geschäftsführung. Die Zuwendungen an die Fraktionen und Gruppen sind in einer besonderen Anlage zum Haushaltsplan darzustellen. Über die Verwendung der Zuwendungen ist ein Nachweis in einfacher Form zu führen, der unmittelbar dem Landrat zuzuleiten ist.
Eine Gruppe erhält mindestens 90 Prozent einer proportionalen Ausstattung, die zwei Dritteln der Zuwendungen entspricht, die die kleinste Fraktion nach Absatz 1 Satz 2 erhält oder erhalten würde.
Einem Kreistagsmitglied, das keiner Fraktion oder Gruppe angehört, stellt der Kreis in angemessenem Umfang Sachmittel und Kommunikationsmittel zum Zwecke seiner Vorbereitung auf die Kreistagssitzung zur Verfügung. Der Kreistag kann stattdessen beschließen, dass ein Kreistagsmitglied aus Haushaltsmitteln finanzielle Zuwendungen erhält, die die Hälfte des Betrages nicht übersteigen dürfen, die eine Gruppe mit zwei Mitgliedern im Kreistag erhielte. In diesem Fall ist nach den Sätzen 2 und 3 zu verfahren.

(4) Ein hauptberuflich tätiger Mitarbeiter der Fraktion kann Kreistagsmitglied sein. Nähere Einzelheiten über die Bildung der Fraktionen, ihre Rechte und Pflichten sowie den Umgang mit personenbezogenen Daten regelt die Geschäftsordnung. Die Geschäftsordnung bestimmt auch, ob eine Fraktion ein Kreistagsmitglied, das keiner Fraktion angehört, als Hospitant aufnehmen kann. Bei der Festsetzung der Mindeststärke einer Fraktion zählen Hospitanten nicht mit.

(5) Soweit personenbezogene Daten an Kreistagsmitglieder übermittelt werden dürfen, ist ihre Übermittlung auch an Mitarbeiter einer Fraktion oder Gruppe oder eines einzelnen Kreistagsmitgliedes nach Absatz 3 Satz 4 zulässig, wenn diese zur Verschwiegenheit verpflichtet sind.

§ 41
Bildung von Ausschüssen

(1) Zur Vorbereitung seiner Beschlüsse und zur Überwachung bestimmter Verwaltungsangelegenheiten kann der Kreistag Ausschüsse bilden.

(2) Der Kreistag kann für die Arbeit der Ausschüsse allgemeine Richtlinien aufstellen.

(3) Der Kreistag regelt mit der Mehrheit der Stimmen der Kreistagsmitglieder die Zusammensetzung der Ausschüsse und ihre Befugnisse. Soweit er stellvertretende Ausschussmitglieder bestellt, ist die Reihenfolge der Vertretung zu regeln. Der Landrat hat das Recht, mit beratender Stimme an den Sitzungen der Ausschüsse teilzunehmen; ihm ist auf Verlangen jederzeit das Wort zu erteilen. An nichtöffentlichen Sitzungen eines Ausschusses können die stellvertretenden Ausschussmitglieder sowie alle Kreistagsmitglieder als Zuhörer teilnehmen, ebenso die Mitglieder anderer Ausschüsse, soweit deren Aufgabenbereich durch den Beratungsgegenstand berührt wird. Die Teilnahme als Zuhörer begründet keinen Anspruch auf Ersatz des Verdienstausfalls und auf Zahlung von Sitzungsgeld. Wird in einer Ausschusssitzung ein Antrag beraten, den ein Kreistagsmitglied gestellt hat, das dem Ausschuss nicht angehört, so kann es sich an der Beratung beteiligen. Fraktionen, die in einem Ausschuss nicht vertreten sind, sind berechtigt, für diesen Ausschuss ein Kreistagsmitglied oder einen sachkundigen Bürger, der dem Kreistag angehören kann, zu benennen. Das benannte Kreistagsmitglied oder der benannte sachkundige Bürger wird vom Kreistag zum Mitglied des Ausschusses bestellt. Sie wirken in dem Aus-schuss mit beratender Stimme mit. Bei der Zusammensetzung und der Berechnung der Beschlussfähigkeit des Ausschusses werden sie nicht mitgezählt. Ein Kreistagsmitglied hat das Recht, mindestens einem der Ausschüsse als Mitglied mit beratender Stimme anzugehören. Die Sätze 8 und 10 gelten entsprechend.

(4) Auf die Ausschussmitglieder und das Verfahren in den Ausschüssen finden die für den Kreistag geltenden Vorschriften entsprechende Anwendung. Der Ausschussvorsitzende setzt die Tagesordnung im Benehmen mit dem Landrat fest. Auf Verlangen des Landrates ist der Ausschussvorsitzende verpflichtet, einen Gegenstand in die Tagesordnung aufzunehmen. Der Ausschussvorsitzende ist in gleicher Weise verpflichtet, wenn eine Fraktion dies beantragt. Abweichend von § 33 Abs. 1 Satz 4 brauchen Zeit und Ort der Ausschusssitzung sowie die Tagesordnung nicht öffentlich bekanntgemacht zu werden; der Landrat soll die Öffentlichkeit hierüber vorher in geeigneter Weise unterrichten.

(5) Zu Mitgliedern der Ausschüsse können neben Kreistagsmitgliedern auch sachkundige Bürger der kreisangehörigen Gemeinden, die dem Kreistag angehören können, bestellt werden. Zur Übernahme der Tätigkeit als sachkundiger Bürger ist niemand verpflichtet. Die Zahl der sachkundigen Bürger darf die der Kreistagsmitglieder in den einzelnen Ausschüssen nicht erreichen. Gesetzliche Bestimmungen über eine andere Zusammensetzung bestimmter Ausschüsse bleiben unberührt. Die Ausschüsse sind nur beschlussfähig, wenn die Zahl der anwesenden Kreistagsmitglieder die Zahl der anwesenden sachkundigen Bürger übersteigt; sie gelten auch insoweit als beschlussfähig, solange ihre Beschlussunfähigkeit nicht festgestellt ist. Die Ausschüsse können Vertreter derjenigen Bevölkerungsgruppen, die von ihrer Entscheidung vorwiegend betroffen werden, und Sachverständige zu den Beratungen hinzuziehen.

(6) Als Mitglieder mit beratender Stimme können den Ausschüssen volljährige sachkundige Einwohner angehören, die in entsprechender Anwendung des § 35 Abs. 3 zu wählen sind. Im Übrigen gilt Absatz 5 Satz 1 und 2 entsprechend.

(7) Haben sich die Fraktionen über die Verteilung der Ausschussvorsitze geeinigt und wird dieser Einigung nicht von einem Fünftel der Kreistagsmitglieder widersprochen, so bestimmen die Fraktionen die Ausschussvorsitzenden aus der Mitte der den Ausschüssen angehörenden stimmberechtigten Kreistagsmitglieder. Soweit eine Einigung nicht zustande kommt, werden den Fraktionen die Ausschussvorsitze in der Reihenfolge der Höchstzahlen zugeteilt, die sich durch Teilung der Mitgliederzahlen der Fraktionen durch 1, 2, 3 usw. ergeben; mehrere Fraktionen können sich zusammenschließen. Bei gleichen Höchstzahlen entscheidet das Los, das der Landrat zu ziehen hat. Die Fraktionen benennen die Ausschüsse, deren Vorsitz sie beanspruchen, in der Reihenfolge der Höchstzahlen und bestimmen die Vorsitzenden. Scheidet ein Ausschussvorsitzender während der Wahlperiode aus, bestimmt die Fraktion, der er angehört, ein Kreistagsmitglied zum Nachfolger. Die Sätze 1 bis 5 gelten für stellvertretende Vorsitzende entsprechend.

(8) Werden Ausschüsse während der Wahlperiode neu gebildet, aufgelöst oder ihre Aufgabe wesentlich verändert, ist das Verfahren nach Absatz 7 zu wiederholen.

(9) Über die Beschlüsse der Ausschüsse ist eine Niederschrift aufzunehmen. Diese ist dem Landrat und den Ausschussmitgliedern zuzuleiten.

§ 41a
Hybride Sitzungen der Ausschüsse

§ 58a der Gemeindeordnung für das Land Nordrhein-Westfalen gilt für die Ausschüsse des Kreistages entsprechend mit der

Maßgabe, dass der Kreisausschuss von der Anwendung der Vorschrift ausgeschlossen ist."

5. TEIL
LANDRAT

§ 42
Zuständigkeiten des Landrats

In Angelegenheiten der Kreisverwaltung obliegt dem Landrat

a) die Führung der Geschäfte der laufenden Verwaltung,

b) die Erledigung der ihm vom Kreisausschuss übertragenen Angelegenheiten,

c) die Vorbereitung und Durchführung der Beschlüsse des Kreistags und des Kreisausschusses sowie der Entscheidungen nach § 50 Abs. 3 Satz 2,

d) die Ausführung von Weisungen (§ 2 Abs. 2 Satz 3 und § 64),

e) die gesetzliche Vertretung des Kreises in Rechts- und Verwaltungsgeschäften unbeschadet des § 26 Abs. 4 und 5, § 43 und § 49 Abs. 4,

f) die Erledigung aller Aufgaben, die ihm aufgrund gesetzlicher Vorschriften übertragen sind,

g) die Leitung und Verteilung der Geschäfte.

§ 43
Abgabe von Erklärungen

(1) Erklärungen, durch welche der Kreis verpflichtet werden soll, bedürfen der Schriftform. Sie sind vom Landrat oder seinem allgemeinen Vertreter zu unterzeichnen, soweit nicht dieses Gesetz etwas anderes bestimmt.

(2) Absatz 1 gilt nicht für Geschäfte der laufenden Verwaltung.

(3) Geschäfte, die ein für ein bestimmtes Geschäft oder einen Kreis von Geschäften ausdrücklich Bevollmächtigter abschließt, bedürfen nicht der Form des Absatzes 1, wenn die Vollmacht in der Form dieses Absatzes erteilt ist.

(4) Erklärungen, die nicht den Formvorschriften dieses Gesetzes entsprechen, binden den Kreis nicht.

§ 44
Wahl des Landrats

(1) Der Landrat wird von den Bürgern der kreisangehörigen Gemeinden in allgemeiner, unmittelbarer, freier, gleicher und geheimer Wahl auf die Dauer von fünf Jahren nach den Grundsätzen der Mehrheitswahl zugleich mit dem Kreistag gewählt. Scheidet der Landrat durch Tod, Eintritt in den Ruhestand oder aus sonstigen Gründen vor Ablauf seiner Amtszeit aus dem Amt aus oder ist die Wahl eines Landrats aus anderen Gründen während der Wahlperiode des Kreistags erforderlich, so findet die Wahl des Nachfolgers spätestens sechs Monate nach Ausscheiden des Landrats aus dem Amt statt. Die näheren Vorschriften trifft das Kommunalwahlgesetz [1]).

(2) Wählbar ist, wer am Wahltag Deutscher im Sinne von Artikel 116 Abs. 1 des Grundgesetzes ist oder wer die Staatsangehörigkeit eines Mitgliedstaates der Europäischen Union besitzt und eine Wohnung in der Bundesrepublik Deutschland innehat, das 23. Lebensjahr vollendet hat und nicht vom Wahlrecht ausgeschlossen ist sowie die Gewähr dafür bietet, dass er jederzeit für die freiheitlich demokratische Grundordnung im Sinne des Grundgesetzes eintritt. Nicht wählbar ist, wer am Wahltag infolge Richterspruchs in der Bundesrepublik Deutschland die Wählbarkeit oder die Fähigkeit zur Bekleidung öffentlicher Ämter nicht besitzt.

(3) Der Landrat ist kommunaler Wahlbeamter. Für die dienstrechtliche Stellung gelten die beamtenrechtlichen Vorschriften.

(4) § 72 Gemeindeordnung gilt entsprechend.

(5) Endet das Beamtenverhältnis des Landrates vor Ablauf seiner Amtszeit, wird der Nachfolger bis zum Ende der nächsten Wahlperiode des Kreistags gewählt, es sei denn, die Amtszeit des Nachfolgers beginnt innerhalb der ersten zwei Jahre der Wahlperiode des Kreistags. In diesem Fall endet sie mit dem Ende der laufenden Wahlperiode.

(6) Eine Wahl findet nach Ablauf des 51. Monats nach der allgemeinen Kommunalwahl nicht mehr statt.

§ 45
Abwahl des Landrats

(1) Der Landrat kann von den Bürgern der kreisangehörigen Gemeinden vor Ablauf seiner Amtszeit abgewählt werden. Zur Einleitung des Abwahlverfahrens bedarf es

1. eines von mindestens der Hälfte der gesetzlichen Zahl der Kreistagsmitglieder gestellten Antrags und eines mit einer Mehrheit von zwei Dritteln der gesetzlichen Zahl der Kreistagsmitglieder zu fassenden Beschlusses. Zwischen dem Eingang des Antrags und dem Beschluss des Kreistags muss eine Frist von mindestens zwei Wochen liegen. Über den Antrag auf Einleitung des Abwahlverfahrens ist ohne Aussprache namentlich abzustimmen;

oder

2. eines von mindestens 15 Prozent der wahlberechtigten Bürger der kreisangehörigen Gemeinden gestellten Antrags; § 23 Absatz 4 Satz 2 gilt entsprechend.

Der Landrat ist abgewählt, wenn sich für die Abwahl eine Mehrheit der abgegebenen gültigen Stimmen der wahlberechtigten Bürger ergibt, sofern diese Mehrheit mindestens 25 Prozent der Wahlberechtigten beträgt. Für das weitere Verfahren gelten die Vorschriften des Kommunalwahlgesetzes entsprechend. Der Landrat scheidet mit dem Ablauf des Tages, an dem der Wahlausschuss die Abwahl feststellt, aus seinem Amt. Die Aufsichtsbehörde kann für die Dauer des Abwahlverfahrens das Ruhen der Amtsgeschäfte des Landrats anordnen, wenn zwei Drittel der gesetzlichen Zahl der Kreistagsmitglieder dies beantragen.

(2) Der Landrat kann binnen einer Woche

1. nach dem Beschluss gemäß Absatz 1 Satz 2 Nummer 1 oder

2. nach Feststellung der Zulässigkeit des Antrags nach Absatz 1 Satz 2 Nummer 2 durch den Kreistag

auf die Entscheidung der Bürger über seine Abwahl verzichten. Der Verzicht ist schriftlich gegenüber dem Stellvertreter zu erklären. Mit dem Ablauf des Tages, an dem dieser Verzicht dem Stellvertreter zugeht, gilt die Abwahl als erfolgt.

(3) Der Antrag nach Absatz 1 Satz 2 Nummer 2 ist schriftlich beim Kreistag einzureichen und muss das Begehren zweifelsfrei erkennen lassen. Er muss bis zu drei Bürger benennen, die berechtigt sind, die Unterzeichnenden zu vertreten. § 22 Absatz 4 gilt entsprechend. Die Unterzeichnenden müssen an dem von ihnen anzugebenden Tag ihrer Unterschrift wahlberechtigt sein. Die Unterschriften dürfen bei Eingang des Antrags nicht älter als vier Monate sein. Nach Antragseingang eingereichte Unterschriftslisten werden nicht mehr berücksichtigt. Der Kreistag stellt unverzüglich fest, ob der Antrag zulässig ist. Gegen die ablehnende Entscheidung des Kreistags können nur die Vertreter des Antrags nach Satz 2 Klage erheben.

§ 46
Wahl der Stellvertreter des Landrats

(1) Der Kreistag wählt für die Dauer seiner Wahlperiode aus seiner Mitte ohne Aussprache zwei Stellvertreter des Landrats. Er kann weitere Stellvertreter wählen. Sie vertreten den Landrat bei der Leitung der Kreistagssitzungen und bei der Repräsentation.

---

[1]) zu § 44 Absatz 1: Siehe Übergangsregelungen gemäß Artikel 5 des Gesetzes zur Stärkung der kommunalen Demokratie (s. Seite 40f)

(2) Bei der Wahl der Stellvertreter des Landrats wird nach den Grundsätzen der Verhältniswahl in einem Wahlgang geheim abgestimmt. Dabei ist die Reihenfolge der Stellvertreter nach der Reihenfolge der Höchstzahlen zu verteilen, die sich durch Teilung der auf die Wahlvorschläge der Fraktionen und Gruppen entfallenden Stimmenzahlen durch 1, 2, 3 usw. ergeben. Erster Stellvertreter ist, wer an erster Stelle des Wahlvorschlags steht, auf den die erste Höchstzahl entfällt, zweiter Stellvertreter, wer an vorderster noch nicht in Anspruch genommener Stelle des Wahlvorschlags steht, auf den die zweite Höchstzahl entfällt, dritter Stellvertreter, wer an vorderster noch nicht in Anspruch genommener Stelle des Wahlvorschlags steht, auf den die dritte Höchstzahl entfällt usw. Zwischen Wahlvorschlägen mit gleichen Höchstzahlen findet eine Stichwahl statt; bei Stimmengleichheit entscheidet das vom Landrat zu ziehende Los. Nimmt ein gewählter Bewerber die Wahl nicht an, so ist gewählt, wer an nächster Stelle desselben Wahlvorschlags steht. Ist ein Wahlvorschlag erschöpft, tritt an seine Stelle der Wahlvorschlag mit der nächsten Höchstzahl. Scheidet ein Stellvertreter während der Wahlperiode aus, ist der Nachfolger für den Rest der Wahlperiode ohne Aussprache in geheimer Abstimmung nach § 35 Abs. 2 zu wählen.

(3) Der Landrat wird vom Vorsitzenden (Stellvertreter oder Altersvorsitzender) in einer Sitzung des Kreistags vereidigt und in sein Amt eingeführt. Die Stellvertreter sowie die übrigen Kreistagsmitglieder werden von dem Landrat eingeführt und in feierlicher Form zur gesetzmäßigen und gewissenhaften Wahrnehmung ihrer Aufgaben verpflichtet.

(4) Der Kreistag kann die Stellvertreter des Landrats abberufen. Der Antrag kann nur von der Mehrheit der gesetzlichen Zahl der Mitglieder gestellt werden. Zwischen dem Eingang des Antrags und der Sitzung des Kreistags muss eine Frist von wenigstens zwei Tagen liegen. Über den Antrag ist ohne Aussprache abzustimmen. Der Beschluss über die Abberufung bedarf einer Mehrheit von zwei Dritteln der gesetzlichen Zahl der Mitglieder. Der Nachfolger ist innerhalb einer Frist von zwei Wochen ohne Aussprache in geheimer Abstimmung nach § 35 Abs. 2 zu wählen.

(5) Wenn der Landrat verhindert ist, leitet der Altersvorsitzende die Sitzung bei der Wahl der Stellvertreter des Landrats sowie bei Entscheidungen, die vorher getroffen werden müssen. Dies gilt auch für die Abberufung der Stellvertreter des Landrates.

§ 47
Bestellung des allgemeinen Vertreters

(1) Der Kreistag bestellt widerruflich aus den leitenden hauptamtlichen Beamten des Kreises einen allgemeinen Vertreter des Landrats. Die Hauptsatzung kann bestimmen, dass der allgemeine Vertreter des Landrats durch den Kreistag für die Dauer von acht Jahren gewählt wird. Der gewählte allgemeine Vertreter des Landrats führt die Amtsbezeichnung Kreisdirektor und muss über die Befähigung zum Richteramt oder zur Laufbahn des allgemeinen Verwaltungsdienstes im Land Nordrhein-Westfalen in der Laufbahngruppe 2, zweites Einstiegsamt, sowie über eine mehrjährige praktische Erfahrung in einer dem Amt angemessenen hauptamtlichen Verwaltungstätigkeit verfügen. Die Bestellung oder die Wahl bedürfen der Bestätigung der Bezirksregierung.

(2) Die Bestimmungen des § 71 der Gemeindeordnung über die Stellenausschreibung und die Wiederwahl finden entsprechende Anwendung.

(3) Der Kreistag kann den nach Absatz 1 Satz 2 gewählten Kreisdirektor abberufen. Der Antrag kann nur von der Mehrheit der gesetzlichen Zahl der Mitglieder gestellt werden. Zwischen dem Eingang des Antrags und der Sitzung des Kreistags muss eine Frist von mindestens sechs Wochen liegen. Über den Antrag ist ohne Aussprache abzustimmen. Der Beschluss über die Abberufung bedarf einer Mehrheit von zwei Dritteln der gesetzlichen Zahl der Mitglieder. Der Nachfolger ist innerhalb einer Frist von sechs Monaten zu wählen.

(4) Die Kreise sollen einen Beamten des Kreises zum Kämmerer bestellen.

§ 48
Teilnahme an den Sitzungen

(1) Der Landrat und sein allgemeiner Vertreter nehmen an den Sitzungen des Kreistags teil. Der Landrat ist berechtigt und auf Verlangen eines Fünftels der Kreistagsmitglieder oder einer Fraktion verpflichtet, zu einem Punkt der Tagesordnung vor dem Kreistag Stellung zu nehmen.

(2) Der Landrat und sein allgemeiner Vertreter sind berechtigt und auf Verlangen eines Ausschusses verpflichtet, an dessen Sitzungen teilzunehmen. Absatz 1 Satz 2 gilt entsprechend.

§ 49
Bedienstete des Kreises

(1) Der Landrat ist Dienstvorgesetzter der Bediensteten des Kreises. Er trifft die dienstrechtlichen und arbeitsrechtlichen Entscheidungen, soweit gesetzlich nichts anderes bestimmt ist. Die Hauptsatzung kann bestimmen, dass für Bedienstete in Führungsfunktionen Entscheidungen, die das beamtenrechtliche Grundverhältnis oder das Arbeitsverhältnis eines Bediensteten zum Kreis verändern, durch den Kreistag oder den Kreisausschuss im Einvernehmen mit dem Landrat zu treffen sind, soweit gesetzlich nichts anderes bestimmt ist. Kommt ein Einvernehmen nicht zu Stande, kann der Kreistag die Entscheidung mit einer Mehrheit von zwei Dritteln der gesetzlichen Zahl der Kreistagsmitglieder treffen. Bei Entscheidungen des Kreistags nach Satz 3 oder 4 stimmt der Landrat nicht mit. Erfolgt keine Entscheidung nach Satz 3 oder 4, gilt Satz 2. Bedienstete in Führungsfunktionen sind Leiter von Organisationseinheiten, die dem Hauptverwaltungsbeamten oder einem anderen Wahlbeamten oder diesem in der Führungsfunktion vergleichbaren Bediensteten unmittelbar unterstehen, mit Ausnahme von Bediensteten mit Aufgaben eines persönlichen Referenten oder Pressereferenten.

(2) Die Bediensteten der Kreise müssen die für ihren Arbeitsbereich erforderlichen fachlichen Voraussetzungen erfüllen, insbesondere die Ablegung der vorgeschriebenen Prüfungen nachweisen.

(3) Der Stellenplan ist einzuhalten; Abweichungen sind nur zulässig, soweit sie aufgrund des Besoldungs- oder Tarifrechts zwingend erforderlich sind.

(4) Die nach geltendem Recht auszustellenden Urkunden für Beamte sowie Arbeitsverträge und sonstige schriftliche Erklärungen zur Regelung der Rechtsverhältnisse von Bediensteten bedürfen der Unterzeichnung durch den Landrat oder seinen allgemeinen Vertreter. Der Landrat kann die Unterschriftsbefugnis durch Dienstanweisung übertragen.

6. TEIL
KREISAUSSCHUSS

§ 50 [1]
Zuständigkeiten des Kreisausschusses

(1) Der Kreisausschuss beschließt über alle Angelegenheiten, soweit sie nicht dem Kreistag vorbehalten sind oder soweit es sich nicht um Geschäfte der laufenden Verwaltung handelt. Er hat insbesondere die Beschlüsse des Kreistags vorzubereiten und die Geschäftsführung des Landrats zu überwachen.

---

[1] zu § 50: gemäß Artikel 7 Gesetz zur Einführung digitaler Sitzungen für kommunale Gremien und zur Änderung kommunalrechtlicher Vorschriften vom 13.04.2022 treten folgende Änderungen am 01. Januar 2023 in Kraft. § 50 wird wie folgt geändert:
a) Absatz 4 wird aufgehoben.
b) Absatz 5 wird Absatz 4.

(2) Der Kreisausschuss entscheidet im Rahmen der vom Kreistag festgelegten allgemeinen Richtlinien über die Planung der Verwaltungsaufgaben von besonderer Bedeutung. Zu diesem Zweck hat der Landrat den Kreisausschuss jeweils über solche Planungsvorhaben zu unterrichten.

(3) Der Kreisausschuss entscheidet in allen Angelegenheiten, die der Beschlussfassung des Kreistags unterliegen, falls eine Einberufung des Kreistags nicht rechtzeitig möglich ist (Eilentscheidung). Ist die Einberufung des Kreisausschusses nicht rechtzeitig möglich und kann die Entscheidung nicht aufgeschoben werden, weil sonst erhebliche Nachteile oder Gefahren entstehen können, kann die Landrätin oder der Landrat und im Falle ihrer oder seiner Verhinderung die allgemeine Vertreterin oder der allgemeine Vertreter mit einem Kreisausschussmitglied entscheiden (Dringlichkeitsentscheidung). Die nach Satz 1 oder nach Satz 2 getroffenen Entscheidungen sind dem Kreistag in der nächsten Sitzung zur Genehmigung vorzulegen. Er kann die Entscheidungen aufheben, soweit nicht schon Rechte anderer durch die Ausführung des Beschlusses entstanden sind.

(4) Der Kreisausschuss entscheidet ferner in allen Angelegenheiten, die der Beschlussfassung des Kreistags unterliegen, wenn und solange nach § 14 des Infektionsschutz- und Befugnisgesetzes vom 14. April 2020 (GV. NRW. S. 218b), das zuletzt durch Gesetz vom 04. Mai 2021 (GV. NRW. S. 566) geändert worden ist, eine epidemische Lage von landesweiter Tragweite festgestellt ist und wenn zwei Drittel der Mitglieder des Kreistags einer Delegierung an den Kreisausschuss zugestimmt haben. Die Stimmabgaben können in Textform erfolgen.

(5) Der Kreisausschuss kann die Erledigung einzelner Verwaltungsaufgaben dem Landrat übertragen.

§ 51
Zusammensetzung des Kreisausschusses

(1) Der Kreisausschuss besteht aus dem Landrat und mindestens 8 und höchstens 16 Kreistagsmitgliedern.

(2) Die Kreistagsmitglieder und für jedes Kreistagsmitglied ein Stellvertreter sind vom Kreistag aus seiner Mitte für die Dauer der Wahlperiode des Kreistags zu wählen. Die Stellvertreter können sich untereinander vertreten, wenn der Kreistag die Reihenfolge festgelegt hat. Scheidet ein Kreistagsmitglied oder ein Stellvertreter aus dem Kreisausschuss aus, so wählt der Kreistag auf Vorschlag derjenigen Gruppe, die den Ausgeschiedenen vorgeschlagen hatte, einen Nachfolger. Ist die Gruppe zu einem Vorschlag nicht in der Lage oder gehörte das Kreistagsmitglied oder der Stellvertreter keiner Gruppe an, so bleibt der Sitz unbesetzt.

(3) Der Landrat wird mit seiner Wahl Vorsitzender des Kreisausschusses. Er hat Stimmrecht im Kreisausschuss. Der Kreisausschuss wählt aus seiner Mitte einen oder mehrere Vertreter des Vorsitzenden.

(4) Nach Ablauf der Wahlperiode des Kreistags üben die bisherigen Kreistagsmitglieder im Kreisausschuss und ihre Stellvertreter ihre Tätigkeit bis zur ersten Sitzung des neuen Kreisausschusses weiter aus.

§ 52
Verfahren des Kreisausschusses

(1) Der Landrat beruft den Kreisausschuss ein und setzt die Tagesordnung fest.

(2) Der Kreisausschuss ist beschlussfähig, wenn mehr als die Hälfte der Mitglieder anwesend ist.

(3) Im Übrigen finden § 28 Abs. 1, Abs. 2 und 3, § 32 Abs. 1 Satz 3 und Abs. 2, § 34 Abs. 2, § 35, § 36, § 37 Abs. 1 und § 41 Abs. 3 Satz 4 bis 10 und Abs. 4 entsprechende Anwendung. Soweit der Kreisausschuss Aufgaben nach § 59 Abs. 1 wahrnimmt, tagt er in nichtöffentlicher Sitzung.

7. TEIL
HAUSHALTSWIRTSCHAFT, WIRTSCHAFTLICHE UND NICHTWIRTSCHAFTLICHE BETÄTIGUNG

§ 53
Haushaltswirtschaft und Prüfung

(1) Für die Haushalts- und Wirtschaftsführung gelten, soweit nicht nachstehend eine andere Regelung getroffen ist, die Vorschriften des 8. bis 12. Teils der Gemeindeordnung und die dazu erlassenen Rechtsverordnungen entsprechend.

(2) Die überörtliche Prüfung des Kreises und seiner Sondervermögen ist Aufgabe der Gemeindeprüfungsanstalt.

(3) Jeder Kreis muss eine örtliche Rechnungsprüfung einrichten.

§ 54
Haushaltssatzung

Nach Zuleitung des Entwurfs der Haushaltssatzung mit ihren Anlagen an den Kreistag ist diese unverzüglich bekannt und während der Dauer des Beratungsverfahrens im Kreistag zur Einsichtnahme verfügbar zu machen. In der öffentlichen Bekanntgabe ist eine Frist von mindestens vierzehn Tagen festzulegen, in der Einwohner oder Abgabepflichtige der kreisangehörigen Gemeinden gegen den Entwurf Einwendungen erheben können und die Stelle anzugeben, bei der die Einwendungen zu erheben sind. Die Frist für die Erhebung von Einwendungen ist so festzusetzen, dass der Kreistag vor der Beschlussfassung über die Haushaltssatzung mit ihren Anlagen in öffentlicher Sitzung darüber beschließen kann.

§ 55
Beteiligungsrechte der kreisangehörigen Gemeinden

(1) Die Festsetzung der Kreisumlage erfolgt im Benehmen mit den kreisangehörigen Gemeinden. Das Benehmen ist sechs Wochen vor Aufstellung des Entwurfes der Haushaltssatzung einzuleiten.

(2) Stellungnahmen der kreisangehörigen Gemeinden im Rahmen der Benehmensherstellung werden dem Kreistag mit der Zuleitung des Entwurfes der Haushaltssatzung mit ihren Anlagen zur Kenntnis gegeben. Den Gemeinden ist vor Beschlussfassung über die Haushaltssatzung mit ihren Anlagen in öffentlicher Sitzung Gelegenheit zur Anhörung zu geben. Über Einwendungen der Gemeinden beschließt der Kreistag in öffentlicher Sitzung. Der Kreis teilt ihnen das Beratungsergebnis und dessen Begründung mit.

§ 56
Kreisumlage

(1) Soweit die sonstigen Erträge eines Kreises die entstehenden Aufwendungen nicht decken, ist eine Umlage nach den hierfür geltenden Vorschriften von den kreisangehörigen Gemeinden zu erheben (Kreisumlage). Ist die Haushaltssatzung des Kreises bei Beginn des Haushaltsjahres noch nicht bekannt gemacht, so darf die Kreisumlage ausschließlich nach dem Umlagesatz des Vorjahres auf Grundlage der dafür festgesetzten Umlagegrundlagen erhoben werden.

(2) Die Kreisumlage ist für jedes Haushaltsjahr neu festzusetzen. Die Festsetzung der Umlagesätze bedarf der Genehmigung der Aufsichtsbehörde. Die Genehmigung kann unter Bedingungen und mit Auflagen erteilt werden.

(3) Der Umlagesatz kann einmal im Laufe des Haushaltsjahres geändert werden. Die Änderung des Umlagesatzes wirkt auf den Beginn des Haushaltsjahres zurück. Eine Erhöhung des Umlagesatzes der Kreisumlage ist nur zulässig, wenn unter

Berücksichtigung des Rücksichtnahmegebotes nach § 9 Satz 2 alle anderen Möglichkeiten, den Kreishaushalt auszugleichen, ausgeschöpft sind. Im Falle einer Erhöhung des für das Haushaltsjahr bereits festgesetzten Umlagesatzes muss der Beschluss vor dem 30. Juni des Haushaltsjahres gefasst sein.

(4) Handelt es sich um Einrichtungen des Kreises, die ausschließlich, in besonders großem oder in besonders geringem Maße einzelnen Teilen des Kreises zustatten kommen, so muss der Kreistag eine ausschließliche Belastung oder eine nach dem Umfang näher zu bestimmende Mehr- oder Minderbelastung dieser Kreisteile beschließen. Absätze 2 und 3 gelten entsprechend. Soweit es sich um Einrichtungen des Kreises handelt, die dem öffentlichen Personennahverkehr oder dem öffentlichen Schienenverkehr dienen, kann der Kreistag von einem Beschluss nach Satz 1 absehen; Absatz 1 bleibt unberührt. Differenzen zwischen Plan und Ergebnis können im übernächsten Jahr ausgeglichen werden.

(5) Nimmt der Kreis die Aufgaben der Jugendhilfe wahr, so hat er bei der Kreisumlage für kreisangehörige Gemeinden ohne eigenes Jugendamt eine einheitliche ausschließliche Belastung in Höhe der ihm durch die Aufgabe des Jugendamtes verursachten Aufwendungen festzusetzen; dies gilt auch für die Aufwendungen, die dem Kreis durch Einrichtungen der Jugendhilfe für diese Gemeinden entstehen. Differenzen zwischen Plan und Ergebnis können im übernächsten Jahr ausgeglichen werden.

(6) Der Kreis kann den infolge der Mitgliedschaft in einem Zweckverband auf Grund des Regionalisierungsgesetzes NRW, in einem Verkehrsverbund oder in einer Verkehrsgemeinschaft von ihm aufzubringenden Umlagebetrag in entsprechender Anwendung des Absatzes 4 auf die kreisangehörigen Gemeinden umlegen.

§ 56a
Ausgleichsrücklage

In der Bilanz ist eine Ausgleichsrücklage zusätzlich zur allgemeinen Rücklage als gesonderter Posten des Eigenkapitals anzusetzen. Der Ausgleichsrücklage können Jahresüberschüsse durch Beschluss des Kreistags zugeführt werden, soweit die allgemeine Rücklage einen Bestand in Höhe von mindestens 3 Prozent der Bilanzsumme des Jahresabschlusses des Kreises aufweist.

§ 56b
Haushaltssicherungskonzept

(1) Der Kreis hat zur Sicherung seiner dauerhaften Leistungsfähigkeit ein Haushaltssicherungskonzept aufzustellen und darin den nächstmöglichen Zeitpunkt zu bestimmen, bis zu dem der Haushaltsausgleich wieder hergestellt ist. § 76 der Gemeindeordnung gilt entsprechend.

(2) Ist der Kreis überschuldet oder steht die Überschuldung innerhalb der mittelfristigen Finanzplanung bevor, so kann das Haushaltssicherungskonzept nur genehmigt werden, wenn sowohl der Haushaltsausgleich als auch die Beseitigung der Überschuldung innerhalb der Frist des § 76 Absatz 2 Satz 3 der Gemeindeordnung dargestellt wird.

§ 56c
Sonderumlage

Der Kreis kann eine Sonderumlage erheben, sofern im Jahresabschluss eine Inanspruchnahme des Eigenkapitals erfolgt ist. Eine Sonderumlage ist zu erheben, sofern eine Überschuldung nach § 75 Absatz 7 der Gemeindeordnung eingetreten ist. Die Sonderumlage ist nach der Inanspruchnahme der Ausgleichsrücklage und der allgemeinen Rücklage und unter Beachtung des Rücksichtnahmegebots nach § 9 Satz 2 zu bestimmen. Sie kann in Teilbeträgen festgesetzt und erhoben werden. § 55 Absatz 1 und 2 sowie § 56 Absatz 2 und 3 finden entsprechende Anwendung.

8. TEIL
AUFSICHT UND STAATLICHE VERWALTUNG IM KREIS

§ 57
Aufsicht

(1) Aufsichtsbehörde des Kreises ist die Bezirksregierung, obere Aufsichtsbehörde das für Kommunales zuständige Ministerium (allgemeine Aufsicht). Das für Kommunales zuständige Ministerium kann seine Befugnisse als obere Aufsichtsbehörde allgemein auf die Bezirksregierung übertragen. Die der obersten Aufsichtsbehörde gesetzlich übertragenen Befugnisse nimmt das für Kommunales zuständige Ministerium wahr.

(2) Soweit die Kreise ihre Aufgaben nach Weisung erfüllen (§ 2 Abs. 2 Satz 3) richtet sich die Aufsicht nach den hierzu erlassenen Gesetzen (Sonderaufsicht).

(3) Im Übrigen gelten für die Aufsicht über die Kreise die Bestimmungen des 13. Teils der Gemeindeordnung entsprechend.

§ 58
Träger der staatlichen Verwaltung

(1) Die Aufgaben der unteren staatlichen Verwaltungsbehörde werden vom Landrat und vom Kreisausschuss wahrgenommen.

(2) Aufgaben der unteren staatlichen Verwaltungsbehörde können durch Rechtsverordnung der Landesregierung den Bürgermeistern von kreisangehörigen Gemeinden zugewiesen werden.

§ 59
Der Landrat als untere staatliche Verwaltungsbehörde

(1) Der Landrat führt die allgemeine Aufsicht und die Sonderaufsicht über die kreisangehörigen Gemeinden sowie die Aufsicht über Körperschaften, Anstalten und Stiftungen, soweit Gesetze nichts anderes bestimmen. Der Landrat bedarf der Zustimmung des Kreisausschusses bei Entscheidungen über

a) die Genehmigung von Gebietsänderungsverträgen oder die Bestimmungen der Einzelheiten der Gebietsänderung, sofern ein Gebietsänderungsvertrag nicht zustande kommt (§ 18 GO),

b) die Genehmigung zur Umwandlung eines Stiftungszwecks und zur Zusammenlegung und Aufhebung von unselbständigen örtlichen Stiftungen (§ 100 Abs. 2 GO),

c) die Erteilung einer Zulassungsverfügung zur Einleitung der Zwangsvollstreckung gegen Gemeinden wegen einer Geldforderung (§ 128 GO)

und nach Maßgabe der §§ 10 Abs. 1, 20 Abs. 4 und 24 Abs. 2 des Gesetzes über kommunale Gemeinschaftsarbeit. Wird die Zustimmung versagt, so entscheidet die Aufsichtsbehörde, falls die Angelegenheit nicht auf sich beruhen kann. Die Mitwirkung des Kreisausschusses bei der Aufsicht über sonstige Körperschaften, Anstalten und Stiftungen ist besonders zu regeln.

(2) Ist an einer nach Absatz 1 zu treffenden Entscheidung der Kreis beteiligt, so entscheidet die Aufsichtsbehörde. Diese entscheidet auch darüber, ob ein solcher Fall vorliegt.

(3) Der Landrat nimmt die durch gesetzliche Vorschriften der unteren staatlichen Verwaltungsbehörde übertragenen Aufgaben wahr, soweit diese nicht anderen Stellen zugewiesen sind oder nach Gesetz oder Rechtsverordnung einer kollegialen Entscheidung bedürfen.

(4) Der Landrat hat darauf hinzuwirken, dass die im Kreis tätigen Landesbehörden in einer dem Gemeinwohl dienlichen Weise zusammenarbeiten.

§ 60
Verantwortung des Landrats

(1) Der Landrat hat bei der Wahrnehmung der Aufgaben der unteren staatlichen Verwaltungsbehörde die Richtlinien der Landesregierung zu beachten. Er hat über alle Vorgänge zu berichten, die für die Landesregierung von Bedeutung sind. Zu diesem Zweck kann er sich bei den staatlichen Verwaltungsbehörden in geeigneter Weise unterrichten; diese sind, soweit nicht gesetzliche Vorschriften entgegenstehen, zur Auskunft verpflichtet.

(2) Der Landrat untersteht der Dienstaufsicht der Bezirksregierung. Er ist in allen Angelegenheiten der unteren staatlichen Verwaltungsbehörde ausschließlich den ihm übergeordneten staatlichen Behörden verantwortlich.

§ 61
Dienstkräfte, Bereitstellung von Einrichtungen

(1) Die für die Erfüllung der Aufgaben der unteren staatlichen Verwaltungsbehörde erforderlichen Dienstkräfte und Einrichtungen sind von den Kreisen zur Verfügung zu stellen. Zur Unterstützung bei der Durchführung dieser Aufgaben können dem Landrat Landesbeamte zugeteilt werden. Diese können mit Zustimmung des Kreisausschusses auch in der Selbstverwaltung des Kreises beschäftigt werden.

(2) Die vom Landrat als untere staatliche Verwaltungsbehörde festgesetzten Gebühren (einschließlich Auslagenersätze) fließen in die Kasse des Kreises.

§ 62
Ehrenbeamte

Die nach § 51 Abs. 2 gewählten Mitglieder oder stellvertretenden Mitglieder des Kreisausschusses sind, soweit sie Aufgaben nach § 59 Abs. 1 wahrnehmen, zu Ehrenbeamten zu ernennen.

9. TEIL
ÜBERGANGS- UND SCHLUSSVORSCHRIFTEN, SONDERVORSCHRIFTEN

§ 63
Weiterentwicklung der kommunalen Selbstverwaltung
(Experimentierklausel)

Für die Kreise findet § 129 der Gemeindeordnung entsprechende Anwendung.

§ 64
Auftragsangelegenheiten

Bis zum Erlass neuer Vorschriften sind die den Kreisen zur Erfüllung nach Weisung übertragenen staatlichen Angelegenheiten (Auftragsangelegenheiten), unbeschadet des § 42 Buchstaben d und f, nach den bisherigen Vorschriften durchzuführen.

§ 65
Durchführung des Gesetzes

Das für Kommunales zuständige Ministerium erlässt die zur Durchführung dieses Gesetzes erforderlichen Rechtsverordnungen. Es erlässt die erforderlichen Verwaltungsvorschriften.

§ 66
Übergangsregelungen

(1) Die in § 5 Absatz 6 Satz 1 genannte Frist gilt für alle ab dem 15. Dezember 2021 verkündeten Satzungen und ortsrechtlichen Bestimmungen. Für alle vorher verkündeten Satzungen und ortsrechtlichen Bestimmungen gelten die zum Zeitpunkt der Bekanntmachung geltenden Fristen.

(2) Die in § 39 Absatz 3 genannten Fristen gelten für alle ab dem 15. Dezember 2021 gefassten beziehungsweise öffentlich bekannt gemachten Beschlüsse. Für alle vorher gefassten beziehungsweise öffentlich bekannt gemachten Beschlüsse gelten die zum Zeitpunkt des Beschlusses beziehungsweise der Bekanntmachung geltenden Fristen.

§ 67
Inkrafttreten

Das Gesetz tritt am 17. Oktober 1994 in Kraft.

Landschaftsverbandsordnung für das Land Nordrhein-Westfalen (LVerbO NRW)

in der Fassung der Bekanntmachung vom 14.07.1994 (GV. NRW. S. 657), zuletzt geändert durch Gesetz vom 13.04.2022 (GV. NRW. S. 490)

1. Abschnitt
Allgemeines

§ 1
Mitgliedskörperschaften

Die zum Land Nordrhein-Westfalen gehörenden Kreise und kreisfreien Städte der früheren Rheinprovinz bilden den Landschaftsverband Rheinland, die Kreise und kreisfreien Städte der früheren Provinz Westfalen und des früheren Landes Lippe den Landschaftsverband Westfalen-Lippe.

§ 2
Rechtsform

Die Landschaftsverbände Rheinland und Westfalen-Lippe sind öffentlich-rechtliche Körperschaften mit dem Recht der Selbstverwaltung durch ihre gewählten Organe.

§ 3
Gebiet und Gebietsänderungen

(1) Das Gebiet der Landschaftsverbände umfasst das Gebiet der Mitgliedskörperschaften. Es kann nur durch Gesetz geändert werden. Werden die Grenzen von Mitgliedskörperschaften geändert, die zugleich Grenzen der Landschaftsverbände sind, so bewirkt dies ohne weiteres die Änderung der Landschaftsverbandsgrenzen.

(2) Rechtshandlungen, die aus Anlass der Änderung des Gebietes der Landschaftsverbände erforderlich werden, sind frei von öffentlichen Abgaben einschließlich Gebühren, soweit sie auf Landesrecht beruhen. Das Gleiche gilt für die Erstattung von Auslagen.

§ 4
Rechte der Einwohner

Die Einwohner der Mitgliedskörperschaften sind berechtigt,

1. an der Vertretung und Verwaltung des Landschaftsverbandes nach näherer Vorschrift dieses Gesetzes teilzunehmen,
2. die öffentlichen Einrichtungen des Landschaftsverbandes nach Maßgabe der für diese bestehenden Bestimmungen zu benutzen.

2. Abschnitt
Wirkungskreis

§ 5
Aufgaben

(1) Die Aufgaben der Landschaftsverbände erstrecken sich nach Maßgabe der hierzu erlassenen besonderen Vorschriften auf folgende Sachgebiete:

a) Soziale Aufgaben, Jugendhilfe und Gesundheitsangelegenheiten

1. Die Landschaftsverbände sind überörtliche Träger der Sozialhilfe.
2. Die Landschaftsverbände sind Träger der Kriegsopferfürsorge (Hauptfürsorgestellen) und der Ämter zur Sicherung der Integration schwerbehinderter Menschen in das Arbeitsleben (Integrationsämter). Die Landschaftsverbände nehmen die nach § 4 Absatz 1 des Gesetzes zur Eingliederung der Versorgungsämter in die allgemeine Verwaltung des Landes Nordrhein-Westfalen vom 30. Oktober 2007 (GV. NRW. S. 482), das durch Gesetz vom 25. Oktober 2011 (GV. NRW. S. 542) geändert worden ist, übertragenen Aufgaben des sozialen Entschädigungsrechts einschließlich der Kriegsopferversorgung wahr.
3. Die Landschaftsverbände nehmen die Aufgaben der Landesjugendämter wahr.
4. Die Landschaftsverbände können Träger von psychiatrischen Fachkrankenhäusern sowie von anderen psychiatrischen stationären, teilstationären, ambulanten und komplementären Einrichtungen und Diensten sein. Die Landschaftsverbände können zudem Träger von Krankenhäusern sowie medizinischen, rehabilitativen und psychosozialen Einrichtungen mit Schnittstellen zur psychiatrischen Versorgung sein.
5. Die Landschaftsverbände sind Träger von Förderschulen. Sie sind berechtigt, Schulen für Kranke zu errichten und fortzuführen.

Den Landschaftsverbänden kann die Förderung von Einrichtungen und Maßnahmen öffentlicher und freier Träger einschließlich der Ausführung des Landeshaushalts vom Fachminister im Rahmen der von ihm erlassenen Richtlinien und Weisungen übertragen werden; insoweit haben sie gegenüber dem Land Vorsatz und grobe Fahrlässigkeit zu vertreten.

b) Landschaftliche Kulturpflege

Den Landschaftsverbänden obliegen

1. Aufgaben der allgemeinen landschaftlichen Kulturpflege,
2. Aufgaben der Denkmalpflege,
3. Aufgaben der Pflege und Förderung der Heimatmuseen und des Archivwesens,
4. die Unterhaltung von Landesmuseen und Landesmedienzentren.

c) Kommunalwirtschaft

1. Die Landschaftsverbände können sich gemäß den Regelungen des Statuts der Ersten Abwicklungsanstalt an dieser Anstalt beteiligen.
2. Die Landschaftsverbände können sich an Versorgungs- und Verkehrsunternehmen mit regionaler Bedeutung beteiligen. Darüber hinaus ist eine Beteiligung der Landschaftsverbände an Unternehmen im Bereich der Erzeugung erneuerbarer Energien zulässig, wenn auch die Belegenheitskommune der Energieerzeugungsanlage an dem Unternehmen mit mindestens fünf Prozent unmittelbar oder mittelbar beteiligt ist.
3. Den Landschaftsverbänden obliegt die Geschäftsführung der kommunalen Versorgungskassen.
4. Die Landschaftsverbände können eine unmittelbare oder mittelbare Gewährträgerschaft über die Lippische Landesbrandversicherungsanstalt übernehmen oder sich unmittelbar oder mittelbar an einer Lippischen Landes-Brandversicherungs-Aktiengesellschaft beteiligen.
5. Der Landschaftsverband Westfalen-Lippe kann sich an der Provinzial NordWest Holding AG beteiligen, der Landschaftsverband Rheinland kann die Gewährträgerschaft über die Provinzial Rheinland Holding übernehmen. Die Landschaftsverbände können sich unmittelbar oder mittelbar an den Provinzial Versicherungs-Aktiengesellschaften beteiligen, auch wenn das jeweilige Geschäftsgebiet außerhalb des in § 3 genannten Gebietes liegt.

(2) Der Landschaftsverband Rheinland ist Träger der LVR-Klinik für Orthopädie in Viersen.

(3) Zur Wahrung der kulturellen Belange des früheren Landes Lippe ist der Landschaftsverband Westfalen-Lippe verpflichtet, mit dem Landesverband Lippe im Rahmen der allgemeinen landschaftlichen Kulturpflege, insbesondere der Bodendenkmalpflege, sowie bei Errichtung, Ausbau und Unterhaltung Lippischer Kulturinstitute zusammenzuarbeiten. Die Einzelheiten der Zusammenarbeit und ihre Finanzierung sind zwischen den beiden Verbänden zu vereinbaren.

(4) Der Landschaftsverband Westfalen-Lippe kann nach Maßgabe besonderer Vereinbarungen der Westfälischen landwirtschaftlichen Berufsgenossenschaft und der Westfälischen landwirtschaftlichen Alterskasse Personal zur Erledigung ihrer Aufgaben zur Verfügung stellen.

(5) Neue Aufgaben können den Landschaftsverbänden nur durch Gesetz oder aufgrund eines Gesetzes übertragen werden. Soweit ihnen dadurch zusätzliche Lasten erwachsen, ist gleichzeitig die Aufbringung der Mittel zu regeln.

(6) Die Landschaftsverbände können für eine oder mehrere Mitgliedskörperschaften auf Antrag gegen ein aufwanddeckendes Entgelt befristet kommunale Tätigkeiten für ihr Gemeindegebiet (örtliche Angelegenheiten) durchführen. Vor Ablauf der Befristung ist eine Kündigung nur aus wichtigem Grund zulässig. Die Durchführung dieser Tätigkeiten lässt die gesetzliche Aufgabenträgerschaft der Mitgliedskörperschaft unberührt.

§ 5a
Geheimhaltung

Die Landschaftsverbände sind verpflichtet, Angelegenheiten der zivilen Verteidigung, die auf Anordnung der zuständigen Behörde oder ihrem Wesen nach gegen die Kenntnis Unbefugter geschützt werden müssen, geheimzuhalten. Sie haben hierbei Weisungen der Landesregierung auf dem Gebiet des Geheimschutzes zu beachten.

§ 5b
Gleichstellung von Frau und Mann

(1) Zur Verwirklichung des Verfassungsgebots der Gleichberechtigung von Frau und Mann bestellen die Landschaftsverbände hauptamtlich tätige Gleichstellungsbeauftragte.

(2) Die Gleichstellungsbeauftragte wirkt bei allen Vorhaben und Maßnahmen des Landschaftsverbandes mit, die die Belange von Frauen berühren oder Auswirkungen auf die Gleichberechtigung von Frau und Mann und die Anerkennung ihrer gleichberechtigten Stellung in der Gesellschaft haben.

(3) Die Gleichstellungsbeauftragte kann in Angelegenheiten ihres Aufgabenbereiches an den Sitzungen des Landschaftsausschusses, der Landschaftsversammlung und ihrer Fachausschüsse teilnehmen. Ihr ist auf Wunsch das Wort zu erteilen. Sie kann die Öffentlichkeit über Angelegenheiten ihres Aufgabenbereichs unterrichten.

(4) Die Gleichstellungsbeauftragte kann in Angelegenheiten, die ihren Aufgabenbereich berühren, den Beschlussvorlagen des Direktors des Landschaftsverbandes widersprechen; in diesem Fall hat der Vorsitzende der Landschaftsversammlung diese zu Beginn der Beratung auf den Widerspruch und seine wesentlichen Gründe hinzuweisen.

(5) Das Nähere zu den Absätzen 2 bis 4 regelt die Satzung.

(6) Die Funktionsbezeichnungen dieses Gesetzes werden in weiblicher oder männlicher Form geführt.

§ 6
Satzungen

(1) Die Landschaftsverbände können ihre Angelegenheiten durch Satzungen regeln, soweit die Gesetze nicht etwas anderes bestimmen.

(2) Satzungen sind im Gesetz- und Verordnungsblatt für das Land Nordrhein-Westfalen öffentlich bekanntzumachen. Satzungen können auch durch Bereitstellung im Internet entsprechend der Bekanntmachungsverordnung vom 26. August 1999 (GV. NRW. S. 516) in der jeweils geltenden Fassung mit der Maßgabe bekannt gemacht werden, dass auf die erfolgte Bereitstellung und die Internetadresse nachrichtlich im Ministerialblatt für das Land Nordrhein-Westfalen hinzuweisen ist. Sie treten, wenn kein anderer Zeitpunkt in der Satzung bestimmt ist, am Tage nach ihrer Bekanntmachung in Kraft.

3) Die Verletzung von Verfahrens- oder Formvorschriften dieses Gesetzes kann gegen Satzungen nach Ablauf von sechs Monaten seit ihrer Verkündung nicht mehr geltend gemacht werden, es sei denn,

a) eine vorgeschriebene Genehmigung fehlt oder ein vorgeschriebenes Anzeigeverfahren wurde nicht durchgeführt,

b) die Satzung ist nicht ordnungsgemäß öffentlich bekannt gemacht worden,

c) der Direktor des Landschaftsverbandes hat den Beschluss der Landschaftsversammlung vorher beanstandet oder

d) der Form- oder Verfahrensmangel ist gegenüber dem Landschaftsverband vorher gerügt und dabei die verletzte Rechtsvorschrift und die Tatsache bezeichnet worden, die den Mangel ergibt.

Bei der öffentlichen Bekanntmachung der Satzung ist auf die Rechtsfolgen nach Satz 1 hinzuweisen.

(4) Die Landschaftsverbände bestimmen durch Satzung die Form der öffentlichen Bekanntmachung für sonstige durch Rechtsvorschrift vorgeschriebene öffentliche Bekanntmachungen, soweit nicht andere Rechtsvorschriften hierüber besondere Regelungen enthalten.

3. Abschnitt
Landschaftsversammlung, Landschaftsausschuss, Direktor des Landschaftsverbandes

§ 7
Zuständigkeiten der Landschaftsversammlung

(1) Die Landschaftsversammlung beschließt über:

a) die allgemeinen Grundsätze, nach denen die Verwaltung geführt werden soll,

b) die Wahl der Mitglieder des Landschaftsausschusses und der Fachausschüsse,

c) die Wahl des Direktors des Landschaftsverbandes und der Landesräte,

d) den Erlass, die Änderung und die Aufhebung von Satzungen des Landschaftsverbandes,

e) den Erlass der Haushaltssatzung, die Landschaftsumlage, die Feststellung des Jahresabschlusses und die Entlastung sowie die Bestätigung des Gesamtabschlusses, sofern ein Gesamtabschluss nicht erstellt wird, die Beschlussfassung über den Beteiligungsbericht,

f) die Festlegung strategischer Ziele unter Berücksichtigung der Ressourcen.

(2) Die Landschaftsversammlung kann sich die Beratung und Entscheidung von Angelegenheiten, für die der Landschaftsausschuss zuständig ist (§ 11 Abs. 1), vorbehalten.

§ 7a
Auskunft und Akteneinsicht

(1) Die Landschaftsversammlung und der Landschaftsausschuss sind durch ihren Vorsitzenden über alle wichtigen Angelegenheiten des Landschaftsverbandes zu unterrichten.

Der Vorsitzende der Landschaftsversammlung kann von dem Direktor des Landschaftsverbandes jederzeit Auskunft und Akteneinsicht über alle Angelegenheiten des Landschaftsverbandes verlangen.

(2) Die Vorsitzenden der Fachausschüsse können vom Direktor des Landschaftsverbandes jederzeit Auskunft über die Angelegenheiten verlangen, die zum Aufgabenbereich ihres Ausschusses gehören. Sie haben das Recht auf Akteneinsicht, soweit es durch Satzung geregelt ist.

(3) Die Landschaftsversammlung und der Landschaftsausschuss können im Rahmen ihrer Zuständigkeiten nach §§ 7 und 11 vom Direktor des Landschaftsverbandes Einsicht in die Akten durch einen von ihnen bestimmten Fachausschuss oder einzelne von ihnen beauftragte Mitglieder verlangen.

(4) In Einzelfällen muss auf Beschluss der Landschaftsversammlung oder auf Verlangen eines Fünftels ihrer Mitglieder oder einer Fraktion auch einem einzelnen, von den Antragstellern jeweils zu benennenden Mitglied Akteneinsicht gewährt werden. Diese Bestimmung gilt für den Landschaftsausschuss und seine Mitglieder entsprechend. Einem einzelnen, von den Antragstellern zu benennenden Mitglied eines Fachausschusses steht ein Akteneinsichtsrecht nur aufgrund eines Beschlusses des Fachausschusses zu.

§ 7b
Bildung der Landschaftsversammlung

(1) Die Vertretungen der Mitgliedskörperschaften wählen in geheimer Wahl innerhalb von sechs Wochen nach Beginn ihrer Wahlzeit die Mitglieder der Landschaftsversammlung. Jedes Mitglied der Vertretung einer Mitgliedskörperschaft hat zwei Stimmen, eine Erststimme für die Wahl der auf die Mitgliedskörperschaft entfallenden Mitglieder und Ersatzmitglieder sowie eine Zweitstimme für die Wahl der für das Gebiet des Landschaftsverbandes aufgestellten Reserveliste einer Partei oder Wählergruppe. Wählbar sind die Mitglieder der Vertretungen und die Bediensteten der Mitgliedskörperschaften sowie der kreisangehörigen Gemeinden. Über die Reservelisten sind auch auf Reservelisten für die allgemeinen Wahlen zu den Vertretungen der Mitgliedskörperschaften benannte Bewerber wählbar. Bedienstete des öffentlichen Dienstes des Landschaftsverbandes dürfen nicht Mitglieder der Landschaftsversammlung oder eines Fachausschusses sein; diese Einschränkung gilt nicht für Inhaber eines Ehrenamtes.

(2) Auf jede Mitgliedskörperschaft entfällt bis zu einer Einwohnerzahl von 100 000 ein Mitglied. Für jede weiteren 100 000 Einwohner sowie für eine Resteinwohnerzahl von mehr als 50 000 ist je ein weiteres Mitglied zu wählen. Ist nur ein Mitglied zu wählen, so darf nur ein Mitglied der Vertretung gewählt werden. Gewählt ist, wer die meisten Stimmen erhält. Bei Stimmengleichheit entscheidet das vom Vorsitzenden der Vertretung zu ziehende Los. Sind mehrere Mitglieder zu wählen, so dürfen nicht mehr Bedienstete als Mitglieder der Vertretung gewählt werden. Es findet eine Listenwahl nach dem Verfahren der mathematischen Proportion statt. Danach entfallen auf jede Liste zunächst so viele Sitze wie ganze Zahlen auf sie entfallen. Danach zu vergebende Sitze sind in der Reihenfolge der höchsten Zahlenbruchteile zuzuteilen; bei gleichen Zahlenbruchteilen entscheidet das von dem Wahlleiter zu ziehende Los. Für jedes zu wählende Mitglied wird zugleich ein Ersatzmitglied gewählt.

(3) Bei der Wahl der Reservelisten kann die Zweitstimme für eine Liste oder nur für einen einzelnen Bewerber einer Liste abgegeben werden. Die Zahl der auf die einzelnen Bewerber in der Reserveliste entfallenden Zweitstimmen bestimmt die Reihenfolge der Wahl aus der Reserveliste. Die übrigen Bewerber folgen in der Reihenfolge der Liste.

(4) Entspricht die Sitzverteilung in der Landschaftsversammlung aufgrund des Erststimmenergebnisses (Absatz 2) nicht dem Ergebnis, das sich bei einer Sitzverteilung nach dem Verfahren der mathematischen Proportion auf der Grundlage der von den Parteien und Wählergruppen bei den letzten allgemeinen Wahlen zu den Vertretungen der Mitgliedskörperschaften erzielten gültigen Stimmen ergeben würde, so ist eine neue Ausgangszahl für die Verteilung weiterer Sitze (Verhältnisausgleich) zu bilden. Dazu wird die Zahl der nach Absatz 2 errungenen Sitze derjenigen Partei- oder Wählergruppe, die das günstigste Verhältnis der Sitze zu der auf sie entfallenen Stimmenzahl erreicht hat, mit der Gesamtzahl der gültigen Stimmen vervielfältigt und durch die Stimmenzahl dieser Partei oder Wählergruppe geteilt. Aufgrund der neuen Ausgangszahl werden für die Parteien und Wählergruppen nach dem Verfahren der mathematischen Proportion neue Zuteilungszahlen errechnet und ihnen die an diesen Zahlen noch fehlenden Sitze aus den Reservelisten in der sich nach Absatz 3 ergebenden Reihenfolge zugewiesen. Dabei werden Bewerber, die bereits nach Absatz 2 gewählt worden sind, nicht berücksichtigt. Bei den Berechnungen nach den Sätzen 1 bis 3 bleiben die Stimmenzahlen solcher Parteien oder Wählergruppen außer Betracht, für die keine Reserveliste eingereicht worden ist. Sie nehmen am Verhältnisausgleich nicht teil. Die Zahl der aus den Reservelisten höchstens zuzuweisenden Mitglieder darf die Zahl der nach Absatz 2 festzustellenden Zahl der von den Mitgliedskörperschaften direkt zu wählenden Mitglieder und Ersatzmitglieder um nicht mehr als die Hälfte übersteigen. Wird nach Bildung der neuen Ausgangszahl nach Satz 1 die Anzahl der nach Satz 7 aus den Reservelisten höchstens zuzuweisenden Mitglieder überschritten, bleibt die Partei oder Wählergruppe mit dem günstigsten Verhältnis der Sitze zu der auf sie entfallenen Stimmenzahl unberücksichtigt und nimmt an dem erneut durchzuführenden Verhältnisausgleich nicht teil. Die Ausgangszahl ist solange neu zu bilden, bis die nach Satz 7 aus den Reservelisten höchstens zuzuweisende Anzahl der Mitglieder nicht überschritten wird.

(5) Die Reservelisten sind von den für das Gebiet der Landschaftsverbände zuständigen Landesleitungen der Parteien und Wählergruppen, die in mindestens einer der Vertretungen der Mitgliedskörperschaften vertreten sind, bis zum 22. Tag nach dem Wahltag der allgemeinen Kommunalwahlen dem Direktor des Landschaftsverbandes einzureichen. Dieser leitet nach Zulassung je eine Ausfertigung der Reservelisten den Vertretungen der Mitgliedskörperschaften unverzüglich zu. Als Bewerber kann in einer Reserveliste nur benannt werden, wer in einer Mitglieder- oder Vertreterversammlung der Partei oder Wählergruppe des Wahlgebietes hierzu gewählt worden ist.

(6) Scheidet ein mit Erststimmen gewähltes Mitglied aus der Landschaftsversammlung aus, so rückt das für diesen Fall gewählte Ersatzmitglied nach. Scheidet auch das nachgerückte Mitglied aus, so ist, falls es für eine Partei oder Wählergruppe aufgestellt war, sein Nachfolger aus der Reserveliste dieser Partei oder Wählergruppe in der sich nach Absatz 3 ergebenden Reihenfolge zu berufen. Das Gleiche gilt, wenn ein aus der Reserveliste gewähltes Mitglied aus der Landschaftsversammlung ausscheidet. Der Direktor des Landschaftsverbandes stellt den Nachfolger fest und macht dies öffentlich bekannt.

(7) Werden Mitgliedskörperschaften, kreisangehörige Gemeinden oder ihre Vertretungen aufgelöst oder wird eine kreisfreie Stadt in einen Kreis eingegliedert, so gelten die Mitglieder der Vertretungen und die Bediensteten bis zum Zusammentritt der im jeweils betroffenen Gebiet neu zu wählenden Vertretung als wählbar gemäß Absatz 1. Entsprechendes gilt im Falle einer Wiederholungswahl.

(8) Finden in einer Mitgliedskörperschaft Wiederholungswahlen im ganzen Wahlgebiet statt oder wird im Laufe der allgemeinen Wahlzeit die Vertretung einer Mitgliedskörperschaft neu gewählt, so sind

a) die mit Erststimmen in dieser Mitgliedskörperschaft gewählten Mitglieder und Ersatzmitglieder neu zu wählen,

b) die Sitze nach Absatz 4 unter Berücksichtigung der bei der Wiederholungswahl oder bei der Neuwahl erzielten gültigen Stimmen neu zu errechnen und zuzuweisen.

Soweit Mitglieder neu zu wählen oder Sitze neu zu errechnen und zuzuweisen sind, verlieren die bisherigen Mitglieder ihren Sitz spätestens im Zeitpunkt der Neuwahl oder im Zeitpunkt der Neuzuweisung.

(9) Die Wahlzeit der Landschaftsversammlung endet mit dem Ablauf der allgemeinen Wahlzeit der Mitgliedskörperschaften.

§ 8
Einberufung und Zusammentritt der Landschaftsversammlung

(1) Die Landschaftsversammlung tritt spätestens am dreißigsten Tage nach ihrer Wahl zusammen; sie wird von dem bisherigen Vorsitzenden einberufen.

(2) Die Landschaftsversammlung muss jährlich einmal zusammentreten. Sie wird vom Vorsitzenden unter Bekanntgabe der Tagesordnung einberufen. Auf Antrag von mindestens einem Fünftel der Mitglieder oder einer Fraktion muss die Landschaftsversammlung einberufen werden.

(3) Die Ladungsfrist, die Form der Einberufung und die Geschäftsführung werden durch die Geschäftsordnung geregelt, soweit nicht in diesem Gesetz Vorschriften hierüber getroffen sind. Die Landschaftsversammlung regelt in der Geschäftsordnung Inhalt und Umfang des Fragerechts der Mitglieder der Landschaftsversammlung.

§ 8a
Wahl des Vorsitzenden der Landschaftsversammlung und seiner Stellvertreter

(1) Die Landschaftsversammlung wählt für die Dauer ihrer Wahlzeit aus ihrer Mitte ohne Aussprache den Vorsitzenden der Landschaftsversammlung und zwei Stellvertreter. Sie kann weitere Stellvertreter wählen.

(2) Bei der Wahl des Vorsitzenden der Landschaftsversammlung und seiner Stellvertreter wird nach den Grundsätzen der Verhältniswahl in einem Wahlgang geheim abgestimmt. Dabei sind die Wahlstellen auf die Wahlvorschläge der Fraktionen und Gruppen der Landschaftsversammlung nach der Reihenfolge der Höchstzahlen zu verteilen, die sich durch Teilung der auf die Wahlvorschläge entfallenden Stimmenzahlen durch 1, 2, 3 und so weiter ergeben. Vorsitzender der Landschaftsversammlung ist, wer an erster Stelle des Wahlvorschlags steht, auf den die erste Höchstzahl entfällt, erster Stellvertreter, wer an vorderster noch nicht in Anspruch genommener Stelle des Wahlvorschlags steht, auf den die zweite Höchstzahl entfällt, zweiter Stellvertreter, wer an vorderster noch nicht in Anspruch genommener Stelle des Wahlvorschlags steht, auf den die dritte Höchstzahl entfällt usw.. Zwischen Wahlvorschlägen mit gleichen Höchstzahlen findet eine Stichwahl statt; bei Stimmengleichheit entscheidet das vom Altersvorsitzenden zu ziehende Los. Nimmt ein gewählter Bewerber die Wahl nicht an, so ist gewählt, wer an nächster Stelle desselben Wahlvorschlags steht. Ist ein Wahlvorschlag erschöpft, tritt an seine Stelle der Wahlvorschlag mit der nächsten Höchstzahl. Scheidet der Vorsitzende der Landschaftsversammlung oder ein Stellvertreter während der Wahlzeit aus, ist der Nachfolger für den Rest der Wahlzeit ohne Aussprache in geheimer Abstimmung in entsprechender Anwendung des § 50 Abs. 2 der Gemeindeordnung zu wählen.

(3) Der Vorsitzende der Landschaftsversammlung wird von dem Altersvorsitzenden, seine Stellvertreter und die übrigen Mitglieder der Landschaftsversammlung werden vom Vorsitzenden eingeführt und in feierlicher Form zur gesetzmäßigen und gewissenhaften Wahrnehmung ihrer Aufgaben verpflichtet.

(4) Die Landschaftsversammlung kann ihren Vorsitzenden abberufen. Der Antrag kann nur von der Mehrheit der gesetzlichen Zahl der Mitglieder gestellt werden. Zwischen dem Eingang des Antrags und der Sitzung der Landschaftsversammlung muss eine Frist von wenigstens zwei Tagen liegen. Über den Antrag ist ohne Aussprache abzustimmen. Der Beschluss über die Abberufung bedarf einer Mehrheit von zwei Dritteln der gesetzlichen Zahl der Mitglieder. Der Nachfolger ist innerhalb einer Frist von zwei Wochen ohne Aussprache in geheimer Abstimmung in entsprechender Anwendung des § 50 Abs. 2 der Gemeindeordnung zu wählen. Diese Vorschriften gelten für die Stellvertreter entsprechend.

(5) Der Altersvorsitzende leitet die Sitzung bei der Wahl des Vorsitzenden der Landschaftsversammlung und seiner Stellvertreter sowie bei Entscheidungen, die vorher getroffen werden müssen. Dies gilt auch für die Abberufung des Vorsitzenden der Landschaftsversammlung und seiner Stellvertreter.

§ 8b
Einberufung von Sitzungen in besonderen Ausnahmefällen

§ 47a der Gemeindeordnung für das Land Nordrhein-Westfalen gilt für die Einberufung der Landschaftsversammlung, des Landschaftsausschusses und der Fachausschüsse in besonderen Ausnahmefällen entsprechend.

§ 9
Sitzungen der Landschaftsversammlung

(1) Die Sitzungen der Landschaftsversammlung sind öffentlich. Personenbezogene Daten dürfen offenbart werden, soweit nicht schützenswerte Interessen Einzelner oder Belange des öffentlichen Wohls überwiegen; erforderlichenfalls ist die Öffentlichkeit auszuschließen. § 48 Absatz 4 der Gemeindeordnung für das Land Nordrhein-Westfalen gilt entsprechend.

(2) Der Vorsitzende setzt nach Benehmen mit dem Direktor des Landschaftsverbandes die Tagesordnung fest. Er hat dabei Vorschläge aufzunehmen, die ihm innerhalb einer in der Geschäftsordnung zu bestimmenden Frist von einem Fünftel der Mitglieder der Landschaftsversammlung oder einer Fraktion vorgelegt werden. Zeit und Ort der Sitzung sowie die Tagesordnung sind öffentlich bekanntzumachen.

(3) Das für Kommunales zuständige Ministerium und seine Beauftragten sind berechtigt, an den Beratungen teilzunehmen. Das für Kommunales zuständige Ministerium ist von der Einberufung der Landschaftsversammlung unter Bekanntgabe der Tagesordnung rechtzeitig zu benachrichtigen.

(4) Über die Verhandlungen und Beschlüsse der Landschaftsversammlung ist eine Niederschrift aufzunehmen. Diese wird vom Vorsitzenden und einem Schriftführer unterzeichnet, den die Landschaftsversammlung bestellt.

§ 10
Beschlussfähigkeit der Landschaftsversammlung, Abstimmungen

(1) Die Landschaftsversammlung ist beschlussfähig, wenn mehr als die Hälfte ihrer Mitglieder anwesend ist. Sie gilt als beschlussfähig, solange ihre Beschlussunfähigkeit nicht festgestellt worden ist.

(2) Ist eine Angelegenheit wegen Beschlussunfähigkeit der Landschaftsversammlung zurückgestellt worden und wird die Landschaftsversammlung zum zweiten Male zur Verhandlung über denselben Gegenstand einberufen, so ist sie ohne Rücksicht auf die Zahl der Erschienenen beschlussfähig. Bei der zweiten Ladung muss auf diese Bestimmung ausdrücklich hingewiesen werden.

(3) Beschlüsse werden mit Stimmenmehrheit gefasst, soweit das Gesetz nichts anderes vorschreibt. Bei Stimmengleichheit gilt ein Antrag als abgelehnt. Bei der Beschlussfassung wird offen abgestimmt. Auf Antrag einer in der Geschäftsordnung zu

bestimmenden Zahl von Mitgliedern der Landschaftsversammlung ist namentlich abzustimmen. Auf Antrag mindestens eines Fünftels der Mitglieder der Landschaftsversammlung ist geheim abzustimmen. Zum selben Tagesordnungspunkt hat ein Antrag auf geheime Abstimmung Vorrang gegenüber einem Antrag auf namentliche Abstimmung. Die Geschäftsordnung kann weitere Regelungen treffen.

(4) Wahlen werden, wenn das Gesetz nichts anderes bestimmt oder wenn niemand widerspricht, durch offene Abstimmung, sonst durch Abgabe von Stimmzetteln, vollzogen. Gewählt ist die vorgeschlagene Person, die mehr als die Hälfte der gültigen Stimmen erhalten hat. Nein-Stimmen gelten als gültige Stimmen. Erreicht niemand mehr als die Hälfte der Stimmen, so findet zwischen den Personen, welche die beiden höchsten Stimmenzahlen erreicht haben, eine engere Wahl statt. Gewählt ist, wer in dieser engeren Wahl die meisten Stimmen auf sich vereinigt. Bei Stimmengleichheit entscheidet das Los.

(5) Die Besetzung der Ausschüsse erfolgt in entsprechender Anwendung des § 50 Abs. 3 der Gemeindeordnung.

(6) Hat die Landschaftsversammlung in anderen Fällen zwei oder mehr gleichartige Stellen zu besetzen, die nicht hauptberuflich wahrgenommen werden, oder für solche Stellen zwei oder mehr Bewerber vorzuschlagen, ist Absatz 4 entsprechend anzuwenden. Scheidet eine Person vorzeitig aus dem Gremium aus, für das sie bestellt oder vorgeschlagen worden war, wählt die Landschaftsversammlung den Nachfolger für die restliche Zeit in entsprechender Anwendung des § 50 Abs. 2 der Gemeindeordnung.

(7) Bei Beschlüssen und Wahlen zählen Stimmenthaltungen und ungültige Stimmen zur Feststellung der Beschlussfähigkeit, nicht aber zur Berechnung der Mehrheit mit.

§ 11 [1]
Befugnisse des Landschaftsausschusses

(1) Der Landschaftsausschuss beschließt über alle nicht der Landschaftsversammlung vorbehaltenen Angelegenheiten, soweit es sich nicht um Geschäfte der laufenden Verwaltung handelt. Er hat insbesondere

a) die Beschlüsse der Landschaftsversammlung vorzubereiten und durchzuführen,

b) die Tätigkeit der Ausschüsse zu überwachen und aufeinander abzustimmen,

c) die Verwaltungsführung des Direktors des Landschaftsverbandes zu überwachen.

(2) Der Landschaftsausschuss kann den Fachausschüssen (§ 13) bestimmte Angelegenheiten ihres Geschäftsbereichs zur selbständigen Entscheidung übertragen. Er kann Entscheidungen der Fachausschüsse aufheben oder ändern. Beschlüsse der Fachausschüsse, die von weniger als zwei Dritteln der anwesenden stimmberechtigten Mitglieder gefasst worden sind, bedürfen der Zustimmung des Landschaftsausschusses.

(3) Der Landschaftsausschuss kann die Erledigung einzelner Verwaltungsaufgaben dem Direktor des Landschaftsverbandes übertragen.

(4) Nach Ablauf der Wahlzeit der Landschaftsversammlung übt der Landschaftsausschuss seine Tätigkeit bis zum Zusammentritt der neugewählten Landschaftsversammlung aus.

(5) Der Landschaftsausschuss beschließt über alle Angelegenheiten, die der Beschlussfassung der Landschaftsversammlung unterliegen, sofern eine epidemische Lage von landesweiter Tragweite nach § 14 des Infektionsschutz- und Befugnisgesetzes vom 14. April 2020 (GV. NRW. S. 218b), das zuletzt durch Gesetz vom 04. Mai 2021 (GV. NRW. S. 566) geändert worden ist, festgestellt ist und wenn zwei Drittel der Mitglieder der Landschaftsversammlung einer Delegierung an den Landschaftsausschuss zugestimmt haben. Die Stimmabgaben können in Textform erfolgen.

§ 12
Bildung des Landschaftsausschusses

(1) Der Landschaftsausschuss besteht aus dem Vorsitzenden der Landschaftsversammlung als Vorsitzenden und höchstens sechzehn weiteren Mitgliedern der Landschaftsversammlung. Für jedes Mitglied ist ein Stellvertreter zu wählen. Die Stellvertreter können sich untereinander vertreten, wenn die Landschaftsversammlung die Reihenfolge festgelegt hat.

(2) Die Mitglieder des Landschaftsausschusses und ihre Stellvertreter werden für die Dauer der Wahlzeit der Landschaftsversammlung nach § 10 Abs. 4 gewählt. Scheidet ein Mitglied oder ein Stellvertreter aus dem Landschaftsausschuss aus, so wählt die Landschaftsversammlung auf Vorschlag derjenigen Gruppe, die den Ausgeschiedenen vorgeschlagen hatte, einen Nachfolger; ist die Gruppe zu einem Vorschlag nicht in der Lage oder gehörte das Mitglied oder der Stellvertreter keiner Gruppe an, so bleibt der Sitz unbesetzt.

(3) Fraktionen, auf deren Wahlvorschlag bei der Besetzung des Landschaftsausschusses nach Absatz 2 Satz 1 Wahlstellen nicht entfallen und die in dem Landschaftsausschuss nicht vertreten sind, sind berechtigt, ein Mitglied der Landschaftsversammlung oder einen sachkundigen Bürger im Sinne des § 13 Abs. 3 Satz 2 zu benennen. Das benannte Mitglied der Landschaftsversammlung oder der benannte sachkundige Bürger wird von der Landschaftsversammlung zum Mitglied des Landschaftsausschusses bestellt. Sie wirken in dem Landschaftsausschuss mit beratender Stimme mit. Bei der Zusammensetzung und der Berechnung der Beschlussfähigkeit des Landschaftsausschusses werden sie nicht mitgezählt.

§ 13
Bildung und Befugnisse der Fachausschüsse

(1) Zur Entlastung des Landschaftsausschusses sind Fachausschüsse für folgende Geschäftsbereiche zu bilden:

a) Finanzwesen,

b) Soziale Aufgaben und Gesundheitsangelegenheiten,

c) landschaftliche Kulturpflege,

d) Kommunalwirtschaft.

Außerdem sind die nach Gesetz oder Satzung für bestimmte Anstalten und Einrichtungen vorgesehenen besonderen Ausschüsse zu bilden.

(2) Die Landschaftsversammlung kann durch Satzung bestimmen, dass für weitere Geschäftsbereiche Fachausschüsse gebildet werden.

(3) Die Vorsitzenden der Fachausschüsse müssen der Landschaftsversammlung, die Vorsitzenden der Fachausschüsse nach Absatz 1 a) bis d) und Absatz 2 sollen auch dem Landschaftsausschuss angehören. Zu den Mitgliedern der Fachausschüsse können außer den Mitgliedern der Landschaftsversammlung auch andere Bürger aus dem Gebiet des Landschaftsverbandes gewählt werden, die durch Fachwissen oder Verwaltungserfahrung besondere Eignung hierfür aufweisen. Ihre Zahl darf die der Mitglieder der Landschaftsversammlung in den einzelnen Fachausschüssen nicht erreichen. Die Zusammensetzung der Fachausschüsse wird durch Satzung geregelt; die Abgrenzung ihrer Zuständigkeiten bestimmt der Landschaftsausschuss, soweit nicht in diesem oder einem anderen Gesetz oder in Satzungen Vorschriften hierüber getroffen sind. Soweit die Landschaftsversammlung stellvertretende Ausschussmitglieder bestellt, ist die Reihenfolge der Vertre-

---

[1] zu § 11 Absatz 5: gemäß Artikel 7 Gesetz zur Einführung digitaler Sitzungen für kommunale Gremien und zur Änderung kommunalrechtlicher Vorschriften vom 13.04.2022 treten folgende Änderungen am 01. Januar 2023 in Kraft.
§ 11 Absatz 5 wird aufgehoben.

tung zu regeln. Auf die Fachausschüsse findet § 12 Abs. 3 entsprechende Anwendung.

(4) Haben sich die Fraktionen über die Verteilung der Ausschussvorsitze geeinigt und wird dieser Einigung nicht von einem Fünftel der Mitglieder der Landschaftsversammlung widersprochen, so bestimmen die Fraktionen die Ausschussvorsitzenden aus der Mitte der den Fachausschüssen angehörenden stimmberechtigten Mitgliedern der Landschaftsversammlung. Soweit eine Einigung nicht zustande kommt, werden den Fraktionen die Ausschussvorsitze in der Reihenfolge der Höchstzahlen zugeteilt, die sich durch Teilung der Mitgliederzahlen der Fraktionen durch 1, 2, 3 usw. ergeben; mehrere Fraktionen können sich zusammenschließen. Bei gleichen Höchstzahlen entscheidet das Los, das der Vorsitzende der Landschaftsversammlung zu ziehen hat. Die Fraktionen benennen die Ausschüsse, deren Vorsitz sie beanspruchen, in der Reihenfolge der Höchstzahlen und bestimmen die Vorsitzenden. Scheidet ein Ausschussvorsitzender während der Wahlzeit aus, bestimmt die Fraktion, der er angehört, einen Nachfolger. Die Sätze 1 bis 5 gelten für stellvertretende Vorsitzende entsprechend.

(5) Werden Ausschüsse während der Wahlzeit neu gebildet, aufgelöst oder ihre Aufgaben wesentlich verändert, ist das Verfahren nach Absatz 4 zu wiederholen.

(6) Die Fachausschüsse haben beratende Befugnis, soweit ihnen nicht bestimmte Angelegenheiten ihres Geschäftsbereichs zur selbständigen Entscheidung übertragen worden sind (§ 11 Abs. 2).

§ 13a
Hybride Sitzungen der Fachausschüsse

§ 58a der Gemeindeordnung für das Land Nordrhein-Westfalen gilt für die Fachausschüsse entsprechend.

§ 14
Sitzungen und Beschlussfassung des Landschaftsausschusses und der Fachausschüsse

(1) Der Landschaftsausschuss und die Fachausschüsse werden von ihren Vorsitzenden einberufen, sooft es die Geschäfte erfordern. Hierbei ist die Tagesordnung, die von den Vorsitzenden im Benehmen mit dem Direktor des Landschaftsverbandes festgesetzt wird, bekanntzugeben. Die Einberufung muss erfolgen, wenn wenigstens ein Fünftel der Mitglieder oder eine Fraktion es unter Angabe der Beratungspunkte in Textform nach § 126b des Bürgerlichen Gesetzbuches beantragen. § 8 Abs. 3 gilt entsprechend.

(2) Für die Sitzungen des Landschaftsausschusses und der Fachausschüsse gilt § 9 Abs. 1 und 4 entsprechend. Durch die Geschäftsordnung kann die Öffentlichkeit für Angelegenheiten einer bestimmten Art ausgeschlossen werden. Auf Antrag eines Ausschussmitgliedes oder auf Vorschlag des Direktors des Landschaftsverbandes kann für einzelne Angelegenheiten die Öffentlichkeit ausgeschlossen werden. Anträge und Vorschläge auf Ausschluss der Öffentlichkeit dürfen nur in nichtöffentlicher Sitzung begründet und beraten werden. Falls dem Antrag oder dem Vorschlag stattgegeben wird, ist die Öffentlichkeit in geeigneter Weise zu unterrichten, dass in nichtöffentlicher Sitzung weiter verhandelt wird. Der Vorsitzende der Landschaftsversammlung hat das Recht, mit beratender Stimme an den Sitzungen der Ausschüsse teilzunehmen; ihm ist auf Verlangen jederzeit das Wort zu erteilen. Mitglieder der Landschaftsversammlung, die nicht gleichzeitig dem Landschaftsausschuss angehören, und Mitglieder der Fachausschüsse können nach Maßgabe der Geschäftsordnung an den nichtöffentlichen Sitzungen des Landschaftsausschusses als Zuhörer teilnehmen. Die Teilnahme als Zuhörer begründet keinen Anspruch auf Ersatz des Verdienstausfalls und auf Zahlung von Sitzungsgeld.

(3) § 10 ist entsprechend anzuwenden.

§ 15
Pflichten der Mitglieder der Landschaftsversammlung, des Landschaftsausschusses und der Fachausschüsse

(1) Die Mitglieder der Landschaftsversammlung, des Landschaftsausschusses und der Fachausschüsse handeln ausschließlich nach dem Gesetz und ihrer freien, nur durch die Rücksicht auf das öffentliche Wohl bestimmten Überzeugung. Sie sind an Aufträge nicht gebunden.

(2) Für die Tätigkeit als Mitglied der Landschaftsversammlung, des Landschaftsausschusses oder eines Fachausschusses gelten die Vorschriften der §§ 30 bis 32 der Gemeindeordnung mit folgenden Maßgaben entsprechend:

1. Die Pflicht zur Verschwiegenheit kann ihnen gegenüber nicht vom Direktor des Landschaftsverbandes angeordnet werden;

2. die Genehmigung, als Zeuge auszusagen, erteilt der Landschaftsausschuss;

3. Mitglieder der Landschaftsversammlung, des Landschaftsausschusses und der Fachausschüsse sind nicht allein deshalb von der Mitwirkung ausgeschlossen, weil sie Dienstkräfte einer Mitgliedskörperschaft oder einer kreisangehörigen Gemeinde sind, der die Entscheidung einen unmittelbaren Vorteil oder Nachteil bringen kann;

4. die Offenbarungspflicht über Ausschließungsgründe bei Mitgliedern der Landschaftsversammlung und des Landschaftsausschusses besteht gegenüber dem Vorsitzenden der Landschaftsversammlung, bei Ausschussmitgliedern gegenüber dem Ausschussvorsitzenden vor Eintritt in die Verhandlung;

5. über Ausschließungsgründe entscheidet bei Mitgliedern der Landschaftsversammlung die Landschaftsversammlung, bei Mitgliedern des Landschaftsausschusses der Landschaftsausschuss, bei Ausschussmitgliedern der Ausschuss;

6. ein Verstoß gegen die Offenbarungspflicht wird von der Landschaftsversammlung, dem Landschaftsausschuss beziehungsweise dem Ausschuss durch Beschluss festgestellt;

7. sachkundige Bürger im Sinne des § 13 Abs. 3 Satz 2 als Mitglieder von Ausschüssen können Ansprüche anderer gegen den Landschaftsverband nur dann nicht geltend machen, wenn diese in Zusammenhang mit ihren Aufgaben stehen; ob diese Voraussetzungen vorliegen, entscheidet der Ausschuss.

(3) Erleidet der Landschaftsverband infolge eines Beschlusses der Landschaftsversammlung, des Landschaftsausschusses oder der Fachausschüsse einen Schaden, so haften deren Mitglieder, wenn sie

a) in vorsätzlicher oder grob fahrlässiger Verletzung ihrer Pflicht gehandelt haben oder

b) bei der Beschlussfassung mitgewirkt haben, obwohl sie nach dem Gesetz hiervon ausgeschlossen waren, und ihnen der Ausschließungsgrund bekannt war oder

c) der Bewilligung von Ausgaben zugestimmt haben, für die das Gesetz oder die Haushaltssatzung eine Ermächtigung nicht vorsieht, wenn nicht gleichzeitig die erforderlichen Deckungsmittel bereitgestellt werden.

(4) Die Mitglieder der Landschaftsversammlung, des Landschaftsausschusses und der Fachausschüsse müssen gegenüber dem Vorsitzenden der Landschaftsversammlung Auskunft über ihre wirtschaftlichen und persönlichen Verhältnisse geben, soweit das für die Ausübung ihres Mandats von Bedeutung sein kann. Die näheren Einzelheiten regelt die Landschaftsversammlung. Name, Anschrift, der ausgeübte

Beruf sowie andere vergütete oder ehrenamtliche Tätigkeiten können veröffentlicht werden. Die Auskünfte sind vertraulich zu behandeln. Nach Ablauf der Wahlperiode sind die gespeicherten Daten der ausgeschiedenen Mitglieder zu löschen. § 7 des Korruptionsbekämpfungsgesetzes vom 16. Dezember 2004 (GV. NRW. 2005 S. 8) in der jeweils geltenden Fassung bleibt unberührt.

§ 16
Freistellung, Entschädigung

(1) Für die Freistellung und Entschädigung der Mitglieder der Landschaftsversammlung, des Landschaftsausschusses und der Fachausschüse gelten die §§ 44, 45 und 133 Absatz 5 der Gemeindeordnung für das Land Nordrhein-Westfalen entsprechend.

(2) Neben den Entschädigungen, die den Mitgliedern der Landschaftsversammlung nach Absatz 1 zustehen, erhalten

1. der Vorsitzende der Landschaftsversammlung,
2. der Stellvertreter des Vorsitzenden der Landschaftsversammlung und weitere Stellvertreter,
3. Vorsitzende von Ausschüssen der Landschaftsversammlung,
4. Fraktionsvorsitzende - bei Fraktionen mit mindestens acht Mitgliedern auch ein stellvertretender Vorsitzender, mit mindestens 16 Mitgliedern auch zwei und mit mindestens 24 Mitgliedern auch drei stellvertretende Vorsitzende -

eine vom für Kommunales zuständigen Ministerium durch Rechtsverordnung festzusetzende angemessene Aufwandsentschädigung.

(3) Die Aufwandsentschädigung gemäß Absatz 2 Nummer 3 wird als monatliche Pauschale gezahlt. Die Landschaftsversammlung kann durch Satzung beschließen, dass

1. einzelne oder sämtliche Ausschüsse von der Regelung in Absatz 2 Nummer 3 ausgenommen werden,
2. die Aufwandsentschädigung abweichend von Satz 1 für einzelne oder sämtliche Ausschüsse als Sitzungsgeld gezahlt wird.

Ausnahmen nach Satz 2 kann die Landschaftsversammlung nur mit einer Mehrheit von zwei Dritteln seiner Mitglieder beschließen, dies gilt nicht, soweit die Landschaftsversammlung beschlossene Ausnahmen wieder aufhebt.

§ 16a
Fraktionen

Fraktionen sind freiwillige Vereinigungen von Mitgliedern der Landschaftsversammlung, die sich auf der Grundlage grundsätzlicher politischer Übereinstimmung zu möglichst gleichgerichtetem Wirken zusammengeschlossen haben. Eine Fraktion besteht aus mindestens drei Personen. Satz 1 gilt für Gruppen ohne Fraktionsstatus entsprechend. Eine Gruppe in der Landschaftsversammlung besteht aus mindestens zwei Personen. Im Übrigen gilt § 56 Absätze 2 bis 5 der Gemeindeordnung für das Land Nordrhein-Westfalen in der jeweils geltenden Fassung entsprechend.

§ 17
Befugnisse des Direktors des Landschaftsverbandes

(1) Der Direktor des Landschaftsverbandes hat

a) die Beschlüsse des Landschaftsausschusses und der übrigen Fachausschüsse vorzubereiten und auszuführen;
b) die ihm vom Landschaftsausschuss übertragenen Verwaltungsaufgaben zu erledigen;
c) die Geschäfte der laufenden Verwaltung zu führen;
d) den Landschaftsverband in Rechts- und Verwaltungsgeschäften gesetzlich zu vertreten.

(2) In Fällen äußerster Dringlichkeit kann der Direktor des Landschaftsverbandes Anordnungen, die einen Beschluss des Landschaftsausschusses oder eines Fachausschusses erfordern, ohne eine solche vorgängige Entscheidung im Einverständnis mit dem Vorsitzenden des Landschaftsausschusses treffen. Er hat den Landschaftsausschuss und den zuständigen Fachausschuss unverzüglich zu unterrichten. Der Landschaftsausschuss kann die Anordnungen aufheben, soweit nicht schon Rechte anderer durch die Ausführung des Beschlusses entstanden sind.

(3) Vertreter des Landschaftsverbandes, die Mitgliedschaftsrechte in Organen, Beiräten oder Ausschüssen von juristischen Personen oder Personenvereinigungen wahrnehmen, werden vom Landschaftsausschuss bestellt oder vorgeschlagen. Die Vertreter des Landschaftsverbandes sind an die Beschlüsse der Landschaftsversammlung und des Landschaftsausschusses gebunden. Sie haben ihr Amt auf Beschluss des Landschaftsausschusses jederzeit niederzulegen. Die Sätze 1 bis 3 gelten nur, soweit durch Gesetz nichts anderes bestimmt ist.

(4) Absatz 3 gilt entsprechend, wenn dem Landschaftsverband das Recht eingeräumt wird, Mitglieder des Vorstands, des Aufsichtsrats oder eines gleichartigen Organs zu bestellen oder vorzuschlagen.

(5) Werden die vom Landschaftsverband bestellten oder vorgeschlagenen Personen aus dieser Tätigkeit haftbar gemacht, so hat ihnen der Landschaftsverband den Schaden zu ersetzen, es sei denn, dass sie ihn vorsätzlich oder grob fahrlässig herbeigeführt haben. Auch in diesem Fall ist der Landschaftsverband schadensersatzpflichtig, wenn die von ihm bestellten Personen nach Weisung der Landschaftsversammlung oder des Landschaftsausschusses gehandelt haben.

§ 18
Teilnahme an Sitzungen

(1) Der Direktor des Landschaftsverbandes und die Landesräte nehmen an den Sitzungen der Landschaftsversammlung und des Landschaftsausschusses mit beratender Stimme teil. Ihre Teilnahme an den Sitzungen der Fachausschüsse regelt sich nach der Tagesordnung. Sie können in Angelegenheiten ihres Geschäftsbereichs jederzeit das Wort verlangen.

(2) Zu den Sitzungen können weitere Bedienstete des Landschaftsverbandes hinzugezogen werden.

§ 19
Beanstandungsrecht

(1) Verletzt ein Beschluss der Landschaftsversammlung das geltende Recht, so hat der Direktor des Landschaftsverbandes ihn zu beanstanden. Die Beanstandung ist der Landschaftsversammlung unter Darlegung der Gründe schriftlich mitzuteilen. Sie hat aufschiebende Wirkung. Die Landschaftsversammlung hat innerhalb eines Monats nach der Beanstandung erneut über die Angelegenheit zu beschließen. Verbleibt sie bei ihrem Beschluss, so hat der Direktor des Landschaftsverbandes unverzüglich die Entscheidung der Aufsichtsbehörde einzuholen. Die aufschiebende Wirkung bleibt bestehen.

(2) Auf Beschlüsse des Landschaftsausschusses und Entscheidungen der Fachausschüsse finden die Vorschriften des Absatzes 1 entsprechende Anwendung, hinsichtlich der Fachausschüsse jedoch mit der Maßgabe, dass falls der Fachausschuss bei seiner Entscheidung verbleibt, über die Angelegenheit innerhalb eines weiteren Monats der Landschaftsausschuss beschließt.

(3) Die Verletzung eines Mitwirkungsverbots nach § 15 Abs. 2 in Verbindung mit § 31 der Gemeindeordnung kann gegen einen Beschluss der Landschaftsversammlung, des Landschaftsausschusses oder eines Fachausschusses nach Ablauf von sechs

Monaten seit der Beschlussfassung oder, wenn eine öffentliche Bekanntmachung erforderlich ist, sechs Monate nach dieser nicht mehr geltend gemacht werden, es sei denn, dass der Direktor des Landschaftsverbandes den Beschluss vorher beanstandet hat oder die Verletzung des Mitwirkungsverbots vorher gegenüber dem Landschaftsverband gerügt und dabei die Tatsache bezeichnet worden ist, die die Verletzung ergibt.

§ 20
Direktor des Landschaftsverbandes, Landesräte und sonstige Bedienstete

(1) Dem Direktor des Landschaftsverbandes werden zur Mitwirkung bei der Erledigung der Dienstgeschäfte und zur Vertretung in bestimmten Geschäftsbereichen leitende Beamte (Landesräte) beigeordnet; ihre Zahl wird durch Satzung und Stellenplan festgelegt. Allgemeiner Vertreter des Direktors des Landschaftsverbandes ist der Erste Landesrat. Im Übrigen richtet sich die Vertretung und Geschäftsverteilung nach der vom Landschaftsausschuss zu erlassenden Geschäftsordnung.

(2) Der Direktor des Landschaftsverbandes und die Landesräte werden für die Dauer von acht Jahren gewählt. Die Stellen sind öffentlich auszuschreiben. Der Direktor des Landschaftsverbandes oder einer der Landesräte muss die Befähigung zum Richteramt oder zur Laufbahn des allgemeinen Verwaltungsdienstes im Land Nordrhein-Westfalen in der Laufbahngruppe 2, zweites Einstiegsamt, besitzen. Die Bestimmungen des § 71 der Gemeindeordnung über die Wiederwahl sowie des § 72 der Gemeindeordnung finden entsprechende Anwendung.

(3) Die Landschaftsversammlung kann den Direktor des Landschaftsverbandes und Landesräte abberufen. Der Antrag kann nur von der Mehrheit der gesetzlichen Zahl der Mitglieder gestellt werden. Zwischen dem Eingang des Antrags und der Sitzung der Landschaftsversammlung muss eine Frist von mindestens sechs Wochen liegen. Über den Antrag ist ohne Aussprache abzustimmen. Der Beschluss über die Abberufung bedarf einer Mehrheit von zwei Dritteln der gesetzlichen Zahl der Mitglieder. Der Nachfolger ist innerhalb einer Frist von sechs Monaten zu wählen.

(4) Dienstvorgesetzter des Direktors des Landschaftsverbandes ist der Landschaftsausschuss, Dienstvorgesetzter aller übrigen Bediensteten des Landschaftsverbandes ist der Direktor des Landschaftsverbandes. Die Beamten des Landschaftsverbandes werden aufgrund eines Beschlusses des Landschaftsausschusses vom Direktor des Landschaftsverbandes ernannt, befördert und entlassen. Die arbeits- und tarifrechtlichen Entscheidungen für die Beschäftigten trifft der Direktor des Landschaftsverbandes. Die Satzung kann eine andere Regelung treffen. Der Stellenplan ist einzuhalten; Abweichungen sind nur zulässig, soweit sie aufgrund des Besoldungs- oder Tarifrechts zwingend erforderlich sind. Die Rechtsverhältnisse der Bediensteten des Landschaftsverbandes bestimmen sich im Übrigen nach den Vorschriften des allgemeinen Beamten- und des Tarifrechts.

§ 21
Verpflichtungserklärungen

(1) Erklärungen, durch die der Landschaftsverband verpflichtet werden soll, bedürfen der schriftlichen Form. Sie sind durch den Direktor des Landschaftsverbandes oder seinen allgemeinen Vertreter zu unterzeichnen. Liegt der Erklärung ein Beschluss der Landschaftsversammlung oder eines Ausschusses zugrunde, so soll dieser dabei angeführt werden.

(2) Absatz 1 findet keine Anwendung auf Geschäfte der laufenden Verwaltung, die für den Landschaftsverband geldlich nicht von erheblicher Bedeutung sind, und auf Geschäfte, die aufgrund einer in der Form des Absatzes 1 ausgestellten Vollmacht abgeschlossen werden.

4. Abschnitt
Finanzwirtschaft

§ 22
Landschaftsumlage

(1) Die Landschaftsverbände erheben nach den hierfür geltenden Vorschriften von den kreisfreien Städten und Kreisen eine Umlage, soweit ihre sonstigen Erträge zur Deckung der Aufwendungen im Ergebnisplan nicht ausreichen (Landschaftsumlage). Ist die Haushaltssatzung des Landschaftsverbandes bei Beginn des Haushaltsjahres noch nicht bekannt gemacht, so darf die Landschaftsumlage ausschließlich nach dem Umlagesatz des Vorjahres auf Grundlage der dafür festgesetzten Umlagegrundlagen erhoben werden.

(2) Die Landschaftsumlage ist für jedes Haushaltsjahr neu festzusetzen. Die Festsetzung des Umlagesatzes bedarf der Genehmigung der Aufsichtsbehörde. Die Genehmigung kann unter Bedingungen und mit Auflagen erteilt werden.

(3) Der Umlagesatz kann einmal im Laufe des Haushaltsjahres geändert werden. Die Änderung des Umlagesatzes wirkt auf den Beginn des Haushaltsjahres zurück. Eine Erhöhung des Umlagesatzes der Landschaftsumlage ist nur zulässig, wenn unter Berücksichtigung des Rücknahmegebotes nach § 9 Satz 2 der Kreisordnung alle anderen Möglichkeiten, den Haushalt des Landschaftsverbandes auszugleichen, ausgeschöpft sind. Im Falle einer Erhöhung des für das Haushaltsjahr bereits festgesetzten Umlagesatzes muss der Beschluss vor dem 30. Juni des Haushaltsjahres gefasst sein.

(4) § 55 der Kreisordnung findet entsprechende Anwendung.

§ 23
Haushaltswirtschaft und Prüfung

(1) Die Landschaftsverbände haben für jedes Haushaltsjahr über alle Erträge und Aufwendungen, Einzahlungen und Auszahlungen sowie Verpflichtungsermächtigungen einen Haushaltsplan aufzustellen und am Ende des Haushaltsjahres einen Jahresabschluss und einen Gesamtabschluss aufzustellen.

(2) Für den Haushalt, die mittelfristige Ergebnis- und Finanzplanung, die Verwaltung des Vermögens, die Finanzbuchhaltung, den Jahresabschluss, den Gesamtabschluss und den Beteiligungsbericht sowie das Prüfungswesen gelten sinngemäß die Vorschriften der Gemeindeordnung und ihrer Durchführungsverordnungen sowie § 55 der Kreisordnung. Das Nähere wird durch Satzung geregelt.

(3) Soweit nicht in diesem Gesetz oder aufgrund dieses Gesetzes eine andere Regelung getroffen ist, finden die Vorschriften der Gemeindeordnung für das Land Nordrhein-Westfalen über die wirtschaftliche Betätigung und die nichtwirtschaftliche Betätigung sowie die hierzu erlassenen Rechtsvorschriften in ihrer jeweils geltenden Fassung mit der Maßgabe entsprechende Anwendung, dass an die Stelle des Rates der Landschaftsausschuss, an die Stelle des Bürgermeisters der Direktor des Landschaftsverbandes und an die Stelle der Beigeordneten die Landesräte treten. Bei der entsprechenden Anwendung des § 113 der Gemeindeordnung für das Land Nordrhein-Westfalen findet § 50 Absatz 4 der Gemeindeordnung für das Land Nordrhein-Westfalen ebenfalls entsprechende Anwendung.

(4) Die überörtliche Prüfung der Landschaftsverbände ist Aufgabe der Gemeindeprüfungsanstalt.

(5) Der Entwurf der Haushaltssatzung mit ihren Anlagen ist nach vorheriger öffentlicher Bekanntgabe an sieben Tagen öffentlich auszulegen. Gegen den Entwurf können Einwohner der Mitgliedskörperschaften innerhalb einer Frist von vierzehn Tagen nach Beginn der Auslegung Einwendungen erheben. In der öffentlichen Bekanntgabe der Auslegung ist auf die Frist hinzuweisen; außerdem ist die Stelle anzugeben, bei der die Einwendungen zu erheben sind. Über die Einwendungen beschließt die Landschaftsversammlung in öffentlicher Sitzung.

§ 23a
Ausgleichsrücklage

In der Bilanz ist eine Ausgleichsrücklage zusätzlich zur allgemeinen Rücklage als gesonderter Posten des Eigenkapitals anzusetzen. Der Ausgleichsrücklage können Jahresüberschüsse durch Beschluss der Landschaftsversammlung zugeführt werden, soweit die allgemeine Rücklage einen Bestand in Höhe von mindestens 3 Prozent der Bilanzsumme des Jahresabschlusses aufweist.

§ 23b
Haushaltssicherungskonzept

(1) Der Landschaftsverband hat zur Sicherung seiner dauerhaften Leistungsfähigkeit ein Haushaltssicherungskonzept aufzustellen und darin den nächstmöglichen Zeitpunkt zu bestimmen, bis zu dem der Haushaltsausgleich wieder hergestellt ist. § 76 der Gemeindeordnung gilt entsprechend.

(2) Ist der Landschaftsverband überschuldet oder steht die Überschuldung innerhalb der mittelfristigen Finanzplanung bevor, so kann das Haushaltssicherungskonzept nur genehmigt werden, wenn sowohl der Haushaltsausgleich als auch die Beseitigung der Überschuldung innerhalb der Frist des § 76 Absatz 2 Satz 3 der Gemeindeordnung dargestellt wird.

§ 23c
Sonderumlage

Der Landschaftsverband kann eine Sonderumlage erheben, sofern im Jahresabschluss eine Inanspruchnahme des Eigenkapitals erfolgt ist. Eine Sonderumlage ist zu erheben, sofern eine Überschuldung nach § 75 Absatz 7 der Gemeindeordnung eingetreten ist. Die Sonderumlage ist nach der Inanspruchnahme der Ausgleichsrücklage und der allgemeinen Rücklage und unter Beachtung des Rücksichtnahmegebots nach § 9 Satz 2 der Kreisordnung zu bestimmen. Sie kann in Teilbeträgen festgesetzt und erhoben werden. § 55 Absatz 1 und 2 der Kreisordnung sowie § 22 Absatz 2 und 3 finden entsprechende Anwendung.

5. Abschnitt
Aufsicht

§ 24
Allgemeine Aufsicht und Sonderaufsicht

(1) Die Aufsicht über die Landschaftsverbände führt das für Kommunales zuständige Ministerium. Die Aufsicht erstreckt sich darauf, dass die Landschaftsverbände im Einklang mit den Gesetzen verwaltet werden (allgemeine Aufsicht).

(2) Soweit die Landschaftsverbände ihre Aufgaben nach Weisung erfüllen, richtet sich die Aufsicht nach den hierüber erlassenen Bestimmungen (Sonderaufsicht).

§ 25
Unterrichtungsrecht

Die Aufsichtsbehörde kann sich jederzeit über die Angelegenheiten der Landschaftsverbände unterrichten.

§ 26
Beanstandungs- und Aufhebungsrecht

(1) Die Aufsichtsbehörde kann den Direktor des Landschaftsverbandes anweisen, Beschlüsse der Landschaftsversammlung, des Landschaftsausschusses und der Fachausschüsse, die das geltende Recht verletzen, zu beanstanden. Sie kann derartige Beschlüsse auch selbst beanstanden. § 19 findet entsprechende Anwendung. Nach erfolgloser Beanstandung kann die Aufsichtsbehörde die Beschlüsse aufheben. Sie kann verlangen, dass die aufgrund der Beschlüsse getroffenen Maßnahmen rückgängig gemacht werden.

(2) Die Aufsichtsbehörde kann Anordnungen des Direktors des Landschaftsverbandes, die das geltende Recht verletzen, beanstanden. Die Beanstandung ist dem Landschaftsausschuss unter Darlegung der Gründe schriftlich mitzuteilen. Sie hat aufschiebende Wirkung. Billigt der Landschaftsausschuss die Anordnung des Direktors des Landschaftsverbandes, so kann die Aufsichtsbehörde sie aufheben.

§ 27
Anordnungsrecht und Ersatzvornahme

(1) Erfüllt ein Landschaftsverband die ihm gesetzlich obliegenden Pflichten oder Aufgaben nicht, so kann die Aufsichtsbehörde anordnen, dass er innerhalb einer bestimmten Frist das Erforderliche veranlasst.

(2) Kommt ein Landschaftsverband der Anordnung der Aufsichtsbehörde nicht innerhalb der Frist nach, so kann die Aufsichtsbehörde die Anordnung an Stelle und auf Kosten des Landschaftsverbandes selbst durchführen oder die Durchführung einem anderen übertragen.

§ 28
Anfechtung von Aufsichtsmaßnahmen

Der Landschaftsverband kann die Maßnahmen der Aufsichtsbehörde unmittelbar mit der Klage im Verwaltungsstreitverfahren anfechten.

§ 29
Zwangsvollstreckung

(1) Zur Einleitung der Zwangsvollstreckung wegen einer Geldforderung gegen den Landschaftsverband bedarf der Gläubiger einer Zulassungsverfügung der Aufsichtsbehörde, es sei denn, dass es sich um die Verfolgung dinglicher Rechte handelt. In der Verfügung hat die Aufsichtsbehörde die Vermögensgegenstände zu bestimmen, in welche die Zwangsvollstreckung zugelassen wird, und über den Zeitpunkt zu befinden, in dem sie stattfinden soll. Die Zwangsvollstreckung wird nach den Vorschriften der Zivilprozessordnung durchgeführt.

(2) Ein Konkursverfahren über das Vermögen des Landschaftsverbandes findet nicht statt.

(3) Die Bestimmung des § 27 bleibt unberührt.

6. Abschnitt
Schlussvorschriften

§ 30
Überleitung

(1) Rechte und Pflichten, welche durch Gesetz, Verordnung, Satzung oder Rechtsgeschäfte den Provinzialverbänden übertragen sind, werden mit Inkrafttreten dieses Gesetzes Rechte und Pflichten der Landschaftsverbände. Soweit Rechte und Pflichten außerhalb des Aufgabenbereichs des § 5 liegen, nehmen die Landschaftsverbände sie längstens bis zum 31. Dezember 1984 wahr.

(2) Bedienstete im öffentlichen Dienst, die bei Inkrafttreten dieses Gesetzes im Gebiet des Landes Nordrhein-Westfalen ganz oder überwiegend Aufgaben nach den §§ 5 und 30 Absatz 1 Satz 2 wahrnehmen, werden Bedienstete des zuständigen Landschaftsverbandes. Die Landschaftsverbände sind zur Zahlung der Versorgungsbezüge für Bedienstete sowie deren Hinterbliebene verpflichtet, auf die bei Eintritt des Versorgungsfalles die Voraussetzungen des Satzes 1 zutrafen. Anderweitige vertragliche Abmachungen bleiben unberührt. Die Landschaftsverbände sind Dienstherren derjenigen Bediensteten der Provinzialverbände, deren Unterbringung und Versorgung sich nach § 63 des Gesetzes zur Regelung der Rechtsverhältnisse der unter Artikel 131 des Grundgesetzes fallenden Personen vom 11. Mai 1951 (BGBl. I S. 307) bestimmt. Bestehen im Einzelfalle Zweifel, ob die Voraussetzungen des Satzes 1 vorliegen, so entscheidet darüber das zuständige Fachministerium

im Einvernehmen mit dem für Kommunales zuständigen Ministerium und dem für Finanzen zuständigen Ministerium.

(3) Vermögen und Schulden der Provinzialverbände werden mit Inkrafttreten des Gesetzes Vermögen und Schulden der Landschaftsverbände. Vermögensteile, die bei Inkrafttreten des Gesetzes für Zwecke des Landes benutzt werden, verbleiben bis zu einer vertraglichen oder gesetzlichen Regelung in der Verwaltung und Nutzung des Landes. Vermögen des Landes, das in Wahrnehmung von Aufgaben der Provinzialverbände gebildet worden ist, und den in den §§ 5 und 30 Abs. 1 Satz 2 angeführten Aufgaben dient, ist den Landschaftsverbänden zu übertragen; Verpflichtungen des Landes, die unter den gleichen Voraussetzungen entstanden sind, sind von den Landschaftsverbänden zu übernehmen.

§ 31
Durchführung des Gesetzes

Das für Kommunales zuständige Ministerium erlässt die zur Durchführung dieses Gesetzes erforderlichen Rechtsverordnungen. Die erforderlichen Verwaltungsvorschriften erlässt das für Kommunales zuständige Ministerium oder im Einvernehmen mit ihm das jeweils zuständige Fachministerium.

§ 32
Übergangsregelungen

(1) Die in § 6 Absatz 3 Satz 1 genannte Frist gilt für alle ab dem 15. Dezember 2021 verkündeten Satzungen. Für alle vorher verkündeten Satzungen gelten die zum Zeitpunkt der Bekanntmachung geltenden Fristen.

(2) Die in § 19 Absatz 3 genannten Fristen gelten für alle ab dem 15. Dezember 2021 gefassten beziehungsweise öffentlich bekannt gemachten Beschlüsse. Für alle vorher gefassten beziehungsweise öffentlich bekannt gemachten Beschlüsse gelten die zum Zeitpunkt des Beschlusses beziehungsweise der Bekanntmachung geltenden Fristen.

§ 33
Inkrafttreten

Das Gesetz tritt am 17. Oktober 1994 in Kraft.

Eigenbetriebsverordnung für das Land Nordrhein-Westfalen (EigVO NRW)

vom 16.11.2004 (GV. NRW. S. 644, ber. 2005 S. 15), zuletzt geändert durch Gesetz vom 22.03.2021 (GV. NRW. S. 348)

Auf Grund des § 133 Absatz 1 und 2 der Gemeindeordnung für das Land Nordrhein-Westfalen (GO) in der Fassung der Bekanntmachung vom 14. Juli 1994 (GV. NRW. S. 666), zuletzt geändert durch Gesetz vom 16. November 2004 (GV. NRW. S. 644), wird im Einvernehmen mit dem Finanzministerium und mit Zustimmung des Ausschusses für Kommunalpolitik des Landtags verordnet:

I. Teil
Verfassung und Verwaltung

§ 1
Rechtsgrundlagen des Eigenbetriebes

Die wirtschaftlichen Unternehmen der Gemeinde ohne Rechtspersönlichkeit (§ 114 der Gemeindeordnung - GO NRW) werden als Eigenbetrieb nach den Vorschriften der Gemeindeordnung und dieser Verordnung sowie nach den Bestimmungen der Betriebssatzung des Eigenbetriebs geführt.

§ 2
Betriebsleitung

(1) Der Eigenbetrieb wird von der Betriebsleitung selbstständig geleitet, soweit nicht durch die Gemeindeordnung, diese Verordnung oder die Betriebssatzung etwas anderes bestimmt ist. Der Betriebsleitung obliegt insbesondere die laufende Betriebsführung. Sie ist für die wirtschaftliche Führung des Eigenbetriebs verantwortlich und hat die Sorgfalt eines ordentlichen und gewissenhaften Geschäftsleiters anzuwenden. Für Schäden haftet die Betriebsleitung entsprechend den Vorschriften des § 48 des Beamtenstatusgesetzes und § 81 des Landesbeamtengesetzes.

(2) Die Betriebsleitung besteht aus einer Betriebsleiterin, einem Betriebsleiter oder mehreren Betriebsleiterinnen bzw. Betriebsleitern. Der Rat kann eine Betriebsleiterin oder einen Betriebsleiter zur Ersten Betriebsleiterin oder zum Ersten Betriebsleiter bestellen. Die Betriebssatzung regelt, wie bei Meinungsverschiedenheiten innerhalb der Betriebsleitung zu verfahren ist.

(3) Gehört zur Betriebsleitung eine Beigeordnete oder ein Beigeordneter der Gemeinde, so ist sie Erste Betriebsleiterin oder er Erster Betriebsleiter.

(4) Die Geschäftsverteilung innerhalb einer Betriebsleitung, die aus mehreren Mitgliedern besteht, regeln die Bürgermeisterin oder der Bürgermeister mit Zustimmung des Betriebsausschusses durch Dienstanweisung.

§ 3
Vertretung des Eigenbetriebs

(1) In den Angelegenheiten des Eigenbetriebs vertritt die Betriebsleitung die Gemeinde, sofern die Gemeindeordnung oder diese Verordnung keine andere Regelung treffen. Besteht die Betriebsleitung aus mehreren Mitgliedern, so vertreten zwei von ihnen gemeinschaftlich den Eigenbetrieb.

(2) Der Kreis der Vertretungsberechtigten und der Beauftragten sowie der Umfang ihrer Vertretungsbefugnis werden von der Betriebsleitung öffentlich bekannt gemacht. Die Vertretungsberechtigten unterzeichnen unter dem Namen des Eigenbetriebs.

(3) Bei verpflichtenden Erklärungen für die Eigenbetriebe ist nach den Vorschriften der §§ 64 und 74 GO NRW zu verfahren. Die Erklärungen nach § 64 Abs. 1 GO NRW sind von der Bürgermeisterin bzw. dem Bürgermeister oder ihrer allgemeinen Vertretung und einem Mitglied der Betriebsleitung zu unterzeichnen. Arbeitsverträge und sonstige schriftliche Erklärungen zur Regelung der Rechtsverhältnisse von Arbeitnehmerinnen und Arbeitnehmern sind von der Bürgermeisterin bzw. dem Bürgermeister oder ihrer allgemeinen Vertretung zu unterzeichnen (§ 74 Abs. 3 GO NRW); Bürgermeisterin oder Bürgermeister sollen möglichst diese Unterschriftsbefugnis durch Dienstanweisung auf die Betriebsleitung übertragen. Die Geschäfte der laufenden Betriebsführung gelten als Geschäfte der laufenden Verwaltung (§ 64 Abs. 2 GO NRW).

§ 4
Zuständigkeiten des Rates der Gemeinde

Der Rat der Gemeinde entscheidet über die Angelegenheiten, die er nach der Gemeindeordnung nicht übertragen kann, und über

a) die Bestellung und die Abberufung der Betriebsleitung,
b) die Feststellung und Änderung des Wirtschaftsplans,
c) die Feststellung des Jahresabschlusses, die Verwendung des Jahresgewinns oder die Behandlung eines Jahresverlustes und die Entlastung des Betriebsausschusses,
d) die Verminderung des Eigenkapitals zugunsten der Gemeinde.

§ 5
Betriebsausschuss

(1) Der Rat bildet für den Eigenbetrieb einen Betriebsausschuss. Für mehrere Eigenbetriebe einer Gemeinde kann ein gemeinsamer Betriebsausschuss gebildet werden. Dem Betriebsausschuss sollen keine Aufgaben bzw. Zuständigkeiten aus Bereichen anderer Ausschüsse des Rates der Gemeinde übertragen werden.

(2) Die Zusammensetzung des Betriebsausschusses wird durch die Betriebssatzung geregelt. An Beschlüssen und sonstigen Entscheidungen des Betriebsausschusses sowie deren Vorbereitung sollen keine Mitglieder mitwirken, für die Ausschließungsgründe nach § 31 GO NRW vorliegen. Scheidet ein Mitglied oder ein Stellvertreter aus dem Betriebsausschuss aus, wählt der Rat auf Vorschlag derjenigen Gruppe, die die Ausgeschiedene oder den Ausgeschiedenen vorgeschlagen hatte, eine Nachfolge. Macht die Gruppe innerhalb von zwei Wochen nach dem Ausscheiden von ihrem Vorschlagsrecht keinen Gebrauch, ist die Nachfolge nach § 50 Abs. 2 GO NRW zu wählen.

(3) An den Beratungen des Betriebsausschusses nimmt die Betriebsleitung teil; sie ist berechtigt und auf Verlangen verpflichtet, ihre Ansicht zu einem Punkt der Tagesordnung darzulegen.

(4) Der Betriebsausschuss berät die Beschlüsse des Rates vor. Über alle wichtigen Angelegenheiten die gemeindliche Entwicklung betreffend ist er von der Bürgermeisterin oder dem Bürgermeister zu unterrichten. Daneben obliegt der Betriebsleitung eine umfassende Unterrichtungspflicht gegenüber dem Betriebsausschuss bezogen auf alle betrieblichen Angelegenheiten insbesondere auch über die beabsichtigte Geschäftspolitik und andere grundsätzliche Fragen der Unternehmensplanung.

(5) Der Betriebsausschuss setzt unbeschadet der Vorschrift des § 4 die allgemeinen Lieferbedingungen fest; er erteilt die Zustimmung zu erfolggefährdenden Mehraufwendungen und zu Mehrauszahlungen nach den §§ 15 und 16 dieser Verordnung und schlägt der Gemeindeprüfungsanstalt eine Wirtschaftsprüferin oder einen Wirtschaftsprüfer oder eine Wirtschaftsprüfungsgesellschaft für den Jahresabschluss vor. Er entscheidet über die Entlastung der Betriebsleitung. Die

Betriebssatzung kann dem Betriebsausschuss die Entscheidung in weiteren Angelegenheiten übertragen, soweit sie nicht zu den Geschäften der laufenden Betriebsführung gehören.

(6) Der Betriebsausschuss entscheidet in den Angelegenheiten, die der Beschlussfassung des Rates unterliegen, falls die Angelegenheit keinen Aufschub duldet. In Fällen äußerster Dringlichkeit kann die Bürgermeisterin bzw. der Bürgermeister mit der oder dem Vorsitzenden des Betriebsausschusses entscheiden. § 60 Abs. 1 Satz 3 und 4 GO NRW gilt entsprechend. Ist der Betriebsausschuss noch nicht gebildet, werden seine Aufgaben vom Hauptausschuss wahrgenommen; § 60 Abs. 1 Satz 2 bis 4 GO NRW findet Anwendung.

(7) Für die Haftung der Mitglieder des Betriebsausschusses gilt § 2 Abs. 1 Satz 4 sinngemäß.

§ 6
Rechtliche Stellung der Bürgermeisterin oder des Bürgermeisters

(1) Bürgermeisterin oder Bürgermeister sind Dienstvorgesetzte der Bediensteten des Eigenbetriebs. Die Befugnis zur Einstellung, Ein- oder Höhergruppierung und Beendigung von Arbeitsverhältnissen von Arbeitnehmerinnen und Arbeitnehmern kann, mit Ausnahme der Betriebsleiterinnen und -leiter, durch die Hauptsatzung (§ 7 Absatz 3 GO NRW) auf die Betriebsleitung übertragen werden. Soweit dies nicht geschieht, regelt die Betriebssatzung die Mitwirkung der Betriebsleitung bei den in Satz 2 genannten Personalentscheidungen. Der Betriebsleitung ist zumindest ein Vorschlagsrecht für die in Satz 2 genannten Personalentscheidungen einzuräumen. Die Zuständigkeit des Rates nach § 4 Buchstabe a bleibt unberührt.

(2) Die Betriebsleitung hat die Bürgermeisterin oder den Bürgermeister über alle wichtigen Angelegenheiten rechtzeitig zu unterrichten. Bürgermeisterin oder Bürgermeister können von der Betriebsleitung Auskunft verlangen und ihr im Interesse der Einheitlichkeit der Verwaltungsführung Weisungen erteilen. Glaubt die Betriebsleitung nach pflichtmäßigem Ermessen die Verantwortung für die Durchführung einer Weisung der Bürgermeisterin oder des Bürgermeisters nicht übernehmen zu können, so hat sie sich an den Betriebsausschuss zu wenden. Wird keine Übereinstimmung zwischen dem Betriebsausschuss und der Bürgermeisterin oder dem Bürgermeister erzielt, so ist die Entscheidung des Hauptausschusses herbeizuführen.

(3) Die Regelungen des Absatzes 2, insbesondere über Weisungsmöglichkeiten, gelten nicht für die Angelegenheiten der laufenden Betriebsführung, die ausschließlich der Betriebsleitung unterliegen.

§ 7
Unterrichtung der Kämmerin oder des Kämmerers

Die Betriebsleitung hat der Kämmerin oder dem Kämmerer den Entwurf des Wirtschaftsplans und des Jahresabschlusses, die Zwischenberichte, die Ergebnisse der Betriebsstatistik und die Kostenrechnungen zuzuleiten; sie hat ihr oder ihm ferner auf Anforderung alle sonstigen finanzwirtschaftlichen Auskünfte zu erteilen.

§ 8
Zusammenfassung von Betrieben

Die Versorgungsbetriebe einer Gemeinde sollen, wenn sie Eigenbetriebe sind, zu einem Eigenbetrieb zusammengefasst werden. Das Gleiche gilt für Verkehrsbetriebe. Die Versorgungsbetriebe sollen durch die Betriebssatzung den Namen "Gemeindewerke" ("Stadtwerke") erhalten. Die Betriebssatzung kann

a) die Einbeziehung der Verkehrsbetriebe sowie sonstiger Eigenbetriebe in die Gemeindewerke und

b) in Ausnahmefällen die gesonderte Führung von einzelnen Versorgungsbetrieben oder von einzelnen Verkehrsbetrieben vorsehen.

Im Übrigen können auch sonstige Betriebe einer Gemeinde zu einem einheitlichen Eigenbetrieb zusammengefasst werden.

II. Teil
Wirtschaftsführung und Rechnungswesen

§ 9
Vermögen des Eigenbetriebs

(1) Der Eigenbetrieb ist finanzwirtschaftlich als Sondervermögen der Gemeinde zu verwalten und nachzuweisen. Auf die Erhaltung des Sondervermögens ist Bedacht zu nehmen. Bei der Errichtung eines Eigenbetriebs durch Ausgliederung von Vermögen und Schulden aus dem Haushalt der Gemeinde sind deren Gegenstand und Wert in der Betriebssatzung festzusetzen. Gleichzeitig sind in einem Ausgliederungsbericht die für die Angemessenheit der Einbringung wesentlichen Umstände darzulegen. Die Eröffnungsbilanz für den neu zu errichtenden Eigenbetrieb ist zu prüfen; § 103 Absatz 2 GO NRW findet entsprechende Anwendung.

(2) Das in der Betriebssatzung festzusetzende Stammkapital und die Rücklagen haben eine angemessene Eigenkapitalausstattung des Eigenbetriebs darzustellen.

§ 10
Maßnahmen zur Erhaltung des Vermögens und der Leistungsfähigkeit

(1) Für die dauernde technische und wirtschaftliche Leistungsfähigkeit des Eigenbetriebs ist zu sorgen. Hierzu ist u.a. ein Überwachungssystem einzurichten, das es ermöglicht, etwaige die Entwicklung beeinträchtigende Risiken frühzeitig zu erkennen. Zur Risikofrüherkennung gehören insbesondere

- die Risikoidentifikation,
- die Risikobewertung,
- Maßnahmen der Risikobewältigung einschließlich der Risikokommunikation,
- die Risikoüberwachung/Risikofortschreibung und
- die Dokumentation.

(2) Sämtliche Lieferungen, Leistungen und Darlehen, auch im Verhältnis zwischen Eigenbetrieb und Gemeinde, einem anderen Eigenbetrieb der Gemeinde oder einer Gesellschaft, an der die Gemeinde beteiligt ist, sind angemessen zu vergüten. Der Eigenbetrieb kann jedoch abweichend von Satz 1

1. Wasser für den Brandschutz, für die Reinigung von Straßen und Abwasseranlagen sowie für öffentliche Zier- und Straßenbrunnen unentgeltlich oder verbilligt liefern,

2. auf die Tarifpreise für Leistungen von Elektrizität, Gas, Wasser und Wärme einen Preisnachlass gewähren, soweit dieser steuerrechtlich anerkannt ist.

(3) Für die technische und wirtschaftliche Fortentwicklung des Eigenbetriebs und, soweit die Abschreibungen nicht ausreichen, für Erneuerungen sollen Rücklagen gebildet werden. Bei umfangreichen Investitionen kann neben die Eigenfinanzierung die Finanzierung aus Krediten treten. Eigenkapital und Fremdkapital sollen in einem angemessenen Verhältnis zueinander stehen.

(4) Die Gemeinde darf das Eigenkapital zum Zwecke der Rückzahlung nur vermindern, wenn dadurch die Erfüllung der Aufgaben und die erforderliche Eigenkapitalausstattung des Eigenbetriebs nicht gefährdet werden. Vor der Beschlussfassung des Rates nach § 4 Buchstabe d sind der Betriebsausschuss und die Betriebsleitung zu hören; die Betriebsleitung hat schriftlich Stellung zu nehmen.

(5) Der Jahresgewinn des Eigenbetriebs soll so hoch sein, dass neben angemessenen Rücklagen nach Absatz 3 mindestens eine marktübliche Verzinsung des Eigenkapitals erwirtschaftet wird.

(6) Ein etwaiger Jahresverlust ist, soweit er nicht aus Haushaltsmitteln der Gemeinde ausgeglichen wird, auf neue Rechnung vorzutragen, wenn hierdurch die erforderliche Eigenkapitalausstattung des Eigenbetriebs nicht gefährdet wird. Eine Verbesserung der Ertragslage ist anzustreben. Ein nach Ablauf von fünf Jahren nicht getilgter Verlustvortrag soll durch Abbuchung von den Rücklagen ausgeglichen werden, wenn dies die Eigenkapitalausstattung zulässt; ist dies nicht der Fall, so ist der Verlust aus Haushaltsmitteln der Gemeinde auszugleichen.

§ 11
Zahlungsabwicklung, Liquiditätsplanung

Vorübergehend nicht benötigte Geldmittel des Eigenbetriebs sollen in Abstimmung mit der Liquiditätslage der Gemeinde angelegt werden. Wenn die Gemeinde die Mittel vorübergehend bewirtschaftet, ist sicherzustellen, dass die Mittel dem Eigenbetrieb bei Bedarf wieder zur Verfügung stehen.

§ 12
Wirtschaftsjahr

Wirtschaftsjahr des Eigenbetriebs ist das Kalenderjahr. Wenn die betrieblichen Bedürfnisse es erfordern, kann die Betriebssatzung ein hiervon abweichendes Wirtschaftsjahr bestimmen.

§ 13
Leitung des Rechnungswesens

(1) Alle Zweige des Rechnungswesens sind einheitlich zu leiten. Gehört der Betriebsleitung eine Person eigens für die kaufmännischen Angelegenheiten an, so ist diese für das Rechnungswesen verantwortlich.

(2) Die Anordnung und die Ausführung finanzwirksamer Vorgänge sind personell und organisatorisch zu trennen. Die mit diesen Aufgaben Betrauten dürfen nicht durch ein Angehörigenverhältnis im Sinne des § 20 Absatz 5 des Verwaltungsverfahrensgesetzes für das Land Nordrhein-Westfalen verbunden sein. Im Übrigen gelten die §§ 93 und 94 Absatz 1 GO NRW sowie § 31 Absatz 3 und 6 der Kommunalhaushaltsverordnung Nordrhein-Westfalen vom 12. Dezember 2018 (GV. NRW. S. 708), die durch Verordnung vom 30. Oktober 2020 (GV. NRW. S. 1049) geändert worden ist, sinngemäß.

§ 14
Wirtschaftsplan

(1) Der Eigenbetrieb hat spätestens einen Monat vor Beginn eines jeden Wirtschaftsjahres einen Wirtschaftsplan aufzustellen. Dieser besteht aus dem Erfolgsplan, dem Vermögensplan und der Stellenübersicht.

(2) Der Wirtschaftsplan ist unverzüglich zu ändern, wenn

a) das Jahresergebnis sich gegenüber dem Erfolgsplan erheblich verschlechtern wird und diese Verschlechterung die Haushaltslage der Gemeinde beeinträchtigt oder eine Änderung des Vermögensplans bedingt oder

b) zum Ausgleich des Vermögensplans erheblich höhere Zuführungen der Gemeinde oder höhere Kredite erforderlich werden oder

c) im Vermögensplan weitere Verpflichtungsermächtigungen vorgesehen werden sollen oder

d) eine erhebliche Vermehrung oder Hebung der in der Stellenübersicht vorgesehenen Stellen erforderlich wird, es sei denn, dass es sich um eine vorübergehende Einstellung von Aushilfskräften handelt.

§ 15
Erfolgsplan

(1) Der Erfolgsplan muss alle voraussehbaren Erträge und Aufwendungen des Wirtschaftsjahres enthalten. Er ist mindestens wie die Gewinn- und Verlustrechnung (§ 23 Abs. 1) zu gliedern.

(2) Die veranschlagten Erträge, Aufwendungen und Zuweisungen zu den Rücklagen sind ausreichend zu begründen, insbesondere soweit sie von den Vorjahreszahlen erheblich abweichen. Zum Vergleich sind die Zahlen des Erfolgsplans des laufenden Jahres und die Zahlen der Gewinn- und Verlustrechnung des Vorjahres daneben zu stellen. Die vorhandenen oder zu beschaffenden Deckungsmittel sind nachzuweisen. Deckungsmittel, die - etwa als Verlustausgleichszahlungen oder Betriebskostenzuschüsse - aus dem Haushalt der Gemeinde stammen, müssen mit der Veranschlagung in der Haushaltsplanung der Gemeinde übereinstimmen.

(3) Sind bei der Ausführung des Erfolgsplans erfolggefährdende Mindererträge zu erwarten, so hat die Betriebsleitung die Bürgermeisterin oder den Bürgermeister unverzüglich zu unterrichten. Erfolggefährdende Mehraufwendungen bedürfen der Zustimmung des Betriebsausschusses, es sei denn, dass sie unabweisbar sind. Sind sie unabweisbar, so sind die Bürgermeisterin oder der Bürgermeister und der Betriebsausschuss unverzüglich zu unterrichten. Bei Eilbedürftigkeit treten an die Stelle der Zustimmung des Betriebsausschusses die der Bürgermeisterin oder des Bürgermeisters und der oder des Vorsitzenden des Betriebsausschusses oder eines anderen dem Betriebsausschuss angehörenden Ratsmitglieds; der Betriebsausschuss ist unverzüglich zu unterrichten.

§ 16
Vermögensplan

(1) Der Vermögensplan muss mindestens enthalten:

a) alle voraussehbaren Einzahlungen und Auszahlungen des Wirtschaftsjahres, die sich aus Investitionen (Erneuerung, Erweiterung, Neubau, Veräußerung) und aus der Kreditwirtschaft des Eigenbetriebs ergeben,

b) die notwendigen Verpflichtungsermächtigungen.

(2) Die vorhandenen oder zu beschaffenden Deckungsmittel des Vermögensplans sind nachzuweisen. Deckungsmittel, die aus dem Haushalt der Gemeinde stammen, müssen mit der Veranschlagung in der Haushaltsplanung der Gemeinde übereinstimmen.

(3) Die Auszahlungen und die Verpflichtungsermächtigungen für Investitionen sind nach Vorhaben getrennt zu veranschlagen und zu erläutern. Die §§ 12 und 13 Kommunalhaushaltsverordnung Nordrhein-Westfalen sind sinngemäß anzuwenden.

(4) Für die Inanspruchnahme der Ermächtigungen des Vermögensplans gilt § 24 Absatz 1 bis 3 Kommunalhaushaltsverordnung Nordrhein-Westfalen sinngemäß. Die Auszahlungsansätze sind übertragbar.

(5) Mehrauszahlungen für Einzelvorhaben, die einen in der Betriebssatzung festzusetzenden Betrag überschreiten, bedürfen der Zustimmung des Betriebsausschusses. Bei Eilbedürftigkeit treten an die Stelle der Zustimmung des Betriebsausschusses die Bürgermeisterin oder des Bürgermeisters und der oder des Vorsitzenden des Betriebsausschusses oder eines anderen dem Betriebsaus-schuss angehörenden Ratsmitglieds; der Betriebsausschuss ist unverzüglich zu unterrichten.

§ 17
Stellenübersicht

(1) Die Stellenübersicht hat die im Wirtschaftsjahr erforderlichen Stellen für Arbeitnehmerinnen und Arbeitnehmer einschließlich der Angaben zur Stellenbewertung und Eingruppierung der Stelleninhaber zu enthalten. Beamte, die bei dem

Eigenbetrieb beschäftigt werden, sind im Stellenplan der Gemeinde zu führen und in der Stellenübersicht des Eigenbetriebs nachrichtlich anzugeben.

(2) In der Stellenübersicht sind die Zahlen der im laufenden Wirtschaftsjahr vorgesehenen und der am 30. Juni des Vorjahres tatsächlich besetzten Stellen anzugeben.

§ 18
Mittelfristige Ergebnis- und Finanzplanung

Die mittelfristige Ergebnis- und Finanzplanung (§ 84 GO NRW) besteht aus einer Übersicht über die Entwicklung der Erträge und Aufwendungen des Erfolgsplans sowie der Auszahlungen und Deckungsmittel des Vermögensplans nach Jahren gegliedert. Sie ist in den Wirtschaftsplan einzubeziehen. Ihr ist ein Investitionsprogramm zugrunde zu legen.

§ 19
Buchführung und Kostenrechnung

(1) Der Eigenbetrieb führt seine Rechnung nach den Regeln der kaufmännischen doppelten Buchführung. Die Buchführung muss den handelsrechtlichen Grundsätzen oder den für das Neue Kommunale Finanzmanagement geltenden Grundsätzen entsprechen.

(2) Die Vorschriften des Dritten Buchs des Handelsgesetzbuchs über Buchführung, Inventar und Aufbewahrung finden Anwendung, soweit sie nicht bereits unmittelbar gelten.

(3) Der Eigenbetrieb hat die für Kostenrechnungen erforderlichen Unterlagen zu führen und nach Bedarf Kostenrechnungen zu erstellen. Hierbei soll eine Kosten- und Leistungsrechnung zur Unterstützung der Steuerung und zur Beurteilung der Wirtschaftlichkeit und Leistungsfähigkeit der Aufgabenerfüllung geführt werden.

§ 20
Zwischenberichte

Die Betriebsleitung hat die Bürgermeisterin oder den Bürgermeister und den Betriebsausschuss vierteljährlich einen Monat nach Quartalsende über die Entwicklung der Erträge und Aufwendungen sowie über die Ausführung des Vermögensplans schriftlich zu unterrichten.

§ 21
Jahresabschluss

Für den Schluss eines jeden Wirtschaftsjahres ist ein Jahresabschluss aufzustellen, der aus der Bilanz, der Gewinn- und Verlustrechnung und dem Anhang besteht. Die allgemeinen Vorschriften, die Ansatzvorschriften, die Vorschriften über die Bilanz und die Gewinn- und Verlustrechnung, die Bewertungsvorschriften und die Vorschriften über den Anhang für den Jahresabschluss der großen Kapitalgesellschaften im Dritten Buch des Handelsgesetzbuchs finden sinngemäß Anwendung, soweit sich aus dieser Verordnung nichts anderes ergibt.

§ 22
Bilanz

(1) Die Bilanz ist, wenn der Gegenstand des Betriebs keine abweichende Gliederung bedingt, die gleichwertig sein muss, entsprechend der Vorschrift des § 266 des Handelsgesetzbuchs aufzustellen. § 272 des Handelsgesetzbuchs findet keine Anwendung.

(2) Das Stammkapital ist mit seinem in der Betriebssatzung festgelegten Betrag anzusetzen.

(3) Pensionsverpflichtungen nach den beamtenrechtlichen Vorschriften sind für die Dauer der Beschäftigung von Beamtinnen und Beamten im Eigenbetrieb als Rückstellung zu bilanzieren, soweit die Gemeinde den Eigenbetrieb nicht gegen entsprechende Zahlungen von künftigen Versorgungsleistungen freistellt. § 37 Absatz 1 Kommunalhaushaltsverordnung Nordrhein-Westfalen gilt entsprechend. Die Sätze 1 und 2 finden spätestens ab dem Wirtschaftsjahr 2012 Anwendung.

§ 23
Gewinn- und Verlustrechnung

(1) Die Gewinn- und Verlustrechnung ist, wenn der Gegenstand des Betriebes keine abweichende Gliederung bedingt, die gleichwertig sein muss, entsprechend der Vorschrift des § 275 des Handelsgesetzbuches aufzustellen.

(2) Eigenbetriebe mit mehr als einem Betriebszweig haben für den Schluss eines jeden Wirtschaftsjahres eine Gewinn- und Verlustrechnung für jeden Betriebszweig aufzustellen, die in den Anhang aufzunehmen ist. Dabei sind gemeinsame Aufwendungen und Erträge sachgerecht auf die Betriebszweige aufzuteilen, soweit Lieferungen und Leistungen nicht gesondert verrechnet werden.

§ 24
Anhang, Anlagenspiegel

(1) § 285 Nummer 9 Buchstabe a des Handelsgesetzbuches ist mit der Maßgabe anzuwenden, dass die vom Eigenbetrieb für die Tätigkeit im Geschäftsjahr gewährten Gesamtbezüge und Leistungen für die Mitglieder der Betriebsleitung und des Betriebsausschusses im Anhang zum Jahresabschluss jeweils für jede Personengruppe sowie zusätzlich unter Namensnennung die Bezüge und Leistungen für jedes einzelne Mitglied dieser Personengruppen unter Aufgliederung nach erfolgsunabhängigen und erfolgsbezogenen sowie Komponenten mit langfristiger Anreizwirkung anzugeben sind. § 108 Absatz 1 Satz 1 Nummer 9 Satz 2 GO NRW gilt entsprechend. Ferner sind die in § 285 Nummer 9 Buchstaben b und c des Handelsgesetzbuches genannten Angaben über die vom Eigenbetrieb gewährten Leistungen für die Mitglieder der Betriebsleitung und des Betriebsausschusses und die in § 285 Nummer 10 des Handelsgesetzbuches genannten Angaben für die Mitglieder der Betriebsleitung und des Betriebsausschusses zu machen.

(2) In einem Anlagenspiegel als Bestandteil des Anhangs ist die Entwicklung der einzelnen Posten des Anlagevermögens einschließlich der Finanzanlagen entsprechend der Gliederung der Bilanz darzustellen. Hierzu gehört auch eine Darstellung

1. der Änderungen im Bestand der zum Eigenbetrieb gehörenden Grundstücke und grundstücksgleichen Rechte,
2. der Änderungen im Bestand, Leistungsfähigkeit und Ausnutzungsgrad der wichtigsten Anlagen,
3. des Stands der Anlagen im Bau und die geplanten Bauvorhaben,
4. der Entwicklung des Eigenkapitals und der Rückstellungen jeweils unter Angabe von Anfangsbestand, Zugängen und Entnahmen,
5. der Umsatzerlöse mittels einer Mengen- und Tarifstatistik des Berichtsjahres im Vergleich mit dem Vorjahr,
6. des Personalaufwands mittels einer Statistik über die zahlenmäßige Entwicklung der Belegschaft unter Angabe der Gesamtsummen der Löhne, Gehälter, Vergütungen, sozialen Abgaben, Aufwendungen für Altersversorgung und Unterstützung einschließlich der Beihilfen und der sonstigen sozialen Aufwendungen für das Wirtschaftsjahr.

§ 25
Lagebericht

(1) Gleichzeitig mit dem Jahresabschluss ist ein Lagebericht entsprechend den Vorschriften des § 289 des Handelsgesetzbuches aufzustellen.

(2) Im Lagebericht ist auch auf Sachverhalte einzugehen, die Gegenstand der Berichterstattung gemäß § 103 Absatz 3 Satz 2

GO NRW im Rahmen der Prüfung nach § 53 des Haushaltsgrundsätzegesetzes sein können.

§ 26
Rechenschaft

(1) Die Betriebsleitung hat den Jahresabschluss und den Lagebericht bis zum Ablauf von drei Monaten nach Ende des Wirtschaftsjahres aufzustellen und unter Angabe des Datums zu unterschreiben. Besteht die Betriebsleitung aus mehreren Personen, haben sämtliche Betriebsleiterinnen oder Betriebsleiter zu unterschreiben. Die Betriebsleitung legt den Jahresabschluss und den Lagebericht über die Bürgermeisterin oder den Bürgermeister dem Betriebsausschuss vor, der diese Unterlagen mit dem Ergebnis seiner Beratungen nach Absatz 2 an den Rat der Gemeinde weiterleitet.

(2) Der Betriebsausschuss soll die Ergebnisse der Prüfung des Jahresabschlusses und des Lageberichts sowie ggf. die Ergebnisse der Prüfung der örtlichen Rechnungsprüfung nach § 104 Absatz 1 Nummer 2 GO NRW in seine Beratung des geprüften Jahresabschlusses und Lageberichts einbeziehen.

(3) Der Rat der Gemeinde stellt den geprüften Jahresabschluss innerhalb eines Jahres nach Ende des Wirtschaftsjahres fest und nimmt den geprüften Lagebericht zur Kenntnis. Zugleich beschließt er über die Verwendung des Jahresgewinns oder die Behandlung eines Jahresverlustes.

(4) Der Jahresabschluss, die Verwendung des Jahresgewinns oder die Behandlung des Jahresverlustes sowie das Ergebnis der Prüfung des Jahresabschlusses und des Lageberichts sind öffentlich bekannt zu machen. Der Jahresabschluss und der Lagebericht sind danach bis zur Feststellung des folgenden Jahresabschlusses zur Einsichtnahme verfügbar zu halten.

III. Teil
Sondervorschrift

§ 27
Anwendung des
Neuen Kommunalen Finanzmanagements

Für die Wirtschaftsführung und das Rechnungswesen der Eigenbetriebe ist auch die Anwendung der Vorschriften der Kommunalhaushaltsverordnung Nordrhein-Westfalen zulässig. Wird hiervon Gebrauch gemacht, gelten § 19 Absatz 2 und §§ 21 bis 23 sowie 25 insoweit nicht. Des Weiteren ist dann der Erfolgsplan (§ 15) als Ergebnisplan nach § 2 der Kommunalhaushaltsverordnung Nordrhein-Westfalen und der Vermögensplan (§ 16) als Finanzplan nach § 3 der Kommunalhaushaltsverordnung Nordrhein-Westfalen auszugestalten. In diesen Fällen ist die mittelfristige Ergebnis- und Finanzplanung nach § 18 in die in Satz 3 genannten Pläne einzubeziehen.

Seite 146

bleibt aus drucktechnischen Gründen frei

Gesetz
über kommunale Gemeinschaftsarbeit
(GkG NRW)

i. d. F. der Bekanntmachung vom 01.10.1979 (GV. NRW. S. 621),
zuletzt geändert durch Gesetz vom 13.04.2022
(GV. NRW. S. 490)

Erster Teil
Formen kommunaler Gemeinschaftsarbeit

§ 1

(1) Gemeinden und Gemeindeverbände können Aufgaben, zu deren Wahrnehmung sie berechtigt oder verpflichtet sind, nach den Vorschriften dieses Gesetzes gemeinsam wahrnehmen. Die gemeinsame Aufgabenwahrnehmung kann sich auf sachlich und örtlich begrenzte Teile der Aufgabe beschränken. Die Sätze 1 und 2 gelten nicht, wenn durch Gesetz eine besondere Rechtsform für die Zusammenarbeit vorgeschrieben oder die gemeinsame Wahrnehmung einer Aufgabe ausgeschlossen ist.

(2) Zur gemeinsamen Wahrnehmung von Aufgaben können Arbeitsgemeinschaften begründet, Zweckverbände und gemeinsame Kommunalunternehmen gebildet sowie öffentlich-rechtliche Vereinbarungen geschlossen werden.

(3) Die Befugnis, zur gemeinsamen Wahrnehmung von Aufgaben die Gestaltungsmöglichkeiten des Privatrechts zu benutzen, bleibt unberührt.

Zweiter Teil
Die kommunale Arbeitsgemeinschaft

§ 2
Zweck

(1) Gemeinden und Gemeindeverbände können sich zu kommunalen Arbeitsgemeinschaften zusammenschließen. In diese Arbeitsgemeinschaften können auch sonstige Körperschaften, Anstalten und Stiftungen des öffentlichen Rechts sowie natürliche Personen und juristische Personen des Privatrechts aufgenommen werden.

(2) Nach der getroffenen Vereinbarung beraten die Arbeitsgemeinschaften Angelegenheiten, die ihre Mitglieder gemeinsam berühren; sie stimmen Planungen der einzelnen Mitglieder für diese Angelegenheiten und die Tätigkeit von Einrichtungen ihrer Mitglieder aufeinander ab; sie leiten Gemeinschaftslösungen ein, um eine möglichst wirtschaftliche und zweckmäßige Wahrnehmung der Aufgaben in einem größeren nachbarlichen Gebiet sicherzustellen.

§ 3
Geschäftsführung

(1) Die Arbeitsgemeinschaften geben den Mitgliedern Anregungen; sie fassen keine die Mitglieder bindenden Beschlüsse. Die Zuständigkeit der Organe der einzelnen Mitglieder bleibt unberührt.

(2) Die Geschäftsführung der Arbeitsgemeinschaften ist durch die Beteiligten zu regeln. In der Regelung sind die Aufgabengebiete näher zu bestimmen, auf denen eine Arbeitsgemeinschaft sich betätigen will; ferner sind in ihr die näheren Bestimmungen über die Durchführung der Arbeitsgemeinschaft zu treffen.

Dritter Teil
Der Zweckverband

Abschnitt 1
Grundlagen

§ 4
Wesen, Arten, Mitglieder

(1) Gemeinden und Gemeindeverbände können sich zu Zweckverbänden zusammenschließen, um Aufgaben, zu deren Wahrnehmung sie berechtigt oder verpflichtet sind, gemeinsam zu erfüllen oder durchzuführen (Freiverband); für Pflichtaufgaben können sie auch zusammengeschlossen werden (Pflichtverband).

(2) Neben einer der in Absatz 1 genannten Körperschaften können auch der Bund, die Länder der Bundesrepublik und andere Körperschaften, Anstalten und Stiftungen des öffentlichen Rechts Mitglieder eines Zweckverbandes sein, soweit nicht die für sie geltenden besonderen Vorschriften die Beteiligung ausschließen oder beschränken. Ebenso können natürliche Personen und juristische Personen des Privatrechts Mitglieder eines Zweckverbandes sein, wenn die Wahrnehmung der Verbandsaufgaben dadurch gefördert wird und Gründe des öffentlichen Wohles nicht entgegenstehen.

(3) Die Mitgliedschaft einer Gemeinde oder eines Gemeindeverbandes außerhalb des Landes Nordrhein-Westfalen oder einer sonstigen nicht der Aufsicht des Landes unterstehenden Körperschaft, Anstalt oder Stiftung des öffentlichen Rechts in einem Zweckverband, der im Lande Nordrhein-Westfalen seinen Sitz hat, bedarf der Genehmigung der Bezirksregierung. Das gleiche gilt für die Mitgliedschaft einer Gemeinde, eines Gemeindeverbandes oder einer sonstigen der Aufsicht des Landes Nordrhein-Westfalen unterstehenden Körperschaft, Anstalt oder Stiftung des öffentlichen Rechts in einem Zweckverband außerhalb des Landes.

§ 5
Rechtsform

(1) Der Zweckverband ist eine Körperschaft des öffentlichen Rechts. Er verwaltet seine Angelegenheiten im Rahmen der Gesetze unter eigener Verantwortung.

(2) Der Zweckverband ist ein Gemeindeverband; Vorschriften, die bestimmen, dass sie für die Gemeindeverbände gelten, finden auf den Zweckverband Anwendung, soweit sich aus ihnen oder aus diesem Gesetz nichts anderes ergibt.

§ 6
Übergang der Aufgaben

(1) Der Zweckverband kann bestimmte Aufgaben der Beteiligten für diese erfüllen oder für diese durchführen. Er kann daneben auch Aufgaben für einzelne Verbandsmitglieder erfüllen oder durchführen. Soweit Aufgaben zur Erfüllung wahrgenommen werden, gehen das Recht und die Pflicht zur Erfüllung dieser Aufgaben auf den Zweckverband über.

(2) Bestehende Beteiligungen der Gemeinden und Gemeindeverbände an Unternehmen und Verbänden, die der gleichen oder einer ähnlichen Aufgabe dienen wie der Zweckverband, bleiben unberührt. Hat der Zweckverband nach der Verbandssatzung anzustreben, solche Beteiligungen an Stelle seiner Verbandsmitglieder zu übernehmen, so sind die einzelnen Verbandsmitglieder zu den entsprechenden Rechtsgeschäften und Verwaltungsmaßnahmen verpflichtet.

§ 7
Verbandssatzung

Die Rechtsverhältnisse des Zweckverbandes werden im Rahmen dieses Gesetzes durch eine Verbandssatzung geregelt.

§ 8
Anwendung der für Gemeinden,
Kreise oder Landschaftsverbände
geltenden Bestimmungen

(1) Soweit nicht das Gesetz oder die Verbandssatzung besondere Vorschriften treffen, finden auf den Zweckverband die Vorschriften der Gemeindeordnung für das Land Nordrhein-Westfalen in der Fassung der Bekanntmachung vom 14. Juli 1994 (GV. NRW. S. 666) in der jeweils geltenden Fassung sinngemäß Anwendung.

(2) Gehören dem Zweckverband als kommunale Körperschaften neben Gemeinden auch Kreise an, so kann die Verbandssatzung bestimmen, dass anstelle der Gemeindeordnung für das Land Nordrhein-Westfalen die Kreisordnung für das Land Nordrhein-Westfalen in der Fassung der Bekanntmachung vom 14. Juli 1994 (GV. NRW. S. 646) in der jeweils geltenden Fassung Anwendung finden soll.

(3) Gehören einem Zweckverband als kommunale Körperschaften nur Kreise oder nur Kreise und Landschaftsverbände an, so finden

die Vorschriften der Kreisordnung für das Land Nordrhein-Westfalen, gehören ihm als kommunale Körperschaften nur Landschaftsverbände an, so finden die Vorschriften der Landschaftsverbandsordnung für das Land Nordrhein-Westfalen in der Fassung der Bekanntmachung vom 14. Juli 1994 (GV. NRW. S. 657) in der jeweils geltenden Fassung sinngemäß Anwendung.

(4) Das Recht, Satzungen zu erlassen, steht dem Zweckverband nach Maßgabe der für Gemeinden geltenden Vorschriften, im Falle der Absätze 2 und 3 nach Maßgabe der dort genannten Vorschriften für sein Aufgabengebiet zu.

Abschnitt II
Bildung des Zweckverbandes

§ 9
Inhalt der Verbandssatzung

(1) Zur Bildung des Zweckverbandes (Freiverband) vereinbaren die Beteiligten die Verbandssatzung. Führen kreisangehörige Gemeinden Verhandlungen mit Körperschaften des öffentlichen Rechts außerhalb des Kreises, um mit ihnen einen Zweckverband zu bilden, so haben sie den Kreis rechtzeitig zu unterrichten.

(2) Die Verbandssatzung muss die Verbandsmitglieder, die Aufgaben, den Namen und Sitz des Verbandes, die Form der öffentlichen Bekanntmachungen sowie den Maßstab bestimmen, nach dem die Verbandsmitglieder zur Deckung der entstehenden Aufwendungen beizutragen haben; sie muss ferner die Angelegenheiten regeln, deren Regelung durch die Verbandssatzung das Gesetz ausdrücklich vorschreibt. Darüber hinaus kann die Verbandssatzung Bestimmungen enthalten über

1. die Verfassung und Verwaltung,
2. die Abwicklung im Falle der Auflösung des Zweckverbandes,
3. das Recht zur einseitigen Kündigung der Verbandsmitgliedschaft, wenn zugleich das Verfahren zur Auseinandersetzung geregelt wird,
4. sonstige Rechtsverhältnisse des Zweckverbandes,

soweit das Gesetz keine Vorschriften enthält oder die Regelung in der Verbandssatzung ausdrücklich zulässt.

§ 10
Genehmigung

(1) Die Verbandssatzung bedarf der Genehmigung der Aufsichtsbehörde. Die Genehmigung gilt als erteilt, wenn die Aufsichtsbehörde den Beteiligten nicht innerhalb von vier Wochen nach Eingang des Genehmigungsantrages mitteilt, dass sie die Genehmigung versagen oder nur nach Änderung der Vereinbarung erteilen will und nicht innerhalb weiterer vier Wochen einen Termin mit den Beteiligten anberaumt, um diese zu erörtern. Ist die Landrätin oder der Landrat für die Entscheidung zuständig, so ist die Zustimmung des Kreisausschusses erforderlich, wenn die Genehmigung versagt oder nur nach Änderung der Verbandssatzung erteilt werden soll; § 59 Absatz 1 Satz 3 und Absatz 2 der Kreisordnung für das Land Nordrhein-Westfalen gilt entsprechend.

(2) Ist für die Übernahme der Aufgaben, für die der Zweckverband gebildet werden soll, eine besondere Genehmigung erforderlich, so kann die Verbandssatzung nicht genehmigt werden, wenn zu erwarten ist, dass die besondere Genehmigung versagt wird.

§ 11
Entstehung des Zweckverbandes

(1) Die Aufsichtsbehörde hat die Verbandssatzung und ihre Genehmigung in ihrem amtlichen Veröffentlichungsblatt bekanntzumachen. Die Gemeinden und Kreise haben in der für ihre Bekanntmachungen vorgeschriebenen Form auf die Veröffentlichung hinzuweisen.

(2) Der Zweckverband entsteht am Tage nach der öffentlichen Bekanntmachung der Verbandssatzung und der Genehmigung im Veröffentlichungsblatt der Aufsichtsbehörde, soweit nicht hierfür in der Verbandssatzung ein späterer Zeitpunkt bestimmt ist.

§ 12
Ausgleich

Neben der Verbandssatzung können die Beteiligten schriftliche Vereinbarungen über den Ausgleich von Vorteilen und Nachteilen abschließen, die sich für sie aus der Bildung des Zweckverbandes ergeben. Auf Antrag sämtlicher Beteiligten kann die Aufsichtsbehörde diesen Ausgleich regeln.

§ 13
Pflichtverband

(1) Ist die Bildung eines Zweckverbandes zur Wahrnehmung von Pflichtaufgaben, die den Gemeinden oder Gemeindeverbänden durch gesetzliche Vorschrift auferlegt sind, aus Gründen des öffentlichen Wohles dringend geboten, so kann die Aufsichtsbehörde den Beteiligten eine angemessene Frist zur Bildung des Zweckverbandes als Freiverband setzen.

(2) Kommt innerhalb der Frist ein Freiverband nicht zustande, so kann die Aufsichtsbehörde die Verbandssatzung erlassen und die Bildung des Zweckverbandes als Pflichtverband verfügen. Sollen kreisangehörige Gemeinden oder Gemeindeverbände mit Gemeinden oder Gemeindeverbänden außerhalb des Kreises zu einem Zweckverband zusammengeschlossen werden, um gemeinsame Bauleitpläne aufzustellen oder durchzuführen, so gilt § 205 des Baugesetzbuches in der Fassung der Bekanntmachung vom 23. September 2004 (BGBl. I S. 2414) in der jeweils geltenden Fassung. Vor der Entscheidung muss den Beteiligten Gelegenheit gegeben werden, ihre Auffassung in mündlicher Verhandlung darzulegen.

(3) Ist die Bezirksregierung zuständig, so ist in den Fällen, in denen eine kreisangehörige Gemeinde beteiligt ist, der Kreisausschuss vor der Entscheidung zu hören. Im übrigen gilt § 11 entsprechend.

(4) Hält die Aufsichtsbehörde einen Ausgleich aus Billigkeitsgründen für erforderlich, so kann sie diesen selbst treffen, falls die Beteiligten dies beantragen oder sich nicht innerhalb einer von der Aufsichtsbehörde gesetzten angemessenen Frist einigen.

Abschnitt III
Verfassung und Verwaltung des Zweckverbandes

§ 14
Organe

Organe des Zweckverbandes sind die Verbandsversammlung und die Verbandsvorsteherin oder der Verbandsvorsteher.

§ 15
Verbandsversammlung

(1) Die Verbandsversammlung besteht aus den Vertreterinnen und Vertretern der Verbandsmitglieder. Jedes Verbandsmitglied entsendet wenigstens eine vertretungsberechtigte Person in die Verbandsversammlung. Von den Gemeinden oder Gemeindeverbänden entsandte vertretungsberechtigte Personen haben die Interessen ihrer Gemeinde oder ihres Gemeindeverbandes zu verfolgen. Sie sind an die Beschlüsse der jeweiligen kommunalen Vertretungen und ihrer Ausschüsse gebunden. Sind natürliche Personen oder juristische Personen (§ 4 Absatz 2) Verbandsmitglieder, so dürfen ihre Stimmen insgesamt die Hälfte der in der Verbandssatzung festgelegten Stimmenzahl nicht erreichen. Die Aufsichtsbehörde kann Ausnahmen zulassen.

(2) Soweit Gemeinden oder Gemeindeverbände Verbandsmitglieder sind, werden die vertretungsberechtigten Personen durch die Vertretungskörperschaft für deren Wahlperiode aus ihrer Mitte oder aus den Dienstkräften des Verbandsmitgliedes bestellt; sofern weitere vertretungsberechtigte Personen zu benennen sind, müssen die Hauptverwaltungsbeamtin oder der Hauptverwaltungsbeamte oder eine von ihr beziehungsweise ihm vorgeschlagene Person aus dem Kreis der Bediensteten dazu zählen. Die vertretungsberechtigten Personen anderer Verbandsmitglieder werden für dieselbe Zeit in die Verbandsversammlung entsandt. Die vertretungsberechtigten Personen üben ihr Amt nach Ablauf der Zeit, für die sie bestellt sind, bis zum Amtsantritt der neu bestellten vertretungsberechtigten Personen weiter aus. Die Mitgliedschaft in der Verbandsversammlung erlischt, wenn die Voraussetzungen der Wahl oder Entsendung des Mitgliedes wegfallen.

(3) Für jedes Mitglied der Verbandsversammlung ist eine stellvertretungsberechtigte Person für den Fall der Verhinderung zu bestellen.

(4) Die Verbandsversammlung wählt aus ihrer Mitte eine vertretungsberechtigte Person einer Gemeinde oder eines Gemeindeverbandes zur Vorsitzenden oder zum Vorsitzenden; in gleicher Weise wählt sie eine Stellvertreterin oder einen Stellvertreter.

(5) Die Verbandsversammlung tritt wenigstens einmal im Jahr, und zwar zur Beschlussfassung über die Haushaltssatzung sowie über den Jahresabschluss und die Entlastung der Verbandsvorsteherin oder des Verbandsvorstehers, im übrigen nach Bedarf zusammen. Zu ihrer ersten Sitzung nach der Bildung des Zweckverbandes wird sie durch die Aufsichtsbehörde einberufen, soweit nicht die Verbandssatzung etwas anderes vorschreibt. Die Verbandsversammlung ist nur beschlussfähig, wenn die anwesenden vertretungsberechtigten Personen von Gemeinden und Gemeindeverbänden wenigstens die Hälfte der Stimmenzahl erreichen, im Falle des Absatzes 1 letzter Satz kann die Aufsichtsbehörde Ausnahmen zulassen. Die Verbandssatzung kann weitere Voraussetzungen der Beschlussfähigkeit bestimmen.

(6) Die Zuständigkeiten der Verbandsversammlung regelt die Verbandssatzung, soweit sie sich nicht aus dem Gesetz ergeben.

§ 15a
Bildung der Verbandsversammlung
in besonderen Fällen

(1) Besteht ein Zweckverband ausschließlich aus Gemeinden, die nicht zugleich einem Mitgliedskreis angehören, und Kreisen (Mitgliedskörperschaften), kann in der Verbandssatzung bestimmt werden, die Verteilung der Sitze in der Verbandsversammlung an den von den Parteien und Wählergruppen bei den letzten allgemeinen Wahlen zu den Vertretungen der Mitgliedskörperschaften erzielten gültigen Stimmen auszurichten. Die Aufnahme oder Aufhebung einer solchen Regelung in der Verbandssatzung ist nur mit Zustimmung aller Mitgliedskörperschaften und nur für den Beginn einer neuen Wahlperiode für deren gesamte Dauer zulässig. Für einen solchen Zweckverband gelten abweichend von § 15 die Absätze 2 bis 14.

(2) Die Vertretungen der Mitgliedskörperschaften wählen für die Dauer ihrer Wahlperiode innerhalb von zehn Wochen nach Beginn ihrer Wahlperiode die Mitglieder der Verbandsversammlung. Jedes Mitglied der Vertretung einer Mitgliedskörperschaft hat zwei Stimmen, eine Erststimme für die Wahl der auf die Mitgliedskörperschaft entfallenden Mitglieder und Ersatzmitglieder sowie eine Zweitstimme für die Wahl der für das Gebiet des Zweckverbandes aufgestellten Reserveliste einer Partei oder Wählergruppe. Wählbar sind die Mitglieder der Vertretungen und die Bediensteten der Mitgliedskörperschaften. Über die Reservelisten sind auch auf Reservelisten für die allgemeinen Wahlen zu den Vertretungen der Mitgliedskörperschaften benannte Bewerberinnen und Bewerber wählbar. Bedienstete des Zweckverbandes dürfen nicht Mitglieder der Verbandsversammlung oder eines Fachausschusses sein; diese Einschränkung gilt nicht für Inhaberinnen oder Inhaber eines Ehrenamtes.

(3) Die Anzahl der von jeder Vertretung einer Mitgliedskörperschaft mit Erststimme zu wählenden Mitglieder und Ersatzmitglieder der Verbandsversammlung ist in der Satzung des Zweckverbands zu bestimmen. Ist nur ein Mitglied zu wählen, so darf nur ein Mitglied der Vertretung gewählt werden. Gewählt ist, wer die meisten Stimmen erhält. Bei Stimmengleichheit entscheidet das von der Vorsitzenden oder dem Vorsitzenden der Vertretung zu ziehende Los. Sind mehrere Mitglieder zu wählen, so dürfen nicht mehr Bedienstete als Mitglieder der Vertretung gewählt werden. Es findet eine Listenwahl nach dem Verfahren der mathematischen Proportion statt. Danach entfallen auf jede Liste zunächst so viele Sitze, wie ganze Zahlen auf sie entfallen. Danach zu vergebende Sitze sind in der Reihenfolge der höchsten Zahlenbruchteile zuzuteilen; bei gleichen Zahlenbruchteilen entscheidet das von der Vorsitzenden oder dem Vorsitzenden zu ziehende Los. Für jedes zu wählende Mitglied wird zugleich ein Ersatzmitglied gewählt.

(4) Bei der Wahl der Reservelisten kann die Zweitstimme für eine Liste oder nur für eine einzelne Bewerberin oder einen einzelnen Bewerber einer Liste abgegeben werden. Die Zahl der auf die einzelnen Bewerberinnen und Bewerber in der Reserveliste entfallenen Zweitstimmen bestimmt die Reihenfolge der Wahl aus der Reserveliste. Die übrigen Bewerberinnen und Bewerber folgen in der Reihenfolge der Liste.

(5) Entspricht die Sitzverteilung in der Verbandsversammlung auf Grund des Erststimmenergebnisses (Absatz 3) nicht dem Ergebnis, das sich bei einer Sitzverteilung nach dem Verfahren der mathematischen Proportion auf der Grundlage der von den Parteien und Wählergruppen bei den letzten allgemeinen Wahlen zu den Vertretungen der Mitgliedskörperschaften erzielten gültigen Stimmen ergeben würde, so ist eine neue Ausgangszahl für die Verteilung weiterer Sitze (Verhältnisausgleich) zu bilden. Dazu wird die Zahl der nach Absatz 3 errungenen Sitze derjenigen Partei oder Wählergruppe, die das günstigste Verhältnis der Sitze zu der auf sie entfallenen Stimmzahl erreicht hat, mit der Gesamtzahl der gültigen Stimmen vervielfältigt und durch die Stimmzahl dieser Partei oder Wählergruppe geteilt. Auf Grund der neuen Ausgangszahl werden für die Parteien und Wählergruppen nach dem Verfahren der mathematischen Proportion neue Zuteilungszahlen errechnet und ihnen die an diesen Zahlen noch fehlenden Sitze aus den Reservelisten in der sich nach Absatz 4 ergebenden Reihenfolge zugewiesen. Dabei werden Bewerberinnen und Bewerber, die bereits nach Absatz 3 gewählt worden sind, nicht berücksichtigt. Bei den Berechnungen nach den Sätzen 1 bis 3 bleiben die Stimmenzahlen solcher Parteien oder Wählergruppen außer Betracht, für die keine Reserveliste eingereicht worden ist. Sie nehmen am Verhältnisausgleich nicht teil. In der Verbandssatzung ist die Anzahl der aus den Reservelisten höchstens zuzuweisenden Mitglieder zu bestimmen. Wird nach Bildung der neuen Ausgangszahl nach Satz 1 die Anzahl der nach Satz 7 in der Verbandssatzung zu bestimmenden Anzahl der aus den Reservelisten höchstens zuzuweisenden Mitglieder überschritten, bleibt die Partei oder Wählergruppe mit dem günstigsten Verhältnis der Sitze zu der auf sie entfallenen Stimmzahl unberücksichtigt und nimmt an dem erneut durchzuführenden Verhältnisausgleich nicht teil. Die Ausgangszahl ist solange neu zu bilden, bis die in Satz 7 bestimmte Anzahl der aus den Reservelisten höchstens zuzuweisenden Mitglieder nicht überschritten wird.

(6) Die Reservelisten sind von den für das Gebiet der Mitgliedskörperschaften zuständigen Leitungen der Parteien und Wählergruppen, die in mindestens einer der Vertretungen der Mitgliedskörperschaften vertreten sind, bis zum 22. Tag nach dem Wahltag der allgemeinen Kommunalwahlen der Verbandsvorsteherin oder dem Verbandsvorsteher einzureichen. Die Verbandsvorsteherin oder der Verbandsvorsteher leitet nach Zulassung je eine Ausfertigung der Reservelisten den Vertretungen der Mitgliedskörperschaften unverzüglich zu. Als Bewerberin oder Bewerber kann in einer Reserveliste nur benannt werden, wer in einer Mitglieder- oder Vertreterversammlung der Partei oder Wählergruppe des Wahlgebietes hierzu gewählt worden ist.

(7) Scheidet ein mit Erststimmen gewähltes Mitglied aus der Verbandsversammlung aus, so rückt das für diesen Fall gewählte Ersatzmitglied nach. Scheidet auch das nachgerückte Mitglied aus, so ist, falls es für eine Partei oder Wählergruppe aufgestellt war, sein Nachfolger aus der Reserveliste dieser Partei oder Wählergruppe in der sich nach Absatz 4 ergebenden Reihenfolge zu berufen. Das Gleiche gilt, wenn ein aus der Reserveliste gewähltes Mitglied aus der Verbandsversammlung ausscheidet. Die Verbandsvorsteherin oder der Verbandsvorsteher stellt die Nachfolgerin oder den Nachfolger fest und macht dies öffentlich bekannt.

(8) Werden Mitgliedskörperschaften oder ihre Vertretungen aufgelöst oder wird eine kreisfreie Stadt in einen Kreis eingegliedert, so gelten die Mitglieder der Vertretungen und die Bediensteten bis zum Zusammentritt der im jeweils betroffenen Gebiet neu zu wählenden Vertretung als wählbar gemäß Absatz 2. Entsprechendes gilt im Falle einer Wiederholungswahl.

(9) Finden in einer Mitgliedskörperschaft Wiederholungswahlen im ganzen Wahlgebiet statt oder wird im Laufe der allgemeinen Wahlperiode die Vertretung einer Mitgliedskörperschaft neu gewählt, so sind

1. die mit Erststimmen in dieser Mitgliedskörperschaft gewählten Mitglieder und Ersatzmitglieder neu zu wählen und

2. die Sitze nach Absatz 5 unter Berücksichtigung der bei der Wiederholungswahl oder bei der Neuwahl erzielten gültigen Stimmen neu zu errechnen und zuzuweisen.

Soweit Mitglieder neu zu wählen oder Sitze neu zu errechnen und zuzuweisen sind, verlieren die bisherigen Mitglieder ihren Sitz spätestens im Zeitpunkt der Neuwahl oder im Zeitpunkt der Neuzuweisung.

(10) Wird ein Zweckverband neu gebildet und wird in der Verbandssatzung eine Regelung gemäß Absatz 1 Satz 1 getroffen, bestimmen die Mitgliedskörperschaften in der Verbandssatzung zugleich eine Person aus dem in § 16 Absatz 1 Satz 1 genannten Personenkreis, der die auf die Verbandsvorsteherin beziehungsweise den Verbandsvorsteher entfallenden Aufgaben bei der Bildung der Verbandsversammlung wahrnimmt, bis die Verbandsversammlung eine Verbandsvorsteherin oder einen Verbandsvorsteher gewählt hat. Zugleich sind in der Satzung Bestimmungen darüber zu treffen, innerhalb welcher Fristen die Parteien und Wählergruppen ihre Reservelisten gemäß Absatz 6 einzureichen und die Mitgliedskörperschaften die Mitglieder der Verbandsversammlung zu wählen haben.

(11) Tritt im Laufe der allgemeinen Wahlperiode eine Gemeinde oder ein Kreis dem Zweckverband bei und bestehen die Voraussetzungen des Absatz 1 unverändert fort, so sind

1. von der Vertretung der beitretenden Mitgliedskörperschaft die auf sie gemäß Absatz 3 Satz 1 entfallenden Mitglieder und Ersatzmitglieder mit der Erststimme zu wählen und
2. von den Vertretungen aller Mitgliedskörperschaften mit der Zweitstimme die für das Gebiet des Zweckverbandes neu aufzustellenden und einzureichenden Reservelisten zu wählen.

Sodann sind die Sitze nach Absatz 5 neu zu errechnen und zuzuweisen. Absatz 9 Satz 2 und Absatz 10 Satz 2 gelten entsprechend.

(12) Scheidet im Laufe der allgemeinen Wahlperiode eine Gemeinde oder ein Kreis aus einem Zweckverband gemäß Absatz 1 aus, verlieren die von der Vertretung der ausscheidenden Mitgliedskörperschaft mit der Erststimme gewählten Mitglieder und Ersatzmitglieder ihren Sitz in der Verbandsversammlung. Das gleiche gilt für Mitglieder, die über die Reservelisten gewählt worden sind, soweit sie durch das Ausscheiden der Mitgliedskörperschaft ihre Wählbarkeit gemäß Absatz 2 verloren haben. Sodann sind die Sitze nach Absatz 5 neu zu errechnen und zuzuweisen. Dabei bleiben Bewerberinnen und Bewerber, die ihre Wählbarkeit gemäß Absatz 2 durch das Ausscheiden der Mitgliedskörperschaft verloren haben, unberücksichtigt. Absatz 9 Satz 2 gilt entsprechend.

(13) Nach Ablauf der allgemeinen Wahlperiode der Vertretungen der Mitgliedskörperschaften üben die bisherigen Mitglieder ihre Tätigkeit bis zum Zusammentritt der neu gebildeten Verbandsversammlung weiter aus.

(14) § 15 Absatz 1 Satz 2 bis 4, Absatz 4, Absatz 5 Satz 1 und 2 sowie Absatz 6 bleibt unberührt. Weitere Regelungen können in der Satzung des Zweckverbands getroffen werden.

§ 15b
Beschlüsse im vereinfachten Verfahren

(1) Wenn und solange nach § 14 des Infektionsschutz- und Befugnisgesetzes vom 14. April 2020 (GV. NRW. S. 218b), das zuletzt durch Gesetz vom 04. Mai 2021 (GV. NRW. S. 566) geändert worden ist, eine epidemische Lage von besonderer Tragweite festgestellt ist, dürfen eilbedürftige Angelegenheiten, die der Beschlussfassung der Verbandsversammlung unterliegen, im Umlaufverfahren getroffen werden, wenn sich zwei Drittel der Mitglieder der Verbandsversammlung mit der schriftlichen Abgabe der Stimmen einverstanden erklären. Die Mitglieder der Verbandsversammlung geben ihre Stimmen über den betreffenden Beschlussvorschlag im Falle des Satzes 1 mit Einzelschreiben oder im Umlaufverfahren ab. Die Stimmabgaben erfolgen in Textform.

(2) Die eilbedürftigen Angelegenheiten, über die gemäß Absatz 2 im Wege des vereinfachten Verfahrens Beschluss gefasst werden soll, sind öffentlich im geeigneten Wege bekannt zu machen.

§ 16
Verbandsvorsteherin oder Verbandsvorsteher

(1) Die Verbandsvorsteherin oder der Verbandsvorsteher wird von der Verbandsversammlung aus dem Kreis der Hauptverwaltungsbeamtinnen und Hauptverwaltungsbeamten oder mit Zustimmung ihrer Dienstvorgesetzten aus dem Kreis der allgemeinen Vertreterinnen und Vertreter oder der leitenden Bediensteten der zum Zweckverband gehörenden Gemeinden und Gemeindeverbände gewählt. Sie beziehungsweise er wird von ihrer beziehungsweise seiner Vertretung im Hauptamt vertreten; die Verbandssatzung kann die Vertretung durch eine andere Beamtin oder einen anderen Beamten eines Verbandsmitgliedes vorsehen. Hat die Aufsichtsbehörde eine Ausnahme nach § 15 Absatz 1 letzter Satz zugelassen, so kann die Verbandssatzung bestimmen, dass auch natürliche Personen, die Verbandsmitglieder sind, oder vertretungsberechtigte Personen von verbandsangehörigen juristischen Personen (§ 4 Absatz 2) als Verbandsvorsteherin oder Verbandsvorsteher oder deren Stellvertretung gewählt werden können.

(2) Die Verbandsvorsteherin oder der Verbandsvorsteher führt die laufenden Geschäfte sowie nach Maßgabe der Gesetze, der Verbandssatzung und der Beschlüsse der Verbandsversammlung die übrige Verwaltung des Zweckverbandes, unterzeichnet die Bekanntmachungsanordnungen der von der Verbandsversammlung beschlossenen Satzungen und vertritt den Zweckverband gerichtlich und außergerichtlich. Sie beziehungsweise er ist Dienstvorgesetzte beziehungsweise Dienstvorgesetzter der Dienstkräfte des Zweckverbandes. Die Verbandsversammlung ist Dienstvorgesetzte der Verbandsvorsteherin beziehungsweise des Verbandsvorstehers.

(3) In der Verbandssatzung kann geregelt werden, dass die Verbandsversammlung auf Vorschlag der Verbandsvorsteherin beziehungsweise des Verbandsvorstehers zu deren beziehungsweise dessen Entlastung die Einstellung einer Geschäftsleitung beschließt. Die Verbandsversammlung kann der Geschäftsleitung mit Zustimmung der Verbandsvorsteherin oder des Verbandsvorstehers Aufgaben zur selbstständigen Erledigung übertragen.

(4) Erklärungen, durch die der Zweckverband verpflichtet werden soll, bedürfen der Schriftform. Sie sind von der Verbandsvorsteherin oder dem Verbandsvorsteher und der Vertreterin oder dem Vertreter oder einem von der Verbandsversammlung zu bestimmenden Bediensteten oder Mitglied der Verbandsversammlung zu unterzeichnen. Die Verbandssatzung kann allgemein oder für einen bestimmten Kreis von Geschäften bestimmen, dass die Unterschrift der Verbandsvorsteherin oder des Verbandsvorstehers oder der Vertreterin oder des Vertreters genügt. Im Übrigen gilt § 64 Absatz 2 bis 4 der Gemeindeordnung für das Land Nordrhein-Westfalen entsprechend.

§ 17
Ehrenamtliche und hauptberufliche Tätigkeit

(1) Die Mitglieder der Verbandsversammlung und die Verbandsvorsteherin oder der Verbandsvorsteher sind ehrenamtlich tätig. Sie haben Anspruch auf Verdienstausfall in entsprechender Anwendung von § 45 Absatz 1 der Gemeindeordnung für das Land Nordrhein-Westfalen sowie auf Auslagenersatz. Die Verbandssatzung kann bestimmen, dass anstelle oder in Ergänzung des Verdienstausfall- und Auslagenersatzes nach Satz 2 eine angemessene Entschädigung gezahlt sowie sonstige Leistungen gewährt werden, soweit diese einen unmittelbaren Bezug zur Mandatsausübung aufweisen.

(2) Wenn es nach Art und Umfang der wahrzunehmenden Aufgaben zweckmäßig ist, kann die Verbandssatzung die Bestellung einer hauptamtlichen Verbandsvorsteherin oder eines hauptamtlichen Verbandsvorstehers vorsehen. Hierzu kann bestellt werden, wer die für dieses Amt erforderliche Eignung, Befähigung und Sachkunde besitzt. Die Stelle ist öffentlich auszuschreiben.

(3) Der Zweckverband hat das Recht, Beamtinnen und Beamte zu ernennen. Bedienstete dürfen hauptamtlich nur eingestellt werden, wenn das in der Verbandssatzung vorgesehen ist. Die Verbandssatzung muss in diesem Falle auch Vorschriften über die Übernahme der Bediensteten durch Verbandsmitglieder oder über die sonstige Abwicklung der Dienst- und Versorgungsverhältnisse im Falle der Auflösung des Zweckverbandes oder der Änderung seiner Aufgaben treffen.

§ 18
Haushaltswirtschaft und Prüfung

(1) Für die Haushaltswirtschaft des Zweckverbandes finden die Vorschriften für die Gemeinden sinngemäß Anwendung mit Ausnahme der Vorschriften über die Auslegung der Haushaltssatzung und des Jahresabschlusses sowie über die örtliche Rechnungsprüfung und den Gesamtabschluss.

(2) Die überörtliche Prüfung ist Aufgabe der Gemeindeprüfungsanstalt.

(3) Ist der Hauptzweck eines Zweckverbandes der Betrieb eines wirtschaftlichen Unternehmens oder einer Einrichtung, die entsprechend den Vorschriften über die Eigenbetriebe geführt werden kann, so kann die Verbandssatzung bestimmen, dass auch auf die Wirtschaftsführung und das Rechnungswesen des Zweckverbandes selbst die Vorschriften über Wirtschaftsführung und Rechnungswesen der Eigenbetriebe sinngemäß Anwendung finden. An die Stelle der Haushaltssatzung tritt in diesem Falle der Beschluss über den Wirtschaftsplan. Sofern dem Betriebsausschuss nicht nach § 114 Abs. 3 der Gemeindeordnung für das Land Nordrhein-Westfalen Beschäftigte des Eigenbetriebes angehören müssen, kann die Verbandssatzung bestimmen, dass die Aufgaben des Betriebsausschusses von der Verbandsversammlung wahrgenommen werden.

§ 19
Verbandsumlage

(1) Der Zweckverband erhebt von den Verbandsmitgliedern eine Umlage, soweit seine sonstigen Erträge die entstehenden Aufwendungen nicht decken. Die Umlagepflicht einzelner Verbandsmitglieder kann durch die Verbandssatzung auf einen Höchstbetrag beschränkt oder ausgeschlossen werden; dies gilt nicht bei Sparkassenzweckverbänden. Die Umlage soll in der Regel nach dem Verhältnis des Nutzens bemessen werden, den die einzelnen Verbandsmitglieder aus der Wahrnehmung der Aufgaben des Zweckverbandes haben. Ein anderer Maßstab kann zugrunde gelegt werden, wenn dies angemessen ist. Soweit die Umlage nach der Steuerkraft bemessen wird, gelten die Vorschriften über die Kreisumlage, bei Zweckverbänden, denen als kommunale Körperschaften nur Landschaftsverbände angehören, die Vorschriften über die Landschaftsverbandsumlage entsprechend.

(2) Die Umlage ist für jedes Haushaltsjahr in der Haushaltssatzung neu festzusetzen. Die Festsetzung der Umlage bedarf der Genehmigung der Aufsichtsbehörde.

(3) Der Zweckverband kann Gebühren und Beiträge in entsprechender Anwendung der Vorschriften des Kommunalabgabenrechts erheben. Das Recht zur Erhebung von Steuern steht ihm nicht zu.

§ 19 a
Ausgleichsrücklage

In der Bilanz ist eine Ausgleichsrücklage zusätzlich zur allgemeinen Rücklage als gesonderter Posten des Eigenkapitals anzusetzen. Der Ausgleichsrücklage können Jahresüberschüsse durch Beschluss der Verbandsversammlung zugeführt werden, soweit ihr Bestand nicht den Höchstbetrag von einem Drittel des Eigenkapitals erreicht hat.

Abschnitt IV
Änderung der Verbandssatzung und Auflösung des Zweckverbandes

§ 20
Verfahren

(1) Änderungen der Verbandssatzung, insbesondere der Beitritt und das Ausscheiden von Verbandsmitgliedern und das Recht zur einseitigen Kündigung, sowie die Auflösung des Zweckverbandes bedürfen, falls die Verbandssatzung nichts anderes bestimmt, einer Mehrheit von zwei Dritteln der satzungsmäßigen Stimmenzahl der Verbandsversammlung; die Verbandssatzung kann bestimmen, dass außerdem die Zustimmung einzelner oder aller Verbandsmitglieder erforderlich ist. Beschlüsse zur Änderung der Aufgaben des Zweckverbandes müssen einstimmig gefasst werden. Ist eine Auseinandersetzung notwendig, so entscheidet darüber, falls sich die Beteiligten nicht einigen, die Aufsichtsbehörde.

(2) Bei Freiverbänden sind die Änderung der Verbandsaufgabe, die Aufnahme von Bestimmungen über die hauptberufliche Einstellung von Bediensteten sowie Änderungen der Verbandssatzung der Aufsichtsbehörde anzuzeigen; die Auflösung des Zweckverbandes bedarf der Genehmigung der Aufsichtsbehörde. Bei Pflichtverbänden bedarf jede Änderung der Verbandssatzung der Genehmigung der Aufsichtsbehörde.

(3) Die Aufsichtsbehörde kann einem Pflichtverband gegenüber erklären, dass die Gründe für seine zwangsweise Bildung weggefallen sind. Der Zweckverband besteht in diesem Falle als Freiverband weiter. Innerhalb von sechs Monaten kann jedes Verbandsmitglied seinen Austritt aus dem Zweckverband erklären.

(4) Für die Änderung der Verbandssatzung und die Auflösung des Zweckverbandes sind § 10 Abs. 1 Satz 2 und 3, Abs. 2 und § 11 entsprechend anzuwenden. Beim Beitritt oder Ausscheiden eines Verbandsmitgliedes wird die Änderung der Verbandssatzung mit dem Zeitpunkt wirksam, zu dem der Beitritt oder das Ausscheiden erfolgt.

(5) Der Zweckverband gilt nach seiner Auflösung als fortbestehend, soweit der Zweck der Abwicklung es erfordert.

§ 21
Wegfall von Verbandsmitgliedern

(1) Fallen Gemeinden oder Gemeindeverbände, die Verbandsmitglieder sind, durch Eingliederung in eine andere Körperschaft, durch Zusammenschluss mit einer anderen Körperschaft oder aus einem sonstigen Grunde weg, so tritt die Körperschaft des öffentlichen Rechts, in die das Verbandsmitglied eingegliedert oder zu der es zusammengeschlossen wird, an die Stelle des weggefallenen Verbandsmitgliedes. Entsprechendes gilt, wenn eine Gemeinde oder ein Gemeindeverband auf mehrere andere Körperschaften aufgeteilt wird oder wenn bei der Auflösung eines Gemeindeverbandes seine Aufgaben auf mehrere andere Körperschaften übergehen.

(2) Wenn Gründe des öffentlichen Wohles nicht entgegenstehen, kann der Zweckverband binnen drei Monaten vom Wirksamwerden der Änderung ab das neue Mitglied ausschließen; in gleicher Weise kann dieses sein Ausscheiden aus dem Zweckverband verlangen. Falls das neue Mitglied dem Ausschluss widerspricht oder der Zweckverband seinem Verlangen auf Ausscheiden nicht entspricht, entscheidet auf Antrag eines der Beteiligten die Aufsichtsbehörde. Diese hat auch die aus der Veränderung sich ergebenden Verhältnisse zwischen dem Zweckverband und dem ausscheidenden Mitglied zu regeln.

(3) Die Absätze 1 und 2 gelten sinngemäß für andere Verbandsmitglieder.

(4) Die durch den Mitgliederwechsel sich ergebende Änderung der Verbandssatzung ist nach den Vorschriften des § 11 Abs. 1 öffentlich bekanntzumachen.

Abschnitt V
Zusammenschluss und Eingliederung von Zweckverbänden

§ 22
Zusammenschluss

(1) Zweckverbände können in der Weise einen neuen Zweckverband bilden, dass ihr Aufgaben- und Mitgliederbestand unmittelbar auf den neuen Zweckverband übergeht (Zusammenschluss).

(2) Für den Zusammenschluss bedarf es übereinstimmender Beschlüsse der Verbandsversammlungen. Hierin ist die Verbandssatzung des neuen Zweckverbandes festzulegen. Zugleich ist festzulegen, wer die Rechte der Verbandsvorsteherin oder des Verbandsvorstehers und der Vorsitzenden oder des Vorsitzenden der Verbandsversammlung des neuen Zweckverbandes bis zu ihrer erstmaligen, unverzüglich durchzuführenden Wahl wahrnimmt. Die §§ 9 bis 11 und § 20 Absatz 1 gelten entsprechend.

(3) Die bisherigen Zweckverbände gelten mit dem Zeitpunkt des Entstehens des neuen Zweckverbandes als aufgelöst. Der neue Zweckverband ist Rechtsnachfolger der aufgelösten Zweckverbände.

(4) Jedes Mitglied kann bis zum Ablauf von drei Monaten nach Entstehung des neuen Zweckverbandes seine Mitgliedschaft kündigen.

§ 22 a
Eingliederung

(1) Ein Zweckverband kann seinen vollständigen Aufgaben- und Mitgliederbestand unmittelbar in einen anderen Zweckverband überführen (Eingliederung).

(2) Für die Eingliederung bedarf es übereinstimmender Beschlüsse der Verbandsversammlungen nach § 20. Die §§ 9 bis 11 gelten entsprechend.

(3) Der eingegliederte Zweckverband gilt mit dem Zeitpunkt des Wirksamwerdens seiner Eingliederung als aufgelöst. Der aufnehmende Zweckverband ist Rechtsnachfolger des aufgelösten Zweckverbandes.

(4) Jedes Mitglied kann bis zum Ablauf von drei Monaten nach Wirksamwerden der Eingliederung seine Mitgliedschaft kündigen

Vierter Teil
Die öffentlich-rechtliche Vereinbarung

§ 23
Inhalt der Vereinbarung

(1) Gemeinden und Gemeindeverbände können vereinbaren, dass einer der Beteiligten einzelne Aufgaben der übrigen Beteiligten in seine Zuständigkeit übernimmt oder sich verpflichtet, solche Aufgaben für die übrigen Beteiligten durchzuführen.

(2) Übernimmt ein Beteiligter eine Aufgabe der übrigen in seine Zuständigkeit, so gehen das Recht und die Pflicht zur Erfüllung der Aufgabe auf ihn über. Verpflichtet sich einer der Beteiligten, eine Aufgabe für die übrigen durchzuführen, so bleiben deren Rechte und Pflichten als Träger der Aufgabe unberührt.

(3) In der Vereinbarung kann den übrigen Beteiligten ein Mitwirkungsrecht bei der Erfüllung oder Durchführung der Aufgaben eingeräumt werden; das gilt auch für die Bestellung von Dienstkräften.

(4) In der Vereinbarung soll eine angemessene Entschädigung vorgesehen werden, die in der Regel so zu bemessen ist, dass die durch die Übernahme oder Durchführung entstehenden Kosten gedeckt werden.

(5) Ist die Geltungsdauer der Vereinbarung nicht befristet oder beträgt die Frist mehr als 20 Jahre, so muss die Vereinbarung bestimmen, unter welchen Voraussetzungen und in welcher Form sie von einem Beteiligten gekündigt werden kann.

§ 24
Verfahren

(1) Die Vereinbarung ist schriftlich abzuschließen. Kreisangehörige Gemeinden haben den Kreis rechtzeitig zu unterrichten, wenn sie mit Gemeinden oder Gemeindeverbänden außerhalb des Kreises Verhandlungen führen, um mit ihnen eine öffentlich-rechtliche Vereinbarung zu treffen.

(2) Die Vereinbarung bedarf der Genehmigung der in § 29 Abs. 4 bestimmten Aufsichtsbehörde. Die Genehmigung gilt als erteilt, wenn die Aufsichtsbehörde den Beteiligten nicht innerhalb von vier Wochen nach Eingang des Genehmigungsantrages mitteilt, dass sie die Genehmigung versagen oder nur nach Änderung der Vereinbarung erteilen will und nicht innerhalb weiterer vier Wochen einen Termin mit den Beteiligten anberaumt, um dies zu erörtern.

(3) Die Aufsichtsbehörde hat die Vereinbarung und ihre Genehmigung in ihrem amtlichen Veröffentlichungsblatt bekanntzumachen. Die Beteiligten haben in der für ihre Bekanntmachung vorgeschriebenen Form auf die Veröffentlichung hinzuweisen.

(4) Die Vereinbarung wird am Tage nach der Bekanntmachung im Veröffentlichungsblatt der Aufsichtsbehörde wirksam, soweit nicht in ihr ein späterer Zeitpunkt bestimmt ist.

(5) Die Kündigung oder Aufhebung einer öffentlich-rechtlichen Vereinbarung ist der in § 29 Absatz 4 bestimmten Aufsichtsbehörde anzuzeigen. Die Absätze 3 und 4 gelten entsprechend.

§ 25
Satzung zur Erfüllung der gemeinsamen Aufgaben

(1) Durch die Vereinbarung kann die zur Erfüllung gemeinsamer Aufgaben verpflichtete Körperschaft ermächtigt werden, die Benutzung einer Einrichtung durch eine für das gesamte Gebiet geltende Satzung zu regeln.

(2) Die Körperschaft kann im Geltungsbereich der Satzung alle zur Erfüllung erforderlichen Maßnahmen wie im eigenen Gebiet treffen. Das Recht zur Erhebung von Steuern ist hiervon ausgenommen.

§ 26
Pflichtregelung

(1) Ist der Abschluss einer Vereinbarung zur Erfüllung oder Durchführung einzelner Pflichtaufgaben, die den Gemeinden oder Gemeindeverbänden durch gesetzliche Vorschrift auferlegt sind, aus Gründen des öffentlichen Wohles dringend geboten, so kann die Aufsichtsbehörde den Beteiligten eine angemessene Frist zum Abschluss der Vereinbarung setzen.

(2) Nach fruchtlosem Ablauf der Frist kann die Aufsichtsbehörde die erforderliche Regelung treffen. Der Entscheidung der Aufsichtsbehörde muss eine mündliche Verhandlung mit den Beteiligten vorausgehen.

(3) § 13 Abs. 3 Satz 1 bis 3 und die §§ 23 bis 25 gelten für die Pflichtregelung entsprechend. Zur Kündigung ist die Genehmigung der Aufsichtsbehörde erforderlich. Die Aufsichtsbehörde kann den Beteiligten gegenüber erklären, dass die Gründe für die zwangsweise Regelung weggefallen sind. Die Pflichtregelung gilt in diesem Falle als Vereinbarung weiter; sie kann von jedem Beteiligten mit einer Frist von sechs Monaten gekündigt werden.

(4) Für die Aufstellung oder Durchführung von Bauleitplänen kann eine Pflichtregelung nicht getroffen werden.

Fünfter Teil
Das gemeinsame Kommunalunternehmen

§ 27
Entstehung und Auflösung
des gemeinsamen Kommunalunternehmens

(1) Mehrere Gemeinden und Kreise, die Landschaftsverbände und der Regionalverband Ruhr können zur gemeinsamen Aufgabenwahrnehmung Unternehmen und Einrichtungen in der Rechtsform einer Anstalt des öffentlichen Rechts in gemeinsamer Trägerschaft führen (gemeinsames Kommunalunternehmen).

Soweit nachstehend nichts Abweichendes geregelt ist, gelten für das gemeinsame Kommunalunternehmen die Regelungen des § 114 a der Gemeindeordnung für das Land Nordrhein-Westfalen sowie die Verordnung über kommunale Unternehmen und Einrichtungen als Anstalten des öffentlichen Rechts (Kommunalunternehmensverordnung - KUV).

(2) Zur Errichtung regeln die nach Absatz 1 Satz 1 Beteiligten die Rechtsverhältnisse des gemeinsamen Kommunalunternehmens in einer Unternehmenssatzung.

Die Gemeinden und Kreise, die Landschaftsverbände und der Regionalverband Ruhr können auch einem bestehenden Kommunalunternehmen (Anstalt des öffentlichen Rechts gemäß § 114 a der Gemeindeordnung für das Land Nordrhein-Westfalen) oder einem bestehenden gemeinsamen Kommunalunternehmen beitreten; der Beitritt erfolgt durch die zwischen den Beteiligten zu vereinbarende Änderung der Unternehmenssatzung.

Die Beteiligten können bestehende Regie- und Eigenbetriebe sowie eigenbetriebsähnliche Einrichtungen auf das gemeinsame Kommunalunternehmen im Weg der Gesamtrechtsnachfolge ausgliedern.

Die auszugliedernden Bereiche sind in der Unternehmenssatzung zu bezeichnen.

(3) Ein Kommunalunternehmen kann mit einem anderen durch Vereinbarung einer entsprechenden Änderung der Unternehmenssatzung der aufnehmenden Unternehmen im Weg der Gesamtrechtsnachfolge zu einem gemeinsamen Kommunalunternehmen verschmolzen werden.

(4) Die in den vorgenannten Absätzen genannten Entscheidungen bedürfen übereinstimmender Beschlüsse der Vertretungen der Träger. Im Fall der Beteiligung eines Landschaftsverbandes bedarf es eines Beschlusses des Landschaftsausschusses. Die Beschlüsse sind von der zuständigen Aufsichtsbehörde zu genehmigen. Die Genehmigung gilt als erteilt, wenn die Aufsichtsbehörde den Beteiligten nicht innerhalb von sechs Wochen nach Eingang des

Genehmigungsantrags mitteilt, dass sie die Genehmigung versagen oder nur nach Änderung der Unternehmenssatzung erteilen will. Die Aufsichtsbehörde kann im Einzelfall aus besonderem Grund die Frist verlängern. § 115 Abs. 1 Satz 2 der Gemeindeordnung für das Land Nordrhein-Westfalen gilt entsprechend.

(5) Die Aufsichtsbehörde hat die Genehmigung und die Unternehmenssatzung oder ihre Änderung in ihrem amtlichen Veröffentlichungsblatt bekannt zu machen. Die beteiligten Gemeinden und Kreise, im Falle ihrer Beteiligung auch die Landschaftsverbände und der Regionalverband Ruhr, haben in der für ihre Bekanntmachungen vorgeschriebenen Form auf die Veröffentlichung hinzuweisen. Die Errichtung, der Beitritt oder die Verschmelzung werden am Tag nach der Bekanntmachung der Unternehmenssatzung oder ihrer Änderung wirksam, wenn nicht in der Unternehmenssatzung ein späterer Zeitpunkt bestimmt ist.

(6) Änderungen der Unternehmenssatzung und die Auflösung des gemeinsamen Kommunalunternehmens können nur durch übereinstimmende Beschlüsse der Vertretungen der Träger erfolgen; Absatz 4 Satz 2 gilt entsprechend. Abweichend von Satz 1 kann die Unternehmenssatzung bestimmen, dass der Austritt eines Trägers lediglich eines Beschlusses der Vertretung des austretenden Trägers bedarf; Absatz 4 Satz 2 gilt entsprechend. Für Änderungen der Unternehmenssatzung, die Auflösung des gemeinsamen Kommunalunternehmens sowie den Austritt eines Trägers gelten Absatz 4 Satz 3 bis 6 entsprechend. Die Abwicklung des gemeinsamen Kommunalunternehmens besorgen die Vorstandsmitglieder als Abwickler.

§ 28
Weitere Vorschriften für das gemeinsame Kommunalunternehmen

(1) Die Unternehmenssatzung des gemeinsamen Kommunalunternehmens muss auch Angaben enthalten über

1. die beteiligten kommunalen Träger des Unternehmens,
2. den Sitz des Unternehmens,
3. den Betrag der von jedem beteiligten kommunalen Träger des Unternehmens auf das Stammkapital zu leistenden Einlage (Stammeinlage),
4. den räumlichen Wirkungsbereich, wenn dem Unternehmen hoheitliche Befugnisse oder das Recht, entsprechend § 114 a Abs. 3 der Gemeindeordnung für das Land Nordrhein-Westfalen Satzungen zu erlassen, übertragen werden,
5. die Sitz- und Stimmenverteilung im Verwaltungsrat auf die Träger des gemeinsamen Kommunalunternehmens und die Bestimmung des vorsitzenden Mitglieds des Verwaltungsrats,
6. die Verteilung des Unternehmensvermögens und des Personals im Fall der Auflösung und des Austritts eines Trägers.

§ 17 Abs. 2 Satz 3 gilt für die Satzung des gemeinsamen Kommunalunternehmens entsprechend. Sollen Sacheinlagen geleistet werden, müssen der Gegenstand der Sacheinlage und der Betrag der Stammeinlage, auf die sich die Sacheinlage bezieht, in der Unternehmenssatzung festgesetzt werden. Erlässt das Unternehmen eine Satzung, so hat es diese für das Gebiet jedes Trägers des Unternehmens nach den Vorschriften bekannt zu machen, die für die Bekanntmachung eigener Satzungen des Trägers gelten.

(2) Dem Verwaltungsrat des gemeinsamen Kommunalunternehmens gehören die Hauptverwaltungsbeamtinnen und Hauptverwaltungsbeamten ihrer Träger an; sofern Beigeordnete bestellt sind, zu deren Geschäftsbereichen die dem Unternehmen übertragenen Aufgaben gehören, vertreten diese anstelle der Hauptverwaltungsbeamtinnen und Hauptverwaltungsbeamten ihren Träger im Verwaltungsrat. § 114a Abs. 8 Satz 3 der Gemeindeord-nung für das Land Nordrhein-Westfalen gilt entsprechend. Von jedem Träger ist mindestens eine weitere Person in den Verwaltungsrat zu entsenden; für sie gelten § 114a Abs. 8 Sätze 5 bis 8 der Gemeindeordnung für das Land Nordrhein-Westfalen entsprechend.

(3) Soweit die Träger für die Verbindlichkeiten des gemeinsamen Kommunalunternehmens einzutreten haben, haften sie als Gesamtschuldner. Der Ausgleich im Innenverhältnis richtet sich vorbehaltlich einer abweichenden Regelung in der Unternehmenssatzung nach dem Verhältnis der von jedem Träger des Unternehmens auf das Stammkapital zu leistenden Einlage.

(4) Entscheidungen des Verwaltungsrats über die Beteiligung an anderen Unternehmen und die Erhöhung des Stammkapitals bedürfen der Zustimmung der Vertretungen aller Träger. Hinsichtlich des Erlasses von Satzungen unterliegen die Verwaltungsratsmitglieder der Weisung der Vertretung des jeweiligen Trägers. § 27 Absatz 4 Satz 2 gilt entsprechend.

(5) Das für Kommunales zuständige Ministerium wird ermächtigt,

1. das Verfahren bei der Errichtung eines gemeinsamen Kommunalunternehmens sowie in den weiteren in § 27 Abs. 2 und 3 genannten Fällen,
2. den Aufbau und die Verwaltung des gemeinsamen Kommunalunternehmens durch Rechtsverordnung zu regeln.

Sechster Teil
Aufsicht und Entscheidung über Streitigkeiten
§ 29
Allgemeine Aufsicht

(1) Aufsichtsbehörde für Zweckverbände ist

1. die Bezirksregierung, in deren Bezirk der Zweckverband seinen Sitz hat, wenn ein anderes Land, eine Gemeinde oder Gemeindeverband eines anderen Landes oder der Bund beteiligt sind sowie wenn Kreise, kreisfreie Städte, das Land oder Gemeindeverbände, zu deren Mitgliedern Kreise, kreisfreie Städte oder das Land gehören, beteiligt sind,
2. in allen übrigen Fällen die Landrätin oder der Landrat als untere staatliche Verwaltungsbehörde, in dessen Bezirk der Zweckverband seinen Sitz hat.

Für gemeinsame Kommunalunternehmen gilt Satz 1 mit der Maßgabe entsprechend, dass im Fall der Beteiligung eines Landschaftsverbandes oder des Regionalverbandes Ruhr Aufsichtsbehörde das für Kommunales zuständige Ministerium ist.

(2) Obere Aufsichtsbehörde ist die Bezirksregierung, wenn die Landrätin oder der Landrat Aufsichtsbehörde ist, sonst das für Kommunales zuständige Ministerium. Oberste Aufsichtsbehörde ist das für Kommunales zuständige Ministerium.

(3) Im übrigen gelten für die Aufsicht über die Zweckverbände und die gemeinsamen Kommunalunternehmen die Vorschriften des 13. Teils der Gemeindeordnung für das Land Nordrhein-Westfalen mit Ausnahme des § 126 entsprechend.

(4) Durch öffentlich-rechtliche Vereinbarungen und Pflichtregelungen wird die Zuständigkeit der Aufsichtsbehörden der beteiligten Gemeinden und Gemeindeverbände, die ordnungsmäßige Durchführung der Aufgaben innerhalb ihres Verwaltungsbezirks zu überwachen, nicht berührt. Für die zum Abschluss einer Vereinbarung erforderliche Genehmigung, die Anordnung einer Pflichtregelung und die Genehmigung ihrer Kündigung ist zuständige Aufsichtsbehörde

1. die Bezirksregierung, zu deren Bezirk die Körperschaft gehört oder in deren Bezirk die Körperschaft ihren Sitz hat, die die Aufgabe für die anderen Beteiligten übernimmt oder durchführt,
   a) wenn eine Gemeinde oder ein Gemeindeverband eines anderen Landes beteiligt ist,
   b) wenn Kreise oder kreisfreie Städte beteiligt sind,
   c) wenn ein Gemeindeverband beteiligt ist, zu dessen Mitgliedern Kreise oder kreisfreie Städte, der Bund oder das Land gehören;
2. in allen übrigen Fällen die Landrätin oder der Landrat als untere staatliche Verwaltungsbehörde; zuständig ist die Landrätin oder der Landrat, zu deren beziehungsweise dessen Bezirk die Körperschaft gehört oder in deren beziehungsweise dessen Bezirk die Körperschaft ihren Sitz hat, die die Aufgabe für die anderen Beteiligten übernimmt oder durchführt.

§ 30
Schlichtung von Streitigkeiten

Bei Streitigkeiten über Rechte und Verbindlichkeiten der

Beteiligten aus öffentlich-rechtlichen Vereinbarungen sowie bei Streitigkeiten zwischen dem Zweckverband und seinen Verbandsmitgliedern oder der Verbandsmitglieder untereinander über Rechte und Verbindlichkeiten aus dem Verbandsverhältnis ist die Aufsichtsbehörde zur Schlichtung anzurufen, soweit nicht dieses Gesetz etwas anderes bestimmt oder in der Vereinbarung oder der Verbandssatzung ein besonderes Schiedsverfahren vorgesehen ist.

Siebter Teil
Übergangs- und Schlussvorschriften

§ 31
Anwendung auf bestehende Zweckverbände

(1) Auf bestehende Zweckverbände ist dieses Gesetz erst anzuwenden, wenn ihre Verbandssatzung den Vorschriften dieses Gesetzes angepasst ist. Solange bleiben die Verbandssatzungen dieser Zweckverbände und die ihnen zugrunde liegenden gesetzlichen Vorschriften in Kraft. Für das Verfahren der Satzungsänderung gelten jedoch die Vorschriften dieses Gesetzes.

(2) Jeder Zweckverband hat seine Verbandssatzung innerhalb eines Jahres nach dem Inkrafttreten dieses Gesetzes mit dessen Vorschriften in Einklang zu bringen.

(3) Dieses Gesetz gilt auch für Gemeindeforstverbände, soweit nicht Bundesrecht entgegensteht. Für Schulverbände bleibt § 78 Abs. 8 des Schulgesetzes NRW vom 15. Februar 2005 (GV. NRW. S. 102) in der jeweils geltenden Fassung unberührt.

§ 32
Planungsverbände

Auf Planungsverbände nach § 205 des Baugesetzbuches sind die Vorschriften dieses Gesetzes entsprechend anzuwenden, soweit sich aus dem Baugesetzbuch nichts anderes ergibt.

§ 33
Weiterentwicklung der kommunalen Gemeinschaftsarbeit
(Experimentierklausel)

Zur Weiterentwicklung der kommunalen Gemeinschaftsarbeit kann das für Kommunales zuständige Ministerium im Einzelfall zeitlich begrenzte Ausnahmen von den Vorschriften dieses Gesetzes zulassen.

§ 34
Inkrafttreten

Dieses Gesetz tritt am 1. Juli 1961 in Kraft.

Kommunalabgabengesetz für das Land Nordrhein-Westfalen (KAG NRW)

vom 21.10.1969 (GV. NRW. S. 712),
zuletzt geändert durch Gesetz vom 19.12.2019 (GV. NRW. S. 1029)

I. Teil
Allgemeine Vorschriften

§ 1
Kommunalabgaben

(1) Die Gemeinden und Gemeindeverbände sind berechtigt, nach Maßgabe dieses Gesetzes Abgaben (Steuern, Gebühren und Beiträge) zu erheben, soweit nicht Bundes- oder Landesgesetze etwas anderes bestimmen. Dies gilt mit Ausnahme der Erhebung von Steuern ebenfalls für Anstalten des öffentlichen Rechts gemäß § 114a der Gemeindeordnung und für gemeinsame Kommunalunternehmen gemäß § 27 des Gesetzes über kommunale Gemeinschaftsarbeit.

(2) Gesetz im Sinne des Kommunalabgabengesetzes ist jede Rechtsnorm.

(3) Die Bestimmungen der §§ 12 bis 22a gelten auch für Steuern, Gebühren, Beiträge und sonstige Abgaben, die von den Gemeinden und Gemeindeverbänden auf Grund anderer Gesetze erhoben werden, soweit diese keine Bestimmung treffen.

§ 2
Rechtsgrundlage für Kommunalabgaben

(1) Abgaben dürfen nur auf Grund einer Satzung erhoben werden. Die Satzung muss den Kreis der Abgabeschuldner, den die Abgabe begründenden Tatbestand, den Maßstab und den Satz der Abgabe sowie den Zeitpunkt ihrer Fälligkeit angeben.

(2) Eine Satzung, mit der eine im Land nicht erhobene Steuer erstmalig oder erneut eingeführt werden soll, bedarf zu ihrer Wirksamkeit der Genehmigung des für Kommunales zuständigen Ministeriums und des für Finanzen zuständigen Ministeriums.

II. Teil
Die einzelnen Abgaben

§ 3
Steuern

(1) Die Gemeinden können Steuern erheben. Eine Jagdsteuer darf ab 1. Januar 2013 nicht erhoben werden. Die Erhebung einer Steuer auf die Erlangung der Erlaubnis, Gestattung oder Befugnis zum Betrieb eines Gaststättengewerbes ist unzulässig.

(2) Die Gemeinden und Kreise sollen Steuern nur erheben, soweit die Deckung der Ausgaben durch andere Einnahmen, insbesondere durch Gebühren und Beiträge, nicht in Betracht kommt. Dies gilt nicht für die Erhebung der Vergnügungssteuer und der Hundesteuer.

(3) Wird eine Steuer erhoben, kann durch Satzung festgelegt werden, dass der Steuerpflichtige Vorauszahlungen auf die Steuer zu entrichten hat, die er für den laufenden Veranlagungszeitraum voraussichtlich schulden wird.

(4) Die Steuersatzung kann Dritte, die zwar nicht Steuerschuldner sind, aber in rechtlichen oder wirtschaftlichen Beziehungen zum Steuergegenstand oder zu einem Sachverhalt stehen, an den die Steuerpflicht oder der Steuergegenstand anknüpft, verpflichten, die Steuer zu kassieren, abzuführen und Nachweis darüber zu führen, und ferner bestimmen, dass sie für die Steuer neben dem Steuerschuldner haften.

§ 4
Gebühren
(Allgemeines)

(1) Die Gemeinden und Gemeindeverbände können Gebühren erheben.

(2) Gebühren sind Geldleistungen, die als Gegenleistung für eine besondere Leistung -Amtshandlung oder sonstige Tätigkeit- der Verwaltung (Verwaltungsgebühren) oder für die Inanspruchnahme öffentlicher Einrichtungen und Anlagen (Benutzungsgebühren) erhoben werden.

§ 5
Verwaltungsgebühren

(1) Verwaltungsgebühren dürfen nur erhoben werden, wenn die Leistung der Verwaltung von dem Beteiligten beantragt worden ist oder wenn sie ihn unmittelbar begünstigt.

(2) Wird ein Antrag auf eine gebührenpflichtige Leistung abgelehnt oder vor ihrer Beendigung zurückgenommen, so sind 10 bis 75 v.H. der Gebühr zu erheben, die bei ihrer Vornahme zu erheben wäre. Wird der Antrag lediglich wegen Unzuständigkeit abgelehnt, so ist keine Gebühr zu erheben.

(3) Für Widerspruchsbescheide darf nur dann eine Gebühr erhoben werden, wenn der Verwaltungsakt, gegen den Widerspruch erhoben wird, gebührenpflichtig ist und wenn und soweit der Widerspruch zurückgewiesen wird. Die Gebühr beträgt höchstens die Hälfte der für den angefochtenen Verwaltungsakt festzusetzenden Gebühr.

(4) Das veranschlagte Gebührenaufkommen soll die voraussichtlichen Aufwendungen für den betreffenden Verwaltungsbereich nicht übersteigen.

(5) Mündliche Auskünfte sind gebührenfrei.

(6) Von Gebühren sind befreit

1. das Land, die Gemeinden und Gemeindeverbände, sofern die Leistung der Verwaltung nicht ihre wirtschaftlichen Unternehmen betrifft oder es sich nicht um eine beantragte sonstige Tätigkeit im Sinne des § 4 Abs. 2 auf dem Gebiet der Bauleitplanung, des Kultur-, Tief- und Straßenbaues handelt,

2. die Bundesrepublik und die anderen Länder, soweit Gegenseitigkeit gewährleistet ist,

3. die Kirchen und Religionsgemeinschaften des öffentlichen Rechts, soweit die Leistung der Verwaltung unmittelbar der Durchführung kirchlicher Zwecke im Sinne des § 54 der Abgabenordnung dient.

Die Gebührenbefreiung gilt nicht für gemäß § 6 Abs. 1 Satz 2, § 19 Satz 1 ÖGDG erbrachte Leistungen.

(7) Besondere bare Auslagen, die im Zusammenhang mit der Leistung entstehen, sind zu ersetzen, auch wenn der Zahlungspflichtige von der Entrichtung der Gebühr befreit ist. Auslagen können auch demjenigen auferlegt werden, der sie durch unbegründete Einwendungen verursacht hat. Zu ersetzen sind insbesondere

a) im Einzelfall besonders hohe Telegrafen-, Fernschreib-, Fernsprechgebühren und Zustellungskosten,

b) Kosten öffentlicher Bekanntmachungen,

c) Zeugen- und Sachverständigenkosten,

d) die bei Dienstgeschäften den beteiligten Verwaltungsangehörigen zustehenden Reisekostenvergütungen,

e) Kosten der Beförderung oder Verwahrung von Sachen.

Für den Ersatz der baren Auslagen gelten die Vorschriften dieses Gesetzes entsprechend.

§ 6
Benutzungsgebühren

(1) Benutzungsgebühren sind zu erheben, wenn eine Einrichtung oder Anlage überwiegend dem Vorteil einzelner Personen oder Personengruppen dient, sofern nicht ein privatrechtliches Entgelt gefordert wird. Im übrigen können Gebühren erhoben werden. Das veranschlagte Gebührenaufkommen soll die voraussichtlichen Kosten der Einrichtung oder Anlage nicht übersteigen und in den Fällen des Satzes 1 in der Regel decken. § 109 der Gemeindeordnung bleibt unberührt.

(2) Kosten im Sinne des Absatzes 1 sind die nach betriebswirtschaftlichen Grundsätzen ansatzfähigen Kosten. Der Gebührenrechnung kann ein Kalkulationszeitraum von höchstens drei Jahren zugrunde gelegt werden. Kostenüberdeckungen am Ende eines Kalkulationszeitraumes sind innerhalb der nächsten vier Jahre auszugleichen; Kostenunterdeckungen sollen innerhalb dieses Zeitraumes ausgeglichen werden. Zu den Kosten gehören auch Entgelte für in Anspruch genommene Fremdleistungen, Abschreibungen, die nach der mutmaßlichen Nutzungsdauer oder Leistungsmenge gleichmäßig zu bemessen sind, sowie eine angemessene Verzinsung des aufgewandten Kapitals; bei der Verzinsung bleibt der aus Beiträgen und Zuschüssen Dritter aufgebrachte Eigenkapitalanteil außer Betracht. Soweit die Umsätze von Einrichtungen und Anlagen der Umsatzsteuer unterliegen, können die Gemeinden und Gemeindeverbände die Umsatzsteuer den Gebührenpflichtigen auferlegen.

(3) Die Gebühr ist nach der Inanspruchnahme der Einrichtung oder Anlage zu bemessen (Wirklichkeitsmaßstab). Wenn das besonders schwierig oder wirtschaftlich nicht vertretbar ist, kann ein Wahrscheinlichkeitsmaßstab gewählt werden, der nicht in einem offensichtlichen Missverhältnis zu der Inanspruchnahme stehen darf. Die Erhebung einer Grundgebühr neben der Gebühr nach Satz 1 oder 2 sowie die Erhebung einer Mindestgebühr ist zulässig.

(4) Auf die Gebühren können vom Beginn des Erhebungszeitraumes an angemessene Vorausleistungen verlangt werden.

(5) Grundstücksbezogene Benutzungsgebühren ruhen als öffentliche Last auf dem Grundstück.

(6) Die bestehenden Vorschriften über die Verleihung des Rechts auf Erhebung von Fähr-, Hafen- und Schleusengeldern und von anderen gleichartigen Verkehrsabgaben sowie über die Feststellung der Tarife hierfür bleiben unberührt.

§ 7
Gebühren für Beiträge und Umlagen der Wasser- und Bodenverbände und Zweckverbände

(1) Die von Gemeinden und Gemeindeverbänden für die Mitgliedschaft in einem Wasser- und Bodenverband oder in einem Zweckverband (Verband) zu zahlenden Beiträge und Umlagen (Verbandslasten) werden nach den Grundsätzen des § 6 Abs. 1 Satz 1 und 2 durch Gebühren denjenigen auferlegt, die Einrichtungen und Anlagen des Verbandes in Anspruch nehmen oder denen der Verband durch seine Einrichtungen, Anlagen und Maßnahmen Vorteile gewährt. § 6 Abs. 3 gilt entsprechend. Die Kreise können die von ihnen zu zahlenden Verbandslasten nach den Vorschriften über die Mehr- oder Minderbelastung einzelner Kreisteile aufbringen. Soweit die Abgabepflichtigen selbst von dem Verband für die Inanspruchnahme seiner Einrichtungen und Anlagen oder für die von ihm gewährten Vorteile zu Verbandslasten oder Abgaben herangezogen werden, dürfen von ihnen Gebühren nicht erhoben werden.

(2) Bilden Einrichtungen oder Anlagen des Verbandes mit Einrichtungen oder Anlagen einer Gemeinde oder eines Gemeindeverbandes dergestalt eine technische Einheit, dass sie ihren Zweck nur gemeinsam erfüllen können, und erbringen der Verband sowie die Gemeinde oder der Gemeindeverband gleichartige Leistungen (z.B. Ortsentwässerung oder Abwasserreinigung), so gelten sie als einheitliche Einrichtung oder Anlage. In diesen Fällen können die Gemeinden und Gemeindeverbände neben den Verbandslasten nach Absatz 1 Satz 1 und 2 auch die Kosten für ihre eigenen Einrichtungen und Anlagen nach § 6 denjenigen auferlegen, die die einheitliche Einrichtung oder Anlage in Anspruch nehmen. Die auf die einzelnen Abgabepflichtigen entfallenden Gebühren sind um die Beträge zu kürzen, mit denen die Abgabepflichtigen selbst von dem Verband zu Verbandslasten oder Abgaben herangezogen werden; dabei sind Ermäßigungen der Verbandslasten auf Grund eigener Maßnahmen des Abgabepflichtigen den Verbandslasten hinzuzurechnen. Die Kürzung unterbleibt, soweit es sich um Verbandslasten oder Abgaben zur Abgeltung solcher Leistungen und Vorteile handelt, die nur einzelnen zugute kommen. Die Gebühren sind so zu berechnen, dass sie trotz der Kürzungen nach Satz 3 die Kosten der Gemeinde oder des Gemeindeverbandes einschließlich ihrer Verbandslasten in der Regel decken.

§ 8
Beiträge

(1) Die Gemeinden und Gemeindeverbände können Beiträge erheben. Bei den dem öffentlichen Verkehr gewidmeten Straßen, Wegen und Plätzen sollen Beiträge erhoben werden, soweit nicht das Baugesetzbuch anzuwenden ist.

(2) Beiträge sind Geldleistungen, die dem Ersatz des Aufwandes für die Herstellung, Anschaffung und Erweiterung öffentlicher Einrichtungen und Anlagen im Sinne des § 4 Abs. 2, bei Straßen, Wegen und Plätzen auch für deren Verbesserung, jedoch ohne die laufende Unterhaltung und Instandsetzung, dienen. Sie werden von den Grundstückseigentümern als Gegenleistung dafür erhoben, dass ihnen durch die Möglichkeit der Inanspruchnahme der Einrichtungen und Anlagen wirtschaftliche Vorteile geboten werden. Ist das Grundstück mit einem Erbbaurecht belastet, so tritt an die Stelle des Eigentümers der Erbbauberechtigte.

(3) Beiträge können auch für Teile einer Einrichtung oder Anlage erhoben werden (Kostenspaltung).

(4) Der Aufwand umfasst auch den Wert, den die von der Gemeinde oder dem Gemeindeverband für die Einrichtung oder Anlage bereitgestellten eigenen Grundstücke bei Beginn der Maßnahme haben. Er kann nach den tatsächlichen Aufwendungen oder nach Einheitssätzen, denen die der Gemeinde oder dem Gemeindeverband für gleichartige Einrichtungen oder Anlagen üblicherweise durchschnittlich erwachsenden Aufwendungen zugrunde zu legen sind, ermittelt werden. Bei leitungsgebundenen Einrichtungen und Anlagen, die der Versorgung oder der Abwasserbeseitigung dienen, kann der durchschnittliche Aufwand für die gesamte Einrichtung oder Anlage veranschlagt und zugrunde gelegt werden (Anschlussbeitrag). Wenn die Einrichtungen oder Anlagen erfahrungsgemäß auch von der Allgemeinheit oder von der Gemeinde oder dem Gemeindeverband selbst in Anspruch genommen werden, bleibt bei der Ermittlung des Aufwandes ein dem wirtschaftlichen Vorteil der Allgemeinheit oder der Gemeinde oder des Gemeindeverbandes entsprechender Betrag außer Ansatz; Zuwendungen Dritter sind, sofern der

Zuwendende nichts anderes bestimmt hat, zunächst zur Deckung dieses Betrages und nur, soweit sie diesen übersteigen, zur Deckung des übrigen Aufwandes zu verwenden. Das veranschlagte Beitragsaufkommen soll den nach Satz 1 bis 4 ermittelten Aufwand, der sonst von der Gemeinde oder dem Gemeindeverband selbst aufzubringen wäre, einschließlich des Wertes der bereitgestellten eigenen Grundstücke, nicht überschreiten und in den Fällen des Absatzes 1 Satz 2 in der Regel decken. Wenn im Zeitpunkt des Erlasses der Beitragssatzung der Aufwand noch nicht feststeht, braucht der Beitragssatz in der Satzung nicht angegeben zu werden.

(5) Der Aufwand kann auch für Abschnitte einer Einrichtung oder Anlage, wenn diese selbständig in Anspruch genommen werden können, ermittelt werden.

(6) Die Beiträge sind nach den Vorteilen zu bemessen. Dabei können Gruppen von Beitragspflichtigen mit annähernd gleichen Vorteilen zusammengefasst werden.

(7) Die Beitragspflicht entsteht mit der endgültigen Herstellung der Einrichtung oder Anlage, in den Fällen des Absatzes 3 mit der Beendigung der Teilmaßnahme und in den Fällen des Absatzes 5 mit der endgültigen Herstellung des Abschnitts. Wird ein Anschlussbeitrag nach Absatz 4 Satz 3 erhoben, so entsteht die Beitragspflicht, sobald das Grundstück an die Einrichtung oder Anlage angeschlossen werden kann, frühestens jedoch mit dem Inkrafttreten der Satzung; die Satzung kann einen späteren Zeitpunkt bestimmen.

(8) Auf die künftige Beitragsschuld können angemessene Vorausleistungen verlangt werden, sobald mit der Durchführung der Maßnahme nach Absatz 2 Satz 1 und Absatz 5 begonnen worden ist.

(9) Der Beitrag ruht als öffentliche Last auf dem Grundstück, im Falle des Absatzes 2 Satz 3 auf dem Erbbaurecht.

§ 8a
Ergänzende Vorschriften für die Durchführung von Straßenausbaumaßnahmen und über die Erhebung von Straßenausbaubeiträgen

(1) Die Gemeinde hat ein gemeindliches Straßen- und Wegekonzept zu erstellen, welches vorhabenbezogen zu berücksichtigen hat, wann technisch, rechtlich und wirtschaftlich sinnvoll Straßenunterhaltungsmaßnahmen möglich sind und wann beitragspflichtige Straßenausbaumaßnahmen an langfristig notwendigen kommunalen Straßen erforderlich werden können. Das Straßen- und Wegekonzept ist über den Zeitraum der mittelfristigen Ergebnis- und Finanzplanung der Gemeinde oder des Gemeindeverbandes anzulegen und bei Bedarf, mindestens jedoch alle zwei Jahre, fortzuschreiben. Das Straßen- und Wegekonzept wird von der kommunalen Vertretung beraten und beschlossen.

(2) Das für Kommunales zuständige Ministerium gibt durch Verwaltungsvorschrift ein Muster für das Straßen- und Wegekonzept nach Absatz 1 im Ministerialblatt für das Land Nordrhein-Westfalen bekannt. Die Gemeinden und Gemeindeverbände sind verpflichtet, dieses Muster zu verwenden. Sofern die Gemeinde oder der Gemeindeverband von dem Muster abweichen möchte, ist dies im Straßen- und Wegekonzept darzulegen und zu begründen.

(3) Soweit im Straßen- und Wegekonzept nach Absatz 1 beitragspflichtige Straßenausbaumaßnahmen enthalten sind, ist die Gemeinde oder der Gemeindeverband verpflichtet, frühzeitig eine Versammlung der von dem Vorhaben betroffenen Grundstückseigentümerinnen und -eigentümer (verbindliche Anliegerversammlung) durchzuführen. Ihnen sind die rechtlichen, technischen und wirtschaftlichen Gegebenheiten vorzustellen. Sofern sich die Straßenausbaumaßnahme konkretisiert, sind zusätzlich Alternativen zum vorgesehenen Ausbaustandard und zu dem sich daraus ergebenden beitragspflichtigen Aufwand in der verbindlichen Anliegerversammlung mit den betroffenen Grundstückseigentümerinnen und -eigentümern zu erörtern. Über das Ergebnis der verbindlichen Anliegerversammlung ist die Vertretung der Gemeinde oder des Gemeindeverbandes vor Beschlussfassung über die Durchführung einer Straßenausbaumaßnahme zu informieren.

(4) Ausnahmsweise kann von der Durchführung einer verbindlichen Anliegerversammlung nach Absatz 3 abgesehen werden, wenn es sich um eine nur geringfügige Straßenausbaumaßnahme handelt. In diesem Fall kann die verbindliche Anliegerversammlung durch Beschluss der kommunalen Vertretung durch ein anderes Beteiligungsverfahren ersetzt werden. Die Rechtmäßigkeit des Beitragsbescheides bleibt von der Erfüllung der Pflicht zur Durchführung einer Anliegerversammlung nach Absatz 3 oder eines anderen Beteiligungsverfahrens unberührt.

(5) Die Satzung der Gemeinde oder des Gemeindeverbandes kann unter Berücksichtigung von § 8 Absatz 6 Beitragsermäßigungen für Eckgrundstücke vorsehen. Die Festlegung einer satzungsrechtlichen Tiefenbegrenzung ist zulässig.

(6) Bei Straßenausbaubeiträgen gemäß § 8 Absatz 2 soll auf Antrag eine Zahlung in höchstens zwanzig Jahresraten eingeräumt werden. Der jeweilige Restbetrag ist jährlich mit 2 Prozentpunkten über dem zu Beginn des Jahres geltenden Basiszinssatz nach § 247 des Bürgerlichen Gesetzbuches, jedoch mit mindestens 1 Prozent, zu verzinsen. Die Zahlungserleichterung kann auch in Form einer Verrentung der Beitragsschuld gewährt werden, die in höchstens zwanzig Jahresleistungen zu entrichten und deren jeweiliger Restbetrag entsprechend Satz 2 zu verzinsen ist. § 135 Absatz 3 Satz 4 Baugesetzbuch in der Fassung der Bekanntmachung vom 3. November 2017 (BGBl. I S. 3634) gilt entsprechend. Eine Tilgung des Restbetrages ist am Ende jeden Jahres möglich. Die Satzung der Gemeinde oder des Gemeindeverbandes kann hierzu Näheres bestimmen.[1]

(7) Straßenausbaubeiträge gemäß § 8 Absatz 2 sollen für ein beitragspflichtiges Grundstück auf Antrag ohne Festsetzung von Fälligkeiten ganz oder teilweise gestundet werden, wenn die Zahlung des Beitrages für die beitragspflichtige Person eine erhebliche Härte bedeutet. Das gilt insbesondere für eine beitragspflichtige Person, die über ein Einkommen verfügt, das die Bedarfsgrenze der Hilfe zum Lebensunterhalt außerhalb von Einrichtungen nach dem Zwölften Buch Sozialgesetzbuch - Sozialhilfe - (Artikel 1 des Gesetzes vom 27. Dezember 2003, BGBl. I S. 3022, 3023), das zuletzt durch Artikel 2 des Gesetzes vom 8. Juli 2019 (BGBl. I S. 1029) geändert worden ist, um nicht mehr als 20 Prozent des maßgebenden Regelsatzes übersteigt und kein anderes Vermögen vorhanden ist, das die Zahlung von Beiträgen zumutbar macht. Für die Höhe der Verzinsung des so gestundeten Betrages gilt Absatz 6 Satz 2 entsprechend. Auf die Zinsen kann ganz oder teilweise verzichtet werden, wenn ihre Erhebung nach Lage des einzelnen Falls unbillig wäre.[1]

(8) Die nach diesem Gesetz anwendbaren weitergehenden Billigkeitsregelungen der Abgabenordnung bleiben unberührt.

§ 9
Besondere Wegebeiträge

Müssen Straßen und Wege, die nicht dem öffentlichen Verkehr gewidmet sind, deshalb kostspieliger, als es ihrer gewöhnlichen Bestimmung gemäß notwendig wäre, gebaut oder ausgebaut werden, weil sie im Zusammenhang mit der Bewirtschaftung oder Ausbeutung von Grundstücken oder im Zusammenhang mit einem gewerblichen Betrieb außergewöhnlich beansprucht werden, so kann die Gemeinde oder der Gemeindeverband zum Ersatz der Mehraufwendungen von den Eigentümern dieser Grundstücke oder von den Unternehmern der gewerblichen

---

[1] § 8a Absatz 6 und 7: siehe § 26 Absatz 2

Betriebe besondere Wegebeiträge erheben. Die Beiträge sind nach den Mehraufwendungen zu bemessen, die der Beitragspflichtige verursacht. § 8 Abs. 3, Abs. 4 Satz 1 und 6, Abs. 5, Abs. 7 Satz 1 und Abs. 8 sind entsprechend anzuwenden.

§ 10
Kostenersatz
für
Haus- und Grundstücksanschlüsse

(1) Die Gemeinden und Gemeindeverbände können bestimmen, dass ihnen der Aufwand für die Herstellung, Erneuerung, Veränderung und Beseitigung sowie die Kosten für die Unterhaltung eines Haus- oder Grundstücksanschlusses an Versorgungsleitungen und Abwasserbeseitigungsanlagen ersetzt werden. Der Aufwand und die Kosten können in der tatsächlich geleisteten Höhe oder nach Einheitssätzen, denen die der Gemeinde oder dem Gemeindeverband für Anschlüsse der gleichen Art üblicherweise durchschnittlich erwachsenden Aufwendungen und Kosten zugrunde zu legen sind, ermittelt werden. Die Satzung kann bestimmen, dass dabei Versorgungs- und Abwasserleitungen, die nicht in der Mitte der Straße verlaufen, als in der Straßenmitte verlaufend gelten.

(2) Der Ersatzanspruch entsteht mit der endgültigen Herstellung der Anschlussleitung, im übrigen mit der Beendigung der Maßnahme. Für den Anspruch gelten die Vorschriften dieses Gesetzes entsprechend.

(3) Die Gemeinden und Gemeindeverbände können bestimmen, dass die Haus- oder Grundstücksanschlüsse an Versorgungsleitungen und Abwasserbeseitigungsanlagen zu der öffentlichen Einrichtung oder Anlage im Sinne des § 4 Abs. 2 und des § 8 Abs. 2 Satz 1 gehören.

§ 11
Kurbeiträge
und
Fremdenverkehrsbeiträge

(1) Die Gemeinden, die nach dem Kurortegesetz ganz oder teilweise als Kurort anerkannt sind, können für die Herstellung, Anschaffung, Erweiterung und Unterhaltung der zu Heil- oder Kurzwecken in dem anerkannten Gebiet bereitgestellten Einrichtungen und Anlagen sowie für die zu diesem Zweck durchgeführten Veranstaltungen einen Kurbeitrag erheben. Ist Träger der in Satz 1 genannten Einrichtungen und Anlagen ganz oder überwiegend ein Gemeindeverband, so kann nur dieser den Kurbeitrag erheben; die Satzung kann in diesem Falle bestimmen, dass die Gemeinde einen angemessenen Anteil an dem Kurbeitragsaufkommen für ihre eigenen Aufwendungen im Sinne des Satzes 1 erhält.

(2) Der Kurbeitrag wird von den Personen, die in dem nach Absatz 1 Satz 1 anerkannten Gebiet Unterkunft nehmen, ohne in ihm die alleinige Wohnung oder die Hauptwohnung im Sinne des § 21 Absatz 1 des Bundesmeldegesetzes vom 3. Mai 2013 (BGBl. I S. 1084) in der jeweils geltenden Fassung zu haben, als Gegenleistung dafür erhoben, dass ihnen die Möglichkeit geboten wird, die Einrichtungen und Anlagen in Anspruch zu nehmen und an den Veranstaltungen teilzunehmen; die Satzung kann an die Stelle der Hauptwohnung im Sinne des § 16 Abs. 1 des Meldegesetzes NW den Wohnsitz im Sinne der §§ 7 bis 11 des Bürgerlichen Gesetzbuches setzen. Der Kurbeitrag kann auch von Personen erhoben werden, die in der Gemeinde außerhalb des nach Absatz 1 Satz 1 anerkannten Gebietes zu Heil- oder Kurzwecken Unterkunft nehmen. Er kann ferner erhoben werden von Personen, die in den dazu geschaffenen Einrichtungen zu Heil- oder Kurzwecken betreut werden, ohne in der Gemeinde Unterkunft zu nehmen. Die Kurbeiträge nach den Sätzen 2 und 3 können niedriger als die nach Satz 1 festgesetzt werden. § 6 bleibt unberührt.

(3) Wer Personen zu Heil- oder Kurzwecken gegen Entgelt beherbergt, wer ihnen als Grundeigentümer Unterkunftsmöglichkeiten in eigenen Wohngelegenheiten, z.B. Fahrzeugen oder Zelten, gewährt oder wer sie in den Fällen des Absatzes 2 Satz 3 in eigenen Einrichtungen betreut, kann durch die Satzung verpflichtet werden, diese Personen der Gemeinde oder dem Gemeindeverband zu melden, den Kurbeitrag einzuziehen und an die Gemeinde oder den Gemeindeverband abzuliefern; er haftet insoweit für den Kurbeitrag.

(4) Die Gemeinden, die nach dem Kurortegesetz ganz oder teilweise als Kurort oder als Erholungsort anerkannt sind sowie die Gemeinden, in denen die Zahl der Fremdübernachtungen im Jahr in der Regel das Siebenfache der Einwohnerzahl übersteigt, können für die Fremdenverkehrswerbung und für die Herstellung, Anschaffung, Erweiterung und Unterhaltung der zu Fremdenverkehrszwecken bereitgestellten Einrichtungen und Anlagen sowie für die zu diesem Zweck durchgeführten Veranstaltungen einen Fremdenverkehrsbeitrag erheben. § 6 bleibt unberührt.

(5) Der Fremdenverkehrsbeitrag wird von den Personen und den Unternehmen erhoben, denen durch den Fremdenverkehr unmittelbar oder mittelbar besondere wirtschaftliche Vorteile geboten werden. Die Beitragspflicht erstreckt sich auch auf solche Personen und Unternehmen, die, ohne in der Gemeinde ihre Wohnung oder ihren Betriebssitz zu haben, vorübergehend in der Gemeinde erwerbstätig sind. Die Gemeinden können die Erhebung des Fremdenverkehrsbeitrages auf ein nach ihren örtlichen Verhältnissen durch Satzung bestimmtes Gebiet beschränken.

III. Teil
Verwaltungsverfahren

§ 12
Anwendung der Abgabenordnung

(1) Auf Kommunalabgaben sind die folgenden Bestimmungen der Abgabenordnung in der jeweiligen Fassung entsprechend anzuwenden, soweit nicht dieses Gesetz oder andere Bundes- oder Landesgesetze besondere Vorschriften enthalten:

1. aus dem Ersten Teil - Einleitende Vorschriften -

   a) über den Anwendungsbereich § 2,

   b) über die steuerlichen Begriffsbestimmungen § 3 Abs. 1, 4 und 5, §§ 4, 5, 7 bis 15,

   c) über das Steuergeheimnis § 30 mit folgenden Maßgaben:

      aa) die Vorschrift gilt nur für kommunale Steuern,

      bb) bei der Hundesteuer darf in Schadensfällen Auskunft über Namen und Anschrift des Hundehalters an Behörden und Schadensbeteiligte gegeben werden,

      cc) die Entscheidung nach Absatz 4 Nr. 5 Buchstabe c trifft die Vertretung der Körperschaft, der die Abgabe zusteht;

   d) über die Haftungsbeschränkung für Amtsträger § 32,

2. aus dem Zweiten Teil - Steuerschuldrecht -

   a) über den Steuerpflichtigen §§ 33 bis 36,

   b) über das Steuerschuldverhältnis §§ 37 bis 49,

   c) über steuerbegünstigte Zwecke §§ 51 bis 68,

   d) über die Haftung §§ 69 bis 71, 73 bis 75, 77,

3. aus dem Dritten Teil - Allgemeine Verfahrensvorschriften-

   a) über die Verfahrensgrundsätze §§ 78 bis 81, § 82 Abs. 1 und 2, § 83 Abs. 1 mit der Maßgabe, dass in den Fällen des Satzes 2 die Vertretung der Körperschaft, der die Abgabe zusteht, die Anordnung trifft, §§ 85 bis 93, § 96

Abs. 1 bis Abs. 7 Satz 1 und 2, §§ 97 bis 99, § 101 Abs. 1, §§ 102 bis 109, § 111 Abs. 1 bis 3 und Abs. 5, §§ 112 bis 115, § 117 Abs. 1, 2 und 4,

b) über die Verwaltungsakte §§ 118 bis 126 Abs. 2 und §§ 127 bis 133 mit der Maßgabe, dass in § 126 Abs. 2 an die Stelle der Wörter "finanzgerichtliches Verfahren" die Wörter "verwaltungsgerichtliches Verfahren" und in § 132 an die Stelle der Wörter "Einspruchsverfahrens", "finanzgerichtlichen Verfahrens" und "Einspruch" die Wörter "Widerspruchsverfahrens", "verwaltungsgerichtlichen Verfahrens" und "Widerspruch" treten,

4. aus dem Vierten Teil - Durchführung der Besteuerung -

a) über die Mitwirkungspflichten §§ 140, 145 bis 149, § 150 Abs. 1 bis 5, §§ 151 bis 153,

b) über das Festsetzungs- und Feststellungsverfahren § 155, § 156 Abs. 2, §§ 157 bis 160, 162, § 163 Satz 1 und 3, § 164, § 165 Abs. 1 und 2, §§ 166 bis 168, § 169 mit der Maßgabe, dass die Festsetzungsfrist nach Absatz 2 Satz 1 einheitlich 4 Jahre beträgt, § 170 Abs. 1 bis 3, § 171 Abs. 1 bis 3a mit der Maßgabe, dass in Abs. 3 die Wörter "Einspruchs- und Klageverfahrens" durch die Wörter "Widerspruchs- und Klageverfahrens" und in Absatz 3a Satz 1 das Wort "Einspruch" durch das Wort "Widerspruch" und in Satz 3 die Wörter "§ 100 Abs. 1 Satz 1, Abs. 2 Satz 2, Abs. 3 Satz 1, § 101 der Finanzgerichtsordnung" durch die Wörter "§ 113 Abs. 1 Satz 1, Abs. 2 Satz 2, Abs. 3 Satz 1 und Abs. 5 der Verwaltungsgerichtsordnung" ersetzt werden, ferner Abs. 7 bis 14, §§ 191, 192,

5. aus dem Fünften Teil - Erhebungsverfahren -

a) über die Verwirklichung, die Fälligkeit und das Erlöschen von Ansprüchen aus dem Steuerschuldverhältnis §§ 218, 219, 221 bis 223, § 224 Abs. 1 und 2, §§ 225 bis 232,

b) über die Verzinsung und die Säumniszuschläge §§ 233, 234 Abs. 1 und 2, § 235, § 236 mit der Maßgabe, dass in Absatz 3 an die Stelle der Wörter "§ 137 Satz 1 der Finanzgerichtsordnung" die Wörter "§ 155 Abs. 4 der Verwaltungsgerichtsordnung" treten, § 237 Abs. 1, 2, 4 und 5 mit der Maßgabe, dass in Absatz 1 an die Stelle der Wörter "Einspruch" und "Einspruchsentscheidung" die Wörter "Widerspruch" und "Widerspruchsbescheid" treten und an die Stelle der Wörter "förmlichen außergerichtlichen" in Absatz 2 an die Stelle der Wörter "außergerichtlichen Rechtsbehelfs" jeweils das Wort "Widerspruchs" tritt sowie in Absatz 4 die Wörter "und 3 gelten" durch das Wort "gilt" ersetzt werden, §§ 238 bis 240,

c) über die Sicherheitsleistung §§ 241 bis 248,

6. aus dem Sechsten Teil - Vollstreckung -

a) über die Allgemeinen Vorschriften § 251 Abs. 2 und 3, § 254 Abs. 2,

b) über die Vollstreckung wegen Geldforderungen § 261.

(2) Auf Kommunalabgaben sind ferner die §§ 1, 2, 8, § 10 Abs. 1 mit der Maßgabe, dass in Satz 2 an die Stelle der Vorschriften der Reichsabgabenordnung die bisherigen Vorschriften des Kommunalabgabengesetzes treten, § 11, jedoch ohne die Verweisung auf die §§ 72 und 76 der Abgabenordnung, § 14, § 15 Abs. 1 und 3 sowie § 16 Abs. 1 des Artikels 97 des Einführungsgesetzes zur Abgabenordnung in der jeweiligen Fassung entsprechend anzuwenden, soweit nicht dieses Gesetz oder andere Bundes- oder Landesgesetze besondere Vorschriften enthalten.

(3) Die Vorschriften der Absätze 1 und 2 gelten entsprechend für Verspätungszuschläge, Zinsen und Säumniszuschläge (abgabenrechtliche Nebenleistungen) sowie für die Ersatzansprüche nach § 5 Abs. 7 und § 10 Abs. 1 und 2 dieses Gesetzes.

(4) Bei der Anwendung der in den Absätzen 1 und 2 genannten Vorschriften tritt jeweils an die Stelle

a) der Finanzbehörde oder des Finanzamtes die Körperschaft, der die Abgabe zusteht,

b) des Wortes "Steuer(n)" - allein oder in Wortzusammensetzungen - das Wort "Abgabe(n)",

c) des Wortes "Besteuerung" die Worte "Heranziehung zu Abgaben".

§ 13
Kleinbeträge, Abrundung

(1) Es kann davon abgesehen werden, Abgaben und abgabenrechtliche Nebenleistungen festzusetzen, zu erheben, nachzufordern oder zu erstatten, wenn der Betrag niedriger als 20 Euro ist und die Kosten der Einziehung oder Erstattung außer Verhältnis zu dem Betrag stehen, es sei denn, dass wegen der grundsätzlichen Bedeutung des Falles eine Einziehung geboten ist.

(2) Cent-Beträge können bei der Festsetzung von Abgaben und abgabenrechtlichen Nebenleistungen auf volle Euro nach unten abgerundet und bei der Erstattung auf volle Euro nach oben aufgerundet werden.

§ 14
Abgabenbescheide

(1) Festsetzung und Erhebung mehrerer Abgaben, die denselben Abgabepflichtigen betreffen, können in einem Bescheid zusammengefasst werden.

(2) Ein Bescheid über Abgaben für einen bestimmten Zeitabschnitt kann bestimmen, dass er auch für künftige Zeitabschnitte gilt, solange sich die Berechnungsgrundlagen und der Abgabenbetrag nicht ändern. Dabei ist anzugeben, an welchen Tagen und mit welchen Beträgen die Abgaben jeweils fällig werden.

(3) Abgabenbescheide mit Dauerwirkung sind von Amts wegen aufzuheben oder zu ändern, wenn die Abgabepflicht entfällt oder sich die Höhe der Abgaben ändert.

§ 15
- gestrichen -

§ 16
- gestrichen -

IV. Teil
Straf- und Bußgeldvorschriften

§ 17
Abgabenhinterziehung

(1) Mit Freiheitsstrafe bis zu zwei Jahren oder mit Geldstrafe wird bestraft, wer

a) der Körperschaft, der die Abgabe zusteht, oder einer anderen Behörde über abgabenrechtlich erhebliche Tatsachen unrichtige oder unvollständige Angaben macht oder

b) die Körperschaft, der die Abgabe zusteht, pflichtwidrig über abgabenrechtlich erhebliche Tatsachen in Unkenntnis lässt

und dadurch Abgaben verkürzt oder nicht gerechtfertigte Abgabenvorteile für sich oder einen anderen erlangt. § 370

Abs. 4, §§ 371 und 376 der Abgabenordnung in der jeweiligen Fassung gelten entsprechend.

(2) Der Versuch ist strafbar.

(3) Für das Strafverfahren gelten die §§ 385, 391, 393, 395 bis 398 und 407 der Abgabenordnung in der jeweiligen Fassung entsprechend.

§ 18
- gestrichen -

§ 19
- gestrichen -

§ 20
Leichtfertige Abgabenverkürzung und Abgabengefährdung

(1) Ordnungswidrig handelt, wer als Abgabenpflichtiger oder bei Wahrnehmung der Angelegenheiten eines Abgabenpflichtigen eine der in § 17 Abs. 1 bezeichneten Taten leichtfertig begeht (leichtfertige Abgabenverkürzung). § 370 Abs. 4 und § 378 Abs. 3 der Abgabenordnung in der jeweiligen Fassung gelten entsprechend.

(2) Ordnungswidrig handelt auch, wer vorsätzlich oder leichtfertig

a) Belege ausstellt, die in tatsächlicher Hinsicht unrichtig sind, oder

b) den Vorschriften einer Abgabensatzung zur Sicherung der Abgabenerhebung, insbesondere zur Anmeldung und Anzeige von Tatsachen, zur Führung von Aufzeichnungen oder Nachweisen, zur Kennzeichnung oder Vorlegung von Gegenständen oder zur Erhebung und Abführung von Abgaben zuwiderhandelt

und es dadurch ermöglicht, Abgaben zu verkürzen oder nicht gerechtfertigte Abgabenvorteile zu erlangen (Abgabengefährdung).

(3) Die Ordnungswidrigkeit kann in den Fällen des Absatzes 1 mit einer Geldbuße bis zu zehntausend Euro und in den Fällen des Absatzes 2 mit einer Geldbuße bis zu fünftausend Euro geahndet werden.

(4) Für das Bußgeldverfahren gelten die §§ 391, 393, 396, 397, 407 und 411 der Abgabenordnung in der jeweiligen Fassung entsprechend.

(5) Verwaltungsbehörde im Sinne des § 36 Abs. 1 Nr. 1 des Gesetzes über Ordnungswidrigkeiten ist die Körperschaft, der die Abgabe zusteht.

§ 21
- gestrichen -

V. Teil
Schlussvorschriften

§ 22
Übergangsvorschrift zur Erhebung der Jagdsteuer

Die Kreise und kreisfreien Städte sind berechtigt, Jagdsteuern wie folgt zu erheben:

ab 1. Januar 2010 in Höhe von 80 %, ab 1. Januar 2011 in Höhe von 55 % und ab 1. Januar 2012 bis 31. Dezember 2012 in Höhe von 30 % des Steuersatzes, den sie zum Stichtag 1. Januar 2009 festgesetzt haben.

§ 22a
Einschränkung von Grundrechten

Die Grundrechte auf körperliche Unversehrtheit und Freiheit der Person (Artikel 2 Abs. 2 des Grundgesetzes) und der Unverletzlichkeit der Wohnung (Artikel 13 des Grundgesetzes) werden nach Maßgabe dieses Gesetzes eingeschränkt.

§ 23
Änderung des Vergnügungssteuergesetzes
(nicht abgedruckt)

§ 24
Änderung des Verwaltungsvollstreckungsgesetzes für das Land Nordrhein-Westfalen
(nicht abgedruckt)

§ 25
Rechts- und Verwaltungsverordnungen

(1) Das für Kommunales zuständige Ministerium wird ermächtigt, im Einvernehmen mit dem für Finanzen zuständigen Ministerium und dem Kommunalpolitischen Ausssschuss des Landtags durch Rechtsverordnung dieses Gesetz durch Einfügung der entsprechenden Vorschriften neu zu fassen, wenn dies wegen einer Änderung des in diesem Gesetz für anwendbar erklärten Bundesrechts notwendig wird.

(2) Das für Kommunales zuständige Ministerium erlässt im Einvernehmen mit dem für Finanzen zuständigen Ministerium die zur Ausführung dieses Gesetzes erforderlichen Verwaltungsverordnungen.

§ 26
Inkafttreten, Außerkrafttreten

(1) § 11 Absatz 4 und § 25 dieses Gesetzes treten einen Tag nach seiner Verkündung, die übrigen Vorschriften am 1. Januar 1970 in Kraft.

(2) § 8a Absatz 6 und 7 ist auch auf bis zum 1. Januar 2020 bereits abgeschlossene Beitragserhebungsverfahren anzuwenden. Dies gilt nicht, soweit die Beiträge von den Gemeinden und Gemeindeverbänden bereits vereinnahmt wurden.

**Verwaltungsvorschrift
Bekanntgabe des Musters für ein
Straßen- und Wegekonzept
gemäß § 8a Absatz 2 Satz 1 Kommunalabgabengesetz
für das Land Nordrhein-Westfalen
(VV Muster Straßen- und Wegekonzept)**

**Runderlass des
Ministeriums für Heimat, Kommunales, Bau und
Gleichstellung**

vom 23. 03.2020 (MBl. NRW. S. 168)

Aufgrund des § 8a Absatz 2 Satz 1 des Kommunalabgabengesetzes für das Land Nordrhein-Westfalen vom 21. Oktober 1969 (GV. NRW. S. 712), der durch Gesetz vom 19. Dezember 2019 (GV. NRW. S. 1029) eingefügt worden ist, erlässt das Ministerium für Heimat, Kommunales, Bau und Gleichstellung folgende Verwaltungsvorschrift:

1

Die Gemeinden und Gemeindeverbände sind gemäß § 8a Absatz 2 Satz 2 des Kommunalabgabengesetzes für das Land Nordrhein-Westfalen vom 21. Oktober 1969 (GV. NRW. S. 712), das zuletzt durch Gesetz vom 19. Dezember 2019 (GV. NRW. S. 1029) geändert worden ist (im Folgenden KAG genannt), verpflichtet, ihr gemeindliches Straßen- und Wegekonzept gemäß § 8a Absatz 1 KAG nach Maßgabe des anliegenden Musters aufzustellen. Sofern die Gemeinde oder der Gemeindeverband von dem Muster abweichen möchte, zum Beispiel, um ein bereits bestehendes Straßen- und Wegekonzept weiterführen zu können, ist dies gemäß § 8a Absatz 2 Satz 3 KAG im Straßen- und Wegekonzept darzulegen und zu begründen.

2

Dieser Runderlass tritt am Tag nach der Veröffentlichung in Kraft und am 31. Dezember 2025 außer Kraft.

Muster
Straßen- und Wegekonzept
der [Namen der kommunalen Gebietskörperschaft einsetzen]

1. Rechtliche Rahmenbedingungen

Seit dem 1. Januar 2020 ist eine Änderung des Kommunalabgabengesetzes für das Land Nordrhein-Westfalen (im Folgenden: KAG) in Kraft. Der Landesgesetzgeber hat in das Kommunalabgabengesetz einen neuen § 8a "Ergänzende Vorschriften für die Durchführung von Straßenausbaumaßnahmen und über die Erhebung von Straßenausbaubeiträgen" eingefügt.

Gemäß § 8a Absatz 1 KAG hat jede Gemeinde oder jeder Gemeindeverband ein gemeindliches Straßen- und Wegekonzept zu erstellen, welches vorhabenbezogen zu berücksichtigen hat, wann technisch, rechtlich und wirtschaftlich sinnvoll geplante Straßenunterhaltungsmaßnahmen möglich sind und wann beitragspflichtige Straßenausbaumaßnahmen an kommunalen Straßen erforderlich werden können. Das Straßen- und Wegekonzept ist über den 5-jährigen Zeitraum der mittelfristigen Ergebnis- und Finanzplanung anzulegen und bei Bedarf, mindestens jedoch alle zwei Jahre fortzuschreiben.

Das Straßen- und Wegekonzept beinhaltet dabei keine Vorentscheidungen über eine Straßenausbaumaßnahme. Ziel des Straßen- und Wegekonzeptes ist es, vorhabenbezogen Transparenz über geplante Straßenunterhaltungsmaßnahmen und Straßenausbaumaßnahmen herzustellen.

Gemäß § 8a Absatz 2 Satz 2 KAG sind die Gemeinden und Gemeindeverbände verpflichtet, dieses Muster für die Erstellung des gemeindlichen Straßen- und Wegekonzeptes zu verwenden. Sofern die Gemeinde oder der Gemeindeverband von dem Muster abweichen möchte, ist dies gemäß § 8a Absatz 2 Satz 3 KAG darzulegen und zu begründen. Dies ermöglicht es Kommunen, die bereits über transparente Darstellungen von straßen- und wegebezogenen Maßnahmen verfügen ihre bisherigen Darstellungsformen beizubehalten.

2. Tabellarische Darstellung von Straßenunterhaltungs- und Straßenausbaumaßnahmen

Die in den nachstehenden Tabellen einzutragenden Angaben sind auf das nach § 8a Absatz 1 KAG vorgegebene Minimum beschränkt. Gemeinden können darüber hinaus weitergehende Angaben machen (z.B. im Hinblick auf den zu erwartenden Kostenrahmen der geplanten Maßnahmen).

a) Geplante voraussichtlich beitragsfreie Straßenunterhaltungsmaßnahmen

Die nachfolgende Tabelle bezieht sich auf den 5-jährigen Zeitraum der mittelfristigen Ergebnis- und Finanzplanung. Die geplanten Unterhaltungsmaßnahmen unterliegen voraussichtlich nicht der anteiligen Finanzierung durch Grundstückseigentümer.

Lfd. Nr.	Straßenname	Abschnitt von - bis	Geplante Unterhaltungsmaßnahme	Umsetzung im Jahr

b) Beabsichtigte beitragspflichtige Straßenausbaumaßnahmen

Die nachfolgende Tabelle bezieht sich auf den 5-jährigen Zeitraum der mittelfristigen Ergebnis- und Finanzplanung und benennt die derzeit vorgesehenen grundhaften Erneuerungen oder Verbesserungen an Straßen, Wegen und Plätzen, die eine Beitragspflicht auslösen.

Lfd. Nr.	Straßenname	Abschnitt von - bis	Konkrete Straßenausbaumaßnahme	Umsetzung im Jahr

Richtlinie
über die Gewährung von Zuwendungen an Kommunen zur Entlastung von Beitragspflichtigen bei Straßenausbaumaßnahmen in Nordrhein-Westfalen (Förderrichtlinie Straßenausbaubeiträge)

Runderlass des
Ministeriums für Heimat, Kommunales, Bau und Gleichstellung
vom 03.05.2022 (MBl. NRW. S. 379),

1
Zuwendungszweck, Rechtsgrundlage

1.1
Zuwendungszweck

Das Land Nordrhein-Westfalen übernimmt zu 100 Prozent die kommunalen Straßenausbaubeiträge in Nordrhein-Westfalen, die nach der jeweiligen Satzung in Verbindung mit der "Soll-Regelung" des § 8 Absatz 1 Satz 2 des Kommunalabgabengesetzes für das Land Nordrhein-Westfalen vom 21. Oktober 1969 (GV. NRW. S. 712) in der jeweils geltenden Fassung, im Folgenden KAG, von den Beitragspflichtigen zu erheben sind. Soweit die Kommune anstelle einer Beitragserhebung nach den oben genannten Vorschriften Ablösevereinbarungen trifft, übernimmt das Land Nordrhein-Westfalen den sich aus der Ablösevereinbarung ergebenden Betrag zu 100 Prozent, soweit dieser den fiktiven Straßenausbaubeitrag gemäß Nummer 4.2 nicht überschreitet. Die nachfolgenden Vorgaben sind, soweit die Ablösevereinbarungen in ihnen nicht gesondert genannt werden, auf Ablösevereinbarungen entsprechend anzuwenden.

1.2
Rechtsgrundlage

Das Land Nordrhein-Westfalen gewährt nach Maßgabe dieser Richtlinie und den §§ 23 und 44 der Landeshaushaltsordnung in der Fassung der Bekanntmachung vom 26. April 1999 (GV. NRW. S. 158) in der jeweils geltenden Fassung, im Folgenden LHO, und des zugehörigen Runderlasses des Finanzministeriums "Verwaltungsvorschriften zur Landeshaushaltsordnung" vom 10. Juni 2020 (MBl. NRW. S. 309) in der jeweils geltenden Fassung, im Folgenden VV, Zuweisungen an Kommunen zur Reduzierung des umlagefähigen Aufwands für Straßenbaumaßnahmen, was wiederum eine Reduzierung der von den Beitragspflichtigen gemäß § 8 Absatz 2 Satz 1 KAG auf Grund von Beitragsbescheiden zu tragenden Straßenausbaubeiträge auf Null Euro zur Folge hat.

2
Gegenstand der Förderung

2.1
Im Falle der Beitragserhebung

Die vollständige Entlastung der Straßenausbaubeitragspflichtigen für im Land Nordrhein-Westfalen vorgenommene beitragspflichtige Straßenausbaumaßnahmen erfolgt durch die Gewährung von Zuweisungen des Landes Nordrhein-Westfalen an die Kommunen.

Diese Zuweisungen sind von den Kommunen zur Deckung des umlagefähigen Aufwands einer Straßenausbaumaßnahme einzusetzen, sodass die von den Straßenausbaubeitragspflichtigen nach Maßgabe der örtlichen Satzung zu erhebenden Straßenausbaubeiträge auf der Grundlage dieser geminderten Aufwendungen zu ermitteln sind und hierdurch die angestrebte Entlastung der oder des Beitragspflichtigen bewirkt wird.

Gegenstand der Förderung ist der umlagefähige Aufwand der einzelnen beitragspflichtigen Straßenausbaumaßnahmen.

2.2
Bei Ablösevereinbarungen

Auch Ablösevereinbarungen können Gegenstand einer Förderung sein. Die Entlastung erfolgt durch die Gewährung von Zuweisungen des Landes Nordrhein-Westfalen an die Kommunen. Diese Zuweisungen sind von den Kommunen zur Deckung des Betrages einzusetzen, den sie aus der Ablösevereinbarung erhalten.

Gegenstand der Förderung ist der in Bezug auf die einzelne beitragspflichtige Straßenausbaumaßnahme zu zahlende Ablösebetrag.

3
Zuwendungsempfängerin oder Zuwendungsempfänger

Antragsberechtigt sind alle nordrhein-westfälischen Gemeinden und Gemeindeverbände.

4
Zuwendungsvoraussetzungen

4.1
Im Falle der Beitragserhebung

Eine Förderung wird für den abschließend ermittelten, feststehenden umlagefähigen Aufwand einer § 8 Absatz 1 Satz 2 KAG unterfallenden beitragsfähigen Straßenausbaumaßnahme gewährt, für welche anschließend Straßenausbaubeiträge durch Beitragsbescheide erhoben werden. Feststehen muss der Gesamtaufwand der Maßnahme nach der vorliegenden Schlussrechnung, aufgeschlüsselt nach Anteilen von Kommune und Beitragspflichtigen, also nach dem Gemeindeanteil und dem von den Beitragspflichtigen zu zahlenden umlagefähigen Aufwand. Abweichend von diesem Grundsatz wird eine Förderung ausnahmsweise auch für einen noch nicht abschließend ermittelten umlagefähigen Aufwand gewährt, wenn der vorläufig ermittelte Aufwand Grundlage für einen vorläufigen Straßenausbaubeitragsbescheid ist und die Gemeinde diesen Bescheid nach Gewährung der Förderung erlässt. Eine solche Ausnahme kommt zum Beispiel dann in Betracht, wenn ohne die vorläufige Beitragserhebung eine Festsetzungsverjährung eintreten würde. In diesem Fall tritt für die Förderung zunächst der vorläufig ermittelte umlagefähige Aufwand an die Stelle des abschließend ermittelten, feststehenden umlagefähigen Aufwands.

4.2
Im Falle von Ablösevereinbarungen

Eine Förderung wird auch für die potenziellen Beitragsschuldnerinnen oder Beitragsschuldner gewährt, mit denen die Kommune für eine § 8 Absatz 1 Satz 2 KAG unterfallende, beitragsfähige Straßenausbaumaßnahme eine Ablösevereinbarung getroffen hat.

Nach Durchführung der Straßenausbaumaßnahme hat die Kommune vor Beantragung der Förderung eine fiktive Beitragsberechnung durchzuführen. Die fiktive Beitragsberechnung ist vorzunehmen auf Basis des feststehenden Gesamtaufwandes der Maßnahme nach der vorliegenden Schlussrechnung, aufgeschlüsselt nach Anteilen von Kommune und Beitragspflichtigen, also der Gemeindeanteil und auf die potentielle Beitragsschuldnerinnen oder Beitragsschuldner entfallender umlagefähiger Aufwand. Unterschreitet der vereinbarte Ablösebetrag den im Falle einer Beitragserhebung zu zahlenden fiktiven Straßenausbaubeitrag, so ist der vereinbarte Ablösebetrag Grundlage der Förderung. Im Falle der Überschreitung kommt Nummer 1.1 Satz 2 zur Anwendung.

4.3

Abweichend von Nummer 1.3 der Verwaltungsvorschriften für Zuwendungen an Gemeinden zu § 44 LHO, Teil II der Verwaltungsvorschriften zur LHO, im Folgenden VVG, gilt der vorzeitige Maßnahmenbeginn mit Fassung eines Beschlusses durch das zuständige Organ oder Gremium über die einzelne Straßenausbaumaßnahme als genehmigt. Ist ein Gremium oder Organ einer anderen Rechtsperson als der Gemeinde oder des Gemeindeverbandes für die Beschlussfassung zuständig, ist dessen Beschlussfassung maßgeblich. Eine verbindliche Förderzusage ist damit nicht verbunden.

4.4

Der von den Beitragspflichtigen insgesamt zu zahlende umlagefähige Aufwand oder aufgrund von einer Ablösevereinbarung zu zahlende Betrag ist um die bewilligte Zuweisung zu reduzieren. Die Beitragsfestsetzung erfolgt anschließend auf Grundlage des auf null Euro reduzierten umlagefähigen Aufwands durch Beitragsbescheid. Im Falle der Ablösevereinbarung ist die Zuweisung an die Vertragspartnerin oder den Vertragspartner der Kommune in der Regel innerhalb von zwei Monaten nach Auszahlung der Zuweisung in geeigneter Form auszukehren. Die Förderung von Ablösevereinbarungen durch diese Förderrichtlinie lässt das öffentliche Vertragsrecht und die anwendbaren zivilrechtlichen Vorgaben unberührt, so dass eine mögliche Förderung einer Ablösevereinbarung keinen Einfluss auf das Vertragsverhältnis zwischen der Gemeinde und ihrer Vertragspartnerin oder ihrem Vertragspartner hat.

4.5

4.5.1

Der auf die Beitragspflichtigen entfallende umlagefähige Aufwand einer beitragsfähigen Straßenausbaumaßnahme kann zu 100 Prozent gefördert werden, soweit die Straßenausbaubeiträge noch nicht bestandskräftig festgesetzt wurden und deren zugrundeliegende Straßenausbaumaßnahme vom Rat oder Kreistag ab dem 1. Januar 2018 beschlossen wurde oder die in Ermangelung eines gesonderten Beschlusses erstmals im Haushalt des Jahres 2018 stehen. Soweit Straßenausbaumaßnahmen in Bauabschnitte gegliedert wurden, kann auch ein Bauabschnitt gefördert werden, soweit die Straßenausbaubeiträge für den Bauabschnitt noch nicht bestandskräftig festgesetzt wurden und die dem Abschnitt zugrundeliegende Baumaßnahme vom Rat ab dem 1. Januar 2018 beschlossen wurde. Ist ein anderes Organ oder Gremium der Gemeinde oder des Gemeindeverbandes oder ein Organ oder Gremium einer anderen Rechtsperson als der Gemeinde oder des Gemeindeverbandes für die Entscheidung über die Maßnahme oder den Bauabschnitt zuständig, ist der Beschluss dieses Organs oder Gremiums über die Baumaßnahme für den Stichtag maßgeblich. Maßgeblich ist dabei nicht der Beschluss über den Haushalt.

4.5.2

Im Falle einer Ablösevereinbarung ist eine Förderung bei Vorliegen der unter Nummer 4.5.1 genannten Voraussetzungen auch dann möglich, wenn der Ablösebetrag bereits vollständig an die Gemeinde gezahlt wurde. Dies gilt auch, wenn die Gemeinde daneben für die jeweilige Straßenausbaumaßnahme bereits Beiträge, gegebenenfalls bestandskräftig, festgesetzt hat.

4.6

Nach dem 1. Januar 2021 beschlossene Maßnahmen können nur gefördert werden, soweit sie auf Basis eines vom kommunalen Gremium beschlossenen Straßen- und Wegekonzepts nach § 8a Absatz 1 und 2 KAG erfolgen.

5
Art und Umfang, Höhe der Zuwendung

5.1

Zuwendungs- und Finanzierungsart, Höhe, Form und Weiterleitung der Zuwendung

Zuwendungen nach dieser Richtlinie werden im Wege der Projektförderung als zweckgebundene Zuweisung gewährt. Die Förderung erfolgt als Anteilsfinanzierung in Höhe von 100 Prozent des von den Beitragspflichtigen insgesamt zu zahlenden umlagefähigen Aufwandes der jeweiligen Straßenausbaumaßnahme oder des nach der Ablösevereinbarung insgesamt zu zahlenden Betrages, soweit dieser den nach Nummer 4.2 Satz 2 bis 5 fiktiv zu zahlenden Straßenausbaubeitrag nicht überschreitet.

Da durch die vereinfachte Ausgestaltung des Verfahrens der Verwaltungsaufwand minimiert wird, wird abweichend von Nummer 1.1 VVG zu § 44 LHO eine Zuweisung auch gewährt, wenn die Zuweisung im Einzelfall den Betrag von 12 500 Euro nicht erreicht.

Eine Weiterleitung der Zuwendung gemäß Nummer 12 VVG zu § 44 LHO an rechtlich verselbständigte juristische Personen des öffentlichen Rechts ist zulässig, soweit die Beitragsbescheide von diesen erlassen beziehungsweise die Ablösevereinbarungen von diesen geschlossen werden.

5.2

Verzinsung

Abweichend von Nummer 8.8 VVG zu § 44 LHO für Zuwendungen an Gemeinden wird bei Rückforderungen und Verzögerungen bei der Weiterleitung an die Vertragspartnerin oder den Vertragspartner nach Nummer 4.4 Satz 3 auf eine Verzinsung verzichtet.

6
Verfahren

6.1

Antragsverfahren

Anträge sind mit dem Antragsmuster nach Anlage A an die NRW.BANK zu richten, soweit die in Nummer 4 genannten Voraussetzungen vorliegen.

6.2

Bewilligungsverfahren und Auszahlung

6.2.1

Bewilligungsbehörde

Zuständige Bewilligungsbehörde ist die NRW.BANK.

6.2.2

Bewilligungsbescheid und Auszahlung

Die Bewilligungsbehörde bewilligt die Förderung auf Basis des Bescheidmusters nach Anlage B.

Die Mittel werden je Straßenausbaumaßnahme bewilligt. Abweichend von Nummer 7.2 VVG zu § 44 LHO und von Nummer 1.4 der Anlage 1 zu Nummer 5.1 VVG zu § 44 der Landeshaushaltsordnung - Allgemeine Nebenbestimmungen für Zuwendungen zur Projektförderung an Gemeinden, im Folgenden ANBest-G, wird die Auszahlung automatisch nach Bestandskraft des Zuwendungsbescheids vorgenommen.

Mit der Zuwendung wird nur der Beitragsanteil der beitragspflichtigen Grundstückseigentümerinnen und Grundstückseigentümer sowie Erbbauberechtigten oder die Ablösevereinbarung gefördert und nicht die Durchführung der Straßenausbaumaßnahme, insofern sind die Nummern 3.1 und 3.2 ANBest-G nicht anwendbar.

Der Landesrechnungshof ist berechtigt bei allen Zuwendungsempfängerinnen, Zuwendungsempfängern, Weiterleitungsempfängerinnen und Weiterleitungsempfängern zu prüfen.

Die Zuwendungsempfängerin oder der Zuwendungsempfänger beziehungsweise die Weiterleitungsempfängerin oder der Weiterleitungsempfänger ist dazu zu verpflichten, im Beitragsbescheid oder im Falle einer Ablösevereinbarung bei der Auskehrung an die Vertragspartnerin oder den Vertrags-partner gemäß Nummer 4.4 Satz 3 auf die Förderung durch das zuständige Ministerium und deren jeweilige Höhe im Einzelfall hinzuweisen.

6.3

Nachweis der Verwendung

Die Zuwendungsempfängerinnen oder Zuwendungsempfänger legen der Bewilligungsbehörde einen Verwendungsnachweis nach Nummer 10 der VV für Zuwendungen an Gemeinden vor. Hierzu nutzen sie das Formular nach dem Muster der Anlage C.

Der Zuwendungszweck ist mit Bestandskraft aller Beitragsbescheide zu den Straßenausbaubeiträgen oder im Falle einer Ablösevereinbarung mit der Auskehrung an die Vertragspartnerin oder den Vertragspartner gemäß Nummer 4.4 Satz 3 erfüllt. Soweit die Zuwendung sich auf eine vorläufige Beitragserhebung nach Nummer 4.1 bezogen hat, ist der Zuwendungszweck mit Bestandskraft der endgültigen Beitragsbescheide erfüllt.

Ist der Zuwendungszweck nicht bis zum Ende des Bewilligungszeitraums erfüllt, ist binnen vier Monaten nach Ablauf des Bewilligungszeitraums eine schriftliche Bestätigung darüber abzugeben, dass die Bestandskraft noch nicht bei allen erlassenen Beitragsbescheiden eingetreten ist (Anzeigepflicht). Der Bewilligungszeitraum verlängert sich nach der Anzeige automatisch um ein weiteres Jahr.

7
Übergangsregelung

7.1
Kommunen, die bereits auf der Grundlage der Förderrichtlinien Straßenausbaubeiträge in den Fassungen vom 23. März 2020 und vom 25. Oktober 2021 seitens der Bewilligungsbehörde eine Bewilligung zur hälftigen Entlastung der Beitragspflichtigen erhalten haben, erhalten im Zuge der Neufassung dieser Förderrichtlinie von Amts wegen einen weiteren Bescheid, um die Beitragspflichtigen vollständig zu entlasten. Das Verfahren zur Weitergabe dieser Finanzmittel an die Beitragspflichtigen bleibt im Übrigen unverändert

7.2
Soweit Kommunen vor der Einführung der Förderfähigkeit von Ablösevereinbarungen bereits eine Förderung für Straßenausbaubeiträge bewilligt wurde, können sie neben der bereits bewilligten Förderung für die durch Bescheid festzusetzenden Straßenausbaubeiträge in Bezug auf die gleiche Straßenausbaumaßnahme auch eine Förderung für geschlossene Ablösevereinbarungen beantragen und erhalten, wenn die übrigen Voraussetzungen für eine Förderung nach dieser Richtlinie vorliegen.

8
Inkrafttreten, Außerkrafttreten

Dieser Runderlass tritt am Tag nach der Veröffentlichung in Kraft und am 31. Dezember 2026 außer Kraft. Gleichzeitig mit Inkrafttreten dieses Runderlasses tritt der Runderlass "Förderrichtlinie Straßenausbaubeiträge" vom 25. Oktober 2021 (MBl. NRW. S. 986) außer Kraft.

Anlage A (Antragsmuster zu 6.1), Anlage B (Zuwendungsbescheid zu 6.2) und Anlage C (Verwendungsnachweis zu 6.3) nicht abgedruckt.

Seite 162b

bleibt aus drucktechnischen Gründen frei

Grundsteuergesetz (GrStG)

vom 07.08.1973 (BGBl. I S. 965),
zuletzt geändert durch Gesetz vom 16.07.2021 (BGBl. I S. 2931)

(Neue Fassung)

Abschnitt I
Steuerpflicht

§ 1
Heberecht

(1) Die Gemeinde bestimmt, ob von dem in ihrem Gebiet liegenden Grundbesitz Grundsteuer zu erheben ist.

(2) Bestehen in einem Land keine Gemeinden, so stehen das Recht des Absatzes 1 und die in diesem Gesetz bestimmten weiteren Rechte dem Land zu.

(3) Für den in gemeindefreien Gebieten liegenden Grundbesitz bestimmt die Landesregierung durch Rechtsverordnung, wer die nach diesem Gesetz den Gemeinden zustehenden Befugnisse ausübt.

§ 2
Steuergegenstand

Steuergegenstand ist der inländische Grundbesitz im Sinne des Bewertungsgesetzes:

1. die Betriebe der Land- und Forstwirtschaft (§§ 232 bis 234, 240 des Bewertungsgesetzes); diesen stehen die in § 218 Satz 2 des Bewertungsgesetzes bezeichneten Betriebsgrundstücke gleich;
2. die Grundstücke (§§ 243, 244 des Bewertungsgesetzes); diesen stehen die in § 218 Satz 3 des Bewertungsgesetzes bezeichneten Betriebsgrundstücke gleich.

§ 3
Steuerbefreiung für Grundbesitz bestimmter Rechtsträger

(1) Von der Grundsteuer sind befreit

1. Grundbesitz, der von einer inländischen juristischen Person des öffentlichen Rechts für einen öffentlichen Dienst oder Gebrauch benutzt wird. Ausgenommen ist der Grundbesitz, der von Berufsvertretungen und Berufsverbänden sowie von Kassenärztlichen Vereinigungen und Kassenärztlichen Bundesvereinigungen benutzt wird;
2. Grundbesitz, der vom Bundeseisenbahnvermögen für Verwaltungszwecke benutzt wird;
3. Grundbesitz, der von
   a) einer inländischen juristischen Person des öffentlichen Rechts,
   b) einer inländischen Körperschaft, Personenvereinigung oder Vermögensmasse, die nach der Satzung, dem Stiftungsgeschäft oder der sonstigen Verfassung und nach ihrer tatsächlichen Geschäftsführung ausschließlich und unmittelbar gemeinnützigen oder mildtätigen Zwecken dient,

   für gemeinnützige oder mildtätige Zwecke benutzt wird;
4. Grundbesitz, der von einer Religionsgesellschaft, die Körperschaft des öffentlichen Rechts ist, einem ihrer Orden, einer ihrer religiösen Genossenschaften oder einem ihrer Verbände für Zwecke der religiösen Unterweisung, der Wissenschaft, des Unterrichts, der Erziehung oder für Zwecke der eigenen Verwaltung benutzt wird. Den Religionsgesellschaften stehen die jüdischen Kultusgemeinden gleich, die nicht Körperschaften des öffentlichen Rechts sind;
5. Dienstwohnungen der Geistlichen und Kirchendiener der Religionsgesellschaften, die Körperschaften des öffentlichen Rechts sind, und der jüdischen Kultusgemeinden. § 5 ist insoweit nicht anzuwenden;
6. Grundbesitz der Religionsgesellschaften, die Körperschaften des öffentlichen Rechts sind, und der jüdischen Kultusgemeinden, der am 1. Januar 1987 und im Veranlagungszeitpunkt zu einem nach Kirchenrecht gesonderten Vermögen, insbesondere einem Stellenfonds gehört, dessen Erträge ausschließlich für die Besoldung und Versorgung der Geistlichen und Kirchendiener sowie ihrer Hinterbliebenen bestimmt sind. Ist in dem in Artikel 3 des Einigungsvertrages genannten Gebiet die Zugehörigkeit des Grundbesitzes zu einem gesonderten Vermögen im Sinne des Satzes 1 am 1. Januar 1987 nicht gegeben, reicht es insoweit aus, dass der Grundbesitz zu einem Zeitpunkt vor dem 1. Januar 1987 zu einem gesonderten Vermögen im Sinne des Satzes 1 gehörte. Die §§ 5 und 6 sind insoweit nicht anzuwenden.

Der Grundbesitz muss ausschließlich demjenigen, der ihn für die begünstigten Zwecke benutzt, oder einem anderen nach den Nummern 1 bis 6 begünstigten Rechtsträger zuzurechnen sein. Satz 2 gilt nicht, wenn der Grundbesitz von einem nicht begünstigten Rechtsträger im Rahmen einer Öffentlich Privaten Partnerschaft einer juristischen Person des öffentlichen Rechts für einen öffentlichen Dienst oder Gebrauch überlassen wird und die Übertragung auf den Nutzer am Ende des Vertragszeitraums vereinbart ist.

(2) Öffentlicher Dienst oder Gebrauch im Sinne dieses Gesetzes ist die hoheitliche Tätigkeit oder der bestimmungsgemäße Gebrauch durch die Allgemeinheit. Ein Entgelt für den Gebrauch durch die Allgemeinheit darf nicht in der Absicht, Gewinn zu erzielen, gefordert werden.

(3) Öffentlicher Dienst oder Gebrauch im Sinne dieses Gesetzes ist nicht anzunehmen bei Betrieben gewerblicher Art von juristischen Personen des öffentlichen Rechts im Sinne des Körperschaftsteuergesetzes.

§ 4
Sonstige Steuerbefreiungen

Soweit sich nicht bereits eine Befreiung nach § 3 ergibt, sind von der Grundsteuer befreit

1. Grundbesitz, der dem Gottesdienst einer Religionsgesellschaft, die Körperschaft des öffentlichen Rechts ist, oder einer jüdischen Kultusgemeinde gewidmet ist;
2. Bestattungsplätze;
3. a) die dem öffentlichen Verkehr dienenden Straßen, Wege, Plätze, Wasserstraßen, Häfen und Schienenwege, sowie die Grundflächen mit den diesem Verkehr unmittelbar dienenden Bauwerken und Einrichtungen, zum Beispiel Brücken, Schleuseneinrichtungen, Signalstationen, Stellwerke, Blockstellen;
   b) auf Verkehrsflughäfen und Verkehrslandeplätzen alle Flächen, die unmittelbar zur Gewährleistung eines ordnungsgemäßen Flugbetriebes notwendig sind und von Hochbauten und sonstigen Luftfahrthindernissen freigehalten werden müssen, die Grundflächen mit den Bauwerken und Einrichtungen, die unmittelbar diesem Betrieb dienen, sowie die Grundflächen ortsfester Flugsicherungsanlagen einschließlich der Flächen, die für einen einwandfreien Betrieb dieser Anlagen erforderlich sind;
   c) die fließenden Gewässer und die ihren Abfluss regelnden Sammelbecken, soweit sie nicht unter Buchstabe a fallen;
4. die Grundflächen mit den im Interesse der Ordnung und Verbesserung der Wasser- und Bodenverhältnisse unterhal-

tenen Einrichtungen der öffentlich-rechtlichen Wasser- und Bodenverbände und die im öffentlichen Interesse staatlich unter Schau gestellten Privatdeiche;

5. Grundbesitz, der für Zwecke der Wissenschaft, des Unterrichts oder der Erziehung benutzt wird, wenn durch die Landesregierung oder die von ihr beauftragte Stelle anerkannt ist, dass der Benutzungszweck im Rahmen der öffentlichen Aufgaben liegt. Der Grundbesitz muss ausschließlich demjenigen, der ihn benutzt, oder einer juristischen Person des öffentlichen Rechts zuzurechnen sein;

6. Grundbesitz, der für die Zwecke eines Krankenhauses benutzt wird, wenn das Krankenhaus in dem Kalenderjahr, das dem Veranlagungszeitpunkt (§ 13 Abs. 1) vorangeht, die Voraussetzungen des § 67 Abs. 1 oder 2 der Abgabenordnung erfüllt hat. Der Grundbesitz muss ausschließlich demjenigen, der ihn benutzt, oder einer juristischen Person des öffentlichen Rechts zuzurechen sein.

§ 5
Zu Wohnzwecken benutzter Grundbesitz

(1) Dient Grundbesitz, der für steuerbegünstigte Zwecke (§§ 3 und 4) benutzt wird, zugleich Wohnzwecken, gilt die Befreiung nur für

1. Gemeinschaftsunterkünfte der Bundeswehr, der ausländischen Streitkräfte, der internationalen militärischen Hauptquartiere, der Bundespolizei, der Polizei und des sonstigen Schutzdienstes des Bundes und der Gebietskörperschaften sowie ihrer Zusammenschlüsse;

2. Wohnräume in Schülerheimen, Ausbildungs- und Erziehungsheimen sowie Prediger- und Priesterseminaren, wenn die Unterbringung in ihnen für die Zwecke des Unterrichts, der Ausbildung oder der Erziehung erforderlich ist. Wird das Heim oder Seminar nicht von einem der nach § 3 Abs. 1 Nr. 1, 3 oder 4 begünstigten Rechtsträger unterhalten, so bedarf es einer Anerkennung der Landesregierung oder der von ihr beauftragten Stelle, dass die Unterhaltung des Heims oder Seminars im Rahmen der öffentlichen Aufgaben liegt;

3. Wohnräume, wenn der steuerbegünstigte Zweck im Sinne des § 3 Abs. 1 Nr. 1, 3 oder 4 nur durch ihre Überlassung erreicht werden kann;

4. Räume, in denen sich Personen für die Erfüllung der steuerbegünstigten Zwecke ständig bereithalten müssen (Bereitschaftsräume), wenn sie nicht zugleich die Wohnung des Inhabers darstellen.

(2) Wohnungen sind stets steuerpflichtig, auch wenn die Voraussetzungen des Absatzes 1 vorliegen.

§ 6
Land- und forstwirtschaftlich genutzter Grundbesitz

Wird Grundbesitz, der für steuerbegünstigte Zwecke (§§ 3 und 4) benutzt wird, zugleich land- und forstwirtschaftlich genutzt, so gilt die Befreiung nur für

1. Grundbesitz, der Lehr- oder Versuchszwecken dient;

2. Grundbesitz, der von der Bundeswehr, den ausländischen Streitkräften, den internationalen militärischen Hauptquartieren oder den in § 5 Abs. 1 Nr. 1 bezeichneten Schutzdiensten als Übungsplatz oder Flugplatz benutzt wird;

3. Grundbesitz, der unter § 4 Nr. 1 bis 4 fällt.

§ 7
Unmittelbare Benutzung
für einen steuerbegünstigten Zweck

Die Befreiung nach den §§ 3 und 4 tritt nur ein, wenn der Steuergegenstand für den steuerbegünstigten Zweck unmittelbar benutzt wird. Unmittelbare Benutzung liegt vor, sobald der Steuergegenstand für den steuerbegünstigten Zweck hergerichtet wird.

§ 8
Teilweise Benutzung
für einen steuerbegünstigten Zweck

(1) Wird ein räumlich abgegrenzter Teil des Steuergegenstandes für steuerbegünstigte Zwecke (§§ 3 und 4) benutzt, so ist nur dieser Teil des Steuergegenstandes steuerfrei.

(2) Dient der Steuergegenstand oder ein Teil des Steuergegenstandes (Absatz 1) sowohl steuerbegünstigten Zwecken (§§ 3 und 4) als auch anderen Zwecken, ohne dass eine räumliche Abgrenzung für die verschiedenen Zwecke möglich ist, so ist der Steuergegenstand oder der Teil des Steuergegenstandes nur befreit, wenn die steuerbegünstigten Zwecke überwiegen.

§ 9
Stichtag für die Festsetzung der Grundsteuer;
Entstehung der Steuer

(1) Die Grundsteuer wird nach den Verhältnissen zu Beginn des Kalenderjahres festgesetzt.

(2) Die Steuer entsteht mit dem Beginn des Kalenderjahres, für das die Steuer festzusetzen ist.

§ 10
Steuerschuldner

(1) Schuldner der Grundsteuer ist derjenige, dem der Steuergegenstand bei der Feststellung des Grundsteuerwerts zugerechnet ist.

(2) Ist der Steuergegenstand mehreren Personen zugerechnet, so sind sie Gesamtschuldner.

§ 11
Persönliche Haftung

(1) Neben dem Steuerschuldner haften der Nießbraucher des Steuergegenstandes und derjenige, dem ein dem Nießbrauch ähnliches Recht zusteht.

(2) Wird ein Steuergegenstand ganz oder zu einem Teil einer anderen Person übereignet, so haftet der Erwerber neben dem früheren Eigentümer für die auf den Steuergegenstand oder Teil des Steuergegenstandes entfallende Grundsteuer, die für die Zeit seit dem Beginn des letzten vor der Übereignung liegenden Kalenderjahres zu entrichten ist. Das gilt nicht für Erwerbe aus einer Insolvenzmasse und für Erwerbe im Vollstreckungsverfahren.

§ 12
Dingliche Haftung

Die Grundsteuer ruht auf dem Steuergegenstand als öffentliche Last.

Abschnitt II
Bemessung der Grundsteuer

§ 13
Steuermesszahl und Steuermessbetrag

Bei der Berechnung der Grundsteuer ist von einem Steuermessbetrag auszugehen. Dieser ist durch Anwendung eines Promillesatzes (Steuermesszahl) auf den Grundsteuerwert oder seinen steuerpflichtigen Teil zu ermitteln, der nach dem Bewertungsgesetz im Veranlagungszeitpunkt (§ 16 Absatz 1, § 17 Absatz 3, § 18 Absatz 3) für den Steuergegenstand maßgebend ist.

§ 14
Steuermesszahl
für Betriebe der Land- und Forstwirtschaft

Für Betriebe der Land- und Forstwirtschaft beträgt die Steuermesszahl 0,55 Promille.

§ 15
Steuermesszahl für Grundstücke

(1) Die Steuermesszahl beträgt

1. für unbebaute Grundstücke im Sinne des § 246 des Bewertungsgesetzes 0,34 Promille,

2. für bebaute Grundstücke
   a) im Sinne des § 249 Absatz 1 Nummer 1 bis 4 des Bewertungsgesetzes 0,31 Promille,
   b) im Sinne des § 249 Absatz 1 Nummer 5 bis 8 des Bewertungsgesetzes 0,34 Promille.

(2) Die Steuermesszahl nach Absatz 1 Nummer 2 Buchstabe a wird um 25 Prozent ermäßigt, wenn

1. für das Grundstück nach § 13 Absatz 3 des Wohnraumförderungsgesetzes vom 13. September 2001 (BGBl. I S. 2376), das zuletzt durch Artikel 3 des Gesetzes vom 2. Oktober 2015 (BGBl. I S. 1610) geändert worden ist, eine Förderzusage erteilt wurde und

2. die sich aus der Förderzusage im Sinne des § 13 Absatz 2 des Wohnraumförderungsgesetzes ergebenden Bindungen für jeden Erhebungszeitraum innerhalb des Hauptveranlagungszeitraums bestehen.

Liegen die Voraussetzungen des Satzes 1 für einen Teil der Gebäude oder für Teile eines Gebäudes vor, so ist die Ermäßigung der Steuermesszahl entsprechend anteilig zu gewähren.

(3) Absatz 2 gilt entsprechend für Grundstücke, für die nach dem Ersten Wohnungsbaugesetz vom 24. April 1950 (BGBl. S. 83) in der bis zum 31. Dezember 1987 geltenden Fassung, nach dem Zweiten Wohnungsbaugesetz vom 27. Juni 1956 (BGBl. I S. 523) in der bis zum 31. Dezember 2001 geltenden Fassung oder nach den Wohnraumförderungsgesetzen der Länder eine Förderzusage erteilt wurde.

(4) Liegen für ein Grundstück weder die Voraussetzungen des Absatzes 2 noch des Absatzes 3 vor, wird die Steuermesszahl nach Absatz 1 Nummer 2 Buchstabe a um 25 Prozent ermäßigt, wenn das jeweilige Grundstück

1. einer Wohnungsbaugesellschaft zugerechnet wird, deren Anteile mehrheitlich von einer oder mehreren Gebietskörperschaften gehalten werden und zwischen der Wohnungsbaugesellschaft und der Gebietskörperschaft oder den Gebietskörperschaften ein Gewinnabführungsvertrag besteht,

2. einer Wohnungsbaugesellschaft zugerechnet wird, die als gemeinnützig im Sinne des § 52 der Abgabenordnung anerkannt ist, oder

3. einer Genossenschaft oder einem Verein zugerechnet wird, der seine Geschäftstätigkeit auf die in § 5 Absatz 1 Nummer 10 Buchstabe a und b des Körperschaftsteuergesetzes genannten Bereiche beschränkt und von der Körperschaftsteuer befreit ist.

Der Abschlag auf die Steuermesszahl nach Satz 1 wird auf Antrag für jeden Erhebungszeitraum innerhalb des Hauptveranlagungszeitraums gewährt, wenn nachgewiesen wird, dass die jeweiligen Voraussetzungen am Hauptveranlagungsstichtag vorlagen. Entfallen die Voraussetzungen des Satzes 1 während des Hauptveranlagungszeitraums, ist dies nach § 19 Absatz 2 anzuzeigen.

(5) Die Steuermesszahl nach Absatz 1 Nummer 2 wird für bebaute Grundstücke um 10 Prozent ermäßigt, wenn sich auf dem Grundstück Gebäude befinden, die Baudenkmäler im Sinne des jeweiligen Landesdenkmalschutzgesetzes sind. Stehen auf einem Grundstück nur ein Teil der Gebäude oder nur Teile eines Gebäudes im Sinne des jeweiligen Landesdenkmalschutzgesetzes unter Denkmalschutz, so ist die Ermäßigung der Steuermesszahl entsprechend anteilig zu gewähren.

§ 16
Hauptveranlagung

(1) Die Steuermessbeträge werden auf den Hauptfeststellungszeitpunkt (§ 221 Absatz 2 des Bewertungsgesetzes) allgemein festgesetzt (Hauptveranlagung). Dieser Zeitpunkt ist der Hauptveranlagungszeitpunkt.

(2) Der bei der Hauptveranlagung festgesetzte Steuermessbetrag gilt vorbehaltlich der §§ 17 und 20 von dem Kalenderjahr an, das zwei Jahre nach dem Hauptveranlagungszeitpunkt beginnt. Dieser Steuermessbetrag bleibt unbeschadet der §§ 17 und 20 bis zu dem Zeitpunkt maßgebend, von dem an die Steuermessbeträge der nächsten Hauptveranlagung wirksam werden. Der sich nach den Sätzen 1 und 2 ergebende Zeitraum ist der Hauptveranlagungszeitraum.

(3) Ist die Festsetzungsfrist (§ 169 der Abgabenordnung) bereits abgelaufen, so kann die Hauptveranlagung unter Zugrundelegung der Verhältnisse vom Hauptveranlagungszeitpunkt mit Wirkung für einen späteren Veranlagungszeitpunkt vorgenommen werden, für den diese Frist noch nicht abgelaufen ist.

§ 17
Neuveranlagung

(1) Wird eine Wertfortschreibung (§ 222 Absatz 1 des Bewertungsgesetzes) oder eine Artfortschreibung oder Zurechnungsfortschreibung (§ 222 Absatz 2 des Bewertungsgesetzes) durchgeführt, so wird der Steuermessbetrag auf den Fortschreibungszeitpunkt neu festgesetzt (Neuveranlagung).

(2) Der Steuermessbetrag wird auch dann neu festgesetzt, wenn dem Finanzamt bekannt wird, dass

1. Gründe, die im Feststellungsverfahren über den Grundsteuerwert nicht zu berücksichtigen sind, zu einem anderen als dem für den letzten Veranlagungszeitpunkt festgesetzten Steuermessbetrag führen oder

2. die letzte Veranlagung fehlerhaft ist; § 176 der Abgabenordnung ist hierbei entsprechend anzuwenden; das gilt jedoch nur für Veranlagungszeitpunkte, die vor der Verkündung der maßgeblichen Entscheidung eines obersten Gerichts des Bundes liegen.

(3) Der Neuveranlagung werden die Verhältnisse im Neuveranlagungszeitpunkt zugrunde gelegt. Neuveranlagungszeitpunkt ist

1. in den Fällen des Absatzes 1 der Beginn des Kalenderjahres, auf den die Fortschreibung durchgeführt wird;

2. in den Fällen des Absatzes 2 Nr. 1 der Beginn des Kalenderjahres, auf den sich erstmals ein abweichender Steuermessbetrag ergibt. § 16 Abs. 3 ist entsprechend anzuwenden;

3. in den Fällen des Absatzes 2 Nr. 2 der Beginn des Kalenderjahres, in dem der Fehler dem Finanzamt bekannt wird, bei einer Erhöhung des Steuermessbetrags jedoch frühestens der Beginn des Kalenderjahres, in dem der Steuermessbescheid erteilt wird.

(4) Treten die Voraussetzungen für eine Neuveranlagung während des Zeitraums zwischen dem Hauptveranlagungszeitpunkt und dem Zeitpunkt des Wirksamwerdens der Steuermessbeträge (§ 16 Abs. 2) ein, so wird die Neuveranlagung auf den Zeitpunkt des Wirksamwerdens der Steuermessbeträge vorgenommen.

§ 18
Nachveranlagung

(1) Wird eine Nachfeststellung (§ 223 Absatz 1 des Bewertungsgesetzes) durchgeführt, so wird der Steuermessbetrag auf den Nachfeststellungszeitpunkt nachträglich festgesetzt (Nachveranlagung).

(2) Der Steuermessbetrag wird auch dann nachträglich festgesetzt, wenn der Grund für die Befreiung des Steuergegenstandes von der Grundsteuer wegfällt, der für die Berechnung der Grundsteuer maßgebende Grundsteuerwert (§ 13 Abs. 1) aber bereits festgestellt ist.

(3) Der Nachveranlagung werden die Verhältnisse im Nachveranlagungszeitpunkt zugrunde gelegt. Nachveranlagungszeitpunkt ist

1. in den Fällen des Absatzes 1 der Beginn des Kalenderjahres, auf den der Grundsteuerwert nachträglich festgestellt wird;
2. in den Fällen des Absatzes 2 der Beginn des Kalenderjahres, der auf den Wegfall des Befreiungsgrundes folgt. § 16 Abs. 3 ist entsprechend anzuwenden.

(4) Treten die Voraussetzungen für eine Nachveranlagung während des Zeitraums zwischen dem Hauptveranlagungszeitpunkt und dem Zeitpunkt des Wirksamwerdens der Steuermessbeträge (§ 16 Abs. 2) ein, so wird die Nachveranlagung auf den Zeitpunkt des Wirksamwerdens der Steuermessbeträge vorgenommen.

§ 19
Anzeigepflicht

(1) Jede Änderung in der Nutzung oder in den Eigentumsverhältnissen eines ganz oder teilweise von der Grundsteuer befreiten Steuergegenstandes hat derjenige anzuzeigen, der nach § 10 als Steuerschuldner in Betracht kommt. Die Anzeige ist innerhalb von drei Monaten nach Eintritt der Änderung bei dem Finanzamt zu erstatten, das für die Festsetzung des Steuermessbetrags zuständig ist.

(2) Den Wegfall der Voraussetzungen für die ermäßigte Steuermesszahl nach § 15 Absatz 2 bis 5 hat derjenige anzuzeigen, der nach § 10 als Steuerschuldner in Betracht kommt. Die Anzeige ist innerhalb von drei Monaten nach dem Wegfall der Voraussetzungen bei dem Finanzamt zu erstatten, das für die Festsetzung des Steuermessbetrags zuständig ist.

§ 20
Aufhebung des Steuermessbetrags

(1) Der Steuermessbetrag wird aufgehoben

1. wenn der Grundsteuerwert aufgehoben wird oder
2. wenn dem Finanzamt bekannt wird, dass
   a) für den ganzen Steuergegenstand ein Befreiungsgrund eingetreten ist oder
   b) der Steuermessbetrag fehlerhaft festgesetzt worden ist.

(2) Der Steuermessbetrag wird aufgehoben

1. in den Fällen des Absatzes 1 Nr. 1 mit Wirkung vom Aufhebungszeitpunkt (§ 224 Absatz 2 des Bewertungsgesetzes) an;
2. in den Fällen des Absatzes 1 Nr. 2 Buchstabe a mit Wirkung vom Beginn des Kalenderjahres an, der auf den Eintritt des Befreiungsgrundes folgt. § 16 Abs. 3 ist entsprechend anzuwenden;
3. in den Fällen des Absatzes 1 Nr. 2 Buchstabe b mit Wirkung vom Beginn des Kalenderjahres an, in dem der Fehler dem Finanzamt bekannt wird.

(3) Treten die Voraussetzungen für eine Aufhebung während des Zeitraums zwischen dem Hauptveranlagungszeitpunkt und dem Zeitpunkt des Wirksamwerdens der Steuermessbeträge (§ 16 Abs. 2) ein, so wird die Aufhebung auf den Zeitpunkt des Wirksamwerdens der Steuermessbeträge vorgenommen.

§ 21
Änderung von Steuermessbescheiden

Bescheide über die Neuveranlagung oder die Nachveranlagung von Steuermessbeträgen können schon vor dem maßgebenden Veranlagungszeitpunkt erteilt werden. Sie sind zu ändern oder aufzuheben, wenn sich bis zu diesem Zeitpunkt Änderungen ergeben, die zu einer abweichenden Festsetzung führen.

§ 22
Zerlegung des Steuermessbetrags

(1) Erstreckt sich der Steuergegenstand über mehrere Gemeinden, so ist der Steuermessbetrag vorbehaltlich des § 24 anteilig in die auf die einzelnen Gemeinden entfallenden Anteile zu zerlegen (Zerlegungsanteile).

(2) Zerlegungsmaßstab ist bei Betrieben der Land- und Forstwirtschaft der nach § 239 Absatz 2 des Bewertungsgesetzes ermittelte Gemeindeanteil am Grundsteuerwert des Betriebs der Land- und Forstwirtschaft.

(3) Zerlegungsmaßstab ist bei Grundstücken das Verhältnis, in dem die auf die einzelnen Gemeinden entfallenden Flächengrößen zueinander stehen. Führt die Zerlegung nach Flächengrößen zu einem offenbar unbilligen Ergebnis, sind die Zerlegungsanteile maßgebend, auf die sich die Gemeinden mit dem Steuerschuldner einigen.

(4) Entfällt auf eine Gemeinde ein Zerlegungsanteil von weniger als 25 Euro, so ist dieser Anteil der Gemeinde zuzuweisen, der nach Absatz 2 oder 3 der größte Zerlegungsanteil zusteht.

§ 23
Zerlegungsstichtag

(1) Der Zerlegung des Steuermessbetrags werden die Verhältnisse in dem Feststellungszeitpunkt zugrunde gelegt, auf den der für die Festsetzung des Steuermessbetrags maßgebende Grundsteuerwert festgestellt worden ist.

(2) Ändern sich die Grundlagen für die Zerlegung, ohne dass der Grundsteuerwert fortgeschrieben oder nachträglich festgestellt wird, so sind die Zerlegungsanteile nach dem Stand vom 1. Januar des folgenden Jahres neu zu ermitteln, wenn wenigstens bei einer Gemeinde der neue Anteil um mehr als ein Zehntel, mindestens aber um zehn Euro von ihrem bisherigen Anteil abweicht.

§ 24
Ersatz der Zerlegung durch Steuerausgleich

Die Landesregierung kann durch Rechtsverordnung bestimmen, dass bei Betrieben der Land- und Forstwirtschaft, die sich über mehrere Gemeinden erstrecken, aus Vereinfachungsgründen an Stelle der Zerlegung ein Steuerausgleich stattfindet. Beim Steuerausgleich wird der gesamte Steuermessbetrag der Gemeinde zugeteilt, in der der wertvollste Teil des Steuergegenstandes liegt (Sitzgemeinde); an dem Steueraufkommen der Sitzgemeinde werden die übrigen Gemeinden beteiligt. Die Beteiligung soll annähernd zu dem Ergebnis führen, das bei einer Zerlegung einträte.

Abschnitt III
Festsetzung und Entrichtung der Grundsteuer

§ 25
Festsetzung des Hebesatzes

(1) Die Gemeinde bestimmt, mit welchem Hundertsatz des Steuermessbetrags oder des Zerlegungsanteils die Grundsteuer zu erheben ist (Hebesatz).

(2) Der Hebesatz ist für ein oder mehrere Kalenderjahre, höchstens jedoch für den Hauptveranlagungszeitraum der Steuermessbeträge festzusetzen.

(3) Der Beschluss über die Festsetzung oder Änderung des Hebesatzes ist bis zum 30. Juni eines Kalenderjahres mit Wirkung vom Beginn dieses Kalenderjahres zu fassen. Nach diesem Zeitpunkt kann der Beschluss über die Festsetzung des Hebesatzes gefasst werden, wenn der Hebesatz die Höhe der letzten Festsetzung nicht überschreitet.

(4) Der Hebesatz muss jeweils einheitlich sein

1. für die in einer Gemeinde liegenden Betriebe der Land- und Forstwirtschaft;
2. für die in einer Gemeinde liegenden Grundstücke.

Wird das Gebiet von Gemeinden geändert, so kann die Landesregierung oder die von ihr bestimmte Stelle für die von der Änderung betroffenen Gebietsteile auf eine bestimmte Zeit verschiedene Hebesätze zulassen.[1)]

§ 26
Koppelungsvorschriften und Höchsthebesätze

In welchem Verhältnis die Hebesätze für die Grundsteuer der Betriebe der Land- und Forstwirtschaft, für die Grundsteuer der Grundstücke und für die Gewerbesteuer zueinander stehen müssen, welche Höchstsätze nicht überschritten werden dürfen und inwieweit mit Genehmigung der Gemeindeaufsichtsbehörde Ausnahmen zugelassen werden können, bleibt einer landesrechtlichen Regelung vorbehalten.

§ 27
Festsetzung der Grundsteuer

(1) Die Grundsteuer wird für das Kalenderjahr festgesetzt. Ist der Hebesatz für mehr als ein Kalenderjahr festgesetzt, kann auch die jährlich zu erhebende Grundsteuer für die einzelnen Kalenderjahre dieses Zeitraums festgesetzt werden.

(2) Wird der Hebesatz geändert (§ 25 Abs. 3), so ist die Festsetzung nach Absatz 1 zu ändern.

(3) Für diejenigen Steuerschuldner, die für das Kalenderjahr die gleiche Grundsteuer wie im Vorjahr zu entrichten haben, kann die Grundsteuer durch öffentliche Bekanntmachung festgesetzt werden. Für die Steuerschuldner treten mit dem Tage der öffentlichen Bekanntmachung die gleichen Rechtswirkungen ein, wie wenn ihnen an diesem Tage ein schriftlicher Steuerbescheid zugegangen wäre.

§ 28
Fälligkeit

(1) Die Grundsteuer wird zu je einem Viertel ihres Jahresbetrags am 15. Februar, 15. Mai, 15. August und 15. November fällig.

(2) Die Gemeinden können bestimmen, dass Kleinbeträge wie folgt fällig werden:

1. am 15. August mit ihrem Jahresbetrag, wenn dieser fünfzehn Euro nicht übersteigt;
2. am 15. Februar und 15. August zu je einer Hälfte ihres Jahresbetrags, wenn dieser dreißig Euro nicht übersteigt.

(3) Auf Antrag des Steuerschuldners kann die Grundsteuer abweichend vom Absatz 1 oder Absatz 2 Nr. 2 am 1. Juli in einem Jahresbetrag entrichtet werden. Der Antrag muss spätestens bis zum 30. September des vorangehenden Kalenderjahres gestellt werden. Die beantragte Zahlungsweise bleibt so lange maßgebend, bis ihre Änderung beantragt wird; die Änderung muss spätestens bis zum 30. September des vorangehenden Jahres beantragt werden.

§ 29
Vorauszahlungen

Der Steuerschuldner hat bis zur Bekanntgabe eines neuen Steuerbescheids zu den bisherigen Fälligkeitstagen Vorauszahlungen unter Zugrundelegung der zuletzt festgesetzten Jahressteuer zu entrichten.

§ 30
Abrechnung über die Vorauszahlungen

(1) Ist die Summe der Vorauszahlungen, die bis zur Bekanntgabe des neuen Steuerbescheids zu entrichten waren (§ 29), kleiner als die Steuer, die sich nach dem bekanntgegebenen Steuerbescheid für die vorausgegangenen Fälligkeitstage ergibt (§ 28), so ist der Unterschiedsbetrag innerhalb eines Monats nach Bekanntgabe des Steuerbescheids zu entrichten. Die Verpflichtung, rückständige Vorauszahlungen schon früher zu entrichten, bleibt unberührt.

(2) Ist die Summe der Vorauszahlungen, die bis zur Bekanntgabe des neuen Steuerbescheids entrichtet worden sind, größer als die Steuer, die sich nach dem bekanntgegebenen Steuerbescheid für die vorangegangenen Fälligkeitstage ergibt, so wird der Unterschiedsbetrag nach Bekanntgabe des Steuerbescheids durch Aufrechnung oder Zurückzahlung ausgeglichen.

(3) Die Absätze 1 und 2 gelten entsprechend, wenn der Steuerbescheid aufgehoben oder geändert wird.

§ 31
Nachentrichtung der Steuer

Hatte der Steuerschuldner bis zur Bekanntgabe der Jahressteuer keine Vorauszahlungen nach § 29 zu entrichten, so hat er die Steuer, die sich nach dem bekanntgegebenen Steuerbescheid für die vorangegangenen Fälligkeitstage ergibt (§ 28), innerhalb eines Monats nach Bekanntgabe des Steuerbescheids zu entrichten.

Abschnitt IV
Erlass der Grundsteuer

§ 32
Erlass
für Kulturgut und Grünanlagen

(1) Die Grundsteuer ist zu erlassen

1. für Grundbesitz oder Teile von Grundbesitz, dessen Erhaltung wegen seiner Bedeutung für Kunst, Geschichte, Wissenschaft oder Naturschutz im öffentlichen Interesse liegt, wenn die erzielten Einnahmen und die sonstigen Vorteile (Rohertrag) in der Regel unter den jährlichen Kosten liegen. Bei Park- und Gartenanlagen von geschichtlichem Wert ist der Erlass von der weiteren Voraussetzung abhängig, dass sie in dem billigerweise zu fordernden Umfang der Öffentlichkeit zugänglich gemacht sind;
2. für öffentliche Grünanlagen, Spiel- und Sportplätze, wenn die jährlichen Kosten in der Regel den Rohertrag übersteigen.

(2) Ist der Rohertrag für Grundbesitz, in dessen Gebäuden Gegenstände von wissenschaftlicher, künstlerischer oder geschichtlicher Bedeutung, insbesondere Sammlungen oder Bibliotheken, dem Zweck der Forschung oder Volksbildung nutzbar gemacht sind, durch die Benutzung zu den genannten

---

[1)] zu § 25 Absatz 4: § 25 Absatz 4 und 5 in der ab dem 01.01.2025 geltenden Fassung gemäß Gesetz zur Änderung des Grundsteuergesetzes zur Mobilisierung von baureifen Grundstücken für die Bebauung vom 30.11.2019 siehe S. 169

Zwecken nachhaltig gemindert, so ist von der Grundsteuer der Hundertsatz zu erlassen, um den der Rohertrag gemindert ist. Das gilt nur, wenn die wissenschaftliche, künstlerische oder geschichtliche Bedeutung der untergebrachten Gegenstände durch die Landesregierung oder die von ihr beauftragte Stelle anerkannt ist.

§ 33
Erlass wegen
wesentlicher Reinertragsminderung
bei Betrieben der Land- und Forstwirtschaft

(1) Die Grundsteuer wird in Höhe von 25 Prozent erlassen, wenn bei Betrieben der Land- und Forstwirtschaft der tatsächliche Reinertrag des Steuergegenstandes um mehr als 50 Prozent gemindert ist und der Steuerschuldner die Minderung des tatsächlichen Reinertrags nicht zu vertreten hat. Beträgt die vom Steuerschuldner nicht zu vertretende Minderung des tatsächlichen Reinertrags 100 Prozent, ist die Grundsteuer abweichend von Satz 1 in Höhe von 50 Prozent zu erlassen. Der tatsächliche Reinertrag eines Betriebs der Land- und Forstwirtschaft ermittelt sich nach den Grundsätzen des § 236 Absatz 3 Satz 1 und 2 des Bewertungsgesetzes für ein Wirtschaftsjahr. Er gilt als in dem Erlasszeitraum bezogen, in dem das für den Betrieb der Land- und Forstwirtschaft maßgebliche Wirtschaftsjahr endet.

(2) Der Erlass nach Absatz 1 wird nur gewährt, wenn die Einziehung der Grundsteuer nach den wirtschaftlichen Verhältnissen des Betriebs unbillig wäre. Ein Erlass nach Absatz 1 ist insbesondere ausgeschlossen, wenn für den Betrieb der Land- und Forstwirtschaft nach § 4 Absatz 1, § 4 Absatz 3 oder § 13a des Einkommensteuergesetzes für dasjenige Wirtschaftsjahr ein Gewinn ermittelt wurde, das im Erlasszeitraum bei der Ermittlung des tatsächlichen Reinertrags nach Absatz 1 zugrunde zu legen ist.

(3) Eine Ertragsminderung ist kein Erlassgrund, wenn sie für den Erlasszeitraum durch Fortschreibung des Grundsteuerwerts berücksichtigt werden kann oder bei rechtzeitiger Stellung des Antrags auf Fortschreibung hätte berücksichtigt werden können.

§ 34
Erlass wegen wesentlicher
Ertragsminderung bei bebauten Grundstücken

(1) Die Grundsteuer wird in Höhe von 25 Prozent erlassen, wenn bei bebauten Grundstücken der normale Rohertrag des Steuergegenstandes um mehr als 50 Prozent gemindert ist und der Steuerschuldner die Minderung des normalen Rohertrags nicht zu vertreten hat. Beträgt die vom Steuerschuldner nicht zu vertretende Minderung des normalen Rohertrags 100 Prozent, ist die Grundsteuer abweichend von Satz 1 in Höhe von 50 Prozent zu erlassen. Normaler Rohertrag ist bei bebauten Grundstücken die nach den Verhältnissen zu Beginn des Erlasszeitraums geschätzte übliche Jahresmiete. Die übliche Jahresmiete ist in Anlehnung an die Miete zu ermitteln, die für Räume gleicher oder ähnlicher Art, Lage und Ausstattung regelmäßig gezahlt wird. Betriebskosten sind nicht einzubeziehen.

(2) Bei eigengewerblich genutzten bebauten Grundstücken gilt als Minderung des normalen Rohertrags die Minderung der Ausnutzung des Grundstücks. In diesen Fällen wird der Erlass nach Absatz 1 nur gewährt, wenn die Einziehung der Grundsteuer nach den wirtschaftlichen Verhältnissen des Betriebs unbillig wäre.

(3) Wird nur ein Teil des Grundstücks eigengewerblich genutzt, so ist die Ertragsminderung für diesen Teil nach Absatz 2, für den übrigen Teil nach Absatz 1 zu bestimmen. In diesen Fällen ist für den ganzen Steuergegenstand ein einheitlicher Prozentsatz der Ertragsminderung nach dem Anteil der einzelnen Teile am Grundsteuerwert des Grundstücks zu ermitteln.

(4) Eine Ertragsminderung ist kein Erlassgrund, wenn sie für den Erlasszeitraum durch Fortschreibung des Grundsteuerwerts berücksichtigt werden kann oder bei rechtzeitiger Stellung des Antrags auf Fortschreibung hätte berücksichtigt werden können.

§ 35
Verfahren

(1) Der Erlass wird jeweils nach Ablauf eines Kalenderjahres für die Grundsteuer ausgesprochen, die für das Kalenderjahr festgesetzt worden ist (Erlasszeitraum). Maßgebend für die Entscheidung über den Erlass sind die Verhältnisse des Erlasszeitraums.

(2) Der Erlass wird nur auf Antrag gewährt. Der Antrag ist bis zu dem auf den Erlasszeitraum folgenden 31. März zu stellen.

(3) In den Fällen des § 32 bedarf es keiner jährlichen Wiederholung des Antrags. Der Steuerschuldner ist verpflichtet, eine Änderung der maßgeblichen Verhältnisse der Gemeinde binnen drei Monaten nach Eintritt der Änderung anzuzeigen.

Abschnitt V
Übergangs- und Schlussvorschriften

§ 36
Sondervorschriften
für die Hauptveranlagung 2025

(1) Auf den 1. Januar 2025 findet eine Hauptveranlagung der Grundsteuermessbeträge statt (Hauptveranlagung 2025).

(2) Die in der Hauptveranlagung 2025 festgesetzten Steuermessbeträge gelten abweichend von § 16 Absatz 2 vorbehaltlich der §§ 17 bis 20 mit Wirkung von dem am 1. Januar 2025 beginnenden Kalenderjahr an. Der Beginn dieses Kalenderjahres ist der Hauptveranlagungszeitpunkt.

(3) Bescheide über die Hauptveranlagung können schon vor dem Hauptveranlagungszeitpunkt erteilt werden. § 21 Satz 2 ist entsprechend anzuwenden.

§ 37
Anwendung des Gesetzes

(1) Diese Fassung des Gesetzes gilt erstmals für die Grundsteuer des Kalenderjahres 2025.

(2) Für die Grundsteuer bis einschließlich zum Kalenderjahr 2024 findet das Grundsteuergesetz in der Fassung vom 7. August 1973 (BGBl. I S. 965), das zuletzt durch Artikel 38 des Gesetzes vom 19. Dezember 2008 (BGBl. I S. 2794) [1] geändert worden ist, weiter Anwendung.

(3) [2]

§ 38
Bekanntmachung

Das Bundesministerium der Finanzen wird ermächtigt, den Wortlaut dieses Gesetzes in der jeweils geltenden Fassung bekannt zu machen.

---

1) zu § 37 Absatz 2: Für die Grundsteuer bis einschließlich zum Kalenderjahr 2024 findet das Grundsteuergesetz in der Fassung vom 7. August 1973 (BGBl. I S. 965), das zuletzt durch Artikel 38 des Gesetzes vom 19. Dezember 2008 (BGBl. I S. 2794) geändert worden ist, weiter Anwendung (siehe S. 170)

2) zu § 37 Absatz 3: § 37 Absatz 3 in der ab dem 01.01.2025 geltenden Fassung gemäß Gesetz zur Änderung des Grundsteuergesetzes zur Mobilisierung von baureifen Grundstücken für die Bebauung vom 30.11.2019 siehe S. 169

§ 25 Absatz 4 und 5 Grundsteuergesetz in der ab dem 01.01.2025 geltenden Fassung:

§ 25 Absatz 4 wird durch die folgenden Absätze 4 und 5 ersetzt:

(4) Der Hebesatz muss vorbehaltlich des Absatzes 5 jeweils einheitlich sein

1. *für die in einer Gemeinde liegenden Betriebe der Land- und Forstwirtschaft und*
2. *für die in einer Gemeinde liegenden Grundstücke.*

Werden Gemeindegebiete geändert, so kann die Landesregierung oder die von ihr bestimmte Stelle für die von der Änderung betroffenen Gebietsteile für eine bestimmte Zeit verschiedene Hebesätze zulassen.

(5) Die Gemeinde kann aus städtebaulichen Gründen baureife Grundstücke als besondere Grundstücksgruppe innerhalb der unbebauten Grundstücke im Sinne des § 246 des Bewertungsgesetzes bestimmen und abweichend von Absatz 4 Satz 1 Nummer 2 für die Grundstücksgruppe der baureifen Grundstücke einen gesonderten Hebesatz festsetzen. Baureife Grundstücke sind unbebaute Grundstücke im Sinne des § 246 des Bewertungsgesetzes, die nach Lage, Form und Größe und ihrem sonstigen tatsächlichen Zustand sowie nach öffentlich-rechtlichen Vorschriften sofort bebaut werden könnten. Eine erforderliche, aber noch nicht erteilte Baugenehmigung sowie zivilrechtliche Gründe, die einer sofortigen Bebauung entgegenstehen, sind unbeachtlich. Als städtebauliche Gründe kommen insbesondere die Deckung eines erhöhten Bedarfs an Wohn- und Arbeitsstätten sowie Gemeinbedarfs- und Folgeeinrichtungen, die Nachverdichtung bestehender Siedlungsstrukturen oder die Stärkung der Innenentwicklung in Betracht. Die Gemeinde hat den gesonderten Hebesatz auf einen bestimmten Gemeindeteil zu beschränken, wenn nur für diesen Gemeindeteil die städtebaulichen Gründe vorliegen. Der Gemeindeteil muss mindestens 10 Prozent des gesamten Gemeindegebiets umfassen und in dem Gemeindeteil müssen mehrere baureife Grundstücke belegen sein. Die genaue Bezeichnung der baureifen Grundstücke, deren Lage sowie das Gemeindegebiet, auf das sich der gesonderte Hebesatz bezieht, sind jeweils nach den Verhältnissen zu Beginn eines Kalenderjahres von der Gemeinde zu bestimmen, in einer Karte nachzuweisen und im Wege einer Allgemeinverfügung öffentlich bekannt zu geben. In der Allgemeinverfügung sind die städtebaulichen Erwägungen nachvollziehbar darzulegen und die Wahl des Gemeindegebiets, auf das sich der gesonderte Hebesatz beziehen soll, zu begründen. Hat eine Gemeinde die Grundstücksgruppe baureifer Grundstücke bestimmt und für die Grundstücksgruppe der baureifen Grundstücke einen gesonderten Hebesatz festgesetzt, muss dieser Hebesatz für alle in der Gemeinde oder dem Gemeindeteil liegenden baureifen Grundstücke einheitlich und höher als der einheitliche Hebesatz für die übrigen in der Gemeinde liegenden Grundstücke sein.

§ 37 Absatz 3 Grundsteuergesetz in der ab dem 01.01.2025 geltenden Fassung:

Dem § 37 wird folgender Absatz 3 angefügt:

(3) § 25 Absatz 4 und 5 in der am 1. Januar 2025 geltenden Fassung ist erstmals bei der Hauptveranlagung auf den 1. Januar 2025 anzuwenden.

Grundsteuergesetz (GrStG)

vom 7. August 1973 (BGBl. I S. 965)
zuletzt geändert durch Gesetz vom 19.12.2008 (BGBl. I S. 2794)

(Aktuelle Fassung)

Abschnitt I
Steuerpflicht

§ 1
Heberecht

(1) Die Gemeinde bestimmt, ob von dem in ihrem Gebiet liegenden Grundbesitz Grundsteuer zu erheben ist.

(2) Bestehen in einem Land keine Gemeinden, so stehen das Recht des Absatzes 1 und die in diesem Gesetz bestimmten weiteren Rechte dem Land zu.

(3) Für den in gemeindefreien Gebieten liegenden Grundbesitz bestimmt die Landesregierung durch Rechtsverordnung, wer die nach diesem Gesetz den Gemeinden zustehenden Befugnisse ausübt.

§ 2
Steuergegenstand

Steuergegenstand ist der Grundbesitz im Sinne des Bewertungsgesetzes:

1. die Betriebe der Land- und Forstwirtschaft (§§ 33, 48 a und 51 a des Bewertungsgesetzes). Diesen stehen die in § 99 Abs. 1 Nr. 2 des Bewertungsgesetzes bezeichneten Betriebsgrundstücke gleich;
2. die Grundstücke (§§ 68, 70 des Bewertungsgesetzes). Diesen stehen die in § 99 Abs. 1 Nr. 1 des Bewertungsgesetzes bezeichneten Betriebsgrundstücke gleich.

§ 3
Steuerbefreiung für Grundbesitz bestimmter Rechtsträger

(1) Von der Grundsteuer sind befreit

1. Grundbesitz, der von einer inländischen juristischen Person des öffentlichen Rechts für einen öffentlichen Dienst oder Gebrauch benutzt wird. Ausgenommen ist der Grundbesitz, der von Berufsvertretungen und Berufsverbänden sowie von Kassenärztlichen Vereinigungen und Kassenärztlichen Bundesvereinigungen benutzt wird;
2. Grundbesitz, der vom Bundeseisenbahnvermögen für Verwaltungszwecke benutzt wird;
3. Grundbesitz, der von
   a) einer inländischen juristischen Person des öffentlichen Rechts,
   b) einer inländischen Körperschaft, Personenvereinigung oder Vermögensmasse, die nach der Satzung, dem Stiftungsgeschäft oder der sonstigen Verfassung und nach ihrer tatsächlichen Geschäftsführung ausschließlich und unmittelbar gemeinnützigen oder mildtätigen Zwecken dient,

   für gemeinnützige oder mildtätige Zwecke benutzt wird;
4. Grundbesitz, der von einer Religionsgesellschaft, die Körperschaft des öffentlichen Rechts ist, einem ihrer Orden, einer ihrer religiösen Genossenschaften oder einem ihrer Verbände für Zwecke der religiösen Unterweisung, der Wissenschaft, des Unterrichts, der Erziehung oder für Zwecke der eigenen Verwaltung benutzt wird. Den Religionsgesellschaften stehen die jüdischen Kultusgemeinden gleich, die nicht Körperschaften des öffentlichen Rechts sind;
5. Dienstwohnungen der Geistlichen und Kirchendiener der Religionsgesellschaften, die Körperschaften des öffentlichen Rechts sind, und der jüdischen Kultusgemeinden. § 5 ist insoweit nicht anzuwenden;
6. Grundbesitz der Religionsgesellschaften, die Körperschaften des öffentlichen Rechts sind, und der jüdischen Kultusgemeinden, der am 1. Januar 1987 und im Veranlagungszeitpunkt zu einem nach Kirchenrecht gesonderten Vermögen, insbesondere einem Stellenfonds gehört, dessen Erträge ausschließlich für die Besoldung und Versorgung der Geistlichen und Kirchendiener sowie ihrer Hinterbliebenen bestimmt sind. Ist in dem in Artikel 3 des Einigungsvertrages genannten Gebiet die Zugehörigkeit des Grundbesitzes zu einem gesonderten Vermögen im Sinne des Satzes 1 am 1. Januar 1987 nicht gegeben, reicht es insoweit aus, dass der Grundbesitz zu einem Zeitpunkt vor dem 1. Januar 1987 zu einem gesonderten Vermögen im Sinne des Satzes 1 gehörte. Die §§ 5 und 6 sind insoweit nicht anzuwenden.

Der Grundbesitz muss ausschließlich demjenigen, der ihn für die begünstigten Zwecke benutzt, oder einem anderen nach den Nummern 1 bis 6 begünstigten Rechtsträger zuzurechnen sein. Satz 2 gilt nicht, wenn der Grundbesitz von einem nicht begünstigten Rechtsträger im Rahmen einer Öffentlich Privaten Partnerschaft einer juristischen Person des öffentlichen Rechts für einen öffentlichen Dienst oder Gebrauch überlassen wird und die Übertragung auf den Nutzer am Ende des Vertragszeitraums vereinbart ist.

(2) Öffentlicher Dienst oder Gebrauch im Sinne dieses Gesetzes ist die hoheitliche Tätigkeit oder der bestimmungsmäße Gebrauch durch die Allgemeinheit. Ein Entgelt für den Gebrauch durch die Allgemeinheit darf nicht in der Absicht, Gewinn zu erzielen, gefordert werden.

(3) Öffentlicher Dienst oder Gebrauch im Sinne dieses Gesetzes ist nicht anzunehmen bei Betrieben gewerblicher Art von juristischen Personen des öffentlichen Rechts im Sinne des Körperschaftsteuergesetzes.

§ 4
Sonstige Steuerbefreiungen

Soweit sich nicht bereits eine Befreiung nach § 3 ergibt, sind von der Grundsteuer befreit

1. Grundbesitz, der dem Gottesdienst einer Religionsgesellschaft, die Körperschaft des öffentlichen Rechts ist, oder einer jüdischen Kultusgemeinde gewidmet ist;
2. Bestattungsplätze;
3. a) die dem öffentlichen Verkehr dienenden Straßen, Wege, Plätze, Wasserstraßen, Häfen und Schienenwege, sowie die Grundflächen mit den diesem Verkehr unmittelbar dienenden Bauwerken und Einrichtungen, zum Beispiel Brücken, Schleuseneinrichtungen, Signalstationen, Stellwerke, Blockstellen;
   b) auf Verkehrsflughäfen und Verkehrslandeplätzen alle Flächen, die unmittelbar zur Gewährleistung eines ordnungsgemäßen Flugbetriebes notwendig sind und von Hochbauten und sonstigen Luftfahrthindernissen freigehalten werden müssen, die Grundflächen mit den Bauwerken und Einrichtungen, die unmittelbar diesem Betrieb dienen, sowie die Grundflächen ortsfester Flugsicherungsanlagen einschließlich der Flächen, die für einen einwandfreien Betrieb dieser Anlagen erforderlich sind;
   c) die fließenden Gewässer und die ihren Abfluss regelnden Sammelbecken, soweit sie nicht unter Buchstabe a fallen;
4. die Grundflächen mit den im Interesse der Ordnung und Verbesserung der Wasser- und Bodenverhältnisse unterhal-

tenen Einrichtungen der öffentlich-rechtlichen Wasser- und Bodenverbände und die im öffentlichen Interesse staatlich unter Schau gestellten Privatdeiche;

5. Grundbesitz, der für Zwecke der Wissenschaft, des Unterrichts oder der Erziehung benutzt wird, wenn durch die Landesregierung oder die von ihr beauftragte Stelle anerkannt ist, dass der Benutzungszweck im Rahmen der öffentlichen Aufgaben liegt. Der Grundbesitz muss ausschließlich demjenigen, der ihn benutzt, oder einer juristischen Person des öffentlichen Rechts zuzurechnen sein;

6. Grundbesitz, der für die Zwecke eines Krankenhauses benutzt wird, wenn das Krankenhaus in dem Kalenderjahr, das dem Veranlagungszeitpunkt (§ 13 Abs. 1) vorangeht, die Voraussetzungen des § 67 Abs. 1 oder 2 der Abgabenordnung erfüllt hat. Der Grundbesitz muss ausschließlich demjenigen, der ihn benutzt, oder einer juristischen Person des öffentlichen Rechts zuzurechen sein.

§ 5
Zu Wohnzwecken benutzter Grundbesitz

(1) Dient Grundbesitz, der für steuerbegünstigte Zwecke (§§ 3 und 4) benutzt wird, zugleich Wohnzwecken, gilt die Befreiung nur für

1. Gemeinschaftsunterkünfte der Bundeswehr, der ausländischen Streitkräfte, der internationalen militärischen Hauptquartiere, der Bundespolizei, der Polizei und des sonstigen Schutzdienstes des Bundes und der Gebietskörperschaften sowie ihrer Zusammenschlüsse;

2. Wohnräume in Schülerheimen, Ausbildungs- und Erziehungsheimen sowie Prediger- und Priesterseminaren, wenn die Unterbringung in ihnen für die Zwecke des Unterrichts, der Ausbildung oder der Erziehung erforderlich ist. Wird das Heim oder Seminar nicht von einem der nach § 3 Abs. 1 Nr. 1, 3 oder 4 begünstigten Rechtsträger unterhalten, so bedarf es einer Anerkennung der Landesregierung oder der von ihr beauftragten Stelle, dass die Unterhaltung des Heims oder Seminars im Rahmen der öffentlichen Aufgaben liegt;

3. Wohnräume, wenn der steuerbegünstigte Zweck im Sinne des § 3 Abs. 1 Nr. 1, 3 oder 4 nur durch ihre Überlassung erreicht werden kann;

4. Räume, in denen sich Personen für die Erfüllung der steuerbegünstigten Zwecke ständig bereithalten müssen (Bereitschaftsräume), wenn sie nicht zugleich die Wohnung des Inhabers darstellen.

(2) Wohnungen sind stets steuerpflichtig, auch wenn die Voraussetzungen des Absatzes 1 vorliegen.

§ 6
Land- und forstwirtschaftlich genutzter Grundbesitz

Wird Grundbesitz, der für steuerbegünstigte Zwecke (§§ 3 und 4) benutzt wird, zugleich land- und forstwirtschaftlich genutzt, so gilt die Befreiung nur für

1. Grundbesitz, der Lehr- oder Versuchszwecken dient;
2. Grundbesitz, der von der Bundeswehr, den ausländischen Streitkräften, den internationalen militärischen Hauptquartieren oder den in § 5 Abs. 1 Nr. 1 bezeichneten Schutzdiensten als Übungsplatz oder Flugplatz benutzt wird;
3. Grundbesitz, der unter § 4 Nr. 1 bis 4 fällt.

§ 7
Unmittelbare Benutzung für einen steuerbegünstigten Zweck

Die Befreiung nach den §§ 3 und 4 tritt nur ein, wenn der Steuergegenstand für den steuerbegünstigten Zweck unmittelbar benutzt wird. Unmittelbare Benutzung liegt vor, sobald der Steuergegenstand für den steuerbegünstigten Zweck hergerichtet wird.

§ 8
Teilweise Benutzung für einen steuerbegünstigten Zweck

(1) Wird ein räumlich abgegrenzter Teil des Steuergegenstandes für steuerbegünstigte Zwecke (§§ 3 und 4) benutzt, so ist nur dieser Teil des Steuergegenstandes steuerfrei.

(2) Dient der Steuergegenstand oder ein Teil des Steuergegenstandes (Absatz 1) sowohl steuerbegünstigten Zwecken (§§ 3 und 4) als auch anderen Zwecken, ohne dass eine räumliche Abgrenzung für die verschiedenen Zwecke möglich ist, so ist der Steuergegenstand oder der Teil des Steuer-gegenstandes nur befreit, wenn die steuerbegünstigten Zwecke überwiegen.

§ 9
Stichtag für die Festsetzung der Grundsteuer; Entstehung der Steuer

(1) Die Grundsteuer wird nach den Verhältnissen zu Beginn des Kalenderjahres festgesetzt.

(2) Die Steuer entsteht mit dem Beginn des Kalenderjahres, für das die Steuer festzusetzen ist.

§ 10
Steuerschuldner

(1) Schuldner der Grundsteuer ist derjenige, dem der Steuergegenstand bei der Feststellung des Einheitswertes zugerechnet ist.

(2) Derjenige, dem ein Erbbaurecht, ein Wohnungserbbaurecht oder ein Teilerbbaurecht zugerechnet ist, ist auch Schuldner der Grundsteuer für die wirtschaftliche Einheit des belasteten Grundstücks.

(3) Ist der Steuergegenstand mehreren Personen zugerechnet, so sind sie Gesamtschuldner.

§ 11
Persönliche Haftung

(1) Neben dem Steuerschuldner haften der Nießbraucher des Steuergegenstandes und derjenige, dem ein dem Nießbrauch ähnliches Recht zusteht.

(2) Wird ein Steuergegenstand ganz oder zu einem Teil einer anderen Person übereignet, so haftet der Erwerber neben dem früheren Eigentümer für die auf den Steuergegenstand oder Teil des Steuergegenstandes entfallende Grundsteuer, die für die Zeit seit dem Beginn des letzten vor der Übereignung liegenden Kalenderjahres zu entrichten ist. Das gilt nicht für Erwerbe aus einer Insolvenzmasse und für Erwerbe im Vollstreckungsverfahren.

§ 12
Dingliche Haftung

Die Grundsteuer ruht auf dem Steuergegenstand als öffentliche Last.

Abschnitt II
Bemessung der Grundsteuer

§ 13
Steuermesszahl und Steuermessbetrag

(1) Bei der Berechnung der Grundsteuer ist von einem Steuermessbetrag auszugehen. Dieser ist durch Anwendung eines Tausendsatzes (Steuermesszahl) auf den Einheitswert oder seinen steuerpflichtigen Teil zu ermitteln, der nach dem Bewertungsgesetz im Veranlagungszeitpunkt (§ 16 Abs. 1, § 17

Abs. 3, § 18 Abs. 3) für den Steuergegenstand maßgebend ist.

(2) (aufgehoben)

(3) In den Fällen des § 10 Abs. 2 ist der Berechnung des Steuermessbetrags die Summe der beiden Einheitswerte zugrunde zu legen, die nach § 92 des Bewertungsgesetzes festgestellt werden.

§ 14
Steuermesszahl für Betriebe der Land- und Forstwirtschaft

Für Betriebe der Land- und Forstwirtschaft beträgt die Steuermesszahl 6 vom Tausend.

§ 15
Steuermesszahl für Grundstücke

(1) Die Steuermesszahl beträgt 3,5 vom Tausend.

(2) Abweichend von Absatz 1 beträgt die Steuermesszahl

1. für Einfamilienhäuser im Sinne des § 75 Abs. 5 des Bewertungsgesetzes mit Ausnahme des Wohnungseigentums und des Wohnungserbbaurechts einschließlich des damit belasteten Grundstücks 2,6 vom Tausend für die ersten 38.346,89 Euro des Einheitswerts oder seines steuerpflichtigen Teils und 3,5 vom Tausend für den Rest des Einheitswerts oder seines steuerpflichtigen Teils;

2. für Zweifamilienhäuser im Sinne des § 75 Abs. 6 des Bewertungsgesetzes 3,1 vom Tausend.

§ 16
Hauptveranlagung

(1) Die Steuermessbeträge werden auf den Hauptfeststellungszeitpunkt (§ 21 Abs. 2 des Bewertungsgesetzes) allgemein festgesetzt (Hauptveranlagung). Dieser Zeitpunkt ist der Hauptveranlagungszeitpunkt.

(2) Der bei der Hauptveranlagung festgesetzte Steuermessbetrag gilt vorbehaltlich der §§ 17 und 20 von dem Kalenderjahr an, das zwei Jahre nach dem Hauptveranlagungszeitpunkt beginnt. Dieser Steuermessbetrag bleibt unbeschadet der §§ 17 und 20 bis zu dem Zeitpunkt maßgebend, von dem an die Steuermessbeträge der nächsten Hauptveranlagung wirksam werden. Der sich nach den Sätzen 1 und 2 ergebende Zeitraum ist der Hauptveranlagungszeitraum.

(3) Ist die Festsetzungsfrist (§ 169 der Abgabenordnung) bereits abgelaufen, so kann die Hauptveranlagung unter Zugrundelegung der Verhältnisse vom Hauptveranlagungszeitpunkt mit Wirkung für einen späteren Veranlagungszeitpunkt vorgenommen werden, für den diese Frist noch nicht abgelaufen ist.

§ 17
Neuveranlagung

(1) Wird eine Wertfortschreibung (§ 22 Abs. 1 des Bewertungsgesetzes) oder eine Artfortschreibung oder Zurechnungsfortschreibung (§ 22 Abs. 2 des Bewertungsgesetzes) durchgeführt, so wird der Steuermessbetrag auf den Fortschreibungszeitpunkt neu festgesetzt (Neuveranlagung).

(2) Der Steuermessbetrag wird auch dann neu festgesetzt, wenn dem Finanzamt bekannt wird, dass

1. Gründe, die im Feststellungsverfahren über den Einheitswert nicht zu berücksichtigen sind, zu einem anderen als dem für den letzten Veranlagungszeitraum festgesetzten Steuermessbetrag führen oder

2. die letzte Veranlagung fehlerhaft ist; § 176 der Abgabenordnung ist hierbei entsprechend anzuwenden; das gilt jedoch nur für Veranlagungszeitpunkte, die vor der Verkündung der maßgeblichen Entscheidung eines obersten Gerichts des Bundes liegen.

(3) Der Neuveranlagung werden die Verhältnisse im Neuveranlagungszeitpunkt zugrunde gelegt. Neuveranlagungszeitpunkt ist

1. in den Fällen des Absatzes 1 der Beginn des Kalenderjahres, auf den die Fortschreibung durchgeführt wird;

2. in den Fällen des Absatzes 2 Nr. 1 der Beginn des Kalenderjahres, auf den sich erstmals ein abweichender Steuermessbetrag ergibt. § 16 Abs. 3 ist entsprechend anzuwenden;

3. in den Fällen des Absatzes 2 Nr. 2 der Beginn des Kalenderjahres, in dem der Fehler dem Finanzamt bekannt wird, bei einer Erhöhung des Steuermessbetrags jedoch frühestens der Beginn des Kalenderjahres, in dem der Steuermessbescheid erteilt wird.

(4) Treten die Voraussetzungen für eine Neuveranlagung während des Zeitraums zwischen dem Hauptveranlagungszeitpunkt und dem Zeitpunkt des Wirksamwerdens der Steuermessbeträge (§ 16 Abs. 2) ein, so wird die Neuveranlagung auf den Zeitpunkt des Wirksamwerdens der Steuermessbeträge vorgenommen.

§ 18
Nachveranlagung

(1) Wird eine Nachfeststellung (§ 23 Abs. 1 des Bewertungsgesetzes) durchgeführt, so wird der Steuermessbetrag auf den Nachfeststellungszeitpunkt nachträglich festgesetzt (Nachveranlagung).

(2) Der Steuermessbetrag wird auch dann nachträglich festgesetzt, wenn der Grund für die Befreiung des Steuergegenstandes von der Grundsteuer wegfällt, der für die Berechnung der Grundsteuer maßgebende Einheitswert (§ 13 Abs. 1) aber bereits festgestellt ist.

(3) Der Nachveranlagung werden die Verhältnisse im Nachveranlagungszeitpunkt zugrunde gelegt. Nachveranlagungszeitpunkt ist

1. in den Fällen des Absatzes 1 der Beginn des Kalenderjahres, auf den der Einheitswert nachträglich festgestellt wird;

2. in den Fällen des Absatzes 2 der Beginn des Kalenderjahres, der auf den Wegfall des Befreiungsgrundes folgt. § 16 Abs. 3 ist entsprechend anzuwenden.

(4) Treten die Voraussetzungen für eine Nachveranlagung während des Zeitraums zwischen dem Hauptveranlagungszeitpunkt und dem Zeitpunkt des Wirksamwerdens der Steuermessbeträge (§ 16 Abs. 2) ein, so wird die Nachveranlagung auf den Zeitpunkt des Wirksamwerdens der Steuermessbeträge vorgenommen.

§ 19
Anzeigepflicht

Jede Änderung in der Nutzung oder in den Eigentumsverhältnissen eines ganz oder teilweise von der Grundsteuer befreiten Steuergegenstandes hat derjenige anzuzeigen, der nach § 10 als Steuerschuldner in Betracht kommt. Die Anzeige ist innerhalb von drei Monaten nach Eintritt der Änderung bei dem Finanzamt zu erstatten, das für die Festsetzung des Steuermessbetrags zuständig ist.

§ 20
Aufhebung des Steuermessbetrags

(1) Der Steuermessbetrag wird aufgehoben

1. wenn der Einheitswert aufgehoben wird oder

2. wenn dem Finanzamt bekannt wird, dass

   a) für den ganzen Steuergegenstand ein Befreiungsgrund eingetreten ist oder

b) der Steuermessbetrag fehlerhaft festgesetzt worden ist.

(2) Der Steuermessbetrag wird aufgehoben

1. in den Fällen des Absatzes 1 Nr. 1 mit Wirkung vom Aufhebungszeitpunkt (§ 24 Abs. 2 des Bewertungsgesetzes) an;
2. in den Fällen des Absatzes 1 Nr. 2 Buchstabe a mit Wirkung vom Beginn des Kalenderjahres an, der auf den Eintritt des Befreiungsgrundes folgt. § 16 Abs. 3 ist entsprechend anzuwenden;
3. in den Fällen des Absatzes 1 Nr. 2 Buchstabe b mit Wirkung vom Beginn des Kalenderjahres an, in dem der Fehler dem Finanzamt bekannt wird.

(3) Treten die Voraussetzungen für eine Aufhebung während des Zeitraums zwischen dem Hauptveranlagungszeitpunkt und dem Zeitpunkt des Wirksamwerdens der Steuermessbeträge (§ 16 Abs. 2) ein, so wird die Aufhebung auf den Zeitpunkt des Wirksamwerdens der Steuermessbeträge vorgenommen.

§ 21
Änderung von Steuermessbescheiden

Bescheide über die Neuveranlagung oder die Nachveranlagung von Steuermessbeträgen können schon vor dem maßgebenden Veranlagungszeitpunkt erteilt werden. Sie sind zu ändern oder aufzuheben, wenn sich bis zu diesem Zeitpunkt Änderungen ergeben, die zu einer abweichenden Festsetzung führen.

§ 22
Zerlegung des Steuermessbetrags

(1) Erstreckt sich der Steuergegenstand über mehrere Gemeinden, so ist der Steuermessbetrag vorbehaltlich des § 24 in die auf die einzelnen Gemeinden entfallenden Anteile zu zerlegen (Zerlegungsanteile). Für den Zerlegungsmaßstab gilt folgendes:

1. Bei Betrieben der Land- und Forstwirtschaft ist der auf den Wohnungswert entfallende Teil des Steuermessbetrags der Gemeinde zuzuweisen, in der sich der Wohnteil oder dessen wertvollster Teil befindet. Der auf den Wirtschaftswert entfallende Teil des Steuermessbetrags ist in dem Verhältnis zu zerlegen, in dem die auf die einzelnen Gemeinden entfallenden Flächengrößen zueinander stehen.
2. Bei Grundstücken ist der Steuermessbetrag in dem Verhältnis zu zerlegen, in dem die auf die einzelnen Gemeinden entfallenden Flächengrößen zueinander stehen. Führt die Zerlegung nach Flächengrößen zu einem offenbar unbilligen Ergebnis, so hat das Finanzamt auf Antrag einer Gemeinde die Zerlegung nach dem Maßstab vorzunehmen, der nach bisherigem Recht zugrunde gelegt wurde. Dies gilt nur so lange, als keine wesentliche Änderung der tatsächlichen Verhältnisse eintritt; im Falle einer wesentlichen Änderung ist nach einem Maßstab zu zerlegen, der den tatsächlichen Verhältnissen besser Rechnung trägt.

Einigen sich die Gemeinden mit dem Steuerschuldner über die Zerlegungsanteile, so sind diese maßgebend.

(2) Entfällt auf eine Gemeinde ein Zerlegungsanteil von weniger als fünfundzwanzig Euro, so ist dieser Anteil der Gemeinde zuzuweisen, der nach Absatz 1 der größte Zerlegungsanteil zusteht.

§ 23
Zerlegungsstichtag

(1) Der Zerlegung des Steuermessbetrags werden die Verhältnisse in dem Feststellungszeitpunkt zugrunde gelegt, auf den der für die Festsetzung des Steuermessbetrags maßgebende Einheitswert festgestellt worden ist.

(2) Ändern sich die Grundlagen für die Zerlegung, ohne dass der Einheitswert fortgeschrieben oder nachträglich festgestellt wird, so sind die Zerlegungsanteile nach dem Stand vom 1. Januar des folgenden Jahres neu zu ermitteln, wenn wenigstens bei einer Gemeinde der neue Anteil um mehr als ein Zehntel, mindestens aber um zehn Euro von ihrem bisherigen Anteil abweicht.

§ 24
Ersatz der Zerlegung durch Steuerausgleich

Die Landesregierung kann durch Rechtsverordnung bestimmen, dass bei Betrieben der Land- und Forstwirtschaft, die sich über mehrere Gemeinden erstrecken, aus Vereinfachungsgründen an Stelle der Zerlegung ein Steuerausgleich stattfindet. Beim Steuerausgleich wird der gesamte Steuermessbetrag der Gemeinde zugeteilt, in der der wertvollste Teil des Steuergegenstandes liegt (Sitzgemeinde); an dem Steueraufkommen der Sitzgemeinde werden die übrigen Gemeinden beteiligt. Die Beteiligung soll annähernd zu dem Ergebnis führen, das bei einer Zerlegung einträte.

Abschnitt III
Festsetzung und Entrichtung der Grundsteuer

§ 25
Festsetzung des Hebesatzes

(1) Die Gemeinde bestimmt, mit welchem Hundertsatz des Steuermessbetrags oder des Zerlegungsanteils die Grundsteuer zu erheben ist (Hebesatz).

(2) Der Hebesatz ist für ein oder mehrere Kalenderjahre, höchstens jedoch für den Hauptveranlagungszeitraum der Steuermessbeträge festzusetzen.

(3) Der Beschluss über die Festsetzung oder Änderung des Hebesatzes ist bis zum 30. Juni eines Kalenderjahres mit Wirkung vom Beginn dieses Kalenderjahres zu fassen. Nach diesem Zeitpunkt kann der Beschluss über die Festsetzung des Hebesatzes gefasst werden, wenn der Hebesatz die Höhe der letzten Festsetzung nicht überschreitet.

(4) Der Hebesatz muss jeweils einheitlich sein

1. für die in einer Gemeinde liegenden Betriebe der Land- und Forstwirtschaft;
2. für die in einer Gemeinde liegenden Grundstücke.

Wird das Gebiet von Gemeinden geändert, so kann die Landesregierung oder die von ihr bestimmte Stelle für die von der Änderung betroffenen Gebietsteile auf eine bestimmte Zeit verschiedene Hebesätze zulassen.

§ 26
Koppelungsvorschriften und Höchsthebesätze

In welchem Verhältnis die Hebesätze für die Grundsteuer der Betriebe der Land- und Forstwirtschaft, für die Grundsteuer der Grundstücke und für die Gewerbesteuer zueinander stehen müssen, welche Höchstsätze nicht überschritten werden dürfen und inwieweit mit Genehmigung der Gemeindeaufsichtsbehörde Ausnahmen zugelassen werden können, bleibt einer landesrechtlichen Regelung vorbehalten.

§ 27
Festsetzung der Grundsteuer

(1) Die Grundsteuer wird für das Kalenderjahr festgesetzt. Ist der Hebesatz für mehr als ein Kalenderjahr festgesetzt, kann auch die jährlich zu erhebende Grundsteuer für die einzelnen Kalenderjahre dieses Zeitraums festgesetzt werden.

(2) Wird der Hebesatz geändert (§ 25 Abs. 3), so ist die

Festsetzung nach Absatz 1 zu ändern.

(3) Für diejenigen Steuerschuldner, die für das Kalenderjahr die gleiche Grundsteuer wie im Vorjahr zu entrichten haben, kann die Grundsteuer durch öffentliche Bekanntmachung festgesetzt werden. Für die Steuerschuldner treten mit dem Tage der öffentlichen Bekanntmachung die gleichen Rechtswirkungen ein, wie wenn ihnen an diesem Tage ein schriftlicher Steuerbescheid zugegangen wäre.

§ 28
Fälligkeit

(1) Die Grundsteuer wird zu je einem Viertel ihres Jahresbetrags am 15. Februar, 15. Mai, 15. August und 15. November fällig.

(2) Die Gemeinden können bestimmen, dass Kleinbeträge wie folgt fällig werden:

1. am 15. August mit ihrem Jahresbetrag, wenn dieser fünfzehn Euro nicht übersteigt;
2. am 15. Februar und 15. August zu je einer Hälfte ihres Jahresbetrags, wenn dieser dreißig Euro nicht übersteigt.

(3) Auf Antrag des Steuerschuldners kann die Grundsteuer abweichend vom Absatz 1 oder Absatz 2 Nr. 2 am 1. Juli in einem Jahresbetrag entrichtet werden. Der Antrag muss spätestens bis zum 30. September des vorangehenden Kalenderjahres gestellt werden. Die beantragte Zahlungsweise bleibt so lange maßgebend, bis ihre Änderung beantragt wird; die Änderung muss spätestens bis zum 30. September des vorangehenden Jahres beantragt werden.

§ 29
Vorauszahlungen

Der Steuerschuldner hat bis zur Bekanntgabe eines neuen Steuerbescheids zu den bisherigen Fälligkeitstagen Vorauszahlungen unter Zugrundelegung der zuletzt festgesetzten Jahressteuer zu entrichten.

§ 30
Abrechnung über die Vorauszahlungen

(1) Ist die Summe der Vorauszahlungen, die bis zur Bekanntgabe des neuen Steuerbescheids zu entrichten waren (§ 29), kleiner als die Steuer, die sich nach dem bekanntgegebenen Steuerbescheid für die vorausgegangenen Fälligkeitstage ergibt (§ 28), so ist der Unterschiedsbetrag innerhalb eines Monats nach Bekanntgabe des Steuerbescheids zu entrichten. Die Verpflichtung, rückständige Vorauszahlungen schon früher zu entrichten, bleibt unberührt.

(2) Ist die Summe der Vorauszahlungen, die bis zur Bekanntgabe des neuen Steuerbescheids entrichtet worden sind, größer als die Steuer, die sich nach dem bekanntgegebenen Steuerbescheid für die vorangegangenen Fälligkeitstage ergibt, so wird der Unterschiedsbetrag nach Bekanntgabe des Steuerbescheids durch Aufrechnung oder Zurückzahlung ausgeglichen.

(3) Die Absätze 1 und 2 gelten entsprechend, wenn der Steuerbescheid aufgehoben oder geändert wird.

§ 31
Nachentrichtung der Steuer

Hatte der Steuerschuldner bis zur Bekanntgabe der Jahressteuer keine Vorauszahlungen nach § 29 zu entrichten, so hat er die Steuer, die sich nach dem bekanntgegebenen Steuerbescheid für die vorangegangenen Fälligkeitstage ergibt (§ 28), innerhalb eines Monats nach Bekanntgabe des Steuerbescheids zu entrichten.

Abschnitt IV
Erlass der Grundsteuer

§ 32
Erlass für Kulturgut und Grünanlagen

(1) Die Grundsteuer ist zu erlassen

1. für Grundbesitz oder Teile von Grundbesitz, dessen Erhaltung wegen seiner Bedeutung für Kunst, Geschichte, Wissenschaft oder Naturschutz im öffentlichen Interesse liegt, wenn die erzielten Einnahmen und die sonstigen Vorteile (Rohertrag) in der Regel unter den jährlichen Kosten liegen. Bei Park- und Gartenanlagen von geschichtlichem Wert ist der Erlass von der weiteren Voraussetzung abhängig, dass sie in dem billigerweise zu fordernden Umfang der Öffentlichkeit zugänglich gemacht sind;
2. für öffentliche Grünanlagen, Spiel- und Sportplätze, wenn die jährlichen Kosten in der Regel den Rohertrag übersteigen.

(2) Ist der Rohertrag für Grundbesitz, in dessen Gebäuden Gegenstände von wissenschaftlicher, künstlerischer oder geschichtlicher Bedeutung, insbesondere Sammlungen oder Bibliotheken, dem Zweck der Forschung oder Volksbildung nutzbar gemacht sind, durch die Benutzung zu den genannten Zwecken nachhaltig gemindert, so ist von der Grundsteuer der Hundertsatz zu erlassen, um den der Rohertrag gemindert ist. Das gilt nur, wenn die wissenschaftliche, künstlerische oder geschichtliche Bedeutung der untergebrachten Gegenstände durch die Landesregierung oder die von ihr beauftragte Stelle anerkannt ist.

§ 33
Erlass wegen wesentlicher Ertragsminderung

(1) Ist bei Betrieben der Land- und Forstwirtschaft und bei bebauten Grundstücken der normale Rohertrag des Steuergegenstandes um mehr als 50 Prozent gemindert und hat der Steuerschuldner die Minderung des Rohertrags nicht zu vertreten, so wird die Grundsteuer in Höhe von 25 Prozent erlassen. Beträgt die Minderung des normalen Rohertrags 100 Prozent, ist die Grundsteuer in Höhe von 50 Prozent zu erlassen. Bei Betrieben der Land- und Forstwirtschaft und bei eigengewerblich genutzten bebauten Grundstücken wird der Erlass nur gewährt, wenn die Einziehung der Grundsteuer nach den wirtschaftlichen Verhältnissen des Betriebs unbillig wäre. Normaler Rohertrag ist

1. bei Betrieben der Land- und Forstwirtschaft der Rohertrag der nach den Verhältnissen zu Beginn des Erlasszeitraums bei ordnungsmäßiger Bewirtschaftung gemeinhin und nachhaltig erzielbar wäre;
2. bei bebauten Grundstücken die nach den Verhältnissen zu Beginn des Erlasszeitraums geschätzte übliche Jahresrohmiete.

(2) Bei eigengewerblich genutzten bebauten Grundstücken gilt als Minderung des normalen Rohertrags die Minderung der Ausnutzung des Grundstücks.

(3) Umfasst der Wirtschaftsteil eines Betriebs der Land- und Forstwirtschaft nur die forstwirtschaftliche Nutzung, so ist die Ertragsminderung danach zu bestimmen, in welchem Ausmaß eingetretene Schäden den Ertragswert der forstwirtschaftlichen Nutzung bei einer Wertfortschreibung mindern würden.

(4) Wird nur ein Teil des Grundstücks eigengewerblich genutzt, so ist die Ertragsminderung für diesen Teil nach Absatz 2, für den übrigen Teil nach Absatz 1 zu bestimmen. Umfasst der Wirtschaftsteil eines Betriebs der Land- und Forstwirtschaft nur zu einem Teil die forstwirtschaftliche Nutzung, so ist die Ertragsminderung für diesen Teil nach Absatz 3, für den übrigen Teil nach Absatz 1 zu bestimmen. In den Fällen der Sätze

1 und 2 ist für den ganzen Steuergegenstand ein einheitlicher Hundertsatz der Ertragsminderung nach dem Anteil der einzelnen Teile am Einheitswert des Grundstücks oder am Wert des Wirtschaftsteils des Betriebs der Land- und Forstwirtschaft zu ermitteln.

(5) Eine Ertragsminderung ist kein Erlassgrund, wenn sie für den Erlasszeitraum durch Fortschreibung des Einheitswerts berücksichtigt werden kann oder bei rechtzeitiger Stellung des Antrags auf Fortschreibung hätte berücksichtigt werden können.

§ 34
Verfahren

(1) Der Erlass wird jeweils nach Ablauf eines Kalenderjahres für die Grundsteuer ausgesprochen, die für das Kalenderjahr festgesetzt worden ist (Erlasszeitraum). Maßgebend für die Entscheidung über den Erlass sind die Verhältnisse des Erlasszeitraums.

(2) Der Erlass wird nur auf Antrag gewährt. Der Antrag ist bis zu dem auf den Erlasszeitraum folgenden 31. März zu stellen.

(3) In den Fällen des § 32 bedarf es keiner jährlichen Wiederholung des Antrags. Der Steuerschuldner ist verpflichtet, eine Änderung der maßgeblichen Verhältnisse der Gemeinde binnen drei Monaten nach Eintritt der Änderung anzuzeigen.

Abschnitt V
Übergangs- und Schlussvorschriften

§ 35
(weggefallen)

§ 36
Steuervergünstigungen für abgefundene Kriegsbeschädigte

(1) Der Veranlagung der Steuermessbeträge für Grundbesitz solcher Kriegsbeschädigten, die zum Erwerb oder zur wirtschaftlichen Stärkung ihres Grundbesitzes eine Kapitalabfindung auf Grund des Bundesversorgungsgesetzes in der Fassung der Bekanntmachung vom 22. Januar 1982 (BGBl. I S. 21), zuletzt geändert durch die Verordnung vom 15. Juni 1999 (BGBl. I S.1328) erhalten haben, ist der um die Kapitalabfindung verminderte Einheitswert zugrunde zu legen. Die Vergünstigung wird nur so lange gewährt, als die Versorgungsgebührnisse wegen der Kapitalabfindung in der gesetzlichen Höhe gekürzt werden.

(2) Die Steuervergünstigungen nach Absatz 1 ist auch für ein Grundstück eines gemeinnützigen Wohnungs- oder Siedlungsunternehmens zu gewähren, wenn die folgenden Voraussetzungen sämtlich erfüllt sind:

1. Der Kriegsbeschädigte muss für die Zuweisung des Grundstücks die Kapitalabfindung an das Wohnungs- oder Siedlungsunternehmen bezahlt haben.

2. Er muss entweder mit dem Unternehmen einen Mietvertrag mit Kaufanwartschaft in der Weise abgeschlossen haben, dass er zur Miete wohnt, bis das Eigentum an dem Grundstück von ihm erworben ist, oder seine Rechte als Mieter müssen durch den Mietvertrag derart geregelt sein, dass das Mietverhältnis dem Eigentumserwerb fast gleichkommt.

3. Es muss sichergestellt sein, dass die Steuervergünstigung in vollem Umfang dem Kriegsbeschädigten zugute kommt.

(3) Lagen die Voraussetzungen des Absatzes 1 oder des Absatzes 2 bei einem verstorbenen Kriegsbeschädigten zur Zeit seines Todes vor und hat seine Witwe das Grundstück ganz oder teilweise geerbt, so ist auch der Witwe die Steuervergünstigung zu gewähren, wenn sie in dem Grundstück wohnt. Verheiratet sich die Witwe wieder, so fällt die Steuervergünstigung weg.

§ 37
Sondervorschriften für die Hauptveranlagung 1974

(1) Auf den 1. Januar 1974 findet eine Hauptveranlagung der Grundsteuermessbeträge statt (Hauptveranlagung 1974).

(2) Die Hauptveranlagung 1974 gilt mit Wirkung von dem am 1. Januar 1974 beginnenden Kalenderjahr an. Der Beginn dieses Kalenderjahres ist der Hauptveranlagungszeitpunkt.

(3) Bei der Hauptveranlagung 1974 gilt Artikel 1 des Bewertungsänderungsgesetzes 1971 vom 27. Juli 1971 (Bundesgesetzbl. I S. 1157).

§ 38
Anwendung des Gesetzes

Diese Fassung des Gesetzes gilt erstmals für die Grundsteuer des Kalenderjahrs 2008.

§ 39
(weggefallen)

Abschnitt VI
Grundsteuer für Steuergegenstände in dem in Artikel 3 des Einigungsvertrages genannten Gebiet ab dem Kalenderjahr 1991

§ 40
Land- und forstwirtschaftliches Vermögen

Anstelle der Betriebe der Land- und Forstwirtschaft im Sinne des § 2 tritt das zu einer Nutzungseinheit zusammengefasste Vermögen im Sinne des § 125 Abs. 3 des Bewertungsgesetzes. Schuldner der Grundsteuer ist abweichend von § 10 der Nutzer des land- und forstwirtschaftlichen Vermögens (§ 125 Abs. 2 des Bewertungsgesetzes). Mehrere Nutzer des Vermögens sind Gesamtschuldner.

§ 41
Bemessung der Grundsteuer für Grundstücke nach dem Einheitswert

Ist ein im Veranlagungszeitpunkt für die Grundsteuer maßgebender Einheitswert 1935 festgestellt oder festzustellen (§ 132 des Bewertungsgesetzes), gelten bei der Festsetzung des Steuermessbetrags abweichend von § 15 die Steuermesszahlen der weiter anwendbaren §§ 29 bis 33 der Grundsteuerdurchführungsverordnung vom 1. Juli 1937 (RGBl. I S. 733). Die ermäßigten Steuermesszahlen für Einfamilienhäuser gelten nicht für das Wohnungseigentum und das Wohnungserbbaurecht einschließlich des damit belasteten Grundstücks.

§ 42
Bemessung der Grundsteuer für Mietwohngrundstücke und Einfamilienhäuser nach der Ersatzbemessungsgrundlage

(1) Bei Mietwohngrundstücken und Einfamilienhäusern, für die ein im Veranlagungszeitpunkt für die Grundsteuer maßgebender Einheitswert 1935 nicht festgestellt oder festzustellen ist (§ 132 des Bewertungsgesetzes), bemisst sich der Jahresbetrag der Grundsteuer nach der Wohnfläche und bei anderweitiger Nutzung nach der Nutzfläche (Ersatzbemessungsgrundlage).

(2) Bei einem Hebesatz von 300 vom Hundert für Grundstücke beträgt der Jahresbetrag der Grundsteuer für das Grundstück

a) für Wohnungen, die mit Bad, Innen-WC und Sammelheizung ausgestattet sind, 1 Euro je m2 Wohnfläche,

b) für andere Wohnungen 75 Cent je m2 Wohnfläche,

c) je Abstellplatz für Personenkraftwagen in einer Garage 5 Euro

Für Räume, die anderen als Wohnzwecken dienen, ist der Jahresbetrag je m2 Nutzfläche anzusetzen, der für die auf dem Grundstück befindlichen Wohnungen maßgebend ist.

(3) Wird der Hebesatz abweichend von Absatz 2 festgesetzt, erhöhen oder vermindern sich die Jahresbeträge des Absatzes 2 in dem Verhältnis, in dem der festgesetzte Hebesatz für Grundstücke zu dem Hebesatz von 300 vom Hundert steht. Der sich danach ergebende Jahresbetrag je m^2 Wohn- oder Nutzfläche wird auf volle Cent nach unten abgerundet.

(4) Steuerschuldner ist derjenige, dem das Gebäude bei einer Feststellung des Einheitswerts gemäß § 10 zuzurechnen wäre. Das gilt auch dann, wenn der Grund und Boden einem anderen gehört.

§ 43
Steuerfreiheit für neugeschaffene Wohnungen

(1) Für Grundstücke mit neugeschaffenen Wohnungen, die nach dem 31. Dezember 1980 und vor dem 1. Januar 1992 bezugsfertig geworden sind oder bezugsfertig werden, gilt folgendes:

1. Grundstücke mit Wohnungen, die vor dem 1. Januar 1990 bezugsfertig geworden sind, bleiben für den noch nicht abgelaufenen Teil eines zehnjährigen Befreiungszeitraums steuerfrei, der mit dem 1. Januar des Kalenderjahres beginnt, das auf das Jahr der Bezugsfertigkeit des Gebäudes folgt;

2. Grundstücke mit Wohnungen, die im Kalenderjahr 1990 bezugsfertig geworden sind, sind bis zum 31. Dezember 2000 steuerfrei;

3. Grundstücke mit Wohnungen, die im Kalenderjahr 1991 bezugsfertig werden, sind bis zum 31. Dezember 2001 steuerfrei.

Dies gilt auch, wenn vor dem 1. Januar 1991 keine Steuerfreiheit gewährt wurde.

(2) Befinden sich auf einem Grundstück nur zum Teil steuerfreie Wohnungen im Sinne des Absatzes 1, gilt folgendes:

1. Wird die Grundsteuer nach dem Einheitswert bemessen (§ 41), bemisst sich der Steuermessbetrag für den sich aus Absatz 1 ergebenden Befreiungszeitraum nur nach dem Teil des jeweils maßgebenden Einheitswerts, der auf die steuerpflichtigen Wohnungen und Räume einschließlich zugehörigen Grund und Bodens entfällt. Der steuerpflichtige Teil des Einheitswerts wird im Steuermessbetragsverfahren ermittelt.

2. Ist die Ersatzbemessungsgrundlage Wohn- oder Nutzfläche maßgebend (§ 42), bleibt während der Dauer des sich aus Absatz 1 ergebenden Befreiungszeitraums die Wohnfläche der befreiten Wohnungen bei Anwendung des § 42 außer Ansatz.

(3) Einer Wohnung stehen An-, Aus- oder Umbauten gleich, die der Vergrößerung oder Verbesserung von Wohnungen dienen. Voraussetzung ist, dass die Baumaßnahmen zu einer Wertfortschreibung geführt haben oder führen.

§ 44
Steueranmeldung

(1) Soweit die Grundsteuer nach der Wohn- oder Nutzfläche zu bemessen ist, hat der Steuerschuldner eine Steuererklärung nach amtlich vorgeschriebenem Vordruck abzugeben, in der er die Grundsteuer nach § 42 selbst berechnet (Steueranmeldung).

(2) Der Steuerschuldner hat der Berechnung der Grundsteuer den Hebesatz zugrunde zu legen, den die Gemeinde bis zum Beginn des Kalenderjahres bekanntgemacht hat, für das die Grundsteuer erhoben wird. Andernfalls hat er die Grundsteuer nach dem Hebesatz des Vorjahres zu berechnen; für das Kalenderjahr 1991 gilt insoweit ein Hebesatz von 300 vom Hundert.

(3) Die Steueranmeldung ist für jedes Kalenderjahr nach den Verhältnissen zu seinem Beginn bis zu dem Fälligkeitstag abzugeben, zu dem Grundsteuer für das Kalenderjahr nach § 28 erstmals fällig ist. Für die Entrichtung der Grundsteuer gilt § 28 entsprechend.

§ 45
Fälligkeit von Kleinbeträgen

Hat der Rat der Stadt oder Gemeinde vor dem 1. Januar 1991 für kleinere Beträge eine Zahlungsweise zugelassen, die von § 28 Abs. 2 und 3 abweicht, bleibt die Regelung bestehen, bis sie aufgehoben wird.

§ 46
Zuständigkeit der Gemeinden

Die Festsetzung und Erhebung der Grundsteuer obliegt bis zu einer anderen landesrechtlichen Regelung den Gemeinden.

Gewerbesteuergesetz (GewStG)

in der Fassung der Bekanntmachung vom 15.10.2002 (BGBl. I S. 4167), zuletzt geändert durch Gesetz vom 19.06.2022 (BGBl. I S. 911)

Abschnitt I
Allgemeines

§ 1
Steuerberechtigte

Die Gemeinden erheben eine Gewerbesteuer als Gemeindesteuer.

§ 2
Steuergegenstand

(1) Der Gewerbesteuer unterliegt jeder stehende Gewerbebetrieb, soweit er im Inland betrieben wird. Unter Gewerbebetrieb ist ein gewerbliches Unternehmen im Sinne des Einkommensteuergesetzes zu verstehen. Im Inland betrieben wird ein Gewerbebetrieb, soweit für ihn im Inland oder auf einem in einem inländischen Schiffsregister eingetragenen Kauffahrteischiff eine Betriebsstätte unterhalten wird.

(2) Als Gewerbebetrieb gilt stets und in vollem Umfang die Tätigkeit der Kapitalgesellschaften (insbesondere Europäische Gesellschaften, Aktiengesellschaften, Kommanditgesellschaften auf Aktien, Gesellschaften mit beschränkter Haftung), Genossenschaften einschließlich Europäischer Genossenschaften sowie der Versicherungs- und Pensionsfondsvereine auf Gegenseitigkeit. Ist eine Kapitalgesellschaft Organgesellschaft im Sinne der § 14 oder § 17 des Körperschaftsteuergesetzes, so gilt sie als Betriebsstätte des Organträgers.

(3) Als Gewerbebetrieb gilt auch die Tätigkeit der sonstigen juristischen Personen des privaten Rechts und der nichtrechtsfähigen Vereine, soweit sie einen wirtschaftlichen Geschäftsbetrieb (ausgenommen Land- und Forstwirtschaft) unterhalten.

(4) Vorübergehende Unterbrechungen im Betrieb eines Gewerbes, die durch die Art des Betriebs veranlasst sind, heben die Steuerpflicht für die Zeit bis zur Wiederaufnahme des Betriebs nicht auf.

(5) Geht ein Gewerbebetrieb im Ganzen auf einen anderen Unternehmer über, so gilt der Gewerbebetrieb als durch den bisherigen Unternehmer eingestellt. Der Gewerbebetrieb gilt als durch den anderen Unternehmer neu gegründet, wenn er nicht mit einem bereits bestehenden Gewerbebetrieb vereinigt wird.

(6) Inländische Betriebsstätten von Unternehmen, deren Geschäftsleitung sich in einem ausländischen Staat befindet, mit dem kein Abkommen zur Vermeidung der Doppelbesteuerung besteht, unterliegen nicht der Gewerbesteuer, wenn und soweit

1. die Einkünfte aus diesen Betriebsstätten im Rahmen der beschränkten Einkommensteuerpflicht steuerfrei sind und

2. der ausländische Staat Unternehmen, deren Geschäftsleitung sich im Inland befindet, eine entsprechende Befreiung von den der Gewerbesteuer ähnlichen oder ihr entsprechenden Steuern gewährt, oder in dem ausländischen Staat keine der Gewerbesteuer ähnlichen oder ihr entsprechenden Steuern bestehen.

(7) Zum Inland im Sinne dieses Gesetzes gehört auch der der Bundesrepublik Deutschland zustehende Anteil

1. an der ausschließlichen Wirtschaftszone, soweit dort
   a) die lebenden und nicht lebenden natürlichen Ressourcen der Gewässer über dem Meeresboden, des Meeresbodens und seines Untergrunds erforscht, ausgebeutet, erhalten oder bewirtschaftet werden,
   b) andere Tätigkeiten zur wirtschaftlichen Erforschung oder Ausbeutung der ausschließlichen Wirtschaftszone ausgeübt werden, wie beispielsweise die Energieerzeugung aus Wasser, Strömung und Wind oder
   c) künstliche Inseln errichtet oder genutzt werden und Anlagen und Bauwerke für die in den Buchstaben a und b genannten Zwecke errichtet oder genutzt werden, und

2. am Festlandsockel, soweit dort
   a) dessen natürliche Ressourcen erforscht oder ausgebeutet werden; natürliche Ressourcen in diesem Sinne sind die mineralischen und sonstigen nicht lebenden Ressourcen des Meeresbodens und seines Untergrunds sowie die zu den sesshaften Arten gehörenden Lebewesen, die im nutzbaren Stadium entweder unbeweglich auf oder unter dem Meeresboden verbleiben oder sich nur in ständigem körperlichen Kontakt mit dem Meeresboden oder seinem Untergrund fortbewegen können; oder
   b) künstliche Inseln errichtet oder genutzt werden und Anlagen und Bauwerke für die in Buchstabe a genannten Zwecke errichtet oder genutzt werden, und

3. der nicht zur Bundesrepublik Deutschland gehörende Teil eines grenzüberschreitenden Gewerbegebiets, das nach den Vorschriften eines Abkommens zur Vermeidung der Doppelbesteuerung als solches bestimmt ist.

(8) Für die Anwendung dieses Gesetzes sind eine optierende Gesellschaft im Sinne des § 1a des Körperschaftsteuergesetzes als Kapitalgesellschaft und ihre Gesellschafter wie die nicht persönlich haftenden Gesellschafter einer Kapitalgesellschaft zu behandeln.

§ 2a
Arbeitsgemeinschaften

Als Gewerbebetrieb gilt nicht die Tätigkeit der Arbeitsgemeinschaften, deren alleiniger Zweck in der Erfüllung eines einzigen Werkvertrags oder Werklieferungsvertrags besteht. Die Betriebsstätten der Arbeitsgemeinschaften gelten insoweit anteilig als Betriebsstätten der Beteiligten.

§ 3
Befreiungen

Von der Gewerbesteuer sind befreit

1. das Bundeseisenbahnvermögen, die staatlichen Lotterieunternehmen, die zugelassenen öffentlichen Spielbanken mit ihren der Spielbankenabgabe unterliegenden Tätigkeiten und der Erdölbevorratungsverband nach § 2 Absatz 1 des Erdölbevorratungsgesetzes vom 16. Januar 2012 (BGBl. I S. 74) in der jeweils geltenden Fassung;

2. die Deutsche Bundesbank, die Kreditanstalt für Wiederaufbau, die Landwirtschaftliche Rentenbank, die Bayerische Landesanstalt für Aufbaufinanzierung, die Niedersächsische Gesellschaft für öffentliche Finanzierungen mit beschränkter Haftung, die Bremer Aufbau-Bank GmbH, die Landeskreditbank Baden-Württemberg-Förderbank, die Bayerische Landesbodenkreditanstalt, die Investitionsbank Berlin, die Hamburgische Investitions- und Förderbank, die NRW.Bank, die Investitions- und Förderbank Niedersachsen, die Saarländische Investitionskreditbank Aktiengesellschaft, die Investitionsbank Schleswig-Holstein, die Investitionsbank des Landes Brandenburg, die Sächsische Aufbaubank - Förderbank -, die Thüringer Aufbaubank, die Investitionsbank Sachsen-Anhalt - Anstalt der Norddeutschen Landesbank-Girozentrale-, die Investitions- und Strukturbank Rheinland-Pfalz, das Landesförderinstitut Mecklenburg-Vorpommern - Geschäftsbereich der Norddeutschen Landesbank - Girozentrale -, die Wirtschafts- und Infrastrukturbank Hessen - rechtlich unselbständige Anstalt in der Landesbank Hessen-Thüringen Girozentrale und die Liquiditäts-Konsortialbank Gesellschaft mit beschränkter Haftung;

3. die Bundesanstalt für vereinigungsbedingte Sonderaufgaben;

4. (weggefallen)

5. Hauberg-, Wald-, Forst- und Laubgenossenschaften und ähnliche Realgemeinden. Unterhalten sie einen Gewerbebetrieb, der über den Rahmen eines Nebenbetriebs hinausgeht, so sind sie insoweit steuerpflichtig;
6. Körperschaften, Personenvereinigungen und Vermögensmassen, die nach der Satzung, dem Stiftungsgeschäft oder der sonstigen Verfassung und nach der tatsächlichen Geschäftsführung ausschließlich und unmittelbar gemeinnützigen, mildtätigen oder kirchlichen Zwecken dienen (§§ 51 bis 68 der Abgabenordnung). Wird ein wirtschaftlicher Geschäftsbetrieb - ausgenommen Land- und Forstwirtschaft - unterhalten, ist die Steuerfreiheit insoweit ausgeschlossen;
7. Hochsee- und Küstenfischerei, wenn sie mit weniger als sieben im Jahresdurchschnitt beschäftigten Arbeitnehmern oder mit Schiffen betrieben wird, die eine eigene Triebkraft von weniger als 100 Pferdekräften haben;
8. Genossenschaften sowie Vereine im Sinne des § 5 Abs. 1 Nr. 14 des Körperschaftsteuergesetzes, soweit sie von der Körperschaftsteuer befreit sind;
9. rechtsfähige Pensions-, Sterbe-, Kranken- und Unterstützungskassen im Sinne des § 5 Abs. 1 Nr. 3 des Körperschaftsteuergesetzes, soweit sie die für eine Befreiung von der Körperschaftsteuer erforderlichen Voraussetzungen erfüllen;
10. Körperschaften oder Personenvereinigungen, deren Hauptzweck die Verwaltung des Vermögens für einen nichtrechtsfähigen Berufsverband im Sinne des § 5 Abs. 1 Nr. 5 des Körperschaftsteuergesetzes ist, wenn ihre Erträge im Wesentlichen aus dieser Vermögensverwaltung herrühren und ausschließlich dem Berufsverband zufließen;
11. öffentlich-rechtliche Versicherungs- und Versorgungseinrichtungen von Berufsgruppen, deren Angehörige auf Grund einer durch Gesetz angeordneten oder auf Gesetz beruhenden Verpflichtung Mitglieder dieser Einrichtungen sind, wenn die Satzung der Einrichtung die Zahlung keiner höheren jährlichen Beiträge zulässt als das Zwölffache der Beiträge, die sich bei einer Beitragsbemessungsgrundlage in Höhe der doppelten monatlichen Beitragsbemessungsgrenze in der allgemeinen Rentenversicherung ergeben würden. Sind nach der Satzung der Einrichtung nur Pflichtmitgliedschaften sowie freiwillige Mitgliedschaften, die unmittelbar an eine Pflichtmitgliedschaft anschließen, möglich, so steht dies der Steuerbefreiung nicht entgegen, wenn die Satzung die Zahlung keiner höheren jährlichen Beiträge zulässt als das Fünfzehnfache der Beiträge, die sich bei einer Beitragsbemessungsgrundlage in Höhe der doppelten monatlichen Beitragsbemessungsgrenze in der allgemeinen Rentenversicherung ergeben würden;
12. Gesellschaften, bei denen die Gesellschafter als Unternehmer (Mitunternehmer) anzusehen sind, sowie Genossenschaften, soweit die Gesellschaften und die Genossenschaften eine gemeinschaftliche Tierhaltung im Sinne des § 51a des Bewertungsgesetzes betreiben;[1)]
13. private Schulen und andere allgemeinbildende oder berufsbildende Einrichtungen, soweit unmittelbar dem Schul- und Bildungszweck dienende Leistungen erbracht werden, wenn sie
    a) als Ersatzschulen gemäß Artikel 7 Absatz 4 des Grundgesetzes staatlich genehmigt oder nach Landesrecht erlaubt sind oder
    b) auf einen Beruf oder eine vor einer juristischen Person des öffentlichen Rechts abzulegende Prüfung ordnungsgemäß vorbereiten;
14. Genossenschaften sowie Vereine, deren Tätigkeit sich auf den Betrieb der Land- und Forstwirtschaft beschränkt, wenn die Mitglieder der Genossenschaft oder dem Verein Flächen zur Nutzung oder für die Bewirtschaftung der Flächen erforderliche Gebäude überlassen und
    a) bei Genossenschaften das Verhältnis der Summe der Werte der Geschäftsanteile des einzelnen Mitglieds zu der Summe der Werte aller Geschäftsanteile,
    b) bei Vereinen das Verhältnis des Werts des Anteils an dem Vereinsvermögen, der im Fall der Auflösung des Vereins an das einzelne Mitglied fallen würde, zu dem Wert des Vereinsvermögens

    nicht wesentlich von dem Verhältnis abweicht, in dem der Wert der von dem einzelnen Mitglied zur Nutzung überlassenen Flächen und Gebäude zu dem Wert der insgesamt zur Nutzung überlassenen Flächen und Gebäude steht;
15. Genossenschaften sowie Vereine im Sinne des § 5 Abs. 1 Nr. 10 des Körperschaftsteuergesetzes, soweit sie von der Körperschaftsteuer befreit sind;
16. (weggefallen)
17. die von den zuständigen Landesbehörden begründeten oder anerkannten gemeinnützigen Siedlungsunternehmen im Sinne des Reichssiedlungsgesetzes in der jeweils aktuellen Fassung oder entsprechender Landesgesetze, soweit diese Landesgesetze nicht wesentlich von den Bestimmungen des Reichssiedlungsgesetzes abweichen, und im Sinne der Bodenreformgesetze der Länder, soweit die Unternehmen im ländlichen Raum Siedlungs-, Agrarstrukturverbesserungs- und Landentwicklungsmaßnahmen mit Ausnahme des Wohnungsbaus durchführen. Die Steuerbefreiung ist ausgeschlossen, wenn die Einnahmen des Unternehmens aus den in Satz 1 nicht bezeichneten Tätigkeiten die Einnahmen aus den in Satz 1 bezeichneten Tätigkeiten übersteigen;
18. (weggefallen)
19. der Pensions-Sicherungs-Verein Versicherungsverein auf Gegenseitigkeit, wenn er die für eine Befreiung von der Körperschaftsteuer erforderlichen Voraussetzungen erfüllt;
20. Krankenhäuser, Altenheime, Altenwohnheime, Pflegeheime, Einrichtungen zur vorübergehenden Aufnahme pflegebedürftiger Personen und Einrichtungen zur ambulanten Pflege kranker und pflegebedürftiger Personen sowie Einrichtungen zur ambulanten oder stationären Rehabilitation, wenn
    a) diese Einrichtungen von juristischen Personen des öffentlichen Rechts betrieben werden oder
    b) bei Krankenhäusern im Erhebungszeitraum die in § 67 Abs. 1 oder 2 der Abgabenordnung bezeichneten Voraussetzungen erfüllt worden sind oder
    c) bei Altenheimen, Altenwohnheimen und Pflegeheimen im Erhebungszeitraum mindestens 40 Prozent der Leistungen den in § 61a des Zwölften Buches Sozialgesetzbuch oder den in § 53 Nr. 2 der Abgabenordnung genannten Personen zugute gekommen sind oder
    d) bei Einrichtungen zur vorübergehenden Aufnahme pflegebedürftiger Personen und bei Einrichtungen zur ambulanten Pflege kranker und pflegebedürftiger Personen im Erhebungszeitraum die Pflegekosten in mindestens 40 Prozent der Fälle von den gesetzlichen Trägern der Sozialversicherung oder Sozialhilfe ganz oder zum überwiegenden Teil getragen worden sind oder
    e) bei Einrichtungen zur ambulanten oder stationären Rehabilitation die Behandlungskosten in mindestens 40 Prozent der Fälle von den gesetzlichen Trägern der Sozialversicherung oder Sozialhilfe ganz oder zum überwiegenden Teil getragen worden sind. Satz 1 ist nur

---

[1)] zu § 3 Nummer 12:
Gemäß Artikel 9 des Gesetzes zur weiteren steuerrechtlichen Förderung der Elektromobilität und zur Änderung weiterer steuerlicher Vorschriften vom 12.12.2019 (BGBl. I S. 2451) werden in § 3 Nummer 12 die Wörter "§ 51a des Bewertungsgesetzes" durch die Wörter "§ 13b des Einkommensteuergesetzes" ersetzt. Diese Regelung tritt am 01. Januar 2025 in Kraft.

anzuwenden, soweit die Einrichtung Leistungen im Rahmen der verordneten ambulanten oder stationären Rehabilitation im Sinne des Sozialrechts einschließlich der Beihilfevorschriften des Bundes und der Länder erbringt;

21. Entschädigungs- und Sicherungseinrichtungen im Sinne des § 5 Abs. 1 Nr. 16 des Körperschaftsteuergesetzes, soweit sie von der Körperschaftsteuer befreit sind;

22. Bürgschaftsbanken (Kreditgarantiegemeinschaften), wenn sie von der Körperschaftsteuer befreit sind;

23. Unternehmensbeteiligungsgesellschaften, die nach dem Gesetz über Unternehmensbeteiligungsgesellschaften anerkannt sind. Für Unternehmensbeteiligungsgesellschaften im Sinne des § 25 Abs. 1 des Gesetzes über Unternehmensbeteiligungsgesellschaften haben der Widerruf der Anerkennung und der Verzicht auf die Anerkennung Wirkung für die Vergangenheit, wenn Aktien der Unternehmensbeteiligungsgesellschaft öffentlich angeboten worden sind; Entsprechendes gilt, wenn eine solche Gesellschaft nach § 25 Abs. 3 des Gesetzes über Unternehmensbeteiligungsgesellschaften die Anerkennung als Unternehmensbeteiligungsgesellschaft verliert. Für offene Unternehmensbeteiligungsgesellschaften im Sinne des § 1a Abs. 2 Satz 1 des Gesetzes über Unternehmensbeteiligungsgesellschaften haben der Widerruf der Anerkennung und der Verzicht auf die Anerkennung innerhalb der in § 7 Abs. 1 Satz 1 des Gesetzes über Unternehmensbeteiligungsgesellschaften genannten Frist Wirkung für die Vergangenheit. Bescheide über die Anerkennung, die Rücknahme oder den Widerruf der Anerkennung und über die Feststellung, ob Aktien der Unternehmensbeteiligungsgesellschaft im Sinne des § 25 Abs. 1 des Gesetzes über Unternehmensbeteiligungsgesellschaften öffentlich angeboten worden sind, sind Grundlagenbescheide im Sinne der Abgabenordnung; die Bekanntmachung der Aberkennung der Eigenschaft als Unternehmensbeteiligungsgesellschaft nach § 25 Abs. 3 des Gesetzes über Unternehmensbeteiligungsgesellschaften steht einem Grundlagenbescheid gleich.

24. die folgenden Kapitalbeteiligungsgesellschaften für die mittelständische Wirtschaft, soweit sich deren Geschäftsbetrieb darauf beschränkt, im öffentlichen Interesse mit Eigenmitteln oder mit staatlicher Hilfe Beteiligungen zu erwerben, wenn der von ihnen erzielte Gewinn ausschließlich und unmittelbar für die satzungsmäßigen Zwecke der Beteiligungsfinanzierung verwendet wird:

Mittelständische Beteiligungsgesellschaft Baden-Württemberg GmbH, Mittelständische Beteiligungsgesellschaft Bremen mbH, BTG Beteiligungsgesellschaft Hamburg mbH, MBG Mittelständische Beteiligungsgesellschaft Hessen GmbH, Mittelständische Beteiligungsgesellschaft Niedersachsen (MBG) mbH, Kapitalbeteiligungsgesellschaft für die mittelständische Wirtschaft in Nordrhein-Westfalen mbH, MBG Mittelständische Beteiligungsgesellschaft Rheinland-Pfalz mbH, Wagnisfinanzierungsgesellschaft für Technologieförderung in Rheinland-Pfalz mbH (WFT), Saarländische Kapitalbeteiligungsgesellschaft mbH, Gesellschaft für Wagniskapital Mittelständische Beteiligungsgesellschaft Schleswig-Holstein Gesellschaft mit beschränkter Haftung - MBG -, Technologie-Beteiligungs-Gesellschaft mbH der Deutschen Ausgleichsbank, bgb Beteiligungsgesellschaft Berlin mbH für kleine und mittlere Betriebe, Mittelständische Beteiligungsgesellschaft Berlin-Brandenburg mbH, Mittelständische Beteiligungsgesellschaft Mecklenburg-Vorpommern mbH, Mittelständische Beteiligungsgesellschaft Sachsen mbH, Mittelständische Beteiligungsgesellschaft Sachsen-Anhalt mbH, Wagnisbeteiligungsgesellschaft Sachsen-Anhalt mbH, IBG Beteiligungsgesellschaft Sachsen-Anhalt mbH, Mittelständische Beteiligungsgesellschaft Thüringen (MBG) mbH;

25. Wirtschaftsförderungsgesellschaften, wenn sie von der Körperschaftsteuer befreit sind;

26. Gesamthafenbetriebe im Sinne des § 1 des Gesetzes über die Schaffung eines besonderen Arbeitgebers für Hafenarbeiter vom 3. August 1950 (BGBl. I. S. 352), soweit sie von der Körperschaftsteuer befreit sind;

27. Zusammenschlüsse im Sinne des § 5 Abs. 1 Nr. 20 des Körperschaftsteuergesetzes, soweit sie von der Körperschaftsteuer befreit sind;

28. die Arbeitsgemeinschaften Medizinischer Dienst der Krankenversicherung im Sinne des § 278 des Fünften Buches Sozialgesetzbuch und der Medizinische Dienst der Spitzenverbände der Krankenkassen im Sinne des § 282 des Fünften Buches Sozialgesetzbuch, soweit sie von der Körperschaftsteuer befreit sind;

29. gemeinsame Einrichtungen im Sinne des § 5 Abs. 1 Nr. 22 des Körperschaftsteuergesetzes, soweit sie von der Körperschaftsteuer befreit sind;

30. die Auftragsforschung im Sinne des § 5 Abs. 1 Nr. 23 des Körperschaftsteuergesetzes, soweit sie von der Körperschaftsteuer befreit ist;

31. die Global Legal Entity Identifier Stiftung, soweit sie von der Körperschaftsteuer befreit ist;

32. stehende Gewerbebetriebe von Anlagenbetreibern im Sinne des § 3 Nummer 2 des Erneuerbare-Energien-Gesetzes, wenn sich deren Tätigkeit ausschließlich auf die Erzeugung und Vermarktung von Strom aus einer auf, an oder in einem Gebäude angebrachten Solaranlage bis zu einer installierten Leistung von 10 Kilowatt beschränkt.

§ 4
Hebeberechtigte Gemeinde

(1) Die stehenden Gewerbebetriebe unterliegen der Gewerbesteuer in der Gemeinde, in der eine Betriebsstätte zur Ausübung des stehenden Gewerbes unterhalten wird. Befinden sich Betriebsstätten desselben Gewerbebetriebs in mehreren Gemeinden, oder erstreckt sich eine Betriebsstätte über mehrere Gemeinden, so wird die Gewerbesteuer in jeder Gemeinde nach dem Teil des Steuermessbetrages erhoben, der auf sie entfällt.

(2) Für Betriebsstätten in gemeindefreien Gebieten bestimmt die Landesregierung durch Rechtsverordnung, wer die nach diesem Gesetz den Gemeinden zustehenden Befugnisse ausübt. Der in § 2 Absatz 7 Nummer 1 und 2 bezeichnete Anteil am Festlandsockel und an der ausschließlichen Wirtschaftszone ist gemeindefreies Gebiet. In Fällen von Satz 2 bestimmt sich die zuständige Landesregierung im Sinne des Satzes 1 unter entsprechender Anwendung des § 22a der Abgabenordnung.

(3) Für Betriebsstätten im nicht zur Bundesrepublik Deutschland gehörenden Teil eines grenzüberschreitenden Gewerbegebiets im Sinne des § 2 Absatz 7 Nummer 3 ist die Gemeinde hebeberechtigt, in der der zur Bundesrepublik Deutschland gehörende Teil des grenzüberschreitenden Gewerbegebiets liegt. Liegt der zur Bundesrepublik Deutschland gehörende Teil in mehreren Gemeinden, gilt Absatz 2 entsprechend.

§ 5
Steuerschuldner

(1) Steuerschuldner ist der Unternehmer. Als Unternehmer gilt der, für dessen Rechnung das Gewerbe betrieben wird. Ist die Tätigkeit einer Personengesellschaft Gewerbebetrieb, so ist Steuerschuldner die Gesellschaft. Wird das Gewerbe in der Rechtsform einer Europäischen wirtschaftlichen Interessenvereinigung mit Sitz im Geltungsbereich der Verordnung (EWG) Nr. 2137/85 des Rates vom 25. Juli 1985 über die Schaffung einer Europäischen wirtschaftlichen Interessenvereinigung (EWIV) - (ABl. L 199 vom 31.07.1985, S. 1) - betrieben, sind abweichend von Satz 3 die Mitglieder Gesamtschuldner.

(2) Geht ein Gewerbebetrieb im Ganzen auf einen anderen Unternehmer über (§ 2 Abs. 5), so ist der bisherige Unternehmer bis zum Zeitpunkt des Übergangs Steuerschuldner. Der andere Unternehmer ist von diesem Zeitpunkt an Steuerschuldner.

§ 6
Besteuerungsgrundlage

Besteuerungsgrundlage für die Gewerbesteuer ist der Gewerbeertrag.

Abschnitt II
Bemessung der Gewerbesteuer
§ 7
Gewerbeertrag

Gewerbeertrag ist der nach den Vorschriften des Einkommensteuergesetzes oder des Körperschaftsteuergesetzes zu ermittelnde Gewinn aus dem Gewerbebetrieb, der bei der Ermittlung des Einkommens für den dem Erhebungszeitraum (§ 14) entsprechenden Veranlagungszeitraum zu berücksichtigen ist, vermehrt und vermindert um die in den §§ 8 und 9 bezeichneten Beträge. Zum Gewerbeertrag gehört auch der Gewinn aus der Veräußerung oder Aufgabe

1. des Betriebs oder eines Teilbetriebs einer Mitunternehmerschaft,
2. des Anteils eines Gesellschafters, der als Unternehmer (Mitunternehmer) des Betriebs einer Mitunternehmerschaft anzusehen ist,
3. des Anteils eines persönlich haftenden Gesellschafters einer Kommanditgesellschaft auf Aktien,

soweit er nicht auf eine natürliche Person als unmittelbar beteiligter Mitunternehmer entfällt. Der nach § 5a des Einkommensteuergesetzes ermittelte Gewinn einschließlich der Hinzurechnungen nach § 5a Absatz 4 und 4a des Einkommensteuergesetzes und das nach § 8 Absatz 1 Satz 3 des Körperschaftsteuergesetzes ermittelte Einkommen gelten als Gewerbeertrag nach Satz 1. § 3 Nr. 40 und § 3c Abs. 2 des Einkommensteuergesetzes sind bei der Ermittlung des Gewerbeertrags einer Mitunternehmerschaft anzuwenden, soweit an der Mitunternehmerschaft natürliche Personen unmittelbar oder mittelbar über eine oder mehrere Personengesellschaften beteiligt sind; im Übrigen ist § 8b des Körperschaftsteuergesetzes anzuwenden. Bei der Ermittlung des Gewerbeertrags einer Kapitalgesellschaft, auf die § 8 Abs. 7 Nr. 2 des Körperschaftsteuergesetzes anzuwenden ist, ist § 8 Abs. 9 Satz 1 bis 3 des Körperschaftsteuergesetzes entsprechend anzuwenden; ein sich danach bei der jeweiligen Sparte im Sinne des § 8 Abs. 9 Satz 1 des Körperschaftsteuergesetzes ergebender negativer Gewerbeertrag darf nicht mit einem positiven Gewerbeertrag aus einer anderen Sparte im Sinne des § 8 Abs. 9 Satz 1 des Körperschaftsteuergesetzes ausgeglichen werden. § 50d Abs. 10 des Einkommensteuergesetzes ist bei der Ermittlung des Gewerbeertrags entsprechend anzuwenden. Hinzurechnungsbeträge im Sinne des § 10 Absatz 1 des Außensteuergesetzes sind Einkünfte, die in einer inländischen Betriebsstätte anfallen. Einkünfte im Sinne des § 20 Absatz 2 Satz 1 des Außensteuergesetzes gelten als in einer inländischen Betriebsstätte erzielt; das gilt auch, wenn sie nicht von einem Abkommen zur Vermeidung der Doppelbesteuerung erfasst werden oder das Abkommen zur Vermeidung der Doppelbesteuerung selbst die Steueranrechnung anordnet. Satz 8 ist nicht anzuwenden, soweit auf die Einkünfte, würden sie in einer Zwischengesellschaft im Sinne des § 8 des Außensteuergesetzes erzielt, § 8 Absatz 2 bis 4 des Außensteuergesetzes zur Anwendung käme.

§ 7a
Sonderregelung bei der Ermittlung des Gewerbeertrags einer Organgesellschaft

(1) Bei der Ermittlung des Gewerbeertrags einer Organgesellschaft ist § 9 Nummer 2a, 7 und 8 nicht anzuwenden. In den Fällen des Satzes 1 ist § 8 Nummer 1 bei Aufwendungen, die im unmittelbaren Zusammenhang mit Gewinnen aus Anteilen im Sinne des § 9 Nummer 2a, 7 oder 8 stehen, nicht anzuwenden.

(2) Sind im Gewinn einer Organgesellschaft
1. Gewinne aus Anteilen im Sinne des § 9 Nummer 2a, 7 oder 8 oder
2. in den Fällen der Nummer 1 auch Aufwendungen, die im unmittelbaren Zusammenhang mit diesen Gewinnen aus Anteilen stehen,

enthalten, sind § 15 Satz 1 Nummer 2 Satz 2 bis 4 des Körperschaftsteuergesetzes und § 8 Nummer 1 und 5 sowie § 9 Nummer 2a, 7 und 8 bei der Ermittlung des Gewerbeertrags der Organgesellschaft entsprechend anzuwenden. Der bei der Ermittlung des Gewerbeertrags der Organgesellschaft berücksichtigte Betrag der Hinzurechnungen nach § 8 Nummer 1 ist dabei unter Berücksichtigung der Korrekturbeträge nach Absatz 1 und 2 Satz 1 zu berechnen.

(3) Die Absätze 1 und 2 gelten in den Fällen des § 15 Satz 2 des Körperschaftsteuergesetzes entsprechend.

§ 7b
Sonderregelung bei der Ermittlung des Gewerbeertrags bei unternehmensbezogener Sanierung

(1) Die §§ 3a und 3c Absatz 4 des Einkommensteuergesetzes sind vorbehaltlich der nachfolgenden Absätze bei der Ermittlung des Gewerbeertrags entsprechend anzuwenden.

(2) Der nach Anwendung des § 3a Absatz 3 Satz 2 Nummer 1 des Einkommensteuergesetzes verbleibende geminderte Sanierungsertrag im Sinne des § 3a Absatz 3 Satz 1 des Einkommensteuergesetzes mindert nacheinander

1. den negativen Gewerbeertrag des Sanierungsjahrs des zu sanierenden Unternehmens,
2. Fehlbeträge im Sinne des § 10a Satz 3 und
3. im Sanierungsjahr ungeachtet des § 10a Satz 2 die nach § 10a Satz 6 zum Ende des vorangegangenen Erhebungszeitraums gesondert festgestellten Fehlbeträge; die in § 10a Satz 1 und 2 genannten Beträge werden der Minderung entsprechend aufgebraucht.

Ein nach Satz 1 verbleibender Sanierungsertrag mindert die Beträge nach Satz 1 Nummer 1 bis 3 eines anderen Unternehmens, wenn dieses die erlassenen Schulden innerhalb eines Zeitraums von fünf Jahren vor dem Schuldenerlass auf das zu sanierende Unternehmen übertragen hat und soweit die entsprechenden Beträge zum Ablauf des Wirtschaftsjahrs der Übertragung bereits entstanden waren. Der verbleibende Sanierungsertrag nach Satz 2 ist zunächst um den Minderungsbetrag nach § 3a Absatz 3 Satz 2 Nummer 13 des Einkommensteuergesetzes zu kürzen. Bei der Minderung nach Satz 1 ist § 10a Satz 4 und 5 entsprechend anzuwenden. In Fällen des § 10a Satz 9 ist § 8 Absatz 9 Satz 9 des Körperschaftsteuergesetzes entsprechend anzuwenden. An den Feststellungen der vortragsfähigen Fehlbeträge nehmen nur die nach Anwendung der Sätze 1 und 2 verbleibenden Beträge teil.

(3) In den Fällen des § 2 Absatz 2 Satz 2 ist § 15 Satz 1 Nummer 1a des Körperschaftsteuergesetzes entsprechend anzuwenden. Absatz 2 Satz 3 gilt entsprechend.

§ 8
Hinzurechnungen

Dem Gewinn aus Gewerbebetrieb (§ 7) werden folgende Beträge wieder hinzugerechnet, soweit sie bei der Ermittlung des Gewinns abgesetzt worden sind:

1. Ein Viertel der Summe aus
    a) Entgelten für Schulden. Als Entgelt gelten auch der Aufwand aus nicht dem gewöhnlichen Geschäftsverkehr entsprechenden gewährten Skonti oder wirtschaftlich vergleichbaren Vorteilen im Zusammenhang mit der Erfüllung von Forderungen aus Lieferungen und Leistungen vor Fälligkeit sowie die Diskontbeträge bei der Veräußerung von Wechsel- und anderen Geldforderungen. Soweit Gegenstand der Veräußerung eine Forderung aus einem schwebenden Vertragsverhältnis ist, gilt die Differenz zwischen dem Wert der Forderung

aus dem schwebenden Vertragsverhältnis, wie ihn die Vertragsparteien im Zeitpunkt des Vertragsschlusses der Veräußerung zugrunde gelegt haben, und dem vereinbarten Veräußerungserlös als bei der Ermittlung des Gewinns abgesetzt,

b) Renten und dauernden Lasten. Pensionszahlungen auf Grund einer unmittelbar vom Arbeitgeber erteilten Versorgungszusage gelten nicht als dauernde Last im Sinne des Satzes 1,

c) Gewinnanteilen des stillen Gesellschafters,

d) einem Fünftel der Miet- und Pachtzinsen (einschließlich Leasingraten) für die Benutzung von beweglichen Wirtschaftsgütern des Anlagevermögens, die im Eigentum eines anderen stehen. Eine Hinzurechnung nach Satz 1 ist nur zur Hälfte vorzunehmen bei

aa) Fahrzeugen mit Antrieb ausschließlich durch Elektromotoren, die ganz oder überwiegend aus mechanischen oder elektrochemischen Energiespeichern oder aus emissionsfrei betriebenen Energiewandlern gespeist werden (Elektrofahrzeuge),

bb) extern aufladbaren Hybridelektrofahrzeugen, für die sich aus der Übereinstimmungsbescheinigung nach Anhang IX der Richtlinie 2007/46/EG oder aus der Übereinstimmungsbescheinigung nach Artikel 38 der Verordnung (EU) Nr. 168/2013 ergibt, dass das Fahrzeug eine Kohlendioxidemission von höchstens 50 Gramm je gefahrenen Kilometer hat oder die Reichweite des Fahrzeugs unter ausschließlicher Nutzung der elektrischen Antriebsmaschine mindestens 80 Kilometer beträgt, und

cc) Fahrrädern, die keine Kraftfahrzeuge sind,

e) der Hälfte der Miet- und Pachtzinsen (einschließlich Leasingraten) für die Benutzung der unbeweglichen Wirtschaftsgüter des Anlagevermögens, die im Eigentum eines anderen stehen, und

f) einem Viertel der Aufwendungen für die zeitlich befristete Überlassung von Rechten (insbesondere Konzessionen und Lizenzen, mit Ausnahme von Lizenzen, die ausschließlich dazu berechtigen, daraus abgeleitete Rechte Dritten zu überlassen). Eine Hinzurechnung nach Satz 1 ist nicht vorzunehmen auf Aufwendungen, die nach § 25 des Künstlersozialversicherungsgesetzes Bemessungsgrundlage für die Künstlersozialabgabe sind,

soweit die Summe den Betrag von 200 000 Euro übersteigt;

2. (weggefallen)

3. (weggefallen)

4. die Gewinnanteile, die an persönlich haftende Gesellschafter einer Kommanditgesellschaft auf Aktien auf ihre nicht auf das Grundkapital gemachten Einlagen oder als Vergütung (Tantieme) für die Geschäftsführung verteilt worden sind;

5. die nach § 3 Nr. 40 des Einkommensteuergesetzes oder § 8b Abs. 1 des Körperschaftsteuergesetzes außer Ansatz bleibenden Gewinnanteile (Dividenden) und die diesen gleichgestellten Bezüge und erhaltenen Leistungen aus Anteilen an einer Körperschaft, Personenvereinigung oder Vermögensmasse im Sinne des Körperschaftsteuergesetzes, soweit sie nicht die Voraussetzungen des § 9 Nr. 2a oder 7 erfüllen, nach Abzug der mit diesen Einnahmen, Bezügen und erhaltenen Leistungen in wirtschaftlichem Zusammenhang stehenden Betriebsausgaben, soweit sie nach § 3c Abs. 2 des Einkommensteuergesetzes und § 8b Abs. 5 und 10 des Körperschaftsteuergesetzes unberücksichtigt bleiben.

6. (weggefallen)

7. (weggefallen)

8. die Anteile am Verlust einer in- oder ausländischen offenen Handelsgesellschaft, einer Kommanditgesellschaft oder einer anderen Gesellschaft, bei der die Gesellschafter als Unternehmer (Mitunternehmer) des Gewerbebetriebs anzusehen sind. Satz 1 ist bei Lebens- und Krankenversicherungsunternehmen nicht anzuwenden; für Pensionsfonds gilt Entsprechendes;

9. die Ausgaben im Sinne des § 9 Abs. 1 Nr. 2 des Körperschaftsteuergesetzes;

10. Gewinnminderungen, die

a) durch Ansatz des niedrigeren Teilwerts des Anteils an einer Körperschaft oder

b) durch Veräußerung oder Entnahme des Anteils an einer Körperschaft oder bei Auflösung oder Herabsetzung des Kapitals der Körperschaft entstanden sind, soweit der Ansatz des niedrigeren Teilwerts oder die sonstige Gewinnminderung auf Gewinnausschüttungen der Körperschaft, um die der Gewerbeertrag nach § 9 Nr. 2a, 7 oder 8 zu kürzen ist, oder organschaftliche Gewinnabführungen der Körperschaft zurückzuführen ist;

11. (weggefallen);

12. ausländische Steuern, die nach § 34c des Einkommensteuergesetzes oder nach einer Bestimmung, die § 34c des Einkommensteuergesetzes für entsprechend anwendbar erklärt, bei der Ermittlung der Einkünfte abgezogen werden, soweit sie auf Gewinne oder Gewinnanteile entfallen, die bei der Ermittlung des Gewerbeertrags außer Ansatz gelassen oder nach § 9 gekürzt werden.

§ 9 [1)]
Kürzungen

Die Summe des Gewinns und der Hinzurechnungen wird gekürzt um

1. 1,2 Prozent des Einheitswerts des zum Betriebsvermögen des Unternehmers gehörenden und nicht von der Grundsteuer befreiten Grundbesitzes; maßgebend ist der Einheitswert, der auf den letzten Feststellungszeitpunkt (Hauptfeststellungs-, Fortschreibungs- oder Nachfeststellungszeitpunkt) vor dem Ende des Erhebungszeitraums (§ 14) lautet. An Stelle der Kürzung nach Satz 1 tritt auf Antrag bei Unternehmen, die ausschließlich eigenen Grundbesitz oder neben eigenem Grundbesitz eigenes Kapitalvermögen verwalten und nutzen oder daneben Wohnungsbauten betreuen oder Einfamilienhäuser, Zweifamilienhäuser oder Eigentumswohnungen im Sinne des Wohnungseigentumsgesetzes in der jeweils geltenden Fassung, errichten und veräußern, die Kürzung um den Teil des Gewerbeertrags, der auf die Verwaltung und Nutzung des eigenen Grundbesitzes entfällt. Satz 2 gilt entsprechend, wenn

a) in Verbindung mit der Errichtung und Veräußerung von Eigentumswohnungen Teileigentum im Sinne des Wohnungseigentumsgesetzes errichtet und veräußert wird und das Gebäude zu mehr als 66 2/3 Prozent Wohnzwecken dient,

b) in Verbindung mit der Verwaltung und Nutzung des eigenen Grundbesitzes Einnahmen aus der Lieferung von Strom

---

[1)] zu § 9 Nummer 1 Satz 1:
Gemäß Artikel 10 des Gesetzes zur Reform des Grundsteuer- und Bewertungsrechts vom 26.11.2019 (BGBl. I S. 1794) werden in § 9 Nummer 1 Satz 1 die Wörter "1,2 Prozent des Einheitswerts" durch die Wörter "0,11 Prozent des Grundsteuerwerts" ersetzt. Diese Regelung tritt am 01. Januar 2025 in Kraft.

aa) im Zusammenhang mit dem Betrieb von Anlagen zur Stromerzeugung aus erneuerbaren Energien im Sinne des § 3 Nummer 21 des Erneuerbare-Energien-Gesetzes oder

bb) aus dem Betrieb von Ladestationen für Elektrofahrzeuge oder Elektrofahrräder,

erzielt werden und diese Einnahmen im Wirtschaftsjahr nicht höher als 10 Prozent der Einnahmen aus der Gebrauchsüberlassung des Grundbesitzes sind; die Einnahmen im Sinne von Doppelbuchstabe aa dürfen nicht aus der Lieferung an Letztverbraucher stammen, es sei denn, diese sind Mieter des Anlagenbetreibers, oder

c) Einnahmen aus unmittelbaren Vertragsbeziehungen mit den Mietern des Grundbesitzes aus anderen als den in den Buchstaben a und b bezeichneten Tätigkeiten erzielt werden und diese Einnahmen im Wirtschaftsjahr nicht höher als 5 Prozent der Einnahmen aus der Gebrauchsüberlassung des Grundbesitzes sind.

Betreut ein Unternehmen auch Wohnungsbauten oder veräußert es auch Einfamilienhäuser, Zweifamilienhäuser oder Eigentumswohnungen, oder übt es auch Tätigkeiten im Sinne von Satz 3 Buchstabe b und c aus, so ist Voraussetzung für die Anwendung des Satzes 2, dass der Gewinn aus der Verwaltung und Nutzung des eigenen Grundbesitzes gesondert ermittelt wird. Die Sätze 2 und 3 gelten nicht,

1. wenn der Grundbesitz ganz oder zum Teil dem Gewerbebetrieb eines Gesellschafters oder Genossen dient,

1a. soweit der Gewerbeertrag Vergütungen im Sinne des § 15 Absatz 1 Satz 1 Nummer 2 Satz 1 des Einkommensteuergesetzes enthält, die der Gesellschafter von der Gesellschaft für seine Tätigkeit im Dienst der Gesellschaft oder für die Hingabe von Darlehen oder für die Überlassung von Wirtschaftsgütern, mit Ausnahme der Überlassung von Grundbesitz, bezogen hat. Satz 1 ist auch auf Vergütungen anzuwenden, die vor dem 19. Juni 2008 erstmals vereinbart worden sind, wenn die Vereinbarung nach diesem Zeitpunkt wesentlich geändert wird, oder

2. soweit der Gewerbeertrag Gewinne aus der Aufdeckung stiller Reserven aus dem Grundbesitz enthält, der innerhalb von drei Jahren vor der Aufdeckung der stillen Reserven zu einem unter dem Teilwert liegenden Wert in das Betriebsvermögen des aufdeckenden Gewerbebetriebs überführt oder übertragen worden ist, und soweit diese Gewinne auf bis zur Überführung oder Übertragung entstandenen stillen Reserven entfallen.

Eine Kürzung nach den Sätzen 2 und 3 ist ausgeschlossen für den Teil des Gewerbeertrags, der auf Veräußerungs- oder Aufgabegewinne im Sinne des § 7 Satz 2 Nr. 2 und 3 entfällt;

2. die Anteile am Gewinn einer in- oder ausländischen offenen Handelsgesellschaft, einer Kommanditgesellschaft oder einer anderen Gesellschaft, bei der die Gesellschafter als Unternehmer (Mitunternehmer) des Gewerbebetriebs anzusehen sind, wenn die Gewinnanteile bei der Ermittlung des Gewinns angesetzt worden sind. Satz 1 ist nicht anzuwenden, soweit im Gewinnanteil Einkünfte im Sinne des § 7 Satz 7 und 8 enthalten sind. Bei Lebens- und Krankenversicherungsunternehmen und Pensionsfonds ist Satz 1 auch auf den übrigen Gewinnanteil nicht anzuwenden. Satz 2 ist nicht anzuwenden, soweit diese Einkünfte bereits bei einer den Anteil am Gewinn vermittelnden inländischen offenen Handelsgesellschaft, Kommanditgesellschaft oder anderen Gesellschaft, bei der die Gesellschafter als Unternehmer (Mitunternehmer) des Gewerbebetriebs anzusehen sind, Bestandteil des Gewerbeertrags waren. Bei Lebens- und Krankenversicherungsunternehmen und Pensionsfonds ist Satz 4 auf Einkünfte im Sinne des § 7 Satz 8 nicht anzuwenden;

2a. die Gewinne aus Anteilen an einer nicht steuerbefreiten inländischen Kapitalgesellschaft im Sinne des § 2 Abs. 2, einer Kredit- oder Versicherungsanstalt des öffentlichen Rechts, einer Genossenschaft oder einer Unternehmensbeteiligungsgesellschaft im Sinne des § 3 Nr. 23, wenn die Beteiligung zu Beginn des Erhebungszeitraums mindestens 15 Prozent des Grund- oder Stammkapitals beträgt und die Gewinnanteile bei Ermittlung des Gewinns (§ 7) angesetzt worden sind. Ist ein Grund- oder Stammkapital nicht vorhanden, so ist die Beteiligung an dem Vermögen, bei Genossenschaften die Beteiligung an der Summe der Geschäftsguthaben, maßgebend. Im unmittelbaren Zusammenhang mit Gewinnanteilen stehende Aufwendungen mindern den Kürzungsbetrag, soweit entsprechende Beteiligungserträge zu berücksichtigen sind; insoweit findet § 8 Nr. 1 keine Anwendung. Nach § 8b Abs. 5 des Körperschaftsteuergesetzes nicht abziehbare Betriebsausgaben sind keine Gewinne aus Anteilen im Sinne des Satzes 1. Satz 1 ist bei Lebens- und Krankenversicherungsunternehmen auf Gewinne aus Anteilen, die den Kapitalanlagen zuzurechnen sind, nicht anzuwenden; für Pensionsfonds gilt Entsprechendes.

2b. die nach § 8 Nr. 4 dem Gewerbeertrag einer Kommanditgesellschaft auf Aktien hinzugerechneten Gewinnanteile, wenn sie bei der Ermittlung des Gewinns (§ 7) angesetzt worden sind;

3. den Teil des Gewerbeertrags eines inländischen Unternehmens, der auf eine nicht im Inland belegene Betriebsstätte dieses Unternehmens entfällt; dies gilt nicht für Einkünfte im Sinne des § 7 Satz 7 und 8. Bei Unternehmen, die ausschließlich den Betrieb von eigenen oder gecharterten Handelsschiffen im internationalen Verkehr zum Gegenstand haben, gelten 80 Prozent des Gewerbeertrags als auf eine nicht im Inland belegene Betriebsstätte entfallend. Ist Gegenstand eines Betriebs nicht ausschließlich der Betrieb von Handelsschiffen im internationalen Verkehr, so gelten 80 Prozent des Teils des Gewerbeertrags, der auf den Betrieb von Handelsschiffen im internationalen Verkehr entfällt, als auf eine nicht im Inland belegene Betriebsstätte entfallend; in diesem Fall ist Voraussetzung, dass dieser Teil gesondert ermittelt wird. Handelsschiffe werden im internationalen Verkehr betrieben, wenn eigene oder gecharterte Handelsschiffe im Wirtschaftsjahr überwiegend zur Beförderung von Personen und Gütern im Verkehr mit oder zwischen ausländischen Häfen, innerhalb eines ausländischen Hafens oder zwischen einem ausländischen Hafen und der freien See eingesetzt werden. Für die Anwendung der Sätze 2 bis 4 gilt § 5a Abs. 2 Satz 2 des Einkommensteuergesetzes entsprechend;

4. (weggefallen)

5. die aus den Mitteln des Gewerbebetriebs geleisteten Zuwendungen (Spenden und Mitgliedsbeiträge) zur Förderung steuerbegünstigter Zwecke im Sinne der §§ 52 bis 54 der Abgabenordnung bis zur Höhe von insgesamt 20 Prozent des um die Hinzurechnungen nach § 8 Nummer 9 erhöhten Gewinns aus Gewerbebetrieb (§ 7) oder 4 Promille der Summe der gesamten Umsätze und der im Wirtschaftsjahr aufgewendeten Löhne und Gehälter. Voraussetzung für die Kürzung ist, dass diese Zuwendungen

a) an eine juristische Person des öffentlichen Rechts oder an eine öffentliche Dienststelle, die in einem Mitgliedstaat der Europäischen Union oder in einem Staat belegen ist, auf den das Abkommen über den Europäischen Wirtschaftsraum (EWR-Abkommen) Anwendung findet, oder

b) an eine nach § 5 Absatz 1 Nummer 9 des Körperschaftsteuergesetzes steuerbefreite Körperschaft, Personenvereinigung oder Vermögensmasse oder

c) an eine Körperschaft, Personenvereinigung oder

Vermögensmasse, die in einem Mitgliedstaat der Europäischen Union oder in einem Staat belegen ist, auf den das Abkommen über den Europäischen Wirtschaftsraum (EWR-Abkommen) Anwendung findet, und die nach § 5 Absatz 1 Nummer 9 des Körperschaftsteuergesetzes in Verbindung mit § 5 Absatz 2 Nummer 2 zweiter Halbsatz des Körperschaftsteuergesetzes steuerbefreit wäre, wenn sie inländische Einkünfte erzielen würde,

geleistet werden (Zuwendungsempfänger). Für nicht im Inland ansässige Zuwendungsempfänger nach Satz 2 ist weitere Voraussetzung, dass durch diese Staaten Amtshilfe und Unterstützung bei der Beitreibung geleistet werden. Amtshilfe ist der Auskunftsaustausch im Sinne oder entsprechend der Amtshilferichtlinie gemäß § 2 Absatz 2 des EU-Amtshilfegesetzes. Beitreibung ist die gegenseitige Unterstützung bei der Beitreibung von Forderungen im Sinne oder entsprechend der Beitreibungsrichtlinie einschließlich der in diesem Zusammenhang anzuwendenden Durchführungsbestimmungen in den für den jeweiligen Veranlagungszeitraum geltenden Fassungen oder eines entsprechenden Nachfolgerechtsaktes. Werden die steuerbegünstigten Zwecke des Zuwendungsempfängers im Sinne von Satz 2 Buchstabe a nur im Ausland verwirklicht, ist für eine Kürzung nach Satz 1 Voraussetzung, dass natürliche Personen, die ihren Wohnsitz oder ihren gewöhnlichen Aufenthalt im Geltungsbereich dieses Gesetzes haben, gefördert werden oder dass die Tätigkeit dieses Zuwendungsempfängers neben der Verwirklichung der steuerbegünstigten Zwecke auch zum Ansehen der Bundesrepublik Deutschland beitragen kann. In die Kürzung nach Satz 1 sind auch Mitgliedsbeiträge an Körperschaften einzubeziehen, die Kunst und Kultur gemäß § 52 Absatz 2 Nummer 5 der Abgabenordnung fördern, soweit es sich nicht um Mitgliedsbeiträge nach Satz 12 Buchstabe b handelt, auch wenn den Mitgliedern Vergünstigungen gewährt werden. Überschreiten die geleisteten Zuwendungen die Höchstsätze nach Satz 1, kann die Kürzung im Rahmen der Höchstsätze nach Satz 1 in den folgenden Erhebungszeiträumen vorgenommen werden. Einzelunternehmen und Personengesellschaften können auf Antrag neben der Kürzung nach Satz 1 eine Kürzung um die im Erhebungszeitraum in das zu erhaltende Vermögen (Vermögensstock) einer Stiftung, die die Voraussetzungen der Sätze 2 bis 6 erfüllt, geleisteten Spenden in diesem und in den folgenden neun Erhebungszeiträumen bis zu einem Betrag von 1 Million Euro vornehmen. Nicht abzugsfähig nach Satz 9 sind Spenden in das verbrauchbare Vermögen einer Stiftung. Der besondere Kürzungsbetrag nach Satz 9 kann der Höhe nach innerhalb des Zehnjahreszeitraums nur einmal in Anspruch genommen werden. Eine Kürzung nach den Sätzen 1 bis 10 ist ausgeschlossen, soweit auf die geleisteten Zuwendungen § 8 Absatz 3 des Körperschaftsteuergesetzes anzuwenden ist oder soweit Mitgliedsbeiträge an Körperschaften geleistet werden,

a) die den Sport (§ 52 Absatz 2 Satz 1 Nummer 21 der Abgabenordnung),
b) die kulturelle Betätigungen, die in erster Linie der Freizeitgestaltung dienen,
c) die Heimatpflege und Heimatkunde (§ 52 Absatz 2 Satz 1 Nummer 22 der Abgabenordnung),
d) die Zwecke im Sinne des § 52 Absatz 2 Satz 1 Nummer 23 der Abgabenordnung

fördern oder

e) deren Zweck nach § 52 Absatz 2 Satz 2 der Abgabenordnung für gemeinnützig erklärt worden ist, weil deren Zweck die Allgemeinheit auf materiellem, geistigem oder sittlichem Gebiet entsprechend einem Zweck nach den Buchstaben a bis d fördert.

§ 10b Absatz 3 und 4 Satz 1 sowie § 10d Absatz 4 des Einkommensteuergesetzes und § 9 Absatz 2 Satz 2 bis 5 und Absatz 3 Satz 1 des Körperschaftsteuergesetzes, sowie die einkommensteuerrechtlichen Vorschriften zur Abziehbarkeit von Zuwendungen gelten entsprechend. Wer vorsätzlich oder grob fahrlässig eine unrichtige Bestätigung über Spenden und Mitgliedsbeiträge ausstellt oder veranlasst, dass entsprechende Zuwendungen nicht zu den in der Bestätigung angegebenen steuerbegünstigten Zwecken verwendet werden (Veranlasserhaftung), haftet für die entgangene Gewerbesteuer. In den Fällen der Veranlasserhaftung ist vorrangig der Zuwendungsempfänger in Anspruch zu nehmen; die natürlichen Personen, die in diesen Fällen für den Zuwendungsempfänger handeln, sind nur in Anspruch zu nehmen, wenn die entgangene Steuer nicht nach § 47 der Abgabenordnung erloschen ist und Vollstreckungsmaßnahmen gegen den Zuwendungsempfänger nicht erfolgreich sind; § 10b Absatz 4 Satz 5 des Einkommensteuergesetzes gilt entsprechend. Der Haftungsbetrag ist mit 15 Prozent der Zuwendungen anzusetzen und fließt der für den Spendenempfänger zuständigen Gemeinde zu, die durch sinngemäße Anwendung des § 20 der Abgabenordnung bestimmt wird. Der Haftungsbetrag wird durch Haftungsbescheid des Finanzamts festgesetzt; die Befugnis der Gemeinde zur Erhebung der entgangenen Gewerbesteuer bleibt unberührt. § 184 Abs. 3 der Abgabenordnung gilt sinngemäß;

6. (weggefallen)

7. die Gewinne aus Anteilen an einer Kapitalgesellschaft mit Geschäftsleitung und Sitz außerhalb des Geltungsbereichs dieses Gesetzes, wenn die Beteiligung zu Beginn des Erhebungszeitraums mindestens 15 Prozent des Nennkapitals beträgt und die Gewinnanteile bei der Ermittlung des Gewinns (§ 7) angesetzt worden sind. § 9 Nummer 2a Satz 3 bis 5 gilt entsprechend;

8. die Gewinne aus Anteilen an einer ausländischen Gesellschaft, die nach einem Abkommen zur Vermeidung der Doppelbesteuerung unter der Voraussetzung einer Mindestbeteiligung von der Gewerbesteuer befreit sind, wenn die Beteiligung mindestens 15 Prozent beträgt und die Gewinnanteile bei der Ermittlung des Gewinns (§ 7) angesetzt worden sind; ist in einem Abkommen zur Vermeidung der Doppelbesteuerung eine niedrigere Mindestbeteiligungsgrenze vereinbart, ist diese maßgebend. § 9 Nr. 2a Satz 3 gilt entsprechend. § 9 Nr. 2a Satz 4 gilt entsprechend. Satz 1 ist bei Lebens- und Krankenversicherungsunternehmen auf Gewinne aus Anteilen, die den Kapitalanlagen zuzurechnen sind, nicht anzuwenden; für Pensionsfonds gilt Entsprechendes.

9. u. 10. (weggefallen)

§ 10
Maßgebender Gewerbeertrag

(1) Maßgebend ist der Gewerbeertrag, der in dem Erhebungszeitraum bezogen worden ist, für den der Steuermessbetrag (§ 14) festgesetzt wird.

(2) Weicht bei Unternehmen, die Bücher nach den Vorschriften des Handelsgesetzbuchs zu führen verpflichtet sind, das Wirtschaftsjahr, für das sie regelmäßig Abschlüsse machen, vom Kalenderjahr ab, so gilt der Gewerbeertrag als in dem Erhebungszeitraum bezogen, in dem das Wirtschaftsjahr endet.

§ 10a
Gewerbeverlust

Der maßgebende Gewerbeertrag wird bis zu einem Betrag in Höhe von 1 Million Euro um die Fehlbeträge gekürzt, die sich bei der Ermittlung des maßgebenden Gewerbeertrags für die vorangegangenen Erhebungszeiträume nach den Vorschriften der §§ 7 bis 10 ergeben haben, soweit die Fehlbeträge nicht bei der Ermittlung des Gewerbeertrags für die vorangegangenen Erhebungszeiträume berücksichtigt worden sind. Der 1 Million Euro übersteigende maßgebende Gewerbeertrag ist bis zu 60 Prozent um nach Satz 1 nicht berücksichtigte Fehlbeträge der vorangegangenen Erhebungszeiträume zu kürzen. Im Fall des § 2 Abs. 2 Satz 2 kann die Organgesellschaft den maßgebenden Gewerbeertrag nicht um Fehlbeträge kürzen, die sich vor dem rechtswirksamen Abschluss des Gewinnabführungsvertrags ergeben haben. Bei einer Mitunternehmerschaft ist der sich für die Mitunternehmerschaft insgesamt ergebende Fehlbetrag den Mitunternehmern entsprechend dem sich aus dem Gesellschaftsvertrag ergebenden allgemeinen Gewinnverteilungsschlüssel zuzurechnen; Vorabgewinnanteile sind nicht zu berücksichtigen. Für den Abzug der den Mitunternehmern zugerechneten Fehlbeträge nach Maßgabe der Sätze 1 und 2 ist der sich für die Mitunternehmerschaft insgesamt ergebende maßgebende Gewerbeertrag sowie der Höchstbetrag nach Satz 1 den Mitunternehmern entsprechend dem sich aus dem Gesellschaftsvertrag für das Abzugsjahr ergebenden allgemeinen Gewinnverteilungsschlüssel zuzurechnen; Vorabgewinnanteile sind nicht zu berücksichtigen. Die Höhe der vortragsfähigen Fehlbeträge ist gesondert festzustellen. Vortragsfähige Fehlbeträge sind die nach der Kürzung des maßgebenden Gewerbeertrags nach Satz 1 und 2 zum Schluss des Erhebungszeitraums verbleibenden Fehlbeträge. Im Fall des § 2 Abs. 5 kann der andere Unternehmer den maßgebenden Gewerbeertrag nicht um die Fehlbeträge kürzen, die sich bei der Ermittlung des maßgebenden Gewerbeertrags des übergegangenen Unternehmens ergeben haben. § 8 Abs. 8 und 9 Satz 5 bis 8 des Körperschaftsteuergesetzes ist entsprechend anzuwenden. Auf die Fehlbeträge ist § 8c des Körperschaftsteuergesetzes entsprechend anzuwenden; dies gilt auch für den Fehlbetrag einer Mitunternehmerschaft, soweit dieser

1. einer Körperschaft unmittelbar oder
2. einer Mitunternehmerschaft, soweit an dieser eine Körperschaft unmittelbar oder mittelbar über eine oder mehrere Personengesellschaften beteiligt ist,

zuzurechnen ist. Auf die Fehlbeträge ist § 8d des Körperschaftsteuergesetzes entsprechend anzuwenden, wenn ein fortführungsgebundener Verlustvortrag nach § 8d des Körperschaftsteuergesetzes gesondert festgestellt worden ist. Unterbleibt eine Feststellung nach § 8d Absatz 1 Satz 8 des Körperschaftsteuergesetzes, weil keine nicht genutzten Verluste nach § 8c Absatz 1 Satz 1 des Körperschaftsteuergesetzes vorliegen, ist auf Antrag auf die Fehlbeträge § 8d des Körperschaftsteuergesetzes entsprechend anzuwenden; für die Form und die Frist eines Antrags gilt § 8d Absatz 1 Satz 5 des Körperschaftsteuergesetzes entsprechend.

§ 11
Steuermesszahl und Steuermessbetrag

(1) Bei der Berechnung der Gewerbesteuer ist von einem Steuermessbetrag auszugehen. Dieser ist durch Anwendung eines Prozentsatzes (Steuermesszahl) auf den Gewerbeertrag zu ermitteln. Der Gewerbeertrag ist auf volle 100 Euro nach unten abzurunden und

1. bei natürlichen Personen sowie bei Personengesellschaften um einen Freibetrag in Höhe von 24.500 Euro,
2. bei Unternehmen im Sinne des § 2 Abs. 3 und des § 3 Nr. 5, 6, 8, 9, 15, 17, 21, 26, 27, 28 und 29 sowie bei Unternehmen von juristischen Personen des öffentlichen Rechts um einen Freibetrag in Höhe von 5.000 Euro,

höchstens jedoch in Höhe des abgerundeten Gewerbeertrags, zu kürzen.

(2) Die Steuermesszahl für den Gewerbeertrag beträgt 3,5 Prozent.

(3) Die Steuermesszahl ermäßigt sich auf 56 Prozent bei Hausgewerbetreibenden und ihnen nach § 1 Abs. 2 Buchstabe b und d des Heimarbeitsgesetzes in der im Bundesgesetzblatt Teil III, Gliederungsnummer 804-1, veröffentlichten bereinigten Fassung, zuletzt geändert durch Artikel 4 des Gesetzes vom 13. Juli 1988 (BGBl. I S. 1034), gleichgestellten Personen. Das Gleiche gilt für die nach § 1 Abs. 2 Buchstabe c des Heimarbeitsgesetzes gleichgestellten Personen, deren Entgelte (§ 10 Abs. 1 des Umsatzsteuergesetzes) aus der Tätigkeit unmittelbar für den Absatzmarkt im Erhebungszeitraum 25.000 Euro nicht übersteigen.

Abschnitt III
§§ 12 und 13 (weggefallen)

Abschnitt IV
Steuermessbetrag

§ 14
Festsetzung des Steuermessbetrags

Der Steuermessbetrag wird für den Erhebungszeitraum nach dessen Ablauf festgesetzt. Erhebungszeitraum ist das Kalenderjahr. Besteht die Gewerbesteuerpflicht nicht während des ganzen Kalenderjahrs, so tritt an die Stelle des Kalenderjahrs der Zeitraum der Steuerpflicht (abgekürzter Erhebungszeitraum).

§ 14a
Steuererklärungspflicht

Der Steuerschuldner (§ 5) hat für steuerpflichtige Gewerbebetriebe eine Erklärung zur Festsetzung des Steuermessbetrags und in den Fällen des § 28 außerdem eine Zerlegungserklärung nach amtlich vorgeschriebenem Datensatz durch Datenfernübertragung zu übermitteln. Auf Antrag kann die Finanzbehörde zur Vermeidung unbilliger Härten auf eine elektronische Übermittlung verzichten; in diesem Fall ist die Erklärung nach amtlich vorgeschriebenem Vordruck abzugeben und vom Steuerschuldner oder von den in § 34 der Abgabenordnung bezeichneten Personen eigenhändig zu unterschreiben.

§ 14b
Verspätungszuschlag

Ein nach § 152 der Abgabenordnung zu entrichtender Verspätungszuschlag fließt der Gemeinde zu. Sind mehrere Gemeinden an der Gewerbesteuer beteiligt, so fließt der Verspätungszuschlag der Gemeinde zu, in der sich die Geschäftsleitung am Ende des Erhebungszeitraums befindet. Befindet sich die Geschäftsleitung im Ausland, so fließt der Verspätungszuschlag der Gemeinde zu, in der sich die wirtschaftlich bedeutendste Betriebsstätte befindet. Auf den Verspätungszuschlag ist der Hebesatz der Gemeinde nicht anzuwenden.

§ 15
Pauschfestsetzung

Wird die Einkommensteuer oder die Körperschaftsteuer in einem Pauschbetrag festgesetzt, so kann die für die Festsetzung zuständige Behörde im Einvernehmen mit der Landesregierung oder der von ihr bestimmten Behörde auch den Steuermessbetrag in einem Pauschbetrag festsetzen.

Abschnitt V
Entstehung, Festsetzung und Erhebung der Steuer

§ 16
Hebesatz

(1) Die Steuer wird auf Grund des Steuermessbetrags (§ 14) mit einem Prozentsatz (Hebesatz) festgesetzt und erhoben, der von der hebeberechtigten Gemeinde (§§ 4, 35a) zu bestimmen ist.

(2) Der Hebesatz kann für ein Kalenderjahr oder mehrere Kalenderjahre festgesetzt werden.

(3) Der Beschluss über die Festsetzung oder Änderung des Hebesatzes ist bis zum 30. Juni eines Kalenderjahrs mit Wirkung vom Beginn dieses Kalenderjahrs zu fassen. Nach

diesem Zeitpunkt kann der Beschluss über die Festsetzung des Hebesatzes gefasst werden, wenn der Hebesatz die Höhe der letzten Festsetzung nicht überschreitet.

(4) Der Hebesatz muss für alle in der Gemeinde vorhandenen Unternehmen der gleiche sein. Er beträgt 200 Prozent, wenn die Gemeinde nicht einen höheren Hebesatz bestimmt hat. Wird das Gebiet von Gemeinden geändert, so kann die Landesregierung oder die von ihr bestimmte Stelle für die von der Änderung betroffenen Gebietsteile auf eine bestimmte Zeit verschiedene Hebesätze zulassen. In den Fällen des Satzes 3 sind die §§ 28 bis 34 mit der Maßgabe anzuwenden, dass an die Stelle mehrerer Gemeinden die Gebietsteile der Gemeinde mit verschiedenen Hebesätzen treten.

(5) In welchem Verhältnis die Hebesätze für die Grundsteuer der Betriebe der Land- und Forstwirtschaft, für die Grundsteuer der Grundstücke und für die Gewerbesteuer zueinander stehen müssen, welche Höchstsätze nicht überschritten werden dürfen und inwieweit mit Genehmigung der Gemeindeaufsichtsbehörde Ausnahmen zugelassen werden können, bleibt einer landesrechtlichen Regelung vorbehalten.

§ 17
(weggefallen)

§ 18
Entstehung der Steuer

Die Gewerbesteuer entsteht, soweit es sich nicht um Vorauszahlungen (§ 21) handelt, mit Ablauf des Erhebungszeitraums, für den die Festsetzung vorgenommen wird.

§ 19
Vorauszahlungen

(1) Der Steuerschuldner hat am 15. Februar, 15. Mai, 15. August und 15. November Vorauszahlungen zu entrichten. Gewerbetreibende, deren Wirtschaftsjahr vom Kalenderjahr abweicht, haben die Vorauszahlungen während des Wirtschaftsjahrs zu entrichten, das im Erhebungszeitraum endet. Satz 2 gilt nur, wenn der Gewerbebetrieb nach dem 31. Dezember 1985 gegründet worden ist oder infolge Wegfalls eines Befreiungsgrundes in die Steuerpflicht eingetreten ist oder das Wirtschaftsjahr nach diesem Zeitpunkt auf einen vom Kalenderjahr abweichenden Zeitraum umgestellt worden ist.

(2) Jede Vorauszahlung beträgt grundsätzlich ein Viertel der Steuer, die sich bei der letzten Veranlagung ergeben hat.

(3) Die Gemeinde kann die Vorauszahlungen der Steuer anpassen, die sich für den Erhebungszeitraum (§ 14) voraussichtlich ergeben wird. Die Anpassung kann bis zum Ende des 15. auf den Erhebungszeitraum folgenden Kalendermonats vorgenommen werden; bei einer nachträglichen Erhöhung der Vorauszahlungen ist der Erhöhungsbetrag innerhalb eines Monats nach Bekanntgabe des Vorauszahlungsbescheids zu entrichten. Das Finanzamt kann bis zum Ende des 15. auf den Erhebungszeitraum folgenden Kalendermonats für Zwecke der Gewerbesteuer-Vorauszahlungen den Steuermessbetrag festsetzen, der sich voraussichtlich ergeben wird. An diese Festsetzung ist die Gemeinde bei der Anpassung der Vorauszahlungen nach den Sätzen 1 und 2 gebunden.

(4) Wird im Laufe des Erhebungszeitraums ein Gewerbebetrieb neu gegründet oder tritt ein bereits bestehender Gewerbebetrieb infolge Wegfalls des Befreiungsgrundes in die Steuerpflicht ein, so gilt für die erstmalige Festsetzung der Vorauszahlungen Absatz 3 entsprechend.

(5) Die einzelne Vorauszahlung ist auf den nächsten vollen Betrag in Euro nach unten abzurunden. Sie wird nur festgesetzt, wenn sie mindestens 50 Euro beträgt.

§ 20
Abrechnung über die Vorauszahlungen

(1) Die für einen Erhebungszeitraum (§ 14) entrichteten Vorauszahlungen werden auf die Steuerschuld für diesen Erhebungszeitraum angerechnet.

(2) Ist die Steuerschuld größer als die Summe der anzurechnenden Vorauszahlungen, so ist der Unterschiedsbetrag, soweit er den im Erhebungszeitraum und nach § 19 Abs. 3 Satz 2 nach Ablauf des Erhebungszeitraums fällig gewordenen, aber nicht entrichteten Vorauszahlungen entspricht, sofort, im Übrigen innerhalb eines Monats nach Bekanntgabe des Steuerbescheids zu entrichten (Abschlusszahlung).

(3) Ist die Steuerschuld kleiner als die Summe der anzurechnenden Vorauszahlungen, so wird der Unterschiedsbetrag nach Bekanntgabe des Steuerbescheids durch Aufrechnung oder Zurückzahlung ausgeglichen.

§ 21
Entstehung der Vorauszahlungen

Die Vorauszahlungen auf die Gewerbesteuer entstehen mit Beginn des Kalendervierteljahrs, in dem die Vorauszahlungen zu entrichten sind, oder, wenn die Steuerpflicht erst im Laufe des Kalendervierteljahrs begründet wird, mit Begründung der Steuerpflicht.

§§ 22 bis 27
(weggefallen)

Abschnitt VI
Zerlegung

§ 28
Allgemeines

(1) Sind im Erhebungszeitraum Betriebsstätten zur Ausübung des Gewerbes in mehreren Gemeinden unterhalten worden, so ist der Steuermessbetrag in die auf die einzelnen Gemeinden entfallenden Anteile (Zerlegungsanteile) zu zerlegen. Das gilt auch in den Fällen, in denen eine Betriebsstätte sich über mehrere Gemeinden erstreckt hat oder eine Betriebsstätte innerhalb eines Erhebungszeitraums von einer Gemeinde in eine andere Gemeinde verlegt worden ist.

(2) Bei der Zerlegung sind die Gemeinden nicht zu berücksichtigen, in denen

1. Verkehrsunternehmen lediglich Gleisanlagen unterhalten,

2. sich nur Anlagen befinden, die der Weiterleitung fester, flüssiger oder gasförmiger Stoffe sowie elektrischer Energie dienen, ohne dass diese dort abgegeben werden,

3. Bergbauunternehmen keine oberirdischen Anlagen haben, in welchen eine gewerbliche Tätigkeit entfaltet wird.

4. (weggefallen)

Dies gilt nicht, wenn dadurch auf keine Gemeinde ein Zerlegungsanteil oder der Steuermessbetrag entfallen würde.

§ 29
Zerlegungsmaßstab

(1) Zerlegungsmaßstab ist

1. vorbehaltlich der Nummer 2 das Verhältnis, in dem die Summe der Arbeitslöhne, die an die bei allen Betriebsstätten (§ 28) beschäftigten Arbeitnehmer gezahlt worden sind, zu den Arbeitslöhnen steht, die an die den Betriebsstätten der einzelnen Gemeinden beschäftigten Arbeitnehmer gezahlt worden sind;

2. bei Betrieben, die ausschließlich Anlagen zur Erzeugung von Strom und anderen Energieträgern sowie Wärme aus Windenergie und solarer Strahlungsenergie betreiben,

a) vorbehaltlich des Buchstabens b zu einem Zehntel das in Nummer 1 bezeichnete Verhältnis und zu neun Zehnteln das Verhältnis, in dem die Summe der installierten Leistung im Sinne von § 3 Nummer 31 des Erneuerbare-Energien-Gesetzes in allen Betriebsstätten (§ 28) zur installierten Leistung in den einzelnen Betriebsstätten steht,

b) für die Erhebungszeiträume 2021 bis 2023 bei Betrieben, die ausschließlich Anlagen zur Erzeugung von Strom und anderen Energieträgern sowie Wärme aus solarer Strahlungsenergie betreiben,

aa) für den auf Neuanlagen im Sinne von Satz 3 entfallenden Anteil am Steuermessbetrag zu einem Zehntel das in Nummer 1 bezeichnete Verhältnis und zu neun Zehnteln das Verhältnis, in dem die Summe der installierten Leistung im Sinne von § 3 Nummer 31 des Erneuerbare-Energien-Gesetzes in allen Betriebsstätten (§ 28) zur installierten Leistung in den einzelnen Betriebsstätten steht, und

bb) für den auf die übrigen Anlagen im Sinne von Satz 4 entfallenden Anteil am Steuermessbetrag das in Nummer 1 bezeichnete Verhältnis.

Der auf Neuanlagen und auf übrige Anlagen jeweils entfallende Anteil am Steuermessbetrag wird ermittelt aus dem Verhältnis, in dem

aa) die Summe der installierten Leistung im Sinne von § 3 Nummer 31 des Erneuerbare-Energien-Gesetzes für Neuanlagen und

bb) die Summe der installierten Leistung im Sinne von § 3 Nummer 31 des Erneuerbare-Energien-Gesetzes für die übrigen Anlagen zur gesamten installierten Leistung im Sinne von § 3 Nummer 31 des Erneuerbare-Energien-Gesetzes des Betriebs steht. Neuanlagen sind Anlagen, die nach dem 30. Juni 2013 zur Erzeugung von Strom und anderen Energieträgern sowie Wärme aus solarer Strahlungsenergie genehmigt wurden. Die übrigen Anlagen sind Anlagen, die nicht unter Satz 3 fallen.

(2) Bei der Zerlegung nach Absatz 1 sind die Arbeitslöhne anzusetzen, die in den Betriebsstätten der beteiligten Gemeinden (§ 28) während des Erhebungszeitraums (§ 14) erzielt oder gezahlt worden sind.

(3) Bei Ermittlung der Verhältniszahlen sind die Arbeitslöhne auf volle 1.000 Euro abzurunden.

§ 30
Zerlegung bei mehrgemeindlichen Betriebsstätten

Erstreckt sich die Betriebsstätte auf mehrere Gemeinden, so ist der Steuermessbetrag oder Zerlegungsanteil auf die Gemeinden zu zerlegen, auf die sich die Betriebsstätte erstreckt, und zwar nach der Lage der örtlichen Verhältnisse unter Berücksichtigung der durch das Vorhandensein der Betriebsstätte erwachsenden Gemeindelasten.

§ 31
Begriff der Arbeitslöhne für die Zerlegung

(1) Arbeitslöhne sind vorbehaltlich der Absätze 2 bis 5 die Vergütungen im Sinne des § 19 Abs. 1 Nr. 1 des Einkommensteuergesetzes, soweit sie nicht durch andere Rechtsvorschriften von der Einkommensteuer befreit sind. Zuschläge für Mehrarbeit und für Sonntags-, Feiertags- und Nachtarbeit gehören unbeschadet der einkommensteuerlichen Behandlung zu den Arbeitslöhnen.

(2) Zu den Arbeitslöhnen gehören nicht Vergütungen, die an Personen gezahlt worden sind, die zu ihrer Berufsausbildung beschäftigt werden.

(3) In Fällen des § 3 Nr. 5, 6, 8, 9, 12, 13, 15, 17, 21, 26, 27, 28 und 29 bleiben die Vergütungen an solche Arbeitnehmer außer Ansatz, die nicht ausschließlich oder überwiegend in dem steuerpflichtigen Betrieb oder Teil des Betriebs tätig sind.

(4) Nach dem Gewinn berechnete einmalige Vergütungen (z.B. Tantiemen, Gratifikationen) sind nicht anzusetzen. Das Gleiche gilt für sonstige Vergütungen, soweit sie bei dem einzelnen Arbeitnehmer 50.000 Euro übersteigen.

(5) Bei Unternehmen, die nicht von einer juristischen Person betrieben werden, sind für die im Betrieb tätigen Unternehmer (Mitunternehmer) insgesamt 25.000 Euro jährlich anzusetzen.

§ 32 (weggefallen)

§ 33
Zerlegung in besonderen Fällen

(1) Führt die Zerlegung nach den §§ 28 bis 31 zu einem offenbar unbilligen Ergebnis, so ist nach einem Maßstab zu zerlegen, der die tatsächlichen Verhältnisse besser berücksichtigt. In dem Zerlegungsbescheid hat das Finanzamt darauf hinzuweisen, dass bei der Zerlegung Satz 1 angewendet worden ist.

(2) Einigen sich die Gemeinden mit dem Steuerschuldner über die Zerlegung, so ist der Steuermessbetrag nach Maßgabe der Einigung zu zerlegen.

§ 34
Kleinbeträge

(1) Übersteigt der Steuermessbetrag nicht den Betrag von 10 Euro, so ist er in voller Höhe der Gemeinde zuzuweisen, in der sich die Geschäftsleitung befindet. Befindet sich die Geschäftsleitung im Ausland, so ist der Steuermessbetrag der Gemeinde zuzuweisen, in der sich die wirtschaftlich bedeutendste der zu berücksichtigenden Betriebsstätten befindet.

(2) Übersteigt der Steuermessbetrag zwar den Betrag von 10 Euro, würde aber nach den Zerlegungsvorschriften einer Gemeinde ein Zerlegungsanteil von nicht mehr als 10 Euro zuzuweisen sein, so ist dieser Anteil der Gemeinde zuzuweisen, in der sich die Geschäftsleitung befindet. Absatz 1 Satz 2 ist entsprechend anzuwenden.

(3) Wird der Zerlegungsbescheid geändert oder berichtigt, würde sich dabei aber der Zerlegungsanteil einer Gemeinde um nicht mehr als 10 Euro erhöhen oder ermäßigen, so ist der Betrag der Erhöhung oder Ermäßigung bei dem Zerlegungsanteil der Gemeinde zu berücksichtigen, in der sich die Geschäftsleitung befindet. Absatz 1 Satz 2 ist entsprechend anzuwenden.

§ 35 (weggefallen)

Abschnitt VII
Gewerbesteuer der Reisegewerbebetriebe

§ 35a

(1) Der Gewerbesteuer unterliegen auch die Reisegewerbebetriebe, soweit sie im Inland betrieben werden.

(2) Reisegewerbebetrieb im Sinne dieses Gesetzes ist ein Gewerbebetrieb, dessen Inhaber nach den Vorschriften der Gewerbeordnung und den dazugehörigen Ausführungsbestimmungen einer Reisegewerbekarte bedarf. Wird im Rahmen eines einheitlichen Gewerbebetriebs sowohl ein stehendes Gewerbe als auch ein Reisegewerbe betrieben, so ist der Betrieb in vollem Umfang als stehendes Gewerbe zu behandeln.

(3) Hebeberechtigt ist die Gemeinde, in der sich der Mittelpunkt der gewerblichen Tätigkeit befindet.

(4) Ist im Laufe des Erhebungszeitraums der Mittelpunkt der gewerblichen Tätigkeit von einer Gemeinde in eine andere Gemeinde verlegt worden, so hat das Finanzamt den Steuermessbetrag nach den zeitlichen Anteilen (Kalendermonaten) auf die beteiligten Gemeinden zu zerlegen.

Abschnitt VIII
Änderung des Gewerbesteuermessbescheids von Amts wegen

§ 35b

(1) Der Gewerbesteuermessbescheid oder Verlustfeststellungsbescheid ist von Amts wegen aufzuheben oder zu ändern, wenn der Einkommensteuerbescheid, der Körperschaftsteuerbescheid oder ein Feststellungsbescheid aufgehoben oder geändert wird und die Aufhebung oder Änderung den Gewinn aus Gewerbebetrieb berührt. Die Änderung des Gewinns aus Gewerbebetrieb ist insoweit zu berücksichtigen, als sie die Höhe des Gewerbeertrags oder des vortragsfähigen Gewerbeverlustes beeinflusst. § 171 Abs. 10 der Abgabenordnung gilt sinngemäß.

(2) Zuständig für die Feststellung des vortragsfähigen Gewerbeverlustes ist das für den Erlass des Gewerbesteuermessbescheids zuständige Finanzamt. Bei der Feststellung des vortragsfähigen Gewerbeverlustes sind die Besteuerungsgrundlagen so zu berücksichtigen, wie sie der Festsetzung des Steuermessbetrags für den Erhebungszeitraum, auf dessen Schluss der vortragsfähige Gewerbeverlust festgestellt wird, zu Grunde gelegt worden sind; § 171 Absatz 10, § 175 Absatz 1 Satz 1 Nummer 1 und § 351 Absatz 2 der Abgabenordnung sowie § 42 der Finanzgerichtsordnung gelten entsprechend. Die Besteuerungsgrundlagen dürfen bei der Feststellung nur insoweit abweichend von Satz 2 berücksichtigt werden, wie die Aufhebung, Änderung oder Berichtigung des Gewerbesteuermessbescheids ausschließlich mangels Auswirkung auf die Höhe des festzusetzenden Steuermessbetrags unterbleibt. Die Feststellungsfrist endet nicht, bevor die Festsetzungsfrist für den Erhebungszeitraum abgelaufen ist, auf dessen Schluss der vortragsfähige Gewerbeverlust gesondert festzustellen ist; § 181 Abs. 5 der Abgabenordnung ist nur anzuwenden, wenn die zuständige Finanzbehörde die Feststellung des vortragsfähigen Gewerbeverlustes pflichtwidrig unterlassen hat.

Abschnitt IX
Durchführung

§ 35c
Ermächtigung

(1) Die Bundesregierung wird ermächtigt, mit Zustimmung des Bundesrates

1. zur Durchführung des Gewerbesteuergesetzes Rechtsverordnungen zu erlassen

   a) über die Abgrenzung der Steuerpflicht,

   b) über die Ermittlung des Gewerbeertrags,

   c) über die Festsetzung der Steuermessbeträge, soweit dies zur Wahrung der Gleichmäßigkeit der Besteuerung und zur Vermeidung von Unbilligkeiten in Härtefällen erforderlich ist,

   d) über die Zerlegung des Steuermessbetrags,

   e) über die Abgabe von Steuererklärungen unter Berücksichtigung von Freibeträgen und Freigrenzen;

2. Vorschriften durch Rechtsverordnung zu erlassen

   a) über die sich aus der Aufhebung oder Änderung von Vorschriften dieses Gesetzes ergebenden Rechtsfolgen, soweit dies zur Wahrung der Gleichmäßigkeit bei der Besteuerung oder zur Beseitigung von Unbilligkeiten in Härtefällen erforderlich ist,

   b) (weggefallen)

   c) über die Steuerbefreiung der Einnehmer einer staatlichen Lotterie,

   d) über die Steuerbefreiung bei bestimmten kleineren Versicherungsvereinen auf Gegenseitigkeit im Sinne des § 210 des Versicherungsaufsichtsgesetzes, wenn sie von der Körperschaftsteuer befreit sind,

   e) über die Beschränkung der Hinzurechnung von Entgelten für Schulden und ihnen gleichgestellte Beträge (§ 8 Nr. 1 Buchstabe a) bei Kreditinstituten nach dem Verhältnis des Eigenkapitals zu Teilen der Aktivposten und bei Gewerbebetrieben, die nachweislich ausschließlich unmittelbar oder mittelbar Kredite oder Kreditrisiken, die einem Kreditinstitut oder einem in § 3 Nr. 2 genannten Gewerbebetrieb aus Bankgeschäften entstanden sind, erwerben und Schuldtitel zur Refinanzierung des Kaufpreises für den Erwerb solcher Kredite oder zur Refinanzierung von für die Risikoübernahmen zu stellenden Sicherheiten ausgeben,

   f) über die Beschränkung der Hinzurechnung von Entgelten für Schulden und ihnen gleichgestellte Beträge (§ 8 Nummer 1 Buchstabe a) bei

   aa) Finanzdienstleistungsinstituten, soweit sie Finanzdienstleistungen im Sinne des § 1 Absatz 1a Satz 2 des Kreditwesengesetzes tätigen,

   bb) Zahlungsinstituten, soweit sie Zahlungsdienste im Sinne des § 1 Absatz 1 Satz 2 Nummer 3 Buchstabe b und Nummer 6 des Zahlungsdiensteaufsichtsgesetzes erbringen,

   cc) Wertpapierinstituten, soweit sie Wertpapierdienstleistungen, Wertpapiernebendienstleistungen und Nebengeschäfte im Sinne des § 2 Absatz 2 bis 4 des Wertpapierinstitutsgesetzes erbringen.

   Voraussetzung für die Umsetzung von Satz 1 ist, dass die Umsätze des Finanzdienstleistungsinstituts zu mindestens 50 Prozent auf Finanzdienstleistungen, die Umsätze der Wertpapierinstitute zumindestens 50 Prozent auf Wertpapierdienstleistungen, Wertpapiernebendienstleistungen und Nebengeschäfte und die Umsätze des Zahlungsinstituts zu mindestens 50 Prozent auf Zahlungsdienste entfallen,

   g) über die Festsetzung abweichender Vorauszahlungstermine.

(2) Das Bundesministerium der Finanzen wird ermächtigt, den Wortlaut dieses Gesetzes und der zu diesem Gesetz erlassenen Rechtsverordnungen in der jeweils geltenden Fassung satzweise nummeriert mit neuem Datum und in neuer Paragraphenfolge bekannt zu machen und dabei Unstimmigkeiten im Wortlaut zu beseitigen.

Abschnitt X
Schlussvorschriften

§ 36
Zeitlicher Anwendungsbereich

(1) Die vorstehende Fassung dieses Gesetzes ist, soweit in den folgenden Absätzen nichts anderes bestimmt ist, erstmals für den Erhebungszeitraum 2021 anzuwenden.

(2) § 3 Nummer 1 in der Fassung des Artikels 8 des Gesetzes vom 12. Dezember 2019 (BGBl. I S. 2451) ist erstmals für den Erhebungszeitraum 2019 anzuwenden. § 3 Nummer 13 in der Fassung des Artikels 8 des Gesetzes vom 12. Dezember 2019 (BGBl. I S. 2451) ist erstmals für den Erhebungszeitraum 2015 anzuwenden. § 3 Nummer 24 in der Fassung des Artikels 8 des Gesetzes vom 12. Dezember 2019 (BGBl. I S. 2451) ist erstmals für den Erhebungszeitraum 2019 anzuwenden. § 3 Nummer 32 in der Fassung des Artikels 8 des Gesetzes vom 12. Dezember 2019 (BGBl. I S. 2451) ist erstmals für den Erhebungszeitraum 2019 anzuwenden.[1]

---

[1] zu § 36 Absatz 2 Satz 1:
Gemäß Artikel 9 des Gesetzes zur weiteren steuerrechtlichen Förderung der Elektromobilität und zur Änderung weiterer steuerlicher Vorschriften vom 12.12.2019 (BGBl. I S. 2451) wird nach § 36 Absatz 2 Satz 1 folgender Satz eingefügt: "§ 3 Nummer 12 in der Fassung des Artikels 9 des Gesetzes vom 12.12.2019 (BGBl. I S. 2451) ist erstmals für den Erhebungszeitraum 2025 anzuwenden. Diese Regelung tritt am 01. Januar 2025 in Kraft.

(3) § 7 Satz 3 in der durch Artikel 8 des Gesetzes vom 12. Dezember 2019 (BGBl. I S. 2451) geänderten Fassung ist erstmals für den Erhebungszeitraum 2009 anzuwenden. Für den Erhebungszeitraum 2008 ist § 7 Satz 3 in folgender Fassung anzuwenden:

Der nach § 5a des Einkommensteuergesetzes ermittelte Gewinn einschließlich der Hinzurechnungen nach § 5a Absatz 4 und 4a des Einkommensteuergesetzes und das nach § 8 Absatz 1 Satz 2 des Körperschaftsteuergesetzes ermittelte Einkommen gelten als Gewerbeertrag nach Satz 1.

§ 7 Satz 7 in der Fassung des Artikels 16 des Gesetzes vom 20. Dezember 2016 (BGBl. I S. 3000) ist erstmals für den Erhebungszeitraum 2017 anzuwenden. § 7 Satz 9 in der Fassung des Artikels 3 des Gesetzes vom 25. Juni 2021 (BGBl. I S. 2035) ist erstmals für den Erhebungszeitraum 2022 anzuwenden.

(4) § 8 Nummer 1 Buchstabe d Satz 2 ist nur auf Entgelte anzuwenden, die auf Verträgen beruhen, die nach dem 31. Dezember 2019 abgeschlossen worden sind. Dabei ist bei Verträgen, die vor dem 1. Januar 2025 abgeschlossen werden, statt einer Reichweite von 80 Kilometern eine Reichweite von 60 Kilometern ausreichend. § 8 Nummer 1 Buchstabe d Satz 2 ist letztmals für den Erhebungszeitraum 2030 anzuwenden.

(4a) § 8 Nummer 5 in der Fassung des Artikels 3 des Gesetzes vom 25. Juni 2021 (BGBl. I S. 2035) ist erstmals für den Erhebungszeitraum 2022 anzuwenden.

(5) § 9 Nummer 3 Satz 1 erster Halbsatz in der Fassung des Artikels 16 des Gesetzes vom 20. Dezember 2016 (BGBl. I S. 3000) ist erstmals für den Erhebungszeitraum 2017 anzuwenden. § 9 Nummer 5 Satz 12 in der Fassung des Artikels 8 des Gesetzes vom 12. Dezember 2019 (BGBl. I S. 2451) ist erstmals für Zuwendungen anzuwenden, die nach dem 31. Dezember 2019 geleistet werden.

(5a) § 10a in der Fassung des Artikels 9 des Gesetzes vom 21. Dezember 2020 (BGBl. I S. 3096) ist auch für die Erhebungszeiträume vor 2020 anzuwenden.

(5b) § 19 Absatz 3 Satz 2 und 3 ist auf Antrag des Steuerpflichtigen mit der Maßgabe anzuwenden, dass für die Erhebungszeiträume 2019 bis 2021 der 21. Kalendermonat, für den Erhebungszeitraum 2022 der 20. Kalendermonat, für den Erhebungszeitraum 2023 der 18. Kalendermonat und für den Erhebungszeitraum 2024 der 17. Kalendermonat an die Stelle des 15. Kalendermonats tritt.

(6) § 35c Absatz 1 Nummer 2 Buchstabe f Satz 1 Doppelbuchstabe bb in der Fassung des Artikels 8 des Gesetzes vom 12. Dezember 2019 (BGBl. I S. 2451) ist erstmals für den Erhebungszeitraum 2018 anzuwenden.

Seite 182a

bleibt aus drucktechnischen Gründen frei

Seite 182b

bleibt aus drucktechnischen Gründen frei

Grundgesetz
für die Bundesrepublik Deutschland
(GG)

vom 23.05.1949 (BGBl. S. 1),
zuletzt geändert durch Gesetz vom 28.06.2022 (BGBl. I S. 968)

- Auszug -

II. Der Bund und die Länder

Art. 28
[Verfassung der Länder; Garantie der Selbstverwaltung] [1)]

(1) Die verfassungsmäßige Ordnung in den Ländern muss den Grundsätzen des republikanischen, demokratischen und sozialen Rechtsstaates im Sinne dieses Grundgesetzes entsprechen. In den Ländern, Kreisen und Gemeinden muss das Volk eine Vertretung haben, die aus allgemeinen, unmittelbaren, freien, gleichen und geheimen Wahlen hervorgegangen ist. Bei Wahlen in Kreisen und Gemeinden sind auch Personen, die die Staatsangehörigkeit eines Mitgliedstaates der Europäischen Gemeinschaft besitzen, nach Maßgabe von Recht der Europäischen Gemeinschaft wahlberechtigt und wählbar. In Gemeinden kann an die Stelle einer gewählten Körperschaft die Gemeindeversammlung treten.

(2) Den Gemeinden muss das Recht gewährleistet sein, alle Angelegenheiten der örtlichen Gemeinschaft im Rahmen der Gesetze in eigener Verantwortung zu regeln. Auch die Gemeindeverbände haben im Rahmen ihres gesetzlichen Aufgabenbereiches nach Maßgabe der Gesetze das Recht der Selbstverwaltung. Die Gewährleistung der Selbstverwaltung umfasst auch die Grundlagen der finanziellen Eigenverantwortung; zu diesen Grundlagen gehört eine den Gemeinden mit Hebesatzrecht zustehende wirtschaftskraftbezogene Steuerquelle.

(3) Der Bund gewährleistet, dass die verfassungsmäßige Ordnung der Länder den Grundrechten und den Bestimmungen der Absätze 1 und 2 entspricht.

VII. Die Gesetzgebung des Bundes

Art. 72
[Konkurrierende Gesetzgebung]

(1) Im Bereich der konkurrierenden Gesetzgebung haben die Länder die Befugnis zur Gesetzgebung, solange und soweit der Bund von seiner Gesetzgebungszuständigkeit nicht durch Gesetz Gebrauch gemacht hat.

(2) Auf den Gebieten des Artikels 74 Abs. 1 Nr. 4, 7, 11, 13, 15, 19a, 20, 22, 25 und 26 hat der Bund das Gesetzgebungsrecht, wenn und soweit die Herstellung gleichwertiger Lebensverhältnisse im Bundesgebiet oder die Wahrung der Rechts- oder Wirtschaftseinheit im gesamtstaatlichen Interesse eine bundesgesetzliche Regelung erforderlich macht.

(3) Hat der Bund von seiner Gesetzgebungszuständigkeit Gebrauch gemacht, können die Länder durch Gesetz hiervon abweichende Regelungen treffen über:

1. das Jagdwesen (ohne das Recht der Jagdscheine);
2. den Naturschutz und die Landschaftspflege (ohne die allgemeinen Grundsätze des Naturschutzes, das Recht des Artenschutzes oder des Meeresnaturschutzes);
3. die Bodenverteilung;
4. die Raumordnung;
5. den Wasserhaushalt (ohne stoff- oder anlagenbezogene Regelungen);
6. die Hochschulzulassung und die Hochschulabschlüsse;
7. die Grundsteuer.

Bundesgesetze auf diesen Gebieten treten frühestens sechs Monate nach ihrer Verkündung in Kraft, soweit nicht mit Zustimmung des Bundesrates anderes bestimmt ist. Auf den Gebieten des Satzes 1 geht im Verhältnis von Bundes- und Landesrecht das jeweils spätere Gesetz vor.

(4) Durch Bundesgesetz kann bestimmt werden, dass eine bundesgesetzliche Regelung, für die eine Erforderlichkeit im Sinne des Absatzes 2 nicht mehr besteht, durch Landesrecht ersetzt werden kann.

---
1) Überschriften nicht amtlich

X. Das Finanzwesen

Art. 104a
[Ausgabenverteilung; Lastenverteilung]

(1) Der Bund und die Länder tragen gesondert die Ausgaben, die sich aus der Wahrnehmung ihrer Aufgaben ergeben, soweit dieses Grundgesetz nichts anderes bestimmt.

(2) Handeln die Länder im Auftrage des Bundes, trägt der Bund die sich daraus ergebenden Ausgaben.

(3) Bundesgesetze, die Geldleistungen gewähren und von den Ländern ausgeführt werden, können bestimmen, dass die Geldleistungen ganz oder zum Teil vom Bund getragen werden. Bestimmt das Gesetz, dass der Bund die Hälfte der Ausgaben oder mehr trägt, wird es im Auftrage des Bundes durchgeführt. Bei der Gewährung von Leistungen für Unterkunft und Heizung auf dem Gebiet der Grundsicherung für Arbeitsuchende wird das Gesetz im Auftrage des Bundes ausgeführt, wenn der Bund drei Viertel der Ausgaben oder mehr trägt.

(4) Bundesgesetze, die Pflichten der Länder zur Erbringung von Geldleistungen, geldwerten Sachleistungen oder vergleichbaren Dienstleistungen gegenüber Dritten begründen und von den Ländern als eigene Angelegenheit oder nach Absatz 3 Satz 2 im Auftrag des Bundes ausgeführt werden, bedürfen der Zustimmung des Bundesrates, wenn daraus entstehende Ausgaben von den Ländern zu tragen sind.

(5) Der Bund und die Länder tragen die bei ihren Behörden entstehenden Verwaltungsausgaben und haften im Verhältnis zueinander für eine ordnungsmäßige Verwaltung. Das Nähere bestimmt ein Bundesgesetz, das der Zustimmung des Bundesrates bedarf.

(6) Bund und Länder tragen nach der innerstaatlichen Zuständigkeits- und Aufgabenverteilung die Lasten einer Verletzung von supranationalen oder völkerrechtlichen Verpflichtungen Deutschlands. In Fällen länderübergreifender Finanzkorrekturen der Europäischen Union tragen Bund und Länder diese Lasten im Verhältnis 15 zu 85. Die Ländergesamtheit trägt in diesen Fällen solidarisch 35 vom Hundert der Gesamtlasten entsprechend einem allgemeinen Schlüssel; 50 vom Hundert der Gesamtlasten tragen die Länder, die die Lasten verursacht haben, anteilig entsprechend der Höhe der erhaltenen Mittel. Das Nähere regelt ein Bundesgesetz, das der Zustimmung des Bundesrates bedarf.

Art. 104b
[Finanzhilfen des Bundes]

(1) Der Bund kann, soweit dieses Grundgesetz ihm Gesetzgebungsbefugnisse verleiht, den Ländern Finanzhilfen für besonders bedeutsame Investitionen der Länder und der Gemeinden (Gemeindeverbände) gewähren, die

1. zur Abwehr einer Störung des gesamtwirtschaftlichen Gleichgewichts oder
2. zum Ausgleich unterschiedlicher Wirtschaftskraft im Bundesgebiet oder
3. zur Förderung des wirtschaftlichen Wachstums

erforderlich sind. Abweichend von Satz 1 kann der Bund im Falle von Naturkatastrophen oder außergewöhnlichen Notsituationen, die sich der Kontrolle des Staates entziehen und die staatliche Finanzlage erheblich beeinträchtigen, auch ohne Gesetzgebungsbefugnisse Finanzhilfen gewähren.

(2) Das Nähere, insbesondere die Arten der zu fördernden Investitionen, wird durch Bundesgesetz, das der Zustimmung des Bundesrates bedarf, oder auf Grund des Bundeshaushaltsgesetzes durch Verwaltungsvereinbarung geregelt. Das Bundesgesetz oder die Verwaltungsvereinbarung kann Bestimmungen über die Ausgestaltung der jeweiligen Länderprogramme zur Verwendung der Finanzhilfen vorsehen. Die Festlegung der Kriterien für die Ausgestaltung der Länderprogramme erfolgt im Einvernehmen mit den betroffenen Ländern. Zur Gewährleistung der zweckentsprechenden Mittelverwendung kann die Bundesregierung Bericht und Vorlage der Akten verlangen und Erhebungen bei allen Behörden durchführen. Die Mittel des Bundes werden zusätzlich zu eigenen Mitteln der Länder bereitgestellt. Sie sind befristet zu gewähren und hinsichtlich ihrer Verwendung in regelmäßigen Zeitabständen zu überprüfen. Die Finanzhilfen sind im Zeitablauf mit fallenden Jahresbeträgen zu gestalten.

(3) Bundestag, Bundesregierung und Bundesrat sind auf Verlangen über die Durchführung der Maßnahmen und die erzielten Verbesserungen zu unterrichten.

Art. 104c
[Finanzhilfen für Investitionen]

Der Bund kann den Ländern Finanzhilfen für gesamtstaatlich bedeutsame Investitionen sowie besondere, mit diesen unmittelbar verbundene, befristete Ausgaben der Länder und Gemeinden (Gemeindeverbände) zur Steigerung der Leistungsfähigkeit der kommunalen Bildungsinfrastruktur gewähren. Artikel 104b Absatz 2 Satz 1 bis 3, 5, 6 und Absatz 3 gilt entsprechend. Zur Gewährleistung der zweckentsprechenden Mittelverwendung kann die Bundesregierung Berichte und anlassbezogen die Vorlage von Akten verlangen.

Art. 104d
[Finanzhilfen für den Wohnungsbau]

Der Bund kann den Ländern Finanzhilfen für gesamtstaatlich bedeutsame Investitionen der Länder und Gemeinden (Gemeindeverbände) im Bereich des sozialen Wohnungsbaus gewähren. Artikel 104b Absatz 2 Satz 1 bis 5 sowie Absatz 3 gilt entsprechend.

Art. 105
[Gesetzgebungskompetenz im Steuerwesen]

(1) Der Bund hat die ausschließliche Gesetzgebung über die Zölle und Finanzmonopole.

(2) Der Bund hat die konkurrierende Gesetzgebung über die Grundsteuer. Er hat die konkurrierende Gesetzgebung über die übrigen Steuern, wenn ihm das Aufkommen dieser Steuern ganz oder zum Teil zusteht oder die Voraussetzungen des Artikels 72 Abs. 2 vorliegen.

(2a) Die Länder haben die Befugnis zur Gesetzgebung über die örtlichen Verbrauch- und Aufwandsteuern, solange und soweit sie nicht bundesgesetzlich geregelten Steuern gleichartig sind. Sie haben die Befugnis zur Bestimmung des Steuersatzes bei der Grunderwerbsteuer.

(3) Bundesgesetze über Steuern, deren Aufkommen den Ländern oder den Gemeinden (Gemeindeverbänden) ganz oder zum Teil zufließt, bedürfen der Zustimmung des Bundesrates.

Art. 106
[Verteilung des Steueraufkommens und des Ertrages der Finanzmonopole]

(1) Der Ertrag der Finanzmonopole und das Aufkommen der folgenden Steuern stehen dem Bund zu:
1. die Zölle,
2. die Verbrauchsteuern, soweit sie nicht nach Absatz 2 den Ländern, nach Absatz 3 Bund und Ländern gemeinsam oder nach Absatz 6 den Gemeinden zustehen,
3. die Straßengüterverkehrsteuer, die Kraftfahrzeugsteuer und sonstige auf motorisierte Verkehrsmittel bezogene Verkehrsteuern,
4. die Kapitalverkehrsteuern, die Versicherungsteuer und die Wechselsteuer,
5. die einmaligen Vermögensabgaben und die zur Durchführung des Lastenausgleichs erhobenen Ausgleichsabgaben,
6. die Ergänzungsabgabe zur Einkommensteuer und zur Körperschaftsteuer,
7. Abgaben im Rahmen der Europäischen Gemeinschaften.

(2) Das Aufkommen der folgenden Steuern steht den Ländern zu:
1. die Vermögensteuer,
2. die Erbschaftsteuer,
3. die Verkehrsteuern, soweit sie nicht nach Absatz 1 dem Bund oder nach Absatz 3 Bund und Ländern gemeinsam zustehen,
4. die Biersteuer,
5. die Abgabe von Spielbanken.

(3) Das Aufkommen der Einkommensteuer, der Körperschaftsteuer und der Umsatzsteuer steht dem Bund und den Ländern gemeinsam zu (Gemeinschaftsteuern), soweit das Aufkommen der Einkommensteuer nicht nach Absatz 5 und das Aufkommen der Umsatzsteuer nicht nach Absatz 5a den Gemeinden zugewiesen wird. Am Aufkommen der Einkommensteuer und der Körperschaftsteuer sind der Bund und die Länder je zur Hälfte beteiligt. Die Anteile von Bund und Ländern an der Umsatzsteuer werden durch Bundesgesetz, das der Zustimmung des Bundesrates bedarf, festgesetzt. Bei der Festsetzung ist von folgenden Grundsätzen auszugehen:
1. Im Rahmen der laufenden Einnahmen haben der Bund und die Länder gleichmäßig Anspruch auf Deckung ihrer notwendigen Ausgaben. Dabei ist der Umfang der Ausgaben unter Berücksichtigung einer mehrjährigen Finanzplanung zu ermitteln.
2. Die Deckungsbedürfnisse des Bundes und der Länder sind so aufeinander abzustimmen, dass ein billiger Ausgleich erzielt, eine Überbelastung der Steuerpflichtigen vermieden und die Einheitlichkeit der Lebensverhältnisse im Bundesgebiet gewahrt wird.

Zusätzlich werden in die Festsetzung der Anteile von Bund und Ländern an der Umsatzsteuer Steuermindereinnahmen einbezogen, die den Ländern ab 1. Januar 1996 aus der Berücksichtigung von Kindern im Einkommensteuerrecht entstehen. Das Nähere bestimmt das Bundesgesetz nach Satz 3.

(4) Die Anteile von Bund und Ländern an der Umsatzsteuer sind neu festzusetzen, wenn sich das Verhältnis zwischen den Einnahmen und Ausgaben des Bundes und der Länder wesentlich anders entwickelt; Steuermindereinnahmen, die nach Absatz 3 Satz 5 in die Festsetzung der Umsatzsteueranteile zusätzlich einbezogen werden, bleiben hierbei unberücksichtigt. Werden den Ländern durch Bundesgesetz zusätzliche Ausgaben auferlegt oder Einnahmen entzogen, so kann die Mehrbelastung durch Bundesgesetz, das der Zustimmung des Bundesrates bedarf, auch mit Finanzzuweisungen des Bundes ausgeglichen werden, wenn sie auf einen kurzen Zeitraum begrenzt ist. In dem Gesetz sind die Grundsätze für die Bemessung dieser Finanzzuweisungen und für ihre Verteilung auf die Länder zu bestimmen.

(5) Die Gemeinden erhalten einen Anteil an dem Aufkommen der Einkommensteuer, der von den Ländern an ihre Gemeinden auf der Grundlage der Einkommensteuerleistungen ihrer Einwohner weiterzuleiten ist. Das Nähere bestimmt ein Bundesgesetz, das der Zustimmung des Bundesrates bedarf. Es kann bestimmen, dass die Gemeinden Hebesätze für den Gemeindeanteil festsetzen.

(5a) Die Gemeinden erhalten ab dem 1. Januar 1998 einen Anteil an dem Aufkommen der Umsatzsteuer. Er wird von den Ländern auf der Grundlage eines orts- und wirtschaftsbezogenen Schlüssels an ihre Gemeinden weitergeleitet. Das Nähere wird durch Bundesgesetz, das der Zustimmung des Bundesrates bedarf, bestimmt.

(6) Das Aufkommen der Grundsteuer und Gewerbesteuer steht den Gemeinden, das Aufkommen der örtlichen Verbrauch- und Aufwandsteuern steht den Gemeinden oder nach Maßgabe der Landesgesetzgebung den Gemeindeverbänden zu. Den Gemeinden ist das Recht einzuräumen, die Hebesätze der Grundsteuer und Gewerbesteuer im Rahmen der Gesetze festzusetzen. Bestehen in einem Land keine Gemeinden, so steht das Aufkommen der Grundsteuer und Gewerbesteuer sowie der örtlichen Verbrauch- und Aufwandsteuern dem Land zu. Bund und Länder können durch eine Umlage an dem Aufkommen der Gewerbesteuer beteiligt werden. Das Nähere über die Umlage bestimmt ein Bundesgesetz, das der Zustimmung des Bundesrates bedarf. Nach Maßgabe der Landesgesetzgebung können die Grundsteuer und Gewerbesteuer sowie der Gemeindeanteil vom Aufkommen der Einkommensteuer und der Umsatzsteuer als Bemessungsgrundlagen für Umlagen zugrunde gelegt werden.

(7) Von dem Länderanteil am Gesamtaufkommen der Gemeinschaftsteuern fließt den Gemeinden und Gemeindeverbänden insgesamt ein von der Landesgesetzgebung zu bestimmender Hundertsatz zu. Im übrigen bestimmt die Landesgesetzgebung, ob und inwieweit das Aufkommen der Landessteuern den Gemeinden (Gemeindeverbänden) zufließt.

(8) Veranlasst der Bund in einzelnen Ländern oder Gemeinden (Gemeindeverbänden) besondere Einrichtungen, die diesen Ländern oder Gemeinden (Gemeindeverbänden) unmittelbar Mehrausgaben oder Mindereinnahmen (Sonderbelastungen) verursachen, gewährt der Bund den erforderlichen Ausgleich, wenn und

soweit den Ländern oder Gemeinden (Gemeindeverbänden) nicht zugemutet werden kann, die Sonderbelastungen zu tragen. Entschädigungsleistungen Dritter und finanzielle Vorteile, die diesen Ländern oder Gemeinden (Gemeindeverbänden) als Folge der Einrichtungen erwachsen, werden bei dem Ausgleich berücksichtigt.

(9) Als Einnahmen und Ausgaben der Länder im Sinne dieses Artikels gelten auch die Einnahmen und Ausgaben der Gemeinden (Gemeindeverbände).

Art. 106a
[Finanzausgleich für den Personennahverkehr]

Den Ländern steht ab 1. Januar 1996 für den öffentlichen Personennahverkehr ein Betrag aus dem Steueraufkommen des Bundes zu. Das Nähere regelt ein Bundesgesetz, das der Zustimmung des Bundesrates bedarf. Der Betrag nach Satz 1 bleibt bei der Bemessung der Finanzkraft nach Artikel 107 Abs. 2 unberücksichtigt.

Art. 106b
[Finanzausgleich für die Kraftfahrzeugsteuer]

Den Ländern steht ab dem 1. Juli 2009 infolge der Übertragung der Kraftfahrzeugsteuer auf den Bund ein Betrag aus dem Steueraufkommen des Bundes zu. Das Nähere regelt ein Bundesgesetz, das der Zustimmung des Bundesrates bedarf.

Art. 107
[Finanzausgleich; Ergänzungszuweisungen]

(1) Das Aufkommen der Landessteuern und der Länderanteil am Aufkommen der Einkommensteuer und der Körperschaftsteuer stehen den einzelnen Ländern insoweit zu, als die Steuern von den Finanzbehörden in ihrem Gebiet vereinnahmt werden (örtliches Aufkommen). Durch Bundesgesetz, das der Zustimmung des Bundesrates bedarf, sind für die Körperschaftsteuer und die Lohnsteuer nähere Bestimmungen über die Abgrenzung sowie über Art und Umfang der Zerlegung des örtlichen Aufkommens zu treffen. Das Gesetz kann auch Bestimmungen über die Abgrenzung und Zerlegung des örtlichen Aufkommens anderer Steuern treffen. Der Länderanteil am Aufkommen der Umsatzsteuer steht den einzelnen Ländern, vorbehaltlich der Regelungen nach Absatz 2, nach Maßgabe ihrer Einwohnerzahl zu.

(2) Durch Bundesgesetz, das der Zustimmung des Bundesrates bedarf, ist sicherzustellen, dass die unterschiedliche Finanzkraft der Länder angemessen ausgeglichen wird; hierbei sind die Finanzkraft und der Finanzbedarf der Gemeinden (Gemeindeverbände) zu berücksichtigen. Zu diesem Zweck sind in dem Gesetz Zuschläge zu und Abschläge von der jeweiligen Finanzkraft bei der Verteilung der Länderanteile am Aufkommen der Umsatzsteuer zu regeln. Die Voraussetzungen für die Gewährung von Zuschlägen und für die Erhebung von Abschlägen sowie die Maßstäbe für die Höhe dieser Zuschläge und Abschläge sind in dem Gesetz zu bestimmen. Für Zwecke der Bemessung der Finanzkraft kann die bergrechtliche Förderabgabe mit nur einem Teil ihres Aufkommens berücksichtigt werden. Das Gesetz kann auch bestimmen, dass der Bund aus seinen Mitteln leistungsschwachen Ländern Zuweisungen zur ergänzenden Deckung ihres allgemeinen Finanzbedarfs (Ergänzungszuweisungen) gewährt. Zuweisungen können unabhängig von den Maßstäben nach den Sätzen 1 bis 3 auch solchen leistungsschwachen Ländern gewährt werden, deren Gemeinden (Gemeindeverbände) eine besonders geringe Steuerkraft aufweisen (Gemeindesteuerkraftzuweisungen), sowie außerdem solchen leistungsschwachen Ländern, deren Anteile an den Fördermitteln nach Artikel 91b ihre Einwohneranteile unterschreiten.

Art. 108
[Finanzverwaltung]

(1) Zölle, Finanzmonopole, die bundesgesetzlich geregelten Verbrauchsteuern einschließlich der Einfuhrumsatzsteuer, die Kraftfahrzeugsteuer und sonstige auf motorisierte Verkehrsmittel bezogene Verkehrsteuern ab dem 1. Juli 2009 sowie die Abgaben im Rahmen der Europäischen Gemeinschaften werden durch Bundesfinanzbehörden verwaltet. Der Aufbau dieser Behörden wird durch Bundesgesetz geregelt. Soweit Mittelbehörden eingerichtet sind, werden deren Leiter im Benehmen mit den Landesregierungen bestellt.

(2) Die übrigen Steuern werden durch Landesfinanzbehörden verwaltet. Der Aufbau dieser Behörden und die einheitliche Ausbildung der Beamten können durch Bundesgesetz mit Zustimmung des Bundesrates geregelt werden. Soweit Mittelbehörden eingerichtet sind, werden deren Leiter im Einvernehmen mit der Bundesregierung bestellt.

(3) Verwalten die Landesfinanzbehörden Steuern, die ganz oder zum Teil dem Bund zufließen, so werden sie im Auftrage des Bundes tätig. Artikel 85 Abs. 3 und 4 gilt mit der Maßgabe, dass an die Stelle der Bundesregierung der Bundesminister der Finanzen tritt.

(4) Durch Bundesgesetz, das der Zustimmung des Bundesrates bedarf, kann bei der Verwaltung von Steuern ein Zusammenwirken von Bundes- und Landesfinanzbehörden sowie für Steuern, die unter Absatz 1 fallen, die Verwaltung durch Landesfinanzbehörden und für andere Steuern die Verwaltung durch Bundesfinanzbehörden vorgesehen werden, wenn und soweit dadurch der Vollzug der Steuergesetze erheblich verbessert oder erleichtert wird. Für die den Gemeinden (Gemeindeverbänden) allein zufließenden Steuern kann die den Landesfinanzbehörden zustehende Verwaltung durch die Länder ganz oder zum Teil den Gemeinden (Gemeindeverbänden) übertragen werden. Das Bundesgesetz nach Satz 1 kann für ein Zusammenwirken von Bund und Ländern bestimmen, dass bei Zustimmung einer im Gesetz genannten Mehrheit Regelungen für den Vollzug von Steuergesetzen für alle Länder verbindlich werden.

(4a) Durch Bundesgesetz, das der Zustimmung des Bundesrates bedarf, können bei der Verwaltung von Steuern, die unter Absatz 2 fallen, ein Zusammenwirken von Landesfinanzbehörden und eine länderübergreifende Übertragung von Zuständigkeiten auf Landesfinanzbehörden eines oder mehrerer Länder im Einvernehmen mit den betroffenen Ländern vorgesehen werden, wenn und soweit dadurch der Vollzug der Steuergesetze erheblich verbessert oder erleichtert wird. Die Kostentragung kann durch Bundesgesetz geregelt werden.

(5) Das von den Bundesfinanzbehörden anzuwendende Verfahren wird durch Bundesgesetz geregelt. Das von den Landesfinanzbehörden und in den Fällen des Absatzes 4 Satz 2 von den Gemeinden (Gemeindeverbänden) anzuwendende Verfahren kann durch Bundesgesetz mit Zustimmung des Bundesrates geregelt werden.

(6) Die Finanzgerichtsbarkeit wird durch Bundesgesetz einheitlich geregelt.

(7) Die Bundesregierung kann allgemeine Verwaltungsvorschriften erlassen, und zwar mit Zustimmung des Bundesrates, soweit die Verwaltung den Landesfinanzbehörden oder Gemeinden (Gemeindeverbänden) obliegt.

Art. 109
[Haushaltswirtschaft in Bund und Ländern]

(1) Bund und Länder sind in ihrer Haushaltswirtschaft selbständig und voneinander unabhängig.

(2) Bund und Länder erfüllen gemeinsam die Verpflichtungen der Bundesrepublik Deutschland aus Rechtsakten der Europäischen Gemeinschaft auf Grund des Artikels 104 des Vertrags zur Gründung der Europäischen Gemeinschaft zur Einhaltung der Haushaltsdisziplin und tragen in diesem Rahmen den Erfordernissen des gesamtwirtschaftlichen Gleichgewichts Rechnung.

(3) Die Haushalte von Bund und Ländern sind grundsätzlich ohne Einnahmen aus Krediten auszugleichen. Bund und Länder können Regelungen zur im Auf- und Abschwung symmetrischen Berücksichtigung der Auswirkungen einer von der Normallage abweichenden konjunkturellen Entwicklung sowie eine Ausnahmeregelung für Naturkatastrophen oder außergewöhnliche Notsituationen, die sich der Kontrolle des Staates entziehen und die staatliche Finanzlage erheblich beeinträchtigen, vorsehen. Für die Ausnahmeregelung ist eine entsprechende Tilgungsregelung vorzusehen. Die nähere Ausgestaltung regelt für den Haushalt des Bundes Artikel 115 mit der Maßgabe, dass Satz 1 entsprochen ist, wenn die Einnahmen aus Krediten 0,35 vom Hundert im Verhältnis zum nominalen Bruttoinlandsprodukt nicht überschreiten. Die nähere Ausgestaltung für die Haushalte der Länder regeln diese im Rahmen ihrer verfassungsrechtlichen Kompetenzen mit der Maßgabe, dass Satz 1 nur dann entsprochen ist, wenn keine Einnahmen aus Krediten zugelassen werden.

(4) Durch Bundesgesetz, das der Zustimmung des Bundesrates be-

darf, können für Bund und Länder gemeinsam geltende Grundsätze für das Haushaltsrecht, für eine konjunkturgerechte Haushaltswirtschaft und für eine mehrjährige Finanzplanung aufgestellt werden.

(5) Sanktionsmaßnahmen der Europäischen Gemeinschaft im Zusammenhang mit den Bestimmungen in Artikel 104 des Vertrags zur Gründung der Europäischen Gemeinschaft zur Einhaltung der Haushaltsdisziplin tragen Bund und Länder im Verhältnis 65 zu 35. Die Ländergesamtheit trägt solidarisch 35 vom Hundert der auf die Länder entfallenden Lasten entsprechend ihrer Einwohnerzahl; 65 vom Hundert der auf die Länder entfallenden Lasten tragen die Länder entsprechend ihrem Verursachungsbeitrag. Das Nähere regelt ein Bundesgesetz, das der Zustimmung des Bundesrates bedarf.

Art. 109a
[Haushaltsnotlagen]

(1) Zur Vermeidung von Haushaltsnotlagen regelt ein Bundesgesetz, das der Zustimmung des Bundesrates bedarf,
1. die fortlaufende Überwachung der Haushaltswirtschaft von Bund und Ländern durch ein gemeinsames Gremium (Stabilitätsrat),
2. die Voraussetzungen und das Verfahren zur Feststellung einer drohenden Haushaltsnotlage,
3. die Grundsätze zur Aufstellung und Durchführung von Sanierungsprogrammen zur Vermeidung von Haushaltsnotlagen.

(2) Dem Stabilitätsrat obliegt ab dem Jahr 2020 die Überwachung der Einhaltung der Vorgaben des Artikels 109 Absatz 3 durch Bund und Länder. Die Überwachung orientiert sich an den Vorgaben und Verfahren aus Rechtsakten auf Grund des Vertrages über die Arbeitsweise der Europäischen Union zur Einhaltung der Haushaltsdisziplin.

(3) Die Beschlüsse des Stabilitätsrats und die zugrunde liegenden Beratungsunterlagen sind zu veröffentlichen.

Art. 110
[Haushaltsplan und Haushaltsgesetz des Bundes]

(1) Alle Einnahmen und Ausgaben des Bundes sind in den Haushaltsplan einzustellen; bei Bundesbetrieben und bei Sondervermögen brauchen nur die Zuführungen oder die Ablieferungen eingestellt zu werden. Der Haushaltsplan ist in Einnahme und Ausgabe auszugleichen.

(2) Der Haushaltsplan wird für ein oder mehrere Rechnungsjahre, nach Jahren getrennt, vor Beginn des ersten Rechnungsjahres durch das Haushaltsgesetz festgestellt. Für Teile des Haushaltsplanes kann vorgesehen werden, dass sie für unterschiedliche Zeiträume, nach Rechnungsjahren getrennt, gelten.

(3) Die Gesetzesvorlage nach Absatz 2 Satz 1 sowie Vorlagen zur Änderung des Haushaltsgesetzes und des Haushaltsplanes werden gleichzeitig mit der Zuleitung an den Bundesrat beim Bundestage eingebracht; der Bundesrat ist berechtigt, innerhalb von sechs Wochen, bei Änderungsvorlagen innerhalb von drei Wochen, zu den Vorlagen Stellung zu nehmen.

(4) In das Haushaltsgesetz dürfen nur Vorschriften aufgenommen werden, die sich auf die Einnahmen und die Ausgaben des Bundes und auf den Zeitraum beziehen, für den das Haushaltsgesetz beschlossen wird. Das Haushaltsgesetz kann vorschreiben, dass die Vorschriften erst mit der Verkündung des nächsten Haushaltsgesetzes oder bei Ermächtigung nach Artikel 115 zu einem späteren Zeitpunkt außer Kraft treten.

Art. 111
[Vorläufige Haushaltswirtschaft]

(1) Ist bis zum Schluss eines Rechnungsjahres der Haushaltsplan für das folgende Jahr nicht durch Gesetz festgestellt, so ist bis zu seinem Inkrafttreten die Bundesregierung ermächtigt, alle Ausgaben zu leisten, die nötig sind,
a) um gesetzlich bestehende Einrichtungen zu erhalten und gesetzlich beschlossene Maßnahmen durchzuführen,
b) um die rechtlich begründeten Verpflichtungen des Bundes zu erfüllen,
c) um Bauten, Beschaffungen und sonstige Leistungen fortzusetzen oder Beihilfen für diese Zwecke weiter zu gewähren, sofern durch den Haushaltsplan eines Vorjahres bereits Beträge bewilligt worden sind.

(2) Soweit nicht auf besonderem Gesetze beruhende Einnahmen aus Steuern, Abgaben und sonstigen Quellen oder die Betriebsmittelrücklage die Ausgaben unter Absatz 1 decken, darf die Bundesregierung die zur Aufrechterhaltung der Wirtschaftsführung erforderlichen Mittel bis zur Höhe eines Viertels der Endsumme des abgelaufenen Haushaltsplanes im Wege des Kredits flüssig machen.

Art. 112
[Über- und außerplanmäßige Ausgaben]

Überplanmäßige und außerplanmäßige Ausgaben bedürfen der Zustimmung des Bundesministers der Finanzen. Sie darf nur im Falle eines unvorhergesehenen und unabweisbaren Bedürfnisses erteilt werden. Näheres kann durch Bundesgesetz bestimmt werden.

Art. 113
[Zustimmung der Bundesregierung bei Ausgabenerhöhungen oder Einnahmeminderungen]

(1) Gesetze, welche die von der Bundesregierung vorgeschlagenen Ausgaben des Haushaltsplanes erhöhen oder neue Ausgaben in sich schließen oder für die Zukunft mit sich bringen, bedürfen der Zustimmung der Bundesregierung. Das gleiche gilt für Gesetze, die Einnahmeminderungen in sich schließen oder für die Zukunft mit sich bringen. Die Bundesregierung kann verlangen, dass der Bundestag die Beschlussfassung über solche Gesetze aussetzt. In diesem Fall hat die Bundesregierung innerhalb von sechs Wochen dem Bundestage eine Stellungnahme zuzuleiten.

(2) Die Bundesregierung kann innerhalb von vier Wochen, nachdem der Bundestag das Gesetz beschlossen hat, verlangen, dass der Bundestag erneut Beschluss fasst.

(3) Ist das Gesetz nach Artikel 78 zustande gekommen, kann die Bundesregierung ihre Zustimmung nur innerhalb von sechs Wochen und nur dann versagen, wenn sie vorher das Verfahren nach Absatz 1 Satz 3 und 4 oder nach Absatz 2 eingeleitet hat. Nach Ablauf dieser Frist gilt die Zustimmung als erteilt.

Art. 114
[Rechnungslegung; Rechnungsprüfung]

(1) Der Bundesminister der Finanzen hat dem Bundestage und dem Bundesrate über alle Einnahmen und Ausgaben sowie über das Vermögen und die Schulden im Laufe des nächsten Rechnungsjahres zur Entlastung der Bundesregierung Rechnung zu legen.

(2) Der Bundesrechnungshof, dessen Mitglieder richterliche Unabhängigkeit besitzen, prüft die Rechnung sowie die Wirtschaftlichkeit und Ordnungsmäßigkeit der Haushalts- und Wirtschaftsführung des Bundes. Zum Zweck der Prüfung nach Satz 1 kann der Bundesrechnungshof auch bei Stellen außerhalb der Bundesverwaltung Erhebungen vornehmen; dies gilt auch in den Fällen, in denen der Bund den Ländern zweckgebundene Finanzierungsmittel zur Erfüllung von Länderaufgaben zuweist. Er hat außer der Bundesregierung unmittelbar dem Bundestage und dem Bundesrate jährlich zu berichten. Im übrigen werden die Befugnisse des Bundesrechnungshofes durch Bundesgesetz geregelt.

Art. 115
[Kreditaufnahme, Bürgschaftsübernahme und andere Gewährleistungen]

(1) Die Aufnahme von Krediten sowie die Übernahme von Bürgschaften, Garantien oder sonstigen Gewährleistungen, die zu Ausgaben in künftigen Rechnungsjahren führen können, bedürfen einer der Höhe nach bestimmten oder bestimmbaren Ermächtigung durch Bundesgesetz.

(2) Einnahmen und Ausgaben sind grundsätzlich ohne Einnahmen aus Krediten auszugleichen. Diesem Grundsatz ist entsprochen, wenn die Einnahmen aus Krediten 0,35 vom Hundert im Verhältnis zum nominalen Bruttoinlandsprodukt nicht überschreiten. Zusätzlich sind bei einer von der Normallage abweichenden konjunkturellen Entwicklung die Auswirkungen auf den Haushalt im Auf- und Abschwung symmetrisch zu berücksichtigen. Abweichungen der tatsächlichen Kreditaufnahme von der nach den Sätzen 1 bis 3 zulässigen Kreditobergrenze werden auf einem Kontrollkonto erfasst; Belastungen, die den Schwellenwert von 1,5 vom Hundert im Verhältnis zum nominalen Bruttoinlandsprodukt

überschreiten, sind konjunkturgerecht zurückzuführen. Näheres, insbesondere die Bereinigung der Einnahmen und Ausgaben um finanzielle Transaktionen und das Verfahren zur Berechnung der Obergrenze der jährlichen Nettokreditaufnahme unter Berücksichtigung der konjunkturellen Entwicklung auf der Grundlage eines Konjunkturbereinigungsverfahrens sowie die Kontrolle und den Ausgleich von Abweichungen der tatsächlichen Kreditaufnahme von der Regelgrenze, regelt ein Bundesgesetz. Im Falle von Naturkatastrophen oder außergewöhnlichen Notsituationen, die sich der Kontrolle des Staates entziehen und die staatliche Finanzlage erheblich beeinträchtigen, können diese Kreditobergrenzen auf Grund eines Beschlusses der Mehrheit der Mitglieder des Bundestages überschritten werden. Der Beschluss ist mit einem Tilgungsplan zu verbinden. Die Rückführung der nach Satz 6 aufgenommenen Kredite hat binnen eines angemessenen Zeitraumes zu erfolgen.

XI. Übergangs- und Schlussbestimmungen

Art. 125
[Fortgeltendes Recht der konkurrierenden Gesetzgebung]

Recht, das Gegenstände der konkurrierenden Gesetzgebung des Bundes betrifft, wird innerhalb seines Geltungsbereiches Bundesrecht,

1. soweit es innerhalb einer oder mehrerer Besatzungszonen einheitlich gilt,
2. soweit es sich um Recht handelt, durch das nach dem 8. Mai 1945 früheres Reichsrecht abgeändert worden ist.

Art. 125a
[Fortgelten von Bundesrecht - Ersetzung durch Landesrecht]

(1) Recht, das als Bundesrecht erlassen worden ist, aber wegen der Änderung des Artikels 74 Abs. 1, der Einfügung des Artikels 84 Abs. 1 Satz 7, des Artikels 85 Abs. 1 Satz 2 oder des Artikels 105 Abs. 2a Satz 2 oder wegen der Aufhebung der Artikel 74a, 75 oder 98 Abs. 3 Satz 2 nicht mehr als Bundesrecht erlassen werden könnte, gilt als Bundesrecht fort. Es kann durch Landesrecht ersetzt werden.

(2) Recht, das auf Grund des Artikels 72 Abs. 2 in der bis zum 15. November 1994 geltenden Fassung erlassen worden ist, aber wegen Änderung des Artikels 72 Abs. 2 nicht mehr als Bundesrecht erlassen werden könnte, gilt als Bundesrecht fort. Durch Bundesgesetz kann bestimmt werden, dass es durch Landesrecht ersetzt werden kann.

(3) Recht, das als Landesrecht erlassen worden ist, aber wegen Änderung des Artikels 73 nicht mehr als Landesrecht erlassen werden könnte, gilt als Landesrecht fort. Es kann durch Bundesrecht ersetzt werden.

Art 125b
[Fortgelten von Rahmengesetzen - Abweichungsbefugnis der Länder]

(1) Recht, das auf Grund des Artikels 75 in der bis zum 1. September 2006 geltenden Fassung erlassen worden ist und das auch nach diesem Zeitpunkt als Bundesrecht erlassen werden könnte, gilt als Bundesrecht fort. Befugnisse und Verpflichtungen der Länder zur Gesetzgebung bleiben insoweit bestehen. Auf den in Artikel 72 Abs. 3 Satz 1 genannten Gebieten können die Länder von diesem Recht abweichende Regelungen treffen, auf den Gebieten des Artikels 72 Abs. 3 Satz 1 Nr. 2, 5 und 6 jedoch erst, wenn und soweit der Bund ab dem 1. September 2006 von seiner Gesetzgebungszuständigkeit Gebrauch gemacht hat, in den Fällen der Nummern 2 und 5 spätestens ab dem 1. Januar 2010, im Falle der Nummer 6 spätestens ab dem 1. August 2008.

(2) Von bundesgesetzlichen Regelungen, die auf Grund des Artikels 84 Abs. 1 in der vor dem 1. September 2006 geltenden Fassung erlassen worden sind, können die Länder abweichende Regelungen treffen, von Regelungen des Verwaltungsverfahrens bis 31. Dezember 2008 nur dann, wenn ab dem 1. September 2006 in dem jeweiligen Bundesgesetz Regelungen des Verwaltungsverfahrens geändert worden sind.

(3) Auf dem Gebiet des Artikels 72 Absatz 3 Satz 1 Nummer 7 darf abweichendes Landesrecht der Erhebung der Grundsteuer frühestens für Zeiträume ab dem 1. Januar 2025 zugrunde gelegt werden.

Art 125c
[Fortgelten von Bundesrecht auf dem Gebiet der Gemeindeverkehrsfinanzierung und der sozialen Wohnraumförderung]

(1) Recht, das auf Grund des Artikels 91a Abs. 2 in Verbindung mit Abs. 1 Nr. 1 in der bis zum 1. September 2006 geltenden Fassung erlassen worden ist, gilt bis zum 31. Dezember 2006 fort.

(2) Die nach Artikel 104a Abs. 4 in der bis zum 1. September 2006 geltenden Fassung in den Bereichen der Gemeindeverkehrsfinanzierung und der sozialen Wohnraumförderung geschaffenen Regelungen gelten bis zum 31. Dezember 2006 fort. Die im Bereich der Gemeindeverkehrsfinanzierung für die besonderen Programme nach § 6 Absatz 1 des Gemeindeverkehrsfinanzierungsgesetzes sowie die mit dem Gesetz über Finanzhilfen des Bundes nach Artikel 104a Absatz 4 des Grundgesetzes an die Länder Bremen, Hamburg, Mecklenburg-Vorpommern, Niedersachsen sowie Schleswig-Holstein für Seehäfen vom 20. Dezember 2001 nach Artikel 104a Absatz 4 in der bis zum 1. September 2006 geltenden Fassung geschaffenen Regelungen gelten bis zu ihrer Aufhebung fort. Eine Änderung des Gemeindeverkehrsfinanzierungsgesetzes durch Bundesgesetz ist zulässig. Die sonstigen nach Artikel 104a Absatz 4 in der bis zum 1. September 2006 geltenden Fassung geschaffenen Regelungen gelten bis zum 31. Dezember 2019 fort, soweit nicht ein früherer Zeitpunkt für das Außerkrafttreten bestimmt ist oder wird. Artikel 104b Absatz 2 Satz 4 gilt entsprechend.

(3) Artikel 104b Absatz 2 Satz 5 ist erstmals auf nach dem 31. Dezember 2019 in Kraft getretene Regelungen anzuwenden.

Art. 143d
[Haushaltskonsolidierung]

(1) Artikel 109 und 115 in der bis zum 31. Juli 2009 geltenden Fassung sind letztmals auf das Haushaltsjahr 2010 anzuwenden. Artikel 109 und 115 in der ab dem 1. August 2009 geltenden Fassung sind erstmals für das Haushaltsjahr 2011 anzuwenden; am 31. Dezember 2010 bestehende Kreditermächtigungen für bereits eingerichtete Sondervermögen bleiben unberührt. Die Länder dürfen im Zeitraum vom 1. Januar 2011 bis zum 31. Dezember 2019 nach Maßgabe der geltenden landesrechtlichen Regelungen von den Vorgaben des Artikels 109 Absatz 3 abweichen. Die Haushalte der Länder sind so aufzustellen, dass im Haushaltsjahr 2020 die Vorgabe aus Artikel 109 Absatz 3 Satz 5 erfüllt wird. Der Bund kann im Zeitraum vom 1. Januar 2011 bis zum 31. Dezember 2015 von der Vorgabe des Artikels 115 Absatz 2 Satz 2 abweichen. Mit dem Abbau des bestehenden Defizits soll im Haushaltsjahr 2011 begonnen werden. Die jährlichen Haushalte sind so aufzustellen, dass im Haushaltsjahr 2016 die Vorgabe aus Artikel 115 Absatz 2 Satz 2 erfüllt wird; das Nähere regelt ein Bundesgesetz.

(2) Als Hilfe zur Einhaltung der Vorgaben des Artikels 109 Absatz 3 ab dem 1. Januar 2020 können den Ländern Berlin, Bremen, Saarland, Sachsen-Anhalt und Schleswig-Holstein für den Zeitraum 2011 bis 2019 Konsolidierungshilfen aus dem Haushalt des Bundes in Höhe von insgesamt 800 Millionen Euro jährlich gewährt werden. Davon entfallen auf Bremen 300 Millionen Euro, auf das Saarland 260 Millionen Euro und auf Berlin, Sachsen-Anhalt und Schleswig-Holstein jeweils 80 Millionen Euro. Die Hilfen werden auf der Grundlage einer Verwaltungsvereinbarung nach Maßgabe eines Bundesgesetzes mit Zustimmung des Bundesrates geleistet. Die Gewährung der Hilfen setzt einen vollständigen Abbau der Finanzierungsdefizite bis zum Jahresende 2020 voraus. Das Nähere, insbesondere die jährlichen Abbauschritte der Finanzierungsdefizite, die Überwachung des Abbaus der Finanzierungsdefizite durch den Stabilitätsrat sowie die Konsequenzen im Falle der Nichteinhaltung der Abbauschritte, wird durch Bundesgesetz mit Zustimmung des Bundesrates und durch Verwaltungsvereinbarung geregelt. Die gleichzeitige Gewährung der Konsolidierungshilfen und Sanierungshilfen auf Grund einer extremen Haushaltsnotlage ist ausgeschlossen.

(3) Die sich aus der Gewährung der Konsolidierungshilfen ergebende Finanzierungslast wird hälftig von Bund und Ländern, von letzteren aus ihrem Umsatzsteueranteil, getragen. Das Nähere wird durch Bundesgesetz mit Zustimmung des Bundesrates geregelt.

(4) Als Hilfe zur künftig eigenständigen Einhaltung der Vorgaben des Artikels 109 Absatz 3 können den Ländern Bremen und Saarland ab dem 1. Januar 2020 Sanierungshilfen in Höhe von

Anhang 1 GG (Auszug)

jährlich insgesamt 800 Millionen Euro aus dem Haushalt des Bundes gewährt werden. Die Länder ergreifen hierzu Maßnahmen zum Abbau der übermäßigen Verschuldung sowie zur Stärkung der Wirtschafts- und Finanzkraft. Das Nähere regelt ein Bundesgesetz, das der Zustimmung des Bundesrates bedarf. Die gleichzeitige Gewährung der Sanierungshilfen und Sanierungshilfen auf Grund einer extremen Haushaltsnotlage ist ausgeschlossen.

Art. 143e
[Bundesautobahnen, Umwandlung der Auftragsverwaltung]

(1) Die Bundesautobahnen werden abweichend von Artikel 90 Absatz 2 längstens bis zum 31. Dezember 2020 in Auftragsverwaltung durch die Länder oder die nach Landesrecht zuständigen Selbstverwaltungskörperschaften geführt. Der Bund regelt die Umwandlung der Auftragsverwaltung in Bundesverwaltung nach Artikel 90 Absatz 2 und 4 durch Bundesgesetz mit Zustimmung des Bundesrates.

(2) Auf Antrag eines Landes, der bis zum 31. Dezember 2018 zu stellen ist, übernimmt der Bund abweichend von Artikel 90 Absatz 4 die sonstigen Bundesstraßen des Fernverkehrs, soweit sie im Gebiet dieses Landes liegen, mit Wirkung zum 1. Januar 2021 in Bundesverwaltung.

(3) Durch Bundesgesetz mit Zustimmung des Bundesrates kann geregelt werden, dass ein Land auf Antrag die Aufgabe der Planfeststellung und Plangenehmigung für den Bau und für die Änderung von Bundesautobahnen und von sonstigen Bundesstraßen des Fernverkehrs, die der Bund nach Artikel 90 Absatz 4 oder Artikel 143e Absatz 2 in Bundesverwaltung übernommen hat, im Auftrage des Bundes übernimmt und unter welchen Voraussetzungen eine Rückübertragung erfolgen kann.

Art. 143f
[Bundesstaatliche Finanzbeziehungen]

Artikel 143d, das Gesetz über den Finanzausgleich zwischen Bund und Ländern sowie sonstige auf der Grundlage von Artikel 107 Absatz 2 in seiner ab dem 1. Januar 2020 geltenden Fassung erlassene Gesetze treten außer Kraft, wenn nach dem 31. Dezember 2030 die Bundesregierung, der Bundestag oder gemeinsam mindestens drei Länder Verhandlungen über eine Neuordnung der bundesstaatlichen Finanzbeziehungen verlangt haben und mit Ablauf von fünf Jahren nach Notifikation des Verhandlungsverlangens der Bundesregierung, des Bundestages oder der Länder beim Bundespräsidenten keine gesetzliche Neuordnung der bundesstaatlichen Finanzbeziehungen in Kraft getreten ist. Der Tag des Außerkrafttretens ist im Bundesgesetzblatt bekannt zu geben.

Art. 143g
[Fortgeltung von Art. 107]

Für die Regelung der Steuerertragsverteilung, des Länderfinanzausgleichs und der Bundesergänzungszuweisungen bis zum 31. Dezember 2019 ist Artikel 107 in seiner bis zum Inkrafttreten des Gesetzes zur Änderung des Grundgesetzes vom 13. Juli 2017 geltenden Fassung weiter anzuwenden.

Art. 143h [1)]
[COVID-19-Pandemie]

Als Folgewirkung der COVID-19-Pandemie im Jahr 2020 gewährt der Bund im Jahr 2020 einmalig einen pauschalen Ausgleich für Mindereinnahmen aus der Gewerbesteuer zugunsten der Gemeinden und zu gleichen Teilen mit dem jeweiligen Land. Der Ausgleich wird von den Ländern an die Gemeinden auf Grundlage der erwarteten Mindereinnahmen weitergeleitet. Bestehen in einem Land keine Gemeinden, so steht der Ausgleich durch den Bund dem Land zu. Der den Ländern vom Bund zum Ausgleich geleistete Betrag berücksichtigt zusätzlich Auswirkungen der Mindereinnahmen gemäß Satz 1 auf Zu- und Abschläge sowie auf Zuweisungen gemäß Artikel 107 Absatz 2. Das Nähere regelt ein Bundesgesetz, das der Zustimmung des Bundesrates bedarf. Der Ausgleich bleibt bei der Bemessung der Finanzkraft nach Artikel 107 Absatz 2 unberücksichtigt. Artikel 106 Absatz 6 Satz 6 gilt entsprechend.

---

1) zu Artikel 143h: Der Artikel 143h trat am 31.12.2020 außer Kraft.

Gesetz
zur Förderung der Stabilität und des Wachstums der Wirtschaft

vom 8. Juni 1967 (BGBl. I S. 582)

zuletzt geändert durch Verordnung vom 31.08.2015 (BGBl. I S. 1474)

§ 1
[Beachtung der Erfordernisse des gesamtwirtschaftlichen Gleichgewichts] [1]

Bund und Länder haben bei ihren wirtschafts- und finanzpolitischen Maßnahmen die Erfordernisse des gesamtwirtschaftlichen Gleichgewichts zu beachten. Die Maßnahmen sind so zu treffen, dass sie im Rahmen der marktwirtschaftlichen Ordnung gleichzeitig zur Stabilität des Preisniveaus, zu einem hohen Beschäftigungsstand und außenwirtschaftlichem Gleichgewicht bei stetigem und angemessenem Wirtschaftswachstum beitragen.

§ 2
[Jahreswirtschaftsbericht]

(1) Die Bundesregierung legt im Januar eines jeden Jahres dem Bundestag und dem Bundesrat einen Jahreswirtschaftsbericht vor. Der Jahreswirtschaftsbericht enthält:

1. die Stellungnahme zu dem Jahresgutachten des Sachverständigenrates auf Grund des § 6 Abs. 1 Satz 3 des Gesetzes über die Bildung eines Sachverständigenrates zur Begutachtung der gesamtwirtschaftlichen Entwicklung vom 14. August 1963 (Bundesgesetzbl. I S. 685) in der Fassung des Gesetzes vom 8. November 1966 (Bundesgesetzbl. I S. 633);
2. eine Darlegung der für das laufende Jahr von der Bundesregierung angestrebten wirtschafts- und finanzpolitischen Ziele (Jahresprojektion); die Jahresprojektion bedient sich der Mittel und der Form der volkswirtschaftlichen Gesamtrechnung, gegebenenfalls mit Alternativrechnungen;
3. eine Darlegung der für das laufende Jahr geplanten Wirtschafts- und Finanzpolitik.

(2) Maßnahmen nach § 6 Abs. 2 und 3 und nach den §§ 15 und 19 dieses Gesetzes sowie nach § 51 Abs. 3 des Einkommensteuergesetzes und nach § 19c des Körperschaftsteuergesetzes [2] dürfen nur getroffen werden, wenn die Bundesregierung gleichzeitig gegenüber dem Bundestag und dem Bundesrat begründet, dass diese Maßnahmen erforderlich sind, um eine Gefährdung der Ziele des § 1 zu verhindern.

§ 3
[Konzertierte Aktion]

(1) Im Falle der Gefährdung eines der Ziele des § 1 stellt die Bundesregierung Orientierungsdaten für ein gleichzeitiges aufeinander abgestimmtes Verhalten (konzertierte Aktion) der Gebietskörperschaften, Gewerkschaften und Unternehmensverbände zur Erreichung der Ziele des § 1 zur Verfügung. Diese Orientierungsdaten enthalten insbesondere eine Darstellung der gesamtwirtschaftlichen Zusammenhänge im Hinblick auf die gegebene Situation.

(2) Das Bundesministerium für Wirtschaft und Energie hat die Orientierungsdaten auf Verlangen eines der Beteiligten zu erläutern.

§ 4
[Internationale Koordination]

Bei außenwirtschaftlichen Störungen des gesamtwirtschaftlichen Gleichgewichts, deren Abwehr durch binnenwirtschaftliche Maßnahmen nicht oder nur unter Beeinträchtigung der in § 1 genannten Ziele möglich ist, hat die Bundesregierung alle Möglichkeiten der internationalen Koordination zu nutzen. Soweit dies nicht ausreicht, setzt sie die ihr zur Wahrung des außenwirtschaftlichen Gleichgewichts zur Verfügung stehenden wirtschaftspolitischen Mittel ein.

---

[1] Überschriften nicht amtlich
[2] jetzt: § 23 Abs. 5 KStG

§ 5
[Ausgabenbemessung - Konjunkturausgleichsrücklage]

(1) Im Bundeshaushaltsplan sind Umfang und Zusammensetzung der Ausgaben und der Ermächtigungen zum Eingehen von Verpflichtungen zu Lasten künftiger Rechnungsjahre so zu bemessen, wie es zur Erreichung der Ziele des § 1 erforderlich ist.

(2) Bei einer die volkswirtschaftliche Leistungsfähigkeit übersteigenden Nachfrageausweitung sollen Mittel zur zusätzlichen Tilgung von Schulden bei der Deutschen Bundesbank oder zur Zuführung an eine Konjunkturausgleichsrücklage veranschlagt werden.

(3) Bei einer die Ziele des § 1 gefährdenden Abschwächung der allgemeinen Wirtschaftstätigkeit sollen zusätzlich erforderliche Deckungsmittel zunächst der Konjunkturausgleichsrücklage entnommen werden.

§ 6
[Ausgabeneinschränkung - Zusätzliche Ausgaben - Zusätzliche Kreditaufnahme]

(1) Bei der Ausführung des Bundeshaushaltsplans kann im Falle einer die volkswirtschaftliche Leistungsfähigkeit übersteigenden Nachfrageausweitung die Bundesregierung das Bundesministerium der Finanzen ermächtigen, zur Erreichung der Ziele des § 1 die Verfügung über bestimmte Ausgabemittel, den Beginn von Baumaßnahmen und das Eingehen von Verpflichtungen zu Lasten künftiger Rechnungsjahre von dessen Einwilligung abhängig zu machen. Die Bundesministerien der Finanzen und für Wirtschaft und Energie schlagen die erforderlichen Maßnahmen vor. Das Bundesministerium der Finanzen hat die dadurch nach Ablauf des Rechnungsjahres freigewordenen Mittel zur zusätzlichen Tilgung von Schulden bei der Deutschen Bundesbank zu verwenden oder der Konjunkturausgleichsrücklage zuzuführen.

(2) Die Bundesregierung kann bestimmen, dass bei einer die Ziele des § 1 gefährdenden Abschwächung der allgemeinen Wirtschaftstätigkeit zusätzliche Ausgaben geleistet werden; Absatz 1 Satz 2 ist anzuwenden. Die zusätzlichen Mittel dürfen nur für im Finanzplan (§ 9 in Verbindung mit § 10) vorgesehene Zwecke oder als Finanzhilfe für besonders bedeutsame Investitionen der Länder und Gemeinden (Gemeindeverbände) zur Abwehr einer Störung des gesamtwirtschaftlichen Gleichgewichts (Artikel 104a Abs. 4 Satz 1 GG) verwendet werden. Zu ihrer Deckung sollen die notwendigen Mittel zunächst der Konjunkturausgleichsrücklage entnommen werden.

(3) Das Bundesministerium der Finanzen wird ermächtigt, zu dem in Absatz 2 bezeichneten Zweck Kredite über die im Haushaltsgesetz erteilten Kreditermächtigungen hinaus bis zur Höhe von fünf Milliarden Deutsche Mark, gegebenenfalls mit Hilfe von Geldmarktpapieren, aufzunehmen. Soweit solche Kredite auf eine nachträglich in einem Haushaltsgesetz ausgesprochene Kreditermächtigung angerechnet werden, kann das Recht zur Kreditaufnahme erneut in Anspruch genommen werden.

§ 7
[Verwendung der Mittel der Konjunkturausgleichsrücklage]

(1) Die Konjunkturausgleichsrücklage ist bei der Deutschen Bundesbank anzusammeln. Mittel der Konjunkturausgleichsrücklage dürfen nur zur Deckung zusätzlicher Ausgaben gemäß § 5 Abs. 3 und § 6 Abs. 2 verwendet werden.

(2) Ob und in welchem Ausmaß über Mittel der Konjunkturausgleichsrücklage bei der Ausführung des Bundeshaushaltsplans verfügt werden soll, entscheidet die Bundesregierung; § 6 Abs. 1 Satz 2 ist anzuwenden.

§ 8
[Einstellung von Leertiteln im Bundeshaushaltsplan]

(1) In den Bundeshaushaltsplan ist ein Leertitel für Ausgaben nach § 6 Abs. 2 Satz 1 und 2 einzustellen. Ausgaben aus diesem Titel dürfen nur mit Zustimmung des Bundestages und nur insoweit geleistet werden, als Einnahmen aus der Konjunkturausgleichsrücklage oder aus Krediten nach § 6 Abs. 3 vorhanden sind. Die Vorlage ist gleichzeitig dem Bundestag und dem Bundesrat zuzuleiten. Der Bundesrat kann binnen zwei Wochen dem Bundestag

gegenüber Stellung nehmen. Die Zustimmung des Bundestages gilt als erteilt, wenn er nicht binnen vier Wochen nach Eingang der Vorlage der Bundesregierung die Zustimmung verweigert hat.

(2) In den Bundeshaushaltsplan ist ferner ein Leertitel für Einnahmen aus der Konjunkturausgleichsrücklage und aus Krediten nach § 6 Abs. 3 einzustellen.

§ 9
[Finanzplanung]

(1) Der Haushaltswirtschaft des Bundes ist eine fünfjährige Finanzplanung zugrunde zu legen. In ihr sind Umfang und Zusammensetzung der voraussichtlichen Ausgaben und die Deckungsmöglichkeiten in ihren Wechselbeziehungen zu der mutmaßlichen Entwicklung des gesamtwirtschaftlichen Leistungsvermögens darzustellen, gegebenenfalls durch Alternativrechnungen.

(2) Der Finanzplan ist vom Bundesministerium der Finanzen aufzustellen und zu begründen. Er wird von der Bundesregierung beschlossen und Bundestag und Bundesrat vorgelegt.

(3) Der Finanzplan ist jährlich der Entwicklung anzupassen und fortzuführen.

§ 10
[Investitionsprogramme]

(1) Als Unterlagen für die Finanzplanung stellen die Bundesministerien für ihren Geschäftsbereich mehrjährige Investitionsprogramme auf und übersenden sie mit den sonstigen Bedarfsschätzungen dem Bundesministerium der Finanzen zu dem von ihm zu bestimmenden Zeitpunkt. Die Geschäftsbereiche, für die Investitionsprogramme aufzustellen sind, bestimmt die Bundesregierung.

(2) Die Investitionsprogramme haben nach Dringlichkeit und Jahresabschnitten gegliedert die in den nächsten Jahren durchzuführenden Investitionsvorhaben zu erfassen. Jeder Jahresabschnitt soll die fortzuführenden und neuen Investitionsvorhaben mit den auf das betreffende Jahr entfallenden Teilbeträgen wiedergeben. Finanzierungshilfen des Bundes für Investitionen Dritter sind bei Anwendung gleicher Gliederungsgrundsätze unter Kenntlichmachung der Finanzierungsart in einem besonderen Teil zu erfassen.

(3) Die Investitionsprogramme sind jährlich der Entwicklung anzupassen und fortzuführen.

§ 11
[Beschleunigung der Planung von Investitionsvorhaben]

Bei einer die Ziele des § 1 gefährdenden Abschwächung der allgemeinen Wirtschaftstätigkeit ist die Planung geeigneter Investitionsvorhaben so zu beschleunigen, dass mit ihrer Durchführung kurzfristig begonnen werden kann. Die zuständigen Bundesminister haben alle weiteren Maßnahmen zu treffen, die zu einer beschleunigten Vergabe von Investitionsaufträgen erforderlich sind.

§ 12
[Gewährung von Finanzhilfen]

(1) Bundesmittel, die für bestimmte Zwecke an Stellen außerhalb der Bundesverwaltung gegeben werden, insbesondere Finanzhilfen, sollen so gewährt werden, dass es den Zielen des § 1 nicht widerspricht.

(2) Über die in Absatz 1 bezeichneten Finanzhilfen legt die Bundesregierung dem Bundestag und dem Bundesrat zusammen mit dem Entwurf des Bundeshaushaltsplans alle zwei Jahre eine zahlenmäßige Übersicht vor, die insbesondere gegliedert ist in Finanzhilfen, die

1. der Erhaltung von Betrieben oder Wirtschaftszweigen,

2. der Anpassung von Betrieben oder Wirtschaftszweigen an neue Bedingungen und

3. der Förderung des Produktivitätsfortschritts und des Wachstums von Betrieben oder Wirtschaftszweigen, insbesondere durch Entwicklung neuer Produktionsmethoden und -richtungen

dienen.

(3) In entsprechender Gliederung des Absatzes 2 wird eine Übersicht der Steuervergünstigungen zusammen mit den geschätzten Mindereinnahmen beigefügt.

(4) Zu den in Absatz 2 und 3 genannten Übersichten gibt die Bundesregierung an, auf welchen Rechtsgründen oder sonstigen Verpflichtungen die jeweiligen Finanzhilfen und Steuervergünstigungen beruhen und wann nach der gegebenen Rechtslage mit einer Beendigung der Finanzhilfen und Steuervergünstigungen zu rechnen ist. Sie macht zugleich Vorschläge hinsichtlich der gesetzlichen oder sonstigen Voraussetzungen für eine frühere Beendigung oder einen stufenweisen Abbau der Verpflichtungen. Hierzu wird ein Zeitplan entsprechend der in Absatz 2 beschriebenen Gliederung aufgestellt.

§ 13
[ERP-Vermögen, Bundesbahn, bundesunmittelbare Körperschaften]

(1) Die Vorschriften der §§ 1, 5, 6 Abs. 1 und 2 gelten für das ERP-Sondervermögen entsprechend.

(2) Für die Deutsche Bundesbahn erlässt das Bundesministerium für Verkehr und digitale Infrastruktur im Einvernehmen mit dem Bundesministerium der Finanzen die nach § 1 erforderlichen Anordnungen.

(3) Die bundesunmittelbaren Körperschaften, Anstalten und Stiftungen des öffentlichen Rechts sollen im Rahmen der ihnen obliegenden Aufgaben die Ziele des § 1 berücksichtigen.

§ 14
[Haushaltswirtschaft der Länder]

Die §§ 5, 6 Abs. 1 und 2, §§ 7, 9 bis 11 sowie § 12 Abs. 1 gelten sinngemäß für die Haushaltswirtschaft der Länder. Die Regelung der Zuständigkeiten bleibt den Ländern überlassen.

§ 15
[Zuführung von Mitteln zur Konjunkturausgleichsrücklage]

(1) Zur Abwehr einer Störung des gesamtwirtschaftlichen Gleichgewichts kann die Bundesregierung durch Rechtsverordnung mit Zustimmung des Bundesrates anordnen, dass der Bund und die Länder ihren Konjunkturausgleichsrücklagen Mittel zuzuführen haben.

(2) In der Rechtsverordnung ist der Gesamtbetrag zu bestimmen, der von Bund und Ländern aufzubringen ist. Er soll unbeschadet der nach Absatz 4 den Konjunkturausgleichsrücklagen zuzuführenden Beträge in einem Haushaltsjahr drei vom Hundert der von Bund und Ländern im vorangegangenen Haushaltsjahr erzielten Steuereinnahmen nicht überschreiten.

(3) Soweit Bund und Länder keine andere Aufbringung vereinbaren, haben sie den Gesamtbetrag im Verhältnis der von ihnen im vorangegangenen Haushaltsjahr erzielten Steuereinnahmen unter Berücksichtigung der Ausgleichszuweisungen und Ausgleichsbeiträge nach dem Länderfinanzausgleich aufzubringen. Bei der Berechnung der Steuereinnahmen der Länder bleiben die Gemeindesteuern der Länder Berlin, Bremen, Hamburg und die nach § 6 Abs. 2 des Lastenausgleichsgesetzes zu leistenden Zuschüsse außer Betracht. Haben der Bund oder einzelne Länder ihrer Konjunkturausgleichsrücklage im gleichen Haushaltsjahr bereits Mittel zugeführt, so werden diese auf ihre Verpflichtung angerechnet.

(4) Werden die Einkommensteuer auf Grund der Ermächtigung in § 51 Abs. 3 Ziff. 2 des Einkommensteuergesetzes und die Körperschaftsteuer auf Grund des § 19c des Körperschaftsteuergesetzes* erhöht, so haben der Bund und die Länder zusätzlich laufend ihren Konjunkturausgleichsrücklagen aus dem Aufkommen an Einkommensteuer und Körperschaftsteuer während des Zeitraums, für den die Erhöhung gilt, jeweils Beträge in dem Verhältnis zuzuführen, in dem der Hundertsatz, um den die Einkommensteuer und die Körperschaftsteuer erhöht worden sind, zu der aus 100 und diesem Hundertsatz gebildeten Summe steht.

---

* jetzt: § 23 Abs. 5 KStG

(5) Die den Konjunkturausgleichsrücklagen auf Grund einer Rechtsverordnung nach Absatz 1 oder gemäß Absatz 4 zugeführten Beträge dürfen nur insoweit entnommen werden, als sie durch Rechtsverordnung der Bundesregierung mit Zustimmung des Bundesrates freigegeben sind. Die Freigabe ist nur zur Vermeidung einer die Ziele des § 1 gefährdenden Abschwächung der allgemeinen Wirtschaftstätigkeit zulässig. Die Sätze 1 und 2 sind auf die in Absatz 3 Satz 3 bezeichneten Mittel anzuwenden.

§ 16
[Haushaltswirtschaft der Gemeinden und Gemeindeverbände]

(1) Gemeinden und Gemeindeverbände haben bei Ihrer Haushaltswirtschaft den Zielen des § 1 Rechnung zu tragen.

(2) Die Länder haben durch geeignete Maßnahmen darauf hinzuwirken, dass die Haushaltswirtschaft der Gemeinden und Gemeindeverbände den konjunkturpolitischen Erfordernissen entspricht.

§ 17
[Gegenseitige Auskunfterteilung]

Bund und Länder erteilen sich gegenseitig die Auskünfte, die zur Durchführung einer konjunkturgerechten Haushaltswirtschaft und zur Aufstellung ihrer Finanzpläne notwendig sind.

§ 18
[Konjunkturrat]

(1) Bei der Bundesregierung wird ein Konjunkturrat für die öffentliche Hand gebildet. Dem Rat gehören an:

1. die Bundesminister für Wirtschaft und Energie und der Finanzen,
2. je ein Vertreter eines jeden Landes,
3. vier Vertreter der Gemeinden und Gemeindeverbände, die vom Bundesrat auf Vorschlag der kommunalen Spitzenverbände bestimmt werden.

Den Vorsitz im Konjunkturrat führt der Bundesminister für Wirtschaft und Energie.

(2) Der Konjunkturrat berät nach einer vom Bundesministerium für Wirtschaft und Energie zu erlassenden Geschäftsordnung in regelmäßigen Abständen:

1. alle zur Erreichung der Ziele dieses Gesetzes erforderlichen konjunkturpolitischen Maßnahmen;
2. die Möglichkeiten der Deckung des Kreditbedarfs der öffentlichen Haushalte. Der Konjunkturrat ist insbesondere vor allen Maßnahmen nach den §§ 15, 19 und 20 zu hören.

(3) Der Konjunkturrat bildet einen besonderen Ausschuss für Kreditfragen der öffentlichen Hand, der unter Vorsitz des Bundesministers der Finanzen nach einer von diesem zu erlassenden Geschäftsordnung berät.

(4) Die Bundesbank hat das Recht, an den Beratungen des Konjunkturrates teilzunehmen.

§ 19
[Beschränkung der Kreditaufnahme durch Rechtsverordnung]

Zur Abwehr einer Störung des gesamtwirtschaftlichen Gleichgewichts kann die Bundesregierung durch Rechtsverordnung mit Zustimmung des Bundesrates anordnen, dass die Beschaffung von Geldmitteln im Wege des Kredits im Rahmen der in den Haushaltsgesetzen oder Haushaltssatzungen ausgewiesenen Kreditermächtigungen durch den Bund, die Länder, die Gemeinden und Gemeindeverbände sowie die öffentlichen Sondervermögen und Zweckverbände beschränkt wird. Satz 1 gilt nicht für Kredite, die von Gemeinden, Gemeindeverbänden oder Zweckverbänden zur Finanzierung von Investitionsvorhaben ihrer wirtschaftlichen Unternehmen ohne eigene Rechtspersönlichkeit aufgenommen werden.

§ 20
[Inhalt der Rechtsverordnungen - Befristung und Aufhebung]

(1) In Rechtsverordnungen nach § 19 kann vorgesehen werden, dass

1. für einen zu bestimmenden Zeitraum die Kreditaufnahme durch die in § 19 bezeichneten Stellen auf einen Höchstbetrag begrenzt wird;
2. im Rahmen der nach Nummer 1 festgesetzten Höchstbeträge Kredite bestimmter Art oder Höhe, insbesondere Anleihen oder Schuldscheindarlehen, nur nach Maßgabe eines Zeitplans und nur unter Einhaltung von Kreditbedingungen (§ 22 Abs. 1 und 2) aufgenommen werden dürfen.

(2) Der Höchstbetrag nach Absatz 1 Nr. 1 muss für die einzelne Stelle für ein Haushaltsjahr mindestens 80 vom Hundert der Summe betragen, die sie im Durchschnitt der letzten fünf statistisch erfassten Haushaltsjahre vor Erlass der Rechtsverordnung als Kredit aufgenommen hat; Kassen- und Betriebsmittelkredite, Kredite, die die Deutsche Bundesbank oder eine in § 19 bezeichnete Stelle gewährt hat, sowie Kredite für die in § 19 Satz 2 bezeichneten Zwecke bleiben hierbei unberücksichtigt. Zum Ausgleich von Schwankungen im Kreditbedarf der Gemeinden, Gemeindeverbände und Zweckverbände kann für diese der Höchstbetrag auf 70 vom Hundert gekürzt werden. Die hierdurch freiwerdenden Beträge sind von den Ländern solchen Gemeinden, Gemeindeverbänden und Zweckverbänden zuzuweisen, die besonders dringende Investitionsaufgaben zu erfüllen haben.

(3) In Rechtsverordnungen nach § 19 ist zu bestimmen, inwieweit Kreditaufnahmen Dritter, die wirtschaftlich der Kreditaufnahme einer der in § 19 bezeichneten Stellen gleichkommen, auf den Höchstbetrag nach Absatz 1 Nr. 1 anzurechnen sind. Insbesondere sind Kreditaufnahmen Dritter zu berücksichtigen, soweit diese Aufgaben der Finanzierung für eine der in § 19 bezeichneten Stellen wahrnehmen oder soweit eine solche Stelle die Kreditaufnahme durch Zinsverbilligungsmittel oder Zuwendungen gleicher Wirkung fördert.

(4) Rechtsverordnungen nach § 19 sind auf längstens ein Jahr zu befristen.

(5) Rechtsverordnungen nach § 19 sind unverzüglich nach ihrer Verkündung dem Bundestag mitzuteilen. Sie sind unverzüglich aufzuheben, wenn es der Bundestag binnen sechs Wochen nach ihrer Verkündung verlangt.

§ 21
[Nichtaufnahme des Kredits]

Nimmt eine der in § 19 bezeichneten Stellen einen im Rahmen des Höchstbetrages nach § 20 Abs. 1 Nr. 1 auf sie entfallenden Kredit nicht auf, so kann mit deren Zustimmung eine andere der in § 19 bezeichneten Stellen insoweit den Kredit in Anspruch nehmen. Davon abweichend können die Länder bestimmen, dass von den Höchstbeträgen der Gemeinden, Gemeindeverbände und Zweckverbände diejenigen Teilbeträge, welche die Kreditermächtigung in der Haushaltssatzung übersteigen, anderen Gemeinden, Gemeindeverbänden oder Zweckverbänden mit einem zusätzlichen Kreditbedarf zugewiesen werden.

§ 22
[Zeitplan für die Kreditaufnahme]

(1) Der besondere Ausschuss des Konjunkturrates (§ 18 Abs. 3) stellt unter Berücksichtigung der Lage am Kapitalmarkt einen Zeitplan für jeweils längstens drei Monate auf. In dem Plan sind für die in der Rechtsverordnung nach § 20 Abs. 1 Nr. 2 bestimmten Kredite die Reihenfolge der Kreditaufnahme und die Höhe des Betrages festzulegen; die Kreditbedingungen können festgelegt werden.

(2) Durch das Bundesministerium der Finanzen kann der nach Absatz 1 aufgestellte Zeitplan für verbindlich erklärt oder, wenn im besonderen Ausschuss des Konjunkturrates keine Übereinstimmung erzielt worden ist, mit Zustimmung des Bundesrates ein Zeitplan festgestellt werden.

(3) Bei einer drohenden Verschlechterung der Lage am Kapitalmarkt kann das Bundesministerium für Wirtschaft im

Benehmen mit der Deutschen Bundesbank den Vollzug des Zeitplans vorläufig aussetzen. Er tritt in diesem Fall innerhalb von zwei Wochen mit dem Konjunkturrat in erneute Beratungen ein.

(4) Die in § 19 bezeichneten Stellen sind verpflichtet, auch bei solchen Krediten, die nicht Gegenstand der Rechtsverordnung nach § 20 Abs. 1 Nr. 2 sind, in der Zeitfolge der Kreditaufnahme und der Gestaltung der Kreditbedingungen der Lage am Kapitalmarkt Rechnung zu tragen.

§ 23
[Sicherstellungsmaßnahmen der Länder]

Die einzelnen Länder haben durch geeignete Maßnahmen sicherzustellen, dass die Beschaffung von Geldmitteln im Wege des Kredits durch das Land, seine Gemeinden, Gemeindeverbände und Zweckverbände sich im Rahmen der auf Grund dieses Gesetzes angeordneten Beschränkungen hält.

§ 24
[Beachtung des Grundsatzes der Gleichrangigkeit der Aufgaben]

(1) Bei Maßnahmen nach den §§ 20 bis 23 ist der Grundsatz der Gleichrangigkeit der Aufgaben von Bund, Ländern und Gemeinden zu beachten.

(2) Die besonderen Verhältnisse der Länder Berlin, Bremen und Hamburg, die gleichzeitig Landesaufgaben und Kommunalaufgaben zu erfüllen haben, sind zu berücksichtigen.

§ 25
[Auskunftspflicht der zuständigen obersten Landesbehörde]

Die zuständige oberste Landesbehörde erteilt dem Bundesministerium der Finanzen auf Anforderung, Auskunft über den Kreditbedarf des Landes, der Gemeinden, Gemeindeverbände und Zweckverbände, über Art und Höhe der von diesen aufgenommenen Kredite sowie über Kreditaufnahmen Dritter, die wirtschaftlich einer eigenen Kreditaufnahme gleichkommen. Die öffentlichen Sondervermögen erteilen die Auskunft nach Satz 1 unmittelbar.

§ 26
[Änderung des Einkommensteuergesetzes]
[nicht abgedruckt]

§ 27
[Änderung des Körperschaftsteuergesetzes]
[nicht abgedruckt]

§ 28
[Änderung des Gewerbesteuergesetzes]
[nicht abgedruckt]

§ 29
[Änderung des Gesetzes über die Deutsche Bundesbank]
[nicht abgedruckt]

§ 30
[Änderung der RVO und des AVAVG]
[nicht abgedruckt; das AVAVG ist überholt]

§ 31
[Änderung des Gesetzes über die Bildung eines Sachverständigenrates]
[nicht abgedruckt]

§ 32
[Berlinklausel]

Dieses Gesetz gilt nach § 12 Abs. 1 und § 13 Abs. 1 des Dritten Überleitungsgesetzes vom 4. Januar 1952 (Bundesgesetzbl. I S. 1) auch im Land Berlin. Rechtsverordnungen, die auf Grund dieses Gesetzes erlassen werden, gelten im Land Berlin nach § 14 des Dritten Überleitungsgesetzes.

§ 33
[Inkrafttreten]

(1) Dieses Gesetz tritt vorbehaltlich des Absatzes 2 am Tage nach seiner Verkündung in Kraft.

(2) Die Vorschriften des § 26 Nr. 3 Buchstabe a und des § 27 Nr. 2 hinsichtlich des § 23 a Abs. 1 Ziff. 2 Buchstabe k des Körperschaftsteuergesetzes treten am 1. Januar 1969 in Kraft.

Gesetz über die Grundsätze des Haushaltsrechts des Bundes und der Länder (Haushaltsgrundsätzegesetz - HGrG)

vom 19. August 1969 (BGBl. I S. 1273),
zuletzt geändert durch Gesetz vom 14.08.2017 (BGBl. I S. 3122)

TEIL 1
Vorschriften für die Gesetzgebung des Bundes und der Länder

§ 1
Gesetzgebungsauftrag

Die Vorschriften dieses Teils enthalten Grundsätze für die Gesetzgebung des Bundes und der Länder. Bund und Länder sind verpflichtet, ihr Haushaltsrecht nach diesen Grundsätzen zu regeln.

§ 1 a
Haushaltswirtschaft

(1) Die Haushaltswirtschaft kann in ihrem Rechnungswesen im Rahmen der folgenden Vorschriften kameral oder nach den Grundsätzen der staatlichen doppelten Buchführung nach § 7a (staatliche Doppik) gestaltet werden. Die Aufstellung, Bewirtschaftung und Rechnungslegung des Haushalts kann gegliedert nach Titeln, Konten oder Produktstrukturen (Produkthaushalt) erfolgen.

(2) Die Bestimmungen dieses Gesetzes für den Haushaltsplan, für Titel sowie für Einnahmen und Ausgaben gelten bei doppischem Rechnungswesen entsprechend. Soweit im Folgenden nichts anderes geregelt ist, treten in Teil 1 und in § 56 an die Stelle des Haushaltsplans der Erfolgsplan und der doppische Finanzplan, an die Stelle von Titeln Konten. An die Stelle von Einnahmen treten Erträge im Erfolgsplan und Einzahlungen im doppischen Finanzplan, an die Stelle von Ausgaben treten Aufwendungen im Erfolgsplan und Auszahlungen im doppischen Finanzplan. Bei Produkthaushalten treten an die Stelle der Titel die Produktstruktur und an die Stelle von Einnahmen und Ausgaben die zur Produkterstellung zugewiesenen Mittel.

(3) Die Aufstellung und Ausführung des Haushaltsplans als Produkthaushalt erfolgt leistungsbezogen durch die Verbindung von nach Produkten strukturierten Mittelzuweisungen mit einer Spezialität nach Leistungszwecken. Art und Umfang der zu erbringenden Leistungen sind durch Gesetz oder den Haushaltsplan verbindlich festzulegen. Für die Bereiche, für die ein Produkthaushalt aufgestellt wird, ist grundsätzlich eine Kosten- und Leistungsrechnung einzuführen.

ABSCHNITT I
Allgemeine Vorschriften zum Haushaltsplan

§ 2
Bedeutung des Haushaltsplans

Der Haushaltsplan dient der Feststellung und Deckung des Finanzbedarfs beziehungsweise bei doppisch basierter Haushaltswirtschaft auch des Aufwands, der zur Erfüllung der Aufgaben des Bundes oder des Landes im Bewilligungszeitraum voraussichtlich notwendig ist. Der Haushaltsplan ist die Grundlage für die Haushalts- und Wirtschaftsführung. Bei seiner Aufstellung und Ausführung ist den Erfordernissen des gesamtwirtschaftlichen Gleichgewichts Rechnung zu tragen.

§ 3
Wirkungen des Haushaltsplans

(1) Der Haushaltsplan ermächtigt die Verwaltung, Ausgaben zu leisten und Verpflichtungen einzugehen.

(2) Durch den Haushaltsplan werden Ansprüche oder Verbindlichkeiten weder begründet noch aufgehoben.

§ 4
Haushaltsjahr

Rechnungsjahr (Haushaltsjahr) ist das Kalenderjahr. Das für die Finanzen zuständige Ministerium kann für einzelne Bereiche etwas anderes bestimmen.

§ 5
Notwendigkeit der Ausgaben und Verpflichtungsermächtigungen

Bei Aufstellung und Ausführung des Haushaltsplans sind nur die Ausgaben und die Ermächtigungen zum Eingehen von Verpflichtungen zur Leistung von Ausgaben in künftigen Jahren (Verpflichtungsermächtigungen) zu berücksichtigen, die zur Erfüllung der Aufgaben des Bundes oder des Landes notwendig sind.

§ 6
Wirtschaftlichkeit und Sparsamkeit, Kosten- und Leistungsrechnung

(1) Bei Aufstellung und Ausführung des Haushaltsplans sind die Grundsätze der Wirtschaftlichkeit und Sparsamkeit zu beachten.

(2) Für alle finanzwirksamen Maßnahmen sind angemessene Wirtschaftlichkeitsuntersuchungen durchzuführen.

(3) In geeigneten Bereichen soll eine Kosten- und Leistungsrechnung eingeführt werden.

§ 6 a
Budgetierung

(1) Die Einnahmen, Ausgaben und Verpflichtungsermächtigungen können im Rahmen eines Systems der dezentralen Verantwortung einer Organisationseinheit veranschlagt werden. Dabei wird die Finanzverantwortung auf der Grundlage der Haushaltsermächtigung auf die Organisationseinheiten übertragen, die die Fach- und Sachverantwortung haben. Voraussetzung sind geeignete Informations- und Steuerungsinstrumente, mit denen insbesondere sichergestellt wird, dass das jeweils verfügbare Ausgabevolumen nicht überschritten wird. Art und Umfang der zu erbringenden Leistungen sind durch Gesetz oder den Haushaltsplan festzulegen.

(2) In den Fällen des Absatzes 1 sollen durch Gesetz oder Haushaltsplan für die jeweilige Organisationseinheit Regelungen zur Zweckbindung, Übertragbarkeit und Deckungsfähigkeit getroffen werden.

§ 7
Grundsatz der Gesamtdeckung

Alle Einnahmen dienen als Deckungsmittel für alle Ausgaben. Auf die Verwendung für bestimmte Zwecke dürfen Einnahmen beschränkt werden, soweit dies durch Gesetz vorgeschrieben oder im Haushaltsplan zugelassen ist.

§ 7 a
Grundsätze der staatlichen Doppik

(1) Die staatliche Doppik folgt den Vorschriften des Ersten und des Zweiten Abschnitts Erster und Zweiter Unterabschnitt des Dritten Buches Handelsgesetzbuch und den Grundsätzen der ordnungsmäßigen Buchführung und Bilanzierung. Dies umfasst insbesondere die Vorschriften zur

1. laufenden Buchführung (materielle und formelle Ordnungsmäßigkeit),

2. Inventur,

3. Bilanzierung nach den

   a) allgemeinen Grundsätzen der Bilanzierung,

   b) Gliederungsgrundsätzen für den Jahresabschluss,

   c) Grundsätzen der Aktivierung und Passivierung,

   d) Grundsätzen der Bewertung in der Eröffnungsbilanz,

   e) Grundsätzen der Bewertung in der Abschlussbilanz,

4. Abschlussgliederung.

Maßgeblich sind die Bestimmungen für Kapitalgesellschaften.

(2) Konkretisierungen, insbesondere die Ausübung handelsrechtlicher Wahlrechte, und von Absatz 1 abweichende Regelungen, die aufgrund der Besonderheiten der öffentlichen Haushaltswirtschaft erforderlich sind, werden von Bund und Ländern in dem Gremium nach § 49a Absatz 1 erarbeitet.

ABSCHNITT II
Aufstellung des Haushaltsplans

§ 8
Vollständigkeit und Einheit, Fälligkeitsprinzip

(1) Für jedes Haushaltsjahr ist ein Haushaltsplan aufzustellen.

(2) Der Haushaltsplan enthält alle im Haushaltsjahr

1. zu erwartenden Einnahmen,
2. voraussichtlich zu leistenden Ausgaben und
3. voraussichtlich benötigten Verpflichtungsermächtigungen.

§ 9
Geltungsdauer der Haushaltspläne

(1) Der Haushaltsplan kann für zwei Haushaltsjahre, nach Jahren getrennt, aufgestellt werden.

(2) Der Haushaltsplan kann in einen Verwaltungshaushalt und in einen Finanzhaushalt gegliedert werden; beide können jeweils für zwei Haushaltsjahre, nach Jahren getrennt, aufgestellt werden. Die Bewilligungszeiträume für beide Haushalte können in aufeinanderfolgenden Haushaltsjahren beginnen.

§ 10
Gliederung von Einzelplänen und Gesamtplan

(1) Der Haushaltsplan besteht aus den Einzelplänen und dem Gesamtplan, bei einem doppischen Rechnungswesen aus einem Erfolgsplan auf Ebene der Einzelpläne sowie des Gesamtplans und aus einem doppischen Finanzplan auf Ebene des Gesamtplans.

(2) Die Einzelpläne enthalten die Einnahmen, Ausgaben und Verpflichtungsermächtigungen eines einzelnen Verwaltungszweigs oder bestimmte Gruppen von Einnahmen, Ausgaben und Verpflichtungsermächtigungen. Die Einzelpläne sind in Kapitel und Titel einzuteilen. Die Einteilung in Titel richtet sich nach Verwaltungsvorschriften über die Gruppierung der Einnahmen und Ausgaben des Haushaltsplans nach Arten (Gruppierungsplan). Die Einteilung nach Konten richtet sich nach den Verwaltungsvorschriften über die Gruppierung der Erträge, Aufwendungen und Bestände (Verwaltungskontenrahmen). Die Einteilung nach Produktstrukturen ist so vorzunehmen, dass eine eindeutige Zuordnung nach den Verwaltungsvorschriften über die funktionale Gliederung des Produkthaushalts (Produktrahmen) sichergestellt ist.

(3) In dem Gruppierungsplan sind mindestens gesondert darzustellen

1. bei den Einnahmen: Steuern, Verwaltungseinnahmen, Einnahmen aus Vermögensveräußerungen, Darlehensrückflüsse, Zuweisungen und Zuschüsse, Einnahmen aus Krediten, wozu nicht Kredite zur Aufrechterhaltung einer ordnungsmäßigen Kassenwirtschaft (Kassenverstärkungskredite) zählen, Entnahmen aus Rücklagen, Münzeinnahmen;

2. bei den Ausgaben: Personalausgaben, sächliche Verwaltungsausgaben, Zinsausgaben, Zuweisungen an Gebietskörperschaften, Zuschüsse an Unternehmen, Tilgungsausgaben, Schuldendiensthilfen, Zuführungen an Rücklagen, Ausgaben für Investitionen. Ausgaben für Investitionen sind die Ausgaben für

   a) Baumaßnahmen, soweit sie nicht militärische Anlagen betreffen,

   b) den Erwerb von beweglichen Sachen, soweit sie nicht als sächliche Verwaltungsausgaben veranschlagt werden oder soweit es sich nicht um Ausgaben für militärische Beschaffungen handelt,

   c) den Erwerb von unbeweglichen Sachen,

   d) den Erwerb von Beteiligungen und sonstigem Kapitalvermögen, von Forderungen und Anteilsrechten an Unternehmen, von Wertpapieren sowie für die Heraufsetzung des Kapitals von Unternehmen,

   e) Darlehen,

   f) die Inanspruchnahme aus Gewährleistungen,

   g) Zuweisungen und Zuschüsse zur Finanzierung von Ausgaben für die in den Buchstaben a bis f genannten Zwecke.

(4) Der Gesamtplan enthält

1. eine Zusammenfassung der Einnahmen, Ausgaben und Verpflichtungsermächtigungen der Einzelpläne (Haushaltsübersicht),

2. eine Berechnung des Finanzierungssaldos (Finanzierungsübersicht). Der Finanzierungssaldo ergibt sich aus einer Gegenüberstellung der Einnahmen mit Ausnahme der Einnahmen aus Krediten vom Kreditmarkt, der Entnahmen aus Rücklagen, der Einnahmen aus kassenmäßigen Überschüssen sowie der Münzeinnahmen einerseits und der Ausgaben mit Ausnahme der Ausgaben zur Schuldentilgung am Kreditmarkt, der Zuführungen an Rücklagen und der Ausgaben zur Deckung eines kassenmäßigen Fehlbetrags andererseits,

3. eine Darstellung der Einnahmen aus Krediten und der Tilgungsausgaben (Kreditfinanzierungsplan).

Bei doppisch basierten Haushalten tritt an die Stelle der Nummern 2 und 3 eine Übersicht über den Zahlungsmittelfluss von Ein- und Auszahlungen aus laufender Verwaltungstätigkeit, Investitionstätigkeit, Finanzierungstätigkeit sowie über die sich daraus ergebenden zahlungswirksamen Veränderungen des Zahlungsmittelbestandes (doppischer Finanzplan) und eine Übersicht über den Finanzierungssssaldo.

§ 11
Übersichten zum Haushaltsplan

(1) Der Haushaltsplan hat folgende Anlagen:

1. Darstellungen der Einnahmen und Ausgaben

   a) in einer Gruppierung nach bestimmten Arten (Gruppierungsübersicht beziehungsweise Kontenrahmen),

   b) in einer Gliederung nach bestimmten Aufgabengebieten (Funktionenübersicht),

   c) in einer Zusammenfassung nach Buchstabe a und Buchstabe b (Haushaltsquerschnitt);

2. eine Übersicht über die den Haushalt in Einnahmen und Ausgaben durchlaufenden Posten;

3. eine Übersicht über die Planstellen der Beamtinnen und Beamten und die Stellen der Arbeitnehmerinnen und Arbeitnehmer.

Die Anlagen sind dem Entwurf des Haushaltsplans beizufügen.

(2) Die Funktionenübersicht richtet sich nach Verwaltungsvorschriften über die Gliederung der Einnahmen und Ausgaben des Haushaltsplans nach Aufgabengebieten (Funktionenplan).

(3) Bei Produkthaushalten ist die Funktionenübersicht nach Absatz 1 Nummer 1 durch eine Produktübersicht zu ersetzen. Die Produktübersicht richtet sich nach Verwaltungsvorschriften über die funktionale Gliederung des Produkthaushalts (Produktrahmen).

§ 12
Bruttoveranschlagung, Einzelveranschlagung, Selbstbewirtschaftungsmittel, Erläuterungen, Planstellen

(1) Die Einnahmen und Ausgaben in kameralen Haushalten, Aufwendungen und Erträge in doppischen Haushalten sowie die zur Produkterstellung vorgesehenen Mittel in Produkthaushalten sind in voller Höhe und getrennt voneinander zu veranschlagen. Durch Gesetz kann zugelassen werden, dass Satz 1 nicht für die Veranschlagung der Einnahmen aus Krediten vom Kreditmarkt und der hiermit zusammenhängenden Tilgungsausgaben gilt. Darüber hinaus können Ausnahmen von Satz 1 im Haushaltsplan zugelassen werden, insbesondere für Nebenkosten und Nebenerlöse bei Erwerbs- oder Veräußerungsge-schäften. In den Fällen des Satzes 3 ist die Berechnung des veranschlagten Betrages dem Haushaltsplan als Anlage beizufügen oder in die Erläuterungen aufzunehmen.

(2) Die Verpflichtungsermächtigungen sind bei den jeweiligen Ausgaben gesondert zu veranschlagen.

(3) Ausgaben können zur Selbstbewirtschaftung veranschlagt werden, wenn hierdurch eine sparsame Bewirtschaftung gefördert wird. Selbstbewirtschaftungsmittel stehen über das laufende Haushaltsjahr hinaus zur Verfügung. Bei der Bewirtschaftung aufkommende Einnahmen fließen den Selbstbewirtschaftungsmitteln zu. Bei der Rechnungslegung ist nur die Zuweisung der Mittel an die beteiligten Stellen als Ausgabe nachzuweisen.

(4) Die Einnahmen sind nach dem Entstehungsgrund, die Ausgaben und die Verpflichtungsermächtigungen nach Zwecken getrennt zu veranschlagen und, soweit erforderlich, zu erläutern. Erläuterungen können ausnahmsweise für verbindlich erklärt werden.

(5) Für denselben Zweck sollen Ausgaben und Verpflichtungsermächtigungen nicht bei verschiedenen Titeln veranschlagt werden.

(6) Planstellen sind nach Besoldungsgruppen und Amtsbezeichnungen im Haushaltsplan auszubringen.

§ 13
Kreditermächtigungen

(1) Das Haushaltsgesetz bestimmt, bis zu welcher Höhe das für die Finanzen zuständige Ministerium Kredite aufnehmen darf

1. zur Deckung von Ausgaben,

2. zur Aufrechterhaltung einer ordnungsmäßigen Kassenwirtschaft (Kassenverstärkungskredite). Soweit diese Kredite zurückgezahlt sind, kann die Ermächtigung wiederholt in Anspruch genommen werden. Kassenverstärkungskredite dürfen nicht später als sechs Monate nach Ablauf des Haushaltsjahres, für das sie aufgenommen worden sind, fällig werden.

(2) Die Ermächtigungen nach Absatz 1 Nr. 1 gelten bis zum Ende des nächsten Haushaltsjahres und, wenn das Haushaltsgesetz für das zweitnächste Haushaltsjahr nicht rechtzeitig verkündet wird, bis zur Verkündung dieses Haushaltsgesetzes. Die Ermächtigungen nach Absatz 1 Nr. 2 gelten bis zum Ende des laufenden Haushaltsjahres und, wenn das Haushaltsgesetz für das nächste Haushaltsjahr nicht rechtzeitig verkündet wird, bis zur Verkündung dieses Haushaltsgesetzes.

§ 14
Zuwendungen

Ausgaben und Verpflichtungsermächtigungen für Leistungen an Stellen außerhalb der Verwaltung des Bundes oder des Landes zur Erfüllung bestimmter Zwecke (Zuwendungen) dürfen nur veranschlagt werden, wenn der Bund oder das Land an der Erfüllung durch solche Stellen ein erhebliches Interesse hat, das ohne die Zuwendungen nicht oder nicht im notwendigen Umfang befriedigt werden kann.

§ 15
Übertragbarkeit, Deckungsfähigkeit

(1) Ausgaben für Investitionen und Ausgaben aus zweckgebundenen Einnahmen sind übertragbar. Andere Ausgaben können im Haushaltsplan für übertragbar erklärt werden, wenn dies ihre wirtschaftliche und sparsame Verwendung fördert.

(2) Absatz 1 gilt bei doppisch basierten Haushalten für Auszahlungen entsprechend. Bei doppisch basierten Haushalten können außerdem Rücklagen nach § 7a gebildet werden. Die Bildung und Inanspruchnahme von Rücklagen, abgesehen von Sonderposten mit Rücklagenanteil, bedarf der haushaltsrechtlichen Ermächtigung.

(3) Im Haushaltsplan können Ausgaben und Verpflichtungsermächtigungen jeweils für gegenseitig oder einseitig deckungsfähig erklärt werden, wenn ein verwaltungsmäßiger oder sachlicher Zusammenhang besteht oder eine wirtschaftliche und sparsame Verwendung gefördert wird. Ausgaben und Verpflichtungsermächtigungen, die ohne nähere Angabe des Verwendungszwecks veranschlagt sind, dürfen nicht für deckungsfähig erklärt werden.

§ 16
Baumaßnahmen, größere Beschaffungen, größere Entwicklungsvorhaben

(1) Ausgaben und Verpflichtungsermächtigungen für Baumaßnahmen dürfen erst veranschlagt werden, wenn Pläne, Kostenermittlungen und Erläuterungen vorliegen, aus denen die Art der Ausführung, die Kosten der Baumaßnahme, des Grunderwerbs und der Einrichtungen sowie die vorgesehene Finanzierung und ein Zeitplan ersichtlich sind. Den Unterlagen ist eine Schätzung der nach Fertigstellung der Maßnahme entstehenden jährlichen Haushaltsbelastungen beizufügen.

(2) Ausgaben und Verpflichtungsermächtigungen für größere Beschaffungen und größere Entwicklungsvorhaben dürfen erst veranschlagt werden, wenn Planungen und Schätzungen der Kosten und Kostenbeteiligungen vorliegen. Absatz 1 Satz 2 gilt entsprechend.

(3) Ausnahmen von den Absätzen 1 und 2 sind nur zulässig, wenn es im Einzelfall nicht möglich ist, die Unterlagen rechtzeitig fertigzustellen, und aus einer späteren Veranschlagung dem Bund oder dem Land ein Nachteil erwachsen würde.

§ 17
Fehlbetrag

Ein finanzieller Fehlbetrag ist spätestens in den Haushaltsplan für das zweitnächste Haushaltsjahr einzustellen. Er darf durch Kredite nur gedeckt werden, soweit die Möglichkeiten einer Kreditaufnahme nicht ausgeschöpft sind.

§ 18
Betriebe, Sondervermögen

(1) Betriebe des Bundes oder des Landes haben einen Wirtschaftsplan aufzustellen, wenn ein Wirtschaften nach dem Haushaltsplan des Bundes oder des Landes nicht zweckmäßig ist. Der Wirtschaftsplan oder eine Übersicht über den Wirtschaftsplan ist dem Haushaltsplan als Anlage beizufügen oder in die Erläuterungen aufzunehmen. Im Haushaltsplan sind nur die Zuführungen oder die Ablieferungen zu veranschlagen. Planstellen sind nach Besoldungsgruppen und Amtsbezeichnungen im Haushaltsplan auszubringen.

(2) Bei Sondervermögen sind nur die Zuführungen oder die Ablieferungen im Haushaltsplan zu veranschlagen. Über die Einnahmen, Ausgaben und Verpflichtungsermächtigungen der Sondervermögen sind Übersichten dem Haushaltsplan als Anlagen beizufügen oder in die Erläuterungen aufzunehmen.

ABSCHNITT III
Ausführung des Haushaltsplans

§ 19
Bewirtschaftung der Ansätze des Haushaltsplans

(1) Einnahmen sind rechtzeitig und vollständig zu erheben. In der staatlichen Doppik sind Erträge und Forderungen vollständig zu erfassen. Forderungen sind rechtzeitig einzuziehen.

(2) Die Ermächtigungen des Haushaltsplans dürfen nur soweit und nicht eher in Anspruch genommen werden, als sie zur wirtschaftlichen und sparsamen Verwaltung erforderlich sind. Die Ermächtigungen sind so zu bewirtschaften, dass sie zur Deckung aller Ausgaben ausreichen, die unter die einzelne Zweckbestimmung fallen.

(3) Für die Bewirtschaftung von Ermächtigungen des Bundes durch Landesstellen sind die Bewirtschaftungserfordernisse des Bundes zu berücksichtigen, soweit in Rechtsvorschriften des Bundes oder Vereinbarungen nicht etwas anderes bestimmt ist.

§ 20
Bruttonachweis, Einzelnachweis

(1) Alle Einnahmen und Ausgaben sind mit ihrem vollen Betrag bei dem hierfür vorgesehenen Titel zu buchen, soweit sich aus § 12 Abs. 1 Satz 2 und 3 nichts anderes ergibt.

(2) Für denselben Zweck dürfen Ausgaben aus verschiedenen Titeln nur geleistet werden, soweit der Haushaltsplan dies zulässt. Entsprechendes gilt für die Inanspruchnahme von Verpflichtungsermächtigungen.

§ 21
(weggefallen)

§ 22
Verpflichtungsermächtigungen

(1) Maßnahmen, die den Bund oder das Land zur Leistung von Ausgaben in künftigen Haushaltsjahren verpflichten können, sind nur zulässig, wenn der Haushaltsplan dazu ermächtigt. Im Falle eines unvorhergesehenen und unabweisbaren Bedürfnisses kann das für die Finanzen zuständige Ministerium Ausnahmen zulassen.

(2) Maßnahmen nach Absatz 1 bedürfen der Einwilligung des für die Finanzen zuständigen Ministeriums, soweit es nicht darauf verzichtet. Durch Gesetz kann zugelassen werden, dass die Einwilligung des für die Finanzen zuständigen Ministeriums nicht erforderlich ist, soweit im Haushaltsplan die voraussichtlichen Verpflichtungen zu Lasten mehrerer Haushaltsjahre nach Jahresbeträgen angegeben werden und von diesen Angaben bei der Ausführung des Haushaltsplans nicht erheblich abgewichen wird.

(3) Das für die Finanzen zuständige Ministerium ist bei Maßnahmen nach Absatz 1 von grundsätzlicher oder erheblicher finanzieller Bedeutung über den Beginn und Verlauf von Verhandlungen zu unterrichten.

(4) Verpflichtungen für laufende Geschäfte dürfen eingegangen werden, ohne dass die Voraussetzungen der Absätze 1 und 2 vorliegen. Einer Verpflichtungsermächtigung bedarf es in kameralen Haushalten auch dann nicht, wenn zu Lasten übertragbarer Ausgaben Verpflichtungen eingegangen werden, die im folgenden Haushaltsjahr zu Ausgaben führen. Das Nähere regelt das für die Finanzen zuständige Ministerium.

(5) Die Absätze 1 bis 4 sind auf Verträge im Sinne von Artikel 59 Abs. 2 Satz 1 des Grundgesetzes nicht anzuwenden.

§ 23
Gewährleistungen, Kreditzusagen

(1) Die Übernahme von Bürgschaften, Garantien oder sonstigen Gewährleistungen, die zu Ausgaben in künftigen Haushaltsjahren führen können, bedarf einer Ermächtigung durch Gesetz, die der Höhe nach bestimmt ist.

(2) Kreditzusagen sowie die Übernahme von Bürgschaften, Garantien oder sonstigen Gewährleistungen bedürfen der Einwilligung des für die Finanzen zuständigen Ministeriums. Es ist an den Verhandlungen zu beteiligen. Es kann auf die Befugnisse nach den Sätzen 1 und 2 verzichten.

(3) Bei Maßnahmen nach Absatz 2 haben die zuständigen Stellen auszubedingen, dass sie oder ihre Beauftragten bei den Beteiligten jederzeit prüfen knnen, soweit dies im Zusammenhang mit der Verpflichtung notwendig ist. Von der Ausbedingung eines Prüfungsrechts kann ausnahmsweise mit Einwilligung des für die Finanzen zuständigen Ministeriums abgesehen werden.

§ 24
Andere Maßnahmen von finanzieller Bedeutung

Der Erlass von Verwaltungsvorschriften, der Abschluss von Tarifverträgen und die Gewährung von über- oder außertariflichen Leistungen sowie die Festsetzung oder Änderung von Entgelten für die Verwaltungsleistungen bedürfen der Einwilligung des für die Finanzen zuständigen Ministeriums, wenn diese Regelungen zu Einnahmeminderungen oder zu zusätzlichen Ausgaben im laufenden Haushaltsjahr oder in künftigen Haushaltsjahren führen können. Satz 1 ist auf sonstige Maßnahmen von grundsätzlicher oder erheblicher finanzieller Bedeutung anzuwenden, wenn sie zu Einnahmeminderungen im laufenden Haushaltsjahr oder in künftigen Haushaltsjahren oder zu zusätzlichen Ausgaben im laufenden Haushaltsjahr führen können.

§ 25
Haushaltswirtschaftliche Sperre

Wenn die Entwicklung der Einnahmen oder Ausgaben es erfordert, kann es das für die Finanzen zuständige Ministerium von seiner Einwilligung abhängig machen, ob Verpflichtungen eingegangen oder Ausgaben geleistet werden.

§ 26
Zuwendungen, Verwaltung von Mitteln oder Vermögensgegenständen

(1) Zuwendungen dürfen nur unter den Voraussetzungen des § 14 gewährt werden. Dabei ist zu bestimmen, wie die zweckentsprechende Verwendung der Zuwendungen nachzuweisen ist. Außerdem ist ein Prüfungsrecht der zuständigen Dienststelle oder ihrer Beauftragten festzulegen.

(2) Sollen Mittel oder Vermögensgegenstände des Bundes oder des Landes von Stellen außerhalb der Verwaltung des Bundes oder des Landes verwaltet werden, ist Absatz 1 entsprechend anzuwenden.

§ 27
Sachliche und zeitliche Bindung

(1) Ermächtigungen dürfen nur zu im Haushaltsplan bezeichneten Zwecken und Leistungen, soweit und solange sie fortdauern, und nur bis zum Ende des Haushaltsjahres geleistet oder in Anspruch genommen werden. Durch Gesetz kann zugelassen werden, dass nicht in Anspruch genommene Verpflichtungser-mächtigungen bis zur Verkündung des Haushaltsgesetzes für das nächste Haushaltsjahr gelten.

(2) Bei übertragbaren Ausgaben können in kameralen Haushalten Ausgabereste gebildet werden, die für die jeweilige Zweckbe-stimmung über das Haushaltsjahr hinaus bis zum Ende des auf die Bewilligung folgenden zweitnächsten Haushaltsjahres verfügbar bleiben. Dies gilt für Fälle nach § 15 Absatz 2 entsprechend. Bei Bauten tritt an die Stelle des Haushaltsjahres der Bewilligung das Haushaltsjahr, in dem der Bau in seinen wesentlichen Teilen in Gebrauch genommen ist. Das für die Finanzen zuständige Ministerium kann im Einzelfall Ausnahmen zulassen.

(3) Das für die Finanzen zuständige Ministerium kann in besonders begründeten Einzelfällen die Übertragbarkeit von Ausgaben zulassen, soweit Ausgaben für bereits bewilligte Maßnahmen noch im nächsten Haushaltsjahr zu leisten sind.

(4) Die Bildung und die Inanspruchnahme von doppischen Rücklagen bedürfen der Einwilligung des für die Finanzen zuständigen Ministeriums.

§ 28
Personalwirtschaftliche Grundsätze

(1) Ein Amt darf nur zusammen mit der Einweisung in eine besetzbare Planstelle verliehen werden.

(2) Personalausgaben, die nicht auf Gesetz oder Tarifvertrag beruhen, dürfen nur geleistet werden, wenn dafür Ausgabemittel besonders zur Verfügung gestellt sind.

§ 29
Baumaßnahmen, größere Beschaffungen, größere Entwicklungsvorhaben

(1) Baumaßnahmen dürfen nur begonnen werden, wenn ausführliche Entwurfszeichnungen und Kostenberechnungen vorliegen, es sei denn, dass es sich um kleine Maßnahmen handelt. In den Zeichnungen und Berechnungen darf von den in § 16 bezeichneten Unterlagen nur insoweit abgewichen werden, als die Änderung nicht erheblich ist; weitergehende Ausnahmen bedürfen der Einwilligung des für die Finanzen zuständigen Ministeriums.

(2) Größeren Beschaffungen und größeren Entwicklungsvorhaben sind ausreichende Unterlagen zugrunde zu legen. Absatz 1 Satz 2 gilt entsprechend.

§ 30
Öffentliche Ausschreibung

Dem Abschluss von Verträgen über Lieferungen und Leistungen muss eine Öffentliche Ausschreibung oder eine Beschränkte Ausschreibung mit Teilnahmewettbewerb vorausgehen, sofern nicht die Natur des Geschäfts oder besondere Umstände eine Ausnahme rechtfertigen. Teilnahmewettbewerb ist ein Verfahren, bei dem der öffentliche Auftraggeber nach vorheriger öffentlicher Aufforderung zur Teilnahme eine beschränkte Anzahl von geeigneten Unternehmen nach objektiven, transparenten und nichtdiskriminierenden Kriterien auswählt und zur Abgabe von Angeboten auffordert.

§ 31
Änderung von Verträgen, Veränderung von Ansprüchen

(1) Verträge dürfen zum Nachteil des Bundes oder Landes nur in besonders begründeten Ausnahmefällen aufgehoben oder geändert werden. Vergleiche dürfen nur abgeschlossen werden, wenn dies für den Bund oder das Land zweckmäßig und wirtschaftlich ist.

(2) Ansprüche dürfen nur

1. gestundet werden, wenn die sofortige Einziehung mit erheblichen Härten für den Anspruchsgegner verbunden wäre und der Anspruch durch die Stundung nicht gefährdet wird,

2. niedergeschlagen werden, wenn feststeht, dass die Einziehung keinen Erfolg haben wird, oder wenn die Kosten der Einziehung außer Verhältnis zur Höhe des Anspruchs stehen,

3. erlassen werden, wenn die Einziehung nach Lage des einzelnen Falles für den Anspruchsgegner eine besondere Härte bedeuten würde. Das gleiche gilt für die Erstattung oder Anrechnung von geleisteten Beträgen.

(3) Maßnahmen nach den Absätzen 1 und 2 bedürfen der Einwilligung des für die Finanzen zuständigen Ministeriums, soweit es nicht darauf verzichtet.

(4) Andere Regelungen in Rechtsvorschriften bleiben unberührt.

ABSCHNITT IV
Zahlungen, Buchführung und Rechnungslegung

§ 32
Zahlungen

Zahlungen dürfen nur von Kassen und Zahlstellen angenommen oder geleistet werden. Die Anordnung der Zahlung muss durch das zuständige Ministerium oder die von ihm ermächtigte Dienststelle schriftlich oder auf elektronischem Wege erteilt werden. Das für die Finanzen zuständige Ministerium kann Ausnahmen zulassen.

§ 33
Buchführung, Belegpflicht

Über Zahlungen ist nach der im Haushaltsplan oder sonst vorgesehenen Ordnung in zeitlicher Folge Buch zu führen. Das für die Finanzen zuständige Ministerium kann für eingegangene Verpflichtungen, Geldforderungen und andere Bewirtschaftungsvorgänge die Buchführung anordnen. Alle Buchungen sind zu belegen.

§ 34
Buchung nach Haushaltsjahren

(1) Zahlungen sowie eingegangene Verpflichtungsermächtigungen, Geldforderungen und andere Bewirtschaftungsvorgänge, für die nach § 33 Satz 2 die Buchführung angeordnet ist, sind nach Haushaltsjahren getrennt zu buchen.

(2) Alle Zahlungen mit Ausnahme der Fälle nach den Absätzen 3 und 4 sind für das Haushaltsjahr zu buchen, in dem sie eingegangen oder geleistet worden sind.

(3) Im kameralen Haushalt sind Zahlungen, die im abgelaufenen Haushaltsjahr fällig waren, jedoch erst später eingehen oder geleistet werden, in den Büchern des abgelaufenen Haushaltsjahres zu buchen, solange die Bücher nicht abgeschlossen sind. Für doppisch basierte Haushalte sind die §§ 7a und 49a entsprechend anzuwenden.

(4) Für das neue Haushaltsjahr sind im kameralen Haushalt zu buchen:

1. Einnahmen, die im neuen Haushaltsjahr fällig werden, jedoch vorher eingehen,

2. Ausgaben, die im neuen Haushaltsjahr fällig werden, jedoch wegen des fristgerechten Eingangs beim Empfänger vorher gezahlt werden müssen,

3. im voraus zu zahlende Dienst-, Versorgungs- und entsprechende Bezüge sowie Renten für den ersten Monat des neuen Haushaltsjahres.

Für doppisch basierte Haushalte sind die §§ 7a und 49a entsprechend anzuwenden

(5) Die Absätze 3 und 4 Nr. 1 gelten nicht für Steuern, Gebühren, andere Abgaben, Geldstrafen, Geldbußen sowie damit zusammenhängende Kosten.

(6) Ausnahmen von den Absätzen 2 bis 4 können zugelassen werden.

§ 35
Vermögensbuchführung, integrierte Buchführung

Über das Vermögen und die Schulden ist Buch zu führen oder ein anderer Nachweis zu erbringen. Die Buchführung über das Vermögen und die Schulden kann mit der Buchführung über die Einnahmen und Ausgaben verbunden werden.

§ 36
Abschlusss der Bücher

(1) Die Bücher sind jährlich abzuschließen. Das für die Finanzen zuständige Ministerium bestimmt den Zeitpunkt des Abschlusses.

(2) Nach dem Abschluss der Bücher dürfen Einnahmen oder Ausgaben nicht mehr für den abgelaufenen Zeitraum gebucht werden.

§ 37
Rechnungslegung

(1) Die zuständigen Stellen haben für jedes Haushaltsjahr auf der Grundlage der abgeschlossenen Bücher Rechnung zu legen. Das für die Finanzen zuständige Ministerium kann im Einvernehmen mit dem Rechnungshof bestimmen, dass für einen anderen Zeitraum Rechnung zu legen ist.

(2) Auf der Grundlage der abgeschlossenen Bücher stellt das für die Finanzen zuständige Ministerium für jedes Haushaltsjahr die Haushaltsrechnung auf.

(3) Bei doppisch basierten Haushalten umfasst die Rechnungslegung zumindest die Rechnungslegung zum Erfolgsplan (Erfolgsrechnung), die Rechnungslegung zum doppischen Finanzplan (Finanzrechnung) nach § 10 Absatz 4 Satz 2 und die Vermögensrechnung (Bilanz).

(4) Bei Produkthaushalten ist über die nach Produkten strukturierte Mittelzuweisung sowie über Art und Umfang der erbrachten Leistungen Rechnung zu legen.

§ 38
Gliederung der Haushaltsrechnung

(1) In der kameralen Haushaltsrechnung sind die Einnahmen und Ausgaben nach der in § 33 bezeichneten Ordnung den Ansätzen des Haushaltsplans unter Berücksichtigung der Einnahme- und Ausgabereste (Haushaltsreste) und der Vorgriffe gegenüberzustellen.

(2) In kameralen Haushalten sind bei den einzelnen Titeln und entsprechend bei den Schlusssummen besonders anzugeben:

1. bei den Einnahmen:
   a) die Ist-Einnahmen,
   b) die zu übertragenden Einnahmereste,
   c) die Summe der Ist-Einnahmen und der zu übertragenden Einnahmereste,
   d) die vermögenswirksamen Beträge der Ist-Einnahmen, soweit eine Vermögensbuchführung besteht,
   e) die veranschlagten Einnahmen,
   f) die aus dem Vorjahr übertragenen Einnahmereste,
   g) die Summe der veranschlagten Einnahmen und der übertragenen Einnahmereste,
   h) der Mehr- oder Minderbetrag der Summe aus Buchstabe c gegenüber der Summe aus Buchstabe g;

2. bei den Ausgaben:
   a) die Ist-Ausgaben,
   b) die zu übertragenden Ausgabereste oder die Vorgriffe,
   c) die Summe der Ist-Ausgaben und der zu übertragenden Ausgabereste oder der Vorgriffe,
   d) die vermögenswirksamen Beträge der Ist-Ausgaben, soweit eine Vermögensbuchführung besteht,
   e) die veranschlagten Ausgaben,
   f) die aus dem Vorjahr übertragenen Ausgabereste oder die Vorgriffe,
   g) die Summe der veranschlagten Ausgaben und der übertragenen Ausgabereste oder der Vorgriffe,
   h) der Mehr- oder Minderbetrag der Summe aus Buchstabe c gegenüber der Summe aus Buchstabe g,
   i) der Betrag der über- oder außerplanmäßigen Ausgaben sowie der Vorgriffe.

Für doppisch basierte Haushalte sind die §§ 7a, 37 Absatz 3 und 4 sowie § 49a entsprechend anzuwenden.

(3) Für die jeweiligen Ausgaben und entsprechend für die Schlusssummen ist die Höhe der eingegangenen Verpflichtungen und Geldforderungen besonders anzugeben, soweit sie nach § 33 Satz 2 der Buchführung unterliegen.

§ 39
Kassenmäßiger Abschluss

In kameralen Haushalten sind in dem kassenmäßigen Abschluss nachzuweisen:

1. a) die Summe der Ist-Einnahmen,
   b) die Summe der Ist-Ausgaben,
   c) der Unterschied aus Buchstabe a und Buchstabe b (kassenmäßiges Jahresergebnis),
   d) die haushaltsmäßig noch nicht abgewickelten kassenmäßigen Jahresergebnisse früherer Jahre,
   e) das kassenmäßige Gesamtergebnis aus Buchstabe c und Buchstabe d;

2. a) die Summe der Ist-Einnahmen mit Ausnahme der Einnahmen aus Krediten vom Kreditmarkt, der Entnahmen aus Rücklagen, der Einnahmen aus kassenmäßigen Überschüssen und der Münzeinnahmen,
   b) die Summe der Ist-Ausgaben mit Ausnahme der Ausgaben zur Schuldentilgung am Kreditmarkt, der Zuführungen an Rücklagen und der Ausgaben zur Deckung eines kassenmäßigen Fehlbetrags,
   c) der Finanzierungssaldo aus Buchstabe a und Buchstabe b.

Für doppisch basierte Haushalte sind die §§ 7a, 37 Absatz 3 und 4 sowie § 49a entsprechend anzuwenden.

§ 40
Haushaltsabschluss

In kameralen Haushalten sind in dem Haushaltsabschluss nachzuweisen:

1. a) das kassenmäßige Jahresergebnis nach § 39 Nr. 1 Buchstabe c,
   b) das kassenmäßige Gesamtergebnis nach § 39 Nr. 1 Buchstabe e;

2. a) die aus dem Vorjahr übertragenen Einnahmereste und Ausgabereste,
   b) die in das folgende Haushaltsjahr zu übertragenden Einnahmereste und Ausgabereste,
   c) der Unterschied aus Buchstabe a und Buchstabe b,
   d) das rechnungsmäßige Jahresergebnis aus Nummer 1 Buchstabe a und Nummer 2 Buchstabe c,
   e) das rechnungsmäßige Gesamtergebnis aus Nummer 1 Buchstabe b und Nummer 2 Buchstabe b;

3. die Höhe der eingegangenen Verpflichtungen und Geldforderungen, soweit sie nach § 33 Satz 2 der Buchführung unterliegen.

Für doppisch basierte Haushalte sind die §§ 7a, 37 Absatz 3 und 4 sowie § 49a entsprechend anzuwenden

§ 41
Abschlussbericht

Der kassenmäßige Abschluss und der Haushaltsabschluss sind in einem Bericht zu erläutern.

ABSCHNITT V
Prüfung und Entlastung

§ 42
Aufgaben des Rechnungshofes

(1) Die gesamte Haushalts- und Wirtschaftsführung des Bundes und der Länder einschließlich ihrer Sondervermögen und Betriebe wird von Rechnungshöfen geprüft.

(2) Der Rechnungshof prüft insbesondere

1. die Einnahmen, Ausgaben und Verpflichtungen zur Leistung von Ausgaben,
2. Maßnahmen, die sich finanziell auswirken können,
3. das Vermögen und die Schulden.

(3) Der Rechnungshof kann nach seinem Ermessen die Prüfung beschränken und Rechnungen ungeprüft lassen.

(4) Die Durchführung der Prüfung von geheimzuhaltenden Angelegenheiten kann gesetzlich besonders geregelt werden.

(5) Auf Grund von Prüfungserfahrungen kann der Rechnungshof beraten. Das Nähere wird durch Gesetz geregelt.

§ 43
Prüfung bei Stellen außerhalb der Verwaltung

(1) Der Rechnungshof ist, unbeschadet weitergehender landesrechtlicher Bestimmungen, berechtigt, bei Stellen außerhalb der Verwaltung des Bundes oder des Landes zu prüfen, wenn sie

1. Teile des Haushaltsplans ausführen oder vom Bund oder vom Land Ersatz von Aufwendungen erhalten,
2. Mittel oder Vermögensgegenstände des Bundes oder des Landes verwalten oder
3. vom Bund oder Land Zuwendungen erhalten.

Leiten diese Stellen die Mittel an Dritte weiter, so kann der Rechnungshof auch bei diesen prüfen.

(2) Die Prüfung erstreckt sich auf die bestimmungsmäßige und wirtschaftliche Verwaltung und Verwendung. Bei Zuwendungen kann sie sich auch auf die sonstige Haushalts- und Wirtschaftsführung des Empfängers erstrecken, soweit es der Rechnungshof für seine Prüfung für notwendig hält.

(3) Bei der Gewährung von Krediten aus Haushaltsmitteln sowie bei der Übernahme von Bürgschaften, Garantien oder sonstigen Gewährleistungen durch den Bund oder das Land kann der Rechnungshof bei den Beteiligten prüfen, ob sie ausreichende Vorkehrungen gegen Nachteile für den Bund oder das Land getroffen oder ob die Voraussetzungen für eine Inanspruchnahme des Bundes oder des Landes vorgelegen haben.

§ 44
Prüfung staatlicher Betätigung bei privatrechtlichen Unternehmen

(1) Der Rechnungshof prüft die Betätigung des Bundes oder des Landes bei Unternehmen in einer Rechtsform des privaten Rechts, an denen der Bund oder das Land unmittelbar oder mittelbar beteiligt ist, unter Beachtung kaufmännischer Grundsätze.

(2) Absatz 1 gilt entsprechend bei Genossenschaften, in denen der Bund oder das Land Mitglied ist.

§ 45
Gemeinsame Prüfung

Sind für die Prüfung mehrere Rechnungshöfe zuständig, so soll gemeinsam geprüft werden. Soweit nicht die Prüfung durch einen bestimmten Rechnungshof verfassungsrechtlich vorgeschrieben ist, können die Rechnungshöfe einander durch Vereinbarung Prüfungsaufgaben übertragen.

§ 46
Ergebnis der Prüfung

(1) Der Rechnungshof fasst das Ergebnis seiner Prüfung, soweit es für die Entlastung der Regierung von Bedeutung sein kann, jährlich in einem Bericht für die gesetzgebenden Körperschaften zusammen.

(2) In den Bericht können Feststellungen auch über spätere oder frühere Haushaltsjahre aufgenommen werden

(3) Über Angelegenheiten von besonderer Bedeutung kann der Rechnungshof die gesetzgebenden Körperschaften und die Regierung jederzeit unterrichten.

§ 47
Entlastung, Rechnung des Rechnungshofes

(1) Die gesetzgebenden Körperschaften beschließen auf Grund der Rechnung und des jährlichen Berichts des Rechnungshofes über die Entlastung der Regierung.

(2) Die Rechnung des Rechnungshofes wird von den gesetzgebenden Körperschaften geprüft, die auch die Entlastung erteilen.

ABSCHNITT VI
Sondervermögen des Bundes oder des Landes und bundesunmittelbare oder landesunmittelbare juristische Personen des öffentlichen Rechts

§ 48
Grundsatz

(1) Auf Sondervermögen des Bundes oder des Landes und bundes- oder landesunmittelbare juristische Personen des öffentlichen Rechts ist dieses Gesetz entsprechend anzuwenden, soweit durch Gesetz oder auf Grund eines Gesetzes nichts anderes bestimmt ist.

(2) Auf Unternehmen in der Rechtsform einer juristischen Person des öffentlichen Rechts sind unabhängig von der Höhe der Beteiligung des Bundes oder des Landes die §§ 42 bis 46 entsprechend anzuwenden. Durch Gesetz kann zugelassen werden, dass die entsprechende Anwendung der §§ 42 bis 46 entfällt. Die nach bisherigem Recht zugelassenen Ausnahmen bleiben unberührt.

(3) Für Unternehmen in der Rechtsform einer juristischen Person des privaten Rechts, an denen die in Absatz 2 Satz 1 genannten Unternehmen unmittelbar oder mittelbar mit Mehrheit beteiligt sind, gelten die §§ 53 und 54 entsprechend.

TEIL II
Vorschriften, die einheitlich und unmittelbar gelten

§ 49
Grundsatz

Die Vorschriften dieses Teils gelten einheitlich und unmittelbar für den Bund und die Länder.

§ 49a
Gremium zur Standardisierung des staatlichen Rechnungswesens

(1) Zur Gewährleistung einer einheitlichen Verfahrens- und Datengrundlage jeweils für Kameralistik, Doppik und Produkthaushalte richten Bund und Länder ein gemeinsames Gremium ein. Das Gremium erarbeitet Standards für kamerale und doppische Haushalte sowie für Produkthaushalte und stellt dabei sicher, dass die Anforderungen der Finanzstatistik einschließlich der Volkswirtschaftlichen Gesamtrechnungen berücksichtigt. Beschlüsse werden mit den Stimmen des Bundes und der Mehrheit von zwei Dritteln der Zahl der Länder gefasst. Die Standards werden jeweils durch Verwaltungsvorschriften des Bundes und der Länder umgesetzt. Das Gremium erarbeitet die Standards für doppische Haushalte und Produkthaushalte erstmals zum 1. Januar 2010 und überprüft die Standards für doppische Haushalte, Produkthaushalte und kamerale Haushalte anschließend einmal

jährlich. Näheres regelt eine Verwaltungsvereinbarung zwischen Bund und Ländern.

(2) Zur Gewährleistung der Vergleichbarkeit der Haushaltswirtschaft bei Bund und Ländern kann die Bundesregierung durch Rechtsverordnung, die der Zustimmung des Bundesrates bedarf, nähere Bestimmungen erlassen über die Standards für kamerale und doppische Haushalte sowie für Produkthaushalte, insbesondere zum Gruppierungs- und Funktionenplan, zum Verwaltungskontenrahmen und Produktrahmen sowie zu den Standards nach § 7a Absatz 2 für die staatliche Doppik.

§ 49b
Finanzstatistische Berichtspflichten

Bund und Länder stellen unabhängig von der Art ihrer Haushaltswirtschaft sicher, dass zur Erfüllung finanzstatistischer Anforderungen einschließlich der der Volkswirtschaftlichen Gesamtrechnungen sowie für sonstige Berichtspflichten die Plan- und Ist-Daten weiterhin nach dem Gruppierungs- und Funktionenplan mindestens auf Ebene der dreistelligen Gliederung bereitgestellt werden.

§ 50
Verfahren bei der Finanzplanung

(1) Bund und Länder legen ihrer Haushaltswirtschaft je für sich eine fünfjährige Finanzplanung zugrunde (§ 9 Abs. 1 und § 14 des Gesetzes zur Förderung der Stabilität und des Wachstums der Wirtschaft vom 8. Juni 1967 - Bundesgesetzbl. S. 582 -).

(2) Das erste Planungsjahr der Finanzplanung ist das laufende Haushaltsjahr.

(3) Der Finanzplan (§ 9 Abs. 2 Satz 2 des Gesetzes zur Förderung der Stabilität und des Wachstums der Wirtschaft) ist den gesetzgebenden Körperschaften spätestens im Zusammenhang mit dem Entwurf des Haushaltsgesetzes für das nächste Haushaltsjahr vorzulegen. Die gesetzgebenden Körperschaften können die Vorlage von Alternativrechnungen verlangen.

(4) Im Finanzplan sind die vorgesehenen Investitionsschwerpunkte zu erläutern und zu begründen.

(5) Den gesetzgebenden Körperschaften sind die auf der Grundlage der Finanzplanung überarbeiteten mehrjährigen Investitionsprogramme (§ 10 des Gesetzes zur Förderung der Stabilität und des Wachstums der Wirtschaft) vorzulegen.

(6) Die Planung nach § 11 Satz 1 des Gesetzes zur Förderung der Stabilität und des Wachstums der Wirtschaft ist für Investitionsvorhaben des dritten Planungsjahres in ausreichendem Umfang so vorzubereiten, dass mit ihrer Durchführung kurzfristig begonnen werden kann.

(7) Die Regierung soll rechtzeitig geeignete Maßnahmen treffen, die nach der Finanzplanung erforderlich sind, um eine geordnete Haushaltsentwicklung unter Berücksichtigung des voraussichtlichen gesamtwirtschaftlichen Leistungsvermögens in den einzelnen Planungsjahren zu sichern.

§ 51
Koordinierende Beratung der Grundannahmen der Haushalts- und Finanzplanungen; Einhaltung der Haushaltsdisziplin im Rahmen der Europäischen Wirtschafts- und Währungsunion

(1) Zur Koordinierung der Haushalts- und Finanzplanungen des Bundes, der Länder und der Gemeinden und Gemeindeverbände berät der Stabilitätsrat über die zugrunde liegenden volks- und finanzwirtschaftlichen Annahmen. Dabei ist den Verpflichtungen der Bundesrepublik Deutschland aus Rechtsakten der Europäischen Union auf Grund der Artikel 121, 126 und 136 des Vertrags über die Arbeitsweise der Europäischen Union zur Einhaltung der Haushaltsdisziplin und in diesem Rahmen den Erfordernissen des gesamtwirtschaftlichen Gleichgewichts Rechnung zu tragen. Der Stabilitätsrat kann zur Koordinierung der Haushalts- und Finanzplanungen Empfehlungen beschließen. Die voraussichtlichen Einnahmen und Ausgaben der in § 52 genannten Einrichtungen sollen in die Beratungen und Empfehlungen einbezogen werden, soweit sie nicht schon in den Finanzplanungen des Bundes, der Länder und der Gemeinden und Gemeindeverbände enthalten sind.

(2) Das strukturelle gesamtstaatliche Finanzierungsdefizit von Bund, Ländern, Gemeinden und Sozialversicherungen darf eine Obergrenze von 0,5 Prozent des nominalen Bruttoinlandsprodukts nicht überschreiten. Für Einzelheiten zu Abgrenzung, Berechnung und zulässigen Abweichungen von der Obergrenze sowie zum Umfang und Zeitrahmen der Rückführung des strukturellen gesamtstaatlichen Finanzierungsdefizits im Falle einer Abweichung sind Artikel 3 des Vertrages vom 2. März 2012 über Stabilität, Koordinierung und Steuerung in der Wirtschafts- und Währungsunion (BGBl. 2012 II S. 1006, 1008) und die Verordnung (EG) Nr. 1466/97 des Rates vom 7. Juli 1997 über den Ausbau der haushaltspolitischen Überwachung und der Überwachung und Koordinierung der Wirtschaftspolitiken (ABl. L 209 vom 02.08.1997 S. 1), die zuletzt durch die Verordnung (EU) Nr. 1175/2011 (ABl. L 306 vom 23.11.2011, S. 12) geändert worden ist, maßgeblich.

§ 52
Auskunftspflicht

(1) Bund und Länder erteilen durch ihre für die Finanzen zuständigen Ministerien dem Stabilitätsrat die Auskünfte, die dieser zur Wahrnehmung seiner Aufgaben nach § 51 benötigt. Die Auskunftserteilung umfasst auch die Vorlage der in den jeweiligen Zuständigkeitsbereichen aufgestellten Finanzplanungen in einheitlicher Systematik.

(2) Die Länder erteilen auch die Auskünfte für ihre Gemeinden und sonstigen kommunalen Körperschaften. Das gleiche gilt für Sondervermögen und Betriebe der Länder, der Gemeinden und der Gemeindeverbände sowie für die landesunmittelbaren juristischen Personen des öffentlichen Rechts, deren Einbeziehung in die Finanzplanung und die Beratungen des Stabilitätsrates erforderlich ist. Die Länder regeln das Verfahren.

(3) Sondervermögen und Betriebe des Bundes sowie die bundesunmittelbaren juristischen Personen des öffentlichen Rechts erteilen die erforderlichen Auskünfte dem Bundesministerium der Finanzen, der sie dem Stabilitätsrat zuleitet.

(4) Die Träger der gesetzlichen Krankenversicherung, der sozialen Pflegeversicherung, der gesetzlichen Unfallversicherung und der gesetzlichen Rentenversicherungen einschließlich der Alterssicherung der Landwirte, ihre Verbände sowie die sonstigen Vereinigungen auf dem Gebiet der Sozialversicherung und die Bundesagentur für Arbeit erteilen dem Bundesministerium der Finanzen die für den Stabilitätsrat erforderlichen Auskünfte über das Bundesministerium für Arbeit und Soziales; landesunmittelbare Körperschaften leiten die Auskünfte über die für die Sozialversicherung zuständige oberste Verwaltungsbehörde des Landes zu.

§ 53
Rechte gegenüber privatrechtlichen Unternehmen

(1) Gehört einer Gebietskörperschaft die Mehrheit der Anteile eines Unternehmens in einer Rechtsform des privaten Rechts oder gehört ihr mindestens der vierte Teil der Anteile und steht ihr zusammen mit anderen Gebietskörperschaften die Mehrheit der Anteile zu, so kann sie verlangen, dass das Unternehmen

1. im Rahmen der Abschlussprüfung auch die Ordnungsmäßigkeit der Geschäftsführung prüfen lässt;

2. die Abschlussprüfer beauftragt, in ihrem Bericht auch darzustellen

   a) die Entwicklung der Vermögens- und Ertragslage sowie

die Liquidität und Rentabilität der Gesellschaft,
b) verlustbringende Geschäfte und die Ursachen der Verluste, wenn diese Geschäfte und die Ursachen für die Vermögens- und Ertragslage von Bedeutung waren,
c) die Ursachen eines in der Gewinn- und Verlustrechnung ausgewiesenen Jahresfehlbetrages;

3. ihr den Prüfungsbericht der Abschlussprüfer und, wenn das Unternehmen einen Konzernabschluss aufzustellen hat, auch den Prüfungsbericht der Konzernabschlussprüfer unverzüglich nach Eingang übersendet.

(2) Für die Anwendung des Absatzes 1 rechnen als Anteile der Gebietskörperschaft auch Anteile, die einem Sondervermögen der Gebietskörperschaft gehören. Als Anteile der Gebietskörperschaft gelten ferner Anteile, die Unternehmen gehören, bei denen die Rechte aus Absatz 1 der Gebietskörperschaft zustehen.

§ 54
Unterrichtung der Rechnungsprüfungsbehörde

(1) In den Fällen des § 53 kann in der Satzung (im Gesellschaftsvertrag) mit Dreiviertelmehrheit des vertretenen Kapitals bestimmt werden, dass sich die Rechnungsprüfungsbehörde der Gebietskörperschaft zur Klärung von Fragen, die bei der Prüfung nach § 44 auftreten, unmittelbar unterrichten und zu diesem Zweck den Betrieb, die Bücher und die Schriften des Unternehmens einsehen kann.

(2) Ein vor dem Inkrafttreten dieses Gesetzes begründetes Recht der Rechnungsprüfungsbehörde auf unmittelbare Unterrichtung bleibt unberührt.

§ 55
Prüfung von juristischen Personen des öffentlichen Rechts

(1) Erhält eine juristische Person des öffentlichen Rechts, die nicht Gebietskörperschaft, Gemeindeverband, Zusammenschluss von Gebietskörperschaften oder Gemeindeverbänden oder Religionsgesellschaft des öffentlichen Rechts nach Artikel 137 Abs. 5 der Deutschen Verfassung vom 11. August 1919 ist, vom Bund oder einem Land Zuschüsse, die dem Grund oder der Höhe nach gesetzlich begründet sind, oder ist eine Garantieverpflichtung des Bundes oder eines Landes gesetzlich begründet, so prüft der Rechnungshof des Bundes oder des Landes die Haushalts- und Wirtschaftsführung der juristischen Person. Entsprechendes gilt, wenn die Prüfung mit Zustimmung eines Rechnungshofes in der Satzung vorgesehen ist. Andere Prüfungsrechte, die nach § 48 begründet werden, bleiben unberührt.

(2) Auf Unternehmen in der Rechtsform einer juristischen Person des öffentlichen Rechts ist unabhängig von der Höhe der Beteiligung des Bundes oder des Landes § 53 entsprechend anzuwenden, soweit die Unternehmen nicht von der Rechnungsprüfung freigestellt sind (§ 48 Abs. 2 Satz 2 und 3).

§ 56
Rechte der Rechnungsprüfungsbehörde, gegenseitige Unterrichtung

(1) Erlassen oder erläutern die obersten Behörden einer Gebietskörperschaft allgemeine Vorschriften, welche die Bewirtschaftung der Haushaltsmittel einer anderen Gebietskörperschaft betreffen oder sich auf deren Einnahmen oder Ausgaben auswirken, so ist die Rechnungsprüfungsbehörde der anderen Gebietskörperschaft unverzüglich zu unterrichten.

(2) Bevor Stellen außerhalb einer Gebietskörperschaft, die Teile des Haushaltsplans der Gebietskörperschaft ausführen, Verwaltungsvorschriften zur Durchführung der für die Gebietskörperschaft geltenden Haushaltsordnung oder eines entsprechenden Gesetzes erlassen, ist die Rechnungsprüfungsbehörde der Gebietskörperschaft zu hören.

(3) Sind für Prüfungen oder Erhebungen mehrere Rechnungshöfe zuständig, so unterrichten sie sich gegenseitig über Arbeitsplanung und Prüfungsergebnisse.

§ 57
Bundeskassen, Landeskassen

(1) Die Aufgaben der Kassen bei der Annahme und der Leistung von Zahlungen für den Bund werden für alle Stellen innerhalb und außerhalb der Bundesverwaltung von den Bundeskassen wahrgenommen, soweit es sich nicht um die Erhebung von Steuern handelt, die von den Landesfinanzbehörden verwaltet werden.

(2) Die Aufgaben der Kassen bei der Annahme und der Leistung von Zahlungen für das Land werden für alle Stellen innerhalb und außerhalb der Landesverwaltung von den Landeskassen wahrgenommen, soweit nichts anderes bestimmt ist.

TEIL III
Übergangs- und Schlussbestimmungen

§ 58
Öffentlich-rechtliche Dienst- oder Amtsverhältnisse, Zuständigkeitsregelungen

(1) Vorschriften dieses Gesetzes für Beamte sind auf andere öffentlich-rechtliche Dienst- oder Amtsverhältnisse entsprechend anzuwenden.

(2) Die Befugnisse, die dem für die Finanzen zuständigen Ministerium zustehen, können einer anderen Stelle übertragen werden. In der Freien und Hansestadt Hamburg bestimmt der Senat die Stelle, der die Befugnisse des für die Finanzen zuständigen Ministeriums zustehen. Die in der Verfassung der Freien und Hansestadt Hamburg getroffenen Regelungen, dass es für die Feststellung des Haushaltsplans sowie für die Übernahme von Sicherheitsleistungen, deren Wirkung über ein Rechnungsjahr hinausgeht oder die nicht zum regelmäßigen Gang der Verwaltung gehört, lediglich eines Beschlusses der Bürgerschaft bedarf, bleiben unberührt.

§ 59
(weggefallen)

§ 60
Inkrafttreten

Dieses Gesetz tritt am 1. Januar 1970 in Kraft.

Seite 200

bleibt aus drucktechnischen Gründen frei

Verfassung für das Land Nordrhein-Westfalen

vom 18.06.1950 (GV. NRW. S. 127),
zuletzt geändert durch Gesetz vom 30.06.2020 (GV. NRW. S. 644)

- Auszug -

Art. 1
[Staatsverfassung] [1)]

(1) Nordrhein-Westfalen ist ein Gliedstaat der Bundesrepublik Deutschland und damit Teil der Europäischen Union. Das Land gliedert sich in Gemeinden und Gemeindeverbände.

(2) Die Landesfarben und das Landeswappen werden durch Gesetz bestimmt.

(3) Nordrhein-Westfalen trägt zur Verwirklichung und Ent-wicklung eines geeinten Europas bei, das demokratischen, rechtsstaatlichen, sozialen und föderativen Grundsätzen sowie dem Grundsatz der Subsidiarität verpflichtet ist, die Eigen-ständigkeit der Regionen wahrt und deren Mitwirkung an europäischen Entscheidungen sichert. Das Land arbeitet mit anderen europäischen Regionen zusammen und unterstützt die grenzüberschreitende Kooperation.

Art. 3
[Gewaltenteilung]

(1) Die Gesetzgebung steht dem Volk und der Volksvertretung zu.

(2) Die Verwaltung liegt in den Händen der Landesregierung, der Gemeinden und der Gemeindeverbände.

(3) Die Rechtsprechung wird durch unabhängige Richter ausgeübt.

Art. 75
[Verfassungsgerichtshof]

Der Verfassungsgerichtshof entscheidet:

1. in den Fällen der Artikel 32 und 33,
2. über die Auslegung der Verfassung aus Anlass von Streitigkeiten über den Umfang der Rechte und Pflichten eines obersten Landesorgans oder anderer Beteiligter, die durch diese Verfassung oder in der Geschäftsordnung eines obersten Landesorgans mit eigenen Rechten ausgestattet sind,
3. bei Meinungsverschiedenheiten oder Zweifeln über die Vereinbarkeit von Landesrecht mit dieser Verfassung auf Antrag der Landesregierung oder eines Drittels der Mitglieder des Landtags,
4. über Beschwerden von Vereinigungen gegen ihre Nichtanerkennung als Partei für die Wahl zum Landtag,
5a. über Verfassungsbeschwerden, die von jedermann mit der Behauptung erhoben werden können, durch die öffentliche Gewalt des Landes in einem seiner in dieser Verfassung für das Land Nordrhein-Westfalen enthaltenen Rechte verletzt zu sein,
5b. über Verfassungsbeschwerden von Gemeinden und Gemeindeverbänden, die mit der Behauptung erhoben werden können, dass Landesrecht die Vorschriften dieser Verfassung des Landes Nordrhein-Westfalen über das Recht auf Selbstverwaltung verletze,
6. in sonstigen durch Gesetz zugewiesenen Fällen.

Art. 78
[Kommunale Selbstverwaltung]

(1) Die Gemeinden und Gemeindeverbände sind Gebietskörperschaften mit dem Recht der Selbstverwaltung durch ihre gewählten Organe. Die Räte in den Gemeinden, die Bezirksvertretungen, die Kreistage und die Verbandsversammlung des Regionalverbandes Ruhr werden in allgemeiner, gleicher, unmittelbarer, geheimer und freier Wahl gewählt. Wahlvorschläge, nach deren Ergebnis sich die Sitzanteile in den Räten der Gemeinden, den Bezirksvertretungen, den Kreistagen und der Verbandsversammlung des Regionalverbandes Ruhr bestimmen, werden nur berücksichtigt, wenn sie mindestens 2,5 vom Hundert der insgesamt abgegebenen gültigen Stimmen erhalten haben. Das Gesetz bestimmt das Nähere.

(2) Die Gemeinden und Gemeindeverbände sind in ihrem Gebiet die alleinigen Träger der öffentlichen Verwaltung, soweit die Gesetze nichts anderes vorschreiben.

(3) Das Land kann die Gemeinden oder Gemeindeverbände durch Gesetz oder Rechtsverordnung zur Übernahme und Durchführung bestimmter öffentlicher Aufgaben verpflichten, wenn dabei gleichzeitig Bestimmungen über die Deckung der Kosten getroffen werden. Führt die Übertragung neuer oder die Veränderung bestehender und übertragbarer Aufgaben zu einer wesentlichen Belastung der davon betroffenen Gemeinden oder Gemeindeverbände, ist dafür durch Gesetz oder Rechtsverordnung aufgrund einer Kostenfolgeabschätzung ein entsprechender finanzieller Ausgleich für die entstehenden notwendigen, durchschnittlichen Aufwendungen zu schaffen. Der Aufwendungsersatz soll pauschaliert geleistet werden. Wird nachträglich eine wesentliche Abweichung von der Kostenfolgeabschätzung festgestellt, wird der finanzielle Ausgleich für die Zukunft angepasst. Das Nähere zu den Sätzen 2 bis 4 regelt ein Gesetz; darin sind die Grundsätze der Kostenfolgeabschätzung festzulegen und Bestimmungen über eine Beteiligung der kommunalen Spitzenverbände zu treffen.

(4) Das Land überwacht die Gesetzmäßigkeit der Verwaltung der Gemeinden und Gemeindeverbände. Das Land kann sich bei Pflichtaufgaben ein Weisungs- und Aufsichtsrecht nach näherer gesetzlicher Vorschrift vorbehalten.

Art. 79
[Gemeindesteuern]

Die Gemeinden haben zur Erfüllung ihrer Aufgaben das Recht auf Erschließung eigener Steuerquellen. Das Land ist verpflichtet, diesem Anspruch bei der Gesetzgebung Rechnung zu tragen und im Rahmen seiner finanziellen Leistungsfähigkeit einen übergemeindlichen Finanzausgleich zu gewährleisten.

Art. 81
[Haushaltsplan]

(1) Der Landtag sorgt durch Bewilligung der erforderlichen laufenden Mittel für die Deckung des Landesbedarfs.

(2) Alle Einnahmen und Ausgaben des Landes sind in den Haushaltsplan einzustellen; bei Landesbetrieben und bei Sondervermögen brauchen nur die Zuführungen oder Ablieferungen eingestellt zu werden. Ein Nachtragshaushaltsplan kann sich auf einzelne Einnahmen und Ausgaben beschränken. Der Haushaltsplan und der Nachtragshaushaltsplan sollen in Einnahmen und Ausgaben ausgeglichen sein.

(3) Der Haushaltsplan wird für ein oder mehrere Haushaltsjahre, nach Jahren getrennt, vor Beginn des ersten Haushaltsjahres durch das Haushaltsgesetz festgestellt. Für Teile des Haushaltsplans kann vorgesehen werden, dass sie für unterschiedliche Zeiträume, nach Haushaltsjahren getrennt, gelten.

Art. 82
[Übergangsermächtigung]

Ist bis zum Schluss eines Haushaltsjahres der Haushaltsplan für das folgende Jahr nicht festgestellt, so ist bis zu seinem Inkrafttreten die Landesregierung ermächtigt,

1. alle Ausgaben zu leisten, die nötig sind,
   a) um gesetzlich bestehende Einrichtungen zu erhalten und gesetzlich beschlossene Maßnahmen durchzuführen,
   b) um die rechtlich begründeten Verpflichtungen des Landes zu erfüllen,

---
[1)] Überschriften nicht amtlich

c) um Bauten, Beschaffungen und sonstige Leistungen fortzusetzen, für die durch den Haushaltsplan des Vorjahres bereits Beträge bewilligt worden sind;

2. Schatzanweisungen bis zur Höhe eines Viertels der Endsumme des abgelaufenen Haushaltsplanes für je drei Monate auszugeben, soweit nicht Einnahmen aus Steuern und Abgaben und Einnahmen aus sonstigen Quellen die Ausgaben unter Ziffer 1 decken.

Art. 83
[Kreditgesetze]

Die Aufnahme von Krediten sowie die Übernahme von Bürgschaften, Garantien oder sonstigen Gewährleistungen, die zu Ausgaben in künftigen Haushaltsjahren führen können, bedürfen einer der Höhe nach bestimmten oder bestimmbaren Ermächtigung durch Gesetz. Die Einnahmen aus Krediten dürfen entsprechend den Erfordernissen des gesamtwirtschaftlichen Gleichgewichts in der Regel nur bis zur Höhe der Summe der im Haushaltsplan veranschlagten Ausgaben für Investitionen in den Haushaltsplan eingestellt werden; das Nähere wird durch Gesetz geregelt.

Art. 84
[Ausgabendeckung]

Beschlüsse des Landtags, welche Ausgaben mit sich bringen, müssen bestimmen, wie diese Ausgaben gedeckt werden.

Art. 85
[Haushaltsüberschreitungen]

(1) Überplanmäßige und außerplanmäßige Ausgaben bedürfen der Zustimmung des Finanzministers. Sie darf nur im Falle eines unvorhergesehenen und unabweisbaren Bedürfnisses erteilt werden.

(2) Zu überplanmäßigen und außerplanmäßigen Ausgaben hat der Finanzminister die Genehmigung des Landtags einzuholen.

Art. 86
[Rechnungsprüfung]

(1) Der Finanzminister hat dem Landtag über alle Einnahmen und Ausgaben im Laufe des nächsten Haushaltsjahres zur Entlastung der Landesregierung Rechnung zu legen. Der Haushaltsrechnung sind Übersichten über das Vermögen und die Schulden des Landes beizufügen.

(2) Der Landesrechnungshof prüft die Rechnung sowie die Ordnungsmäßigkeit und Wirtschaftlichkeit der Haushalts- und Wirtschaftsführung. Er fasst das Ergebnis seiner Prüfung jährlich in einem Bericht für den Landtag zusammen, den er auch der Landesregierung zuleitet.

Art. 87
[Landesrechnungshof]

(1) Der Landesrechnungshof ist eine selbstständige, nur dem Gesetz unterworfene oberste Landesbehörde. Seine Mitglieder genießen den Schutz richterlicher Unabhängigkeit.

(2) Der Präsident, der Vizepräsident und die anderen Mitglieder des Landesrechnungshofes werden vom Landtag ohne Aussprache gewählt und sind von der Landesregierung zu ernennen.

(3) Das Nähere wird durch Gesetz geregelt.

Art. 88
[Fiskalische Betriebe]

Das Finanzwesen der ertragswirtschaftlichen Unternehmungen des Landes kann durch Gesetz abweichend von den Vorschriften der Artikel 81 bis 86 geregelt werden.

Gesetz
über die Zuständigkeit für die Festsetzung und Erhebung der Realsteuern
(RealStZustG NRW)

vom 16.12.1981 (GV. NW. 1981 S. 732),
zuletzt geändert durch Gesetz vom 18.12.2018 (GV. NRW. S. 738)

§ 1

Für die Festsetzung und Erhebung der Realsteuern sind die hebeberechtigten Gemeinden zuständig.

§ 2

(1) Der Finanzminister und der Innenminister werden ermächtigt, durch Rechtsverordnung zur Erleichterung und Vereinfachung des automatisierten Besteuerungsverfahrens zu bestimmen, dass den Gemeinden die Daten der Gewerbesteuermessbescheide ganz oder teilweise auf maschinell verwertbaren Datenträgern oder durch Datenübertragung übermittelt werden. An dem Verfahren nehmen die Gemeinden teil, die sich zur automatisierten Bearbeitung ihrer Aufgaben kommunaler Datenverarbeitungszentralen bedienen oder die sich dem Verfahren anschließen. In der Rechtsverordnung kann insbesondere das Nähere über Form, Inhalt, Verarbeitung und Sicherung der zu übermittelnden Daten sowie über die Art und Weise der Übermittlung geregelt werden.

(2) Der Finanzminister und der Innenminister werden ermächtigt, durch Rechtsverordnung Regelungen nach Maßgabe des Absatzes 1 auch für die Grundsteuer zu treffen.

§ 3

Verwaltungsvorschriften zur Durchführung dieses Gesetzes erlassen der Finanzminister und der Innenminister.

§ 4

Dieses Gesetz tritt am Tage nach der Verkündung in Kraft.

Seite 204

bleibt aus drucktechnischen Gründen frei

Abgabenordnung (AO)

i. d. F. d. Bekanntmachung vom 01.10.2002 (BGBl. I S. 3866),
zuletzt geändert durch Gesetz vom 05.10.2021 (BGBl. I S. 4607)

- Auszug -

Erster Teil: Einleitende Vorschriften
Erster Abschnitt: Anwendungsbereich

§ 1
Anwendungsbereich

(1) Dieses Gesetz gilt für alle Steuern einschließlich der Steuervergütungen, die durch Bundesrecht oder Recht der Europäischen Union geregelt sind, soweit sie durch Bundesfinanzbehörden oder durch Landesfinanzbehörden verwaltet werden. Es ist nur vorbehaltlich des Rechts der Europäischen Union anwendbar.

(2) Für die Realsteuern gelten, soweit ihre Verwaltung den Gemeinden übertragen worden ist, die folgenden Vorschriften dieses Gesetzes entsprechend:

1. die Vorschriften des Ersten, Zweiten, Vierten, Sechsten und Siebten Abschnitts des Ersten Teils (Anwendungsbereich; Steuerliche Begriffsbestimmungen; Datenverarbeitung und Steuergeheimnis; Betroffenenrechte; Datenschutzaufsicht; Gerichtlicher Rechtsschutz in datenschutzrechtlichen Angelegenheiten),
2. die Vorschriften des Zweiten Teils (Steuerschuldrecht),
3. die Vorschriften des Dritten Teils mit Ausnahme der §§ 82 bis 84 (Allgemeine Verfahrensvorschriften),
4. die Vorschriften des Vierten Teils (Durchführung der Besteuerung),
5. die Vorschriften des Fünften Teils (Erhebungsverfahren),
6. § 249 Absatz 2 Satz 2,
7. die §§ 351 und 361 Abs. 1 Satz 2 und Abs. 3,
8. die Vorschriften des Achten Teils (Straf- und Bußgeldvorschriften, Straf- und Bußgeldverfahren).

(3) Auf steuerliche Nebenleistungen sind die Vorschriften dieses Gesetzes vorbehaltlich des Rechts der Europäischen Union sinngemäß anwendbar. Der Dritte bis Sechste Abschnitt des Vierten Teils gilt jedoch nur, soweit dies besonders bestimmt wird.

§ 2
Vorrang völkerrechtlicher Vereinbarungen

(1) Verträge mit anderen Staaten im Sinne des Artikels 59 Abs. 2 Satz 1 des Grundgesetzes über die Besteuerung gehen, soweit sie unmittelbar anwendbares innerstaatliches Recht geworden sind, den Steuergesetzen vor.

(2) Das Bundesministerium der Finanzen wird ermächtigt, zur Sicherung der Gleichmäßigkeit der Besteuerung und zur Vermeidung einer Doppelbesteuerung oder doppelten Nichtbesteuerung mit Zustimmung des Bundesrates Rechtsverordnungen zur Umsetzung von Konsultationsvereinbarungen zu erlassen. Konsultationsvereinbarungen nach Satz 1 sind einvernehmliche Vereinbarungen der zuständigen Behörden der Vertragsstaaten eines Doppelbesteuerungsabkommens mit dem Ziel, Einzelheiten der Durchführung eines solchen Abkommens zu regeln, insbesondere Schwierigkeiten oder Zweifel, die bei der Auslegung oder Anwendung des jeweiligen Abkommens bestehen, zu beseitigen.

(3) Das Bundesministerium der Finanzen wird ermächtigt, durch Rechtsverordnung mit Zustimmung des Bundesrates Vorschriften zu erlassen, die

1. Einkünfte oder Vermögen oder Teile davon bestimmen, für die die Bundesrepublik Deutschland in Anwendung der Bestimmung eines Abkommens zur Vermeidung der Doppelbesteuerung auf Grund einer auf diplomatischem Weg erfolgten Notifizierung eine Steueranrechnung vornimmt, und
2. in den Anwendungsbereich der Bestimmungen über den öffentlichen Dienst eines Abkommens zur Vermeidung der Doppelbesteuerung diejenigen Körperschaften und Einrichtungen einbeziehen, die auf Grund einer in diesem Abkommen vorgesehenen Vereinbarung zwischen den zuständigen Behörden bestimmt worden sind.

§ 2a
Anwendungsbereich der Vorschriften über die Verarbeitung personenbezogener Daten

(1) Die Vorschriften dieses Gesetzes und der Steuergesetze über die Verarbeitung personenbezogener Daten im Anwendungsbereich dieses Gesetzes gelten bei der Verarbeitung personenbezogener Daten durch Finanzbehörden (§ 6 Absatz 2), andere öffentliche Stellen (§ 6 Absatz 1a bis 1c) und nicht-öffentliche Stellen (§ 6 Absatz 1d und 1e). Das Bundesdatenschutzgesetz oder andere Datenschutzvorschriften des Bundes sowie entsprechende Landesgesetze gelten für Finanzbehörden nur, soweit dies in diesem Gesetz oder den Steuergesetzen bestimmt ist.

(2) Die datenschutzrechtlichen Regelungen dieses Gesetzes gelten auch für Daten, die die Finanzbehörden im Rahmen ihrer Aufgaben bei der Überwachung des grenzüberschreitenden Warenverkehrs verarbeiten. Die Daten gelten als im Rahmen eines Verfahrens in Steuersachen verarbeitet.

(3) Die Vorschriften dieses Gesetzes und der Steuergesetze über die Verarbeitung personenbezogener Daten finden keine Anwendung, soweit das Recht der Europäischen Union, im Besonderen die Verordnung (EU) 2016/679 des Europäischen Parlaments und des Rates vom 27. April 2016 zum Schutz natürlicher Personen bei der Verarbeitung personenbezogener Daten, zum freien Datenverkehr und zur Aufhebung der Richtlinie 95/46/EG (Datenschutz-Grundverordnung) (ABl. L 119 vom 4.5.2016, S. 1; L 314 vom 22.11.2016, S. 72; L 127 vom 23.05.2018, S. 2) in der jeweils geltenden Fassung unmittelbar oder nach Absatz 5 entsprechend gilt.

(4) Für die Verarbeitung personenbezogener Daten zum Zweck der Verhütung, Ermittlung, Aufdeckung, Verfolgung oder Ahndung von Steuerstraftaten oder Steuerordnungswidrigkeiten gelten die Vorschriften des Ersten und des Dritten Teils des Bundesdatenschutzgesetzes, soweit gesetzlich nichts anderes bestimmt ist.

(5) Soweit nichts anderes bestimmt ist, gelten die Vorschriften der Verordnung (EU) 2016/679, dieses Gesetzes und der Steuergesetze über die Verarbeitung personenbezogener Daten natürlicher Personen entsprechend für Informationen, die sich beziehen auf identifizierte oder identifizierbare

1. verstorbene natürliche Personen oder
2. Körperschaften, rechtsfähige oder nicht rechtsfähige Personenvereinigungen oder Vermögensmassen.

Zweiter Abschnitt: Steuerliche Begriffsbestimmungen

§ 3
Steuern, steuerliche Nebenleistungen

(1) Steuern sind Geldleistungen, die nicht eine Gegenleistung für eine besondere Leistung darstellen und von einem öffentlich-rechtlichen Gemeinwesen zur Erzielung von Einnahmen allen auferlegt werden, bei denen der Tatbestand zutrifft, an den das Gesetz die Leistungspflicht knüpft; die Erzielung von Einnahmen kann Nebenzweck sein.

(2) Realsteuern sind die Grundsteuer und die Gewerbesteuer.

(3) Einfuhr- und Ausfuhrabgaben nach Artikel 5 Nummer 20 und 21 des Zollkodex der Union sind Steuern im Sinne dieses Gesetzes. Zollkodex der Union bezeichnet die Verordnung (EU) Nr. 952/2013 des Europäischen Parlaments und des Rates vom 9. Oktober 2013 zur Festlegung des Zollkodex der Union (ABl. L 269 vom 10.10.2013, S. 1, L 287, S. 90) in der jeweils geltenden Fassung.

(4) Steuerliche Nebenleistungen sind

1. Verzögerungsgelder nach § 146 Absatz 2c,
2. Verspätungszuschläge nach § 152,
3. Zuschläge nach § 162 Absatz 4 und 4a,

4. Zinsen nach den §§ 233 bis 237 sowie Zinsen nach den Steuergesetzen, auf die die §§ 238 und 239 anzuwenden sind sowie Zinsen, die über die §§ 233 bis 237 und die Steuergesetze hinaus nach dem Recht der Europäischen Union auf zu erstattende Steuern zu leisten sind,
5. Säumniszuschläge nach § 240,
6. Zwangsgelder nach § 329,
7. Kosten nach den §§ 89, 89a Absatz 7 sowie den §§ 178 und 337 bis 345,
8. Zinsen auf Einfuhr- und Ausfuhrabgaben nach Artikel 5 Nummer 20 und 21 des Zollkodex der Union und
9. Verspätungsgelder nach § 22a Absatz 5 des Einkommensteuergesetzes.

(5) Das Aufkommen der Zinsen auf Einfuhr- und Ausfuhrabgaben nach Artikel 5 Nummer 20 und 21 des Zollkodex der Union steht dem Bund zu. Das Aufkommen der übrigen Zinsen steht den jeweils steuerberechtigten Körperschaften zu. Das Aufkommen der Kosten im Sinne des § 89 steht jeweils der Körperschaft zu, deren Behörde für die Erteilung der verbindlichen Auskunft zuständig ist. Das Aufkommen der Kosten im Sinne des § 89a Absatz 7 steht dem Bund und dem jeweils betroffenen Land je zur Hälfte zu. Die übrigen steuerlichen Nebenleistungen fließen den verwaltenden Körperschaften zu.

§ 4
Gesetz
Gesetz ist jede Rechtsnorm.

§ 5
Ermessen
Ist die Finanzbehörde ermächtigt, nach ihrem Ermessen zu handeln, hat sie ihr Ermessen entsprechend dem Zweck der Ermächtigung auszuüben und die gesetzlichen Grenzen des Ermessens einzuhalten.

§ 7
Amtsträger
Amtsträger ist, wer nach deutschem Recht
1. Beamter oder Richter (§ 11 Abs. 1 Nr. 3 des Strafgesetzbuches) ist,
2. in einem sonstigen öffentlich-rechtlichen Amtsverhältnis steht oder
3. sonst dazu bestellt ist, bei einer Behörde oder bei einer sonstigen öffentlichen Stelle oder in deren Auftrag Aufgaben der öffentlichen Verwaltung wahrzunehmen.

§ 8
Wohnsitz
Einen Wohnsitz hat jemand dort, wo er eine Wohnung unter Umständen innehat, die darauf schließen lassen, dass er die Wohnung beibehalten und benutzen wird.

§ 9
Gewöhnlicher Aufenthalt
Den gewöhnlichen Aufenthalt hat jemand dort, wo er sich unter Umständen aufhält, die erkennen lassen, dass er an diesem Ort oder in diesem Gebiet nicht nur vorübergehend verweilt. Als gewöhnlicher Aufenthalt im Geltungsbereich dieses Gesetzes ist stets und von Beginn an ein zeitlich zusammenhängender Aufenthalt von mehr als sechs Monaten Dauer anzusehen; kurzfristige Unterbrechungen bleiben unberücksichtigt. Satz 2 gilt nicht, wenn der Aufenthalt ausschließlich zu Besuchs-, Erholungs-, Kur- oder ähnlichen privaten Zwecken genommen wird und nicht länger als ein Jahr dauert.

§ 10
Geschäftsleitung
Geschäftsleitung ist der Mittelpunkt der geschäftlichen Oberleitung.

§ 11
Sitz
Den Sitz hat eine Körperschaft, Personenvereinigung oder Vermögensmasse an dem Ort, der durch Gesetz, Gesellschaftsvertrag, Satzung, Stiftungsgeschäft oder dergleichen bestimmt ist.

§ 12
Betriebsstätte
Betriebsstätte ist jede feste Geschäftseinrichtung oder Anlage, die der Tätigkeit eines Unternehmens dient.

Als Betriebsstätten sind insbesondere anzusehen:
1. die Stätte der Geschäftsleitung
2. Zweigniederlassungen,
3. Geschäftsstellen,
4. Fabrikations- oder Werkstätten,
5. Warenlager,
6. Ein- oder Verkaufsstellen,
7. Bergwerke, Steinbrüche oder andere stehende, örtlich fortschreitende oder schwimmende Stätten der Gewinnung von Bodenschätzen,
8. Bauausführungen oder Montagen, auch örtlich fortschreitende oder schwimmende, wenn
   a) die einzelne Bauausführung oder Montage oder
   b) eine von mehreren zeitlich nebeneinander bestehenden Bauausführungen oder Montagen oder
   c) mehrere ohne Unterbrechung aufeinander folgende Bauausführungen oder Montagen
   länger als sechs Monate dauern.

§ 13
Ständiger Vertreter
Ständiger Vertreter ist eine Person, die nachhaltig die Geschäfte eines Unternehmens besorgt und dabei dessen Sachweisungen unterliegt. Ständiger Vertreter ist insbesondere eine Person, die für ein Unternehmen nachhaltig
1. Verträge abschließt oder vermittelt oder Aufträge einholt oder
2. einen Bestand von Gütern oder Waren unterhält und davon Auslieferungen vornimmt.

§ 14
Wirtschaftlicher Geschäftsbetrieb
Ein wirtschaftlicher Geschäftsbetrieb ist eine selbständige nachhaltige Tätigkeit, durch die Einnahmen oder andere wirtschaftliche Vorteile erzielt werden und die über den Rahmen einer Vermögensverwaltung hinausgeht. Die Absicht, Gewinn zu erzielen, ist nicht erforderlich. Eine Vermögensverwaltung liegt in der Regel vor, wenn Vermögen genutzt, zum Beispiel Kapitalvermögen verzinslich angelegt oder unbewegliches Vermögen vermietet oder verpachtet wird.

§ 15
Angehörige
(1) Angehörige sind:
1. der Verlobte,
2. der Ehegatte oder Lebenspartner,
3. Verwandte und Verschwägerte gerader Linie,
4. Geschwister,
5. Kinder der Geschwister,
6. Ehegatten oder Lebenspartner der Geschwister und Geschwister der Ehegatten oder Lebenspartner,
7. Geschwister der Eltern,
8. Personen, die durch ein auf längere Dauer angelegtes Pflegeverhältnis mit häuslicher Gemeinschaft wie Eltern und Kind miteinander verbunden sind (Pflegeeltern und Pflegekinder).

(2) Angehörige sind die in Absatz 1 aufgeführten Personen auch dann, wenn
1. in den Fällen der Nummern 2, 3 und 6 die die Beziehung begründende Ehe oder Lebenspartnerschaft nicht mehr besteht;
2. in den Fällen der Nummern 3 bis 7 die Verwandtschaft oder Schwägerschaft durch Annahme als Kind erloschen ist;
3. im Fall der Nummer 8 die häusliche Gemeinschaft nicht mehr besteht, sofern die Personen weiterhin wie Eltern und Kind miteinander verbunden sind.

Dritter Abschnitt: Zuständigkeit der Finanzbehörden
§ 16
Sachliche Zuständigkeit
Die sachliche Zuständigkeit der Finanzbehörden richtet sich, soweit nichts anderes bestimmt ist, nach dem Gesetz über die Finanzverwaltung.

§ 17
Örtliche Zuständigkeit
Die örtliche Zuständigkeit richtet sich, soweit nichts anderes bestimmt ist, nach den folgenden Vorschriften.

§ 18
Gesonderte Feststellungen
(1) Für die gesonderten Feststellungen nach § 180 ist örtlich zuständig:
1. bei Betrieben der Land- und Forstwirtschaft, bei Grundstücken, Betriebsgrundstücken und Mineralgewinnungsrechten das Finanzamt, in dessen Bezirk der Betrieb, das Grundstück, das Betriebsgrundstück, das Mineralgewinnungsrecht oder, wenn sich der Betrieb, das Grundstück, das Betriebsgrundstück oder das Mineralgewinnungsrecht auf die Bezirke mehrerer Finanzämter erstreckt, der wertvollste Teil liegt (Lagefinanzamt),
2. bei gewerblichen Betrieben mit Geschäftsleitung im Geltungsbereich dieses Gesetzes das Finanzamt, in dessen Bezirk sich die Geschäftsleitung befindet, bei gewerblichen Betrieben ohne Geschäftsleitung im Geltungsbereich dieses Gesetzes das Finanzamt, in dessen Bezirk eine Betriebsstätte - bei mehreren Betriebsstätten die wirtschaftlich bedeutendste - unterhalten wird (Betriebsfinanzamt),
3. bei Einkünften aus selbständiger Arbeit das Finanzamt, von dessen Bezirk aus die Tätigkeit vorwiegend ausgeübt wird,
4. bei einer Beteiligung mehrerer Personen an Einkünften, die keine Einkünfte aus Land- und Forstwirtschaft, aus Gewerbebetrieb oder aus selbständiger Arbeit sind und die nach § 180 Absatz 1 Satz 1 Nummer 2 Buchstabe a gesondert festgestellt werden,
   a) das Finanzamt, von dessen Bezirk die Verwaltung dieser Einkünfte ausgeht, oder
   b) das Finanzamt, in dessen Bezirk sich der wertvollste Teil des Vermögens, aus dem die gemeinsamen Einkünfte fließen, befindet, wenn die Verwaltung dieser Einkünfte im Geltungsbereich dieses Gesetzes nicht feststellbar ist.

Dies gilt entsprechend bei einer gesonderten Feststellung nach § 180 Absatz 1 Satz 1 Nummer 3 oder § 180 Absatz 2.

(2) Ist eine gesonderte Feststellung mehreren Steuerpflichtigen gegenüber vorzunehmen und lässt sich nach Absatz 1 die örtliche Zuständigkeit nicht bestimmen, so ist jedes Finanzamt örtlich zuständig, das nach den §§ 19 oder 20 für die Steuern vom Einkommen und Vermögen eines Steuerpflichtigen zuständig ist, dem ein Anteil an dem Gegenstand der Feststellung zuzurechnen ist. Soweit dieses Finanzamt auf Grund einer Verordnung nach § 17 Abs. 2 Satz 3 und 4 des Finanzverwaltungsgesetzes sachlich nicht für die gesonderte Feststellung zuständig ist, tritt an seine Stelle das sachlich zuständige Finanzamt.

§ 22
Realsteuern
(1) Für die Festsetzung und Zerlegung der Steuermessbeträge ist bei der Grundsteuer das Lagefinanzamt (§ 18 Abs. 1 Nr. 1) und bei der Gewerbesteuer das Betriebsfinanzamt (§ 18 Abs. 1 Nr. 2) örtlich zuständig. Abweichend von Satz 1 ist für die Festsetzung und Zerlegung der Gewerbesteuermessbeträge bei Unternehmen, die Bauleistungen im Sinne von § 48 Abs. 1 Satz 3 des Einkommensteuergesetzes erbringen, das Finanzamt zuständig, das für die Besteuerung der entsprechenden Umsätze nach § 21 Abs. 1 zuständig ist, wenn der Unternehmer seinen Wohnsitz oder das Unternehmen seine Geschäftsleitung oder seinen Sitz außerhalb des Geltungsbereiches des Gesetzes hat.

(2) Soweit die Festsetzung, Erhebung und Beitreibung von Realsteuern den Finanzämtern obliegt, ist dafür das Finanzamt örtlich zuständig, zu dessen Bezirk die hebeberechtigte Gemeinde gehört. Gehört eine hebeberechtigte Gemeinde zu den Bezirken mehrerer Finanzämter, so ist von diesen Finanzämtern das Finanzamt örtlich zuständig, das nach Absatz 1 zuständig ist oder zuständig wäre, wenn im Geltungsbereich dieses Gesetzes nur die in der hebeberechtigten Gemeinde liegenden Teile des Betriebs, des Grundstückes oder des Betriebsgrundstückes vorhanden wären.

(3) Absatz 2 gilt sinngemäß, soweit einem Land nach Artikel 106 Abs. 6 Satz 3 des Grundgesetzes das Aufkommen der Realsteuern zusteht.

Zweiter Teil: Steuerschuldrecht
Erster Abschnitt: Steuerpflichtiger

§ 33
Steuerpflichtiger
(1) Steuerpflichtiger ist, wer eine Steuer schuldet, für eine Steuer haftet, eine Steuer für Rechnung eines Dritten einzubehalten und abzuführen hat, wer eine Steuererklärung abzugeben, Sicherheit zu leisten, Bücher und Aufzeichnungen zu führen oder andere ihm durch die Steuergesetze auferlegte Verpflichtungen zu erfüllen hat.

(2) Steuerpflichtiger ist nicht, wer in einer fremden Steuersache Auskunft zu erteilen, Urkunden vorzulegen, ein Sachverständigengutachten zu erstatten oder das Betreten von Grundstücken, Geschäfts- und Betriebsräumen zu gestatten hat.

§ 34
Pflichten der gesetzlichen Vertreter und der Vermögensverwalter
(1) Die gesetzlichen Vertreter natürlicher und juristischer Personen und die Geschäftsführer von nicht rechtsfähigen Personenvereinigungen und Vermögensmassen haben deren steuerliche Pflichten zu erfüllen. Sie haben insbesondere dafür zu sorgen, dass die Steuern aus den Mitteln entrichtet werden, die sie verwalten.

(2) Soweit nicht rechtsfähige Personenvereinigungen ohne Geschäftsführer sind, haben die Mitglieder oder Gesellschafter die Pflichten im Sinne des Absatzes 1 zu erfüllen. Die Finanzbehörde kann sich an jedes Mitglied oder jeden Gesellschafter halten. Für nicht rechtsfähige Vermögensmassen gelten die Sätze 1 und 2 mit der Maßgabe, dass diejenigen, denen das Vermögen zusteht, die steuerlichen Pflichten zu erfüllen haben.

(3) Steht eine Vermögensverwaltung anderen Personen als den Eigentümern des Vermögens oder deren gesetzlichen Vertretern zu, so haben die Vermögensverwalter die in Absatz 1 bezeichneten Pflichten, soweit ihre Verwaltung reicht.

Zweiter Abschnitt: Steuerschuldverhältnis

§ 37
Ansprüche aus dem Steuerschuldverhältnis
(1) Ansprüche aus dem Steuerschuldverhältnis sind der Steueranspruch, der Steuervergütungsanspruch, der Haftungsanspruch, der Anspruch auf eine steuerliche Nebenleistung, der Erstattungsanspruch nach Absatz 2 sowie die in Einzelsteuergesetzen geregelten Steuererstattungsansprüche.

(2) Ist eine Steuer, eine Steuervergütung, ein Haftungsbetrag oder eine steuerliche Nebenleistung ohne rechtlichen Grund gezahlt oder zurückgezahlt worden, so hat derjenige, auf dessen Rechnung die Zahlung bewirkt worden ist, an den Leistungsempfänger einen Anspruch auf Erstattung des gezahlten oder zurückgezahlten Betrags. Dies gilt auch dann, wenn der rechtliche Grund für die Zahlung oder Rückzahlung später wegfällt. Im Fall der Abtretung, Verpfändung oder Pfändung richtet sich der Anspruch auch gegen den Abtretenden, Verpfänder oder Pfändungsschuldner.

§ 38
Entstehung der Ansprüche aus dem Steuerschuldverhältnis
Die Ansprüche aus dem Steuerschuldverhältnis entstehen, sobald der Tatbestand verwirklicht ist, an den das Gesetz die Leistungspflicht knüpft.

§ 39
Zurechnung

(1) Wirtschaftsgüter sind dem Eigentümer zuzurechnen.

(2) Abweichend von Absatz 1 gelten die folgenden Vorschriften:
1. Übt ein anderer als der Eigentümer die tatsächliche Herrschaft über ein Wirtschaftsgut in der Weise aus, dass er den Eigentümer im Regelfall für die gewöhnliche Nutzungsdauer von der Einwirkung auf das Wirtschaftsgut wirtschaftlich ausschließen kann, so ist ihm das Wirtschaftsgut zuzurechnen. Bei Treuhandverhältnissen sind die Wirtschaftsgüter dem Treugeber, beim Sicherungseigentum dem Sicherungsgeber und beim Eigenbesitz dem Eigenbesitzer zuzurechnen.
2. Wirtschaftsgüter, die mehreren zur gesamten Hand zustehen, werden den Beteiligten anteilig zugerechnet, soweit eine getrennte Zurechnung für die Besteuerung erforderlich ist.

§ 43
Steuerschuldner, Steuervergütungsgläubiger

Die Steuergesetze bestimmen, wer Steuerschuldner oder Gläubiger einer Steuervergütung ist. Sie bestimmen auch, ob ein Dritter die Steuer für Rechnung des Steuerschuldners zu entrichten hat.

§ 44
Gesamtschuldner

(1) Personen, die nebeneinander dieselbe Leistung aus dem Steuerschuldverhältnis schulden oder für sie haften oder die zusammen zu einer Steuer zu veranlagen sind, sind Gesamtschuldner. Soweit nichts anderes bestimmt ist, schuldet jeder Gesamtschuldner die gesamte Leistung.

(2) Die Erfüllung durch einen Gesamtschuldner wirkt auch für die übrigen Schuldner. Das Gleiche gilt für die Aufrechnung und für eine geleistete Sicherheit. Andere Tatsachen wirken nur für und gegen den Gesamtschuldner, in dessen Person sie eintreten. Die Vorschriften der §§ 268 bis 280 über die Beschränkung der Vollstreckung in den Fällen der Zusammenveranlagung bleiben unberührt.

§ 45
Gesamtrechtsnachfolge

(1) Bei Gesamtrechtsnachfolge gehen die Forderungen und Schulden aus dem Steuerschuldverhältnis auf den Rechtsnachfolger über. Dies gilt jedoch bei der Erbfolge nicht für Zwangsgelder.

(2) Erben haben für die aus dem Nachlass zu entrichtenden Schulden nach den Vorschriften des bürgerlichen Rechts über die Haftung des Erben für Nachlassverbindlichkeiten einzustehen. Vorschriften, durch die eine steuerrechtliche Haftung der Erben begründet wird, bleiben unberührt.

§ 46
Abtretung, Verpfändung, Pfändung

(1) Ansprüche auf Erstattung von Steuern, Haftungsbeträgen, steuerlichen Nebenleistungen und auf Steuervergütungen können abgetreten, verpfändet und gepfändet werden.

(2) Die Abtretung wird jedoch erst wirksam, wenn sie der Gläubiger in der nach Absatz 3 vorgeschriebenen Form der zuständigen Finanzbehörde nach Entstehung des Anspruchs anzeigt.

(3) Die Abtretung ist der zuständigen Finanzbehörde unter Angabe des Abtretenden, des Abtretungsempfängers sowie der Art und Höhe des abgetretenen Anspruchs und des Abtretungsgrundes auf einem amtlich vorgeschriebenen Vordruck anzuzeigen. Die Anzeige ist vom Abtretenden und vom Abtretungsempfänger zu unterschreiben.

(4) Der geschäftsmäßige Erwerb von Erstattungs- oder Vergütungsansprüchen zum Zweck der Einziehung oder sonstigen Verwertung auf eigene Rechnung ist nicht zulässig. Dies gilt nicht für die Fälle der Sicherungsabtretung. Zum geschäftsmäßigen Erwerb und zur geschäftsmäßigen Einziehung der zur Sicherung abgetretenen Ansprüche sind nur Unternehmen befugt, denen das Betreiben von Bankgeschäften erlaubt ist.

(5) Wird der Finanzbehörde die Abtretung angezeigt, so müssen Abtretender und Abtretungsempfänger der Finanzbehörde gegenüber die angezeigte Abtretung gegen sich gelten lassen, auch wenn sie nicht erfolgt oder nicht wirksam oder wegen Verstoßes gegen Absatz 4 nichtig ist.

(6) Ein Pfändungs- und Überweisungsbeschluss oder eine Pfändungs- und Einziehungsverfügung dürfen nicht erlassen werden, bevor der Anspruch entstanden ist. Ein entgegen diesem Verbot erwirkter Pfändungs- und Überweisungsbeschluss oder erwirkte Pfändungs- und Einziehungsverfügung sind nichtig. Die Vorschriften der Absätze 2 bis 5 sind auf die Verpfändung sinngemäß anzuwenden.

(7) Bei Pfändung eines Erstattungs- oder Vergütungsanspruchs gilt die Finanzbehörde, die über den Anspruch entschieden oder zu entscheiden hat, als Drittschuldner im Sinne der §§ 829, 845 der Zivilprozessordnung.

§ 47
Erlöschen

Ansprüche aus dem Steuerschuldverhältnis erlöschen insbesondere durch Zahlung (§§ 224, 224a, 225), Aufrechnung (§ 226), Erlass (§§ 163, 227), Verjährung (§§ 169 bis 171, §§ 228 bis 232), ferner durch Eintritt der Bedingung bei auflösend bedingten Ansprüchen.

§ 48
Leistung durch Dritte, Haftung Dritter

(1) Leistungen aus dem Steuerschuldverhältnis gegenüber der Finanzbehörde können auch durch Dritte bewirkt werden.

(2) Dritte können sich vertraglich verpflichten, für Leistungen im Sinne des Absatzes 1 einzustehen.

2. Unterabschnitt: Anzeigepflichten

§ 137
Steuerliche Erfassung von Körperschaften, Vereinigungen und Vermögensmassen

(1) Steuerpflichtige, die nicht natürliche Personen sind, haben dem nach § 20 zuständigen Finanzamt und den für die Erhebung der Realsteuern zuständigen Gemeinden die Umstände anzuzeigen, die für die steuerliche Erfassung von Bedeutung sind, insbesondere die Gründung, den Erwerb der Rechtsfähigkeit, die Änderung der Rechtsform, die Verlegung der Geschäftsleitung oder des Sitzes und die Auflösung.

(2) Die Mitteilungen sind innerhalb eines Monats seit dem meldepflichtigen Ereignis zu erstatten.

§ 138
Anzeigen über die Erwerbstätigkeit

(1) Wer einen Betrieb der Land- und Forstwirtschaft, einen gewerblichen Betrieb oder eine Betriebsstätte eröffnet, hat dies nach amtlich vorgeschriebenem Vordruck der Gemeinde mitzuteilen, in der der Betrieb oder die Betriebsstätte eröffnet wird; die Gemeinde unterrichtet unverzüglich das nach § 22 Abs. 1 zuständige Finanzamt von dem Inhalt der Mitteilung. Ist die Festsetzung der Realsteuern den Gemeinden nicht übertragen worden, so tritt an die Stelle der Gemeinde das nach § 22 Abs. 2 zuständige Finanzamt. Wer eine freiberufliche Tätigkeit aufnimmt, hat dies dem nach § 19 zuständigen Finanzamt mitzuteilen. Das Gleiche gilt für die Verlegung und die Aufgabe eines Betriebes, einer Betriebsstätte oder einer freiberuflichen Tätigkeit.

(1a) Unternehmer im Sinne des § 2 des Umsatzsteuergesetzes können ihre Anzeigepflichten nach Absatz 1 zusätzlich bei der für die Umsatzbesteuerung zuständigen Finanzbehörde elektronisch erfüllen.

(1b) Sofern Steuerpflichtige gemäß Absatz 1 Satz 1 bis 3 verpflichtet sind, eine Betriebseröffnung oder Aufnahme einer freiberuflichen Tätigkeit mitzuteilen, haben sie dem in Absatz 1 bezeichneten Finanzamt weitere Auskünfte über die für die Besteuerung erheblichen rechtlichen und tatsächlichen Verhältnisse zu erteilen. Die Auskünfte im Sinne des Satzes 1 sind nach amtlich vorgeschriebenem Datensatz über die amtlich bestimmte Schnittstelle zu übermitteln. Auf Antrag kann das Finanzamt zur Vermeidung unbilliger Härten auf eine Übermittlung gemäß Satz 2 verzichten;

in diesem Fall sind die Auskünfte im Sinne des Satzes 1 nach amtlich vorgeschriebenem Vordruck zu erteilen.

(2) Steuerpflichtige mit Wohnsitz, gewöhnlichem Aufenthalt, Geschäftsleitung oder Sitz im Geltungsbereich dieses Gesetzes (inländische Steuerpflichtige) haben dem für sie nach den §§ 18 bis 20 zuständigen Finanzamt mitzuteilen:

1. die Gründung und den Erwerb von Betrieben und Betriebstätten im Ausland;
2. den Erwerb, die Aufgabe oder die Veränderung einer Beteiligung an ausländischen Personengesellschaften;
3. den Erwerb oder die Veräußerung von Beteiligungen an einer Körperschaft, Personenvereinigung oder Vermögensmasse mit Sitz und Geschäftsleitung außerhalb des Geltungsbereichs dieses Gesetzes, wenn
   a) damit eine Beteiligung von mindestens 10 Prozent am Kapital oder am Vermögen der Körperschaft, Personenvereinigung oder Vermögensmasse erreicht wird oder
   b) die Summe der Anschaffungskosten aller Beteiligungen mehr als 150 000 Euro beträgt. Dies gilt nicht für den Erwerb und die Veräußerung von Beteiligungen von weniger als 1 Prozent am Kapital oder am Vermögen der Körperschaft, Personenvereinigung oder Vermögensmasse, wenn mit der Hauptgattung der Aktien der ausländischen Gesellschaft ein wesentlicher und regelmäßiger Handel an einer Börse in einem Mitgliedstaat der Europäischen Union oder in einem Vertragsstaat des EWR-Abkommens stattfindet oder an einer Börse, die in einem anderen Staat nach § 193 Absatz 1 Satz 1 Nummer 2 und 4 des Kapitalanlagegesetzbuchs von der Bundesanstalt für Finanzdienstleistungsaufsicht zugelassen ist. Für die Ermittlung der Beteiligungshöhe im Sinne des Satzes 2 sind alle gehaltenen Beteiligungen zu berücksichtigen. Nicht mitteilungspflichtige Erwerbe und nicht mitteilungspflichtige Veräußerungen im Sinne des Satzes 2 sind bei der Ermittlung der Summe der Anschaffungskosten im Sinne des Satzes 1 außer Betracht zu lassen;
4. die Tatsache, dass sie allein oder zusammen mit nahestehenden Personen im Sinne des § 1 Absatz 2 des Außensteuergesetzes erstmals unmittelbar oder mittelbar einen beherrschenden oder bestimmenden Einfluss auf die gesellschaftsrechtlichen, finanziellen oder geschäftlichen Angelegenheiten einer Drittstaat-Gesellschaft ausüben können;
5. die Art der wirtschaftlichen Tätigkeit des Betriebs, der Betriebstätte, der Personengesellschaft, Körperschaft, Personenvereinigung, Vermögensmasse oder der Drittstaat-Gesellschaft.

In den Fällen des Satzes 1 Nummer 3 sind unmittelbare und mittelbare Beteiligungen zusammenzurechnen.

(3) Drittstaat-Gesellschaft ist eine Personengesellschaft, Körperschaft, Personenvereinigung oder Vermögensmasse mit Sitz oder Geschäftsleitung in Staaten oder Territorien, die nicht Mitglieder der Europäischen Union oder der Europäischen Freihandelsassoziation sind.

(4) Mitteilungen nach den Absätzen 1, 1a und 1b sind innerhalb eines Monats nach dem meldepflichtigen Ereignis zu erstatten

(5) Mitteilungen nach Absatz 2 sind zusammen mit der Einkommensteuer-, Körperschaftsteuer- oder Feststellungserklärung für den Besteuerungszeitraum, in dem der mitzuteilende Sachverhalt verwirklicht wurde, spätestens jedoch bis zum Ablauf von 14 Monaten nach Ablauf dieses Besteuerungszeitraums, nach amtlich vorgeschriebenem Datensatz über die amtlich bestimmten Schnittstellen zu erstatten. Inländische Steuerpflichtige, die nicht dazu verpflichtet sind, ihre Einkommensteuer-, Körperschaftsteuer- oder Feststellungserklärung nach amtlich vorgeschriebenem Datensatz über die amtlich bestimmte Schnittstelle abzugeben, haben die Mitteilungen nach amtlich vorgeschriebenem Vordruck zu erstatten, es sei denn, sie geben ihre Einkommensteuer-, Körperschaftsteuer- oder Feststellungserklärung freiwillig nach amtlich vorgeschriebenem Datensatz über die amtlich bestimmte Schnittstelle ab. Inländische Steuerpflichtige, die nicht dazu verpflichtet sind, eine Einkommensteuer-, Körperschaftsteuer- oder Feststellungserklärung abzugeben, haben die Mitteilungen nach amtlich vorgeschriebenem Vordruck bis zum Ablauf von 14 Monaten nach Ablauf des Kalenderjahrs zu erstatten, in dem der mitzuteilende Sachverhalt verwirklicht worden ist.

Vierter Teil: Durchführung der Besteuerung
Zweiter Abschnitt: Mitwirkungspflichten
2. Unterabschnitt: Steuererklärungen
§ 149
Abgabe der Steuererklärungen

(1) Die Steuergesetze bestimmen, wer zur Abgabe einer Steuererklärung verpflichtet ist. Zur Abgabe einer Steuererklärung ist auch verpflichtet, wer hierzu von der Finanzbehörde aufgefordert wird. Die Aufforderung kann durch öffentliche Bekanntmachung erfolgen. Die Verpflichtung zur Abgabe einer Steuererklärung bleibt auch dann bestehen, wenn die Finanzbehörde die Besteuerungsgrundlagen nach § 162 geschätzt hat.

(2) Soweit die Steuergesetze nichts anderes bestimmen, sind Steuererklärungen, die sich auf ein Kalenderjahr oder auf einen gesetzlich bestimmten Zeitpunkt beziehen, spätestens sieben Monate nach Ablauf des Kalenderjahres oder sieben Monate nach dem gesetzlich bestimmten Zeitpunkt abzugeben. Bei Steuerpflichtigen, die den Gewinn aus Land- und Forstwirtschaft nach einem vom Kalenderjahr abweichenden Wirtschaftsjahr ermitteln, endet die Frist nicht vor Ablauf des siebten Monats, der auf den Schluss des in dem Kalenderjahr begonnenen Wirtschaftsjahres folgt.

(3) Sofern Personen, Gesellschaften, Verbände, Vereinigungen, Behörden oder Körperschaften im Sinne der §§ 3 und 4 des Steuerberatungsgesetzes beauftragt sind mit der Erstellung von

1. Einkommensteuererklärungen nach § 25 Absatz 3 des Einkommensteuergesetzes mit Ausnahme der Einkommensteuererklärungen im Sinne des § 46 Absatz 2 Nummer 8 des Einkommensteuergesetzes,
2. Körperschaftsteuererklärungen nach § 31 Absatz 1 und 1a des Körperschaftsteuergesetzes, Feststellungserklärungen im Sinne des § 14 Absatz 5, § 27 Absatz 2 Satz 4, § 28 Absatz 1 Satz 4 oder § 38 Absatz 1 Satz 2 des Körperschaftsteuergesetzes oder Erklärungen zur Zerlegung der Körperschaftsteuer nach § 6 Absatz 7 des Zerlegungsgesetzes,
3. Erklärungen zur Festsetzung des Gewerbesteuermessbetrags oder Zerlegungserklärungen nach § 14a des Gewerbesteuergesetzes,
4. Umsatzsteuererklärungen für das Kalenderjahr nach § 18 Absatz 3 des Umsatzsteuergesetzes,
5. Erklärungen zur gesonderten sowie zur gesonderten und einheitlichen Feststellung einkommensteuerpflichtiger oder körperschaftsteuerpflichtiger Einkünfte nach § 180 Absatz 1 Satz 1 Nummer 2 in Verbindung mit § 181 Absatz 1 und 2,
6. Erklärungen zur gesonderten Feststellung von Besteuerungsgrundlagen nach der Verordnung über die gesonderte Feststellung von Besteuerungsgrundlagen nach § 180 Abs. 2 der Abgabenordnung oder
7. Erklärungen zur gesonderten Feststellung von Besteuerungsgrundlagen nach § 18 des Außensteuergesetzes,

so sind diese Erklärungen vorbehaltlich des Absatzes 4 spätestens bis zum letzten Tag des Monats Februar und in den Fällen des Absatzes 2 Satz 2 bis zum 31. Juli des zweiten auf den Besteuerungszeitraum folgenden Kalenderjahres abzugeben.

(4) Das Finanzamt kann anordnen, dass Erklärungen im Sinne des Absatzes 3 vor dem letzten Tag des Monats Februar des zweiten auf den Besteuerungszeitraum folgenden Kalenderjahres abzugeben sind, wenn

1. für den betroffenen Steuerpflichtigen
   a) für den vorangegangenen Besteuerungszeitraum Erklärungen nicht oder verspätet abgegeben wurden,
   b) für den vorangegangenen Besteuerungszeitraum innerhalb von drei Monaten vor Abgabe der Steuererklärung oder innerhalb von drei Monaten vor dem Beginn des Zinslaufs

im Sinne des § 233a Absatz 2 Satz 1 und 2 nachträgliche Vorauszahlungen festgesetzt wurden,
c) Vorauszahlungen für den Besteuerungszeitraum außerhalb einer Veranlagung herabgesetzt wurden,
d) die Veranlagung für den vorangegangenen Veranlagungszeitraum zu einer Abschlusszahlung von mindestens 25 Prozent der festgesetzten Steuer oder mehr als 10 000 Euro geführt hat,
e) die Steuerfestsetzung auf Grund einer Steuererklärung im Sinne des Absatzes 3 Nummer 1, 2 oder 4 voraussichtlich zu einer Abschlusszahlung von mehr als 10 000 Euro führen wird oder
f) eine Außenprüfung vorgesehen ist,
2. der betroffene Steuerpflichtige im Besteuerungszeitraum einen Betrieb eröffnet oder eingestellt hat oder
3. für Beteiligte an Gesellschaften oder Gemeinschaften Verluste festzustellen sind.

Für das Befolgen der Anordnung ist eine Frist von vier Monaten nach Bekanntgabe der Anordnung zu setzen. Ferner dürfen die Finanzämter nach dem Ergebnis einer automationsgestützten Zufallsauswahl anordnen, dass Erklärungen im Sinne des Absatzes 3 vor dem letzten Tag des Monats Februar des zweiten auf den Besteuerungszeitraum folgenden Kalenderjahres mit einer Frist von vier Monaten nach Bekanntgabe der Anordnung abzugeben sind. In der Aufforderung nach Satz 3 ist darauf hinzuweisen, dass sie auf einer automationsgestützten Zufallsauswahl beruht; eine weitere Begründung ist nicht erforderlich. In den Fällen des Absatzes 2 Satz 2 tritt an die Stelle des letzten Tages des Monats Februar der 31. Juli des zweiten auf den Besteuerungszeitraum folgenden Kalenderjahres. Eine Anordnung nach Satz 1 oder Satz 3 darf für die Abgabe der Erklärung keine kürzere als die in Absatz 2 bestimmte Frist setzen. In den Fällen der Sätze 1 und 3 erstreckt sich eine Anordnung auf alle Erklärungen im Sinne des Absatzes 3, die vom betroffenen Steuerpflichtigen für den gleichen Besteuerungszeitraum oder Besteuerungszeitpunkt abzugeben sind.

(5) Absatz 3 gilt nicht für Umsatzsteuererklärungen für das Kalenderjahr, wenn die gewerbliche oder berufliche Tätigkeit vor oder mit dem Ablauf des Besteuerungszeitraums endete.

(6) Die oberste Landesfinanzbehörde oder eine von ihr bestimmte Landesfinanzbehörde kann zulassen, dass Personen, Gesellschaften, Verbände, Vereinigungen, Behörden und Körperschaften im Sinne der §§ 3 und 4 des Steuerberatungsgesetzes bis zu bestimmten Stichtagen einen bestimmten prozentualen Anteil der Erklärungen im Sinne des Absatzes 3 einreichen. Soweit Erklärungen im Sinne des Absatzes 3 in ein Verfahren nach Satz 1 einbezogen werden, ist Absatz 4 Satz 3 nicht anzuwenden. Die Einrichtung eines Verfahrens nach Satz 1 steht im Ermessen der obersten Landesfinanzbehörden und ist nicht einklagbar.

§ 150
Form und Inhalt der Steuererklärungen

(1) Eine Steuererklärung ist nach amtlich vorgeschriebenem Vordruck abzugeben, wenn
1. keine elektronische Steuererklärung vorgeschrieben ist,
2. nicht freiwillig eine gesetzlich oder amtlich zugelassene elektronische Steuererklärung abgegeben wird,
3. keine mündliche oder konkludente Steuererklärung zugelassen ist und
4. eine Aufnahme der Steuererklärung an Amtsstelle nach § 151 nicht in Betracht kommt.

§ 87a Absatz 1 Satz 1 ist nur anzuwenden, soweit eine elektronische Steuererklärung vorgeschrieben oder zugelassen ist. Der Steuerpflichtige hat in der Steuererklärung die Steuer selbst zu berechnen, soweit dies gesetzlich vorgeschrieben ist (Steueranmeldung).

(2) Die Angaben in den Steuererklärungen sind wahrheitsgemäß nach bestem Wissen und Gewissen zu machen.

(3) Ordnen die Steuergesetze an, dass der Steuerpflichtige die Steuererklärung eigenhändig zu unterschreiben hat, so ist die Unterzeichnung durch einen Bevollmächtigten nur dann zulässig, wenn der Steuerpflichtige infolge seines körperlichen oder geistigen Zustandes oder durch längere Abwesenheit an der Unterschrift gehindert ist. Die eigenhändige Unterschrift kann nachträglich verlangt werden, wenn der Hinderungsgrund weggefallen ist.

(4) Den Steuererklärungen müssen die Unterlagen beigefügt werden, die nach den Steuergesetzen vorzulegen sind. Dritte Personen sind verpflichtet, hierfür erforderliche Bescheinigungen auszustellen.

pp.

Dritter Abschnitt
Festsetzungs- und Feststellungsverfahren
1. Unterabschnitt: Steuerfestsetzung
I. Allgemeine Vorschriften

§ 155
Steuerfestsetzung

(1) Die Steuern werden, soweit nichts anderes vorgeschrieben ist, von der Finanzbehörde durch Steuerbescheid festgesetzt. Steuerbescheid ist der nach § 122 Abs. 1 bekannt gegebene Verwaltungsakt. Dies gilt auch für die volle oder teilweise Freistellung von einer Steuer und für die Ablehnung eines Antrags auf Steuerfestsetzung.

(2) Ein Steuerbescheid kann erteilt werden, auch wenn ein Grundlagenbescheid noch nicht erlassen wurde.

(3) Schulden mehrere Steuerpflichtige eine Steuer als Gesamtschuldner, so können gegen sie zusammengefasste Steuerbescheide ergehen. Mit zusammengefassten Steuerbescheiden können Verwaltungsakte über steuerliche Nebenleistungen oder sonstige Ansprüche, auf die dieses Gesetz anzuwenden ist, gegen einen oder mehrere der Steuerpflichtigen verbunden werden. Das gilt auch dann, wenn festgesetzte Steuern, steuerliche Nebenleistungen oder sonstige Ansprüche nach dem zwischen den Steuerpflichtigen bestehenden Rechtsverhältnis nicht von allen Beteiligten zu tragen sind.

(4) Die Finanzbehörden können Steuerfestsetzungen sowie Anrechnungen von Steuerabzugsbeträgen und Vorauszahlungen auf der Grundlage der ihnen vorliegenden Informationen und der Angaben des Steuerpflichtigen ausschließlich automationsgestützt vornehmen, berichtigen, zurücknehmen, widerrufen, aufheben oder ändern, soweit kein Anlass dazu besteht, den Einzelfall durch Amtsträger zu bearbeiten. Das gilt auch

1. für den Erlass, die Berichtigung, die Rücknahme, den Widerruf, die Aufhebung und die Änderung von mit den Steuerfestsetzungen sowie Anrechnungen von Steuerabzugsbeträgen und Vorauszahlungen verbundenen Verwaltungsakten sowie,
2. wenn die Steuerfestsetzungen sowie Anrechnungen von Steuerabzugsbeträgen und Vorauszahlungen mit Nebenbestimmungen nach § 120 versehen oder verbunden werden, soweit dies durch eine Verwaltungsanweisung des Bundesministeriums der Finanzen oder der obersten Landesfinanzbehörden allgemein angeordnet ist.

Ein Anlass zur Bearbeitung durch Amtsträger liegt insbesondere vor, soweit der Steuerpflichtige in einem dafür vorgesehenen Abschnitt oder Datenfeld der Steuererklärung Angaben im Sinne des § 150 Absatz 7 gemacht hat. Bei vollständig automationsgestütztem Erlass eines Verwaltungsakts gilt die Willensbildung über seinen Erlass und über seine Bekanntgabe im Zeitpunkt des Abschlusses der maschinellen Verarbeitung als abgeschlossen.

(5) Die für die Steuerfestsetzung geltenden Vorschriften sind auf die Festsetzung einer Steuervergütung sinngemäß anzuwenden.

§ 156
Absehen von der Steuerfestsetzung

(1) Das Bundesministerium der Finanzen kann zur Vereinfachung der Verwaltung durch Rechtsverordnung bestimmen, dass eine Steuer nicht festgesetzt wird, wenn der eigentlich festzusetzende Betrag den durch diese Rechtsverordnung zu bestimmenden Betrag voraussichtlich nicht übersteigt. Der nach Satz 1 zu bestimmende Betrag darf 25 Euro nicht übersteigen. Das Gleiche gilt für die Änderung einer Steuerfestsetzung, wenn der Betrag, der sich als Differenz zwischen der geänderten und der bisherigen

Steuerfestsetzung ergeben würde, den in der Rechtsverordnung genannten Betrag nicht übersteigt. Die Rechtsverordnung bedarf nicht der Zustimmung des Bundesrates, soweit sie die Kraftfahrzeugsteuer, die Luftverkehrsteuer, die Versicherungsteuer, Einfuhr- und Ausfuhrabgaben oder Verbrauchsteuern, mit Ausnahme der Biersteuer, betrifft.

(2) Die Festsetzung einer Steuer und einer steuerlichen Nebenleistung sowie deren Änderung kann, auch über einen Betrag von 25 Euro hinausgehend, unterbleiben, wenn zu erwarten ist, dass
1. die Erhebung keinen Erfolg haben wird oder
2. die Kosten der Festsetzung und die Kosten der Erhebung außer Verhältnis zu dem Betrag stehen werden.

Für bestimmte oder bestimmbare Fallgruppen können die obersten Finanzbehörden bundeseinheitliche Weisungen zur Anwendung von Satz 1 Nummer 2 erteilen. Diese Weisungen dürfen nicht veröffentlicht werden, soweit dies die Gleichmäßigkeit und Gesetzmäßigkeit der Besteuerung gefährden könnte. Auf dem Gebiet der von den Landesfinanzbehörden im Auftrag des Bundes verwalteten Steuern legen die obersten Finanzbehörden der Länder diese Weisungen zur Gewährleistung eines bundeseinheitlichen Vollzugs der Steuergesetze im Einvernehmen mit dem Bundesministerium der Finanzen fest.

§ 157
Form und Inhalt der Steuerbescheide

(1) Steuerbescheide sind schriftlich oder elektronisch zu erteilen, soweit nichts anderes bestimmt ist. Sie müssen die festgesetzte Steuer nach Art und Betrag bezeichnen und angeben, wer die Steuer schuldet. Ihnen ist außerdem eine Belehrung darüber beizufügen, welcher Rechtsbehelf zulässig ist und binnen welcher Frist und bei welcher Behörde er einzulegen ist.

(2) Die Feststellung der Besteuerungsgrundlagen bildet einen mit Rechtsbehelfen nicht selbständig anfechtbaren Teil des Steuerbescheids, soweit die Besteuerungsgrundlagen nicht gesondert festgestellt werden.

§ 162
Schätzung von Besteuerungsgrundlagen

(1) Soweit die Finanzbehörde die Besteuerungsgrundlagen nicht ermitteln oder berechnen kann, hat sie sie zu schätzen. Dabei sind alle Umstände zu berücksichtigen, die für die Schätzung von Bedeutung sind.

(2) Zu schätzen ist insbesondere dann, wenn der Steuerpflichtige über seine Angaben keine ausreichenden Aufklärungen zu geben vermag oder weitere Auskunft oder eine Versicherung an Eides statt verweigert oder seine Mitwirkungspflicht nach § 90 Abs. 2 verletzt. Das Gleiche gilt, wenn der Steuerpflichtige Bücher oder Aufzeichnungen, die er nach den Steuergesetzen zu führen hat, nicht vorlegen kann, wenn die Buchführung oder die Aufzeichnungen der Besteuerung nicht nach § 158 zugrunde gelegt werden oder wenn tatsächliche Anhaltspunkte für die Unrichtigkeit oder Unvollständigkeit der vom Steuerpflichtigen gemachten Angaben zu steuerpflichtigen Einnahmen oder Betriebsvermögensmehrungen bestehen und der Steuerpflichtige die Zustimmung nach § 93 Abs. 7 Satz 1 Nr. 5 nicht erteilt. Hat der Steuerpflichtige seine Mitwirkungspflichten nach § 12 des Gesetzes zur Abwehr von Steuervermeidung und unfairem Steuerwettbewerb verletzt, so wird widerlegbar vermutet, dass in Deutschland steuerpflichtige Einkünfte in Bezug zu Staaten oder Gebieten im Sinne des § 3 Absatz 1 des Gesetzes zur Abwehr von Steuervermeidung und unfairem Steuerwettbewerb
1. bisher nicht erklärt wurden, tatsächlich aber vorhanden sind, oder
2. bisher zwar erklärt wurden, tatsächlich aber höher sind als erklärt.

pp.

§ 163
Abweichende Festsetzung von Steuern aus Billigkeitsgründen

(1) Steuern können niedriger festgesetzt werden und einzelne Besteuerungsgrundlagen, die die Steuern erhöhen, können bei der Festsetzung der Steuer unberücksichtigt bleiben, wenn die Erhebung der Steuer nach Lage des einzelnen Falls unbillig wäre. Mit Zustimmung des Steuerpflichtigen kann bei Steuern vom Einkommen zugelassen werden, dass einzelne Besteuerungsgrundlagen, soweit sie die Steuer erhöhen, bei der Steuerfestsetzung erst zu einer späteren Zeit und, soweit sie die Steuer mindern, schon zu einer früheren Zeit berücksichtigt werden.

(2) Eine Billigkeitsmaßnahme nach Absatz 1 kann mit der Steuerfestsetzung verbunden werden, für die sie von Bedeutung ist.

(3) Eine Billigkeitsmaßnahme nach Absatz 1 steht in den Fällen des Absatzes 2 stets unter Vorbehalt des Widerrufs, wenn sie
1. von der Finanzbehörde nicht ausdrücklich als eigenständige Billigkeitsentscheidung ausgesprochen worden ist,
2. mit einer Steuerfestsetzung unter Vorbehalt der Nachprüfung nach § 164 verbunden ist oder
3. mit einer vorläufigen Steuerfestsetzung nach § 165 verbunden ist und der Grund der Vorläufigkeit auch für die Entscheidung nach Absatz 1 von Bedeutung ist.

In den Fällen von Satz 1 Nummer 1 entfällt der Vorbehalt des Widerrufs, wenn die Festsetzungsfrist für die Steuerfestsetzung abläuft, für die die Billigkeitsmaßnahme Grundlagenbescheid ist. In den Fällen von Satz 1 Nummer 2 entfällt der Vorbehalt des Widerrufs mit Aufhebung oder Entfallen des Vorbehalts der Nachprüfung der Steuerfestsetzung, für die die Billigkeitsmaßnahme Grundlagenbescheid ist. In den Fällen von Satz 1 Nummer 3 entfällt der Vorbehalt des Widerrufs mit Eintritt der Endgültigkeit der Steuerfestsetzung, für die die Billigkeitsmaßnahme Grundlagenbescheid ist.

(4) Ist eine Billigkeitsmaßnahme nach Absatz 1, die nach Absatz 3 unter Vorbehalt des Widerrufs steht, rechtswidrig, ist sie mit Wirkung für die Vergangenheit zurückzunehmen. § 130 Absatz 3 Satz 1 gilt in diesem Fall nicht.

II. Festsetzungsverjährung
§ 169
Festsetzungsfrist

(1) Eine Steuerfestsetzung sowie ihre Aufhebung oder Änderung sind nicht mehr zulässig, wenn die Festsetzungsfrist abgelaufen ist. Dies gilt auch für die Berichtigung wegen offenbarer Unrichtigkeit nach § 129. Die Frist ist gewahrt, wenn vor Ablauf der Festsetzungsfrist
1. der Steuerbescheid oder im Fall des § 122a die elektronische Benachrichtigung den Bereich der für die Steuerfestsetzung zuständigen Finanzbehörde verlassen hat oder
2. bei öffentlicher Zustellung nach § 10 des Verwaltungszustellungsgesetzes die Benachrichtigung bekannt gemacht oder veröffentlicht wird.

(2) Die Festsetzungsfrist beträgt:
1. ein Jahr
für Verbrauchsteuern und Verbrauchsteuervergütungen,
2. vier Jahre
für Steuern und Steuervergütungen, die keine Steuern oder Steuervergütungen im Sinne der Nummer 1 oder Einfuhr- und Ausfuhrabgaben nach Artikel 5 Nr. 20 und 21 des Zollkodexes der Union sind.

Die Festsetzungsfrist beträgt zehn Jahre, soweit eine Steuer hinterzogen, und fünf Jahre, soweit sie leichtfertig verkürzt worden ist. Dies gilt auch dann, wenn die Steuerhinterziehung oder leichtfertige Steuerverkürzung nicht durch den Steuerschuldner oder eine Person begangen worden ist, deren er sich zur Erfüllung seiner steuerlichen Pflichten bedient, es sei denn, der Steuerschuldner weist nach, dass er durch die Tat keinen Vermögensvorteil erlangt hat und dass sie auch nicht darauf beruht, dass er die im Verkehr erforderlichen Vorkehrungen zur Verhinderung von Steuerverkürzungen unterlassen hat.

§ 170
Beginn der Festsetzungsfrist

(1) Die Festsetzungsfrist beginnt mit Ablauf des Kalenderjahres, in dem die Steuer entstanden ist oder eine bedingt entstandene Steuer

unbedingt geworden ist.

(2) Abweichend von Absatz 1 beginnt die Festsetzungsfrist, wenn
1. eine Steuererklärung oder eine Steueranmeldung einzureichen oder eine Anzeige zu erstatten ist, mit Ablauf des Kalenderjahres, in dem die Steuererklärung, die Steueranmeldung oder die Anzeige eingereicht wird, spätestens jedoch mit Ablauf des dritten Kalenderjahres, das auf das Kalenderjahr folgt, in dem die Steuer entstanden ist, es sei denn, dass die Festsetzungsfrist nach Absatz 1 später beginnt.

pp.

§ 171
Ablaufhemmung

(1) Die Festsetzungsfrist läuft nicht ab, solange die Steuerfestsetzung wegen höherer Gewalt innerhalb der letzten sechs Monate des Fristlaufs nicht erfolgen kann.

(2) Ist beim Erlass eines Steuerbescheids eine offenbare Unrichtigkeit unterlaufen, so endet die Festsetzungsfrist insoweit nicht vor Ablauf eines Jahres nach Bekanntgabe dieses Steuerbescheids. Das Gleiche gilt in den Fällen des § 173a.

(3) Wird vor Ablauf der Festsetzungsfrist außerhalb eines Einspruchs- oder Klageverfahrens ein Antrag auf Steuerfestsetzung oder auf Aufhebung oder Änderung einer Steuerfestsetzung oder ihrer Berichtigung nach § 129 gestellt, so läuft die Festsetzungsfrist insoweit nicht ab, bevor über den Antrag unanfechtbar entschieden worden ist.

(3a) Wird ein Steuerbescheid mit einem Einspruch oder einer Klage angefochten, so läuft die Festsetzungsfrist nicht ab, bevor über den Rechtsbehelf unanfechtbar entschieden ist; dies gilt auch, wenn der Rechtsbehelf erst nach Ablauf der Festsetzungsfrist eingelegt wird. Der Ablauf der Festsetzungsfrist ist hinsichtlich des gesamten Steueranspruchs gehemmt; dies gilt nicht, soweit der Rechtsbehelf unzulässig ist. In den Fällen des § 100 Abs. 1 Satz 1, Abs. 2 Satz 2, Abs. 3 Satz 1, § 101 der Finanzgerichtsordnung ist über den Rechtsbehelf erst dann unanfechtbar entschieden, wenn ein auf Grund der genannten Vorschriften erlassener Steuerbescheid unanfechtbar geworden ist.

pp.

(10) Soweit für die Festsetzung einer Steuer ein Feststellungsbescheid, ein Steuermessbescheid oder ein anderer Verwaltungsakt bindend ist (Grundlagenbescheid), endet die Festsetzungsfrist nicht vor Ablauf von zwei Jahren nach Bekanntgabe des Grundlagenbescheids. Ist für den Erlass des Grundlagenbescheids eine Stelle zuständig, die keine Finanzbehörde im Sinne des § 6 Absatz 2 ist, endet die Festsetzungsfrist nicht vor Ablauf von zwei Jahren nach dem Zeitpunkt, in dem die für den Folgebescheid zuständige Finanzbehörde Kenntnis von der Entscheidung über den Erlass des Grundlagenbescheids erlangt hat. Die Sätze 1 und 2 gelten für einen Grundlagenbescheid, auf den § 181 nicht anzuwenden ist, nur, sofern dieser Grundlagenbescheid vor Ablauf der für den Folgebescheid geltenden Festsetzungsfrist bei der zuständigen Behörde beantragt worden ist. Ist der Ablauf der Festsetzungsfrist hinsichtlich des Teils der Steuer, für den der Grundlagenbescheid nicht bindend ist, nach Absatz 4 gehemmt, endet die Festsetzungsfrist für den Teil der Steuer, für den der Grundlagenbescheid bindend ist, nicht vor Ablauf der nach Absatz 4 gehemmten Frist.

pp.

III. Bestandskraft
§ 172
Aufhebung und Änderung von Steuerbescheiden

(1) Ein Steuerbescheid darf, soweit er nicht vorläufig oder unter dem Vorbehalt der Nachprüfung ergangen ist, nur aufgehoben oder geändert werden,
1. wenn er Verbrauchsteuern betrifft,
2. wenn er andere Steuern als Einfuhr- oder Ausfuhrabgaben nach Artikel 5 Nr. 20 und 21 des Zollkodexes der Union oder Verbrauchsteuern betrifft,
   a) soweit der Steuerpflichtige zustimmt oder seinem Antrag der Sache nach entsprochen wird; dies gilt jedoch zugunsten des Steuerpflichtigen nur, soweit er vor Ablauf der Einspruchsfrist zugestimmt oder den Antrag gestellt hat oder soweit die Finanzbehörde einem Einspruch oder einer Klage abhilft,
   b) soweit er von einer sachlich unzuständigen Behörde erlassen worden ist,
   c) soweit er durch unlautere Mittel, wie arglistige Täuschung, Drohung oder Bestechung erwirkt worden ist,
   d) soweit dies sonst gesetzlich zugelassen ist; die §§ 130 und 131 gelten nicht.

Dies gilt auch dann, wenn der Steuerbescheid durch Einspruchsentscheidung bestätigt oder geändert worden ist. In den Fällen des Satzes 2 ist Satz 1 Nr. 2 Buchstabe a ebenfalls anzuwenden, wenn der Steuerpflichtige vor Ablauf der Klagefrist zugestimmt oder den Antrag gestellt hat; Erklärungen und Beweismittel, die nach § 364b Abs. 2 in der Einspruchsentscheidung nicht berücksichtigt wurden, dürfen hierbei nicht berücksichtigt werden.

(2) Absatz 1 gilt auch für einen Verwaltungsakt, durch den ein Antrag auf Erlass, Aufhebung oder Änderung eines Steuerbescheids ganz oder teilweise abgelehnt wird.

(3) Anhängige, außerhalb eines Einspruchs- oder Klageverfahrens gestellte Anträge auf Aufhebung oder Änderung einer Steuerfestsetzung, die eine vom Gerichtshof der Europäischen Union, vom Bundesverfassungsgericht oder vom Bundesfinanzhof entschiedene Rechtsfrage betreffen und denen nach dem Ausgang des Verfahrens vor diesen Gerichten nicht entsprochen werden kann, können durch Allgemeinverfügung insoweit zurückgewiesen werden. § 367 Abs. 2b Satz 2 bis 6 gilt entsprechend.

§ 173
Aufhebung oder Änderung von Steuerbescheiden wegen neuer Tatsachen oder Beweismittel

(1) Steuerbescheide sind aufzuheben oder zu ändern,
1. soweit Tatsachen der Beweismittel nachträglich bekannt werden, die zu einer höheren Steuer führen,
2. soweit Tatsachen oder Beweismittel nachträglich bekannt werden, die zu einer niedrigeren Steuer führen und den Steuerpflichtigen kein grobes Verschulden daran trifft, dass die Tatsachen oder Beweismittel erst nachträglich bekannt werden. Das Verschulden ist unbeachtlich, wenn die Tatsachen oder Beweismittel in einem unmittelbaren oder mittelbaren Zusammenhang mit Tatsachen oder Beweismitteln im Sinne der Nummer 1 stehen.

(2) Abweichend von Absatz 1 können Steuerbescheide, soweit sie auf Grund einer Außenprüfung ergangen sind, nur aufgehoben oder geändert werden, wenn eine Steuerhinterziehung oder eine leichtfertige Steuerverkürzung vorliegt. Dies gilt auch in den Fällen, in denen eine Mitteilung nach § 202 Abs. 1 Satz 3 ergangen ist.

§ 173a
Schreib- oder Rechenfehler bei Erstellung einer Steuererklärung

Steuerbescheide sind aufzuheben oder zu ändern, soweit dem Steuerpflichtigen bei Erstellung seiner Steuererklärung Schreib- oder Rechenfehler unterlaufen sind und er deshalb der Finanzbehörde bestimmte, nach den Verhältnissen zum Zeitpunkt des Erlasses des Steuerbescheids rechtserhebliche Tatsachen unzutreffend mitgeteilt hat.

§ 175
Änderung von Steuerbescheiden auf Grund von Grundlagenbescheiden und bei rückwirkenden Ereignissen

(1) Ein Steuerbescheid ist zu erlassen, aufzuheben oder zu ändern,
1. soweit ein Grundlagenbescheid (§ 171 Abs. 10), dem Bindungswirkung für diesen Steuerbescheid zukommt, erlassen, aufgehoben oder geändert wird,
2. soweit ein Ereignis eintritt, das steuerliche Wirkung für die Vergangenheit hat (rückwirkendes Ereignis).

In den Fällen des Satzes 1 Nr. 2 beginnt die Festsetzungsfrist mit Ablauf des Kalenderjahres, in dem das Ereignis eintritt.

(2) Als rückwirkendes Ereignis gilt auch der Wegfall einer

Voraussetzung für eine Steuervergünstigung, wenn gesetzlich bestimmt ist, dass diese Voraussetzung für eine bestimmte Zeit gegeben sein muss, oder wenn durch Verwaltungsakt festgestellt worden ist, dass sie die Grundlage für die Gewährung der Steuervergünstigung bildet. Die nachträgliche Erteilung oder Vorlage einer Bescheinigung oder Bestätigung gilt nicht als rückwirkendes Ereignis.

2. Unterabschnitt: Gesonderte Feststellung von Besteuerungsgrundlagen, Festsetzung von Steuermessbeträgen
I. Gesonderte Feststellungen

§ 179
Feststellung von Besteuerungsgrundlagen

(1) Abweichend von § 157 Abs. 2 werden die Besteuerungsgrundlagen durch Feststellungsbescheid gesondert festgestellt, soweit dies in diesem Gesetz oder sonst in den Steuergesetzen bestimmt ist.

(2) Ein Feststellungsbescheid richtet sich gegen den Steuerpflichtigen, dem der Gegenstand der Feststellung bei der Besteuerung zuzurechnen ist. Die gesonderte Feststellung wird gegenüber mehreren Beteiligten einheitlich vorgenommen, wenn dies gesetzlich bestimmt ist oder der Gegenstand der Feststellung mehreren Personen zuzurechnen ist. Ist eine dieser Personen an dem Gegenstand der Feststellung nur über eine andere Person beteiligt, so kann insoweit eine besondere gesonderte Feststellung vorgenommen werden.

(3) Soweit in einem Feststellungsbescheid eine notwendige Feststellung unterblieben ist, ist sie in einem Ergänzungsbescheid nachzuholen.

§ 180 [1]
Gesonderte Feststellung von Besteuerungsgrundlagen

(1) Gesondert festgestellt werden insbesondere:
1. die Einheitswerte und die Grundsteuerwerte nach Maßgabe des Bewertungsgesetzes,
2. a) die einkommensteuerpflichtigen und körperschaftsteuerpflichtigen Einkünfte und mit ihnen im Zusammenhang stehende andere Besteuerungsgrundlagen, wenn an den Einkünften mehrere Personen beteiligt sind und die Einkünfte diesen Personen steuerlich zuzurechnen sind,
   b) in anderen als den in Buchstabe a genannten Fällen die Einkünfte aus Land- und Forstwirtschaft, Gewerbebetrieb oder einer freiberuflichen Tätigkeit, wenn nach den Verhältnissen zum Schluss des Gewinnermittlungszeitraums das für die gesonderte Feststellung zuständige Finanzamt nicht auch für die Steuern vom Einkommen zuständig ist,
3. der Wert der vermögensteuerpflichtigen Wirtschaftsgüter (§§ 114 bis 117a des Bewertungsgesetzes) und der Wert der Schulden und sonstigen Abzüge (§ 118 des Bewertungsgesetzes), wenn die Wirtschaftsgüter, Schulden und sonstigen Abzüge mehreren Personen zuzurechnen sind und die Feststellungen für die Besteuerung von Bedeutung sind.

Wenn sich in den Fällen von Satz 1 Nummer 2 Buchstabe b die für die örtliche Zuständigkeit maßgeblichen Verhältnisse nach Schluss des Gewinnermittlungszeitraums geändert haben, so richtet sich die örtliche Zuständigkeit auch für Feststellungszeiträume, die vor der Änderung der maßgeblichen Verhältnisse liegen, nach § 18 Absatz 1 Nummer 1 bis 3 in Verbindung mit § 26.

pp.

§ 182 [1]
Wirkungen der gesonderten Feststellung

(1) Feststellungsbescheide sind, auch wenn sie noch nicht unanfechtbar sind, für andere Feststellungsbescheide, für Steuermessbescheide, für Steuerbescheide und für Steueranmeldungen (Folgebescheide) bindend, soweit die in den Feststellungsbescheiden getroffenen Feststellungen für diese Folgebescheide von Bedeutung sind. Dies gilt entsprechend bei Feststellungen nach § 180 Absatz 5 Nummer 2 für Verwaltungsakte, die die Verwirklichung der Ansprüche aus dem Steuerschuldverhältnis betreffen. Wird ein Feststellungsbescheid nach § 180 Absatz 5 Nummer 2 erlassen, aufgehoben oder geändert, ist ein Verwaltungsakt, für den dieser Feststellungsbescheid Bindungswirkung entfaltet, in entsprechender Anwendung des § 175 Absatz 1 Satz 1 Nummer 1 zu korrigieren.

(2) Ein Feststellungsbescheid über einen Einheitswert oder einen Grundsteuerwert nach § 180 Absatz 1 Satz 1 Nummer 1 wirkt auch gegenüber dem Rechtsnachfolger, auf den der Gegenstand der Feststellung nach dem Feststellungszeitpunkt mit steuerlicher Wirkung übergeht. Tritt die Rechtsnachfolge jedoch ein, bevor der Feststellungsbescheid ergangen ist, so wirkt er gegen den Rechtsnachfolger nur dann, wenn er ihm bekannt gegeben wird. Die Sätze 1 und 2 gelten für gesonderte sowie gesonderte und einheitliche Feststellungen von Besteuerungsgrundlagen, die sich erst später auswirken, nach der Verordnung über die gesonderte Feststellung von Besteuerungsgrundlagen nach § 180 Abs. 2 der Abgabenordnung entsprechend.

(3) Erfolgt eine gesonderte Feststellung gegenüber mehreren Beteiligten nach § 179 Absatz 2 Satz 2 einheitlich und ist ein Beteiligter im Feststellungsbescheid unrichtig bezeichnet worden, weil Rechtsnachfolge eingetreten ist, kann dies durch besonderen Bescheid gegenüber dem Rechtsnachfolger berichtigt werden.

II. Festsetzung von Steuermessbeträgen
§ 184
Festsetzung von Steuermessbeträgen

(1) Steuermessbeträge, die nach den Steuergesetzen zu ermitteln sind, werden durch Steuermessbescheid festgesetzt. Mit der Festsetzung der Steuermessbeträge wird auch über die persönliche und sachliche Steuerpflicht entschieden. Die Vorschriften über die Durchführung der Besteuerung sind sinngemäß anzuwenden. Ferner sind § 182 Abs. 1 und für Grundsteuermessbescheide auch Abs. 2 und § 183 sinngemäß anzuwenden.

(2) Die Befugnis, Realsteuermessbeträge festzusetzen, schließt auch die Befugnis zu Maßnahmen nach § 163 Absatz 1 Satz 1 ein, soweit für solche Maßnahmen in einer allgemeinen Verwaltungsvorschrift der Bundesregierung, der obersten Bundesfinanzbehörde oder einer obersten Landesfinanzbehörde Richtlinien aufgestellt worden sind. Eine Maßnahme nach § 163 Absatz 1 Satz 2 wirkt, soweit sie die gewerblichen Einkünfte als Grundlage für die Festsetzung der Steuer vom Einkommen beeinflusst, auch für den Gewerbeertrag als Grundlage für die Festsetzung des Gewerbesteuermessbetrages.

(3) Die Finanzbehörden teilen den Inhalt des Steuermessbescheids sowie die nach Absatz 2 getroffenen Maßnahmen den Gemeinden mit, denen die Steuerfestsetzung (der Erlass des Realsteuerbescheids) obliegt. Die Mitteilungen an die Gemeinden erfolgen durch Bereitstellung zum Abruf; § 87a Absatz 8 und § 87b Absatz 1 gelten dabei entsprechend.

3. Unterabschnitt: Zerlegung und Zuteilung
§ 185
Geltung der allgemeinen Vorschriften

Auf die in den Steuergesetzen vorgesehene Zerlegung von Steuermessbeträgen sind die für die Steuermessbeträge geltenden Vorschriften entsprechend anzuwenden, soweit im folgenden nichts anderes bestimmt ist.

§ 186 Beteiligte

Am Zerlegungsverfahren sind beteiligt:
1. der Steuerpflichtige,
2. die Steuerberechtigten, denen ein Anteil an dem Steuermessbetrag zugeteilt worden ist oder die einen Anteil beanspruchen. Soweit die Festsetzung der Steuer dem Steuerberechtigten nicht obliegt, tritt an seine Stelle die für die Festsetzung der Steuer zuständige Behörde.

---

[1] zu § 180 und § 182:
Gemäß Gesetz zur Reform des Grundsteuer- und Bewertungsrechts (Grundsteuer-Reformgesetz – GrStRefG) vom 26.11.2019 (BGBl. I S. 1794) treten die auf Seite 218b aufgeführten Änderungen ab 01.01.2025 in Kraft.

§ 187
Akteneinsicht

Die beteiligten Steuerberechtigten können von der zuständigen Finanzbehörde Auskunft über die Zerlegungsgrundlagen verlangen und durch ihre Amtsträger Einsicht in die Zerlegungsunterlagen nehmen.

§ 188
Zerlegungsbescheid

(1) Über die Zerlegung ergeht ein schriftlicher Bescheid (Zerlegungsbescheid), der den Beteiligten bekannt zu geben ist, soweit sie betroffen sind.

(2) Der Zerlegungsbescheid muss die Höhe des zu zerlegenden Steuermessbetrags angeben und bestimmen, welche Anteile den beteiligten Steuerberechtigten zugeteilt werden. Er muss ferner die Zerlegungsgrundlagen angeben.

Fünfter Teil: Erhebungsverfahren
Erster Abschnitt: Verwirklichung, Fälligkeit und Erlöschen von Ansprüchen aus dem Steuerschuldverhältnis

1. Unterabschnitt: Verwirklichung und Fälligkeit von Ansprüchen aus dem Steuerschuldverhältnis

§ 218
Verwirklichung von Ansprüchen aus dem Steuerschuldverhältnis

(1) Grundlage für die Verwirklichung von Ansprüchen aus dem Steuerschuldverhältnis (§ 37) sind die Steuerbescheide, die Steuervergütungsbescheide, die Haftungsbescheide und die Verwaltungsakte, durch die steuerliche Nebenleistungen festgesetzt werden; bei den Säumniszuschlägen genügt die Verwirklichung des gesetzlichen Tatbestandes (§ 240). Die Steueranmeldungen (§ 168) stehen den Steuerbescheiden gleich.

(2) Über Streitigkeiten, die die Verwirklichung der Ansprüche im Sinne des Absatzes 1 betreffen, entscheidet die Finanzbehörde durch Abrechnungsbescheid. Dies gilt auch, wenn die Streitigkeit einen Erstattungsanspruch (§ 37 Abs. 2) betrifft.

(3) Wird eine Anrechnungsverfügung oder ein Abrechnungsbescheid auf Grund eines Rechtsbehelfs oder auf Antrag des Steuerpflichtigen oder eines Dritten zurückgenommen und in dessen Folge ein für ihn günstigerer Verwaltungsakt erlassen, können nachträglich gegenüber dem Steuerpflichtigen oder einer anderen Person die entsprechenden steuerlichen Folgerungen gezogen werden. § 174 Absatz 4 und 5 gilt entsprechend.

§ 222
Stundung

Die Finanzbehörden können Ansprüche aus dem Steuerschuldverhältnis ganz oder teilweise stunden, wenn die Einziehung bei Fälligkeit eine erhebliche Härte für den Schuldner bedeuten würde und der Anspruch durch die Stundung nicht gefährdet erscheint. Die Stundung soll in der Regel nur auf Antrag und gegen Sicherheitsleistung gewährt werden. Steueransprüche gegen den Steuerschuldner können nicht gestundet werden, soweit ein Dritter (Entrichtungspflichtiger) die Steuer für Rechnung des Steuerschuldners zu entrichten, insbesondere einzubehalten und abzuführen hat. Die Stundung des Haftungsanspruchs gegen den Entrichtungspflichtigen ist ausgeschlossen, soweit er Steuerabzugsbeträge einbehalten oder Beträge, die eine Steuer enthalten, eingenommen hat.

2. Unterabschnitt: Zahlung, Aufrechnung, Erlass

§ 224
Leistungsort, Tag der Zahlung

(1) Zahlungen an Finanzbehörden sind an die zuständige Kasse zu entrichten. Außerhalb des Kassenraumes können Zahlungsmittel nur einem Amtsträger übergeben werden, der zur Annahme von Zahlungsmitteln außerhalb des Kassenraumes besonders ermächtigt worden ist und sich hierüber ausweisen kann.

(2) Eine wirksam geleistete Zahlung gilt als entrichtet:
1. bei Übergabe oder Übersendung von Zahlungsmitteln am Tag des Eingangs, bei Hingabe oder Übersendung von Schecks jedoch drei Tage nach dem Tag des Eingangs,
2. bei Überweisung oder Einzahlung auf ein Konto der Finanzbehörde und bei Einzahlung mit Zahlschein an dem Tag, an dem der Betrag der Finanzbehörde gutgeschrieben wird,
3. bei Vorliegen einer Einzugsermächtigung am Fälligkeitstag.

(3) Zahlungen der Finanzbehörden sind unbar zu leisten. Das Bundesministerium der Finanzen und die für die Finanzverwaltung zuständigen obersten Landesbehörden können für ihre Geschäftsbereiche Ausnahmen zulassen. Als Tag der Zahlung gilt bei Überweisung oder Zahlungsanweisung der dritte Tag nach der Hingabe oder Absendung des Auftrages an das Kreditinstitut oder, wenn der Betrag nicht sofort abgebucht werden soll, der dritte Tag nach der Abbuchung.

(4) Die zuständige Kasse kann für die Übergabe von Zahlungsmitteln gegen Quittung geschlossen werden. Absatz 2 Nr. 1 gilt entsprechend, wenn bei der Schließung von Kassen nach Satz 1 am Ort der Kasse eine oder mehrere Zweiganstalten der Deutschen Bundesbank oder, falls solche am Ort der Kasse nicht bestehen, ein oder mehrere Kreditinstitute ermächtigt werden, für die Kasse Zahlungsmittel gegen Quittung anzunehmen.

§ 225
Reihenfolge der Tilgung

(1) Schuldet ein Steuerpflichtiger mehrere Beträge und reicht bei freiwilliger Zahlung der gezahlte Betrag nicht zur Tilgung sämtlicher Schulden aus, so wird die Schuld getilgt, die der Steuerpflichtige bei der Zahlung bestimmt.

(2) Trifft der Steuerpflichtige keine Bestimmung, so werden mit einer freiwilligen Zahlung, die nicht sämtliche Schulden deckt, zunächst die Geldbußen, sodann nacheinander die Zwangsgelder, die Steuerabzugsbeträge, die übrigen Steuern, die Kosten, die Verspätungszuschläge, die Zinsen und die Säumniszuschläge getilgt. Innerhalb dieser Reihenfolge sind die einzelnen Schulden nach ihrer Fälligkeit zu ordnen; bei gleichzeitig fällig gewordenen Beträgen und bei den Säumniszuschlägen bestimmt die Finanzbehörde die Reihenfolge der Tilgung.

(3) Wird die Zahlung im Verwaltungsweg erzwungen (§ 249) und reicht der verfügbare Betrag nicht zur Tilgung aller Schulden aus, derentwegen die Vollstreckung oder die Verwertung der Sicherheiten erfolgt ist, so bestimmt die Finanzbehörde die Reihenfolge der Tilgung.

§ 226
Aufrechnung

(1) Für die Aufrechnung mit Ansprüchen aus dem Steuerschuldverhältnis sowie für die Aufrechnung gegen diese Ansprüche gelten sinngemäß die Vorschriften des bürgerlichen Rechts, soweit nichts anderes bestimmt ist.

(2) Mit Ansprüchen aus dem Steuerschuldverhältnis kann nicht aufgerechnet werden, wenn sie durch Verjährung oder Ablauf einer Ausschlussfrist erloschen sind.

(3) Die Steuerpflichtigen können gegen Ansprüche aus dem Steuerschuldverhältnis nur mit unbestrittenen oder rechtskräftig festgestellten Gegenansprüchen aufrechnen.

(4) Für die Aufrechnung gilt als Gläubiger oder Schuldner eines Anspruchs aus dem Steuerschuldverhältnis auch die Körperschaft, die die Steuer verwaltet.

§ 227 Erlass

Die Finanzbehörden können Ansprüche aus dem Steuerschuldverhältnis ganz oder zum Teil erlassen, wenn deren Einziehung nach Lage des einzelnen Falles unbillig wäre; unter den gleichen Voraussetzungen können bereits entrichtete Beträge erstattet oder angerechnet werden.

3. Unterabschnitt: Zahlungsverjährung

§ 228
Gegenstand der Verjährung, Verjährungsfrist

Ansprüche aus dem Steuerschuldverhältnis unterliegen einer besonderen Zahlungsverjährung. Die Verjährungsfrist beträgt fünf Jahre, in Fällen der §§ 370, 373 oder 374 zehn Jahre.

§ 229
Beginn der Verjährung

(1) Die Verjährung beginnt mit Ablauf des Kalenderjahrs, in dem der Anspruch erstmals fällig geworden ist. Sie beginnt jedoch nicht vor Ablauf des Kalenderjahrs, in dem die Festsetzung eines Anspruchs aus dem Steuerschuldverhältnis, ihre Aufhebung, Änderung oder Berichtigung nach § 129 wirksam geworden ist, aus der sich der Anspruch ergibt; eine Steueranmeldung steht einer Steuerfestsetzung gleich.

(2) Ist ein Haftungsbescheid ohne Zahlungsaufforderung ergangen, so beginnt die Verjährung mit Ablauf des Kalenderjahrs, in dem der Haftungsbescheid wirksam geworden ist.

§ 230
Hemmung der Verjährung

Die Verjährung ist gehemmt, solange der Anspruch wegen höherer Gewalt innerhalb der letzten sechs Monate der Verjährungsfrist nicht verfolgt werden kann.

§ 231
Unterbrechung der Verjährung

(1) Die Verjährung eines Anspruchs wird unterbrochen durch
1. Zahlungsaufschub, Stundung, Aussetzung der Vollziehung, Aussetzung der Verpflichtung des Zollschuldners zur Abgabenentrichtung oder Vollstreckungsaufschub,
2. Sicherheitsleistung,
3. eine Vollstreckungsmaßnahme,
4. Anmeldung im Insolvenzverfahren,
5. Eintritt des Vollstreckungsverbots nach § 210 oder § 294 Absatz 1 der Insolvenzordnung,
6. Aufnahme in einen Insolvenzplan oder einen gerichtlichen Schuldenbereinigungsplan,
7. Ermittlungen der Finanzbehörde nach dem Wohnsitz oder dem Aufenthaltsort des Zahlungspflichtigen und
8. schriftliche Geltendmachung des Anspruchs.

§ 169 Abs. 1 Satz 3 gilt sinngemäß.

(2) Die Unterbrechung der Verjährung dauert fort
1. in den Fällen des Absatzes 1 Satz 1 Nummer 1 bis zum Ablauf der Maßnahme,
2. im Fall des Absatzes 1 Satz 1 Nummer 2 bis zum Erlöschen der Sicherheit,
3. im Fall des Absatzes 1 Satz 1 Nummer 3 bis zum Erlöschen des Pfändungspfandrechts, der Zwangshypothek oder des sonstigen Vorzugsrechts auf Befriedigung,
4. im Fall des Absatzes 1 Satz 1 Nummer 4 bis zur Beendigung des Insolvenzverfahrens,
5. im Fall des Absatzes 1 Satz 1 Nummer 5 bis zum Wegfall des Vollstreckungsverbots nach § 210 oder § 294 Absatz 1 der Insolvenzordnung,
6. in den Fällen des Absatzes 1 Satz 1 Nummer 6, bis der Insolvenzplan oder der gerichtliche Schuldenbereinigungsplan erfüllt oder hinfällig wird.

Wird gegen die Finanzbehörde ein Anspruch geltend gemacht, so endet die hierdurch eingetretene Unterbrechung der Verjährung nicht, bevor über den Anspruch rechtskräftig entschieden worden ist.

(3) Mit Ablauf des Kalenderjahrs, in dem die Unterbrechung geendet hat, beginnt eine neue Verjährungsfrist.

(4) Die Verjährung wird nur in Höhe des Betrages unterbrochen, auf den sich die Unterbrechungshandlung bezieht.

§ 232
Wirkung der Verjährung

Durch die Verjährung erlöschen der Anspruch aus dem Steuerschuldverhältnis und die von ihm abhängenden Zinsen.

Zweiter Abschnitt:
Verzinsung, Säumniszuschläge
1. Unterabschnitt:
Verzinsung

§ 233
Grundsatz

Ansprüche aus dem Steuerschuldverhältnis (§ 37) werden nur verzinst, soweit dies gesetzlich vorgeschrieben ist. Ansprüche auf steuerliche Nebenleistungen (§ 3 Abs. 4) und die entsprechenden Erstattungsansprüche werden nicht verzinst.

§ 233a [1)]
Verzinsung von Steuernachforderungen und Steuererstattungen

(1) Führt die Festsetzung der Einkommen-, Körperschaft-, Vermögen-, Umsatz- oder Gewerbesteuer zu einem Unterschiedsbetrag im Sinne des Absatzes 3, ist dieser zu verzinsen. Dies gilt nicht für die Festsetzung von Vorauszahlungen und Steuerabzugsbeträgen.

(2) Der Zinslauf beginnt 15 Monate nach Ablauf des Kalenderjahrs, in dem die Steuer entstanden ist. Er beginnt für die Einkommen- und Körperschaftsteuer 23 Monate nach diesem Zeitpunkt, wenn die Einkünfte aus Land- und Forstwirtschaft bei der erstmaligen Steuerfestsetzung die anderen Einkünfte überwiegen. Er endet mit Ablauf des Tages, an dem die Steuerfestsetzung wirksam wird.

(2a) Soweit die Steuerfestsetzung auf der Berücksichtigung eines rückwirkenden Ereignisses (§ 175 Abs. 1 Satz 1 Nr. 2 und Abs. 2) oder auf einem Verlustabzug nach § 10d Abs. 1 des Einkommensteuergesetzes beruht, beginnt der Zinslauf abweichend von Absatz 2 Satz 1 und 2 15 Monate nach Ablauf des Kalenderjahrs, in dem das rückwirkende Ereignis eingetreten oder der Verlust entstanden ist.

(3) Maßgebend für die Zinsberechnung ist die festgesetzte Steuer, vermindert um die anzurechnenden Steuerabzugsbeträge, um die anzurechnende Körperschaftsteuer und um die bis zum Beginn des Zinslaufs festgesetzten Vorauszahlungen (Unterschiedsbetrag). Bei der Vermögensteuer ist als Unterschiedsbetrag für die Zinsberechnung die festgesetzte Steuer, vermindert um die festgesetzten Vorauszahlungen oder die bisher festgesetzte Jahressteuer, maßgebend. Ein Unterschiedsbetrag zugunsten des Steuerpflichtigen ist nur bis zur Höhe des zu erstattenden Betrags zu verzinsen; die Verzinsung beginnt frühestens mit dem Tag der Zahlung.

(4) Die Festsetzung der Zinsen soll mit der Steuerfestsetzung verbunden werden.

(5) Wird die Steuerfestsetzung aufgehoben, geändert oder nach § 129 berichtigt, ist eine bisherige Zinsfestsetzung zu ändern; Gleiches gilt, wenn die Anrechnung von Steuerbeträgen zurückgenommen, widerrufen oder nach § 129 berichtigt wird. Maßgebend für die Zinsberechnung ist der Unterschiedsbetrag zwischen der festgesetzten Steuer und der vorher festgesetzten Steuer, jeweils vermindert um die anzurechnenden Steuerabzugsbeträge und um die anzurechnende Körperschaftsteuer. Dem sich hiernach ergebenden Zinsbetrag sind bisher festzusetzende Zinsen hinzuzurechnen; bei einem Unterschiedsbetrag zugunsten des Steuerpflichtigen entfallen darauf festgesetzte Zinsen. Im Übrigen gilt Absatz 3 Satz 3 entsprechend.

(6) Die Absätze 1 bis 5 gelten bei der Durchführung des Lohnsteuer-Jahresausgleichs entsprechend.

(7) Bei Anwendung des Absatzes 2a gelten die Absätze 3 und 5 mit der Maßgabe, dass der Unterschiedsbetrag in Teil-Unterschiedsbeträge mit jeweils gleichem Zinslaufbeginn aufzuteilen ist; für jeden Teil-Unterschiedsbetrag sind Zinsen gesondert und in der zeitlichen Reihenfolge der Teil-Unterschiedsbeträge zu berechnen, beginnend mit den Zinsen auf den Teil-Unterschiedsbetrag mit dem ältesten Zinslaufbeginn. Ergibt sich ein Teil-Unterschiedsbetrag

---
1) zu § 233a: Siehe Änderung laut Gesetzentwurf (S. 218c)

zugunsten des Steuerpflichtigen, entfallen auf diesen Betrag festgesetzte Zinsen frühestens ab Beginn des für diesen Teil-Unterschiedsbetrag maßgebenden Zinslaufs; Zinsen für den Zeitraum bis zum Beginn des Zinslaufs dieses Teil-Unterschiedsbetrags bleiben endgültig bestehen. Dies gilt auch, wenn zuvor innerhalb derselben Zinsberechnung Zinsen auf einen Teil-Unterschiedsbetrag zuungunsten des Steuerpflichtigen berechnet worden sind.

§ 234
Stundungszinsen

(1) Für die Dauer einer gewährten Stundung von Ansprüchen aus dem Steuerschuldverhältnis werden Zinsen erhoben. Wird der Steuerbescheid nach Ablauf der Stundung aufgehoben, geändert oder nach § 129 berichtigt, so bleiben die bis dahin entstandenen Zinsen unberührt.

(2) Auf die Zinsen kann ganz oder teilweise verzichtet werden, wenn ihre Erhebung nach Lage des einzelnen Falles unbillig wäre.

(3) Zinsen nach § 233a, die für denselben Zeitraum festgesetzt wurden, sind anzurechnen.

§ 235
Verzinsung von hinterzogenen Steuern

(1) Hinterzogene Steuern sind zu verzinsen. Zinsschuldner ist derjenige, zu dessen Vorteil die Steuern hinterzogen worden sind. Wird die Steuerhinterziehung dadurch begangen, dass ein anderer als der Steuerschuldner seine Verpflichtung, einbehaltene Steuern an die Finanzbehörde abzuführen oder Steuern zu Lasten eines anderen zu entrichten, nicht erfüllt, so ist dieser Zinsschuldner.

(2) Der Zinslauf beginnt mit dem Eintritt der Verkürzung oder der Erlangung des Steuervorteils, es sei denn, dass die hinterzogenen Beträge ohne die Steuerhinterziehung erst später fällig geworden wären. In diesem Fall ist der spätere Zeitpunkt maßgebend.

(3) Der Zinslauf endet mit der Zahlung der hinterzogenen Steuern. Für eine Zeit, für die ein Säumniszuschlag verwirkt, die Zahlung gestundet oder die Vollziehung ausgesetzt ist, werden Zinsen nach dieser Vorschrift nicht erhoben. Wird der Steuerbescheid nach Ende des Zinslaufs aufgehoben, geändert oder nach § 129 berichtigt, so bleiben die bis dahin entstandenen Zinsen unberührt.

(4) Zinsen nach § 233a, die für denselben Zeitraum festgesetzt wurden, sind anzurechnen.

§ 236
Prozesszinsen auf Erstattungsbeträge

(1) Wird durch eine rechtskräftige gerichtliche Entscheidung oder auf Grund einer solchen Entscheidung eine festgesetzte Steuer herabgesetzt oder eine Steuervergütung gewährt, so ist der zu erstattende oder zu vergütende Betrag vorbehaltlich des Absatzes 3 vom Tag der Rechtshängigkeit an bis zum Auszahlungstag zu verzinsen. Ist der zu erstattende Betrag erst nach Eintritt der Rechtshängigkeit entrichtet worden, so beginnt die Verzinsung mit dem Tag der Zahlung.

(2) Absatz 1 ist entsprechend anzuwenden, wenn
1. sich der Rechtsstreit durch Aufhebung oder Änderung des angefochtenen Verwaltungsakts oder durch Erlass des beantragten Verwaltungsakts erledigt oder
2. eine rechtskräftige gerichtliche Entscheidung oder ein unanfechtbarer Verwaltungsakt, durch den sich der Rechtsstreit erledigt hat,
   a) zur Herabsetzung der in einem Folgebescheid festgesetzten Steuer,
   b) zur Herabsetzung der Gewerbesteuer nach Änderung des Gewerbesteuermessbetrags

führt.

(3) Ein zu erstattender oder zu vergütender Betrag wird nicht verzinst, soweit dem Beteiligten die Kosten des Rechtsbehelfs nach § 137 Satz 1 der Finanzgerichtsordnung auferlegt worden sind.

(4) Zinsen nach § 233a, die für denselben Zeitraum festgesetzt wurden, sind anzurechnen.

(5) Ein Zinsbescheid ist nicht aufzuheben oder zu ändern, wenn der Steuerbescheid nach Abschluss des Rechtsbehelfsverfahrens aufgehoben, geändert oder nach § 129 berichtigt wird.

§ 237
Zinsen bei Aussetzung der Vollziehung

(1) Soweit ein Einspruch oder eine Anfechtungsklage gegen einen Steuerbescheid, eine Steueranmeldung oder einen Verwaltungsakt, der einen Steuervergütungsbescheid aufhebt oder ändert, oder gegen eine Einspruchsentscheidung über einen dieser Verwaltungsakte endgültig keinen Erfolg hat, ist der geschuldete Betrag, hinsichtlich dessen die Vollziehung des angefochtenen Verwaltungsakts ausgesetzt wurde, zu verzinsen. Satz 1 gilt entsprechend, wenn nach Einlegung eines förmlichen außergerichtlichen oder gerichtlichen Rechtsbehelfs gegen einen Grundlagenbescheid (§ 171 Abs. 10) oder eine Rechtsbehelfsentscheidung über einen Grundlagenbescheid die Vollziehung eines Folgebescheids ausgesetzt wurde.

(2) Zinsen werden erhoben vom Tag des Eingangs des außergerichtlichen Rechtsbehelfs bei der Behörde, deren Verwaltungsakt angefochten wird, oder vom Tag der Rechtshängigkeit beim Gericht an bis zum Tag, an dem die Aussetzung der Vollziehung endet. Ist die Vollziehung erst nach dem Eingang des außergerichtlichen Rechtsbehelfs oder erst nach der Rechtshängigkeit ausgesetzt worden, so beginnt die Verzinsung mit dem Tag, an dem die Wirkung der Aussetzung der Vollziehung beginnt.

(3) Absätze 1 und 2 sind entsprechend anzuwenden, wenn nach Aussetzung der Vollziehung des Einkommensteuerbescheids, des Körperschaftsteuerbescheids oder eines Feststellungsbescheids die Vollziehung eines Gewerbesteuermessbescheids oder Gewerbesteuerbescheids ausgesetzt wird.

(4) § 234 Abs. 2 und 3 gelten entsprechend.

(5) Ein Zinsbescheid ist nicht aufzuheben oder zu ändern, wenn der Steuerbescheid nach Abschluss des Rechtsbehelfsverfahrens aufgehoben, geändert oder nach § 129 berichtigt wird.

§ 238 [1]
Höhe und Berechnung der Zinsen

(1) Die Zinsen betragen für jeden Monat einhalb Prozent. Sie sind von dem Tag an, an dem der Zinslauf beginnt, nur für volle Monate zu zahlen; angefangene Monate bleiben außer Ansatz. Erlischt der zu verzinsende Anspruch durch Aufrechnung, gilt der Tag, an dem die Schuld des Aufrechnenden fällig wird, als Tag der Zahlung.

(2) Für die Berechnung der Zinsen wird der zu verzinsende Betrag jeder Steuerart auf den nächsten durch 50 Euro teilbaren Betrag abgerundet.

§ 239 [1]
Festsetzung der Zinsen

(1) Auf die Zinsen sind die für die Steuern geltenden Vorschriften entsprechend anzuwenden, jedoch beträgt die Festsetzungsfrist ein Jahr. Die Festsetzungsfrist beginnt:
1. in den Fällen des § 233a mit Ablauf des Kalenderjahrs, in dem die Steuer festgesetzt, aufgehoben, geändert oder nach § 129 berichtigt worden ist,
2. in den Fällen des § 234 mit Ablauf des Kalenderjahrs, in dem die Stundung geendet hat,
3. in den Fällen des § 235 mit Ablauf des Kalenderjahrs, in dem die Festsetzung der hinterzogenen Steuern unanfechtbar geworden ist, jedoch nicht vor Ablauf des Kalenderjahrs, in dem ein eingeleitetes Strafverfahren rechtskräftig abgeschlossen worden ist,
4. in den Fällen des § 236 mit Ablauf des Kalenderjahrs, in dem die Steuer erstattet oder die Steuervergütung ausgezahlt worden ist,
5. in den Fällen des § 237 mit Ablauf des Kalenderjahrs, in dem ein Einspruch oder eine Anfechtungsklage endgültig erfolglos geblieben ist.

---

[1] zu §§ 238 und 239: Siehe Änderung laut Gesetzentwurf (S. 218c)

Die Festsetzungsfrist läuft in den Fällen des § 233a nicht ab, solange die Steuerfestsetzung, ihre Aufhebung, ihre Änderung oder ihre Berichtigung nach § 129 noch zulässig ist.

(2) Zinsen sind auf volle Euro zum Vorteil des Steuerpflichtigen gerundet festzusetzen. Sie werden nur dann festgesetzt, wenn sie mindestens 10 Euro betragen.

(3) Werden Besteuerungsgrundlagen gesondert festgestellt oder wird ein Steuermessbetrag festgesetzt, sind die Grundlagen für eine Festsetzung von Zinsen

1. nach § 233a in den Fällen des § 233a Absatz 2a oder
2. nach § 235

gesondert festzustellen, soweit diese an Sachverhalte anknüpfen, die Gegenstand des Grundlagenbescheids sind.

(4) Werden wegen einer Steueranmeldung, die nach § 168 Satz 1 einer Steuerfestsetzung unter Vorbehalt der Nachprüfung gleichsteht, Zinsen nach § 233a festgesetzt, so steht diese Zinsfestsetzung ebenfalls unter dem Vorbehalt der Nachprüfung.

2. Unterabschnitt: Säumniszuschläge

§ 240 Säumniszuschläge

(1) Wird eine Steuer nicht bis zum Ablauf des Fälligkeitstages entrichtet, so ist für jeden angefangenen Monat der Säumnis ein Säumniszuschlag von einem Prozent des abgerundeten rückständigen Steuerbetrags zu entrichten; abzurunden ist auf den nächsten durch 50 Euro teilbaren Betrag. Das Gleiche gilt für zurückzuzahlende Steuervergütungen und Haftungsschulden, soweit sich die Haftung auf Steuern und zurückzuzahlende Steuervergütungen erstreckt. Die Säumnis nach Satz 1 tritt nicht ein, bevor die Steuer festgesetzt oder angemeldet worden ist. Wird die Festsetzung einer Steuer oder Steuervergütung aufgehoben, geändert oder nach § 129 berichtigt, so bleiben die bis dahin verwirkten Säumniszuschläge unberührt; das Gleiche gilt, wenn ein Haftungsbescheid zurückgenommen, widerrufen oder nach § 129 berichtigt wird. Erlischt der Anspruch durch Aufrechnung, bleiben Säumniszuschläge unberührt, die bis zur Fälligkeit der Schuld des Aufrechnenden entstanden sind.

(2) Säumniszuschläge entstehen nicht bei steuerlichen Nebenleistungen.

(3) Ein Säumniszuschlag wird bei einer Säumnis bis zu drei Tagen nicht erhoben. Dies gilt nicht bei Zahlung nach § 224 Abs. 2 Nr. 1.

(4) In den Fällen der Gesamtschuld entstehen Säumniszuschläge gegenüber jedem säumigen Gesamtschuldner. Insgesamt ist jedoch kein höherer Säumniszuschlag zu entrichten als verwirkt worden wäre, wenn die Säumnis nur bei einem Gesamtschuldner eingetreten wäre.

Dritter Abschnitt: Sicherheitsleistung

§ 241 Art der Sicherheitsleistung

(1) Wer nach den Steuergesetzen Sicherheit zu leisten hat, kann diese erbringen

1. durch Hinterlegung von im Geltungsbereich dieses Gesetzes umlaufenden Zahlungsmitteln bei der zuständigen Finanzbehörde,
2. durch Verpfändung der in Absatz 2 genannten Wertpapiere, die von dem zur Sicherheitsleistung Verpflichteten der Deutschen Bundesbank oder einem Kreditinstitut zur Verwahrung anvertraut worden sind, das zum Depotgeschäft zugelassen ist, wenn dem Pfandrecht keine anderen Rechte vorgehen. Die Haftung der Wertpapiere für Forderungen des Verwahrers für ihre Verwahrung und Verwaltung bleibt unberührt. Der Verpfändung von Wertpapieren steht die Verpfändung von Anteilen an einem Sammelbestand nach § 6 des Depotgesetzes in der im Bundesgesetzblatt Teil III, Gliederungsnummer 4130-1, veröffentlichten bereinigten Fassung, zuletzt geändert durch Artikel 1 des Gesetzes vom 17. Juli 1985 (BGBl. I S. 1507), gleich,
3. durch eine mit der Übergabe des Sparbuches verbundene Verpfändung von Spareinlagen bei einem Kreditinstitut, das im Geltungsbereich dieses Gesetzes zum Einlagengeschäft zugelassen ist, wenn dem Pfandrecht keine anderen Rechte vorgehen,
4. durch Verpfändung von Forderungen, die in einem Schuldbuch des Bundes, eines Sondervermögens des Bundes oder eines Landes eingetragen sind, wenn dem Pfandrecht keine anderen Rechte vorgehen,
5. durch Bestellung von
   a) erstrangigen Hypotheken, Grund- oder Rentenschulden an Grundstücken oder Erbbaurechten, die im Geltungsbereich dieses Gesetzes belegen sind,
   b) erstrangigen Schiffshypotheken an Schiffen, Schiffsbauwerken oder Schwimmdocks, die in einem im Geltungsbereich dieses Gesetzes geführten Schiffsregister oder Schiffsbauregister eingetragen sind,
6. durch Verpfändung von Forderungen, für die eine erstrangige Verkehrshypothek an einem im Geltungsbereich dieses Gesetzes belegenen Grundstück oder Erbbaurecht besteht, oder durch Verpfändung von erstrangigen Grundschulden oder Rentenschulden an im Geltungsbereich dieses Gesetzes belegenen Grundstücken oder Erbbaurechten, wenn an den Forderungen, Grundschulden oder Rentenschulden keine vorgehenden Rechte bestehen,
7. durch Schuldversprechen, Bürgschaft oder Wechselverpflichtungen eines tauglichen Steuerbürgen (§ 244).

(2) Wertpapiere im Sinne von Absatz 1 Nr. 2 sind

1. Schuldverschreibungen des Bundes, eines Sondervermögens des Bundes, eines Landes, einer Gemeinde oder eines Gemeindeverbandes,
2. Schuldverschreibungen zwischenstaatlicher Einrichtungen, denen der Bund Hoheitsrechte übertragen hat, wenn sie im Geltungsbereich dieses Gesetzes zum amtlichen Börsenhandel zugelassen sind,
3. Schuldverschreibungen der Deutschen Genossenschaftsbank, der Deutschen Siedlungs- und Landesrentenbank, der Deutschen Ausgleichsbank, der Kreditanstalt für Wiederaufbau und der Landwirtschaftlichen Rentenbank,
4. Pfandbriefe, Kommunalobligationen und verwandte Schuldverschreibungen,
5. Schuldverschreibungen, deren Verzinsung und Rückzahlung vom Bund oder von einem Land gewährleistet werden.

(3) Ein unter Steuerverschluss befindliches Lager steuerpflichtiger Waren gilt als ausreichende Sicherheit für die darauf lastende Steuer.

§ 242 Wirkung der Hinterlegung von Zahlungsmitteln

Zahlungsmittel, die nach § 241 Abs. 1 Nr. 1 hinterlegt werden, gehen in das Eigentum der Körperschaft über, der die Finanzbehörde angehört, bei der sie hinterlegt worden sind. Die Forderung auf Rückzahlung ist nicht zu verzinsen. Mit der Hinterlegung erwirbt die Körperschaft, deren Forderung durch die Hinterlegung gesichert werden soll, ein Pfandrecht an der Forderung auf Rückerstattung der hinterlegten Zahlungsmittel.

§ 243 Verpfändung von Wertpapieren

Die Sicherheitsleistung durch Verpfändung von Wertpapieren nach § 241 Abs. 1 Nr. 2 ist nur zulässig, wenn der Verwahrer die Gewähr für die Umlauffähigkeit übernimmt. Die Übernahme dieser Gewähr umfasst die Haftung dafür,

1. dass das Rückforderungsrecht des Hinterlegers durch gerichtliche Sperre und Beschlagnahme nicht beschränkt ist,
2. dass die anvertrauten Wertpapiere in den Sammellisten aufgerufener Wertpapiere nicht als gestohlen oder als verloren gemeldet und weder mit Zahlungssperre belegt noch zur Kraftloserklärung aufgeboten oder für kraftlos erklärt worden sind,

3. dass die Wertpapiere auf den Inhaber lauten, oder, falls sie auf den Namen ausgestellt sind, mit Blankoindossament versehen und auch sonst nicht gesperrt sind, und dass die Zinsscheine und die Erneuerungsscheine bei den Stücken sind.

Zweiter Abschnitt
Vollstreckung wegen Geldforderungen
1. Unterabschnitt:
Allgemeine Vorschriften

§ 259
Mahnung

Der Vollstreckungsschuldner soll in der Regel vor Beginn der Vollstreckung mit einer Zahlungsfrist von einer Woche gemahnt werden. Einer Mahnung bedarf es nicht, wenn der Vollstreckungsschuldner vor Eintritt der Fälligkeit an die Zahlung erinnert wird. An die Zahlung kann auch durch öffentliche Bekanntmachung allgemein erinnert werden.

§ 260
Angabe des Schuldgrundes

Im Vollstreckungsauftrag oder in der Pfändungsverfügung ist für die beizutreibenden Geldbeträge der Schuldgrund anzugeben.

§ 261
Niederschlagung

Ansprüche aus dem Steuerschuldverhältnis dürfen niedergeschlagen werden, wenn zu erwarten ist, dass
1. die Erhebung keinen Erfolg haben wird oder
2. die Kosten der Erhebung außer Verhältnis zu dem zu erhebenden Betrag stehen werden.

§ 262
Rechte Dritter

(1) Behauptet ein Dritter, dass ihm am Gegenstand der Vollstreckung ein die Veräußerung hinderndes Recht zustehe oder werden Einwendungen nach den §§ 772 bis 774 der Zivilprozessordnung erhoben, so ist der Widerspruch gegen die Vollstreckung erforderlichenfalls durch Klage vor den ordentlichen Gerichten geltend zu machen. Als Dritter gilt auch, wer zur Duldung der Vollstreckung in ein Vermögen, das von ihm verwaltet wird, verpflichtet ist, wenn er geltend macht, dass ihm gehörende Gegenstände von der Vollstreckung betroffen seien. Welche Rechte die Veräußerung hindern, bestimmt sich nach bürgerlichem Recht.

(2) Für die Einstellung der Vollstreckung und die Aufhebung von Vollstreckungsmaßnahmen gelten die §§ 769 und 770 der Zivilprozessordnung.

(3) Die Klage ist ausschließlich bei dem Gericht zu erheben, in dessen Bezirk die Vollstreckung erfolgt. Wird die Klage gegen die Körperschaft, der die Vollstreckungsbehörde angehört, und gegen den Vollstreckungsschuldner gerichtet, so sind sie Streitgenossen.

§ 263
Vollstreckung gegen Ehegatten oder Lebenspartner

Für die Vollstreckung gegen Ehegatten oder Lebenspartner sind die Vorschriften der §§ 739, 740, 741, 743, 744a und 745 der Zivilprozessordnung entsprechend anzuwenden.

§ 264
Vollstreckung gegen Nießbraucher

Für die Vollstreckung in Gegenstände, die dem Nießbrauch an einem Vermögen unterliegen, ist die Vorschrift des § 737 der Zivilprozessordnung entsprechend anzuwenden.

§ 265
Vollstreckung gegen Erben

Für die Vollstreckung gegen Erben sind die Vorschriften der §§ 1958, 1960 Abs. 3, § 1961 des Bürgerlichen Gesetzbuchs sowie der §§ 747, 748, 778, 779, 781 bis 784 der Zivilprozessordnung entsprechend anzuwenden.

§ 266
Sonstige Fälle beschränkter Haftung

Die Vorschriften der §§ 781 bis 784 der Zivilprozessordnung sind auf die nach § 1489 des Bürgerlichen Gesetzbuchs eintretende beschränkte Haftung, die Vorschrift des § 781 der Zivilprozessordnung ist auf die nach den §§ 1480, 1504 und 2187 des Bürgerlichen Gesetzbuchs eintretende beschränkte Haftung entsprechend anzuwenden.

§ 267
Vollstreckungsverfahren gegen nicht rechtsfähige Personenvereinigungen

Bei nicht rechtsfähigen Personenvereinigungen, die als solche steuerpflichtig sind, genügt für die Vollstreckung in deren Vermögen ein vollstreckbarer Verwaltungsakt gegen die Personenvereinigung. Dies gilt entsprechend für Zweckvermögen und sonstige einer juristischen Person ähnliche steuerpflichtige Gebilde.

Siebenter Teil
Außergerichtliches Rechtsbehelfsverfahren
Erster Abschnitt:
Zulässigkeit

§ 347
Statthaftigkeit des Einspruchs

(1) Gegen Verwaltungsakte
1. in Abgabenangelegenheiten, auf die dieses Gesetz Anwendung findet,
2. in Verfahren zur Vollstreckung von Verwaltungsakten in anderen als den in Nummer 1 bezeichneten Angelegenheiten, soweit die Verwaltungsakte durch Bundesfinanzbehörden oder Landesfinanzbehörden nach den Vorschriften dieses Gesetzes zu vollstrecken sind,
3. in öffentlich-rechtlichen und berufsrechtlichen Angelegenheiten, auf die dieses Gesetz nach § 164a des Steuerberatungsgesetzes Anwendung findet,
4. in anderen durch die Finanzbehörden verwalteten Angelegenheiten, soweit die Vorschriften über die außergerichtlichen Rechtsbehelfe durch Gesetz für anwendbar erklärt worden sind oder erklärt werden,

ist als Rechtsbehelf der Einspruch statthaft. Der Einspruch ist außerdem statthaft, wenn geltend gemacht wird, dass in den in Satz 1 bezeichneten Angelegenheiten über einen vom Einspruchsführer gestellten Antrag auf Erlass eines Verwaltungsakts ohne Mitteilung eines zureichenden Grundes binnen angemessener Frist sachlich nicht entschieden worden ist.

(2) Abgabenangelegenheiten sind alle mit der Verwaltung der Abgaben einschließlich der Abgabenvergütungen oder sonst mit der Anwendung der abgabenrechtlichen Vorschriften durch die Finanzbehörden zusammenhängenden Angelegenheiten einschließlich der Maßnahmen der Bundesfinanzbehörden zur Beachtung der Verbote und Beschränkungen für den Warenverkehr über die Grenze; den Abgabenangelegenheiten stehen die Angelegenheiten der Verwaltung der Finanzmonopole gleich.

(3) Die Vorschriften des Siebenten Teils finden auf das Straf- und Bußgeldverfahren keine Anwendung.

§ 348
Ausschluss des Einspruchs

Der Einspruch ist nicht statthaft
1. gegen Einspruchsentscheidungen (§ 367),
2. bei Nichtentscheidung über einen Einspruch,
3. gegen Verwaltungsakte der obersten Finanzbehörden des Bundes und der Länder, außer wenn ein Gesetz das Einspruchsverfahren vorschreibt,
4. gegen Entscheidungen in Angelegenheiten des Zweiten und Sechsten Abschnitts des Zweiten Teils des Steuerberatungsgesetzes,
5. (weggefallen),
6. in den Fällen des § 172 Abs. 3.

§ 350
Beschwer

Befugt, Einspruch einzulegen, ist nur, wer geltend macht, durch einen Verwaltungsakt oder dessen Unterlassung beschwert zu sein.

§ 351
Bindungswirkung anderer Verwaltungsakte

(1) Verwaltungsakte, die unanfechtbare Verwaltungsakte ändern, können nur insoweit angegriffen werden, als die Änderung reicht, es sei denn, dass sich aus den Vorschriften über die Aufhebung und Änderung von Verwaltungsakten etwas anderes ergibt.

(2) Entscheidungen in einem Grundlagenbescheid (§ 171 Abs. 10) können nur durch Anfechtung dieses Bescheids, nicht auch durch Anfechtung des Folgebescheids, angegriffen werden.

Zweiter Abschnitt: Verfahrensvorschriften

§ 355
Einspruchsfrist

(1) Der Einspruch nach § 347 Abs. 1 Satz 1 ist innerhalb eines Monats nach Bekanntgabe des Verwaltungsakts einzulegen. Ein Einspruch gegen eine Steueranmeldung ist innerhalb eines Monats nach Eingang der Steueranmeldung bei der Finanzbehörde, in den Fällen des § 168 Satz 2 innerhalb eines Monats nach Bekanntwerden der Zustimmung, einzulegen.

(2) Der Einspruch nach § 347 Abs. 1 Satz 2 ist unbefristet.

§ 356
Rechtsbehelfsbelehrung

(1) Ergeht ein Verwaltungsakt schriftlich oder elektronisch, so beginnt die Frist für die Einlegung des Einspruchs nur, wenn der Beteiligte über den Einspruch und die Finanzbehörde, bei der er einzulegen ist, deren Sitz und die einzuhaltende Frist in der für den Verwaltungsakt verwendeten Form belehrt worden ist.

(2) Ist die Belehrung unterblieben oder unrichtig erteilt, so ist die Einlegung des Einspruchs nur binnen eines Jahres seit Bekanntgabe des Verwaltungsaktes zulässig, es sei denn, dass die Einlegung vor Ablauf der Jahresfrist infolge höherer Gewalt unmöglich war oder schriftlich oder elektronisch darüber belehrt wurde, dass ein Einspruch nicht gegeben sei. § 110 Abs. 2 gilt für den Fall höherer Gewalt sinngemäß.

§ 357
Einlegung des Einspruchs

(1) Der Einspruch ist schriftlich oder elektronisch einzureichen oder zur Niederschrift zu erklären. Es genügt, wenn aus dem Einspruch hervorgeht, wer ihn eingelegt hat. Unrichtige Bezeichnung des Einspruchs schadet nicht.

(2) Der Einspruch ist bei der Behörde anzubringen, deren Verwaltungsakt angefochten wird oder bei der ein Antrag auf Erlass eines Verwaltungsaktes gestellt worden ist. Ein Einspruch, der sich gegen die Feststellung von Besteuerungsgrundlagen oder gegen die Festsetzung eines Steuermessbetrags richtet, kann auch bei der zur Erteilung des Steuerbescheids zuständigen Behörde angebracht werden. Ein Einspruch, der sich gegen einen Verwaltungsakt richtet, den eine Behörde auf Grund gesetzlicher Vorschrift für die zuständige Finanzbehörde erlassen hat, kann auch bei der zuständigen Finanzbehörde angebracht werden. Die schriftliche oder elektronische Anbringung bei einer anderen Behörde ist unschädlich, wenn der Einspruch vor Ablauf der Einspruchsfrist einer der Behörden übermittelt wird, bei der er nach den Sätzen 1 bis 3 angebracht werden kann.

(3) Bei der Einlegung soll der Verwaltungsakt bezeichnet werden, gegen den der Einspruch gerichtet ist. Es soll angegeben werden, inwieweit der Verwaltungsakt angefochten und seine Aufhebung beantragt wird. Ferner sollen die Tatsachen, die zur Begründung dienen, und die Beweismittel angeführt werden.

§ 361
Aussetzung der Vollziehung

(1) Durch Einlegung des Einspruchs wird die Vollziehung des angefochtenen Verwaltungsakts vorbehaltlich des Absatzes 4 nicht gehemmt, insbesondere die Erhebung einer Abgabe nicht aufgehalten. Entsprechendes gilt bei Anfechtung von Grundlagenbescheiden für die darauf beruhenden Folgebescheide.

(2) Die Finanzbehörde, die den angefochtenen Verwaltungsakt erlassen hat, kann die Vollziehung ganz oder teilweise aussetzen; § 367 Abs. 1 Satz 2 gilt sinngemäß. Auf Antrag soll die Aussetzung erfolgen, wenn ernstliche Zweifel an der Rechtmäßigkeit des angefochtenen Verwaltungsakts bestehen oder wenn die Vollziehung für die betroffene Person eine unbillige, nicht durch überwiegende öffentliche Interessen gebotene Härte zur Folge hätte. Ist der Verwaltungsakt schon vollzogen, tritt an die Stelle der Aussetzung der Vollziehung die Aufhebung der Vollziehung. Bei Steuerbescheiden sind die Aussetzung und die Aufhebung der Vollziehung auf die festgesetzte Steuer, vermindert um die anzurechnenden Steuerabzugsbeträge, um die anzurechnende Körperschaftsteuer und um die festgesetzten Vorauszahlungen, beschränkt; dies gilt nicht, wenn die Aussetzung oder Aufhebung der Vollziehung zur Abwendung wesentlicher Nachteile nötig erscheint. Die Aussetzung kann von einer Sicherheitsleistung abhängig gemacht werden.

(3) Soweit die Vollziehung eines Grundlagenbescheids ausgesetzt wird, ist auch die Vollziehung eines Folgebescheids auszusetzen. Der Erlass eines Folgebescheids bleibt zulässig. Über eine Sicherheitsleistung ist bei der Aussetzung eines Folgebescheids zu entscheiden, es sei denn, dass bei der Aussetzung der Vollziehung des Grundlagenbescheids die Sicherheitsleistung ausdrücklich ausgeschlossen worden ist.

(4) Durch Einlegung eines Einspruchs gegen die Untersagung des Gewerbebetriebs oder der Berufsausübung wird die Vollziehung des angefochtenen Verwaltungsakts gehemmt. Die Finanzbehörde, die den Verwaltungsakt erlassen hat, kann die hemmende Wirkung durch besondere Anordnung ganz oder zum Teil beseitigen, wenn sie es im öffentlichen Interesse für geboten hält; sie hat das öffentliche Interesse schriftlich zu begründen. § 367 Abs. 1 Satz 2 gilt sinngemäß.

(5) Gegen die Ablehnung der Aussetzung der Vollziehung kann das Gericht nur nach § 69 Abs. 3 und 5 Satz 3 der Finanzgerichtsordnung angerufen werden.

§ 362
Rücknahme des Einspruchs

(1) Der Einspruch kann bis zur Bekanntgabe der Entscheidung über den Einspruch zurückgenommen werden. § 357 Abs. 1 und 2 gilt sinngemäß.

(1a) Soweit Besteuerungsgrundlagen für ein Verständigungs- oder ein Schiedsverfahren nach einem Vertrag im Sinne des § 2 von Bedeutung sein können, kann der Einspruch hierauf begrenzt zurückgenommen werden. § 354 Abs. 1a Satz 2 gilt entsprechend.

(2) Die Rücknahme hat den Verlust des eingelegten Einspruchs zur Folge. Wird nachträglich die Unwirksamkeit der Rücknahme geltend gemacht, so gilt § 110 Abs. 3 sinngemäß.

§ 363
Aussetzung und Ruhen des Verfahrens

(1) Hängt die Entscheidung ganz oder zum Teil von dem Bestehen oder Nichtbestehen eines Rechtsverhältnisses ab, das den Gegenstand eines anhängigen Rechtsstreits bildet oder von einem Gericht oder einer Verwaltungsbehörde festzustellen ist, kann die Finanzbehörde die Entscheidung bis zur Erledigung des anderen Rechtsstreits oder bis zur Entscheidung des Gerichts oder der Verwaltungsbehörde aussetzen.

(2) Die Finanzbehörde kann das Verfahren mit Zustimmung des Einspruchsführers ruhen lassen, wenn das aus wichtigen Gründen zweckmäßig erscheint. Ist wegen der Verfassungsmäßigkeit einer Rechtsnorm oder wegen einer Rechtsfrage ein Verfahren bei dem Gerichtshof der Europäischen Union, dem Bundesverfassungsgericht oder einem obersten Bundesgericht anhängig und wird der Einspruch hierauf gestützt, ruht das Einspruchsverfahren insoweit; dies gilt nicht, soweit nach § 165 Abs. 1 Satz 2 Nr. 3 oder Nr. 4 die Steuer vorläufig festgesetzt wurde. Mit Zustimmung der obersten Finanzbehörde kann durch öffentlich bekannt zu gebende Allgemeinverfügung für bestimmte Gruppen gleichgelagerter Fälle angeordnet werden, dass Einspruchsverfahren insoweit auch

in anderen als den in den Sätzen 1 und 2 genannten Fällen ruhen. Das Einspruchsverfahren ist fortzusetzen, wenn der Einspruchsführer dies beantragt oder die Finanzbehörde dies dem Einspruchsführer mitteilt.

(3) Wird ein Antrag auf Aussetzung oder Ruhen des Verfahrens abgelehnt oder die Aussetzung oder das Ruhen des Verfahrens widerrufen, kann die Rechtswidrigkeit der Ablehnung oder des Widerrufs nur durch Klage gegen die Einspruchsentscheidung geltend gemacht werden.

§ 364
Offenlegung der Besteuerungsunterlagen

Den Beteiligten sind, soweit es noch nicht geschehen ist, die Unterlagen der Besteuerung auf Antrag oder, wenn die Begründung des Einspruchs dazu Anlass gibt, von Amts wegen offenzulegen.

§ 364a
Erörterung des Sach- und Rechtsstands

(1) Auf Antrag eines Einspruchsführers soll die Finanzbehörde vor Erlass einer Einspruchsentscheidung den Sach- und Rechtsstand erörtern. Weitere Beteiligte können hierzu geladen werden, wenn die Finanzbehörde dies für sachdienlich hält. Die Finanzbehörde kann auch ohne Antrag eines Einspruchsführers diesen und weitere Beteiligte zu einer Erörterung laden.

(2) Von einer Erörterung mit mehr als zehn Beteiligten kann die Finanzbehörde absehen. Bestellen die Beteiligten innerhalb einer von der Finanzbehörde bestimmten angemessenen Frist einen gemeinsamen Vertreter, soll der Sach- und Rechtsstand mit diesem erörtert werden.

(3) Die Beteiligten können sich durch einen Bevollmächtigten vertreten lassen. Sie können auch persönlich zur Erörterung geladen werden, wenn die Finanzbehörde dies für sachdienlich hält.

(4) Das Erscheinen kann nicht nach § 328 erzwungen werden.

§ 364b
Fristsetzung

(1) Die Finanzbehörde kann dem Einspruchsführer eine Frist setzen

1. zur Angabe der Tatsachen, durch deren Berücksichtigung oder Nichtberücksichtigung er sich beschwert fühlt,
2. zur Erklärung über bestimmte klärungsbedürftige Punkte,
3. zur Bezeichnung von Beweismitteln oder zur Vorlage von Urkunden, soweit er dazu verpflichtet ist.

(2) Erklärungen und Beweismittel, die erst nach Ablauf der nach Absatz 1 gesetzten Frist vorgebracht werden, sind nicht zu berücksichtigen. § 367 Abs. 2 Satz 2 bleibt unberührt. Bei Überschreitung der Frist gilt § 110 entsprechend.

(3) Der Einspruchsführer ist mit der Fristsetzung über die Rechtsfolgen nach Absatz 2 zu belehren.

§ 365
Anwendung von Verfahrensvorschriften

(1) Für das Verfahren über den Einspruch gelten im Übrigen die Vorschriften sinngemäß, die für den Erlass des angefochtenen oder des begehrten Verwaltungsakts gelten.

(2) In den Fällen des § 93 Abs. 5, des § 96 Abs. 7 Satz 2 und der §§ 98 bis 100 ist den Beteiligten und ihren Bevollmächtigten und Beiständen (§ 80) Gelegenheit zu geben, an der Beweisaufnahme teilzunehmen.

(3) Wird der angefochtene Verwaltungsakt geändert oder ersetzt, so wird der neue Verwaltungsakt Gegenstand des Einspruchsverfahrens. Satz 1 gilt entsprechend, wenn

1. ein Verwaltungsakt nach § 129 berichtigt wird oder
2. ein Verwaltungsakt an die Stelle eines angefochtenen unwirksamen Verwaltungsakts tritt.

§ 366
Form, Inhalt und Erteilung der Einspruchsentscheidung

Die Einspruchsentscheidung ist zu begründen, mit einer Rechtsbehelfsbelehrung zu versehen und den Beteiligten schriftlich oder elektronisch zu erteilen. Betrifft die Einspruchsentscheidung eine gesonderte und einheitliche Feststellung im Sinne des § 180 Absatz 1 Satz 1 Nummer 2 Buchstabe a und sind mehr als 50 Personen gemäß § 359 am Verfahren beteiligt, so kann auf die Nennung sämtlicher Einspruchsführer und Hinzugezogenen im Rubrum der Einspruchsentscheidung verzichtet werden, wenn dort die Person, der diese Einspruchsentscheidung jeweils bekannt gegeben wird, und die Anzahl der übrigen nicht namentlich bezeichneten Beteiligten angegeben wird.

§ 367
Entscheidung über den Einspruch

(1) Über den Einspruch entscheidet die Finanzbehörde, die den Verwaltungsakt erlassen hat, durch Einspruchsentscheidung. Ist für den Steuerfall nachträglich eine andere Finanzbehörde zuständig geworden, so entscheidet diese Finanzbehörde; § 26 Satz 2 bleibt unberührt.

(2) Die Finanzbehörde, die über den Einspruch entscheidet, hat die Sache in vollem Umfang erneut zu prüfen. Der Verwaltungsakt kann auch zum Nachteil des Einspruchsführers geändert werden, wenn dieser auf die Möglichkeit einer verbösernden Entscheidung unter Angabe von Gründen hingewiesen und ihm Gelegenheit gegeben worden ist, sich hierzu zu äußern. Einer Einspruchsentscheidung bedarf es nur insoweit, als die Finanzbehörde dem Einspruch nicht abhilft.

(2a) Die Finanzbehörde kann vorab über Teile des Einspruchs entscheiden, wenn dies sachdienlich ist. Sie hat in dieser Entscheidung zu bestimmen, hinsichtlich welcher Teile Bestandskraft nicht eintreten soll.

(2b) Anhängige Einsprüche, die eine vom Gerichtshof der Europäischen Union vom Bundesverfassungsgericht oder vom Bundesfinanzhof entschiedene Rechtsfrage betreffen und denen nach dem Ausgang des Verfahrens vor diesen Gerichten nicht abgeholfen werden kann, können durch Allgemeinverfügung insoweit zurückgewiesen werden. Sachlich zuständig für den Erlass der Allgemeinverfügung ist die oberste Finanzbehörde. Die Allgemeinverfügung ist im Bundessteuerblatt und auf den Internetseiten des Bundesministeriums der Finanzen zu veröffentlichen. Sie gilt am Tag nach der Herausgabe des Bundessteuerblattes, in dem sie veröffentlicht wird, als bekannt gegeben. Abweichend von § 47 Abs. 1 der Finanzgerichtsordnung endet die Klagefrist mit Ablauf eines Jahres nach dem Tag der Bekanntgabe. § 63 Abs. 1 Nr. 1 der Finanzgerichtsordnung gilt auch, soweit ein Einspruch durch eine Allgemeinverfügung nach Satz 1 zurückgewiesen wurde.

(3) Richtet sich der Einspruch gegen einen Verwaltungsakt, den eine Behörde auf Grund gesetzlicher Vorschrift für die zuständige Finanzbehörde erlassen hat, so entscheidet die zuständige Finanzbehörde über den Einspruch. Auch die für die zuständige Finanzbehörde handelnde Behörde ist berechtigt, dem Einspruch abzuhelfen.

Änderungen gemäß Gesetz zur Reform des Grundsteuer- und Bewertungsrechts (Grundsteuer-Reformgesetz - GrStRefG) vom 26.11.2019 (BGBl. I S. 1794):

Folgende Änderungen treten ab 01.01.2025 in Kraft:

- *In § 180 Absatz 1 Satz 1 Nummer 1 werden die Wörter "die Einheitswerte und" gestrichen.*
- *In § 182 Absatz 2 Satz 1 werden die Wörter "einen Einheitswert oder" gestrichen.*

Gesetzentwurf

- Drucksache 20/1633 -
vom 02.05.2022

Zweites Gesetz
zur Änderung der Abgabenordnung

Artikel 1
Änderung der Abgabenordnung

Die Abgabenordnung in der Fassung der Bekanntmachung vom 1. Oktober 2002 (BGBl. I S. 3866; 2003 I S. 61), die zuletzt durch Artikel 33 des Gesetzes vom 5. Oktober 2021 (BGBl. I S. 4607) geändert worden ist, wird wie folgt geändert:

1. § 138e Absatz 3 wird wie folgt geändert:

    a) Nach Satz 5 wird folgender Satz eingefügt:

    „Eine Person mit einer Stimmrechtsbeteiligung von mehr als 50 Prozent gilt als Halter von 100 Prozent der Stimmrechte."

    b) In dem neuen Satz 8 werden die Wörter „Sätze 1 bis 6" durch die Wörter „Sätze 1 bis 7" ersetzt.

2. In § 138h Absatz 2 Satz 1 werden die Wörter „§ 138f Absatz 3 Satz 1 Nummer 1, 2, 6, 9 und 10" durch die Wörter „§ 138f Absatz 3 Satz 1 Nummer 1, 2, 3, 6, 9 und 10" ersetzt.

3. In § 233 Satz 1 wird das Wort „gesetzlich" durch die Wörter „durch Bundesrecht oder Recht der Europäischen Union" ersetzt.

4. § 233a wird wie folgt geändert:

    a) In Absatz 2 Satz 2 wird der Punkt am Ende durch ein Semikolon ersetzt und wird folgender Halbsatz angefügt:

    „hierbei sind Kapitalerträge nach § 32d Absatz 1 und § 43 Absatz 5 des Einkommensteuergesetzes nicht zu berücksichtigen."

    b) Dem Absatz 3 wird folgender Satz angefügt:

    „Besteht der Erstattungsbetrag aus mehreren Teil-Leistungen, richtet sich der Zinsberechnungszeitraum jeweils nach dem Zeitpunkt der einzelnen Leistung; die Leistungen sind in chronologischer Reihenfolge zu berücksichtigen, beginnend mit der jüngsten Leistung."

    c) In Absatz 5 Satz 4 werden die Wörter „Absatz 3 Satz 3" durch die Wörter „Absatz 3 Satz 3 und 4" ersetzt.

    d) Folgender Absatz 8 wird angefügt:

    „(8) Zinsen auf einen Unterschiedsbetrag zuungunsten des Steuerpflichtigen (Nachzahlungszinsen) sind entweder nicht festzusetzen oder zu erlassen, soweit Zahlungen oder andere Leistungen auf eine später wirksam gewordene Steuerfestsetzung erbracht wurden, die Finanzbehörde diese Leistungen angenommen und auf die festgesetzte und zu entrichtende Steuer angerechnet hat. Absatz 3 Satz 4 ist oder Berichtigung der Steuerfestsetzung nach Absatz 5 Satz 3 zweiter Halbsatz entfallen, mindert sich der Zinsverzicht nach Satz 1 entsprechend. Die §§ 163 und 227 bleiben unberührt."

5. Nach § 238 Absatz 1 werden die folgenden Absätze 1a bis 1c eingefügt:

    „(1a) In den Fällen des § 233a betragen die Zinsen abweichend von Absatz 1 Satz 1 ab dem 1. Januar 2019 0,15 Prozent für jeden Monat, das heißt 1,8 Prozent für jedes Jahr.

    (1b) Sind für einen Zinslauf unterschiedliche Zinssätze maßgeblich, ist der Zinslauf in Teilverzinsungszeiträume aufzuteilen. Die Zinsen für die Teilverzinsungszeiträume sind jeweils tageweise zu berechnen. Hierbei wird jeder Kalendermonat unabhängig von der tatsächlichen Anzahl der Kalendertage mit 30 Zinstagen und jedes Kalenderjahr mit 360 Tagen gerechnet.

    (1c) Die Angemessenheit des Zinssatzes nach Absatz 1a ist unter Berücksichtigung der Entwicklung des Basiszinssatzes nach § 247 des Bürgerlichen Gesetzbuchs wenigstens alle drei Jahre zu evaluieren. Die erste Evaluierung erfolgt spätestens zum 1. Januar 2026."

6. § 239 wird wie folgt geändert:

    a) Absatz 1 wird wie folgt geändert:

    aa) In Satz 1 werden die Wörter „ein Jahr" durch die Wörter „zwei Jahre" ersetzt.

    bb) In Satz 2 Nummer 5 wird der Punkt am Ende durch ein Komma und das Wort „und" ersetzt und wird folgende Nummer 6 angefügt:

    „6. in allen anderen Fällen mit Ablauf des Kalenderjahrs, in dem der Zinslauf endet."

    b) Folgender Absatz 5 wird angefügt:

    „(5) Die Festsetzung von Zinsen nach § 233a hat Bindungswirkung für Zinsfestsetzungen nach den §§ 234, 235, 236 oder 237, soweit auf diese Zinsen nach § 233a festgesetzte Zinsen anzurechnen sind."

Hinweis

Bis zum Redaktionsschluss dieser Neuauflage ist das Zweite Gesetz zur Änderung der Abgabenordnung noch nicht im Bundesgesetzblatt veröffentlicht worden.

Mit Blick auf die besondere Praxisrelevanz und den verlagsseitigen Produktionsdruck wurde vorausschauend entschieden, in dieser Edition den am Redaktionsschlusstermin verfügbaren Gesetzentwurf abzudrucken. Insoweit steht das Dokument unter dem Vorbehalt etwaiger Änderungen durch den Gesetzgeber.

Baugesetzbuch (BauGB)

i. d. F. der Bekanntmachung vom 03.11.2017 (BGBl. I S. 3634), zuletzt geändert durch Gesetz vom 26.04.2022 (BGBl. I S. 674)

- Auszug -

Erstes Kapitel
Erster Teil
Vierter Abschnitt
Zusammenarbeit mit Privaten; vereinfachtes Verfahren

§ 11
Städtebaulicher Vertrag

(1) Die Gemeinde kann städtebauliche Verträge schließen. Gegenstände eines städtebaulichen Vertrags können insbesondere sein:

1. die Vorbereitung oder Durchführung städtebaulicher Maßnahmen durch den Vertragspartner auf eigene Kosten; dazu gehören auch die Neuordnung der Grundstücksverhältnisse, die Bodensanierung und sonstige vorbereitende Maßnahmen, die Erschließung durch nach Bundes- oder nach Landesrecht beitragsfähige sowie nicht beitragsfähige Erschließungsanlagen, die Ausarbeitung der städtebaulichen Planungen sowie erforderlichenfalls des Umweltberichts; die Verantwortung der Gemeinde für das gesetzlich vorgesehene Planaufstellungsverfahren bleibt unberührt;
2. die Förderung und Sicherung der mit der Bauleitplanung verfolgten Ziele, insbesondere die Grundstücksnutzung, auch hinsichtlich einer Befristung oder einer Bedingung, die Durchführung des Ausgleichs im Sinne des § 1a Absatz 3, die Berücksichtigung baukultureller Belange, die Deckung des Wohnbedarfs von Bevölkerungsgruppen mit besonderen Wohnraumversorgungsproblemen sowie der Erwerb angemessenen Wohnraums durch einkommensschwächere und weniger begüterte Personen der örtlichen Bevölkerung;
3. die Übernahme von Kosten oder sonstigen Aufwendungen, die der Gemeinde für städtebauliche Maßnahmen entstehen oder entstanden sind und die Voraussetzung oder Folge des geplanten Vorhabens sind; dazu gehört auch die Bereitstellung von Grundstücken;
4. entsprechend den mit den städtebaulichen Planungen und Maßnahmen verfolgten Zielen und Zwecken die Errichtung und Nutzung von Anlagen und Einrichtungen zur dezentralen und zentralen Erzeugung, Verteilung, Nutzung oder Speicherung von Strom, Wärme oder Kälte aus erneuerbaren Energien oder Kraft-Wärme-Kopplung;
5. entsprechend den mit den städtebaulichen Planungen und Maßnahmen verfolgten Zielen und Zwecken die Anforderungen an die energetische Qualität von Gebäuden.

Die Gemeinde kann städtebauliche Verträge auch mit einer juristischen Person abschließen, an der sie beteiligt ist.

(2) Die vereinbarten Leistungen müssen den gesamten Umständen nach angemessen sein. Die Vereinbarung einer vom Vertragspartner zu erbringenden Leistung ist unzulässig, wenn er auch ohne sie einen Anspruch auf die Gegenleistung hätte. Trägt oder übernimmt der Vertragspartner Kosten oder sonstige Aufwendungen, ist unbeschadet des Satzes 1 eine Eigenbeteiligung der Gemeinde nicht erforderlich.

(3) Ein städtebaulicher Vertrag bedarf der Schriftform, soweit nicht durch Rechtsvorschriften eine andere Form vorgeschrieben ist.

(4) Die Zulässigkeit anderer städtebaulicher Verträge bleibt unberührt.

Dritter Teil
Erster Abschnitt

§ 30
Zulässigkeit von Vorhaben im Geltungsbereich eines Bebauungsplans

(1) Im Geltungsbereich eines Bebauungsplans, der allein oder gemeinsam mit sonstigen baurechtlichen Vorschriften mindestens Festsetzungen über die Art und das Maß der baulichen Nutzung, die überbaubaren Grundstücksflächen und die örtlichen Verkehrsflächen enthält, ist ein Vorhaben zulässig, wenn es diesen Festsetzungen nicht widerspricht und die Erschließung gesichert ist.

(2) Im Geltungsbereich eines vorhabenbezogenen Bebauungsplans nach § 12 ist ein Vorhaben zulässig, wenn es dem Bebauungsplan nicht widerspricht und die Erschließung gesichert ist.

(3) Im Geltungsbereich eines Bebauungsplans, der die Voraussetzungen des Absatzes 1 nicht erfüllt (einfacher Bebauungsplan), richtet sich die Zulässigkeit von Vorhaben im Übrigen nach § 34 oder § 35.

Sechster Teil
Erschließung
Erster Abschnitt
Allgemeine Vorschriften

§ 123
Erschließungslast

(1) Die Erschließung ist Aufgabe der Gemeinde, soweit sie nicht nach anderen gesetzlichen Vorschriften oder öffentlich-rechtlichen Verpflichtungen einem anderen obliegt.

(2) Die Erschließungsanlagen sollen entsprechend den Erfordernissen der Bebauung und des Verkehrs kostengünstig hergestellt werden und spätestens bis zur Fertigstellung der anzuschließenden baulichen Anlagen benutzbar sein.

(3) Ein Rechtsanspruch auf Erschließung besteht nicht.

(4) Die Unterhaltung der Erschließungsanlagen richtet sich nach landesrechtlichen Vorschriften.

§ 124
Erschließungspflicht nach abgelehntem Vertragsangebot

Hat die Gemeinde einen Bebauungsplan im Sinne des § 30 Absatz 1 erlassen und lehnt sie das zumutbare Angebot zum Abschluss eines städtebaulichen Vertrags über die Erschließung ab, ist sie verpflichtet, die Erschließung selbst durchzuführen.

§ 125
Bindung an den Bebauungsplan

(1) Die Herstellung der Erschließungsanlagen im Sinne des § 127 Absatz 2 setzt einen Bebauungsplan voraus.

(2) Liegt ein Bebauungsplan nicht vor, so dürfen diese Anlagen nur hergestellt werden, wenn sie den in § 1 Absatz 4 bis 7 bezeichneten Anforderungen entsprechen.

(3) Die Rechtmäßigkeit der Herstellung von Erschließungsanlagen wird durch Abweichungen von den Festsetzungen des Bebauungsplans nicht berührt, wenn die Abweichungen mit den Grundzügen der Planung vereinbar sind und

1. die Erschließungsanlagen hinter den Festsetzungen zurückbleiben oder
2. die Erschließungsbeitragspflichtigen nicht mehr als bei einer plangemäßen Herstellung belastet werden und die Abweichungen die Nutzung der betroffenen Grundstücke nicht wesentlich beeinträchtigen.

§ 126
Pflichten des Eigentümers

(1) Der Eigentümer hat das Anbringen von

1. Haltevorrichtungen und Leitungen für Beleuchtungskörper der Straßenbeleuchtung einschließlich der Beleuchtungskörper und des Zubehörs sowie
2. Kennzeichen und Hinweisschildern für Erschließungsanlagen

auf seinem Grundstück zu dulden. Er ist vorher zu benachrichtigen.

(2) Der Erschließungsträger hat Schäden, die dem Eigentümer durch das Anbringen oder das Entfernen der in Absatz 1 bezeichneten Gegenstände entstehen, zu beseitigen; er kann stattdessen ei-

ne angemessene Entschädigung in Geld leisten. Kommt eine Einigung über die Entschädigung nicht zustande, so entscheidet die höhere Verwaltungsbehörde; vor der Entscheidung sind die Beteiligten zu hören.

(3) Der Eigentümer hat sein Grundstück mit der von der Gemeinde festgesetzten Nummer zu versehen. Im Übrigen gelten die landesrechtlichen Vorschriften.

Zweiter Abschnitt
Erschließungsbeitrag

§ 127
Erhebung des Erschließungsbeitrags

(1) Die Gemeinden erheben zur Deckung ihres anderweitig nicht gedeckten Aufwands für Erschließungsanlagen einen Erschließungsbeitrag nach Maßgabe der folgenden Vorschriften.

(2) Erschließungsanlagen im Sinne dieses Abschnitts sind

1. die öffentlichen zum Anbau bestimmten Straßen, Wege und Plätze;
2. die öffentlichen aus rechtlichen oder tatsächlichen Gründen mit Kraftfahrzeugen nicht befahrbaren Verkehrsanlagen innerhalb der Baugebiete (z.B. Fußwege, Wohnwege);
3. Sammelstraßen innerhalb der Baugebiete; Sammelstraßen sind öffentliche Straßen, Wege und Plätze, die selbst nicht zum Anbau bestimmt, aber zur Erschließung der Baugebiete notwendig sind;
4. Parkflächen und Grünanlagen mit Ausnahme von Kinderspielplätzen, soweit sie Bestandteil der in den Nummern 1 bis 3 genannten Verkehrsanlagen oder nach städtebaulichen Grundsätzen innerhalb der Baugebiete zu deren Erschließung notwendig sind;
5. Anlagen zum Schutz von Baugebieten gegen schädliche Umwelteinwirkungen im Sinne des Bundes-Immissionsschutzgesetzes, auch wenn sie nicht Bestandteil der Erschließungsanlagen sind.

(3) Der Erschließungsbeitrag kann für den Grunderwerb, die Freilegung und für Teile der Erschließungsanlagen selbständig erhoben werden (Kostenspaltung).

(4) Das Recht, Abgaben für Anlagen zu erheben, die nicht Erschließungsanlagen im Sinne dieses Abschnitts sind, bleibt unberührt. Dies gilt insbesondere für Anlagen zur Ableitung von Abwasser sowie zur Versorgung mit Elektrizität, Gas, Wärme und Wasser.

§ 128
Umfang des Erschließungsaufwands

(1) Der Erschließungsaufwand nach § 127 umfasst die Kosten für

1. den Erwerb und die Freilegung der Flächen für die Erschließungsanlagen;
2. ihre erstmalige Herstellung einschließlich der Einrichtungen für ihre Entwässerung und ihre Beleuchtung;
3. die Übernahme von Anlagen als gemeindliche Erschließungsanlagen.

Der Erschließungsaufwand umfasst auch den Wert der von der Gemeinde aus ihrem Vermögen bereitgestellten Flächen im Zeitpunkt der Bereitstellung. Zu den Kosten für den Erwerb der Flächen für Erschließungsanlagen gehört im Falle einer erschließungsbeitragspflichtigen Zuteilung im Sinne des § 57 Satz 4 und des § 58 Absatz 1 Satz 1 auch der Wert nach § 68 Absatz 1 Nummer 4.

(2) Soweit die Gemeinden nach Landesrecht berechtigt sind, Beiträge zu den Kosten für Erweiterungen oder Verbesserungen von Erschließungsanlagen zu erheben, bleibt dieses Recht unberührt. Die Länder können bestimmen, dass die Kosten für die Beleuchtung der Erschließungsanlagen in den Erschließungsaufwand nicht einzubeziehen sind.

(3) Der Erschließungsaufwand umfasst nicht die Kosten für

1. Brücken, Tunnels und Unterführungen mit den dazugehörigen Rampen;
2. die Fahrbahnen der Ortsdurchfahrten von Bundesstraßen sowie von Landstraßen I. und II. Ordnung, soweit die Fahrbahnen dieser Straßen keine größere Breite als ihre anschließenden freien Strecken erfordern.

§ 129
Beitragsfähiger Erschließungsaufwand

(1) Zur Deckung des anderweitig nicht gedeckten Erschließungsaufwands können Beiträge nur insoweit erhoben werden, als die Erschließungsanlagen erforderlich sind, um die Bauflächen und die gewerblich zu nutzenden Flächen entsprechend den baurechtlichen Vorschriften zu nutzen (beitragsfähiger Erschließungsaufwand). Soweit Anlagen nach § 127 Absatz 2 von dem Eigentümer hergestellt sind oder von ihm aufgrund baurechtlicher Vorschriften verlangt werden, dürfen Beiträge nicht erhoben werden. Die Gemeinden tragen mindestens 10 vom Hundert des beitragsfähigen Erschließungsaufwands.

(2) Kosten, die ein Eigentümer oder sein Rechtsvorgänger bereits für Erschließungsmaßnahmen aufgewandt hat, dürfen bei der Übernahme als gemeindliche Erschließungsanlagen nicht erneut erhoben werden.

§ 130
Art der Ermittlung des beitragsfähigen Erschließungsaufwands

(1) Der beitragsfähige Erschließungsaufwand kann nach den tatsächlich entstandenen Kosten oder nach Einheitssätzen ermittelt werden. Die Einheitssätze sind nach den in der Gemeinde üblicherweise durchschnittlich aufzuwendenden Kosten vergleichbarer Erschließungsanlagen festzusetzen.

(2) Der beitragsfähige Erschließungsaufwand kann für die einzelne Erschließungsanlage oder für bestimmte Abschnitte einer Erschließungsanlage ermittelt werden. Abschnitte einer Erschließungsanlage können nach örtlich erkennbaren Merkmalen oder nach rechtlichen Gesichtspunkten (z.B. Grenzen von Bebauungsplangebieten, Umlegungsgebieten, förmlich festgelegten Sanierungsgebieten) gebildet werden. Für mehrere Anlagen, die für die Erschließung der Grundstücke eine Einheit bilden, kann der Erschließungsaufwand insgesamt ermittelt werden.

§ 131
Maßstäbe für die Verteilung des Erschließungsaufwands

(1) Der ermittelte beitragsfähige Erschließungsaufwand für eine Erschließungsanlage ist auf die durch die Anlage erschlossenen Grundstücke zu verteilen. Mehrfach erschlossene Grundstücke sind bei gemeinsamer Aufwandsermittlung in einer Erschließungseinheit (§ 130 Absatz 2 Satz 3) bei der Verteilung des Erschließungsaufwands nur einmal zu berücksichtigen.

(2) Verteilungsmaßstäbe sind

1. die Art und das Maß der baulichen oder sonstigen Nutzung;
2. die Grundstücksflächen;
3. die Grundstücksbreite an der Erschließungsanlage.

Die Verteilungsmaßstäbe können miteinander verbunden werden.

(3) In Gebieten, die nach dem Inkrafttreten des Bundesbaugesetzes erschlossen werden, sind, wenn eine unterschiedliche bauliche oder sonstige Nutzung zulässig ist, die Maßstäbe nach Absatz 2 in der Weise anzuwenden, dass der Verschiedenheit dieser Nutzung nach Art und Maß entsprochen wird.

§ 132
Regelung durch Satzung

Die Gemeinden regeln durch Satzung

1. die Art und den Umfang der Erschließungsanlagen im Sinne des § 129,
2. die Art der Ermittlung und der Verteilung des Aufwands sowie die Höhe des Einheitssatzes,
3. die Kostenspaltung (§ 127 Absatz 3) und
4. die Merkmale der endgültigen Herstellung einer Erschließungsanlage.

§ 133
Gegenstand und Entstehung der Beitragspflicht

(1) Der Beitragspflicht unterliegen Grundstücke, für die eine bauliche oder gewerbliche Nutzung festgesetzt ist, sobald sie bebaut oder gewerblich genutzt werden dürfen. Erschlossene Grundstücke, für die eine bauliche oder gewerbliche Nutzung nicht festgesetzt ist, unterliegen der Beitragspflicht, wenn sie nach der Verkehrsauffassung Bauland sind und nach der geordneten baulichen Entwicklung der Gemeinde zur Bebauung anstehen. Die Gemeinde gibt bekannt, welche Grundstücke nach Satz 2 der Beitragspflicht unterliegen; die Bekanntmachung hat keine rechtsbegründende Wirkung.

(2) Die Beitragspflicht entsteht mit der endgültigen Herstellung der Erschließungsanlagen, für Teilbeträge, sobald die Maßnahmen, deren Aufwand durch die Teilbeträge gedeckt werden soll, abgeschlossen sind. Im Falle des § 128 Absatz 1 Satz 1 Nummer 3 entsteht die Beitragspflicht mit der Übernahme durch die Gemeinde.

(3) Für ein Grundstück, für das eine Beitragspflicht noch nicht oder nicht in vollem Umfang entstanden ist, können Vorausleistungen auf den Erschließungsbeitrag bis zur Höhe des voraussichtlichen endgültigen Erschließungsbeitrags verlangt werden, wenn ein Bauvorhaben auf dem Grundstück genehmigt wird oder wenn mit der Herstellung der Erschließungsanlagen begonnen worden ist und die endgültige Herstellung der Erschließungsanlagen innerhalb von vier Jahren zu erwarten ist. Die Vorausleistung ist mit der endgültigen Beitragsschuld zu verrechnen, auch wenn der Vorausleistende nicht beitragspflichtig ist. Ist die Beitragspflicht sechs Jahre nach Erlass des Vorausleistungsbescheids noch nicht entstanden, kann die Vorausleistung zurückverlangt werden, wenn die Erschließungsanlage bis zu diesem Zeitpunkt noch nicht benutzbar ist. Der Rückzahlungsanspruch ist ab Erhebung der Vorausleistung mit 2 vom Hundert über dem Basiszinssatz nach § 247 des Bürgerlichen Gesetzbuchs jährlich zu verzinsen. Die Gemeinde kann Bestimmungen über die Ablösung des Erschließungsbeitrags im Ganzen vor Entstehung der Beitragspflicht treffen.

§ 134
Beitragspflichtiger

(1) Beitragspflichtig ist derjenige, der im Zeitpunkt der Bekanntgabe des Beitragsbescheids Eigentümer des Grundstücks ist. Ist das Grundstück mit einem Erbbaurecht belastet, so ist der Erbbauberechtigte anstelle des Eigentümers beitragspflichtig. Ist das Grundstück mit einem dinglichen Nutzungsrecht nach Artikel 233 § 4 des Einführungsgesetzes zum Bürgerlichen Gesetzbuche belastet, so ist der Inhaber dieses Rechts anstelle des Eigentümers beitragspflichtig. Mehrere Beitragspflichtige haften als Gesamtschuldner; bei Wohnungs- und Teileigentum sind die einzelnen Wohnungs- und Teileigentümer nur entsprechend ihrem Miteigentumsanteil beitragspflichtig.

(2) Der Beitrag ruht als öffentliche Last auf dem Grundstück, im Falle des Absatzes 1 Satz 2 auf dem Erbbaurecht, im Falle des Absatzes 1 Satz 3 auf dem dinglichen Nutzungsrecht, im Falle des Absatzes 1 Satz 4 auf dem Wohnungs- oder dem Teileigentum.

§ 135
Fälligkeit und Zahlung des Beitrags

(1) Der Beitrag wird einen Monat nach der Bekanntgabe des Beitragsbescheids fällig.

(2) Die Gemeinde kann zur Vermeidung unbilliger Härten im Einzelfall, insbesondere soweit dies zur Durchführung eines genehmigten Bauvorhabens erforderlich ist, zulassen, dass der Erschließungsbeitrag in Raten oder in Form einer Rente gezahlt wird. Ist die Finanzierung eines Bauvorhabens gesichert, so soll die Zahlungsweise der Auszahlung der Finanzierungsmittel angepasst, jedoch nicht über zwei Jahre hinaus erstreckt werden.

(3) Lässt die Gemeinde nach Absatz 2 eine Verrentung zu, so ist der Erschließungsbeitrag durch Bescheid in eine Schuld umzuwandeln, die in höchstens zehn Jahresleistungen zu entrichten ist. In dem Bescheid sind Höhe und Zeitpunkt der Fälligkeit der Jahresleistungen zu bestimmen. Der jeweilige Restbetrag ist mit höchstens 2 vom Hundert über dem Basiszinssatz nach § 247 des Bürgerlichen Gesetzbuchs jährlich zu verzinsen. Die Jahresleistungen stehen wiederkehrenden Leistungen im Sinne des § 10 Absatz 1 Nummer 3 des Zwangsversteigerungsgesetzes gleich.

(4) Werden Grundstücke landwirtschaftlich oder als Wald genutzt, ist der Beitrag so lange zinslos zu stunden, wie das Grundstück zur Erhaltung der Wirtschaftlichkeit des landwirtschaftlichen Betriebs genutzt werden muss. Satz 1 gilt auch für die Fälle der Nutzungsüberlassung und Betriebsübergabe an Familienangehörige im Sinne des § 15 der Abgabenordnung. Der Beitrag ist auch zinslos zu stunden, solange Grundstücke als Kleingärten im Sinne des Bundeskleingartengesetzes genutzt werden.

(5) Im Einzelfall kann die Gemeinde auch von der Erhebung des Erschließungsbeitrags ganz oder teilweise absehen, wenn dies im öffentlichen Interesse oder zur Vermeidung unbilliger Härten geboten ist. Die Freistellung kann auch für den Fall vorgesehen werden, dass die Beitragspflicht noch nicht entstanden ist.

(6) Weitergehende landesrechtliche Billigkeitsregelungen bleiben unberührt.

Drittes Kapitel
Sonstige Vorschriften

Erster Teil
Wertermittlung

§ 192
Gutachterausschuss

(1) Zur Ermittlung von Grundstückswerten und für sonstige Wertermittlungen werden selbständige, unabhängige Gutachterausschüsse gebildet.

(2) Die Gutachterausschüsse bestehen aus einem Vorsitzenden und ehrenamtlichen weiteren Gutachtern.

(3) Der Vorsitzende und die weiteren Gutachter sollen in der Ermittlung von Grundstückswerten oder sonstigen Wertermittlungen sachkundig und erfahren sein und dürfen nicht hauptamtlich mit der Verwaltung der Grundstücke der Gebietskörperschaft, für deren Bereich der Gutachterausschuss gebildet ist, befasst sein. Zur Ermittlung der Bodenrichtwerte sowie der in § 193 Absatz 5 Satz 2 genannten sonstigen für die Wertermittlung erforderlichen Daten ist ein Bediensteter der zuständigen Finanzbehörde mit Erfahrung in der steuerlichen Bewertung von Grundstücken als Gutachter hinzuzuziehen.

(4) Die Gutachterausschüsse bedienen sich einer Geschäftsstelle.

§ 196
Bodenrichtwerte

(1) Auf Grund der Kaufpreissammlung sind flächendeckend durchschnittliche Lagewerte für den Boden unter Berücksichtigung des unterschiedlichen Entwicklungszustands zu ermitteln (Bodenrichtwerte). In bebauten Gebieten sind Bodenrichtwerte mit dem Wert zu ermitteln, der sich ergeben würde, wenn der Boden unbebaut wäre. Es sind Richtwertzonen zu bilden, die jeweils Gebiete umfassen, die nach Art und Maß der Nutzung weitgehend übereinstimmen. Die wertbeeinflussenden Merkmale des Bodenrichtwertgrundstücks sind darzustellen. Die Bodenrichtwerte sind jeweils zu Beginn jedes zweiten Kalenderjahres zu ermitteln, wenn nicht eine häufigere Ermittlung bestimmt ist. Für Zwecke der steuerlichen Bewertung des Grundbesitzes sind Bodenrichtwerte mit ergänzenden Vorgaben der Finanzverwaltung zum jeweiligen Hauptfeststellungszeitpunkt oder sonstigen Feststellungszeitpunkt zu ermitteln. Auf Antrag der für den Vollzug dieses Gesetzbuchs zuständigen Behörden sind Bodenrichtwerte für einzelne Gebiete bezogen auf einen abweichenden Zeitpunkt zu ermitteln.

(2) Hat sich in einem Gebiet die Qualität des Bodens durch einen Bebauungsplan oder andere Maßnahmen geändert, sind bei der nächsten Fortschreibung der Bodenrichtwerte auf der Grundlage der geänderten Qualität auch Bodenrichtwerte bezogen auf die Wertverhältnisse zum Zeitpunkt der letzten Hauptfeststellung oder dem letzten sonstigen Feststellungszeitpunkt für steuerliche Zwecke zu ermitteln. Die Ermittlung kann unterbleiben, wenn das zuständige Finanzamt darauf verzichtet.

(3) Die Bodenrichtwerte sind zu veröffentlichen und dem zuständigen Finanzamt mitzuteilen. Jedermann kann von der Geschäftsstelle Auskunft über die Bodenrichtwerte verlangen.

Seite 222

bleibt aus drucktechnischen Gründen frei

Gesetz
zur Neuordnung der Gemeindefinanzen
(Gemeindefinanzreformgesetz - GemFinRefG NRW)

in der Fassung der Bekanntmachung vom 10. März 2009 (BGBl. I S. 502),
zuletzt geändert durch Gesetz vom 09.12.2019
(BGBl. I. S. 2051)

§ 1
Gemeindeanteil an der Einkommensteuer

Die Gemeinden erhalten 15 Prozent des Aufkommens an Lohnsteuer und an veranlagter Einkommensteuer sowie 12 Prozent des Aufkommens an Kapitalertragsteuer nach § 43 Absatz 1 Satz 1 Nummer 5 bis 7 und 8 bis 12 sowie Satz 2 des Einkommensteuergesetzes (Gemeindeanteil an der Einkommensteuer). Der Gemeindeanteil an der Einkommensteuer wird für jedes Land nach den Steuerbeträgen bemessen, die von den Finanzbehörden im Gebiet des Landes unter Berücksichtigung der Zerlegung nach Artikel 107 Absatz 1 des Grundgesetzes vereinnahmt werden.

§ 2
Aufteilung des Gemeindeanteils an der Einkommensteuer

Der Gemeindeanteil an der Einkommensteuer wird nach einem Schlüssel auf die Gemeinden aufgeteilt, der von den Ländern auf Grund der Bundesstatistiken über die Lohnsteuer und die veranlagte Einkommensteuer nach § 1 des Gesetzes über Steuerstatistiken ermittelt und durch Rechtsverordnung der Landesregierung festgesetzt wird.

§ 3
Verteilungsschlüssel für den Gemeindeanteil

(1) Der Schlüssel für die Aufteilung des Gemeindeanteils an der Einkommensteuer wird wie folgt ermittelt. Für jede Gemeinde wird eine Schlüsselzahl festgestellt. Sie ist der in einer Dezimalzahl ausgedrückte Anteil der Gemeinde an dem nach § 1 auf die Gemeinden eines Landes entfallenden Steueraufkommen. Die Schlüsselzahl ergibt sich aus dem Anteil der Gemeinde an der Summe der durch die Bundesstatistiken über die veranlagte Einkommensteuer und über die Lohnsteuer ermittelten Einkommensteuerbeträge, die auf die zu versteuernden Einkommensbeträge bis zu 35 000 Euro jährlich, in den Fällen des § 32a Absatz 5 oder des § 32a Absatz 6 des Einkommensteuergesetzes in der jeweils am letzten Tag des für die Bundesstatistik maßgebenden Veranlagungszeitraumes geltenden Fassung auf die zu versteuernden Einkommensbeträge bis zu 70.000 Euro jährlich entfallen. Für die Zurechnung der Steuerbeträge an die Gemeinden ist der in der Bundesstatistik zugrunde gelegte Wohnsitz der Steuerpflichtigen maßgebend.

(2) (weggefallen)

(3) Das Bundesministerium der Finanzen wird ermächtigt, nähere Bestimmungen über die Ermittlung der Schlüsselzahlen durch Rechtsverordnung mit Zustimmung des Bundesrates zu treffen. In der Rechtsverordnung ist zu bestimmen, welche Bundesstatistiken über die veranlagte Einkommensteuer und über die Lohnsteuer für die Ermittlung des Schlüssels jeweils maßgebend sind.

§ 4
Berichtigung von Fehlern

(1) Werden innerhalb von sechs Monaten nach der Festsetzung des Schlüssels Fehler bei der Ermittlung der Schlüsselzahl einer Gemeinde festgestellt, so ist für die Zeit bis zur Neufestsetzung des Schlüssels ein Ausgleich für diese Gemeinde vorzunehmen. Die hierzu erforderlichen Ausgleichsbeträge sind aus dem Gesamtbetrag des Gemeindeanteils des Landes vor der Aufteilung zu entnehmen, zurückzuzahlende Beträge diesem Gesamtbetrag zuzuführen.

(2) Die Landesregierungen können zur Verwaltungsvereinfachung durch Rechtsverordnung bestimmen, dass ein Ausgleich unterbleibt, wenn der Ausgleichsbetrag einen bestimmten Betrag nicht überschreitet.

§ 5
Überweisung des Gemeindeanteils an der Einkommensteuer

Die Landesregierungen regeln durch Rechtsverordnung die Termine und das Verfahren für die Überweisung des Gemeindeanteils an der Einkommensteuer.

§ 5a
Verteilungsschlüssel
für den Gemeindeanteil an der Umsatzsteuer

(1) Der Gemeindeanteil an der Umsatzsteuer nach § 1 Satz 3 des Finanzausgleichsgesetzes wird auf die einzelnen Länder nach Schlüsseln verteilt. Die Schlüssel bemessen sich nach der Summe der nach Absatz 2 Satz 2 und 3 ermittelten Gemeindeschlüssel je Land.

(2) Der Anteil an der Umsatzsteuer nach Absatz 1 Satz 1 wird auf die einzelnen Gemeinden verteilt, indem eine in einer Dezimalzahl ausgedrückte Schlüsselzahl festgesetzt wird. Die Schlüsselzahl setzt sich zusammen

1. zu 25 Prozent aus dem Anteil der einzelnen Gemeinde an dem Gewerbesteueraufkommen, das als Summe der Jahre 2010 bis 2015 auf Grundlage des Realsteuervergleichs nach § 4 Nummer 2 des Finanz- und Personalstatistikgesetzes ermittelt wurde;

2. zu 50 Prozent aus dem Anteil der einzelnen Gemeinde an der Anzahl der sozialversicherungspflichtig Beschäftigten am Arbeitsort ohne Beschäftigte von Gebietskörperschaften und Sozialversicherungen sowie deren Einrichtungen, die als Summe für die Jahre 2013 bis 2015 der Beschäftigten- und Entgeltstatistik mit Stand 30. Juni des jeweiligen Jahres ermittelt wurde;

3. zu 25 Prozent aus dem Anteil der einzelnen Gemeinde an der Summe der sozialversicherungspflichtigen Entgelte am Arbeitsort ohne Entgelte von Beschäftigten von Gebietskörperschaften und Sozialversicherungen sowie deren Einrichtungen, die als Summe für die Jahre 2012 bis 2014 der Beschäftigten- und Entgeltstatistik ermittelt wurde.

Die Merkmale nach Satz 2 Nummer 2 und 3 werden mit dem gewogenen durchschnittlichen örtlichen Gewerbesteuer-Hebesatz der jeweiligen Erfassungszeiträume gewichtet. Nach erfolgter erstmaliger Festsetzung des Verteilungsschlüssels wird der Schlüssel unter Beibehaltung der in Satz 2 Nummer 1, 2 und 3 festgelegten Anzahl von Jahren alle drei Jahre, erstmals zum 1. Januar 2021, aktualisiert. Die Aktualisierung erfolgt auf der Grundlage der Datenbasis, die beim Statistischen Bundesamt zum 1. April des dem Jahr der Aktualisierung vorangehenden Jahres verfügbar ist.

(3) Die sich aus den Verteilungsschlüsseln nach Absatz 2 ergebenden Anteile an der Umsatzsteuer werden auf die einzelnen Länder jeweils nach Schlüsseln verteilt, die vom Bundesministerium der Finanzen durch Rechtsverordnung mit Zustimmung des Bundesrates festgesetzt werden. Die Länder stellen dem Bundesministerium der Finanzen die für die Ermittlung der Schlüssel notwendigen Daten zur Verfügung. Die Anteile an der Umsatzsteuer nach Absatz 2 werden jeweils nach Schlüsseln auf die Gemeinden aufgeteilt, die von den Ländern nach Absatz 2 ermittelt und durch Rechtsverordnung der jeweiligen Landesregierung festgesetzt werden. Die Länder ermitteln die Schlüsselzahlen ihrer Gemeinden auf der Grundlage von Schlüsselzahlen, die aus Bundessummen abgeleitet und durch die Länder auf Eins normiert werden.

§ 5b
Übermittlung statistischer Ergebnisse

Zur Festsetzung der Verteilungsschlüssel nach § 5a, jedoch nicht für die Regelung von Einzelfällen, dürfen das Statistische Bundesamt und die statistischen Ämter der Länder den Gemeinden und ihren Spitzenverbänden auf Landes- und Bundesebene auf Ersuchen die dafür erforderlichen Tabellen mit Ergebnissen der hierzu vom Statistischen Bundesamt und den statistischen Ämtern der Länder durchgeführten Berechnungen übermitteln, auch soweit Tabellenfelder nur einen einzigen Fall ausweisen. Die Tabellen dürfen nur für die Zwecke, für die sie übermittelt worden sind, nur durch Amtsträger, für den öffentlichen Dienst besonders Verpflichtete oder Personen, die entsprechend § 1 Absatz 2, 3 und 4 Nummer 2 des Verpflichtungsgesetzes auf die gewissenhafte Erfüllung ihrer Geheimhaltungspflicht förmlich verpflichtet worden sind, und nur räumlich, organisatorisch und personell getrennt von der Erfüllung solcher Verwaltungsaufgaben verwendet werden, für die sie gleichfalls von Bedeutung sein können. Sie sind von den Gemeinden und ihren Spitzenverbänden geheim zu halten und vier Jahre nach Festsetzung des Verteilungsschlüssels zu löschen. Werden innerhalb dieser Frist Einwendungen gegen die Berechnung des Verteilungsschlüssels erhoben, dürfen die Daten bis zur abschließenden Klärung der Einwendungen aufbewahrt werden, soweit sie für die Klärung erforderlich sind. § 16 Absatz 9 des Bundesstatistikgesetzes gilt entsprechend.

§ 5c
Rechtsverordnungsermächtigung

Das Bundesministerium der Finanzen wird ermächtigt, nähere Bestimmungen über die Ermittlung der Schlüsselzahlen nach § 5a durch Rechtsverordnung mit Zustimmung des Bundesrates zu treffen.

§ 5d
Überweisung des Gemeindeanteils an der Umsatzsteuer

(1) Die Verteilung des Gemeindeanteils an der Umsatzsteuer auf die Länder wird nach § 17 des Finanzausgleichsgesetzes vom Bundesministerium der Finanzen vorgenommen. Die Weiterverteilung auf die Gemeinden obliegt den Ländern.

(2) Die Landesregierungen regeln durch Rechtsverordnung das Verfahren für die Überweisung des Gemeindeanteils an der Umsatzsteuer an die Gemeinden.

(3) Für die Berichtigung von Fehlern gilt § 4 entsprechend.

§ 6
Umlage nach Maßgabe des Gewerbesteueraufkommens

(1) Die Gemeinden führen nach den folgenden Vorschriften eine Umlage an das für sie zuständige Finanzamt ab. Die Umlage ist entsprechend dem Verhältnis von Bundes- und Landesvervielfältiger auf den Bund und das Land aufzuteilen.

(2) Die Umlage wird in der Weise ermittelt, dass das Istaufkommen der Gewerbesteuer im Erhebungsjahr durch den von der Gemeinde für dieses Jahr festgesetzten Hebesatz der Steuer geteilt und mit dem Vervielfältiger nach Absatz 3 multipliziert wird. Das Istaufkommen entspricht den Isteinnahmen nach der Jahresrechnung gemäß § 3 Absatz 2 Nummer 1 des Finanz- und Personalstatistikgesetzes.

(3) Der Vervielfältiger ist die Summe eines Bundes- und Landesvervielfältigers für das jeweilige Land. Der Bundesvervielfältiger beträgt 14,5 Prozent. Der Landesvervielfältiger beträgt 20,5 Prozent. Die Feinabstimmung der Finanzierungsbeteiligung der Gemeinden bis zur Höhe ihres jeweiligen Anteils an den Gesamtsteuereinnahmen, einschließlich der Zuweisungen im Rahmen der Steuerverbünde, in den einzelnen Ländern bleibt der Landesgesetzgebung vorbehalten.

(4) - aufgehoben -

(5) - aufgehoben -

(6) Übersteigen in einer Gemeinde die Erstattungen an Gewerbesteuer in einem Jahr die Einnahmen aus dieser Steuer, so erstattet das Finanzamt der Gemeinde einen Betrag, der sich durch Anwendung der Bemessungsgrundlagen des Absatzes 2 auf den Unterschiedsbetrag ergibt. Ist für das Erhebungsjahr der Hebesatz gegenüber dem Vorjahr um mehr als 10 Prozent abgesenkt, ist abweichend von Absatz 2 der Hebesatz des Vorjahres anzusetzen; mindestens ist aber der Durchschnitt der Hebesätze für die letzten drei vorangegangenen Jahre zugrunde zu legen, in denen die Erstattungen an Gewerbesteuer die Einnahmen aus dieser Steuer nicht überstiegen haben.

(7) Die Umlage ist jährlich bis zum 1. Februar des auf das Erhebungsjahr folgenden Jahres an das Finanzamt abzuführen. Bis zum 1. Mai, 1. August und 1. November des Erhebungsjahres sind Abschlagszahlungen für das vorhergehende Kalendervierteljahr nach dem Istaufkommen in dem Vierteljahr zu leisten. Absatz 6 gilt für die Abschlagszahlungen entsprechend.

(8) Die Landesregierungen können nähere Bestimmungen über die Festsetzung und Abführung der Umlage durch Rechtsverordnung treffen.

§ 7
Sondervorschriften für Berlin und Hamburg

In Berlin und Hamburg stehen der Gemeindeanteil an der Einkommensteuer und der Gemeindeanteil an der Umsatzsteuer dem Land zu. Die Länder Berlin und Hamburg führen den Bundesanteil an der Umlage nach § 6 an den Bund ab. Im Übrigen finden die §§ 2 bis 5 und 6 in Berlin und Hamburg keine Anwendung.

§ 8
Subdelegation

Soweit dieses Gesetz die Landesregierungen zum Erlass von Rechtsverordnungen ermächtigt, können die Landesregierungen die Ermächtigung durch Rechtsverordnung auf die oberste Finanzbehörde des Landes übertragen.

§ 9
Ermächtigung

Das Bundesministerium der Finanzen kann dieses Gesetz und die auf Grund dieses Gesetzes erlassenen Rechtsverordnungen in der jeweils geltenden Fassung mit neuem Datum und unter neuer Überschrift im Bundesgesetzblatt bekannt machen.

Verordnung
über die Ermittlung der Schlüsselzahlen für die Aufteilung des Gemeindeanteils an der Einkommensteuer für die Jahre 2021, 2022 und 2023
(Einkommensteuerschlüsselzahlenermittlungsverordnung - EStSchlEV)

vom 21.09.2020 (BGBl. I S. 2018)

Auf Grund des § 3 Absatz 3 in Verbindung mit Absatz 1 des Gemeindefinanzreformgesetzes, von dem Absatz 1 zuletzt durch Artikel 1 des Gesetzes vom 8. Mai 2012 (BGBl. I S. 1030) geändert worden ist, verordnet das Bundesministerium der Finanzen:

§ 1

(1) Für die Ermittlung der Schlüsselzahlen für die Aufteilung des Gemeindeanteils an der Einkommensteuer für die Jahre 2021, 2022 und 2023 ist die Bundesstatistik über die Lohn- und Einkommensteuer für das Jahr 2016 maßgebend.

(2) Bei der Ermittlung der Schlüsselzahlen wird die Einkommensteuer nach § 51a des Einkommensteuergesetzes zugrunde gelegt. Sofern keine Angabe zur Einkommensteuer nach § 51a des Einkommensteuergesetzes vorliegt, wird die tarifliche Einkommensteuer nach § 32a Absatz 1 und 5 des Einkommensteuergesetzes verwendet, bei nichtveranlagten steuerpflichtigen Personen ist die einbehaltene Lohnsteuer maßgebend.

§ 2

(1) Für die Zurechnung der Steuerbeträge an die Gemeinden ist der Wohnsitz der steuerpflichtigen Person zum Zeitpunkt der Abgabe der Einkommensteuererklärung 2016 oder zum Zeitpunkt der Erstveranlagung maßgebend. Bei mehreren Wohnsitzen ist der Hauptwohnsitz maßgebend. Hat die steuerpflichtige Person keinen Wohnsitz, so ist der gewöhnliche Aufenthalt maßgebend. In Fällen, in denen von Arbeitnehmern oder Arbeitnehmerinnen keine Einkommensteuererklärung abgegeben wird, gilt als Wohnsitzgemeinde die nach § 7 Absatz 2 des Zerlegungsgesetzes festgestellte Gemeinde.

(2) Personell veranlagte Einkommensteuerfälle gehen nicht in die Ermittlung der Schlüsselzahlen ein. Bei den nichtveranlagten Arbeitnehmerfällen mit Lohnsteuerabzug geht der Kinderfreibetrag nicht in die Ermittlung der Schlüsselzahlen ein.

§ 3

Die Schlüsselzahlen sind auf acht Stellen nach dem Komma zu berechnen und auf die siebte Stelle nach dem Komma zu runden.

§ 4

In den Fällen der kommunalen Neugliederung sind die Schlüsselzahlen für die betroffenen Gemeinden von dem auf die Neugliederung folgenden Jahr an neu festzusetzen. Tritt die Neugliederung mit Beginn eines Jahres in Kraft, so sind die Schlüsselzahlen zu diesem Zeitpunkt neu festzusetzen. Bei der Neufestsetzung sind die Schlüsselzahlen der betroffenen Gemeinden den neu- oder umgegliederten Gemeinden im Verhältnis der in sie aufgenommenen Einwohner und Einwohnerinnen zuzurechnen.

§ 5

(1) Diese Verordnung tritt am 1. Januar 2021 in Kraft.

(2) Diese Verordnung tritt mit Ablauf des 31. Dezember 2023 außer Kraft.

Seite 226

bleibt aus drucktechnischen Gründen frei

Verordnung
über die Festsetzung der Länderschlüsselzahlen und die Ermittlung der Schlüsselzahlen für die Aufteilung des Gemeindeanteils am Aufkommen der Umsatzsteuer nach § 5a des Gemeindefinanzreformgesetzes (Umsatzsteuerschlüsselzahlenfestsetzungsverordnung - UStSchlFestV)

vom 21.09.2020 (BGBl. I S. 2018)

Auf Grund des § 5a Absatz 3 Satz 1 und des § 5c des Gemeindefinanzreformgesetzes, von denen § 5a Absatz 3 Satz 1 durch Artikel 3 Nummer 2 Buchstabe d des Gesetzes vom 21. November 2016 (BGBl. I S. 2613) eingefügt worden ist und § 5c durch Artikel 3 Nummer 5 des Gesetzes vom 21. November 2016 (BGBl. I S. 2613) zuletzt geändert worden ist und des § 17 Absatz 2 des Finanzausgleichsgesetzes vom 20. Dezember 2001 (BGBl. I S. 3955, 3956) verordnet das Bundesministerium der Finanzen:

§ 1
Länderschlüsselzahlen

Der Anteil am Umsatzsteueraufkommen nach § 5a Absatz 1 des Gemeindefinanzreformgesetzes verteilt sich auf die Länder nach folgenden Schlüsselzahlen:

Land	Schlüsselzahl
Baden-Württemberg	0,138454877
Bayern	0,170812448
Berlin	0,039740186
Brandenburg	0,019699043
Bremen	0,011309512
Hamburg	0,037783008
Hessen	0,084795378
Mecklenburg-Vorpommern	0,013682749
Niedersachsen	0,085892771
Nordrhein-Westfalen	0,235090621
Rheinland-Pfalz	0,040787564
Saarland	0,011770473
Sachsen	0,042224573
Sachsen-Anhalt	0,019781070
Schleswig-Holstein	0,027232624
Thüringen	0,020943103

§ 2
Ermittlung der Gemeindeschlüsselzahlen

(1) Für die der Ermittlung der Schlüsselzahl nach § 5a Absatz 2 Satz 2 Nummer 1 des Gemeindefinanzreformgesetzes zu Grunde zu legende Summe des Gewerbesteueraufkommens sind die Jahre 2013 bis 2018 des Realsteuervergleichs nach § 4 Nummer 2 des Finanz- und Personalstatistikgesetzes maßgebend.

(2) Ergibt sich für eine Gemeinde wegen eines negativen Gewerbesteueraufkommens in den Referenzjahren für die Summe des Gewerbesteueraufkommens nach § 5a Absatz 2 Satz 2 Nummer 1 des Gemeindefinanzreformgesetzes ein negativer Wert, so wird von einer Summe des Gewerbesteueraufkommens von null ausgegangen.

(3) Für die der Ermittlung der Schlüsselzahl nach § 5a Absatz 2 Satz 2 Nummer 2 des Gemeindefinanzreformgesetzes zu Grunde zu legende Anzahl der sozialversicherungspflichtig Beschäftigten am Arbeitsort sind die Ergebnisse der Statistik der sozialversicherungspflichtig Beschäftigten nach § 281 des Dritten Buches Sozialgesetzbuch - Arbeitsförderung - für die Jahre 2016 bis 2018 jeweils mit Stand vom 30. Juni maßgebend.

(4) Für die der Ermittlung der Schlüsselzahl nach § 5a Absatz 2 Satz 2 Nummer 3 des Gemeindefinanzreformgesetzes zu Grunde zu legende Summe der sozialversicherungspflichtigen Entgelte am Arbeitsort sind die Ergebnisse der Statistik der sozialversicherungspflichtigen Entgelte nach § 281 des Dritten Buches Sozialgesetzbuch - Arbeitsförderung - für die Jahre 2015 bis 2017 als Jahressumme maßgebend.

(5) Dem Schlüssel werden aus den Statistiken die Anzahl der sozialversicherungspflichtigen Beschäftigten und die Beträge der sozialversicherungspflichtigen Entgelte insgesamt zu Grunde gelegt. Nicht zu berücksichtigen sind dabei die nach der Klassifikation der Wirtschaftszweige WZ 2008 des Statistischen Bundesamtes den Wirtschaftsgruppen mit den Nummern 841, 842, 843, 851, 852, 853, 854, 910 und 990 zugeordneten Beschäftigten von Gebietskörperschaften und Sozialversicherungen sowie deren Einrichtungen.

(6) Liegen für Gemeinden für ein oder mehrere Erhebungsjahre hinsichtlich der Merkmale nach § 5a Absatz 2 Satz 2 Nummer 2 und 3 des Gemeindefinanzreformgesetzes offensichtlich fehlerhafte Angaben vor, so ist es zulässig, dass das Statistische Bundesamt die Angaben in Abstimmung mit der Bundesagentur für Arbeit schätzt.

§ 3
Gewichtung der den Gemeindeschlüsselzahlen zu Grunde liegenden Merkmale

(1) Für die Gewichtung des Merkmals nach § 5a Absatz 2 Satz 2 Nummer 2 des Gemeindefinanzreformgesetzes wird zunächst der Gewerbesteuer-Grundbetrag der Gemeinde für die einzelnen Jahre 2016 bis 2018 ermittelt, indem der Betrag des örtlichen Brutto-Gewerbesteueraufkommens, das auf der Grundlage des Realsteuervergleichs nach § 4 Nummer 2 des Finanz- und Personalstatistikgesetzes ermittelt wird, jeweils durch den für das entsprechende Jahr endgültig geltenden Gewerbesteuer-Hebesatz nach § 4 Nummer 2 des Finanz- und Personalstatistikgesetzes dividiert wird. Der gewogene durchschnittliche örtliche Gewerbesteuer-Hebesatz wird ermittelt, indem die Summe der Beträge des örtlichen Brutto-Gewerbesteueraufkommens dieser Jahre durch die Summe der örtlichen Gewerbesteuer-Grundbeträge dieser Jahre dividiert wird. Der gewogene durchschnittliche bundesweite Gewerbesteuer-Hebesatz wird ermittelt, indem die Summe der Beträge des Brutto-Gewerbesteueraufkommens dieser Jahre für alle Gemeinden durch die Summe der Gewerbesteuer-Grundbeträge dieser Jahre für alle Gemeinden dividiert wird. Für die Gewichtung des Merkmals nach § 5a Absatz 2 Satz 2 Nummer 3 des Gemeindefinanzreformgesetzes werden der gewogene durchschnittliche örtliche Gewerbesteuer-Hebesatz und der gewogene durchschnittliche bundesweite Gewerbesteuer-Hebesatz jeweils für die Jahre 2015 bis 2017 entsprechend den Sätzen 1 bis 3 berechnet.

(2) Die Gewichtung des Merkmals nach § 5a Absatz 2 Satz 2 Nummer 2 des Gemeindefinanzreformgesetzes mit dem gewogenen durchschnittlichen örtlichen Gewerbesteuer-Hebesatz erfolgt für jede Gemeinde, indem der Anteil der Gemeinde an der Summe des Bundesaufkommens für dieses Merkmal mit dem Quotienten aus gewogenem durchschnittlichen örtlichen Gewerbesteuer-Hebesatz nach Absatz 1 Satz 1 und 2 und gewogenem durchschnittlichen bundesweiten Gewerbesteuer-Hebesatz nach Absatz 1 Satz 1 und 3 multipliziert wird.

Die Gewichtung des Merkmals nach § 5a Absatz 2 Satz 2 Nummer 3 des Gemeindefinanzreformgesetzes erfolgt entsprechend Satz 1. Weicht die Bundessumme der so abgeleiteten Anteilswerte als Folge der Hebesatzgewichtung von eins ab, werden alle Anteilswerte durch die abweichende Bundessumme dividiert, so dass sich eine Bundessumme von eins ergibt.

(3) Bei Gemeindezusammenschlüssen und Gemeindeeingliederungen während des Erfassungszeitraums der Merkmale sowie vor dem 31. Dezember 2019 wird der gewogene durchschnittliche örtliche Gewerbesteuer-Hebesatz aus der Summe des Gewerbesteueraufkommens und der Grundbeträge des Gewerbesteueraufkommens aller zu einer neuen Gemeinde gehörenden alten Gemeinden und aller einzubeziehenden Jahre nach Absatz 1 berechnet. Bei Gemeindeteilausgliederungen und Gemeindeteilumgliederungen werden das jährliche Gewerbesteueraufkommen und die Grundbeträge des Gewerbesteueraufkommens für die Jahre, in denen der ausgegliederte oder umgegliederte Gemeindeteil noch Teil einer anderen Gemeinde war, im Verhältnis der Einwohnerzahl auf die neuen Gemeinden aufgeteilt; anschließend wird aus der Summe der Beträge und Grundbeträge über die entsprechenden Jahre der gewogene durchschnittliche örtliche Gewerbesteuer-Hebesatz nach Absatz 1 errechnet.

(4) Bei Gemeindezusammenschlüssen, bei denen ab dem Jahr des Zusammenschlusses für die neue Gemeinde kein einheitlicher Gewerbesteuer-Hebesatz vorliegt, dafür aber fortbestehende Hebesätze der zusammengeschlossenen Teilgemeinden und ein einheitliches Gewerbesteueraufkommen der zusammengeschlossenen Gesamtgemeinde vorliegen, wird der gewogene durchschnittliche örtliche Gewerbesteuer-Hebesatz der Gesamtgemeinde entsprechend Absatz 1 berechnet, indem die Gewerbesteueraufkommen der einzelnen Teilgemeinden aus der Zeit vor dem Zusammenschluss herangezogen werden, frühestens jedoch die Gewerbesteueraufkommen ab dem Jahr 1999. Sind diese Angaben nicht vorhanden oder nur mit nicht zu vertretendem Aufwand zu ermitteln, so wird das Gewerbesteueraufkommen der Gesamtgemeinde nach der Einwohnerzahl der Teilgemeinden auf diese aufgeteilt.

(5) Hat eine Gemeinde in einem oder in mehreren Berichtsjahren einen Gewerbesteuer-Hebesatz im Bereich größer null bis unter 200 Prozent, so ist für die Berechnung des gewogenen durchschnittlichen örtlichen Gewerbesteuer-Hebesatzes dieser Wert heranzuziehen. Bei einem Gewerbesteuer-Hebesatz von null in einem oder in mehreren Berichtsjahren wird keines dieser Jahre für die Berechnung des gewogenen durchschnittlichen örtlichen Gewerbesteuer-Hebesatzes herangezogen. Liegen für eine Gemeinde in allen Berichtsjahren Gewerbesteuer-Hebesätze von null vor, so liegt der gewogene durchschnittliche örtliche Gewerbesteuer-Hebesatz ebenfalls bei null.

§ 4
Aufteilung der Merkmale bei Gebietsstandsänderung

Die Merkmale nach § 5a Absatz 2 Satz 2 des Gemeindefinanzreformgesetzes werden bei Gebietsstandsänderungen im Verhältnis der Einwohnerzahl auf die betroffenen Gemeinden aufgeteilt.

§ 5
Neufestsetzung der Gemeinde- und der Länderschlüsselzahlen

(1) Bei kommunalen Neugliederungen nach dem 31. Dezember 2019 sind die Schlüsselzahlen nach § 5a Absatz 2 Satz 2 des Gemeindefinanzreformgesetzes für die betroffenen Gemeinden von dem auf die Neugliederung folgenden Jahr an durch das betroffene Land neu festzusetzen. Tritt die Neugliederung mit Beginn eines Jahres in Kraft, so sind die Schlüsselzahlen ab diesem Zeitpunkt neu festzusetzen. Bei der Neufestsetzung sind die Schlüsselzahlen der betroffenen Gemeinden den neugegliederten Gemeinden im Verhältnis der in sie aufgenommenen Einwohnerinnen und Einwohner zuzurechnen. Die Schlüsselzahlen nach § 1 bleiben unberührt.

(2) Bei Neugliederungen von Gemeinden zwischen Ländern sind die Schlüsselzahlen der betroffenen Gemeinden dem Land zuzurechnen, in das die Gemeinden umgegliedert wurden. Die Schlüsselzahlen nach § 1 sind entsprechend anzupassen.

§ 6
Rundung und Änderung der Schlüsselzahlen

(1) Die Schlüsselzahlen sind auf die neunte Stelle nach dem Komma zu runden.

(2) Weicht die Summe der Gemeindeschlüsselzahlen eines Landes vom Wert eins ab, so wird diejenige Schlüsselzahl der Gemeinde, auf die der größte Anteil in dem jeweiligen Land entfällt, so geändert, dass die Summe der Gemeindeschlüsselzahlen des Landes den Wert eins ergibt. Weicht die Summe der Länderschlüsselzahlen vom Wert eins ab, so wird die Schlüsselzahl des Landes, auf das der größte Anteil des Bundes entfällt, so geändert, dass die Summe der Länderschlüsselzahlen den Wert eins ergibt.

§ 7
Inkrafttreten; Außerkrafttreten

(1) Diese Verordnung tritt am 1. Januar 2021 in Kraft.

(2) Diese Verordnung tritt mit Ablauf des 31. Dezember 2023 außer Kraft.

Gesetz
zur Regelung der Zuweisungen des Landes Nordrhein-Westfalen an die Gemeinden und Gemeindeverbände im Haushaltsjahr 2022
(Gemeindefinanzierungsgesetz 2022 - GFG 2022 NRW)

vom 17.12.2021 (GV. NRW. S. 1511)

Inhaltsübersicht

Teil 1
Grundlagen

§ 1 Zuweisungen des Landes an die Gemeinden und Gemeindeverbände

Teil 2
Steuerverbund

§ 2 Ermittlung der Finanzausgleichsmasse
§ 3 Vorwegabzug, Voraberhöhung
§ 4 Aufteilung der verteilbaren Finanzausgleichsmasse
§ 5 Grundsätze für die Schlüsselzuweisungen
§ 6 Aufteilung der Schlüsselmasse
§ 7 Festsetzung der Schlüsselzuweisungen für die Gemeinden
§ 8 Ermittlung der Ausgangsmesszahl für die Gemeinden
§ 9 Ermittlung der Steuerkraftmesszahl für die Gemeinden
§ 10 Festsetzung der Schlüsselzuweisungen für die Kreise
§ 11 Ermittlung der Ausgangsmesszahl für die Kreise und die Städteregion Aachen
§ 12 Ermittlung der Umlagekraftmesszahl für die Kreise und die Städteregion Aachen
§ 13 Festsetzung der Schlüsselzuweisungen für die Landschaftsverbände
§ 14 Ermittlung der Ausgangsmesszahl für die Landschaftsverbände
§ 15 Ermittlung der Umlagekraftmesszahl für die Landschaftsverbände
§ 16 Investitionspauschalen, Aufwands- und Unterhaltungspauschale, Klima und Forstpauschale
§ 17 Schul- und Bildungspauschale
§ 18 Sportpauschale
§ 19 Zuweisungen an Gemeinden und Gemeindeverbände zur Überwindung außergewöhnlicher oder unvorhersehbarer Belastungssituationen

Teil 3
Zuweisungen außerhalb des Steuerverbundes

§ 20 Kompensationsleistungen an die Gemeinden für Verluste durch die Neuregelung des Familienleistungsausgleichs
§ 21 Kompensationsleistungen an die Gemeinden für Verluste in Zusammenhang mit dem Steuervereinfachungsgesetz 2011
§ 22 Zuweisungen nach Maßgabe des Haushaltsplans des Landes

Teil 4
Umlagegrundlagen, Umlagen

§ 23 Umlagegrundlagen für Schlüsselzuweisungen
§ 24 Kreisumlage
§ 25 Landschaftsumlage
§ 26 Verbandsumlage des Regionalverbandes Ruhr

Teil 5
Gemeinsame Vorschriften und Verfahren

§ 27 Grundlagen für die Erhebung und die Anwendung von Daten zur Berechnung von Zuweisungen aus dem Steuerverbund
§ 28 Verfahrensregelungen zur Ermittlung, Festsetzung und Auszahlung der Zuweisungen aus dem Steuerverbund
§ 29 Ausgleich fehlerhafter Zuweisungen aus dem Steuerverbund
§ 30 Bewirtschaftung der Mittel des Steuerverbundes
§ 31 Abschlagszahlungen für Verluste durch die Neuregelung des Familienleistungsausgleichs und in Zusammenhang mit dem Steuervereinfachungsgesetz 2011
§ 32 Förderungsgrundsätze für zweckgebundene Zuweisungen nach Maßgabe des Haushaltsplans des Landes
§ 33 Kürzungsermächtigung

Teil 6
Inkrafttreten, Außerkrafttreten

§ 34 Inkrafttreten, Außerkrafttreten

Anlagen

Anlage 1 Ableitung der Finanzausgleichsmasse 2022
Anlage 2 Hauptansatzstaffel
Anlage 3 Bevölkerung in den Gemeinden des Landes Nordrhein-Westfalen zu den Stichtagen 31. Dezember 2018, 31. Dezember 2019 und 31. Dezember 2020

Teil 1
Grundlagen

§ 1
Zuweisungen des Landes an die Gemeinden und Gemeindeverbände

(1) Die Gemeinden und Gemeindeverbände tragen die Kosten ihrer eigenen und der ihnen übertragenen Aufgaben, soweit durch Gesetz nichts anderes bestimmt ist.

(2) Die Gemeinden und Gemeindeverbände erhalten vom Land im Wege des Finanz- und Lastenausgleichs zur Ergänzung ihrer eigenen Erträge allgemeine und zweckgebundene Zuweisungen für die Erfüllung ihrer Aufgaben.

(3) Die Gemeinden und Gemeindeverbände erhalten einen Anteil am Steueraufkommen des Landes (Steuerverbund) gemäß den §§ 2 bis 19.

(4) Die Gemeinden und Gemeindeverbände erhalten ferner Zuweisungen nach näherer Bestimmung dieses Gesetzes (§§ 20, 21) sowie nach Maßgabe des Haushaltsplans des Landes (§ 22).

(5) Soweit den Gemeinden und Gemeindeverbänden Zuwendungen auf Grund besonderer Gesetze gewährt werden, bleiben diese unberührt.

(6) Gemeindeverbände im Sinne dieses Gesetzes sind die Kreise, die Landschaftsverbände und die Städteregion Aachen gemäß § 1 Absatz 1 Satz 1 des Städteregion Aachen Gesetzes vom 26. Februar 2008 (GV. NRW. S. 162), das durch Artikel 3 des Gesetzes vom 1. Oktober 2015 (GV. NRW. S. 698) geändert worden ist. Soweit in diesem Gesetz nichts anderes geregelt ist, gelten für die Städteregion Aachen die Regelungen für Kreise und für die regionsangehörigen Gemeinden gemäß § 4 Absatz 1 Satz 3 und § 5 des Städteregion Aachen Gesetzes die Regelungen für kreisangehörige Gemeinden.

Teil 2
Steuerverbund

§ 2
Ermittlung der Finanzausgleichsmasse

(1) Das Land stellt den Gemeinden und Gemeindeverbänden 23 Prozent (Verbundsatz) seines Anteils an der Einkommensteuer, der Körperschaftsteuer und der Umsatzsteuer (Gemeinschaftsteuern) zur Verfügung. Ferner beteiligt das Land die Gemeinden und Gemeindeverbände in Höhe des Verbundsatzes an vier Siebteln seiner Einnahmen aus der Grunderwerbsteuer.

(2) Der Berechnung nach Absatz 1 liegt das Ist-Aufkommen der jeweiligen Steuer im Zeitraum vom 1. Oktober 2020 bis zum 30. September 2021 (Verbundzeitraum) zugrunde. Dabei wird das ins-

gesamt im Verbundzeitraum ermittelte Ist-Aufkommen

1. erhöht oder vermindert um die Einnahmen oder Ausgaben des Landes im Länderfinanzausgleich nach den Vorschriften des zweiten Abschnitts des Finanzausgleichsgesetzes vom 20. Dezember 2001 (BGBl. I S. 3955, 3956) in der am 31. Dezember 2019 geltenden Fassung und aus den allgemeinen Bundesergänzungszuweisungen nach § 11 Absatz 2 des Finanzausgleichsgesetzes,
2. vermindert um den für Kompensationsleistungen an die Gemeinden für Verluste aus der Neuregelung des Familienleistungsausgleichs nach § 1 des Finanzausgleichsgesetzes ausgezahlten Betrag,
3. erhöht um den als interkommunalen Entlastungsausgleich zugunsten der Kommunen der neuen Länder enthaltenen Anteil des Landes am Minderaufkommen der Umsatzsteuer (§§ 1 und 11 Absatz 3 des Finanzausgleichsgesetzes in Verbindung mit Artikel 30 des Vierten Gesetzes für moderne Dienstleistungen am Arbeitsmarkt vom 24. Dezember 2003 (BGBl. I S. 2954) und in Verbindung mit Artikel 1 des Gesetzes zur Beteiligung des Bundes an den Kosten der Integration und zur weiteren Entlastung von Ländern und Kommunen vom 1.Dezember 2016 (BGBl. I S. 2755)),
4. vermindert um den als Kompensationsleistung für Einnahmeausfälle des Landes aus der Spielbankabgabe erhaltenen Anteil des Landes am Mehraufkommen der Umsatzsteuer (§ 1 des Finanzausgleichsgesetzes in Verbindung mit Artikel 3 des Haushaltsbegleitgesetzes 2006 vom 29. Juni 2006 (BGBl. I S. 1402)),
5. vermindert um den als Beteiligung des Bundes zur Aufgabenerfüllung im Bereich der Förderung von Kindern unter drei Jahren in Tageseinrichtungen und in der Kindertagespflege erhaltenen Anteil des Landes am Mehraufkommen der Umsatzsteuer (§ 1 des Finanzausgleichsgesetzes in Verbindung mit Artikel 2 des Gesetzes zur Förderung von Kindern unter drei Jahren in Tageseinrichtungen und in Kindertagespflege vom 10. Dezember 2008 (BGBl. I S. 2403) und in Verbindung mit Artikel 3 des Gesetzes zur zusätzlichen Förderung von Kindern unter drei Jahren in Tageseinrichtungen und in Kindertagespflege vom 15. Februar 2013 (BGBl. I S. 250)),
6. vermindert um den für Kompensationsleistungen an die Gemeinden für Verluste durch das Steuervereinfachungsgesetz 2011 ausgezahlten Betrag (§ 1 des Finanzausgleichsgesetzes in Verbindung mit Artikel 13 des Steuervereinfachungsgesetzes 2011 vom 1. November 2011 (BGBl. I S. 2131)),
7. vermindert um den Anteil des Landes am Mehraufkommen der Umsatzsteuer für Asylbewerber und Flüchtlinge nach Artikel 8 des Asylverfahrensbeschleunigungsgesetzes vom 20. Oktober 2015 (BGBl. I S. 1722) in Verbindung mit Artikel 2 des Gesetzes zur Beteiligung des Bundes an den Integrationskosten der Länder und Kommunen in den Jahren 2020 und 2021 vom 9. Dezember 2019 (BGBl. I S. 2051) und Artikel 1 des Gesetzes zur Anpassung der Ergänzungszuweisungen des Bundes nach § 11 Absatz 4 des Finanzausgleichsgesetzes und zur Beteiligung des Bundes an den flüchtlingsbezogenen Kosten der Länder vom 3. Dezember 2020 (BGBl. I S. 2657),
8. vermindert um den Anteil des Landes am Mehraufkommen der Umsatzsteuer, der vom Bund zur Entlastung der Kommunen über den Länderanteil an der Umsatzsteuer nach Artikel 1 des Gesetzes zur Beteiligung des Bundes an den Kosten der Integration und zur weiteren Entlastung von Ländern und Kommunen vom 1. Dezember 2016 (BGBl. I S. 2755) gezahlt wird,
9. vermindert um den Anteil des Landes am Mehraufkommen der Umsatzsteuer, der vom Bund zur Weiterentwicklung der Qualität in der Kindertagesbetreuung über den Länderanteil an der Umsatzsteuer nach Artikel 4 des Gesetzes zur Weiterentwicklung der Qualität und zur Teilhabe in der Kindertagesbetreuung vom 19. Dezember 2018 (BGBl. I S. 2696) gezahlt wird,
10. vermindert um den Anteil des Landes am Mehraufkommen der Umsatzsteuer, der vom Bund als anteiliger Festbetrag von 2 600 000 000 Euro (§ 1 Absatz 2 des Finanzausgleichsgesetzes) nach Artikel 2 des Gesetzes zur Neuregelung des bundesstaatlichen Finanzausgleichssystems ab dem Jahr 2020 und zur Änderung haushaltsrechtlicher Vorschriften vom 14. August 2017 (BGBl. I S. 3122) über den Länderanteil an der Umsatzsteuer gezahlt wird,
11. vermindert um den Anteil des Landes am Mehraufkommen der Umsatzsteuer, der vom Bund im Rahmen des Paktes für den öffentlichen Gesundheitsdienst zur personellen Auf-stockung, Modernisierung und Vernetzung der deutschen Gesundheitsämter über den Länderanteil an der Umsatzsteuer nach Artikel 1 des Gesetzes zur Anpassung der Ergänzungszuweisungen des Bundes nach § 11 Absatz 4 des Finanzausgleichsgesetzes und zur Beteiligung des Bundes an den flüchtlingsbezogenen Kosten der Länder vom 3. Dezember 2020 (BGBl. I S. 2657) gezahlt wird und
12. vermindert um den Anteil des Landes am Mehraufkommen der Umsatzsteuer, der vom Bund zur Umsetzung des Aktionsprogramms „Aufholen nach Corona für Kinder und Jugendliche für die Jahre 2021 und 2022" und die damit verbundenen zusätzlichen finanziellen Lasten der Länder über den Länderanteil an der Umsatzsteuer nach Artikel 4 des Gesetzes zur erleichterten Umsetzung der Reform der Grundsteuer und Änderung weiterer steuerrechtlicher Vorschriften vom 16. Juli 2021 (BGBl. I S. 2931) in Verbindung mit § 1 Absatz 6 des Finanzausgleichsgesetzes vom 20. Dezember 2001) gewährt wird.

(3) Die Finanzausgleichsmasse nach diesem Gesetz wird aus Landesmitteln im Wege der Kreditierung um den in § 33b des Haushaltsgesetzes 2022 vom 17. Dezember 2021 (GV. NRW. S. 1477) genannten Betrag auf 13 831 598 000 Euro aufgestockt.

(4) Die Ermittlung der Finanzausgleichsmasse nach den Absätzen 1 bis 3 sowie § 3 ergibt sich aus der Anlage 1 zu diesem Gesetz.

§ 3
Vorwegabzug, Voraberhöhung

(1) Von der nach § 2 ermittelten Finanzausgleichsmasse werden für die im Haushaltsjahr 2022 vom Land für die Gemeinden und Gemeindeverbände auf Grund gesetzlicher Vorschriften und vertraglicher Vereinbarungen zu entrichtenden Tantiemen Mittel in Höhe von 5 098 000 Euro abgezogen.

(2) Der nach § 2 ermittelten Finanzausgleichsmasse werden

1. 215 800 000 Euro hinzugerechnet, die dem im Mehraufkommen des Landes an der Umsatzsteuer im Jahr 2022 enthaltenen Betrag entsprechen, der vom Bund nach Artikel 1 des Gesetzes zur Beteiligung des Bundes an den Kosten der Integration und zur weiteren Entlastung von Ländern und Kommunen über den Länderanteil an der Umsatzsteuer gewährt wird und
2. 10 000 000 Euro hinzugerechnet, die durch die Inanspruchnahme von Ausgaberesten aus Gemeindefinanzierungsgesetzen der Vorjahre finanziert werden.

§ 4
Aufteilung der verteilbaren Finanzausgleichsmasse

Die sich aus den Berechnungen nach den §§ 2 und 3 ergebende verteilbare Finanzausgleichsmasse wird auf Schlüsselzuweisungen, Investitionspauschalen, Klima- und Forstpauschale sowie Aufwands- und Unterhaltungspauschale, fachbezogene Sonderpauschalen und Bedarfszuweisungen aufgeteilt.

§ 5
Grundsätze für die Schlüsselzuweisungen

(1) Die Gemeinden und die Gemeindeverbände erhalten Schlüsselzuweisungen, deren Höhe sich für die einzelne Gebietskörperschaft nach ihrem Finanzbedarf und nach ihrer Steuer- oder Umlagekraft bemisst. Neben der Bevölkerungszahl werden für die Bedarfsermittlung

1. die Trägerschaft von Schulen,
2. die Soziallasten,
3. die Zentralitätsfunktion und
4. das Verhältnis von Fläche und Bevölkerungszahl

berücksichtigt.

(2) Die Schlüsselzuweisung wird aus der Gegenüberstellung einer Ausgangsmesszahl (§§ 8, 11 und 14) und einer Steuerkraftmesszahl (§ 9) oder Umlagekraftmesszahl (§§ 12 und 15) berechnet.

§ 6
Aufteilung der Schlüsselmasse

Für Schlüsselzuweisungen wird insgesamt ein Betrag von 11 816 400 200 Euro zur Verfügung gestellt. Dieser Betrag wird aufgeteilt auf die Schlüsselmasse für

1. Gemeinden mit 9 275 218 800 Euro,
2. Kreise mit 1 382 368 600 Euro,
3. Landschaftsverbände mit 1 158 812 800 Euro.

§ 7
Festsetzung der Schlüsselzuweisungen für die Gemeinden

(1) Jede Gemeinde erhält als Schlüsselzuweisung 90 Prozent des Unterschiedsbetrages zwischen der maßgeblichen Ausgangsmesszahl (§ 8) und der maßgeblichen Steuerkraftmesszahl (§ 9).

(2) Erreicht oder überschreitet die Steuerkraftmesszahl die Ausgangsmesszahl, so erhält die Gemeinde keine Schlüsselzuweisung.

§ 8
Ermittlung der Ausgangsmesszahl für die Gemeinden

(1) Die Ausgangsmesszahl einer Gemeinde wird ermittelt, indem der Gesamtansatz mit dem einheitlichen Grundbetrag gemäß § 28 Absatz 1 Satz 2 vervielfältigt wird.

(2) Der Gesamtansatz wird aus dem Hauptansatz unter Berücksichtigung von Bevölkerungsveränderungen, dem Beschultenansatz, dem Soziallastenansatz, dem Zentralitätsansatz und dem Flächenansatz gebildet.

(3) Der Hauptansatz wird den Gemeinden nach der relevanten Bevölkerungszahl gewährt. Zur Ermittlung und Festsetzung der relevanten Bevölkerungszahl wird die Zahl der Einwohnerinnen und Einwohner nach § 27 Absatz 3 Satz 1 mit der durchschnittlichen Zahl der Einwohnerinnen und Einwohner nach § 27 Absatz 3 Satz 2 verglichen. Der höhere Wert wird angesetzt. Für die Berücksichtigung im Hauptansatz wird dieser Wert nach der Gemeindegröße gewichtet (Hauptansatzstaffel - **Anlage 2**). Liegt die Bevölkerungszahl einer Gemeinde zwischen zwei Stufen der Staffelklasse, so wird der Prozentsatz mit den dazwischenliegenden Werten angesetzt. Der Prozentsatz wird auf eine Dezimalstelle hinter dem Komma aufgerundet.

(4) Der Beschultenansatz wird den Gemeinden für jeden erfassten Beschulten nach § 27 Absatz 5 an Schulen in eigener Trägerschaft gewährt. Für die Berücksichtigung wird die Zahl der Beschulten gewichtet nach

1. im Ganztagsbetrieb Beschulten mit 2,90
2. im Halbtagsbetrieb Beschulten mit 1,03

Soweit Zweckverbände Schulträger sind, werden die Beschulten den dem Zweckverband angehörenden Gemeinden entsprechend dem Anteil an der Umlage zugerechnet. Erfolgt die Übertragung der Schulträgerschaft durch öffentlich-rechtliche Vereinbarung, werden die Beschulten den beteiligten Kommunen entsprechend dem in dieser Vereinbarung geregelten Finanzierungsanteil zugerechnet. Der Beschultenansatz wird den Städten Düren und Gütersloh zur Hälfte auch für Schülerinnen und Schüler gewährt, die die Stiftischen Gymnasien in diesen Gemeinden besuchen.

(5) Der Soziallastenansatz wird den Gemeinden für die erfassten Bedarfsgemeinschaften im Sinne von § 7 Absatz 3 des Zweiten Buches Sozialgesetzbuch - Grundsicherung für Arbeitsuchende - in der Fassung der Bekanntmachung vom 13. Mai 2011 (BGBl. I S. 850, 2094), das zuletzt durch Artikel 6 des Gesetzes vom 25. Juni 2021 (BGBl. I S. 2020) geändert worden ist, nach § 27 Absatz 6 gewährt. Für die Berücksichtigung im Soziallastenansatz wird die Zahl der Bedarfsgemeinschaften mit 18,56 multipliziert.

(6) Der Zentralitätsansatz wird den Gemeinden für die erfassten sozialversicherungspflichtig Beschäftigten nach § 27 Absatz 7 gewährt. Für die Berücksichtigung im Zentralitätsansatz wird die Zahl der sozialversicherungspflichtig Beschäftigten mit 0,76 multipliziert.

(7) Der Flächenansatz wird den Gemeinden gewährt, die eine über dem Landesdurchschnitt liegende Gebietsfläche pro Einwohnerin und Einwohner aufweisen. Dieser Flächenanteil einer Gemeinde wird mit 0,20 multipliziert. Landesdurchschnitt ist das arithmetische Mittel aus der Gesamtheit der gemeindlichen Fläche-Bevölkerung-Relationen. Bei der Ermittlung des Flächenansatzes werden die maßgebliche Gebietsfläche einer Gemeinde nach § 27 Absatz 9 und die Bevölkerungszahl einer Gemeinde nach § 27 Absatz 3 Satz 1 berücksichtigt.

§ 9
Ermittlung der Steuerkraftmesszahl für die Gemeinden

(1) Die Steuerkraftmesszahl ergibt sich aus der Summe der für die Gemeinden geltenden Steuerkraftzahlen der Gewerbesteuer, der Grundsteuern, des Gemeindeanteils an der Einkommensteuer und des Gemeindeanteils an der Umsatzsteuer, des jeweiligen Abrechnungsbetrages für das Jahr 2019 nach § 7 des Einheitslastenabrechnungsgesetzes NRW vom 9. Februar 2010 (GV. NRW. S. 127), das zuletzt durch Gesetz vom 1. Dezember 2020 (GV. NRW. S. 1112) geändert worden ist und der jeweiligen Gewerbesteuerausgleichszahlung nach dem Gewerbesteuerausgleichsgesetz Nordrhein-Westfalen vom 1. Dezember 2020 (GV. NRW. S. 1111) soweit diese gemäß § 2 Absatz 5 Satz 2 Gewerbesteuerausgleichsgesetz Nordrhein-Westfalen nicht als der Gemeinde im ersten Halbjahr 2020 zugeflossen gilt, abzüglich der Steuerkraftzahl der Gewerbesteuerumlage in der Referenzperiode nach § 27 Absatz 8.

(2) Als Steuerkraftzahlen werden zugrunde gelegt

1. bei der Gewerbesteuer das Ist-Aufkommen des ersten Halbjahres der Referenzperiode, geteilt durch den im ersten Halbjahr der Referenzperiode tatsächlich festgesetzten Hebesatz, addiert zu dem Ist-Aufkommen des zweiten Halbjahres der Referenzperiode, geteilt durch den im zweiten Halbjahr der Referenzperiode tatsächlich festgesetzten Hebesatz, multipliziert mit 435 bei den kreisfreien Städten und multipliziert mit 414 bei den kreisangehörigen Städten und Gemeinden,

2. bei der Grundsteuer A das Ist-Aufkommen des ersten Halbjahres der Referenzperiode, geteilt durch den im ersten Halbjahr der Referenzperiode tatsächlich festgesetzten Hebesatz, addiert zu dem Ist-Aufkommen des zweiten Halbjahres der Referenzperiode, geteilt durch den im zweiten Halbjahr der Referenzperiode tatsächlich festgesetzten Hebesatz, multipliziert mit 235 bei den kreisfreien Städten und multipliziert mit 247 bei den kreisangehörigen Städten und Gemeinden,

3. bei der Grundsteuer B das Ist-Aufkommen des ersten Halbjahres der Referenzperiode, geteilt durch den im ersten Halbjahr der Referenzperiode tatsächlich festgesetzten Hebesatz, addiert zu dem Ist-Aufkommen des zweiten Halbjahres der Referenzperiode, geteilt durch den im zweiten Halbjahr der Referenzperiode tatsächlich festgesetzten Hebesatz, multipliziert mit 511 bei den kreisfreien Städten und multipliziert mit 479 bei den kreisangehörigen Städten und Gemeinden,

4. bei dem Gemeindeanteil an der Einkommensteuer das Ist-Aufkommen in der Referenzperiode

   a) zuzüglich der in der Referenzperiode angefallenen Kompensationsleistungen an die Gemeinden für Verluste aus der Neuregelung des Familienleistungsausgleichs, unter Berücksichtigung der in diesem Zeitraum angefallenen Abrechnungsbeträge und

   b) zuzüglich der in der Referenzperiode angefallenen Kompensationsleistungen an die Gemeinden für Verluste im Zusammenhang mit dem Steuervereinfachungsgesetz 2011,

5. bei dem Gemeindeanteil an der Umsatzsteuer das Ist-Aufkommen in der Referenzperiode und

6. bei der Gewerbesteuerumlage das Ist-Aufkommen der Gewerbesteuer im ersten Halbjahr der Referenzperiode, geteilt durch den im ersten Halbjahr der Referenzperiode tatsächlich festgesetzten Hebesatz, multipliziert mit den im ersten Halbjahr der Referenzperiode festgesetzten Vervielfältigern für die Gewerbesteuerumlage zuzüglich des Ist-Aufkommens im zweiten Halbjahr der Referenzperiode, geteilt durch den im zweiten Halbjahr der Referenzperiode tatsächlich festgesetzten Hebesatz, multipliziert mit den im zweiten Halbjahr der Referenzperiode festgesetzten Vervielfältigern für die Gewerbesteuerumlage.

§ 10
Festsetzung der Schlüsselzuweisungen für die Kreise

(1) Jeder Kreis erhält als Schlüsselzuweisung den Unterschiedsbetrag zwischen der maßgeblichen Ausgangsmesszahl (§ 11) und der maßgeblichen Umlagekraftmesszahl (§ 12).

(2) Erreicht oder überschreitet die Umlagekraftmesszahl die Ausgangsmesszahl, so erhält der Kreis keine Schlüsselzuweisung.

§ 11
Ermittlung der Ausgangsmesszahl für die Kreise und die Städteregion Aachen

(1) Die Ausgangsmesszahl eines Kreises wird ermittelt, indem der Gesamtansatz mit dem einheitlichen Grundbetrag gemäß § 28 Absatz 1 Satz 2 vervielfältigt wird.

(2) Der Gesamtansatz wird aus dem Hauptansatz und dem Beschultenansatz gebildet.

(3) Der Hauptansatz der Kreise entspricht der Bevölkerungszahl im Kreis nach § 27 Absatz 3 Satz 1. Der Hauptansatz der Städteregion Aachen entspricht der Bevölkerungszahl in der Städteregion Aachen ohne die Zahl der Einwohnerinnen und Einwohner der Stadt Aachen jeweils nach § 27 Absatz 3 Satz 1.

(4) Der Beschultenansatz wird den Kreisen für jede gemeldete Beschulte oder jeden gemeldeten Beschulten nach § 27 Absatz 5 an Schulen in eigener Trägerschaft gewährt. Die Regelung in § 8 Absatz 4 gilt entsprechend. Bevor der so ermittelte Wert in den Gesamtansatz einfließt, wird dieser Wert mit dem Kreisfaktor vervielfältigt. Das für Kommunales zuständige Ministerium setzt den Kreisfaktor fest.

§ 12
Ermittlung der Umlagekraftmesszahl für die Kreise und die Städteregion Aachen

Die Umlagekraftmesszahl ergibt sich aus der Summe der mit einem einheitlichen Umlagesatz von 35,30 Prozent vervielfältigten Umlagegrundlagen nach § 23 Nummer 1 und 2 und des jeweiligen Abrechnungsbetrages für das Jahr 2019 nach § 7 des Einheitslastenabrechnungsgesetzes NRW.

§ 13
Festsetzung der Schlüsselzuweisungen für die Landschaftsverbände

(1) Jeder Landschaftsverband erhält als Schlüsselzuweisung den Unterschiedsbetrag zwischen der maßgeblichen Ausgangsmesszahl (§ 14) und der maßgeblichen Umlagekraftmesszahl (§ 15).

(2) Erreicht oder überschreitet die Umlagekraftmesszahl die Ausgangsmesszahl, so erhält der Landschaftsverband keine Schlüsselzuweisung.

§ 14
Ermittlung der Ausgangsmesszahl für die Landschaftsverbände

Die Ausgangsmesszahl eines Landschaftsverbandes wird ermittelt, indem die maßgebliche Bevölkerungszahl nach § 27 Absatz 3 Satz 1 mit dem einheitlichen Grundbetrag gemäß § 28 Absatz 1 Satz 2 vervielfältigt wird.

§ 15
Ermittlung der Umlagekraftmesszahl für die Landschaftsverbände

Die Umlagekraftmesszahl ergibt sich aus der Summe der mit einem einheitlichen Umlagesatz von 14,13 Prozent vervielfältigten Umlagegrundlagen nach § 23 Nummer 3 und des jeweiligen Abrechnungsbetrages für das Jahr 2019 nach § 7 des Einheitslastenabrechnungsgesetzes NRW.

§ 16
Investitionspauschalen, Aufwands- und Unterhaltungspauschale, Klima- und Forstpauschale

(1) Zur pauschalen Förderung investiver Maßnahmen von Gemeinden und Gemeindeverbänden, zum Abbau eines Investitions- und Sanierungsstaus, für weitere Unterhaltungsaufwendungen der Gemeinden sowie zur Wiederherstellung der kommunalen Waldinfrastruktur als Beitrag zum Klimaschutz stehen Mittel in Höhe von 1 382 705 700 Euro bereit.

(2) Nach Abzug eines Betrages für die Aufwands- und Unterhaltungspauschale nach Absatz 6 in Höhe von 170 000 000 Euro und für die Klima- und Forstpauschale nach Absatz 7 in Höhe von 10 000 000 Euro verbleibt für Investitionspauschalen nach den Absätzen 3 bis 5 ein verteilbarer Betrag in Höhe von 1 202 705 700 Euro. Die Zuweisungen aus diesen Investitionspauschalen und den in den §§ 17 und 18 geregelten Sonderpauschalen sind gegenseitig deckungsfähig.

(3) Von dem Betrag nach Absatz 2 Satz 1 werden den Gemeinden 1 014 748 200 Euro für investive Maßnahmen im Rahmen einer allgemeinen Investitionspauschale zur Verfügung gestellt. Davon werden sieben Zehntel nach der maßgeblichen Bevölkerungszahl nach § 27 Absatz 3 Satz 1 und drei Zehntel nach der maßgeblichen Gebietsfläche nach § 27 Absatz 9 verteilt.

(4) Von dem Betrag nach Absatz 2 Satz 1 werden 102 243 700 Euro für eine Investitionspauschale zur Verfügung gestellt, die in erster Linie für Maßnahmen zur Verbesserung der Altenhilfe und -pflege einzusetzen ist. Dieser Betrag wird auf die kreisfreien Städte und Kreise nach der Zahl der Einwohnerinnen und Einwohner über 65 Jahre nach § 27 Absatz 4 verteilt.

(5) Von dem Betrag nach Absatz 2 Satz 1 werden 85 713 800 Euro für eine Investitionspauschale zur Verfügung gestellt, die in erster Linie für investive Maßnahmen im Zusammenhang mit der Eingliederungshilfe einzusetzen ist. Dieser Betrag wird auf die Landschaftsverbände nach der maßgeblichen Bevölkerungszahl nach § 27 Absatz 3 Satz 1 verteilt. Die Mittel dieser Pauschale können zu Gunsten des in § 19 Absatz 2 Nummer 4 erfassten Sonderbedarfs für die landschaftliche Kulturpflege für deckungsfähig erklärt werden.

(6) Zur Unterstützung von Aufwendungen zum Abbau eines Investitions- und Sanierungsstaus sowie für weitere Unterhaltungsaufwendungen wird ein Betrag in Höhe von 170 000 000 Euro zur Verfügung gestellt. Der Betrag wird als Pauschale jeweils zur Hälfte nach der maßgeblichen Bevölkerungszahl gemäß § 27 Absatz 3 Satz 1 und nach der maßgeblichen Gebietsfläche gemäß § 27 Absatz 9 verteilt. Die Mittel werden als allgemeine Deckungsmittel bereitgestellt.

(7) Zur Unterstützung der Gemeinden bei der Wiederherstellung der kommunalen Waldinfrastruktur, der Wiederherstellung von Sicherheit und Ordnung im Wald und bei der Beseitigung und Bekämpfung von Kalamitäten wird ein Betrag in Höhe von 10 000 000 Euro zur Verfügung gestellt. Der Betrag wird als Pauschale jeweils zur Hälfte nach der Gesamtmenge des Schadholzeinschlags und nach der Fläche des Kommunalwaldes gemäß § 27 Absatz 10 gewährt. Bei der Verteilung der Mittel ist zu berücksichtigen, dass jeder kommunalwaldbesitzenden Gemeinde ein Mindestbetrag in Höhe von 5 000 Euro für den ersten angefangenen Hektar gewährt wird. Die Mittel werden als allgemeine Deckungsmittel bereitgestellt.

(8) Die Euro-Beträge je Einwohnerin und Einwohner, je tausend Quadratmeter maßgeblicher Gebietsfläche und je Einwohnerin und Einwohner über 65 Jahre werden von dem für Kommunales und dem für Finanzen zuständigen Ministerium ermittelt und festgesetzt.

§ 17
Schul- und Bildungspauschale

(1) Zur Unterstützung kommunaler Aufgabenerfüllung im Schulbereich sowie kommunaler Investitionsmaßnahmen im Bereich der frühkindlichen Bildung wird den Gemeinden und Gemeindeverbänden insgesamt ein Betrag von 748 069 700 Euro zur Verfügung gestellt. Die Mittel können für den Neu-, Um- und Erweiterungsbau, den Erwerb, die Modernisierung und für raumbildende Ausbauten sowie für die Einrichtung und Ausstattung von Schulen und kommunalen Kindertageseinrichtungen eingesetzt werden. Mit den Mitteln der Schul- und Bildungspauschale können darüber hinaus Instandsetzungen von Schulgebäuden sowie Mieten und Leasingraten für Schulen finanziert werden.

(2) Die Verteilung der Mittel erfolgt auf der Basis der Beschultenzahl gemäß § 27 Absatz 5 für die allgemeinbildenden und berufsbildenden Schulen. Die Regelungen in § 8 Absatz 4 Satz 3 bis 5 finden entsprechend Anwendung.

(3) Bei der Verteilung der Mittel nach Absatz 2 ist zu berücksichtigen, dass jeder Gemeinde, die Schulträgerin ist, ein Mindestbetrag von 300 000 Euro, jedem Kreis, der Schulträger ist, ein Mindestbetrag von 510 000 Euro und jedem Landschaftsverband als Schulträger ein Mindestbetrag von 1 700 000 Euro gewährt wird.

§ 18
Sportpauschale

(1) Zur Unterstützung kommunaler Aufgabenerfüllung im Sportbereich wird den Gemeinden insgesamt ein Betrag von 64 036 900 Euro zur Verfügung gestellt. Die Mittel sind von den Gemeinden für den Neu-, Um- und Erweiterungsbau, den Erwerb sowie für die Neuanlagen, Wiederaufbauten, Modernisierung, raumbildende Ausbauten und für die Einrichtung und Ausstattung von Sportstätten einzusetzen. Mit den Mitteln der Sportpauschale können darüber hinaus Instandsetzungen von Sportstätten sowie Mieten und Leasingraten für Sportstätten finanziert werden.

(2) Die Verteilung der Mittel erfolgt nach der Bevölkerungszahl gemäß § 27 Absatz 3 Satz 1.

(3) Bei der Verteilung der Mittel nach Absatz 2 ist zu berücksichtigen, dass jeder Gemeinde ein Mindestbetrag von 60 000 Euro gewährt wird.

§ 19
Zuweisungen an Gemeinden und Gemeindeverbände zur Überwindung außergewöhnlicher oder unvorhersehbarer Belastungssituationen

(1) Zur Überwindung außergewöhnlicher oder unvorhersehbarer finanzieller Belastungssituationen, die im Rahmen des Schlüsselzuweisungssystems keine oder nur unzureichende Berücksichtigung finden, werden insgesamt 41 087 500 Euro zur Verfügung gestellt.

(2) Die Mittel nach Absatz 1 sind bestimmt für

1. pauschale Zuweisungen an Gemeinden, die durch ihre Funktion als anerkannter Kurort außergewöhnliche Belastungen tragen (Kurortehilfe), in Höhe von 11 062 200 Euro,

2. pauschale Zuweisungen an Gemeinden zum Ausgleich außergewöhnlicher Härten bei der Erhebung von Abwassergebühren (Abwassergebührenhilfe) in Höhe von 8 831 200 Euro,

3. pauschale Zuweisungen an die Landschaftsverbände zur Milderung von Belastungen, die durch die landschaftliche Kulturpflege nach § 5 Absatz 1 Buchstabe b der Landschaftsverbandsordnung für das Land Nordrhein-Westfalen in der Fassung der Bekanntmachung vom 14. Juli 1994 (GV. NRW. S. 657), die zuletzt durch Artikel 4 des Gesetzes vom 18. Dezember 2018 (GV. NRW. S. 738) geändert worden ist, entstehen, in Höhe von 16 336 800 Euro und

4. Zuweisungen an Gemeinden und Gemeindeverbände zur Milderung von Härten, die sich aus der Durchführung des Finanzausgleichs ergeben, oder zur Überwindung außergewöhnlicher oder unvorhersehbarer finanzieller Belastungssituationen in Höhe von 4 857 300 Euro.

(3) Die Gemeinden nach Absatz 2 Nummer 1 erhalten einen auf Grund ihrer Anerkennung gewichteten Sockelbetrag in Höhe von 45 738 Euro. Gemeinden mit einer Anerkennung als

a) Luftkurort erhalten einen einfachen,

b) Heilklimatischer Kurort oder als Kneipp-Kurort erhalten einen zweifachen,

c) Heilbad oder als Kneipp-Heilbad erhalten einen vierfachen oder

d) Staatsbad erhalten einen achtfachen

Sockelbetrag.

Gemeinden, bei denen der Anteil der Übernachtungszahlen gemäß § 27 Absatz 11 an der maßgeblichen Bevölkerungszahl gemäß § 27 Absatz 3 Satz 1 den durchschnittlichen Anteil aller empfangsberechtigten Gemeinden übersteigt, erhalten einen Aufstockungsbetrag. Zur Ermittlung des Aufstockungsbetrags wird die über dem durchschnittlichen Anteil liegende Zahl an Übernachtungen mit einem einheitlichen Grundbetrag multipliziert.

(4) Die Abwassergebührenhilfe nach Absatz 2 Nummer 2 wird Gemeinden nach entsprechender Datenmeldung gewährt, wenn die Summe der Differenzen zwischen dem

a) Gebührenaufkommen inklusive Grundgebühr je Kubikmeter Schmutzwasser oder

b) dem Gebührensatz für Schmutzwasser

sowie dem Gebührensatz für Niederschlagswasser zum jeweils maßgeblichen Gebührensatz gemäß § 27 Absatz 12 positiv ist. Die Höhe der pauschalen Zuweisung bestimmt sich aus der Multiplikation der positiven Differenz für Schmutzwasser mit dem gemeindlichen Frischwasservolumen, der positiven Differenz für Niederschlagswasser mit der Abflussfläche und einem jährlich zu ermittelnden Prozentsatz. Dieser Prozentsatz ergibt sich aus dem Verhältnis der zu verteilenden Gesamtsumme der Abwassergebührenhilfe zu der Summe der Berechnungsgrundlagen aller empfangsberechtigten Gemeinden. Bei den für die Berechnung im Antrag geltend zu machenden Kosten bleiben die Zuweisungen außer Betracht.

(5) Der Betrag nach Absatz 2 Nummer 3 wird zu jeweils der Hälfte auf den Landschaftsverband Westfalen-Lippe sowie den Landschaftsverband Rheinland aufgeteilt.

(6) Die Mittel nach Absatz 2 Nummer 4 können auch für Zuweisungen an Kommunen eingesetzt werden, mit denen Maßnahmen der Weiterentwicklung der kommunalen Selbstverwaltung, der interkommunalen Zusammenarbeit oder der Einführung und Verbreitung neuer Techniken bei der Durchführung kommunaler Aufgaben unterstützt werden.

Teil 3
Zuweisungen außerhalb des Steuerverbundes
§ 20
Kompensationsleistungen an die Gemeinden für Verluste durch die Neuregelung des Familienleistungsausgleichs

(1) Den Gemeinden wird zum Ausgleich ihrer zusätzlichen Belastungen aus der Neuregelung des Familienleistungsausgleichs ein Anteil von 26 Prozent des Mehraufkommens der Umsatzsteuer zugewiesen, das dem Land gemäß § 1 des Finanzausgleichsgesetzes zusteht. Der auf die Gemeinden zu verteilende Betrag wird vorläufig auf 900 000 000 Euro festgesetzt. Nach Ablauf des Haushaltsjahres wird der den Gemeinden zustehende Anteilsbetrag auf der Grundlage der vorläufigen Abrechnung der Umsatzsteuerverteilung und des Finanzkraftausgleichs unter den Ländern abschließend ermittelt (Abrechnungsbetrag) und festgesetzt.

(2) Der auf die Gemeinden entfallende Betrag nach Absatz 1 wird nach dem Schlüssel verteilt, der in der jeweils geltenden Verordnung über die Aufteilung und Auszahlung des Gemeindeanteils an der Einkommensteuer und die Abführung der Gewerbesteuerumlage festgesetzt ist.

(3) Der auf die Gemeinden entfallende Betrag nach Absatz 1 Satz 2 wird mit je einem Viertel zu den in der jeweils geltenden Verordnung über die Aufteilung und Auszahlung des Gemeindeanteils an der Einkommensteuer und die Abführung der Gewerbesteuerumlage für die entsprechenden Haushaltsjahre genannten Terminen für die Abschlagszahlungen beziehungsweise Vorauszahlung auf die Schlussabrechnung ausgezahlt. Der Abrechnungsbetrag nach Absatz 1 Satz 3 wird nach Anrechnung der geleisteten Abschlagszahlungen mit der nächstmöglichen Abschlagszahlung ausgeglichen.

(4) Einzelheiten der Ermittlung und Zahlbarmachung der Zuweisungen regeln das für Finanzen und das für Kommunales zuständige Ministerium.

§ 21
Kompensationsleistungen an die Gemeinden für Verluste in Zusammenhang mit dem Steuervereinfachungsgesetz 2011

(1) Den Gemeinden wird zum Ausgleich ihrer zusätzlichen Belastungen in Zusammenhang mit dem Steuervereinfachungsgesetz 2011 ein Anteil von 26 Prozent des Mehraufkommens der Umsatzsteuer zugewiesen, das dem Land gemäß § 1 des Finanzausgleichsgesetzes zum Ausgleich der ertragsteuerlichen Mindereinnahmen zusteht. Der auf die Gemeinden zu verteilende

Betrag wird auf 17 890 000 Euro festgesetzt.

(2) Der auf die Gemeinden entfallende Betrag nach Absatz 1 wird nach dem Schlüssel verteilt, der in der jeweils geltenden Verordnung über die Aufteilung und Auszahlung des Gemeindeanteils an der Einkommensteuer und die Abführung der Gewerbesteuerumlage festgesetzt ist.

(3) Der auf die Gemeinden entfallende Betrag nach Absatz 1 wird mit je einem Viertel zu den in der jeweils geltenden Verordnung über die Aufteilung und Auszahlung des Gemeindeanteils an der Einkommensteuer und die Abführung der Gewerbesteuerumlage für die entsprechenden Haushaltsjahre genannten Terminen für die Abschlagszahlungen ausgezahlt.

(4) Einzelheiten der Ermittlung und Zahlbarmachung der Zuweisungen regeln das für Finanzen und das für Kommunales zuständige Ministerium.

§ 22
Zuweisungen nach Maßgabe des Haushaltsplans des Landes

Die haushaltsmäßige Zuordnung, die Zweckbestimmung der Zuweisungen und die Haushaltsansätze der Zuweisungen nach Maßgabe des Haushaltsplans des Landes (§ 1 Absatz 4) werden von dem für Kommunales und dem für Finanzen zuständigen Ministerium jährlich bekanntgegeben.

Teil 4
Umlagegrundlagen, Umlagen

§ 23
Umlagegrundlagen für Schlüsselzuweisungen

Die Umlagegrundlagen zur Ermittlung der normierten Ertragskraft im Zusammenhang mit der Berechnung der Schlüsselzuweisungen sind

1. für die Kreise
   a) die Steuerkraftmesszahlen der kreisangehörigen Gemeinden und
   b) die zu veranschlagenden Schlüsselzuweisungen der kreisangehörigen Gemeinden,

2. für die Städteregion Aachen
   a) die Steuerkraftmesszahlen der regionsangehörigen Gemeinden und
   b) die zu veranschlagenden Schlüsselzuweisungen der regionsangehörigen Gemeinden

   abzüglich

   c) der Steuerkraftmesszahl der Stadt Aachen und
   d) der zu veranschlagenden Schlüsselzuweisungen der Stadt Aachen und

3. für die Landschaftsverbände
   a) die Steuerkraftmesszahlen der Gemeinden,
   b) die zu veranschlagenden Schlüsselzuweisungen der Gemeinden und Kreise und
   c) die Abrechnungsbeträge der Kreise für das Jahr 2019 nach § 7 des Einheitslastenabrechnungsgesetzes NRW.

§ 24
Kreisumlage

(1) Die Kreisumlage wird in Prozentsätzen der festgesetzten Umlagegrundlagen nach § 23 Nummer 1 und 2 festgesetzt. Für die Festsetzung einer ausschließlichen Belastung oder einer Mehr- oder Minderbelastung einzelner Teile des Kreises sowie für die Erhebung einer Sonderumlage gilt Satz 1 entsprechend.

(2) Für die Festsetzung der Regionsumlage nach dem Städteregion Aachen Gesetz gilt Absatz 1.

§ 25
Landschaftsumlage

Die Landschaftsumlage wird in Prozentsätzen der festgesetzten Umlagegrundlagen nach § 23 Nummer 3 festgesetzt.

§ 26
Verbandsumlage des Regionalverbandes Ruhr

Für die Verbandsumlage des Regionalverbandes Ruhr gilt § 25 entsprechend.

Teil 5
Gemeinsame Vorschriften und Verfahren

§ 27
Grundlagen für die Erhebung und die Anwendung von Daten zur Berechnung von Zuweisungen aus dem Steuerverbund

(1) Die zur Berechnung der Zuweisungen nach den §§ 5 bis 19 erforderlichen Daten werden den amtlichen Statistiken nach Maßgabe der folgenden Vorschriften entnommen. Die Daten der amtlichen Statistiken sind für die Ermittlung der Zuweisungen aus dem Steuerverbund für die Zuweisungsempfänger bindend. Für diese Daten findet das Berichtigungsverfahren nach § 29 keine Anwendung.

(2) Soweit Daten von Gemeinden und Gemeindeverbänden erforderlich sind, die nicht aus amtlichen Statistiken entnommen werden können, werden diese unmittelbar bei den Gemeinden und Gemeindeverbänden oder den zuständigen Stellen erhoben. Die Gemeinden und Gemeindeverbände sind unter Beachtung der kommunalverfassungsrechtlichen Vertretungsregelungen verpflichtet, den zuständigen obersten Landesbehörden, dem Landesbetrieb Information und Technik Nordrhein-Westfalen (IT.NRW) und den Aufsichtsbehörden alle zur Errechnung und Festsetzung erforderlichen Auskünfte fristgerecht und vollständig zu erteilen. Soweit den Gemeinden und Gemeindeverbänden für die Datenabfrage durch IT. NRW gesichertes elektronisches Übermittlungsverfahren zur Verfügung gestellt werden, sind diese zu benutzen. Werden die notwendigen Auskünfte nicht oder nicht rechtzeitig erteilt, können das für Kommunales und das für Finanzen zuständige Ministerium bestimmen, dass geschätzte Zahlen zugrunde gelegt werden oder die Berücksichtigung entsprechender Ansätze für die betroffenen Gemeinden und Gemeindeverbände für den Finanzausgleich unterbleibt. § 29 findet in diesen Fällen keine Anwendung.

(3) Als Bevölkerungszahl im Sinne dieses Gesetzes gilt die in Anlage 3 festgesetzte Bevölkerungszahl zum Stichtag 31. Dezember 2020. Für die Ermittlung der durchschnittlichen Zahl der Einwohnerinnen und Einwohner der Gemeinden nach § 8 Absatz 3 werden die Bevölkerungszahlen nach Anlage 3 zu den Stichtagen 31. Dezember 2018, 31. Dezember 2019 und 31. Dezember 2020 herangezogen.

(4) Als Zahl der Einwohnerinnen und Einwohner über 65 Jahre wird die von IT. NRW fortgeschriebene gegliederte Bevölkerungszahl zum Stichtag 31. Dezember 2020 herangezogen.

(5) Als Zahl der Beschulten im Sinne des § 8 Absatz 4, des § 11 Absatz 4 und des § 17 Absatz 2 gilt die in der von IT. NRW geführten Schulstatistik festgesetzte Zahl der Schülerinnen und Schüler zum Stichtag 15. Oktober 2020. Dieser Stichtag ist auch für die Zurechnung des Anteils an der Umlage gemäß § 8 Absatz 4 Satz 3 sowie des Finanzierungsanteils gemäß § 8 Absatz 4 Satz 4 für das Haushaltsjahr 2020 maßgeblich.

(6) Als Zahl der Bedarfsgemeinschaften im Sinne des § 8 Absatz 5 gilt die von der Bundesagentur für Arbeit ermittelte Zahl zum Stichtag 31. Dezember 2020.

(7) Als Zahl der sozialversicherungspflichtig Beschäftigten im Sinne des § 8 Absatz 6 gilt die von der Bundesagentur für Arbeit ermittelte Zahl der sozialversicherungspflichtig Beschäftigten in den Gemeinden am Arbeitsort zum Stichtag 31. Dezember 2020.

(8) Die Referenzperiode für die Ermittlung der Steuerkraftmesszahl nach § 9 und die Berücksichtigung der Abrechnungsbeträge nach § 7 des Einheitslastenabrechnungsgesetzes NRW wird auf den Zeitraum vom 1. Juli 2020 bis zum 30. Juni 2021 festgesetzt.

(9) Als Gebietsfläche im Sinne des § 8 Absatz 7 und des § 16 Absatz 3, Absatz 6 und Absatz 8 gilt der Gebietsstand zum Stichtag 31. Dezember 2020, der im Jahresabschluss des Liegenschaftskatasters ermittelt und an IT. NRW abgegeben wurde.

(10) Bei der Berechnung der pauschalen Zuweisung nach § 16 Absatz 7 an kommunalwald-besitzende Gemeinden wird die Fläche des Kommunalwaldes in Hektar zum Stichtag 31. Dezember 2020 sowie die Gesamtmenge des Schadholzeinschlags von Nadelholz nach Kubikmetern (Erntefestmeter ohne Rinde) aus dem Jahr 2020 zugrunde gelegt.

(11) Bei der Berechnung der pauschalen Zuweisungen nach § 19 Absatz 2 Nummer 1 an Gemeinden, die durch ihre Funktion als anerkannter Kurort besondere Belastungen zu tragen haben, werden die Übernachtungszahlen aus der amtlichen Beherbergungsstatistik Nordrhein-Westfalen im Zeitraum vom 1. Juli 2020 bis zum 30. Juni 2021 zugrunde gelegt.

(12) Bei der Berechnung der pauschalen Zuweisungen an Gemeinden zum Ausgleich besonderer Härten bei der Erhebung von Abwassergebühren nach § 19 Absatz 2 Nummer 2 wird der maßgebliche Gebührensatz für Schmutzwasser mit 3,79 Euro und für Niederschlagswasser mit 1,22 Euro festgesetzt.

(13) Das für Kommunales und das für Finanzen zuständige Ministerium werden ermächtigt, Daten nach den Absätzen 1 bis 12 die der Berechnung von Zuweisungen aus dem Steuerverbund zugrunde zu legen sind, ausnahmsweise für einzelne Gemeinden und Gemeindeverbände abweichend festzusetzen, wenn sie den Grundsätzen des Finanz- und Lastenausgleichs nicht angemessen gerecht werden oder zu unzumutbaren Härten bei der Durchführung des Finanz- und Lastenausgleichs führen.

§ 28
Verfahrensregelungen
zur Ermittlung, Festsetzung und Auszahlung
der Zuweisungen aus dem Steuerverbund

(1) Die auf die Gemeinden und Gemeindeverbände entfallenden Zuweisungen nach den §§ 5 bis 19 werden jährlich durch das für Kommunales und das für Finanzen zuständige Ministerium errechnet und festgesetzt. Diese setzen zudem die einheitlichen Grundbeträge in der Weise fest, dass die jeweils für Schlüsselzuweisungen zur Verfügung gestellten Beträge aufgebraucht werden.

(2) Das für Kommunales und das für Finanzen zuständige Ministerium werden ermächtigt, die für die jeweiligen Haushaltsjahre ermittelten Ansätze zur Festlegung des fiktiven Bedarfs nach den §§ 8, 11 und 14 und zur Festlegung der normierten Ertragskraft nach den §§ 9, 12 und 15, die der Berechnung der Schlüsselzuweisungen zugrunde zu legen sind, ausnahmsweise für einzelne Gemeinden und Gemeindeverbände abweichend festzusetzen, wenn sie den Grundsätzen des Finanz- und Lastenausgleichs nicht angemessen gerecht werden. Das für Kommunales und das für Finanzen zuständige Ministerium können eine auf Dauer angelegte Beteiligung von Gemeinden und Gemeindeverbänden an interkommunalen Gewerbegebieten berücksichtigen, wenn dies erforderlich ist, um den Grundsätzen eines verteilungsgerechten Finanzausgleichs entsprechende Anrechnung der Steuerkraft sicherzustellen.

(3) Die Schlüsselzuweisungen nach § 6, die Investitionspauschalen, die Aufwands- und Unterhaltungspauschale sowie die Klima- und Forstpauschale nach § 16, die Schul- und Bildungspauschale nach § 17 sowie die Sportpauschale nach § 18 werden zu einem Achtel im Januar, jeweils zu einem Viertel im März, Juni und September am jeweils vorletzten Bankarbeitstag in Frankfurt am Main sowie zu einem Achtel im Dezember am vorletzten Bankarbeitstag in Frankfurt am Main vor dem 24. Dezember ausgezahlt. Orientiert an Aspekten der Liquiditätssicherung können das für Kommunales und das für Finanzen zuständige Ministerium Abweichungen von den in Satz 1 genannten Auszahlungsterminen festlegen.

(4) Das für Kommunales und das für Finanzen zuständige Ministerium leisten Abschlagszahlungen auf der Basis aktueller Proberechnungen von IT. NRW, wenn die Festsetzung der Schlüsselzuweisungen nach § 6, der Investitionspauschalen, der Aufwands- und Unterhaltungspauschale sowie der Klima- und Forstpauschale nach § 16, der Schul- und Bildungspauschale nach § 17 sowie der Sportpauschale nach § 18 für das Jahr 2022 nicht vor dem nächstmöglichen Auszahlungstermin gemäß Absatz 3 erfolgt ist. In besonderen Fällen können das für Kommunales und das für Finanzen zuständige Ministerium die Höhe der Abschlagszahlung für einzelne Gemeinden gesondert festsetzen. Die Abschlagszahlungen werden nach der endgültigen Festsetzung mit der ersten ordentlichen Zahlung nach der Festsetzung auf Grund dieses Gesetzes verrechnet.

(5) Die Auszahlungstermine der Mittel für Zuweisungen nach § 19 werden von dem für Kommunales und dem für Finanzen zuständigen Ministerium festgesetzt.

(6) Leistungen nach diesem Gesetz an die Gemeinden und Kreise werden durch Bescheide der Bezirksregierungen festgesetzt. Leistungen nach diesem Gesetz an die Landschaftsverbände werden durch Bescheide von dem für Kommunales und dem für Finanzen zuständigen Ministerium festgesetzt. Das für Kommunales und das für Finanzen zuständige Ministerium können bestimmen, dass die Bescheide an die Gemeinden, Kreise und Landschaftsverbände unmittelbar durch IT. NRW als elektronische Verwaltungsakte gemäß § 3a Absatz 2 Nummer 3 des Verwaltungsverfahrensgesetzes für das Land Nordrhein-Westfalen in der Fassung der Bekanntmachung vom 12. November 1999 (GV. NRW. S. 602), das zuletzt durch Artikel 3 des Gesetzes vom 8. Juli 2021 (GV. NRW. S. 904) geändert worden ist, in Verbindung mit § 5 Absatz 5 des De-Mail-Gesetzes vom 28. April 2011 (BGBl. I S. 666), das zuletzt durch Artikel 13 des Gesetzes vom 23. Juni 2021 (BGBl. I S. 1858) geändert worden ist, ausschließlich per De-Mail zuzuleiten sind.

(7) Nach näherer Bestimmung des für Kommunales und des für Finanzen zuständigen Ministeriums können im Haushaltsjahr 2023 für Schlüsselzuweisungen, für Investitionspauschalen, für die Aufwands- und Unterhaltungspauschale sowie für die Klima- und Forstpauschale, für die Schul- und Bildungspauschale sowie für die Sportpauschale Abschlagszahlungen auf der Basis aktueller Proberechnungen von IT.NRW zu den Terminen des Absatzes 3 geleistet werden, wenn dies bereits vor Verkündung des für das Jahr 2023 geltenden Gemeindefinanzierungsgesetzes erforderlich ist. Die Abschlagszahlungen sind mit der ersten ordentlichen Zahlung nach Verkündung des neuen Gemeindefinanzierungsgesetzes und der Festsetzung der Zuweisungen aus dem Steuerverbund zu verrechnen.

§ 29
Ausgleich fehlerhafter Zuweisungen
aus dem Steuerverbund

(1) Unrichtigkeiten, die nicht auf Daten aus amtlichen Statistiken zurückzuführen sind, werden bis längstens drei Jahre nach Festsetzung der Schlüsselzuweisungen nach § 6, der Klima- und Forstpauschale nach § 16, der Schul- und Bildungspauschale nach § 17 sowie der Sonderbedarfszuweisungen nach § 19 Absatz 2 Nummer 1 und 2 berichtigt, wenn die Summe der Berichtigungen eines Jahres den Betrag von 15 000 Euro übersteigt.

(2) Die für Berichtigungen erforderlichen Beträge werden vorab mit den zur Verfügung gestellten Schlüsselzuweisungen nach § 6, der Klima- und Forstpauschale nach § 16, den Mitteln der Schul- und Bildungspauschale nach § 17 sowie den Mitteln der Sonderbedarfszuweisungen nach § 19 Absatz 2 Nummer 1 und 2 verrechnet.

(3) Berichtigungen nach Absatz 1 können mit allen Leistungen aus dem Steuerverbund verrechnet werden.

§ 30
Bewirtschaftung der Mittel des Steuerverbundes

(1) Die Bewirtschaftung der Mittel aus dem Steuerverbund nach den §§ 4 bis 19 regeln das für Kommunales und das für Finanzen zuständige Ministerium.

(2) Die Bewirtschaftung der im Steuerverbund verbliebenen Reste bei den Zuweisungen

1. nach §§ 21 bis 27 des Gemeindefinanzierungsgesetzes vom 3. Februar 2004 (GV. NRW. S. 42), das zuletzt durch Artikel II des Gesetzes vom 15. Dezember 2005 (GV. NRW. S. 936) (Gemeindefinanzierungsgesetz für die Haushaltsjahre 2004/2005) geändert worden ist, regeln die jeweils fachlich zuständigen Ministerien und

2. nach § 28 des Gemeindefinanzierungsgesetzes für die Haushaltsjahre 2004/2005 regelt das fachlich zuständige Ministerium im Einvernehmen mit dem für Kommunales und dem für Finanzen zuständigen Ministerium.

§ 31
Abschlagszahlungen für Verluste durch die Neuregelung des Familienleistungsausgleichs und in Zusammenhang mit dem Steuervereinfachungsgesetz 2011

(1) Das für Kommunales und das für Finanzen zuständige Ministerium leisten Abschlagszahlungen auf der Basis aktueller Proberechnungen von IT.NRW, wenn die Festsetzung der Kompensationsleistungen an die Gemeinden für Verluste

1. durch die Neuregelung des Familienleistungsausgleichs nach § 20 und

2. in Zusammenhang mit dem Steuervereinfachungsgesetz 2011 nach § 21

für das Jahr 2022 nicht vor dem nächstmöglichen Auszahlungstermin nach § 3 der Verordnung über die Aufteilung und Auszahlung des Gemeindeanteils an der Einkommensteuer und die Abführung der Gewerbesteuerumlage für die Haushaltsjahre 2021, 2022 und 2023 erfolgt ist.

(2) Die Abschlagszahlungen werden nach der endgültigen Festsetzung mit der ersten ordentlichen Zahlung nach der Festsetzung auf Grund dieses Gesetzes verrechnet.

(3) Die Absätze 1 und 2 gelten entsprechend für das Haushaltsjahr 2023, wenn dies bereits vor Verkündung des für das Jahr 2023 geltenden Gemeindefinanzierungsgesetzes erforderlich ist.

§ 32
Förderungsgrundsätze für zweckgebundene Zuweisungen nach Maßgabe des Haushaltsplans des Landes

(1) Bei allen zweckgebundenen Zuweisungen an Gemeinden und Gemeindeverbände stellen die zuständigen Ministerien sicher, dass bei der Bewilligung der Zuweisungen auch die finanzielle Leistungsfähigkeit der Gebietskörperschaften und ihre Beteiligung am Finanzausgleich berücksichtigt werden.

(2) Förderprogramme bedürfen der Zustimmung des für Kommunales zuständigen Ministeriums, soweit sie Zuweisungen zu Maßnahmen von Gemeinden und Gemeindeverbänden enthalten, die ihrer gesetzlichen Verpflichtung zum Haushaltsausgleich nicht nachkommen. Die Förderung von Einzelmaßnahmen der Gemeinden und Gemeindeverbände bedarf in diesen Fällen der kommunalaufsichtlichen Zustimmung durch die Bezirksregierung, soweit diese Maßnahmen nicht bereits von einer Genehmigung zur Verringerung der allgemeinen Rücklage erfasst oder in einem genehmigten Haushaltssicherungskonzept enthalten sind.

§ 33
Kürzungsermächtigung

Das für Kommunales und das für Finanzen zuständige Ministerium werden ermächtigt, Zuweisungen aus dem Steuerverbund um den Betrag solcher fälligen Forderungen zu kürzen, auf die das Land nach den zur Zeit geltenden Bestimmungen einen Anspruch hat.

Teil 6
Inkrafttreten, Außerkrafttreten

§ 34
Inkrafttreten, Außerkrafttreten

Dieses Gesetz tritt am 1. Januar 2022 in Kraft und mit dem Inkrafttreten eines neuen Gemeindefinanzierungsgesetzes außer Kraft.

Anhang 11 GFG NRW

Anlage 1 (zu § 2 Absatz 3 GFG 2022)

Ableitung der Finanzausgleichsmasse 2022
vorläufig auf Basis der Mai-Steuerschätzung 2021 *

	Zeile	Steuerverbund 2021**) Euro	Steuerverbund 2022***)		
			Euro	Veränderung zu 2021**) absolut	%
1	2	3	4	5	6
Obligatorischer Steuerverbund					
Gemeinschaftsteuern					
* Lohnsteuer	1	19 121 039 982	18 833 735 974	- 287 304 008	- 1,50
* veranlagte Einkommensteuer	2	5 127 979 889	4 851 609 738	- 276 370 151	- 5,39
* Nicht veranlagte Steuern vom Ertrag	3	2 450 688 389	2 478 920 657	28 232 268	1,15
* Körperschaftsteuer	4	2 427 597 242	3 061 101 024	633 503 782	26,10
* Umsatzsteuer	5	18 681 351 972	21 165 970 430	2 484 618 458	13,30
* Einfuhrumsatzsteuer	6	5 329 246 829	5 111 987 437	- 217 259 392	- 4,08
* Abgeltungssteuer	7	557 211 435	821 731 705	264 520 270	47,47
Fakultativer Steuerverbund		53 695 115 738	56 325 056 965	2 629 941 227	4,90
* Grunderwerbssteuer (4/7 Anteil)	8	2 117 273 393	2 235 907 082	118 633 689	5,60
Summe Verbundsteuern	9	55 812 389 131	58 560 964 047	2 748 574 916	4,92
Bereinigung Verbundsteuern (§ 2 Abs. 2 GFG)					
* Länderfinanzausgleich	10	581 929 534	- 26 597 300	- 608 526 834	- 104,57
* Familienleistungsausgleich	11	- 837 940 400	- 731 007 500	106 932 900	
* Entlastungsausgleich Ost/ (Hartz IV)	12	70 732 800	57 815 000	- 12 917 800	- 18,26
* Spielbankabgabe	13	- 12 972 000	- 12 944 000	28 000	
* Kompensation Betriebskosten KiFöG	14	- 182 689 000	- 182 289 000	400 000	
* Kompensation Steuervereinfachungsgesetz 2011	15	- 17 948 224	- 17 935 700	12 524	
* Umsatzsteuerkorrektur der Bundesmittel für Asylbewerber	16	- 373 627 000	- 216 487 000	157 140 000	
* 1 Mrd. Euro Entlastung Kommunen Länderanteil Ust	17	- 216 200 000	- 216 200 000	0	
* Ust statt Entflechtungsmittel	18	- 421 200 000	- 561 066 700	- 139 866 700	
* Weiterentwicklung Qualität Kita	19	- 267 575 000	- 376 200 000	- 108 625 000	
* Pauschale an Länder für Flüchtlingszwecke	20	- 113 400 000	- 118 725 000	- 5 325 000	
* Pakt für den Rechtsstaat	21	- 23 848 000	0	23 848 000	
* Pakt für den Öffentlichen Gesundheitsdienst	22	0	- 32 400 000	- 32 400 000	
* Aktionsprogramm "Aufholen nach Corona"	23	0	- 37 100 400	- 37 100 400	
Verbundgrundlagen insgesamt	24	53 997 651 841	56 089 826 447	2 092 174 606	3,87
Verbundsatz (v.H.)	25	23,00	23,00		
originäre Finanzausgleichsmasse (aufgerundet)	26	12 419 460 000	12 900 660 100	481 200 100	3,87
Aufstockungsbetrag aus Landesmitteln durch Kreditierung ****	27	943 139 000	930 937 900	- 12 201 100	
Finanzausgleichsmasse GFG	28	13 362 599 000	13 831 598 000	468 999 000	3,51
Vorwegabzug, Voraberhöhung (§ 3 GFG)					
* Tantiemen	29	- 5 400 000	- 5 098 000	302 000	
* Bundesentlastung Länderanteil Ust für Kommunen ab 2018	30	215 800 000	215 800 000	0	0,00
* Ausgabereste aus Vorjahren	31		10 000 000		
Finanzausgleichsmasse	32	13 572 999 000	14 052 300 000	469 301 000	3,46
abzüglich Betrag ausschließlich für Klima- und Forstpauschale	33		10 000 000	10 000 000	
verteilbare Finanzausgleichsmasse	34	13 572 999 000	14 042 300 000	469 301 000	3,46

*) Eine endgültige Ableitungstabelle wird zusammen mit der Modellrechnung im 4. Quartal 2021 veröffentlicht.
**) Ist 10/19-09/20
***) Ist 10/20-05/21 und Schätzung 06/21-09/21
****) Es handelt sich bei dem Betrag in Spalte 4 um den auf Basis der Mai-Steuerschätzung ermittelten Betrag. Der genaue Aufstockungsbetrag wird nach Ablauf der Referenzperiode, d.h. nach dem 30. September 2021, in § 33b HHG festgelegt.

Anhang 11 GFG NRW

Anlage 2 (zu § 8 Absatz 3 GFG 2022)

Nr.	Hauptansatzstaffel	
	gebildete Hauptansatz-staffel in %	Staffelklassen Bevölkerung im GFG 2022
1	100,0	21 000
2	103,0	55 500
3	106,0	90 000
4	109,0	125 000
5	112,0	159 500
6	115,0	194 000
7	118,0	228 500
8	121,0	263 500
9	124,0	298 000
10	127,0	332 500
11	130,0	367 000
12	133,0	402 000
13	136,0	436 500
14	139,0	471 000
15	142,0	505 500
16	145,0	540 500
17	148,0	575 000
18	151,0	609 500
19	154,0	644 000

Für Gemeinden mit einer Bevölkerungszahl von mehr als 644 000 beträgt der Ansatz 157,0 Prozent.

Anlage 3 (zu § 27 Absatz 3 Satz 1 GFG 2022)

Bevölkerungszahlen in den Gemeinden des Landes Nordrhein-Westfalen

Gebietskörperschaft	31. Dezember 2020	31. Dezember 2019	31. Dezember 2018	Gebietskörperschaft	31. Dezember 2020	31. Dezember 2019	31. Dezember 2018
Aachen, kreisfreie Stadt	248 878	248 960	247 380	Bornheim, Stadt	48 348	48 321	48 326
Ahaus, Stadt	39 404	39 381	39 223	Bottrop, krfr. Stadt	117 388	117 565	117 383
Ahlen, Stadt	52 635	52 503	52 582	Brakel, Stadt	16 125	16 137	16 270
Aldenhoven	13 787	13 787	13 807	Breckerfeld, Stadt	8 912	8 943	8 938
Alfter	23 467	23 563	23 622	Brilon, Stadt	25 336	25 451	25 417
Alpen	12 502	12 479	12 463	Brüggen	15 934	15 745	15 708
Alsdorf, Stadt	47 330	47 149	47 018	Brühl, Stadt	43 673	44 126	44 397
Altena, Stadt	16 527	16 718	16 922	Bünde, Stadt	45 376	45 187	45 521
Altenbeken	9 105	9 113	9 147	Burbach	14 913	14 856	14 909
Altenberge	10 406	10 327	10 296	Büren, Stadt	21 452	21 515	21 566
Anröchte	10 225	10 238	10 275	Burscheid, Stadt	18 527	18 346	18 172
Arnsberg, Stadt	73 487	73 456	73 628	Castrop-Rauxel, Stadt	73 126	73 343	73 425
Ascheberg	15 580	15 494	15 372	Coesfeld, Stadt	36 182	36 257	36 217
Attendorn, Stadt	24 330	24 264	24 367	Dahlem	4 301	4 215	4 183
Augustdorf	10 147	10 032	10 046	Datteln, Stadt	34 714	34 596	34 614
Bad Berleburg, Stadt	18 847	18 914	19 446	Delbrück, Stadt	32 039	31 989	31 949
Bad Driburg, Stadt	18 902	18 959	19 002	Detmold, Stadt	74 097	74 254	74 388
Bad Honnef, Stadt	25 759	25 812	25 816	Dinslaken, Stadt	67 338	67 373	67 525
Bad Laasphe, Stadt	13 412	13 504	13 565	Dörentrup	7 662	7 680	7 720
Bad Lippspringe, Stadt	16 408	16 237	16 089	Dormagen, Stadt	64 500	64 340	64 335
Bad Münstereifel, Stadt	17 387	17 440	17 299	Dorsten, Stadt	74 515	74 704	74 736
Bad Oeynhausen, Stadt	48 535	48 604	48 702	Dortmund, krfr. Stadt	587 696	588 250	587 010
Bad Salzuflen, Stadt	54 166	54 254	54 127	Drensteinfurt, Stadt	15 540	15 556	15 542
Bad Sassendorf	12 052	12 065	12 068	Drolshagen, Stadt	11 640	11 783	11 779
Bad Wünnenberg, Stadt	12 206	12 152	12 177	Duisburg, krfr. Stadt	495 885	498 686	498 590
Baesweiler, Stadt	27 319	27 093	27 033	Dülmen, Stadt	46 706	46 657	46 590
Balve, Stadt	11 217	11 201	11 361	Düren, Stadt	91 272	91 216	90 733
Barntrup, Stadt	8 501	8 501	8 587	Düsseldorf, krfr. Stadt	620 523	621 877	619 294
Beckum, Stadt	36 637	36 815	36 646	Eitorf	18 728	18 749	18 727
Bedburg, Stadt	23 743	23 658	23 531	Elsdorf, Stadt	21 745	21 807	21 663
Bedburg-Hau	12 973	12 955	12 933	Emmerich am Rhein, Stadt	30 869	30 961	30 748
Beelen	6 115	6 125	6 245	Emsdetten, Stadt	36 068	36 029	36 012
Bergheim, Stadt	61 749	61 601	61 612	Engelskirchen	19 297	19 298	19 272
Bergisch Gladbach, Stadt	111 636	111 846	111 966	Enger, Stadt	20 469	20 490	20 461
Bergkamen, Stadt	48 919	48 740	48 725	Ennepetal, Stadt	30 117	30 142	30 075
Bergneustadt, Stadt	18 502	18 677	18 865	Ennigerloh, Stadt	19 554	19 810	19 829
Bestwig	10 525	10 623	10 687	Ense	12 256	12 162	12 213
Beverungen, Stadt	13 064	13 103	13 115	Erftstadt, Stadt	50 060	50 010	49 801
Bielefeld, krfr. Stadt	333 509	334 195	333 786	Erkelenz, Stadt	43 275	43 206	43 364
Billerbeck, Stadt	11 538	11 597	11 566	Erkrath, Stadt	43 878	43 992	44 384
Blankenheim	8 268	8 268	8 313	Erndtebrück	6 953	6 934	6 998
Blomberg, Stadt	15 093	15 115	15 154	Erwitte, Stadt	16 117	16 065	16 045
Bocholt, Stadt	71 061	71 113	71 099	Eschweiler, Stadt	56 172	56 482	56 385
Bochum, krfr. Stadt	364 454	365 587	364 628	Eslohe (Sauerland)	8 787	8 811	8 870
Bönen	18 126	18 171	18 107	Espelkamp, Stadt	24 676	24 782	24 685
Bonn, krfr. Stadt	330 579	329 673	327 258	Essen, krfr. Stadt	582 415	582 760	583 109
Borchen	13 475	13 393	13 404	Euskirchen, Stadt	58 466	58 381	57 975
Borgentreich, Stadt	8 501	8 543	8 523	Everswinkel	9 613	9 678	9 666
Borgholzhausen, Stadt	8 964	8 968	8 973	Extertal	11 042	11 069	11 091
Borken, Stadt	42 650	42 629	42 530	Finnentrop	16 854	16 955	17 173

Anhang 11 GFG NRW

Anlage 3 (zu § 27 Absatz 3 Satz 1 GFG 2022)

Bevölkerungszahlen in den Gemeinden des Landes Nordrhein-Westfalen

Gebietskörperschaft	Bevölkerungszahl zum 31. Dezember 2020	Bevölkerungszahl zum 31. Dezember 2019	Bevölkerungszahl zum 31. Dezember 2018	Gebietskörperschaft	Bevölkerungszahl zum 31. Dezember 2020	Bevölkerungszahl zum 31. Dezember 2019	Bevölkerungszahl zum 31. Dezember 2018
Frechen, Stadt	51 947	52 439	52 473	Horn-Bad Meinberg, Stadt	17 245	17 263	17 178
Freudenberg, Stadt	17 729	17 711	17 739	Hörstel, Stadt	20 335	20 344	20 141
Fröndenberg/Ruhr, Stadt	20 566	20 760	20 766	Horstmar, Stadt	6 595	6 545	6 551
Gangelt	12 733	12 576	12 446	Hövelhof	16 222	16 281	16 294
Geilenkirchen, Stadt	27 518	27 470	27 214	Höxter, Stadt	28 509	28 808	28 824
Geldern, Stadt	33 760	33 730	33 836	Hückelhoven, Stadt	40 425	40 245	39 931
Gelsenkirchen, krfr. Stadt	259 105	259 645	260 654	Hückeswagen, Stadt	14 810	14 958	15 060
Gescher, Stadt	17 246	17 254	17 205	Hüllhorst	13 051	13 032	13 026
Geseke, Stadt	21 422	21 422	21 343	Hünxe	13 596	13 598	13 567
Gevelsberg, Stadt	30 733	30 701	30 695	Hürtgenwald	8 675	8 700	8 706
Gladbeck, Stadt	75 518	75 610	75 687	Hürth, Stadt	59 525	59 731	60 189
Goch, Stadt	34 531	34 205	33 825	Ibbenbüren, Stadt	51 526	51 822	51 904
Grefrath	14 759	14 753	14 802	Inden	7 480	7 397	7 421
Greven, Stadt	37 709	37 753	37 692	Iserlohn, Stadt	91 815	92 174	92 666
Grevenbroich, Stadt	63 941	63 743	63 620	Isselburg, Stadt	10 758	10 636	10 692
Gronau (Westf.), Stadt	48 576	48 321	48 072	Issum	12 113	11 977	11 937
Gummersbach, Stadt	50 978	50 952	50 688	Jüchen	23 516	23 294	23 337
Gütersloh, Stadt	100 664	100 861	100 194	Jülich, Stadt	32 336	32 653	32 632
Haan, Stadt	30 263	30 406	30 484	Kaarst, Stadt	43 615	43 493	43 433
Hagen, krfr. Stadt	188 687	188 686	188 814	Kalkar, Stadt	13 944	13 884	13 902
Halle (Westf.), Stadt	21 448	21 577	21 640	Kall	11 096	11 191	11 264
Hallenberg, Stadt	4 490	4 465	4 486	Kalletal	13 385	13 471	13 605
Haltern am See, Stadt	37 845	37 850	38 013	Kamen, Stadt	42 875	43 023	42 971
Halver, Stadt	16 108	16 083	16 106	Kamp-Lintfort, Stadt	37 635	37 596	37 391
Hamm, krfr. Stadt	178 967	179 916	179 111	Kempen, Stadt	34 537	34 514	34 597
Hamminkeln, Stadt	26 962	26 858	26 739	Kerken	12 638	12 548	12 524
Harsewinkel, Stadt	25 338	25 163	25 147	Kerpen, Stadt	65 802	66 702	66 206
Hattingen, Stadt	54 278	54 438	54 562	Kevelaer, Stadt	27 955	28 087	28 021
Havixbeck	11 961	11 943	11 829	Kierspe, Stadt	16 089	16 119	16 137
Heek	8 651	8 653	8 681	Kirchhundem	11 353	11 485	11 564
Heiden	8 204	8 218	8 187	Kirchlengern	16 081	16 023	16 029
Heiligenhaus, Stadt	26 301	26 345	26 335	Kleve, Stadt	52 359	52 388	51 845
Heimbach, Stadt	4 312	4 328	4 333	Köln, krfr. Stadt	1 083 498	1 087 863	1 085 664
Heinsberg, Stadt	42 476	42 236	41 946	Königswinter, Stadt	41 122	41 277	41 243
Hellenthal	7 797	7 863	7 895	Korschenbroich, Stadt	33 484	33 251	33 066
Hemer, Stadt	33 863	34 062	34 080	Kranenburg	10 981	10 719	10 632
Hennef (Sieg), Stadt	47 544	47 290	47 339	Krefeld, krfr. Stadt	226 844	227 417	227 020
Herdecke, Stadt	22 653	22 755	22 733	Kreuzau	17 422	17 444	17 532
Herford, Stadt	66 495	66 638	66 608	Kreuztal, Stadt	30 965	31 122	31 187
Herne, krfr. Stadt	156 940	156 449	156 374	Kürten	19 716	19 662	19 768
Herscheid	6 988	6 954	6 977	Ladbergen	6 775	6 688	6 705
Herten, Stadt	61 860	61 821	61 791	Laer	6 700	6 744	6 799
Herzebrock-Clarholz	16 095	16 004	15 847	Lage, Stadt	34 885	34 858	35 047
Herzogenrath, Stadt	46 225	46 375	46 402	Langenberg	8 597	8 619	8 597
Hiddenhausen	19 724	19 705	19 767	Langenfeld (Rhld.), Stadt	59 112	59 178	58 927
Hilchenbach, Stadt	14 646	14 801	14 906	Langerwehe	14 071	14 028	14 020
Hilden, Stadt	55 274	55 625	55 764	Legden	7 342	7 326	7 314
Hille	15 378	15 374	15 445	Leichlingen (Rhld.), Stadt	27 885	28 000	28 031
Holzwickede	16 964	17 076	17 118	Lemgo, Stadt	40 456	40 619	40 696
Hopsten	7 643	7 650	7 599	Lengerich, Stadt	22 511	22 660	22 641

Anlage 3 (zu § 27 Absatz 3 Satz 1 GFG 2022)

Bevölkerungszahlen in den Gemeinden des Landes Nordrhein-Westfalen

Gebietskörperschaft	31. Dezember 2020	31. Dezember 2019	31. Dezember 2018	Gebietskörperschaft	31. Dezember 2020	31. Dezember 2019	31. Dezember 2018
Lennestadt, Stadt	25 140	25 308	25 503	Neunkirchen-Seelscheid	19 698	19 679	19 659
Leopoldshöhe	16 382	16 263	16 282	Neuss, Stadt	153 109	153 896	153 796
Leverkusen, krfr. Stadt	163 905	163 729	163 838	Nideggen, Stadt	10 155	10 001	9 945
Lichtenau, Stadt	10 551	10 570	10 632	Niederkassel, Stadt	38 512	38 667	38 218
Lienen	8 622	8 604	8 527	Niederkrüchten	14 948	15 557	15 550
Lindlar	21 430	21 315	21 396	Niederzier	14 154	14 113	14 033
Linnich, Stadt	12 697	12 662	12 593	Nieheim, Stadt	6 026	6 084	6 093
Lippetal	11 949	11 894	11 871	Nordkirchen	10 117	10 111	10 063
Lippstadt, Stadt	67 793	67 952	67 901	Nordwalde	9 683	9 640	9 584
Lohmar, Stadt	30 316	30 453	30 363	Nörvenich	10 667	10 572	10 459
Löhne, Stadt	39 871	39 915	39 697	Nottuln	19 636	19 619	19 557
Lotte	14 139	14 095	14 135	Nümbrecht	17 068	17 001	16 985
Lübbecke, Stadt	25 573	25 541	25 490	Oberhausen, krfr. Stadt	209 566	210 764	210 829
Lüdenscheid, Stadt	71 911	72 313	72 611	Ochtrup, Stadt	19 673	19 662	19 636
Lüdinghausen, Stadt	24 810	24 822	24 590	Odenthal	15 031	14 967	15 020
Lügde, Stadt	9 235	9 390	9 448	Oelde, Stadt	29 133	29 238	29 326
Lünen, Stadt	85 838	86 348	86 449	Oer-Erkenschwick, Stadt	31 532	31 421	31 442
Marienheide	13 443	13 522	13 552	Oerlinghausen, Stadt	17 065	17 142	17 286
Marienmünster, Stadt	4 903	4 902	4 962	Olfen, Stadt	13 014	12 923	12 846
Marl, Stadt	84 312	84 067	83 941	Olpe, Stadt	24 593	24 551	24 688
Marsberg, Stadt	19 488	19 540	19 640	Olsberg, Stadt	14 432	14 430	14 489
Mechernich, Stadt	27 986	27 714	27 598	Ostbevern	11 116	11 007	10 982
Meckenheim, Stadt	24 741	24 817	24 684	Overath, Stadt	27 124	27 100	27 040
Medebach, Stadt	7 987	8 000	8 055	Paderborn, Stadt	151 864	151 633	150 580
Meerbusch, Stadt	56 479	56 415	56 189	Petershagen, Stadt	25 045	25 119	25 168
Meinerzhagen, Stadt	20 529	20 367	20 397	Plettenberg, Stadt	24 978	25 237	25 318
Menden (Sauerland), Stadt	52 452	52 608	52 912	Porta Westfalica, Stadt	35 734	35 631	35 671
Merzenich	9 968	9 885	9 778	Preußisch Oldendorf, Stadt	12 236	12 188	12 289
Meschede, Stadt	29 696	29 786	29 921	Pulheim, Stadt	54 636	54 194	54 071
Metelen	6 363	6 360	6 350	Radevormwald, Stadt	21 963	21 919	22 107
Mettingen	11 878	11 828	11 883	Raesfeld	11 515	11 431	11 368
Mettmann, Stadt	38 749	38 757	38 829	Rahden, Stadt	15 404	15 402	15 441
Minden, Stadt	81 592	81 716	81 682	Ratingen, Stadt	86 899	87 520	87 287
Moers, Stadt	103 487	103 902	103 725	Recke	11 394	11 376	11 371
Möhnesee	11 698	11 722	11 620	Recklinghausen, Stadt	110 705	111 397	112 267
Mönchengladbach, krfr. Stadt	259 665	261 034	261 454	Rees, Stadt	21 030	21 100	20 972
Monheim am Rhein, Stadt	41 279	40 948	40 645	Reichshof	18 503	18 600	18 655
Monschau, Stadt	11 686	11 693	11 726	Reken	14 965	14 888	14 815
Morsbach	10 032	10 138	10 210	Remscheid, krfr. Stadt	111 516	111 338	110 994
Much	14 491	14 412	14 374	Rheda-Wiedenbrück, Stadt	48 672	48 644	48 505
Mülheim an der Ruhr, krfr. St.	170 921	170 632	170 880	Rhede, Stadt	19 319	19 299	19 328
Münster, krfr. Stadt	316 403	315 293	314 319	Rheinbach, Stadt	26 949	26 986	27 063
Nachrodt-Wiblingwerde	6 466	6 546	6 573	Rheinberg, Stadt	30 933	30 854	31 097
Netphen, Stadt	23 033	23 081	23 130	Rheine, Stadt	76 123	76 218	76 107
Nettersheim	7 705	7 491	7 467	Rheurdt	6 545	6 515	6 589
Nettetal, Stadt	42 438	42 496	42 493	Rietberg, Stadt	29 432	29 545	29 466
Neuenkirchen	13 892	13 887	13 905	Rödinghausen	9 728	9 758	9 784
Neuenrade, Stadt	11 772	11 889	11 982	Roetgen	8 650	8 648	8 640
Neukirchen-Vluyn, Stadt	27 532	27 187	26 982	Rommerskirchen	13 357	13 298	13 231
Neunkirchen	13 075	13 165	13 406	Rosendahl	10 810	10 754	10 806

Anhang 11 GFG

Anlage 3 (zu § 27 Absatz 3 Satz 1 GFG 2022)

Bevölkerungszahlen in den Gemeinden des Landes Nordrhein-Westfalen

Gebietskörperschaft	Bevölkerungszahl zum 31. Dezember 2020	Bevölkerungszahl zum 31. Dezember 2019	Bevölkerungszahl zum 31. Dezember 2018	Gebietskörperschaft	Bevölkerungszahl zum 31. Dezember 2020	Bevölkerungszahl zum 31. Dezember 2019	Bevölkerungszahl zum 31. Dezember 2018
Rösrath, Stadt	28 759	28 631	28 693	Verl, Stadt	25 382	25 318	25 498
Ruppichteroth	10 484	10 420	10 408	Versmold, Stadt	21 697	21 603	21 468
Rüthen, Stadt	10 565	10 826	10 957	Vettweiß	9 527	9 397	9 369
Saerbeck	7 088	7 091	7 139	Viersen, Stadt	77 376	77 102	76 905
Salzkotten, Stadt	25 013	24 956	25 062	Vlotho, Stadt	18 384	18 380	18 429
Sankt Augustin, Stadt	55 590	55 847	55 767	Voerde (Niederrhein)	36 047	36 017	35 999
Sassenberg, Stadt	14 215	14 193	14 260	Vreden, Stadt	22 676	22 670	22 641
Schalksmühle	10 287	10 294	10 341	Wachtberg	20 331	20 485	20 414
Schermbeck	13 541	13 602	13 599	Wachtendonk	8 107	8 129	8 118
Schieder-Schwalenberg	8 355	8 344	8 475	Wadersloh	12 556	12 654	12 397
Schlangen	9 254	9 259	9 261	Waldbröl, Stadt	19 599	19 553	19 543
Schleiden, Stadt	13 191	13 128	13 053	Waldfeucht	8 912	8 842	8 784
Schloß Holte-Stukenbrock	26 943	26 872	26 776	Waltrop, Stadt	29 472	29 328	29 345
Schmallenberg, Stadt	24 806	24 852	24 869	Warburg, Stadt	22 928	23 076	23 079
Schöppingen	6 759	6 868	6 820	Warendorf, Stadt	37 173	37 157	37 226
Schwalmtal	19 012	18 969	18 982	Warstein, Stadt	24 520	24 643	24 842
Schwelm, Stadt	28 590	28 537	28 542	Wassenberg, Stadt	18 830	18 630	18 292
Schwerte, Stadt	46 124	46 195	46 340	Weeze	11 228	10 786	10 697
Selfkant	10 253	10 137	10 089	Wegberg, Stadt	28 130	28 169	28 175
Selm, Stadt	25 802	25 925	26 011	Weilerswist	17 722	17 633	17 619
Senden	20 358	20 409	20 493	Welver	11 829	11 833	11 940
Sendenhorst, Stadt	13 289	13 193	13 157	Wenden	19 452	19 609	19 701
Siegburg, Stadt	41 669	41 554	41 463	Werdohl, Stadt	17 660	17 657	17 737
Siegen, Stadt	101 943	102 770	102 836	Werl, Stadt	30 702	30 767	30 772
Simmerath	15 498	15 404	15 377	Wermelskirchen, Stadt	34 597	34 719	34 765
Soest, Stadt	47 206	47 514	47 460	Werne, Stadt	29 588	29 717	29 662
Solingen, krfr. Stadt	159 193	159 245	159 360	Werther (Westf.), Stadt	11 091	11 150	11 274
Sonsbeck	8 690	8 673	8 675	Wesel, Stadt	60 329	60 230	60 357
Spenge, Stadt	14 419	14 482	14 487	Wesseling, Stadt	36 731	36 347	36 146
Sprockhövel, Stadt	24 702	24 739	24 747	Westerkappeln	11 234	11 241	11 182
Stadtlohn, Stadt	20 290	20 283	20 322	Wetter (Ruhr), Stadt	27 269	27 392	27 441
Steinfurt, Stadt	34 431	34 325	34 084	Wettringen	8 271	8 261	8 226
Steinhagen	20 495	20 614	20 698	Wickede (Ruhr)	12 682	12 682	12 595
Steinheim, Stadt	12 617	12 528	12 657	Wiehl, Stadt	25 199	25 161	25 135
Stemwede	13 046	13 020	13 111	Willebadessen, Stadt	8 154	8 111	8 142
Stolberg (Rhld.), Stadt	56 377	56 466	56 792	Willich, Stadt	50 283	50 391	50 592
Straelen, Stadt	16 248	16 257	16 114	Wilnsdorf	19 975	20 086	20 088
Südlohn	9 370	9 262	9 249	Windeck	18 869	18 730	18 773
Sundern (Sauerland), Stadt	27 554	27 725	27 802	Winterberg, Stadt	12 442	12 638	12 611
Swisttal	18 763	18 749	18 618	Wipperfürth, Stadt	20 875	20 963	21 003
Tecklenburg, Stadt	9 138	9 070	9 145	Witten, Stadt	95 876	96 459	96 563
Telgte, Stadt	19 841	19 911	19 925	Wülfrath, Stadt	21 003	20 957	21 035
Titz	8 617	8 455	8 361	Wuppertal, krfr. Stadt	355 004	355 100	354 382
Tönisvorst, Stadt	29 249	29 336	29 306	Würselen, Stadt	38 496	38 756	38 712
Troisdorf, Stadt	74 994	74 953	74 903	Xanten, Stadt	21 521	21 607	21 690
Übach-Palenberg, Stadt	23 906	24 044	24 081	Zülpich, Stadt	20 440	20 332	20 174
Uedem	8 305	8 224	8 281				
Unna, Stadt	58 816	58 936	58 633				
Velbert, Stadt	81 564	81 842	81 984				
Velen, Stadt	13 112	13 107	13 130				

Seite 243

bleibt aus drucktechnischen Gründen frei

Seite 244

bleibt aus drucktechnischen Gründen frei

Vergabegrundsätze für Gemeinden nach § 26 der Kommunalhaushaltsverordnung Nordrhein-Westfalen (Kommunale Vergabegrundsätze NRW)

RdErl. des Ministeriums für Heimat, Kommunales, Bau und Gleichstellung vom 28.08.2018 (MBl. NRW. S. 497), zuletzt geändert durch RdErl. vom 13.12.2021 (MBl. NRW. S. 1106)

Gemäß § 26 Absatz 2 der Kommunalhaushaltsverordnung Nordrhein-Westfalen vom 12. Dezember 2018 (GV. NRW. S. 708) werden die nachfolgenden Grundsätze festgelegt, die von den Gemeinden bei der Vergabe von Aufträgen unterhalb der durch die Europäische Union vorgegebenen Schwellenwerte anzuwenden sind: [1]

1 Geltungsbereich

1.1
Öffentliche Auftraggeber, die diese Vergabegrundsätze anzuwenden haben, sind Gemeinden und Gemeindeverbände sowie deren Einrichtungen nach § 107 Absatz 2 der Gemeindeordnung für das Land Nordrhein-Westfalen in der Fassung der Bekanntmachung vom 14. Juli 1994 (GV. NRW. S. 666), die zuletzt durch Artikel 1 des Gesetzes vom 18. Dezember 2018 (GV. NRW. S. 759, ber. 2019 S. 23) geändert worden ist, die wie Eigenbetriebe geführt werden (eigenbetriebsähnliche Einrichtungen).

1.2
Keine Anwendung finden diese Vergabegrundsätze auf:
a) Eigenbetriebe,
b) kommunal beherrschte Unternehmen,
c) Einrichtungen in einer Rechtsform des privaten Rechts und
d) Zweckverbände, deren Hauptzweck der Betrieb eines wirtschaftlichen Unternehmens ist.

Für Anstalten des öffentlichen Rechts im Sinne des § 114 a der Gemeindeordnung für das Land Nordrhein-Westfalen (Kommunalunternehmen) und gemeinsame Kommunalunternehmen gemäß § 27 des Gesetzes über kommunale Gemeinschaftsarbeit in der Fassung der Bekanntmachung vom 1. Oktober 1979 (GV. NRW. S. 621), das zuletzt durch Artikel 9 des Gesetzes vom 23. Januar 2018 (GV. NRW. S. 90) geändert worden ist, gilt hinsichtlich der Vergabegrundsätze die Regelung des § 8 der Kommunalunternehmensverordnung vom 24. Oktober 2001 (GV. NRW. S. 773), die zuletzt durch Verordnung vom 19. September 2014 (GV. NRW. S. 616) geändert worden ist.

1.3
Die Vergabegrundsätze gelten ausschließlich bei öffentlichen Aufträgen, deren geschätzte Auftragswerte die gemäß § 106 des Gesetzes gegen Wettbewerbsbeschränkungen in der Fassung der Bekanntmachung vom 26. Juni 2013 (BGBl. I S. 1750, 3245), das zuletzt durch Artikel 10 des Gesetzes vom 12. Juli 2018 (BGBl. I S. 1151) geändert worden ist, festgelegten Schwellenwerte (EU-Schwellenwerte) ohne Umsatzsteuer nicht erreichen. Zur Bestimmung des geschätzten Auftragswertes wird auf § 3 der Vergabeverordnung vom 12. April 2016 (BGBl. I S. 624), die zuletzt durch Artikel 4 des Gesetzes vom 10. Juli 2018 (BGBl. I S. 1117) geändert worden ist, verwiesen.

---

[1] Gemäß Delegierten Verordnungen (EU) 2021/1951 bis 1953 vom 10.11.2021 (ABl. L 398/21, L 398/23 und L 398/25 vom 10.11.2021) der Europäischen Kommission gelten ab dem 01.01.2022 folgende EU-Schwellenwerte für EU-weite Auftragsvergaben:
- für Dienst- und Lieferaufträge sonstiger öffentlicher Auftraggeber — 215.000 Euro
- für Dienst- und Lieferaufträge im Bereich des Wasser-, Energie- und Verkehrsversorgung durch Sektorenauftraggeber (Kommunale Versorgungswirtschaft) — 431.000 Euro
- für Bauaufträge — 5.382.000 Euro
- für Konzessionsvergaben — 5.382.000 Euro.

2 Bundes- und landesgesetzliche Vorschriften

2.1
Bei der Vergabe öffentlicher Aufträge gelten die Regelungen der §§ 97 bis 184 des Gesetzes gegen Wettbewerbsbeschränkungen, sofern im Einzelfall die gemäß § 106 des Gesetzes gegen Wettbewerbsbeschränkungen geltenden EU-Schwellenwerte ohne Umsatzsteuer erreicht oder überstiegen werden.

2.2
Öffentliche Auftraggeber im Land Nordrhein-Westfalen im Sinne von § 99 des Gesetzes gegen Wettbewerbsbeschränkungen unterliegen den Bestimmungen des Tariftreue- und Vergabegesetzes Nordrhein-Westfalen vom 22. März 2018 (GV. NRW. S. 172).

3 Allgemeine Vergabeprinzipien

3.1
Auch unterhalb der EU-Schwellenwerte sind die europarechtlichen Grundprinzipien der Gleichbehandlung, Nichtdiskriminierung und Transparenz zu beachten. Die Auftragsvergabe muss im Einklang mit den Vorschriften und Grundsätzen des Vertrages über die Arbeitsweise der Europäischen Union erfolgen.

Wenn für den Auftrag ein eindeutiges grenzüberschreitendes Interesse im Sinne einer Binnenmarktrelevanz besteht, ist eine angemessene Veröffentlichung der Auftragsvergabe sowie der gleichberechtigte Zugang für Wirtschaftsteilnehmer aus allen Mitgliedstaaten sicherzustellen.

3.2
Mittelständische Interessen sind vornehmlich zu berücksichtigen. Kleinere und mittlere Unternehmen sind angemessen bei der Angebotsaufforderung einzubeziehen. Auf einen Wechsel der Bieter bei den nicht förmlichen Verfahren ist zu achten.

3.3
Der Gemeinsame Runderlass des Ministeriums für Wirtschaft, Innovation, Digitalisierung und Energie, des Ministeriums des Innern, des Ministeriums der Finanzen und des Ministeriums für Heimat, Kommunales, Bau und Gleichstellung "Präqualifikationsrichtlinie" vom 28. August 2018 (MBl. NRW. S. 504) in der jeweils geltenden Fassung wird den Kommunen zur Anwendung empfohlen.

Der Nachweis der Eignung für Bauleistungen kann mit der Eintragung in die Liste des Vereins für die Präqualifikation von Bauunternehmen e.V. (Präqualifikationsverzeichnis) erfolgen. Unternehmen, die entsprechend § 6b der Vergabe- und Vertragsordnung für Bauleistungen Teil A in der Fassung der Bekanntmachung vom 1. Juli 2016 (BAnz AT 01.07.2016 B4) registriert sind, gelten hinsichtlich der erfassten Kriterien als geeignet. Dies gilt auch für Verfahren nach den §§ 8 bis 48 der Unterschwellenvergabeordnung vom 2. Februar 2017 (BAnz AT 07.02.2017 B1).

Bei Lieferungen und Dienstleistungen gilt die Eintragung eines Unternehmens in das amtliche Verzeichnis präqualifizierter Unternehmen zum grundsätzlichen Nachweis der Eignung des Bewerbers oder Bieters und zum Nichtvorliegen von Ausschlussgründen unabhängig von einem konkreten Einzelauftrag. Das nach Eintragung ins amtliche Verzeichnis erstellte Zertifikat ist als Eignungsnachweis anzuerkennen. Unternehmen, die im amtlichen Verzeichnis präqualifizierter Unternehmen registriert sind, gelten hinsichtlich der erfassten Kriterien auch in Bauverfahren als geeignet.

3.4.
Der Gemeinsame Runderlass des Ministeriums für Wirtschaft, Innovation, Digitalisierung und Energie, des Ministeriums für Arbeit, Gesundheit und Soziales, des Ministeriums für Heimat,

Anhang 12 Vergabegrundsätze NRW

Kommunales, Bau und Gleichstellung und des Ministeriums der Finanzen "Berücksichtigung von Werkstätten für behinderte Menschen und von Inklusionsbetrieben bei der Vergabe öffentlicher Aufträge" vom 29. Dezember 2017 (MBl. NRW. 2018 S. 22) in der jeweils geltenden Fassung wird den Kommunen zur Anwendung empfohlen.

3.5

Der Gemeinsame Runderlass des Ministeriums für Wirtschaft, Innovation, Digitalisierung und Energie und des Ministeriums des Innern "Anwendung einer Schutzklausel zur Abwehr von Einflüssen der Scientology-Organisation und deren Unternehmen bei der Vergabe von öffentlichen Aufträgen über Beratungs- und Schulungsleistungen" vom 28. August 2018 (MBl. NRW. S. 504) in der jeweils geltenden Fassung wird den Kommunen zur Anwendung empfohlen.

4
Vergabe von Bauleistungen
4.1

Bei Aufträgen über Bauleistungen unterhalb des EU-Schwellenwertes sollen folgende Teile der Vergabe- und Vertragsordnung für Bauleistungen angewendet werden:

a) Teil A: Allgemeine Bestimmungen für die Vergabe von Bauleistungen (Abschnitt 1) in der jeweils geltenden Fassung,

b) Teil B: Allgemeine Vertragsbedingungen für die Ausführung von Bauleistungen in der jeweils geltenden Fassung und

c) Teil C: Allgemeine Technische Vertragsbedingungen (ATV) in der jeweils geltenden Fassung.

Die VOB/A gilt im Wesentlichen für Verträge über die Ausführung oder die gleichzeitige Planung und Ausführung

a) eines Bauvorhabens oder eines Bauwerks für den öffentlichen Auftraggeber, das Ergebnis von Tief- oder Hochbauarbeiten ist und eine wirtschaftliche oder technische Funktion erfüllen soll, oder

b) einer dem öffentlichen Auftraggeber unmittelbar wirtschaftlich zugutekommenden Bauleistung, die Dritte gemäß den vom Auftraggeber genannten Erfordernissen erbringen, wobei der Auftraggeber einen entscheidenden Einfluss auf Art und Planung der Bauleistung hat.

Auf § 103 Absatz 3 Satz 1 Nummer 1 des Gesetzes gegen Wettbewerbsbeschränkungen wird ergänzend hingewiesen.

4.2

Abweichend von § 3a Absatz 4 der Vergabe- und Vertragsordnung für Bauleistungen Teil A (Abschnitt 1) können Bauleistungen bis zu einem voraussichtlichen Auftragswert von 25 000 Euro ohne Umsatzsteuer unter Berücksichtigung der Haushaltsgrundsätze der Wirtschaftlichkeit und Sparsamkeit ohne die Durchführung eines Vergabeverfahrens beschafft werden (Direktauftrag). Der Auftraggeber soll zwischen den beauftragten Unternehmen wechseln.

5
Vergabe von Liefer- und Dienstleistungen
5.1

Bei Aufträgen über Liefer- und Dienstleistungen unterhalb der EU-Schwellenwerte soll die Unterschwellenvergabeordnung in der jeweils geltenden Fassung angewendet werden.

5.2

Abweichend von § 14 der Unterschwellenvergabeordnung können Liefer- und Dienstleistungen bis zu einem voraussichtlichen Auftragswert von 25 000 Euro ohne Umsatzsteuer unter Berücksichtigung der Haushaltsgrundsätze der Wirtschaftlichkeit und Sparsamkeit ohne die Durchführung eines Vergabeverfahrens beschafft werden (Direktauftrag). Der Auftraggeber soll zwischen den beauftragten Unternehmen wechseln.

6
Wahl der Vergabeart

§ 26 Absatz 1 der Kommunalhaushaltsverordnung Nordrhein-Westfalen benennt die Verfahrensarten für die Vergabe öffentlicher Aufträge. Unter Berücksichtigung der Bedürfnisse der kommunalen Praxis halte ich nachfolgende, vereinfachte Möglichkeit zur Wahl der Vergabeart für vertretbar. Die allgemeinen Vergabeprinzipien nach Nummer 3, die Grundsätze der Wirtschaftlichkeit und Sparsamkeit sowie des Tariftreue- und Vergabegesetzes Nordrhein-Westfalen bleiben dabei unberührt.

6.1

Bei Aufträgen über Liefer- und Dienstleistungen kann der öffentliche Auftraggeber bis zu einem vorab geschätzten Auftragswert in Höhe von 100 000 Euro ohne Umsatzsteuer wahlweise eine Verhandlungsvergabe oder eine Beschränkte Ausschreibung (jeweils auch ohne Teilnahmewettbewerb) durchführen.

6.2

Bei Aufträgen über soziale und andere besondere Dienstleistungen im Sinne von § 130 Absatz 1 des Gesetzes gegen Wettbewerbsbeschränkungen steht dem Auftraggeber bis zu einem vorab geschätzten Auftragswert in Höhe von 250 000 Euro ohne Umsatzsteuer abweichend von § 49 der Unterschwellenvergabeordnung neben der Öffentlichen Ausschreibung und der Beschränkten Ausschreibung mit Teilnahmewettbewerb stets auch die Beschränkten Ausschreibung ohne Teilnahmewettbewerb und die Verhandlungsvergabe mit und ohne Teilnahmewettbewerb nach seiner Wahl zur Verfügung.

6.3

Abweichend von § 3a Absatz 2 Nummer 1 und Absatz 3 Satz 2 der Vergabe- und Vertragsordnungen für Bauleistungen Teil A (Abschnitt 1) gelten bei Bauleistungen die nachfolgenden Wertgrenzen.

a) Eine beschränkte Ausschreibung ohne Teilnahmewettbewerb ist zulässig

1. für jedes Gewerk bis zu einem vorab geschätzten Einzelauftragswert in Höhe von 1 000 000 Euro ohne Umsatzsteuer oder

2. bis zu einem vorab geschätzten Gesamtauftragswert in Höhe von 2 000 000 Euro ohne Umsatzsteuer.

b) Eine freihändige Vergabe ist zulässig

1. für jedes Gewerk bis zu einem vorab geschätzten Einzelauftragswert in Höhe von 100 000 Euro ohne Umsatzsteuer oder

2. bis zu einem vorab geschätzten Gesamtauftragswert in Höhe von 200 000 Euro ohne Umsatzsteuer.

6.4

Bis zum 31. Dezember 2021 kann für Bauleistungen zu Wohnzwecken

1. für jedes Gewerk eine beschränkte Ausschreibung ohne Teilnahmewettbewerb bis zu einem vorab geschätzten Einzelauftragswert in Höhe von 1 000 000 Euro und

2. für jedes Gewerk eine freihändige Vergabe bis zu einem vorab geschätzten Einzelauftragswert in Höhe von 100 000 Euro

erfolgen.

Der aktuellen Erlasslage des Bundesministeriums des Innern, für Bau und Heimat (Erlass zur Einführung der VOB/A Abschnitt 1, Ausgabe 2019 vom 20. Februar 2019 (GMBl. S.

86) sowie Erlass zur Auslegung von einzelnen Regelungen der VOB/A vom 26. Februar 2020 (GMBl. S. 279)) entsprechend sind Bauleistungen zu Wohnzwecken solche, die der Schaffung neuen Wohnraums sowie der Erweiterung, der Aufwertung, der Sanierung oder Instandsetzung bestehenden Wohnraums dienen.

Eine Aufwertung, Sanierung oder Instandsetzung von Wohnraum kann zum Beispiel in der Verbesserung der energetischen Qualität oder der Erhöhung des Ausstattungsstandards liegen, auch in der äußerlichen Sanierung beziehungsweise Instandsetzung von Wohngebäuden (zum Beispiel Fassade, Dach). Umfasst sind auch Infrastrukturmaßnahmen im Zusammenhang mit Neubau von Wohnraum oder Aufwertung bestehenden Wohnraums, zum Beispiel Zufahrtsstraßen für Wohngebiete, Ver- und Entsorgungsleitungen oder emissions- beziehungsweise immissionsmindernde Maßnahmen, zum Beispiel zur Reduzierung von Lärm oder Erschütterungen in den Wohnräumen.

Wohnzwecken dienen grundsätzlich auch städtebauliche Maßnahmen zur Verbesserung des Wohnumfeldes. Umfasst sind insbesondere Maßnahmen zur Errichtung, Erweiterung, Sanierung oder zum Umbau von Kindergärten und -tagesstätten, Schulen und Sportstätten sowie Maßnahmen im Zusammenhang mit Ladeinfrastruktur für E-Mobilität.

Wohnzwecke müssen nicht der alleinige und auch nicht der Hauptzweck der Bauleistung sein. Es genügt, wenn die Wohnzwecke nicht nur untergeordneter Natur sind.

6.5
Die übrigen Ausnahmetatbestände für eine beschränkte Ausschreibung ohne Teilnahmewettbewerb oder einer Verhandlungsvergabe beziehungsweise freihändigen Vergabe (mit und ohne Teilnahmewettbewerb) im Sinne von § 3a der Vergabe- und Vertragsordnung für Bauleistungen Teil A (Abschnitt 1) sowie § 8 Absatz 3 und § 8 Absatz 4 in Verbindung mit § 12 Absatz 3 der Unterschwellenvergabeordnung bleiben dabei unberührt.

7
Elektronische Vergabe
Bei Aufträgen über Liefer- und Dienstleistungen sowie bei Aufträgen über Bauleistungen können Vergabeverfahren bis zu einem vorab geschätzten Auftragswert in Höhe von 25 000 Euro ohne Umsatzsteuer mittels E-Mail abgewickelt werden. In diesen Fällen kommen § 7 Absatz 4, §§ 39 und 40 der Unterschwellenvergabeordnung und §§ 11a und 14 der Vergabe- und Vertragsordnung für Bauleistungen Teil A nicht zur Anwendung.

8
Freiberufliche Leistungen
8.1
Für Aufträge über Leistungen, die im Rahmen einer freiberuflichen Tätigkeit erbracht oder im Wettbewerb mit freiberuflichen Tätigkeiten angeboten werden, gilt § 50 der Unterschwellenvergabeordnung. Diese Leistungen sind grundsätzlich im Wettbewerb zu vergeben. Die allgemeinen Vergabeprinzipien nach Nummer 3 sowie die Grundsätze der Wirtschaftlichkeit und Sparsamkeit sind hierbei zu beachten.

8.2
Aufträge über freiberufliche Leistungen im Sinne von Nummer 8.1 bis zu einem vorab geschätzten Auftragswert in Höhe von 25 000 Euro (einschließlich Nebenkosten, ohne Umsatzsteuer) können unter Beachtung der Grundsätze der Wirtschaftlichkeit und Sparsamkeit direkt an einen geeigneten Bewerber vergeben werden (Direktauftrag).

8.3
Unter Berücksichtigung der Bedürfnisse der kommunalen Praxis ist ein ausreichender Wettbewerb bei Aufträgen über freiberufliche Leistungen mit einem vorab geschätzten Auftragswert größer als 25 000 Euro (einschließlich Nebenkosten, ohne Umsatzsteuer) unter Beachtung der nachfolgenden Voraussetzungen gewährleistet.

a) Aufträge für Architekten und Ingenieure sind im Leistungswettbewerb zu vergeben. Sie können unter Beachtung der Grundsätze der Wirtschaftlichkeit und Sparsamkeit bis zu einem vorab geschätzten Auftragswert in Höhe von 150 000 Euro (einschließlich Nebenkosten, ohne Umsatzsteuer) nach Verhandlung mit nur einem geeigneten Bewerber vergeben werden. Voraussetzung ist, dass der Aufforderung dieses Bewerbers zur Angebotsabgabe eine Abfrage über die Eignung im Sinne des § 122 des Gesetzes gegen Wettbewerbsbeschränkungen bei mindestens drei möglichen Bewerbern vorausgegangen ist. Der Bewerber, mit dem verhandelt werden soll, muss nach sachgerechten Kriterien ausgewählt werden. Die für die Auswahl maßgeblichen Erwägungen sind zu dokumentieren. Bei der Ermittlung des voraussichtlichen Auftragswerts ist die ortsübliche Vergütung zugrunde zu legen. Die Eignungskriterien sind bei geeigneter Aufgabenstellung so zu wählen, dass kleinere Büroorganisationen und Berufsanfänger sich beteiligen können.

b) In den übrigen Fällen werden mindestens drei Bewerber aufgefordert ein Angebot in Textform abzugeben, wobei entsprechend einer Verhandlungsvergabe ohne Teilnahmewettbewerb gemäß § 12 der Unterschwellenvergabeordnung verfahren werden kann.

Die vorgenannten Verfahren sind zu dokumentieren. Der Bewerberkreis ist regional zu streuen und regelmäßig zu wechseln.

8.4
Planungswettbewerbe können auf den Gebieten der Raumplanung, des Städtebaus und des Bauwesens durchgeführt werden. Hierfür wird der gemeinsame Runderlass des Ministeriums für Bauen, Wohnen, Stadtentwicklung und Verkehr und des Finanzministeriums "Richtlinie für Planungswettbewerbe" vom 15. Mai 2014 (MBl. NRW. S. 311), der am 31. Dezember 2019 außer Kraft getreten ist, zur Anwendung empfohlen.

9
Korruptionsverhütung
9.1
Bei öffentlichen Aufträgen sind die Vorschriften des Korruptionsbekämpfungsgesetzes vom 16. Dezember 2004 (GV. NRW. 2005 S. 8), das zuletzt durch Artikel 3 des Gesetzes vom 22. März 2018 (GV. NRW. S. 172) geändert worden ist, zu beachten. Zur Vermeidung von Manipulationen sind entsprechende organisatorische Maßnahmen zu treffen.

9.2
Auf die zwischen dem Innenministerium des Landes Nordrhein-Westfalen und den kommunalen Spitzenverbänden abgestimmten Erläuterungen zum Korruptionsbekämpfungsgesetz mit Stand 20. Juni 2005, in denen die Anwendung des Runderlasses des Ministeriums für Inneres und Kommunales, zugleich im Namen des Ministerpräsidenten und aller Landesministerien, "Verhütung und Bekämpfung von Korruption in der öffentlichen Verwaltung" vom 20. August 2014 (MBl. NRW. S. 486) empfohlen wird, weise ich besonders hin.

10
Inkrafttreten, Außerkrafttreten
Der Runderlass des Ministeriums für Inneres und Kommunales "Kommunale Vergabegrundsätze" vom 6. Dezember 2012 (MBl. NRW. S. 725), der durch Runderlass vom 25. November

Anhang 12 Vergabegrundsätze NRW

2013 (MBl. NRW. S. 552) geändert worden ist, wird aufgehoben.

Dieser Runderlass tritt am 15. September 2018 in Kraft und am 31. Dezember 2022 außer Kraft.

Verordnung
über Konzessionsabgaben für
Strom und Gas
(Konzessionsabgabenverordnung-KAV NRW)

vom 09.01.1992 (BGBl. I S. 12, ber. S. 407),
zuletzt geändert durch Art. 3 Abs. 4 der Verordnung vom 01.11.2006
(BGBl. I S. 2477)

Auf Grund des § 7 Abs. 1 und des § 12 des Energiewirtschaftsgesetzes in der im Bundesgesetzblatt III, Gliederungsnummer 752-1, veröffentlichten bereinigten Fassung in Verbindung mit Artikel 129 Abs. 1 des Grundgesetzes verordnet der Bundesminister für Wirtschaft:

§ 1
Anwendungsbereich

(1) Diese Verordnung regelt Zulässigkeit und Bemessung der Zahlung von Konzessionsabgaben der Energieversorgungsunternehmen im Sinne des § 3 Nr. 18 des Energiewirtschaftsgesetzes an Gemeinden und Landkreise (§ 7).

(2) Konzessionsabgaben sind Entgelte für die Einräumung des Rechts zur Benutzung öffentlicher Verkehrswege für die Verlegung und den Betrieb von Leitungen, die der unmittelbaren Versorgung von Letztverbrauchern im Gemeindegebiet mit Strom und Gas dienen.

(3) Tarifkunden im Sinne dieser Verordnung sind Kunden, die auf Grundlage von Verträgen nach den §§ 36 und 38 sowie § 115 Abs. 2 und § 116 des Energiewirtschaftsgesetzes beliefert werden; Preise und Tarife nach diesen Bestimmungen sind Tarife im Sinne dieser Verordnung.

(4) Sondervertragskunden im Sinne dieser Verordnung sind Kunden, die nicht Tarifkunden sind.

§ 2
Bemessung und zulässige Höhe der Konzessionsabgaben

(1) Konzessionsabgaben dürfen nur in Centbeträgen je gelieferter Kilowattstunde vereinbart werden.

(2) Bei der Belieferung von Tarifkunden dürfen folgende Höchstbeträge je Kilowattstunde nicht überschritten werden:

1. a) bei Strom, der im Rahmen eines Schwachlasttarifs nach § 9 der Bundestarifordnung Elektrizität oder der dem Schwachlasttarif entsprechenden Zone eines zeitvariablen Tarifs (Schwachlaststrom) geliefert wird,

    0,61 Cent,

    b) bei Strom, der nicht als Schwachlaststrom geliefert wird, in Gemeinden

bis	25.000 Einwohner	1,32 Cent,
bis	100.000 Einwohner	1,59 Cent,
bis	500.000 Einwohner	1,99 Cent,
über	500.000 Einwohner	2,39 Cent,

2. a) bei Gas ausschließlich für Kochen und Warmwasser in Gemeinden

bis	25.000 Einwohner	0,51 Cent,
bis	100.000 Einwohner	0,61 Cent,
bis	500.000 Einwohner	0,77 Cent,
über	500.000 Einwohner	0,93 Cent,

    b) bei sonstigen Tariflieferungen in Gemeinden

bis	25.000 Einwohner	0,22 Cent,
bis	100.000 Einwohner	0,27 Cent,
bis	500.000 Einwohner	0,33 Cent,
über	500.000 Einwohner	0,40 Cent.

Maßgeblich ist die jeweils vom statistischen Landesamt amtlich fortgeschriebene Einwohnerzahl.

(3) Bei der Belieferung von Sondervertragskunden dürfen folgende Höchstbeträge je Kilowattstunde nicht überschritten werden:

1. bei Strom 0,11 Cent,
2. bei Gas 0,03 Cent.

(4) Bei Strom dürfen Konzessionsabgaben für Lieferungen an Sondervertragskunden nicht vereinbart oder gezahlt werden, deren Durchschnittspreis im Kalenderjahr je Kilowattstunde unter dem Durchschnittserlös je Kilowattstunde aus der Lieferung von Strom an alle Sondervertragskunden liegt. Maßgeblich ist der in der amtlichen Statistik des Bundes jeweils für das vorletzte Kalenderjahr veröffentlichte Wert ohne Umsatzsteuer. Versorgungsunternehmen und Gemeinde können höhere Grenzpreise vereinbaren. Der Grenzpreisvergleich wird für die Liefermenge eines jeden Lieferanten an der jeweiligen Betriebsstätte oder Abnahmestelle unter Einschluss des Netznutzungsentgelts durchgeführt.

(5) Bei Gas dürfen Konzessionsabgaben für Lieferungen an Sondervertragskunden nicht vereinbart oder gezahlt werden,

1. die pro Jahr und Abnahmefall 5 Millionen Kilowattstunden übersteigen oder
2. deren Durchschnittspreis im Kalenderjahr unter 1,50 Cent je Kilowattstunde liegt, wobei dieser Preis im Verhältnis der Durchschnittserlöse aus der Belieferung von Sondervertragskunden im Jahr 1989 und im jeweiligen Kalenderjahr zu verändern ist. Für nach dem 1. Januar 1992 abgeschlossene Verträge ist der Durchschnittserlös je Kilowattstunde aus den Lieferungen von Gas an alle Letztverbraucher zugrunde zu legen und entsprechend zu verändern; maßgeblich ist der in der amtlichen Statistik des Bundes für das Jahr des Vertragsabschlusses veröffentlichte Wert ohne Umsatzsteuer.

Versorgungsunternehmen und Gemeinde können niedrigere Grenzmengen oder höhere Grenzpreise vereinbaren.

(6) Liefern Dritte im Wege der Durchleitung Strom oder Gas an Letztverbraucher, so können im Verhältnis zwischen Netzbetreiber und Gemeinde für diese Lieferungen Konzessionsabgaben bis zur der Höhe vereinbart oder gezahlt werden, wie sie der Netzbetreiber in vergleichbaren Fällen für Lieferungen seines Unternehmens oder durch verbundene oder assoziierte Unternehmen in diesem Konzessionsgebiet zu zahlen hat. Diese Konzessionsabgaben können dem Durchleitungsentgelt hinzugerechnet werden. Macht der Dritte geltend, auf seine Lieferungen entfielen niedrigere Konzessionsabgaben als im Durchleitungsentgelt zugrunde gelegt, so kann er den Nachweis auch durch das Testat eines Wirtschaftsprüfers oder vereidigten Buchprüfers gegenüber dem Netzbetreiber erbringen.

(7) Unbeschadet des § 1 Abs. 3 und 4 gelten Stromlieferungen aus dem Niederspannungsnetz (bis 1 Kilovolt) konzessionsabgabenrechtlich als Lieferungen an Tarifkunden, es sei denn, die gemessene Leistung des Kunden überschreitet in mindestens 2 Monaten des Abrechnungsjahres 30 Kilowatt und der Jahresverbrauch beträgt mehr als 30.000 Kilowattstunden. Dabei ist auf die Belieferung der einzelnen Betriebsstätte oder Abnahmestelle abzustellen. Bei der Ermittlung des Jahresverbrauchs werden Stromlieferungen nach §§ 7 und 9 der Bundestarifordnung Elektrizität sowie Stromlieferungen im Rahmen von Sonderabkommen für Lieferungen in lastschwachen Zeiten nicht berücksichtigt; für diese Lieferungen gelten § 2 Abs. 2 Nr. 1a und Abs. 3. Netzbetreiber und Gemeinde können niedrigere Leistungswerte und Jahresverbrauchsmengen vereinbaren.

(8) Wird ein Weiterverteiler über öffentliche Verkehrswege mit Strom und Gas beliefert, der diese Energien ohne Benutzung solcher Verkehrswege an Letztverbraucher weiterleitet, so können für dessen Belieferung Konzessionsabgaben bis zu der Höhe vereinbart oder gezahlt werden, in der dies auch ohne seine Einschaltung zulässig wäre. Absatz 6 Satz 2 und 3 gelten entsprechend.

§ 3
Andere Leistungen als Konzessionsabgaben

(1) Neben oder anstelle von Konzessionsabgaben dürfen Versorgungsunternehmen und Gemeinde für einfache oder ausschließliche Wegerechte nur die folgenden Leistungen vereinbaren oder gewähren:

1. Preisnachlässe für den in Niederspannung oder in Niederdruck abgerechneten Eigenverbrauch der Gemeinde bis

zu 10 vom Hundert des Rechnungsbetrages für den Netzzugang, sofern diese Preis-nachlässe in der Rechnung offen ausgewiesen werden,
2. Vergütung notwendiger Kosten, die bei Bau- und Unterhaltungsmaßnahmen an öffentlichen Verkehrswegen der Gemeinden durch Versorgungsleitungen entstehen, die in oder über diesen Verkehrswegen verlegt sind,
3. Verwaltungskostenbeiträge der Versorgungsunternehmen für Leistungen, die die Gemeinden auf Verlangen oder im Einvernehmen mit dem Versorgungsunternehmen zu seinem Vorteil erbringt.

Für die Benutzung anderer als gemeindlicher öffentlicher Verkehrswege sowie für die Belieferung von Verteilerunternehmen und deren Eigenverbrauch dürfen ausschließlich die in Satz 1 Nr. 2 und 3 genannten Leistungen vereinbart oder gewährt werden.

(2) Nicht vereinbart oder gewährt werden dürfen insbesondere
1. sonstige Finanz- und Sachleistungen, die unentgeltlich oder zu einem Vorzugspreis gewährt werden; Leistungen der Versorgungsunternehmen bei der Aufstellung kommunaler oder regionaler Energiekonzepte oder für Maßnahmen, die dem rationellen und sparsamen sowie ressourcenschonenden Umgang mit der vertraglich vereinbarten Energieart dienen, bleiben unberührt, soweit sie nicht im Zusammenhang mit dem Abschluss oder der Verlängerung von Konzessionsverträgen stehen,
2. Verpflichtungen zur Übertragung von Versorgungseinrichtungen ohne wirtschaftlich angemessenes Entgelt.

§ 4
Tarifgestaltung

(1) Konzessionsabgaben sind in den Entgelten für den Netzzugang und allgemeinen Tarifen auszuweisen. Gelten die Entgelte für den Netzzugang und allgemeinen Tarifpreise für mehrere Gemeinden, genügt die Angabe der für sie maßgeblichen Höchstbeträge sowie der Hinweis auf den Vorrang von Vereinbarungen, dass keine oder niedrigere Konzessionsabgaben zu zahlen sind.

(2) Soweit bei Versorgungsgebieten mit mehreren Gemeinden das Versorgungsunternehmen und eine Gemeinde vereinbaren, dass für die Belieferung von Stromtarifabnehmern keine Konzessionsabgaben oder niedrigere als die nach den §§ 2 und 8 zulässigen Beträge gezahlt werden, sind die Entgelte für den Netzzugang und die allgemeinen Tarife in dieser Gemeinde entsprechend herabzusetzen.

(3) Bei Strom gelten die Verpflichtungen nach den Absätzen 1 und 2 erst von dem Zeitpunkt an, zu dem eine nach dem 1. Januar 1992 erteilte Tarifgenehmigung wirksam wird.

§ 5
Abschlagszahlungen, Vorauszahlungen

(1) Abschlagszahlungen auf Konzessionsabgaben sind nur für abgelaufene Zeitabschnitte zulässig. Eine Verzinsung findet außer im Fall des Verzuges nicht statt.

(2) Vorauszahlungen dürfen nicht geleistet werden.

§ 6
Aufsichtsrechte und -maßnahmen

(1) Die zuständige Behörde kann von Versorgungsunternehmen und Gemeinden die Auskünfte und Belege verlangen, die zur Überwachung der Einhaltung dieser Verordnung erforderlich sind.

(2) §§ 65 und 69 Energiewirtschaftsgesetz finden entsprechende Anwendung.

§ 7
Landkreise

Landkreise können mit Versorgungsunternehmen Konzessionsabgaben vereinbaren, soweit die Landkreise aufgrund von Absprachen mit den Gemeinden die Rechte nach § 1 Abs. 2 zur Verfügung stellen können. In diesen Fällen sowie für laufende Verträge zwischen Landkreisen und Versorgungsunternehmen finden die Vorschriften dieser Verordnung entsprechend Anwendung. Für die Bestimmung der Höchstbeträge nach § 2 Abs. 2 sind die Einwohnerzahlen der jeweiligen Gemeinde des Landkreises maßgebend. Diese Höchstbeträge sind auch einzuhalten, soweit Konzessionsabgaben sowohl mit Landkreisen als auch mit Gemeinden vereinbart sind.

§ 8
Übergangsvorschrift

(1) Soweit Konzessionsabgaben bereits für Lieferungen im Jahre 1991 vereinbart und gezahlt worden sind, sind diese Zahlungen spätestens zum 1. Januar 1993 auf Centbeträge je Kilowattstunde umzustellen. Dabei ist, getrennt für Strom und Gas sowie für Tarif- und Sonderabnehmer, zu ermitteln, wie vielen Cents pro Kilowattstunde die zwischen Versorgungsunternehmen und Gemeinde vereinbarte Konzessionsabgabe 1990 entsprochen hätte. Dieser Betrag ist, beginnend 1993, jährlich je Kilowattstunde wie folgt zu kürzen, bis die Höchstbeträge nach § 2 erreicht sind:
1. bei Strom für Lieferungen an Tarifabnehmer um 0,07 Cent, an Sonderabnehmer um 0,01 Cent,
2. bei Gas für Lieferungen an Tarifabnehmer um 0,03 Cent.

(2) Für die Lieferung von Stadtgas dürfen in den Bundesländern Brandenburg, Mecklenburg-Vorpommern, Sachsen, Sachsen-Anhalt und Thüringen vor dem 1. Januar 1999 keine Konzessionsabgaben vereinbart oder gezahlt werden.

§ 9
Inkrafttreten

Diese Verordnung tritt am 1. Januar 1992 in Kraft. Gleichzeitig treten die Anordnung über die Zulässigkeit von Konzessionsabgaben der Unternehmen und Betriebe zur Versorgung mit Elektrizität, Gas und Wasser an Gemeinden und Gemeindeverbände (KAE) vom 4. März 1941 (RAnz Nr. 57 und Nr. 120) in der Fassung vom 7. März 1975 (BAnz. Nr. 49), die Ausführungsanordnung zur Konzessionsabgabenanordnung (A/KAE) vom 27. Februar 1943 (RAnz. Nr. 75) und die Durchführungsbestimmungen zur Konzessionsabgabenanordnung und zu ihrer Ausführungsanordnung (D/KAE) vom 27. Februar 1943 (RAnz. Nr. 75) für Strom und Gas außer Kraft.

Verordnung
über kommunale Unternehmen
und Einrichtungen als Anstalt
des öffentlichen Rechts
(Kommunalunternehmensverordnung - KUV NRW)

vom 24.10.2001 (GV. NRW. S. 773),
zuletzt geändert durch Verordnung vom 22.03.2021 (GV. NRW. S. 348)

Aufgrund von § 130 Abs. 2 Nr. 12 der Gemeindeordnung für das Land Nordrhein-Westfalen (GO) in der Fassung der Bekanntmachung vom 14. Juli 1994 (GV. NRW. S. 666), zuletzt geändert durch Gesetz vom 28. März 2000 (GV. NRW. S. 245), wird im Einvernehmen mit dem Finanzministerium und mit Zustimmung des Ausschusses für Kommunalpolitik des Landtags verordnet:

§ 1
Allgemeines

(1) Unternehmen und Einrichtungen der Gemeinde, die in der Rechtsform einer Anstalt des öffentlichen Rechts (Kommunalunternehmen) errichtet sind oder nach Umwandlung in dieser Rechtsform bestehen, werden im Rahmen der Vorschriften der Gemeindeordnung nach dieser Verordnung und nach den Bestimmungen der Unternehmenssatzung geführt.

(2) Die Vorschriften dieser Verordnung gelten entsprechend für die Kommunalunternehmen von Kreisen und Gemeindeverbänden sowie für die gemeinsamen Kommunalunternehmen der Gemeinden und Kreise.

(3) Die Vorschriften dieser Verordnung gelten nicht für Krankenhäuser, die den Bestimmungen der Bundespflegesatzverordnung unterliegen, und für Pflegeeinrichtungen, die den Bestimmungen des 11. Buchs Sozialgesetzbuch - Soziale Pflegeversicherung - unterliegen, soweit in der Krankenhaus-Buchführungsverordnung, der Pflege-Buchführungsverordnung und der Gemeindekrankenhausbetriebsverordnung andere Regelungen getroffen sind.

§ 2
Verwaltungsrat

(1) Der Rat der Gemeinde wählt die nicht bereits aufgrund von § 114a Abs. 8 GO bestimmten Mitglieder des Verwaltungsrates erstmals vor der Errichtung des Kommunalunternehmens gemäß § 114a Abs. 8 Satz 5 GO. Bei gemeinsamen Kommunalunternehmen wählt die Vertretung des jeweiligen Trägers weitere Mitglieder des Verwaltungsrats gemäß § 28 Abs. 2 Satz 3 des Gesetzes über kommunale Gemeinschaftsarbeit.

(2) Die Mitglieder des Verwaltungsrats können angemessene Entschädigung für die Teilnahme an dessen Sitzungen erhalten. Gewinnbeteiligungen dürfen ihnen nicht gewährt werden. Das Nähere regelt die Gemeinde durch die Unternehmenssatzung.

(3) Vorstandsmitgliedern gegenüber vertritt das vorsitzende Mitglied des Verwaltungsrats das Kommunalunternehmen gerichtlich und außergerichtlich. Es vertritt das Kommunalunternehmen auch, wenn noch kein Vorstand vorhanden oder der Vorstand handlungsunfähig ist.

(4) Erleidet die Gemeinde oder das Kommunalunternehmen infolge eines Beschlusses des Verwaltungsrates einen Schaden, so gilt für die Mitglieder des Verwaltungsrates § 43 Absatz 4 GO NRW entsprechend.

§ 3
Vorstand

(1) Die Mitglieder des Vorstands haben mit der Sorgfalt ordentlicher Geschäftsleute vertrauensvoll und eng zum Wohl des Kommunalunternehmens zusammenzuarbeiten. Für Schäden haften die Mitglieder des Vorstandes entsprechend den Vorschriften des § 48 des Beamtenstatusgesetzes und § 81 des Landesbeamtengesetzes. Der Vorstand hat dem Verwaltungsrat in allen Angelegenheiten auf Anforderung Auskunft zu geben und ihn über alle wichtigen Vorgänge rechtzeitig zu unterrichten.

(2) Besteht der Vorstand aus mehreren Personen, sind, soweit die Unternehmenssatzung nichts anderes bestimmt, sämtliche Vorstandsmitglieder nur gemeinschaftlich zur Vertretung des Kommunalunternehmens befugt.

§ 4
Verschwiegenheitpflicht

Die Mitglieder der Organe des Kommunalunternehmens haben über alle vertraulichen Angaben und Geschäfts- und Betriebsgeheimnisse des Unternehmens Verschwiegenheit zu bewahren. Diese Pflicht besteht auch nach ihrem Ausscheiden fort. Sie gilt nicht gegenüber den Organen der Gemeinde.

§ 5
Unternehmenssatzung

Die Unternehmenssatzung muss neben dem gesetzlich vorgeschriebenen Mindestinhalt Bestimmungen enthalten über

1. die Geschäftsordnung des Verwaltungsrats sowie des Vorstands, falls dieser aus mehr als einer Person besteht,

2. die Beschlussfähigkeit des Verwaltungsrats.

§ 6
Zusammenfassung
von Unternehmen und Einrichtungen

Die Versorgungsbetriebe einer Gemeinde sollen, wenn sie Kommunalunternehmen sind, zu einem Kommunalunternehmen zusammengefasst werden. Das Gleiche gilt für Verkehrsbetriebe. Versorgungs- und Verkehrsbetriebe können mit sonstigen Unternehmen und Einrichtungen einer Gemeinde zu einem einheitlichen Kommunalunternehmen zusammengefasst werden.

§ 7
Umwandlung von Regiebetrieben

(1) Vor der Umwandlung eines Regiebetriebs in ein Kommunalunternehmen ist eine Eröffnungsbilanz gemäß den für alle Kaufleute geltenden Vorschriften des Handelsgesetzbuchs (HGB) aufzustellen.

(2) Bei der Errichtung eines Kommunalunternehmens durch Ausgliederung von Vermögen und Schulden aus dem Haushalt der Gemeinde sind deren Gegenstand und Wert in der Unternehmenssatzung festzusetzen. Gleichzeitig sind in einem Ausgliederungsbericht die für die Angemessenheit der Einbringung wesentlichen Umstände darzulegen.

§ 8
Anwendung der Vergabegrundsätze

Das Kommunalunternehmen ist für die Vergabe von Aufträgen über die Lieferung und Leistung sowie von Aufträgen zur Durchführung von Baumaßnahmen in einer finanziellen Größenordnung, die unterhalb der durch die Europäische Union festgelegten Schwellenwerte liegt, zur Einhaltung und Anwendung der nach § 26 der Kommunalhaushaltsverordnung Nordrhein-Westfalen vom 12. Dezember 2018 (GV. NRW. S. 708), die durch Verordnung vom 30 Oktober 2020 (GV. NRW. S. 1049) geändert worden ist, für den kommunalen Vergabebereich verbindlichen Vergabevorschriften insoweit verpflichtet, als die Auftragsvergabe der Erfüllung von durch Satzung übertragenen hoheitlichen Aufgaben aus den in § 107 Abs. 2 der Gemeindeordnung angeführten Bereichen dient. Eine darüber hinausgehende Selbstbindung an die genannten Vergabegrundsätze ist hierdurch nicht ausgeschlossen.

§ 9
Finanzausstattung, Risikofrüherkennung

(1) Die Gemeinde stellt sicher, dass das Kommunalunternehmen seine Aufgabe dauernd erfüllen kann. Das Kommunalunternehmen ist mit einem angemessenen Stammkapital auszustatten.

(2) Für die dauernde technische und wirtschaftliche Leistungsfähigkeit des Kommunalunternehmens ist zu sorgen. Hierzu ist u.a. ein Überwachungssystem einzurichten, das es ermöglicht, etwaige bestandsgefährdende Entwicklungen frühzeitig zu erkennen. Zur Risikofrüherkennung gehören insbesondere

1. die Risikoidentifikation,

2. die Risikobewertung,

3. Maßnahmen der Risikobewältigung einschließlich der Risikokommunikation,
4. die Risikoüberwachung / Risikofortschreibung und
5. die Dokumentation.

§ 10
Finanzierung von Investitionen

Für die technische und wirtschaftliche Fortentwicklung des Kommunalunternehmens und, soweit die Abschreibungen nicht ausreichen, für Erneuerungen sollen aus dem Jahresgewinn Rücklagen gebildet werden. Bei umfangreichen Investitionen kann neben die Eigenfinanzierung die Finanzierung aus Krediten treten. Eigenkapital und Fremdkapital sollen in einem angemessenen Verhältnis zueinander stehen.

§ 11
Leitung des Rechnungswesens

Alle Zweige des Rechnungswesens sind einheitlich zu leiten. Hat das Kommunalunternehmen ein Vorstandsmitglied, das für die kaufmännischen Angelegenheiten zuständig ist, so ist dieses für das Rechnungswesen verantwortlich.

§ 12
Kassengeschäfte

Die Anordnung und die Ausführung finanzwirksamer Vorgänge sind personell und organisatorisch zu trennen. Die mit diesen Aufgaben Betrauten dürfen nicht durch ein Angehörigenverhältnis im Sinne des § 20 Abs. 5 des Verwaltungsverfahrensgesetzes für das Land Nordrhein-Westfalen verbunden sein.

§ 13
Leistungen im Verhältnis zwischen Kommunalunternehmen und Gemeinde

Sämtliche Lieferungen, Leistungen und Darlehen sind auch im Verhältnis zwischen dem Kommunalunternehmen und der Gemeinde, einem anderen Kommunalunternehmen oder einem Eigenbetrieb der Gemeinde oder einer Gesellschaft, an der die Gemeinde beteiligt ist, angemessen zu vergüten. Das Kommunalunternehmen kann jedoch, soweit andere Rechtsvorschriften nicht entgegenstehen, abweichend von Satz 1

1. Wasser für den Brandschutz, für die Reinigung von Straßen und Abwasseranlagen sowie für öffentliche Zier- und Straßenbrunnen unentgeltlich oder verbilligt liefern,
2. Anlagen für die Löschwasserversorgung unentgeltlich oder verbilligt zur Verfügung stellen,
3. auf die Tarifpreise für Leistungen von Elektrizität, Gas, Wasser und Wärme einen Preisnachlass gewähren, soweit dieser steuerrechtlich anerkannt ist.

§ 14
Gewinn und Verlust

(1) Der Jahresgewinn des Kommunalunternehmens soll so hoch sein, dass neben angemessenen Rücklagen nach § 10 mindestens eine marktübliche Verzinsung des Eigenkapitals erwirtschaftet wird.

(2) Ein etwaiger Jahresverlust ist, soweit er nicht aus Haushaltsmitteln der Gemeinde ausgeglichen wird, auf neue Rechnung vorzutragen, wenn hierdurch die erforderliche Eigenkapitalausstattung des Kommunalunternehmens nicht gefährdet wird. Eine Verbesserung der Ertragslage ist anzustreben. Ein nach Ablauf von fünf Jahren nicht getilgter Verlustvortrag soll durch Abbuchung von den Rücklagen ausgeglichen werden, wenn dies die Eigenkapitalausstattung zulässt; ist dies nicht der Fall, so ist der Verlust aus Haushaltsmitteln der Gemeinde auszugleichen.

§ 15
Wirtschaftsjahr

Wirtschaftsjahr ist das Kalenderjahr. Wenn die betrieblichen Bedürfnisse des Kommunalunternehmens es erfordern, kann die Unternehmenssatzung ein hiervon abweichendes Wirtschaftsjahr bestimmen.

§ 16
Wirtschaftsplan

(1) Das Kommunalunternehmen hat vor Beginn eines jeden Wirtschaftsjahres einen Wirtschaftsplan aufzustellen. Dieser besteht aus dem Erfolgsplan und dem Vermögensplan. Dem Wirtschaftsplan sind ein Stellenplan und eine Stellenübersicht entsprechend § 8 der Kommunalhaushaltsverordnung Nordrhein-Westfalen beizufügen.

(2) Der Wirtschaftsplan ist unverzüglich zu ändern, wenn

a) das Jahresergebnis sich gegenüber dem Erfolgsplan erheblich verschlechtern wird und diese Verschlechterung eine Änderung des Vermögensplans bedingt oder zu einer Inanspruchnahme der Gemeinde führt oder

b) zum Ausgleich des Vermögensplans erheblich höhere Kredite erforderlich werden oder

c) eine erhebliche Vermehrung oder Hebung der im Stellenplan und in der Stellenübersicht vorgesehenen Stellen erforderlich wird, es sei denn, dass es sich um eine vorübergehende Einstellung von Aushilfskräften handelt.

§ 17
Erfolgsplan

(1) Der Erfolgsplan muss alle voraussehbaren Erträge und Aufwendungen des Wirtschaftsjahres enthalten. Er ist mindestens wie die Gewinn- und Verlustrechnung (§ 24 Abs. 1) zu gliedern.

(2) Die veranschlagten Erträge, Aufwendungen und Zuweisungen zu den Rücklagen sind ausreichend zu begründen, insbesondere soweit sie von den Vorjahreszahlen erheblich abweichen. Zum Vergleich sind die Zahlen des Erfolgsplans des laufenden Jahres und die abgerundeten Zahlen der Gewinn- und Verlustrechnung des Vorjahres daneben zu stellen. Die vorhandenen oder zu beschaffenden Deckungsmittel sind nachzuweisen. Deckungsmittel, die - etwa als Verlustausgleichszahlungen oder Betriebskostenzuschüsse - aus dem Haushalt der Gemeinde stammen, müssen mit der Veranschlagung in der Haushaltsplanung der Gemeinde übereinstimmen.

(3) Von der Veranschlagung abweichende, Erfolg gefährdende Mehraufwendungen bedürfen der Zustimmung des Vorstandes.

§ 18
Vermögensplan

(1) Der Vermögensplan muss mindestens alle voraussehbaren Einzahlungen und Auszahlungen des Wirtschaftsjahres, die sich aus Investitionen (Erneuerung, Erweiterung, Neubau, Veräußerung) und aus der Kreditwirtschaft des Kommunalunternehmens ergeben, enthalten.

(2) Die vorhandenen oder zu beschaffenden Deckungsmittel des Vermögensplans sind nachzuweisen. Deckungsmittel, die aus dem Haushalt der Gemeinde stammen, müssen mit der Veranschlagung in der Haushaltsplanung der Gemeinde übereinstimmen.

(3) Die Auszahlungen für Investitionen sind nach Vorhaben getrennt zu veranschlagen und zu erläutern. § 13 der Kommunalhaushaltsverordnung Nordrhein-Westfalen findet sinngemäß Anwendung.

(4) Für die Inanspruchnahme der Ermächtigungen des Vermögensplans gilt § 24 Absatz 1 bis 3 der Kommunalhaushaltsverordnung Nordrhein-Westfalen sinngemäß.

(5) Mehrauszahlungen, die einen in der Unternehmenssatzung als Bestandteil der Bestimmungen über die Wirtschaftsführung festzusetzenden Betrag überschreiten, bedürfen der Zustimmung des Verwaltungsrates. Bei Eilbedürftigkeit tritt an die Stelle der Zustimmung des Verwaltungsrates die Zustimmung des Vorstands. Der Verwaltungsrat ist unverzüglich zu unterrichten.

§ 19
Mittelfristige Ergebnis- und Finanzplanung

Die mittelfristige Ergebnis- und Finanzplanung (§ 84 GO) besteht aus einer Übersicht über die Entwicklung der Erträge und Aufwendungen des Erfolgsplans sowie der Auszahlungen und

Deckungsmittel des Vermögensplans nach Jahren gegliedert; sie ist in den Wirtschaftsplan einzubeziehen. Ihr ist ein Investitionsprogramm zugrunde zu legen. Die Ergebnis- und Finanzplanung ist der Gemeinde zur Kenntnis zu geben.

§ 20
Buchführung und Kostenrechnung

(1) Das Kommunalunternehmen führt seine Rechnung nach den Regeln der kaufmännischen doppelten Buchführung. Eine Anlagenbuchführung muss vorhanden sein.

(2) Die Vorschriften des dritten Buchs des Handelsgesetzbuchs über Buchführung, Inventar und Aufbewahrung sind anzuwenden, soweit sie nicht bereits unmittelbar gelten.

(3) Das Kommunalunternehmen hat die für Kostenrechnungen erforderlichen Unterlagen zu führen und nach Bedarf Kostenrechnungen zu erstellen.

§ 21
Berichtspflichten

(1) Der Vorstand hat den Verwaltungsrat vierteljährlich über die Abwicklung des Vermögens- und des Erfolgsplans schriftlich zu unterrichten. In der Unternehmenssatzung können Vorschriften über eine andere Frist von nicht mehr als 6 Monaten und über den Inhalt der Zwischenberichte erlassen werden.

(2) Sind bei der Ausführung des Erfolgsplans Erfolg gefährdende Mindererträge oder Mehraufwendungen zu erwarten, hat der Vorstand den Verwaltungsrat zu unterrichten. Sind darüber hinaus Verluste zu erwarten, die Auswirkungen auf den Haushalt der Gemeinde haben können, ist diese zu unterrichten.

§ 22
Jahresabschluss

Für den Schluss eines jeden Wirtschaftsjahres ist ein Jahresabschluss aufzustellen, der aus der Bilanz, der Gewinn- und Verlustrechnung und dem Anhang besteht. Die allgemeinen Vorschriften, die Vorschriften über den Ansatz, die Bilanz, die Gewinn- und Verlustrechnung, die Bewertung und über den Anhang, die nach dem dritten Buch des Handelsgesetzbuchs (1. und 2. Abschn.) für den Jahresabschluss der großen Kapitalgesellschaften gelten, finden sinngemäß Anwendung, soweit sich aus dieser Verordnung nichts anderes ergibt.

§ 23
Bilanz

(1) Die Bilanz ist, wenn der Unternehmenszweck keine abweichende Gliederung bedingt, die gleichwertig sein muss, unbeschadet einer weiteren Gliederung entsprechend der Vorschrift des § 266 des Handelsgesetzbuches aufzustellen.

(2) Das Stammkapital ist mit seinem in der Unternehmenssatzung festgelegten Betrag anzusetzen.

§ 24
Gewinn- und Verlustrechnung

(1) Die Gewinn- und Verlustrechnung ist, wenn der Unternehmenszweck keine abweichende Gliederung bedingt, die gleichwertig sein muss, unbeschadet einer weiteren Gliederung entsprechend der Vorschrift des § 275 des Handelsgesetzbuches aufzustellen.

(2) Kommunalunternehmen mit mehr als einem Betriebszweig haben für den Schluss eines jeden Wirtschaftsjahres eine Gewinn- und Verlustrechnung für jeden Unternehmenszweig aufzustellen, die in den Anhang aufzunehmen ist. Dabei sind gemeinsame Aufwendungen und Erträge sachgerecht auf die Unternehmenszweige aufzuteilen, soweit Lieferungen und Leistungen nicht gesondert verrechnet werden.

§ 25
Anhang, Anlagenspiegel

(1) § 285 Nr. 8 und § 286 Abs. 2 und 3 HGB finden keine Anwendung. Die in § 285 Nummern 9 Buchstaben b und c und 10 Handelsgesetzbuch genannten Angaben sind in entsprechender Anwendung dieser Vorschriften für die Mitglieder des Vorstands und des Verwaltungsrats zu machen, die Angaben gemäß § 285 Nr. 9 Buchstaben b und c Handelsgesetzbuch jedoch nur, soweit es sich um Leistungen des Kommunalunternehmens handelt.

(2) In einem Anlagenspiegel als Bestandteil des Anhangs ist die Entwicklung der einzelnen Posten des Anlagevermögens einschließlich der Finanzanlagen entsprechend der Gliederung der Bilanz darzustellen. Hierzu gehört auch eine Darstellung

1. der Änderungen im Bestand der zum Kommunalunternehmen gehörenden Grundstücke und grundstücksgleichen Rechte,

2. der Änderungen im Bestand, Leistungsfähigkeit und Ausnutzungsgrad der wichtigsten Anlagen,

3. des Stands der Anlagen im Bau und die geplanten Bauvorhaben,

4. der Entwicklung des Eigenkapitals und der Rückstellungen jeweils unter Angabe von Anfangsbestand, Zugängen und Entnahmen,

5. der Umsatzerlöse mittels einer Mengen- und Tarifstatistik des Berichtsjahres im Vergleich mit dem Vorjahr,

6. des Personalaufwands mittels einer Statistik über die zahlenmäßige Entwicklung der Belegschaft unter Angabe der Gesamtsummen der Löhne, Gehälter, Vergütungen, sozialen Abgaben, Aufwendungen für Altersversorgung und Unterstützung einschließlich der Beihilfen und der sonstigen sozialen Aufwendungen für das Wirtschaftsjahr.

§ 26
Lagebericht

Der Lagebericht muss die in § 289 Absatz 1 und 2 HGB genannten Sachverhalte behandeln. Im Lagebericht ist auch auf Sachverhalte einzugehen, die Gegenstand der Berichterstattung gemäß § 27 Absatz 2 im Rahmen der Prüfung nach § 53 des Haushaltsgrundsätzegesetzes sein können.

§ 27
Aufstellung, Behandlung und Offenlegung des Jahresabschlusses und des Lageberichts

(1) Der Vorstand hat den Jahresabschluss und den Lagebericht innerhalb von 3 Monaten nach Ende des Wirtschaftsjahres aufzustellen und dem Verwaltungsrat nach Durchführung der Abschlussprüfung zur Feststellung vorzulegen. Der Jahresabschluss und der Lagebericht sind vom Vorstand unter Angabe des Datums zu unterzeichnen. Bei der Feststellung des Jahresabschlusses hat der Verwaltungsrat über die Entlastung des Vorstands zu entscheiden.

(2) Die Prüfung des Jahresabschlusses und des Lageberichts der Kommunalunternehmen ist in entsprechender Anwendung der Vorschriften des Dritten Buches des Handelsgesetzbuches für große Kapitalgesellschaften vorzunehmen. Im Rahmen der Jahresabschlussprüfung ist in entsprechender Anwendung des § 53 Absatz 1 Nummer 1 und 2 des Haushaltsgrundsätzegesetzes ferner die Ordnungsmäßigkeit der Geschäftsführung zu prüfen und über die wirtschaftlich bedeutsamen Sachverhalte zu berichten.

(3) Der Jahresabschluss, die Verwendung des Jahresgewinns oder die Behandlung des Jahresverlustes sowie das Ergebnis der Prüfung des Jahresabschlusses und des Lageberichts sind öffentlich bekannt zu machen. Der Jahresabschluss und der Lagebericht sind danach bis zur Feststellung des folgenden Jahresabschlusses zur Einsichtnahme verfügbar zu halten.

§ 28
Vermögensübergang bei Auflösung des Kommunalunternehmens

Das Vermögen eines aufgelösten Kommunalunternehmens geht im Wege der Gesamtrechtsnachfolge auf die Gemeinde über.

Anhang 14 Kommunalunternehmensverordnung NRW

§ 29
Inkrafttreten
Diese Verordnung tritt am Tage nach ihrer Verkündung in Kraft.

Gesetz
über die Gemeindeprüfungsanstalt
(Gemeindeprüfungsanstaltsgesetz - GPAG NRW)

vom 30.04.2002 (GV. NRW. S. 160),
zuletzt geändert durch Gesetz vom 13.04.2022 (GV. NRW. S. 490)

§ 1
Errichtung

(1) Die Gemeindeprüfungsanstalt wird als rechtsfähige Anstalt des öffentlichen Rechts errichtet.

(2) Die Gemeindeprüfungsanstalt hat ihren Sitz in Herne. Sie kann Zweigstellen durch Satzung errichten und deren Zuständigkeit regeln.

(3) Die Gemeindeprüfungsanstalt kann ihre Angelegenheiten im Rahmen der Gesetze durch Satzung regeln.

(4) Die Gemeindeprüfungsanstalt besitzt Dienstherrnfähigkeit.

§ 2
Aufgaben

(1) Die Gemeindeprüfungsanstalt führt die überörtliche Prüfung bei den Gemeinden und Kreisen nach Maßgabe des § 105 der Gemeindeordnung für das Land Nordrhein-Westfalen in der Fassung der Bekanntmachung vom 14. Juli 1994 (GV. NRW. S. 666) in der jeweils geltenden Fassung durch. Sie kann mit der Prüfung des gemeindlichen Jahresabschlusses und des Lageberichtes nach § 102 der Gemeindeordnung für das Land Nordrhein-Westfalen, mit der Prüfung des Jahresabschlusses und des Lageberichtes von Eigenbetrieben nach § 103 der Gemeindeordnung für das Land Nordrhein-Westfalen sowie mit der Prüfung des Gesamtabschlusses nach § 116 der Gemeindeordnung für das Land Nordrhein-Westfalen beauftragt werden.

(2) Die Gemeindeprüfungsanstalt führt bei anderen Körperschaften, Anstalten, Stiftungen, Verbänden und Einrichtungen des öffentlichen Rechts und deren Eigenbetrieben die überörtliche Prüfung und die Jahresabschlussprüfung durch, wenn ihr die Zuständigkeit durch Gesetz oder durch Rechtsverordnung des für Kommunales zuständigen Ministeriums übertragen worden ist. Wird durch eine Rechtsverordnung nach Satz 1 der Geschäftsbereich eines anderen Ministeriums oder des Landesrechnungshofs berührt, bedarf sie des Einvernehmens mit dieser obersten Landesbehörde; vor der Übertragung ist die Gemeindeprüfungsanstalt zu hören.

(3) Das für Kommunales zuständige Ministerium und die nachgeordneten Kommunalaufsichtsbehörden können die Gemeindeprüfungsanstalt mit der Durchführung von Prüfungen im begründeten Einzelfall beauftragen. Darüber hinaus kann das für Kommunales zuständige Ministerium die Gemeindeprüfungsanstalt mit der Erstellung von Gutachten beauftragen, die insbesondere der Überprüfung und vergleichenden Bewertung, auch von Maßnahmen zur Weiterentwicklung der kommunalen Selbstverwaltung, dienen. Das für Kommunales zuständige Ministerium kann bestimmen, dass die Durchführung von Prüfungsaufträgen gemäß Satz 1 anderen Prüfungsaufgaben vorgehen.

(4) Die Gemeindeprüfungsanstalt soll Gemeinden, Körperschaften, Anstalten, Stiftungen, Verbände und Einrichtungen des öffentlichen Rechts auf Antrag in Fragen
1. der Organisation und Wirtschaftlichkeit der Verwaltung,
2. der Rechnungslegung und der Rechnungsprüfung und
3. solchen, die mit der Ausschreibung, Vergabe und Abrechnung von baulichen Maßnahmen zusammenhängen,

beraten. Sonstige im öffentlichen Interesse tätige juristische Personen kann sie in diesen Fragen auf Antrag beraten.

(5) Zur Erfüllung ihrer Aufgaben kann sich die Gemeindeprüfungsanstalt der Hilfe von Wirtschaftsprüfern, Wirtschaftsprüfungsgesellschaften oder anderer geeigneter Dritter bedienen.

(6) Werden Prüfungsaufgaben nach § 92 Absatz 4 der Gemeindeordnung für das Land Nordrhein-Westfalen oder nach § 102 Absatz 2, § 103 Absatz 1 der Gemeindeordnung für das Land Nordrhein-Westfalen durch die Gemeindeprüfungsanstalt durchgeführt, dürfen die mit diesen Aufgaben befassten Prüfer nicht gleichzeitig in diesen Gemeinden die überörtliche Prüfung nach § 105 Absatz 3 der Gemeindeordnung für das Land Nordrhein-Westfalen oder Beratungstätigkeiten nach § 105 Absatz 8 der Gemeindeordnung für das Land Nordrhein-Westfalen wahrnehmen. Die Gemeindeprüfungsanstalt hat insofern ein geeignetes Rotationsverfahren zur Anwendung zu bringen.

§ 2a
Aufgaben auf dem Gebiet der Informationstechnologie

(1) Die Gemeindeprüfungsanstalt fungiert auf dem Gebiet der Informationstechnik im Bereich der kommunalen Haushaltswirtschaft als Beratungs- und Koordinierungsstelle für die Kommunen. Die Planungs-, Organisations-, Personal- und Finanzhoheit der Kommunen bleiben unberührt.

(2) Die von der Gemeindeprüfungsanstalt für den kommunalen Bereich erarbeiteten Standards und Empfehlungen in dem in Absatz 1 genannten Gebiet sind im Ministerialblatt für das Land Nordrhein-Westfalen zu veröffentlichen. Diese Standards und Empfehlungen können auch durch Bereitstellung im Internet gemäß der Bekanntmachungsverordnung vom 26. August 1999 (GV. NRW. S. 516) in der jeweils geltenden Fassung mit der Maßgabe bekannt gemacht werden, dass auf die erfolgte Bereitstellung und die Internetadresse nachrichtlich im Ministerialblatt für das Land Nordrhein-Westfalen hinzuweisen ist.

(3) Die Gemeindeprüfungsanstalt kann für Produkte und Verfahren der Informationstechnik im Bereich der kommunalen Haushaltswirtschaft Zertifikate vergeben.

(4) Die Gemeindeprüfungsanstalt führt auf Antrag die Zulassungsverfahren für Fachprogramme nach § 94 Absatz 2 der Gemeindeordnung für das Land Nordrhein-Westfalen und für weitere Fachprogramme und Anwendungen durch, soweit sie durch Gesetz oder Rechtsverordnung als für die Zulassung dieser Programme und Anwendungen zuständige Stelle bestimmt ist.

(5) Die Gemeindeprüfungsanstalt tritt selbst nicht als Anbieter von Hardware, Software und Systemlösungen auf und erbringt keine Datenverarbeitungsleistungen im Auftrag von Dritten.

§ 3
Organe

Organe der Gemeindeprüfungsanstalt sind der Verwaltungsrat und der Präsident der Gemeindeprüfungsanstalt.

§ 4
Verwaltungsrat

(1) Der Verwaltungsrat besteht aus neun ehrenamtlichen Mitgliedern (Verwaltungsräten) und einem Vertreter des für Kommunales zuständigen Ministeriums. Die Sitze der ehrenamtlichen Mitglieder im Verwaltungsrat werden je zu einem Drittel mit Vertretern der Mitglieder
1. des Städtetags Nordrhein-Westfalen,
2. des Nordrhein-Westfälischen Städte- und Gemeindebundes und
3. des Landkreistags Nordrhein-Westfalen

besetzt. Für die ehrenamtlichen Verwaltungsräte werden Stellvertreter in gleicher Zahl bestellt.

(2) Die ehrenamtlichen Verwaltungsräte und die Stellvertreter werden von den auf Landesebene bestehenden kommunalen Spitzenverbänden nach Absatz 1 auf der Grundlage der Satzungen dieser Verbände entsprechend der Aufteilung nach Absatz 1 für die Dauer von fünf Jahren gewählt. Die Amtszeit beginnt für alle ehrenamtlichen Verwaltungsräte mit dem ersten Tag des Monats, der auf den Zeitraum folgt, in dem die Wahl der ehrenamtlichen Verwaltungsräte durchzuführen ist. Die erste Sitzung des Verwaltungsrates ist innerhalb von zwei Monaten nach Beginn der Amtszeit anzuberaumen. Bis zum Zusammentreten des neu gebildeten Verwaltungsrats führt der bisherige Verwaltungsrat die Geschäfte weiter. Tritt ein Gewählter nicht in den Verwaltungsrat ein oder scheidet er im Laufe der Amtszeit aus, ist eine Ersatzwahl für die restliche Amtszeit nach Maßgabe des Satzes 1 durchzuführen; entsprechendes gilt für Stellvertreter.

(3) Die regelmäßigen Wahlen der ehrenamtlichen Verwaltungsräte und der Stellvertreter sind innerhalb von drei Monaten vor Ablauf der Amtszeit durchzuführen. Die auf Landesebene bestehenden

kommunalen Spitzenverbände teilen das Wahlergebnis unverzüglich nach der Wahl dem Präsidenten der Gemeindeprüfungsanstalt mit.

(4) Für die Rechtsverhältnisse der ehrenamtlichen Mitglieder des Verwaltungsrats finden die für die Ratsmitglieder maßgebenden Vorschriften mit Ausnahme des § 43 Abs. 3 der Gemeindeordnung entsprechende Anwendung. Sie haben nur Anspruch auf Ersatz ihrer Auslagen und des Verdienstausfalls. Solange sie das Amt innehaben, sind sie zur Ausübung der Tätigkeit verpflichtet. § 31 der Gemeindeordnung findet keine Anwendung, wenn die Entscheidung Verpflichtungen der zu prüfenden Körperschaften, Anstalten, Stiftungen, Verbände und Einrichtungen betrifft, die sich aus deren Zugehörigkeit zum Kreis der durch die Gemeindeprüfungsanstalt zu Prüfenden ergeben, und wenn diese Verpflichtungen für alle der Prüfung unterliegenden Körperschaften, Anstalten, Stiftungen, Verbände und Einrichtungen nach gleichen Grundsätzen festgesetzt werden.

(5) Der Verwaltungsrat wählt bei seinem ersten Zusammentreten unter Leitung des ältesten Mitglieds aus seiner Mitte seinen Vorsitzenden und für den Verhinderungsfall einen Stellvertreter.

(6) Der Präsident der Gemeindeprüfungsanstalt und sein Stellvertreter nehmen an den Sitzungen des Verwaltungsrats beratend teil.

(7) Auf den Verwaltungsrat und seinen Vorsitzenden finden § 47 mit Ausnahme von Abs. 1 Satz 2 und von Abs. 2 Satz 2, § 48 Abs. 1 mit Ausnahme der Sätze 3 und 4, § 49 mit Ausnahme von Abs. 1 Satz 2, § 50 Abs. 1 Satz 1 bis 3 und Abs. 2 und 5, § 51 Abs. 1, § 52 Abs. 1, § 53 und § 54 mit Ausnahme von Abs. 3 der Gemeindeordnung entsprechende Anwendung.

§ 5
Zuständigkeiten des Verwaltungsrates

(1) Der Verwaltungsrat beschließt über
1. den Erlass von Satzungen,
2. den Erlass der Haushaltssatzung und der Nachtragssatzungen sowie die Feststellung des Jahresabschlusses,
3. die Stellungnahme zur Übertragung weiterer Aufgaben nach § 2 Abs. 2,
4. die Verfügung über Anstaltsvermögen, wenn sie für die Gemeindeprüfungsanstalt von erheblicher wirtschaftlicher Bedeutung ist, und
5. sonstige Angelegenheiten, wenn sie für die Organisation und Wirtschaft der Gemeindeprüfungsanstalt von erheblicher Bedeutung sind.

(2) Der Verwaltungsrat kann dem für Kommunales zuständigen Ministerium zu bestimmten, die Prüfungstätigkeit der Gemeindeprüfungsanstalt berührenden Fragen, Vorschläge unterbreiten.

(3) Der Verwaltungsrat kann sich vom Präsidenten der Gemeindeprüfungsanstalt jederzeit über alle Angelegenheiten der Gemeindeprüfungsanstalt unterrichten lassen. Er kann vom Präsidenten der Gemeindeprüfungsanstalt verlangen, dass ihm oder den von ihm bestimmten Mitgliedern des Verwaltungsrats Akteneinsicht gewährt wird.

§ 6
Präsident der Gemeindeprüfungsanstalt

(1) Der Präsident der Gemeindeprüfungsanstalt ist Beamter auf Zeit. Er muss die Befähigung zum Richteramt oder zum höheren Verwaltungsdienst haben und die zur Erfüllung seiner Aufgaben erforderliche Fachkunde besitzen.

(2) Die Amtszeit beträgt acht Jahre. Die Amtszeit beginnt mit dem Amtsantritt, im Falle der Wiederbestellung schließt sich die neue Amtszeit an das Ende der vorangegangenen an. Der Präsident ist verpflichtet, eine erste und zweite Wiederbestellung anzunehmen, wenn die Entscheidung über die Wiederbestellung spätestens drei Monate vor Ablauf der Amtszeit getroffen wurde. Lehnt der Präsident die Wiederbestellung ohne wichtigen Grund ab, so ist er mit Ablauf der Amtszeit zu entlassen. Ob ein wichtiger Grund vorliegt, entscheidet die Landesregierung.

(3) Der Stellvertreter des Präsidenten der Gemeindeprüfungsanstalt muss die Voraussetzungen des Absatzes 1 Satz 2 erfüllen. Er ist Beamter auf Lebenszeit.

(4) Der Präsident der Gemeindeprüfungsanstalt und sein Stellvertreter werden von der Landesregierung im Einvernehmen mit dem Verwaltungsrat ernannt. Das für Kommunales zuständige Ministerium nimmt für den Präsidenten der Gemeindeprüfungsanstalt und dessen Stellvertreter die Aufgaben der obersten Dienstbehörde, für den Präsidenten der Gemeindeprüfungsanstalt auch die des Dienstvorgesetzten wahr. Die Stellen des Präsidenten der Gemeindeprüfungsanstalt und seines Stellvertreters sind auszuschreiben, bei Wiederbestellung des Präsidenten kann hiervon abgesehen werden.

§ 7
Zuständigkeiten des Präsidenten

(1) Der Präsident der Gemeindeprüfungsanstalt ist für die Aufgaben nach § 2 und im Übrigen für alle Angelegenheiten zuständig, die nicht durch Gesetz oder Satzung dem Verwaltungsrat zukommen. Er vertritt die Gemeindeprüfungsanstalt.

(2) Der Präsident der Gemeindeprüfungsanstalt ist Dienstvorgesetzter und oberste Dienstbehörde der Beschäftigten der Gemeindeprüfungsanstalt.

§ 8
Beschäftigte der Gemeindeprüfungsanstalt

(1) Die Gemeindeprüfungsanstalt ist verpflichtet, die zur Erfüllung ihrer Aufgaben erforderlichen geeigneten Beschäftigten einzustellen.

(2) Die beamten-, arbeits- und tarifrechtlichen Entscheidungen trifft der Präsident der Gemeindeprüfungsanstalt. Bei der Einstellung, Beförderung und Entlassung von Beamten des höheren Dienstes ab der Besoldungsgruppe A 16 und vergleichbaren Angestellten handelt der Präsident der Gemeindeprüfungsanstalt im Einvernehmen mit dem Verwaltungsrat. Beschäftigte, die Prüfungen vornehmen (Prüfer), sollen die Befähigung für die Laufbahn des gehobenen oder höheren nichttechnischen Verwaltungsdienstes oder eine abgeschlossene wirtschaftswissenschaftliche Vorbildung nachweisen und die für ihre Tätigkeit erforderliche Erfahrung und Eignung besitzen. Für die Prüfung des Baubereichs sind auch Beschäftigte mit der Befähigung zum gehobenen oder höheren bautechnischen Verwaltungsdienst oder einer gleichwertigen Fachausbildung zugelassen.

(3) Die Prüfer sind bei Ausführung eines Prüfungsauftrags hinsichtlich ihrer Feststellungen, Wirtschaftsprüfer auch bei der Beurteilung dieser Feststellungen, an Weisungen nicht gebunden. Glaubt ein Prüfer, einen Auftrag nicht unbefangen erfüllen zu können, so hat er hierauf unter Darlegung der Verhältnisse hinzuweisen. Der Präsident der Gemeindeprüfungsanstalt hat den Prüfer von der Amtshandlung zu befreien, wenn er die Befangenheit für begründet hält.

§ 9
Haushaltswirtschaft und Prüfung

(1) Für die Haushaltswirtschaft gelten, soweit nicht nachstehend eine andere Regelung getroffen ist, die Vorschriften des 8. Teils der Gemeindeordnung mit Ausnahme der Vorschriften über die Auslegung des Haushaltssatzung und des Jahresabschlusses sowie der Vorschriften über die Aufstellung eines Haushaltssicherungskonzepts. Der Haushalt soll in jedem Jahr ausgeglichen sein.

(2) In der Bilanz ist eine Ausgleichsrücklage zusätzlich zur allgemeinen Rücklage als gesonderter Posten des Eigenkapitals anzusetzen. Der Ausgleichsrücklage können Jahresüberschüsse durch Beschluss des Verwaltungsrats zugeführt werden, soweit die allgemeine Rücklage einen Bestand in Höhe von mindestens 3 Prozent der Bilanzsumme des Jahresabschlusses der Gemeindeprüfungsanstalt aufweist.

(3) Die örtliche Prüfung der Gemeindeprüfungsanstalt wird durch Satzung geregelt.

§ 10
Gebühren und Entgelte

(1) Die Gemeindeprüfungsanstalt erhebt für ihre Tätigkeit, mit Ausnahme der Prüfungen gem. § 2 Absatz 3 Satz 1, Gebühren in entsprechender Anwendung des Kommunalabgabengesetzes vom

21. Oktober 1969 (GV. NRW. S. 712) in der jeweils geltenden Fassung. § 5 Absatz 2 Satz 1 und Absatz 6 Satz 1 Nummer 1 des Kommunalabgabengesetzes für das Land Nordrhein-Westfalen findet insoweit keine Anwendung. Der Zeitraum für den Ausgleich von Kostenüberdeckungen und Kostenunterdeckungen gemäß § 6 Absatz 2 Satz 3 des Kommunalabgabengesetzes kann angemessen verlängert werden.

(2) Für Prüfungsleistungen nach § 2 Absatz 1 Satz 2, für Gutachten nach § 2 Absatz 3 Satz 2, für Beratungsleistungen nach § 2 Absatz 4 und § 2a Absatz 1 sowie für Zertifikate nach § 2a Absatz 3 erhebt die Gemeindeprüfungsanstalt Entgelte, die mindestens kostendeckend sein sollen.

§ 11
Deckung des Aufwands

Das Land Nordrhein-Westfalen gewährt der Gemeindeprüfungsanstalt eine jährliche Zuweisung zur Deckung des Aufwands, der nicht durch Gebühren und Entgelte nach § 10 sowie durch sonstige Einnahmen nach dem Haushaltsplan gedeckt ist. Die Höhe der jährlichen Zuweisung wird im jeweiligen Haushaltsplan festgesetzt.

§ 12
Aufsicht

(1) Die Gemeindeprüfungsanstalt untersteht der Rechtsaufsicht des für Kommunales zuständigen Ministeriums. §§ 121 bis 125, 127 und 128 der Gemeindeordnung gelten entsprechend.

(2) Satzungen sind dem für Kommunales zuständigen Ministerium anzuzeigen. Sie sind im Ministerialblatt des Landes Nordrhein-Westfalen zu veröffentlichen. Satzungen können auch durch Bereitstellung im Internet entsprechend der Bekanntmachungsverordnung vom 26. August 1999 (GV. NRW. S. 516) in der jeweils geltenden Fassung mit der Maßgabe bekannt gemacht werden, dass auf die erfolgte Bereitstellung und die Internetadresse nachrichtlich im Ministerialblatt für das Land Nordrhein-Westfalen hinzuweisen ist. Sie treten, wenn kein anderer Zeitpunkt in der Satzung bestimmt ist, am Tag nach ihrer Bekanntmachung in Kraft.

§ 13
Verwaltungsvorschriften

Das für Kommunales zuständige Ministerium erlässt die zur Durchführung dieses Gesetzes erforderlichen Verwaltungsvorschriften.

§ 14
Inkrafttreten, Berichtspflicht

Dieses Gesetz tritt am 1. Januar 2003 in Kraft. Die Landesregierung berichtet dem Landtag bis zum 31. Dezember 2009 über die Notwendigkeit des Fortbestehens dieses Gesetzes.

Seite 254b

bleibt aus drucktechnischen Gründen frei

Benutzungsgebührensatzung 2021 der Gemeindeprüfungsanstalt Nordrhein-Westfalen

Bekanntmachung der Benutzungsgebührensatzung 2021 der Gemeindeprüfungsanstalt Nordrhein-Westfalen (gpaNRW) vom 23.12.2020

Aufgrund der §§ 1 Abs. 3, 5 Abs. 1 Nr. 1 und 10 Abs. 1 des Gemeindeprüfungsanstaltsgesetzes (GPAG) vom 30. April 2002 (GV. NRW. S. 160), zuletzt geändert durch Artikel 2 des Gesetzes vom 19. Dezember 2019 (GV. NRW. S. 1046), und in entsprechender Anwendung des Kommunalabgabengesetzes für das Land Nordrhein-Westfalen (KAG) in der Fassung der Bekanntmachung vom 21. Oktober 1969 (GV. NRW. S. 712), zuletzt geändert durch Gesetz vom 19. Dezember 2019 (GV. NRW. S. 1029), hat der Verwaltungsrat der Gemeindeprüfungsanstalt Nordrhein-Westfalen mit Beschluss vom 10. Dezember 2020, bestätigt durch schriftlichen Umlaufbeschluss am 14. Dezember 2020, folgende Satzung erlassen:

Benutzungsgebührensatzung 2021

§ 1
Gebührengegenstand, Gebührenschuldner

(1) Die Gemeindeprüfungsanstalt Nordrhein-Westfalen (gpaNRW) erhebt für ihre Tätigkeit im Rahmen ihrer Aufgaben nach § 2 Abs. 1 und 2 des Gesetzes über die Gemeindeprüfungsanstalt (Gemeindeprüfungsanstaltsgesetz – GPAG) i. V. m. § 105 GO NRW Benutzungsgebühren von den Gemeinden, Kreisen und Landschaftsverbänden sowie sonstigen Körperschaften, Anstalten, Stiftungen, Verbänden und Einrichtungen des öffentlichen Rechtes und deren Eigenbetrieben und eigenbetriebsähnlichen Einrichtungen.

(2) Für ihre Tätigkeit bei der Jahresabschlussprüfung auf Grund des Artikels 10 Abs. 1 des Zweiten Gesetzes zur Weiterentwicklung des Neuen Kommunalen Finanzmanagements für Gemeinden und Gemeindeverbände im Land Nordrhein-Westfalen und weiterer kommunalrechtlicher Vorschriften (2. NKF-Weiterentwicklungsgesetz – 2. NKFWG NRW) i. V. m. § 106 GO NRW a. F. und des § 2 Abs. 2 GPAG erhebt die gpaNRW die Benutzungsgebühren von den geprüften Eigenbetrieben, eigenbetriebsähnlichen Einrichtungen und sonstigen Unternehmen und Einrichtungen sowie von anderen Körperschaften, Stiftungen, Verbänden und Einrichtungen öffentlichen Rechts, wenn ihr die Zuständigkeit durch Gesetz oder durch Rechtsverordnung des für Kommunales zuständigen Ministeriums übertragen worden ist.

(3) Gebührenschuldner für Eigenbetriebe und eigenbetriebsähnliche Einrichtungen im Sinne der Abs. 1 und 2 ist die sie tragende Körperschaft.

§ 2
Gebührenmaßstäbe

(1) Die Gebühren werden nach dem in Tagewerken ausgedrückten Zeitaufwand für die Tätigkeit bemessen, soweit § 3 nichts anderes bestimmt. Ein Tagewerk beträgt ein Fünftel der jeweils zum 01. Januar eines Jahres zu ermittelnden durchschnittlichen Wochenarbeitszeit der Beschäftigten der gpaNRW. Ändert sich die tarifliche oder gesetzliche Wochenarbeitszeit einer Beschäftigtengruppe, so kann zum Stichtag des Inkrafttretens dieser Änderung eine Neuberechnung des Umfangs eines Tagewerkes erfolgen. Die Anzahl der gebührenfähigen Tagewerke ergibt sich aus der Teilung der Gesamtzahl der für die Tätigkeit aufgewandten Arbeitsstunden der beteiligten Prüfer der gpaNRW durch die Stundenzahl nach Satz 2. Die dienstlich anerkennungsfähige Fahrtzeit ist Teil des Tagewerkes.

(2) Kleinste Einheit, die der Abrechnung zu Grunde gelegt wird, ist ein Viertel eines Tagewerkes.

(3) Für jede der in § 1 genannten Tätigkeiten wird eine Mindestgebühr von der Hälfte eines Tagewerkes erhoben.

(4) Bei einer Tätigkeit außerhalb des Verwaltungssitzes der gpaNRW wird für die notwendigen Fahrten eine Pauschale für die Reisekostenvergütung erhoben, soweit § 3 Abs. 2 nichts anderes bestimmt.

§ 3
Gebührensätze

(1) Je Tagewerk für die unter § 1 Abs. 1 genannten Tätigkeiten wird eine Gebühr von 632,00 Euro festgesetzt.

(2) Für die unter § 1 Abs. 2 genannten Tätigkeiten wird ein Gebührensatz von 685,00 Euro festgesetzt, sofern die Prüfung mit Beteiligung eines Wirtschaftsprüfers oder einer Wirtschaftsprüfungsgesellschaft durchgeführt wird. Für jede Prüfung wird ein Vielfaches dieses Gebührensatzes in Abhängigkeit von der Betriebsgröße erhoben, welche sich nach Umsatzerlösen und Bilanzsumme des zu prüfenden Jahresabschlusses richtet; die Erfüllung mindestens eines Merkmals der nächst höheren Größenklasse führt zur Zuordnung des Betriebes zu dieser Größenklasse (die kleinste Größenklasse ist B):

Größenklasse	Merkmal Umsatzerlöse	Merkmal Bilanzsumme	Vielfaches
A	größer 8,0 Mio. Euro	größer 80,0 Mio. Euro	1,5
B	bis 8,0 Mio. Euro	bis 80,0 Mio. Euro	1,0

Wird entschieden, dass ein Betrieb von der Jahresabschlussprüfung befreit oder nicht jährlich geprüft wird, so wird hierfür das 1,0-Fache des Gebührensatzes erhoben. Bei Ortsterminen wird je Termin das 1,0-Fache des Gebührensatzes erhoben; eine Pauschale für die Reisekostenvergütung fällt nicht an. Bei Bilanzierung nach NKF tritt an die Stelle der Umsatzerlöse die Summe der Erträge aus öffentlich- und privatrechtlichen Leistungsentgelten sowie aus Kostenerstattungen und -umlagen.

(3) Je Tagewerk für die unter § 1 Abs. 2 genannten Tätigkeiten wird eine Gebühr von 940,00 Euro festgesetzt, sofern die Prüfung durch eigene Prüfer der gpaNRW gemäß § 106 Abs. 2 Satz 2 GO NRW a. F. durchgeführt wird.

(4) Die Pauschale für Reisekostenvergütung im Sinne des § 2 Abs. 4 beträgt 50,10 Euro pro Tag.

(5) Die Höhe der Gebühren nach den Absätzen 1, 3 und 4 richtet sich nach dem im Zeitpunkt der Tätigkeit geltenden Gebührensatz.

(6) Bedient sich die gpaNRW im Rahmen des § 2 Abs. 5 GPAG zur Erfüllung ihrer Aufgaben der Hilfe von Wirtschaftsprüfern, Wirtschaftsprüfungsgesellschaften oder anderer geeigneter Dritter, so werden die Kosten für deren Leistung zusätzlich zu den Gebühren für überörtliche Prüfungen und Jahresabschlussprüfungen nach den Absätzen 1 bis 4 erhoben. Dies gilt nicht, soweit Wirtschaftsprüfer und Wirtschaftsprüfungsgesellschaften, derer sich die gpaNRW zur Durchführung der Jahresabschlussprüfung gemäß § 106 Abs. 2 S. 2 GO NRW a. F. bedient, ihre Kosten dem geprüften Betrieb unmittelbar in Rechnung stellen.

§ 4
Gebührenschuld, Vorausleistung

(1) Die Gebührenschuld entsteht bei den unter § 1 Abs. 1 genannten Tätigkeiten mit dem Zugang des Prüfungsberichtes und bei den unter § 1 Abs. 2 genannten Tätigkeiten mit dem Zugang des abschließenden Vermerks oder der Befreiung. Die Gebühr wird 30 Tage nach Bekanntgabe des Gebührenbescheides zur Zahlung fällig.

(2) Nach Beginn der Tätigkeit können angemessene Vorausleistungen erhoben werden.

§ 5
Gebührenkalkulationszeitraum

Der Kalkulationszeitraum für die Gebühren gemäß § 3 beträgt ein Jahr.

§ 6
Inkrafttreten

Diese Satzung tritt am 01. Januar 2021 in Kraft. Gleichzeitig tritt die Gebührensatzung 2018 vom 15. Dezember 2017 außer Kraft.

§ 7
Bekanntmachung der Benutzungsgebührensatzung

Diese Benutzungsgebührensatzung wird in ihrer jeweils gültigen Fassung auf der Internetseite der gpaNRW öffentlich bekannt gemacht.

Satzung
der Gemeindeprüfungsanstalt Nordrhein-Westfalen über die Erhebung von Verwaltungsgebühren (Verwaltungsgebührensatzung 2022)

vom 31.01.2022

1.

Bekanntmachung der Verwaltungsgebührensatzung der Gemeindeprüfungsanstalt Nordrhein-Westfalen (gpaNRW)

Aufgrund

- der §§ 1 Absatz 3, 2a Absatz 4, 5 Absatz 1 Nummer 1 und 10 Absatz 1 des Gemeindeprüfungsanstaltsgesetzes (GPAG) vom 30. April 2002 (GV. NRW. S. 160), in der jeweils geltenden Fassung,

- in Verbindung mit § 94 Absatz 2 der Gemeindeordnung für das Land Nordrhein-Westfalen (GO NRW) vom 14.07.1994 in der Fassung, die sich aus Artikel I Nummer 15 Buchstabe b des Zweiten Gesetzes zur Weiterentwicklung des Neuen Kommunalen Finanzmanagements für Gemeinden und Gemeindeverbände im Land Nordrhein-Westfalen und weiterer kommunalrechtlicher Vorschriften (2. NKF-Weiterentwicklungsgesetz – 2. NKFWG NRW) ergibt, sowie

- in entsprechender Anwendung der §§ 1, 2, 4 und 5 des Kommunalabgabengesetzes für das Land Nordrhein-Westfalen (KAG NRW) vom 21. Oktober 1969 (GV. NRW. S. 712), in der jeweils geltenden Fassung

hat der Verwaltungsrat der Gemeindeprüfungsanstalt Nordrhein-Westfalen mit Beschluss vom 19. Januar 2022 folgende Satzung erlassen:

Verwaltungsgebührensatzung

§ 1
Gebührengegenstand

(1) Die Gemeindeprüfungsanstalt Nordrhein-Westfalen (gpaNRW) erhebt für ihre Tätigkeit im Rahmen ihrer Aufgaben nach § 2a Absatz 4 des Gesetzes über die Gemeindeprüfungsanstalt (Gemeindeprüfungsanstaltsgesetz – GPAG) i. V. m. § 94 Absatz 2 der Gemeindeordnung für das Land Nordrhein-Westfalen (GO NRW) (Prüfung und Zulassung für Fachprogramme zur automatisierten Ausführung der Geschäfte der kommunalen Haushaltswirtschaft) Verwaltungsgebühren und Auslagen nach Maßgabe dieser Satzung.

(2) Eine Gebührenpflicht entsteht somit für die Erteilung oder Versagung einer Zulassung.

(3) Bei der Durchführung der Prüfung gemäß § 1 dieser Satzung kann sich die gpaNRW sachverständiger Dritter bedienen.

§ 2
Gebührenschuldner

(1) Gebühren- und Auslagenschuldner ist die natürliche oder juristische Person, die die Prüfung und Zulassung für Fachprogramme zur automatisierten Ausführung der Geschäfte der kommunalen Haushaltswirtschaft beantragt hat. Dies sind in der Regel die Hersteller von Fachprogrammen.

(2) Unbeschadet dessen können in Einzelfällen Körperschaften selbst Antragsteller sein, wenn die Zulassung einer Eigenentwicklung erforderlich ist oder der Hersteller des Fachprogramms keinen Zulassungsantrag stellt bzw. nicht mehr am Markt aktiv ist. Dies sind insbesondere

- die Gemeinden und Gemeindeverbände,

- der Landschaftsverband Westfalen-Lippe (LWL) sowie der Landschaftsverband Rheinland (LVR),

- der Regionalverband Ruhr (RVR),

- der Landesverband Lippe (LVL) und

- die kommunalen Zweckverbände im Sinne des GkG NRW.

(3) Gemäß § 10 Absatz 1 Satz 2 GPAG findet § 5 Absatz 6 Satz 1 Nummer 1 KAG NRW keine Anwendung.

(4) Mehrere Schuldner haften als Gesamtschuldner.

§ 3
Gebührenmaßstab

(1) Die Gebühren werden nach dem in Tagewerken ausgedrückten Zeitaufwand für die Tätigkeit je Bediensteten berechnet. Ein Tagewerk beträgt ein Fünftel der jeweils zum 01. Januar eines Jahres zu ermittelnden durchschnittlichen Wochenarbeitszeit der Beschäftigten der gpaNRW. Ändert sich die tarifliche oder gesetzliche Wochenarbeitszeit einer Beschäftigtengruppe, so kann zum Stichtag des Inkrafttretens dieser Änderung eine Neuberechnung des Umfangs eines Tagewerkes erfolgen. Die Anzahl der gebührenfähigen Tagewerke ergibt sich aus der Teilung der Gesamtzahl der für die Tätigkeit aufgewandten Arbeitsstunden der beteiligten Prüfer der gpaNRW durch die Stundenzahl nach Satz 2. Die dienstlich anerkennungsfähige Fahrtzeit ist Teil des Tagewerkes.

(2) Kleinste Einheit, die der Abrechnung zu Grunde gelegt wird, ist ein Viertel eines Tagewerkes.

(3) Für die in § 1 genannte Tätigkeit wird eine Mindestgebühr von einem Viertel eines Tagewerkes erhoben.

(4) Soweit die Tätigkeit gemäß § 1 dieser Satzung der Umsatzsteuer unterliegt, erhöht sich die Gebühr um die Umsatzsteuer in der jeweils geltenden gesetzlichen Höhe.

§ 4
Ersatz von Auslagen

(1) Im Zusammenhang mit der Tätigkeit gemäß § 1 dieser Satzung sind angefallene Kosten im Sinne des § 5 Absatz 7 KAG NRW als Auslagen vom Gebührenschuldner zu ersetzen.

(2) Bedient sich die gpaNRW zur Erfüllung ihrer Aufgaben der Hilfe von sachverständigen Dritten gemäß § 1 Absatz 3 dieser Satzung, handelt es sich bei den Kosten für deren Leistung um zu ersetzende Auslagen im Sinne des § 5 Absatz 7 Satz 3 Buchstabe c) KAG NRW.

(3) Auslagen sind auch dann zu ersetzen, wenn der Antrag auf Zulassung abgelehnt oder vor Beendigung der Prüfung zurückgenommen wird.

(4) Für den Ersatz von Auslagen gelten die Vorschriften über die Erhebung der Verwaltungsgebühren entsprechend.

§ 5
Gebührenhöhe

(1) Die Höhe der Gebühr richtet sich nach dem im Zeitpunkt der Tätigkeit geltenden Gebührensatz.

(2) Je Tagewerk für die unter § 1 Absätze 1 und 2 dieser Satzung genannten Tätigkeiten wird eine Gebühr von 1.037,00 Euro festgesetzt.

§ 6
Entstehung, Fälligkeit und Vorauszahlungen

(1) Die Gebührenschuld entsteht mit der schriftlichen Mitteilung des Ergebnisses der beantragten Prüfung.

(2) Gebühren und Auslagen werden 30 Tage nach Bekanntgabe des Festsetzungsbescheides an den Gebühren- und Auslagenschuldner fällig.

Anhang 17 Verwaltungsgebührensatzung GPA NRW

(3) Gebühren und Auslagen werden auch dann erhoben, wenn ein Antrag auf Vornahme einer gebührenpflichtigen Tätigkeit vom Antragsteller zurückgenommen wird oder ein Antrag abgelehnt wird. Im Falle der Rücknahme oder Ablehnung eines Antrages ist eine Gebühr in Höhe der tatsächlich angefallenen Kosten zu erheben. Als Ablehnung gilt auch die förmliche – auf einen Antrag ergehende – Mitteilung, dass eine Zulassungspflicht für ein beantragtes Verfahren nicht besteht.

§ 5 Absatz 2 Satz 1 KAG NRW findet keine Anwendung.

(4) Nach Beginn der Tätigkeit können angemessene Vorausleistungen erhoben werden. Absatz 2 gilt entsprechend.

§ 7
Säumniszuschlag

(1) Werden Gebühren und Auslagen nicht bis zum Ablauf des Fälligkeitstages entrichtet, ist für jeden angefangenen Monat der Säumnis ein Säumniszuschlag von 1 Prozent des jeweiligen rückständigen Betrags zu entrichten; abzurunden ist auf den nächsten durch 50,00 Euro teilbaren Betrag.

(2) Ein Säumniszuschlag wird bei einer Säumnis von bis zu drei Tagen nicht erhoben.

§ 8
Inkrafttreten

Diese Satzung tritt am Tag nach der öffentlichen Bekanntmachung in Kraft. Gleichzeitig tritt die Verwaltungsgebührensatzung 2021 vom 23. Dezember 2020 außer Kraft.

§ 9
Bekanntmachung der Verwaltungsgebührensatzung

Diese Verwaltungsgebührensatzung wird in ihrer jeweils geltenden Fassung auf der Internetseite der gpaNRW öffentlich bekannt gemacht.

2.
Bekanntmachung

Die vorstehende Satzung wird hiermit gemäß § 12 Absatz 2 des Gesetzes über die Gemeindeprüfungsanstalt (GPAG) durch Bereitstellung der Satzung auf der Internetseite der Gemeindeprüfungsanstalt Nordrhein-Westfalen (gpaNRW) öffentlich bekannt gemacht. Nachrichtlich wird im Ministerialblatt des Landes Nordrhein-Westfalen auf die erfolgte Bereitstellung und die Internetadresse hingewiesen. Die Satzung wurde gemäß § 12 Absatz 1 und 2 GPAG dem Ministerium für Heimat, Kommunales, Bau und Gleichstellung des Landes Nordrhein-Westfalen am 21. Januar 2022 angezeigt.

Herne, den 31. Januar 2022

Hinweis
über die Bekanntmachung der Verwaltungsgebührensatzung 2022 der Gemeindeprüfungsanstalt Nordrhein-Westfalen (gpaNRW)

Bekanntmachung
der Gemeindeprüfungsanstalt Nordrhein-Westfalen
vom 11. Februar 2022

Die Verwaltungsgebührensatzung 2022 der Gemeindeprüfungsanstalt Nordrhein-Westfalen (gpaNRW) ist im Internet unter https://gpanrw.de/service/downloadcenter/aktuelle-downloads öffentlich bekannt gemacht worden.

Herne, den 11. Februar 2022

MBl. NRW. 2022 S. 106

Verordnung
über die öffentliche Bekanntmachung von kommunalem Ortsrecht
(Bekanntmachungsverordnung - BekanntmVO NRW)

vom 26.08.1999 (GV. NRW. S. 516),
zuletzt geändert durch Verordnung vom 05.11.2015 (GV. NRW. S. 741)

Auf Grund der §§ 7 Absatz 5 und 130 Absatz 1 der Gemeindeordnung für das Land Nordrhein-Westfalen (GO) in der Fassung der Bekanntmachung vom 14. Juli 1994 (GV. NRW. S. 666), zuletzt geändert durch Gesetz vom 15. Juni 1999 (GV. NRW. S. 386), sowie der §§ 5 Absatz 5 und 65 der Kreisordnung für das Land Nordrhein-Westfalen (KrO) in der Fassung der Bekanntmachung vom 14. Juli 1994 (GV. NRW. S. 646), zuletzt geändert durch Gesetz vom 17. Dezember 1997 (GV. NRW. S. 458), wird mit Zustimmung des Ausschusses für Kommunalpolitik des Landtages verordnet:

§ 1
Geltungsbereich

(1) Das Verfahren und die Form bei der öffentlichen Bekanntmachung von Satzungen der Gemeinden, Kreise und Zweckverbände richten sich nach den Vorschriften dieser Verordnung, soweit nicht Bundes- oder Landesrecht hierüber besondere Regelungen enthält.

(2) Die Vorschriften dieser Verordnung über Satzungen gelten auch für sonstige ortsrechtliche Bestimmungen.

(3) Für die sonstigen öffentlichen Bekanntmachungen gelten die §§ 4 bis 7.

§ 2
Verfahren vor der Bekanntmachung

(1) Der Bürgermeister prüft, ob die vom Rat beschlossene Satzung ordnungsgemäß zustande gekommen ist. Er holt gesetzlich vorgeschriebene Genehmigungen ein und sorgt dafür, dass sonstige vor der öffentlichen Bekanntmachung zu beachtende Vorschriften eingehalten werden. Er führt einen erneuten Beschluss des Rates herbei (Beitrittsbeschluss), sofern Maßgaben in aufsichtsbehördlichen Genehmigungen das erforderlich machen.

(2) In die Präambel des zur öffentlichen Bekanntmachung vorbereiteten papiergebundenen Dokumentes der Satzung ist das Datum des Ratsbeschlusses einzusetzen. War ein Beitrittsbeschluss nach Absatz 1 Satz 3 erforderlich, ist auch das Datum dieses Beschlusses anzugeben; das papiergebundene Dokument der Satzung erhält sodann die auf Grund der Maßgaben und des Beitrittsbeschlusses geänderte Fassung. Auch aufsichtsbehördliche Maßgaben, die keines Beitrittsbeschlusses bedürfen, sind, soweit erforderlich, in das papiergebundene Dokument der Satzung zu übernehmen.

(3) Der Bürgermeister bestätigt schriftlich, dass der Wortlaut des papiergebundenen Dokumentes der Satzung mit den Ratsbeschlüssen übereinstimmt und dass nach Absatz 1 und 2 verfahren worden ist, und ordnet die Bekanntmachung an.

(4) Die Bekanntmachungsanordnung muss enthalten

1. die Erklärung, dass die Satzung hiermit öffentlich bekanntgemacht wird;
2. die Bezeichnung der genehmigenden Behörden und das Datum der Genehmigungen, falls solche vorgeschrieben sind; ist eine Genehmigung befristet erteilt worden, muss auch die Befristung angegeben werden, sofern sich diese nicht aus dem Gesetz ergibt; auf die Erteilung einer für die Gültigkeit der Genehmigung erforderlichen Zustimmung einer anderen Behörde ist hinzuweisen;
3. den Hinweis nach § 7 Abs. 6 GO oder § 5 Abs. 6 KrO;
4. Ort und Datum der Unterzeichnung durch den Bürgermeister.

(5) Das papiergebundene Dokument der Satzung erhält in der Überschrift das Datum, unter dem die Bekanntmachungsanordnung vom Bürgermeister unterzeichnet worden ist.

§ 3
Inhalt der Bekanntmachung

(1) Der Bürgermeister veranlasst, dass Satzung und Bekanntmachungsanordnung in vollem Wortlaut und in der nach § 4 vorgeschriebenen Form öffentlich bekanntgemacht werden.

(2) Sind Karten, Pläne oder Zeichnungen Bestandteile einer Satzung, so können diese Teile anstatt einer öffentlichen Bekanntmachung nach § 4 an einer bestimmten Stelle der Gemeindeverwaltung zu jedermanns Einsicht während der Dienststunden ausgelegt werden, sofern der Inhalt der Karten, Pläne oder Zeichnungen zugleich in der Satzung grob umschrieben wird. In der Bekanntmachungsanordnung für solche Satzungen müssen Ort und Zeit der Auslegung genau bezeichnet sein. Wenn auf Grund von sondergesetzlichen Vorschriften eine öffentliche Bekanntmachung im Wortlaut und damit auch eine Bekanntmachungsanordnung entfällt, unterzeichnet der Bürgermeister eine Bekanntmachung, aus der Ort und Zeit der Auslegung zu ersehen sein müssen; diese Bekanntmachung, auf die die Vorschriften des § 2 entsprechend anzuwenden sind, ist nach § 4 Abs. 1, 2 und 4 und § 7 Absatz 1, 2 und 4 zu vollziehen.

§ 4
Formen der Bekanntmachung

(1) Öffentliche Bekanntmachungen der Gemeinden, die durch Rechtsvorschrift vorgeschrieben sind, werden vollzogen

1. im Amtsblatt der Gemeinde,
2. in einer oder mehreren in der Hauptsatzung hierfür allgemein bestimmten, regelmäßig, mindestens einmal wöchentlich erscheinenden Zeitungen,
3. durch Aushang an der Bekanntmachungstafel der Gemeinde und den sonstigen hierfür bestimmten Stellen für die Dauer von mindestens einer Woche, wobei gleichzeitig durch das Amtsblatt oder die Zeitung oder das Internet auf den Aushang hinzuweisen ist, oder
4. durch Bereitstellung im Internet,

soweit gesetzlich nicht etwas anderes bestimmt ist. Das Amtsblatt der Gemeinde kann mit Amtsblättern anderer Gemeinden herausgegeben werden. Kreisangehörige Gemeinden können stattdessen das Amtsblatt des Kreises wählen.

(2) Die für die Gemeinde geltende Form der öffentlichen Bekanntmachung ist durch die Hauptsatzung festzulegen. Amtsblätter und Zeitungen sind namentlich zu bezeichnen, die Internetadresse ist anzugeben.

(3) In kreisangehörigen Gemeinden mit Ausnahme der Großen kreisangehörigen Städte kann die Hauptsatzung bestimmen, dass Zeit und Ort der Ratssitzung sowie die Tagesordnung nicht nach den in Absatz 1 genannten Formen, sondern allgemein durch Aushang an der Bekanntmachungstafel der Gemeinde und, soweit erforderlich, an den sonstigen hierfür in der Hauptsatzung bestimmten Stellen öffentlich bekanntgemacht werden.

(4) Sind öffentliche Bekanntmachungen in der durch die Hauptsatzung festgelegten Form infolge höherer Gewalt oder sonstiger unabwendbarer Ereignisse nicht möglich, so genügt jede andere geeignete, durch die Hauptsatzung festzulegende Form der Bekanntmachung, um die Öffentlichkeit zu unterrichten, insbesondere durch Aushang, Flugblätter oder ein eigens aus diesem Anlass herausgegebenes Amtsblatt.

§ 5
Amtsblatt

(1) Herausgeber des Amtsblatts ist der Bürgermeister. Enthält das Amtsblatt neben öffentlichen Bekanntmachungen und sonstigen amtlichen Mitteilungen (amtlicher Teil) einen örtlichen Nachrichten- und Veranstaltungsteil (nichtamtlicher Teil), so kann für diesen auch ein anderer Herausgeber verantwortlich sein.

(2) Geben mehrere Gemeinden ein gemeinsames Amtsblatt heraus, so ist als Herausgeber des die jeweilige Gemeinde betreffenden Teils der Bürgermeister zu benennen.

(3) Das Amtsblatt muss

1. im Titel oder im Untertitel eine Bezeichnung führen, welche die Amtlichkeit des Mitteilungsblattes deutlich erkennen lässt und den Geltungsbereich bezeichnet,

2. den Ausgabetag angeben und jahrgangsweise fortlaufend nummeriert sein,
3. die Bezugsmöglichkeiten und Bezugsbedingungen angeben,
4. einzeln zu beziehen sein.

§ 6
Internet

(1) Die öffentlichen Bekanntmachungen der Gemeinden in der Form des § 4 Absatz 1 Satz 1 Nummer 4 erfolgen durch Bereitstellung des digitalisierten Dokumentes auf einer öffentlich zugänglichen Internetseite der Gemeinde unter Angabe des Bereitstellungstages. Die Gemeinde hat auf die erfolgte Bereitstellung und die Internetadresse in einer der in § 4 Absatz 1 Satz 1 Nummer 1 bis 3 bestimmten Formen nachrichtlich hinzuweisen. Die inhaltliche Übereinstimmung des digitalisierten Dokumentes mit dem der Bekanntmachung zugrunde liegenden Original nach § 2 muss gewährleistet sein.

(2) Gemäß Absatz 1 bekannt gemachte Satzungen und sonstige ortsrechtliche Bestimmungen sind in einem ständig und dauerhaft verfügbaren und lesbaren Format für die Dauer ihrer Gültigkeit im Internet bereitzustellen und in der bekanntgemachten Fassung durch technische und organisatorische Maßnahmen zu sichern.

(3) Die Bereitstellung im Internet darf nur im Rahmen einer ausschließlich in Verantwortung der Gemeinde betriebenen Internetseite erfolgen. Sie darf sich zur Einrichtung und Pflege der Internetseiten eines Dritten bedienen.

§ 7
Vollzug der Bekanntmachung

(1) Die öffentliche Bekanntmachung ist mit Ablauf des Erscheinungstages des Amtsblattes oder der Zeitung vollzogen. Sind mehrere Zeitungen bestimmt, so ist der Erscheinungstag der zuletzt erschienenen Zeitung maßgebend. Erfolgt die öffentliche Bekanntmachung durch einen Aushang an der Bekanntmachungstafel, auf den im Amtsblatt, einer Zeitung oder dem Internet hingewiesen wird (§ 4 Absatz 1 Satz 1 Nummer 3), ist die öffentliche Bekanntmachung mit Ablauf des letzten Tages der Aushangfrist vollzogen.

(2) Erfolgt die öffentliche Bekanntmachung durch Bereitstellung im Internet, ist die öffentliche Bekanntmachung mit Ablauf des Tages, an dem das digitalisierte Dokument im Internet gemäß § 6 Absatz 1 verfügbar ist, vollzogen. Sobald ein Dokument nach Satz 1 bekannt gemacht ist, muss es in einem gesonderten, nicht für die Allgemeinheit zugänglichen informationstechnischen System dauerhaft revisionssicher gespeichert werden und der Bekanntmachungszeitpunkt dort dokumentiert werden.

(3) In den Fällen des § 4 Absatz 3 ist die öffentliche Bekanntmachung mit Ablauf des ersten Tages des Aushangs an den dafür bestimmten Bekanntmachungstafeln vollzogen. Die Bekanntmachung darf jedoch frühestens am Tage nach der Ratssitzung abgenommen werden.

(4) In den Fällen des § 4 Absatz 4 ist die öffentliche Bekanntmachung mit Ablauf des Tages vollzogen, an dem die Öffentlichkeit davon Kenntnis nehmen konnte. Sofern die Bekanntmachung nicht durch Zeitablauf gegenstandslos geworden ist, ist sie nachrichtlich in der durch die Hauptsatzung allgemein vorgeschriebenen Form unverzüglich nachzuholen.

(5) Sind Satzungen öffentlich bekanntgemacht worden, so sind Belegstücke der nach § 4 bestimmten Druckwerke beziehungsweise ein Ausdruck des im Internet bereitgestellten Dokumentes zusammen mit der Bestätigung des Bürgermeisters nach § 2 Absatz 3, der unterzeichneten Bekanntmachungsanordnung und dem Dokument der Satzung zu verwahren. In den Fällen des § 4 Absatz 1 Satz 1 Nummer 2 genügt als Belegstück der Teil der Tageszeitung, in dem die Satzung wiedergegeben ist, sofern Name, Nummer und Erscheinungsdatum der Zeitung aus ihm hervorgehen. In den Fällen des § 4 Absatz 1 Satz 1 Nummer 4 genügt entsprechend als Belegstück ein Ausdruck des im Internet bereitgestellten Dokuments mit einem Vermerk über das Datum der Bereitstellung.

(6) Die papiergebundenen Dokumente der Satzungen und sonstigen ortsrechtlichen Bestimmungen sind zu sammeln und auch nach Ablauf ihrer Gültigkeit dauerhaft aufzubewahren. Die Gemeinde hat der Öffentlichkeit während der Dienststunden in ihren Räumlichkeiten die kostenlose Einsichtnahme in die papiergebundenen Dokumente nach Satz 1 sowie in die Internetseiten, auf denen die Bekanntmachungen bereitgestellt sind, zu ermöglichen. Auf Verlangen sind Ablichtungen und Ausdrucke zu erteilen. Das gilt auch für geltende Vorschriften, die vor Inkrafttreten dieser Änderung der Verordnung erlassen worden sind.

(7) Karten, Pläne oder Zeichnungen, die nach § 3 Absatz 2 ausgelegt worden sind, sind so aufzubewahren, dass sie nicht zugleich als laufende Arbeitsunterlage dienen und dadurch unscharf oder durch nachträgliche Eintragungen geändert werden können.

§ 8
Geltung für Kreise

Die Vorschriften der §§ 2 bis 7 dieser Verordnung gelten mit Ausnahme des § 4 Abs. 3 für die Kreise entsprechend.

§ 9
Geltung für Zweckverbände

Die Vorschriften der §§ 2 bis 7 dieser Verordnung finden mit Ausnahme des § 4 Abs. 3 nach § 8 des Gesetzes über kommunale Gemeinschaftsarbeit auf die Zweckverbände sinngemäß Anwendung.

§ 10
Inkrafttreten

Diese Verordnung tritt am 1. Oktober 1999 in Kraft. Gleichzeitig tritt die Verordnung über die öffentliche Bekanntmachung von kommunalem Ortsrecht vom 7. April 1981 (GV. NRW. S. 224) außer Kraft.

Verordnung
über die Entschädigung der Mitglieder kommunaler Vertretungen und Ausschüsse (Entschädigungsverordnung-EntschVO NRW)

vom 05.05.2014 (GV. NRW. S. 276),
zuletzt geändert durch Verordnung vom 13.12.2021 (GV. NRW. S. 2023)

Auf Grund der

- des § 36 Absatz 4 Satz 3, des § 39 Absatz 7 Satz 6, des § 45 Absatz 7 Satz 1 Nummer 2 und des § 46 Absatz 1 Satz 1 der Gemeindeordnung für das Land Nordrhein-Westfalen in der Fassung der Bekanntmachung vom 14. Juli 1994 (GV. NRW. S. 666), von denen § 36 Absatz 4 Satz 3, § 39 Absatz 7 Satz 6 und § 45 Absatz 7 Satz 1 Nummer 2 zuletzt durch Artikel 15 Nummer 1 des Gesetzes vom 23. Januar 2018 (GV. NRW. S. 90) und § 46 Absatz 1 Satz 1 zuletzt durch Artikel 1 Nummer 7 Buchstabe a des Gesetzes vom 18. Dezember 2018 (GV. NRW. S. 738) geändert worden sind,

- des § 30 Absatz 7 Satz 1 Nummer 2 und des § 31 Absatz 1 Satz 1 der Kreisordnung für das Land Nordrhein-Westfalen in der Fassung der Bekanntmachung vom 14. Juli 1994 (GV. NRW. S. 646), von denen § 30 Absatz 7 Satz 1 Nummer 2 zuletzt durch Artikel 10 des Gesetzes vom 23. Januar 2018 (GV. NRW. S. 90) und § 31 Absatz 1 Satz 1 zuletzt durch Artikel 3 Nummer 4 Buchstabe a des Gesetzes vom 18. Dezember 2018 (GV. NRW. S. 738) geändert worden ist,

- des § 16 Absatz 1 und 2 der Landschaftsverbandsordnung für das Land Nordrhein-Westfalen in der Fassung der Bekanntmachung vom 14. Juli 1994 (GV. NRW. S. 657), dessen Absatz 1 zuletzt durch Artikel 3 Buchstabe a und b des Gesetzes vom 18. September 2012 (GV. NRW. S. 436) geändert und neu gefasst und dessen Absatz 2 zuletzt durch Artikel 13 Nummer 2 des Gesetzes vom 23. Januar 2018 (GV. NRW. S. 90) geändert worden ist,

- des § 12 Absatz 3 und 4 des Gesetzes über den Regionalverband Ruhr in der Fassung der Bekanntmachung vom 3. Februar 2004 (GV. NRW. S. 96), dessen Absatz 3 zuletzt durch Artikel 4 Nummer 2 Buchstabe b des Gesetzes vom 15. November 2016 (GV. NRW. S. 966) und dessen Absatz 4 zuletzt durch Artikel 11 des Gesetzes vom 23. Januar 2018 (GV. NRW. S. 90) geändert worden ist,

verordnet das Ministerium für Inneres und Kommunales:

§ 1
Mitglieder kommunaler Vertretungen

(1) Aufwandsentschädigungen für Mitglieder kommunaler Vertretungen können gezahlt werden

1. ausschließlich als monatliche Pauschale

   oder

2. gleichzeitig als monatliche Pauschale und Sitzungsgeld.

Mitglieder der Landschaftsversammlungen können auch ausschließlich Sitzungsgeld erhalten.

(2) Die Höhe der Aufwandsentschädigung beträgt

1. bei Ratsmitgliedern

   a) ausschließlich als monatliche Pauschale in Gemeinden

aa)	bis 10.000 Einwohnerinnen und Einwohnern	230,00 Euro
bb)	von 10.001 bis 20.000 Einwohnerinnen und Einwohnern	275,00 Euro
cc)	von 20.001 bis 30.000 Einwohnerinnen und Einwohnern	320,00 Euro
dd)	von 30.001 bis 40.000 Einwohnerinnen und Einwohnern	370,00 Euro
ee)	von 40.001 bis 60.000 Einwohnerinnen und Einwohnern	420,00 Euro
ff)	von 60.001 bis 100.000 Einwohnerinnen und Einwohnern	455,00 Euro
gg)	von 100.001 bis 150.000 Einwohnerinnen und Einwohnern	490,00 Euro
hh)	von 150.001 bis 450.000 Einwohnerinnen und Einwohnern	525,00 Euro
ii)	über 450.000 Einwohnerinnen und Einwohnern	630,00 Euro

   b) gleichzeitig als monatliche Pauschale und Sitzungsgeld

in Gemeinden		monatliche Pauschale	Sitzungsgeld
aa)	bis 10.000 Einwohnerinnen u. Einwohnern	125,00 Euro	25,00 Euro
bb)	von 10.001 bis 20.000 Einwohnerinnen u. Einwohnern	165,00 Euro	25,00 Euro
cc)	von 20.001 bis 30.000 Einwohnerinnen u. Einwohnern	210,00 Euro	25,00 Euro
dd)	von 30.001 bis 40.000 Einwohnerinnen u. Einwohnern	250,00 Euro	25,00 Euro
ee)	von 40.001 bis 60.000 Einwohnerinnen u. Einwohnern	310,00 Euro	25,00 Euro
ff)	von 60.001 bis 100.000 Einwohnerinnen u. Einwohnern	340,00 Euro	25,00 Euro
gg)	von 100.001 bis 150.000 Einwohnerinnen u. Einwohnern	380,00 Euro	25,00 Euro
hh)	von 150.001 bis 450.000 Einwohnerinnen u. Einwohnern	420,00 Euro	25,00 Euro
ii)	über 450.000 Einwohnerinnen u. Einwohnern	520,00 Euro	25,00 Euro

2. bei Kreistagsmitgliedern

   a) ausschließlich als monatliche Pauschale in Kreisen

aa)	bis 200.000 Einwohnerinnen und Einwohnern	380,00 Euro
bb)	über 200.000 Einwohnerinnen und Einwohnern	485,00 Euro

   b) gleichzeitig als monatliche Pauschale und Sitzungsgeld

in Kreisen		monatliche Pauschale	Sitzungsgeld
aa)	bis 200.000 Einwohnerinnen und Einwohnern	310,00 Euro	25,00 Euro
bb)	über 200.000 Einwohnerinnen und Einwohnern	415,00 Euro	25,00 Euro

3. bei Mitgliedern der Bezirksvertretungen in kreisfreien Städten

   a) ausschließlich als monatliche Pauschale in Stadtbezirken

aa)	bis 50.000 Einwohnerinnen und Einwohnern	220,00 Euro
bb)	von 50.001 bis 100.000 Einwohnerinnen u. Einwohnern	255,00 Euro
cc)	über 100.000 Einwohnerinnen und Einwohnern	285,00 Euro

   b) gleichzeitig als monatliche Pauschale und Sitzungsgeld

in Stadtbezirken		monatliche Pauschale	Sitzungsgeld
aa)	bis 50.000 Einwohnerinnen und Einwohnern	155,00 Euro	25,00 Euro
bb)	von 50.001 bis 100.000 Einwohnerinnen u. Einwohnern	185,00 Euro	25,00 Euro

Anhang 19 Entschädigungsverordnung NRW

cc) über 100.000 Einwohnerinnen
und Einwohnern   215,00 Euro   25,00 Euro

4. bei Mitgliedern der Landschaftsversammlungen
   a) ausschließlich als monatliche Pauschale   215,00 Euro
   b) gleichzeitig als monatliche Pauschale und Sitzungsgeld
          monatliche Pauschale   105,00 Euro
          Sitzungsgeld   55,00 Euro
   c) ausschließlich als Sitzungsgeld   110,00 Euro

5. bei Mitgliedern der Verbandsversammlung des Regionalverbandes Ruhr
   a) ausschließlich als monatliche Pauschale   215,00 Euro
   b) gleichzeitig als monatliche Pauschale und Sitzungsgeld
          monatliche Pauschale   105,00 Euro
          Sitzungsgeld   55,00 Euro.

§ 2
Sachkundige Bürgerinnen und Bürger sowie sachkundige Einwohnerinnen und Einwohner

Die Höhe der Sitzungsgelder beträgt

1. bei sachkundigen Bürgerinnen und Bürgern im Sinne des § 58 Absatz 1 und 3 der Gemeindeordnung für das Land Nordrhein-Westfalen in der Fassung der Bekanntmachung vom 14. Juli 1994 (GV. NRW. S. 666) in der jeweils geltenden Fassung und sachkundigen Einwohnerinnen und Einwohnern im Sinne des § 58 Absatz 4 der Gemeindeordnung für das Land Nordrhein-Westfalen in Gemeinden
   a) bis 10.000 Einwohnerinnen und Einwohnern   25,00 Euro
   b) von 10.001 bis 20.000 Einwohnerinnen und Einwohnern   30,00 Euro
   c) von 20.001 bis 30.000 Einwohnerinnen und Einwohnern   35,00 Euro
   d) von 30.001 bis 40.000 Einwohnerinnen und Einwohnern   40,00 Euro
   e) von 40.001 bis 60.000 Einwohnerinnen und Einwohnern   45,00 Euro
   f) von 60.001 bis 100.000 Einwohnerinnen und Einwohnern   50,00 Euro
   g) von 100.001 bis 150.000 Einwohnerinnen und Einwohnern   55,00 Euro
   h) von 150.001 bis 450.000 Einwohnerinnen und Einwohnern   60,00 Euro
   i) über 450.000 Einwohnerinnen u. Einwohnern   65,00 Euro

2. bei sachkundigen Bürgern im Sinne des § 41 Absatz 3 und 5 der Kreisordnung für das Land Nordrhein-Westfalen in der Fassung der Bekanntmachung vom 14. Juli 1994 (GV. NRW. S. 646), in der jeweils geltenden Fassung und sachkundigen Einwohnern im Sinne des § 41 Absatz 6 der Kreisordnung für das Land Nordrhein-Westfalen in Kreisen
   a) bis 200.000 Einwohnerinnen und Einwohnern   40,00 Euro
   b) über 200.000 Einwohnerinnen und Einwohnern   50,00 Euro

3. bei sachkundigen Bürgern im Sinne des § 12 Absatz 3 und des § 13 Absatz 3 der Landschaftsverbandsordnung für das Land Nordrhein-Westfalen in der Fassung der Bekanntmachung vom 14. Juli 1994 (GV. NRW. S. 657), in der jeweils geltenden Fassung sowie des § 9 Nummer 3 des Gesetzes über den Regionalverband Ruhr in der Fassung der Bekanntmachung vom 03. Februar 2004 (GV. NRW. S. 96) in der jeweils geltenden Fassung   70,00 Euro.

§ 3
Zusätzliche Aufwandsentschädigung

(1) Die zusätzliche Aufwandsentschädigung beträgt:

1. bei der ersten Stellvertretung der Bürgermeisterin oder des Bürgermeisters und der ersten Stellvertretung der Landrätin oder des Landrats   den 3-fachen,
2. bei weiteren Stellvertretungen der Bürgermeisterin oder des Bürgermeisters und Stellvertretungen der Landrätin oder des Landrats   den 1,5-fachen,
3. bei Fraktionsvorsitzenden in Gemeinden und Kreisen   den 2-fachen,
4. bei Fraktionsvorsitzenden in Gemeinden und Kreisen einer Fraktion mit mehr als acht Mitgliedern   den 3-fachen,
5. bei stellvertretenden Fraktionsvorsitzenden in Gemeinden und Kreisen   den 1,5-fachen,
6. bei Vorsitzenden von Ausschüssen der kommunalen Vertretungen in Gemeinden und Kreisen mit Ausnahme des Wahlprüfungsausschusses und der durch die Hauptsatzung ausgenommen Ausschüsse   den 1-fachen

Satz des Betrages der Aufwandsentschädigung für Mitglieder kommunaler Vertretungen in Gemeinden beziehungsweise Kreisen gleicher Größe nach § 1 Absatz 2 Nummer 1 Buchstabe a und Nummer 2 Buchstabe a;

7. bei Bezirksvorsteherinnen und Bezirksvorstehern   den 2-fachen Satz,
8. bei ersten und zweiten Stellvertretungen der Bezirksvorsteherin oder des Bezirksvorstehers   den 1-fachen Satz,
9. bei weiteren Stellvertretungen der Bezirksvorsteherin oder des Bezirksvorstehers   den 0,5-fachen Satz,
10. bei Fraktionsvorsitzenden in Bezirksvertretungen   den 1-fachen Satz

des Betrages der Aufwandsentschädigung für Mitglieder der Bezirksvertretungen in kreisfreien Städten gemäß § 1 Absatz 2 Nummer 3 Buchstabe a, sofern die Hauptsatzung eine Regelung trifft.

(2) Die Ortsvorsteherinnen und Ortsvorsteher erhalten eine Aufwandsentschädigung von 255,00 Euro monatlich. Die Gemeinde kann stattdessen in der Hauptsatzung bestimmen, dass die Höhe der monatlichen Aufwandsentschädigung in Gemeindebezirken

1. bis 500 Einwohnerinnen und Einwohnern   155,00 Euro
2. von 501 bis 1.000 Einwohnerinnen und Einwohnern   175,00 Euro
3. von 1.001 bis 1.500 Einwohnerinnen und Einwohnern   200,00 Euro
4. von 1.501 bis 2.000 Einwohnerinnen und Einwohnern   220,00 Euro
5. von 2.001 bis 3.000 Einwohnerinnen und Einwohnern   235,00 Euro
6. über 3.000 Einwohnerinnen und Einwohnern   255,00 Euro

beträgt.

Der Anspruch der zur Ehrenbeamtin ernannten Ortsvorsteherin oder des zum Ehrenbeamten ernannten Ortsvorstehers auf Ersatz ihrer oder seiner Auslagen, die durch die Erledigung der ihr oder ihm übertragenen Geschäfte der laufenden Verwaltung entstanden sind (§ 33 Absatz 1 Satz 1 der Gemeindeordnung für das Land Nordrhein-Westfalen), bleibt unberührt.

(3) Die zusätzliche Aufwandsentschädigung bei den Landschaftsverbänden und beim Regionalverband Ruhr beträgt:

1. bei Vorsitzenden der Landschaftsversammlung beziehungsweise der Verbandsversammlung   den 9-fachen,
2. bei Stellvertretungen der Vorsitzenden der Landschaftsversammlung beziehungsweise der Verbandsversammlung   den 6-fachen,
3. bei Fraktionsvorsitzenden   den 6-fachen,
4. bei stellvertretenden Fraktionsvorsitzenden   den 2-fachen und
5. bei Ausschussvorsitzenden der Landschaftsversammlung beziehungsweise der Verbandsversammlung mit Ausnahme der durch Satzung ausgenommen Ausschüsse   den 1-fachen

Satz des Betrages der Aufwandsentschädigung für Mitglieder der Landschaftsversammlungen beziehungsweise der Verbandsversammlung nach § 1 Absatz 2 Nummer 4 Buchstabe a und Nummer 5 Buchstabe a.

(4) Soweit die Aufwandsentschädigung für Vorsitzende der Ausschüsse der kommunalen Vertretungen in Gemeinden und Kreisen, der Landschaftsversammlungen oder der Verbandsversammlung als Sitzungsgeld gewährt wird, entspricht dieses der Höhe nach der jeweiligen zusätzlichen Aufwandsentschädigung nach Absatz 1 Nummer 6 und Absatz 3 Nummer 5.

§ 3a
Ersatz des Verdienstausfalls

(1) Der Regelstundensatz für den Ersatz des Verdienstausfalls nach § 45 Absatz 7 Satz 1 Nummer 1 der Gemeindeordnung für das Land Nordrhein-Westfalen und § 30 Absatz 7 Satz 1 Nummer 1 der Kreisordnung für das Land Nordrhein-Westfalen beträgt 9,35 Euro.

(2) Der Höchstbetrag für den Ersatz des Verdienstausfalls nach § 45 Absatz 7 Satz 1 Nummer 1 der Gemeindeordnung für das Land Nordrhein-Westfalen und § 30 Absatz 7 Satz 1 Nummer 1 der Kreisordnung für das Land Nordrhein-Westfalen beträgt 84,00 Euro.

§ 4
Allgemeines

(1) Für die Einwohnerzahlen in § 1 Absatz 2 Nummer 1, 2 und 3 sowie in § 2 Nummer 1, 2 sind die Einwohnerzahlen maßgebend, die nach § 78 Absatz 1 der Kommunalwahlordnung vom 31. August 1993 (GV. NRW. S. 592, ber. S. 967), die zuletzt durch Verordnung vom 3. Dezember 2013 (GV. NRW. S. 730) geändert worden ist, der Wahl der Vertretung zugrunde gelegen haben.

(2) Bei den Gemeinden und Kreisen können Aufwandsentschädigungen nach den §§ 1 bis 3 nebeneinander bezogen werden, wenn sie auf mehreren Ämtern beruhen. Stellvertreterinnen und Stellvertreter der Bürgermeisterin oder des Bürgermeisters oder der Landrätin oder des Landrats, die gleichzeitig Fraktionsvorsitzende oder stellvertretende Fraktionsvorsitzende sind, erhalten aus diesen Funktionen nur eine Aufwandsentschädigung nach § 3. Insgesamt ist die Höhe der Aufwandsentschädigungen auf den 5-fachen Satz des Betrages der Aufwandsentschädigung für Mitglieder kommunaler Vertretungen in Gemeinden und Kreisen gleicher Größe nach § 1 Absatz 2 Nummer 1 Buchstabe a beziehungsweise Nummer 2 Buchstabe a begrenzt.

(3) Bei den Landschaftsverbänden und beim Regionalverband Ruhr können Aufwandsentschädigungen nach den §§ 1 bis 3 nebeneinander bezogen werden, wenn sie auf mehreren Ämtern beruhen. Vorsitzende der Landschaftsversammlung beziehungsweise der Verbandsversammlung oder deren Stellvertretungen, die gleichzeitig Fraktionsvorsitzende oder stellvertretende Fraktionsvorsitzende sind, erhalten aus diesen Funktionen nur eine Aufwandsentschädigung nach § 3. Insgesamt ist die Höhe der Aufwandsentschädigungen auf den 9-fachen Satz des Betrages der Aufwandsentschädigung für Mitglieder der Landschaftsversammlungen beziehungsweise der Verbandsversammlung nach § 1 Absatz 2 Nummer 4 Buchstabe a beziehungsweise Nummer 5 Buchstabe a begrenzt.

(4) Aufwandsentschädigungen, die in Form einer monatlichen Pauschale gezahlt werden, werden anteilig gekürzt, wenn die Tätigkeit im Verlauf eines Kalendermonats beginnt oder endet.

(5) Die für Sitzungsgelder festgesetzten Sätze gelten für eine Sitzung. Wird eine Sitzungsdauer von insgesamt sechs Stunden überschritten, kann höchstens ein weiteres Sitzungsgeld gewährt werden. Bei mehreren Sitzungen an einem Tag dürfen nicht mehr als zwei Sitzungsgelder gewährt werden.

§ 5
Fahrkosten

(1) Mitgliedern kommunaler Vertretungen und Ausschüsse sowie Ortsvorsteherinnen und Ortsvorstehern werden die Fahrkosten, die ihnen durch Fahrten zum Sitzungsort und zurück entstehen, erstattet, höchstens jedoch in Höhe der Kosten der Fahrten von der Wohnung zum Sitzungsort und zurück. Bei mehreren Wohnungen ist von der Hauptwohnung auszugehen. Entsprechendes gilt für Fahrkosten aus Anlass der Repräsentation der kommunalen Körperschaft, die der oder dem Vorsitzenden oder - auf Veranlassung der oder des Vorsitzenden oder der Vertretung - ihren oder seinen Stellvertreterinnen oder Stellvertretern oder anderen Mitgliedern der Vertretung entstehen, soweit es sich nicht um Dienstreisen (§ 6) handelt.

(2) Die Mitglieder kommunaler Vertretungen haben Anspruch auf Ersatz ihrer Fahrkosten. Dieser Anspruch kann dadurch abgegolten werden, dass ihnen von der Gemeinde eine Netzkarte für das Gemeindegebiet oder Freifahrten zur Verfügung gestellt oder die Kosten übernommen werden. Bei Benutzung eines Kraftfahrzeugs ist eine Entschädigung in der in § 6 Absatz 1 Satz 2 Landesreisekostengesetz vom 16. Dezember 1998 (GV. NRW. S. 738), das zuletzt durch Artikel 1 des Gesetzes vom 03. Dezember 2013 (GV. NRW. S. 722) geändert worden ist, vorgesehenen Höhe zulässig; bei Benutzung eines Fahrrads ist eine Entschädigung in der in § 6 Absatz 3 Landesreisekostengesetz vorgesehenen Höhe zulässig. Bei regelmäßigen oder gleichartigen Fahrkosten kann zur Vereinfachung der Abrechnung anstelle der Fahrkostenerstattung eine Pauschvergütung gewährt werden, die nach dem Durchschnitt der in einem bestimmten Zeitraum sonst anfallenden Einzelvergütungen zu bemessen ist.

(3) Mitgliedern der Landschaftsversammlungen und sachkundigen Bürgerinnen und Bürgern im Sinne des § 12 Absatz 3 und des § 13 Absatz 3 der Landschaftsverbandsordnung für das Land Nordrhein-Westfalen sowie Mitgliedern der Verbandsversammlung des Regionalverbandes Ruhr und sachkundigen Bürgerinnen und Bürgern im Sinne des § 9 Nummer 3 des Gesetzes über den Regionalverband Ruhr kann außerdem ein Übernachtungsgeld gezahlt werden, wenn die An- und Abreise am Sitzungstag nicht möglich oder nicht zumutbar war. Dasselbe gilt, wenn Sitzungen oder sonstige Veranstaltungen sich über zwei oder mehrere Tage erstrecken. Das in der Satzung festzusetzende Übernachtungsgeld darf den nach dem Landesreisekostengesetz zulässigen Betrag nicht übersteigen.

§ 6
Reisekostenvergütung

(1) Für genehmigte Dienstreisen erhalten Mitglieder kommunaler Vertretungen und Ausschüsse sowie Ortsvorsteherinnen und Ortsvorsteher Reisekostenvergütung nach Maßgabe des Landesreisekostengesetzes.

(2) Neben Reisekostenvergütung dürfen keine Sitzungsgelder gewährt werden.

§ 7
Zusätzliche Unfallversicherung

Neben der gemäß § 2 Absatz 1 Nummer 10 des Siebten Buchs Sozialgesetzbuch - Gesetzliche Unfallversicherung - (Artikel 1 des Gesetzes vom 07. August 1996, BGBl. I S. 1254), das zuletzt durch Artikel 451 der Verordnung vom 31. August 2015 (BGBl. I S. 1474) geändert worden ist, kann für Mitglieder kommunaler Vertretungen und Ausschüsse sowie für Ortsvorsteherinnen und Ortsvorsteher zusätzlich eine angemessene private Unfallversicherung abgeschlossen werden.

§ 8
Inkrafttreten, Außerkrafttreten

(1) Diese Verordnung tritt am 01. Juni 2014 in Kraft.

(2) Gleichzeitig tritt die Entschädigungsverordnung vom 19. Dezember 2007 (GV. NRW. 2008 S. 6), die zuletzt durch Verordnung vom 2. April 2012 (GV. NRW. S. 156) geändert worden ist, außer Kraft.

Seite 258d

bleibt aus drucktechnischen Gründen frei

Einkommensteuergesetz (EStG)

i. d. F. der Bekanntmachung vom 08.10.2009 (BGBl. I S. 3366, 3862), zuletzt geändert durch Gesetz vom 19.06.2022 (BGBl. I. S. 911)

- Auszug -

§ 6
Bewertung

(1) Für die Bewertung der einzelnen Wirtschaftsgüter, die nach § 4 Absatz 1 oder nach § 5 als Betriebsvermögen anzusetzen sind, gilt das Folgende:

1. Wirtschaftsgüter des Anlagevermögens, die der Abnutzung unterliegen, sind mit den Anschaffungs- oder Herstellungskosten oder dem an deren Stelle tretenden Wert, vermindert um die Absetzungen für Abnutzung, erhöhte Absetzungen, Sonderabschreibungen, Abzüge nach § 6b und ähnliche Abzüge, anzusetzen. Ist der Teilwert auf Grund einer voraussichtlich dauernden Wertminderung niedriger, so kann dieser angesetzt werden. Teilwert ist der Betrag, den ein Erwerber des ganzen Betriebs im Rahmen des Gesamtkaufpreises für das einzelne Wirtschaftsgut ansetzen würde; dabei ist davon auszugehen, dass der Erwerber den Betrieb fortführt. Wirtschaftsgüter, die bereits am Schluss des vorangegangenen Wirtschaftsjahrs zum Anlagevermögen des Steuerpflichtigen gehört haben, sind in den folgenden Wirtschaftsjahren gemäß Satz 1 anzusetzen, es sei denn, der Steuerpflichtige weist nach, dass ein niedrigerer Teilwert nach Satz 2 angesetzt werden kann.

1a. Zu den Herstellungskosten eines Gebäudes gehören auch Aufwendungen für Instandsetzungs- und Modernisierungsmaßnahmen, die innerhalb von drei Jahren nach der Anschaffung des Gebäudes durchgeführt werden, wenn die Aufwendungen ohne die Umsatzsteuer 15 Prozent der Anschaffungskosten des Gebäudes übersteigen (anschaffungsnahe Herstellungskosten). Zu diesen Aufwendungen gehören nicht die Aufwendungen für Erweiterungen im Sinne des § 255 Absatz 2 Satz 1 des Handelsgesetzbuchs sowie Aufwendungen für Erhaltungsarbeiten, die jährlich üblicherweise anfallen.

1b. Bei der Berechnung der Herstellungskosten brauchen angemessene Teile der Kosten der allgemeinen Verwaltung sowie angemessene Aufwendungen für soziale Einrichtungen des Betriebs, für freiwillige soziale Leistungen und für die betriebliche Altersversorgung im Sinne des § 255 Absatz 2 Satz 3 des Handelsgesetzbuchs nicht einbezogen zu werden, soweit diese auf den Zeitraum der Herstellung entfallen. Das Wahlrecht ist bei Gewinnermittlung nach § 5 in Übereinstimmung mit der Handelsbilanz auszuüben.

2. Andere als die in Nummer 1 bezeichneten Wirtschaftsgüter des Betriebs (Grund und Boden, Beteiligungen, Umlaufvermögen) sind mit den Anschaffungs- oder Herstellungskosten oder dem an deren Stelle tretenden Wert, vermindert um Abzüge nach § 6b und ähnliche Abzüge, anzusetzen. Ist der Teilwert (Nummer 1 Satz 3) auf Grund einer voraussichtlich dauernden Wertminderung niedriger, so kann dieser angesetzt werden. Nummer 1 Satz 4 gilt entsprechend.

2a. Steuerpflichtige, die den Gewinn nach § 5 ermitteln, können für den Wertansatz gleichartiger Wirtschaftsgüter des Vorratsvermögens unterstellen, dass die zuletzt angeschafften oder hergestellten Wirtschaftsgüter zuerst verbraucht oder veräußert worden sind, soweit dies den handelsrechtlichen Grundsätzen ordnungsmäßiger Buchführung entspricht. Der Vorratsbestand am Schluss des Wirtschaftsjahres, das der erstmaligen Anwendung der Bewertung nach Satz 1 vorangeht, gilt mit seinem Bilanzansatz als erster Zugang des neuen Wirtschaftsjahres. Von der Verbrauchs- oder Veräußerungsfolge nach Satz 1 kann in den folgenden Wirtschaftsjahren nur mit Zustimmung des Finanzamts abgewichen werden.

2b. Steuerpflichtige, die in den Anwendungsbereich des § 340 des Handelsgesetzbuchs fallen, haben die zu Handelszwecken erworbenen Finanzinstrumente, die nicht in einer Bewertungseinheit im Sinne des § 5 Absatz 1a Satz 2 abgebildet werden, mit dem beizulegenden Zeitwert abzüglich eines Risikoabschlags (§ 340e Absatz 3 des Handelsgesetzbuchs) zu bewerten. Nummer 2 Satz 2 ist nicht anzuwenden.

3. Verbindlichkeiten sind unter sinngemäßer Anwendung der Vorschriften der Nummer 2 anzusetzen.

3a. Rückstellungen für Verpflichtungen sind mit einem Zinssatz von 5,5 Prozent abzuzinsen; ausgenommen von der Abzinsung sind Rückstellungen für Verpflichtungen, deren Laufzeit am Bilanzstichtag weniger als zwölf Monate beträgt, und Rückstellungen für Verpflichtungen, die verzinslich sind oder auf einer Anzahlung oder Vorausleistung beruhen.

4. Entnahmen des Steuerpflichtigen für sich, für seinen Haushalt oder für andere betriebsfremde Zwecke sind mit dem Teilwert anzusetzen; die Entnahme ist in den Fällen des § 4 Absatz 1 Satz 3 erster Halbsatz mit dem gemeinen Wert und in den Fällen des § 4 Absatz 1 Satz 3 zweiter Halbsatz mit dem Wert anzusetzen, den der andere Staat der Besteuerung zugrunde legt, höchstens jedoch mit dem gemeinen Wert. Die private Nutzung eines Kraftfahrzeugs, das zu mehr als 50 Prozent betrieblich genutzt wird, ist für jeden Kalendermonat mit 1 Prozent des inländischen Listenpreises im Zeitpunkt der Erstzulassung zuzüglich der Kosten für Sonderausstattung einschließlich Umsatzsteuer anzusetzen; bei der privaten Nutzung von Fahrzeugen mit Antrieb ausschließlich durch Elektromotoren, die ganz oder überwiegend aus mechanischen oder elektrochemischen Energiespeichern oder aus emissionsfrei betriebenen Energiewandlern gespeist werden (Elektrofahrzeuge), oder von extern aufladbaren Hybridelektrofahrzeugen, ist der Listenpreis dieser Kraftfahrzeuge

1. soweit die Nummern 2, 3 oder 4 nicht anzuwenden sind und bei Anschaffung vor dem 1. Januar 2023 um die darin enthaltenen Kosten des Batteriesystems im Zeitpunkt der Erstzulassung des Kraftfahrzeugs wie folgt zu mindern: für bis zum 31. Dezember 2013 angeschaffte Kraftfahrzeuge um 500 Euro pro Kilowattstunde der Batteriekapazität, dieser Betrag mindert sich für in den Folgejahren angeschaffte Kraftfahrzeuge um jährlich 50 Euro pro Kilowattstunde der Batteriekapazität; die Minderung pro Kraftfahrzeug beträgt höchstens 10 000 Euro; dieser Höchstbetrag mindert sich für in den Folgejahren angeschaffte Kraftfahrzeuge um jährlich 500 Euro, oder

2. soweit Nummer 3 nicht anzuwenden ist und bei Anschaffung nach dem 31. Dezember 2018 und vor dem 1. Januar 2022 nur zur Hälfte anzusetzen; bei extern aufladbaren Hybridelektrofahrzeugen muss das Fahrzeug die Voraussetzungen des § 3 Absatz 2 Nummer 1 oder 2 des Elektromobilitätsgesetzes erfüllen, oder

3. bei Anschaffung nach dem 31. Dezember 2018 und vor dem 1. Januar 2031 nur zu einem Viertel anzusetzen, wenn das Kraftfahrzeug keine Kohlendioxidemission je gefahrenen Kilometer hat und der Bruttolistenpreis des Kraftfahrzeugs nicht mehr als 60 000 Euro beträgt, oder

4. soweit Nummer 3 nicht anzuwenden ist und bei Anschaffung nach dem 31. Dezember 2021 und vor dem 1. Januar 2025 nur zur Hälfte anzusetzen, wenn das Kraftfahrzeug

   a) eine Kohlendioxidemission von höchstens 50 Gramm je gefahrenen Kilometer hat oder

   b) die Reichweite des Fahrzeugs unter ausschließlicher Nutzung der elektrischen Antriebsmaschine mindestens 60 Kilometer beträgt, oder

5. soweit Nummer 3 nicht anzuwenden ist und bei Anschaffung nach dem 31. Dezember 2024 und vor dem 1. Januar 2031 nur zur Hälfte anzusetzen, wenn das Kraftfahrzeug

   a) eine Kohlendioxidemission von höchstens 50 Gramm je gefahrenen Kilometer hat oder

   b) die Reichweite des Fahrzeugs unter ausschließlicher Nutzung der elektrischen Antriebsmaschine mindestens 80 Kilometer beträgt,

die maßgebliche Kohlendioxidemission sowie die Reichweite des Kraftfahrzeugs unter ausschließlicher Nutzung der elektrischen Antriebsmaschine ist der Übereinstimmungsbescheinigung nach Anhang IX der Richtlinie 2007/46/EG oder aus der Übereinstimmungsbescheinigung nach Artikel 38 der Verordnung (EU) Nr. 168/2013 zu entnehmen. Die private Nutzung kann abweichend von Satz 2 mit den auf die Privatfahrten entfallenden Aufwendungen angesetzt werden, wenn die für das Kraftfahrzeug insgesamt entstehenden Aufwendungen durch Belege und das Verhältnis der privaten

Anhang 20 EStG (Auszug)

zu den übrigen Fahrten durch ein ordnungsgemäßes Fahrtenbuch nachgewiesen werden; bei der privaten Nutzung von Fahrzeugen mit Antrieb ausschließlich durch Elektromotoren, die ganz oder überwiegend aus mechanischen oder elektrochemischen Energiespeichern oder aus emissionsfrei betriebenen Energiewandlern gespeist werden (Elektrofahrzeuge), oder von extern aufladbaren Hybridelektrofahrzeugen, sind

1. soweit die Nummern 2, 3 oder 4 nicht anzuwenden sind und bei Anschaffung vor dem 1. Januar 2023 die der Berechnung der Entnahme zugrunde zu legenden insgesamt entstandenen Aufwendungen um Aufwendungen für das Batteriesystem zu mindern; dabei ist bei zum Betriebsvermögen des Steuerpflichtigen gehörenden Elektro- und Hybridelektrofahrzeugen die der Berechnung der Absetzungen für Abnutzung zugrunde zu legende Bemessungsgrundlage um die nach Satz 2 in pauschaler Höhe festgelegten Aufwendungen zu mindern, wenn darin Kosten für ein Batteriesystem enthalten sind, oder

2. soweit Nummer 3 nicht anzuwenden ist und bei Anschaffung nach dem 31. Dezember 2018 und vor dem 1. Januar 2022 bei der Ermittlung der insgesamt entstandenen Aufwendungen die Anschaffungskosten für das Kraftfahrzeug oder vergleichbare Aufwendungen nur zur Hälfte zu berücksichtigen; bei extern aufladbaren Hybridelektrofahrzeugen muss das Fahrzeug die Voraussetzungen des § 3 Absatz 2 Nummer 1 oder 2 des Elektromobilitätsgesetzes erfüllen, oder

3. bei Anschaffung nach dem 31. Dezember 2018 und vor dem 1. Januar 2031 bei der Ermittlung der insgesamt entstandenen Aufwendungen die Anschaffungskosten für das Kraftfahrzeug oder vergleichbare Aufwendungen nur zu einem Viertel zu berücksichtigen, wenn das Kraftfahrzeug keine Kohlendioxidemission je gefahrenen Kilometer hat, und der Bruttolistenpreis des Kraftfahrzeugs nicht mehr als 60 000 Euro beträgt oder

4. soweit Nummer 3 nicht anzuwenden ist und bei Anschaffung nach dem 31. Dezember 2021 und vor dem 1. Januar 2025 bei der Ermittlung der insgesamt entstandenen Aufwendungen die Anschaffungskosten für das Kraftfahrzeug oder vergleichbare Aufwendungen nur zur Hälfte zu berücksichtigen, wenn das Kraftfahrzeug
   a) eine Kohlendioxidemission von höchstens 50 Gramm je gefahrenen Kilometer hat oder
   b) die Reichweite des Kraftfahrzeugs unter ausschließlicher Nutzung der elektrischen Antriebsmaschine mindestens 60 Kilometer beträgt, oder

5. soweit Nummer 3 nicht anzuwenden ist und bei Anschaffung nach dem 31. Dezember 2024 und vor dem 1. Januar 2031 bei der Ermittlung der insgesamt entstandenen Aufwendungen die Anschaffungskosten für das Kraftfahrzeug oder vergleichbare Aufwendungen nur zur Hälfte zu berücksichtigen, wenn das Kraftfahrzeug
   a) eine Kohlendioxidemission von höchstens 50 Gramm je gefahrenen Kilometer hat oder
   b) die Reichweite des Kraftfahrzeugs unter ausschließlicher Nutzung der elektrischen Antriebsmaschine mindestens 80 Kilometer beträgt,

die maßgebliche Kohlendioxidemission sowie die Reichweite des Kraftfahrzeugs unter ausschließlicher Nutzung der elektrischen Antriebsmaschine ist der Übereinstimmungsbescheinigung nach Anhang IX der Richtlinie 2007/46/EG oder aus der Übereinstimmungsbescheinigung nach Artikel 38 der Verordnung (EU) Nr. 168/2013 zu entnehmen. Wird ein Wirtschaftsgut unmittelbar nach seiner Entnahme einer nach § 5 Absatz 1 Nummer 9 des Körperschaftsteuergesetzes von der Körperschaftsteuer befreiten Körperschaft, Personenvereinigung oder Vermögensmasse oder einer juristischen Person des öffentlichen Rechts zur Verwendung für steuerbegünstigte Zwecke im Sinne des § 10b Absatz 1 Satz 1 unentgeltlich überlassen, so kann die Entnahme mit dem Buchwert angesetzt werden. Satz 4 gilt nicht für die Entnahme von Nutzungen und Leistungen. Die private Nutzung eines betrieblichen Fahrrads, das kein Kraftfahrzeug im Sinne des Satzes 2 ist, bleibt außer Ansatz.

5. Einlagen sind mit dem Teilwert für den Zeitpunkt der Zuführung anzusetzen; sie sind jedoch höchstens mit den Anschaffungs- oder Herstellungskosten anzusetzen, wenn das zugeführte Wirtschaftsgut

   a) innerhalb der letzten drei Jahre vor dem Zeitpunkt der Zuführung angeschafft oder hergestellt worden ist,
   b) ein Anteil an einer Kapitalgesellschaft ist und der Steuerpflichtige an der Gesellschaft im Sinne des § 17 Absatz 1 oder Absatz 6 beteiligt ist; § 17 Absatz 2 Satz 5 gilt entsprechend, oder
   c) ein Wirtschaftsgut im Sinne des § 20 Absatz 2 oder im Sinne des § 2 Absatz 4 des Investmentsteuergesetzes ist.

   Ist die Einlage ein abnutzbares Wirtschaftsgut, so sind die Anschaffungs- oder Herstellungskosten um Absetzungen für Abnutzung zu kürzen, die auf den Zeitraum zwischen der Anschaffung oder Herstellung des Wirtschaftsguts und der Einlage entfallen. Ist die Einlage ein Wirtschaftsgut, das vor der Zuführung aus einem Betriebsvermögen des Steuerpflichtigen entnommen worden ist, so tritt an die Stelle der Anschaffungs- oder Herstellungskosten der Wert, mit dem die Entnahme angesetzt worden ist, und an die Stelle des Zeitpunkts der Anschaffung oder Herstellung der Zeitpunkt der Entnahme.

5a. In den Fällen des § 4 Absatz 1 Satz 8 zweiter Halbsatz ist das Wirtschaftsgut mit dem gemeinen Wert anzusetzen; unterliegt der Steuerpflichtige in einem anderen Staat einer Besteuerung auf Grund des Ausschlusses oder der Beschränkung des Besteuerungsrechts dieses Staates, ist das Wirtschaftsgut mit dem Wert anzusetzen, den der andere Staat der Besteuerung zugrunde legt, höchstens jedoch mit dem gemeinen Wert.

5b. Im Fall des § 4 Absatz 1 Satz 9 ist das Wirtschaftsgut jeweils mit dem Wert anzusetzen, den der andere Staat der Besteuerung zugrunde legt, höchstens jedoch mit dem gemeinen Wert.

6. Bei Eröffnung eines Betriebs ist Nummer 5 entsprechend anzuwenden.

7. Bei entgeltlichem Erwerb eines Betriebs sind die Wirtschaftsgüter mit dem Teilwert, höchstens jedoch mit den Anschaffungs- oder Herstellungskosten anzusetzen.

(2) Die Anschaffungs- oder Herstellungskosten oder der nach Absatz 1 Nummer 5 bis 6 an deren Stelle tretende Wert von abnutzbaren beweglichen Wirtschaftsgütern des Anlagevermögens, die einer selbständigen Nutzung fähig sind, können im Wirtschaftsjahr der Anschaffung, Herstellung oder Einlage des Wirtschaftsguts oder der Eröffnung des Betriebs in voller Höhe als Betriebsausgaben abgezogen werden, wenn die **Anschaffungs- oder Herstellungskosten, vermindert um einen darin enthaltenen Vorsteuerbetrag** (§ 9b Absatz 1), oder der nach Absatz 1 Nummer 5 bis 6 an deren Stelle tretende Wert für das einzelne Wirtschaftsgut **800 Euro** nicht übersteigen. Ein Wirtschaftsgut ist einer selbständigen Nutzung nicht fähig, wenn es nach seiner betrieblichen Zweckbestimmung nur zusammen mit anderen Wirtschaftsgütern des Anlagevermögens genutzt werden kann und die in den Nutzungszusammenhang eingefügten Wirtschaftsgüter technisch aufeinander abgestimmt sind. Das gilt auch, wenn das Wirtschaftsgut aus dem betrieblichen Nutzungszusammenhang gelöst und in einen anderen betrieblichen Nutzungszusammenhang eingefügt werden kann. Wirtschaftsgüter im Sinne des Satzes 1, deren Wert 250 Euro übersteigt, sind unter Angabe des Tages der Anschaffung, Herstellung oder Einlage des Wirtschaftsguts oder der Eröffnung des Betriebs und der Anschaffungs- oder Herstellungskosten oder des nach Absatz 1 Nummer 5 bis 6 an deren Stelle tretenden Werts in ein besonderes, laufend zu führendes Verzeichnis aufzunehmen. Das Verzeichnis braucht nicht geführt zu werden, wenn diese Angaben aus der Buchführung ersichtlich sind.

(2a) Abweichend von Absatz 2 Satz 1 kann für die abnutzbaren beweglichen Wirtschaftsgüter des Anlagevermögens, die einer selbständigen Nutzung fähig sind, im Wirtschaftsjahr der Anschaffung, Herstellung oder Einlage des Wirtschaftsguts oder der Eröffnung des Betriebs ein Sammelposten gebildet werden, wenn die Anschaffungs- oder Herstellungskosten, vermindert um einen darin enthaltenen Vorsteuerbetrag (§ 9b Absatz 1), oder der nach Absatz 1 Nummer 5 bis 6 an deren Stelle tretende Wert für das einzelne Wirtschaftsgut 250 Euro, aber nicht 1 000 Euro übersteigen. Der Sammelposten ist im Wirtschaftsjahr der Bildung und den folgenden vier Wirtschaftsjahren mit jeweils einem Fünftel gewinnmindernd aufzulösen. Scheidet ein Wirtschaftsgut im Sinne des Satzes 1 aus dem Betriebsvermögen aus, wird der Sammelposten nicht vermindert. Die Anschaffungs- oder Herstellungskosten oder der nach Absatz 1 Nummer 5 bis 6 an deren Stelle tretende Wert von abnutzbaren beweglichen Wirtschaftsgütern des Anlagevermögens, die einer selbständigen Nutzung fähig sind, können im Wirtschaftsjahr der Anschaffung, Herstellung oder Einlage des Wirtschaftsguts oder der Eröffnung des Betriebs in voller Höhe als Betriebsausgaben abgezogen werden, wenn die Anschaffungs- oder Herstellungskosten, vermindert um einen darin enthaltenen Vorsteuerbetrag (§ 9b Absatz 1), oder der nach Absatz 1 Nummer 5 bis 6 an deren Stelle tretende Wert für das einzelne Wirtschaftsgut 250 Euro nicht übersteigen. Die Sätze 1 bis 3 sind für alle in einem Wirtschaftsjahr angeschafften, hergestellten oder eingelegten Wirtschaftsgüter einheitlich anzuwenden.

(3) bis (7) nicht abgedruckt.

§ 7
Absetzung für Abnutzung oder Substanzverringerung

(1) Bei Wirtschaftsgütern, deren Verwendung oder Nutzung durch den Steuerpflichtigen zur Erzielung von Einkünften sich erfahrungsgemäß auf einen Zeitraum von mehr als einem Jahr erstreckt, ist jeweils für ein Jahr der Teil der Anschaffungs- oder Herstellungskosten abzusetzen, der bei gleichmäßiger Verteilung dieser Kosten auf die Gesamtdauer der Verwendung oder Nutzung auf ein Jahr entfällt (Absetzung für Abnutzung in gleichen Jahresbeträgen). Die Absetzung bemisst sich hierbei nach der betriebsgewöhnlichen Nutzungsdauer des Wirtschaftsguts. Als betriebsgewöhnliche Nutzungsdauer des Geschäfts- oder Firmenwerts eines Gewerbebetriebs oder eines Betriebs der Land- und Forstwirtschaft gilt ein Zeitraum von 15 Jahren. Im Jahr der Anschaffung oder Herstellung des Wirtschaftsguts vermindert sich für dieses Jahr der Absetzungsbetrag nach Satz 1 um jeweils ein Zwölftel für jeden vollen Monat, der dem Monat der Anschaffung oder Herstellung vorangeht. Bei Wirtschaftsgütern, die nach einer Verwendung oder zur Erzielung von Einkünften im Sinne des § 2 Absatz 1 Satz 1 Nummer 4 bis 7 in ein Betriebsvermögen eingelegt worden sind, mindert sich der Einlagewert um die Absetzungen für Abnutzung oder Substanzverringerung, Sonderabschreibungen oder erhöhte Absetzungen, die bis zum Zeitpunkt der Einlage vorgenommen worden sind, höchstens jedoch bis zu den fortgeführten Anschaffungs- oder Herstellungskosten; ist der Einlagewert niedriger als dieser Wert, bemisst sich die weitere Absetzung für Abnutzung vom Einlagewert. Bei beweglichen Wirtschaftsgütern des Anlagevermögens, bei denen es wirtschaftlich begründet ist, die Absetzung für Abnutzung nach Maßgabe der Leistung des Wirtschaftsguts vorzunehmen, kann der Steuerpflichtige dieses Verfahren statt der Absetzung für Abnutzung in gleichen Jahresbeträgen anwenden, wenn er den auf das einzelne Jahr entfallenden Umfang der Leistung nachweist. Absetzungen für außergewöhnliche technische oder wirtschaftliche Abnutzung sind zulässig; soweit der Grund hierfür in späteren Wirtschaftsjahren entfällt, ist in den Fällen der Gewinnermittlung nach § 4 Absatz 1 oder nach § 5 eine entsprechende Zuschreibung vorzunehmen.

(2) Bei beweglichen Wirtschaftsgütern des Anlagevermögens, die nach dem 31. Dezember 2019 und vor dem 1. Januar 2023 angeschafft oder hergestellt worden sind, kann der Steuerpflichtige statt der Absetzung für Abnutzung in gleichen Jahresbeträgen die Absetzung für Abnutzung in fallenden Jahresbeträgen bemessen. Die Absetzung für Abnutzung in fallenden Jahresbeträgen kann nach einem unveränderlichen Prozentsatz vom jeweiligen Buchwert (Restwert) vorgenommen werden; der dabei anzuwendende Prozentsatz darf höchstens das Zweieinhalbfache des bei der Absetzung für Abnutzung in gleichen Jahresbeträgen in Betracht kommenden Prozentsatzes betragen und 25 Prozent nicht übersteigen. Absatz 1 Satz 4 und § 7a Absatz 8 gelten entsprechend. Bei Wirtschaftsgütern, bei denen die Absetzung für Abnutzung in fallenden Jahresbeträgen bemessen wird, sind Absetzungen für außergewöhnliche technische oder wirtschaftliche Abnutzung nicht zulässig.

(3) Der Übergang von der Absetzung für Abnutzung in fallenden Jahresbeträgen zur Absetzung für Abnutzung in gleichen Jahresbeträgen ist zulässig. In diesem Fall bemisst sich die Absetzung für Abnutzung vom Zeitpunkt des Übergangs an nach dem dann noch vorhandenen Restwert und der Restnutzungsdauer des einzelnen Wirtschaftsguts. Der Übergang von der Absetzung für Abnutzung in gleichen Jahresbeträgen zur Absetzung für Abnutzung in fallenden Jahresbeträgen ist nicht zulässig.

(4) bis (6) nicht abgedruckt.

§ 9 b
Umsatzsteuerrechtlicher Vorsteuerabzug

(1) Der Vorsteuerbetrag nach § 15 des Umsatzsteuergesetzes gehört, soweit er bei der Umsatzsteuer abgezogen werden kann, nicht zu den Anschaffungs- oder Herstellungskosten des Wirtschaftsguts, auf dessen Anschaffung oder Herstellung er entfällt.

(2) Wird der Vorsteuerabzug nach § 15a des Umsatzsteuergesetzes berichtigt, so sind die Mehrbeträge als Betriebseinnahmen oder Einnahmen zu behandeln, wenn sie im Rahmen einer der Einkunftsarten des § 2 Absatz 1 Satz 1 bezogen werden; die Minderbeträge sind als Betriebsausgaben oder Werbungskosten zu behandeln, wenn sie durch den Betrieb veranlasst sind oder der Erwerbung, Sicherung und Erhaltung von Einnahmen dienen. Die Anschaffungs- oder Herstellungskosten bleiben in den Fällen des Satzes 1 unberührt.

§ 15
Einkünfte aus Gewerbebetrieb

(1) Einkünfte aus Gewerbebetrieb sind

1. Einkünfte aus gewerblichen Unternehmen. Dazu gehören auch Einkünfte aus gewerblicher Bodenbewirtschaftung, z.B. aus Bergbauunternehmen und aus Betrieben zur Gewinnung von Torf, Steinen und Erden, soweit sie nicht land- oder forstwirtschaftliche Nebenbetriebe sind;

2. die Gewinnanteile der Gesellschafter einer Offenen Handelsgesellschaft, einer Kommanditgesellschaft und einer anderen Gesellschaft, bei der der Gesellschafter als Unternehmer (Mitunternehmer) des Betriebs anzusehen ist, und die Vergütungen, die der Gesellschafter von der Gesellschaft für seine Tätigkeit im Dienst der Gesellschaft oder für die Hingabe von Darlehen oder für die Überlassung von Wirtschaftsgütern bezogen hat. Der mittelbar über eine oder mehrere Personengesellschaften beteiligte Gesellschafter steht dem unmittelbar beteiligten Gesellschafter gleich; er ist als Mitunternehmer des Betriebs der Gesellschaft anzusehen, an der er mittelbar beteiligt ist, wenn er und die Personengesellschaften, die seine Beteiligung vermitteln, jeweils als Mitunternehmer der Betriebe der Personengesellschaften anzusehen sind, an denen sie unmittelbar beteiligt sind;

3. die Gewinnanteile der persönlich haftenden Gesellschafter einer Kommanditgesellschaft auf Aktien, soweit sie nicht auf Anteile am Grundkapital entfallen, und die Vergütungen, die der persönlich haftende Gesellschafter von der Gesellschaft für seine Tätigkeit im Dienst der Gesellschaft oder für die Hingabe von Darlehen oder für die Überlassung von Wirtschaftsgütern bezogen hat.

Satz 1 Nummer 2 und 3 gilt auch für Vergütungen, die als nachträgliche Einkünfte (§ 24 Nummer 2) bezogen werden. § 13 Absatz 5 gilt entsprechend, sofern das Grundstück im Veranlagungszeitraum 1986 zu einem gewerblichen Betriebsvermögen gehört hat.

(1a) In den Fällen des § 4 Absatz 1 Satz 5 ist der Gewinn aus einer späteren Veräußerung der Anteile ungeachtet der Bestimmungen eines Abkommens zur Vermeidung der Doppelbesteuerung in der gleichen Art und Weise zu besteuern, wie die Veräußerung dieser Anteile an der Europäischen Gesellschaft oder Europäischen Genossenschaft zu besteuern gewesen wäre, wenn keine Sitzverlegung stattgefunden hätte. Dies gilt auch, wenn später die Anteile verdeckt in eine Kapitalgesellschaft eingelegt werden, die Europäische Gesellschaft oder Europäische Genossenschaft aufgelöst wird oder wenn ihr Kapital herabgesetzt und zurückgezahlt wird oder wenn Beträge aus dem steuerlichen Einlagenkonto im Sinne des § 27 des Körperschaftsteuergesetzes ausgeschüttet oder zurückgezahlt werden.

(2) **Eine selbständige nachhaltige Betätigung, die mit der Absicht, Gewinn zu erzielen, unternommen wird und sich als Beteiligung am allgemeinen wirtschaftlichen Verkehr darstellt, ist Gewerbebetrieb, wenn die Betätigung weder als Ausübung von Land- und Forstwirtschaft noch als Ausübung eines freien Berufs noch als eine andere selbständige Arbeit anzusehen ist.** Eine durch die Betätigung verursachte Minderung der Steuern vom Einkommen ist kein Gewinn im Sinne des Satzes 1. Ein Gewerbebetrieb liegt, wenn seine Voraussetzungen im Übrigen gegeben sind, auch dann vor, wenn die Gewinnerzielungsabsicht nur ein Nebenzweck ist.

Anhang 20 EStG (Auszug)

(3) Als Gewerbebetrieb gilt in vollem Umfang die mit Einkünfteerzielungsabsicht unternommene Tätigkeit

1. einer offenen Handelsgesellschaft, einer Kommanditgesellschaft oder einer anderen Personengesellschaft, wenn die Gesellschaft auch eine Tätigkeit im Sinne des Absatzes 1 Satz 1 Nummer 1 ausübt oder gewerbliche Einkünfte im Sinne des Absatzes 1 Satz 1 Nummer 2 bezieht. Dies gilt unabhängig davon, ob aus der Tätigkeit im Sinne des Absatzes 1 Satz 1 Nummer 1 ein Gewinn oder Verlust erzielt wird oder ob die gewerblichen Einkünfte im Sinne des Absatzes 1 Satz 1 Nummer 2 positiv oder negativ sind.

2. einer Personengesellschaft, die keine Tätigkeit im Sinne des Absatzes 1 Satz 1 Nummer 1 ausübt und bei der ausschließlich eine oder mehrere Kapitalgesellschaften persönlich haftende Gesellschafter sind und nur diese oder Personen, die nicht Gesellschafter sind, zur Geschäftsführung befugt sind (gewerblich geprägte Personengesellschaft). Ist eine gewerblich geprägte Personengesellschaft als persönlich haftender Gesellschafter an einer anderen Personengesellschaft beteiligt, so steht für die Beurteilung, ob die Tätigkeit dieser Personengesellschaft als Gewerbebetrieb gilt, die gewerblich geprägte Personengesellschaft einer Kapitalgesellschaft gleich.

(4) Verluste aus gewerblicher Tierzucht oder gewerblicher Tierhaltung dürfen weder mit anderen Einkünften aus Gewerbebetrieb noch mit Einkünften aus anderen Einkunftsarten ausgeglichen werden; sie dürfen auch nicht nach § 10d abgezogen werden. Die Verluste mindern jedoch nach Maßgabe des § 10d die Gewinne, die der Steuerpflichtige in dem unmittelbar vorangegangenen und in den folgenden Wirtschaftsjahren aus gewerblicher Tierzucht oder gewerblicher Tierhaltung erzielt hat oder erzielt; § 10d Absatz 4 gilt entsprechend. Die Sätze 1 und 2 gelten entsprechend für Verluste aus Termingeschäften, durch die der Steuerpflichtige einen Differenzausgleich oder einen durch den Wert einer veränderlichen Bezugsgröße bestimmten Geldbetrag oder Vorteil erlangt. Satz 3 gilt nicht für die Geschäfte, die zum gewöhnlichen Geschäftsbetrieb bei Kreditinstituten, Finanzdienstleistungsinstituten und Finanzunternehmen im Sinne des Gesetzes über das Kreditwesen oder bei Wertpapierinstituten im Sinne des Wertpapierinstitutsgesetzes gehören oder die der Absicherung von Geschäften des gewöhnlichen Geschäftsbetriebs dienen. Satz 4 gilt nicht, wenn es sich um Geschäfte handelt, die der Absicherung von Aktiengeschäften dienen, bei denen der Veräußerungsgewinn nach § 3 Nummer 40 Satz 1 Buchstabe a und b in Verbindung mit § 3c Absatz 2 teilweise steuerfrei ist oder die nach § 8b Absatz 2 des Körperschaftsteuergesetzes bei der Ermittlung des Einkommens außer Ansatz bleiben. Verluste aus stillen Gesellschaften, Unterbeteiligungen oder sonstigen Innengesellschaften an Kapitalgesellschaften, bei denen der Gesellschafter oder Beteiligte als Mitunternehmer anzusehen ist, dürfen weder mit Einkünften aus Gewerbebetrieb noch aus anderen Einkunftsarten ausgeglichen werden; sie dürfen auch nicht nach § 10d abgezogen werden. Die Verluste mindern jedoch nach Maßgabe des § 10d die Gewinne, die der Gesellschafter oder Beteiligte in dem unmittelbar vorangegangenen Wirtschaftsjahr oder in den folgenden Wirtschaftsjahren aus derselben stillen Gesellschaft, Unterbeteiligung oder sonstigen Innengesellschaft bezieht; § 10d Absatz 4 gilt entsprechend. Die Sätze 6 und 7 gelten nicht, soweit der Verlust auf eine natürliche Person als unmittelbar oder mittelbar beteiligter Mitunternehmer entfällt.

§ 18
Selbständige Arbeit

(1) Einkünfte aus selbständiger Arbeit sind

1. Einkünfte aus freiberuflicher Tätigkeit. Zu der freiberuflichen Tätigkeit gehören die selbständig ausgeübte wissenschaftliche, künstlerische, schriftstellerische, unterrichtende oder erzieherische Tätigkeit, die selbständige Berufstätigkeit der Ärzte, Zahnärzte, Tierärzte, Rechtsanwälte, Notare, Patentanwälte, Vermessungsingenieure, Ingenieure, Architekten, Handelschemiker, Wirtschaftsprüfer, Steuerberater, beratenden Volks- und Betriebswirte, vereidigten Buchprüfer, Steuerbevollmächtigten, Heilpraktiker, Dentisten, Krankengymnasten, Journalisten, Bildberichterstatter, Dolmetscher, Übersetzer, Lotsen und ähnlicher Berufe. Ein Angehöriger eines freien Berufs im Sinne der Sätze 1 und 2 ist auch dann freiberuflich tätig, wenn er sich der Mithilfe fachlich vorgebildeter Arbeitskräfte bedient; Voraussetzung ist, dass er auf Grund eigener Fachkenntnisse leitend und eigenverantwortlich tätig wird. Eine Vertretung im Fall vorübergehender Verhinderung steht der Annahme einer leitenden und eigenverantwortlichen Tätigkeit nicht entgegen;

2. Einkünfte der Einnehmer einer staatlichen Lotterie, wenn sie nicht Einkünfte aus Gewerbebetrieb sind;

3. Einkünfte aus sonstiger selbständiger Arbeit, z.B. Vergütungen für die Vollstreckung von Testamenten, für Vermögensverwaltung und für die Tätigkeit als Aufsichtsratsmitglied.

4. Einkünfte, die ein Beteiligter an einer vermögensverwaltenden Gesellschaft oder Gemeinschaft, deren Zweck im Erwerb, Halten und in der Veräußerung von Anteilen an Kapitalgesellschaften besteht, als Vergütung für Leistungen zur Förderung des Gesellschafts- oder Gemeinschaftszwecks erzielt, wenn der Anspruch auf die Vergütung unter der Voraussetzung eingeräumt worden ist, dass die Gesellschafter oder Gemeinschafter ihr eingezahltes Kapital vollständig zurückerhalten haben; § 15 Absatz 3 ist nicht anzuwenden.

(2) Einkünfte nach Absatz 1 sind auch dann steuerpflichtig, wenn es sich nur um eine vorübergehende Tätigkeit handelt.

(3) Zu den Einkünften aus selbständiger Arbeit gehört auch der Gewinn, der bei der Veräußerung des Vermögens oder eines selbständigen Teils des Vermögens oder eines Anteils am Vermögen erzielt wird, das der selbständigen Arbeit dient. § 16 Absatz 1 Satz 1 Nummer 1 und 2 und Absatz 1 Satz 2 sowie Absatz 2 bis 4 gilt entsprechend.

(4) § 13 Absatz 5 gilt entsprechend, sofern das Grundstück im Veranlagungszeitraum 1986 zu einem der selbständigen Arbeit dienenden Betriebsvermögen gehört hat. § 15 Absatz 1 Satz 1 Nummer 2, Absatz 1a, Absatz 2 Satz 2 und 3, §§ 15a und 15b sind entsprechend anzuwenden.

§ 19
Einkünfte aus nichtselbständiger Arbeit

(1) Zu den Einkünften aus nichtselbständiger Arbeit gehören

1. Gehälter, Löhne, Gratifikationen, Tantiemen und andere Bezüge und Vorteile für eine Beschäftigung im öffentlichen oder privaten Dienst;

1a. Zuwendungen des Arbeitgebers an seinen Arbeitnehmer und dessen Begleitpersonen anlässlich von Veranstaltungen auf betrieblicher Ebene mit gesellschaftlichem Charakter (Betriebsveranstaltung). Zuwendungen im Sinne des Satzes 1 sind alle Aufwendungen des Arbeitgebers einschließlich Umsatzsteuer unabhängig davon, ob sie einzelnen Arbeitnehmern individuell zurechenbar sind oder ob es sich um einen rechnerischen Anteil an den Kosten der Betriebsveranstaltung handelt, die der Arbeitgeber gegenüber Dritten für den äußeren Rahmen der Betriebsveranstaltung aufwendet. Soweit solche Zuwendungen den Betrag von 110 Euro je Betriebsveranstaltung und teilnehmenden Arbeitnehmer nicht übersteigen, gehören sie nicht zu den Einkünften aus nichtselbständiger Arbeit, wenn die Teilnahme an der Betriebsveranstaltung allen Angehörigen des Betriebs oder eines Betriebsteils offensteht. Satz 3 gilt für bis zu zwei Betriebsveranstaltungen jährlich. Die Zuwendungen im Sinne des Satzes 1 sind abweichend von § 8 Absatz 2 mit den anteilig auf den Arbeitnehmer und dessen Begleitpersonen entfallenden Aufwendungen des Arbeitgebers im Sinne des Satzes 2 anzusetzen;

2. Wartegelder, Ruhegelder, Witwen- und Waisengelder und andere Bezüge und Vorteile aus früheren Dienstleistungen, auch soweit sie von Arbeitgebern ausgleichspflichtiger Personen an ausgleichsberechtigte Personen infolge einer nach § 10 oder § 14 des Versorgungsausgleichsgesetzes durchgeführten Teilung geleistet werden;

3. laufende Beiträge und laufende Zuwendungen des Arbeitgebers aus einem bestehenden Dienstverhältnis an einen Pensionsfonds, eine Pensionskasse oder für eine Direktversicherung für eine betriebliche Altersversorgung. Zu den Einkünften aus nichtselbständiger Arbeit gehören auch Sonderzahlungen, die der Arbeitgeber neben den laufenden Beiträgen und Zuwendungen an eine solche Versorgungseinrichtung leistet, mit Ausnahme der Zahlungen des Arbeitgebers

a) zur erstmaligen Bereitstellung der Kapitalausstattung zur Erfüllung der Solvabilitätskapitalanforderungen nach den §§ 89, 213, 234g oder 238 des Versicherungsaufsichtsgesetzes,

b) zur Wiederherstellung einer angemessenen Kapitalausstattung nach unvorhersehbaren Verlusten oder zur Finanzierung der Verstärkung der Rechnungsgrundlagen auf Grund einer unvorhersehbaren und nicht nur vorübergehenden Änderung der Verhältnisse, wobei die Sonderzahlungen nicht zu einer Absenkung des laufenden Beitrags führen oder durch die Absenkung des laufenden Beitrags Sonderzahlungen ausgelöst werden dürfen,

c) in der Rentenbezugszeit nach § 236 Absatz 2 des Versicherungsaufsichtsgesetzes oder

d) in Form von Sanierungsgeldern;

Sonderzahlungen des Arbeitgebers sind insbesondere Zahlungen an eine Pensionskasse anlässlich

a) seines Ausscheidens aus einer nicht im Wege der Kapitaldeckung finanzierten betrieblichen Altersversorgung oder

b) des Wechsels von einer nicht im Wege der Kapitaldeckung zu einer anderen nicht im Wege der Kapitaldeckung finanzierten betrieblichen Altersversorgung.

Von Sonderzahlungen im Sinne des Satzes 2 zweiter Halbsatz Buchstabe b ist bei laufenden und wiederkehrenden Zahlungen entsprechend dem periodischen Bedarf nur auszugehen, soweit die Bemessung der Zahlungsverpflichtungen des Arbeitgebers in das Versorgungssystem nach dem Wechsel die Bemessung der Zahlungsverpflichtung zum Zeitpunkt des Wechsels übersteigt. Sanierungsgelder sind Sonderzahlungen des Arbeitgebers an eine Pensionskasse anlässlich der Systemumstellung einer nicht im Wege der Kapitaldeckung finanzierten betrieblichen Altersversorgung auf der Finanzierungs- oder Leistungsseite, die der Finanzierung der zum Zeitpunkt der Umstellung bestehenden Versorgungsverpflichtungen oder Versorgungsanwartschaften dienen; bei laufenden und wiederkehrenden Zahlungen entsprechend dem periodischen Bedarf ist nur von Sanierungsgeldern auszugehen, soweit die Bemessung der Zahlungsverpflichtungen des Arbeitgebers in das Versorgungssystem nach der Systemumstellung die Bemessung der Zahlungsverpflichtung zum Zeitpunkt der Systemumstellung übersteigt.

Es ist gleichgültig, ob es sich um laufende oder um einmalige Bezüge handelt und ob ein Rechtsanspruch auf sie besteht.

(2) Von Versorgungsbezügen bleiben ein nach einem Prozentsatz ermittelter, auf einen Höchstbetrag begrenzter Betrag (Versorgungsfreibetrag) und ein Zuschlag zum Versorgungsfreibetrag steuerfrei. Versorgungsbezüge sind

1. das Ruhegehalt, Witwen- oder Waisengeld, der Unterhaltsbeitrag oder ein gleichartiger Bezug

    a) auf Grund beamtenrechtlicher oder entsprechender gesetzlicher Vorschriften,

    b) nach beamtenrechtlichen Grundsätzen von Körperschaften, Anstalten oder Stiftungen des öffentlichen Rechts oder öffentlich-rechtlichen Verbänden von Körperschaften

    oder

2. in anderen Fällen Bezüge und Vorteile aus früheren Dienstleistungen wegen Erreichens einer Altersgrenze, verminderter Erwerbsfähigkeit oder Hinterbliebenenbezüge; Bezüge wegen Erreichens einer Altersgrenze gelten erst dann als Versorgungsbezüge, wenn der Steuerpflichtige das 63. Lebensjahr oder, wenn er schwerbehindert ist, das 60. Lebensjahr vollendet hat.

pp.

Seite 262b

bleibt aus drucktechnischen Gründen frei

Einkommensteuer - Richtlinien 2012
(EStR 2012)

vom 16.12.2005 (BStBl. I Sondernummer 1/2005),
zuletzt geändert durch EStÄR 2012 vom 25.03.2013 (BStBl. I S. 276)

Allgemeine Verwaltungsvorschrift zur Anwendung des Einkommensteuerrechts

Zu § 6 EStG
(Bewertung)

R 6.13
Bewertungsfreiheit für geringwertige Wirtschaftsgüter und Bildung eines Sammelpostens

(1) Die Frage, ob ein Wirtschaftsgut des Anlagevermögens selbständig nutzungsfähig ist, stellt sich regelmäßig für solche Wirtschaftsgüter, die in einem Betrieb zusammen mit anderen Wirtschaftsgütern genutzt werden. Für die Entscheidung in dieser Frage ist maßgeblich auf die betriebliche Zweckbestimmung des Wirtschaftsgutes abzustellen. Hiernach ist ein Wirtschaftsgut des Anlagevermögens einer selbständigen Nutzung nicht fähig, wenn folgende Voraussetzungen kumulativ vorliegen:

1. Das Wirtschaftsgut kann nach seiner betrieblichen Zweckbestimmung nur zusammen mit anderen Wirtschaftsgütern des Anlagevermögens genutzt werden,

2. das Wirtschaftsgut ist mit den anderen Wirtschaftsgütern des Anlagevermögens in einen ausschließlichen betrieblichen Nutzungszusammenhang eingefügt, d. h., es tritt mit den in den Nutzungszusammenhang eingefügten anderen Wirtschaftsgütern des Anlagevermögens nach außen als einheitliches Ganzes in Erscheinung, wobei für die Bestimmung dieses Merkmals im Einzelfall die Festigkeit der Verbindung, ihre technische Gestaltung und ihre Dauer von Bedeutung sein können,

3. das Wirtschaftsgut ist mit den anderen Wirtschaftsgütern des Anlagevermögens technisch abgestimmt.

Dagegen bleiben Wirtschaftsgüter, die zwar in einen betrieblichen Nutzungszusammenhang mit anderen Wirtschaftsgütern eingefügt und technisch aufeinander abgestimmt sind, dennoch selbständig nutzungsfähig, wenn sie nach ihrer betrieblichen Zweckbestimmung auch ohne die anderen Wirtschaftsgüter im Betrieb genutzt werden können (z.B. Müllbehälter eines Müllabfuhrunternehmens). Auch Wirtschaftsgüter, die nach ihrer betrieblichen Zweckbestimmung nur mit anderen Wirtschaftsgütern genutzt werden können, sind selbständig nutzungsfähig, wenn sie nicht in einen Nutzungszusammenhang eingefügt sind, so dass die zusammen nutzbaren Wirtschaftsgüter des Betriebs nach außen nicht als ein einheitliches Ganzes in Erscheinung treten (z.B. Bestecke, Trivialprogramme). Selbständig nutzungsfähig sind ferner Wirtschaftsgüter, die nach ihrer betrieblichen Zweck-bestimmung nur zusammen mit anderen Wirtschaftsgütern genutzt werden können, technisch mit diesen Wirtschaftsgütern aber nicht abgestimmt sind (z.B. Paletten, Einrichtungsgegenstände).

(2) Bei der Beurteilung der Frage, ob die Anschaffungs- oder Herstellungskosten für das einzelne Wirtschaftsgut 150 Euro, 410 Euro oder 1.000 Euro nicht übersteigen, ist,

1. wenn von den Anschaffungs- oder Herstellungskosten des Wirtschaftsgutes ein Betrag nach § 6b oder § 6c EStG abgesetzt worden ist, von den nach § 6b Abs. 6 EStG maßgebenden

2. wenn die Anschaffungs- oder Herstellungskosten nach § 7g Abs. 2 Satz 2 EStG gewinnmindernd herabgesetzt wurden, von den geminderten

3. wenn das Wirtschaftsgut mit einem erfolgsneutral behandelten Zuschuss aus öffentlichen oder privaten Mitteln nach R 6.5 angeschafft oder hergestellt worden ist, von den um den Zuschuss gekürzten

4. und wenn von den Anschaffungs- oder Herstellungskosten des Wirtschaftsgutes ein Betrag nach R 6.6 abgesetzt worden ist, von den um diesen Betrag gekürzten

Anschaffungs- oder Herstellungskosten auszugehen.

(3) Stellt ein Steuerpflichtiger ein selbständig bewertungsfähiges und selbständig nutzungsfähiges Wirtschaftsgut aus erworbenen Wirtschaftsgütern her, muss die Sofortabschreibung gem. § 6 Abs. 2 EStG oder die Einstellung in den Sammelposten gem. § 6 Abs. 2a EStG in dem Wirtschaftsjahr erfolgen, in dem das Wirtschaftsgut fertig gestellt worden ist.

(4) Wurden die Anschaffungs- oder Herstellungskosten eines Wirtschaftsguts gem. § 6 Abs. 2 oder Abs. 2a Satz 4 EStG im Jahr der Anschaffung oder Herstellung in voller Höhe als Betriebsausgaben abgesetzt, sind in späteren Wirtschaftsjahren nachträgliche Anschaffungs- oder Herstellungskosten im Jahr ihrer Entstehung ebenfalls in voller Höhe als Betriebsausgaben zu behandeln. Dies gilt unabhängig davon, ob sie zusammen mit den ursprünglichen Anschaffungs- oder Herstellungskosten den Betrag von 410 Euro bzw. im Falle der Bildung des Sammelpostens gem. § 6 Abs. 2a EStG von 150 Euro übersteigen.

(5) Für jedes Wirtschaftsjahr, in dem vom einheitlich für alle Anlagegüter i.S.d. § 6 Abs. 2a EStG auszuübenden Antragsrecht zur Bildung eines Sammelpostens Gebrauch gemacht wurde, ist ein gesonderter Sammelposten zu bilden. Nachträgliche Anschaffungs- oder Herstellungskosten, die nicht im Wirtschaftsjahr der Anschaffung oder Herstellung angefallen sind, erhöhen den Sammelposten des Wirtschaftsjahres, in dem die nachträglichen Anschaffungs- oder Herstellungskosten anfallen. Macht der Steuerpflichtige in diesem Wirtschaftsjahr vom Wahlrecht nach § 6 Abs. 2a EStG keinen Gebrauch, beschränkt sich der Sammelposten auf die nachträglichen Anschaffungs- oder Herstellungskosten der betroffenen Wirtschaftsgüter. Dies gilt unabhängig davon, ob die nachträglichen Anschaffungs- oder Herstellungskosten zusammen mit den ursprünglichen Anschaffungs- oder Herstellungskosten den Betrag von 1.000 Euro übersteigen.

(6) Der Sammelposten i.S.d. § 6 Abs. 2a EStG ist kein Wirtschaftsgut, sondern eine Rechengröße und damit beispielsweise einer Teilwertabschreibung nicht zugänglich. Ein Sammelposten i.S.d. § 6 Abs. 2a EStG wird nicht dadurch vermindert, dass ein oder mehrere darin erfasste Wirtschaftsgüter durch Veräußerung oder Entnahme oder auf Grund höherer Gewalt (R 6.6 Abs. 2) aus dem Betriebsvermögen des Steuerpflichtigen ausscheiden. Dies gilt auch für Wirtschaftsgüter, die nach § 6 Abs. 3 EStG zusammen mit einem Teilbetrieb übertragen, nach § 6 Abs. 5 EStG in ein anderes Betriebsvermögen überführt oder übertragen oder nach den §§ 20, 24 UmwStG zusammen mit einem Teilbetrieb in eine Kapital- oder Personengesellschaft eingebracht werden.

Zu § 21 EStG
(Vermietung und Verpachtung)

R 21.1
Erhaltungsaufwand und Herstellungsaufwand

(1) Aufwendungen für die Erneuerung von bereits vorhandenen Teilen, Einrichtungen oder Anlagen sind regelmäßig **Erhaltungsaufwand**. Zum Erhaltungsaufwand gehören z.B. Aufwendungen für den Einbau messtechnischer Anlagen zur verbrauchsabhängigen Abrechnung von Heiz- und Wasserkosten oder für den Einbau einer privaten Breitbandanlage und einmalige Gebühren für den Anschluss privater Breitbandanlagen an das öffentliche Breitbandnetz bei bestehenden Gebäuden.

(2) Nach der Fertigstellung des Gebäudes ist **Herstellungsaufwand** anzunehmen, wenn Aufwendungen durch den Verbrauch von Gütern und die Inanspruchnahme von Diensten für die Erweiterung oder für die über den ursprünglichen Zustand hinausgehende wesentliche Verbesserung eines Gebäudes entstehen (vgl. § 255 Abs. 2 Satz 1 HGB). Betragen die Aufwendungen nach Fertigstellung eines Gebäudes für die einzelne Baumaßnahme nicht mehr als 4000 Euro (Rechnungsbetrag ohne Umsatzsteuer) je Gebäude, ist auf Antrag dieser Aufwand stets als Erhaltungsaufwand zu behandeln. Auf Aufwendungen, die der endgültigen Fertigstellung eines neu errichteten Gebäudes dienen, ist die Vereinfachungsregelung jedoch nicht anzuwenden.

(3) Kosten für die gärtnerische Gestaltung der Grundstücksfläche bei einem Wohngebäude gehören nur zu den Herstellungskosten des Gebäudes, soweit diese Kosten für das Anpflanzen von Hecken, Büschen und Bäumen an den Grundstücksgrenzen ("lebende Umzäunung") entstanden sind. Im Übrigen bildet die be-

pflanzte Gartenanlage ein selbständiges Wirtschaftsgut. Bei Gartenanlagen, die die Mieter mitbenutzen dürfen, und bei Vorgärten sind die Herstellungskosten der gärtnerischen Anlage gleichmäßig auf deren regelmäßig 10 Jahre betragende Nutzungsdauer zu verteilen. Aufwendungen für die Instandhaltung der Gartenanlagen können sofort abgezogen werden. Absatz 2 Satz 2 ist sinngemäß anzuwenden. Soweit Aufwendungen für den Nutzgarten des Eigentümers und für Gartenanlagen, die die Mieter nicht nutzen dürfen, entstehen, gehören sie zu den nach § 12 Nr. 1 EStG nicht abziehbaren Kosten (grundsätzlich Aufteilung nach der Zahl der zur Nutzung befugten Mietparteien). Auf die in Nutzgärten befindlichen Anlagen sind die allgemeinen Grundsätze anzuwenden.

(4) Die Merkmale zur Abgrenzung von Erhaltungs- und Herstellungsaufwand bei Gebäuden gelten bei selbstständigen Gebäudeteilen (vgl. hierzu R 4.2 Abs. 4 und Abs. 5) entsprechend.

(5) Werden Teile der Wohnung oder des Gebäudes zu eigenen Wohnzwecken genutzt, sind die Herstellungs- und Anschaffungskosten sowie die Erhaltungsaufwendungen um den Teil der Aufwendungen zu kürzen, der nach objektiven Merkmalen und Unterlagen leicht und einwandfrei dem selbst genutzten Teil zugeordnet werden kann. Soweit sich die Aufwendungen nicht eindeutig zuordnen lassen, sind sie um den Teil, der auf eigene Wohnzwecke entfällt, nach dem Verhältnis der Nutzflächen zu kürzen.

(6) Bei der Verteilung von Erhaltungsaufwand nach § 82b EStDV kann für die in dem jeweiligen VZ geleisteten Erhaltungsaufwendungen ein besonderer Verteilungszeitraum gebildet werden. Wird das Eigentum an einem Gebäude unentgeltlich auf einen anderen übertragen, kann der Rechtsnachfolger Erhaltungsaufwand noch in dem von seinem Rechtsvorgänger gewählten restlichen Verteilungszeitraum geltend machen. Dabei ist der Teil des Erhaltungsaufwands, der auf den VZ des Eigentumswechsels entfällt, entsprechend der Besitzdauer auf den Rechtsvorgänger und den Rechtsnachfolger aufzuteilen.

Instandsetzung und Modernisierung von Gebäuden: Anschaffungskosten, Herstellungskosten und Erhaltungsaufwendungen

Runderlass des Bundesministeriums der Finanzen vom 18.07.2003
(BStBl I S. 386)

Abgrenzung von Anschaffungskosten, Herstellungskosten und Erhaltungsaufwendungen bei der Instandsetzung und Modernisierung von Gebäuden;

BFH-Urteile vom 9.5.1995, BStBl 1996 II S. 628, 630, 632, 637; vom 10.5.1995, BStBl 1996 II S. 639 und vom 16.7.1996, BStBl 1996 II S. 649 sowie vom 12.9.2001, BStBl 2003 II S. ... und vom 22.1.2003, BStBl 2003 II S. ...

Bezug: Sitzung mit den obersten Finanzbehörden der Länder vom 20. bis 22.11.1998 in Bonn (TOP 19) und vom 21. bis 23.5.2003 in Berlin (TOP 20)

Mit o.a. Urteilen hat der Bundesfinanzhof zur Abgrenzung von Anschaffungskosten, Herstellungskosten und sofort abziehbaren Erhaltungsaufwendungen bei Instandsetzung und Modernisierung eines Gebäudes entschieden. Unter Bezugnahme auf das Ergebnis der Erörterung mit den obersten Finanzbehörden der Länder nehme ich zur Anwendung der Urteilsgrundsätze wie folgt Stellung:

I. Anschaffungskosten zur Herstellung der Betriebsbereitschaft

1 Anschaffungskosten eines Gebäudes sind die Aufwendungen, die geleistet werden, um das Gebäude zu erwerben und es in einen betriebsbereiten Zustand zu versetzen, soweit sie dem Gebäude einzeln zugeordnet werden können, ferner die Nebenkosten und die nachträglichen Anschaffungskosten (§ 255 Abs. 1 HGB).

2 Ein Gebäude ist betriebsbereit, wenn es entsprechend seiner Zweckbestimmung genutzt werden kann. Die Betriebsbereitschaft ist bei einem Gebäude für jeden Teil des Gebäudes, der nach seiner Zweckbestimmung selbständig genutzt werden soll, gesondert zu prüfen. Dies gilt auch für Gebäudeteile (z.B. die einzelnen Wohnungen eines Mietwohngebäudes), die als Folge des einheitlichen Nutzungs- und Funktionszusammenhangs mit dem Gebäude keine selbständigen Wirtschaftsgüter sind (vgl. § 7 Abs. 5a EStG und R 13 Abs. 3 EStR 2001).

3 Nutzt der Erwerber das Gebäude ab dem Zeitpunkt der Anschaffung (d.h. ab Übergang von Besitz, Gefahr, Nutzungen und Lasten) zur Erzielung von Einkünften oder zu eigenen Wohnzwecken, ist es ab diesem Zeitpunkt grundsätzlich betriebsbereit. Instandsetzungs- und Modernisierungsaufwendungen können in diesem Fall keine Anschaffungskosten im Sinne des § 255 Abs. 1 Satz 1 HGB sein (vgl. jedoch Rz. 6). Dies gilt nicht, wenn der Erwerber ein vermietetes Gebäude erworben hat und umgehend die Mietverträge kündigt, weil das Gebäude aus der Sicht des Erwerbers nicht zur Erzielung der vor der Veräußerung erwirtschafteten Einkünfte aus Vermietung und Verpachtung bestimmt war, auch wenn diese während einer kurzen Übergangszeit tatsächlich erzielt wurden.

4 Wird das Gebäude im Zeitpunkt der Anschaffung nicht genutzt, ist zunächst offen, ob es aus Sicht des Erwerbers betriebsbereit ist. Führt der Erwerber im Anschluss an den Erwerb und vor der erstmaligen Nutzung Baumaßnahmen durch, um das Gebäude entsprechend seiner Zweckbestimmung nutzen zu können, sind die Aufwendungen hierfür Anschaffungskosten. Zweckbestimmung bedeutet die konkrete Art und Weise, in der der Erwerber das Gebäude zur Erzielung von Einnahmen im Rahmen einer Einkunftsart nutzen will (z.B. ob er das Gebäude zu Wohnzwecken oder als Büroraum nutzen will).

1. Herstellung der Funktionstüchtigkeit

5 Die Betriebsbereitschaft setzt die objektive und subjektive Funktionstüchtigkeit des Gebäudes voraus.

1.1 Objektive Funktionsuntüchtigkeit

6 Ein Gebäude ist objektiv funktionsuntüchtig, wenn für den Gebrauch wesentliche Teile objektiv nicht nutzbar sind. Dies gilt unabhängig davon, ob das Gebäude im Zeitpunkt der Anschaffung bereits genutzt wird oder leer steht. Mängel, vor allem durch Verschleiß, die durch laufende Reparaturen beseitigt werden, schließen die Funktionstüchtigkeit hingegen nicht aus. Werden für den Gebrauch wesentliche Teile des Gebäudes funktionstüchtig gemacht, führen die Aufwendungen zu Anschaffungskosten.

1.2 Subjektive Funktionsuntüchtigkeit

7 Ein Gebäude ist subjektiv funktionsuntüchtig, wenn es für die konkrete Zweckbestimmung des Erwerbers nicht nutzbar ist. Aufwendungen für Baumaßnahmen, welche zur Zweckerreichung erforderlich sind, führen zu Anschaffungskosten.

8 **Beispiele:**
- Die Elektroinstallation eines Gebäudes, die für Wohnzwecke, jedoch nicht für ein Büro brauchbar ist, wird für die Nutzung als Bürogebäude erneuert.
- Büroräume, die bisher als Anwaltskanzlei genutzt wurden, werden zu einer Zahnarztpraxis umgebaut.

2. Hebung des Standards

9 Zur Zweckbestimmung gehört auch die Entscheidung, welchem Standard das Gebäude künftig entsprechen soll (sehr einfach, mittel oder sehr anspruchsvoll). Baumaßnahmen, die das Gebäude auf einen höheren Standard bringen, machen es betriebsbereit; ihre Kosten sind Anschaffungskosten.

10 Der Standard eines Wohngebäudes bezieht sich auf die Eigenschaften einer Wohnung. Wesentlich sind vor allem Umfang und Qualität der Heizungs-, Sanitär- und Elektroinstallationen sowie der Fenster (zentrale Ausstattungsmerkmale). Führt ein Bündel von Baumaßnahmen bei mindestens drei Bereichen der zentralen Ausstattungsmerkmale zu einer Erhöhung und Erweiterung des Gebrauchswertes, hebt sich der Standard eines Gebäudes.

2.1 Sehr einfacher Standard

11 Sehr einfacher Wohnungsstandard liegt vor, wenn die zentralen Ausstattungsmerkmale im Zeitpunkt der Anschaffung nur im nötigen Umfang oder in einem technisch überholten Zustand vorhanden sind.

Beispiele:
- Das Bad besitzt kein Handwaschbecken.
- Das Bad ist nicht beheizbar.
- Eine Entlüftung ist im Bad nicht vorhanden.
- Die Wände im Bad sind nicht überwiegend gefliest.
- Die Badewanne steht ohne Verblendung frei.
- Es ist lediglich ein Badeofen vorhanden.
- Die Fenster haben nur eine Einfachverglasung.
- Es ist eine technisch überholte Heizungsanlage vorhanden (z.B. Kohleöfen).
- Die Elektroversorgung ist unzureichend.

2.2 Mittlerer Standard

12 Mittlerer Standard liegt vor, wenn die zentralen Ausstattungsmerkmale durchschnittlichen und selbst höheren Ansprüchen genügen.

2.3 Sehr anspruchsvoller Standard (Luxussanierung)

13 Sehr anspruchsvoller Standard liegt vor, wenn bei dem Einbau der zentralen Ausstattungsmerkmale nicht nur das Zweckmäßige, sondern das Mögliche, vor allem durch den Einbau außergewöhnlich hochwertiger Materialien, verwendet wurde (Luxussanierung).

2.4 Standardhebung und Erweiterung im Sinne des § 255 Abs. 2 Satz 1 HGB

14 Treffen Baumaßnahmen, die ihrer Art nach - z.B. als Erweiterung im Sinne von § 255 Abs. 2 Satz 1 HGB (vgl. Rz. 19 bis 24) - stets zu Herstellungskosten führen und einen der den Nutzungswert eines Gebäudes bestimmenden Bereiche der zentralen Ausstattungsmerkmale betreffen, mit der Verbesserung von mindestens zwei weiteren Bereichen der

Anhang 22 Anschaffungs-, Herstellungskosten und Erhaltungsaufwendungen

zentralen Ausstattungsmerkmale zusammen, ist ebenfalls eine Hebung des Standards anzunehmen.

Beispiel:

Im Anschluss an den Erwerb eines leerstehenden, bisher als Büro genutzten Einfamilienhauses, das für eine Vermietung zu fremden Wohnzwecken vorgesehen ist, wird im bisher nicht ausgebauten Dachgeschoss ein zusätzliches Badezimmer eingerichtet. Außerdem werden einfach verglaste Fenster durch isolierte Sprossenfenster ersetzt und die Leistungskapazität der Elektroinstallation durch den Einbau dreiphasiger an Stelle zweiphasiger Elektroleitungen maßgeblich aufgebessert sowie die Zahl der Anschlüsse deutlich gesteigert.

Neben die Erweiterung des Gebäudes als Herstellungskosten im Sinne des § 255 Abs. 2 Satz 1 HGB durch den Einbau des Badezimmers tritt die Verbesserung von zwei weiteren Bereichen der zentralen Ausstattungsmerkmale ein. Die hierdurch verursachten Aufwendungen führen zu Anschaffungskosten des Gebäudes.

3. Unentgeltlicher oder teilentgeltlicher Erwerb

15 Aufwendungen für Baumaßnahmen, die das Gebäude in einen betriebsbereiten Zustand versetzen, führen bei einem unentgeltlichen Erwerb mangels Anschaffung im Sinne des § 255 Abs. 1 HGB nicht zu Anschaffungskosten; vielmehr handelt es sich um Erhaltungsaufwendungen oder, sofern die Voraussetzungen des § 255 Abs. 2 HGB erfüllt sind (vgl. Rz. 17 bis 32), um Herstellungskosten.

16 Bei einem teilentgeltlichen Erwerb können Anschaffungskosten zur Herstellung der Betriebsbereitschaft nur im Verhältnis zum entgeltlichen Teil des Erwerbvorganges gegeben sein. Im Übrigen liegen Erhaltungsaufwendungen oder, sofern die Voraussetzungen des § 255 Abs. 2 HGB erfüllt sind (vgl. Rz.17 bis 32), Herstellungskosten vor.

II. Herstellungskosten

17 Herstellungskosten eines Gebäudes sind nach § 255 Abs. 2 Satz 1 HGB Aufwendungen für die Herstellung eines Gebäudes sowie Aufwendungen, die für die Erweiterung oder für die über den ursprünglichen Zustand hinausgehende wesentliche Verbesserung eines Gebäudes entstehen.

1. Herstellung

18 Instandsetzungs- und Modernisierungsarbeiten können ausnahmsweise auch im Zusammenhang mit der (Neu-) Herstellung eines Gebäudes stehen. Dies ist der Fall, wenn das Gebäude so sehr abgenutzt ist, dass es unbrauchbar geworden ist (Vollverschleiß), und durch die Instandsetzungsarbeiten unter Verwendung der übrigen noch nutzbaren Teile ein neues Gebäude hergestellt wird. Ein Vollverschleiß liegt vor, wenn das Gebäude schwere Substanzschäden an den für die Nutzbarkeit als Bau und die Nutzungsdauer des Gebäudes bestimmenden Teilen hat.

2. Erweiterung

19 Instandsetzungs- und Modernisierungsaufwendungen bilden unabhängig von ihrer Höhe Herstellungskosten, wenn sie für eine Erweiterung i.S. von § 255 Abs. 2 Satz 1 HGB entstehen. R 157 Abs. 3 Satz 2 EStR 2001 bleibt unberührt.

Eine Erweiterung liegt in folgenden Fällen vor:

2.1 Aufstockung oder Anbau

20 Ein Gebäude wird aufgestockt oder ein Anbau daran errichtet.

2.2 Vergrößerung der nutzbaren Fläche

21 Die nutzbare Fläche des Gebäudes wird vergrößert. Hierfür reicht es aus, wenn die Baumaßnahmen zu einer - wenn auch nur geringfügigen - Vergrößerung der Nutzfläche führen. Die Nutzfläche ist in sinngemäßer Anwendung der §§ 42 und 44 der II. Berechnungsverordnung zu ermitteln. Von Herstellungskosten ist z.B. auszugehen, wenn die Nutzfläche durch eine zuvor nicht vorhandene Dachgaube, den Anbau eines Balkons oder einer Terrasse über die ganze Gebäudebreite vergrößert wird oder durch ein das Flachdach ersetzendes Satteldach erstmals ausbaufähiger Dachraum geschaffen wird (vgl. BFH-Urteil vom 19.6.1991, BStBl 1992 II S. 73).

2.3 Vermehrung der Substanz

22 Ein Gebäude wird in seiner Substanz vermehrt, ohne dass zugleich seine nutzbare Fläche vergrößert wird, z.B. bei Einsetzen von zusätzlichen Trennwänden, bei Errichtung einer Außentreppe, bei Einbau einer Alarmanlage (vgl. BFH-Urteil vom 16.2.1993, BStBl 1993 II S. 544), einer Sonnenmarkise (vgl. BFH-Urteil vom 29.8.1989, BStBl 1990 II S. 430), einer Treppe zum Spitzboden, eines Kachelofens oder eines Kamins.

23 Keine zu Herstellungsaufwendungen führende Substanzmehrung liegt dagegen vor, wenn der neue Gebäudebestandteil oder die neue Anlage die Funktion des bisherigen Gebäudebestandteils für das Gebäude in vergleichbarer Weise erfüllen. Erhaltungsaufwendungen können daher auch angenommen werden, wenn der neue Gebäudebestandteil für sich betrachtet nicht die gleiche Beschaffenheit aufweist wie der bisherige Gebäudebestandteil oder die Anlage technisch nicht in der gleichen Weise wirkt, sondern lediglich entsprechend dem technischen Fortschritt modernisiert worden ist. Von einer Substanzmehrung ist danach regelmäßig z.B. nicht auszugehen bei

- Anbringen einer zusätzlichen Fassadenverkleidung (z.B. Eternitverkleidung oder Verkleidung mit Hartschaumplatten und Sichtklinker) zu Wärme- oder Schallschutzzwecken (vgl. BFH-Urteil vom 13.3.1979, BStBl 1979 II S. 435),
- Umstellung einer Heizungsanlage von Einzelöfen auf eine Zentralheizung (vgl. BFH-Urteil vom 24.7.1979, BStBl 1980 II S. 7),
- Ersatz eines Flachdaches durch ein Satteldach, wenn dadurch lediglich eine größere Raumhöhe geschaffen wird, ohne die nutzbare Fläche und damit die Nutzungsmöglichkeit zu erweitern,
- Vergrößern eines bereits vorhandenen Fensters oder
- Versetzen von Wänden.

24 Ein neuer Gebäudebestandteil erfüllt auch dann regelmäßig die Funktion des bisherigen Gebäudebestandteils in vergleichbarer Weise, wenn er dem Gebäude lediglich deshalb hinzugefügt wird, um bereits eingetretene Schäden zu beseitigen oder einen konkret drohenden Schaden abzuwenden. Das ist z.B. der Fall bei Anbringung einer Betonvorsatzschale zur Trockenlegung der durchfeuchteten Fundamente (insoweit entgegen BFH-Urteil vom 10.5.1995, BStBl 1996 II S. 639), bei Überdachung von Wohnungszugängen oder einer Dachterrasse mit einem Glasdach zum Schutz vor weiteren Wasserschäden (vgl. BFH-Urteil vom 24.2.1981, BStBl 1981 II S. 468).

3. Über den ursprünglichen Zustand hinausgehende wesentliche Verbesserung

25 Instandsetzungs- oder Modernisierungsaufwendungen sind, soweit sie nicht als Folge der Herstellung der Betriebsbereitschaft bereits zu den Anschaffungskosten gehören, nach § 255 Abs. 2 Satz 1 HGB als Herstellungskosten zu behandeln, wenn sie zu einer über den ursprünglichen Zustand hinausgehenden wesentlichen Verbesserung führen. Dies gilt auch, wenn oder soweit das Gebäude unentgeltlich erworben wurde.

3.1 Ursprünglicher Zustand

26 Ursprünglicher Zustand i.S. von § 255 Abs. 2 Satz 1 HGB ist grundsätzlich der Zustand des Gebäudes im Zeitpunkt der Herstellung oder Anschaffung durch den Steuerpflichtigen oder seinen Rechtsvorgänger im Fall des unentgeltlichen Erwerbs. Erforderlich ist danach ein Vergleich des Zustands des Gebäudes, in dem es sich bei Herstellung oder Anschaffung befunden hat, mit dem Zustand, in den es durch die vorgenommenen Instandsetzungs- oder Modernisierungsarbeiten versetzt worden ist. Hiervon abweichend ist in Fällen, in denen die ursprünglichen Herstellungs- oder Anschaffungskosten zwischenzeitlich z.B. durch anderweitige Herstellungs- oder Anschaffungskosten, durch Absetzungen für außergewöhnliche Abnutzung nach § 7 Abs. 4 Satz 3 i.V.m. Abs. 1 Satz 5 EStG oder durch Teilwertabschreibung verändert worden sind, für den Vergleich auf den für die geänderte AfA-Bemessungsgrundlage maßgebenden Zustand abzustellen. Wird ein Gebäude dem Betriebsvermögen entnommen oder in das Betriebsvermögen eingelegt, kommt es

Anhang 22 Anschaffungs-, Herstellungskosten und Erhaltungsaufwendungen

für die Bestimmung des ursprünglichen Zustandes auf den Zeitpunkt der Entnahme oder der Einlage an.

3.2 Wesentliche Verbesserung

27 Eine wesentliche Verbesserung i.S. von § 255 Abs. 2 Satz 1 HGB liegt nicht bereits dann vor, wenn ein Gebäude generalüberholt wird, d.h. Aufwendungen, die für sich genommen als Erhaltungsaufwendungen zu beurteilen sind, in ungewöhnlicher Höhe zusammengeballt in einem Veranlagungszeitraum oder Wirtschaftsjahr anfallen.

28 Eine wesentliche Verbesserung i.S. von § 255 Abs. 2 Satz 1 HGB und damit Herstellungskosten sind vielmehr erst dann gegeben, wenn die Maßnahmen zur Instandsetzung und Modernisierung eines Gebäudes in ihrer Gesamtheit über eine zeitgemäße substanzerhaltende (Bestandteil-)Erneuerung hinausgehen, den Gebrauchswert des Gebäudes insgesamt deutlich erhöhen und damit für die Zukunft eine erweiterte Nutzungsmöglichkeit geschaffen wird. Von einer deutlichen Erhöhung des Gebrauchswerts ist z.B. auszugehen, wenn der Gebrauchswert des Gebäudes (Nutzungspotential) von einem sehr einfachen auf einen mittleren oder von einem mittleren auf einen sehr anspruchsvollen Standard gehoben wird. Zum Standard des Wohngebäudes vgl. Rz. 9 bis 14.

29 Instandsetzungs- oder Modernisierungsmaßnahmen, die über eine substanzerhaltende Erneuerung nicht hinausgehen, sind bei dieser Prüfung grundsätzlich außer Betracht zu lassen.

30 Eine substanzerhaltende (Bestandteil-) Erneuerung liegt vor, wenn ein Gebäude durch die Ersetzung einzelner Bestandteile oder Instandsetzungs- oder Modernisierungsmaßnahmen an dem Gebäude als Ganzem lediglich in ordnungsgemäßem Zustand entsprechend seinem ursprünglichen Zustand erhalten oder dieser in zeitgemäßer Form wiederhergestellt wird. Dem Gebäude wird in diesem Fall nur der zeitgemäße Wohnkomfort wiedergegeben, den es ursprünglich besessen, aber durch den technischen Fortschritt und die Veränderung der Lebensgewohnheiten verloren hat.

Beispiel:

Der Eigentümer eines bewohnten verwahrlosten Wohnhauses lässt die alten Kohleöfen durch eine moderne Heizungsanlage ersetzen. Er baut an Stelle der einfach verglasten Fenster Isolierglasfenster ein. Er modernisiert das Bad, wobei er neben der Badewanne separat eine Dusche einbaut. Außerdem lässt er es durchgängig fliesen. Im Übrigen lässt er Schönheitsreparaturen durchführen.

Hinsichtlich der Aufwendungen für die zentralen Ausstattungsmerkmale liegen Herstellungskosten als wesentliche Verbesserung i.S. von § 255 Abs. 2 Satz 1 HGB vor. Bei den Schönheitsreparaturen handelt es sich um sofort abziehbare Erhaltungsaufwendungen (vgl. aber Rz. 33 bis 35).

3.3. Sanierung in Raten

31 Aufwendungen für Baumaßnahmen innerhalb eines Veranlagungszeitraumes oder Wirtschaftsjahres sind Herstellungskosten i.S. von § 255 Abs. 2 Satz 1 HGB, wenn die Baumaßnahmen zwar für sich gesehen noch nicht zu einer wesentlichen Verbesserung führen, wenn sie aber Teil einer Gesamtmaßnahme sind, die sich planmäßig in zeitlichem Zusammenhang über mehrere Veranlagungszeiträume erstreckt und die insgesamt zu einer Hebung des Standards führt (Sanierung in Raten). Von einer Sanierung in Raten ist grundsätzlich auszugehen, wenn die Maßnahmen innerhalb eines Fünfjahreszeitraumes durchgeführt worden sind.

3.4 Baumaßnahmen, die nur einen Teil des Gebäudes betreffen

32 Wird ein Gebäude in der Weise saniert, dass von einer Vielzahl von Wohnungen nur der Gebrauchswert einer oder mehrerer Wohnungen erhöht wird, sind die dafür entstandenen Aufwendungen Herstellungskosten i.S. von § 255 Abs. 2 Satz 1 HGB.

III. Zusammentreffen von Anschaffungs- oder Herstellungskosten mit Erhaltungsaufwendungen

33 Sind im Rahmen einer umfassenden Instandsetzungs- und Modernisierungsmaßnahme sowohl Arbeiten zur Schaffung eines betriebsbereiten Zustandes, zur Erweiterung des Gebäudes oder Maßnahmen, die über eine zeitgemäße substanzerhaltende Erneuerung hinausgehen, als auch Erhaltungsarbeiten durchgeführt worden, sind die hierauf jeweils entfallenden Aufwendungen grundsätzlich - ggf. im Wege der Schätzung - in Anschaffungs- oder Herstellungskosten und Erhaltungsaufwendungen aufzuteilen, die mit den jeweiligen Aufwendungsarten im Zusammenhang stehen.

Beispiel:

Ein für die Gesamtmaßnahme geleistetes Architektenhonorar oder Aufwendungen für Reinigungsarbeiten sind entsprechend dem Verhältnis von Anschaffungs- oder Herstellungskosten und Erhaltungsaufwendungen aufzuteilen.

34 Aufwendungen für ein Bündel von Einzelmaßnahmen, die für sich genommen teils Anschaffungskosten oder Herstellungskosten, teils Erhaltungsaufwendungen darstellen, sind insgesamt als Anschaffungskosten oder Herstellungskosten zu beurteilen, wenn die Arbeiten im sachlichen Zusammenhang stehen.

35 Ein sachlicher Zusammenhang in diesem Sinne liegt vor, wenn die einzelnen Baumaßnahmen - die sich auch über mehrere Jahre erstrecken können - bautechnisch ineinander greifen. Ein bautechnisches Ineinandergreifen ist gegeben, wenn die Erhaltungsarbeiten

- Vorbedingung für Schaffung des betriebsbereiten Zustandes oder für die Herstellungsarbeiten oder
- durch Maßnahmen, welche den betriebsbereiten Zustand schaffen, oder durch Herstellungsarbeiten veranlasst (verursacht) worden sind.

Beispiel 1:

Um eine Überbauung zwischen zwei vorhandenen Gebäuden durchführen zu können, sind zunächst Ausbesserungsarbeiten an den Fundamenten des einen Gebäudes notwendig (vgl. BFH-Urteil vom 9.3.1962, BStBl 1962 III S. 195).

Ein solcher Zusammenhang wird nicht dadurch gelöst, dass die Arbeiten in verschiedenen Stockwerken des Gebäudes ausgeführt werden.

Beispiel 2:

Im Dachgeschoss eines mehrgeschossigen Gebäudes werden erstmals Bäder eingebaut. Diese Herstellungsarbeiten machen das Verlegen von größeren Fallrohren bis zum Anschluss an das öffentliche Abwassernetz erforderlich. Die hierdurch entstandenen Aufwendungen sind ebenso wie die Kosten für die Beseitigung der Schäden, die durch das Verlegen der größeren Fallrohre in den Badezimmern der darunter liegenden Stockwerke entstanden sind, den Herstellungsarbeiten zuzurechnen. Von einem bautechnischen Ineinandergreifen ist nicht allein deswegen auszugehen, weil der Steuerpflichtige solche Herstellungsarbeiten zum Anlass nimmt, auch sonstige anstehende Renovierungsarbeiten vorzunehmen. Allein die gleichzeitige Durchführung der Arbeiten, z.B. um die mit den Arbeiten verbundenen Unannehmlichkeiten abzukürzen, reicht für einen solchen sachlichen Zusammenhang nicht aus. Ebenso wird ein sachlicher Zusammenhang nicht dadurch hergestellt, dass die Arbeiten unter dem Gesichtspunkt der rationellen Abwicklung eine bestimmte zeitliche Abfolge der einzelnen Maßnahmen erforderlich machen - die Arbeiten aber ebenso unabhängig voneinander hätten durchgeführt werden können.

Beispiel 3:

Wie Beispiel 2, jedoch werden die Arbeiten in den Bädern der übrigen Stockwerke zum Anlass genommen, diese Bäder vollständig neu zu verfliesen und neue Sanitäranlagen einzubauen. Diese Modernisierungsarbeiten greifen mit den Herstellungsarbeiten (Verlegung neuer Fallrohre) nicht bautechnisch ineinander. Die Aufwendungen führen daher zu Erhaltungsaufwendungen. Die einheitlich in Rechnung gestellten Aufwendungen für die Beseitigung der durch das Verlegen der größeren Fallrohre entstandenen Schäden und für die vollständige Neuverfliesung sind dementsprechend in Herstellungs- und Erhaltungsaufwendungen aufzuteilen.

Beispiel 4:

Durch das Aufsetzen einer Dachgaube wird die nutzbare Fläche des Gebäudes geringfügig vergrößert. Diese Maßnahme wird zum Anlass genommen, gleichzeitig das alte, schadhafte Dach neu einzudecken. Die Erneuerung der gesamten Dachziegel steht insoweit nicht in einem bautechnischen Zusammenhang mit der Erweiterungsmaßnahme. Die Aufwendungen für Dachziegel, die zur Deckung der neuen Gauben verwendet werden, sind Herstellungskosten, die Aufwendungen für die übrigen Dachziegel sind Erhaltungsaufwendungen.

Beispiel 5:

Im Zusammenhang mit einer Erweiterungsmaßnahme erhält ein Gebäude ein zusätzliches Fenster. Zudem wird die Einfachverglasung der schon vorhandenen Fenster durch Isolierverglasung ersetzt. Die Erneuerung der bestehenden Fenster ist nicht durch die Erweiterungsmaßnahme und das Einsetzen des zusätzlichen Fensters veranlasst, greift daher nicht bautechnisch mit diesen Maßnahmen ineinander (insoweit entgegen BFH-Urteil vom 9.5.1995, IX R 2/94, BStBl 1996 II S. 637). Die auf die Fenstererneuerung entfallenden Aufwendungen können demnach als Erhaltungsaufwendungen abgezogen werden.

IV. Feststellungslast

36 Die Feststellungslast für die Tatsachen, die eine Behandlung als Anschaffungs- oder Herstellungskosten begründen (wie z.B. die Herstellung der Betriebsbereitschaft oder eine wesentliche Verbesserung über den ursprünglichen Zustand hinaus), trägt das FA. Soweit das FA nicht in der Lage ist, den Zustand des Gebäudes im Zeitpunkt der Anschaffung (vgl. Rz. 5 bis 16) oder den ursprünglichen Zustand im Sinne des § 255 Abs. 2 HGB (vgl. Rz. 25 bis 32) festzustellen, trifft den Steuerpflichtigen hierbei eine erhöhte Mitwirkungspflicht (§ 90 Abs. 1 Satz 3 AO). Kann der maßgebliche Zustand des Wohngebäudes nicht sicher festgestellt werden, kann das FA aus Indizien auf die Hebung des Standards eines Gebäudes und somit auf Anschaffungs- oder Herstellungskosten schließen.

37 Indizien für die Hebung des Standards liegen vor, wenn

- ein Gebäude in zeitlicher Nähe zum Erwerb im Ganzen und von Grund auf modernisiert wird,
- hohe Aufwendungen für die Sanierung der zentralen Ausstattungsmerkmale getätigt werden,
- auf Grund dieser Baumaßnahmen der Mietzins erheblich erhöht wird.

38 Ob eine Hebung des Standards vorliegt, ist für die ersten drei Jahre nach Anschaffung des Gebäudes nicht zu prüfen, wenn die Aufwendungen für die Instandsetzung und Modernisierung des Gebäudes insgesamt 15 % der Anschaffungskosten des Gebäudes nicht übersteigen. Dies gilt nicht, wenn sich bei Erwerb des Gebäudes mit mehreren Wohnungen der Standard für einzelne Wohnungen hebt oder die Instandsetzungsmaßnahme der Beginn einer Sanierung in Raten sein kann. Veranlagungen sind vorläufig durchzuführen, solange in diesem Zeitraum die Instandsetzungsarbeiten 15 % der Anschaffungskosten des Gebäudes nicht übersteigen oder wenn eine Sanierung in Raten zu vermuten ist.

V. Anwendungsregelung

39 Dieses Schreiben ersetzt das BMF-Schreiben vom 16.12.1996 (BStBl 1996 I S. 1442), welches hiermit aufgehoben wird.

Die Grundsätze dieses Schreibens sind in allen noch offenen Fällen anzuwenden.

Auf Antrag ist dieses Schreiben nicht anzuwenden, wenn mit Baumaßnahmen vor dem Tag der Veröffentlichung des Schreibens im Bundessteuerblatt begonnen wurde.

Dieses Schreiben wird gleichzeitig mit den BFH-Urteilen vom 12.9.2001 und vom 22.1.2003 im Bundessteuerblatt veröffentlicht.

Bewertungsgesetz (BewG)

in der Fassung der Bekanntmachung vom 01.02.1991 (BGBl. I S. 230), zuletzt geändert durch Gesetz vom 16.07.2021 (BGBl. I S. 2931)

- Auszug -

Zweiter Teil
Besondere Bewertungsvorschriften
Erster Abschnitt
C. Grundvermögen
I. Allgemeines

§ 68 [1]
Begriff des Grundvermögens

(1) Zum Grundvermögen gehören
1. der Grund und Boden, die Gebäude, die sonstigen Bestandteile und das Zubehör,
2. das Erbbaurecht,
3. das Wohnungseigentum, Teileigentum, Wohnungserbbaurecht und Teilerbbaurecht nach dem Wohnungseigentumsgesetz,

soweit es sich nicht um land- und forstwirtschaftliches Vermögen (§ 33) oder um Betriebsgrundstücke (§ 99) handelt.

(2) In das Grundvermögen sind nicht einzubeziehen
1. Bodenschätze,
2. die Maschinen und sonstigen Vorrichtungen aller Art, die zu einer Betriebsanlage gehören (Betriebsvorrichtungen), auch wenn sie wesentliche Bestandteile sind.

Einzubeziehen sind jedoch die Verstärkungen von Decken und die nicht ausschließlich zu einer Betriebsanlage gehörenden Stützen und sonstigen Bauteile wie Mauervorlagen und Verstrebungen.

Siebenter Abschnitt
Bewertung des Grundbesitzes
für die Grundsteuer ab 1. Januar 2022

A. Allgemeines

§ 218
Vermögensarten

Für Vermögen, das nach diesem Abschnitt zu bewerten ist, erfolgt abweichend von § 18 eine Unterscheidung in folgende Vermögensarten:
1. Land- und forstwirtschaftliches Vermögen (§ 232),
2. Grundvermögen (§ 243).

Betriebsgrundstücke im Sinne des § 99 Absatz 1 Nummer 2 werden dem land- und forstwirtschaftlichen Vermögen zugeordnet und sind wie land- und forstwirtschaftliches Vermögen zu bewerten. Betriebsgrundstücke im Sinne des § 99 Absatz 1 Nummer 1 werden dem Grundvermögen zugeordnet und sind wie Grundvermögen zu bewerten.

§ 219
Feststellung von Grundsteuerwerten

(1) Grundsteuerwerte werden für inländischen Grundbesitz, und zwar für Betriebe der Land- und Forstwirtschaft (§§ 232 bis 234, 240) und für Grundstücke (§§ 243 und 244) gesondert festgestellt (§ 180 Absatz 1 Satz 1 Nummer 1 der Abgabenordnung).

(2) In dem Feststellungsbescheid (§ 179 der Abgabenordnung) sind auch Feststellungen zu treffen über:
1. die Vermögensart und beim Grundvermögen auch über die Grundstücksart (§ 249) sowie
2. die Zurechnung der wirtschaftlichen Einheit und bei mehreren Beteiligten über die Höhe ihrer Anteile.

(3) Die Feststellungen nach den Absätzen 1 und 2 erfolgen nur, soweit sie für die Besteuerung von Bedeutung sind.

§ 220
(nicht abgedruckt)

§ 221
Hauptfeststellung

(1) Die Grundsteuerwerte werden in Zeitabständen von je sieben Jahren allgemein festgestellt (Hauptfeststellung).

(2) Der Hauptfeststellung werden die Verhältnisse zu Beginn des Kalenderjahres (Hauptfeststellungszeitpunkt) zugrunde gelegt.

§ 222
Fortschreibungen

(1) Der Grundsteuerwert wird neu festgestellt (Wertfortschreibung), wenn der in Euro ermittelte und auf volle 100 Euro abgerundete Wert, der sich für den Beginn eines Kalenderjahres ergibt, von dem entsprechenden Wert des letzten Feststellungszeitpunkts nach oben oder unten um mehr als 15 000 Euro abweicht.

(2) Über die Art oder Zurechnung der wirtschaftlichen Einheit (§ 219 Absatz 2) wird eine neue Feststellung getroffen (Artfortschreibung oder Zurechnungsfortschreibung), wenn sie von der zuletzt getroffenen Feststellung abweicht und es für die Besteuerung von Bedeutung ist.

(3) Eine Fortschreibung nach Absatz 1 oder 2 findet auch zur Beseitigung eines Fehlers der letzten Feststellung statt. § 176 der Abgabenordnung über den Vertrauensschutz bei der Aufhebung und Änderung von Steuerbescheiden ist hierbei entsprechend anzuwenden. Satz 2 gilt nur für die Feststellungszeitpunkte, die vor der Verkündung der maßgeblichen Entscheidung eines der in § 176 der Abgabenordnung genannten Gerichte liegen.

(4) Eine Fortschreibung ist vorzunehmen, wenn dem Finanzamt bekannt wird, dass die Voraussetzungen für sie vorliegen. Der Fortschreibung werden vorbehaltlich des § 227 die Verhältnisse im Fortschreibungszeitpunkt zugrunde gelegt. Fortschreibungszeitpunkt ist:
1. bei einer Änderung der tatsächlichen Verhältnisse der Beginn des Kalenderjahres, das auf die Änderung folgt, und
2. in den Fällen des Absatzes 3 der Beginn des Kalenderjahres, in dem der Fehler dem Finanzamt bekannt wird, bei einer Erhöhung des Grundsteuerwerts jedoch frühestens der Beginn des Kalenderjahres, in dem der Feststellungsbescheid erteilt wird.

§ 223
Nachfeststellung

(1) Für wirtschaftliche Einheiten, für die ein Grundsteuerwert festzustellen ist, wird der Grundsteuerwert nachträglich festgestellt (Nachfeststellung), wenn nach dem Hauptfeststellungszeitpunkt:
1. die wirtschaftliche Einheit neu entsteht oder
2. eine bereits bestehende wirtschaftliche Einheit erstmals zur Grundsteuer herangezogen werden soll.

(2) Der Nachfeststellung werden vorbehaltlich des § 227 die Verhältnisse im Nachfeststellungszeitpunkt zugrunde gelegt. Nachfeststellungszeitpunkt ist:
1. in den Fällen des Absatzes 1 Nummer 1 der Beginn des Kalenderjahres, das auf die Entstehung der wirtschaftlichen Einheit folgt, und
2. in den Fällen des Absatzes 1 Nummer 2 der Beginn des Kalenderjahres, in dem der Grundsteuerwert erstmals der Besteuerung zugrunde gelegt wird.

---

[1] zu § 68: gemäß Artikel 2 Ziffer 6 des Gesetzes vom 26.11.2019 (Grundsteuer-Reformgesetz) wird § 68 ab dem 01.01.2025 aufgehoben.

§ 224
Aufhebung des Grundsteuerwerts

(1) Der Grundsteuerwert wird aufgehoben, wenn dem Finanzamt bekannt wird, dass:

1. die wirtschaftliche Einheit wegfällt oder
2. der Grundsteuerwert der wirtschaftlichen Einheit infolge von Befreiungsgründen der Besteuerung nicht mehr zugrunde gelegt wird.

(2) Aufhebungszeitpunkt ist:

1. in den Fällen des Absatzes 1 Nummer 1 der Beginn des Kalenderjahres, das auf den Wegfall der wirtschaftlichen Einheit folgt, und
2. in den Fällen des Absatzes 1 Nummer 2 der Beginn des Kalenderjahres, in dem der Grundsteuerwert erstmals der Besteuerung nicht mehr zugrunde gelegt wird.

§ 225
Änderung von Feststellungsbescheiden

Bescheide über Fortschreibungen oder über Nachfeststellungen von Grundsteuerwerten können schon vor dem maßgeblichen Feststellungszeitpunkt erteilt werden. Sie sind zu ändern oder aufzuheben, wenn sich bis zu diesem Zeitpunkt Änderungen ergeben, die zu einer abweichenden Feststellung führen.

B. Land- und forstwirtschaftliches Vermögen
I. Allgemeines

§ 232
Begriff des land- und forstwirtschaftlichen Vermögens

(1) Land- und Forstwirtschaft ist die planmäßige Nutzung der natürlichen Kräfte des Bodens zur Erzeugung von Pflanzen und Tieren sowie die Verwertung der dadurch selbst gewonnenen Erzeugnisse. Zum land- und forstwirtschaftlichen Vermögen gehören alle Wirtschaftsgüter, die einem Betrieb der Land- und Forstwirtschaft dauernd zu dienen bestimmt sind.

(2) Die wirtschaftliche Einheit des land- und forstwirtschaftlichen Vermögens ist der Betrieb der Land- und Forstwirtschaft. Wird der Betrieb der Land- und Forstwirtschaft oder werden Teile davon einem anderen Berechtigten zur Erzeugung von Pflanzen und Tieren sowie zur Verwertung der dadurch selbst gewonnenen Erzeugnisse überlassen, so gilt dies als Fortsetzung der land- und forstwirtschaftlichen Tätigkeit des Überlassenden.

(3) Zu den Wirtschaftsgütern, die dem Betrieb der Land- und Forstwirtschaft dauernd zu dienen bestimmt sind, gehören insbesondere:

1. der Grund und Boden,
2. die Wirtschaftsgebäude,
3. die stehenden Betriebsmittel,
4. der normale Bestand an umlaufenden Betriebsmitteln,
5. die immateriellen Wirtschaftsgüter.

Als normaler Bestand an umlaufenden Betriebsmitteln gilt ein Bestand, der zur gesicherten Fortführung des Betriebs erforderlich ist.

(4) Nicht zum land- und forstwirtschaftlichen Vermögen gehören:

1. Grund und Boden sowie Gebäude und Gebäudeteile, die Wohnzwecken oder anderen nicht land- und forstwirtschaftlichen Zwecken dienen,
2. Tierbestände oder Zweige des Tierbestands und die hiermit zusammenhängenden Wirtschaftsgüter (zum Beispiel Gebäude und abgrenzbare Gebäudeteile mit den dazugehörenden Flächen, stehende und umlaufende Betriebsmittel), wenn die Tiere weder nach § 241 zur landwirtschaftlichen Nutzung noch nach § 242 Absatz 2 zu den sonstigen land- und forstwirtschaftlichen Nutzungen gehören; die Zugehörigkeit der landwirtschaftlich genutzten Flächen zum land- und forstwirtschaftlichen Vermögen wird hierdurch nicht berührt,
3. Zahlungsmittel, Geldforderungen, Geschäftsguthaben, Wertpapiere und Beteiligungen sowie
4. Geldschulden und Pensionsverpflichtungen.

§ 239
Grundsteuerwert des Betriebs der Land- und Forstwirtschaft

(1) Die Summe der Reinerträge des Betriebs einschließlich der Zuschläge (§§ 237, 238) ist zur Ermittlung des Ertragswerts mit dem Faktor 18,6 zu kapitalisieren und ergibt den Grundsteuerwert des Betriebs der Land- und Forstwirtschaft.

(2) Die Summe der Reinerträge einschließlich der Zuschläge (§§ 237, 238) eines Betriebs der Land- und Forstwirtschaft ist für jede Gemeinde gesondert zu ermitteln, wenn sich die wirtschaftliche Einheit über mehrere Gemeinden erstreckt. Der auf eine Gemeinde entfallende Anteil am Grundsteuerwert berechnet sich aus der jeweils für eine Gemeinde gesondert ermittelten Summe der Reinerträge im Verhältnis zur Gesamtsumme der Reinerträge des Betriebs der Land- und Forstwirtschaft.

C. Grundvermögen
I. Allgemeines

§ 243
Begriff des Grundvermögens

(1) Zum Grundvermögen gehören, soweit es sich nicht um land- und forstwirtschaftliches Vermögen (§§ 232 bis 242) handelt:

1. der Grund und Boden, die Gebäude, die sonstigen Bestandteile und das Zubehör,
2. das Erbbaurecht,
3. das Wohnungseigentum und das Teileigentum,
4. das Wohnungserbbaurecht und das Teilerbbaurecht nach § 30 Absatz 1 des Wohnungseigentumsgesetzes.

(2) In das Grundvermögen sind nicht einzubeziehen:

1. Bodenschätze,
2. die Maschinen und sonstigen Vorrichtungen aller Art, die zu einer Betriebsanlage gehören (Betriebsvorrichtungen), auch wenn sie wesentliche Bestandteile sind.

(3) Einzubeziehen sind jedoch die Verstärkungen von Decken und die nicht ausschließlich zu einer Betriebsanlage gehörenden Stützen und sonstigen Bauteile wie Mauervorlagen und Verstrebungen.

§ 244
Grundstück

(1) Jede wirtschaftliche Einheit des Grundvermögens bildet ein Grundstück im Sinne dieses Abschnitts.

(2) Ein Anteil des Eigentümers eines Grundstücks an anderem Grundvermögen (zum Beispiel an gemeinschaftlichen Hofflächen oder Garagen) ist in die wirtschaftliche Einheit Grundstück einzubeziehen, wenn der Anteil zusammen mit dem Grundstück genutzt wird. Das gilt nicht, wenn das gemeinschaftliche Grundvermögen nach den Anschauungen des Verkehrs als selbständige wirtschaftliche Einheit anzusehen ist (§ 2 Absatz 1 Satz 3 und 4).

(3) Als Grundstück gelten auch:

1. das Erbbaurecht zusammen mit dem Erbbaurechtsgrundstück,
2. ein Gebäude auf fremdem Grund und Boden zusammen mit dem dazugehörenden Grund und Boden,
3. jedes Wohnungseigentum und Teileigentum nach dem Wohnungseigentumsgesetz sowie
4. jedes Wohnungserbbaurecht und Teilerbbaurecht zusammen mit dem anteiligen belasteten Grund und Boden.

§ 245
(nicht abgedruckt)

II. Unbebaute Grundstücke

§ 246
Begriff der unbebauten Grundstücke

(1) Unbebaute Grundstücke sind Grundstücke, auf denen sich keine benutzbaren Gebäude befinden. Die Benutzbarkeit beginnt zum Zeitpunkt der Bezugsfertigkeit. Gebäude sind als bezugsfertig anzusehen, wenn den zukünftigen Bewohnern oder sonstigen vorgesehenen Benutzern die bestimmungsgemäße Gebäudenutzung zugemutet werden kann. Nicht entscheidend für den Zeitpunkt der Bezugsfertigkeit ist die Abnahme durch die Bauaufsichtsbehörde.

(2) Befinden sich auf dem Grundstück Gebäude, die auf Dauer keiner Nutzung zugeführt werden können, so gilt das Grundstück als unbebaut. Als unbebaut gilt auch ein Grundstück, auf dem infolge von Zerstörung oder Verfall der Gebäude auf Dauer kein benutzbarer Raum mehr vorhanden ist.

§ 247
Bewertung der unbebauten Grundstücke

(1) Der Grundsteuerwert unbebauter Grundstücke ermittelt sich regelmäßig durch Multiplikation ihrer Fläche mit dem jeweiligen Bodenrichtwert (§ 196 des Baugesetzbuchs). Soweit in den §§ 243 bis 262 sowie in den Anlagen 36 bis 43 nichts anderes bestimmt ist, werden Abweichungen zwischen den Grundstücksmerkmalen des Bodenrichtwertgrundstücks und des zu bewertenden Grundstücks mit Ausnahme unterschiedlicher

1. Entwicklungszustände und
2. Arten der Nutzung bei überlagernden Bodenrichtwertzonen

nicht berücksichtigt.

(2) Die Bodenrichtwerte sind von den Gutachterausschüssen im Sinne der §§ 192 ff. des Baugesetzbuchs auf den Hauptfeststellungszeitpunkt zu ermitteln, zu veröffentlichen und nach amtlich vorgeschriebenem Datensatz durch Datenfernübertragung an die zuständigen Finanzbehörden zu übermitteln.

(3) Wird von den Gutachterausschüssen im Sinne der §§ 192 ff. des Baugesetzbuchs kein Bodenrichtwert ermittelt, ist der Wert des unbebauten Grundstücks aus den Werten vergleichbarer Flächen abzuleiten.

III. Bebaute Grundstücke

§ 248
Begriff der bebauten Grundstücke

Bebaute Grundstücke sind Grundstücke, auf denen sich benutzbare Gebäude befinden. Wird ein Gebäude in Bauabschnitten errichtet, ist der bezugsfertige Teil als benutzbares Gebäude anzusehen.

§ 249
Grundstücksarten

(1) Bei der Bewertung bebauter Grundstücke sind die folgenden Grundstücksarten zu unterscheiden:

1. Einfamilienhäuser,
2. Zweifamilienhäuser,
3. Mietwohngrundstücke,
4. Wohnungseigentum,
5. Teileigentum,
6. Geschäftsgrundstücke,
7. gemischt genutzte Grundstücke und
8. sonstige bebaute Grundstücke.

(2) Einfamilienhäuser sind Wohngrundstücke, die eine Wohnung enthalten und kein Wohnungseigentum sind. Ein Grundstück gilt auch dann als Einfamilienhaus, wenn es zu weniger als 50 Prozent der Wohn- und Nutzfläche zu anderen als Wohnzwecken mitbenutzt und dadurch die Eigenart als Einfamilienhaus nicht wesentlich beeinträchtigt wird.

(3) Zweifamilienhäuser sind Wohngrundstücke, die zwei Wohnungen enthalten und kein Wohnungseigentum sind. Ein Grundstück gilt auch dann als Zweifamilienhaus, wenn es zu weniger als 50 Prozent der Wohn- und Nutzfläche zu anderen als Wohnzwecken mitbenutzt und dadurch die Eigenart als Zweifamilienhaus nicht wesentlich beeinträchtigt wird.

(4) Mietwohngrundstücke sind Grundstücke, die zu mehr als 80 Prozent der Wohn- und Nutzfläche Wohnzwecken dienen und nicht Ein- und Zweifamilienhäuser oder Wohnungseigentum sind.

(5) Wohnungseigentum ist das Sondereigentum an einer Wohnung in Verbindung mit dem Miteigentumsanteil an dem gemeinschaftlichen Eigentum, zu dem es gehört.

(6) Teileigentum ist das Sondereigentum an nicht zu Wohnzwecken dienenden Räumen eines Gebäudes in Verbindung mit dem Miteigentum an dem gemeinschaftlichen Eigentum, zu dem es gehört.

(7) Geschäftsgrundstücke sind Grundstücke, die zu mehr als 80 Prozent der Wohn- und Nutzfläche eigenen oder fremden betrieblichen oder öffentlichen Zwecken dienen und nicht Teileigentum sind.

(8) Gemischt genutzte Grundstücke sind Grundstücke, die teils Wohnzwecken, teils eigenen oder fremden betrieblichen oder öffentlichen Zwecken dienen und nicht Ein- und Zweifamilienhäuser, Mietwohngrundstücke, Wohnungseigentum, Teileigentum oder Geschäftsgrundstücke sind.

(9) Sonstige bebaute Grundstücke sind solche Grundstücke, die nicht unter die Absätze 2 bis 8 fallen.

(10) Eine Wohnung ist in der Regel die Zusammenfassung mehrerer Räume, die in ihrer Gesamtheit so beschaffen sein müssen, dass die Führung eines selbständigen Haushalts möglich ist. Die Zusammenfassung der Räume muss eine von anderen Wohnungen oder Räumen, insbesondere Wohnräumen, baulich getrennte, in sich abgeschlossene Wohneinheit bilden und einen selbständigen Zugang haben. Daneben ist erforderlich, dass die für die Führung eines selbständigen Haushalts notwendigen Nebenräume (Küche, Bad oder Dusche, Toilette) vorhanden sind. Die Wohnfläche soll mindestens 20 Quadratmeter betragen.

§ 250
Bewertung der bebauten Grundstücke

(1) Der Grundsteuerwert bebauter Grundstücke ist nach dem Ertragswertverfahren (Absatz 2) oder dem Sachwertverfahren (Absatz 3) zu ermitteln.

(2) Im Ertragswertverfahren nach den §§ 252 bis 257 sind zu bewerten:

1. Einfamilienhäuser,
2. Zweifamilienhäuser,
3. Mietwohngrundstücke,
4. Wohnungseigentum.

(3) Im Sachwertverfahren nach den §§ 258 bis 260 sind zu bewerten:

1. Geschäftsgrundstücke,
2. gemischt genutzte Grundstücke,
3. Teileigentum,
4. sonstige bebaute Grundstücke.

Zweiter Teil
Schlussbestimmungen

§ 266
Erstmalige Anwendung
des Siebenten Abschnitts des Zweiten Teils

(1) Die erste Hauptfeststellung für die Grundsteuerwerte nach § 221 wird auf den 1. Januar 2022 für die Hauptveranlagung auf den 1. Januar 2025 durchgeführt.

(2) Für die Anwendung des § 219 Absatz 3 bei der Hauptfeststellung nach Absatz 1 ist zu unterstellen, dass anstelle von Einheitswerten Grundsteuerwerte für die Besteuerung nach dem Grundsteuergesetz in der am 1. Januar 2022 geltenden Fassung von Bedeutung sind. Die Steuerbefreiungen des Grundsteuergesetzes in der am 1. Januar 2022 gültigen Fassung sind bei der Hauptfeststellung nach Absatz 1 zu beachten. Bei Artfortschreibungen und Zurechnungsfortschreibungen nach § 222 Absatz 2 ist von der Hauptfeststellung auf den 1. Januar 2022 bis zum 1. Januar 2025 zu unterstellen, dass anstelle von Einheitswerten Grundsteuerwerte nach dem Grundsteuergesetz in der jeweils geltenden Fassung von Bedeutung sind.

(3) Werden der Finanzbehörde durch eine Erklärung im Sinne des § 228 auf den 1. Januar 2022 für die Bewertung eines Betriebs der Land- und Forstwirtschaft oder eines Grundstücks vor dem 1. Januar 2022 eingetretene Änderungen der tatsächlichen Verhältnisse erstmals bekannt, sind diese bei Fortschreibungen nach § 22 und Nachfeststellungen nach § 23 auf Feststellungszeitpunkte vor dem 1. Januar 2022 nicht zu berücksichtigen.

(4) Einheitswertbescheide, Grundsteuermessbescheide und Grundsteuerbescheide, die vor dem 1. Januar 2025 erlassen wurden, werden kraft Gesetzes zum 31. Dezember 2024 mit Wirkung für die Zukunft aufgehoben, soweit sie auf den §§ 19 bis 23, 27, 76, 79 Absatz 5, § 93 Absatz 1 Satz 2 des Bewertungsgesetzes in Verbindung mit Artikel 2 Absatz 1 Satz 1 und 3 des Gesetzes zur Änderung des Bewertungsgesetzes in der Fassung des Artikels 2 des Gesetzes vom 22. Juli 1970 (BGBl. I S. 1118) beruhen. Gleiches gilt für Einheitswertbescheide, Grundsteuermessbescheide und Grundsteuerbescheide, die vor dem 1. Januar 2025 erlassen wurden, soweit sie auf den §§ 33, 34, 125, 129 des Bewertungsgesetzes in der Fassung vom 1. Februar 1991 (BGBl. I S. 230), das zuletzt durch Artikel 2 des Gesetzes vom 4. November 2016 (BGBl. I S. 2464) und § 42 des Grundsteuergesetzes vom 7. August 1973 (BGBl. I S. 965), das zuletzt durch Artikel 38 des Gesetzes vom 19. Dezember 2008 (BGBl. I S. 2794) geändert worden ist, beruhen. Für die Bewertung des inländischen Grundbesitzes (§ 19 Absatz 1 in der Fassung vom 31. Dezember 2024) für Zwecke der Grundsteuer bis einschließlich zum Kalenderjahr 2024 ist das Bewertungsgesetz in der Fassung vom 1. Februar 1991 (BGBl. I S. 230), das zuletzt durch Artikel 2 des Gesetzes vom 4. November 2016 (BGBl. I S. 2464) geändert worden ist, weiter anzuwenden.

(5) Bestehende wirtschaftliche Einheiten, die für Zwecke der Einheitsbewertung unter Anwendung der §§ 26 oder 34 Absatz 4 bis 6 in der bis zum 31. Dezember 2024 gültigen Fassung gebildet wurden, können weiterhin für Zwecke der Feststellung von Grundsteuerwerten nach den Regelungen des Siebenten Abschnitts zugrunde gelegt werden.

Hinweis 1
zu § 266 Absatz 5 des Bewertungsgesetzes:

Mit Gesetz zur Stärkung des Fondsstandorts Deutschland und zur Umsetzung der Richtlinie (EU) 2019/1160 zur Änderung der Richtlinien 2009/65/EG und 2011/61/EU im Hinblick auf den grenzüberschreitenden Vertrieb von Organismen für gemeinsame Anlagen (Fondsstandortgesetz – FoStoG) vom 03.06.2021 wurden folgende weitere Änderungen verkündet:

Artikel 8
Weitere Änderung des Bewertungsgesetzes

§ 266 Absatz 5 des Bewertungsgesetzes, das zuletzt durch Artikel 7 dieses Gesetzes geändert worden ist, wird aufgehoben.

Artikel 19
Inkrafttreten (Auszug)

Artikel 8 tritt mit Ablauf des 31. Dezember 2028 in Kraft.

Hinweis 2
zu § 266 Absatz 5 des Bewertungsgesetzes:

Mit Gesetz zur erleichterten Umsetzung der Reform der Grundsteuer und Änderung weiterer steuerrechtlicher Vorschriften (Grundsteuerreform-Umsetzungsgesetz – GrStRefUG) vom 16. 07.2021 wurden folgende weitere Änderungen verkündet:

Artikel 2
Weitere Änderung des Bewertungsgesetzes

§ 266 Absatz 5 des Bewertungsgesetzes in der Fassung der Bekanntmachung vom 1. Februar 1991 (BGBl. I S. 230), das zuletzt durch Artikel 1 dieses Gesetzes geändert worden ist, wird aufgehoben.

Artikel 7
Inkrafttreten

Artikel 2 tritt am 31. Dezember 2028 in Kraft.

Handelsgesetzbuch (HGB)

vom 10.05.1897 (RGBl. S. 219),
zuletzt geändert durch Gesetz vom 10.08.2021 (BGBl. I S. 3436)

Drittes Buch
Handelsbücher
Erster Abschnitt
Vorschriften für alle Kaufleute
Erster Unterabschnitt
Buchführung. Inventar

§ 238
Buchführungspflicht

(1) Jeder Kaufmann ist verpflichtet, Bücher zu führen und in diesen seine Handelsgeschäfte und die Lage seines Vermögens nach den Grundsätzen ordnungsmäßiger Buchführung ersichtlich zu machen. Die Buchführung muss so beschaffen sein, dass sie einem sachverständigen Dritten innerhalb angemessener Zeit einen Überblick über die Geschäftsvorfälle und über die Lage des Unternehmens vermitteln kann. Die Geschäftsvorfälle müssen sich in ihrer Entstehung und Abwicklung verfolgen lassen.

(2) Der Kaufmann ist verpflichtet, eine mit der Urschrift übereinstimmende Wiedergabe der abgesandten Handelsbriefe (Kopie, Abdruck, Abschrift oder sonstige Wiedergabe des Wortlauts auf einem Schrift-, Bild- oder anderen Datenträger) zurückzubehalten.

§ 239
Führung der Handelsbücher

(1) Bei der Führung der Handelsbücher und bei den sonst erforderlichen Aufzeichnungen hat sich der Kaufmann einer lebenden Sprache zu bedienen. Werden Abkürzungen, Ziffern, Buchstaben oder Symbole verwendet, muss im Einzelfall deren Bedeutung eindeutig festliegen.

(2) Die Eintragungen in Büchern und die sonst erforderlichen Aufzeichnungen müssen vollständig, richtig, zeitgerecht und geordnet vorgenommen werden.

(3) Eine Eintragung oder eine Aufzeichnung darf nicht in einer Weise verändert werden, dass der ursprüngliche Inhalt nicht mehr feststellbar ist. Auch solche Veränderungen dürfen nicht vorgenommen werden, deren Beschaffenheit es ungewiss lässt, ob sie ursprünglich oder erst später gemacht worden sind.

(4) Die Handelsbücher und die sonst erforderlichen Aufzeichnungen können auch in der geordneten Ablage von Belegen bestehen oder auf Datenträgern geführt werden, soweit diese Formen der Buchführung einschließlich des dabei angewandten Verfahrens den Grundsätzen ordnungsmäßiger Buchführung entsprechen. Bei der Führung der Handelsbücher und der sonst erforderlichen Aufzeichnungen auf Datenträgern muss insbesondere sichergestellt sein, dass die Daten während der Dauer der Aufbewahrungsfrist verfügbar sind und jederzeit innerhalb angemessener Frist lesbar gemacht werden können. Absätze 1 bis 3 gelten sinngemäß.

§ 240
Inventar

(1) Jeder Kaufmann hat zu Beginn seines Handelsgewerbes seine Grundstücke, seine Forderungen und Schulden, den Betrag seines baren Geldes sowie seine sonstigen Vermögensgegenstände genau zu verzeichnen und dabei den Wert der einzelnen Vermögensgegenstände und Schulden anzugeben.

(2) Er hat demnächst für den Schluss eines jeden Geschäftsjahrs ein solches Inventar aufzustellen. Die Dauer des Geschäftsjahrs darf zwölf Monate nicht überschreiten. Die Aufstellung des Inventars ist innerhalb der einem ordnungsmäßigen Geschäftsgang entsprechenden Zeit zu bewirken.

(3) Vermögensgegenstände des Sachanlagevermögens sowie Roh-, Hilfs- und Betriebsstoffe können, wenn sie regelmäßig ersetzt werden und ihr Gesamtwert für das Unternehmen von nachrangiger Bedeutung ist, mit einer gleichbleibenden Menge und einem gleichbleibenden Wert angesetzt werden, sofern ihr Bestand in seiner Größe, seinem Wert und seiner Zusammensetzung nur geringen Veränderungen unterliegt. Jedoch ist in der Regel alle drei Jahre eine körperliche Bestandsaufnahme durchzuführen.

(4) Gleichartige Vermögensgegenstände des Vorratsvermögens sowie andere gleichartige oder annähernd gleichwertige bewegliche Vermögensgegenstände und Schulden können jeweils zu einer Gruppe zusammengefasst und mit dem gewogenen Durchschnittswert angesetzt werden.

§ 241
Inventurvereinfachungsverfahren

(1) Bei der Aufstellung des Inventars darf der Bestand der Vermögensgegenstände nach Art, Menge und Wert auch mit Hilfe anerkannter mathematisch-statistischer Methoden auf Grund von Stichproben ermittelt werden. Das Verfahren muss den Grundsätzen ordnungsmäßiger Buchführung entsprechen. Der Aussagewert des auf diese Weise aufgestellten Inventars muss dem Aussagewert eines auf Grund einer körperlichen Bestandsaufnahme aufgestellten Inventars gleichkommen.

(2) Bei der Aufstellung des Inventars für den Schluss eines Geschäftsjahrs bedarf es einer körperlichen Bestandsaufnahme der Vermögensgegenstände für diesen Zeitpunkt nicht, soweit durch Anwendung eines den Grundsätzen ordnungsmäßiger Buchführung entsprechenden anderen Verfahrens gesichert ist, dass der Bestand der Vermögensgegenstände nach Art, Menge und Wert auch ohne die körperliche Bestandsaufnahme für diesen Zeitpunkt festgestellt werden kann.

(3) In dem Inventar für den Schluss eines Geschäftsjahrs brauchen Vermögensgegenstände nicht verzeichnet zu werden, wenn

1. der Kaufmann ihren Bestand auf Grund einer körperlichen Bestandsaufnahme oder auf Grund eines nach Absatz 2 zulässigen anderen Verfahrens nach Art, Menge und Wert in einem besonderen Inventar verzeichnet hat, das für einen Tag innerhalb der letzten drei Monate vor oder der ersten beiden Monate nach dem Schluss des Geschäftsjahrs aufgestellt ist, und

2. auf Grund des besonderen Inventars durch Anwendung eines den Grundsätzen ordnungsmäßiger Buchführung entsprechenden Fortschreibungs- oder Rückrechnungsverfahrens gesichert ist, dass der am Schluss des Geschäftsjahrs vorhandene Bestand der Vermögensgegenstände für diesen Zeitpunkt ordnungsgemäß bewertet werden kann.

§ 241a
Befreiung von der Pflicht zur Buchführung und Erstellung eines Inventars

Einzelkaufleute, die an den Abschlussstichtagen von zwei aufeinander folgenden Geschäftsjahren nicht mehr als jeweils 600 000 Euro Umsatzerlöse und jeweils 60 000 Euro Jahresüberschuss aufweisen, brauchen die §§ 238 bis 241 nicht anzuwenden. Im Fall der Neugründung treten die Rechtsfolgen schon ein, wenn die Werte des Satzes 1 am ersten Abschlussstichtag nach der Neugründung nicht überschritten werden.

Zweiter Unterabschnitt
Eröffnungsbilanz. Jahresabschluss
Erster Titel
Allgemeine Vorschriften

§ 242
Pflicht zur Aufstellung

(1) Der Kaufmann hat zu Beginn seines Handelsgewerbes und für den Schluss eines jeden Geschäftsjahrs einen das Verhältnis seines Vermögens und seiner Schulden darstellenden Abschluss (Eröffnungsbilanz, Bilanz) aufzustellen. Auf die Eröffnungsbilanz sind die für den Jahresabschluss geltenden Vorschriften entsprechend anzuwenden, soweit sie sich auf die Bilanz beziehen.

(2) Er hat für den Schluss eines jeden Geschäftsjahrs eine Gegenüberstellung der Aufwendungen und Erträge des Geschäftsjahrs (Gewinn- und Verlustrechnung) aufzustellen.

(3) Die Bilanz und die Gewinn- und Verlustrechnung bilden den Jahresabschluss.

(4) Die Absätze 1 bis 3 sind auf Einzelkaufleute im Sinn des § 241a nicht anzuwenden. Im Fall der Neugründung treten die Rechtsfolgen nach Satz 1 schon ein, wenn die Werte des § 241a Satz 1 am ersten Abschlussstichtag nach der Neugründung nicht überschritten werden.

§ 243
Aufstellungsgrundsatz

(1) Der Jahresabschluss ist nach den Grundsätzen ordnungsmäßiger Buchführung aufzustellen.

(2) Er muss klar und übersichtlich sein.

(3) Der Jahresabschluss ist innerhalb der einem ordnungsmäßigen Geschäftsgang entsprechenden Zeit aufzustellen.

§ 244
Sprache. Währungseinheit

Der Jahresabschluss ist in deutscher Sprache und in Euro aufzustellen.

§ 245
Unterzeichnung

Der Jahresabschluss ist vom Kaufmann unter Angabe des Datums zu unterzeichnen. Sind mehrere persönlich haftende Gesellschafter vorhanden, so haben sie alle zu unterzeichnen.

Zweiter Titel
Ansatzvorschriften

§ 246
Vollständigkeit. Verrechnungsverbot

(1) Der Jahresabschluss hat sämtliche Vermögensgegenstände, Schulden, Rechnungsabgrenzungsposten sowie Aufwendungen und Erträge zu enthalten, soweit gesetzlich nichts anderes bestimmt ist. Vermögensgegenstände sind in der Bilanz des Eigentümers aufzunehmen; ist ein Vermögensgegenstand nicht dem Eigentümer, sondern einem anderen wirtschaftlich zuzurechnen, hat dieser ihn in seiner Bilanz auszuweisen. Schulden sind in die Bilanz des Schuldners aufzunehmen. Der Unterschiedsbetrag, um den die für die Übernahme eines Unternehmens bewirkte Gegenleistung den Wert der einzelnen Vermögensgegenstände des Unternehmens abzüglich der Schulden im Zeitpunkt der Übernahme übersteigt (entgeltlich erworbener Geschäfts- oder Firmenwert), gilt als zeitlich begrenzt nutzbarer Vermögensgegenstand.

(2) Posten der Aktivseite dürfen nicht mit Posten der Passivseite, Aufwendungen nicht mit Erträgen, Grundstücksrechte nicht mit Grundstückslasten verrechnet werden. Vermögensgegenstände, die dem Zugriff aller übrigen Gläubiger entzogen sind und ausschließlich der Erfüllung von Schulden aus Altersversorgungsverpflichtungen oder vergleichbaren langfristig fälligen Verpflichtungen dienen, sind mit diesen Schulden zu verrechnen; entsprechend ist mit den zugehörigen Aufwendungen und Erträgen aus der Abzinsung und aus dem zu verrechnenden Vermögen zu verfahren. Übersteigt der beizulegende Zeitwert der Vermögensgegenstände den Betrag der Schulden, ist der übersteigende Betrag unter einem gesonderten Posten zu aktivieren.

(3) Die auf den vorhergehenden Jahresabschluss angewandten Ansatzmethoden sind beizubehalten. § 252 Abs. 2 ist entsprechend anzuwenden.

§ 247
Inhalt der Bilanz

(1) In der Bilanz sind das Anlage- und das Umlaufvermögen, das Eigenkapital, die Schulden sowie die Rechnungsabgrenzungsposten gesondert auszuweisen und hinreichend aufzugliedern.

(2) Beim Anlagevermögen sind nur die Gegenstände auszuweisen, die bestimmt sind, dauernd dem Geschäftsbetrieb zu dienen.

(3) (weggefallen)

§ 248
Bilanzierungsverbote und -wahlrechte

(1) In die Bilanz dürfen nicht als Aktivposten aufgenommen werden:

1. Aufwendungen für die Gründung eines Unternehmens,
2. Aufwendungen für die Beschaffung des Eigenkapitals und
3. Aufwendungen für den Abschluss von Versicherungsverträgen.

(2) Selbst geschaffene immaterielle Vermögensgegenstände des Anlagevermögens können als Aktivposten in die Bilanz aufgenommen werden. Nicht aufgenommen werden dürfen selbst geschaffene Marken, Drucktitel, Verlagsrechte, Kundenlisten oder vergleichbare immaterielle Vermögensgegenstände des Anlagevermögens.

§ 249
Rückstellungen

(1) Rückstellungen sind für ungewisse Verbindlichkeiten und für drohende Verluste aus schwebenden Geschäften zu bilden. Ferner sind Rückstellungen zu bilden für

1. im Geschäftsjahr unterlassene Aufwendungen für Instandhaltung, die im folgenden Geschäftsjahr innerhalb von drei Monaten, oder für Abraumbeseitigung, die im folgenden Geschäftsjahr nachgeholt werden,
2. Gewährleistungen, die ohne rechtliche Verpflichtung erbracht werden.

(2) Für andere als die in Absatz 1 bezeichneten Zwecke dürfen Rückstellungen nicht gebildet werden. Rückstellungen dürfen nur aufgelöst werden, soweit der Grund hierfür entfallen ist.

§ 250
Rechnungsabgrenzungsposten

(1) Als Rechnungsabgrenzungsposten sind auf der Aktivseite Ausgaben vor dem Abschlussstichtag auszuweisen, soweit sie Aufwand für eine bestimmte Zeit nach diesem Tag darstellen.

(2) Auf der Passivseite sind als Rechnungsabgrenzungsposten Einnahmen vor dem Abschlussstichtag auszuweisen, soweit sie Ertrag für eine bestimmte Zeit nach diesem Tag darstellen.

(3) Ist der Erfüllungsbetrag einer Verbindlichkeit höher als der Ausgabebetrag, so darf der Unterschiedsbetrag in den Rechnungsabgrenzungsposten auf der Aktivseite aufgenommen werden. Der Unterschiedsbetrag ist durch planmäßige jährliche Abschreibungen zu tilgen, die auf die gesamte Laufzeit der Verbindlichkeit verteilt werden können.

§ 251
Haftungsverhältnisse

Unter der Bilanz sind, sofern sie nicht auf der Passivseite auszuweisen sind, Verbindlichkeiten aus der Begebung und Übertragung von Wechseln, aus Bürgschaften, Wechsel- und Scheckbürgschaften und aus Gewährleistungsverträgen sowie Haftungsverhältnisse aus der Bestellung von Sicherheiten für fremde Verbindlichkeiten zu vermerken; sie dürfen in einem Betrag angegeben werden. Haftungsverhältnisse sind auch anzugeben, wenn ihnen gleichwertige Rückgriffsforderungen gegenüberstehen.

Dritter Titel
Bewertungsvorschriften

§ 252
Allgemeine Bewertungsgrundsätze

(1) Bei der Bewertung der im Jahresabschluss ausgewiesenen Vermögensgegenstände und Schulden gilt insbesondere folgendes:

1. Die Wertansätze in der Eröffnungsbilanz des Geschäftsjahrs müssen mit denen der Schlussbilanz des vorhergehenden Geschäftsjahrs übereinstimmen.
2. Bei der Bewertung ist von der Fortführung der Unternehmenstätigkeit auszugehen, sofern dem nicht tatsächliche oder rechtliche Gegebenheiten entgegenstehen.
3. Die Vermögensgegenstände und Schulden sind zum Abschlussstichtag einzeln zu bewerten.
4. Es ist vorsichtig zu bewerten, namentlich sind alle vorhersehbaren Risiken und Verluste, die bis zum Abschlussstichtag entstanden sind, zu berücksichtigen, selbst wenn diese erst zwischen dem Abschlussstichtag und dem Tag der Aufstellung

des Jahresabschlusses bekanntgeworden sind; Gewinne sind nur zu berücksichtigen, wenn sie am Abschlussstichtag realisiert sind.
5. Aufwendungen und Erträge des Geschäftsjahrs sind unabhängig von den Zeitpunkten der entsprechenden Zahlungen im Jahresabschluss zu berücksichtigen.
6. Die auf den vorhergehenden Jahresabschluss angewandten Bewertungsmethoden sind beizubehalten.

(2) Von den Grundsätzen des Absatzes 1 darf nur in begründeten Ausnahmefällen abgewichen werden.

§ 253
Zugangs- und Folgebewertung

(1) Vermögensgegenstände sind höchstens mit den Anschaffungs- oder Herstellungskosten, vermindert um die Abschreibungen nach den Absätzen 3 bis 5, anzusetzen. Verbindlichkeiten sind zu ihrem Erfüllungsbetrag und Rückstellungen in Höhe des nach vernünftiger kaufmännischer Beurteilung notwendigen Erfüllungsbetrages anzusetzen. Soweit sich die Höhe von Altersversorgungsverpflichtungen ausschließlich nach dem beizulegenden Zeitwert von Wertpapieren im Sinn des § 266 Abs. 2 A. III. 5 bestimmt, sind Rückstellungen hierfür zum beizulegenden Zeitwert dieser Wertpapiere anzusetzen, soweit er einen garantierten Mindestbetrag übersteigt. Nach § 246 Abs. 2 Satz 2 zu verrechnende Vermögensgegenstände sind mit ihrem beizulegenden Zeitwert zu bewerten. Kleinstkapitalgesellschaften (§ 267a) dürfen eine Bewertung zum beizulegenden Zeitwert nur vornehmen, wenn sie von keiner der in § 264 Absatz 1 Satz 5, § 266 Absatz 1 Satz 4, § 275 Absatz 5 und §326 Absatz 2 vorgesehenen Erleichterungen Gebrauch machen. Macht eine Kleinstkapitalgesellschaft von mindestens einer der in Satz 5 genannten Erleichterungen Gebrauch, erfolgt die Bewertung der Vermögensgegenstände nach Satz 1 auch soweit eine Verrechnung nach § 246 Absatz 2 Satz 2 vorgesehen ist.

(2) Rückstellungen mit einer Restlaufzeit von mehr als einem Jahr sind abzuzinsen mit einer ihrer Restlaufzeit entsprechenden durchschnittlichen Marktzinssatz, der sich im Falle von Rückstellungen für Altersversorgungsverpflichtungen aus den vergangenen zehn Geschäftsjahren und im Falle sonstiger Rückstellungen aus den vergangenen sieben Geschäftsjahren ergibt. Abweichend von Satz 1 dürfen Rückstellungen für Altersversorgungsverpflichtungen oder vergleichbare langfristig fällige Verpflichtungen pauschal mit dem durchschnittlichen Marktzinssatz abgezinst werden, der sich bei einer angenommenen Restlaufzeit von 15 Jahren ergibt. Die Sätze 1 und 2 gelten entsprechend für auf Rentenverpflichtungen beruhende Verbindlichkeiten, für die eine Gegenleistung nicht mehr zu erwarten ist. Der nach den Sätzen 1 und 2 anzuwendende Abzinsungszinssatz wird von der Deutschen Bundesbank nach Maßgabe einer Rechtsverordnung ermittelt und monatlich bekannt gegeben. In der Rechtsverordnung nach Satz 4, die nicht der Zustimmung des Bundesrates bedarf, bestimmt das Bundesministerium der Justiz und für Verbraucherschutz im Benehmen mit der Deutschen Bundesbank das Nähere zur Ermittlung der Abzinsungszinssätze, insbesondere die Ermittlungsmethodik und deren Grundlagen, sowie die Form der Bekanntgabe.

(3) Bei Vermögensgegenständen des Anlagevermögens, deren Nutzung zeitlich begrenzt ist, sind die Anschaffungs- oder die Herstellungskosten um planmäßige Abschreibungen zu vermindern. Der Plan muss die Anschaffungs- oder Herstellungskosten auf die Geschäftsjahre verteilen, in denen der Vermögensgegenstand voraussichtlich genutzt werden kann. Kann in Ausnahmefällen die voraussichtliche Nutzungsdauer eines selbst geschaffenen immateriellen Vermögensgegenstandes des Anlagevermögens nicht verlässlich geschätzt werden, sind planmäßige Abschreibungen auf die Herstellungskosten über einen Zeitraum von 10 Jahren vorzunehmen. Satz 3 findet auf einen entgeltlich erworbenen Geschäfts- oder Firmenwert entsprechende Anwendung. Ohne Rücksicht darauf, ob ihre Nutzung zeitlich begrenzt ist, sind bei Vermögensgegenständen des Anlagevermögens bei voraussichtlich dauernder Wertminderung außerplanmäßige Abschreibungen vorzunehmen, um diese mit dem niedrigeren Wert anzusetzen, der ihnen am Abschlussstichtag beizulegen ist. Bei Finanzanlagen können außerplanmäßige Abschreibungen auch bei voraussichtlich nicht dauernder Wertminderung vorgenommen werden.

(4) Bei Vermögensgegenständen des Umlaufvermögens sind Abschreibungen vorzunehmen, um diese mit einem niedrigeren Wert anzusetzen, der sich aus einem Börsen- oder Marktpreis am Abschlussstichtag ergibt. Ist ein Börsen- oder Marktpreis nicht festzustellen und übersteigen die Anschaffungs- oder Herstellungskosten den Wert, der den Vermögensgegenständen am Abschlussstichtag beizulegen ist, so ist auf diesen Wert abzuschreiben.

(5) Ein niedrigerer Wertansatz nach Absatz 3 Satz 5 oder 6 und Absatz 4 darf nicht beibehalten werden, wenn die Gründe dafür nicht mehr bestehen. Ein niedrigerer Wertansatz eines entgeltlich erworbenen Geschäfts- oder Firmenwertes ist beizubehalten.

(6) Im Falle von Rückstellungen für Altersversorgungsverpflichtungen ist der Unterschiedsbetrag zwischen dem Ansatz der Rückstellungen nach Maßgabe des entsprechenden durchschnittlichen Marktzinssatzes aus den vergangenen zehn Geschäftsjahren und dem Ansatz der Rückstellungen nach Maßgabe des entsprechenden durchschnittlichen Marktzinssatzes aus den vergangenen sieben Geschäftsjahren in jedem Geschäftsjahr zu ermitteln. Gewinne dürfen nur ausgeschüttet werden, wenn die nach der Ausschüttung verbleibenden frei verfügbaren Rücklagen zuzüglich eines Gewinnvortrags und abzüglich eines Verlustvortrags mindestens dem Unterschiedsbetrag nach Satz 1 entsprechen. Der Unterschiedsbetrag nach Satz 1 ist in jedem Geschäftsjahr im Anhang oder unter der Bilanz darzustellen.

§ 254
Bildung von Bewertungseinheiten

Werden Vermögensgegenstände, Schulden, schwebende Geschäfte oder mit hoher Wahrscheinlichkeit erwartete Transaktionen zum Ausgleich gegenläufiger Wertänderungen oder Zahlungsströme aus dem Eintritt vergleichbarer Risiken mit Finanzinstrumenten zusammengefasst (Bewertungseinheit), sind § 249 Abs. 1, § 252 Abs. 1 Nr. 3 und 4, § 253 Abs. 1 Satz 1 und § 256a in dem Umfang und für den Zeitraum nicht anzuwenden, in dem die gegenläufigen Wertänderungen oder Zahlungsströme sich ausgleichen. Als Finanzinstrumente im Sinn des Satzes 1 gelten auch Termingeschäfte über den Erwerb oder die Veräußerung von Waren.

§ 255
Bewertungsmaßstäbe

(1) Anschaffungskosten sind die Aufwendungen, die geleistet werden, um einen Vermögensgegenstand zu erwerben und ihn in einen betriebsbereiten Zustand zu versetzen, soweit sie dem Vermögensgegenstand einzeln zugeordnet werden können. Zu den Anschaffungskosten gehören auch die Nebenkosten sowie die nachträglichen Anschaffungskosten. Anschaffungspreisminderungen, die dem Vermögensgegenstand einzeln zugeordnet werden können, sind abzusetzen.

(2) Herstellungskosten sind die Aufwendungen, die durch den Verbrauch von Gütern und die Inanspruchnahme von Diensten für die Herstellung eines Vermögensgegenstands, seine Erweiterung oder für eine über seinen ursprünglichen Zustand hinausgehende wesentliche Verbesserung entstehen. Dazu gehören die Materialkosten, die Fertigungskosten und die Sonderkosten der Fertigung sowie angemessene Teile der Materialgemeinkosten, der Fertigungsgemeinkosten und des Werteverzehrs des Anlagevermögens, soweit dieser durch die Fertigung veranlasst ist. Bei der Berechnung der Herstellungskosten dürfen angemessene Teile der Kosten der allgemeinen Verwaltung sowie angemessene Aufwendungen für soziale Einrichtungen des Betriebs, für freiwillige soziale Leistungen und für die betriebliche Altersversorgung einbezogen werden, soweit diese auf den Zeitraum der Herstellung entfallen. Forschungs- und Vertriebskosten dürfen nicht einbezogen werden.

(2a) Herstellungskosten eines selbst geschaffenen immateriellen Vermögensgegenstands des Anlagevermögens sind die bei dessen Entwicklung anfallenden Aufwendungen nach Absatz 2. Entwicklung ist die Anwendung von Forschungsergebnissen oder von anderem Wissen für die Neuentwicklung von Gütern oder Verfahren oder die Weiterentwicklung von Gütern oder Verfahren mittels wesentlicher Änderungen. Forschung ist die eigenständige und planmäßige Suche nach neuen wissenschaftlichen oder technischen Erkenntnissen oder Erfahrungen allgemeiner Art, über deren technische Verwertbarkeit und wirtschaftliche Erfolgsaussichten grundsätzlich keine Aussagen gemacht werden können. Können Forschung und Entwicklung nicht verlässlich voneinander unterschieden werden, ist eine Aktivierung ausgeschlossen.

(3) Zinsen für Fremdkapital gehören nicht zu den Herstellungskosten. Zinsen für Fremdkapital, das zur Finanzierung der Herstellung

eines Vermögensgegenstands verwendet wird, dürfen angesetzt werden, soweit sie auf den Zeitraum der Herstellung entfallen; in diesem Falle gelten sie als Herstellungskosten des Vermögensgegenstands.

(4) Der beizulegende Zeitwert entspricht dem Marktpreis. Soweit kein aktiver Markt besteht, anhand dessen sich der Marktpreis ermitteln lässt, ist der beizulegende Zeitwert mit Hilfe allgemein anerkannter Bewertungsmethoden zu bestimmen. Lässt sich der beizulegende Zeitwert weder nach Satz 1 noch nach Satz 2 ermitteln, sind die Anschaffungs- oder Herstellungskosten gemäß § 253 Abs. 4 fortzuführen. Der zuletzt nach Satz 1 oder 2 ermittelte beizulegende Zeitwert gilt als Anschaffungs- oder Herstellungskosten im Sinn des Satzes 3.

§ 256
Bewertungsvereinfachungsverfahren

Soweit es den Grundsätzen ordnungsmäßiger Buchführung entspricht, kann für den Wertansatz gleichartiger Vermögensgegenstände des Vorratsvermögens unterstellt werden, dass die zuerst oder dass die zuletzt angeschafften oder hergestellten Vermögensgegenstände zuerst verbraucht oder veräußert worden sind. § 240 Abs. 3 und 4 ist auch auf den Jahresabschluss anwendbar.

§ 256a
Währungsumrechnung

Auf fremde Währung lautende Vermögensgegenstände und Verbindlichkeiten sind zum Devisenkassamittelkurs am Abschlussstichtag umzurechnen. Bei einer Restlaufzeit von einem Jahr oder weniger sind § 253 Abs. 1 Satz 1 und § 252 Abs. 1 Nr. 4 Halbsatz 2 nicht anzuwenden.

Zweiter Abschnitt
Ergänzende Vorschriften für Kapitalgesellschaften
(Aktiengesellschaften, Kommanditgesellschaften auf Aktien und Gesellschaften mit beschränkter Haftung) sowie bestimmte Personenhandelsgesellschaften
Erster Unterabschnitt
Jahresabschluss der Kapitalgesellschaft und Lagebericht
Zweiter Titel
Bilanz

§ 266
Gliederung der Bilanz

(1) Die Bilanz ist in Kontoform aufzustellen. Dabei haben mittelgroße und große Kapitalgesellschaften (§ 267 Absatz 2 und 3) auf der Aktivseite die in Absatz 2 und auf der Passivseite die in Absatz 3 bezeichneten Posten gesondert und in der vorgeschriebenen Reihenfolge auszuweisen. Kleine Kapitalgesellschaften (§ 267 Abs. 1) brauchen nur eine verkürzte Bilanz aufzustellen, in die nur die in den Absätzen 2 und 3 mit Buchstaben und römischen Zahlen bezeichneten Posten gesondert und in der vorgeschriebenen Reihenfolge aufgenommen werden. Kleinstkapitalgesellschaften (§ 267a) brauchen nur eine verkürzte Bilanz aufzustellen, in die nur die in den Absätzen 2 und 3 mit Buchstaben bezeichneten Posten gesondert und in der vorgeschriebenen Reihenfolge aufgenommen werden.

(2) Aktivseite

A. Anlagevermögen:
  I. Immaterielle Vermögensgegenstände:
    1. Selbst geschaffene gewerbliche Schutzrechte und ähnliche Rechte und Werte;
    2. entgeltlich erworbene Konzessionen, gewerbliche Schutzrechte und ähnliche Rechte und Werte sowie Lizenzen an solchen Rechten und Werten;
    3. Geschäfts- oder Firmenwert;
    4. geleistete Anzahlungen;
  II. Sachanlagen:
    1. Grundstücke, grundstücksgleiche Rechte und Bauten einschließlich der Bauten auf fremden Grundstücken;
    2. technische Anlagen und Maschinen;
    3. andere Anlagen, Betriebs- und Geschäftsausstattung;
    4. geleistete Anzahlungen und Anlagen im Bau;
  III. Finanzanlagen:
    1. Anteile an verbundenen Unternehmen;
    2. Ausleihungen an verbundene Unternehmen;
    3. Beteiligungen;
    4. Ausleihungen an Unternehmen, mit denen ein Beteiligungsverhältnis besteht;
    5. Wertpapiere des Anlagevermögens;
    6. sonstige Ausleihungen.
B. Umlaufvermögen:
  I. Vorräte:
    1. Roh-, Hilfs- und Betriebsstoffe;
    2. unfertige Erzeugnisse, unfertige Leistungen;
    3. fertige Erzeugnisse und Waren;
    4. geleistete Anzahlungen;
  II. Forderungen und sonstige Vermögensgegenstände:
    1. Forderungen aus Lieferungen und Leistungen;
    2. Forderungen gegen verbundene Unternehmen;
    3. Forderungen gegen Unternehmen, mit denen ein Beteiligungsverhältnis besteht;
    4. sonstige Vermögensgegenstände;
  III. Wertpapiere:
    1. Anteile an verbundenen Unternehmen;
    2. sonstige Wertpapiere;
  IV. Kassenbestand, Bundesbankguthaben, Guthaben bei Kreditinstituten und Schecks.
C. Rechnungsabgrenzungsposten.
D. Aktive latente Steuern.
E. Aktiver Unterschiedsbetrag aus der Vermögensverrechnung.

(3) Passivseite

A. Eigenkapital:
  I. Gezeichnetes Kapital;
  II. Kapitalrücklage;
  III. Gewinnrücklagen:
    1. gesetzliche Rücklage;
    2. Rücklage für Anteile an einem herrschenden oder mehrheitlich beteiligten Unternehmen;
    3. satzungsmäßige Rücklagen;
    4. andere Gewinnrücklagen;
  IV. Gewinnvortrag/Verlustvortrag;
  V. Jahresüberschuss/Jahresfehlbetrag.
B. Rückstellungen:
  1. Rückstellungen für Pensionen und ähnliche Verpflichtungen;
  2. Steuerrückstellungen;
  3. sonstige Rückstellungen.
C. Verbindlichkeiten:
  1. Anleihen
     davon konvertibel;
  2. Verbindlichkeiten gegenüber Kreditinstituten;
  3. erhaltene Anzahlungen auf Bestellungen;
  4. Verbindlichkeiten aus Lieferungen und Leistungen;
  5. Verbindlichkeiten aus der Annahme gezogener Wechsel und der Ausstellung eigener Wechsel;
  6. Verbindlichkeiten gegenüber verbundenen Unternehmen;
  7. Verbindlichkeiten gegenüber Unternehmen, mit denen ein Beteiligungsverhältnis besteht;
  8. sonstige Verbindlichkeiten,
     davon aus Steuern,
     davon im Rahmen der sozialen Sicherheit.
D. Rechnungsabgrenzungsposten.
E. Passive latente Steuern.

§ 267
Umschreibung der Größenklassen

(1) Kleine Kapitalgesellschaften sind solche, die mindestens zwei der drei nachstehenden Merkmale nicht überschreiten:

1. 6.000.000 Euro Bilanzsumme.
2. 12.000.000 Euro Umsatzerlöse in den zwölf Monaten vor dem Abschlussstichtag.
3. Im Jahresdurchschnitt fünfzig Arbeitnehmer.

(2) Mittelgroße Kapitalgesellschaften sind solche, die mindestens zwei der drei in Absatz 1 bezeichneten Merkmale überschreiten und jeweils mindestens zwei der drei nachstehenden Merkmale nicht überschreiten:

1. 20.000.000 Euro Bilanzsumme.
2. 40.000.000 Euro Umsatzerlöse in den zwölf Monaten vor dem Abschlussstichtag.
3. Im Jahresdurchschnitt zweihundertfünfzig Arbeitnehmer.

(3) Große Kapitalgesellschaften sind solche, die mindestens zwei der drei in Absatz 2 bezeichneten Merkmale überschreiten. Eine Kapitalgesellschaft im Sinn des § 264d gilt stets als große.

(4) Die Rechtsfolgen der Merkmale nach den Absätzen 1 bis 3 Satz 1 treten nur ein, wenn sie an den Abschlussstichtagen von zwei aufeinanderfolgenden Geschäftsjahren über- oder unterschritten werden. Im Falle der Umwandlung oder Neugründung treten die Rechtsfolgen schon ein, wenn die Voraussetzungen des Absatzes 1, 2 oder 3 am ersten Abschlussstichtag nach der Umwandlung oder Neugründung vorliegen. Satz 2 findet im Falle des Formwechsels keine Anwendung, sofern der formwechselnde Rechtsträger eine Kapitalgesellschaft oder eine Personenhandelsgesellschaft im Sinne des § 264a Absatz 1 ist.

(4a) Die Bilanzsumme setzt sich aus den Posten zusammen, die in den Buchstaben A bis E des § 266 Absatz 2 aufgeführt sind. Ein auf der Aktivseite ausgewiesener Fehlbetrag (§ 268 Absatz 3) wird nicht in die Bilanzsumme einbezogen.

(5) Als durchschnittliche Zahl der Arbeitnehmer gilt der vierte Teil der Summe aus den Zahlen der jeweils am 31. März, 30. Juni, 30. September und 31. Dezember beschäftigten Arbeitnehmer einschließlich der im Ausland beschäftigten Arbeitnehmer, jedoch ohne die zu ihrer Berufsausbildung Beschäftigten.

(6) Informations- und Auskunftsrechte der Arbeitnehmervertretungen nach anderen Gesetzen bleiben unberührt.

§ 268
Vorschriften zu einzelnen Posten der Bilanz
Bilanzvermerke

(1) Die Bilanz darf auch unter Berücksichtigung der vollständigen oder teilweisen Verwendung des Jahresergebnisses aufgestellt werden. Wird die Bilanz unter Berücksichtigung der teilweisen Verwendung des Jahresergebnisses aufgestellt, so tritt an die Stelle der Posten "Jahresüberschuss/Jahresfehlbetrag" und "Gewinnvortrag/Verlustvortrag" der Posten "Bilanzgewinn/Bilanzverlust"; ein vorhandener Gewinn- oder Verlustvortrag ist in den Posten "Bilanzgewinn/Bilanzverlust" einzubeziehen und in der Bilanz gesondert anzugeben. Die Angabe kann auch im Anhang gemacht werden.

(2) (weggefallen)

(3) Ist das Eigenkapital durch Verluste aufgebraucht und ergibt sich ein Überschuss der Passivposten über die Aktivposten, so ist dieser Betrag am Schluss der Bilanz auf der Aktivseite gesondert unter der Bezeichnung "Nicht durch Eigenkapital gedeckter Fehlbetrag" auszuweisen.

(4) Der Betrag der Forderungen mit einer Restlaufzeit von mehr als einem Jahr ist bei jedem gesondert ausgewiesenen Posten zu vermerken. Werden unter dem Posten "sonstige Vermögensgegenstände" Beträge für Vermögensgegenstände ausgewiesen, die erst nach dem Abschlussstichtag rechtlich entstehen, so müssen Beträge, die einen größeren Umfang haben, im Anhang erläutert werden.

(5) Der Betrag der Verbindlichkeiten mit einer Restlaufzeit bis zu einem Jahr und der Betrag der Verbindlichkeiten mit einer Restlaufzeit von mehr als einem Jahr sind bei jedem gesondert ausgewiesenen Posten zu vermerken. Erhaltene Anzahlungen auf Bestellungen sind, soweit Anzahlungen auf Vorräte nicht von dem Posten "Vorräte" offen abgesetzt werden, unter dem Verbindlichkeiten gesondert auszuweisen. Sind unter dem Posten "Verbindlichkeiten" Beträge für Verbindlichkeiten ausgewiesen, die erst nach dem Abschlussstichtag rechtlich entstehen, so müssen Beträge, die einen größeren Umfang haben, im Anhang erläutert werden.

(6) Ein nach § 250 Abs. 3 in den Rechnungsabgrenzungsposten auf der Aktivseite aufgenommener Unterschiedsbetrag ist in der Bilanz gesondert auszuweisen oder im Anhang anzugeben.

(7) Für die in § 251 bezeichneten Haftungsverhältnisse sind

1. die Angaben zu nicht auf der Passivseite auszuweisenden Verbindlichkeiten und Haftungsverhältnissen im Anhang zu machen,
2. dabei die Haftungsverhältnisse jeweils gesondert unter Angabe der gewährten Pfandrechte und sonstigen Sicherheiten anzugeben und
3. dabei Verpflichtungen betreffend die Altersversorgung und Verpflichtungen gegenüber verbundenen Unternehmen und assoziierten Unternehmen jeweils gesondert zu vermerken.

(8) Werden selbst geschaffene immaterielle Vermögensgegenstände des Anlagevermögens in der Bilanz ausgewiesen, so dürfen Gewinne nur ausgeschüttet werden, wenn die nach der Ausschüttung verbleibenden frei verfügbaren Rücklagen zuzüglich eines Gewinnvortrags und abzüglich eines Verlustvortrags mindestens den insgesamt angesetzten Beträgen abzüglich der hierfür gebildeten passiven latenten Steuern entsprechen. Werden aktive latente Steuern in der Bilanz ausgewiesen, ist Satz 1 auf den Betrag anzuwenden, um den die aktiven latenten Steuern die passiven latenten Steuern übersteigen. Bei Vermögensgegenständen im Sinn des § 246 Abs. 2 Satz 2 ist Satz 1 auf den Betrag abzüglich der hierfür gebildeten passiven latenten Steuern anzuwenden, der die Anschaffungskosten übersteigt.

§ 269 (weggefallen)

§ 270
Bildung bestimmter Posten

(1) Einstellungen in die Kapitalrücklage und deren Auflösung sind bereits bei der Aufstellung der Bilanz vorzunehmen.

(2) Wird die Bilanz unter Berücksichtigung der vollständigen oder teilweisen Verwendung des Jahresergebnisses aufgestellt, so sind Entnahmen aus Gewinnrücklagen sowie Einstellungen in Gewinnrücklagen, die nach Gesetz, Gesellschaftsvertrag oder Satzung vorzunehmen sind oder auf Grund solcher Vorschriften beschlossen worden sind, bereits bei der Aufstellung der Bilanz zu berücksichtigen.

§ 271
Beteiligungen. Verbundene Unternehmen

(1) Beteiligungen sind Anteile an anderen Unternehmen, die bestimmt sind, dem eigenen Geschäftsbetrieb durch Herstellung einer dauernden Verbindung zu jenen Unternehmen zu dienen. Dabei ist es unerheblich, ob die Anteile in Wertpapieren verbrieft sind oder nicht. Eine Beteiligung wird vermutet, wenn die Anteile an einem Unternehmen insgesamt den fünften Teil des Nennkapitals dieses Unternehmens oder, falls ein Nennkapital nicht vorhanden ist, den fünften Teil der Summe aller Kapitalanteile an diesem Unternehmen überschreiten. Auf die Berechnung ist § 16 Abs. 2 und 4 des Aktiengesetzes entsprechend anzuwenden. Die Mitgliedschaft in einer eingetragenen Genossenschaft gilt nicht als Beteiligung im Sinne dieses Buches.

(2) Verbundene Unternehmen im Sinne dieses Buches sind solche Unternehmen, die als Mutter- oder Tochterunternehmen (§ 290) in den Konzernabschluss eines Mutterunternehmens nach den Vorschriften über die Vollkonsolidierung einzubeziehen sind, das als oberstes Mutterunternehmen den am weitestgehenden Konzernabschluss nach dem Zweiten Unterabschnitt aufzustellen hat, auch wenn die Aufstellung unterbleibt, oder das einen befreienden Konzernabschluss nach den §§ 291 oder 292 erlassenen Rechtsverordnung aufstellt oder aufstellen könnte; Tochterunternehmen, die nach § 296 nicht einbezogen werden, sind ebenfalls verbundene Unternehmen.

Anhang 24 HGB (Auszug)

§ 272
Eigenkapital

(1) Gezeichnetes Kapital ist mit dem Nennbetrag anzusetzen. Die nicht eingeforderten ausstehenden Einlagen auf das gezeichnete Kapital sind von dem Posten "Gezeichnetes Kapital" offen abzusetzen; der verbleibende Betrag ist als Posten "Eingefordertes Kapital" in der Hauptspalte der Passivseite auszuweisen; der eingeforderte, aber noch nicht eingezahlte Betrag ist unter den Forderungen gesondert auszuweisen und entsprechend zu bezeichnen.

(1a) Der Nennbetrag oder, falls ein solcher nicht vorhanden ist, der rechnerische Wert von erworbenen eigenen Anteilen ist in der Vorspalte offen von dem Posten "Gezeichnetes Kapital" abzusetzen. Der Unterschiedsbetrag zwischen dem Nennbetrag oder dem rechnerischen Wert und den Anschaffungskosten der eigenen Anteile ist mit den frei verfügbaren Rücklagen zu verrechnen. Aufwendungen, die Anschaffungsnebenkosten sind, sind Aufwand des Geschäftsjahrs.

(1b) Nach der Veräußerung der eigenen Anteile entfällt der Ausweis nach Absatz 1 a Satz 1. Ein den Nennbetrag oder den rechnerischen Wert übersteigender Differenzbetrag aus dem Veräußerungserlös ist bis zur Höhe des mit den frei verfügbaren Rücklagen verrechneten Betrages in die jeweiligen Rücklagen einzustellen. Ein darüber hinausgehender Differenzbetrag ist in die Kapitalrücklage gemäß Absatz 2 Nr. 1 einzustellen. Die Nebenkosten der Veräußerung sind Aufwand des Geschäftsjahrs.

(2) Als Kapitalrücklage sind auszuweisen

1. der Betrag, der bei der Ausgabe von Anteilen einschließlich von Bezugsanteilen über den Nennbetrag oder, falls ein Nennbetrag nicht vorhanden ist, über den rechnerischen Wert hinaus erzielt wird;
2. der Betrag, der bei der Ausgabe von Schuldverschreibungen für Wandlungsrechte und Optionsrechte zum Erwerb von Anteilen erzielt wird;
3. der Betrag von Zuzahlungen, die Gesellschafter gegen Gewährung eines Vorzugs für ihre Anteile leisten;
4. der Betrag von anderen Zuzahlungen, die Gesellschafter in das Eigenkapital leisten.

(3) Als Gewinnrücklagen dürfen nur Beträge ausgewiesen werden, die im Geschäftsjahr oder in einem früheren Geschäftsjahr aus dem Ergebnis gebildet worden sind. Dazu gehören aus dem Ergebnis zu bildende gesetzliche oder auf Gesellschaftsvertrag oder Satzung beruhende Rücklagen und andere Gewinnrücklagen.

(4) Für Anteile an einem herrschenden oder mit Mehrheit beteiligten Unternehmen ist eine Rücklage zu bilden. In die Rücklage ist ein Betrag einzustellen, der dem auf der Aktivseite der Bilanz für die Anteile an dem herrschenden oder mit Mehrheit beteiligten Unternehmen angesetzten Betrag entspricht. Die Rücklage, die bereits bei der Aufstellung der Bilanz zu bilden ist, darf aus vorhandenen frei verfügbaren Rücklagen gebildet werden. Die Rücklage ist aufzulösen, soweit die Anteile an dem herrschenden oder mit Mehrheit beteiligten Unternehmen veräußert, ausgegeben oder eingezogen werden oder auf der Aktivseite ein niedrigerer Betrag angesetzt wird.

(5) Übersteigt der auf eine Beteiligung entfallende Teil des Jahresüberschusses in der Gewinn- und Verlustrechnung die Beträge, die als Dividende oder Gewinnanteil eingegangen sind oder auf deren Zahlung die Kapitalgesellschaft einen Anspruch hat, ist der Unterschiedsbetrag in eine Rücklage einzustellen, die nicht ausgeschüttet werden darf. Die Rücklage ist aufzulösen, soweit die Kapitalgesellschaft die Beträge vereinnahmt oder einen Anspruch auf ihre Zahlung erwirbt.

§ 273
(weggefallen)

§ 274
Latente Steuern

(1) Bestehen zwischen den handelsrechtlichen Wertansätzen von Vermögensgegenständen, Schulden und Rechnungsabgrenzungsposten und ihren steuerlichen Wertansätzen Differenzen, die sich in späteren Geschäftsjahren voraussichtlich abbauen, so ist eine sich daraus insgesamt ergebende Steuerbelastung als passive latente Steuern (§ 266 Abs. 3 E.) in der Bilanz anzusetzen. Eine sich daraus insgesamt ergebende Steuerentlastung kann als aktive latente Steuern (§ 266 Abs. 2 D.) in der Bilanz angesetzt werden. Die sich ergebende Steuerbe- und die sich ergebende Steuerentlastung können auch unverrechnet angesetzt werden. Steuerliche Verlustvorträge sind bei der Berechnung aktiver latenter Steuern in Höhe der innerhalb der nächsten fünf Jahre zu erwartenden Verlustverrechnung zu berücksichtigen.

(2) Die Beträge der sich ergebenden Steuerbe- und -entlastung sind mit den unternehmensindividuellen Steuersätzen im Zeitpunkt des Abbaus der Differenzen zu bewerten und nicht abzuzinsen. Die ausgewiesenen Posten sind aufzulösen, sobald die Steuerbe- oder -entlastung eintritt oder mit ihr nicht mehr zu rechnen ist. Der Aufwand oder Ertrag aus der Veränderung bilanzierter latenter Steuern ist in der Gewinn- und Verlustrechnung gesondert unter dem Posten "Steuern vom Einkommen und vom Ertrag" auszuweisen.

§ 274a
Größenabhängige Erleichterungen

Kleine Kapitalgesellschaften sind von der Anwendung der folgenden Vorschriften befreit:

1. § 268 Abs. 4 Satz 2 über die Pflicht zur Erläuterung bestimmter Forderungen im Anhang,
2. § 268 Abs. 5 Satz 3 über die Erläuterung bestimmter Verbindlichkeiten im Anhang,
3. § 268 Abs. 6 über den Rechnungsabgrenzungsposten nach § 250 Abs. 3,
4. § 274 über die Abgrenzung latenter Steuern.

Dritter Titel
Gewinn- und Verlustrechnung

§ 275
Gliederung

(1) Die Gewinn- und Verlustrechnung ist in Staffelform nach dem Gesamtkostenverfahren oder dem Umsatzkostenverfahren aufzustellen. Dabei sind die in Absatz 2 oder 3 bezeichneten Posten in der angegebenen Reihenfolge gesondert auszuweisen.

(2) Bei Anwendung des Gesamtkostenverfahrens sind auszuweisen:

1. Umsatzerlöse
2. Erhöhung oder Verminderung des Bestands an fertigen und unfertigen Erzeugnissen
3. andere aktivierte Eigenleistungen
4. sonstige betriebliche Erträge
5. Materialaufwand:
   a) Aufwendungen für Roh-, Hilfs- und Betriebsstoffe und für bezogene Waren
   b) Aufwendungen für bezogene Leistungen
6. Personalaufwand:
   a) Löhne und Gehälter
   b) soziale Abgaben und Aufwendungen für Altersversorgung und für Unterstützung, davon für Altersversorgung
7. Abschreibungen:
   a) auf immaterielle Vermögensgegenstände des Anlagevermögens und Sachanlagen
   b) auf Vermögensgegenstände des Umlaufvermögens, soweit diese die in der Kapitalgesellschaft üblichen Abschreibungen überschreiten
8. sonstige betriebliche Aufwendungen
9. Erträge aus Beteiligungen,
   davon aus verbundenen Unternehmen
10. Erträge aus anderen Wertpapieren und Ausleihungen des Finanzanlagevermögens,
    davon aus verbundenen Unternehmen
11. sonstige Zinsen und ähnliche Erträge,
    davon aus verbundenen Unternehmen
12. Abschreibungen auf Finanzanlagen und auf Wertpapiere des Umlaufvermögens

13. Zinsen und ähnliche Aufwendungen,
    davon an verbundene Unternehmen
14. Steuern vom Einkommen und vom Ertrag
15. Ergebnis nach Steuern
16. sonstige Steuern
17. Jahresüberschuss / Jahresfehlbetrag

(3) Bei Anwendung des Umsatzkostenverfahrens sind auszuweisen:
1. Umsatzerlöse
2. Herstellungskosten der zur Erzielung der Umsatzerlöse erbrachten Leistungen
3. Bruttoergebnis vom Umsatz
4. Vertriebskosten
5. allgemeine Verwaltungskosten
6. sonstige betriebliche Erträge
7. sonstige betriebliche Aufwendungen
8. Erträge aus Beteiligungen,
    davon aus verbundenen Unternehmen
9. Erträge aus anderen Wertpapieren und Ausleihungen des Finanzanlagevermögens,
    davon aus verbundenen Unternehmen
10. sonstige Zinsen und ähnliche Erträge,
    davon aus verbundenen Unternehmen
11. Abschreibungen auf Finanzanlagen und auf Wertpapiere des Umlaufvermögens
12. Zinsen und ähnliche Aufwendungen,
    davon an verbundene Unternehmen
13. Steuern vom Einkommen und vom Ertrag
14. Ergebnis nach Steuern
15. sonstige Steuern
16. Jahresüberschuss / Jahresfehlbetrag

(4) Veränderungen der Kapital- und Gewinnrücklagen dürfen in der Gewinn- und Verlustrechnung erst nach dem Posten "Jahresüberschuss/Jahresfehlbetrag" ausgewiesen werden.

(5) Kleinstkapitalgesellschaften (§ 267a) können anstelle der Staffelungen nach den Absätzen 2 und 3 die Gewinn- und Verlustrechnung wie folgt darstellen:
1. Umsatzerlöse
2. sonstige Erträge
3. Materialaufwand
4. Personalaufwand,
5. Abschreibungen,
6. sonstige Aufwendungen,
7. Steuern,
8. Jahresüberschuss / Jahresfehlbetrag

§ 276
Größenabhängige Erleichterungen

Kleine und mittelgroße Kapitalgesellschaften (§ 267 Abs. 1, 2) dürfen die Posten § 275 Abs. 2 Nr. 1 bis 5 oder Abs. 3 Nr. 1 bis 3 und 6 zu einem Posten unter der Bezeichnung "Rohergebnis" zusammenfassen. Die Erleichterungen nach Satz 1 gelten nicht für Kleinstkapitalgesellschaften (§ 267a), die von der Regelung des § 275 Absatz 5 Gebrauch machen.

§ 277
Vorschriften zu einzelnen Posten der Gewinn- und Verlustrechnung

(1) Als Umsatzerlöse sind die Erlöse aus dem Verkauf und der Vermietung oder Verpachtung von Produkten sowie aus der Erbringung von Dienstleistungen der Kapitalgesellschaft nach Abzug von Erlösschmälerungen und der Umsatzsteuer sowie sonstiger direkt mit dem Umsatz verbundener Steuern auszuweisen.

(2) Als Bestandsveränderungen sind sowohl Änderungen der Menge als auch solche des Wertes zu berücksichtigen; Abschreibungen jedoch nur, soweit diese die in der Kapitalgesellschaft sonst üblichen Abschreibungen nicht überschreiten.

(3) Außerplanmäßige Abschreibungen nach § 253 Absatz 3 Satz 5 und 6 sind jeweils gesondert auszuweisen oder im Anhang anzugeben. Erträge und Aufwendungen aus Verlustübernahme und auf Grund einer Gewinngemeinschaft, eines Gewinnabführungs- oder eines Teilgewinnabführungsvertrags erhaltene oder abgeführte Gewinne sind jeweils gesondert unter entsprechender Bezeichnung auszuweisen.

(4) (weggefallen)

(5) Erträge aus der Abzinsung sind in der Gewinn- und Verlustrechnung gesondert unter dem Posten "Sonstige Zinsen und ähnliche Erträge" und Aufwendungen gesondert unter dem Posten "Zinsen und ähnliche Aufwendungen" auszuweisen. Erträge aus der Währungsumrechnung sind in der Gewinn- und Verlustrechnung gesondert unter dem Posten "Sonstige betriebliche Erträge" und Aufwendungen aus der Währungsumrechnung gesondert unter dem Posten "Sonstige betriebliche Aufwendungen" auszuweisen.

Vierter Titel
Anhang

§ 284
Erläuterung der Bilanz und der Gewinn- und Verlustrechnung

(1) In den Anhang sind diejenigen Angaben aufzunehmen, die zu den einzelnen Posten der Bilanz oder der Gewinn- und Verlustrechnung vorgeschrieben sind; sie sind in der Reihenfolge der einzelnen Posten der Bilanz und der Gewinn- und Verlustrechnung darzustellen. Im Anhang sind auch die Angaben zu machen, die in Ausübung eines Wahlrechts nicht in die Bilanz oder in die Gewinn- und Verlustrechnung aufgenommen wurden.

(2) Im Anhang müssen
1. die auf die Posten der Bilanz und der Gewinn- und Verlustrechnung angewandten Bilanzierungs- und Bewertungsmethoden angegeben werden;
2. Abweichungen von Bilanzierungs- und Bewertungsmethoden angegeben und begründet werden; deren Einfluss auf die Vermögens-, Finanz- und Ertragslage ist gesondert darzustellen;
3. bei Anwendung einer Bewertungsmethode nach § 240 Abs. 4, § 256 Satz 1 die Unterschiedsbeträge pauschal für die jeweilige Gruppe ausgewiesen werden, wenn die Bewertung im Vergleich zu einer Bewertung auf der Grundlage des letzten vor dem Abschlussstichtag bekannten Börsenkurses oder Marktpreises einen erheblichen Unterschied aufweist;
4. Angaben über die Einbeziehung von Zinsen für Fremdkapital in die Herstellungskosten gemacht werden.

(3) Im Anhang ist die Entwicklung der einzelnen Posten des Anlagevermögens in einer gesonderten Aufgliederung darzustellen. Dabei sind, ausgehend von den gesamten Anschaffungs- und Herstellungskosten, die Zugänge, Abgänge, Umbuchungen und Zuschreibungen des Geschäftsjahrs sowie die Abschreibungen gesondert aufzuführen. Zu den Abschreibungen sind gesondert folgende Angaben zu machen:
1. die Abschreibungen in ihrer gesamten Höhe zu Beginn und Ende des Geschäftsjahrs,
2. die im Laufe des Geschäftsjahrs vorgenommenen Abschreibungen und
3. Änderungen in den Abschreibungen in ihrer gesamten Höhe im Zusammenhang mit Zu- und Abgängen sowie Umbuchungen im Laufe des Geschäftsjahrs.

Sind in die Herstellungskosten Zinsen für Fremdkapital einbezogen worden, ist für jeden Posten des Anlagevermögens anzugeben, welcher Betrag an Zinsen im Geschäftsjahr aktiviert worden ist.

§ 285
Sonstige Pflichtangaben

Ferner sind im Anhang anzugeben:

pp.

9. für die Mitglieder des Geschäftsführungsorgans, eines Aufsichtsrats, eines Beirats oder einer ähnlichen Einrichtung jeweils für jede Personengruppe

Anhang 24 HGB (Auszug)

a) die für die Tätigkeit im Geschäftsjahr gewährten Gesamtbezüge (Gehälter, Gewinnbeteiligungen, Bezugsrechte und sonstige aktienbasierte Vergütungen, Aufwandsentschädigungen, Versicherungsentgelte, Provisionen und Nebenleistungen jeder Art). In die Gesamtbezüge sind auch Bezüge einzurechnen, die nicht ausgezahlt, sondern in Ansprüche anderer Art umgewandelt oder zur Erhöhung anderer Ansprüche verwendet werden. Außer den Bezügen für das Geschäftsjahr sind die weiteren Bezüge anzugeben, die im Geschäftsjahr gewährt, bisher aber in keinem Jahresabschluss angegeben worden sind. Bezugsrechte und sonstige aktienbasierte Vergütungen sind mit ihrer Anzahl und dem beizulegenden Zeitwert zum Zeitpunkt ihrer Gewährung anzugeben; spätere Wertveränderungen, die auf einer Änderung der Ausübungsbedingungen beruhen, sind zu berücksichtigen;

b) die Gesamtbezüge (Abfindungen, Ruhegehälter, Hinterbliebenenbezüge und Leistungen verwandter Art) der früheren Mitglieder der bezeichneten Organe und ihrer Hinterbliebenen. Buchstabe a Satz 2 und 3 ist entsprechend anzuwenden. Ferner ist der Betrag der für diese Personengruppe gebildeten Rückstellungen für laufende Pensionen und Anwartschaften auf Pensionen und der Betrag der für diese Verpflichtungen nicht gebildeten Rückstellungen anzugeben;

c) die gewährten Vorschüsse und Kredite unter Angabe der Zinssätze, der wesentlichen Bedingungen und der gegebenenfalls im Geschäftsjahr zurückgezahlten oder erlassenen Beträge sowie die zugunsten dieser Personen eingegangenen Haftungsverhältnisse;

pp.

Zweiter Unterabschnitt
Konzernabschluss und Konzernlagebericht
Erster Titel
Anwendungsbereich
Nichtamtliches Inhaltsverzeichnis
§ 290
Pflicht zur Aufstellung

(1) Die gesetzlichen Vertreter einer Kapitalgesellschaft (Mutterunternehmen) mit Sitz im Inland haben in den ersten fünf Monaten des Konzerngeschäftsjahrs für das vergangene Konzerngeschäftsjahr einen Konzernabschluss und einen Konzernlagebericht aufzustellen, wenn diese auf ein anderes Unternehmen (Tochterunternehmen) unmittel- oder mittelbar einen beherrschenden Einfluss ausüben kann. Ist das Mutterunternehmen eine Kapitalgesellschaft im Sinn des § 325 Abs. 4 Satz 1, sind der Konzernabschluss sowie der Konzernlagebericht in den ersten vier Monaten des Konzerngeschäftsjahrs für das vergangene Konzerngeschäftsjahr aufzustellen.

(2) Beherrschender Einfluss eines Mutterunternehmens besteht stets, wenn

1. ihm bei einem anderen Unternehmen die Mehrheit der Stimmrechte der Gesellschafter zusteht;
2. ihm bei einem anderen Unternehmen das Recht zusteht, die Mehrheit der Mitglieder des die Finanz- und Geschäftspolitik bestimmenden Verwaltungs-, Leitungs- oder Aufsichtsorgans zu bestellen oder abzuberufen, und es gleichzeitig Gesellschafter ist;
3. ihm das Recht zusteht, die Finanz- und Geschäftspolitik auf Grund eines mit einem anderen Unternehmen geschlossenen Beherrschungsvertrages oder auf Grund einer Bestimmung in der Satzung des anderen Unternehmens zu bestimmen, oder
4. es bei wirtschaftlicher Betrachtung die Mehrheit der Risiken und Chancen eines Unternehmens trägt, das zur Erreichung eines eng begrenzten und genau definierten Ziels des Mutterunternehmens dient (Zweckgesellschaft). Neben Unternehmen können Zweckgesellschaften auch sonstige juristische Personen des Privatrechts oder unselbständige Sondervermögen des Privatrechts sein, ausgenommen als Sondervermögen aufgelegte offene inländische Spezial-AIF mit festen Anlagebedingungen im Sinn des § 284 des Kapitalanlagegesetzbuchs oder vergleichbare EU-Investmentvermögen oder ausländische Investmentvermögen, die den als Sondervermögen aufgelegten offenen inländischen Spezial-AIF mit festen Anlagebedingungen im Sinn des § 284 des Kapitalanlagegesetzbuchs vergleichbar sind, oder als Sondervermögen aufgelegte geschlossene inländische Spezial-AIF oder vergleichbare EU-Investmentvermögen oder ausländische Investmentvermögen, die den als Sondervermögen aufgelegten geschlossenen inländischen Spezial-AIF vergleichbar sind.

(3) Als Rechte, die einem Mutterunternehmen nach Absatz 2 zustehen, gelten auch die einem anderen Tochterunternehmen zustehenden Rechte und die den für Rechnung des Mutterunternehmens oder von Tochterunternehmen handelnden Personen zustehenden Rechte. Den einem Mutterunternehmen an einem anderen Unternehmen zustehenden Rechten werden die Rechte hinzugerechnet, über die es selbst oder eines seiner Tochterunternehmen auf Grund einer Vereinbarung mit anderen Gesellschaftern dieses Unternehmens verfügen kann. Abzuziehen sind Rechte, die

1. mit Anteilen verbunden sind, die von dem Mutterunternehmen oder von dessen Tochterunternehmen für Rechnung einer anderen Person gehalten werden, oder
2. mit Anteilen verbunden sind, die als Sicherheit gehalten werden, sofern diese Rechte nach Weisung des Sicherungsgebers oder, wenn ein Kreditinstitut die Anteile als Sicherheit für ein Darlehen hält, im Interesse des Sicherungsgebers ausgeübt werden.

(4) Welcher Teil der Stimmrechte einem Unternehmen zusteht, bestimmt sich für die Berechnung der Mehrheit nach Absatz 2 Nr. 1 nach dem Verhältnis der Zahl der Stimmrechte, die es aus den ihm gehörenden Anteilen ausüben kann, zur Gesamtzahl aller Stimmrechte. Von der Gesamtzahl aller Stimmrechte sind die Stimmrechte aus eigenen Anteilen abzuziehen, die dem Tochterunternehmen selbst, einem seiner Tochterunternehmen oder einer anderen Person für Rechnung dieser Unternehmen gehören.

(5) Ein Mutterunternehmen ist von der Pflicht, einen Konzernabschluss und einen Konzernlagebericht aufzustellen, befreit, wenn es nur Tochterunternehmen hat, die gemäß § 296 nicht in den Konzernabschluss einbezogen werden brauchen.

Vierter Titel
Vollkonsolidierung

§ 300
Konsolidierungsgrundsätze
Vollständigkeitsgebot

(1) In dem Konzernabschluss ist der Jahresabschluss des Mutterunternehmens mit den Jahresabschlüssen der Tochterunternehmen zusammenzufassen. An die Stelle der dem Mutterunternehmen gehörenden Anteile an den einbezogenen Tochterunternehmen treten die Vermögensgegenstände, Schulden, Rechnungsabgrenzungsposten und Sonderposten der Tochterunternehmen, soweit sie nach dem Recht des Mutterunternehmens bilanzierungsfähig sind und die Eigenart des Konzernabschlusses keine Abweichungen bedingt oder in den folgenden Vorschriften nichts anderes bestimmt ist.

(2) Die Vermögensgegenstände, Schulden und Rechnungsabgrenzungsposten sowie die Erträge und Aufwendungen der in den Konzernabschluss einbezogenen Unternehmen sind unabhängig von ihrer Berücksichtigung in den Jahresabschlüssen dieser Unternehmen vollständig aufzunehmen, soweit nach dem Recht des Mutterunternehmens nicht ein Bilanzierungsverbot oder ein Bilanzierungswahlrecht besteht. Nach dem Recht des Mutterunternehmens zulässige Bilanzierungswahlrechte dürfen im Konzernabschluss unabhängig von ihrer Ausübung in den Jahresabschlüssen der in den Konzernabschluss einbezogenen Unternehmen ausgeübt werden. Ansätze, die auf der Anwendung von für Kreditinstitute oder Versicherungsunternehmen wegen der Besonderheiten des Geschäftszweigs geltenden Vorschriften beruhen, dürfen beibehalten werden; auf die Anwendung dieser Ausnahme ist im Konzernanhang hinzuweisen.

§ 301
Kapitalkonsolidierung

(1) Der Wertansatz der dem Mutterunternehmen gehörenden Anteile an einem in den Konzernabschluss einbezogenen Tochterunternehmen wird mit dem auf diese Anteile entfallenden Betrag des Eigenkapitals des Tochterunternehmens verrechnet.

Anhang 24 HGB (Auszug)

Das Eigenkapital ist mit dem Betrag anzusetzen, der dem Zeitwert der in den Konzernabschluss aufzunehmenden Vermögensgegenstände, Schulden, Rechnungsabgrenzungsposten und Sonderposten entspricht, der diesen an dem für die Verrechnung nach Absatz 2 maßgeblichen Zeitpunkt beizulegen ist. Rückstellungen sind nach § 253 Abs. 1 Satz 2 und 3, Abs. 2 und latente Steuern nach § 274 Abs. 2 zu bewerten.

(2) Die Verrechnung nach Absatz 1 ist auf Grundlage der Wertansätze zu dem Zeitpunkt durchzuführen, zu dem das Unternehmen Tochterunternehmen geworden ist. Können die Wertansätze zu diesem Zeitpunkt nicht endgültig ermittelt werden, sind sie innerhalb der darauf folgenden zwölf Monate anzupassen. Stellt ein Mutterunternehmen erstmalig einen Konzernabschluss auf, sind die Wertansätze zum Zeitpunkt der Einbeziehung des Tochterunternehmens in den Konzernabschluss zugrunde zu legen, soweit das Tochterunternehmen nicht in dem Jahr Tochterunternehmen geworden ist, für das der Konzernabschluss aufgestellt wird. Das Gleiche gilt für die erstmalige Einbeziehung eines Tochterunternehmens, auf die bisher gemäß § 296 verzichtet wurde. In Ausnahmefällen dürfen die Wertansätze nach Satz 1 auch in den Fällen der Sätze 3 und 4 zugrunde gelegt werden; dies ist im Konzernanhang anzugeben und zu begründen.

(3) Ein nach der Verrechnung verbleibender Unterschiedsbetrag ist in der Konzernbilanz, wenn er auf der Aktivseite entsteht, als Geschäfts- oder Firmenwert und, wenn er auf der Passivseite entsteht, unter dem Posten "Unterschiedsbetrag aus der Kapitalkonsolidierung" nach dem Eigenkapital auszuweisen. Der Posten und wesentliche Änderungen gegenüber dem Vorjahr sind im Konzernanhang zu erläutern.

(4) Anteile an dem Mutterunternehmen, die einem in den Konzernabschluss einbezogenen Tochterunternehmen gehören, sind in der Konzernbilanz als eigene Anteile des Mutterunternehmens mit ihrem Nennwert oder, falls ein solcher nicht vorhanden ist, mit ihrem rechnerischen Wert, in der Vorspalte offen von dem Posten "Gezeichnetes Kapital" abzusetzen."

§ 302
(weggefallen)

§ 303
Schuldenkonsolidierung

(1) Ausleihungen und andere Forderungen, Rückstellungen und Verbindlichkeiten zwischen den in den Konzernabschluss einbezogenen Unternehmen sowie entsprechende Rechnungsabgrenzungsposten sind wegzulassen.

(2) Absatz 1 braucht nicht angewendet zu werden, wenn die wegzulassenden Beträge für die Vermittlung eines den tatsächlichen Verhältnissen entsprechenden Bildes der Vermögens-, Finanz- und Ertragslage des Konzerns nur von untergeordneter Bedeutung sind.

§ 304
Behandlung der Zwischenergebnisse

(1) In den Konzernabschluss zu übernehmende Vermögensgegenstände, die ganz oder teilweise auf Lieferungen oder Leistungen zwischen in den Konzernabschluss einbezogenen Unternehmen beruhen, sind in der Konzernbilanz mit einem Betrag anzusetzen, zu dem sie in der auf den Stichtag des Konzernabschlusses aufgestellten Jahresbilanz dieses Unternehmens angesetzt werden könnten, wenn die in den Konzernabschluss einbezogenen Unternehmen auch rechtlich ein einziges Unternehmen bilden würden.

(2) Absatz 1 braucht nicht angewendet zu werden, wenn die Behandlung der Zwischenergebnisse nach Absatz 1 für die Vermittlung eines den tatsächlichen Verhältnissen entsprechenden Bildes der Vermögens-, Finanz- und Ertragslage des Konzerns nur von untergeordneter Bedeutung ist.

§ 305
Aufwands- und Ertragskonsolidierung

(1) In der Konzern-Gewinn- und Verlustrechnung sind
1. bei den Umsatzerlösen die Erlöse aus Lieferungen und Leistungen zwischen den in den Konzernabschluss einbezogenen Unternehmen mit den auf sie entfallenden Aufwendungen zu verrechnen, soweit sie nicht als Erhöhung des Bestands an fertigen und unfertigen Erzeugnissen oder als andere aktivierte Eigenleistungen auszuweisen sind,
2. andere Erträge aus Lieferungen und Leistungen zwischen den in den Konzernabschluss einbezogenen Unternehmen mit den auf sie entfallenden Aufwendungen zu verrechnen, soweit sie nicht als andere aktivierte Eigenleistungen auszuweisen sind.

(2) Aufwendungen und Erträge brauchen nach Absatz 1 nicht weggelassen zu werden, wenn die wegzulassenden Beträge für die Vermittlung eines den tatsächlichen Verhältnissen entsprechenden Bildes der Vermögens-, Finanz- und Ertragslage des Konzerns nur von untergeordneter Bedeutung sind.

§ 306
Latente Steuern

Führen Maßnahmen, die nach den Vorschriften dieses Titels durchgeführt worden sind, zu Differenzen zwischen den handelsrechtlichen Wertansätzen der Vermögensgegenstände, Schulden oder Rechnungsabgrenzungsposten und deren steuerlichen Wertansätzen und bauen sich diese Differenzen in späteren Geschäftsjahren voraussichtlich wieder ab, so ist eine sich insgesamt ergebende Steuerbelastung als passive latente Steuern und eine sich insgesamt ergebende Steuerentlastung als aktive latente Steuern in der Konzernbilanz anzusetzen. Die sich ergebende Steuerbe- und die sich ergebende Steuerentlastung können auch unverrechnet angesetzt werden. Differenzen aus dem erstmaligen Ansatz eines nach § 301 Abs. 3 verbleibenden Unterschiedsbetrages bleiben unberücksichtigt. Das Gleiche gilt für Differenzen, die sich zwischen dem steuerlichen Wertansatz einer Beteiligung an einem Tochterunternehmen, assoziierten Unternehmen oder einem Gemeinschaftsunternehmen im Sinn des § 310 Abs. 1 und dem handelsrechtlichen Wertansatz des im Konzernabschluss angesetzten Nettovermögens ergeben. § 274 Abs. 2 ist entsprechend anzuwenden. Die Posten dürfen mit den Posten nach § 274 zusammengefasst werden.

§ 307
Anteile anderer Gesellschafter

(1) In der Konzernbilanz ist für nicht dem Mutterunternehmen gehörende Anteile an in den Konzernabschluss einbezogenen Tochterunternehmen ein Ausgleichsposten für die Anteile der anderen Gesellschafter in Höhe ihres Anteils am Eigenkapital unter dem Posten "nicht beherrschende Anteile" innerhalb des Eigenkapitals gesondert auszuweisen.

(2) In der Konzern-Gewinn- und Verlustrechnung ist der im Jahresergebnis enthaltene, anderen Gesellschaftern zustehende Gewinn und der auf sie entfallende Verlust nach dem Posten "Jahresüberschuss/Jahresfehlbetrag" unter dem Posten "nicht beherrschende Anteile" gesondert auszuweisen.

Fünfter Titel
Bewertungsvorschriften

§ 308
Einheitliche Bewertung

(1) Die in den Konzernabschluss nach § 300 Abs. 2 übernommenen Vermögensgegenstände und Schulden der in den Konzernabschluss einbezogenen Unternehmen sind nach den auf den Jahresabschluss des Mutterunternehmens anwendbaren Bewertungsmethoden einheitlich zu bewerten. Nach dem Recht des Mutterunternehmens zulässige Bewertungswahlrechte können im Konzernabschluss unabhängig von ihrer Ausübung in den Jahresabschlüssen der in den Konzernabschluss einbezogenen Unternehmen ausgeübt werden. Abweichungen von den auf den Jahresabschluss des Mutterunternehmens angewandten Bewertungsmethoden sind im Konzernanhang anzugeben und zu begründen.

(2) Sind in den Konzernabschluss aufzunehmende Vermögensgegenstände oder Schulden des Mutterunternehmens oder der Tochterunternehmen in den Jahresabschlüssen dieser Unternehmen

Anhang 24 HGB (Auszug)

nach Methoden bewertet worden, die sich von denen unterscheiden, die auf den Konzernabschluss anzuwenden sind oder die von den gesetzlichen Vertretern des Mutterunternehmens in Ausübung von Bewertungswahlrechten auf den Konzernabschluss angewendet werden, so sind die abweichend bewerteten Vermögensgegenstände oder Schulden nach den auf den Konzernabschluss angewandten Bewertungsmethoden neu zu bewerten und mit den neuen Wertansätzen in den Konzernabschluss zu übernehmen. Wertansätze, die auf der Anwendung von für Kreditinstitute oder Versicherungsunternehmen wegen der Besonderheiten des Geschäftszweigs geltenden Vorschriften beruhen, dürfen beibehalten werden; auf die Anwendung dieser Ausnahme ist im Konzernanhang hinzuweisen. Eine einheitliche Bewertung nach Satz 1 braucht nicht vorgenommen zu werden, wenn ihre Auswirkungen für die Vermittlung eines den tatsächlichen Verhältnissen entsprechenden Bildes der Vermögens-, Finanz- und Ertragslage des Konzerns nur von untergeordneter Bedeutung sind. Darüber hinaus sind Abweichungen in Ausnahmefällen zulässig; sie sind im Konzernanhang anzugeben und zu begründen.

§ 308a
Umrechnung von auf fremde Währung lautenden Abschlüssen

Die Aktiv- und Passivposten einer auf fremde Währung lautenden Bilanz sind, mit Ausnahme des Eigenkapitals, das zum historischen Kurs in Euro umzurechnen ist, zum Devisenkassamittelkurs am Abschlussstichtag in Euro umzurechnen. Die Posten der Gewinn- und Verlustrechnung sind zum Durchschnittskurs in Euro umzurechnen. Eine sich ergebende Umrechnungsdifferenz ist innerhalb des Konzerneigenkapitals nach den Rücklagen unter dem Posten "Eigenkapitaldifferenz aus Währungsumrechnung" auszuweisen. Bei teilweisem oder vollständigem Ausscheiden des Tochterunternehmens ist der Posten in entsprechender Höhe erfolgswirksam aufzulösen.

§ 309
Behandlung des Unterschiedsbetrags

(1) Die Abschreibung eines nach § 301 Abs. 3 auszuweisenden Geschäfts- oder Firmenwertes bestimmt sich nach den Vorschriften des Ersten Abschnitts.

(2) Ein nach § 301 Absatz 3 auf der Passivseite auszuweisender Unterschiedsbetrag kann ergebniswirksam aufgelöst werden, soweit ein solches Vorgehen den Grundsätzen der §§ 297 und 298 in Verbindung mit den Vorschriften des Ersten Abschnitts entspricht.

Sechster Titel
Anteilmäßige Konsolidierung

§ 310
Anteilmäßige Konsolidierung

(1) Führt ein in einen Konzernabschluss einbezogenes Mutter- oder Tochterunternehmen ein anderes Unternehmen gemeinsam mit einem oder mehreren nicht in den Konzernabschluss einbezogenen Unternehmen, so darf das andere Unternehmen in den Konzernabschluss entsprechend den Anteilen am Kapital einbezogen werden, die dem Mutterunternehmen gehören.

(2) Auf die anteilmäßige Konsolidierung sind die §§ 297 bis 301, §§ 303 bis 306, 308, 308a, 309 entsprechend anzuwenden.

Siebenter Titel
Assoziierte Unternehmen

§ 311
Definition. Befreiung

(1) Wird von einem in den Konzernabschlusss einbezogenen Unternehmen ein maßgeblicher Einfluss auf die Geschäfts- und Finanzpolitik eines nicht einbezogenen Unternehmens, an dem das Unternehmen nach § 271 Abs. 1 beteiligt ist, ausgeübt (assoziiertes Unternehmen), so ist diese Beteiligung in der Konzernbilanz unter einem besonderen Posten mit entsprechender Bezeichnung auszuweisen. Ein maßgeblicher Einfluß wird vermutet, wenn ein Unternehmen bei einem anderen Unternehmen mindestens den fünften Teil der Stimmrechte der Gesellschafter innehat.

(2) Auf eine Beteiligung an einem assoziierten Unternehmen brauchen Absatz 1 und § 312 nicht angewendet zu werden, wenn die Beteiligung für die Vermittlung eines den tatsächlichen Verhältnissen entsprechenden Bildes der Vermögens-, Finanz- und Ertragslage des Konzerns von untergeordneter Bedeutung ist.

§ 312
Wertansatz der Beteiligung und Behandlung des Unterschiedsbetrags

(1) Eine Beteiligung an einem assoziierten Unternehmen ist in der Konzernbilanz mit dem Buchwert anzusetzen. Der Unterschiedsbetrag zwischen dem Buchwert und dem anteiligen Eigenkapital des assoziierten Unternehmens sowie ein darin enthaltener Geschäfts- oder Firmenwert oder passiver Unterschiedsbetrag sind im Konzernanhang anzugeben.

(2) Der Unterschiedsbetrag nach Absatz 1 Satz 2 ist den Wertansätzen der Vermögensgegenstände, Schulden, Rechnungsabgrenzungsposten und Sonderposten des assoziierten Unternehmens insoweit zuzuordnen, als deren beizulegender Zeitwert höher oder niedriger ist als ihr Buchwert. Der nach Satz 1 zugeordnete Unterschiedsbetrag ist entsprechend der Behandlung der Wertansätze dieser Vermögensgegenstände, Schulden, Rechnungsabgrenzungsposten und Sonderposten im Jahresabschluss des assoziierten Unternehmens im Konzernabschluss fortzuführen, abzuschreiben oder aufzulösen. Auf einen nach Zuordnung nach Satz 1 verbleibenden Geschäfts- oder Firmenwert oder passiven Unterschiedsbetrag ist § 309 entsprechend anzuwenden. § 301 Abs. 1 Satz 3 ist entsprechend anzuwenden.

(3) Der Wertansatz der Beteiligung und der Unterschiedsbetrag sind auf der Grundlage der Wertansätze zu dem Zeitpunkt zu ermitteln, zu dem das Unternehmen assoziiertes Unternehmen geworden ist. Können die Wertansätze zu diesem Zeitpunkt nicht endgültig ermittelt werden, sind sie innerhalb der darauf folgenden zwölf Monate anzupassen. § 301 Absatz 2 Satz 3 bis 5 gilt entsprechend.

(4) Der nach Absatz 1 ermittelte Wertansatz einer Beteiligung ist in den Folgejahren um den Betrag der Eigenkapitalveränderungen, die den dem Mutterunternehmen gehörenden Anteilen am Kapital des assoziierten Unternehmens entsprechen, zu erhöhen oder zu vermindern; auf die Beteiligung entfallende Gewinnausschüttungen sind abzusetzen. In der Konzern-Gewinn- und Verlustrechnung ist das auf assoziierte Beteiligungen entfallende Ergebnis unter einem gesonderten Posten auszuweisen.

(5) Wendet das assoziierte Unternehmen in seinem Jahresabschluss vom Konzernabschluss abweichende Bewertungsmethoden an, so können abweichend bewertete Vermögensgegenstände oder Schulden für die Zwecke der Absätze 1 bis 4 nach den auf den Konzernabschluss angewandten Bewertungsmethoden bewertet werden. Wird die Bewertung nicht angepaßt, so ist dies im Konzernanhang anzugeben. Die §§ 304 und 306 sind entsprechend anzuwenden, soweit die für die Beurteilung maßgeblichen Sachverhalte bekannt oder zugänglich sind.

(6) Es ist jeweils der letzte Jahresabschluss des assoziierten Unternehmens zugrunde zu legen. Stellt das assoziierte Unternehmen einen Konzernabschluss auf, so ist von diesem und nicht vom Jahresabschluss des assoziierten Unternehmens auszugehen.

Dritter Unterabschnitt
Prüfung

§ 317
Gegenstand und Umfang der Prüfung

(1) In die Prüfung des Jahresabschlusses ist die Buchführung einzubeziehen. Die Prüfung des Jahresabschlusses und des Konzernabschlusses hat sich darauf zu erstrecken, ob die gesetzlichen Vorschriften und sie ergänzende Bestimmungen des Gesellschaftsvertrags oder der Satzung beachtet worden sind. Die Prüfung ist so anzulegen, dass Unrichtigkeiten und Verstöße gegen die in Satz 2 aufgeführten Bestimmungen, die sich auf die Darstellung des sich nach § 264 Abs. 2 ergebenden Bildes der Vermögens-, Finanz- und Ertragslage der Kapitalgesellschaft wesentlich auswirken, bei gewissenhafter Berufsausübung erkannt werden.

(2) Der Lagebericht und der Konzernlagebericht sind darauf zu prüfen, ob der Lagebericht mit dem Jahresabschluss, gegebenen-

falls auch mit dem Einzelabschluss nach § 325 Abs. 2a, und der Konzernlagebericht mit dem Konzernabschluss sowie mit den bei der Prüfung gewonnenen Erkenntnissen des Abschlussprüfers in Einklang stehen und ob der Lagebericht insgesamt ein zutreffendes Bild von der Lage der Kapitalgesellschaft und der Konzernlagebericht insgesamt ein zutreffendes Bild von der Lage des Konzerns vermittelt. Dabei ist auch zu prüfen, ob die Chancen und Risiken der künftigen Entwicklung zutreffend dargestellt sind. Die Prüfung des Lageberichts und des Konzernlageberichts hat sich auch darauf zu erstrecken, ob die gesetzlichen Vorschriften zur Aufstellung des Lage- oder Konzernlageberichts beachtet worden sind. Im Hinblick auf die Vorgaben nach den §§ 289b bis 289e und den §§ 315b und 315c ist nur zu prüfen, ob die nichtfinanzielle Erklärung oder der gesonderte nichtfinanzielle Bericht, die nichtfinanzielle Konzernerklärung oder der gesonderte nichtfinanzielle Konzernbericht vorgelegt wurde. Im Fall des § 289b Absatz 3 Satz 1 Nummer 2 Buchstabe b ist vier Monate nach dem Abschlussstichtag eine ergänzende Prüfung durch denselben Abschlussprüfer durchzuführen, ob der gesonderte nichtfinanzielle Bericht oder der gesonderte nichtfinanzielle Konzernbericht vorgelegt wurde; § 316 Absatz 3 Satz 2 gilt entsprechend mit der Maßgabe, dass der Bestätigungsvermerk nur zu ergänzen ist, wenn der gesonderte nichtfinanzielle Bericht oder der gesonderte nichtfinanzielle Konzernbericht nicht innerhalb von vier Monaten nach dem Abschlussstichtag vorgelegt worden ist. Die Prüfung der Angaben nach § 289f Absatz 2 und 5 sowie § 315d ist darauf zu beschränken, ob die Angaben gemacht wurden.

(3) Der Abschlussprüfer des Konzernabschlusses hat auch die im Konzernabschluss zusammengefassten Jahresabschlüsse, insbesondere die konsolidierungsbedingten Anpassungen, in entsprechender Anwendung des Absatzes 1 zu prüfen. Sind diese Jahresabschlüsse von einem anderen Abschlussprüfer geprüft worden, hat der Konzernabschlussprüfer dessen Arbeit zu überprüfen und dies zu dokumentieren.

(3a) Bei einer Kapitalgesellschaft, die als Inlandsemittent (§ 2 Absatz 14 des Wertpapierhandelsgesetzes) Wertpapiere (§ 2 Absatz 1 des Wertpapierhandelsgesetzes) begibt und keine Kapitalgesellschaft im Sinne des § 327a ist, hat der Abschlussprüfer im Rahmen der Prüfung auch zu beurteilen, ob die für Zwecke der Offenlegung erstellte Wiedergabe des Jahresabschlusses und die für Zwecke der Offenlegung erstellte Wiedergabe des Lageberichts den Vorgaben des § 328 Absatz 1 entsprechen. Bei einer Kapitalgesellschaft im Sinne des Satzes 1 hat der Abschlussprüfer des Konzernabschlusses im Rahmen der Prüfung auch zu beurteilen, ob die für Zwecke der Offenlegung erstellte Wiedergabe des Konzernabschlusses und die für Zwecke der Offenlegung erstellte Wiedergabe des Konzernlageberichts den Vorgaben des § 328 Absatz 1 entsprechen.

(4) Bei einer börsennotierten Aktiengesellschaft ist außerdem im Rahmen der Prüfung zu beurteilen, ob der Vorstand die ihm nach § 91 Abs. 2 des Aktiengesetzes obliegenden Maßnahmen in einer geeigneten Form getroffen hat und ob das danach einzurichtende Überwachungssystem seine Aufgaben erfüllen kann.

(4a) Soweit nichts anderes bestimmt ist, hat die Prüfung sich nicht darauf zu erstrecken, ob der Fortbestand der geprüften Kapitalgesellschaft oder die Wirksamkeit und Wirtschaftlichkeit der Geschäftsführung zugesichert werden kann.

(5) Bei der Durchführung einer Prüfung hat der Abschlussprüfer die internationalen Prüfungsstandards anzuwenden, die von der Europäischen Kommission in dem Verfahren nach Artikel 26 Absatz 3 der Richtlinie 2006/43/EG des Europäischen Parlaments und des Rates vom 17. Mai 2006 über Abschlussprüfungen von Jahresabschlüssen und konsolidierten Abschlüssen, zur Änderung der Richtlinien 78/660/EWG und 83/349/EWG des Rates und zur Aufhebung der Richtlinie 84/253/EWG des Rates (ABl. EU Nr. L 157 S. 87), die zuletzt durch die Richtlinie 2014/56/EU (ABl. L 158 vom 27.5.2014, S. 196) geändert worden ist, angenommen worden sind.

(6) Das Bundesministerium der Justiz und für Verbraucherschutz wird ermächtigt, im Einvernehmen mit dem Bundesministerium für Wirtschaft und Energie durch Rechtsverordnung, die nicht der Zustimmung des Bundesrates bedarf, zusätzlich zu den bei der Durchführung der Abschlussprüfung nach Absatz 5 anzuwendenden internationalen Prüfungsstandards weitere Abschlussprüfungsanforderungen vorzuschreiben, wenn dies durch den Umfang der Abschlussprüfung bedingt ist und den in den Absätzen 1 bis 4 genannten Prüfungszielen dient.

§ 321
Prüfungsbericht

(1) Der Abschlussprüfer hat über Art und Umfang sowie über das Ergebnis der Prüfung zu berichten; auf den Bericht sind die Sätze 2 und 3 sowie die Absätze 2 bis 4a anzuwenden. Der Bericht ist schriftlich und mit der gebotenen Klarheit abzufassen; in ihm ist vorweg zu der Beurteilung der Lage der Kapitalgesellschaft oder Konzerns durch die gesetzlichen Vertreter Stellung zu nehmen, wobei insbesondere auf die Beurteilung des Fortbestandes und der künftigen Entwicklung der Kapitalgesellschaft unter Berücksichtigung des Lageberichts und bei der Prüfung des Konzernabschlusses von Mutterunternehmen auch des Konzerns unter Berücksichtigung des Konzernlageberichts einzugehen ist, soweit die geprüften Unterlagen und der Lagebericht oder der Konzernlagebericht eine solche Beurteilung erlauben. Außerdem hat der Abschlussprüfer über bei Durchführung der Prüfung festgestellte Unrichtigkeiten oder Verstöße gegen gesetzliche Vorschriften sowie Tatsachen zu berichten, die den Bestand der geprüften Kapitalgesellschaft oder des Konzerns gefährden oder seine Entwicklung wesentlich beeinträchtigen können oder die schwerwiegende Verstöße der gesetzlichen Vertreter oder von Arbeitnehmern gegen Gesetz, Gesellschaftsvertrag oder die Satzung erkennen lassen.

(2) Im Hauptteil des Prüfungsberichts ist festzustellen, ob die Buchführung und die weiteren geprüften Unterlagen, der Jahresabschluss, der Lagebericht, der Konzernabschluss und der Konzernlagebericht den gesetzlichen Vorschriften und den ergänzenden Bestimmungen des Gesellschaftsvertrags oder der Satzung entsprechen. In diesem Rahmen ist auch über Beanstandungen zu berichten, die nicht zur Einschränkung oder Versagung des Bestätigungsvermerks geführt haben, soweit dies für die Überwachung der Geschäftsführung und der geprüften Kapitalgesellschaft von Bedeutung ist. Es ist auch darauf einzugehen, ob der Abschluss insgesamt unter Beachtung der Grundsätze ordnungsmäßiger Buchführung oder sonstiger maßgeblicher Rechnungslegungsgrundsätze ein den tatsächlichen Verhältnissen entsprechendes Bild der Vermögens-, Finanz- und Ertragslage der Kapitalgesellschaft oder des Konzerns vermittelt. Dazu ist auch auf wesentliche Bewertungsgrundlagen sowie darauf einzugehen, welchen Einfluss Änderungen in den Bewertungsgrundlagen einschließlich der Ausübung von Bilanzierungs- und Bewertungswahlrechten und der Ausnutzung von Ermessensspielräumen sowie sachverhaltsgestaltende Maßnahmen insgesamt auf die Darstellung der Vermögens-, Finanz- und Ertragslage haben. Hierzu sind die Posten des Jahres- und des Konzernabschlusses aufzugliedern und ausreichend zu erläutern, soweit diese Angaben nicht im Anhang enthalten sind. Es ist darzustellen, ob die gesetzlichen Vertreter die verlangten Aufklärungen und Nachweise erbracht haben.

(3) In einem besonderen Abschnitt des Prüfungsberichts sind Gegenstand, Art und Umfang der Prüfung zu erläutern. Dabei ist auch auf die angewandten Rechnungslegungs- und Prüfungsgrundsätze einzugehen.

(4) Ist im Rahmen der Prüfung eine Beurteilung nach § 317 Abs. 4 abgegeben worden, so ist deren Ergebnis in einem besonderen Teil des Prüfungsberichts darzustellen. Es ist darauf einzugehen, ob Maßnahmen erforderlich sind, um das interne Überwachungssystem zu verbessern.

(4a) Der Abschlussprüfer hat im Prüfungsbericht seine Unabhängigkeit zu bestätigen.

(5) Der Abschlussprüfer hat den Bericht unter Angabe des Datums zu unterzeichnen und den gesetzlichen Vertretern vorzulegen; § 322 Absatz 7 Satz 3 und 4 gilt entsprechend. Hat der Aufsichtsrat den Auftrag erteilt, so ist der Bericht ihm und gleichzeitig einem eingerichteten Prüfungsausschuss vorzulegen. Im Fall des Satzes 2 ist der Bericht unverzüglich nach Vorlage dem Geschäftsführungsorgan mit Gelegenheit zur Stellungnahme zuzuleiten.

§ 322
Bestätigungsvermerk

(1) Der Abschlussprüfer hat das Ergebnis der Prüfung schriftlich in einem Bestätigungsvermerk zum Jahresabschluss oder zum Konzernabschluss zusammenzufassen. Der Bestätigungsvermerk hat Gegenstand, Art und Umfang der Prüfung zu beschreiben und dabei die angewandten Rechnungslegungs- und Prüfungsgrundsätze anzugeben; er hat ferner eine Beurteilung des Prüfungsergebnisses zu enthalten. In einem einleitenden Abschnitt haben zumindest die Beschreibung des Gegenstands der Prüfung und die

Anhang 24 HGB (Auszug)

Angabe zu den angewandten Rechnungslegungsgrundsätzen zu erfolgen. Über das Ergebnis der Prüfung nach § 317 Absatz 3a ist in einem besonderen Abschnitt zu berichten.

(1a) Bei der Erstellung des Bestätigungsvermerks hat der Abschlussprüfer die internationalen Prüfungsstandards anzuwenden, die von der Europäischen Kommission in dem Verfahren nach Artikel 26 Absatz 3 der Richtlinie 2006/43/EG angenommen worden sind.

(2) Die Beurteilung des Prüfungsergebnisses muss zweifelsfrei ergeben, ob

1. ein uneingeschränkter Bestätigungsvermerk erteilt,
2. ein eingeschränkter Bestätigungsvermerk erteilt,
3. der Bestätigungsvermerk aufgrund von Einwendungen versagt oder
4. der Bestätigungsvermerk deshalb versagt wird, weil der Abschlussprüfer nicht in der Lage ist, ein Prüfungsurteil abzugeben.

Die Beurteilung des Prüfungsergebnisses soll allgemein verständlich und problemorientiert unter Berücksichtigung des Umstandes erfolgen, dass die gesetzlichen Vertreter den Abschluss zu verantworten haben. Auf Risiken, die den Fortbestand der Kapitalgesellschaft oder eines Konzernunternehmens gefährden, ist gesondert einzugehen. Auf Risiken, die den Fortbestand eines Tochterunternehmens gefährden, braucht im Bestätigungsvermerk zum Konzernabschluss des Mutterunternehmens nicht eingegangen zu werden, wenn das Tochterunternehmen für die Vermittlung eines den tatsächlichen Verhältnissen entsprechenden Bildes der Vermögens-, Finanz- und Ertragslage des Konzerns nur von untergeordneter Bedeutung ist.

(3) In einem uneingeschränkten Bestätigungsvermerk (Absatz 2 Satz 1 Nr. 1) hat der Abschlussprüfer zu erklären, dass die von ihm nach § 317 durchgeführte Prüfung zu keinen Einwendungen geführt hat und dass der von den gesetzlichen Vertretern der Gesellschaft aufgestellte Jahres- oder Konzernabschluss aufgrund der bei der Prüfung gewonnenen Erkenntnisse des Abschlussprüfers nach seiner Beurteilung den gesetzlichen Vorschriften entspricht und unter Beachtung der Grundsätze ordnungsmäßiger Buchführung oder sonstiger maßgeblicher Rechnungslegungsgrundsätze ein den tatsächlichen Verhältnissen entsprechendes Bild der Vermögens-, Finanz- und Ertragslage der Kapitalgesellschaft oder des Konzerns vermittelt. Der Abschlussprüfer kann zusätzlich einen Hinweis auf Umstände aufnehmen, auf die er in besonderer Weise aufmerksam macht, ohne den Bestätigungsvermerk einzuschränken.

(4) Sind Einwendungen zu erheben, so hat der Abschlussprüfer seine Erklärung nach Absatz 3 Satz 1 einzuschränken (Absatz 2 Satz 1 Nr. 2) oder zu versagen (Absatz 2 Satz 1 Nr. 3). Die Versagung ist in den Vermerk, der nicht mehr als Bestätigungsvermerk zu bezeichnen ist, aufzunehmen. Die Einschränkung oder Versagung ist zu begründen; Absatz 3 Satz 2 findet Anwendung. Ein eingeschränkter Bestätigungsvermerk darf nur erteilt werden, wenn der geprüfte Abschluss unter Beachtung der vom Abschlussprüfer vorgenommenen, in ihrer Tragweite erkennbaren Einschränkung ein den tatsächlichen Verhältnissen im Wesentlichen entsprechendes Bild der Vermögens-, Finanz- und Ertragslage vermittelt.

(5) Der Bestätigungsvermerk ist auch dann zu versagen, wenn der Abschlussprüfer nach Ausschöpfung aller angemessenen Möglichkeiten zur Klärung des Sachverhalts nicht in der Lage ist, ein Prüfungsurteil abzugeben (Absatz 2 Satz 1 Nr. 4). Absatz 4 Satz 2 und 3 gilt entsprechend.

(6) Die Beurteilung des Prüfungsergebnisses hat sich auch darauf zu erstrecken, ob der Lagebericht oder der Konzernlagebericht nach dem Urteil des Abschlussprüfers mit dem Jahresabschluss und gegebenenfalls mit dem Einzelabschluss nach § 325 Abs. 2a oder mit dem Konzernabschluss in Einklang steht, die gesetzlichen Vorschriften zur Aufstellung des Lage- oder Konzernlageberichts beachtet worden sind und der Lage- oder Konzernlagebericht insgesamt ein zutreffendes Bild von der Lage der Kapitalgesellschaft oder des Konzerns vermittelt. Dabei ist auch darauf einzugehen, ob die Chancen und Risiken der zukünftigen Entwicklung zutreffend dargestellt sind.

(6a) Wurden mehrere Prüfer oder Prüfungsgesellschaften gemeinsam zum Abschlussprüfer bestellt, soll die Beurteilung des Prüfungsergebnisses einheitlich erfolgen. Ist eine einheitliche Beurteilung ausnahmsweise nicht möglich, sind die Gründe hierfür darzulegen; die Beurteilung ist jeweils in einem gesonderten Absatz vorzunehmen. Die Sätze 1 und 2 gelten im Fall der gemeinsamen Bestellung von

1. Wirtschaftsprüfern oder Wirtschaftsprüfungsgesellschaften,
2. vereidigten Buchprüfern oder Buchprüfungsgesellschaften sowie
3. Prüfern oder Prüfungsgesellschaften nach den Nummern 1 und 2.

(7) Der Abschlussprüfer hat den Bestätigungsvermerk oder den Vermerk über seine Versagung unter Angabe des Ortes der Niederlassung des Abschlussprüfers und des Tages der Unterzeichnung zu unterzeichnen; im Fall des Absatzes 6a hat die Unterzeichnung durch alle bestellten Personen zu erfolgen. Der Bestätigungsvermerk oder der Vermerk über seine Versagung ist auch in den Prüfungsbericht aufzunehmen. Ist der Abschlussprüfer eine Wirtschaftsprüfungsgesellschaft, so hat die Unterzeichnung zumindest durch den Wirtschaftsprüfer zu erfolgen, welcher die Abschlussprüfung für die Prüfungsgesellschaft durchgeführt hat. Satz 3 ist auf Buchprüfungsgesellschaften entsprechend anzuwenden.

Kredite
und kreditähnliche Rechtsgeschäfte
der Gemeinden und Gemeindeverbände

Runderlass des Ministeriums für Inneres und Kommunales
vom 16.12.2014 (MBl. NRW. S. 866),
zuletzt geändert durch Runderlass vom 24.11.2021 (MBl. NRW. S. 1043)

1 Vorbemerkung und Geltungsbereich

Die Kreditaufnahme sowie der Abschluss kreditähnlicher Rechtsgeschäfte der Gemeinden unterliegen den Bestimmungen des § 86 der Gemeindeordnung Nordrhein-Westfalen (GO NRW) in der Fassung der Bekanntmachung vom 14.7.1994 (GV. NRW. S. 666), die zuletzt durch Artikel 5 des Gesetzes vom 11. April 2019 (GV. NRW. S. 202) geändert worden ist. Die Aufnahme von Krediten für Investitionen und der Abschluss kreditähnlicher Rechtsgeschäfte müssen sich nach der wirtschaftlichen Leistungskraft der Gemeinde richten. Um die stetige Aufgabenerfüllung und eine nachhaltig geordnete Haushaltswirtschaft sicherzustellen, ist die Vereinbarkeit der Rechtsgeschäfte mit der wirtschaftlichen Leistungskraft besonders sorgfältig zu prüfen.

Die Kredite für Investitionen werden haushaltsrechtlich von den Krediten zur Liquiditätssicherung (vgl. § 89 GO NRW) unterschieden. Sowohl Kredite für Investitionen als auch die Kredite zur Liquiditätssicherung können in unterschiedlichen Formen, auch in Form von Anleihen oder Schuldscheindarlehen, aufgenommen werden.

Der Runderlass gilt für die Gemeinden des Landes Nordrhein-Westfalen. Er ist von den Gemeindeverbänden entsprechend anzuwenden.

2 Kredite für Investitionen und zur Umschuldung
2.1 Allgemeine Grundsätze

Die Gemeinden dürfen nach § 86 Absatz 1 GO NRW Kredite für Investitionen und zur Umschuldung aufnehmen. Bei der Aufnahme dieser Kredite sind von der Gemeinde die haushaltswirtschaftlichen Grundsätze "Wirtschaftlichkeit" und "Sparsamkeit" sowie die Nachrangigkeit dieser Finanzierung nach § 77 Absatz 4 GO NRW zu beachten. Vor der Aufnahme eines Kredites sind deshalb im Regelfall Angebote verschiedener Kreditgeber einzuholen. Für die Wirtschaftlichkeit eines Angebotes sind alle Vertragselemente zu berücksichtigen und zu bewerten.

2.1.1 Kreditkosten

Das Entgelt für den Kredit wird durch Ermittlung des (vorläufigen) effektiven Jahreszinses unter Berücksichtigung aller mit der Kreditaufnahme verbundenen Kosten festgestellt. Zu diesen Kosten zählen auch Disagios, Vermittlungs- und Abschlussgebühren.

Für die Kosten eines Kredites ist die Zinsbelastung von entscheidender Bedeutung. Es ist deshalb unter wirtschaftlichen Gesichtspunkten beim Abschluss und während der Laufzeit eines Kredites immer auf die mögliche Zinsentwicklung und auf eine ausgewogene Strukturierung des Schuldenportfolios zu achten, um auf Zinsänderungsrisiken bzw. -chancen hinreichend reagieren zu können.

2.1.2 Laufzeit und Tilgung, Kündigungs- und Optionsvereinbarungen

Die Laufzeit eines Kredites soll sich grundsätzlich an der Lebensdauer der damit finanzierten Vermögensgegenstände orientieren. Langfristig nutzbare Vermögensgegenstände sollen möglichst auch durch langfristige Kredite finanziert werden, sofern nicht eine andere Laufzeit aus Gründen des Wirtschaftlichkeitsgebotes angezeigt ist. Die zu vereinbarende Tilgung kann sich im Regelfall an den erforderlichen Abschreibungen der Vermögensgegenstände orientieren. Sie soll mit der Leistungskraft der Gemeinde in Einklang stehen.

Die Vereinbarung besonderer Kündigungs- oder Optionsrechte zulasten der Gemeinde ist nur dann zulässig, wenn die Gemeinde im Rahmen ihrer Liquiditätsplanung eine hinreichende Vorsorge zur Anschlussfinanzierung getroffen hat. Sofern besondere Kündigungs- oder Optionsrechte vereinbart werden, so sind diese bei der Berechnung des Kreditentgeltes entsprechend zu berücksichtigen.

2.1.3 Weitergabe von Krediten

Es ist haushaltsrechtlich zulässig, dass die Gemeinden Kredite aufnehmen und ihren Beteiligungen zur Verfügung stellen (Investitionsförderung). Im Rahmen ihrer Aufgabenerledigung handelt es sich nach Auffassung der Bundesanstalt für Finanzdienstleistungsaufsicht dabei nicht um Bankgeschäfte im Sinne des Kreditwesensgesetzes KWG in der Fassung der Bekanntmachung vom 09. September 1998 (BGBl. I S. 2776), das zuletzt durch Artikel 6 des Gesetzes vom 08. Juli 2019 (BGBl. I S. 1002) geändert worden ist.

Das sogenannte Konzernprivileg nach § 2 Absatz 1 Nummer 7 (KWG) ist auf die Weitergabe von Krediten anwendbar. Voraussetzung für die Anwendbarkeit des sog. Konzernprivilegs ist das Bestehen einer Allein- oder Mehrheitsgesellschafterstellung der Gemeinde als Mutter oder die Verpflichtung zur Vollkonsolidierung in den Gesamtabschluss nach den §§ 116 Absatz 3, 116b GO NRW in Verbindung mit § 51 Kommunalhaushaltsverordnung Nordrhein-Westfalen vom 12. Dezember 2018 (GV. NRW. S. 708) im Folgenden KomHVO NRW genannt.

Die Gemeinde hat die Weitergabe ihrer Kredite unter Beachtung der dazu getroffenen Vereinbarung in ihrer Bilanz anzusetzen und im Anhang zu erläutern. Bei der Weitergabe von Krediten an Beteiligungen sowie bei der Einrichtung eines Liquiditätsverbundes (Abschnitt 3.2) sind die Vorgaben des europäischen Rechts für staatliche Beihilfen und steuerliche Auswirkungen zu beachten.

2.2 Zinsderivate
2.2.1 Risikobegrenzung und Konnexität

Die Gemeinden können Zinsderivate zur Zinssicherung und zur Optimierung ihrer Zinsbelastung nutzen. Auch bei der Optimierung ihrer Zinsbelastung verpflichten die maßgeblichen Haushaltsgrundsätze die Gemeinden zur Beachtung des Vorrangs der Sicherheit und Risikominimierung bei der Gestaltung der Kreditkonditionen. Die Zinsderivate müssen deshalb bereits bestehenden Krediten zugeordnet werden können (Konnexität).

Die vielfältigen Finanzinstrumente der Geld- und Kapitalmärkte sollen im Rahmen einer Risikostreuung nur in einem angemessenen und vertretbaren Umfang in Anspruch genommen werden. Bei der Portfoliosteuerung - insbesondere bei der Zusammenstellung des Portfolios - ist bei den damit einhergehenden Risiken in der Gesamtschau darauf zu achten, dass durch die Zinsderivate bestehende Zinsrisiken nicht erhöht werden.

2.2.2 Verpflichtung zum sorgfältigen Umgang mit Zinsderivaten

Zinsderivate können von den Gemeinden eigenverantwortlich im Rahmen ihrer kommunalen Selbstverwaltung genutzt werden. Hieraus ergibt sich, dass die Gemeinden im eigenen Interesse die Chancen und Risiken nach den entsprechenden fachlichen Gesichtspunkten und mit der gebotenen Sorgfalt beurteilen müssen. Die abgeschlossenen Finanzgeschäfte sind hinsichtlich ihres Umfangs und ihrer Grundlagen zu dokumentieren. Es ist dabei konkret zu belegen, dass die Wirkungsweise und die Risiken des jeweils gewünschten Zinsderivats der Gemeinde bekannt sind. Sofern auch eine Entscheidung über ein selbst gesetztes eigenverantwortliches Risikolimit zu treffen ist, hat die Gemeinde dieses ebenfalls zu dokumentieren.

Im Zweifelsfall sollen sich die Gemeinden bei diesen Finanzgeschäften einer spezialisierten Fachberatung bedienen. Während der Laufzeit der Zinsderivate sind die von der Gemeinde abgeschlossenen Finanzgeschäfte in eine laufende Risikokontrolle und in ein Berichtswesen einzubeziehen. Es ist dabei nicht ausreichend, die Kontrolle über die gemeindlichen Finanzgeschäfte nur einmal jährlich vorzunehmen.

2.2.3 Bewertungseinheiten bei Zinsderivaten

Es ist eine sachgerechte Analyse der bestehenden Sicherungsbeziehungen vorzunehmen. Es können Bewertungseinheiten gebildet werden, sofern folgende Voraussetzungen kumulativ vorliegen:
- Beim Grund- und Sicherungsgeschäft liegt aufgrund des diese Geschäfte beeinflussenden Risikoparameters eine gegenläufige Wertentwicklung vor (Homogenität der Risiken).

- Der Sicherungszusammenhang muss für den gesamten Zeitraum gegeben oder zumindest herstellbar sein (zeitliche Kongruenz).
- Das Volumen des Sicherungsgeschäfts darf das Volumen der Grundgeschäfte zu keinem Zeitpunkt übersteigen (abstrakte Konnexität).

Bei der Bildung von Bewertungseinheiten entfällt die Pflicht zur Einzelbewertung und zur gesonderten Bilanzierung.

Der Sicherungszusammenhang zwischen Grund- und Sicherungsgeschäft muss dabei über die gesamte Laufzeit des Zinsderivates nachvollziehbar und transparent dokumentiert sein. Die Gemeindeprüfungsanstalt Nordrhein-Westfalen hat für ihre überörtliche Prüfung, insbesondere zur Bilanzierung von Zinsderivaten, weitere Informationen unter www.gpa.nrw.de veröffentlicht.

2.2.4 Beteiligung des Rates beim Einsatz von Zinsderivaten

Die Entscheidungen über den Einsatz von Zinsderivaten sind - wie bei anderen für die Gemeinden bedeutsamen Geschäften - im Zweifel nicht als Geschäfte der laufenden Verwaltung zu behandeln (§ 41 GO NRW). Haben die Zinsderivatgeschäfte jedoch nur eine völlig untergeordnete Bedeutung für die Haushaltswirtschaft der Gemeinde, kann von einer vorherigen Beteiligung des Rates abgesehen werden. Die örtliche Dienstanweisung soll dazu nähere Bestimmungen enthalten.

2.2.5 Örtliche Dienstanweisungen

Die Gemeinden sind verpflichtet, eine örtliche Dienstanweisung zu erlassen. Zu den Regelungsinhalten gehören z. B. der Einsatz von Finanzinstrumenten, Verfahren zur Abschätzung von Chancen und Risiken von Finanzgeschäften, eine Risikomessung und Risikobegrenzung, die Beteiligung des Rates nach Nummer 2.2.4 und das Berichtswesen. Die örtlichen Bestimmungen sind für den Umgang mit Zinsderivaten heranzuziehen und dem Abschluss der einzelnen Finanzgeschäfte zu Grunde zu legen. Muster für eine Dienstanweisung sind als Arbeitshilfe bei den kommunalen Spitzenverbänden abrufbar.

2.3 Kredite in fremder Währung

Die Gemeinden können aus Wirtschaftlichkeitserwägungen auch Kredite in fremder Währung aufnehmen. Für die Aufnahme von Krediten in fremder Währung gilt der Abschnitt 2.2 entsprechend. Zudem müssen nachfolgende Anforderungen bei der Risikoabwägung und Risikovorsorge erfüllt sein.

2.3.1 Risikoabwägung

Zur Vorbereitung der Entscheidung der Gemeinde über die Aufnahme von Krediten in fremder Währung sind unter Berücksichtigung der örtlichen Bedürfnisse die Entscheidungs- und Auswahlkriterien einschließlich möglicher Zins- bzw. Währungssicherungsinstrumente durch die Gemeinde zu bestimmen. Von der Gemeinde sind dafür die notwendigen Informationen einzuholen. Dies umfasst insbesondere die Verpflichtung, sich selbst Kenntnisse über Sicherheiten und Risiken im Vergleich zu einer anderen Kreditaufnahme zu verschaffen. Wegen des möglichen Wechselkursrisikos von Fremdwährungen bedarf es außerdem der laufenden, eigenverantwortlichen "Kontrolle" über die gesamte Laufzeit des Kreditgeschäfts in fremder Währung.

2.3.2 Risikovorsorge

Von den Gemeinden muss bei der Aufnahme von Krediten in fremder Währung, abhängig von der Höhe des Wechselkursrisikos, gleichzeitig eine Risikovorsorge getroffen werden. Sie kann regelmäßig darin bestehen, dass die Vorteile der Gemeinde aus der Aufnahme von Krediten in fremder Währung nicht vollständig für Zwecke des gemeindlichen Haushalts abgeschöpft werden. Für diese Risikovorsorge ist deshalb eine Rückstellung entsprechend § 37 Absatz 6 KomHVO NRW zu bilden. Die Rückstellung ist nach Wegfall des besonderen Fremdwährungsrisikos aufzulösen. Sollten keine konkreten Anhaltspunkte für die Bestimmung der Risikovorsorge vorliegen, kann ein Wertansatz in Höhe der Hälfte des Zinsvorteils der Gemeinde aus der Kreditaufnahme in ausländischer Währung in der Bilanz passiviert werden.

2.4 Sonstige Vorschriften

Zur Kundeneinstufung von kommunalen Gebietskörperschaften wird auf die Vorschriften des Wertpapierhandelsgesetzes in der Fassung der Bekanntmachung vom 09. September 1998 (BGBl. I S. 2708), das zuletzt durch Artikel 3 des Gesetzes vom 08. Juli 2019 (BGBl. I S. 1002) geändert worden ist, hingewiesen. Die Auslegung der Vorschriften und die bankenaufsichtsrechtliche Zuständigkeit hierfür obliegen der Bundesanstalt für Finanzdienstleistungsaufsicht.

3 Kredite zur Liquiditätssicherung

3.1 Allgemeine Grundsätze

Die Gemeinden dürfen zur rechtzeitigen Leistung ihrer Auszahlungen die notwendigen Liquiditätskredite bis zu dem in der Haushaltssatzung festgesetzten Höchstbetrag aufnehmen, sofern keine anderen Mittel zur Verfügung stehen (§ 89 GO NRW). Eine besondere Bedeutung kommt dabei dem Wirtschaftlichkeitsgebot zu. Über die Finanzrechnung nach § 40 KomHVO NRW werden diese Kredite im gemeindlichen Jahresabschluss erfasst und nachgewiesen. Der Überblick über die Verstärkung der liquiden Mittel der Gemeinde durch die Liquiditätskredite wird auf der Passivseite der gemeindlichen Bilanz durch den gesonderten Posten "Verbindlichkeiten aus Krediten zur Liquiditätssicherung" sowie im Verbindlichkeitenspiegel nach § 48 KomHVO NRW erfasst und mit ihrem Stand nachgewiesen.

Die Vorschrift des § 89 GO NRW enthält keine Bestimmung zur Laufzeit von Krediten zur Liquiditätssicherung. Es obliegt daher der Gemeinde, die Laufzeit dieser Kredite unter Beachtung der haushaltwirtschaftlichen Bestimmungen und Erfordernisse eigenverantwortlich mit dem Kreditgeber zu vereinbaren. Dabei darf der Charakter der Kredite zur Liquiditätssicherung nicht außer Acht gelassen werden. Die Gemeinde hat daher bei ihrer Entscheidung zu beachten, dass diese Kredite dem Zweck dienen, die Zahlungsfähigkeit der Gemeinde im jeweiligen Haushaltsjahr aufrecht zu erhalten. Die Kredite zur Liquiditätssicherung sind grundsätzlich von vorübergehender Natur.

Die Gemeinde kann für einen Anteil am Gesamtbestand ihrer Kredite zur Liquiditätssicherung auch Zinsvereinbarungen über eine mehrjährige Laufzeit nach den folgenden Maßgaben treffen:

1. Für den Gesamtbestand an Krediten zur Liquiditätssicherung darf die Gemeinde Zinsvereinbarungen mit einer Laufzeit von bis zu fünfzig Jahren vorsehen.
2. Maßgeblich für die Berechnung der Zins- und/oder Liquiditätsvereinbarungen ist der Bestand an Krediten zur Liquiditätssicherung zum Abschlussstichtag des Vorjahres. Bei bereits eingegangenen Zinsvereinbarungen sind die Restlaufzeiten zugrunde zu legen.
3. Macht die Gemeinde von der Möglichkeit Gebrauch, Zinsvereinbarungen über eine mehrjährige Laufzeit zu treffen, hat sie insbesondere in ihrer mittelfristigen Finanzplanung nachzuweisen, dass aus haushaltswirtschaftlichen Gründen eine vorzeitige Tilgung der Kredite nicht in Betracht kommt oder entsprechende Kündigungsoptionen vereinbart werden.

Zinsvereinbarungen, die eine Laufzeit von zehn Jahren überschreiten, hat die Gemeinde zuvor mit der örtlich zuständigen Kommunalaufsicht abzustimmen. Zu diesem Zweck hat sie die Aufsicht rechtzeitig von der Durchführung der beabsichtigten Maßnahmen zu unterrichten und ihr mit Hilfe geeigneter Unterlagen nachzuweisen, dass sie die Maßgaben nach den betreffenden Regelungen dieses Erlasses erfüllt. Nimmt die Aufsicht binnen zweier Wochen nach Eingang des Abstimmungsersuchens hierzu keine Stellung, gilt das Abstimmungsverfahren als ordnungsgemäß abgeschlossen. Die Aufsicht kann auf die Durchführung von Abstimmungsverfahren verzichten.

Für Kredite zur Liquiditätssicherung gilt der Abschnitt 2.1 entsprechend. Die Abschnitte 2.2 und 2.3 finden Anwendung, wenn die Gemeinde bei Krediten zur Liquiditätssicherung auch Zinssicherungsinstrumente einsetzt und/oder diese Kredite in einer Fremdwährung aufnimmt.

3.2 Liquiditätsverbund (Cashpooling)

Ein Liquiditätsverbund (Cashpooling) bedeutet, dass die Gemeinde und ihre Beteiligungen die jeweils zur Verfügung stehende Liquidität auf einem gemeinsamen Konto zusammenführen. Dadurch können die notwendigen Kreditaufnahmen insgesamt minimiert und für die verfügbare Liquidität gegebenenfalls günstigere Konditionen erzielt werden. Die

Einrichtung eines Liquiditätsverbundes steht unter dem Vorbehalt der Wirtschaftlichkeit nach § 75 Absatz 1 GO NRW, die nach den Gesamtumständen gegeben sein muss.

Ein Liquiditätsverbund bei der Gemeinde ist nicht als erlaubnispflichtiges Bankgeschäft zu bewerten. Nach Auffassung der Bundesanstalt für Finanzdienstleistungsaufsicht sind diese Geschäfte im Rahmen des Konzernprivilegs nach § 2 Absatz 1 Nummer 7 KWG zulässig. Voraussetzung für eine Anwendbarkeit des sog. Konzernprivilegs ist das Bestehen einer Allein- oder Mehrheitsgesellschafterstellung der Gemeinde als Mutter oder die Verpflichtung zur Vollkonsolidierung in den Gesamtabschluss nach den §§ 116 Absatz 3, 116b GO NRW in Verbindung mit § 51 KomHVO NRW.

Richtet eine Gemeinde einen Liquiditätsverbund zwischen der Kernverwaltung und ihren Beteiligungen ein, bedarf es einer Abstimmung über die Abwicklung der Geldgeschäfte und der Übernahme von Verantwortlichkeiten zwischen den Beteiligten einschließlich der ggf. für die Abwicklung beauftragten Bank. Die jeweiligen Verbindlichkeiten und Forderungen müssen den Beteiligten eindeutig zuzuordnen sein. Die Führung eines eigenen Verrechnungskontos durch die Gemeinde oder einer Beteiligung ist deshalb unabdingbar.

Wenn rechtlich selbständige gemeindliche Unternehmen und Einrichtungen der Gemeinde in einen Liquiditätsverbund einbezogen werden, kann die finanzwirtschaftliche Verantwortung für den Verbund nicht alleine von der Gemeinde (Kernverwaltung) getragen werden. Eine Risikoverlagerung zulasten der Gemeinde (Kernverwaltung) darf deshalb nicht stattfinden. Die Risiken, die mit der Einrichtung eines Liquiditätsverbundes verbunden sind, müssen im Einzelnen benannt, zugeordnet, bewertet und mit den wirtschaftlichen Chancen sorgfältig abgewogen werden. Die organisatorischen Verantwortlichkeiten sind von der Gemeinde eigenverantwortlich festzulegen und zu dokumentieren.

Werden Dritte beauftragt, die Gemeinde bei der Verwaltung des Liquiditätsverbundes fachlich zu beraten oder zu unterstützen, ist die Gemeinde verpflichtet, eine wirksame Kontrolle gegenüber den Dritten sicherzustellen. Sie hat in jedem Fall zu gewährleisten, dass insbesondere die ihr gesetzlich zugewiesenen Aufgaben in ihrer Verfügungs- und Entscheidungsbefugnis verbleiben.

Die Einrichtung eines Liquiditätsverbundes darf nicht dazu führen, dass die Gemeinde den in der Haushaltssatzung festgesetzten Höchstbetrag an Krediten zur Liquiditätssicherung überschreitet. Der kurzfristige Abfluss von Liquiditätsmitteln von der Gemeinde an Beteiligungen im Rahmen des Liquiditätsverbundes ist nur dann zulässig, wenn vorhandene liquide Mittel im Rahmen der unterjährigen Finanzplanung zeitweise absehbar von der Gemeinde nicht gebraucht werden. Dabei ist der rechtliche Rahmen, den § 89 GO NRW vorgibt, zu beachten. Für den in der Haushaltssatzung festzusetzenden Höchstbetrag gilt der Grundsatz realistischer Planung.

4 Kreditähnliche Rechtsgeschäfte
4.1 Allgemeine Grundsätze

Neben der Aufnahme von Krediten wird die Haushaltswirtschaft der Gemeinden auch durch den Abschluss kreditähnlicher Rechtsgeschäfte zukünftig belastet. Das kreditähnliche Rechtsgeschäft begründet eine Zahlungsverpflichtung der Gemeinde, die einer Kreditaufnahme wirtschaftlich gleichkommt (§ 86 Absatz 4 Satz 1 GO NRW). Die hieraus übernommenen Verpflichtungen dürfen die dauerhafte Leistungsfähigkeit der Gemeinden nicht gefährden. Gemeinden müssen deshalb für die kreditähnlichen Rechtsgeschäfte die gleichen Maßstäbe wie für eine Kreditaufnahme anlegen.

Für die Beurteilung, ob ein kreditähnliches Rechtsgeschäft vorliegt, kommt es auf den Einzelfall an. Entscheidend ist nicht die formale Bezeichnung und Einordnung des Geschäftes, sondern dessen wirtschaftliche Auswirkung. Beispiele kreditähnlicher Rechtsgeschäfte sind Leasinggeschäfte, atypische, langfristige Mietverträge ohne Kündigungsmöglichkeiten bzw. Nutzungsüberlassungsverträge für Gebäude auf gemeindeeigenen Grundstücken, periodenübergreifende Stundungsabreden, aber auch Leibrentenverträge und Ratenkaufmodelle. Dazu zählen auch Projekte der Gemeinden in einer öffentlich privaten Partnerschaft (ÖPP), z. B. mit kombinierten kreditähnlichen Vertragselementen.

4.2 Anzeigepflicht

Die Entscheidung über die Begründung einer Zahlungsverpflichtung, die wirtschaftlich einer Kreditverpflichtung gleichkommt, ist nach § 86 Absatz 4 Satz 1 GO NRW der Aufsichtsbehörde unverzüglich, spätestens einen Monat vor der rechtsverbindlichen Eingehung der Verpflichtung, schriftlich anzuzeigen. Unter die Anzeigepflicht fallen auch spätere Änderungen der in § 86 Absatz 4 GO NRW genannten Zahlungsverpflichtungen, wenn sie zu einer höheren Belastung der Gemeinde führen.

In der Anzeige sind die tatsächlichen Verhältnisse und die finanziellen Auswirkungen im Rahmen eines Wirtschaftlichkeitsvergleiches darzustellen und auf Verlangen durch Vorlage der vertraglichen Abmachungen zu belegen. Die Monatsfrist ist keine Ausschlussfrist für aufsichtsbehördliches Handeln. Von der Anzeigepflicht ausgenommen sind Rechtsgeschäfte, die als Geschäfte der laufenden Verwaltung nach § 41 Absatz 3 GO NRW gelten und abgeschlossen werden.

4.3 Nachweis der kreditähnlichen Rechtsgeschäfte

Zur Gewährleistung einer geordneten Haushaltswirtschaft hat die Gemeinde die aus kreditähnlichen Rechtsgeschäften bestehenden Finanzierungsverpflichtungen vollständig im Haushaltsplan darzustellen. Im Vorbericht zum Haushaltsplan ist deshalb aufzuführen, wie hoch die Belastungen aus kreditähnlichen Rechtsgeschäften (insbesondere Immobilien-Leasing) in den folgenden Jahren sein werden.

Der Nachweis der Verbindlichkeiten aus kreditähnlichen Rechtsgeschäften ist im Jahresabschluss der Gemeinde zu führen. In der Bilanz und im Anhang sowie im Verbindlichkeitenspiegel sind die dafür vorgesehenen Angaben zu machen und zu erläutern.

5 Besondere kreditähnliche Rechtsgeschäfte: ÖPP und Leasing
5.1.1 Ausschreibungspflicht

Bei der Vereinbarung eines ÖPP-Projekts (Abschnitt 2) oder eines Leasingvertrags durch die Gemeinde handelt es sich in der Regel um die Vergabe eines öffentlichen Auftrags. Nach § 26 Absatz 1 KomHVO NRW hat dem Auftrag grundsätzlich eine öffentliche Ausschreibung vorauszugehen. Damit soll sichergestellt werden, dass die Angebote der in Frage kommenden Unternehmen im Leistungswettbewerb mit anderen Bewerbern zustande kommen, so dass die Gemeinde in die Lage versetzt wird, unter Ausnutzung aller Chancen am Markt das für sie wirtschaftlichste Angebot zu wählen.

Bei der Vergabe öffentlicher Aufträge gelten grundsätzlich die Regelungen des Gesetzes gegen Wettbewerbsbeschränkungen in der Fassung der Bekanntmachung vom 26. Juni 2013 (BGBl. I S. 1750, 3245), das zuletzt durch Artikel 10 des Gesetzes vom 12 Juli 2018 (BGBl. I S. 1151) geändert worden ist, in der jeweils geltenden Fassung, sofern im Einzelfall der Auftragswert die EU-Schwellenwerte ohne Umsatzsteuer erreicht oder übersteigt. Bei Auftragsvergaben deren Auftragswerte im Einzelfall die EU-Schwellenwerte nicht erreichen, gelten nach § 26 Absatz 2 KomHVO NRW die Vergabebestimmungen, die das für Kommunales zuständige Ministerium festlegt. Derzeit gelten für die Gemeinden die Vergabegrundsätze, die mit dem Runderlass "Kommunale Vergabegrundsätze" vom 28. August 2018 (MBl. NRW. S. 497), der durch Runderlass vom 29. März 2019 (MBl. NRW. S. 168) geändert worden ist, veröffentlicht worden sind.

5.1.2 Zuwendungsrecht

Die Gemeinden haben die Landeszuwendungen im Rahmen der vorgegebenen Zweckbestimmungen zu verwenden. ÖPP/Leasing-Projekte sind grundsätzlich förderfähig. Die Fördermittel können an private Unternehmen mit der Maßgabe weitergeleitet werden, dass die Bestimmungen des Bewilligungsbescheides berücksichtigt werden. Die Bestimmungen des einzelnen Zuwendungsbescheides und die haushaltsrechtlichen Bestimmungen sind zu beachten.

5.2 Öffentlich Private Partnerschaft (ÖPP)

Durch die Umsetzung von ÖPP-Projekten können Gemeinden privates Kapital und Know-how in die Aufgabenerfüllung einbeziehen. Insbesondere durch Modelle, die über eine Investitionsfinanzierung hinausgehen, können Effizienzvorteile erreicht werden. In diesem Sinne handelt es sich bei

ÖPP-Projekten um eine langfristige, vertraglich geregelte Zusammenarbeit der Gemeinden mit privaten Unternehmen. Dabei werden in der Regel die Planung, der Bau, die Finanzierung, die Instandhaltung und Instandsetzung sowie weitere betriebliche Leistungen über den gesamten Lebenszyklus einer Liegenschaft von dem privaten Partner übernommen. Die Finanzierung erfolgt durch laufende Nutzungsentgelte, Leasingraten oder Mieten der Gemeinde. ÖPP-Projekte stellen für die Gemeinden kreditähnliche Rechtsgeschäfte dar und sind deshalb nach § 86 Absatz 4 GO NRW anzeigepflichtig.

5.2.1 Wirtschaftlichkeitsuntersuchung, konventioneller Vergleichswert (Public Sector Comparator, PSC)

Zum Nachweis der Wirtschaftlichkeit eines ÖPP-Projektes besteht im Rahmen der Anzeige nach § 86 Absatz 4 GO NRW für die Gemeinde die Verpflichtung, eine Wirtschaftlichkeitsuntersuchung vorzulegen, die das ÖPP-Projekt mit den Kosten einer Eigenerstellung vergleicht (Konventioneller Vergleichswert/PSC). Im Ergebnis darf die ÖPP-Lösung wirtschaftlich grundsätzlich nicht ungünstiger sein, als die Eigenerstellung. Bei der Ermittlung des PSC müssen die voraussichtlichen Kosten und mögliche Erlöse der Eigenerstellung bezogen auf die geplante Vertragslaufzeit geschätzt werden.

Dazu gehören: Investitionskosten (Planung und Bau), Finanzierungskosten, Betriebskosten (inkl. Instandhaltungs- und Instandsetzungskosten), Transaktions- und Verwaltungskosten, Risikokosten und mögliche Erlöse aus der Verwertung. Die Methodik des PSC im Einzelnen ist dem Leitfaden "Wirtschaftlichkeitsvergleich bzw. -untersuchungen bei PPP-Projekten" des Finanzministeriums Nordrhein-Westfalen zu entnehmen, der auf der Internetseite **https://broschueren.nordrheinwestfalendirekt.de/broschuerenservice/finanzministerium/leitfaden-der-ppp-initiative-wirtschaftlichkeitsuntersuchung-bei-ppp-projekten/706** zur Verfügung gestellt worden ist.

5.2.2 Bilanzierung des ÖPP-Projektes

Ob und in welcher Höhe die Bilanzierung eines ÖPP-Projektes bei der Gemeinde vorzunehmen ist, richtet sich grundsätzlich nach den Vorschriften der KomHVO NRW. Für eine Aktivierung und Passivierung in der gemeindlichen Bilanz ist das wirtschaftliche Eigentum der Gemeinde am Vermögensgegenstand ausschlaggebend. Aus Gründen der Vereinfachung kann im Regelfall die steuerrechtliche Behandlung des jeweiligen Projektes zugrunde gelegt werden, die durch die Leasingerlasse des Bundesministeriums der Finanzen geregelt wurde. Diese Erlasse werden z. B. auf der Internetseite **http://bdl.leasingverband.de/leasing/leasingerlasse** zur Verfügung gestellt.

5.2.3 Veranschlagung im Haushaltsplan

Das Leistungsentgelt eines ÖPP-Projektes ist für die Veranschlagung im Haushaltsplan abhängig von der gewählten Modellvariante und soweit möglich in seine konsumtiven und investiven Anteile aufzuteilen. Die konsumtiven Anteile zum Betrieb und zur Unterhaltung einer Liegenschaft sind als Aufwendungen in den Ergebnisplan aufzunehmen und in der Ergebnisrechnung zu buchen. Gleiches gilt für etwaige Erlöse aus dem Betrieb einer Liegenschaft. Die investiven Anteile, z.B. Baukosten, sind als gemeindliche Investition mit den jährlichen Auszahlungen in den Finanzplan aufzunehmen und in der Finanzrechnung nachzuweisen. Eine pauschale Zuordnung des Leistungsentgeltes nach dem Prinzip der überwiegenden Zugehörigkeit ist zu vermeiden. Die Veranschlagung wird dadurch erleichtert, dass Bieter bei der Angebotsabgabe i. d. R. aufgefordert werden, die Preise für einzelne Leistungsbereiche, z. B. den Bau, den Betrieb, die Unterhaltung des Projektes und dessen Finanzierung gesondert anzugeben.

5.3 Leasing

5.3.1 Allgemeine Grundsätze

Als Alternative zur herkömmlichen Kreditfinanzierung wählen Gemeinden insbesondere Leasing-Modelle, immer häufiger auch im Zusammenhang mit ÖPP-Projekten. Leasing ist die langfristige Vermietung (Anmietung) von beweglichen und unbeweglichen Vermögensgegenständen, wenn ein späterer Eigentumsübergang vertraglich ermöglicht wird. Die Dauer des Vertrages und die Höhe der Leasingraten werden so bemessen, dass der Leasinggeber während der Vertragsdauer seine Investitionskosten ganz oder zumindest zum überwiegenden Teil decken kann. Die Leasingrate (Miete) setzt sich aus den Kapitalkosten sowie einem Zuschlag für Kosten, Risiko und Gewinn des Leasinggebers zusammen.

Die laufenden Kosten des Leasingobjektes, z. B. Abgaben, Versicherungsprämien, werden dem Leasingnehmer meistens gesondert in Rechnung gestellt. Je nach der vertraglichen Gestaltung des Leasingvertrages werden die Instandhaltungskosten und die Unterhaltungskosten des Objektes entweder vom Leasingnehmer oder vom Leasinggeber getragen. Sofern der private Partner als Leasinggeber für die Instandhaltung und/oder die Unterhaltung des Objektes verantwortlich ist, handelt es sich regelmäßig zugleich um ein ÖPP-Projekt.

Bei den Leasing-Objekten kann es sich sowohl um unbewegliches Anlagevermögen, z. B. Bürogebäude, Sportanlagen (Immobilien-Leasing), als auch um bewegliches Anlagevermögen, z. B. EDV-Anlagen, Telekommunikationsanlagen, Fahrzeuge (Mobilienleasing) handeln. Die Finanzierung solcher Vermögensgegenstände über Leasing kann für Gemeinden eine sinnvolle Alternative zur Finanzierung über Kredite sein. Die Gemeinde muss dazu nachweisen, dass die Leasingvariante für die Gemeinde gegenüber einer Finanzierung mit Investitionskrediten wirtschaftlich nicht ungünstiger ist.

Bei Leasinggeschäften, die weder den Betrieb noch die Unterhaltung eines Vermögensgegenstandes umfassen, ist im Rahmen des Anzeigeverfahrens der zuständigen Kommunalaufsichtsbehörde eine konventionelle Vergleichsrechnung vorzulegen. In dieser Vergleichsrechnung sind die voraussichtlich anfallenden Kosten und Risiken in Abhängigkeit vom konkreten Vertragsmodell anzusetzen. Bei Leasinggeschäften der Gemeinden sind für die Bilanzierung und die Veranschlagung im Haushaltsplan die Abschnitte 5.2.2 und 5.2.3 entsprechend anzuwenden.

5.3.2 Sale-and-Lease-Back-Modelle

Im Rahmen von Sale-and-Lease-Back-Geschäften überträgt die Gemeinde das Eigentum an einem Objekt dem privaten Investor zur Sanierung, um es zur erforderlichen Aufgabenerfüllung von ihm wieder anzumieten. Solche Geschäfte sind nach Sinn und Zweck des § 90 Absatz 3 GO NRW nur dann zulässig, wenn die Nutzung des Vermögensgegenstandes zur Aufgabenerledigung der Gemeinde langfristig gesichert ist und die Aufgabenerledigung dadurch wirtschaftlicher erfolgen kann. Die stetige Aufgabenerledigung ist in der Regel dann gesichert, wenn das Sale-and-Lease-Back-Geschäft zur Werterhaltung oder Wertsteigerung des Objekts bestimmt ist und der Gemeinde daran zur Aufgabenerfüllung ein langfristiges Nutzungsrecht sowie eine Rückkaufoption eingeräumt werden.

6 Geltungsdauer

Der Runderlass tritt zum 1. Januar 2015 in Kraft und am 31. Dezember 2023 außer Kraft.

Orientierungsdaten 2022 - 2025 für die mittelfristige Ergebnis- und Finanzplanung der Gemeinden und Gemeindeverbände des Landes Nordrhein-Westfalen

Runderlass des Ministeriums für Heimat, Kommunales,
Bau und Gleichstellung des Landes Nordrhein-Westfalen
vom 17.08.2021 (MBl. NRW. S. 707)

Nachfolgend gebe ich gemäß § 6 der Kommunalhaushaltsverordnung (KomHVO NRW) in Verbindung mit § 84 der Gemeindeordnung für das Land Nordrhein-Westfalen (GO NRW), im Einvernehmen mit dem Ministerium der Finanzen die Orientierungsdaten 2022 bis 2025 für die mittelfristige Ergebnis- und Finanzplanung der Gemeinden und Gemeindeverbände des Landes Nordrhein-Westfalen bekannt.

I. Allgemeine Erläuterungen

1. Grundlagen der Orientierungsdaten 2022 - 2025

Die Orientierungsdaten stützen sich im Wesentlichen auf die Ergebnisse des Arbeitskreises "Steuerschätzungen" vom Mai 2021. Zudem berücksichtigen sie die Entwicklungen des Landeshaushaltes und des kommunalen Finanzausgleichs.

Da der Arbeitskreis "Steuerschätzungen" nur die tatsächlichen Zuflüsse für das jeweilige Haushaltsjahr betrachtet, sind seine Ergebnisse vom Mai 2021 an den Einnahmen ausgerichtet. Die Orientierungsdaten zu den Steuern und Abgaben sind deshalb Einzahlungsgrößen. Eine periodengerechte Zuordnung erfolgt nicht und kann nur von den Kommunen individuell mit Rücksicht auf die jeweilige örtliche Situation vorgenommen werden.

2. Gewerbesteuerumlage

Die Entwicklung der einzelnen Komponenten des Vervielfältigers der Gewerbesteuerumlage wird in der nachfolgenden Tabelle angegeben:

Jahr	Vervielfältiger § 6 Abs. 3 - GemFinRefG		Gesamt-Vervielfältiger
	Bund	Länder	
2021 *	14,5	20,5	35
2022	14,5	20,5	35
2023	14,5	20,5	35
2024	14,5	20,5	35
2025	14,5	20,5	35

* Nachlaufend erfolgte im Jahr 2021 noch die Abrechnung der Einheitslasten des Jahres 2019.

3. Wirkung der Orientierungsdaten - Berücksichtigung örtlicher Besonderheiten

Gemäß § 16 Abs. 1 Stabilitäts- und Wachstumsgesetz sowie § 75 Abs. 1 und § 84 GO NRW sollen sich die Gemeinden und Gemeindeverbände bei der Aufstellung des Haushaltes 2022 und bei der mittelfristigen Ergebnis- und Finanzplanung für die Jahre 2023 bis 2025 an den unter II. 1. aufgeführten Daten zu Einzahlungen und Erträgen ausrichten. Die Orientierungsdaten liefern allerdings nur Durchschnittswerte für die Gemeinden und Gemeindeverbände und sind deshalb lediglich Anhaltspunkte für die individuelle Finanzplanung. Jede Kommune ist verpflichtet, unter Berücksichtigung der örtlichen Besonderheiten die für ihre Planung zutreffenden Einzelwerte zu ermitteln. Es ist von den Orientierungsdaten abzuweichen, wenn die individuellen Gegebenheiten vor Ort dies erfordern.

Auch bei den weiter in die Zukunft gerichteten Planungen der HSK- und HSP-Kommunen dürfen die Berechnungsempfehlungen des sogenannten Ausführungserlasses des für Kommunales zuständigen Ministeriums vom 7. März 2013 zur Haushaltskonsolidierung nur zugrunde gelegt werden, wenn eine eingehende Einzelfallprüfung ihre Vereinbarkeit mit den individuellen Verhältnissen vor Ort und deren voraussichtlichen Entwicklungen bestätigt hat. Die der Haushaltsplanung tatsächlich zugrunde gelegten Einzelwerte sind den Aufsichtsbehörden zu erläutern.

Generell sollten die Kommunen ihrer Haushaltsplanung eine eher vorsichtige Prognose zugrunde legen. Für Kommunen, die ein Haushaltssicherungskonzept aufzustellen haben, besteht die Pflicht, den Haushalt zum nächstmöglichen Zeitpunkt wieder auszugleichen (§ 76 Abs. 1 GO NRW). Gemäß Erlass vom 14. Mai 2021 (Az. 304-46.13-680/21) gilt diese Regelung ebenfalls für die nach den §§ 3 und 4 Stärkungspaktgesetz am Stärkungspakt teilnehmenden Kommunen (sog. Stärkungspaktstufen 1 und 2). Für diese Kommunen gelten für die Haushaltswirtschaft ab dem 1. Januar 2022 wieder uneingeschränkt die allgemeinen Vorschriften der GO NRW sowie die Kommunalhaushaltsverordnung Nordrhein-Westfalen in der jeweils geltenden Fassung. Auf die weiteren Vorschriften des Erlasses wird hingewiesen. Für die nach § 12 Stärkungspaktgesetz am Stärkungspakt teilnehmenden Kommunen (sog. Stärkungspaktstufe 3) gelten die Regelungen des Stärkungspaktgesetzes demgegenüber weiterhin.

4. Empfehlungen für die mittelfristige Ergebnis- und Finanzplanung

Im Interesse der kommunalen Selbstverwaltung muss es oberstes Ziel sein, den Haushaltsausgleich zu erreichen oder zumindest ein genehmigungsfähiges Haushaltssicherungskonzept bzw. einen genehmigungsfähigen Haushaltssanierungsplan nach dem Stärkungspaktgesetz aufzustellen.

Das Ministerium für Heimat, Kommunales, Bau und Gleichstellung verbindet mit der Bereitstellung der Orientierungsdaten 2022 bis 2025 auch die Erwartung, dass die Gemeinden und Gemeindeverbände die Aufstellung, Beratung und Beschlussfassung über ihren Haushalt an der Vorgabe des § 80 Abs. 5 Sätze 1 und 2 GO NRW ausrichten.

Anhang 26 Orientierungsdaten NRW

II. Orientierungsdaten und Erläuterungen

1. Orientierungsdaten 2022 - 2025 für die mittelfristige Ergebnis- und Finanzplanung der Gemeinden und Gemeindeverbände des Landes Nordrhein-Westfalen

	Absolut	Orientierungsdaten			
	2021	2022	2023	2024	2025
	in Mio. Euro	in %			
Einzahlungen / Erträge					
Summe der Einzahlungen aus Steuern (brutto)	26.409	+ 2,7	+ 6,0	+ 5,5	+ 4,1
davon:					
Gemeindeanteil an der Einkommensteuer	8.666	+ 4,6	+ 5,9	+ 6,3	+ 5,6
Gemeindeanteil an der Umsatzsteuer	2.015	- 10,2	+ 2,5	+ 1,9	+ 1,7
Gewerbesteuer (brutto)	11.414	+ 4,2	+ 8,5	+ 7,1	+ 4,5
Grundsteuer A und B	3.887	+ 0,9	+ 0,8	+ 0,9	+ 0,9
Kompensation Familienleistungsausgleich (Erträge)	835	+ 7,8	+ 3,3	+ 2,2	+ 2,6
Zuweisungen des Landes im Rahmen des Steuerverbundes (Erträge)	13.573	+ 3,5	- 2,8	+ 4,5	+ 4,7
davon:					
Schlüsselzuweisungen an Gemeinden, Kreise und Landschaftsverbände	11.421	+ 3,5	- 2,8	+ 4,5	+ 4,7

2. Erläuterungen

Steuern und ähnliche Abgaben

Die Entwicklung der Steuern und steuerähnlichen Abgaben ist noch immer stark durch die Auswirkungen der Corona-Pandemie geprägt. Seit Anfang 2020 haben sich die Steuereinnahmen von Bund, Ländern und Gemeinden aus wirtschaftlichen Gründen (Gewinneinbußen, Umsatzrückgang und Kurzarbeit) sowie aufgrund finanzpolitischer Entscheidungen (steuerrechtliche Erleichterung, großzügigere Regelungen im Hinblick auf Steuerstundungen und Kürzungen von Steuervorauszahlungen) teils deutlich schlechter entwickelt als in den Jahren zuvor. Die Auswirkungen der Pandemie auf die Steuerentwicklung der Kommunen werden voraussichtlich auch in den kommenden Jahren spürbar sein.

In Anbetracht der weltweit noch immer dynamischen Entwicklung des Coronavirus SARS-CoV-2 ist die Einschätzung über die Entwicklung der Steuereinnahmen noch immer mit erheblichen Unsicherheiten behaftet.

Gemeindeanteil an der Umsatzsteuer

In den vergangenen Jahren ist der über den Gemeindeanteil an der Umsatzsteuer fließende Teil der seit 2018 vom Bund gewährten Entlastungsmittel in Höhe von bundesweit 5 Mrd. Euro jährlich wiederholt über das ursprünglich vereinbarte Niveau hinaus aufgestockt worden, um die - wegen der in § 46 SGB II festgelegten Beteiligungsobergrenze des Bundes an den KdU-Ausgaben - erforderlich gewordene Kürzung der Bundesbeteiligung an den kommunalen Kosten für Unterkunft und Heizung zu kompensieren. Ab dem Jahr 2022 wird die Verteilung der Entlastungsmittel aus dem 5-Milliarden-Paket des Bundes voraussichtlich erstmals auf der Grundlage des im Jahr 2016 zwischen der Bundeskanzlerin und den Ministerpräsidentinnen und Ministerpräsidenten beschlossenen Schlüssels erfolgen (Gemeindeanteil an der Umsatzsteuer: 2,4 Mrd. Euro; Bundesbeteiligung an den KdU: 1,6 Mrd. Euro; Länderanteil an der Umsatzsteuer: 1 Mrd. Euro). Der für das Jahr 2022 prognostizierte Rückgang des Gemeindeanteils an der Umsatzsteuer spiegelt diese Entwicklung wider.

Zuweisungen des Landes im Rahmen des Steuerverbundes

Um die Pandemie-bedingten Folgewirkungen für den Kommunalen Finanzausgleich aufzufangen, wird die verteilbare Finanzausgleichsmasse im Jahr 2022 gemäß § 33b Haushaltsgesetz 2022 erneut aufgestockt und damit auf dem Niveau festgelegt, das in der letzten mittelfristigen Finanzplanung vor dem Beginn der Corona-Pandemie für das Jahr 2022 prognostiziert worden ist (14.042,3 Mio. Euro). Auf diese Weise werden die Belastungen der kommunalen Haushalte durch die Corona-Pandemie abgemildert. Der Differenzbetrag zu der aus dem Ist-Aufkommen der relevanten Verbundsteuern im Zeitraum 1. Oktober 2020 bis 30. September 2021 abgeleiteten Verbundmasse wird kreditiert. Dieser Betrag soll in späteren Haushaltsjahren in Abhängigkeit von der Entwicklung der Verbundsteuern aus dem Aufwuchs der kommunalen Finanzausgleichsmasse wieder dem Landeshaushalt zufließen.

Aufwendungen allgemein

Aufgrund der Corona-Pandemie und der hiermit verbundenen außergewöhnlichen Umstände für die Aufgabenwahrnehmung der Gemeinden und Gemeindeverbände wird in diesem Jahr erneut darauf verzichtet, den Kommunen Orientierungs- bzw. Zielwerte für die Aufwendungen vorzugeben. Gleichwohl wird weiterhin auf die Notwendigkeit einer ressourcenschonenden kommunalen Finanzwirtschaft hingewiesen. Dies gilt insbesondere für haushaltssicherungspflichtige Kommunen. In Anbetracht der negativen Auswirkungen der Corona-Krise auf die kommunalen Haushalte und trotz der umfassenden staatlichen Entlastungsmaßnahmen, stehen zahlreiche Kommunen unter einem erheblichen Konsolidierungsdruck. Um den Haushalt dauerhaft aus eigener Kraft ausgleichen zu können, ist es erforderlich, bei den Aufwendungen nur geringe Zuwachsraten zuzulassen. Dies gilt insbesondere auch für die Personal- und Sachaufwendungen der Kommunen.

Seite 288

bleibt aus drucktechnischen Gründen frei

Kommunales Haushaltsrecht;
Anlage von Kapital
durch Gemeinden und Gemeindeverbände
(Kommunale Kapitalanlagen NRW)

Runderlass des Ministeriums für Inneres und Kommunales
vom 11.12.2012 (MBl. NRW. S. 744),
zuletzt geändert durch RdErl. vom 19.12.2017 (MBl. NRW. S. 1057)

1. Rahmenbedingungen

Die Gemeinden und Gemeindeverbände können liquide Mittel, die nicht zur Sicherung der Liquidität und zur Zahlungsabwicklung benötigt werden, längerfristig anlegen. Sie haben bei der Anlage dieses Kapitals auf eine ausreichende Sicherheit und einen angemessenen Ertrag zu achten (vgl. § 90 Absatz 2 Satz 2 GO NRW). Bei der Auswahl der Anlageformen und bei der Anlagedauer muss die Verpflichtung zur Sicherstellung der Liquidität ausreichend berücksichtigt werden (vgl. § 75 Absatz 6 GO NRW).

Für die Anlage von längerfristigem Kapital sollen die Gemeinden und Gemeindeverbände sachgerechte und vertretbare Rahmenbedingungen in eigener Verantwortung und unter Beteiligung ihrer Vertretungskörperschaft schaffen. Sie können auch Dritte mit der Anlage von Kapital sowie mit der Bewertung der Chancen und Risiken von Anlageformen beauftragen. Diese Beauftragung entbindet jedoch die Gemeinden und Gemeindeverbände nicht von der Gesamtverantwortung für die Anlage ihres Kapitals.

2. Örtlicher Anlagerahmen

Der örtliche Rahmen für die Anlage von Kapital, das nicht zur Sicherung der Liquidität und zur Zahlungsabwicklung benötigt wird, muss eigenverantwortlich abgegrenzt und festgelegt werden. Er soll auf örtlichen Anlagezielen und Anlagegrundsätzen sowie einer Gesamtschau der Liquiditätsplanung unter Berücksichtigung der voraussichtlichen Entwicklung der Vermögens-, Schulden-, Ertrags- und Finanzlage aufbauen. Der Anlagerahmen ist unter Berücksichtigung der örtlichen Bedürfnisse eigenverantwortlich auszugestalten.

Die Anlage von Kapital hat mit der gebotenen Sachkenntnis und Sorgfalt zu erfolgen. Auf der Grundlage örtlich festgelegter Anlageziele und Anlagegrundsätze können die Gemeinden und Gemeindeverbände das nicht benötigte Kapital in den Anlageformen anlegen, die von den kommunalen Versorgungskassen und Zusatzversorgungskassen in Nordrhein-Westfalen bei solchen Geschäften nach § 16 Absatz 2 des Gesetzes über die kommunalen Versorgungskassen und Zusatzversorgungskassen im Lande Nordrhein-Westfalen (VKZVKG) genutzt werden dürfen. Die örtlichen Anlageformen können dabei auf das Gesamtportfolio bezogen werden. Bei den Kapitalanlagen müssen die möglichen Risiken bekannt, begrenzt und beherrschbar sein. Dieser Maßstab ist auch bei der Einlage von Kapital in private Kreditinstitute, bei denen es nicht durch ein Einlagensicherungssystem geschützt ist oder in Kreditinstitute ohne ein institutsbezogenes Sicherungssystem, anzulegen. Eine diversifizierte Anlagestrategie kann mögliche Risiken begrenzen. Die örtlichen Anlageentscheidungen sind ausreichend zu dokumentieren.

3. Kontrolle und Überwachung

Die Gewährleistung einer ordnungsgemäßen Haushaltswirtschaft erfordert eine sachgerechte Kontrolle und Überwachung der Anlage von Kapital sowie auch der Tätigkeit beauftragter Dritter durch die Gemeinden und Gemeindeverbände. Die Kontrolle und Überwachung soll angepasst an die örtlichen Verhältnisse bestimmt und durchgeführt werden. Es ist dabei nicht ausreichend, die Kontrolle und Überwachung nur einmal jährlich vorzunehmen.

Aus Gründen der Sicherstellung eines ordnungsgemäßen Ablaufprozesses bei der Anlage von Kapital wird der Erlass einer örtlichen Anlagerichtlinie empfohlen. In der können unter Berücksichtigung der örtlichen Bedürfnisse u. a. auch Verantwortlichkeiten und Entscheidungsbefugnisse festgelegt werden.

4. Geltung

Der Runderlass tritt am Tage nach seiner Veröffentlichung in Kraft. Er tritt zum 31. Dezember 2022 außer Kraft.

Seite 290

bleibt aus drucktechnischen Gründen frei

Zuordnungsvorschriften
zum finanzstatistischen Kontenrahmen
(ZOV Kontenrahmen)
gültig ab 2021

https://www.it.nrw/node/3282

KG	KA	Kto.	BA	Bezeichnung
4				**Erträge**
	40			**Steuern und ähnliche Abgaben**
		401		**Realsteuern**
			4011	Grundsteuer A
				Land- und forstwirtschaftliche Betriebe (ohne Beträge aus der eigenen Steuerpflicht, diese bei internen Leistungsbeziehungen)
			4012	Grundsteuer B
				Sonstige Grundstücke (s. Hinweis bei Kto. 4011)
			4013	Gewerbesteuer
		402		**Gemeindeanteile an der Einkommensteuer**
			4021	Gemeindeanteil an der Einkommensteuer
				Gemeindeanteil an der Lohn- und der veranlagten Einkommensteuer nach Gemeindefinanzreformgesetz
			4022	Gemeindeanteil an der Umsatzsteuer
		403		**Sonstige Gemeindesteuern**
			4031	Vergnügungssteuer
				Ohne Steuer auf sexuelle Vergnügen (vgl. Kto. 4036)
			4032	Hundesteuer
			4034	Zweitwohnungssteuer
				Auch für Mobilheime, Wohnmobile, Wohn- und Campingwagen
			4035	Kulturförderabgabe / Übernachtungssteuer
			4036	Steuer auf sexuelle Vergnügungen
		404		**Steuerähnliche Erträge**
				(soweit nicht zweckgebunden)
			4041	Fremdenverkehrsabgabe
				Von Personen und Unternehmen, denen aus dem Fremdenverkehr oder aus dem Kurbetrieb Vorteile erwachsen (Kurtaxe bei Kto. 4361)
			4042	Abgabe von Spielbanken
			4049	Sonstige steuerähnliche Erträge
				Geldwerte der von Steuerpflichtigen geleisteten Naturaldienste (Hand- und Spanndienste), Ablösung der Naturaldienste durch Bezahlung, z. B. Fischereipacht Zweckgebundene Erträge bei Kontenart 414
		405		**Ausgleichsleistungen**
			4051	Leistungen nach dem Familienleistungsausgleich
			4052	Leistungen für die Umsetzung der Grundsicherung für Arbeitsuchende
				Zuweisungen des Landes aufgrund der Wohngeldreform
	41			**Zuwendungen und allgemeine Umlagen**
		411		**Schlüsselzuweisungen**
			4111	Schlüsselzuweisungen vom Land
		412		**Bedarfszuweisungen**
			4121	Bedarfszuweisungen vom Land
			4122	Bedarfszuweisungen von Gemeinden (GV)
				Finanzhilfen aus einem Härteausgleich (PG 611)
		413		**Sonstige allgemeine Zuweisungen**
			4130	Allgemeine Zuweisungen vom Bund
			4131	Allgemeine Zuweisungen vom Land

Anhang 28 Zuordnungsvorschriften Kontenrahmen NRW

KG	KA	Kto.	BA	Bezeichnung
		414		**Zuweisungen und Zuschüsse für laufende Zwecke**
				Finanzhilfen zur Erfüllung von Aufgaben des Empfängers, bei der die Rechtsgrundlage und die Höhe der anteiligen Kostendeckung oder eine Pauschalierung unerheblich sind
		414-	A	Zuweisungen und Zuschüsse für laufende Zwecke …
		4140		… vom Bund
		4141		… vom Land
		4142		… von Gemeinden (GV)
		4143		… von Zweckverbänden und dergl.
		4144		… von gesetzlichen Sozialversicherungen
		4145		… von verbundenen Unternehmen, Beteiligungen
		4146		… von sonstigen öffentlichen Sonderrechnungen
		4147		… von privaten Unternehmen
		4148		… von übrigen Bereichen
		416		**Erträge aus der Auflösung von Sonderposten für Zuweisungen**
		4161		Erträge aus der Auflösung von Sonderposten für Zuweisungen
		418		**Allgemeine Umlagen**
		4181		Allgemeine Umlagen vom Land
				Erstattungen aus der Abrechnung der Solidaritätsumlage
		4184		Kreisumlage allgemein
				Umlage nach § 56,5 KrO
		4185		Kreisumlage, Mehrbelastung Jugendamt
				Umlage nach § 56,5 KrO
		4186		Kreisumlage, andere Mehrbelastungen
		4187		Landschaftsumlage
				Umlage nach § 22 LVerbO
		4188		Verbandsumlage des Regionalverbandes Ruhrgebiet
				Umlage nach § 19,1 RVRG
		4189		Zweckverbandsumlage
				Umlage nach § 19 GkG
	42			**Sonstige Transfererträge**
		421		**Ersatz von sozialen Leistungen außerhalb von Einrichtungen und von Eingliederungshilfen für behinderte Menschen** (Ist keine Aufteilung möglich, so sind die Erträge vollständig unter dem Kto. 4211 abzubilden)
		4211		Kostenbeiträge und Aufwendungsersatz; Kostenersatz
		4212		Übergeleitete Ansprüche und übergeleitete Unterhaltsansprüche gegen bürgerlich-rechtlich Unterhaltsverpflichtete
		4213		Leistungen von Sozialleistungsträgern
		4214		Sonstige Ersatzleistungen
		4215		Rückzahlungen gewährter Hilfen (Tilgungen und Zinsen von Darlehen)
		422		**Ersatz von sozialen Leistungen innerhalb von Einrichtungen** (Ist keine Aufteilung möglich, so sind die Erträge vollständig unter dem Kto. 4221 abzubilden)
		4221		Kostenbeiträge und Aufwendungsersatz; Kostenersatz
		4222		Übergeleitete Ansprüche und übergeleitete Unterhaltsansprüche gegen bürgerlich-rechtlich Unterhaltsverpflichtete
		4223		Leistungen von Sozialleistungsträgern
		4224		Sonstige Ersatzleistungen
		4225		Rückzahlungen gewährter Hilfen (Tilgung und Zinsen von Darlehen)
		423		**Schuldendiensthilfen**
		423-	A	Schuldendiensthilfen …
				Geldleistungen zur Erleichterung des Schuldendienstes für Kredite, vorwiegend zur Verbilligung der Zinsleistungen
		4230		… vom Bund
		4231		… vom Land
		4232		… von Gemeinden (GV)
		4233		… von Zweckverbänden und dergl.

KG	KA	Kto.	BA	Bezeichnung
		4234		... von gesetzlichen Sozialversicherungen
		4235		... von verbundenen Unternehmen, Beteiligungen
		4236		... von sonstigen öffentlichen Sonderrechnungen
		4237		... von privaten Unternehmen
		4238		... von übrigen Bereichen
	429			**Andere sonstige Transfererträge**
		4291		Andere sonstige Transfererträge
				(Ausgleichsabgabe nach dem SchwbG, Zuweisungen aus Mitteln der Ausgleichsabgabe nach SGB IX)
43				**Öffentlich-rechtliche Leistungsentgelte**
	431			**Verwaltungsgebühren**
		4311		Verwaltungsgebühren
				Öffentlich-rechtliche Gebühren (Entgelte) für die Inanspruchnahme von Verwaltungsleistungen und Amtshandlungen, z. B. Passgebühren, Genehmigungsgebühren usw. Erstattungen (Entschädigungen) für die Erhebung von Beiträgen u. ä. für andere, oft Gebühren genannt, bei Kontenart 448. Wegen Säumniszuschlägen, Stundungszinsen und dgl. siehe Kontenart 456. Der Ersatz von besonderen Auslagen kann mit den Verwaltungsgebühren zusammen erfasst werden. An übergeordnete Stellen weiterzuleitende Gebührenanteile sind als durchlaufende Finanzmittel abzuwickeln.
	432			**Benutzungsgebühren und ähnliche Entgelte**
		4321		Benutzungsgebühren und ähnliche Entgelte
				Entgelte für die Benutzung von öffentlichen Einrichtungen und Anlagen und für die Inanspruchnahme wirtschaftlicher Dienstleistungen z. B. Entgelte für die Lieferung von Elektrizität, Gas, Fernwärme, Wasser, einschl. Grundgebühren, Zählermiete; Entgelte der Verkehrsunternehmen; Entgelte für die Inanspruchnahme von Einrichtungen der Abwasserbeseitigung, der Müllabfuhr, der Straßenreinigung, des Bestattungswesens, für die Sondernutzung von Straßen, Parkgebühren; Pflegesätze der Krankenhäuser, Alten- und Pflegeheime (auch Einkaufsgelder); Pflege von Gräbern; Wegen Säumniszuschlägen, Stundungszinsen und dgl. siehe Kontenart 456
	436			**Zweckgebundene Abgaben**
		4361		Zweckgebundene Abgaben
				Kurtaxe, Kurbeiträge oder ähnliche Entgelte zur Finanzierung öffentlicher Anlagen u. a. Fremdenverkehrsabgabe ohne Zweckbindung bei Kto. 4041. Wegen Säumniszuschlägen, Stundungszinsen und dgl. siehe Kontenart 456
	437			**Erträge aus der Auflösung von Sonderposten für Beiträge**
		4371		Erträge aus der Auflösung von Sonderposten für Beiträge
	438			**Erträge aus der Auflösung von Sonderposten für den Gebührenausgleich**
		4381		Erträge aus der Auflösung von Sonderposten für den Gebührenausgleich
44				**Privatrechtliche Leistungsentgelte, Kostenerstattungen und Kostenumlagen**
	441			**Mieten und Pachten**
		4411		Mieten und Pachten
				Einzahlungen aus Vermietung und Verpachtung von Grundstücken, Wohn- und Geschäftsräumen (auch Dienst- und Werkswohnungen, Altenwohnungen), von Betriebsanlagen, Garagen, Standplätzen an Märkten und Messen, Reklameflächen Entgelte für die Überlassung von Inventar in vermieteten Räumen, ebenso für Nebenleistungen im Rahmen von Miet- und Pachtverträgen; Parkentgelte; Erträge aus Erbbaurecht und Erbpacht sowie aus Jagd- und Fischereipacht aus eigenen Grundstücke
	442			**Erträge aus Verkauf**
		4421		Erträge aus Verkauf

KG	KA	Kto.	BA	Bezeichnung
				Verkaufserlöse, z. B. Erträge aus dem Verkauf beweglicher Sachen, die nicht als Anlagevermögen erfasst waren; Erträge aus dem Verkauf von Drucksachen aller Art; Erlöse für landwirtschaftliche, forstwirtschaftliche und gärtnerische Erzeugnisse, für Erzeugnisse und Leistungen von Werkstätten, für Abgaben von Gegenständen von Materialbeschaffungsstellen, auch Altmaterial u. ä.
		446		**Sonstige privatrechtliche Leistungsentgelte**
			4461	Sonstige privatrechtliche Leistungsentgelte
				Entgelte für Arbeiten zur Unterhaltung von Straßen, Anlagen und dgl. Entgelte für die Unterhaltung der Hausanschlüsse für Gas, Wasser, Abwasser und Elektrizität Eintrittsgelder zu kulturellen oder sportlichen Veranstaltungen
		448		**Erträge aus Kostenerstattungen**
			448- A	Erträge aus Kostenerstattungen …
				Ersatz für Aufwendungen, die eine Stelle für eine andere Stelle erbracht hat. Der Erstattung liegt stets ein auftragsähnliches Verhältnis zugrunde. Unerheblich ist, auf welcher Rechtsgrundlage die Erstattungspflicht beruht, ob die Erstattung die Kosten des Empfängers voll oder nur teilweise deckt oder ob sie pauschaliert ist
			4480	… vom Bund
			4481	… vom Land
			4482	… von Gemeinden (GV)
			4483	… von Zweckverbänden und dergl.
			4484	… von gesetzlichen Sozialversicherungen
			4485	… von verbundenen Unternehmen, Beteiligungen
			4486	… von sonstigen öffentlichen Sonderrechnungen
			4487	… von privaten Unternehmen
			4488	… von übrigen Bereichen
		449		**Aufgabenbezogene Leistungsbeteiligungen**
			4491	Leistungsbeteiligung bei Leistungen für Unterkunft und Heizung an Arbeitsuchende
				Aus Leistungen nach § 22 SGB II
			4492	Leistungsbeteiligung beim Arbeitslosengeld II
				Aus Leistungen nach § 19 SGB II (nur Optionskommunen)
			4493	Leistungsbeteiligung bei der Eingliederung II von Arbeitsuchenden
				Aus Leistungen nach § 16 SGB II (nur Optionskommunen)
			4496	Leistungsbeteiligung bei der Grundsicherung im Alter
				Erträge nach § 46a SGB XII
45				**Sonstige ordentliche Erträge**
		451		**Konzessionsabgaben**
			4511	Konzessionsabgaben
		452		**Erstattungen von Steuern**
			4522	Erstattung von Umsatzsteuer
			4525	Erstattungen von sonstigen Steuern
				z. B. aus Vorsteuerüberhang hier keine Erträge aus der Kontengruppe 40
		454		**Erträge aus der Veräußerung von Vermögensgegenständen**
			4541	Erträge aus der Veräußerung von Grundstücken und Gebäuden
			4542	Erträge aus der Veräußerung von beweglichen Vermögensgegenständen
				Sachanlagen sowie immaterielle Vermögensgegenstände, Betriebsvorrichtungen
			4547	Erträge aus der Verrechnung mit der allgemeinen Rücklage
		455		**Erträge aus der Veräußerung von Finanzanlagen**
			4551	Erträge aus der Veräußerung von Finanzanlagen
			4557	Erträge aus der Verrechnung mit der allgemeinen Rücklage
		456		**Weitere sonstige Erträge**
			4561	Bußgelder
				Ordnungsstrafen, Verwarnungs- und Bußgelder, Zwangsgelder, Sühnegelder aus Schiedsamtsverfahren, Disziplinarstrafen und andere ordnungsrechtliche Einzahlungen

KG	KA	Kto.	BA	Bezeichnung
		4562		Säumniszuschläge
				Säumniszuschläge, Stundungs-, Verzugs- und Prozesszinsen, Gewerbesteuerverzinsung, Beitreibungsgebühren, soweit diese Erträge nicht mit der Hauptforderung zu verbuchen sind
		4563		Erträge aus der Inanspruchnahme von Gewährverträgen und Bürgschaften
		4564		Ausgleichsabgabe nach SGB IX (nur Landschaftsverbände)
	457			**Erträge aus der Auflösung von Sonderposten**
		4571		Erträge aus der Auflösung von Sonderposten
	458			**Nicht zahlungswirksame ordentliche Erträge**
		4581		Erträge aus Zuschreibungen
		4582		Erträge aus der Auflösung von Rückstellungen
				Wenn der Grund für die Rückstellung entfallen ist, nicht die Inanspruchnahme der Rückstellungen
		4583		Sonstige nicht zahlungswirksame ordentliche Erträge
		4586		Erträge aus der Auflösung von Rückstellungen für die erhöhte Heranziehung zu Umlagen
	459			**Andere sonstige ordentliche Erträge**
		4591		Andere sonstige ordentliche Erträge
46				**Finanzerträge**
	461			**Zinserträge**
				Aus Darlehen, Geldanlagen, aus dem Giro- und Kontokorrentverkehr, aus Kaufpreis- u. a. Forderungen Wegen Säumniszuschlägen, Stundungszinsen und dgl. s. Kontenart 456
		461-	B	Zinserträge …
		4610		… vom Bund
		4611		… vom Land
		4612		… von Gemeinden (GV)
		4613		… von Zweckverbänden und dergl.
		4614		… von gesetzlichen Sozialversicherungen
		4615		… von verbundenen Unternehmen, Beteiligungen
		4616		… von sonstigen öffentlichen Sonderrechnungen
		4617		… Kreditinstitute
		4618		… sonstiger inländischer Bereich
		4619		… sonstiger ausländischer Bereich
	465			**Gewinnanteile von verbundenen Unternehmen und aus Beteiligungen**
		4651.		Gewinnanteile von verbundenen Unternehmen und aus Beteiligungen
	469			**Sonstige Finanzerträge**
		4691		Sonstige Finanzerträge
				Konventionalstrafen Einbehaltenes Disagio bei der Hingabe von Darlehen
47				**Aktivierte Eigenleistungen und Bestandsveränderungen**
	471			**Aktivierte Eigenleistungen**
		4711		Aktivierte Eigenleistungen
				Aktivierte Eigenleistungen stehen Aufwendungen gegenüber, die zur Erstellung von Anlagevermögen eingesetzt wurden. Einzubeziehen sind Aufwendungen, die Herstellungskosten darstellen, z. B. Materialaufwand für selbst erstellte Gebäude, Maschinen usw.
	472			**Bestandsveränderungen**
		4721		Bestandsveränderungen
				Als Bestandveränderungen sind Erhöhungen bzw. Verminderungen des Bestands an fertigen und unfertigen Erzeugnissen im Vergleich zum Vorjahr zu erfassen. Bestandsveränderungen der fremdbezogenen Roh-, Hilfs- und Betriebsstoffe und der Bestandsveränderungen der Waren gehören nicht dazu.
48				**Erträge aus internen Leistungsbeziehungen**
	481			**Erträge aus internen Leistungsbeziehungen**
		4811		Erträge aus internen Leistungsbeziehungen
49				**Außerordentliche Erträge**
	491			**Außerordentliche Erträge**
		4911		Außerordentliche Erträge

Anhang 28 Zuordnungsvorschriften Kontenrahmen NRW

	KG	KA	Kto.	BA	Bezeichnung
5					**Aufwendungen**
	50				**Personalaufwendungen**
		501			**Dienstaufwendungen**
					Dienstbezüge, Stellenzulagen, Amtszulagen, Ausgleichsleistungen, Jubiläumszuwendungen, Leistungen zur Vermögensbildungen der Arbeitnehmer, andere Zulagen und Zuschläge sowie Urlaubsgeld, Abgeltung für Überstunden (auch wenn nicht zahlungswirksam), Schulbeihilfen, Abfindungen, Übergangsgelder, Aufwandsentschädigungen als besondere Zulage für einen allgemeinen mit der Stelle zusammenhängenden Aufwand, Sachbezüge, die unter Berücksichtigung ihres wirtschaftlichen Wertes auf die Dienstbezüge angerechnet werden (Dienstwohnung), Architektenleistungen, Ingenieurleistungen usw. für Baumaßnahmen, wenn es sich um Aufwendungen für eigenes Personal handelt Zuführungen zu Rückstellungen für Altersteilzeit von Beschäftigten, für nicht genommenen Urlaub und Überstunden Aufwendungen für Vertragsarchitekten, Vertragsingenieure usw. Ausgaben für freischaffende Mitarbeiter, für Wettbewerbe, Wiederbeschaffung bzw. Ergänzung von Baubestandsbezeichnungen und Baunutzungsplanskizzen werden als Nebenkosten dem Unterhaltungsaufwand oder den Bauausgaben zugeordnet, Werk- und ähnliche Verträge
			5011		Beamte
			5012		Tariflich Beschäftigte
			5019		Sonstige Beschäftigte
					Entgelte für nebenamtliche oder nebenberuflich tätige Personen, welche ihren Hauptberuf in einer anderen Verwaltung oder einem anderen Betrieb ausüben, an Ruhestandsbeamte, die weiterbeschäftigt werden, für Stellvertretungen und Aushilfen, an Praktikanten und Auszubildende, an Dozenten, Lehrer und Prüfungskräfte, im Rahmen von Arbeitsbeschaffungsmaßnahmen, an Zivildienstleistende, Honorare für freie Mitarbeiter und Sachverständige, soweit nicht unter den sachlichen Aufwendungen zu erfassen
		502			**Beiträge zu Versorgungskassen für Beschäftigte**
					Arbeitgeberanteile zu Zusatzversorgungskassen
			5022		Tariflich Beschäftigte
			5029		Sonstige Beschäftigte
		503			**Beiträge zur gesetzlichen Sozialversicherung**
					Arbeitgeberanteile zur gesetzlichen Krankenversicherung (einschließlich Ersatzkassen), zur Rentenversicherung, zur Arbeitslosenversicherung, zur Ärzteversorgungskasse, Nachversicherung von Beamten, Höherversicherung in der gesetzlichen Sozialversicherung, Arbeitgeberzuschuss zur freiwilligen Krankenversicherung, Zuschüsse zur befreienden Lebensversicherung, Umlage zur gesetzlichen Unfallversicherung
			5031		Beamte
			5032		Tariflich Beschäftigte
			5039		Sonstige Beschäftigte
		504			**Beihilfen, Unterstützungsleistungen für Beschäftigte**
					Beihilfen nach den Beihilfevorschriften an Beschäftigte einschließlich Umlagen und Beiträge, die an Versorgungskassen und ähnliche Einrichtungen gezahlt werden. Unterstützungen (einmalige und laufende) nach den Unterstützungsgrundsätzen an Beschäftigte, Kosten der Reihenuntersuchungen, Untersuchungen vor lebenslänglicher Anstellung von Beamten und dgl., Zuschüsse zum Mutterschaftsgeld, Kosten der Schutzimpfungen und dgl., Unfallfürsorge
			5041		Beihilfen, Unterstützungsleistungen für Beschäftigte
		505			**Zuführungen zu Pensionsrückstellungen für Beschäftigte**
			5051		Zuführungen zu Pensionsrückstellungen für Beschäftigte
		506			**Zuführungen zu Beihilferückstellungen für Beschäftigte**
			5061		Zuführungen zu Beihilferückstellungen für Beschäftigte
	51				**Versorgungsaufwendungen**
		511			**Versorgungsbezüge**
					Ruhegelder, Unterhaltungsbeiträge, Hinterbliebenenbezüge, Witwen-und Waisenbezüge, Sterbegelder
			5111		Beamte
			5112		Tariflich Beschäftigte
			5119		Sonstige Beschäftigte
		512			**Beiträge zu Versorgungskassen für Versorgungsempfänger**

KG	KA	Kto.	BA	Bezeichnung
				Umlagen und Beiträge sowie zu eigenen Pensions- und Versorgungskassen, die Versorgungsleistungen an Berechtigte auszahlen
		5121		Beamte
	513			**Beiträge zur gesetzlichen Sozialversicherung**
				(vgl. Kontenart 503)
		5131		Beamte
		5132		Tariflich Beschäftigte
		5139		Sonstige Beschäftigte
	514			**Beihilfen, Unterstützungsleistungen für Versorgungsempfänger**
				(vgl. Kontenart 504)
		5141		Beihilfen, Unterstützungsleistungen für Versorgungsempfänger
	515			**Zuführungen zu Pensionsrückstellungen für Versorgungsempfänger**
		5151		Zuführungen zu Pensionsrückstellungen für Versorgungsempfänger
	516			**Zuführungen zu Beihilferückstellungen für Versorgungsempfänger**
		5161		Zuführungen zu Beihilferückstellungen für Versorgungsempfänger
52				**Aufwendungen für Sach- und Dienstleistungen**
	521			**Instandhaltung des unbeweglichen Vermögens**
		5215		Instandhaltung der Gebäude und baulichen Anlagen
				Instandhaltung eigener, gemieteter und gepachteter Gebäude, Grundstücke und Anlagen sowie zu den Gebäuden gehörenden Gärten, Grün- und sonstigen Außenanlagen (z. B. Zufahrten, Wege, Pausen- und Spielplätze)
		5216		Instandhaltung des Infrastrukturvermögens
				Instandhaltung von Straßen, Wegen, Brücken, Parkplätzen, Straßenbeleuchtung, Ampelanlagen, Wasserstraßen, Deichen, Hafenanlagen, Tiefbauten der Abwasserbeseitigung und Wasserversorgung, Sportanlagen, Spielplätzen, Parkanlagen, Friedhöfen, sonstigen unbebauten Grundstücke
		5218		Zuführungen zu Instandhaltungsrückstellungen
	523			**Erstattungen für Aufwendungen von Dritten aus laufender Verwaltungstätigkeit**
				(s. Kontenart 448)
		523-	A	Erstattungen für Aufwendungen von Dritten aus lfd. Verwaltungstätigkeit …
		5230		… an Bund
		5231		… an Land
		5232		… an Gemeinden (GV)
		5233		… an Zweckverbänden und dergl.
		5234		… an gesetzliche Sozialversicherungen
		5235		… an verbundene Unternehmen, Beteiligungen
		5236		… an sonstige öffentliche Sonderrechnungen
		5237		… an private Unternehmen
		5238		… an übrige Bereichen
	524			**Unterhaltung und Bewirtschaftung des unbeweglichen Vermögens**
		5241		Unterhaltung und Bewirtschaftung der Grundstücke und baulichen Anlagen
				Unterhaltung und Bewirtschaftung eigener, gemieteter und gepachteter Gebäude, Grundstücke und Anlagen sowie zu den Gebäuden gehörenden Gärten, Grün- und sonstigen Außenanlagen (z. B. Zufahrten, Wege, Pausen- und Spielplätze)
		5242		Unterhaltung und Bewirtschaftung des Infrastrukturvermögens
				Unterhaltung und Bewirtschaftung von Straßen, Wegen, Brücken, Parkplätzen, Straßenbeleuchtung, Ampelanlagen, Wasserstraßen, Deichen, Hafenanlagen, Tiefbauten der Abwasserbeseitigung und Wasserversorgung, Sportanlagen, Spielplätzen, Parkanlagen, Friedhöfen, sonstigen unbebauten Grundstücken
	525			**Unterhaltung des beweglichen Vermögens**
		5251		Haltung von Fahrzeugen
				Aufwendungen für die Unterhaltung und Instandsetzung von PKW, LKW, motorisierten Spezialfahrzeugen, sonstigen Kraftfahrzeugen und anderen Fahrzeugen, z. B. für Betriebsstoffe, Schmierstoffe, Reifenerneuerung, Pflege- und Inspektionskosten
		5255		Unterhaltung des sonstigen beweglichen Vermögens

KG	KA	Kto.	BA	Bezeichnung
				Aufwendungen für Unterhaltung und Instandsetzung (u. a. Betriebsvorrichtungen)
	527			**Besondere Verwaltungs- und Betriebsaufwendungen**
		5271		Lernmittel
	528			**Aufwendungen für sonstige Sachleistungen**
		5281		Aufwendungen für sonstige Sachleistungen
				Waren und Güter, die nicht zur Geschäftsausstattung der Verwaltung, zur Bewirtschaftung der Grundstücke, zur Haltung von Fahrzeugen gehören, sondern zum Verzehr und Verbrauch oder zur Verarbeitung in Betriebszweigen der Verwaltung, in Anstalten und Einrichtungen einschließlich ihrer Nebenbetriebe sowie in Wirtschaftsunternehmen benötigt werden
	529			**Aufwendungen für sonstige Dienstleistungen**
		5291		Aufwendungen für sonstige Dienstleistungen
53				**Transferaufwendungen**
	531			**Zuweisungen und Zuschüsse für laufende Zwecke**
				(Erläuterungen s. Kontenart 414)
		531-	A	Zuweisungen und Zuschüsse für laufende Zwecke …
		5310		… an Bund
		5311		… an Land
		5312		… an Gemeinden (GV)
		5313		… an Zweckverbände und dergl.
		5314		… an gesetzliche Sozialversicherungen
		5315		… an verbundene Unternehmen, Beteiligungen
		5316		… an sonstige öffentlichen Sonderrechnungen
		5317		… an private Unternehmen
		5318		… an übrige Bereichen
	532			**Schuldendiensthilfen**
				(Erläuterungen s. Kontenart 423)
		532-	A	Schuldendiensthilfen …
		5320		… an Bund
		5321		… an Land
		5322		… an Gemeinden (GV)
		5323		… an Zweckverbänden und dergl.
		5324		… an gesetzliche Sozialversicherungen
		5325		… an verbundene Unternehmen, Beteiligungen
		5326		… an sonstige öffentliche Sonderrechnungen
		5327		… an private Unternehmen
		5328		… an übrige Bereichen
	533			**Sozialtransferaufwendungen**
				Alle sozialen Leistungen, die natürlichen Personen in Form von individuellen Hilfen gewährt werden, unabhängig davon, ob es sich um laufende oder einmalige Barleistungen oder um Sachleistungen (z. B. Verpflegung, ärztliche Betreuung) handelt, auch darlehensweise gewährte Hilfen
		5331		Soziale Leistungen an natürliche Personen außerhalb von Einrichtungen
		5332		Soziale Leistungen an natürliche Personen in Einrichtungen
		5333		Leistungen für Unterkunft und Heizung an Arbeitsuchende
		5334		Leistungen zur Eingliederung I von Arbeitsuchenden
		5335		Einmalige Leistungen an Arbeitsuchende
		5336		Arbeitslosengeld II
				(nur „Optionskommunen")
		5337		Leistungen zur Eingliederung II von Arbeitsuchenden
				(nur „Optionskommunen")
		5338		Leistungen für Bildung und Teilhabe
		5339		Sonstige soziale Leistungen
	534			**Steuerbeteiligungen**
		5341		Gewerbesteuerumlage
		5342		Finanzierungsbeteiligung Fonds Deutscher Einheit

KG	KA	Kto.	BA	Bezeichnung
	535			**Allgemeine Zuweisungen**
		5351		Allgemeine Zuweisungen an das Land
				Abundanzumlage
		5352		Allgemeine Zuweisungen an Gemeinden (GV)
	537			**Allgemeine Umlagen**
		5371		Allgemeine Umlagen an das Land
		5374		Kreisumlage allgemein
				Umlage nach § 56,1 KrO
		5375		Kreisumlage, Mehrbelastung Jugendamt
				Umlage nach § 56,5 KrO
		5376		Kreisumlage, andere Mehrbelastungen
		5377		Landschaftsumlagen
				Umlage nach § 22 LVerbO
		5378		Verbandsumlage der Regionalverbandes Ruhrgebiet
				Umlagen nach § 19 RVRG
		5379		Zweckverbandsumlagen
				Umlagen nach § 19 GkG
	539			**Sonstige Transferaufwendungen**
		5395		Verlustübernahmen bei Betrieben
		5399		Sonstige Transferaufwendungen
				Ohne Gegenleistungsverpflichtung Dritter (z. B. Umlage nach KHG, Leistungen nach EKrG), Zuweisungen aus Mitteln der Ausgleichsabgabe nach SGB IX
54				**Sonstige ordentliche Aufwendungen**
	541			**Sonstige Personal- und Versorgungsaufwendungen**
		5411		Sonstige Personal- und Versorgungsaufwendungen
				Zuschüsse zur Gemeinschaftsverpflegung, zu Gemeinschaftsveranstaltungen Beschäftigungs- und Trennungsgeld Funktionsbedingte Aufwandsentschädigungen, d. h. Entschädigungen an Bedienstete als pauschalierter Ersatz von Auslagen bei Funktionen oder für besondere Einsätze, z. B. Feld- und Jagdaufwandsentschädigungen, Prämien im Vorschlagswesen, Vergütungen für Arbeitnehmererfindungen Zahlungen nach dem Personalvertretungsgesetz zur Deckung der dem Personalrat entstehenden Kosten Wegen „besonderen Aufwendungen für Bedienstete" s. Konto 5412
		5412		Besondere Aufwendungen für Beschäftigte
				Aufwendungen für Dienst- und Schutzkleidung, persönliche Ausrüstungsgegenstände, Aus- und Fortbildung, Umschulung, Dienstreisen, Kosten der Teilnahme von Bediensteten an Lehrgängen, Kursen und Vorträgen zur Aus- und Fortbildung (einschließlich Reisekosten), auch Honorare und Sachkosten einzelner Lehrgänge, Kurse und Vorträge zur Fortbildung Zuführungen zu Rückstellungen für Altersteilzeit von Beschäftigten, für nicht genommenen Urlaub und für Überstunden bei Kontenart 501
	542			**Aufwendungen für die Inanspruchnahme von Rechten und Diensten**
		5421		Aufwendungen für ehrenamtliche und sonstige Tätigkeit
		5422		Mieten und Pachten
				Miet- und Pachtaufwendungen für Gebäude, einzelne Diensträume und Grundstücke, angemietete Dienst- und Werkwohnungen, Dienstzimmerentschädigungen, Erbbauzinsen, Erbpachtzinsen, Mietaufwendungen für Maschinen, Fahrzeuge, Geräte, Einrichtungsgegenstände, Mietaufwendungen für EDV-Anlagen (Hard- und Software)
		5423		Leasing
				Laufende Leistungen aufgrund von Leasingverträgen
		5429		Sonstige Aufwendungen für die Inanspruchnahme von Rechten und Diensten
	543			**Geschäftsaufwendungen**
		5431		Geschäftsaufwendungen

KG	KA	Kto.	BA	Bezeichnung
				Bürobedarf, Schreib- und Zeichenmaterial, Bücher, Zeitschriften, Gesetz-, Verordnungs- und Amtsblätter, Landkarten, Druckschriften, u. ä., Post- und Telekommunikations-, Rundfunk- und Fernsehgebühren
				Konto-, Depotgebühren, öffentliche Bekanntmachungen
				Sachverständigen-, Gerichts- und ähnliche Kosten einschl. Nebenkosten Aufwendungen für nicht aktivierte Vermögensgegenstände
				Aufwendungen für ehrenamtliche Tätigkeit bei Konto 5421
				Honorare als Beschäftigungsentgelte bei Konto 5019
		544		**Steuern, Versicherungen, Schadensfälle**
			5442	Umsatzsteuer
			5445	Sonstige Steuern
			5446	Versicherungen
			5448	Schadensfälle
				Falls nicht bei Konten 5241, 5251
		546		**Aufgabenbezogenen Leistungsbeteiligungen**
			5461	Leistungsbeteiligung bei Leistungen für Unterkunft und Heizung an Arbeitsuchende
				Zahlungen an Arbeitsgemeinschaften für Leistungen nach § 22 SGB II
			5462	Leistungsbeteiligung bei Leistungen zur Eingliederung I von Arbeitsuchenden
				Zahlungen an Arbeitsgemeinschaften für Leistungen nach § 16a SGB II
			5463	Leistungsbeteiligung bei einmaligen Leistungen an Arbeitsuchende
				Zahlungen an Arbeitsgemeinschaften für Leistungen nach § 23 SGB II
			5468	Leistungsbeteiligung bei Teilhabeleistungen
		547		**Wertveränderungen bei Vermögensgegenständen**
				Verluste aus dem Abgang von Vermögensgegenständen
			5471	Wertveränderungen bei Sachanlagen
			5472	Wertveränderungen bei Finanzanlagen
			5473	Wertveränderungen beim Umlaufvermögen
			5477	Wertveränderungen bei Sachanlagen aus Verrechnungen mit der Allgemeinen Rücklage
			5478	Wertveränderungen bei Finanzanlagen aus Verrechnungen mit der Allgemeinen Rücklage
		548		**Besondere ordentliche Aufwendungen**
				(s. Kontenart 456)
			5481	Bußgelder
			5482	Säumnis-, Verspätungszuschläge
			5483	Aufwendungen aus der Inanspruchnahme von Gewährverträgen und Bürgschaften
			5484	Ausgleichsabgabe nach SGB IX aufgrund nicht besetzter Pflichtplätze
		549		**Weitere sonstige Aufwendungen aus laufender Verwaltungstätigkeit**
			5491	Verfügungsmittel
			5492	Fraktionszuwendungen
			5494	Zuführungen zu Rückstellungen für Deponien und Altlasten
			5495	Zuführungen zu sonstigen Rückstellungen
				(neben Zuführungen lt. Konten 5051, 5151, 5218 und 5494)
			5496	Zuführungen zu Rückstellungen für die erhöhte Heranziehung von Umlagen
			5499	Übrige weitere sonstige Aufwendungen aus laufender Verwaltungstätigkeit
	55			**Zinsen und sonstige Finanzaufwendungen**
		551		**Zinsaufwendungen**
				(s. Kontenart 461)
			551-	B	Zinsaufwendungen …
			5510	… an Bund
			5511	… an Land
			5512	… an Gemeinden (GV)
			5513	… an Zweckverbände und dergl.

KG	KA	Kto.	BA	Bezeichnung
		5514		... an gesetzliche Sozialversicherungen
		5515		... an verbundene Unternehmen, Beteiligungen
		5516		... an sonstige öffentlichen Sonderrechnungen
		5517		... an Kreditinstitute
		5518		... an sonstigen inländischer Bereich
		5519		... an sonstigen ausländischer Bereich
	559			**Sonstige Finanzaufwendungen**
		5591		Kreditbeschaffungskosten
		5599		Sonstige Finanzaufwendungen
57				**Bilanzielle Abschreibungen**
	570			**Abschreibung der Bilanzierungshilfe gemäß NKF-Covid-19-Isolierungsgesetz (NKF-CIG)**
		5701		Abschreibung der Bilanzierungshilfe gemäß NKF-Covid-19-Isolierungsgesetz (NKF-CIG)
	571			**Abschreibungen auf Sachanlagen und immaterielle Vermögensgegenstände**
		5711		Abschreibungen auf Sachanlagen und immaterielle Vermögensgegenstände
	572			**Abschreibungen auf Finanzanlagen**
		5721		Abschreibungen auf Finanzanlagen
	573			**Abschreibungen auf das Umlaufvermögen**
		5731		Abschreibungen auf das Umlaufvermögen
58				**Aufwendungen aus internen Leistungsbeziehungen**
	581			**Aufwendungen aus internen Leistungsbeziehungen**
		5811		Aufwendungen aus internen Leistungsbeziehungen
59				**Außerordentliche Aufwendungen**
	591			**Außerordentliche Aufwendungen**
		5911		Außerordentliche Aufwendungen

Anhang 28 Zuordnungsvorschriften Kontenrahmen NRW

KG	KA	Kto.	BA	Bezeichnung
6				**Einzahlungen**
	60			**Steuern und ähnliche Abgaben**
		601		**Realsteuern**
			6011	Grundsteuer A
				Land- und forstwirtschaftliche Betriebe (ohne Beträge aus der eigenen Steuerpflicht, diese Geschäftsvorfälle lösen keine Zahlungsvorgänge aus)
			6012	Grundsteuer B
				Sonstige Grundstücke (s. Hinweis bei 6011)
			6013	Gewerbesteuer
		602		**Gemeindeanteil an der Einkommensteuer**
			6021	Gemeindeanteil an der Einkommensteuer
				Gemeindeanteil an der Lohn- und der veranlagten Einkommensteuer nach Gemeindefinanzreformgesetz
			6022	Gemeindeanteil an der Umsatzsteuer
		603		**Sonstige Gemeindesteuern**
			6031	Vergnügungssteuer
				Ohne Steuer auf sexuelle Vergnügungen
			6032	Hundesteuer
			6034	Zweitwohnungssteuer
				Auch für Mobilheime, Wohnmobile, Wohn- und Campingwagen
			6035	Kulturförderabgabe / Übernachtungssteuer
			6036	Steuer auf sexuelle Vergnügungen
		604		**Steuerähnliche Erträge**
				(soweit nicht zweckgebunden)
			6041	Fremdenverkehrsabgabe
				Von Personen und Unternehmen, denen aus dem Fremdenverkehr oder aus dem Kurbetrieb Vorteile erwachsen (Kurtaxe bei 6361)
			6042	Abgabe von Spielbanken
			6049	Sonstige steuerähnliche Einzahlungen
				Geldwerte der von Steuerpflichtigen geleisteten Naturaldienste (Hand- und Spanndienste), Ablösung der Naturaldienste durch Bezahlung, z. B. durch Fischereipacht Zweckgebundene Einzahlungen bei Kontenart 641
		605		**Ausgleichsleistungen**
			6051	Leistungen nach dem Familienleistungsausgleich
			6052	Leistungen für die Umsetzung der Grundsicherung für Arbeitsuchende
				Zuweisungen des Landes aufgrund der Wohngeldreform
	61			**Zuwendungen und allgemeine Umlagen**
		611		**Schlüsselzuweisungen**
			6111	Schlüsselzuweisungen vom Land
		612		**Bedarfszuweisungen**
			6121	Bedarfszuweisungen vom Land
			6122	Bedarfszuweisungen von Gemeinden (GV)
				Finanzhilfen aus einem Härteausgleich (Nachweis in PG 611)
		613		**Sonstige allgemeine Zuweisungen**
			6130	Allgemeine Zuweisungen vom Bund
			6131	Allgemeine Zuweisungen vom Land
		614		**Zuweisungen und Zuschüsse für laufende Zwecke**
			614-	A	Zuweisungen und Zuschüsse für laufende Zwecke …
			6140		… vom Bund
			6141		… vom Land
			6142		… von Gemeinden (GV)
			6143		… von Zweckverbänden und dergl.
			6144		… von gesetzlichen Sozialversicherungen
			6145		… von verbundenen Unternehmen, Beteiligungen

KG	KA	Kto.	BA	Bezeichnung
		6146		… von sonstigen öffentlichen Sonderrechnungen
		6147		… von privaten Unternehmen
		6148		… von übrigen Bereichen
	618			**Allgemeine Umlagen**
		6181		Allgemeine Umlagen vom Land
				Erstattung aus der Abrechnung der Solidaritätsumlage
		6184		Kreisumlage allgemein
				Umlage nach § 56,1 KrO
		6185		Kreisumlage, Mehrbelastung Jugendamt
				Umlage nach § 56,5 KrO
		6186		Kreisumlage, andere Mehrbelastungen
		6187		Landschaftsumlage
				Umlage nach § 22 LVerbO
		6188		Verbandsumlage des Regionalverbandes Ruhrgebiet
				Umlage nach § 19,1 RVRG
		6189		Zweckverbandsumlage
				Umlage nach § 19 GkG
62				**Sonstige Transfererträge**
	621			**Ersatz von sozialen Leistungen außerhalb von Einrichtungen und von Eingliederungshilfen für behinderte Menschen** (Ist keine Aufteilung möglich, so sind die Einzahlungen vollständig unter dem Kto. 6211 abzubilden)
		6211		Kostenbeiträge und Aufwendungsersatz; Kostenersatz
		6212		Übergeleitete Ansprüche und übergeleitete Unterhaltsansprüche gegen bürgerlich-rechtlich Unterhaltsverpflichtete
		6213		Leistungen von Sozialleistungsträgern
		6214		Sonstige Ersatzleistungen
		6215		Rückzahlungen gewährter Hilfen (Tilgungen und Zinsen von Darlehen)
	622			**Ersatz von sozialen Leistungen innerhalb von Einrichtungen** (Ist keine Aufteilung möglich, so sind die Einzahlungen vollständig unter dem Kto. 6221 abzubilden)
		6221		Kostenbeiträge und Aufwendungsersatz; Kostenersatz
		6222		Übergeleitete Ansprüche und übergeleitete Unterhaltsansprüche gegen bürgerlich-rechtlich Unterhaltsverpflichtete
		6223		Leistungen von Sozialleistungsträgern
		6224		Sonstige Ersatzleistungen
		6225		Rückzahlungen gewährter Hilfen (Tilgung und Zinsen von Darlehen)
	623			**Schuldendiensthilfen**
		623-	A	Schuldendiensthilfen …
				Geldleistungen zur Erleichterung des Schuldendienstes für Kredite, vorwiegend zur Verbilligung der Zinsleistungen
		6230		… vom Bund
		6231		… vom Land
		6232		… von Gemeinden (GV)
		6233		… von Zweckverbänden und dergl.
		6234		… von gesetzlichen Sozialversicherungen
		6235		… von verbundenen Unternehmen, Beteiligungen
		6236		… von sonstigen öffentlichen Sonderrechnungen
		6237		… von privaten Unternehmen
		6238		… von übrigen Bereichen
	629			**Andere sonstige Transfereinzahlungen**
		6291		Andere sonstige Transfereinzahlungen
				(Ausgleichsabgabe nach den SchwbG, Zuweisungen aus den Mitteln der Ausgleichsabgabe nach SGB IX)

Anhang 28 Zuordnungsvorschriften Kontenrahmen NRW

KG	KA	Kto.	BA	Bezeichnung
63				**Öffentlich-rechtliche Leistungsentgelte**
	631			**Verwaltungsgebühren**
		6311		Verwaltungsgebühren
				Öffentlich-rechtliche Gebühren (Entgelte) für die Inanspruchnahme von Verwaltungsleistungen und Amtshandlungen, z. B. Passgebühren, Genehmigungsgebühren usw. Erstattungen (Entschädigungen) für die Erhebung von Beiträgen u. ä. für andere, oft Gebühren genannt, bei Kontenart 648. Wegen Säumniszuschlägen, Stundungszinsen und dgl. siehe Kontenart 656. Der Ersatz von besonderen Auslagen kann mit den Verwaltungsgebühren zusammen erfasst werden. An übergeordnete Stellen weiterzuleitende Gebührenanteile sind als durchlaufende Gelder abzuwickeln.
	632			**Benutzungsgebühren und ähnliche Entgelte**
		6321		Benutzungsgebühren und ähnliche Entgelte
				Entgelte für die Benutzung von öffentlichen Einrichtungen und Anlagen und für die Inanspruchnahme wirtschaftlicher Dienstleistungen z. B. Entgelte für die Lieferung von Elektrizität, Gas, Fernwärme, Wasser, einschl. Grundgebühren, Zählermiete Entgelte an Verkehrsunternehmen; Entgelte für die Inanspruchnahme von Einrichtungen der Abwasserbeseitigung, der Müllabfuhr, der Straßenreinigung, des Bestattungswesens, für die Sondernutzung von Straßen, Parkgebühren; Pflegesätze der Krankenhäuser, Alten- und Pflegeheime (auch Einkaufgelder) Pflege von Gräbern; Wegen Säumniszuschlägen, Stundungszinsen und dgl. siehe Kontenart 656
	636			**Zweckgebundene Abgaben**
		6361		Zweckgebundene Abgaben
				Kurtaxe, Kurbeiträge oder ähnliche Entgelte zur Finanzierung öffentlicher Anlagen u. a. Fremdenverkehrsabgabe ohne Zweckbindung bei Konto 6041. Wegen Säumniszuschlägen, Stundungszinsen und dgl. siehe Kontenart 656
64				**Privatrechtliche Leistungsentgelte, Kostenerstattungen und Kostenumlagen**
	641			**Mieten und Pachten**
		6411		Mieten und Pachten
				Einzahlungen aus Vermietung und Verpachtung von Grundstücken, Wohn- und Geschäftsräumen (auch Dienst- und Werkswohnungen, Altenwohnungen), von Betriebsanlagen, Garagen, Standplätzen an Märkten und Messen, Reklameflächen; Entgelte für die Überlassung von Inventar in vermieteten Räumen, ebenso für Nebenleistungen im Rahmen von Miet- und Pachtverträgen; Parkentgelte; Einzahlungen aus Erbbaurecht und Erbpacht sowie aus Jagd- und Fischereipacht für eigene Grundstücke
	642			**Einzahlungen aus Verkauf**
		6421		Einzahlungen aus Verkauf
				Verkaufserlöse, z. B. Einzahlungen aus dem Verkauf beweglicher Sachen, die nicht als Anlagevermögen erfasst waren; Einzahlungen aus dem Verkauf von Drucksachen aller Art; Erlöse für landwirtschaftliche, forstwirtschaftliche und gärtnerische Erzeugnisse, für Erzeugnisse und Leistungen von Werkstätten, für Abgaben von Gegenständen von Materialbeschaffungsstellen, auch Altmaterial u. ä.
	646			**Sonstige privatrechtliche Leistungsentgelte**
		6461		Sonstige privatrechtliche Leistungsentgelte
				Entgelte für Arbeiten zur Unterhaltung von Straßen, Anlagen und dgl.; Entgelte für die Unterhaltung der Hausanschlüsse für Gas, Wasser, Abwasser und Elektrizität Eintrittsgelder zu kulturellen oder sportlichen Veranstaltungen
	648			**Einzahlungen aus Kostenerstattungen, Kostenumlagen**
		648-	A	Einzahlungen aus Kostenerstattungen, Kostenumlagen …
				Ersatz für Auszahlungen, die eine Stelle für eine andere Stelle erbracht hat. Der Erstattung liegt stets ein auftragsähnliches Verhältnis zugrunde. Unerheblich ist, auf welcher Rechtsgrundlage die Erstattungspflicht beruht, ob die Erstattung die Kosten des Empfängers voll oder nur teilweise deckt oder ob sie pauschaliert ist
		6480		… vom Bund
		6481		… vom Land

KG	KA	Kto.	BA	Bezeichnung
		6482		… von Gemeinden (GV)
		6483		… von Zweckverbänden und dergl.
		6484		… von gesetzlichen Sozialversicherungen
		6485		… von verbundenen Unternehmen, Beteiligungen
		6486		… von sonstigen öffentlichen Sonderrechnungen
		6487		… von privaten Unternehmen
		6488		… von übrigen Bereichen
	649			**Aufgabenbezogene Leistungsbeteiligungen**
		6491		Leistungsbeteiligung bei Leistungen für Unterkunft und Heizung an Arbeitsuchende
				aus Leistungen nach § 22 SGB II
		6492		Leistungsbeteiligung beim Arbeitslosengeld II
				aus Leistungen nach § 19 SGB II (nur „Optionskommunen")
		6493		Leistungsbeteiligung bei der Eingliederung II von Arbeitsuchenden
				aus Leistungen nach § 16 SGB II (nur „Optionskommunen")
		6496		Leistungsbeteiligung bei der Grundbeteiligung im Alter
				Einzahlungen aus § 46a SGB XII
65				**Sonstige ordentliche Erträge**
	651			**Konzessionsabgaben**
		6511		Konzessionsabgaben
	652			**Erstattung von Steuern**
		6522		Erstattung von Umsatzsteuer
		6525		Erstattung von sonstigen Steuern
				z. B. aus Vorsteuerüberhang
				hier keine Einzahlungen aus der Kontengruppe 60
	656			**Weitere sonstige Einzahlungen**
		6561		Bußgelder
				Ordnungsstrafen, Verwarnungs- und Bußgelder, Zwangsgelder, Sühnegelder aus Schiedsamtsverfahren, Disziplinarstrafen und andere ordnungsrechtliche Einzahlungen
		6562		Säumniszuschläge
				Säumniszuschläge, Stundungs-, Verzugs- und Prozesszinsen, Gewerbesteuerverzinsung, Beitreibungsgebühren, soweit diese Einzahlungen nicht mit der Hauptforderung zu verbuchen sind
		6563		Einzahlungen aus der Inanspruchnahme von Gewährverträgen und Bürgschaften
		6564		Ausgleichsabgabe nach SBG IX (nur Landschaftsverbände)
	659			**Andere sonstige ordentliche Einzahlungen**
		6591		Andere sonstige ordentliche Einzahlungen
66				**Finanzeinzahlungen**
	661			**Zinseinzahlungen**
		661-	B	Zinseinzahlungen …
				Aus Darlehen, Geldanlagen, aus dem Giro- und Kontokorrentverkehr, aus Kaufpreis- u. a. Forderungen
		6610		… vom Bund
		6611		… vom Land
		6612		… von Gemeinden / GV
		6613		… von Zweckverbänden
		6614		… von gesetzlichen Sozialversicherungen
		6615		… von verbundenen Unternehmen
		6616		… von sonstigen öffentlichen Sonderrechnungen
		6617		… von Kreditinstituten
		6618		… vom sonstigen inländischen Bereich
		6619		… vom sonstigen ausländischen Bereich
	665			**Gewinnanteile von verbundenen Unternehmen und aus Beteiligungen**
		6651		Gewinnanteile von verbundenen Unternehmen und aus Beteiligungen
KG	669			**Sonstige Finanzeinzahlungen**

KG	KA	Kto.	BA	Bezeichnung
		6691		Sonstige Finanzeinzahlungen
				Konventionalstrafen Einbehaltenes Disagio bei der Hingabe von Darlehen
	68			**Einzahlungen aus Investitionstätigkeit**
		681		**Investitionszuwendungen**
		681-	A	Investitionszuwendungen …
		6810		… vom Bund
		6811		… vom Land
		6812		… von Gemeinden (GV)
		6813		… von Zweckverbänden und dergl.
		6814		… von gesetzlichen Sozialversicherungen
		6815		… von verbundenen Unternehmen, Beteiligungen
		6816		… von sonstigen öffentlichen Sonderrechnungen
		6817		… von privaten Unternehmen
		6818		… von übrigen Bereichen
		682		**Einzahlungen aus der Veräußerung von Grundstücken und Gebäuden**
		6821		Einzahlungen aus der Veräußerung von Grundstücken und Gebäuden
		683		**Einzahlungen aus der Veräußerung von sonstigen Vermögensgegenständen**
		6831		Einzahlungen aus der Veräußerung von beweglichen Vermögensgegenständen
		6832		Einzahlungen aus der Veräußerung von immateriellen Vermögensgegenständen
		684		**Einzahlungen aus der Veräußerung von Finanzanlagen**
		6841		Einzahlungen aus der Veräußerung von börsennotierten Aktien
				Aktien, deren Kurs an einer amtlichen Börse oder einem Sekundärmarkt notiert wird, z. B. von Aktiengesellschaften ausgegebene Aktien und Genussscheine sowie von Aktiengesellschaften gegebene Dividendenaktien
		6842		Einzahlungen aus der Veräußerung von nicht börsennotierten Aktien
				Aktien, deren Kurs nicht notiert wird
		6843		Einzahlungen aus der Veräußerung von sonstigen Anteilsrechten
				Alle Arten von Anteilsrechten an Unternehmen und Einrichtungen, die nicht in Form von Aktien bestehen
		6844		Einzahlungen aus der Veräußerung von Investmentzertifikaten
				Von finanziellen Kapitalgesellschaften ausgegebene Kapitalanteile
		6845		Einzahlungen aus der Veräußerung von Kapitalmarktpapieren
				Langfristige Wertpapiere ohne Anteilsrechte, deren ursprüngliche Laufzeit i. d. R. mehr als ein Jahr beträgt, z. B. Inhaberschuldverschreibungen, Anleihen, durch die Umwandlung von Krediten entstandene Wertpapiere
		6846		Einzahlungen aus der Veräußerung von Geldmarktpapieren
				Kurzfristige Wertpapiere, deren ursprüngliche Laufzeit i. d. R. bis zu einem Jahr beträgt, z. B. unverzinsliche Schatzanweisungen, Commercial
		6847		Einzahlungen aus der Veräußerung von Finanzderivaten
				Sekundäre, aus anderen Finanzprodukten abgeleitete Finanzinstrumente, z. B. Zinsswaps, Forward Rate Agreement
		6848		Einzahlungen aus der Veräußerung von sonstigen Finanzanlagen
		685		**Einzahlungen aus der Abwicklung von Baumaßnahmen**
		6851		Einzahlungen aus der Abwicklung von Baumaßnahmen
		686		**Rückflüsse von Ausleihungen**
		686-	B	Rückflüsse von Ausleihungen …
		6860		… vom Bund
		6861		… vom Land
		6862		… von Gemeinden / GV
		6863		… von Zweckverbänden
		6864		… von gesetzlichen Sozialversicherungen
		6865		… von verbundenen Unternehmen
		6866		… von sonstigen öffentlichen Sonderrechnungen

KG	KA	Kto.	BA	Bezeichnung
		6867		… von Kreditinstituten
		6868		… vom sonstigen inländischen Bereich
		6869		… vom sonstigen ausländischen Bereich
	688			**Beiträge und ähnliche Entgelte**
		6881		Beiträge und ähnliche Entgelte
				Erschließungsbeiträge, Abstandsgelder für Ersatzmaßnahmen nach dem Bundesnaturschutzgesetz
	689			**Sonstige Investitionseinzahlungen**
		6891		Sonstige Investitionseinzahlungen
				Rückzahlung gewährter investiver Zuweisungen, Zuschüsse
69				**Einzahlungen aus Finanzierungstätigkeit**
	691			**Einzahlungen aus Anleihen**
		6911		Einzahlungen aus Anleihen für Investitionen
		6912		Einzahlungen aus Anleihen zur Liquiditätssicherung
	692			**Kreditaufnahmen für Investitionen**
		692-	B	Kreditaufnahmen für Investitionen …
		6920		… vom Bund
		6921		… vom Land
		6922		… von Gemeinden / GV
		6923		… von Zweckverbänden
		6924		… von gesetzlichen Sozialversicherungen
		6925		… von verbundenen Unternehmen
		6926		… von sonstigen öffentlichen Sonderrechnungen
		6927		… von Kreditinstituten
		6928		… vom sonstigen inländischen Bereich
		6929		… vom sonstigen ausländischen Bereich
	693			**Aufnahme von Krediten zur Liquiditätssicherung**
		693-	B	Aufnahme von Krediten zur Liquiditätssicherung …
		6930		… vom Bund
		6931		… vom Land
		6932		… von Gemeinden / GV
		6933		… von Zweckverbänden
		6934		… von gesetzlichen Sozialversicherungen
		6935		… von verbundenen Unternehmen
		6936		… von sonstigen öffentlichen Sonderrechnungen
		6937		… von Kreditinstituten
		6938		… vom sonstigen inländischen Bereich
		6939		… vom sonstigen ausländischen Bereich
	694			**Einzahlungen aus sonstiger Wertpapierverschuldung**
		6949		Einzahlungen aus sonstiger Wertpapierverschuldung
	695			**Rückflüsse von Darlehen (ohne Ausleihungen)**
		695-	B	Rückflüsse von Darlehen (ohne Ausleihungen) …
		6950		… vom Bund
		6951		… vom Land
		6952		… von Gemeinden / GV
		6953		… von Zweckverbänden
		6954		… von gesetzlichen Sozialversicherungen
		6955		… von verbundenen Unternehmen
		6956		… von sonstigen öffentlichen Sonderrechnungen
		6957		… von Kreditinstituten
		6958		… vom sonstigen inländischen Bereich
		6959		… vom sonstigen ausländischen Bereich
	699			**Haushaltsunwirksame Einzahlungen (ohne Aufnahme von Liquiditätskrediten)**
		6998		Haushaltsunwirksame Einzahlungen (ohne Aufnahme von Liquiditätskrediten)

Anhang 28 Zuordnungsvorschriften Kontenrahmen NRW

	KG	KA	Kto.	BA	Bezeichnung
7					Auszahlungen
	70				Personalauszahlungen
		701			Dienstauszahlungen
					Dienstbezüge, Stellenzulagen, Amtszulagen, Ausgleichsleistungen, Jubiläumszuwendungen, Leistungen zur Vermögensbildungen der Arbeitnehmer, andere Zulagen und Zuschläge sowie Urlaubsgeld, Abgeltung für Überstunden (auch wenn nicht zahlungswirksam), Schulbeihilfen, Abfindungen, Übergangsgelder, Aufwandsentschädigungen als besondere Zulage für einen allgemeinen mit der Stelle zusammenhängenden Aufwand, Sachbezüge, die unter Berücksichtigung ihres wirtschaftlichen Wertes auf die Dienstbezüge angerechnet werden (Dienstwohnung), Architektenleistungen, Ingenieurleistungen usw. für Baumaßnahmen, wenn es sich um Aufwendungen für eigenes Personal handelt. Leistungen an Vertragsarchitekten, Vertragsingenieure usw. Ausgaben für freischaffende Mitarbeiter, für Wettbewerbe, Wiederbeschaffung bzw. Ergänzung von Baubestandsbezeichnungen und Baunutzungsplanskizzen werden als Nebenkosten dem Unterhaltungsaufwand oder den Bauausgaben zugeordnet, Werk- und ähnliche Verträge
			7011		Beamte
			7012		Tariflich Beschäftigte
			7019		Sonstige Beschäftigte
					Entgelte für nebenamtliche oder nebenberuflich tätige Personen, welche ihren Hauptberuf in einer anderen Verwaltung oder einem anderen Betrieb ausüben, an Ruhestandsbeamte, die weiterbeschäftigt werden, für Stellvertretungen und Aushilfen, an Praktikanten und Auszubildende, an Dozenten, Lehrer und Prüfungskräfte, im Rahmen von Arbeitsbeschaffungsmaßnahmen, an Zivildienstleistende, Honorare für freie Mitarbeiter und Sachverständige, soweit nicht an anderer Stelle zu erfassen
		702			Beiträge zu Versorgungskassen für Beschäftigte
					Arbeitgeberanteile zu Zusatzversorgungskassen
			7022		Tariflich Beschäftigte
			7029		Sonstige Beschäftigte
		703			Beiträge zur gesetzlichen Sozialversicherung
					Arbeitgeberanteile zur gesetzlichen Krankenversicherung (einschließlich Ersatzkassen), zur Rentenversicherung, zur Arbeitslosenversicherung, zur Ärzteversorgungskasse, Nachversicherung von Beamten, Höherversicherung in der gesetzlichen Sozialversicherung, Arbeitgeberzuschuss zur freiwilligen Krankenversicherung, Zuschüsse zur befreienden Lebensversicherung, Umlage zur gesetzlichen Unfallversicherung
			7031		Beamte
			7032		Tariflich Beschäftigte
			7039		Sonstige Beschäftigte
		704			Beihilfen, Unterstützungsleistungen für Beschäftigte
					Beihilfen nach den Beihilfevorschriften an Beschäftigte einschließlich Umlagen und Beiträge, die an Versorgungskassen und ähnliche Einrichtungen gezahlt werden. Unterstützungen (einmalige und laufende) nach den Unterstützungsgrundsätzen an Beschäftigte, Kosten der Reihenuntersuchungen, Untersuchungen vor lebens-länglicher Anstellung von Beamten und dgl., Zuschüsse zum Mutterschaftsgeld, Kosten der Schutzimpfungen und dgl., Unfallfürsorge
			7041		Beihilfen, Unterstützungsleistungen für Beschäftigte
	71				Versorgungsauszahlungen
		711			Versorgungsbezüge
					Ruhegelder, Unterhaltungsbeiträge, Hinterbliebenenbezüge, Witwen- und Waisenbezüge, Sterbegelder
			7111		Beamte
			7112		Tariflich Beschäftigte
			7119		Sonstige Beschäftigte
		712			Beiträge zu Versorgungskassen für Versorgungsempfänger
					Umlagen und Beiträge zu fremden sowie zu eigenen Pensions- und Versorgungskassen, die Versorgungsleistungen an Berechtigte auszahlen
			7121		Beamte
		713			Beiträge zur gesetzlichen Sozialversicherung
					(vgl. Kontenart 703)
			7131		Beamte

Anhang 28 Zuordnungsvorschriften Kontenrahmen NRW

KG	KA	Kto.	BA	Bezeichnung
		7132		Tariflich Beschäftigte
		7139		Sonstige Beschäftigte
	714			**Beihilfen, Unterstützungsleistungen für Versorgungsempfänger**
				(vgl. Kontenart 704)
		7141		Beihilfen, Unterstützungsleistungen für Versorgungsempfänger
72				**Auszahlungen für Sach- und Dienstleistungen**
	721			**Instandhaltung des unbeweglichen Vermögens**
		7215		Instandhaltung der Gebäude und baulichen Anlagen
				Instandhaltung eigener, gemieteter und gepachteter Gebäude, Grundstücke und Anlagen sowie zu den Gebäuden gehörenden Gärten, Grün- und sonstigen Außenanlagen (z. B. Zufahrten, Wege, Pausen- und Spielplätze)
		7216		Instandhaltung des Infrastrukturvermögens
				Instandhaltung von Straßen, Wegen, Brücken, Parkplätzen, Straßenbeleuchtung, Ampelanlagen, Wasserstraßen, Deichen, Hafenanlagen, Tiefbauten der Abwasserbeseitigung und Wasserversorgung, Sportanlagen, Spielplätzen, Parkanlagen, Friedhöfen, sonstigen unbebauten Grundstücken
	723			**Erstattungen für Auszahlungen von Dritten aus lfd. Verwaltungstätigkeit**
		723-	A	Erstattungen für Auszahlungen von Dritten aus lfd. Verwaltungstätigkeit …
				(vgl. Kontenart 648)
		7230		… an Bund
		7231		… an Land
		7232		… an Gemeinden (GV)
		7233		… an Zweckverbände und dergl.
		7234		… an gesetzliche Sozialversicherungen
		7235		… an verbundene Unternehmen, Beteiligungen
		7236		… an sonstige öffentliche Sonderrechnungen
		7237		… an private Unternehmen
		7238		… an übrige Bereichen
	724			**Unterhaltung und Bewirtschaftung des unbeweglichen Vermögens**
		7241		Unterhaltung und Bewirtschaftung der Grundstücke und baulichen Anlagen
				Unterhaltung und Bewirtschaftung eigener, gemieteter und gepachteter Gebäude, Grundstücke und Anlagen sowie zu den Gebäuden gehörenden Gärten, Grün- und sonstigen Außenanlagen (z. B. Zufahrten, Wege, Pausen- und Spielplätze)
		7242		Unterhaltung und Bewirtschaftung des Infrastrukturvermögens
				Unterhaltung und Bewirtschaftung von Straßen, Wegen, Brücken, Parkplätzen, Straßenbeleuchtung, Ampelanlagen, Wasserstraßen, Deichen, Hafenanlagen, Tiefbauten der Abwasserbeseitigung und Wasserversorgung, Sportanlagen, Spielplätzen, Parkanlagen, Friedhöfen, sonstigen unbebauten Grundstücken
	725			**Unterhaltung des beweglichen Vermögens**
		7251		Haltung von Fahrzeugen
				Auszahlungen für die Unterhaltung und Instandsetzung von PKW, LKW, motorisierten Spezialfahrzeugen, sonstigen Kraftfahrzeugen und anderen Fahrzeugen, z. B. für Betriebsstoffe, Schmierstoffe, Reifenerneuerung, Pflege- und Inspektionskosten
		7255		Unterhaltung des sonstigen beweglichen Vermögens
				Auszahlungen für Unterhaltung und Instandsetzung (u. a. Betriebsvorrichtungen)
	727			**Besondere Verwaltungs- und Betriebsauszahlungen**
		7271		Lernmittel
	728			**Auszahlungen für sonstige Sachleistungen**
		7281		Auszahlungen für sonstige Sachleistungen
				Waren und Güter, die nicht zur Geschäftsausstattung der Verwaltung, zur Bewirtschaftung der Grundstücke, zur Haltung von Fahrzeugen gehören, sondern zum Verzehr und Verbrauch oder zur Verarbeitung in Betriebszweigen der Verwaltung, in Anstalten und Einrichtungen einschließlich ihrer Nebenbetriebe sowie in Wirtschaftsunternehmen benötigt werden
	729			**Auszahlungen für sonstige Dienstleistungen**
		7291		Auszahlungen für sonstige Dienstleistungen

Anhang 28 Zuordnungsvorschriften Kontenrahmen NRW

KG	KA	Kto.	BA	Bezeichnung
73				**Transferauszahlungen**
	731			**Zuweisungen und Zuschüsse für laufende Zwecke**
		731-	A	Zuweisungen und Zuschüsse für laufende Zwecke …
		7310		… an Bund
		7311		… an Land
		7312		… an Gemeinden (GV)
		7313		… an Zweckverbände und dergl.
		7314		… an gesetzliche Sozialversicherungen
		7315		… an verbundene Unternehmen, Beteiligungen
		7316		… an sonstige öffentliche Sonderrechnungen
		7317		… an private Unternehmen
		7318		… an übrige Bereichen
	732			**Schuldendiensthilfen**
		732-	A	Schuldendiensthilfen …
		7320		… an Bund
		7321		… an Land
		7322		… an Gemeinden (GV)
		7323		… an Zweckverbände und dergl.
		7324		… an gesetzliche Sozialversicherungen
		7325		… an verbundene Unternehmen, Beteiligungen
		7326		… an sonstige öffentliche Sonderrechnungen
		7327		… an private Unternehmen
		7328		… an übrige Bereichen
	733			**Sozialtransferauszahlungen**
				Alle sozialen Leistungen, die natürlichen Personen in Form von individuellen Hilfen gewährt werden, unabhängig davon, ob es sich um laufende oder einmalige Barleistungen oder um Sachleistungen (z. B. Verpflegung, ärztliche Betreuung) handelt, auch darlehensweise gewährte Hilfen
		7331		Soziale Leistungen an natürliche Personen außerhalb von Einrichtungen
		7332		Soziale Leistungen an natürliche Personen in Einrichtungen
		7333		Leistungen für Unterkunft und Heizung an Arbeitsuchende
		7334		Leistungen zur Eingliederung I von Arbeitsuchenden
		7335		Einmalige Leistungen an Arbeitsuchende
		7336		Arbeitslosengeld II
				(nur „Optionskommunen")
		7337		Leistungen zur Eingliederung II von Arbeitsuchenden
				(nur „Optionskommunen")
		7338		Leistungen für Bildung und Teilhabe
		7339		Sonstige soziale Leistungen
	734			**Steuerbeteiligungen**
		7341		Gewerbesteuerumlage
		7342		Finanzierungsbeteiligung Fonds Deutscher Einheit
	735			**Allgemeine Zuweisungen**
		7351		Allgemeine Zuweisungen an Land
				Abundanzumlage
		7352		Allgemeine Zuweisungen an Gemeinden (GV)
	737			**Allgemeine Umlagen**
		7371		Allgemeine Umlagen an Land
		7374		Kreisumlage allgemein
				Umlage nach § 56,1 KrO
		7375		Kreisumlage, Mehrbelastung Jugendamt
				Umlage nach § 56,5 KrO
		7376		Kreisumlage, andere Mehrbelastungen
		7377		Landschaftsumlagen
				Umlage nach § 22 LVerbO

KG	KA	Kto.	BA	Bezeichnung
		7378		Verbandsumlage des Regionalverbandes Ruhrgebiet
				Umlagen nach § 19 RVRG
		7379		Zweckverbandsumlagen
				Umlagen nach § 19 GkG
	739			**Sonstige Transferauszahlungen**
		7395		Verlustübernahme bei Betrieben
		7399		Sonstige Transferauszahlungen
				Ohne Gegenleistungsverpflichtung Dritter (z. B. Umlage nach KHG, Leistungen nach EKrG), Zuweisungen aus Mitteln der Ausgleichsabgabe nach SGB IX
74				**Sonstige ordentliche Auszahlungen**
	741			**Sonstige Personal- und Versorgungsauszahlungen**
		7411		Sonstige Personal- und Versorgungsauszahlungen
		7412		Besondere Auszahlungen für Beschäftigte
				Auszahlungen für Dienst- und Schutzkleidung, persönliche Ausrüstungsgegenstände, Aus- und Fortbildung, Umschulung, Dienstreisen, Kosten der Teilnahme von Bediensteten an Lehrgängen, Kursen und Vorträgen zur Aus- und Fortbildung (einschließlich Reisekosten), auch Honorare und Sachkosten einzelner Lehrgänge, Kurse und Vorträge zur Fortbildung
	742			**Auszahlungen für die Inanspruchnahme von Rechten und Diensten**
		7421		Auszahlungen für ehrenamtliche Tätigkeiten und sonstige Tätigkeit
		7422		Mieten und Pachten
				Miet- und Pachtaufwendungen für Gebäude, einzelne Diensträume und Grundstücke, angemietete Dienst- und Werkwohnungen, Dienstzimmerentschädigungen, Erbbauzinsen, Erbpachtzinsen, Mietaufwendungen für Maschinen, Fahrzeuge, Geräte, Einrichtungsgegenstände, Mietaufwendungen für EDV-Anlagen (Hard- und Software)
		7423		Leasing
				Laufende Leistungen aufgrund von Leasingverträgen
		7429		Sonstige Auszahlungen für die Inanspruchnahme von Rechten und Diensten
	743			**Geschäftsauszahlungen**
		7431		Geschäftsauszahlungen
				Bürobedarf, Schreib- und Zeichenmaterial, Bücher, Zeitschriften, Gesetz-, Verordnungs- und Amtsblätter, Landkarten, Druckschriften u. ä. Post- und Telekommunikations-, Rundfunk- und Fernsehgebühren Sachverständigen-, Gerichts- und ähnliche Kosten einschl. Nebenkosten Auszahlungen für ehrenamtliche Tätigkeiten bei Kto. 7421 Honorare als Beschäftigungsentgelte bei Kto. 7019
	744			**Steuern, Versicherungen, Schadensfälle**
		7442		Umsatzsteuer
		7445		Sonstige Steuern
		7446		Versicherungen
		7448		Schadensfälle
				falls nicht bei den Konten 7241, 7251
	746			**Aufgabenbezogene Leistungsbeteiligungen**
		7461		Leistungsbeteiligung bei Leistungen für Unterkunft und Heizung an Arbeitsuchende
				Zahlungen an Arbeitsgemeinschaften für Leistungen nach § 22 SGB II
		7462		Leistungsbeteiligung bei Leistungen zur Eingliederung I von Arbeitsuchenden
				Zahlungen an Arbeitsgemeinschaften für Leistungen nach § 16a SGB II
		7463		Leistungsbeteiligung bei einmaligen Leistungen an Arbeitsuchende
				Zahlungen an Arbeitsgemeinschaften für Leistungen nach § 23 SGB II
		7468		Leistungsbeteiligung bei Teilhabeleistungen
	748			**Besondere ordentliche Auszahlungen**
				(vgl. Kontenart 656)
		7481		Bußgelder
		7482		Säumnis-, Verspätungszuschläge

Anhang 28 Zuordnungsvorschriften Kontenrahmen NRW

KG	KA	Kto.	BA	Bezeichnung
		7483		Auszahlungen aus der Inanspruchnahme von Gewährverträgen und Bürgschaften
		7484		Ausgleichsabgabe nach SGB IX aufgrund nicht besetzter Pflichtplätze
	749			**Weitere sonstige Auszahlungen aus laufender Verwaltungstätigkeit**
		7491		Verfügungsmittel
		7492		Fraktionszuwendungen
		7499		Übrige weitere sonstige Auszahlungen aus laufender Verwaltungstätigkeit
75				**Zinsen und sonstige Finanzanlagen**
	751			**Zinsauszahlungen**
		751-	B	Zinsauszahlungen …
		7510		… an Bund
		7511		… an Land
		7512		… an Gemeinden / GV
		7513		… an Zweckverbände
		7514		… an gesetzliche Sozialversicherungen
		7515		… an verbundene Unternehmen
		7516		… an sonstige öffentliche Sonderrechnungen
		7517		… an Kreditinstitute
		7518		… an sonstigen inländischen Bereich
		7519		… an sonstigen ausländischen Bereich
	759			**Sonstige Finanzauszahlungen**
		7591		Kreditbeschaffungskosten
		7599		Sonstige Finanzauszahlungen
78				**Auszahlungen aus Investitionstätigkeit**
	781			**Zuweisungen und Zuschüsse für Investitionen**
		781-	A	Zuweisungen und Zuschüsse für Investitionen …
				Soweit die Gemeinde wirtschaftlicher Eigentümer wird oder eine Gegenleistungsverpflichtung aktiviert werden kann (vgl. Konto 7399)
		7810		… an Bund
		7811		… an Land
		7812		… an Gemeinden (GV)
		7813		… an Zweckverbände und dergl.
		7814		… an gesetzliche Sozialversicherungen
		7815		… an verbundene Unternehmen, Beteiligungen
		7816		… an sonstige öffentliche Sonderrechnungen
		7817		… an private Unternehmen
		7818		… an übrige Bereichen
	782			**Auszahlungen für den Erwerb von Grundstücken und Gebäuden**
		7821		Auszahlungen für den Erwerb von Grundstücken und Gebäuden
	783			**Auszahlungen für den Erwerb von Vermögensgegenständen**
		7831		Auszahlungen für den Erwerb von Vermögensgegenständen
				Oberhalb der Wertgrenze von 800,-€
		7832		Auszahlungen für den Erwerb von Vermögensgegenständen
				Unterhalb der Wertgrenze von 800,-€
	784			**Auszahlungen für den Erwerb von Finanzanlagen**
		7841		Auszahlungen für den Erwerb von börsennotierten Aktien
				Aktien, deren Kurs an einer amtlichen Börse oder einem Sekundärmarkt notiert wird, z. B. von Aktiengesellschaften ausgegebene Aktien und Genussscheine sowie von Aktiengesellschaften gegebene Dividendenaktien
		7842		Auszahlungen für den Erwerb von nicht börsennotierten Aktien
				Aktien, deren Kurs nicht notiert wird
		7843		Auszahlungen für den Erwerb von sonstigen Anteilsrechten
				Alle Arten von Anteilsrechten an Unternehmen und Einrichtungen, die nicht in Form von Aktien bestehen
		7844		Auszahlungen für den Erwerb von Investmentzertifikaten

KG	KA	Kto.	BA	Bezeichnung
				Von finanziellen Kapitalgesellschaften ausgegebene Kapitalanteile
		7845		Auszahlungen für den Erwerb von Kapitalmarktpapieren
				Langfristige Wertpapiere ohne Anteilsrechte, deren ursprüngliche Laufzeit i. d. R. mehr als ein Jahr beträgt, z. B. Inhaberschuldverschreibungen, Anleihen, durch die Umwandlung von Krediten entstandene Wertpapiere
		7846		Auszahlungen für den Erwerb von Geldmarktpapieren
				Kurzfristige Wertpapiere, deren ursprüngliche Laufzeit i. d. R. bis zu einem Jahr beträgt, z. B. unverzinsliche Schatzanweisungen, Commercial Papers
		7847		Auszahlungen für den Erwerb von Finanzderivaten
				Sekundäre, aus anderen Finanzprodukten abgeleitete Finanzinstrumente, z. B. Zinsswaps, Forward Rate Agreement
		7848		Auszahlungen für den Erwerb von sonstigen Finanzanlagen
	785			**Baumaßnahmen**
				Baumaßnahmen werden durch den Herstellungsaufwand gegenüber dem Erhaltungsaufwand abgegrenzt. Zu den Baumaßnahmen gehören: Erweiterungs-, Neu-, Um und Ausbauten, Abbruch- und Aufschließungskosten, wenn die zur Durchführung von Bauten erforderlich sind. Baunebenkosten, wie Vergütungen für Vertragsarchitekten, Vertragsingenieurbüros usw., Leistungen an freischaffende Mitarbeiter, Auslagen für Werks- und ähnliche Verträge, Wettbewerbskosten, künstlerische Ausgestaltungen Planung, Entwurf, Bauleitung für konkrete Maßnahmen. Grenzfälle sind grundsätzlich nach den Regeln des Einkommensteuerrechts sinngemäß zu behandeln (vgl. Abschnitt 157 der Einkommensteuer-Richtlinien)
		7851		Hochbaumaßnahmen
				Hochbaumaßnahmen einschließlich der mit diesen Baumaßnahmen im sachlichen und baulichen Zusammenhang stehenden Tiefbauten und Anlagen, wie Garagen, Versorgungs- und Heizungsanlagen, Alarm- und Schutzeinrichtungen, Entwässerungsanlagen und sonstige allgemeine oder technische Anlagen
		7852		Tiefbaumaßnahmen
				Tiefbaumaßnahmen und andere Baumaßnahmen, wie Straßen, Wege, Plätze, Brücken, Unterführungen, Wasserstraßen, Wasserbauten, Hafenanlagen, Dämme, Deiche, Brunnen, Freibäder, Kanäle, Wasserversorgung, Entwässerung, Regenrückhaltebecken, Einrichtungen der Löschwasserentnahme Sportplätze, Spielplätze, Campingplätze
		7853		Sonstige Baumaßnahmen
				Betriebsanlagen und sonstige technische Anlagen, wie Gleisanlagen, Roll- und Fahrtreppen im Zusammenhang mit Außenbauten, nicht transportable Röntgen- und Kühlanlagen, Betriebsaufzüge, Großküchenanlagen, Verkehrsfernseh-, Polizeiruf- sowie sonstige Verkehrssicherungsanlagen, Trafostationen, Fernsprechzentralen, Gemeinschaftsantennen und dgl.
	786			**Gewährung von Ausleihungen**
		786-	B	Gewährung von Ausleihungen ...
		7860		... an Bund
		7861		... an Land
		7862		... an Gemeinden / GV
		7863		... an Zweckverbände
		7864		... an gesetzliche Sozialversicherungen
		7865		... an verbundene Unternehmen
		7866		... an sonstige öffentliche Sonderrechnungen
		7867		... an Kreditinstitute
		7868		... an sonstigen inländischen Bereich
		7869		... an sonstigen ausländischen Bereich
	789			**Sonstige Investitionsauszahlungen**
		7891		Sonstige Investitionsauszahlungen
				Rückzahlung erhaltener investiver Zuweisungen und Zuschüsse, Beiträge
79				**Auszahlungen aus Finanzierungstätigkeit**
	791			**Auszahlungen aus Anleihen**
		7911		Rückzahlungen von Anleihen für Investitionen
		7912		Rückzahlungen von Anleihen zur Liquiditätssicherung

Anhang 28 Zuordnungsvorschriften Kontenrahmen NRW

KG	KA	Kto.	BA	Bezeichnung
	792			**Tilgung von Krediten für Investitionen**
		792-	B	Tilgung von Krediten für Investitionen …
		7920		… an Bund
		7921		… an Land
		7922		… an Gemeinden / GV
		7923		… an Zweckverbände
		7924		… an gesetzliche Sozialversicherungen
		7925		… an verbundene Unternehmen
		7926		… an sonstige öffentliche Sonderrechnungen
		7927		… an Kreditinstitute
		7928		… an sonstigen inländischen Bereich
		7929		… an sonstigen ausländischen Bereich
	793			**Tilgung von Krediten zur Liquiditätssicherung**
		793-	B	Tilgung von Krediten zur Liquiditätssicherung …
		7930		… an Bund
		7931		… an Land
		7932		… an Gemeinden / GV
		7933		… an Zweckverbände
		7934		… an gesetzliche Sozialversicherungen
		7935		… an verbundene Unternehmen
		7936		… an sonstige öffentliche Sonderrechnungen
		7937		… an Kreditinstitute
		7938		… an sonstigen inländischen Bereich
		7939		… an sonstigen ausländischen Bereich
	794			**Tilgung von sonstigen Wertpapierschulden**
		7949		Tilgung von sonstigen Wertpapierschulden
	795			**Gewährung von Darlehen (ohne Ausleihungen)**
		795-	B	Gewährung von Darlehen (ohne Ausleihungen) …
		7950		… an Bund
		7951		… an Land
		7952		… an Gemeinden / GV
		7953		… an Zweckverbände
		7954		… an gesetzliche Sozialversicherungen
		7955		… an verbundene Unternehmen
		7956		… an sonstige öffentliche Sonderrechnungen
		7957		… an Kreditinstitute
		7958		… an sonstigen inländischen Bereich
		7959		… an sonstigen ausländischen Bereich
	799			**Haushaltsunwirksame Auszahlungen (ohne Tilgungen von Liquiditätskrediten)**
		7998		Haushaltsunwirksame Auszahlungen (ohne Tilgungen von Liquiditätskrediten)

Vorschriften für die Zuordnung von Aufgaben und Leistungen zu den Produktgruppen
(Zuordnungsvorschriften Produktgruppen – ZOVPG NRW)
gültig ab 2021

https://www.it.nrw/node/3282

*) Der Produktrahmen mit den Produktbereichen (zweistellig) ist nach § 4 KomHVO haushaltsrechtlich verbindlich. Die dreistelligen Produktgruppen sind finanzstatistisch verbindlich.

1) Kennziffern der Kassenstatistik:
   B-Kennziffern = Summe der Konten 7851 bis 7853
   L-Kennziffern = Summe bzw. Betrag der in Erläuterung vorgegebenen Konten

2) BA: Bereichsabgrenzung; Erläuterungen s. Auflistung

PB *)	PG	Bezeichnung der Produktgruppe / Inhalte der Produktgruppe	Erläuterungen, Hinweise und Kennziffern der Kassenstatistik[1]
			Es gilt allgemein der Grundsatz der Spezialisierung mit einer Zuordnung zu den einzelnen Produktgruppen. Bei nicht sachgerecht aufteilbaren Aufwendungen ist nach dem Schwerpunktprinzip zuzuordnen
11		**Innere Verwaltung**	
	111	**Verwaltungssteuerung und -service**	Kennziffer B01 [1]
		Organe und sonstige zentrale Einheiten	Aufwendungen für die Organe der Zweckverbände sind in der entsprechenden Produktgruppe nachzuweisen
		Rat, Ausschüsse, Bezirksvertretungen, Bezirksausschüsse	
		Kreistag, Kreisausschuss, Ausschüsse	
		Oberbürgermeister/in, Bürgermeister/in, Bezirksvorsteher/in, Ortsvorsteher/in	
		Landrat / Landrätin	
		Fraktionen, Zuwendungen gem. § 56 Abs. 3 der Gemeindeordnung (GO NRW)	
		Rats- und Verwaltungsbeauftragte, z. B. Gleichstellungsbeauftragte, Datenschutzbeauftragte	Soweit eine Zuordnung zu bestimmten Aufgabenbereichen möglich ist, erfolgt ein Nachweis in der entsprechenden Produktgruppe, z. B. Umweltschutzbeauftragte in der PG 561
		Beigeordnete / Dezernenten/innen	Einschließlich Beschäftigte, die vergleichbare steuernde Funktionen überwiegend ausüben
		Ausländerbeirat, Migrationsrat	
		Unmittelbar und ausschließlich den Organen bzw. Funktionen zugeordnetes Personal, z. B. persönliche Referenten/innen, Planungsstäbe, Schreibkräfte	
		Aufwandsentschädigungen, Sitzungsgelder	
		Verfügungsmittel	
		Repräsentation, Ehrungen, Pflege partnerschaftlicher Beziehungen	

Anhang 29 Zuordnungsvorschriften Produktgruppen NRW

PB *)	PG	Bezeichnung der Produktgruppe / Inhalte der Produktgruppe	Erläuterungen, Hinweise und Kennziffern der Kassenstatistik[1)
	noch 111	Mitgliedschaft bei kommunalen Spitzenverbänden, bei sonstigen Verbänden, Vereinen und Organisationen	Beiträge und Zuschüsse für bestimmte Aufgaben bei der entsprechenden Produktgruppe
		Vorbereitung und Durchführung kommunalpolitischer Tagungen und Veranstaltungen sowie von Ehrungen	
		Organisationsangelegenheiten	
		Personalangelegenheiten der Beamten und der tariflich Beschäftigten	
		Aus- und Fortbildung des Personals	Fachspezifische Fortbildungen sind produktbezogen zuzuordnen
		Festsetzung der Reisekosten, Umzugskosten, Trennungsentschädigungen, Unterstützungen	Sächliche Aufwendungen sind bei der Produktgruppe nachzuweisen, der die Personalkosten zuzuordnen sind
		Personalrat	Auch Personalaufwendungen für freigestellte Personalratsmitglieder
		Ausgleichsabgabe nach dem Schwerbehindertengesetz	
		Arbeitgeberdarlehen	Arbeitgeberdarlehen zur Förderung des Wohnungsbaus bei PG 522
		Allgemeine Rechtsberatung für die Verwaltung	
		Allgemeine Presse- und Öffentlichkeitsarbeit	
		Öffentliche Bekanntmachungen	
		Bürgerberatungsstelle / Bürgeramt	Soweit nicht anderen Aufgabenbereichen/Produktgruppen zuzuordnen
		Anlauf- und Informationsstelle für die Annahme von Anträgen und für die Beratung der Bürger	
		Bezirksverwaltungsstellen	
		Kämmerei, Finanzbuchhaltung	
		Verwaltung der Gemeindesteuern, Gebühren, Beiträge	Soweit Gebühren und Beiträge bei einer anderen Dienststelle verwaltet werden, erfolgt der Nachweis in der entsprechenden Produktgruppe
		Liegenschaftsverwaltung	
		Verwaltung des bebauten und unbebauten Grundvermögens	
		Verwaltung des Gemeindegliedervermögens	Soweit das Vermögen nicht bei anderen Aufgabenbereichen verwaltet wird oder den land- und forstwirt-schaftlichen Unternehmen (PG 555) zuzuordnen ist
		Gebäudemanagement	Hier nur Aufwendungen für zentrale Verwaltungs- und Bürogebäude; Aufwendungen für alle anderen bebauten Grundstücke sind den jeweiligen PG zuzuordnen, mindestens im Wege einer internen Leistungsverrechnung
		Einrichtungen für die gesamte Verwaltung	Soweit nicht anderen Aufgabenbereichen/Produktgruppen zuzuordnen
		Elektronische Datenverarbeitung	
		Fotokopierstellen	

PB *)	PG	Bezeichnung der Produktgruppe / Inhalte der Produktgruppe	Erläuterungen, Hinweise und Kennziffern der Kassenstatistik[1]
	noch 111	Fremdsprachendienst	
		Stadtarchiv / Gemeindearchiv	
		Hausdruckerei	
		Telekommunikationsdienst	
		Zentrale Beschaffungsstelle	
		Arbeitssicherheitstechnischer Dienst	
		Betriebsärztlicher Dienst	
		Betriebskindergarten	
		Eigene Aus- und Fortbildungseinrichtungen	
		Kantinen, Gemeinschaftsküchen	
		Örtliche Rechnungsprüfung und überörtliche Prüfung	
		Angelegenheiten der unteren staatlichen Verwaltungsbehörde	Staatliche Schulämter, Kreispolizeibehörde, Kommunalaufsicht der Kreise
12		**Sicherheit und Ordnung**	
	121	**Statistik und Wahlen**	Kennziffer B12 [1]
		Statistische Angelegenheiten	
		Eigene und Auftragsstatistiken aller Art	
		Erledigung aller Aufgaben bei der Durchführung von Wahlen und Abstimmungen	
	122	**Ordnungsangelegenheiten**	Kennziffer B12 [1]
		Angelegenheiten der allgemeinen öffentlichen Ordnung	
		Ausländerrecht	
		Erfassung der Wehrpflichtigen	
		Fundsachen	
		Gewerbe- und Gaststättenwesen	
		Immissionsschutz	
		Jagd- und Fischereiwesen	
		Lebensmittelüberwachung	
		Melde- und Personenstandswesen	
		Nachlass- und Teilungssachen	
		Ordnungsaufgaben bei Wohnungslosigkeit	Einrichtungen für Wohnungslose bei der PG 374
		Pass- und Ausweiswesen	
		Schiedsamtsangelegenheiten	
		Sonn- und Feiertagsrecht	
		Staatsangehörigkeits- und Auswanderungswesen	
		Tierschutz	
		Verbraucherberatung	Auch Zuschüsse an andere Träger
		Verkehrsrecht, Kraftfahrzeugzulassung	
	126	**Brandschutz**	Kennziffer B12 [1]
		Feuerwehr	
		Aufgaben des Brandschutzes	Vgl. PG 521
		Leitstellen	Soweit nicht PG 127
		Werkstatt für Atemschutzgeräte	

Anhang 29 Zuordnungsvorschriften Produktgruppen NRW

PB *)	PG	Bezeichnung der Produktgruppe / Inhalte der Produktgruppe	Erläuterungen, Hinweise und Kennziffern der Kassenstatistik[1]
		Schlauch- und Gerätepflegerei	
		Technische Hilfe für Dritte	
	127	**Rettungsdient**	Kennziffer B12 [1]
		Leitstellen	Soweit Aufgaben des Rettungsdienstes zusammen mit den Aufgaben des Feuerschutzes (PG 126) wahrgenommen werden, ist eine Aufteilung der Aufwendungen vorzunehmen.
		Rettungswachen	
		Rettungsmittel	
		Krankentransport	
		Unfallmeldestellen, Unfallstationen	
	128	**Zivil- und Katastrophenschutz**	Kennziffer B12 [1]
		Vorbeugende und abwehrende Maßnahmen nach BHKG NRW	
		Maßnahmen der zivilen Verteidigung nach ZSKG	Beträge für Rechnung des Bundes sind nicht auszuweisen
		Wasserwehren (ohne bauliche Anlagen)	
21		**Schulträgeraufgaben**	Anteilig sind den PG 211 bis 231 zuzuordnen: Förderung des Schulsports, von Wettbewerben u. a., Gastschülerzuschüsse und Schulkostenbeiträge an kommunale Schulträger, Lernmittelfreiheit, soweit sie nicht individuell gewährt wird, Modellversuche, Schulwanderungen, Ganztagsbetreuung
	211	**Grundschulen** (einschließlich Schulkindergärten)	Kennziffer B02 [1]
	212	**Hauptschulen**	Kennziffer B02 [1]
	215	**Realschulen**	Kennziffer B02 [1]
		1. Bildungsweg	
		Abendrealschulen als Weiterbildungskolleg	
	216	**Sekundarschulen**	Kennziffer B02 [1]
	217	**Gymnasien**	Kennziffer B02 [1]
		1. Bildungsweg	
		Abendgymnasium als Weiterbildungskolleg	
		Kollegs	
		Institute zur Erlangung der Hochschulreife als Weiterbildungskolleg	
	218	**Gesamtschulen**	Kennziffer B02 [1]
	219	**Primusschulen**	Kennziffer B02 [1]
	221	**Förderschulen**	Kennziffer B02 [1]
		Mit dem Förderschwerpunkt: Lernen / Sprache / Emotionale und soziale Entwicklung / Hören und Kommunikation / Sehen	Schulkosten in Einrichtungen der Sozial- und Jugendhilfe sowie des Strafvollzugs, soweit sie sich von den Anstaltskosten trennen lassen, sind ebenfalls hier nachzuweisen.
		Geistige Entwicklung / Körperliche und motorische Entwicklung Schule für Kranke	

… Anhang 29 Zuordnungsvorschriften Produktgruppen NRW

PB *)	PG	Bezeichnung der Produktgruppe / Inhalte der Produktgruppe	Erläuterungen, Hinweise und Kennziffern der Kassenstatistik[1]
	231	**Berufskollegs**	Kennziffer B02 [1]
		Berufsschule	
		Berufsfachschule	
		Fachschule	
		Fachoberschule	
		Förderberufsschulen	
	241	**Schülerbeförderung**	
	242	**Fördermaßnahmen für Schüler**	
		Betreuung und Beratung der Anspruchsberechtigten bei Ausbildungsförderung	
		Antrags- und Bewilligungsverfahren	
		Stipendien an Schüler	
		Sonstige Leistungen an einzelne Schüler	
	243	**Sonstige schulische Aufgaben**	Kennziffer B02 [1]
		Serviceeinrichtungen für Schulen, z. B. Medienzentren, Schullandheime, auch Landschulen	
		Schulpsychologischer Dienst	
		Schulwandern und Schulfahrten	Soweit sie nicht in den Schulformen zugeordnet werden können
		Schülerunfall- und Schülerhaftpflichtversicherung	
		Schülerlehrgarten, -verkehrsgarten	
		Schülerlotsen	
		Sonstige schulische Einrichtungen	Die Einrichtungen können auch bei der betreffenden Schulform veranschlagt werden. Musikschulen aller Art sowie ähnliche Einrichtungen sind bei PG 263 nachzuweisen
25		**Kultur und Wissenschaft**	Förderung von Einrichtungen Dritter jeweils nach dem Produktinhalt bei den PG 251 bis 291
	251	**Wissenschaft und Forschung**	Kennziffer B12 [1]
		Wissenschaftliche Museen und Sammlungen	
		Wissenschaftliche Bibliotheken	
		Förderung staatlicher Hochschulen, Hochschulkliniken, wissenschaftlicher Institute und Einrichtungen	Kostenbeteiligung an Hochschulkliniken in PG 411
		Förderung sonstiger wissenschaftlicher Zwecke	
	252	**Museen, Sammlungen, Ausstellungen**	Kennziffer B12 [1]
		Museen	
		Sammlungen	
		Ausstellungen	
		Kunstgalerien	
		Förderung der bildenden Kunst	
		Kulturarchive	
	253	**Zoologische und botanische Gärten**	Kennziffer B12 [1]
		Zoologische Gärten	
		Tierparks	
		Aquarien	

Anhang 29 Zuordnungsvorschriften Produktgruppen NRW

PB *)	PG	Bezeichnung der Produktgruppe Inhalte der Produktgruppe	Erläuterungen, Hinweise und Kennziffern der Kassenstatistik[1]
		Botanische Gärten	
	261	**Theater**	Kennziffer B12 [1]
		Theater	
		Opernhäuser	
		Freilichtbühnen, Jugendbühnen, Festspiele	
	262	**Musikpflege (ohne Musikschulen)**	
		Berufsorchester	Soweit nicht Teil eines Theaters
		Chöre	
		Förderung von Musikfestivals, Musikpreisen, Rockkonzerten	
	263	**Musikschulen**	Kennziffer B12 [1]
	271	**Volksschulen**	Kennziffer B12 [1]
	272	**Büchereien**	Kennziffer B12 [1]
		Einrichtungen und Förderung des Büchereiwesens	
	273	**Sonstige Volksbildung**	Kennziffer B12 [1]
		Einrichtungen und Förderung der Erwachsenenbildung	
	281	**Heimat- und sonstige Kunst- und Kulturpflege**	Kennziffer B12 [1]
		Heimatpflege	
		Förderung von Heimatvereinen	
		Gemeinschaftsveranstaltungen	
		Stadtjubiläen	
		Sonstige Heimatpflege, Archive der Heimatpflege	
		Städtepartnerschaften	
		Skulpturen	Denkmale bei PG 523
	291	**Förderung von Kirchengemeinden und sonstigen Religionsgemeinschaften**	
		Erfüllung von Verpflichtungen	
		Förderung von religiösen Aufgaben	
31		**Soziale Leistungen**	Die Verwaltungskosten sind anteilig den Leistungsarten zuzuordnen
	312	**Grundsicherungsleistungen nach dem Zweiten Buch Sozialgesetzbuch**	Leistungen ausschließlich bei den Konten 7333 bis 7338 bzw. 7461 bis 7468
		Leistungen zur Eingliederung	
		(§ 16a SGB II)	
		Leistungen für Unterkunft und Heizung	
		(§ 22 SGB II)	
		Sonstige Leistungen nach	
		(§ 23 Abs. 3 SGB II)	
		Leistungen für Bildung und Teilhabe	
		(§ 28 SGB II)	
		In <u>Optionskommunen</u> zusätzlich:	
		Arbeitslosengeld II	
		(§§ 19 ff. SGB II)	
		Leistungen zur Eingliederung	

Anhang 29 Zuordnungsvorschriften Produktgruppen NRW

PB *)	PG	Bezeichnung der Produktgruppe / Inhalte der Produktgruppe	Erläuterungen, Hinweise und Kennziffern der Kassenstatistik[1]
		(§§ 16b bis 16f SGB II)	
	313	**Leistungen an Asylbewerber**	Leistungen bei Ktn. 7331, 7332, 7339 Kennziffer L05 (Summe der Konten 7331, 7332, 7339)
		Grundleistungen	
		Leistungen in besonderen Fällen	
		Hilfen zur Gesundheit	
		Leistungen des Landes nach dem Flüchtlingsaufnahmegesetz	
		Kostenbeiträge	
	314	**Eingliederungshilfe nach dem SGB IX**	Leistungen bei Konto 7339 Kennziffer L07
	321	**Leistungen nach dem Bundesversorgungsgesetz**	Leistungen bei Konto 7339 Kennziffer L06
		Laufende und einmalige Erziehungsbeihilfen an Beschädigte für Kinder und an Waisen für Schul- und Berufsausbildung (ohne Hochschulstudium) – Beihilfen und Darlehen –, Erholungshilfe für Beschädigte und Hinterbliebene	
		Laufende und einmalige Leistungen der Hilfen in besonderen Lebenslagen für Beschädigte und Hinterbliebene – Beihilfen und Darlehen	Hinweis zu allen Leistungen: Einschließlich der entsprechenden Leistungen nach dem Gesetz über die Unterhaltsbeihilfe für Angehörige von Kriegsgefangenen und nach dem Häftlingshilfegesetz
	322	**Leistungen für Schwerbehinderte nach dem Neunten Buch Sozialgesetzbuch**	Leistungen bei Konto 7339
		Durch das Zweite Gesetz zur Straffung der Behördenstruktur von den ehemaligen Versorgungsämtern auf die Kreise und kreisfreien Städte übertragene Aufgaben und Leistungen nach §§ 69 und 145	
		Ausgleichsabgabe nach dem Schwerbehindertengesetz	
		Erhebung der Ausgleichsabgabe	
		Verwendung der Ausgleichsabgabe und der aus dem Aufkommen der Ausgleichsabgabe bereitgestellten Beträge	
	323	**Leistungen nach dem sozialen Entschädigungsrecht einschl. der Kriegsopferfürsorge**	Leistungen bei Konto 7339
		(nur Landschaftsverbände)	
		Durch das Zweite Gesetz zur Straffung der Behördenstruktur von den ehemaligen Versorgungsämtern auf die Landschaftsverbände übertragene Aufgaben und Leistungen der Kriegsopferversorgung	
	324	**Sonstige Leistungen der Kriegsopferfürsorge**	Leistungen bei Konto 7339
		(nur Landschaftsverbände)	

Anhang 29 Zuordnungsvorschriften Produktgruppen NRW

PB *)	PG	Bezeichnung der Produktgruppe Inhalte der Produktgruppe	Erläuterungen, Hinweise und Kennziffern der Kassenstatistik[1]
		Durch das Zweite Gesetz zur Straffung der Behördenstruktur von den ehemaligen Versorgungsämtern auf die Landschaftsverbände übertragene Aufgaben und Leistungen der Kriegsopferversorgung	
	325	Leistungen nach dem Bergmannsversorgungsscheingesetz	Leistungen bei Konto 7339
		(nur Landschaftsverband Westfalen-Lippe)	
	331	Förderung von anderen Trägern der Wohlfahrtspflege	In der Regel sind Zuschüsse den PG zuzuordnen
		Zuweisungen und Zuschüsse für laufende Zwecke und für Investitionen	
		Erstattungen, Schuldendiensthilfen und Darlehen an Träger der öffentlichen und freien Wohlfahrtspflege	
	332	Hilfe zum Lebensunterhalt	Leistungen bei Ktn. 7331 und 7332 Kennziffern L01 und L03
		(§§ 27 bis 40 SGB XII)	
	333	Grundsicherung im Alter und bei Erwerbsminderung	Leistungen bei Ktn. 7331 und 7332 Kennziffern L01 und L03
		(§§ 41 bis 46 SGB XII)	
	334	Hilfen zur Gesundheit	Leistungen bei Ktn. 7331 und 7332 Kennziffern L01 und L03
		(§§ 47 bis 52 SGB XII)	
	336	Hilfe zur Pflege	Leistungen bei Ktn. 7331 und 7332 Kennziffern L01 und L03
		(§§ 61 bis 66 SGB XII)	
	337	Hilfe zur Überwindung sozialer Schwierigkeiten	Leistungen bei Ktn. 7331 und 7332 Kennziffern L01 und L03
		(§§ 67 bis 69 SGB XII)	
	338	Hilfe in anderen Lebenslagen	Leistungen bei Ktn. 7331 und 7332 Kennziffern L01 und L03
		(§§ 70 bis 74 SGB XII)	
	341	Unterhaltsvorschussleistungen	Leistungen bei Konto 7339
	343	Betreuungsleistungen	Auch Förderung privater Dritter, die soziale Aufgaben wahrnehmen
	344	Leistungen für Heimkehrer und politische Häftlinge	
		Durchführung des Heimkehrergesetzes und des Häftlingshilfegesetzes	
	351	Sonstige soziale Leistungen	Leistungen bei Ktn. 7338, 7339
		Gewährung von Weihnachtsbeihilfen, von Spenden und Stiftungsmitteln	
		Beihilfe für Krebskranke	
		Durchführung der freiwilligen Hilfen, z. B. für Spätaussiedler, für ausländische Arbeitskräfte	
		Gewährung von Wohngeld	
		Leistungen an Flüchtlinge	Ohne Leistungen nach AsylbLG
		Integration von Menschen mit Migrationshintergrund	
		Erstattungen an Krankenkassen für die Übernahme von Krankenbehandlungen	

PB *)	PG	Bezeichnung der Produktgruppe Inhalte der Produktgruppe	Erläuterungen, Hinweise und Kennziffern der Kassenstatistik[1]
		Leistungen an Katastrophengeschädigte	
36		**Kinder-, Jugend- und Familienhilfe**	
	361	**Förderung von Kindern in Tageseinrichtungen und in Tagespflege nach SGB VIII**	Leistungen bei Ktn. 7331 und 7332 Kennziffern L02 und L04
		Aufwendungen für die Unterbringung von einzelnen Kindern in Kindergärten, Krippen, Horten und Pflegefamilien, sofern die Kinder tagsüber oder während der üblichen Arbeits- und Geschäftszeit bzw. vor oder nach der Schulzeit ganztägig oder für einen Teil des Tages aufgenommen sowie pflegerisch und erzieherisch betreut werden. Kosten für die Beförderung zum Besuch dieser Einrichtungen bzw. Familien	
		Unterstützung selbstorganisierter Förderung	Aufwendungen für Tageseinrichtungen für Kinder sowie zur Förderung der Tageseinrichtungen für Kinder Dritter in PG 365. Hier nicht einzubeziehen sind Aufwendungen für solche Personen, die Hilfe zur Erziehung in der Tagesgruppe einer Einrichtung oder tagsüber in einer Pflegefamilie erhalten
	362	**Jugendarbeit nach SGB VIII**	Leistungen bei Ktn. 7331 und 7332 Kennziffern L02 und L04
		Außerschulische Jugendbildung	
		Aufwendungen, insbesondere für Maßnahmen zur allgemeinen, politischen, musischen, kulturellen und sozialen Bildung	
		Kinder- und Jugenderholung	
		Aufwendungen für Stadtranderholungen, für Wanderungen, Fahrten, Lager und Freizeiten (z. B. in Jugendherbergen)	Nicht einzubeziehen sind: Aufwendungen für Maßnahmen der Familienerholung (PG 363) Aufwendungen für Kinderkuren und Heilfürsorge (PG 351)
		Internationale Jugendbegegnungen	
		Aufwendungen für Maßnahmen und Einzelhilfen, die jungen Menschen die Teilnahme an deutschen und internationalen Jugendbegegnungen ermöglichen, z. B. Gruppenfahrten und Einzelfahrten in das Ausland, Austauschbesuche einzelner oder von Gruppen, Treffen mit ausländischen Jugendlichen in der Bundesrepublik Deutschland, gemeinsame internationale Veranstaltungen der verschiedensten Art; Kriegsgräbereinsatz, internationaler Hilfsdienst, Entwicklungshilfe und Studienreisen; Sprachkurse, jedoch nur im Zusammenhang mit den vorgenannten Maßnahmen	
		Mitarbeiterfortbildung	
		Zuschüsse an Träger der freien Jugendhilfe für haupt-, neben- und ehrenamtliche Mitarbeiter für den Bereich der Jugendarbeit	
		Sonstige Jugendarbeit	

Anhang 29 Zuordnungsvorschriften Produktgruppen NRW

PB *)	PG	Bezeichnung der Produktgruppe Inhalte der Produktgruppe	Erläuterungen, Hinweise und Kennziffern der Kassenstatistik[1]
	363	**Sonstige Leistungen zur Förderung junger Menschen und Familien nach SGB VIII**	Leistungen bei Ktn. 7331 und 7332 Kennziffern L02 und L04
		Jugendsozialarbeit	
		Aufwendungen für sozialpädagogische Hilfen zur Förderung der schulischen und beruflichen Ausbildung junger Menschen; Aufwendungen für geeignete sozialpädagogisch begleitete Ausbildungs- und Beschäftigungsmaßnahmen;	
		Kosten für die Unterkunft der an schulischen oder beruflichen Bildungsmaßnahmen teilnehmenden jungen Menschen in sozialpädagogisch begleiteten Wohnformen	
		Erzieherischer Kinder- und Jugendschutz	
		Aufwendungen für Maßnahmen, die sich an Kinder und Jugendliche, an Eltern, Erzieher und sonstige pädagogisch Verantwortliche sowie an die gesamte Öffentlichkeit mit dem Ziel richten, Gefährdungen von Kindern und Jugendlichen vorzubeugen und durch Information, Beratung und erzieherische Impulse positive Akzente in der Sozialisation zu setzen	
		Allgemeine Förderung der Erziehung in der Familie	
		Aufwendungen für Maßnahmen in der Familienfreizeit und der Familienerholung in belastenden Familiensituationen, die bei Bedarf die erzieherische Betreuung der Kinder einschließen	
		Aufwendungen für Angebote der Familienbildung, die auf Bedürfnisse und Interessen sowie auf Erfahrungen von Familien in unterschiedlichen Lebenslagen und Erziehungssituationen eingehen sowie junge Menschen auf Ehe, Partnerschaft und das Zusammenleben mit Kindern vorbereiten	
		Aufwendungen für Angebote der Beratung in allgemeinen Fragen der Erziehung und Entwicklung junger Menschen	
		Beratung in Fragen der Partnerschaft, Trennung und Scheidung sowie Beratung und Unterstützung bei der Ausübung der Personensorge	
		Aufwendungen für alle Formen der Beratung, die sowohl dazu dienen können, Spannungen und Krisen in der Familie zu bewältigen als auch im Falle einer Trennung die Bedingungen für eine dem Wohl des Kindes oder des Jugendlichen förderliche Wahrnehmung der Elternverantwortung zu erarbeiten	
		Aufwendungen für Beratung und Unterstützung bei der Ausübung der Personensorge für alleinerziehende Elternteile und für Mütter nichtehelicher Kinder einschließlich der Kosten für die Hilfestellung bei der Ausübung des Umgangsrechts	

Anhang 29 Zuordnungsvorschriften Produktgruppen NRW

PB *)	PG	Bezeichnung der Produktgruppe / Inhalte der Produktgruppe	Erläuterungen, Hinweise und Kennziffern der Kassenstatistik[1]
	noch 363	Gemeinsame Unterbringung von Müttern oder Vätern mit ihrem(n) Kind(ern)	
		Aufwendungen für die Betreuung und Unterkunft von Müttern oder Vätern – gemeinsam mit Kind oder Kindern – in einer geeigneten Wohnform	Kosten der Unterhaltung dieser Einrichtungen bei PG 366
		Betreuung und Versorgung des Kindes in Notsituationen	
		Aufwendungen zur Betreuung und Versorgung eines im Haushalt lebenden Kindes bei Ausfall eines Elternteils bzw. alleinerziehenden Elternteils oder bei Ausfall von beiden Elternteilen, insbesondere Erstattung der	
		Aufwendungen der Personen, die die Betreuung und Versorgung übernommen haben	
		Unterstützung bei notwendiger Unterbringung zur Erfüllung der Schulpflicht	
		Aufwendungen für Beratung und Unterstützung in Fällen, in denen die Unterbringung eines jungen Menschen außerhalb des Elternhauses zum Zwecke der Erfüllung der Schulpflicht erforderlich ist, ggf. einschließlich der Aufwendungen für die Unterbringung in einer für das Kind oder den Jugendlichen geeigneten Wohnform	
		Hilfe zur Erziehung	Auf der Basis von Pflegesätzen entstandene Aufwendungen für Personen bzw. Familien im Einzelfall sowie Personal- und Sachaufwendungen der Sozialdienste bzw. Sozialarbeiter in der sozialpädagogischen Familienhilfe; vollstationär geleistete Hilfearten, Heimerziehung oder Erziehung in einer sonstigen betreuten Wohnform, intensive sozialpädagogische Einzelbetreuung; Leistungen für Einrichtungen (Personal- und Sachaufwendungen) bei PG 366
		Aufwendungen für ambulante, teilstationäre und stationäre Einzelhilfen, einschließlich evtl. gewährter Jugendberufshilfen. Dabei stellen die sozialpädagogische Familienhilfen sowie die Unterstützung durch Erziehungsbeistand, Betreuungshelfer ambulant durchgeführte Hilfearten dar.	
		Teilstationäre Betreuung liegt bei der institutionellen Beratung, der sozialen Gruppenarbeit sowie der Erziehung in einer Tagesgruppe vor.	Auch Aufwendungen, die unmittelbar mit der Unterbringung zusammenhängen (z. B. Transportkosten für die Hin- und Rückfahrt, Bekleidungshilfen, Taschengeld); Bei Vollzeitpflege (in einer anderen Familie) Abrechnung der Aufwendungen i.d.R. auf Basis von Pflegesätzen
		Andere Hilfen zur Erziehung	
PB	PG	Institutionelle Beratung	

Anhang 29 Zuordnungsvorschriften Produktgruppen NRW

PB *)	PG	Bezeichnung der Produktgruppe Inhalte der Produktgruppe	Erläuterungen, Hinweise und Kennziffern der Kassenstatistik[1]
	noch 363	Soziale Gruppenarbeit	
		Erziehungsbeistand, Betreuungshelfer	
		Sozialpädagogische Familienhilfe	
		Erziehung in einer Tagesgruppe	
		Vollzeitpflege	
		Heimerziehung	
		Sonstige betreute Wohnform	
		Intensive sozialpädagogische Einzelbetreuung	
		Eingliederungshilfe für seelisch behinderte Kinder und Jugendliche	
		Hilfe für junge Volljährige	
		Ausgaben, die junge Volljährige für ambulante, teilstationäre und stationäre Einzelhilfen entstehen	
		Vorläufige Maßnahmen zum Schutz von Kindern und Jugendlichen	
		Aufwendungen für die vorläufige Unterbringung und Rückführung von Kindern und Jugendlichen bei einer geeigneten Person, in einer Einrichtung oder in einer sonstigen betreuten Wohnform	
		Mitwirkung in Verfahren von Vormundschafts- und den Familiengerichten	
		Adoptionsvermittlung	Auch Kosten für Veranstaltungen zum Erfahrungsaustausch von Adoptiveltern
		Mitwirkung in Verfahren nach dem Jugendgerichtsgesetz	Auch Kosten für die Schulung von ehrenamtlichen Jugendgerichtshelfern
		Amtspflegschaft, Amtsvormundschaft, Beistandschaft	Auch Kosten für die Fortbildung der Amtsvormünder
		Mitarbeiterfortbildung ohne Mitarbeiterfortbildung der Jugendarbeit	
		Aufwendungen für Veranstaltungen während der Fortbildung für haupt-, neben- und ehrenamtliche Mitarbeiter, außerdem Zuschüsse an Träger der freien Jugendhilfe für den gleichen Zweck	
		Aufwendungen für die Organisation von Fortbildungsveranstaltungen einschließlich der Aufwendungen für Mitarbeiter, die ständig mit derartigen Aufgaben befasst sind	
		Aufwendungen für sonstige Maßnahmen	
	365	**Tageseinrichtungen für Kinder**	Kennziffer B12 [1] Ausgaben für den Bereich der Jugendarbeit bei PG 362

PB *)	PG	Bezeichnung der Produktgruppe / Inhalte der Produktgruppe	Erläuterungen, Hinweise und Kennziffern der Kassenstatistik[1]
		Krippen, Kindergärten und Horte sowie Einrichtungen mit altersgemischten Gruppen	In Krippen werden Kinder bis zum Alter von 3 Jahren, in Kindergärten Kinder im Alter von 3 Jahren bis zum Beginn der Schulpflicht ganztägig oder für einen Teil des Tages und in Horten, Kinder im schulpflichtigen Alter vor oder nach der täglichen Schulpflicht, aufgenommen sowie pflegerisch und erzieherisch regelmäßig betreut. Ein Kindergarten in einem Kinderheim zählt nur dann als eine selbständige Einrichtung, wenn im Kindergarten andere Kinder betreut werden als im Kinderheim.
			Auch die Aufwendungen für kindergartenähnliche Einrichtungen, z. B. Spielkreise, sind hier einzubeziehen
		Sonderschulkindergärten	
	366	**Einrichtungen der Jugendarbeit**	Kennziffer B12 [1]
		Kinder- und Jugendferien- / -erholungsstätten	
		Einrichtungen der Stadtranderholung	
		Öffentliche Spielplätze u. ä.	
		Jugendräume, -heime	
		Jugendzentren, -freizeitheime, Häuser der offenen Tür	
		Jugendtagungsstätten, Jugendbildungsstätten	
		Jugendherbergen	
		Jugendgäste- und –übernachtungshäuser	
		Jugendzeltplätze	
	367	**Sonstige Einrichtungen zur Förderung junger Menschen und Familien**	Kennziffer B12 [1]
		Jugendwohnheime, Schülerheime, Wohnheime für Auszubildende	Einrichtungen, in denen Schüler, Auszubildende und Erwerbspersonen (auch Arbeitslose), die außerhalb der Familie leben, bis zum 25. Lebensjahr am Ausbildungs- bzw. Beschäftigungsort oder in dessen erreichbarer Nähe Aufnahme finden. Nicht zuzuordnen sind Schülerwohnheime, die unter Aufsicht der Schulbehörde stehen
		Familienferien- und -erholungsstätten	Unterkünfte, die der Freizeitgestaltung und Erholung von Familien ganzjährig zur Verfügung stehen, z. B. Familienferienheime, Familienferiendörfer
		Einrichtungen der Eltern- und Familienbildung	Einrichtungen, die familienbezogene Bildungshilfen anbieten
		Einrichtungen für werdende Mütter und Mütter oder Väter mit Kind(ern)	
		Einrichtungen, die Frauen während der Schwangerschaft und nach der Geburt Unterkunft gewähren	
		Wohnheime, in denen alleinerziehende Mütter oder Väter mit ihren Kindern für längere Zeit wohnen können	

Anhang 29 Zuordnungsvorschriften Produktgruppen NRW

PB *)	PG	Bezeichnung der Produktgruppe / Inhalte der Produktgruppe	Erläuterungen, Hinweise und Kennziffern der Kassenstatistik[1]
	noch 367	Erziehungs-, Jugend- und Familienberatungsstellen	Auch Aufwendungen für Suchtberatungsstellen; Ausgaben für Einrichtungen der Schwangerschaftskonfliktberatung § 218 StGB gehören nicht hierzu
		Einrichtungen für Hilfe zur Erziehung und Hilfe für junge Volljährige sowie für die Inobhutnahme	
		Einrichtungen, in denen junge Menschen über Tag und Nacht untergebracht sind und im Rahmen der Jugendhilfe betreut werden, z. B. heilpädagogische und therapeutische Heime zur Behandlung junger Menschen mit erheblichen Verhaltensauffälligkeiten und Anpassungsschwierigkeiten, pädagogisch betreute selbständige Wohngemeinschaften, pädagogisch betreute Wohngruppen, Großpflegestellen, Aufnahme- und Übergangsheime, die der kurzfristigen Inobhutnahme junger Menschen dienen	
		Einrichtungen der Mitarbeiterfortbildung, die Veranstaltungen zur Fortbildung von haupt-, neben- und ehrenamtlichen Mitarbeitern der Jugendhilfe durchführen	
		Sonstige Einrichtungen, die anderen Produktgruppen nicht zugeordnet werden können, z. B. Diagnosezentren sowie Kur-, Genesungs- und Erholungsheime für Kinder und Jugendliche	
	368	Leistungen nach dem Bundeselterngeld- und Elternzeitgesetz	
		Durch das Zweite Gesetz zur Straffung der Behördenstruktur von den ehemaligen Versorgungsämtern auf die Kreise und kreisfreien Städte übertragene Aufgaben und Leistungen nach dem Bundeselterngeld- und Elternzeitgesetz	
37		Soziale Einrichtungen	Ohne Einrichtungen der Jugendhilfe
	371	Soziale Einrichtungen für Ältere (ohne Pflegebedürftige)	Kennziffer B12 [1]
		Altenwohnung, Seniorenwohnheim, Seniorenwohnanlage, Altenpension, Pensionat, Altenwohngemeinschaft, Einrichtung mit Altenwohnungen einschließlich betreutes Wohnen, Einrichtung der Altenhilfe, Tagesheim, Altentagesstätte, Altenbegegnungsstätte, Seniorentreff, Betreuungsstelle für ältere und behinderte Mitbürger, Altenhilfsdienst, Altentageserholungsstätte, Altenerholungsheim, Mahlzeitendienst, Mobiler Mittagstisch, Essen auf Rädern, Stationärer Mahlzeitendienst, Hausnotrufdienst, Telefonnotrufstelle, Altenberatungsstelle	
	372	Soziale Einrichtungen für pflegebedürftige ältere Menschen	Kennziffer B12 [1]

PB *)	PG	Bezeichnung der Produktgruppe Inhalte der Produktgruppe	Erläuterungen, Hinweise und Kennziffern der Kassenstatistik[1]
		Altenheim, Alten- und Altenkrankenheim, Altenwohnheim, Altenwohnstift, Altenpflegeheim, Tagespflegeheim, Kurzzeitpflegeeinrichtung, Sozialstation, Gemeindekrankenpflegestation, Haus-/Familienpflegestation, Rehabilitationseinrichtung	
	373	**Soziale Einrichtungen für Menschen mit Behinderung**	Kennziffer B12 [1]
		Behindertenheim, Behindertenpflegeheim, Werkstatt für Behinderte, Einrichtung der Eingliederungshilfe, Werkstatt für psychisch Behinderte, Blindenwerkstatt, Arbeitstherapeutische Werkstätte, Förderstätte für erwachsene Behinderte, Beschäftigungsstätte für Behinderte, Wohnheim für Behinderte einschl. betreutes Wohnen, Behindertengerechte Wohnung, Erholungs- und Kurheim für Behinderte und Angehörige, Rehabilitationseinrichtung für Behinderte, Tagesstätte für Behinderte, Tages-/Nachtklinik für psychisch Behinderte, Sonderkindergarten, Beratungsstelle für Behinderte, Begegnungsstätte für Behinderte, Behindertenbehandlungszentrum	
	374	**Soziale Einrichtungen für Wohnungslose**	Kennziffer B12 [1]
		Obdachlosenunterkunft, Notunterkunft für Obdachlose, Obdachlosenheim, Heim zur Unterbringung obdachloser Frauen, Wohnheim für Personen mit besonderen sozialen Schwierigkeiten, Heim für Nichtsesshafte, Wohngemeinschaft für Nichtsesshafte, Resozialisierungsstelle, Gemeinschaftseinrichtung in sozialen Brennpunkten, Wohnwagenplatz für Durchreisende, Landfahrerplatz, Wärmestube, Beratungs- und Betreuungsstelle für Nichtsesshafte	
	375	**Soziale Einrichtungen für Aussiedler und Ausländer**	Kennziffer B12 [1]
		Gemeinschaftsunterkunft, Übergangswohnheim für Aussiedler, Durchgangswohnheime für Aussiedler	
		Einrichtung für Asylbewerber, Wohnheim für Asylbewerber sonstige Unterbringung von Flüchtlingen	
	376	**Andere soziale Einrichtungen**	Kennziffer B12 [1]
		Frauenhaus, Heim für Mutter und Kind, Müttererholungsheim, Kurheim, Einrichtung der Kriegsopferfürsorge für Erholungshilfe, Nachbarschaftshaus, Gemeinschaftshaus, Sozialzentrum, Familientreff, Mütterzentrum, Dorfhelferinnenstation, Beratungsstelle für Familienfragen, Einrichtung der Kriegsopferfürsorge für berufliche Rehabilitation, Beschäftigungseinrichtung (Hilfe zur Arbeit), Beratungs-, Freizeit- und Bildungszentrum für ausländische Arbeitnehmer	
41		**Gesundheitsdienste**	
	411	**Krankenhäuser**	Kennziffer B12 [1]
		Krankenhäuser, Kliniken, Geburtshäuser	

PB *)	PG	Bezeichnung der Produktgruppe / Inhalte der Produktgruppe	Erläuterungen, Hinweise und Kennziffern der Kassenstatistik[1]
		Wirtschaftseinrichtungen und Hilfsbetriebe der o.g. Einrichtungen	
		Wohnheime für Krankenpflegepersonal u. a.	
	412	**Gesundheitseinrichtungen**	Kennziffer B12 [1]
		Ambulatorien, Bakteriologische und chemische Untersuchungsanstalten als Einrichtungen des Gesundheitsdienstes, Desinfektionsanstalten, Entseuchungsanstalten	
		Gemeindepflegestationen, Gemeindeschwesternstationen, Hebammenfortbildungskurse, Krankenpflegestationen, Sozialstationen	
		Altenpflegeseminare	
		Mütterberatungsstellen, Mütterschulungskurse	
		Sanitätsdienst	
		Ärztliche Auskunfts- und Beratungsstellen	
		Rettungsstationen, Rettungsstellen, Unfallmeldestellen, Unfallstationen	Leitstellen und Rettungswachen bei PG 127
		Beratung und Betreuung Drogenabhängiger	
	414	**Gesundheitsschutz und –pflege**	Kennziffer B12 [1]
		Gesundheitsamt, Medizinalaufsicht, Apothekenaufsicht	
		Gesundheitsschutz, z. B. Verbraucherschutz, Seuchenvorsorge, Desinfektionen, Seuchenabwehr, Impfwesen	
		Gesundheitspflege, z. B. schulärztlicher und schulzahnärztlicher Dienst	
		Gesundheitserziehung und Gesundheitsberatung	
		Aufgaben auf dem Gebiet des Apothekenwesens, des Veterinärwesens, Fleischbeschau	Ordnungsaufgaben auf diesen Gebieten können auch der PG 122 zugeordnet werden
	418	**Kur- und Badeeinrichtungen**	Kennziffer B12 [1]
		Badeverwaltung, Kurverwaltung	
		Anlagen und Einrichtungen des Kur- und Badebetriebes	
42		**Sportförderung**	
	421	**Förderung des Sports**	Kennziffer B12 [1]
		Allgemeine Förderung und Verwaltung der Angelegenheiten des Sports	
		Allgemeine Sportpflege, Sportförderung und Sportwerbung, z. B. Sportlehrgänge, Versehrtensport, Mitwirkung bei Veranstaltungen der Sportorganisationen, städtische Sportveranstaltungen	
		Maßnahmen zur Förderung des Sports der nicht vereinsgebundenen Bevölkerung (Volkssport)	
		Sportberatungsstellen, Sportfortbildungskurse	
	424	**Sportstätten und Bäder**	Kennziffer B03 [1]

PB *)	PG	Bezeichnung der Produktgruppe / Inhalte der Produktgruppe	Erläuterungen, Hinweise und Kennziffern der Kassenstatistik[1]
		Sportplätze, Stadien, Turn- und Sporthallen, Rollschuhbahnen, Tennisplätze, Eisbahnen, Sportschulen, Bobbahnen, Rodelbahnen, Sprungschanzen, Berg- und Schutzhütten	Sporteinrichtungen im Zusammenhang mit Schulen sind in den entsprechenden PG auszuweisen
		Hallenbäder, Freibäder und dergleichen	Als Teile eines Kurbetriebes in PG 418
		Förderung des Baues von vereinseigenen Sportanlagen	
51		**Räumliche Planungen**	
	511	**Räumliche Planungs- und Entwicklungsmaßnahmen, Geoinformationen**	Kennziffer B04 [1]
		Allgemeine Aufgaben der Ortsplanung	
		Mitwirkung bei der Regionalplanung	
		Aufstellung von Bauleitplänen (Flächennutzungspläne und Bebauungspläne)	
		Aufstellung von Landschaftsplänen nach dem Landschaftsgesetz	
		Aufstellung von Verkehrsleitplänen, Verkehrsgutachten	
		Erstellung von Energieversorgungskonzepten	
		Betreuung und Koordinierung von städt. Entwicklungsmaßnahmen, städtebaulichen Verträgen, Vorhaben und Erschließungsplänen sowie von städtebaulichen Sanierungsmaßnahmen	
		Weiterleitung von Mitteln an Sanierungsträger zur Durchführung der vorstehend genannten Maßnahmen	
		Vermessung, Erhebung und Führung von Geobasisdaten	
		Geoinformationsdienste, Geodatenmanagement	
		Grundstücksneuordnung und grundstücksbezogene Ordnungsmaßnahmen	
		Grundstückswertermittlung	
52		**Bauen und Wohnen**	
	521	**Bau- und Grundstücksordnung**	Kennziffer B04 [1]
		Aufgaben der Bauordnung und Bauaufsicht, wie Genehmigung, Überwachung und Abnahme von Neu-, Erweiterungs- und Umbauten einschließlich der Anlagen sowie Genehmigungen von Abbrüchen, Prüfung anzeigepflichtiger Bauvorhaben	
		Wohnungsaufsicht nach Landesrecht	
		Bautechnische Ordnungsaufgaben, z. B. Überwachung der Feuer- und Betriebssicherheit in Lichtspieltheatern, Waren- und Geschäftshäusern, öffentlichen Versammlungsräumen, der Lagerung von leicht brennbaren Flüssigkeiten, Überwachung von Aufzügen	
	522	**Wohnungsbauförderung**	Kennziffer B12 [1]
		Aufstellung und Durchführung von Wohnungsbau- und Siedlungsprogrammen	

Anhang 29 Zuordnungsvorschriften Produktgruppen NRW

PB *)	PG	Bezeichnung der Produktgruppe / Inhalte der Produktgruppe	Erläuterungen, Hinweise und Kennziffern der Kassenstatistik[1]
		Förderung des Wohnungsbaues, der Instandsetzung und Modernisierung, auch Förderung des Wohnungsbaus durch Arbeitgeberdarlehen	Erschließung von Wohngebieten ist aufgabenbezogen – z. B. in PG 538 oder PG 541 – nachzuweisen
		Wohnraumüberwachung nach dem Wohnungsbindungsgesetz	
		Wohnungsvermittlung	
	523	**Denkmalschutz und -pflege**	Kennziffer B12 [1]
		Gebäude mit historischer Bedeutung, z. B. Burgen, Schlösser	
		Denkmale	
		Ausgrabungsstätten	
		Mahnmale, Gedenkstätten	
		Denkmalförderung	
		Denkmalschutzrechtliche Genehmigungen	
53		**Ver- und Entsorgung**	
	531	**Elektrizitätsversorgung**	Kennziffer B09 [1]
		Ladestationen	
		Stromerzeugung durch Windräder	
	532	**Gasversorgung**	Kennziffer B09 [1]
	533	**Wasserversorgung**	Kennziffer B09 [1] Hierzu zählen auch Angelegenheiten der Wasser- und Heilquellenschutzgebiete
	534	**Fernwärmeversorgung**	Kennziffer B09 [1]
	536	**Versorgung mit Informations- und Telekommunikationsinfrastruktur**	Kennziffer B09 [1]
		Breitbandversorgung	
		Telekommunikation	
	537	**Abfallwirtschaft**	Kennziffer B08 [1]
		Müllabfuhr, Fäkalienabfuhr	
		Abfallverwertungs- und beseitigungsanlagen	
		Abfalldeponien	
		Erddeponien	
		Sanierung ehemaliger Deponien	
		Sonstige Altlastensanierung	
		Tierkörperbeseitigung	
		Bodenschutz	
	538	**Abwasserbeseitigung**	Kennziffer B07 [1]
		Kläranlagen, Abwasserkanäle, Stauraumkanäle, Regenrückhaltebecken, Regenwasserbehandlungsanlagen, öffentliche Toiletten	
54		**Verkehrsflächen und –anlagen, ÖPNV**	
	541	**Gemeindestraßen**	Kennziffer B06 [1]
		Durchführung von Bau- und Unterhaltungsaufgaben	
		Straßen, Wege, Plätze	
		Brücken, Über- und Unterführungen	

PB *)	PG	Bezeichnung der Produktgruppe Inhalte der Produktgruppe	Erläuterungen, Hinweise und Kennziffern der Kassenstatistik[1]
		Fahrradwege	
		Gehwege	
		Verkehrssicherungsanlagen, Straßenbeleuchtung	
		Nebenbetriebe, Hilfsbetriebe, die überwiegend dem Straßenbau dienen (Basalt- und Schotterwerke)	Soweit wirtschaftliche Unternehmen in PG 573
		Winterdienst	Soweit nicht in PG 545
	542	**Kreisstraßen**	Kennziffer B06[1]
		Kreisstraßen sowie die dazugehörigen Nebenanlagen und Ortsdurchfahrten im Zuge von Kreisstraßen	in Kreisen: Alle Maßnahmen an Kreisstraßen; in Gemeinden: Nur Ortsdurchfahrten und Ortsumgehungen entsprechend gesetzlicher oder vertraglicher Regelung
	543	**Landesstraßen**	Kennziffer B06[1]
		Ortsdurchfahrten und Ortsumgehungen entsprechend gesetzlicher oder vertraglicher Regelung	
	544	**Bundesstraßen**	Kennziffer B06[1]
		Ortsdurchfahrten und Ortsumgehungen entsprechend gesetzlicher oder vertraglicher Regelung	
	545	**Straßenreinigung**	
		Reinigung der Straßen, Wege, Plätze	
		Winterdienst	Soweit nicht in den PG 541 bis 544
	546	**Parkeinrichtungen**	
		Parkplätze, Parkhäuser, Tiefgaragen	
		Parkraumbewirtschaftung	Parkeinrichtungen als wirtschaftliche Unternehmen in PG 573
	547	**ÖPNV**	Kennziffer B10[1]
		Nahverkehrsunternehmen	
		Straßenbahnen, Hoch- und Untergrundbahnen, Stadtschnellbahnen, Autobusse	
		Förderung des Personennahverkehrs	z. B. Zuschüsse an entsprechende Vereine, Bürgerbus usw.
	548	**Sonstiger Personen- und Güterverkehr**	Kennziffer B10[1]
		Luftverkehrsunternehmen und Flughäfen	
		Industriebahnen	
		Sesselbahnen, Seilbahnen, Skilifte	
		Bergbahnen, Kleinbahnen	
	549	**Wasserverkehr**	Kennziffer B10[1]
		Schiffs- und Fährbetriebe	
		Häfen	
55		**Natur- und Landschaftspflege, Friedhofs- und Bestattungswesen**	
	551	**Öffentliches Grün, Landschaftsbau**	Kennziffer B12[1]
		Parkanlagen und öffentliche Grünflächen	
		Gärtnereien, Baumschulen und dgl.	Friedhofsgärtnereien in PG 553
		Spielplätze	Soweit nicht der PG 366 zuzuordnen
		Radwege	Sofern nicht Teil von Straßen

Anhang 29 Zuordnungsvorschriften Produktgruppen NRW

PB *)	PG	Bezeichnung der Produktgruppe / Inhalte der Produktgruppe	Erläuterungen, Hinweise und Kennziffern der Kassenstatistik[1]
		Sonstige Maßnahmen und Einrichtungen, die der Erholung und der Freizeitgestaltung dienen, z. B. Kleingärten, Schrebergärten, Campingplätze, Naherholungsgebiete, Naturparks, Freiwildgehege, Reit- und Wanderwege	
	552	**Öffentliche Gewässer, Wasserbauliche Anlagen**	Kennziffer B12[1]
		Ausbau, Unterhaltung, Regulierung und Deregulierung von Gewässern	
		Dämme, Deiche, Schleusen, Rückhaltebecken, Talsperren und dgl.	
		Hochwasserschutz	
		Förderung von Wasser-, Boden- und Deichverbänden, Deichgenossenschaften	
	553	**Friedhofs- und Bestattungswesen**	Kennziffer B12[1]
		Friedhöfe, Krematorien, Leichenhäuser und dgl.	
		Ehrenfriedhöfe, Soldatenfriedhöfe, Mahnmale und dgl.	
		Friedhofsgärtnereien	Stadtgärtnereien in PG 551
		Aufgaben nach dem Gesetz über die Erhaltung der Gräber der Opfer von Krieg und Gewaltherrschaft	
	554	**Naturschutz und Landschaftspflege**	Kennziffer B12[1]
		Umsetzung der Landschaftsplanung	Aufstellung von Landschaftsplänen unter PG 511
		Schutzmaßnahmen	
		Artenschutz	
	555	**Land- und Forstwirtschaft**	Kennziffer B12[1]
		Feldwege, Wirtschaftswege	
		Bewirtschaftete Wälder	
		Gutshöfe, Gestüte, Molkereien, Mostereien, Wein-, Obst- und Gartenbaubetriebe, Brennereien, Fischereibetriebe	Landwirtschaftliche Nebenbetriebe von Einrichtungen sind der betreffenden PG zuzuordnen
56		**Umweltschutz**	
	561	**Umweltschutzmaßnahmen**	Kennziffer B12[1] Als Querschnittsaufgabe verteilen sich die Finanzvorfälle für Umweltschutzmaßnahmen über die gesamte gemeindliche Verwaltung und können Angelegenheiten der Ordnungsverwaltung, des Straßenbaus, der Abwasserbe-seitigung, der Abfall- und Altlasten-beseitigung und weitere betreffen. Die Finanzvorfälle, die diesen Bereichen zugeordnet werden können, dürfen nicht in PG 561 zentral nachgewiesen werden, sondern sind den betroffenen PG zuzuordnen.
		Verwaltungsaufgaben im Umweltschutz	
		Einstellung eines Umweltkatasters	
		Lärmschutzgutachten	

PB *)	PG	Bezeichnung der Produktgruppe / Inhalte der Produktgruppe	Erläuterungen, Hinweise und Kennziffern der Kassenstatistik[1]
		Dokumentation und Öffentlichkeitsarbeit zum Umweltschutz	
		Umweltschutzbeauftragte	
		Grünes Telefon	
	562	**Immissionsschutz**	Kennziffer B12 [1]
		Entscheidung über Anträge für genehmigungsbedürftige Anlagen (Verfahren mit Öffentlichkeitsbeteiligung)	
		Entscheidung über Anträge für genehmigungsbedürftige Anlagen (Verfahren ohne Öffentlichkeitsbeteiligung)	
		Entscheidung über Anzeigen nach §§ 15, 31 und 67,2 Bundesimmissionsschutzgesetz	
		Stellungnahmen an Dritte, Stellungnahmen im Rahmen von Auditierungs- und Zertifizierungsverfahren; Bearbeitung von Petitionen, Anfragen, Beschwerden und sonstigen Anträgen/Angelegenheiten	Soweit nicht anderen PG zuzuordnen
		Anlagen- und Betriebsüberwachung	
		Ahndung von Ordnungswidrigkeiten	
		Untersuchung von Geräuschemissionen, Erschütterungen und sonstigen physikalischen Einwirkungen	
		Prüfung von Emissionserklärungen	
		Bearbeitung von Ausnahmeanträgen	
		Prüfung von Berichten und Gutachten	
		Rufbereitschaft	
57		**Wirtschaft und Tourismus**	
	571	**Wirtschaftsförderung**	Kennziffer B12 [1]
		Förderung der Ansiedlung von Industrie- und Gewerbebetrieben	
		Stadtmarketing	
	573	**Allgemeine Einrichtungen und Unternehmen**	Kennziffer B12 [1]
		Wirtschaftliche Betätigungen	Soweit nicht anderen PG zuzuordnen
		Öffentliche Gemeinschaftseinrichtungen	
		Messehallen, Mehrzweckhallen, Stadthallen, Hotels	
		Gaststätten (Ratskeller, Theatergaststätten, Weinkeller und dgl.)	
		Dorfgemeinschaftshäuser, soziokulturelle Zentren, Bürgerhäuser	
		Sonstige öffentliche Gemeinschaftseinrichtungen	
		Märkte	
		Sonstige wirtschaftliche Unternehmen	
		Sparkassen	Zahlungen der Sparkassen aus dem Bilanzgewinn, auch wenn sie für andere Zwecke verwendet werden
		Vermögensverwaltungsgesellschaften	

Anhang 29 Zuordnungsvorschriften Produktgruppen NRW

PB *)	PG	Bezeichnung der Produktgruppe Inhalte der Produktgruppe	Erläuterungen, Hinweise und Kennziffern der Kassenstatistik[1]
		Beteiligung an Betriebsgesellschaften für Lokalfunk nach dem Landesrundfunkgesetz	
		Schlacht- und Viehhöfe	
		Schlachthof, Viehhof, Fleischmarkt, Freibank	
		Schlachttier- und Fleischbeschau	
		Sonstige öffentliche Einrichtungen	
	575	**Tourismus**	Kennziffer B12 [1]
		Auskunftsstellen für Fremdenverkehr, Fremdenverkehrsbüros, Reisebüros	
		Förderung des Fremdenverkehrs	
61		**Allgemeine Finanzwirtschaft**	
	611	**Steuern, allgemeine Zuweisungen und allgemeine Umlagen**	
		Gemeindesteuern, Steueranteile, Steuerbeteiligungen und steuerähnliche Erträge sowie damit im Zusammenhang stehende Aufwendungen	
		Allgemeine Zuweisungen	
		Schlüsselzuweisungen und Investitionspauschalen des Gemeindefinanzierungsgesetzes als allgemeine Finanzzuweisungen	Zweckgebundene Zuweisungen sind den zutreffenden PG zuzuordnen; Feuerschutzpauschale unter PG 126, Krankenhausumlage unter PG 411
		Allgemeine Umlagen, z. B. Allgemeine Kreisumlage, differenzierte Jugendamtsumlage, Landschaftsumlage	Mehr- oder Minderbelastungen der Kreisumlage, die nicht finanzkraftbezogen sind, bei den jeweiligen PG
	612	**Sonstige allgemeine Finanzwirtschaft**	
		Zinsen	Soweit nicht in einzelnen PG nachzuweisen
		Kredite für Investitionen	
		Kredite zur Liquiditätssicherung	
		Kreditbeschaffungskosten	
		Schuldendienst, von Dritten gewährte Schuldendiensthilfen	
		CO^2-Emissionsrechte	

Anhang 30 Bereichsabgrenzungen NRW

Bereichsabgrenzungen in den Finanzstatistiken

Bereichsabgrenzungen für die Zahlungsarten in der Statistik der Kommunalen Finanzrechnung

Bereichsabgrenzung A

Die Bereichsabgrenzung A ist bei folgenden Finanzarten anzuwenden:
In der Ergebnisrechnung:
- bei den Ertragsarten: 414, 423, 448
- bei den Aufwandsarten: 523, 531, 532
In der Finanzrechnung:
- bei den Einzahlungsarten: 614, 623, 648, 681
- bei den Auszahlungsarten: 723, 731, 732, 781

Innerhalb der finanzstatistischen Kontengliederung sind als vierte Stelle folgende Bereiche anzugeben:

Nummer	Bereich	Erläuterung
0	Bund	Nur "Kernhaushalt". Sondervermögen des Bundes sind unter „sonstige öffentliche Sonderrechnungen" einzuordnen.
1	Land	Land Nordrhein-Westfalen, alle übrigen Länder einschließlich der Stadtstaaten; Sondervermögen der Länder sind unter „sonstige öffentliche Sonderrechnungen" einzuordnen.
2	Gemeinden und Gemeindeverbände	Gemeinden (kreisfreie Städte, kreisangehörige Gemeinden), Kreise, Landschaftsverbände, Regionalverband Ruhrgebiet, StädteRegion Aachen;
3	Zweckverbände	In diesem Bereich werden alle Verbände und sonstigen Organisationen in öffentlich rechtlicher Form zusammengefasst, die kommunale Aufgaben erfüllen und mindestens eine Gemeinde oder einen Gemeindeverband zum Mitglied haben - jedoch keine Sparkassenzweckverbände (vgl. Bereich 6). Dazu gehören: Schulverbände, Nachbarschaftsverbände, Wasser- und Bodenverbände, Planungsverbände, sonstige Organisationen mit kommunaler Aufgabenerfüllung, wie sie nach Landes- oder Bundesrecht festgelegt sind.
4	Gesetzliche Sozialversicherungen	Träger der gesetzlichen Krankenversicherung, Träger der gesetzlichen Pflegeversicherung, Träger der gesetzlichen Unfallversicherung, Träger der gesetzlichen Rentenversicherung, Träger der gesetzlichen Altershilfe für Landwirte, Träger der gesetzlichen Arbeitslosenversicherung (Bundesagentur für Arbeit); Kommunale Versorgungskassen und –verbände sowie Träger der öffentlichen Zusatzversorgung sind unter den „sonstigen öffentlichen Sonderrechnungen" einzuordnen.
5	Verbundene Unternehmen, Beteiligungen und Sondervermögen	Einrichtungen und Unternehmen der Gemeinden (GV), für die Sonderrechnungen geführt werden, in öffentlicher Rechtsform, z. B. Eigenbetriebe, eigenbetriebsähnliche Einrichtungen, Anstalten des öffentlichen Rechts, auch öffentliche Fonds, in privatrechtlicher Rechtsform, z. B. Unternehmen, an denen Gemeinden, Gemeindeverbände und Zusammenschlüsse von diesen überwiegend, d. h. mit mehr als 50 v. H. am Nennkapital (Grund- und Stammkapital) unmittelbar oder mittelbar beteiligt sind;
6	Sonstige öffentliche Sonderrechnungen	Betriebe des Bundes und der Länder, die nach § 26 BHO/LHO geführt werden, Sondervermögen des Bundes und der Länder mit eigener Wirtschafts- und Rechnungsführung, auch Lastenausgleichsfonds (LAF), ERP-Sondervermögen; Unternehmen in der Sonderrechtsform des öffentlichen Rechts, z.B. öffentlich-rechtliche Kreditanstalten, Sparkassen (auch in Zweckverbandsform), Rundfunk- und Fernsehanstalten u.ä.; Unternehmen des privaten Rechts, wenn Bund, Länder und Zusammenschlüsse von diesen überwiegend, d.h. mit mehr als 50 v.H. am Nennkapital (Grund- und Stammkapital) unmittelbar beteiligt sind; Kommunale Versorgungskassen und Zusatzversorgungskassen, Landesverband Lippe.
7	Private Unternehmen	Alle Unternehmen, die nicht öffentliche wirtschaftliche Unternehmen (vgl. Bereiche 5 und 6) sind: Kapitalgesellschaften (AG, KgaA, GmbH u.a.), Personengesellschaften (OHG, KG u.a.), Rechtsfähige Vereine, Stiftungen, Arbeitsstätten der freien Berufe, Landwirtschaftliche Betriebe, Handwerksbetriebe, Einkaufs- / Verkaufsvereinigungen;
8	Übrige Bereiche	Natürliche und juristische Personen, die nicht den Bereichen 0 bis 7 zuzuordnen sind, insbesondere Organisationen ohne Erwerbscharakter (einschl. deren Anstalten und Einrichtungen), soweit diese nicht als Unternehmen oder Teil eines Unternehmens zu betrachten sind. Dazu gehören: Kirchen, Orden, religiöse und weltanschauliche Vereinigungen, Organisationen der freien Wohlfahrtspflege, Organisationen in den Bereichen Erziehung, Wissenschaft und Kultur, Sport- und Jugendpflege, Arbeitgeberverbände, Berufsorganisationen, Wirtschaftsverbände und öffentlich-rechtliche Wirtschafts- und Berufsvertretungen, Gewerkschaften, politische Parteien, Wasser- und Bodenverbände, soweit sie nicht dem Bereich 3 zugerechnet werden. Weiter gehören hierher: Natürliche und juristische Personen des Auslands, soweit sie nicht als Unternehmen anzusehen sind, Europäische Gemeinden, Einrichtungen der Europäischen Union, sonstige internationale Organisationen.
9	nicht belegt	

Anhang 30 Bereichsabgrenzungen NRW

Bereichsabgrenzung B

Die Bereichsabgrenzung B ist bei folgenden Finanzarten anzuwenden:
In der Bilanz:
- bei den Aktiva: 13, 142, 143
- bei den Passiva: 32, 33

In der Ergebnisrechnung:
- bei den Ertragsarten: 461
- bei den Aufwandsarten: 551

In der Finanzrechnung:
- bei den Einzahlungsarten: 661, 686, 692, 693, 695
- bei den Auszahlungsarten: 751, 786, 792, 793, 795

Innerhalb der finanzstatistischen Kontengliederung sind die Bereiche 0 bis 6, ohne Sparkassen, aus der Bereichsabgrenzung A zu übernehmen sowie folgende weitere Bereiche anzugeben:

Nummer	Bereich	Erläuterung
7	Kreditinstitute	Kreditinstitute sind alle Institutionen im In- und Ausland, die finanzielle Mittlertätigkeiten ausüben und deren Geschäftstätigkeit darin besteht, Einlagen u. Ä. von juristischen und natürlichen Personen aufzunehmen, Kredite zu gewähren oder in Wertpapiere zu investieren. Zu den Kreditinstituten zählen insbesondere: - Sparkassen, Landesbanken - Kreditanstalt für Wiederaufbau (KfW) - Banken mit Sonderaufgaben (z.B. NRW.BANK, LfA Förderbank Bayern, Investitionsbank Schleswig-Holstein, Sächsische Aufbaubank – Förderbank-) - Geschäftsbanken, Universalbanken - Genossenschaftsbanken, Kreditgenossenschaften - Spezialbanken (z.B. Merchant Banks, Emissionshäuser, Privatbanken) - Bausparkassen - Wohnungsunternehmen mit Spareinrichtungen Nicht zu den Kreditinstituten zählen etwa Börsen sowie sonstige Finanzmediäre Eine aktuelle Auflistung aller Kreditinstitute finden Sie auf der Internetseite der Deutschen Bundesbank unter dem folgenden Link: https://www.ecb.europa.eu/stats/financial_corporations/list_of_financial_institutions/html/daily_list-MID.de.html
8	Sonstiger inländischer Bereich	Alle inländischen Organisationen bzw. natürliche und juristische Personen aus den Bereichen 7 und 8 der Bereichsabgrenzung A;
9	Sonstiger ausländischer Bereich	Alle ausländischen Organisationen bzw. natürliche und juristische Personen aus den Bereichen 7 und 8 der Bereichsabgrenzung A.

Kommunales Haushaltsrecht
NKF - Kennzahlenset Nordrhein-Westfalen (NKF - Kennzahlen NRW)

Runderlass des Innenministeriums NRW vom 01.10.2008
- 34 - 48.04.05/01 - 2323/08 -

1. Vorbemerkungen

Im Rahmen der Anzeige- und Genehmigungspflichten nach der Gemeindeordnung haben die Aufsichtsbehörden die Aufgabe, anhand der ihnen vorgelegten Unterlagen das Handeln der Gemeinden (GV) nach Rechtmäßigkeit und Plausibilität zu prüfen und ggf. gegenüber der einzelnen Gemeinde mit den ihr zur Verfügung stehenden Mitteln tätig zu werden. Durch die aufsichtsrechtliche Prüfung soll neben der Einhaltung des haushaltsrechtlichen Rahmens auch eine nachhaltige Haushaltswirtschaft der Gemeinden erreicht werden. Gefährdungen der geordneten Haushaltswirtschaft von Gemeinden und Risiken für ihre Zukunft sollen durch die aufsichtsrechtliche Prüfung frühzeitig erkannt werden. Die Tätigkeit der Aufsichtsbehörden soll durch ausgewählte Kennzahlen, die in dem nachfolgenden NKF - Kennzahlenset enthalten sind, unterstützt werden. Bei der Prüfung der jeweiligen örtlichen Haushaltswirtschaft kann es sinnvoll und geboten sein, anlassbezogen weitere Kennzahlen heranzuziehen, die in diesem Erlass nicht genannt sind.

2. NKF - Kennzahlenset

In gemeinsamer Arbeit von Aufsichtsbehörden der Gemeinden (GV) sowie der Gemeindeprüfungsanstalt als überörtliche Prüfungseinrichtung und Vertretern der örtlichen Rechnungsprüfung (VERPA) ist für die Beurteilung der wirtschaftlichen Lage der Kommunen ein NKF - Kennzahlenset erarbeitet worden. Darin sind die für die Prüfung wichtigen Kennzahlen zusammen gefasst worden. Nach intensiver gemeinsamer Überarbeitung wird für die Haushaltsbeurteilung nunmehr das Kennzahlenset nach dem nachfolgenden Schema zugrunde gelegt:

\multicolumn{3}{c}{NKF - Kennzahlenset Nordrhein-Westfalen}		
Nr.	NKF-Kennzahlenset	Analysebereich
1.	Aufwandsdeckungsgrad	
2.	Eigenkapitalquote 1	Haushaltswirtschaftliche Gesamtsituation
3.	Eigenkapitalquote 2	
4.	Fehlbetragsquote	
5.	Infrastrukturquote	
6.	Abschreibungsintensität	Kennzahlen zur Vermögenslage
7.	Drittfinanzierungsquote	
8.	Investitionsquote	
9.	Anlagendeckungsgrad 2	
10.	Dynamischer Verschuldungsgrad	Kennzahlen zur Finanzlage
11.	Liquidität 2. Grades	
12.	Kurzfristige Verbindlichkeitsquote	
13.	Zinslastquote	
14.	Netto-Steuerquote / Allg. Umlagenquote	
15.	Zuwendungsquote	Kennzahlen zur Ertragslage
16.	Personalintensität	
17.	Sach- und Dienstleistungsintensität	
18.	Transferaufwandsquote	

Dieses Kennzahlenset macht eine Bewertung des Haushalts und der wirtschaftlichen Lage jeder Gemeinde nach einheitlichen Kriterien möglich, auch wenn diese durch unterschiedliche Stellen vorgenommen wird. Die Aufsichtsbehörden sollen das NKF - Kennzahlenset bei der Beurteilung von kommunalen Haushalten einsetzen.

Bei der Auswertung der Kennzahlen ist darauf zu achten, dass das Kennzahlenset nur bei vollständiger Anwendung Schlüsse über die haushaltswirtschaftliche Situation einer Gemeinde zulässt. Die isolierte Betrachtung einzelner Kennzahlen könnte zu Fehlinterpretationen führen. Es ist dabei zu berücksichtigen, ob es um die Beurteilung einer Haushaltssatzung oder eines Jahresabschlusses geht. Bei beiden Betrachtungen bietet es sich an, die Kennzahlen mit Hilfe von Zeitreihen zu bewerten (z.B. Zeitreihe aus dem Haushaltsplan). Zur Veranschaulichung ist diesem Erlass hierzu ein Muster beigefügt (Muster 1).

3. Die einzelnen Kennzahlen

Für die Haushaltsanalyse sollen folgende Kennzahlen herangezogen werden:

3.1 Aufwandsdeckungsgrad (ADG)

Diese Kennzahl zeigt an, zu welchem Anteil die ordentlichen Aufwendungen durch ordentliche Erträge gedeckt werden können. Ein finanzielles Gleichgewicht kann nur durch eine vollständige Deckung erreicht werden.

$$\text{Aufwandsdeckungsgrad} = \frac{\text{Ordentliche Erträge} \times 100}{\text{Ordentliche Aufwendungen}}$$

Ermittlung der Kennzahl:

Unter der Wertgröße "Ordentliche Erträge" sind die Erträge nach § 2 Abs. 1 Nr. 1 bis 9 GemHVO (Ergebnisplan) bzw. § 38 Abs. 1 Satz 3 GemHVO (Ergebnisrechnung) zu erfassen. Unter der Wertgröße "Ordentliche Aufwendungen" sind die Aufwendungen nach § 2 Abs. 1 Nr. 10 bis 15 GemHVO (Ergebnisplan) bzw. § 38 Abs. 1 Satz 3 GemHVO (Ergebnisrechnung) zu erfassen.

3.2 Eigenkapitalquote 1 (EkQ1)

Die Kennzahl "Eigenkapitalquote 1" misst den Anteil des Eigenkapitals am gesamten bilanzierten Kapital (Gesamtkapital) auf der Passivseite der kommunalen Bilanz. Die Kennzahl kann bei einer Gemeinde ein wichtiger Bonitätsindikator sein.

$$\text{Eigenkapitalquote 1} = \frac{\text{Eigenkapital} \times 100}{\text{Bilanzsumme}}$$

Ermittlung der Kennzahl:

Unter der Wertgröße "Eigenkapital" sind die Ansätze der Bilanzposten nach § 41 Abs. 4 Nr. 1 GemHVO zu erfassen. Unter der Wertgröße "Bilanzsumme" ist die Summe der Passivseite der Bilanz nach § 41 Abs. 4 GemHVO zu erfassen.

3.3 Eigenkapitalquote 2 (EkQ2)

Die Kennzahl "Eigenkapitalquote 2" misst den Anteil des "wirtschaftlichen Eigenkapitals" am gesamten bilanzierten Kapital (Gesamtkapital) auf der Passivseite der kommunalen Bilanz. Weil bei den Gemeinden die Sonderposten mit Eigenkapitalcharakter oft einen wesentlichen Ansatz in der Bilanz darstellen, wird die Wertgröße "Eigenkapital" um diese "langfristigen" Sonderposten erweitert.

$$\text{Eigenkapitalquote 2} = \frac{(\text{Eigenkapital} + \text{Sopo Zuwendungen / Beiträge}) \times 100}{\text{Bilanzsumme}}$$

Ermittlung der Kennzahl:

Unter der Wertgröße "Eigenkapital" sind die Ansätze der Bilanzposten nach § 41 Abs. 4 Nr. 1 GemHVO zu erfassen. Unter der Wertgröße "Sopo Zuwendungen/Beiträge" sind die Ansätze der Bilanzposten nach § 41 Abs. 4 Nrn. 2.1 und 2.2 GemHVO zu erfassen. Unter der Wertgröße "Bilanzsumme" ist die Summe der Passivseite der Bilanz nach § 41 Abs. 4 GemHVO zu erfassen.

Anhang 31 NKF - Kennzahlenset NRW

3.4 Fehlbetragsquote (FBQ)

Diese Kennzahl gibt Auskunft über den durch einen Fehlbetrag in Anspruch genommenen Eigenkapitalanteil. Da mögliche Sonderrücklagen hier jedoch unberücksichtigt bleiben müssen, bezieht die Kennzahl ausschließlich die Ausgleichsrücklage und die allgemeine Rücklage ein. Zur Ermittlung der Quote wird das negative Jahresergebnis ins Verhältnis zu diesen beiden Bilanzposten gesetzt.

$$\text{Fehlbetragsquote} = \frac{\text{Negatives Jahresergebnis} \times (-100)}{\text{Ausgleichsrücklage} + \text{Allg. Rücklage}}$$

Ermittlung der Kennzahl:

Unter der Wertgröße "Negatives Jahresergebnis" ist die Summe aus ordentlichem Ergebnis und außerordentlichem Ergebnis nach § 2 Abs. 2 Nr. 5 GemHVO (Ergebnisplan) bzw. § 38 Abs. 1 Satz 3 GemHVO (Ergebnisrechnung) zu erfassen. Unter der Wertgröße "Ausgleichsrücklage" ist der Ansatz in der Bilanz nach § 41 Abs. 4 Nr. 1.3 GemHVO zu erfassen. Unter der Wertgröße "Allgemeine Rücklage" ist der Ansatz in der Bilanz nach § 41 Abs. 4 Nr. 1.1 GemHVO zu erfassen.

3.5 Infrastrukturquote (IsQ)

Diese Kennzahl stellt ein Verhältnis zwischen dem Infrastrukturvermögen und dem Gesamtvermögen auf der Aktivseite der Bilanz her. Sie gibt Aufschluss darüber, ob die Höhe des Infrastrukturvermögens den wirtschaftlichen Rahmenbedingungen der Gemeinde entspricht. In Einzelfällen kann es sachgerecht sein, auch die Gebietsgröße der Gemeinde oder andere örtliche Besonderheiten bei der Bewertung dieser Kennzahl zu berücksichtigen.

$$\text{Infrastrukturquote} = \frac{\text{Infrastrukturvermögen} \times 100}{\text{Bilanzsumme}}$$

Ermittlung der Kennzahl:

Unter der Wertgröße "Infrastrukturvermögen" sind die Ansätze der Bilanzposten nach § 41 Abs. 3 Nr. 1.2.3 GemHVO zu erfassen. Unter der Wertgröße "Bilanzsumme" ist die Summe der Aktivseite der Bilanz nach § 41 Abs. 3 GemHVO zu erfassen.

3.6 Abschreibungsintensität (AbI)

Die Kennzahl zeigt an, in welchem Umfang die Gemeinde durch die Abnutzung des Anlagevermögens belastet wird.

$$\text{Abschreibungsintensität} = \frac{\text{Bilanzielle Abschreibungen auf Anlagevermögen} \times 100}{\text{Ordentliche Aufwendungen}}$$

Ermittlung der Kennzahl:

Unter der Wertgröße "Bilanzielle Abschreibungen auf Anlagevermögen" sind die Aufwendungen nach § 2 Abs. 1 Nr. 13 GemHVO (Ergebnisplan) bzw. § 38 Abs. 1 S. 3 GemHVO (Ergebnisrechnung) zu erfassen, die in einem unmittelbaren Bezug zum Anlagevermögen der Ansätze der Bilanzposten nach § 41 Abs. 3 Nr. 1 GemHVO stehen. Diese Werte sind dem Anlagenspiegel nach § 45 GemHVO zu entnehmen. Liegt ein aktueller Anlagespiegel für die Analyse nicht vor, kann für die Ermittlung der Kennzahl auf die Aufwendungen nach § 2 Abs. 1 Nr. 13 GemHVO (Ergebnisplan) zurückgegriffen werden. Die Abschreibungsintensität ist in diesem Fall entsprechend Ziffer 6 dieses Erlasses als "Plan-Kennzahl" zu kennzeichnen.

3.7 Drittfinanzierungsquote (DfQ)

Die Kennzahl zeigt das Verhältnis zwischen den bilanziellen Abschreibungen und den Erträgen aus der Auflösung von Sonderposten im Haushaltsjahr. Sie gibt einen Hinweis auf die Frage, inwieweit die Erträge aus der Sonderpostenauflösung die Belastung durch Abschreibungen abmildern. Damit wird die Beeinflussung des Werteverzehrs durch die Drittfinanzierung deutlich.

$$\text{Drittfinanzierungsquote} = \frac{\text{Erträge aus der Auflösung von Sonderposten} \times 100}{\text{Bilanzielle Abschreibungen auf Anlagevermögen}}$$

Ermittlung der Kennzahl:

Unter der Wertgröße "Erträge aus der Auflösung von Sonderposten" sind Erträge zu erfassen, die in einem unmittelbaren Bezug zu den Sonderposten der Ansätze der Bilanzposten nach § 41 Abs. 4 Nr. 2 GemHVO stehen. Dies sind die entsprechenden Erträge gem. Anlage 17 (Kommunaler Kontierungsplan) - Kontengruppe 41 und 43 - zum RdErl. IM vom 24.02.2005. Sollte der Gesamtbetrag dieser Erträge nicht in den Haushaltsunterlagen benannt sein, soll die Gemeinde gebeten werden, die notwendigen Betragsangaben, entsprechend der Gliederung des o.a. Bilanzbereiches, nachzuliefern.

Unter der Wertgröße "Bilanzielle Abschreibungen auf Anlagevermögen" sind die Aufwendungen nach § 2 Abs. 1 Nr. 13 GemHVO (Ergebnisplan) bzw. § 38 Abs. 1 Satz 3 GemHVO (Ergebnisrechnung) zu erfassen, die in einem unmittelbaren Bezug zum Anlagevermögen der Ansätze der Bilanzposten nach § 41 Abs. 3 Nr. 1 GemHVO stehen. Diese Werte sind dem Anlagenspiegel nach § 45 GemHVO zu entnehmen. Liegt ein aktueller Anlagespiegel für die Analyse nicht vor, kann für die Ermittlung der Kennzahl auf die Aufwendungen nach § 2 Abs. 1 Nr. 13 GemHVO (Ergebnisplan) zurückgegriffen werden. Die Drittfinanzierungsquote ist in diesem Fall entsprechend Ziffer 6 dieses Erlasses als "Plan-Kennzahl" zu kennzeichnen.

3.8 Investitionsquote (InQ)

Die Kennzahl gibt Auskunft darüber, in welchem Umfang dem Substanzverlust durch Abschreibungen und Vermögensabgängen neue Investitionen gegenüberstehen.

$$\text{Investitionsquote} = \frac{\text{Bruttoinvestitionen} \times 100}{\text{Abgänge des AV} + \text{Abschreibungen AV}}$$

Ermittlung der Kennzahl:

Unter der Wertgröße "Bruttoinvestitionen" ist die Summe der Zugänge des Anlagevermögens und der Zuschreibungen auf das Anlagevermögen zu ermitteln. Diese Zugänge und Zuschreibungen sind dem Anlagenspiegel nach § 45 GemHVO zu entnehmen. Die Wertgrößen "Jahresabschreibungen auf Anlagevermögen" und "Abgänge des Anlagevermögens" sind ebenfalls dem Anlagenspiegel nach § 45 GemHVO zu entnehmen.

3.9 Anlagendeckungsgrad 2 (AnD2)

Die Kennzahl "Anlagendeckungsgrad 2" gibt an, wie viel Prozent des Anlagevermögens langfristig finanziert sind. Bei der Berechnung dieser Kennzahl werden dem Anlagevermögen die langfristigen Passivposten Eigenkapital, Sonderposten mit Eigenkapitalanteilen und langfristiges Fremdkapital gegenübergestellt.

$$\text{Anlagendeckungsgrad 2} = \frac{(\text{Eigenkapital} + \text{Sopo Zuwendungen} / \text{Beiträge} + \text{Langfristiges Fremdkapital}) \times 100}{\text{Anlagevermögen}}$$

Ermittlung der Kennzahl:

Unter der Wertgröße "Eigenkapital" sind die Ansätze der Bilanzposten nach § 41 Abs. 4 Nr. 1 GemHVO zu erfassen. Unter der Wertgröße "Sonderposten Zuwendungen/Beiträge" sind die Ansätze der Bilanzposten nach § 41 Abs. 4 Nrn. 2.1 und 2.2 GemHVO zu erfassen. Unter der Wertgröße "Langfristiges Fremdkapital" sind die Ansätze der Bilanzposten nach § 41 Abs. 4 Nrn. 3.1, 3.2 und 4 GemHVO zu erfassen. Die langfristigen Verbindlichkeiten nach § 41 Abs. 4 Nr. 4 GemHVO müssen eine Restlaufzeit von mehr als fünf Jahren haben und sind dem Verbindlichkeitenspiegel nach § 47 GemHVO zu entnehmen. Unter der Wertgröße "Anlagevermögen" sind die Ansätze der Bilanzposten nach § 41 Abs. 3 Nr. 1 GemHVO zu erfassen.

3.10 Dynamischer Verschuldungsgrad (DVsG)

Mit Hilfe der Kennzahl "Dynamischer Verschuldungsgrad" lässt sich die Schuldentilgungsfähigkeit der Gemeinde beurteilen. Sie hat dynamischen Charakter, weil sie mit dem Saldo aus laufender Verwaltungstätigkeit aus der Finanzrechnung eine zeitraumbezogene Größe enthält. Dieser Saldo zeigt bei jeder Gemeinde an, in welcher Größenordnung freie Finanzmittel aus ihrer laufenden Geschäftstätigkeit im abgelaufenen Haushaltsjahr zur Verfügung stehen und damit zur möglichen Schuldentilgung genutzt werden könnten. Der Dynamische Verschuldungsgrad gibt an, in wie vielen Jahren es unter theoretisch gleichen Bedingungen möglich wäre, die Effektivverschuldung aus den zur Verfügung stehenden Finanzmitteln vollständig zu tilgen (Entschuldungsdauer).

$$\text{Dynamischer Verschuldungsgrad} = \frac{\text{Effektivverschuldung}}{\text{Saldo aus laufender Verwaltungstätigkeit (FP/FR)}}$$

Ermittlung der Kennzahl:

Die Kennzahl "Dynamischer Verschuldungsgrad" wird aus der Division der Wertgröße "Effektive Verschuldung" der Gemeinde durch die Wertgröße "Saldo aus laufender Verwaltungstätigkeit" aus der Finanzrechnung (FR) der Gemeinde ermittelt. Die Wertgröße "Effektive Verschuldung" berechnet sich wie folgt:

  Gesamtes Fremdkapital
./. Liquide Mittel
./. Kurzfristige Forderungen
= Effektive Verschuldung

Für diese Berechnung sind unter der Wertgröße "Gesamtes Fremdkapital" die Ansätze der Bilanzposten nach § 41 Abs. 4 Nrn. 2.3, 3 und 4 GemHVO zu erfassen. Unter der Wertgröße "Liquide Mittel" ist der Ansatz des Bilanzpostens nach § 41 Abs. 3 Nr. 2.4 GemHVO zu erfassen. Unter der Wertgröße "Kurzfristige Forderungen" sind die Teilansätze der Bilanzposten nach § 41 Abs. 3 Nr. 2.2 GemHVO zu erfassen, die eine Restlaufzeit von bis zu einem Jahr haben. Letztgenannte Teilansätze sind dem Forderungsspiegel nach § 46 GemHVO zu entnehmen.

Als Wertgröße "Saldo aus laufender Verwaltungstätigkeit (FP/FR)" ist der nach § 3 Abs. 2 Nr. 1 GemHVO im Finanzplan bzw. gem. § 39 S. 3 GemHVO in der Finanzrechnung auszuweisende Saldo einzusetzen.

3.11 Liquidität 2. Grades (Li2)

Die Kennzahl gibt stichtagsbezogen Auskunft über die "kurzfristige Liquidität" der Gemeinde. Sie zeigt auf, in welchem Umfang die kurzfristigen Verbindlichkeiten zum Bilanzstichtag durch die vorhandenen liquiden Mittel und die kurzfristigen Forderungen gedeckt werden können.

$$\text{Liquidität 2. Grades} = \frac{(\text{Liquide Mittel} + \text{Kurzfristige Forderungen}) \times 100}{\text{Kurzfristige Verbindlichkeiten}}$$

Ermittlung der Kennzahl:

Unter der Wertgröße "Liquide Mittel" ist der Ansatz des Bilanzpostens nach § 41 Abs. 3 Nr. 2.4 GemHVO zu erfassen. Unter der Wertgröße "Kurzfristige Forderungen" sind die Ansätze der Bilanzposten nach § 41 Abs. 3 Nr. 2.2 GemHVO zu erfassen. Die kurzfristigen Forderungen müssen eine Restlaufzeit von bis zu einem Jahr haben (vgl. Forderungsspiegel nach § 46 GemHVO).

Unter der Wertgröße "Kurzfristige Verbindlichkeiten" sind die Ansätze der Bilanzposten nach § 41 Abs. 4 Nr. 4 GemHVO zu erfassen. Die kurzfristigen Verbindlichkeiten müssen eine Restlaufzeit von bis zu einem Jahr haben (vgl. Verbindlichkeitenspiegel nach § 47 GemHVO).

3.12 Kurzfristige Verbindlichkeitsquote (KVbQ)

Wie hoch die Bilanz durch kurzfristiges Fremdkapital belastet wird, kann mit Hilfe der Kennzahl "Kurzfristige Verbindlichkeitsquote" beurteilt werden.

$$\text{Kurzfristige Verbindlichkeitsquote} = \frac{\text{Kurzfristige Verbindlichkeiten} \times 100}{\text{Bilanzsumme}}$$

Ermittlung der Kennzahl:

Unter der Wertgröße "Kurzfristige Verbindlichkeiten" sind die Teilansätze der Bilanzposten nach § 41 Abs. 4 Nr. 4 GemHVO zu erfassen, die eine Restlaufzeit von bis zu einem Jahr haben. Diese Teilansätze sind dem Verbindlichkeitenspiegel nach § 47 GemHVO zu entnehmen. Unter der Wertgröße "Bilanzsumme" ist die Summe der Passivseite der Bilanz nach § 41 Abs. 4 GemHVO zu erfassen.

3.13 Zinslastquote (ZlQ)

Die Kennzahl "Zinslastquote" zeigt auf, welche Belastung aus Finanzaufwendungen zusätzlich zu den (ordentlichen) Aufwendungen aus laufender Verwaltungstätigkeit besteht.

$$\text{Zinslastquote} = \frac{\text{Finanzaufwendungen} \times 100}{\text{Ordentliche Aufwendungen}}$$

Ermittlung der Kennzahl:

Unter der Wertgröße "Finanzaufwendungen" sind die Aufwendungen für Zinsen und sonstige Finanzaufwendungen nach § 2 Abs. 1 Nr. 17 GemHVO (Ergebnisplan) bzw. § 38 Abs. 1 Satz 3 GemHVO (Ergebnisrechnung) zu erfassen. Unter der Wertgröße "Ordentliche Aufwendungen" sind die Aufwendungen nach § 2 Abs. 1 Nr. 10 bis 15 GemHVO (Ergebnisplan) bzw. § 38 Abs. 1 Satz 3 GemHVO (Ergebnisrechnung) zu erfassen.

3.14 Netto-Steuerquote (NSQ) oder Allgemeine Umlagenquote (AUQ)

Die Netto-Steuerquote gibt an, zu welchem Teil sich die Gemeinde "selbst" finanzieren kann und somit unabhängig von **Finanzleistungen Dritter, z.B.** staatlichen Zuwendungen, ist. **Weil dem Bund und dem Land Anteile am Aufkommen der Gewerbesteuer zu stehen, ist es erforderlich, die Aufwendungen für die von der Gemeinde zu leistende Gewerbesteuerumlage sowie für die Finanzierungsbeteiligung am Fonds Deutsche Einheit von den Steuererträgen in Abzug zu bringen.**

$$\text{Netto-Steuerquote} = \frac{(\text{Steuererträge} - \text{GewSt.Umlage} - \text{Finanzierungsbet.Fonds Dt. Einheit}) \times 100}{\text{Ordentliche Erträge} - \text{GewSt.Umlage} - \text{Finanzierungsbet.Fonds Dt. Einheit}}$$

Anhang 31 NKF - Kennzahlenset NRW

Ermittlung der Kennzahl:

Unter der Wertgröße "Steuererträge" sind die Erträge aus Steuern und ähnlichen Abgaben nach § 2 Abs. 1 Nr. 1 GemHVO (Ergebnisplan) bzw. § 38 Abs. 1 Satz 3 GemHVO (Ergebnisrechnung) zu erfassen. Unter der Wertgröße "Ordentliche Erträge" sind die Erträge nach § 2 Abs. 1 Nr. 1 bis 9 GemHVO (Ergebnisplan) bzw. § 38 Abs. 1 Satz 3 GemHVO (Ergebnisrechnung) zu erfassen.

Unter den Wertgrößen "Gewerbesteuerumlage" und "Finanzierungsbeteiligung Fonds Deutsche Einheit" sind die Aufwendungen wegen Steuerbeteiligungen der Gemeinde gem. Anlage 17 (Kommunaler Kontierungsplan) - Kontengruppe 53 - zum RdErl. IM vom 24.02.2005 zu erfassen. Sollten diese Beträge nicht in den Haushaltsunterlagen benannt sein, soll die Gemeinde gebeten werden, die notwendigen Angaben nachzuliefern.

Bei Kreisen und Zweckverbänden ist die Netto-Steuerquote durch eine "Allgemeine Umlagenquote" zu ersetzen.

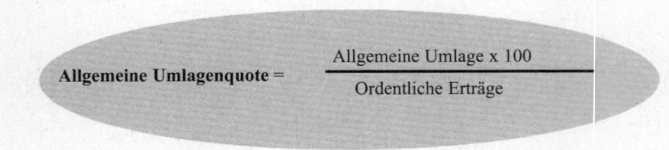

$$\text{Allgemeine Umlagenquote} = \frac{\text{Allgemeine Umlage} \times 100}{\text{Ordentliche Erträge}}$$

Ermittlung der Kennzahl:

Unter der Wertgröße "Allgemeine Umlagen" sind die dafür zutreffenden Erträge nach § 2 Abs. 1 Nr. 2 GemHVO zu erfassen. Bei Kreisen richtet sich dies nach § 56 KrO i.V.m. § 2 Abs. 1 Nr. 2 GemHVO. Bei Zweckverbänden ist entsprechend unter Beachtung des GkG zu verfahren. Unter der Wertgröße "Ordentliche Erträge" sind die Erträge nach § 2 Abs. 1 Nr. 1 bis 9 GemHVO (Ergebnisplan) bzw. § 38 Abs. 1 S. 3 GemHVO (Ergebnisrechnung) zu erfassen.

3.15 Zuwendungsquote (ZwQ)

Die Zuwendungsquote gibt einen Hinweis darauf, inwieweit die Gemeinde von Zuwendungen und damit von Leistungen Dritter abhängig ist.

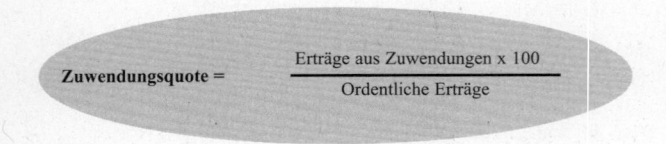

$$\text{Zuwendungsquote} = \frac{\text{Erträge aus Zuwendungen} \times 100}{\text{Ordentliche Erträge}}$$

Ermittlung der Kennzahl:

Unter der Wertgröße "Erträge aus Zuwendungen" sind die dafür zutreffenden Teilerträge nach § 2 Abs. 1 Nr. 2 GemHVO zu erfassen. Dies sind gem. Anlage 17 (Kommunaler Kontierungsplan) - Kontengruppe 41 - zum RdErl. IM vom 24.02.2005 Erträge aus den Schlüsselzuweisungen vom Land, den Bedarfszuweisungen vom Land und von Gemeinden (GV), den allgemeinen Zuweisungen vom Bund, vom Land und von Gemeinden (GV), den Zuweisungen und Zuschüssen für laufende Zwecke sowie den Erträgen aus der Auflösung von Sonderposten. Unter der Wertgröße "Ordentliche Erträge" sind die Erträge nach § 2 Abs. 1 Nr. 1 bis 9 GemHVO (Ergebnisplan) bzw. § 38 Abs. 1 Satz 3 GemHVO (Ergebnisrechnung) zu erfassen.

3.16 Personalintensität (PI)

Die "Personalintensität" gibt an, welchen Anteil die Personalaufwendungen an den ordentlichen Aufwendungen ausmachen. Im Hinblick auf den interkommunalen Vergleich dient diese Kennzahl dazu, die Frage zu beantworten, welcher Teil der Aufwendungen üblicherweise für Personal aufgewendet wird.

$$\text{Personalintensität} = \frac{\text{Personalaufwendungen} \times 100}{\text{Ordentliche Aufwendungen}}$$

Ermittlung der Kennzahl:

Unter der Wertgröße "Personalaufwendungen" sind die Aufwendungen nach § 2 Abs. 1 Nr. 10 GemHVO (Ergebnisplan) bzw. § 38 Abs. 1 Satz 3 GemHVO (Ergebnisrechnung) zu erfassen. Unter der Wertgröße "Ordentliche Aufwendungen" sind die Aufwendungen nach § 2 Abs. 1 Nr. 10 bis 15 GemHVO (Ergebnisplan) bzw. § 38 Abs. 1 Satz 3 GemHVO (Ergebnisrechnung) zu erfassen.

3.17 Sach- und Dienstleistungsintensität (SDI)

Die Kennzahl "Sach- und Dienstleistungsintensität" lässt erkennen, in welchem Ausmaß sich eine Gemeinde für die Inanspruchnahme von Leistungen Dritter entschieden hat.

$$\text{Sach- u. Dienstleistungsintensität} = \frac{\text{Aufwendungen für Sach- u. Dienstleistungen} \times 100}{\text{Ordentliche Aufwendungen}}$$

Ermittlung der Kennzahl:

Unter der Wertgröße "Aufwendungen für Sach- und Dienstleistungen" sind die Aufwendungen nach § 2 Abs. 1 Nr. 12 GemHVO (Ergebnisplan) bzw. § 38 Abs. 1 Satz 3 GemHVO (Ergebnisrechnung) zu erfassen. Unter der Wertgröße "Ordentliche Aufwendungen" sind die Aufwendungen nach § 2 Abs. 1 Nr. 10 bis 15 GemHVO (Ergebnisplan) bzw. § 38 Abs. 1 Satz 3 GemHVO (Ergebnisrechnung) zu erfassen.

3.18 Transferaufwandsquote (TAQ)

Die Kennzahl "Transferaufwandsquote" stellt einen Bezug zwischen den Transferaufwendungen und den ordentlichen Aufwendungen her.

$$\text{Transferaufwandsquote} = \frac{\text{Transferaufwendungen} \times 100}{\text{Ordentliche Aufwendungen}}$$

Ermittlung der Kennzahl:

Unter der Wertgröße "Transferaufwendungen" sind die Aufwendungen nach § 2 Abs. 1 Nr. 14 GemHVO (Ergebnisplan) bzw. § 38 Abs. 1 Satz 3 GemHVO (Ergebnisrechnung) zu erfassen. Unter der Wertgröße "Ordentliche Aufwendungen" sind die Aufwendungen nach § 2 Abs. 1 Nr. 10 bis 15 GemHVO (Ergebnisplan) bzw. § 38 Abs. 1 Satz 3 GemHVO (Ergebnisrechnung) zu erfassen.

4. Verpflichtung der Aufsichtsbehörden

Der Aufbau dieses Kennzahlensets erfordert es, die entsprechenden Wertgrößen aus den Haushalten der Kommunen zu ermitteln. Zur Veranschaulichung wird diesem Erlass ein Muster mit den zu erhebenden Wertgrößen beigefügt (Muster 2). Solange es ein landesweites, automatisiertes Verfahren zur Aufnahme und Weiterverarbeitung der erforderlichen Haushaltsdaten noch nicht gibt, obliegt den Aufsichtsbehörden die Aufgabe, die Daten z.B. mit Hilfe einer Standard-Tabellenkalkulationssoftware in das NKF - Kennzahlenset einzustellen, zu pflegen und fortzuführen.

Alle Aufsichtsbehörden bleiben aufgefordert, an der Entwicklung zu einer Zielbestimmung bzw. der Festlegung eines Zielbereichs jeder Kennzahl und an der Festlegung eines darauf aufbauenden Handlungsrahmens mitzuwirken. Sie sollten sich untereinander über den Aufbau des NKF - Kennzahlensets und die Auswertungsmöglichkeiten austauschen. Die erhaltenen Informationen lassen auch über den Bereich einer Aufsichtsbehörde hinaus eine vergleichende Betrachtung der Haushaltslage der Kommunen zu.

5. Hinweise zur Erfassung der Basisdaten

In den elektronischen Erfassungstools zur Kennzahlenermittlung sind die Basisdaten ausschließlich als positive Werte einzugeben (ohne Vorzeichen). Ausnahmen hiervon bilden bereits saldierte Werte (z.B. Finanzergebnis, falls negativ).

Kennzahlen, die einen Nullwert im Nenner der Formel aufweisen und dadurch mathematisch nicht ermittelt werden können, werden mit "n.b." (nicht berechenbar) ausgewiesen. Falls fehlerhafte oder unvollständige Basisdaten dazu führen, dass eine Kennzahl nicht berechnet werden kann, wird die Kennzahl mit "k.A." (keine Angaben) angegeben.

Den Kennzahlensets wird ein kurzes Datenblatt mit Eckdaten zu der betreffenden Kommune vorangestellt, welches folgenden Mindestinhalt aufweist: Kreisfreie Stadt/ Kreis/ Kreisangehörige Kommune, Einwohnerzahl, ggf. Genehmigtes HSK/ nicht genehmigtes HSK, Sog. Optionskommune, Bilanzsumme, Höhe der Allgemeinen Rücklage, Höhe der Ausgleichsrücklage, Jahresergebnis. Zur Veranschaulichung des Eckdatenblattes wird diesem Erlass ein Muster beigefügt (Muster 3).

6. Maßgebliche Rechengrößen, Kennzeichnung nach Plan- und Ist-Kennzahlen

Für die Kennzahlenanalyse eines Plan-Haushaltsjahres sind die für die Berechnung der Kennzahlen erforderlichen Wertgrößen dem Ergebnis- bzw. Finanzplan des entsprechenden Haushaltsjahres sowie der Bilanz zum 31.12. des entsprechenden Vorjahres zu entnehmen. Kennzahlen, deren Wertgrößen vollständig oder teilweise aus Plandaten bestehen, werden als Plan-Kennzahlen bezeichnet. Zur Abgrenzung von den Ist-Kennzahlen können sie als Unterscheidungsmerkmal ein "P" enthalten (z.B. FbQ P).

Für die Kennzahlenanalyse eines Jahresabschlusses sind die für die Berechnung der Kennzahlen erforderlichen Wertgrößen der Ergebnis- bzw. Finanzrechnung und der Bilanz zum 31.12. des entsprechenden Haushaltsjahres zu entnehmen. Kennzahlen, deren Wertgrößen vollständig aus Jahresabschlussdaten bestehen, werden als Ist-Kennzahlen bezeichnet. Zur Abgrenzung von den Plan-Kennzahlen können sie als Unterscheidungsmerkmal ein "I" enthalten (z.B. FbQ I).

7. Aufhebungsvorschrift

Der RdErl. des Innenministeriums vom 19.02.2008 (34 - 48.04.05/01 - 2323/07) wird aufgehoben.

Anhang 31 NKF - Kennzahlenset NRW

NKF-Kennzahlenset NRW

Gemeinde (GV): _____

Muster 1

Kennzahl	Vorvorjahr (IST)	Vorjahr	Haushaltsjahr	1. Planjahr	2. Planjahr	3. Planjahr
Aufwandsdeckungsgrad						
Eigenkapitalquote I						
Eigenkapitalquote II						
Fehlbetragsquote						
Infrastrukturquote						
Abschreibungsintensität						
Drittfinanzierungsquote						
Investitionsquote						
Anlagendeckungsgrad II						
Dynamischer Verschuldungsgrad						
Liquidität 2. Grades						
Kurzfristige Verbindlichkeitsquote						
Zinslastquote						
Netto-Steuerquote bzw. Allg. Umlagenquote						
Zuwendungsquote						
Personalintensität						
Sach- und Dienstleistungsintensität						
Transferaufwandsquote						

Muster 2

NKF-Kennzahlenset NRW

Wertgrößen zur Ermittlung von Kennzahlen

Gemeinde (GV): _____

Bilanzdaten	Vorvorjahr (IST)	Vorjahr	Haushaltsjahr	1. Planjahr	2. Planjahr	3. Planjahr
Infrastrukturvermögen						
Anlagevermögen						
Liquide Mittel						
Allgemeine Rücklage						
Ausgleichsrücklage						
Eigenkapital gesamt						
Sonderposten für Zuwendungen						
Sonderposten für Beiträge						
Pensionsrückstellungen						
Rückstellungen für Deponien und Altlasten						
Fremdkapital gesamt						
Bilanzsumme						
Daten aus dem Ergebnisplan/der Ergebnisrechnung						
Erträge aus Steuern und ähnl. Abgaben (Bei Umlageverbänden: Allg. Umlagen)						
Erträge aus Zuwendungen						
Ordentliche Erträge						
Personalaufwendungen						
Aufwendungen für Sach- und Dienstleistungen						
Bilanzielle Abschreibungen						
Transferaufwendungen						
Ordentliche Aufwendungen						
Aufwendungen für Zinsen und sonstige Finanzaufwendungen						
Finanzergebnis						
Außerordentliches Ergebnis						
Daten aus dem Finanzplan/der Finanzrechnung						
Saldo aus lfd. Verwaltungstätigkeit						
Sonstige Daten						
Anlagevermögen: Zugänge im Haushaltsjahr (Anlagenspiegel)						
Anlagevermögen: Zuschreibungen im Haushaltsjahr (Anlagenspiegel)						
Anlagevermögen: Abgänge im Haushaltsjahr (Anlagenspiegel)						
Anlagevermögen: Abschreibungen im Haushaltsjahr (Anlagenspiegel)						
Verbindlichkeiten mit Restlaufzeit bis zu 1 Jahr (Verbindlichkeitenspiegel)						
Verbindlichkeiten mit Restlaufzeit von mehr als 5 Jahren (Verb.Spiegel)						
Forderungen mit Restlaufzeit bis zu 1 Jahr (Forderungsspiegel)						
Erträge aus der Auflösung von Sonderposten (Summenbildung)						
Steuerbeteiligungen (GewSt.-Umlage, Finanzierungsbeteilig. Fonds Dt.Einheit)						

Anhang 31 NKF - Kennzahlenset NRW

Muster 3

NKF-Kennzahlenset NRW

Eckdaten zur Gemeinde (GV)

Gemeinde (GV):

Körperschafts-Status:

Einwohnerzahl:

Angaben zum HSK:

Sog. Optionskommune:

Bilanzsumme:

Höhe der Allgemeinen Rücklage:

Höhe der Ausgleichsrücklage:

Jahresergebnis:

Haushaltskonsolidierung
nach der Gemeindeordnung für das Land Nordrhein-Westfalen (GO NRW) und nach dem Gesetz zur Unterstützung der kommunalen Haushaltskonsolidierung im Rahmen des Stärkungspaktes Stadtfinanzen (Stärkungspaktgesetz NRW)

Ausführungserlass des Ministeriums für Inneres und Kommunales NRW vom 07.03.2013 (Az. 34 - 46.09.01 - 918/13)

Anlagen: Berechnungsschema
Formblätter für Berichte

Vorbemerkungen

Durch das am 4. Juni 2011 in Kraft getretene Gesetz zur Änderung des § 76 GO NRW und das am 1. Dezember 2011 in Kraft getretene Stärkungspaktgesetz haben sich für die Kommunen und die Kommunalaufsicht vielfältige Fragen ergeben, die bisher durch einzelne Erlasse, in Dienstbesprechungen und mit Hilfe des Leitfadens "Maßnahmen und Verfahren zur Haushaltssicherung" vom 6. März 2009 beantwortet wurden. Der Leitfaden wurde mit Erlass vom 25. Mai 2012 zum 30. September 2012 aufgehoben. Hinsichtlich der Form und der Prüfungsgegenstände ist eine Orientierung an den Vorgaben des Leitfadens möglich, soweit dieser Erlass nichts Abweichendes regelt.

Mit diesem Erlass wird eine landeseinheitliche Grundlage für die aufsichtliche Tätigkeit für den Umgang mit Haushaltssicherungskonzepten[1] nach der Gemeindeordnung und für Haushaltssanierungspläne nach dem Stärkungspaktgesetz geschaffen. Die Zusammenfassung beider Regelungsbereiche erfolgt zusammen in einem Ausführungserlass, weil gemäß § 6 Absatz 4 Satz 2 Stärkungspaktgesetz die Vorschriften über das Haushaltssicherungskonzept für den Haushaltssanierungsplan entsprechend gelten, soweit das Stärkungspaktgesetz keine abweichenden Regelungen trifft. Daher sind beide Regelungsbereiche nicht nur praktisch, sondern auch normativ eng miteinander verknüpft, so dass sich ihre Darstellung in einem Erlass empfiehlt.

Die bisher getroffenen Einzelregelungen für die Aufsichtsbehörden werden dabei zusammengeführt und um solche Regelungen ergänzt, die sich in der Aufsichtspraxis der vergangenen Monate als erforderlich oder hilfreich erwiesen haben[2].

1 Anwendungsbereich und Inhalt der gesetzlichen Neuregelungen

1.1 Stärkungspaktgesetz

Nach § 6 Absatz 4 des Stärkungspaktgesetzes tritt an die Stelle des Haushaltssicherungskonzepts gemäß § 76 GO NRW der genehmigte Haushaltssanierungsplan. Die Regelung des § 6 des Stärkungspaktgesetzes stellt somit eine Spezialregelung gegenüber der Aufstellungspflicht aus § 76 GO NRW dar. Gemäß § 6 Absatz 4 Satz 2 Stärkungspaktgesetz gelten die Vorschriften über das Haushaltssicherungskonzept für den Haushaltssanierungsplan entsprechend, soweit das Stärkungspaktgesetz keine abweichenden Regelungen trifft. Der Haushaltssanierungsplan unterliegt deshalb als Teil des Haushaltsplans grundsätzlich auch den Vorschriften über die Haushaltssatzung.

Die Genehmigung von Haushaltssanierungsplänen kann nur nach Maßgabe des § 6 Absatz 2 des Stärkungspaktgesetzes erteilt werden. Gemeinden gemäß § 3 Stärkungspaktgesetz müssen den Haushaltsausgleich unter Einbeziehung der Konsolidierungshilfen in der Regel spätestens mit dem Haushaltsjahr 2016 und von diesem Zeitpunkt an jährlich erreichen, für Gemeinden gemäß § 4 Stärkungspaktgesetz ist das Haushaltsjahr 2018 maßgeblich. Der Haushaltsausgleich ohne Konsolidierungshilfen muss spätestens mit dem Haushaltsjahr 2021 erreicht sein.

Die Modifizierung des Zeitziels, dass die längst zulässigen zeitlichen Zwischenziele 2016 und 2018 mit dem Zusatz "in der Regel" versehen worden sind, ist im Gesetzgebungsverfahren eingefügt worden. Der Gesetzgeber hat damit zum einen zum Ausdruck gebracht, dass ein Abweichen von den zeitlichen Vorgaben überhaupt nur im Hinblick auf das Zwischenziel des Haushaltsausgleichs unter Einschluss der Konsolidierungshilfen zulässig ist, und zum anderen vorgegeben, dass dieses Abweichen nur ausnahmsweise akzeptiert werden kann. Hier ist ein strenger Maßstab anzulegen. Falls das Zwischenziel erstmals im Rahmen der Fortschreibung eines Haushaltssanierungsplans verfehlt wird, ist § 8 Absatz 2 Stärkungspaktgesetz im Genehmigungsverfahren anzuwenden.

Das Stärkungspaktgesetz verlangt in jedem Fall einen Haushaltsausgleich zum nächstmöglichen Zeitpunkt. Es räumt damit den Gemeinden, die den Haushaltsausgleich auch schon vor dem Jahr 2021 erreichen können, nicht das Recht ein, sofort umsetzbare Konsolidierungsmaßnahmen bis dahin zu strecken. Kurzfristig realisierbare Haushaltssanierungsmaßnahmen dürfen nicht auf zukünftige Jahre verlagert werden.

§ 6 Stärkungspaktgesetz eröffnet die Möglichkeit auch solche Maßnahmen zum Gegenstand der Sanierungsplanung zu machen, deren Wirtschaftlichkeit sich nur über einen längeren Zeitraum darstellen lässt. So kann beispielsweise im Haushaltssanierungsplan Projekte, Personalentwicklungs- oder Investitionsmaßnahmen enthalten, die rechtlich nicht geboten sind (sog. freiwillige Leistungen), aber die finanzwirtschaftliche Situation innerhalb des Konsolidierungszeitraumes zu verbessern helfen; derartige Maßnahmen stehen für sich genommen einer Genehmigung des Haushaltssanierungsplans nicht entgegen. Unter den gleichen Voraussetzungen gilt dieses auch für präventive Maßnahmen im Bereich der Sozial- und Jugendhilfe sowie für wirtschaftliche Maßnahmen im Bereich des Klimaschutzes.

Diese Maßnahmen sind als einzelne Konsolidierungsmaßnahmen in den Haushaltssanierungsplan aufzunehmen, die durch sie zu erreichenden finanzwirtschaftlichen Verbesserungen sind darzustellen.

1.2 § 76 GO NRW

Nach der Änderung des § 76 Absatz 2 GO NRW ist die Genehmigung von Haushaltssicherungskonzepten nunmehr zulässig, wenn spätestens im zehnten auf das Haushaltsjahr folgenden Jahr der Haushaltsausgleich nach § 75 Absatz 2 GO NRW wieder erreicht wird. Im Einzelfall kann durch Genehmigung der Bezirksregierung auf der Grundlage eines individuellen Sanierungskonzeptes von diesem Konsolidierungszeitraum abgewichen werden.

Auch im Haushaltssicherungskonzept ist es möglich, wirtschaftliche Überlegungen in die Haushaltsplanung einfließen zu lassen. Hierzu gilt das unter 1.1 für den Haushaltssanierungsplan Ausgeführte entsprechend.

---

[1] Der Begriff Haushaltssicherungskonzept umfasst in diesem Erlass auch das individuelle Sanierungskonzept nach § 76 Absatz 2 Satz 4 GO NRW.

[2] Durch diesen Erlass werden die bisherigen Einzelerlasse zu den hier angesprochenen Themen ersetzt, insbesondere der Erlass zum geänderten § 76 GO NRW vom 9. August 2011 (Az.: 3346.09.01-71/10) und der Erlass zum Stärkungspaktge-setz vom 27. März 2012 (Az.: 46.13 -618/12).

Anhang 32 Haushaltssicherung / Haushaltssanierung NRW

2 Vorlage von Haushaltssicherungskonzepten und Haushaltssanierungsplänen

2.1 Zuständigkeiten

2.1.1 Haushaltssicherungskonzept

Grundsätzlich entscheidet auch weiterhin die örtlich zuständige Aufsichtsbehörde über ein Haushaltssicherungskonzept. Soweit eine kreisangehörige Kommune von der Regelung des § 76 Absatz 2 Satz 4 GO NRW (Abweichung vom 10-jährigen Konsolidierungszeitraum) Gebrauch macht, ist die Bezirksregierung für die Genehmigung des Haushaltssicherungskonzepts zuständig. Die Kommune legt in diesem Fall ihre Haushaltsunterlagen dem Landrat vor, der sie zusammen mit seinem begründeten Entscheidungsvorschlag an die Bezirksregierung weiterleitet. Die Zuständigkeit des Landrats für die Finanzaufsicht über die betroffene kreisangehörige Gemeinde im Übrigen bleibt.

2.1.2 Haushaltssanierungsplan

Abweichend von den allgemeinen Zuständigkeiten normiert das Stärkungspaktgesetz eine Zuständigkeit der Bezirksregierungen für die Genehmigung und die Überwachung des Haushaltssanierungsplans auch der kreisangehörigen Gemeinden.

Um die Einheitlichkeit kommunalaufsichtlichen Handelns zu gewährleisten, stellen die Bezirksregierungen bei diesen kreisangehörigen Gemeinden sicher, dass die untere Aufsichtsbehörde in geeigneter Weise in die Genehmigung und die Überwachung des Haushaltssanierungsplans eingebunden wird.

Dies kann nach dem unter 2.1.1 geschilderten Verfahren für die Genehmigung von Haushaltssicherungskonzepten gemäß § 76 Absatz 2 Satz 4 GO NRW so geschehen, dass die Kommune ihre Haushaltsunterlagen dem Landrat vorlegt, der sie zusammen mit seinem begründeten Entscheidungsvorschlag an die Bezirksregierung zur Entscheidung weiterleitet.

2.2 Form

Bei der Vorlage des Haushaltssanierungsplans sind die von den Bezirksregierungen vorzugebenden Formblätter - in elektronischer Form und schriftlich - zu verwenden, um eine sachgerechte und zügige Prüfung zu ermöglichen.

3 Prüfpunkte für die Genehmigung von Haushaltssicherungskonzepten und Haushaltssanierungsplänen

3.1 Allgemeines und Konsolidierungsfrist

3.1.1 Haushaltssicherungskonzept

Zu den materiellen Genehmigungsvoraussetzungen für ein Haushaltssicherungskonzept gebe ich folgende Hinweise:

- Es bleibt bei der Pflicht, den Haushalt zum nächstmöglichen Zeitpunkt wieder auszugleichen (§ 76 Absatz 1 GO NRW). Die Änderung des § 76 Absatz 2 GO NRW räumt den Kommunen, die ihren Haushalt schneller als in 10 Jahren ausgleichen können, nicht das Recht ein, sofort umsetzbare Konsolidierungsmaßnahmen über 10 Jahre zu strecken. Machbare Haushaltssicherungsmaßnahmen dürfen auch in Haushaltsicherungskonzepten nicht auf zukünftige Jahre verlagert werden.

- Der in § 76 Absatz 2 Satz 3 GO NRW genannte, späteste Zeitpunkt für den Haushaltsausgleich "im zehnten auf das Haushaltsjahr folgende Jahr" gilt auch dann, wenn der die Haushaltssicherungspflicht auslösende Tatbestand nach § 76 Absatz 1 Satz 1 Nr. 2 oder 3 GO NRW erst im Verlauf der mittelfristigen Ergebnis- und Finanzplanung erfüllt wird.

- Haushaltssicherungskonzepte sind im Fall einer Überschuldung nur genehmigungsfähig, wenn sie sowohl den Haushaltsausgleich als auch den Abbau der Überschuldung darstellen. Dies gilt sowohl für eine von Anfang an bestehende als auch für eine im Lauf des Konsolidierungszeitraums eintretende Überschuldung. Der Fall des § 76 Absatz 2 Satz 3 GO NRW ist nur gegeben, wenn das Haushaltssicherungskonzept innerhalb der 10-Jahres-Frist sowohl den jahresbezogenen Haushaltsausgleich als auch den vollständigen Abbau der Überschuldung darstellt.

- Ein genehmigter Konsolidierungszeitraum bleibt für die vorzulegenden Fortschreibungen des Haushaltssicherungskonzeptes verbindlich (kein Herausschieben des Endzeitpunktes). Bei nicht absehbaren und von der Kommune nicht zu beeinflussenden erheblichen Veränderungen der finanziellen Situation der Kommune kann eine Verlängerung des Zeitraums von der zuständigen Aufsichtsbehörde genehmigt werden (Rechtsgedanke des § 8 Absatz 2 Stärkungspaktgesetz).

- Genehmigungen für Haushaltssicherungskonzepte mit einer Laufzeit über 10 Jahre können von den Bezirksregierungen in der Regel nur erteilt werden, wenn der jahresbezogene Haushaltsausgleich innerhalb von 10 Jahren dargestellt wird. Die Zeit nach Ablauf der 10-Jahres-Frist steht nur für den darzustellenden Abbau der aufgelaufenen Überschuldung zur Verfügung.

3.1.2 Haushaltssanierungsplan

Der Haushaltssanierungsplan muss bis zum erstmaligen Erreichen des Haushaltsausgleichs grundsätzlich eine Konsolidierung in gleichmäßigen jährlichen Schritten darstellen. Ein Abweichen von dieser Vorgabe bedarf der Zustimmung der Bezirksregierung. Die Entscheidung steht im pflichtgemäßen Ermessen der Behörde.

3.2 Planungsgrundlage

Für das Haushaltssicherungskonzept sowie den Haushaltssanierungsplan ist grundsätzlich von folgenden Planungsgrundlagen auszugehen:

Im Ergebnis- und Finanzplanungszeitraum sind - wie bisher auch - die Orientierungsdaten unter Berücksichtigung der örtlichen Besonderheiten (siehe Hinweis im jeweils aktuellen Orientierungsdatenerlass) anzuwenden. Eine Übernahme der Orientierungsdaten, die Landesdurchschnittswerte sind, kommt aber nur solange in Betracht, wie keine abweichenden gemeindescharfen Erkenntnisse vorliegen. Liegen diese vor, können die Orientierungsdaten insoweit nicht mehr zugrunde gelegt werden.

Für die Zeit nach dem Orientierungsdatenzeitraum ermittelt jede Kommune individuell die Plandaten für die folgenden Einzahlungen/Erträge bzw. Auszahlungen/Aufwände:

- Gemeindeanteil an der Einkommensteuer
- Gemeindeanteil an der Umsatzsteuer
- Gewerbesteuer (brutto)
- Grundsteuer A und B
- Sonstige Steuern und ähnliche Einzahlungen
- Schlüsselzuweisungen an Gemeinden, Kreise und Landschaftsverbände
- Landschaftsverbands- und Kreisumlage
- Sozialtransferaufwendungen (soweit eine Berechnung der individuellen Wachstumsraten möglich ist)

Die Ermittlung der Wachstumsraten zur Berechnung der Plandaten erfolgt in Anlehnung an die Berechnung eines geometrischen Mittels. Grundlage sind die tatsächlichen Einzahlungen/Erträge bzw. Auszahlungen/Aufwände der jeweiligen Kommune über einen Zeitraum der letzten zehn Jahre. Die Einzelheiten des Rechenweges einschließlich einer Beispielrechnung sind als **Anlage 1** beigefügt.

Die Plandaten für die folgenden Auszahlungs- bzw. Aufwandsarten sind entsprechend den Vorgaben der Orientierungsdaten für das letzte Jahr des Orientierungsdatenzeitraums fortzuschreiben:

- Personalaufwendungen
- Aufwendungen für Sach- und Dienstleistungen
- Sozialtransferaufwendungen (soweit keine Berechnung der individuellen Wachstumsraten möglich ist)

Dieser Wert ist in den Folgejahren der Haushaltsplanung als Wachstumsrate zu Grunde zu legen.

Bei den Personalaufwendungen und den Sach- und Dienstleistungen stellen die Orientierungsdaten keine Prognose, sondern einen Zielwert dar, der gerade von Stärkungspaktgemeinden noch unterschritten werden sollte. Das bedeutet, dass dieser Wert nicht einfach der Planung zugrunde gelegt und fortgeschrieben werden darf, sondern dass Anstrengungen ergriffen werden müssen, diesen Wert tatsächlich zu erreichen. Die hierzu erforderlichen Konsolidierungsmaßnahmen müssen im Haushaltssanierungsplan oder im Haushaltssicherungskonzept nachvollziehbar dargestellt sein.

Abweichungen von den o.g. Wachstumsraten sind mit Rücksicht auf örtliche Besonderheiten (analog zum entsprechenden Hinweis im jeweils aktuellen Orientierungsdatenerlass) möglich, soweit diese von der Kommune nachvollziehbar dargelegt werden. Sofern Wachstumsraten mathematisch ermittelt werden, die unter Berücksichtigung der Erfahrungen der Vorjahre zweifelhaft erscheinen, ist ebenfalls eine entsprechende Anpassung vorzunehmen und nachvollziehbar zu begründen.

Die Wachstumsraten sind jährlich auf der Grundlage der aktuellen Daten anzupassen bzw. fortzuschreiben.

Für die Haushaltssanierungsplanung ergibt sich eine Besonderheit lediglich aus § 6 Abs. 2 Nr. 2 des Stärkungspaktgesetzes; danach ist dem Haushaltssanierungsplan nach dem erstmaligen Erreichen des Haushaltsausgleichs ein degressiver Abbau der Konsolidierungshilfe zu Grunde zu legen.

Ich gehe davon aus, dass die an der Konsolidierungshilfe teilnehmenden Gemeinden, die bei der Aufstellung der Haushaltssanierungspläne von der GPA oder von Dritten beraten werden, Ihnen das erzielte Beratungsergebnis vollständig zur Kenntnis geben.

4 Berichtspflichten nach dem Stärkungspaktgesetz

Gemäß § 7 Absatz 1 Satz 2 Stärkungspaktgesetz ist der Bürgermeister der Gemeinde verpflichtet, der Bezirksregierung zu den in der Norm festgelegten Stichtagen zum Stand der Umsetzung des Haushaltssanierungsplans zu berichten. Die Berichte sind wie folgt zu erstatten:

- der "jährlich mit der Haushaltssatzung mit ihren Anlagen spätestens einen Monat vor Beginn des Haushaltsjahres" vorzulegende Bericht hat den Stand der Umsetzung des Haushaltssanierungsplans zum 30. September darzustellen und ist spätestens am 1. Dezember vorzulegen. Dabei sind zusätzlich die beigefügten Muster zu verwenden (vgl. **Anlage 2, Muster 1 und 2**);
- der "im laufenden Haushaltsjahr zum 30. Juni" vorzulegende Bericht ist mit dem Stand 30. Juni der Bezirksregierung bis spätestens zum 31. Juli vorzulegen; dieser Bericht ist eine Grundlage für den gemäß § 7 Absatz 2 Stärkungspaktgesetz vorzulegenden Bericht der Bezirksregierung an das Ministerium für Inneres und Kommunales;
- der zum 15. April des Folgejahres mit dem vom Bürgermeister bestätigten Entwurf des Jahresabschlusses vorzulegende Bericht enthält neben Ausführungen zur aktuellen Entwicklung bis zum 31. März insbesondere eine Darstellung der Umsetzung des Haushaltssanierungsplans im Vorjahr. Dabei sind zusätzlich die beigefügten Muster zu verwenden (vgl. **Anlage 2, Muster 3 und 4**).

Die Bezirksregierungen stellen den Gemeinden die Muster in elektronischer Form zur Verfügung. Diese Muster sind den Bezirksregierungen mit dem Bericht ausgefüllt in elektronischer Form zu übermitteln.

Weitere Einzelheiten zu den Berichten klärt die Bezirksregierung mit der Gemeinde im Einzelfall.

5 Vorläufige Haushaltsführung

Mit der Verlängerung der Frist des § 76 Absatz 2 GO NRW wurde die Voraussetzung geschaffen, dass jede haushaltssicherungspflichtige Kommune grundsätzlich in der Lage ist, ein genehmigungsfähiges Haushaltssicherungskonzept aufzustellen. Gelingt dies einer Kommune nicht, so gilt für ihre Haushaltsführung § 82 GO NRW. Von der Anwendung dieser Vorschrift können die Aufsichtsbehörden angesichts der äußerst bedrohlichen Lage, in der sich die Haushaltswirtschaft der Kommune befindet, auch nicht unter Opportunitätsgesichtspunkten absehen.

Anhang 32 Haushaltssicherung / Haushaltssanierung NRW

Anlage 1 zum Erlass des MIK vom 7.3.2013

Ermittlung der Wachstumsraten

hier: Rechenweg / Beispielrechnung

Rechenweg:

Die Berechnung des Mittelwerts der Wachstumsraten soll in folgenden Schritten erfolgen:

1. Bildung eines Mittelwertes jeweils aus den fünf höchsten (M1) und den fünf niedrigsten Werten (M2) aus dem 10-Jahres-Zeitraum.
2. Errechnung des geometrischen Mittelwertes für die Wachstumsraten

$$(\sqrt[9]{M1/M2} - 1)$$

Beispielrechnung:

2001	2002	2003	2004	2005	2006	2007	2008	2009	2010
100	110	90	90	105	130	125	110	130	140

Mittelwert

M1 = (110+125+130+130+140)/5 = 127

M2 = (90+90+100+105+110)/5 = 99

$\sqrt[9]{127/99} - 1 = 0{,}028$

Wachstumsrate = 2,8 %

Anhang 32 Haushaltssicherung / Haushaltssanierung NRW

Sanierungsplan (konsolidierte Daten aus Haushaltsplan und HSP) (Muster 1)
Ergebnisplanung 2012 bis 2021 (auf volle 100 Euro gerundet)

	Ergebnisplan Ertrags- und Aufwandsarten	2012 (EUR)	2013 (EUR)	2014 (EUR)	2015 (EUR)	2016 (EUR)	2017 (EUR)	2018 (EUR)	2019 (EUR)	2020 (EUR)	2021 (EUR)	Bemerkungen
01	Steuern und ähnliche Abgaben											
02	+ Zuwendungen und allg. Umlagen											
	davon Konsolidierungshilfe Stärkungspakt											
	davon Schlüsselzuweisungen											
03	+ Sonstige Transfererträge											
04	+ Öffentlich-rechtliche Leistungsentgelte											
05	+ Privatrechtliche Leistungsentgelte											
06	+ Kostenerstattungen und Kostenumlagen											
07	+ Sonstige ordentliche Erträge											
08	+ Aktivierte Eigenleistungen											
09	+/- Bestandsveränderungen											
10	= **Ordentliche Erträge**											
11	- Personalaufwendungen											
12	- Versorgungsaufwendungen											
13	- Aufwendungen für Sach- / Dienstleistungen											
14	- Bilanzielle Abschreibungen											
15	- Transferaufwendungen											
16	- Sonst. ordentliche Aufwendungen											
17	= **Ordentliche Aufwendungen**											
18	= **Ordentliches Ergebnis**											
19	+ Finanzerträge											
20	- Zinsen und sonstige Finanzaufwendungen											
21	= **Finanzergebnis**											
22	= **Ergebnis der laufenden Verwaltungstätigkeit**											
23	+ Außerordentliche Erträge											
24	- Außerordentliche Aufwendungen											
25	= **Außerordentliches Ergebnis**											
26	= **Jahresergebnis**											
	Höhe des Eigenkapitals (Stand: 31.12.)											

Anlage 2 zum Erlass des MIK vom 07.03.2013
Muster 1

Anhang 32 Haushaltssicherung / Haushaltssanierung NRW

HSP-Maßnahmenübersicht (Muster 2)

Nr.	HSP-Maßnahme (Bezeichnung)	sofern HSP-Maßnahme personalrelevant: Gesamtpotential bis 2021 (verrechnete Vollzeitstellen)	HSP-Ziel* 2012 (EUR)	HSP-Ziel* 2013 (EUR)	HSP-Ziel* 2014 (EUR)	HSP-Ziel* 2015 (EUR)	HSP-Ziel* 2016 (EUR)	HSP-Ziel* 2017 (EUR)	HSP-Ziel* 2018 (EUR)	HSP-Ziel* 2019 (EUR)	HSP-Ziel* 2020 (EUR)	HSP-Ziel* 2021 (EUR)	Bemerkung

* HSP-Ziel: Betrag der Nettokonsolidierung der jeweiligen Konsolidierungsmaßnahme

Anlage 2 zum Erlass des MIK vom 07.03.2013
Muster 2

Anhang 32 Haushaltssicherung / Haushaltssanierung NRW

Haushaltscontrolling (Muster 3: Beispiel für 2012)

	Ergebnisplan Ertrags- und Aufwandsarten	Plan 2012 (EUR)	IST 31.12. (EUR)	Bemerkungen
01		Steuern und ähnliche Abgaben			
02	+	Zuwendungen und allgemeine Umlagen *davon Konsolidierungshilfe Stärkungspakt* *davon Schlüsselzuweisungen*			
03	+	Sonstige Transfererträge			
04	+	Öffentlich-rechtliche Leistungsentgelte			
05	+	Privatrechtliche Leistungsentgelte			
06	+	Kostenerstattungen und Kostenumlagen			
07	+	Sonstige ordentliche Erträge			
08	+	Aktivierte Eigenleistungen			
09	+/-	Bestandsveränderungen			
10	=	**Ordentliche Erträge**			
11	-	Personalaufwendungen			
12	-	Versorgungsaufwendungen			
13	-	Aufwendungen für Sach- / Dienstleistungen			
14	-	Bilanzielle Abschreibungen			
15	-	Transferaufwendungen			
16	-	Sonst. ordentliche Aufwendungen			
17	=	**Ordentliche Aufwendungen**			
18	=	**Ordentliches Ergebnis**			
19	+	Finanzerträge			
20	-	Zinsen und sonstige Finanzaufwendungen			
21	=	**Finanzergebnis**			
22	=	**Ergebnis der laufenden Verwaltungstätigkeit**			
23	+	Außerordentliche Erträge			
24	-	Außerordentliche Aufwendungen			
25	=	**Außerordentliches Ergebnis**			
26	=	**Jahresergebnis**			
		Höhe des Eigenkapitals (Stand: 31.12.)			

Anlage 2 zum Erlass des MIK vom 07.03.2013
Muster 3

Anhang 32 Haushaltssicherung / Haushaltssanierung NRW

Nr.	HSP-Maßnahme (Bezeichnung)	HSP-Ziel* 2012 (EUR)	IST 31.12.2012 (EUR)	Bemerkung

HSP-Controlling (beispielhaft für das Jahr 2012) (Muster 4)

* HSP-Ziel: Betrag der Nettokonsolidierung der jeweiligen Konsolidierungsmaßnahme

Anlage 2 zum Erlass des MIK vom 07.03.2013
Muster 4

Gesetz
zur Unterstützung der kommunalen Haushaltskonsolidierung im Rahmen des Stärkungspakts Stadtfinanzen (Stärkungspaktgesetz NRW)

vom 09.12.2011 (GV. NRW. S. 662),
zuletzt geändert durch Gesetz vom 14.04.2020 (GV. NRW. S. 218b)

§ 1
Ziel des Gesetzes

Das Land stellt in den Jahren 2011 bis 2022 Gemeinden in einer besonders schwierigen Haushaltssituation Konsolidierungshilfen zur Verfügung. Die Kommunen beteiligen sich an der Finanzierung der Konsolidierungshilfen. Ziel ist es, den Gemeinden in einer besonders schwierigen Haushaltssituation den nachhaltigen Haushaltsausgleich zu ermöglichen.

§ 2
Umfang und Finanzierung der Konsolidierungshilfen

(1) In den Jahren 2011 bis 2020 werden jeweils 350 000 000 Euro pro Jahr bereit gestellt.

(2) Zusätzlich werden 65 000 000 Euro im Jahr 2012, 115 000 000 Euro im Jahr 2013, jeweils 296 578 000 Euro in den Jahren 2014 bis 2017, 174 789 000 Euro im Jahr 2018, 144 789 000 Euro im Jahr 2019 und 20 789 000 Euro im Jahr 2020 bereit gestellt (Komplementärmittel).

(3) Die Kommunen erbringen die Komplementärmittel gemäß Absatz 2. In den Jahren 2014 und 2015 trägt der Landeshaushalt jeweils 90 789 000 Euro und in den Jahren 2016 bis 2020 jeweils 20 789 000 Euro des für diese Jahre vorgesehenen Betrages. Die Kommunen beteiligen sich an der Finanzierung der Konsolidierungshilfen durch einen Abzug bei der Finanzausgleichsmasse der Gemeindefinanzierungsgesetze in Höhe von 65 000 000 Euro im Jahr 2012, jeweils 115 000 000 Euro in den Jahren 2013 bis 2015 und jeweils 185 000 000 Euro in den Jahren 2016 und 2017, 154 000 000 Euro im Jahr 2018 und 124 000 000 Euro im Jahr 2019. Die weiteren Komplementärmittel in Höhe von 90 789 000 Euro in den Jahren 2014 bis 2017 werden durch eine Solidaritätsumlage erbracht.

(4) Die Solidaritätsumlage in Höhe von 90 789 000 Euro in den Jahren 2014 bis 2017 erbringen Gemeinden bei denen nach Maßgabe der jeweiligen Gemeindefinanzierungsgesetze die Steuerkraftmesszahl die Ausgangsmesszahl im aktuellen Jahr übersteigt und in mindestens zwei der vier vorangegangenen Jahre überstiegen hat. Die Höhe des Anteils an der Solidaritätsumlage für die jeweilige Gemeinde bestimmt sich nach einem jährlich zu errechnenden Prozentsatz des Betrages, um den die Steuerkraftmesszahl die Ausgangsmesszahl im aktuellen Jahr übersteigt (überschießende Steuerkraft). Der jährlich zu errechnende Prozentsatz ergibt sich aus dem Verhältnis des Betrages der Solidaritätsumlage zu der Summe der überschießenden Steuerkraft aller Gemeinden nach Satz 1. Der Prozentsatz beträgt maximal 25 Prozent und wird durch das für Kommunales zuständige Ministerium bekanntgegeben. Soweit 25 Prozent in den Jahren 2014 bis 2017 nicht ausreichen, um die Solidaritätsumlage zu erbringen, wird der fehlende Betrag aus dem Landeshaushalt aufgestockt. Gemeinden, die nach § 3 oder § 4 am Stärkungspakt teilnehmen, werden nicht zur Solidaritätsumlage herangezogen.

(5) Die Solidaritätsumlage gemäß Absatz 4 wird mit je einem Viertel zu den in der jeweils geltenden Verordnung über die Aufteilung und Auszahlung des Gemeindeanteils an der Einkommensteuer und die Abführung der Gewerbesteuerumlage genannten Terminen für die Abschlagszahlungen fällig. Sie kann mit Zahlungen des Landes verrechnet werden.

(6) Muss eine Gemeinde in drei aufeinander folgenden Jahren für die Solidaritätsumlage und die allgemeine Kreisumlage mehr als 90 Prozent ihrer Einnahmen aus der Gewerbesteuer abzüglich der Gewerbsteuerumlage zuzüglich der Grundsteuer A und B, ihres Anteils an der Einkommensteuer sowie der den Gemeinden nach dem jeweils geltenden Gemeindefinanzierungsgesetz zufließenden sonstigen Kompensationsleistungen und ihres Anteils an der Umsatzsteuer aufbringen, wird ihr der im dritten Jahr die 90 Prozent übersteigende Betrag bis zur Höhe ihres Anteils an der Solidaritätsumlage auf Antrag erstattet. Die Voraussetzungen nach Satz 1 sind im Antrag nachzuweisen. Er ist bis zum 30. Juni des Folgejahres bei der nach § 10 Absatz 2 zuständigen Bezirksregierung zu stellen.

(7) Für Leistungen der Gemeindeprüfungsanstalt gemäß § 9 werden ab dem Jahr 2012 bis zum Jahr 2020 jährlich vorab 4 200 000 Euro und zur Unterstützung der Tätigkeit der Bezirksregierungen gemäß §§ 5 bis 8 sowie ihrer weiteren Tätigkeiten im Rahmen der Begleitung der Haushaltskonsolidierung von Gemeinden in einer besonders schwierigen Haushaltssituation jährlich vorab 800 000 Euro aus den Mitteln gemäß Absatz 1 entnommen.

(8) In den Jahren 2017 bis 2022 werden aus den Mitteln, die für den Haushaltsausgleich der gemäß § 3 und § 4 teilnehmenden Gemeinden gemäß § 6 Absatz 2 Satz 2 Nummer 2 Satz 2 nicht mehr benötigt werden, weiteren Gemeinden Konsolidierungshilfen nach Maßgabe von § 12 zur Verfügung gestellt.

(9) Ab dem Jahr 2018 dürfen die gemäß Absatz 1 bereitgestellten Mittel auch zur Gewährung der jährlichen Unterstützung für die auf Antrag teilnehmenden Gemeinden in Anspruch genommen werden, soweit die gemäß Absatz 2 in Verbindung mit § 4 Absatz 1 und § 5 Absatz 2 Satz 1 zur Verfügung gestellten Mittel hierfür nicht ausreichen.

§ 3
Pflichtige Teilnahme

Ab dem Jahr 2011 unterstützt das Land mit 350 000 000 Euro (§ 2 Absatz 1) abzüglich der Mittel gemäß § 2 Absatz 7 die Haushaltskonsolidierung der Gemeinden, aus deren Haushaltssatzung mit ihren Anlagen für das Jahr 2010 sich im Jahr 2010 oder in der mittelfristigen Ergebnisplanung für die Jahre 2011 bis 2013 eine Überschuldungssituation ergibt. § 2 Absatz 9 bleibt unberührt. Für diese Gemeinden ist die Teilnahme an der Konsolidierungshilfe verpflichtend (pflichtig teilnehmende Gemeinden).

§ 4
Freiwillige Teilnahme

(1) Ab dem Jahr 2012 stellt das Land die Mittel gemäß § 2 Absatz 2 als Konsolidierungshilfe für Gemeinden zur Verfügung, deren Haushaltsdaten des Jahres 2010 den Eintritt der Überschuldung in den Jahren 2014 bis 2016 erwarten lassen. § 2 Absatz 9 bleibt unberührt.

(2) Gemeinden, die die Voraussetzung gemäß Absatz 1 erfüllen, können eine Konsolidierungshilfe bis zum 31. März 2012 bei der Bezirksregierung beantragen (auf Antrag teilnehmende Gemeinden). Der Antrag kann bis zur Bekanntgabe der Entscheidung zurückgenommen werden.

(3) Falls die ab dem Jahr 2014 gemäß § 2 Absatz 2 jährlich zur Verfügung stehenden Mittel nicht ausreichen, um allen Gemeinden, die eine Teilnahme beantragt haben, ab dem Jahr 2014 eine Konsolidierungshilfe nach Maßgabe des § 5 Absatz 2 Satz 1 zu gewähren, ist die Zahl der auf Antrag teilnehmenden Gemeinden von Anfang an entsprechend zu begrenzen.

(4) Auf Antrag teilnehmende Gemeinden unterliegen den gleichen Verpflichtungen wie pflichtig teilnehmende Gemeinden, soweit dieses Gesetz nichts anderes bestimmt.

§ 5
Höhe, Auszahlung und Verwendung der Konsolidierungshilfe

(1) Für jede pflichtig teilnehmende Gemeinde wird eine jährliche Unterstützung in Höhe von 25,89 Euro je Einwohner als Grundbetrag gewährt. Über Satz 1 hinaus richtet sich der Anteil der einzelnen pflichtig teilnehmenden Gemeinde an den gemäß Satz 1 verminderten Mitteln gemäß § 2 Absatz 1 in Verbindung mit § 2 Absatz 7 nach ihrem Anteil an der strukturellen Lücke zuzüglich der Zinslast aus Liquiditätskrediten aller pflichtig teilnehmenden Gemeinden nach Maßgabe der Anlage zu diesem Gesetz. Als Einwohnerzahl gilt die vom Landesbetrieb Information und Technik Nordrhein-Westfalen fortgeschriebene Bevölkerungszahl zum Stichtag 31. Dezember 2010.

(2) Ab dem Jahr 2014 erhalten die auf Antrag teilnehmenden Gemeinden eine jährliche Unterstützung in Höhe von 25,89 Euro je Einwohner als Grundbetrag und darüber hinaus den gleichen Prozentsatz der strukturellen Lücke zuzüglich der Zinslast aus Liquiditätskrediten nach Maßgabe der Anlage zu diesem Gesetz als Konsolidierungshilfe, den die pflichtig teilnehmenden Gemeinden im Jahr 2014 erhalten. In den Jahren 2012 und 2013 richtet sich der Anteil der einzelnen auf Antrag teilnehmenden Gemeinde an der Konsolidierungshilfe nach dem Verhältnis zwischen den in 2012 und 2013 zur Verfügung stehenden Komplementärmitteln zu den Komplementärmitteln im Jahr 2014 gemäß § 2 Absatz 2. Der Prozentsatz gemäß Satz 1 darf auch in den Jahren 2012 und 2013 nicht überschritten werden.

(3) Die Auszahlung der Mittel für das Jahr 2011 erfolgt nach Inkrafttreten dieses Gesetzes und ab dem Jahr 2012 zum 1. Oktober jeden Jahres. Zahlungsvoraussetzung ist für die pflichtig teilnehmenden Gemeinden ab dem Jahr 2012 und für die auf Antrag teilnehmenden Gemeinden ab dem Jahr 2013 die Einhaltung des Haushaltssanierungsplans gemäß § 6. Die Auszahlung kann zu einem späteren Zeitpunkt erfolgen, wenn die Zahlungsvoraussetzung erst dann vorliegt.

(4) Benötigt die Gemeinde in einem Jahr die zur Verfügung gestellten Mittel nicht in voller Höhe, um das jahresbezogene Konsolidierungsziel zu erreichen, sind diese Mittel zur Reduzierung von Liquiditätskrediten zu verwenden. Die Konsolidierungshilfe kann von der Bezirksregierung mit Wirkung für die Zukunft reduziert werden, soweit sie zum Haushaltsausgleich nicht mehr benötigt wird.

§ 6
Haushaltssanierungsplan

(1) Die pflichtig teilnehmenden Gemeinden müssen der Bezirksregierung bis zum 30. Juni 2012 einen vom Rat beschlossenen Haushaltssanierungsplan vorlegen. Die auf Antrag teilnehmenden Gemeinden legen den vom Rat beschlossenen Haushaltssanierungsplan bis zum 30. September 2012 vor.

(2) Der Haushaltssanierungsplan bedarf der Genehmigung der Bezirksregierung. Die Genehmigung kann nur unter folgenden Voraussetzungen erteilt werden:

1. Im Haushaltssanierungsplan wird der Haushaltsausgleich gemäß § 75 Absatz 2 Satz 1 und 2 der Gemeindeordnung für das Land Nordrhein-Westfalen unter Einbeziehung der Konsolidierungshilfe zum nächstmöglichen Zeitpunkt und von diesem Zeitpunkt an jährlich, bei pflichtig teilnehmenden Gemeinden in der Regel spätestens ab dem Jahr 2016 und bei auf Antrag teilnehmenden Gemeinden in der Regel spätestens ab dem Jahr 2018, erreicht. Der Haushaltssanierungsplan muss das Erreichen des Haushaltsausgleichs in gleichmäßigen jährlichen Schritten darstellen. Eine Darstellung in unterschiedlich großen jährlichen Schritten ist zulässig, sofern die Bezirksregierung zustimmt. Die zum Erreichen der jährlichen Schritte notwendigen Teilziele werden im Haushaltssanierungsplan als Meilensteine dargestellt.

2. Nach dem Haushaltssanierungsplan wird der Haushaltsausgleich spätestens im Jahr 2021 ohne Konsolidierungshilfe erreicht. Die jährlichen Konsolidierungsschritte müssen nach erstmaligem Erreichen des Haushaltsausgleichs einen degressiven Abbau der zum Haushaltsausgleich erforderlichen Konsolidierungshilfe vorsehen.

3. Sämtliche möglichen Konsolidierungsbeiträge der verselbständigten Aufgabenbereiche der Gemeinde in öffentlich-rechtlicher oder privatrechtlicher Form werden geprüft und in den Haushaltssanierungsplan mit einbezogen.

(3) Der Haushaltssanierungsplan ist jährlich fortzuschreiben und der Bezirksregierung spätestens am 1. Dezember vor Beginn des Haushaltsjahres zur Genehmigung vorzulegen.

(4) Der genehmigte Haushaltssanierungsplan tritt an die Stelle des Haushaltssicherungskonzepts und des individuellen Haushaltssanierungskonzepts nach § 76 der Gemeindeordnung für das Land Nordrhein-Westfalen. Die Vorschriften über das Haushaltssicherungskonzept gelten für den Haushaltssanierungsplan entsprechend, soweit dieses Gesetz keine abweichenden Regelungen trifft.

§ 7
Überwachung des Haushaltssanierungsplans und Berichtspflichten

(1) Die Einhaltung des Haushaltssanierungsplans wird von der Bezirksregierung überwacht. Der Bürgermeister der Gemeinde ist verpflichtet, der Bezirksregierung jährlich mit der Haushaltssatzung mit ihren Anlagen spätestens einen Monat vor Beginn des Haushaltsjahres, im laufenden Haushaltsjahr zum 30. Juni und zum 15. April des Folgejahres mit dem bestätigten Jahresabschluss jeweils einen Bericht zum Stand der Umsetzung des Haushaltssanierungsplans vorzulegen.

(2) Die Bezirksregierung legt dem für Kommunales zuständigen Ministerium jährlich zum Stand 30. Juni einen Bericht über die Einhaltung des Haushaltssanierungsplans vor.

(3) Die Berichtspflicht der am Stärkungspakt teilnehmenden Kommunen zum 15. April 2020 beschränkt sich abweichend von Absatz 1 Satz 2 auf den bestätigten Jahresabschluss für das Haushaltsjahr 2019; dieser Berichtspflicht kann auch bis zum 30. Juni 2020 nachgekommen werden. Abweichend von Absatz 1 Satz 2 ist im Jahr 2020 der Bericht zum Stand der Umsetzung des Haushaltssanierungsplans bis zum 30. September bei der Bezirksregierung vorzulegen. Der Bericht der Bezirksregierung über die Einhaltung des Haushaltssanierungsplans gemäß Absatz 2 ist zum Stand 30. September 2020 dem für Kommunales zuständigen Ministerium vorzulegen.

§ 8
Folgen von Pflichtverstößen

(1) Kommt die Gemeinde ihrer Pflicht zur Vorlage des Haushaltssanierungsplans nicht nach, weicht sie vom Haushaltssanierungsplan ab oder werden dessen Ziele aus anderen Gründen nicht erreicht, setzt die Bezirksregierung der Gemeinde eine angemessene Frist, in deren Lauf die Maßnahmen zu treffen sind, die notwendig sind, um die Vorgaben dieses Gesetzes und die Ziele des Haushaltssanierungsplans einzuhalten. Sofern die Gemeinde diese Maßnahmen innerhalb der gesetzten Frist nicht ergreift, ist durch das für Kommunales zuständige Ministerium ein Beauftragter gemäß § 124 der Gemeindeordnung für das Land Nordrhein-Westfalen zu bestellen.

(2) Bei nicht absehbaren und von der Gemeinde nicht zu beeinflussenden erheblichen Veränderungen der finanziellen Situation der Gemeinde kann die Bezirksregierung eine Anpassung des Haushaltssanierungsplans genehmigen.

§ 9
Unterstützung durch die Gemeindeprüfungsanstalt

Die teilnehmenden Gemeinden können sich bei der Erarbeitung und Umsetzung des Haushaltssanierungsplans von der Gemeindeprüfungsanstalt Nordrhein-Westfalen unterstützen lassen.

§ 10
Verfahren und Zuständigkeit

(1) Die Bezirksregierung setzt durch Verwaltungsakt
1. die pflichtig und die auf Antrag teilnehmenden Gemeinden,
2. die Höhe der jährlichen Konsolidierungshilfe fest,
3. die Höhe der von der Gemeinde zu zahlenden Solidaritätsumlage und
4. die Entscheidung über den Antrag gemäß § 2 Absatz 6 fest.

(2) Zuständig ist die örtlich zuständige Bezirksregierung.

(3) Rechtsbehelfe gegen die Festsetzung der Solidaritätsumlage haben keine aufschiebende Wirkung.

§ 11
Bewirtschaftung der Mittel

Die Bewirtschaftung der Mittel nach diesem Gesetz regelt das für Kommunales zuständige Ministerium im Einvernehmen mit dem für Finanzen zuständigen Ministerium.

§ 12
Dritte Stufe Stärkungspakt

(1) Ab dem Jahr 2017 wird der Kreis der am Stärkungspakt teilnehmenden Gemeinden einmalig erweitert (dritte Stufe des Stärkungspaktes). Für diesen Teilnehmerkreis wird letztmalig im Jahr 2022 eine Konsolidierungshilfe ausgezahlt. Zur Finanzierung der dritten Stufe stellt das Land die Mittel gemäß § 2 Absatz 8 zur Verfügung. Falls diese Mittel zur Finanzierung der dritten Stufe zunächst nicht ausreichen, wird der Stärkungspaktfonds den fehlenden Betrag durch Kredite bis zur Höhe von insgesamt 150 000 000 Euro vorfinanzieren. Die Zins- und Tilgungsleistungen für den vorfinanzierten Betrag werden aus den Mitteln erbracht, die für den Haushaltsausgleich der gemäß § 3 und § 4 teilnehmenden Gemeinden gemäß § 6 Absatz 2 Satz 2 Nummer 2 Satz 2 nicht mehr benötigt werden.

(2) Die Mittel nach Absatz 1 werden Gemeinden zur Verfügung gestellt, aus deren Jahresabschluss 2014 oder Haushaltssatzung 2015 mit ihren Anlagen sich eine Überschuldung ergibt. Ergibt sich die Überschuldung aus der Haushaltssatzung 2015 mit ihren Anlagen, muss sie im Jahr 2015 auch tatsächlich eingetreten sein.

(3) Gemeinden, die die Voraussetzung nach Absatz 2 erfüllen, können eine Konsolidierungshilfe bis zum 31. Januar 2017 bei der Bezirksregierung beantragen (Teilnehmer der dritten Stufe). Eine Teilnahme setzt voraus, dass der Bezirksregierung mit dem Antrag die vom Rat festgestellten Jahresabschlüsse 2013 und 2014 vorgelegt werden. Der Antrag kann bis zur Bekanntgabe der Entscheidung zurückgenommen werden. Die Teilnehmer der dritten Stufe unterliegen den gleichen Verpflichtungen wie die bisher teilnehmenden Gemeinden, soweit dieses Gesetz nichts anderes bestimmt.

(4) Ab dem Jahr 2017 erhalten die Teilnehmer der dritten Stufe eine jährliche Unterstützung in Höhe von 25,89 Euro je Einwohner als Grundbetrag und darüber hinaus 29,38 Prozent des durchschnittlichen Ergebnisses der laufenden Verwaltungstätigkeit ihrer Jahresabschlüsse 2013 und 2014.

(5) Die Auszahlung der Mittel erfolgt zum 1. Oktober jeden Jahres. Zahlungsvoraussetzung ist die Einhaltung des Haushaltssanierungsplans. Die Auszahlung kann zu einem späteren Zeitpunkt erfolgen, wenn die Zahlungsvoraussetzung erst dann vorliegt. Letztmalig ist eine Auszahlung im Dezember 2022 möglich. Die Auszahlungsvoraussetzungen müssen von der Gemeinde bis spätestens zum 1. Dezember 2022 gegenüber der Bezirksregierung nachgewiesen worden sein. § 5 Absatz 4 findet Anwendung.

(6) Die Teilnehmer der dritten Stufe müssen der Bezirksregierung bis zum 30. Juni 2017 einen vom Rat beschlossenen Haushaltssanierungsplan vorlegen. Der Haushaltssanierungsplan bedarf der Genehmigung der Bezirksregierung. Die Genehmigung kann nur erteilt werden, wenn die Gemeinde nach dem Haushaltssanierungsplan den Haushaltsausgleich gemäß § 75 Absatz 2 Satz 1 und 2 der Gemeindeordnung für das Land Nordrhein-Westfalen unter Einbeziehung der für das jeweilige Haushaltsjahr gezahlten Konsolidierungshilfe spätestens ab dem Jahr 2020 erreicht. § 6 Absatz 2 Satz 2 Nummer 1 Satz 2 bis 4 und Nummer 2 Satz 2 finden Anwendung. Spätestens im Jahr 2023 muss der Haushalt nach dem Haushaltssanierungsplan ohne Konsolidierungshilfe ausgeglichen sein. § 6 Absatz 2 Satz 2 Nummer 3 und Absatz 3 und 4 finden Anwendung.

(7) Im Übrigen finden die §§ 7 bis 11 Anwendung.

§ 12a
Sonderregelung für das Haushaltsjahr 2020 aus Anlass der COVID-19-Pandemie

Abweichend von § 5 Absatz 3 Satz 2 und von § 12 Absatz 5 erfolgt die Auszahlung der Mittel im Jahr 2020 zum 1. Oktober. In diesem Haushaltsjahr wird das Einhalten des Haushaltssanierungsplans unterstellt.

§ 13
Inkrafttreten, Berichtspflicht

Dieses Gesetz tritt mit Wirkung zum 1. Dezember 2011 in Kraft. Die Landesregierung überprüft für die gemäß § 3 und § 4 teilnehmenden Gemeinden bis zum Ablauf des Jahres 2016 die Auswirkungen dieses Gesetzes und unterrichtet den Landtag über das Ergebnis. Für die gemäß § 12 teilnehmenden Gemeinden wird zum 31. Dezember 2019 der bisherige Erfolg des Programms insbesondere im Hinblick auf die Zielerreichung gemeinsam mit den kommunalen Spitzenverbänden evaluiert.

Anhang 33 Stärkungspaktgesetz NRW

Anlage

Stadt/Gemeinde	strukturelle Lücke (-) / struktureller Überschuss (+) zzgl. Zinslast
Düsseldorf, kreisfreie Stadt	+ 217.549.422
Duisburg, kreisfreie Stadt	- 137.240.383
Essen, kreisfreie Stadt	- 256.177.104
Krefeld, kreisfreie Stadt	- 25.030.714
Mönchengladbach, kreisfreie Stadt	- 115.649.320
Mülheim a.d. Ruhr, kreisfreie Stadt	- 115.765.884
Oberhausen, kreisfreie Stadt	- 160.662.691
Remscheid, kreisfreie Stadt	- 50.459.992
Solingen, kreisfreie Stadt	- 60.547.688
Wuppertal, kreisfreie Stadt	- 173.442.161
Aachen, kreisfreie Stadt	- 16.671.085
Bonn, kreisfreie Stadt	- 153.517.231
Köln, kreisfreie Stadt	- 34.713.491
Leverkusen, kreisfreie Stadt	- 23.468.787
Bottrop, kreisfreie Stadt	- 28.668.434
Gelsenkirchen, kreisfreie Stadt	- 79.163.799
Münster (Westf.), kreisfreie Stadt	- 66.372.515
Bielefeld, kreisfreie Stadt	- 58.134.685
Bochum, kreisfreie Stadt	- 60.486.256
Dortmund, kreisfreie Stadt	- 227.103.562
Hagen, kreisfreie Stadt	- 105.876.959
Hamm, kreisfreie Stadt	- 47.823.212
Herne, kreisfreie Stadt	- 44.933.586
Bedburg-Hau	- 2.169.418
Emmerich, Stadt	- 4.707.238
Geldern, Stadt	- 457.374
Goch, Stadt	- 4.352.049
Issum	- 1.487.233
Kalkar, Stadt	- 426.463
Kerken	- 50.410
Kevelaer, Stadt	- 3.404.277
Kleve, Stadt	+ 2.299.786
Kranenburg	- 618.834
Rees, Stadt	- 453.846
Rheurdt	+ 60.271
Straelen, Stadt	+ 1.626.936
Uedem	- 138.055
Wachtendonk	- 257.766
Weeze	- 281.885
Erkrath, Stadt	- 5.879.490
Haan, Stadt	+ 1.287.368
Heiligenhaus, Stadt	- 10.420.960
Hilden, Stadt	+ 7.259.108
Langenfeld (Rhld.), Stadt	+ 4.756.238
Mettmann, Stadt	- 4.075.972
Monheim, Stadt	- 4.893.183
Ratingen, Stadt	+ 14.342.140
Velbert, Stadt	- 9.214.183
Wülfrath, Stadt	- 211.341
Dormagen, Stadt	- 4.714.981
Grevenbroich, Stadt	+ 5.078.267
Jüchen	- 1.765.735
Kaarst, Stadt	+ 418.735
Korschenbroich, Stadt	- 2.838.906
Meerbusch, Stadt	- 3.436.469
Neuss, Stadt	+ 20.399.560
Rommerskirchen	- 2.873.517
Brüggen	- 795.083
Grefrath	- 660.609
Kempen, Stadt	- 3.339.064
Nettetal, Stadt	- 84.892
Niederkrüchten	- 369.685
Schwalmtal	- 1.573.561
Tönisvorst, Stadt	+ 688.201
Viersen, Stadt	+ 2.598.539

Anlage

Stadt/Gemeinde	strukturelle Lücke (-) / struktureller Überschuss (+) zzgl. Zinslast
Willich, Stadt	- 5.939.103
Alpen	+ 414.671
Dinslaken, Stadt	- 4.312.332
Hamminkeln	- 81.884
Hünxe	- 593.875
Kamp-Lintfort, Stadt	- 4.287.536
Moers, Stadt	- 25.371.271
Neukirchen-Vluyn, Stadt	- 3.280.854
Rheinberg, Stadt	- 7.869.450
Schermbeck	- 588.715
Sonsbeck	+ 467.172
Voerde (Niederrhein), Stadt	- 532.129
Wesel, Stadt	- 8.274.026
Xanten, Stadt	- 1.551.212
Alsdorf, Stadt	- 2.429.274
Baesweiler, Stadt	+ 713.203
Eschweiler, Stadt	+ 154.231
Herzogenrath, Stadt	- 4.131.451
Monschau, Stadt	- 2.949.866
Roetgen	- 722.279
Simmerath	- 2.663.760
Stolberg (Rhld.), Stadt	- 11.601.630
Würselen, Stadt	- 6.800.989
Aldenhoven	- 1.500.545
Düren, Stadt	- 29.101.495
Heimbach, Stadt	- 1.853.752
Hürtgenwald	- 1.438.343
Inden	- 699.053
Jülich, Stadt	- 7.476.839
Kreuzau	- 352.271
Langerwehe	- 1.467.464
Linnich, Stadt	- 3.009.100
Merzenich	- 548.572
Nideggen, Stadt	- 1.584.055
Niederzier	+ 2.839.664
Nörvenich	- 1.186.754
Titz	- 1.049.601
Vettweiß	- 953.042
Bedburg, Stadt	- 1.395.582
Bergheim, Stadt	- 6.827.763
Brühl, Stadt	- 5.623.733
Elsdorf	- 820.121
Erftstadt, Stadt	- 10.451.367
Frechen, Stadt	+ 1.282.105
Hürth, Stadt	- 6.140.659
Kerpen, Stadt	- 15.734.305
Pulheim, Stadt	- 6.952.371
Wesseling, Stadt	+ 10.835.400
Bad Münstereifel, Stadt	- 1.537.162
Blankenheim	- 2.162.617
Dahlem	- 1.084.534
Euskirchen, Stadt	- 6.366.708
Hellenthal	- 1.092.759
Kall	- 1.270.834
Mechernich, Stadt	- 3.008.028
Nettersheim	- 1.875.431
Schleiden, Stadt	- 2.384.475
Weilerswist	- 2.038.749
Zülpich, Stadt	- 4.491.268
Erkelenz, Stadt	- 3.675.274
Gangelt	- 273.219
Geilenkirchen, Stadt	- 4.964.798
Heinsberg (Rhld.), Stadt	- 6.287.077
Hückelhoven, Stadt	- 9.805.585
Selfkant	- 379.781

Anhang 33 Stärkungspaktgesetz NRW

Anlage Stadt/Gemeinde	strukturelle Lücke (-) / struktureller Überschuss (+) zzgl. Zinslast
Übach-Palenberg, Stadt	- 3.520.354
Waldfeucht	- 3.227.665
Wassenberg, Stadt	- 4.379.604
Wegberg, Stadt	- 1.851.656
Bergneustadt, Stadt	- 3.607.450
Engelskirchen	- 1.931.225
Gummersbach, Stadt	- 3.955.432
Hückeswagen, Stadt	- 2.514.374
Lindlar	- 3.330.808
Marienheide	- 2.476.314
Morsbach	- 715.366
Nümbrecht	- 2.946.102
Radevormwald, Stadt	- 2.132.952
Reichshof	- 969.395
Waldbröl, Stadt	- 2.811.319
Wiehl, Stadt	+ 4.290.356
Wipperfürth, Stadt	- 218.8314
Bergisch Gladbach, Stadt	- 11.992.636
Burscheid, Stadt	- 2.602.651
Kürten	- 2.106.446
Leichlingen (Rhld.), Stadt	- 115.3179
Odenthal	+ 22.786
Overath	- 4.023.135
Rösrath	- 359.465
Wermelskirchen, Stadt	- 2.555.356
Alfter	- 3.021.422
Bad Honnef, Stadt	- 24.074
Bornheim, Stadt	- 3.167.020
Eitorf	+ 452.179
Hennef (Sieg), Stadt	- 7.432.609
Königswinter, Stadt	- 3.271.415
Lohmar	- 1.025.847
Meckenheim, Stadt	- 2.989.149
Much	- 999.195
Neunkirchen-Seelscheid	- 2.816.728
Niederkassel, Stadt	- 3.810.535
Rheinbach, Stadt	- 855.5333
Ruppichteroth	- 1.380.354
Sankt Augustin, Stadt	- 6.146.137
Siegburg, Stadt	- 15.602.105
Swisttal	- 350.120
Troisdorf, Stadt	- 4.483.077
Wachtberg	- 935.448
Windeck	- 2.391.388
Ahaus, Stadt	+ 5.431.806
Bocholt, Stadt	+ 7.269.209
Borken, Stadt	+ 5.826.501
Gescher, Stadt	+ 389.850
Gronau (Westf.), Stadt	- 10.378.426
Heek	+ 424.434
Heiden	- 231.387
Isselburg, Stadt	- 530.748
Legden	+ 579.639
Raesfeld	- 538.769
Reken	+ 682.952
Rhede, Stadt	- 308.119
Schöppingen	+ 1.059.464
Stadtlohn, Stadt	- 1.160.899
Südlohn	- 278.689
Velen	+ 4.561.156
Vreden, Stadt	+ 116.091
Ascheberg	+ 1.807.134
Billerbeck, Stadt	+ 247.842
Coesfeld, Stadt	+ 3.402.347
Dülmen, Stadt	+ 3.700.530
Havixbeck	+ 717.585

Anlage Stadt/Gemeinde	strukturelle Lücke (-) / struktureller Überschuss (+) zzgl. Zinslast
Lüdinghausen, Stadt	+ 2.235.438
Nordkirchen	+ 959.080
Nottuln	+ 2.013.027
Olfen, Stadt	+ 2.423.292
Rosendahl	+ 523.946
Senden	- 514.255
Castrop-Rauxel, Stadt	- 37.688.698
Datteln, Stadt	- 11.659.743
Dorsten, Stadt	- 17.861.749
Gladbeck, Stadt	- 24.886.804
Haltern, Stadt	- 10.665.321
Herten, Stadt	- 33.068.283
Marl, Stadt	- 24.567.093
Oer-Erkenschwick, Stadt	+ 9.843.380
Recklinghausen, Stadt	- 36.451.625
Waltrop, Stadt	- 8.468.491
Altenberge	- 1.305.885
Emsdetten, Stadt	+ 873.443
Greven, Stadt	- 7.235.191
Hörstel, Stadt	- 2.009.557
Hopsten	+ 187.298
Horstmar, Stadt	- 604.408
Ibbenbüren, Stadt	- 927.914
Ladbergen	- 531.031
Laer	- 616.104
Lengerich, Stadt	- 1.079.124
Lienen	- 279.726
Lotte	- 1.324.983
Metelen	+ 84.040
Mettingen	+ 1.313.008
Neuenkirchen	+ 842.993
Nordwalde	+ 913.804
Ochtrup, Stadt	- 347.140
Recke	- 489.618
Rheine, Stadt	- 3.726.507
Saerbeck	- 508.657
Steinfurt, Stadt	- 1.358.688
Tecklenburg, Stadt	- 710.440
Westerkappeln	- 288.506
Wettringen	+ 426.759
Ahlen, Stadt	- 3.532.672
Beckum, Stadt	- 1.474.719
Beelen	+ 36.332
Drensteinfurt, Stadt	- 279.246
Ennigerloh, Stadt	- 1.453.354
Everswinkel	+ 1.278.935
Oelde, Stadt	+ 2.857.467
Ostbevern	- 70.330
Sassenberg, Stadt	+ 746.624
Sendenhorst, Stadt	- 882.504
Telgte, Stadt	- 15.635
Wadersloh	- 1.683.077
Warendorf, Stadt	- 706.184
Borgholzhausen, Stadt	+ 698.939
Gütersloh, Stadt	+ 8.297.501
Halle (Westf.), Stadt	+ 2.040.446
Harsewinkel, Stadt	+ 4.306.438
Herzebrock-Clarholz	+ 70.569
Langenberg	+ 939.829
Rheda-Wiedenbrück, Stadt	+ 8.577.947
Rietberg, Stadt	+ 116.216
Schloß Holte-Stukenbrock	+ 2.355.258
Steinhagen	+ 854.371
Verl	+ 7.734.462
Versmold, Stadt	- 1.213.880
Werther (Westf.), Stadt	+ 858.849

Anhang 33 Stärkungspaktgesetz NRW

Anlage Stadt/Gemeinde	strukturelle Lücke (-) / struktureller Überschuss (+) zzgl. Zinslast
Bünde, Stadt	- 4.105.077
Enger, Stadt	- 2.817.473
Herford, Stadt	- 6.777.767
Hiddenhausen	+ 49.667
Kirchlengern	- 1.421.897
Löhne, Stadt	- 4.894.073
Rödinghausen	- 271.996
Spenge, Stadt	- 3.189.898
Vlotho, Stadt	+ 310.966
Bad Driburg, Stadt	- 1.174.578
Beverungen, Stadt	- 1.648.625
Borgentreich, Stadt	- 436.623
Brakel, Stadt	+ 778.788
Höxter, Stadt	- 2.458.573
Marienmünster, Stadt	- 1.952
Nieheim, Stadt	- 302.047
Steinheim, Stadt	- 326.623
Warburg, Stadt	+ 1.059.786
Willebadessen, Stadt	- 324.109
Augustdorf	- 860.695
Bad Salzuflen, Stadt	- 8.533.386
Barntrup, Stadt	- 588.781
Blomberg, Stadt	+ 906.045
Detmold, Stadt	- 8.504.945
Dörentrup	- 543.236
Extertal	- 2.377.325
Horn-Bad Meinberg, Stadt	- 1.752.024
Kalletal	- 2.695.484
Lage, Stadt	- 5.810.838
Lemgo, Stadt	- 3.406.476
Leopoldshöhe	- 2.001.674
Lügde, Stadt	- 1.406.370
Oerlinghausen, Stadt	- 1.320.234
Schieder-Schwalenberg, Stadt	- 1.350.421
Schlangen	- 2.136.273
Bad Oeynhausen, Stadt	+ 2.234.855
Espelkamp, Stadt	+ 218.290
Hille	- 2.525.032
Hüllhorst	- 1.683.619
Lübbecke, Stadt	- 1.011.416
Minden, Stadt	- 14.345.808
Petershagen, Stadt	- 3.843.567
Porta Westfalica, Stadt	- 6.735.178
Preußisch Oldendorf, Stadt	- 3.586.473
Rahden, Stadt	+ 863.576
Stemwede	+ 830.156
Altenbeken	- 1.371.450
Bad Lippspringe, Stadt	+ 313.696
Borchen	+ 322.735
Büren, Stadt	+ 197.719
Delbrück, Stadt	+ 393.554
Hövelhof	- 208.965
Lichtenau, Stadt	- 857.043
Paderborn, Stadt	- 3.934.417
Salzkotten, Stadt	- 146.373
Wünnenberg, Stadt	+ 318.281
Breckerfeld, Stadt	- 630.898
Ennepetal, Stadt	+ 114.138
Gevelsberg, Stadt	- 278.416
Hattingen, Stadt	- 11.599.003
Herdecke, Stadt	- 3.751.164
Schwelm, Stadt	- 8.396.550
Sprockhövel, Stadt	+ 1.370.058
Wetter (Ruhr), Stadt	- 3.708.083
Witten, Stadt	- 15.726.944
Arnsberg, Stadt	- 22.356.504
Bestwig	- 93.032

Anlage Stadt/Gemeinde	strukturelle Lücke (-) / struktureller Überschuss (+) zzgl. Zinslast
Brilon, Stadt	- 1.256.400
Eslohe (Sauerland)	+ 228.017
Hallenberg, Stadt	- 616.782
Marsberg, Stadt	- 1.961.662
Medebach, Stadt	- 847.133
Meschede, Stadt	+ 627.767
Olsberg, Stadt	+ 1.533.020
Schmallenberg, Stadt	- 109.942
Sundern (Sauerland), Stadt	+ 97.617
Winterberg, Stadt	- 1.265.631
Altena, Stadt	- 5.652.042
Balve, Stadt	+ 688.553
Halver, Stadt	- 2.329.777
Hemer, Stadt	- 5.056.244
Herscheid	+ 108.537
Iserlohn, Stadt	+ 2.992.939
Kierspe, Stadt	- 606.364
Lüdenscheid, Stadt	- 11.689.964
Meinerzhagen, Stadt	- 3.407.590
Menden (Sauerland), Stadt	- 6.557.554
Nachrodt-Wiblingwerde	- 1.184.312
Neuenrade, Stadt	- 1.208.256
Plettenberg, Stadt	+ 2.472.962
Schalksmühle	- 18.757
Werdohl, Stadt	- 4.039.604
Attendorn, Stadt	+ 2.457.143
Drolshagen, Stadt	- 2.507.058
Finnentrop	+ 1.592.386
Kirchhundem	- 622.659
Lennestadt, Stadt	- 2.241.655
Olpe, Stadt	- 887.036
Wenden	- 242.377
Bad Berleburg, Stadt	- 3.695.754
Burbach	+ 3.812.994
Erndtebrück	- 342.764
Freudenberg, Stadt	- 2.154.842
Hilchenbach, Stadt	- 2.724.552
Kreuztal, Stadt	- 3.924.028
Bad Laasphe, Stadt	- 3.015.601
Netphen	- 2.310.897
Neunkirchen	+ 704.513
Siegen, Stadt	- 20.757.733
Wilnsdorf	+ 572.854
Anröchte	- 792.358
Bad Sassendorf	- 25.168
Ense	+ 1.275.353
Erwitte, Stadt	+ 2.501.963
Geseke, Stadt	+ 351.469
Lippetal	+ 1.159.898
Lippstadt, Stadt	+ 938.594
Möhnesee	+ 107.667
Rüthen, Stadt	- 1.752.757
Soest, Stadt	+ 2.910.466
Warstein, Stadt	+ 3.372.352
Welver	- 593.133
Werl, Stadt	- 4.168.867
Wickede (Ruhr)	+ 1.049.941
Bergkamen, Stadt	- 6.589.516
Bönen	- 4.415.853
Fröndenberg, Stadt	- 216.965
Holzwickede	- 1.665.046
Kamen, Stadt	- 9.782.123
Lünen, Stadt	- 10.976.402
Schwerte, Stadt	- 12.685.144
Selm, Stadt	- 9.274.986
Unna, Stadt	- 5.907.895
Werne, Stadt	- 769.021

Gesetz zur Umsetzung von Zukunftsinvestitionen der Kommunen und Länder (Zukunftsinvestitionsgesetz - ZuInvG)

in der Fassung der Bekanntmachung durch Artikel 7 des Gesetzes vom 02.03.2009 (BGBl. I. S. 401),
zuletzt geändert durch Gesetz vom 27.05.2010 (BGBl. I. S. 671)

§ 1
Förderziel und Fördervolumen

(1) Zur Abwehr einer Störung des gesamtwirtschaftlichen Gleichgewichts unterstützt der Bund zusätzliche Investitionen der Kommunen und der Länder. Hierzu gewährt der Bund gemäß Sinn und Zweck von § 6 Absatz 2 des Gesetzes zur Förderung der Stabilität und des Wachstums der Wirtschaft aus dem Sondervermögen "Investitions- und Tilgungsfonds" den Ländern Finanzhilfen für besonders bedeutsame Investitionen der Länder und Gemeinden (Gemeindeverbände) nach Artikel 104b des Grundgesetzes in Höhe von insgesamt 10 Milliarden Euro.

(2) Die Mittel sollen mindestens zur Hälfte des Betrages nach Absatz 1 bis zum 31. Dezember 2009 abgerufen werden.

(3) Die Mittel sollen überwiegend für Investitionen der Kommunen eingesetzt werden. Die Länder sind aufgefordert, dafür Sorge zu tragen, dass auch finanzschwache Kommunen Zugang zu den Finanzhilfen erhalten.

§ 2
Verteilung

Der in § 1 Absatz 1 Satz 2 festgelegte Betrag wird nach folgenden Prozentsätzen auf die Länder verteilt:

Baden-Württemberg	12,3749
Bayern	14,2663
Berlin	4,7414
Brandenburg	3,4285
Bremen	0,8845
Hamburg	2,2960
Hessen	7,1872
Mecklenburg-Vorpommern	2,3699
Niedersachsen	9,2058
Nordrhein-Westfalen	21,3344
Rheinland-Pfalz	4,6883
Saarland	1,2861
Sachsen	5,9675
Sachsen-Anhalt	3,5623
Schleswig-Holstein	3,2258
Thüringen	3,1811

§ 3
Förderbereiche

(1) Die Finanzhilfen werden trägerneutral nach Maßgabe des Artikels 104b des Grundgesetzes für Maßnahmen in folgenden Bereichen gewährt:

1. Investitionen mit Schwerpunkt Bildungsinfrastruktur
   a) Einrichtungen der frühkindlichen Infrastruktur
   b) Schulinfrastruktur (insbesondere energetische Sanierung)
   c) Hochschulen (insbesondere energetische Sanierung)
   d) kommunale oder gemeinnützige Einrichtungen der Weiterbildung (insbesondere energetische Sanierung)
   e) Forschung

2. Investitionsschwerpunkt Infrastruktur
   a) Krankenhäuser
   b) Städtebau (ohne Abwasser und ÖPNV)
   c) ländliche Infrastruktur (ohne Abwasser und ÖPNV)
   d) kommunale Straßen (beschränkt auf Lärmschutzmaßnahmen)
   e) Informationstechnologie
   f) sonstige Infrastrukturinvestitionen.

Einrichtungen gemäß Nummer 2 außerhalb der sozialen Daseinsvorsorge, die durch Gebühren und Beiträge vollständig zu finanzieren sind, werden nicht gefördert.

(2) Für Investitionen nach Absatz 1 Nummer 1 können die Länder Finanzhilfen in Höhe von 65 Prozent und für Investitionen nach Absatz 1 Nummer 2 in Höhe von 35 Prozent des sich aus § 1 Absatz 1 Satz 2 in Verbindung mit § 2 ergebenden Betrages einsetzen.

(3) Finanzhilfen im Sinne von § 1 Absatz 1 werden nur für zusätzliche Investitionen gewährt. Die Zusätzlichkeit der geförderten Maßnahmen muss vorhabenbezogen gegeben sein.

§ 4
Doppelförderung

(1) Für Investitionen, die nach anderen Gesetzen und Verwaltungsvereinbarungen als Anteilsfinanzierung nach Artikel 104b des Grundgesetzes und nach dem bis zum 31. August 2006 gültigen Artikel 104a Absatz 4 des Grundgesetzes oder nach Artikel 91a und nach Artikel 91b des Grundgesetzes oder mit KfW-Darlehensprogrammen mit Ausnahme der KfW-Programme "Investitionsoffensive Infrastruktur" durch den Bund gefördert werden, können nicht gleichzeitig Finanzhilfen nach diesem Gesetz gewährt werden.

(2) Investive Begleit- und Folgemaßnahmen werden nur gefördert, wenn sie in Zusammenhang mit den Maßnahmen nach § 3 Absatz 1 stehen.

(3) Investitionen nach § 3 Absatz 1 sind nur zulässig, wenn deren längerfristige Nutzung auch unter Berücksichtigung der absehbaren demografischen Veränderungen vorgesehen ist.

§ 5
Förderzeitraum

Investitionen können gefördert werden, wenn sie am 27. Januar 2009 oder später begonnen wurden. Soweit Investitionen der Länder und Gemeinden (Gemeindeverbände) schon vor dem 27. Januar 2009 begonnen wurden, aber noch nicht abgeschlossen sind, können sie gefördert werden, wenn gegenüber dem Bund erklärt wird, dass es sich um selbständige Abschnitte eines laufenden Vorhabens handelt und die Finanzierung dieser Abschnitte bislang nicht gesichert ist. Im Jahr 2011 können Finanzhilfen nur für Investitionsvorhaben eingesetzt werden, die vor dem 31. Dezember 2010 begonnen wurden und bei denen im Jahr 2011 ein selbständiger Abschnitt des Investitionsvorhabens abgeschlossen wird.

§ 6
Förderquote und Bewirtschaftung

(1) Der Bund beteiligt sich mit 75 Prozent, die Länder einschließlich Kommunen beteiligen sich mit 25 Prozent am Gesamtvolumen des öffentlichen Finanzierungsanteils der förderfähigen Kosten eines Landes. Dieses Beteiligungsverhältnis ist für den Gesamtzeitraum sicherzustellen und soll auch jeweils in den Jahren 2009, 2010 und 2011 erreicht werden. Die Länder können abweichend von Satz 1 bestimmen, dass der Anteil des Bundes weniger als der in Satz 1 festgelegte Prozentsatz beträgt.

(2) Der Bund stellt die Finanzhilfen den Ländern zur eigenen Bewirtschaftung zur Verfügung. Die zuständigen Stellen der Länder sind ermächtigt, die Auszahlung der Bundesmittel anzuordnen, sobald sie zur anteiligen Begleichung erforderlicher Zahlungen benötigt werden. Die Länder leiten die Finanzhilfen des Bundes unverzüglich an die Letztempfänger weiter.

§ 6a
Prüfung durch den Bundesrechnungshof

Der Bund kann in Einzelfällen weitergehende Nachweise verlangen und bei Ländern und Kommunen Bücher, Belege und sonstige Unterlagen einsehen sowie örtliche Erhebungen durchführen. Ein unverhältnismäßiger Verwaltungsaufwand ist zu vermeiden. Der Bundesrechnungshof prüft gemeinsam mit dem jeweiligen Landesrechnungshof im Sinne von § 93 der Bundeshaushaltsordnung, ob die Finanzhilfen zweckentsprechend verwendet wurden. Dazu kann er auch Erhebungen bei Ländern und Kommunen durchführen.

§ 7
Rückforderung

(1) Der Bund kann Finanzhilfen von einem Land zurückfordern, wenn von einem Land geförderte einzelne Maßnahmen ihrer Art nach den in § 3 Absatz 1 festgelegten Förderbereichen nicht entsprechen oder die Zusätzlichkeit nach § 3 Absatz 3 nicht gegeben oder eine längerfristige Nutzung nach § 4 Absatz 3 nicht zu erwarten ist. Der Bund kann Finanzhilfen von einem Land zurückfordern, wenn die Bundesbeteiligung an der Finanzierung insgesamt 75 Prozent überschreitet. Die Höhe der Rückforderung bestimmt sich aus der Überschreitung der Quote. Zurückgerufene Mittel werden von dem jeweiligen Land an den Bund zurückgezahlt und können vorbehaltlich von Absatz 2 Satz 1 dem Land erneut zur Verfügung gestellt werden. Dieser Anspruch ist vom Zeitpunkt seiner Entstehung an bis zur Rückzahlung mit dem Zinssatz zu verzinsen, der sich nach dem Zinssatz für Kredite des Bundes zur Deckung von Ausgaben zum Zeitpunkt der Entstehung des Anspruchs bemisst. Der Zinssatz wird vom Bundesministerium der Finanzen jeweils durch Rundschreiben an die obersten Bundesbehörden bekannt gegeben. Der Zinsbetrag ist an den Bund abzuführen. Entsprechendes gilt, wenn die Mittel abweichend von § 6 Absatz 2 Satz 2 und 3 verwendet werden.

(2) Nach dem 31. Dezember 2011 dürfen Bundesmittel nicht mehr zur Auszahlung angeordnet werden. Der Rückforderungsanspruch nach Absatz 1 bleibt unberührt.

§ 8
Verwaltungsvereinbarung

Die Einzelheiten des Verfahrens zur Durchführung dieses Gesetzes werden durch Verwaltungsvereinbarung geregelt. Soweit die Verwaltungsvereinbarung auf § 3a Bezug nimmt, ist § 3 Absatz 3 maßgebend. Die Inanspruchnahme der Finanzhilfen nach § 6 Absatz 2 Satz 2 ist an das Inkrafttreten der Verwaltungsvereinbarung gebunden.

Gesetz zur Förderung zusätzlicher Investitionen in Nordrhein Westfalen (Investitionsförderungsgesetz NRW - InvföG NRW)

vom 02.04.2009 (GV. NRW. S. 187),
zuletzt geändert durch Gesetz vom 23.02.2022 (GV. NRW. S. 245)

1. Abschnitt
Allgemeines

§ 1
Förderziel und Fördervolumen

(1) Zur Abwehr einer Störung des gesamtwirtschaftlichen Gleichgewichts unterstützen der Bund und das Land zusätzliche Investitionen mit den Schwerpunkten Bildungsinfrastruktur und Infrastruktur. Hierzu stellen der Bund und das Land insgesamt 2 844 586 666 Euro nach Maßgabe des Gesetzes zur Umsetzung von Zukunftsinvestitionen der Kommunen und Länder (Zukunftsinvestitionsgesetz - ZuInvG) (Artikel 7 des Gesetzes zur Sicherung von Beschäftigung und Stabilität in Deutschland vom 2. März 2009, BGBl. I S. 416) und der dazugehörenden Verwaltungsvereinbarung zur Verfügung.

(2) Der Bundesanteil beträgt 2 133 440 000 Euro, der Anteil des Landes einschließlich der Gemeinden (GV) 711 146 666 Euro. Die einzelnen Investitionsmaßnahmen werden zu 75 Prozent aus Bundesmitteln und zu 25 Prozent aus Landesmitteln finanziert.

(3) Für den Investitionsschwerpunkt Bildungsinfrastruktur gemäß § 3 Absatz 1 Nummer 1 ZuInvG werden insgesamt 1 848 981 333 Euro bereitgestellt. Für den Investitionsschwerpunkt Infrastruktur gemäß § 3 Absatz 1 Nummer 2 ZuInvG werden insgesamt 995 605 333 Euro bereitgestellt.

(4) Investitionen, die aus den gemäß der Anlage zu diesem Gesetz für die Gemeinden (GV) bereitzustellenden Mitteln oder aus den Mitteln für Investitionen in Krankenhäusern gemäß § 2 Absatz 2 Satz 1 finanziert werden, gelten als kommunalbezogen. Bei kommunalbezogenen Investitionsmaßnahmen tragen das Land und die Gemeinden (GV) jeweils 12,5 Prozent der förderungsfähigen Kosten. Der kommunale Anteil wird vom Land vorfinanziert und ist ab 2012 nach Maßgabe des Zukunftsinvestitions- und Tilgungsfondsgesetzes (ZTFoG) zurückzuzahlen.

(5) Die Investitionen erfolgen bedarfsgerecht und trägerneutral.

§ 2
Aufteilung der Mittel

(1) Von den Mitteln für Bildungsinfrastruktur gemäß § 1 Absatz 3 Satz 1 werden 464 000 000 Euro vom Land für Investitionen in Hochschulen und Forschung verwendet. Über die Verwendung dieser Mittel entscheidet das für Wissenschaft und Forschung zuständige Ministerium nach Maßgabe des Landeshaushalts. Für kommunalbezogene Investitionen in Bildungsinfrastruktur werden 1 384 981 333 Euro bereitgestellt.

(2) Von den Mitteln für Infrastruktur gemäß § 1 Absatz 3 Satz 2 stellen die Gemeinden (GV) vorab 170 000 000 Euro für Investitionen in Krankenhäusern zur Verfügung. 825 605 333 Euro werden nach den Kriterien des § 4 Absatz 2 auf die Gemeinden (GV) verteilt.

§ 3
Investitionsbegriff

Investitionen im Sinne dieses Gesetzes sind Mittelverwendungen, die Investitionsausgaben nach § 13 Absatz 3 Nummer 2 Buchstaben a bis c BHO sind. Für § 13 Absatz 3 Buchstabe g gilt das nur insoweit, als die Zuschüsse und Zuweisungen für die in § 13 Absatz 3 Nummer 2 Buchstabe a bis Buchstabe c genannten Zwecke gewährt werden.

2. Abschnitt
Regelungen für Gemeinden (GV)

§ 4
Verteilungsschlüssel

(1) Der Betrag nach § 2 Absatz 1 Satz 3 für Bildungsinfrastruktur wird auf der Basis der Schülerzahl der allgemeinbildenden, der berufsbildenden Schulen und der Ersatzschulen verteilt. Soweit Zweckverbände Schulträger sind, werden die Schüler den dem Zweckverband angehörenden Gemeinden entsprechend dem Anteil an der Umlage zugerechnet. Schüler der Ersatzschulen werden der Belegenheitsgemeinde zugerechnet. Als Zahl der Schüler gilt die in der vom Landesbetrieb Information und Technik Nordrhein-Westfalen geführten Schulstatistik festgesetzte Schülerzahl zum Stichtag 15. Oktober 2007.

(2) Von dem Betrag nach § 2 Absatz 2 Satz 2 für Infrastruktur werden

1. den Gemeinden 362 853 543,85 Euro bereitgestellt. Die Verteilung erfolgt zu sieben Zehntel nach der maßgeblichen Einwohnerzahl und drei Zehntel nach der maßgeblichen Gebietsfläche.

2. den Kreisen 20 640 133,33 Euro und den Landschaftsverbänden 29 308 989,32 Euro bereitgestellt. Die Verteilung erfolgt nach der maßgeblichen Einwohnerzahl.

3. den Gemeinden 324 008 812,94 Euro, den Kreisen 48 297 911,98 Euro und den Landschaftsverbänden 40 495 941,58 Euro bereitgestellt. Die Verteilung erfolgt anteilig im Verhältnis der festgesetzten Schlüsselzuweisungen gemäß §§ 7, 10 und 13 des Gesetzes zur Regelung der Zuweisungen des Landes Nordrhein-Westfalen an die Gemeinden und Gemeindeverbände im Haushaltsjahr 2009 vom 17. Februar 2009 (GV. NRW. S. 54).

(3) Als maßgebliche Einwohnerzahl im Sinne des Absatzes 2 gilt die vom Landesbetrieb Information und Technik Nordrhein-Westfalen fortgeschriebene Bevölkerungszahl zum Stichtag 31. Dezember 2007. Als Gebietsfläche im Sinne des Absatzes 2 ist der Gebietsstand zum Stichtag 31. Dezember 2007 zugrunde zu legen, der im Jahresabschluss des Liegenschaftskatasters ermittelt und an den Landesbetrieb Information und Technik Nordrhein-Westfalen abgegeben wurde.

(4) Die Höhe der für die einzelnen Gemeinden (GV) bereitzustellenden Mittel ergibt sich aufgeschlüsselt nach den Investitionsschwerpunkten Bildungsinfrastruktur und Infrastruktur aus der Anlage zu diesem Gesetz.

§ 5
Neubereitstellung von Mitteln

(1) Mittel, die von einer Gemeinde (GV) nicht in Anspruch genommen werden oder aus anderen Gründen nicht im Sinne des ZuInvG verwendet werden, können abweichend von der in der Anlage geregelten Verteilung von dem für Kommunales zuständigen Ministerium neu bereitgestellt werden.

(2) Die Gemeinden (GV) können von der Aufteilung der Mittel nach den Investitionsschwerpunkten Bildungsinfrastruktur und Infrastruktur abweichen, sofern sie den Gesamtbetrag nach der Anlage zu diesem Gesetz nicht überschreiten und das Verhältnis 65 zu 35 landesweit nicht verwirkt wird. Eine Abweichung erfordert eine schriftliche Vereinbarung zwischen den beteiligten Gemeinden (GV), die die Abweichung ausgleicht. Die Vereinbarung ist von der für die jeweilige Gemeinde (GV) zuständigen Bezirksregierung schriftlich zu bestätigen.

§ 6
Beschleunigung der Investitionen

Im Haushaltsjahr 2009 sind Aufwendungen und Auszahlungen der Gemeinden (GV) für nach diesem Gesetz geförderte Investitionsmaßnahmen als überplanmäßige oder außerplanmäßige Aufwendungen oder Auszahlungen zu behandeln und bedürfen der vorherigen Zustimmung des Rates. § 81 und § 83 Absätze 1 und 2 GO NRW finden insoweit keine Anwendung.

§ 7
Erleichterung für finanzschwache Gemeinden (GV)

(1) Soweit die nach diesem Gesetz geförderten Investitionsmaßnahmen ausschließlich aus den bereitgestellten Mitteln finanziert werden, findet § 82 GO NRW keine Anwendung.

(2) Investitionsmaßnahmen von Gemeinden (GV) mit nicht genehmigungsfähigem Haushaltssicherungskonzept sollen künftige

Haushalte entlasten. Investitionsmaßnahmen, deren Folgekosten ihre Entlastungswirkung für künftige Haushalte übersteigen, sind in Gemeinden (GV) mit nicht genehmigungsfähigem Haushaltssicherungskonzept unzulässig.

§ 8
Eigenanteil anderer Träger

Fördert die Gemeinde (GV) Investitionsmaßnahmen anderer Träger, ergeben sich die förderungsfähigen Kosten aus der Differenz zwischen den Gesamtkosten der Maßnahme und dem Eigenanteil des anderen Trägers. Die Höhe des Eigenanteils des anderen Trägers soll in der Regel der des kommunalen Eigenanteils entsprechen.

3. Abschnitt
Regelungen für Investitionen in Krankenhäusern

§ 9
Investitionen in Krankenhäusern

(1) Die Mittel gem. § 2 Absatz 2 Satz 1 können von Krankenhäusern nach § 8 Absatz 1 KHG im Rahmen ihres Versorgungsauftrages in Anspruch genommen werden, denen für das Jahr 2008 pauschale Fördermittel nach § 18 Absatz 1 Nummer 1 oder Nummer 2 KHGG NRW bewilligt wurden.

(2) Für jedes Krankenhaus wird von der Bewilligungsbehörde ein Förderrahmen festgelegt, der aus Fallwert-, Tageswert- und Budgetbeträgen in entsprechender Anwendung der §§ 2 bis 4 PauschKHFVO mit folgenden Maßgaben berechnet wird:

1. An die Stelle der Haushaltsansätze im Sinne von § 2 PauschKHFVO tritt der Betrag gemäß § 2 Absatz 2 Satz 1.
2. Als Bemessungsgrundlagen werden die bei der Berechnung pauschaler Fördermittel gem. § 18 Absatz 1 KHGG NRW für das Jahr 2008 verwendeten Werte übernommen.
3. Der Fallwert im Sinne von § 2 PauschKHFVO beträgt 44,126 Euro.
4. Der Tageswert im Sinne von § 3 PauschKHFVO beträgt 2,506 Euro für vollstationäre Berechnungstage und 1,566 Euro für teilstationäre Berechnungstage.
5. Die Berechnung der Budgetbeträge im Sinne von § 4 PauschKHFVO erfolgt mit einem Vomhundertsatz in Höhe von 1,45.
6. Die Übergangsregelungen der §§ 9 und 10 PauschKHFVO finden keine Anwendung.

(3) Ein Krankenhaus kann die Inanspruchnahme seines Förderrahmens gemäß Absatz 2 ganz oder teilweise anderen förderungsberechtigten Krankenhäusern überlassen. Die Überlassung ist der Bewilligungsbehörde unverzüglich schriftlich anzuzeigen.

(4) Mittel, die von einem Krankenhaus nicht abgerufen oder einem anderen Krankenhaus zur Inanspruchnahme gemäß Absatz 3 überlassen werden, können abweichend von der Verteilung gemäß Absatz 2 durch das zuständige Ministerium neu bereitgestellt werden.

4. Abschnitt
Verfahren

§ 10
Zuständige Behörde

(1) Zuständiges Ministerium für Investitionen gemäß § 2 Absatz 1 Satz 3 und § 2 Absatz 2 Satz 2 ist das für Kommunales zuständige Ministerium. Zuständiges Ministerium für Investitionen gemäß § 2 Absatz 2 Satz 1 ist das für das Krankenhauswesen zuständige Ministerium.

(2) Bewilligungsbehörde ist die örtlich zuständige Bezirksregierung. Für den Landschaftsverband Rheinland ist die Bezirksregierung Köln Bewilligungsbehörde. Für den Landschaftsverband Westfalen-Lippe ist die Bezirksregierung Münster Bewilligungsbehörde.

(3) Die Bereitstellung der Mittel sowie die Einzelheiten insbesondere des Mittelabrufs, des Nachweises der Zusätzlichkeit, der Mittelweiterleitung an Dritte, des Verwendungsnachweises und der Rückforderung regelt die zuständige Bezirksregierung gegenüber jeder Gemeinde (GV) und jedem Krankenhaus vor dem ersten Mittelabruf auf der Grundlage des § 11 durch Bescheid.

§ 11
Mittelabruf, Verwendungsnachweis

(1) Die Gemeinden (GV) und Krankenhäuser können im Förderzeitraum gem. § 5 des ZuInvG Mittel für Maßnahmen gem. § 3 Absatz 1 Nummer 1 und 2 ZuInvG bis zur Höhe der für sie nach diesem Gesetz bereit gestellten Mittel bei der Bezirksregierung abrufen, sobald diese zur Begleichung erforderlicher Zahlungen benötigt werden.

(2) Spätestens mit dem ersten Mittelabruf legt die Gemeinde (GV) oder das Krankenhaus die erforderlichen Informationen zur jeweiligen Maßnahme vor. Dem Mittelabruf ist eine Bestätigung der Hauptverwaltungsbeamtin / des Hauptverwaltungsbeamten beizufügen, dass die Voraussetzungen, insbesondere

- die Übereinstimmung der Maßnahme mit § 3 Absatz 1 Nummer 1 und 2 des ZuInvG
- die Zusätzlichkeit der Maßnahme
- das Nichtvorliegen einer Doppelförderung gem. § 4 Absatz 1 und 2 ZuInvG
- die Nachhaltigkeit der Maßnahme gem. § 4 Absatz 3 ZuInvG und
- die Voraussetzungen des § 5 ZuInvG
- die Erforderlichkeit der abgerufenen Mittel zur Begleichung von Zahlungen gem. § 6 Absatz 2 Satz 2 ZuInvG

gegeben sind. Bei Investitionen in Krankenhäusern gemäß § 2 Absatz 2 Satz 1 erfolgt die Bestätigung nach Satz 2 durch den Krankenhausträger.

(3) Die Beendigung einer Maßnahme ist der Bezirksregierung unverzüglich, spätestens 2 Monate nach der Beendigung, anzuzeigen. Dieser Anzeige ist ein Testat der örtlichen Rechnungsprüfung über die zweckentsprechende Verwendung der Mittel beizufügen, bei Investitionen in Krankenhäusern gemäß § 2 Absatz 2 Satz 1 kann das Testat auch durch die Wirtschaftsprüferin oder den Wirtschaftsprüfer erfolgen. Die testierte Beendigungsanzeige gilt als Verwendungsnachweis.

(4) Die Informationen und die Bestätigung gemäß Absatz 2 sowie gemäß Absatz 3 erfolgen nach dem durch das zuständige Ministerium vorgegebenen Muster.

(5) Die Gemeinden (GV) rufen auch die Mittel für Maßnahmen anderer Träger ab, soweit es sich nicht um Investitionen in Krankenhäusern gemäß § 2 Absatz 2 Satz 1 handelt. Das Verhalten der anderen Träger wird den Gemeinden (GV) zugerechnet.

§ 12
Berichtspflichten

(1) Die Gemeinden (GV) und Krankenhäuser übersenden den Bezirksregierungen vierteljährlich eine Liste der laufenden und geplanten Investitionsmaßnahmen nach Muster gemäß § 11 Absatz 4. Den ersten Berichtstermin legen die zuständigen Ministerien gemeinsam fest. Die Meldung erfolgt auch elektronisch.

(2) Die Gemeinden (GV) und Krankenhäuser berichten unverzüglich der zuständigen Bezirksregierung, sobald absehbar wird, dass sie die Mittel nicht vollständig in Anspruch nehmen können.

§ 13
Rückforderung

(1) Das Land kann die nach diesem Gesetz gezahlten Mittel zurückfordern,

1. wenn der Bund Finanzhilfen vom Land gemäß § 7 ZuInvG zurückfordert

   oder

2. bei Verstoß gegen dieses Gesetz oder gegen aufgrund dieses Gesetzes ergangener Bescheide.

Anhang 35 Investitionsförderungsgesetz NRW

(2) Fordert das Land Fördermittel zurück, so richtet sich die Höhe der Verzinsung für den gesamten Erstattungsbetrag nach § 7 Absatz 1 ZuInvG.

(3) Eine Rückforderung ist ausgeschlossen, wenn Rückforderungsansprüche nicht innerhalb eines Jahres nach Erhalt der in § 11 genannten Unterlagen gegenüber dem jeweiligen Empfänger geltend gemacht werden. Satz 1 gilt nicht, wenn nachträglich Tatsachen bekannt werden, die einen Rückforderungsanspruch begründen oder der Bund seinen Rückforderungsanspruch geltend macht. In diesem Fall endet die Rückforderungsfrist mit Ablauf eines Jahres nach Bekanntwerden der Tatsache oder nach Geltendmachung des Anspruchs durch den Bund.

§ 14
Inkrafttreten, Befristung

Dieses Gesetz tritt am Tag nach der Verkündung in Kraft. Es tritt am 31. Dezember 2030 außer Kraft.

Anlage

Pauschale Zuweisungen an Gemeinden und Gemeindeverbände in Nordrhein-Westfalen für Zukunftsinvestitionen im Rahmen des Konjunkturpaktes II

Gemeinde / Kreis / Landschaftsverband	Investitionsschwerpunkt Bildung (in Euro)	Investitionsschwerpunkt Infrastruktur (in Euro)	Summe „Bildung" und „Infrastruktur" (in Euro)
Düsseldorf, kreisfreie Stadt	41.591.471	8.894.794	50.486.265
Duisburg, kreisfreie Stadt	37.932.603	28.897.837	66.830.440
Essen, kreisfreie Stadt	41.774.997	28.341.297	70.116.294
Krefeld, kreisfreie Stadt	19.395.985	8.541.167	27.937.152
Mönchengladbach, krfr. Stadt	21.282.225	10.935.364	32.217.589
Mülheim a.d. Ruhr, krfr. Stadt	11.253.352	2.675.680	13.929.032
Oberhausen, kreisfreie Stadt	14.818.515	10.631.885	25.450.400
Remscheid, kreisfreie Stadt	9.349.633	3.437.687	12.787.320
Solingen, kreisfreie Stadt	11.686.920	4.928.914	16.615.834
Wuppertal, kreisfreie Stadt	26.004.380	16.554.745	42.559.125
Aachen, kreisfreie Stadt	19.566.888	9.655.969	29.222.857
Bonn, kreisfreie Stadt	26.295.691	20.561.854	46.857.545
Köln, kreisfreie Stadt	72.597.665	27.724.162	100.321.827
Leverkusen, kreisfreie Stadt	12.420.539	2.849.322	15.269.861
Bottrop, kreisfreie Stadt	7.655.173	5.762.980	13.418.153
Gelsenkirchen, krfr. Stadt	21.002.567	11.750.234	32.752.801
Münster, krfr. Stadt	25.394.083	5.804.035	31.198.118
Bielefeld, kreisfreie Stadt	27.077.376	11.871.750	38.949.126
Bochum, kreisfreie Stadt	26.159.260	17.591.507	43.750.767
Dortmund, kreisfreie Stadt	43.247.090	34.666.144	77.913.234
Hagen, kreisfreie Stadt	17.542.761	9.125.199	26.667.960
Hamm, kreisfreie Stadt	14.599.546	10.124.123	24.723.669
Herne, kreisfreie Stadt	11.444.161	9.649.223	21.093.384
Bedburg-Hau	416.575	694.678	1.111.253
Emmerich am Rhein, Stadt	1.748.353	1.086.122	2.834.475
Geldern, Stadt	3.552.540	1.325.728	4.878.268
Goch, Stadt	2.565.481	1.517.514	4.082.995
Issum	350.544	448.178	798.722
Kalkar, Stadt	1.008.422	807.698	1.816.120
Kerken	430.170	528.218	958.388
Kevelaer, Stadt	1.764.860	1.246.511	3.011.371
Kleve, Stadt	3.157.328	1.928.393	5.085.721
Kranenburg	309.275	628.966	938.241
Rees, Stadt	1.557.058	1.217.275	2.774.333
Rheurdt	207.802	302.637	510.439
Straelen, Stadt	978.806	458.161	1.436.967
Uedem	408.321	466.433	874.754
Wachtendonk	270.919	315.322	586.241
Weeze	432.112	468.259	900.371
Erkrath, Stadt	2.406.716	765.729	3.172.445
Haan, Stadt	1.701.257	491.179	2.192.436
Heiligenhaus, Stadt	1.584.733	473.204	2.057.937
Hilden, Stadt	3.505.930	875.794	4.381.724
Langenfeld (Rhld.), Stadt	3.465.632	964.907	4.430.539
Mettmann, Stadt	2.091.129	777.457	2.868.586
Monheim am Rhein, Stadt	2.689.773	708.509	3.398.282
Ratingen, Stadt	4.688.168	1.585.394	6.273.562
Velbert, Stadt	4.878.006	2.278.440	7.156.446
Wülfrath, Stadt	1.510.449	407.973	1.918.422
Dormagen, Stadt	4.599.318	2.030.334	6.629.652
Grevenbroich, Stadt	4.109.430	1.378.488	5.487.918
Jüchen	1.328.865	968.731	2.297.596
Kaarst, Stadt	2.179.979	712.214	2.892.193

Anhang 35 Investitionsförderungsgesetz NRW

Gemeinde / Kreis / Landschaftsverband	Investitionsschwerpunkt Bildung (in Euro)	Investitionsschwerpunkt Infrastruktur (in Euro)	Summe „Bildung" und „Infrastruktur" (in Euro)
Korschenbroich, Stadt	1.698.344	647.083	2.345.427
Meerbusch, Stadt	2.948.555	969.870	3.918.425
Neuss, Stadt	9.921.089	2.455.332	12.376.421
Rommerskirchen	287.913	551.032	838.945
Brüggen	722.452	577.935	1.300.387
Grefrath	1.076.395	441.678	1.518.073
Kempen, Stadt	2.451.869	767.749	3.219.618
Nettetal, Stadt	2.543.147	1.398.615	3.941.762
Niederkrüchten	712.741	675.155	1.387.896
Schwalmtal	1.626.973	840.951	2.467.924
Tönisvorst, Stadt	1.480.346	880.249	2.360.595
Viersen, Stadt	5.005.212	3.073.586	8.078.798
Willich, Stadt	3.478.256	950.989	4.429.245
Alpen	601.558	372.697	974.255
Dinslaken, Stadt	4.506.099	2.664.831	7.170.930
Hamminkeln	1.187.093	1.103.971	2.291.064
Hünxe	649.138	703.385	1.352.523
Kamp-Lintfort, Stadt	2.483.428	1.911.506	4.394.934
Moers, Stadt	6.252.995	4.582.839	10.835.834
Neukirchen-Vluyn, Stadt	2.170.268	1.166.388	3.336.656
Rheinberg, Stadt	1.825.065	894.836	2.719.901
Schermbeck	791.881	821.969	1.613.850
Sonsbeck	365.596	411.384	776.980
Voerde (Niederrhein), Stadt	2.278.539	1.508.423	3.786.962
Wesel, Stadt	3.907.940	2.356.640	6.264.580
Xanten, Stadt	1.776.998	1.053.105	2.830.103
Alsdorf, Stadt	2.738.325	1.984.526	4.722.851
Baesweiler, Stadt	1.860.993	1.192.765	3.053.758
Eschweiler, Stadt	3.490.394	1.988.114	5.478.508
Herzogenrath, Stadt	2.504.791	2.175.128	4.679.919
Monschau, Stadt	1.332.749	645.482	1.978.231
Roetgen	189.838	281.482	471.320
Simmerath	484.062	811.179	1.295.241
Stolberg (Rhld.), Stadt	3.052.456	2.322.098	5.374.554
Würselen, Stadt	2.594.126	1.127.298	3.721.424
Aldenhoven	727.792	688.746	1.416.538
Düren, Stadt	6.437.007	3.955.555	10.392.562
Heimbach, Stadt	127.206	379.536	506.742
Hürtgenwald	744.300	560.340	1.304.640
Inden	318.500	261.661	580.161
Jülich, Stadt	2.689.288	1.308.273	3.997.561
Kreuzau	1.179.810	594.798	1.774.608
Langerwehe	766.148	600.808	1.366.956
Linnich, Stadt	649.138	625.364	1.274.502
Merzenich	417.546	411.443	828.989
Nideggen, Stadt	550.093	605.016	1.155.109
Niederzier	659.334	442.749	1.102.083
Nörvenich	332.580	588.413	920.993
Titz	269.948	482.225	752.173
Vettweiß	293.739	584.054	877.793
Bedburg, Stadt	1.581.334	1.101.678	2.683.012
Bergheim, Stadt	3.816.177	2.411.947	6.228.124
Brühl, Stadt	3.394.261	1.582.062	4.976.323
Elsdorf	851.114	834.416	1.685.530
Erftstadt, Stadt	3.057.797	2.040.822	5.098.619
Frechen, Stadt	2.495.566	844.724	3.340.290
Hürth, Stadt	2.816.494	959.128	3.775.622
Kerpen, Stadt	4.375.980	2.110.451	6.486.431
Pulheim, Stadt	3.472.430	1.398.392	4.870.822
Wesseling, Stadt	1.857.109	572.161	2.429.270
Bad Münstereifel, Stadt	1.536.181	959.619	2.495.800
Blankenheim	607.869	814.128	1.421.997
Dahlem	102.930	427.819	530.749
Euskirchen, Stadt	3.446.212	2.148.851	5.595.063
Hellenthal	331.609	559.890	891.499
Kall	855.484	485.635	1.341.119
Mechernich, Stadt	1.653.677	1.556.360	3.210.037
Nettersheim	282.086	413.288	695.374
Schleiden, Stadt	1.598.813	945.168	2.543.981
Weilerswist	850.143	697.274	1.547.417
Zülpich, Stadt	1.717.765	957.201	2.674.966
Erkelenz, Stadt	3.371.442	1.833.711	5.205.153
Gangelt	578.738	612.840	1.191.578
Geilenkirchen, Stadt	2.081.419	1.170.856	3.252.275
Heinsberg (Rhld.), Stadt	1.834.775	1.273.862	3.108.637

Anhang 35 Investitionsförderungsgesetz NRW

Gemeinde / Kreis / Landschaftsverband	Investitionsschwerpunkt Bildung (in Euro)	Investitionsschwerpunkt Infrastruktur (in Euro)	Summe „Bildung" und „Infrastruktur" (in Euro)
Hückelhoven, Stadt	2.460.609	1.914.413	4.375.022
Selfkant	391.328	580.814	972.142
Übach-Palenberg, Stadt	1.812.927	995.590	2.808.517
Waldfeucht	398.125	450.734	848.859
Wassenberg, Stadt	1.063.771	878.814	1.942.585
Wegberg, Stadt	1.828.949	1.210.060	3.039.009
Bergneustadt, Stadt	1.348.285	1.015.904	2.364.189
Engelskirchen	1.122.519	677.636	1.800.155
Gummersbach, Stadt	3.658.869	1.355.875	5.014.744
Hückeswagen, Stadt	956.472	593.390	1.549.862
Lindlar	1.433.737	814.021	2.247.758
Marienheide	797.222	531.383	1.328.605
Morsbach	634.573	444.188	1.078.761
Nümbrecht	1.088.047	640.067	1.728.114
Radevormwald, Stadt	1.487.144	502.335	1.989.479
Reichshof	1.090.960	763.970	1.854.930
Waldbröl, Stadt	1.939.647	1.050.105	2.989.752
Wiehl, Stadt	1.865.848	538.334	2.404.182
Wipperfürth, Stadt	2.268.343	765.903	3.034.246
Bergisch Gladbach, Stadt	8.224.686	3.408.229	11.632.915
Burscheid, Stadt	945.305	510.117	1.455.422
Kürten	1.201.173	835.772	2.036.945
Leichlingen (Rhld.), Stadt	1.808.072	868.680	2.676.752
Odenthal	1.037.553	523.667	1.561.220
Overath	1.994.025	856.471	2.850.496
Rösrath	1.852.254	830.466	2.682.720
Wermelskirchen, Stadt	2.541.205	749.963	3.291.168
Alfter	574.854	771.833	1.346.687
Bad Honnef, Stadt	1.704.656	691.697	2.396.353
Bornheim, Stadt	3.079.159	1.878.229	4.957.388
Eitorf	1.149.708	806.944	1.956.652
Hennef (Sieg), Stadt	3.258.801	1.964.840	5.223.641
Königswinter, Stadt	2.677.635	1.296.716	3.974.351
Lohmar	1.713.395	824.533	2.537.928
Meckenheim, Stadt	1.280.313	459.432	1.739.745
Much	746.242	736.695	1.482.937
Neunkirchen-Seelscheid	1.522.587	790.664	2.313.251
Niederkassel, Stadt	2.008.591	1.324.763	3.333.354
Rheinbach, Stadt	2.482.942	964.547	3.447.489
Ruppichteroth	415.604	524.101	939.705
Sankt Augustin, Stadt	3.189.858	1.821.252	5.011.110
Siegburg, Stadt	2.549.459	828.369	3.377.828
Swisttal	575.825	789.603	1.365.428
Troisdorf, Stadt	4.358.501	1.256.245	5.614.746
Wachtberg	602.043	658.651	1.260.694
Windeck	1.460.440	1.224.776	2.685.216
Ahaus, Stadt	3.697.225	1.150.578	4.847.803
Bocholt, Stadt	5.839.333	2.441.754	8.281.087
Borken, Stadt	3.702.080	1.654.045	5.356.125
Gescher, Stadt	987.545	656.552	1.644.097
Gronau (Westf.), Stadt	3.249.091	1.044.813	4.293.904
Heek	394.727	450.482	845.209
Heiden	309.275	404.021	713.296
Isselburg, Stadt	406.865	458.710	865.575
Legden	276.260	370.794	647.054
Raesfeld	421.430	459.695	881.125
Reken	1.367.706	761.208	2.128.914
Rhede, Stadt	966.182	697.568	1.663.750
Schöppingen	256.354	431.291	687.645
Stadtlohn, Stadt	1.883.327	727.338	2.610.665
Südlohn	335.493	355.908	691.401
Velen	786.540	602.429	1.388.969
Vreden, Stadt	1.789.136	755.205	2.544.341
Ascheberg	787.026	743.421	1.530.447
Billerbeck, Stadt	617.580	562.796	1.180.376
Coesfeld, Stadt	3.553.997	1.488.307	5.042.304
Dülmen, Stadt	3.208.307	1.720.337	4.928.644
Havixbeck	826.353	620.804	1.447.157
Lüdinghausen, Stadt	2.122.688	1.114.007	3.236.695
Nordkirchen	812.273	532.829	1.345.102
Nottuln	1.254.580	854.836	2.109.416
Olfen, Stadt	662.247	574.114	1.236.361
Rosendahl	410.749	636.096	1.046.845
Senden	1.238.558	911.612	2.150.170
Castrop-Rauxel, Stadt	4.274.506	3.983.804	8.258.310

Anhang 35 Investitionsförderungsgesetz NRW

Gemeinde / Kreis / Landschaftsverband	Investitionsschwerpunkt Bildung (in Euro)	Investitionsschwerpunkt Infrastruktur (in Euro)	Summe „Bildung" und „Infrastruktur" (in Euro)
Datteln, Stadt	1.908.574	1.422.777	3.331.351
Dorsten, Stadt	5.017.350	3.781.729	8.799.079
Gladbeck, Stadt	5.150.382	3.191.504	8.341.886
Haltern am See, Stadt	2.204.740	1.690.183	3.894.923
Herten, Stadt	3.387.949	2.795.041	6.182.990
Marl, Stadt	5.060.076	4.090.021	9.150.097
Oer-Erkenschwick, Stadt	1.625.031	1.557.883	3.182.914
Recklinghausen, Stadt	8.368.400	6.278.450	14.646.850
Waltrop, Stadt	2.210.567	1.420.943	3.631.510
Altenberge	405.408	342.254	747.662
Emsdetten, Stadt	2.354.766	903.176	3.257.942
Greven, Stadt	2.386.810	1.452.485	3.839.295
Hörstel, Stadt	1.169.129	923.332	2.092.461
Hopsten	813.729	592.823	1.406.552
Horstmar, Stadt	265.579	236.383	501.962
Ibbenbüren, Stadt	3.760.828	2.209.985	5.970.813
Ladbergen	149.054	257.309	406.363
Laer	208.773	306.326	515.099
Lengerich, Stadt	1.533.753	605.175	2.138.928
Lienen	266.550	520.120	786.670
Lotte	704.002	404.980	1.108.982
Metelen	247.615	343.970	591.585
Mettingen	1.410.432	341.942	1.752.374
Neuenkirchen	1.453.157	550.943	2.004.100
Nordwalde	676.328	478.938	1.155.266
Ochtrup, Stadt	1.551.718	853.573	2.405.291
Recke	1.422.570	635.751	2.058.321
Rheine, Stadt	7.797.430	3.215.232	11.012.662
Saerbeck	655.450	289.954	945.404
Steinfurt, Stadt	2.975.744	1.512.307	4.488.051
Tecklenburg, Stadt	836.549	562.710	1.399.259
Westerkappeln	538.440	628.244	1.166.684
Wettringen	368.509	385.430	753.939
Ahlen, Stadt	3.978.340	2.290.406	6.268.746
Beckum, Stadt	2.391.665	1.156.418	3.548.083
Beelen	284.028	189.974	474.002
Drensteinfurt, Stadt	725.365	737.022	1.462.387
Ennigerloh, Stadt	947.247	902.857	1.850.104
Everswinkel	481.149	392.481	873.630
Oelde, Stadt	1.741.555	745.124	2.486.679
Ostbevern	913.746	587.846	1.501.592
Sassenberg, Stadt	824.411	541.033	1.365.444
Sendenhorst, Stadt	819.070	496.404	1.315.474
Telgte, Stadt	1.294.878	715.374	2.010.252
Wadersloh	1.015.705	742.764	1.758.469
Warendorf, Stadt	3.268.026	1.564.781	4.832.807
Borgholzhausen, Stadt	208.773	301.466	510.239
Gütersloh, Stadt	6.138.898	2.524.592	8.663.490
Halle (Westf.), Stadt	938.508	520.147	1.458.655
Harsewinkel, Stadt	1.735.244	663.075	2.398.319
Herzebrock-Clarholz	740.416	481.260	1.221.676
Langenberg	316.073	284.673	600.746
Rheda-Wiedenbrück, Stadt	3.151.502	935.925	4.087.427
Rietberg, Stadt	2.062.483	911.804	2.974.287
Schloß Holte-Stukenbrock, Stadt	1.669.213	585.080	2.254.293
Steinhagen	1.246.812	460.912	1.707.724
Verl	1.739.128	579.998	2.319.126
Versmold, Stadt	1.547.348	726.718	2.274.066
Werther (Westf.), Stadt	623.891	354.285	978.176
Bünde, Stadt	3.643.818	1.534.687	5.178.505
Enger, Stadt	1.463.839	722.557	2.186.396
Herford, Stadt	4.720.213	1.690.242	6.410.455
Hiddenhausen	1.035.611	612.475	1.648.086
Kirchlengern	669.530	376.240	1.045.770
Löhne, Stadt	2.490.711	1.271.304	3.762.015
Rödinghausen	652.537	258.937	911.474
Spenge, Stadt	936.080	645.503	1.581.583
Vlotho, Stadt	1.146.310	624.291	1.770.601
Bad Driburg, Stadt	1.769.230	1.063.911	2.833.141
Beverungen, Stadt	1.053.090	777.602	1.830.692
Borgentreich, Stadt	469.011	786.109	1.255.120
Brakel, Stadt	1.963.923	1.009.190	2.973.113
Höxter, Stadt	1.827.492	1.531.360	3.358.852
Marienmünster, Stadt	200.034	408.533	608.567
Nieheim, Stadt	548.636	536.205	1.084.841

Anhang 35 Investitionsförderungsgesetz NRW

Gemeinde / Kreis / Landschaftsverband	Investitionsschwerpunkt Bildung (in Euro)	Investitionsschwerpunkt Infrastruktur (in Euro)	Summe „Bildung" und „Infrastruktur" (in Euro)
Steinheim, Stadt	1.099.700	647.650	1.747.350
Warburg, Stadt	2.088.216	1.191.520	3.279.736
Willebadessen, Stadt	532.614	811.263	1.343.877
Augustdorf	631.174	490.030	1.121.204
Bad Salzuflen, Stadt	2.696.571	1.644.404	4.340.975
Barntrup, Stadt	731.677	424.551	1.156.228
Blomberg, Stadt	1.410.432	553.715	1.964.147
Detmold, Stadt	5.713.098	2.139.483	7.852.581
Dörentrup	234.020	436.880	670.900
Extertal	753.525	743.229	1.496.754
Horn-Bad Meinberg, Stadt	1.173.499	1.048.984	2.222.483
Kalletal	785.569	890.240	1.675.809
Lage, Stadt	1.861.964	1.583.553	3.445.517
Lemgo, Stadt	2.784.935	995.460	3.780.395
Leopoldshöhe	871.992	517.017	1.389.009
Lügde, Stadt	564.173	640.064	1.204.237
Oerlinghausen, Stadt	1.076.880	560.632	1.637.512
Schieder-Schwalenberg, Stadt	314.616	563.943	878.559
Schlangen	304.906	549.640	854.546
Bad Oeynhausen, Stadt	3.216.561	1.598.293	4.814.854
Espelkamp, Stadt	2.227.074	629.977	2.857.051
Hille	890.441	853.023	1.743.464
Hüllhorst	925.399	512.007	1.437.406
Lübbecke, Stadt	1.675.039	575.308	2.250.347
Minden, Stadt	5.789.810	3.390.438	9.180.248
Petershagen, Stadt	1.821.181	1.437.567	3.258.748
Porta Westfalica, Stadt	2.208.624	956.556	3.165.180
Preußisch Oldendorf, Stadt	712.256	596.626	1.308.882
Rahden, Stadt	1.415.772	960.793	2.376.565
Stemwede	759.351	823.399	1.582.750
Altenbeken	328.696	619.288	947.984
Bad Lippspringe, Stadt	724.394	802.960	1.527.354
Borchen	807.903	683.221	1.491.124
Büren, Stadt	2.037.236	1.132.807	3.170.043
Delbrück, Stadt	2.185.320	1.193.549	3.378.869
Hövelhof	816.642	529.736	1.346.378
Lichtenau, Stadt	570.970	963.933	1.534.903
Paderborn, Stadt	10.846.487	5.371.737	16.218.224
Salzkotten, Stadt	1.372.561	1.104.399	2.476.960
Bad Wünnenberg, Stadt	658.363	743.483	1.401.846
Breckerfeld, Stadt	513.679	395.760	909.439
Ennepetal, Stadt	1.734.273	627.114	2.361.387
Gevelsberg, Stadt	1.732.816	873.527	2.606.343
Hattingen, Stadt	3.363.188	2.028.049	5.391.237
Herdecke, Stadt	1.301.190	555.022	1.856.212
Schwelm, Stadt	1.506.079	668.782	2.174.861
Sprockhövel, Stadt	614.181	516.016	1.130.197
Wetter (Ruhr), Stadt	1.877.501	505.263	2.382.764
Witten, Stadt	5.660.662	3.118.765	8.779.427
Arnsberg, Stadt	5.243.602	2.795.067	8.038.669
Bestwig	998.226	546.174	1.544.400
Brilon, Stadt	1.689.119	1.188.996	2.878.115
Eslohe (Sauerland)	1.100.671	522.313	1.622.984
Hallenberg, Stadt	160.221	353.483	513.704
Marsberg, Stadt	1.319.640	1.269.986	2.589.626
Medebach, Stadt	449.105	668.499	1.117.604
Meschede, Stadt	2.298.931	1.259.261	3.558.192
Olsberg, Stadt	970.066	596.853	1.566.919
Schmallenberg, Stadt	1.673.097	1.787.780	3.460.877
Sundern (Sauerland), Stadt	1.782.339	1.256.240	3.038.579
Winterberg, Stadt	954.530	974.237	1.928.767
Altena, Stadt	1.112.809	495.731	1.608.540
Balve, Stadt	694.292	464.329	1.158.621
Halver, Stadt	1.188.550	615.096	1.803.646
Hemer, Stadt	2.133.855	1.228.784	3.362.639
Herscheid	223.339	293.568	516.907
Iserlohn, Stadt	5.983.532	2.783.622	8.767.154
Kierspe, Stadt	1.156.505	789.251	1.945.756
Lüdenscheid, Stadt	4.878.006	1.764.138	6.642.144
Meinerzhagen, Stadt	1.553.174	816.707	2.369.881
Menden (Sauerland), Stadt	3.964.745	1.683.240	5.647.985
Nachrodt-Wiblingwerde	212.172	205.731	417.903
Neuenrade, Stadt	489.888	345.124	835.012
Plettenberg, Stadt	1.771.172	694.198	2.465.370
Schalksmühle	523.389	284.964	808.353

Anhang 35 Investitionsförderungsgesetz NRW

Gemeinde / Kreis / Landschaftsverband	Investitionsschwerpunkt Bildung (in Euro)	Investitionsschwerpunkt Infrastruktur (in Euro)	Summe „Bildung" und „Infrastruktur" (in Euro)
Werdohl, Stadt	1.287.596	384.141	1.671.737
Attendorn, Stadt	1.875.073	662.765	2.537.838
Drolshagen, Stadt	586.992	387.141	974.133
Finnentrop	922.971	677.591	1.600.562
Kirchhundem	499.113	698.101	1.197.214
Lennestadt, Stadt	2.193.573	899.906	3.093.479
Olpe, Stadt	2.249.408	635.300	2.884.708
Wenden	976.378	513.044	1.489.422
Bad Berleburg, Stadt	1.144.853	1.383.783	2.528.636
Burbach	661.762	461.977	1.123.739
Erndtebrück	409.292	331.719	741.011
Freudenberg, Stadt	1.118.149	516.732	1.634.881
Hilchenbach, Stadt	655.936	485.658	1.141.594
Kreuztal, Stadt	1.960.039	673.477	2.633.516
Bad Laasphe, Stadt	1.505.108	722.770	2.227.878
Netphen, Stadt	1.419.657	784.529	2.204.186
Neunkirchen	905.978	324.355	1.230.333
Siegen, Stadt	7.080.804	2.953.560	10.034.364
Wilnsdorf	1.433.737	555.948	1.989.685
Anröchte	685.067	462.661	1.147.728
Bad Sassendorf	328.696	655.804	984.500
Ense	449.590	343.340	792.930
Erwitte, Stadt	899.666	509.312	1.408.978
Geseke, Stadt	1.702.714	1.092.952	2.795.666
Lippetal	674.385	855.500	1.529.885
Lippstadt, Stadt	5.217.384	2.302.326	7.519.710
Möhnesee	370.936	696.625	1.067.561
Rüthen, Stadt	749.155	717.882	1.467.037
Soest, Stadt	4.109.916	2.000.842	6.110.758
Warstein, Stadt	1.508.992	1.108.722	2.617.714
Welver	451.047	744.692	1.195.739
Werl, Stadt	2.597.039	1.386.375	3.983.414
Wickede (Ruhr)	415.118	253.030	668.148
Bergkamen, Stadt	3.637.506	2.653.673	6.291.179
Bönen	1.258.464	389.009	1.647.473
Fröndenberg/Ruhr, Stadt	1.194.861	983.551	2.178.412
Holzwickede	959.870	489.118	1.448.988
Kamen, Stadt	2.603.351	1.975.782	4.579.133
Lünen, Stadt	5.249.428	4.029.338	9.278.766
Schwerte, Stadt	2.864.560	1.351.374	4.215.934
Selm, Stadt	1.671.641	1.271.705	2.943.346
Unna, Stadt	4.515.809	2.655.039	7.170.848
Werne, Stadt	2.047.918	942.743	2.990.661
Kleve, Kreis	4.382.292	2.393.745	6.776.037
Mettmann, Kreis	4.697.879	978.121	5.676.000
Rhein-Kreis Neuss, Kreis	4.982.878	2.135.716	7.118.594
Viersen, Kreis	3.330.658	2.264.998	5.595.656
Wesel, Kreis	6.495.269	3.386.103	9.881.372
Aachen, Kreis	4.165.750	2.380.056	6.545.806
Düren, Kreis	3.641.876	2.126.394	5.768.270
Rhein-Erft-Kreis, Kreis	4.663.407	2.730.603	7.394.010
Euskirchen, Kreis	2.184.348	1.553.176	3.737.524
Heinsberg, Kreis	4.143.416	2.308.205	6.451.621
Oberbergischer Kreis	3.786.075	2.013.886	5.799.961
Rhein.-Berg. Kreis	187.896	1.741.193	1.929.089
Rhein-Sieg-Kreis	5.687.366	4.760.768	10.448.134
Borken, Kreis	6.768.616	3.170.788	9.939.404
Coesfeld, Kreis	3.284.534	2.102.746	5.387.280
Recklinghausen,	9.235.536	3.437.227	12.672.763
Steinfurt, Kreis	4.147.300	3.380.006	7.527.306
Warendorf, Kreis	3.485.539	2.267.743	5.753.282
Gütersloh, Kreis	5.861.667	910.339	6.772.006
Herford, Kreis	4.916.848	1.863.463	6.780.311
Höxter, Kreis	2.221.248	1.387.866	3.609.114
Lippe, Kreis	5.784.469	2.500.508	8.284.977
Minden-Lübbecke, Kreis	5.182.426	1.995.894	7.178.320
Paderborn, Kreis	5.147.469	2.002.016	7.149.485
Ennepe-Ruhr-Kreis	3.801.126	1.556.531	5.357.657
Hochsauerlandkreis	5.183.883	2.378.472	7.562.355
Märkischer, Kreis	7.448.827	2.386.043	9.834.870
Olpe, Kreis	2.156.674	755.014	2.911.688
Siegen-Wittgenstein, Kreis	5.161.549	955.688	6.117.237
Soest, Kreis	4.884.318	2.455.887	7.340.205
Unna, Kreis	5.125.135	2.658.850	7.783.985
LV Rheinland	4.448.322	32.301.467	36.749.789
LV Westfalen	3.852.105	37.503.464	41.355.569

Gesetz
zur Errichtung eines Fonds des Landes Nordrhein-Westfalen zur Umsetzung des Gesetzes zur Sicherung von Beschäftigung und Stabilität in Deutschland (Zukunftsinvestitions- und Tilgungsfondsgesetz -ZTFoG NRW)

vom 02.04.2009 (GV. NRW. S. 187)

§ 1
Errichtung des Sondervermögens

Das Land Nordrhein-Westfalen errichtet unter dem Namen "Zukunftsinvestitions- und Tilgungsfonds Nordrhein-Westfalen" ein Sondervermögen.

§ 2
Zweck des Sondervermögens

(1) Der Bund hat mit dem Gesetz zur Errichtung eines Sondervermögens "Investitions- und Tilgungsfonds" (ITFG) und dem Gesetz zur Umsetzung von Zukunftsinvestitionen der Kommunen und Länder (Zukunftsinvestitionsgesetz - ZuInvG) (Artikel 6 und 7 des Gesetzes zur Sicherung von Beschäftigung und Stabilität in Deutschland vom 2. März 2009, BGBl. I S. 416) die Voraussetzungen für die Gewährung von Finanzhilfen nach Artikel 104 b GG für Zukunftsinvestitionen der Kommunen und der Länder geschaffen. Das Sondervermögen des Landes hat die Aufgabe, die Finanzhilfen des Bundes für die Zukunftsinvestitionen der Kommunen und des Landes Nordrhein-Westfalen sowie den vom Land Nordrhein-Westfalen und den Kommunen gemeinsam aufzubringenden Finanzierungsanteil durch Vereinnahmung zu bündeln und zu verausgaben.

(2) Ansprüche Dritter gegen das Sondervermögen werden durch dieses Gesetz nicht begründet.

§ 3
Stellung im Rechtsverkehr

(1) Das Sondervermögen ist teilrechtsfähig. Es kann unter seinem Namen im rechtsgeschäftlichen Verkehr handeln, klagen und verklagt werden. Der allgemeine Gerichtsstand des Sondervermögens ist Düsseldorf.

(2) Das Sondervermögen ist von dem übrigen Vermögen des Landes Nordrhein-Westfalen, seinen Rechten und Verbindlichkeiten getrennt zu halten.

(3) Das Land Nordrhein-Westfalen haftet unmittelbar für die Verbindlichkeiten des Sondervermögens; dieses haftet nicht für die sonstigen Verbindlichkeiten des Landes.

§ 4
Kreditermächtigung

Das Finanzministerium wird ermächtigt, im Namen und für Rechnung des Sondervermögens zur Deckung der Ausgaben des Sondervermögens Kredite bis zur Höhe von 712 000 000 Euro aufzunehmen.

§ 5
Verwaltung der Mittel

Die Verwaltung des Sondervermögens erfolgt durch das Finanzministerium.

§ 6
Tilgung

Die Verbindlichkeiten des Sondervermögens zum Stichtag 31. Dezember 2011 sind ab dem Haushaltsjahr 2012 bis 31. Dezember 2021 zu tilgen. Beginnend mit dem Haushaltsjahr 2012 erfolgen hierzu jährlich Zuweisungen an das Sondervermögen nach Maßgabe des Haushaltsplans. An den Zins- und Tilgungszahlungen des Sondervermögens beteiligen sich die Kommunen durch einen pauschalen Abzug bei den finanzkraftunabhängigen Zuweisungen nach Maßgabe des jährlichen Gemeindefinanzierungsgesetzes.

§ 7
Verwendung der Mittel

(1) Die Mittel des Sondervermögens dürfen ausschließlich zur Umsetzung der Maßnahmen nach dem Gesetz zur Umsetzung von Zukunftsinvestitionen der Kommunen und Länder und der entsprechenden Verwaltungsvereinbarung zwischen Bund und Länder sowie der konkretisierenden Vorschriften des Landes Nordrhein-Westfalen verwendet werden.

(2) Die Zuweisungen aus dem Landeshaushalt zur Abfinanzierung des Sondervermögens bleiben hiervon unberührt.

§ 8
Wirtschaftsplan

Das Finanzministerium erstellt für jedes Jahr einen Wirtschaftsplan, in dem die voraussichtlichen Einnahmen und Ausgaben darzustellen sind.

§ 9
Jahresrechnung

(1) Das Finanzministerium stellt am Schluss eines jeden Haushaltsjahres eine Jahresrechnung für das Sondervermögen auf. Diese wird als Anhang der Haushaltsrechnung des Landes beigefügt.

(2) In der Jahresrechnung sind der Bestand des Sondervermögens einschließlich der Forderungen sowie die Einnahmen und Ausgaben nachzuweisen.

(3) Der Landesrechnungshof prüft gemäß § 113 Satz 2 Landeshaushaltsordnung die Haushalts- und Wirtschaftsführung des Sondervermögens.

§ 10
Auflösung des Sondervermögens

Das Sondervermögen wird mit Tilgung seiner Verbindlichkeiten aufgelöst.

§ 11
Inkrafttreten

Das Gesetz tritt am Tag seiner Verkündung in Kraft.

Anhang 37 Pensionsverpflichtungen und Beihilfeverpflichtungen NRW

Durchführungshinweise zur Bewertung von Pensionsverpflichtungen und Beihilfeverpflichtungen

Runderlass
des Ministeriums für Heimat, Kommunales, Bau und Gleichstellung
vom 13.12.2021 (MBl. NRW. S. 1106)

1.

Das Neue Kommunale Finanzmanagement in den Kommunen erfordert die Erfassung, Bewertung und Bilanzierung aller Verpflichtungen der Kommune. Dazu gehören die Versorgungsanwartschaften der Beamtinnen und Beamten einer Kommune als Verpflichtungen des Dienstherrn, die in voller Höhe als Pensionsrückstellungen in der kommunalen Bilanz anzusetzen sind. Die Bewertung der Pensionsrückstellungen ist von den Kommunen unter Beachtung des § 37 Absatz 1 und 2 der Kommunalhaushaltsverordnung Nordrhein-Westfalen vom 12. Dezember 2018 (GV. NRW. S. 708) in der jeweils geltenden Fassung, im Folgenden KomHVO NRW genannt, und den folgenden Maßgaben vorzunehmen:

2.

Als Beginn des Dienstverhältnisses ist der Zeitpunkt der erstmaligen Berufung in das Beamtenverhältnis zu Grunde zu legen. Ein unmittelbar vorangegangener Wehr- oder Zivildienst ist dabei einem Beamtenverhältnis gleichzusetzen. Für Beamtinnen und Beamte der Laufbahngruppe 1, zweites Einstiegsamt und der Laufbahngruppe 2, erstes Einstiegsamt kann allgemein auch das vollendete 19. Lebensjahr, für Beamtinnen und Beamte der Laufbahngruppe 2, zweites Einstiegsamt allgemein das vollendete 25. Lebensjahr als Beginn der Dienstzeit angesetzt werden. Für Beamtinnen und Beamte auf Zeit kann ausnahmsweise das vollendete 25. Lebensjahr als Beginn der Dienstzeit angesetzt werden.

3.

Als Eintritt in den Ruhestand (Pensionierungsalter) gilt für Laufbahnbeamtinnen und -beamte die jeweilige gesetzliche Altersgrenze. Für Beamtinnen und Beamte auf Zeit kann unabhängig vom Einzelfall allgemein das 65. Lebensjahr als Zeitpunkt für den Eintritt in den Ruhestand angesetzt werden.

4.

Mögliche Ansprüche der Beamtinnen und Beamten aus der gesetzlichen Rentenversicherung sind nicht in die Bewertung einzubeziehen.

5.

Bei einer Teilzeitbeschäftigung von Beamtinnen und Beamten soll für die Zukunft der aktuelle Teilzeitgrad und für die Vergangenheit der bisherige durchschnittliche Beschäftigungsgrad herangezogen werden. Sind diese Daten nicht verfügbar, so kann der Bewertung hilfsweise eine Vollzeitbeschäftigung zu Grunde gelegt werden. Bei einer Freistellung vom Dienst ist fiktiv ein Beschäftigungsgrad von 50 Prozent anzusetzen.

6.

Sofern an den Versorgungslasten der Kommune auch andere Dienstherren aufgrund eines erfolgten Dienstherrenwechsels beteiligt sind, gilt Nachfolgendes:

6.1

Wenn der Dienstherrenwechsel und der Eintritt der Versorgung vor dem 1. Juli 2016 erfolgt ist, ist wie nachstehend zu verfahren:

6.1.1

Bei dem abgebenden Dienstherrn ist die Erstattungsverpflichtung mit dem Barwert anzusetzen. Zur Ermittlung des zu erstattenden Anteils ist die Höhe der Versorgung auf Basis der beim abgebenden Dienstherrn maßgeblichen Besoldungsgruppe zu ermitteln und altersabhängig im Verhältnis der beim abgebenden Dienstherrn zurückgelegten zur, bis zum jeweiligen Versorgungsfall, möglichen Dienstzeit zu gewichten. Die Erstattungsverpflichtung ist in der Bilanz unter dem Bilanzposten „Sonstige Rückstellungen" zu passivieren.

6.1.2

Bei dem aufnehmenden Dienstherrn ist die gesamte Pensionsverpflichtung zu bilanzieren. Ein anteiliger Erstattungsanspruch gegenüber dem abgebenden Dienstherrn ist mit dem Barwert nach Nummer 6.1.1 anzusetzen und in der Bilanz unter dem Bilanzposten „Öffentlich-rechtliche Forderungen" zu aktivieren.

6.2

Sofern der Dienstherrenwechsel vor dem 1. Juli 2016 erfolgt und der Versorgungsfall noch nicht eingetreten ist, sind die dadurch entstehenden Ansprüche und Verpflichtungen aus dem Dienstherrenwechsel weiterhin bilanziell auszuweisen. Für die Barwertermittlung der Abfindungszahlung ist auf den Eintritt des Versorgungsfalles abzustellen.

In diesen Fällen ist wie folgt zu verfahren:

6.2.1

Bei dem abgebenden Dienstherrn ist, soweit keine Zahlungsmitteilung von der Versorgungskasse vorliegt, zum Abschlussstichtag für die bestehende Verpflichtung zur Zahlung einer Abfindungszahlung eine sonstige Rückstellung zu bilden. Zur Barwertermittlung dieser Abfindungszahlung ist auf den Eintritt des Versorgungsfalles abzustellen. Die Berechnung der Abfindungszahlung erfolgt unter Beachtung von § 101 Absatz 2 des Landesbeamtenversorgungsgesetzes vom 14. Juni 2016 (GV. NRW. S. 310, ber. S. 642) in der jeweils geltenden Fassung.

6.2.2

Bei dem aufnehmenden Dienstherrn ist die gesamte Pensionsverpflichtung zu bilanzieren. Der Abfindungszahlungsanspruch gegenüber den abgebenden Dienstherren ist mit dem Barwert nach Nummer 6.2.1 zu aktivieren und in der Bilanz unter dem Bilanzposten „Öffentlich-rechtliche Forderung" zu aktivieren.

6.3

Sofern ein Dienstherrenwechsel vor dem 1. Juli 2016 erfolgt ist und ein weiterer Wechsel nach dem 1. Juli 2016 erfolgte, müssen der abgebende und die früheren Dienstherren innerhalb von sechs Monaten nach der Unterrichtung über den erneuten Wechsel durch den aufnehmenden Dienstherrn eine Abfindung an diesen leisten. Wenn ein Dienstherrenwechsel nach dem 1. Juli 2016 erfolgt ist oder erfolgt, ist im Regelfall die Abfindung innerhalb von sechs Monaten nach Aufnahme bei dem neuen Dienstherrn zu leisten, § 99 Absatz 2 des Landesbeamtenversorgungsgesetzes. Wenn in einem dieser Fälle der Wechsel vor dem Jahresabschlussstichtag erfolgt und die Abfindungszahlung erst nach dem Abschlussstichtag geleistet wird und noch keine konkrete Mitteilung über die Höhe der Abfindungszahlung vorliegt, sind bei dem abgebenden Dienstherrn Rückstellungen zu passivieren und bei dem aufnehmenden Dienstherrn entsprechende Forderungen zu aktivieren.

7

7.1 Die Verpflichtungen der Kommune zur Bewertung von Beihilfeverpflichtungen können als prozentualer Anteil an den Pensions-rückstellungen gemäß § 37 Absatz 1 Satz 5 KomHVO NRW oder auf der Grundlage des Leistungsdurchschnitts gemäß § 37 Absatz 1 Satz 9 KomHVO NRW angesetzt werden.

7.2 Alternativ kann die Bewertung von Beihilfeverpflichtungen zur Berücksichtigung der mit zunehmendem Alter steigenden Krankheitskosten auf Basis von Kopfschadenprofilen erfolgen.

7.3 Wird der Barwert nach § 37 Absatz 1 Satz 9 KomHVO NRW ermittelt, ist Nachfolgendes zu beachten:

Es ist der Durchschnitt der Leistungen im vorgenannten Zeitraum zu ermitteln. Der vorgenannte Zeitraum ist der nach § 37 Absatz 1 Satz 7 KomHVO NRW benannte Zeitraum, welcher die vorangehenden drei Haushaltsjahre vor dem Jahresabschluss umfasst. Der Durchschnitt der Leistungen ist jedes Jahr neu zu ermitteln. Hierbei ist es nicht zu beanstanden, wenn nicht zwischen Leistungen an Ruhegehaltsempfängerinnen und Ruhegehaltsempfänger und Leistungen an Hinterbliebene differenziert wird und beide Leistungen gleichermaßen in die Ermittlungen eingehen.

Die Pflicht zur Bildung von Rückstellungen in angemessener Höhe nach § 88 Absatz 1 der Gemeindeordnung für das Land Nordrhein-Westfalen in der Fassung der Bekanntmachung vom 14. Juli 1994 (GV. NRW. S. 666) in der jeweils geltenden Fassung gilt auch unter Berücksichtigung dieser alternativen Berechnungsmethode unverändert fort. Die zur Rückstellungsbildung gewählte Ermittlungsart muss ein zutreffendes Bild der voraussichtlichen Inanspruchnahme vermitteln.

7.4. Im Falle eines Dienstherrenwechsels ist zu beachten, dass die Beihilfeleistungen von dem aufnehmenden Dienstherrn vollständig zu tragen sind. Der abgebende Dienstherr muss daher die bestehenden Beihilferückstellungen auflösen und der aufnehmende Dienstherr muss für die übergegangene Beihilfeverpflichtung eine Rückstellung bilden.

8.

Dieser Runderlass tritt am Tag nach der Veröffentlichung in Kraft und am 31. Dezember 2028 außer Kraft.

Komponentenansatz

Anwendungserlass des Ministeriums für Heimat, Kommunales, Bau und Gleichstellung (MHKBG) des Landes NRW

vom 28.06.2019 - 304-48.01.02.946/19 (2) -

**Inkrafttreten der Kommunalhaushaltsverordnung NRW
Hinweise zu den Vorschriften
des § 36 Absatz 2 und Absatz 5 KomHVO NRW**

I. § 36 Absatz 2 KomHVO

Im Zusammenhang mit der Vorschrift des § 36 Absatz 2 KomHVO möchte ich auf Folgendes hinweisen:

1) Gemäß § 36 Absatz 2 KomHVO dürfen für eine oder mehrere Komponenten eines Gebäudes, einer Straße, eines Weges oder Platzes in Bezug auf den gesamten Vermögensgegenstand unterschiedliche Nutzungsdauern bestimmt werden. Der Komponentenansatz ist ein allgemeingültiges Bewertungsprinzip für Vermögensgegenstände, für welche die Anwendung des § 36 Absatz 2 KomHVO eröffnet ist.

Im Einzelnen ist zu beachten:

- Nach § 36 Absatz 2 KomHVO dürfen alle wertmäßig bedeutsamen Teile einer Sachanlage getrennt entsprechend ihrer Nutzungsdauer abgeschrieben werden. Eine solche Wertmäßigkeit ist dann gegeben, wenn es sich um Gebäudebestandteile handelt, die wertmäßig mindestens 5 Prozent des Neubauwertes ausmachen. In diesem Sinne dürfen wertmäßig unbedeutende Komponenten hingegen nicht separat angesetzt werden.

- Beispiel Gebäude:
  Komponenten von Gebäuden sind jedenfalls Dach und Fenster. Darüber hinaus können auch mit dem Gebäude physisch verbundene Bestandteile, insbesondere die Heizungsanlage, technische Installationen und Fassaden - soweit sie im oben genannten Sinne wertmäßig bedeutsam sind - als Komponenten berücksichtigt werden.

- Beispiel Straße:
- Bei einer Straße gliedert sich der Straßenaufbau in die Komponenten
  - Unterbau im Sinne von Unterbau, Frostschutzschicht, Tragschicht und Binderschicht und
  - Deckschicht (im Sinne: Verschleißschicht).

- Bei dem Austausch der Deckschicht der Straße hätte dies die Auswirkung, dass der Ergebnishaushalt nicht im Jahr der Maßnahme voll belastet ist. Die Aufwandslast würde sich unter Berücksichtigung der festgelegten Nutzungsdauer auf die Jahre verteilen. Eine derartige Umsetzung des Komponentenansatzes führt zu einer wirklichkeitsgetreuen Darstellung der Lastenverteilung im Ergebnishaushalt.

- Die Entscheidung, ob ein Komponentenansatz gemäß § 36 Absatz 2 KomHVO erfolgt, obliegt der Kommune.

- Die Anwendung des Komponentenansatzes darf bei Vorliegen der Voraussetzungen für jeden einzelnen Vermögensgegenstand separat betrachtet werden. Die Anwendung des Komponentenansatzes ist in geeigneter Weise zu dokumentieren.

- Bei Ausübung des Wahlrechtes ist entsprechend eine Anwendung auf alle art- oder funktionsgleichen Vermögensgegenstände nicht erforderlich.

2) **Behandlung von Bestandsanlagen und aktuell zu aktivierenden Vermögensgegenständen**

- Bei Bestandsanlagen - die am 31. Dezember 2018 bereits in der kommunalen Bilanz aktiviert waren - darf eine Bildung von Komponenten nur anlässlich der Durchführung von Maßnahmen an Vermögensgegenständen erfolgen, welche die vorstehenden Voraussetzungen erfüllen. Ist eine Verhältnisbestimmung (5 Prozent-Regelung) erforderlich, ist der Neubauwert einer äquivalenten Anlage zu ermitteln (ggf. schematisch) und ins Verhältnis zur aktuell geplanten Maßnahme zu setzen.

- Eine Maßnahme an Bestandsanlagen kann nur dann zur Komponentenbildung führen, wenn die Komponente wesentlich angegangen wird. Jedoch ist eine abschnittsweise Planung über mehrere Jahre (ca. 3 Jahre) und somit eine entsprechende mehrjährige Bautätigkeit zulässig. Dies ist in geeigneter Weise zu dokumentieren.

- Für bereits abgeschriebene Vermögensgegenstände ließe sich neben dem Buchwert von Null bzw. einem Euro die Komponente hinzuaktivieren und über die Nutzungsdauer der Komponente abschreiben.

- Bei der erstmaligen Aktivierung eines Vermögensgegenstandes nach dem 01.01.2019 - d. h. Erwerb oder Herstellung eines Vermögensgegenstandes in 2019 oder später - dürfen Komponenten gebildet werden. Ist hier eine Verhältnisbestimmung erforderlich, wird der Wert der Komponente in Bezug zum Neubauwert gesetzt. Der Neubauwert entspricht den aktuellen Anschaffungs- / Herstellungskosten, die sich entweder aus einer konkreten Neubaumaßnahme ergeben haben bzw. andernfalls für einen äquivalenten Neubau zu ermitteln sind. Handelt es sich bei dem zu aktivierenden Vermögensgegenstand nicht um einen Neubau (z. B. Erwerb einer gebrauchten Immobilie), so ist zur Vereinfachung eine schematische Ermittlung von äquivalentem Neubauwert einer vergleichbaren Anlage und anteiligem Komponentenwert zulässig.

- Abrisskosten sind als Teil der Maßnahme zusammen mit dieser aktivierungsfähig. Bei außergewöhnlichen Umständen (z. B. Asbestsanierung) ist eine einzelfallbezogene Betrachtung vorzunehmen, wobei ggf. außerplanmäßige Abschreibungen zu prüfen wären.

3) **Abgrenzung gegenüber laufendem Aufwand**

Sofern eine Aktivierung der Maßnahme - nach § 36 Absatz 2 bzw. Absatz 5 KomHVO oder unter Berücksichtigung der bisherigen Regelungen zur wesentlichen Verbesserung (§ 34 Absatz 3 Satz 1 KomHVO), die weiterhin Anwendung finden - nicht erfolgen kann bzw. nicht erfolgt, stellt die Maßnahme nach wie vor Aufwand dar.

Auch bei erfolgter Komponentenbildung bleiben Instandhaltungen, die nicht zumindest den wesentlichen Teil einer Komponente betreffen und auch ansonsten nicht aktiviert werden können, weiterhin Aufwand.

4) **Höhe der möglichen Aktivierung und weitere bilanzielle bzw. ergebniswirksame Aspekte**

- Die Aktivierung ist i. d. R. in Höhe der Anschaffungs- bzw. Herstellungskosten der Maßnahme vorzunehmen. Es wird darauf hingewiesen, dass beispielsweise Aufwendungen für die Planung, die durch staatseigenes Personal erbracht werden, als aktivierte Eigenleistung Teil der aktivierungsfähigen Anschaffungs- / Herstellungskosten sein können. Außerdem dürfen beispielsweise Zinsen für Fremdkapital gemäß § 34 Absatz 4 Satz 2 KomHVO als Herstellungskosten angesetzt werden. Dies ist in geeigneter Weise zu dokumentieren.

- Soweit ein etwaiger Restbuchwert vorhanden ist, wird dieser entsprechend § 44 Absatz 3 KomHVO ausgebucht und zwar ungeachtet dessen, ob das ersetzte Teil separat abgeschrieben wurde. Sollte die Ermittlung des (Rest-)Buchwertes des ersetzten Teils für die Kommune praktisch nicht durchführbar sein, kann sie die Kosten für die Ersetzung als Anhaltspunkt für die Anschaffungs- bzw. Herstellungskosten zum Zeitpunkt des Kaufs oder der Erstellung verwenden. In diesem Fall - welcher nur bei erstmaliger Anwendung des Komponentenansatzes für den Vermögensgegenstand auftreten dürfte - sind die historischen Anschaffungs- / Herstellungskosten sowie die erfolgten Abschreibungen um diesen Wert als Abgang zu verzeichnen.

- Es erfolgt keine Neubewertung des Vermögensgegenstandes allein aus Anlass der Komponentenbildung. Eventuell vorhandene stille Reserven (der Vermögensgegenstand hat tatsächlich einen höheren Wert als in der Bilanz ausgewiesen) dürfen nicht aus Anlass der Durchführung einer Maßnahme, die zu einem Komponentenansatz führt, "gehoben" werden. Dies würde dem Realisationsprinzip widersprechen, das nach wie

Anlage 38 Komponentenansatz NRW

vor in der KomHVO (§ 33 Absatz 1 Ziffer 3) verankert ist.

- Die Ergebnisrechnung wird nur insoweit beeinflusst, als Abschreibungen künftig vom Wert des Vermögensgegenstandes einschließlich seiner Komponenten und somit ggf. mit unterschiedlichen bzw. veränderten Nutzungsdauern vorzunehmen sind.

- Bisher nach § 36 Absatz 3 GemHVO gebildete Rückstellungen für unterbliebene Instandhaltung dürfen nicht aufgelöst werden, solange die unterbliebene Instandhaltung noch nicht nachgeholt ist. Derartige Rückstellungen sind deshalb im Jahresabschluss desjenigen Jahres auszubuchen - d. h. in der Höhe ertragswirksam aufzulösen - in welcher durch die Maßnahme und dem nunmehr erfolgten komponentenweisen Ansatz eine Aktivierung (auch bereits als "Anlage im Bau") erfolgt ist bzw. in der Höhe in Anspruch zu nehmen ("verbrauchen"), in der die Maßnahme nicht aktivierungsfähig ist. Die Berücksichtigung der ertragswirksamen Auflösungen in der Haushaltsplanung ist denkbar, jedoch vorsichtig vorzunehmen.

- Sonderposten sind gemäß § 44 Absatz 5 KomHVO analog zur Bildung der Komponente am Vermögensgegenstand zu behandeln und dementsprechend aufzulösen.

- Die Auszahlung für die Maßnahme, welche die Komponentenbildung begründet, ist als Investition zu buchen.

- Die Finanzierung der Maßnahme über Investitionskredit ist - sofern die übrigen Voraussetzungen der Kreditaufnahme gegeben sind - zulässig.

II. § 36 Absatz 5 KomHVO

1) § 36 Absatz 5 KomHVO ist nur anzuwenden, sofern eine Erhaltungs- oder Instandsetzungsmaßnahme zu einer relevanten und messbaren Verlängerung der wirtschaftlichen Nutzungsdauer geführt hat.

Im Einzelnen ist zu beachten:

- § 36 Absatz 5 KomHVO gilt für diejenigen Vermögensgegenstände des Anlagevermögens, für die von der Möglichkeit des Komponentenansatzes gemäß § 36 Absatz 2 KomHVO kein Gebrauch gemacht wird oder für welche diese Möglichkeit nicht eröffnet ist. Dies sind u. a. Brücken, Verkehrsflächen in nichtbituminöser Bauweise, Kunstrasenplätze und auch Mobilien. Wird für den betreffenden Vermögensgegenstand bereits der Komponentenansatz genutzt, kommt die Anwendung des § 36 Absatz 5 KomHVO weder für den Vermögensgegenstand noch für seine Komponenten in Betracht.

- Der Anwendungsbereich des § 36 Absatz 5 KomHVO bezieht sowohl Erhaltungs- oder Instandsetzungsmaßnahmen am Vermögensgegenstand in Gänze wie auch an wesentlichen Elementen desselben mit ein. Ein Element ist dann wesentlich, wenn es bei Gebäuden, Straßen, Wegen und Plätzen die Voraussetzungen für eine Komponentenbildung nach § 36 Absatz 2 KomHVO erfüllt und ansonsten dessen Wert im Einzelnen mindestens 5 Prozent des Wertes einer aktuellen äquivalenten Neubeschaffung bzw. -erstellung beträgt.

- Die Berücksichtigung der Erhaltung oder Instandsetzung wesentlicher Elemente dürfte eher höherwertige und länger nutzbare Vermögensgegenstände des Anlagevermögens wie beispielsweise Kraftfahrzeuge (insbesondere Feuerwehrfahrzeuge), Baumaschinen und bewegliche technische Anlagen und Geräte betreffen. Die konkrete Bildung und Abgrenzung des jeweiligen wesentlichen Elementes ist vor Ort vorzunehmen und in geeigneter Weise zu dokumentieren.

- § 36 Absatz 5 KomHVO ist nur im Fall einer relevanten und messbaren Verlängerung der wirtschaftlichen Nutzungsdauer anzuwenden. Von einer relevanten Verlängerung kann in der Regel nicht ausgegangen werden, wenn sich die voraussichtliche Nutzungsdauer durch die Maßnahme im Vergleich zur anfänglichen ursprünglichen Nutzungsdauer des Vermögensgegenstandes um weniger als 10 Prozent erhöht. Bei Gebäuden kann die Verlängerung der wirtschaftlichen Nutzungsdauer z. B. entsprechend Anlage 4 der Richtlinie zur Ermittlung des Sachwerts - Sachwertrichtlinie - SW-RL - vom 5. September 2012 ermittelt werden.

- Es ist nicht zu beanstanden, wenn im Rahmen der Prüfung, ob durch die Erhaltungs- oder Instandsetzungsmaßnahme eine Verlängerung der anfänglichen ursprünglichen Nutzungsdauer erreicht wird, eine Abwägung erfolgt, ob der Aufwand für die Ermittlung und Überprüfung der Verlängerung der Nutzungsdauer in einem angemessenen Verhältnis zum daraus resultierenden Ergebnis steht.

2) Liegen die Voraussetzungen nach der Gliederung II. 1) vor, ist der Vermögensgegenstand neu zu bewerten. Sofern die Erhaltungs- oder Instandsetzungsmaßnahme dazu führt, dass beim Vermögensgegenstand eine Wertsteigerung in Höhe der Maßnahme entsteht, ist diese in entsprechender Höhe zu aktivieren.

- Dabei ist der Wertzuwachs durch den Wert der Erhaltungs- oder Instandsetzungsmaßnahme begrenzt.

- Eventuell vorhandene stille Reserven (Vermögensgegenstand hat tatsächlich einen höheren Wert als in der Bilanz ausgewiesen) dürfen nicht aus Anlass der Erhaltungs- oder Instandsetzungsmaßnahme "gehoben" werden. Dies würde dem Realisationsprinzip widersprechen, das nach wie vor in der KomHVO (§ 33 Absatz 1 Ziffer 3 KomHVO) verankert ist.

- Sollte ein etwaiger Restbuchwert eines ersetzten wesentlichen Elementes, welches nicht bereits als vollständig abgängig bewertet wird, auszubuchen sein, so ist dies entsprechend § 44 Absatz 3 KomHVO vorzunehmen. Sollte die Ermittlung des (Rest-)Buchwertes des ersetzten Elementes für eine Kommune praktisch nicht durchführbar sein, kann sie die Kosten für die Ersetzung als Anhaltspunkt für die Anschaffungs- bzw. Herstellungskosten zum Zeitpunkt des Kaufs oder der Erstellung verwenden. In diesem Fall - welcher nur bei erstmaliger Anwendung des § 36 Absatz 5 KomHVO auftreten dürfte - sind die historischen Anschaffungs-/Herstellungskosten sowie die erfolgten Abschreibungen um diesen Wert als Abgang zu verzeichnen.

- Die Ergebnisrechnung wird nur insoweit beeinflusst, als Abschreibungen künftig vom höheren Wert des Vermögensgegenstandes und über die nunmehr verlängerte Nutzungsdauer (gegenläufige Effekte) vorzunehmen sind.

- Die Auszahlung für die Erhaltungs- oder Instandsetzungsmaßnahme ist als Investition zu buchen.

- Die Finanzierung der Maßnahme über Investitionskredit ist - sofern die übrigen Voraussetzungen der Kreditaufnahme gegeben sind - zulässig.

3) Sofern mehrere Erhaltungs- oder Instandsetzungsmaßnahmen bei einem Vermögensgegenstand (z. B. Dacherneuerung mit zeitgleicher Renovierung des Gebäudes) durchgeführt werden, so dürfen lediglich diejenigen Maßnahmen aktiviert werden, die zu einer Wertsteigerung führen.

4) Bisher nach § 36 Absatz 3 GemHVO gebildete Rückstellungen für unterbliebene Instandhaltung dürfen nicht aufgelöst werden, solange die unterbliebene Instandhaltung noch nicht nachgeholt ist. Derartige Rückstellungen sind deshalb im Jahresabschluss desjenigen Jahres auszubuchen - d. h. in der Höhe ertragswirksam aufzulösen, in der die Erhaltungs- oder Instandsetzungsmaßnahme aktiviert wird, bzw. in der Höhe in Anspruch zu nehmen ("verbrauchen"), in der diese konsumtiv zu bewerten ist - indem die unterbliebene Instandhaltung tatsächlich durchgeführt wurde. Die Berücksichtigung der ertragswirksamen Auflösungen in der Haushaltsplanung ist zwar denkbar, jedoch zurückhaltend und vorsichtig vorzunehmen.

Sonderposten sind gemäß § 44 Absatz 5 KomHVO analog zum Vermögensgegenstand zu behandeln. Damit ist die Verlängerung der Nutzungsdauer des Vermögensgegenstandes auch entsprechend bei der Auflösung des Sonderpostens zu berücksichtigen.

Verordnung über die Durchführung digitaler und hybrider Sitzungen kommunaler Vertretungen (Digitalsitzungsverordnung - DigiSiVO NRW)

vom 27. April 2022 (GV. NRW. S. 712)

Auf Grund des § 133 Absatz 4 Satz 1 der Gemeindeordnung für das Land Nordrhein-Westfalen in der Fassung der Bekanntmachung vom 14. Juli 1994 (GV. NRW. S. 666), der durch Artikel 1 Nummer 21 des Gesetzes vom 13. April 2022 (GV. NRW S. 489) eingefügt worden ist, verordnet das Ministerium für Heimat, Kommunales, Bau und Gleichstellung im Benehmen mit dem für Kommunales zuständigen Ausschuss des Landtags und mit der oder dem Beauftragten der Landesregierung Nordrhein-Westfalen für Informationstechnik:

§ 1
Geltungsbereich

Diese Verordnung gilt gemäß § 47a Absatz 2 der Gemeindeordnung für das Land Nordrhein-Westfalen in der Fassung der Bekanntmachung vom 14. Juli 1994 (GV. NRW. S. 666) in der jeweils geltenden Fassung für digitale und hybride Sitzungen der Vertretungen und Ausschüsse der Gemeinden, Kreise, Landschaftsverbände, des Regionalverbands Ruhr sowie der Zweckverbände nach dem Gesetz über kommunale Gemeinschaftsarbeit Nordrhein-Westfalen in der Fassung der Bekanntmachung vom 1. Oktober 1979 (GV. NRW. S. 621) in der jeweils geltenden Fassung.

§ 2
Durchführung digitaler und hybrider Sitzungen

(1) Digitale und hybride Sitzungen sind mit Unterstützung einer zugelassenen Anwendung zur Bild-Ton-Übertragung (Videokonferenzsystem) sowie einer zugelassenen Anwendung zur Durchführung digitaler Abstimmungen (Abstimmungssystem) durchzuführen. Videokonferenzsystem und Abstimmungssystem sollen aufeinander abgestimmt oder, soweit möglich, in einer Anwendung integriert sein.

(2) Die eingesetzten Anwendungen nach Absatz 1 müssen die Funktionalitäten bereitstellen, die zur Einhaltung der verbindlichen Verfahren und Vorgaben für die jeweilige Gremiensitzung erforderlich sind. Sie müssen es der Sitzungsleitung technisch ermöglichen, die Ordnung in den Sitzungen herzustellen und durchzusetzen.

(3) Für die Sitzungsleitung, die Gremienmitglieder und im Fall einer öffentlichen Sitzung auch für die Öffentlichkeit muss jederzeit durch Bildübertragung, namentliche Anzeige oder geeignete Darstellung nachvollziehbar sein, welche Gremienmitglieder aktuell zugeschaltet sind und an der Sitzung teilnehmen.

(4) Bei Wortbeiträgen müssen die Gremienmitglieder mit Bild und Ton, im Übrigen sollen sie im Rahmen der Darstellungsmöglichkeiten mit Bild für alle anderen Gremienmitglieder, die Sitzungsleitung und im Fall einer öffentlichen Sitzung auch für die Öffentlichkeit wahrnehmbar sein. Den teilnehmenden Gremienmitgliedern muss es jederzeit während der Sitzung technisch möglich sein, die Wahrnehmbarkeit mit Bild und Ton herzustellen.

(5) Die Übermittlung der Zugangsdaten, die den Gremienmitgliedern und den übrigen Teilnahmeberechtigten im gebotenen Umfang den Zugang zum Videokonferenzsystem und zum Abstimmungssystem ermöglichen, erfolgt elektronisch. Es ist sicherzustellen, dass nur Berechtigte Kenntnis von den Zugangsdaten erhalten.

§ 3
Öffentlichkeit in digitalen Sitzungen

(1) Die Öffentlichkeit erhält die Information über den Zugang zu digitalen Sitzungen in der durch Geschäftsordnung festzulegenden Form. Die Teilnahme erfolgt über einen geschützten Zugang, bei dem die Zugangsmöglichkeit nach vorheriger Anmeldung innerhalb einer in der Geschäftsordnung festzulegenden angemessenen Frist regelmäßig in Form eines Zugangslinks elektronisch mitgeteilt und eröffnet wird. Vor Eröffnung der digitalen Zugangsmöglichkeit ist darauf hinzuweisen, dass die Aufzeichnung und Weiterverbreitung der Sitzung oder Teilen davon untersagt ist. Personen, die nicht über einen eigenen Internetzugang verfügen, soll auf rechtzeitige Anfrage ein Angebot bereitgestellt werden, das diesen ein Verfolgen der Sitzung in geeigneten Räumlichkeiten ermöglicht.

(2) Die Durchführung von Einwohnerfragestunden in digitalen Sitzungen ist möglich, sofern der Öffentlichkeit ein geschützter Zugang mit Rederecht eingeräumt ist. Alternativ kann die Gelegenheit eingeräumt werden, Fragen zur Einwohnerfragestunde auf elektronischem Wege innerhalb einer zu bestimmenden Frist vor oder während der Fragestunde einzureichen. Das Nähere regelt die Geschäftsordnung.

(3) Die Beratung von Gegenständen unter Ausschluss der Öffentlichkeit ist in digitaler Sitzung zulässig. Die eingesetzte Videokonferenzsoftware muss einen Ausschluss der Öffentlichkeit zuverlässig ermöglichen. Ist die Öffentlichkeit von der Beratung ausgeschlossen, haben die digital teilnehmenden Gremienmitglieder in ihrem Verantwortungsbereich den erforderlichen Datenschutz sicherzustellen und am Ort ihrer Sitzungsteilnahme zu verhindern, dass Dritte die Inhalte der nichtöffentlichen Beratung ganz oder teilweise wahrnehmen können. Diese Pflicht ist Bestandteil der Verschwiegenheitspflicht nach § 30 Absatz 1 der Gemeindeordnung für das Land Nordrhein-Westfalen. Vor Beginn eines nichtöffentlichen Sitzungsteils hat die Sitzungsleitung die Gremienmitglieder auf ihre Pflichten hinzuweisen und ihnen Gelegenheit zu geben, die erforderlichen Voraussetzungen herzustellen.

§ 4
Abstimmungen und Wahlen

(1) Das Abstimmungssystem muss das Stimmverhalten der Stimmberechtigten bei offenen oder namentlichen Abstimmungen für die Sitzungsleitung, die anderen Gremienmitglieder und die Öffentlichkeit erkennen und nachvollziehen lassen. Der Verzicht auf den Einsatz eines Abstimmungssystems ist abweichend von § 2 Absatz 1 Satz 1 zulässig, wenn die Voraussetzungen des Satzes 1 im Rahmen der digitalen und hybriden Sitzungsdurchführung auf andere geeignete Weise erfüllt werden.

(2) Die Durchführung geheimer Abstimmungen oder Wahlen ist in einer digitalen oder hybriden Sitzung nur zulässig, wenn durch das eingesetzte Abstimmungssystem technisch sichergestellt ist, dass die Anforderungen an das Verfahren eingehalten werden können, insbesondere die Vertraulichkeit der digitalen Stimmabgabe gewährleistet bleibt und die wesentlichen Schritte der Abstimmungs- beziehungsweise Wahlhandlung und der Ergebnisermittlung zuverlässig und ohne besondere Sachkenntnis überprüft werden können. Wird geheim abgestimmt, darf nur das Abstimmungsergebnis erkennbar sein. Ist die Einhaltung der Anforderungen nach Satz 1 nicht sichergestellt, sind geheime Abstimmungen im Nachgang zur digitalen oder hybriden Sitzung durch Abgabe von Stimmzetteln per Briefwahl durchzuführen und das Ergebnis in die Niederschrift aufzunehmen. Neben den Gremienmitgliedern ist auch die Öffentlichkeit über das Stimmergebnis zu informieren, soweit nicht im Einzelfall etwas anderes beschlossen wird. Für die durch Bild-Ton-Übertragung teilnehmenden Gremienmitglieder gilt bei Beratungen unter Ausschluss der Öffentlichkeit § 3 Absatz 3 entsprechend.

§ 5
Hybride Sitzungen

(1) Bei hybriden Sitzungen sind die Sitzungsleitung und die Öffentlichkeit sowie die nicht durch Bild-Ton-Übertragung teilnehmenden Gremienmitglieder im Sitzungssaal anwesend. Durch die geeignete Aufnahme- und Übertragungstechnik ist sicherzustellen, dass die Sitzungsleitung und Wortbeiträge der Gremienmitglieder für alle digital und vor Ort teilnehmenden Gremienmitglieder sowie für die Öffentlichkeit optisch und akustisch gleichwertig wahrnehmbar sind.

(2) Bei geheimen Abstimmungen und Wahlen in hybriden Sitzungen ist für die Stimmabgabe der vor Ort anwesenden und der digital teilnehmenden Gremienmitglieder dasselbe Abstimmungssystem zu verwenden.

§ 6
Befangene Gremienmitglieder

Die Sitzungsleitung hat durch geeignete Maßnahmen sicherzustellen, dass befangene Gremienmitglieder von der Mitwirkung an der Beratung und Abstimmung zu Tagesordnungspunkten im Videokonferenz- und Abstimmungssystem in dem gebotenen Umfang ausgeschlossen sind. Bei nichtöffentlichen Sitzungsteilen muss für die Sitzungsleitung und die übrigen Gremienmitglieder erkennbar sein, dass ein befangenes Gremienmitglied für die Dauer der Behandlung der Angelegenheit keinen Zugang zur digitalen oder hybriden Sitzung hat.

§ 7
Datenschutz

(1) Die eingesetzten Anwendungen müssen der Datenschutz-Grundverordnung vom 27. April 2016 (ABl. L 119 vom 4.5.2016, S. 1; L 314 vom 22.11.2016, S. 72; L 127 vom 23.5.2018, S. 2; L 74 vom 4.3.2021, S. 35) in der jeweils geltenden Fassung sowie den weiteren einschlägigen datenschutzrechtlichen Vorgaben entsprechen. Die Gemeinde oder der Gemeindeverband trägt Sorge für die Einhaltung der bei Durchführung digitaler Sitzungen zu beachtenden datenschutzrechtlichen Vorgaben. Einer Zustimmung der Gremienmitglieder sowie von Angehörigen der Verwaltung zu Bild-Ton-Übertragungen, die erforderlich sind, um die Voraussetzungen des § 47a Absatz 2 und 5 der Gemeindeordnung für das Land Nordrhein-Westfalen sicherzustellen, bedarf es nicht.

(2) Die Zulässigkeit von Video- und Tonaufnahmen von digitalen Sitzungen mit dem Zweck der Veröffentlichung richtet sich nach der Maßgabe der Hauptsatzung.

(3) Den Teilnehmerinnen und Teilnehmern digitaler und hybrider Sitzungen sowie der Öffentlichkeit sind die wesentlichen sie betreffenden datenschutzrechtlichen Informationen und zu beachtenden Regularien vor Beginn der Sitzung in geeigneter Form zur Kenntnis zu bringen. Sofern Zustimmungen erforderlich sind, können diese elektronisch erteilt werden.

(4) Für im Rahmen von digitalen und hybriden Gremiensitzungen gespeicherten personenbezogene Daten sind Schutzanforderungen und Löschfristen festzulegen und zu überwachen.

§ 8
IT-Sicherheit

(1) Die eingesetzten Anwendungen müssen dem aktuellen Stand der IT-Sicherheitstechnik für Videokonferenz- und Abstimmungssysteme entsprechen. Für den Einsatz dieser Anwendungen hat die Kommune eigenverantwortlich ein Konzept zu erstellen, das den Anforderungen der IT-Sicherheit Rechnung trägt, oder ein vorhandenes IT-Sicherheitskonzept entsprechend zu erweitern.

(2) Um eine sichere Nutzung der Videokonferenz- und Abstimmungssysteme zu ermöglichen, ist ein Handbuch vorzuhalten, das die erforderlichen Anweisungen bezüglich Informationssicherheit sowie die zu beachtenden Richtlinien und Regularien umfasst. Dieses Handbuch muss allen Nutzerinnen und Nutzern der digitalen Sitzung zugänglich sein.

(3) Wird die Verwendung privater Endgeräte zugelassen, hat das Konzept nach Absatz 1 Satz 2 festzulegen, welche IT-sicherheitsrechtlichen und datenschutzrechtlichen Maßnahmen von den Gremienmitgliedern in eigener Verantwortung zu treffen sind.

§ 9
Verantwortung für die digitale Teilnahmemöglichkeit

(1) Vor und während der gesamten Dauer der Sitzung sind im Rahmen der Sitzungsorganisation die technischen und organisatorischen Voraussetzungen dafür sicherzustellen, dass den Gremienmitgliedern und in öffentlichen Sitzungen der Öffentlichkeit der Zugang und die digitale Teilnahme an der Sitzung dauerhaft möglich sind.

(2) Es sind vor der Sitzungsdurchführung Regelungen darüber zu treffen, welche Endgeräte die Gremienmitglieder für die digitale Sitzungsteilnahme zu verwenden haben und wer für die Wartung und Pflege der Endgeräte verantwortlich ist.

(3) Die Gremienmitglieder sind verantwortlich für die Herstellung der digitalen Verbindung zur Sitzung mit den dafür zur Verfügung gestellten oder zugelassenen Endgeräten.

(4) Der Umfang der Pflichten nach den Absätzen 1 bis 3 kann in der Geschäftsordnung näher bestimmt werden.

§ 10
Störungen der Bild-Ton-Übertragung

(1) Die Sitzung ist unverzüglich zu unterbrechen, wenn ein Gremienmitglied eine Störung der Bild-Ton-Übertragung, die es an einer ordnungsgemäßen Sitzungsteilnahme hindert, rügt oder wenn die Sitzungsleitung auf andere Weise Kenntnis von einer solchen Störung erhält. Die Sitzung darf vor Behebung der Störung nicht fortgesetzt werden. Das gilt nicht, wenn es sich um eine unbeachtliche Störung nach Absatz 4 handelt oder davon ausgegangen werden kann, dass die Störung in den Verantwortungsbereich des Gremienmitglieds fällt. Das ist insbesondere zu vermuten, wenn eine Behebung der Störung nicht gelingt und allen übrigen Gremienmitgliedern eine störungsfreie Bild-Ton-Übertragung möglich ist.

(2) Sind Verfahrensschritte durch eine Störung beeinträchtigt gewesen, die der Fortsetzung der Sitzung entgegengestanden hätte und die nicht nach Absatz 4 unbeachtlich ist, sind diese nach der Feststellung und Behebung der Störung in der Sitzung nachzuholen.

(3) Vor der Durchführung von digitalen oder hybriden Sitzungen sind Regelungen über die Meldung von Störungen zu treffen, insbesondere ist ein zweiter Meldeweg festzulegen, auf dem Störungen bei der Bild-Ton-Übertragung gemeldet werden können. Sitzungsleitung und Gremienmitglieder stellen sicher, dass die Gremienmitglieder unmittelbar vor und während der Sitzung die Möglichkeit haben, der Sitzungsleitung technische oder sonstige Störungen der Bild-Ton-Übertragung zu melden.

(4) Eine Störung ist insbesondere unbeachtlich, wenn

1. nach einem Abbruch der Bild-Ton-Übertragung eine Meldung der Störung innerhalb einer angemessenen Zeit unterbleibt, die in der Geschäftsordnung festgelegt werden kann oder

2. das betroffene Gremienmitglied nach Wiederherstellung der Übertragung ohne Rüge an Beratungen und Abstimmungen mitwirkt.

§ 11
Zulassungsverfahren

(1) Für die Zulassung von Anwendungen nach § 2 Absatz 1 ist die Gemeindeprüfungsanstalt Nordrhein-Westfalen die gemäß § 47a Absatz 4 Satz 2 der Gemeindeordnung für das Land Nordrhein-Westfalen zuständige Stelle (Zulassungsstelle).

(2) Die Zulassung erfolgt auf Antrag. Bei Anwendungen, die von mehreren Gemeinden oder Gemeindeverbänden eingesetzt werden sollen, genügt eine Zulassung.

(3) Die Zulassungsstelle kann zum Nachweis der Erfüllung von Datenschutz- und IT-Sicherheits-Standards die Vorlage geeigneter Zertifikate von dritten Stellen verlangen. Sie kann sich für die Zulassungsprüfung oder Teile dieser Dritter bedienen.

(4) Die Gültigkeit der Zulassungen nach Absatz 1 ist längstens auf fünf Jahre zu befristen. Die Gültigkeit erlischt, wenn wesentliche Änderungen an den Anwendungen vorgenommen werden. Die Zulassung kann mit weiteren Nebenbestimmungen versehen werden, insbesondere mit Auflagen, mit denen die Einhaltung von in dieser Verordnung geregelten Anforderungen sichergestellt wird.

§ 12
Verwaltungsvorschriften

Das für Kommunales zuständige Ministerium erlässt im Benehmen mit der oder dem Beauftragten der Landesregierung Nordrhein-Westfalen für Informationstechnik die erforderlichen Verwaltungsvorschriften zur näheren Festlegung der Anforderungen nach den §§ 2 bis 8 sowie der Verfahrensschritte, die im Rahmen des Zulassungsverfahrens nach § 11 zu berücksichtigen sind.

§ 13
Inkrafttreten

Diese Verordnung tritt am Tag nach der Verkündung in Kraft.

Seite 376

bleibt aus drucktechnischen Gründen frei

Gesetz
über die Sicherung von Tariftreue und Mindestlohn bei der Vergabe öffentlicher Aufträge (Tariftreue- und Vergabegesetz Nordrhein-Westfalen - TVgG NRW)

vom 22.03.2018 (GV. NRW. S. 172)

§ 1
Zweck des Gesetzes, Anwendungsbereich

(1) Zweck dieses Gesetzes ist es, einen fairen Wettbewerb um das wirtschaftlichste Angebot bei der Vergabe öffentlicher Aufträge sicherzustellen, bei gleichzeitiger Sicherung von Tariftreue und Einhaltung des Mindestlohns.

(2) Dieses Gesetz gilt für die Vergabe öffentlicher Aufträge über die Beschaffung von Leistungen, die die Ausführung von Bauleistungen oder die Erbringung von Dienstleistungen im Sinne des § 103 Absatz 1 des Gesetzes gegen Wettbewerbsbeschränkungen in der Fassung der Bekanntmachung vom 26. Juni 2013 (BGBl. I S. 1750, 3245), das zuletzt durch Artikel 2 Absatz 2 des Gesetzes vom 18. Juli 2017 (BGBl. I S. 2739) geändert worden ist, zum Gegenstand haben.

Im Bereich des öffentlichen Personenverkehrs gelten die Regelungen dieses Gesetzes für alle öffentlichen Aufträge nach Absatz 2, die Dienstleistungsaufträge im Sinne der Verordnung (EG) Nr. 1370/2007 des Europäischen Parlaments und des Rates vom 23. Oktober 2007 über öffentliche Personenverkehrsdienste auf Schiene und Straße und zur Aufhebung der Verordnungen (EWG) Nr. 1191/69 und (EWG) Nr. 1107/70 des Rates (ABl. L 315 vom 3.12.2007, S. 1), die durch Verordnung (EU) 2016/2338 (ABl. L 354 vom 23.12.2016, S. 22) geändert worden ist, sind. Dieses Gesetz gilt auch für öffentliche Aufträge über Beförderungsleistungen im Sinne von § 1 der Freistellungs-Verordnung in der im Bundesgesetzblatt Teil III, Gliederungsnummer 9240-1-1, veröffentlichten bereinigten Fassung, die zuletzt durch Artikel 1 der Verordnung vom 4. Mai 2012 (BGBl. I S. 1037) geändert worden ist.

(4) Öffentliche Auftraggeber im Sinne dieses Gesetzes sind die nordrhein-westfälischen Auftraggeber im Sinne von § 99 des Gesetzes gegen Wettbewerbsbeschränkungen.

(5) Dieses Gesetz gilt ab einem geschätzten Auftragswert von 25 000 Euro (ohne Umsatzsteuer). Für die Schätzung des Auftragswerts gilt § 3 der Vergabeverordnung vom 12. April 2016 (BGBl. I S. 624), die durch Artikel 8 des Gesetzes vom 18. Juli 2017 (BGBl. I S. 2745) geändert worden ist.

(6) Dieses Gesetz gilt nicht für öffentliche Aufträge von Sektoren- und Konzessionsauftraggebern im Sinne der §§ 100 und 101 des Gesetzes gegen Wettbewerbsbeschränkungen, für verteidigungs- und sicherheitsspezifische öffentliche Aufträge im Sinne des § 104 des Gesetzes gegen Wettbewerbsbeschränkungen, für Konzessionen im Sinne des § 105 des Gesetzes gegen Wettbewerbsbeschränkungen, für öffentliche Aufträge im Sinne der §§ 107, 108, 109, 116 und 117 des Gesetzes gegen Wettbewerbsbeschränkungen. Satz 1 gilt nicht für öffentliche Aufträge im Sinne von § 102 Absatz 4 des Gesetzes gegen Wettbewerbsbeschränkungen, soweit diese von § 1 Absatz 3 erfasst sind.

(7) Das Gesetz gilt nicht für öffentliche Aufträge, die im Namen oder im Auftrag des Bundes ausgeführt werden.

(8) Sollen öffentliche Aufträge gemeinsam mit Auftraggebern aus anderen Ländern oder aus Nachbarstaaten der Bundesrepublik Deutschland vergeben werden, soll mit diesen eine Einigung über die Einhaltung der Bestimmungen dieses Gesetzes angestrebt werden. Kommt keine Einigung zustande, kann von den Bestimmungen dieses Gesetzes abgewichen werden.

§ 2
Tariftreuepflicht, Mindestlohn

(1) Bei öffentlichen Aufträgen für Leistungen, deren Erbringung dem Geltungsbereich

1. eines nach dem Tarifvertragsgesetz in der Fassung der Bekanntmachung vom 25. August 1969 (BGBl. I S. 1323) in der jeweils geltenden Fassung für allgemein verbindlich erklärten Tarifvertrages,

2. eines nach dem Tarifvertragsgesetz mit den Wirkungen des Arbeitnehmer-Entsendegesetzes vom 20. April 2009 (BGBl. I S. 799) in der jeweils geltenden Fassung für allgemein verbindlich erklärten Tarifvertrages oder

3. einer nach den §§ 7, 7a oder 11 des Arbeitnehmer-Entsendegesetzes oder nach § 3a des Arbeitnehmerüberlassungsgesetzes in der Fassung der Bekanntmachung vom 3. Februar 1995 (BGBl. I S. 158) in der jeweils geltenden Fassung erlassenen Rechtsverordnung unterfällt,

muss das beauftragte Unternehmen bei der Ausführung des Auftrags wenigstens diejenigen Mindestarbeitsbedingungen einschließlich des Mindestentgelts gewähren, die in dem Tarifvertrag oder der Rechtsverordnung verbindlich vorgegeben werden.

(2) Bei öffentlichen Aufträgen im Sinne des § 1 Absatz 3 Satz 1 im Bereich des öffentlichen Personenverkehrs auf Straße und Schiene muss das beauftragte Unternehmen seinen Beschäftigten (ohne Auszubildende) bei der Ausführung des Auftrags wenigstens das in Nordrhein-Westfalen für diese Leistung in einem einschlägigen und repräsentativen mit einer tariffähigen Gewerkschaft vereinbarten Tarifvertrag vorgesehene Entgelt nach den tarifvertraglich festgelegten Modalitäten zahlen und während der Ausführungslaufzeit Änderungen nachvollziehen.

(3) Darüber hinaus muss bei allen anderen öffentlichen Aufträgen im Sinne des § 1 Absatz 2 das beauftragte Unternehmen bei der Ausführung der Leistung wenigstens ein Entgelt zahlen, das den Vorgaben des Mindestlohngesetzes vom 11. August 2014 (BGBl. I S. 1348) in der jeweils geltenden Fassung entspricht. Satz 1 gilt nur, sofern die ausgeschriebene Leistung im Hoheitsgebiet der Bundesrepublik Deutschland erbracht wird.

(4) Die in Absatz 1 bis 3 auferlegten Pflichten gelten entsprechend für sämtliche Nachunternehmen des beauftragten Unternehmens. Das beauftragte Unternehmen stellt sicher, dass die Nachunternehmen die in Absatz 1 bis 3 auferlegten Pflichten ebenfalls einhalten.

(5) Öffentliche Auftraggeber sind berechtigt, Kontrollen durchzuführen, um die Einhaltung der in Absatz 1 bis 4 auferlegten Pflichten zu überprüfen.

(6) Öffentliche Auftraggeber müssen Vertragsbedingungen verwenden,

1. durch die die beauftragten Unternehmen verpflichtet sind, die in den Absatz 1 bis 4 genannten Vorgaben einzuhalten,

2. die dem öffentlichen Auftraggeber ein Recht zur Kontrolle und Prüfung der Einhaltung der Vorgaben einräumen und dessen Umfang regeln und

3. die dem öffentlichen Auftraggeber ein vertragliches außerordentliches Kündigungsrecht sowie eine Vertragsstrafe für den Fall der Verletzung der in Absatz 1 bis 4 genannten Pflichten einräumen.

(7) Bei öffentlichen Aufträgen im Sinne des § 1 Absatz 3 sind die gemäß § 3 von dem für Arbeit zuständigen Ministerium für repräsentativ erklärten Tarifverträge sowie die Vertragsbedingungen vom öffentlichen Auftraggeber in der Auftragsbekanntmachung oder den Vergabeunterlagen des öffentlichen

Auftrags aufzuführen.

(8) Erfüllt die Vergabe eines öffentlichen Auftrages die Voraussetzungen von mehr als einer der in Absatz 1 bis 3 getroffenen Regelungen, so gilt die für die Beschäftigten jeweils günstigste Regelung.

§ 3
Rechtsverordnungen

(1) Das für Arbeit zuständige Ministerium wird ermächtigt, durch Rechtsverordnung festzustellen, welcher Tarifvertrag oder welche Tarifverträge im Bereich des öffentlichen Personenverkehrs gemäß § 1 Absatz 3 repräsentativ im Sinne von § 2 Absatz 2 sind.

(2) Bei der Feststellung der Repräsentativität eines oder mehrerer Tarifverträge nach § 3 Absatz 1 ist auf die Bedeutung des oder der Tarifverträge für die Arbeitsbedingungen der Arbeitnehmer abzustellen. Hierbei kann insbesondere auf

1. die Zahl der von den jeweils tarifgebundenen Arbeitgebern unter den Geltungsbereich des Tarifvertrags fallenden Beschäftigten oder

2. die Zahl der jeweils unter den Geltungsbereich des Tarifvertrags fallenden Mitglieder der Gewerkschaft, die den Tarifvertrag geschlossen hat,

Bezug genommen werden. Das für Arbeit zuständige Ministerium errichtet einen beratenden Ausschuss für die Feststellung der Repräsentativität der Tarifverträge. Es bestellt für die Dauer von vier Jahren je drei Vertreter der Gewerkschaften und der Arbeitgeber oder Arbeitgeberverbänden im Bereich des öffentlichen Personenverkehrs auf deren Vorschlag als Mitglieder. Die Beratungen koordiniert und leitet eine von dem für Arbeit zuständigen Ministerium beauftragte Person, die kein Stimmrecht hat. Der Ausschuss gibt eine schriftlich begründete Empfehlung ab. Kommt ein mehrheitlicher Beschluss über eine Empfehlung nicht zustande, ist dies unter ausführlicher Darstellung der unterschiedlichen Positionen schriftlich mitzuteilen. Das für Arbeit zuständige Ministerium wird ermächtigt, das Nähere zur Bestellung des Ausschusses, zu Beratungsverfahren und Beschlussfassung, zur Geschäftsordnung und zur Vertretung und Entschädigung der Mitglieder durch Rechtsverordnung zu regeln.

§ 4
Inkrafttreten

Dieses Gesetz tritt am Tag nach der Verkündung in Kraft.

Gesetz
zur Umsetzung des Kommunalinvestitionsförderungsgesetzes in Nordrhein-Westfalen
(KInvFöG NRW)

vom 01.10.2015 (GV. NRW. S. 672),
zuletzt geändert durch Gesetz vom 23.02.2022 (GV. NRW. S. 245)

Kapitel 1
Finanzhilfen zur Stärkung der Investitionstätigkeit finanzschwacher Kommunen nach Artikel 104b des Grundgesetzes

§ 1
Förderziel und Fördervolumen

(1) Zum Ausgleich unterschiedlicher Wirtschaftskraft im Bundesgebiet unterstützt der Bund die Länder bei der Stärkung der Investitionstätigkeit finanzschwacher Gemeinden und Gemeindeverbände. Hierzu stellt der Bund dem Land Nordrhein-Westfalen einen Betrag in Höhe von 1 125 621 000 Euro nach Maßgabe des Kommunalinvestitionsförderungsgesetzes vom 24. Juni 2015 (BGBl. I S. 974, 975) das zuletzt durch Artikel 3 des Gesetzes vom 10. September 2021 (BGBl. I S. 4147) geändert worden ist und der Verwaltungsvereinbarung zur Durchführung des Gesetzes zur Förderung von Investitionen finanzschwacher Kommunen (Kommunalinvestitionsförderungsgesetz - KInvFG) vom 20. August 2015 (MBl. NRW. S. 524) zur Verfügung.

(2) Finanzschwach im Sinne des Absatzes 1 sind alle Gemeinden und Kreise, die in einem oder mehreren der Jahre 2011 bis 2015 Schlüsselzuweisungen nach Maßgabe der jeweiligen Gemeindefinanzierungsgesetze erhalten haben.

§ 2
Investitionsbegriff

Investitionen im Sinne dieses Gesetzes sind Investitionsausgaben gemäß § 13 Absatz 3 Nummer 2 Buchstabe a bis c der Bundeshaushaltsordnung vom 19. August 1969 (BGBl. I S. 1284), die zuletzt durch Artikel 21 des Gesetzes vom 20. August 2021 (BGBl. I S. 3932) geändert worden ist. Für § 13 Absatz 3 Nummer 2 Buchstabe g der Bundeshaushaltsordnung gilt das insoweit, als die Zuschüsse und Zuweisungen für die in § 13 Absatz 3 Nummer 2 Buchstabe a bis c der Bundeshaushaltsordnung genannten Zwecke gewährt werden.

§ 3
Verteilungsschlüssel

(1) Der Betrag nach § 1 Absatz 1 Satz 2 wird auf die Gemeinden und Kreise nach dem Verhältnis der Summe der Schlüsselzuweisungen der einzelnen Gemeinde oder des einzelnen Kreises für die Jahre 2011 bis 2015 zur Summe der Schlüsselzuweisungen verteilt, die alle Gemeinden und Kreise nach Maßgabe der Gemeindefinanzierungsgesetze in diesem Zeitraum erhalten haben.

(2) Die Höhe der für die einzelnen Gemeinden und Kreise bereitzustellenden Mittel ergibt sich aus der Anlage zu diesem Gesetz.

§ 4
Neubereitstellung von Mitteln

Mittel, die von einer Gemeinde oder einem Kreis nicht in Anspruch genommen werden oder die aus anderen Gründen nicht im Sinne des Kommunalinvestitionsförderungsgesetzes verwendet werden, können abweichend von der in der Anlage geregelten Verteilung durch die Landesregierung neu bereitgestellt werden.

§ 5
Beschleunigung der Investitionen

Im Haushaltsjahr 2015 können Aufwendungen und Auszahlungen der Gemeinden und Kreise für nach diesem Gesetz geförderte Investitionsmaßnahmen als überplanmäßige oder außerplanmäßige Aufwendungen oder Auszahlungen behandelt werden. Sie bedürfen dann der vorherigen Zustimmung des Rates oder des Kreistages. Insoweit finden § 81 und § 83 der Gemeindeordnung für das Land Nordrhein-Westfalen in der Fassung der Bekanntmachung vom 14. Juli 1994 (GV. NRW. S. 666), in der jeweils geltenden Fassung für Gemeinden und § 53 Absatz 1 der Kreisordnung für das Land Nordrhein-Westfalen in der Fassung der Bekanntmachung vom 14. Juli 1994 (GV. NRW. S. 646), in der jeweils geltenden Fassung in Verbindung mit § 81 und § 83 der Gemeindeordnung für das Land Nordrhein-Westfalen für Kreise keine Anwendung. Sofern eine Haushaltssatzung Festlegungen für die Haushaltsjahre 2015 und 2016 (Doppelhaushalt) enthält, gilt Satz 1 für das Jahr 2016 entsprechend. Sofern für die Haushaltsjahre 2015/2016 ein Doppelhaushalt gemäß § 78 Absatz 3 Satz 2 der Gemeindeordnung für das Land Nordrhein-Westfalen beschlossen wurde, gelten Satz 1 und 2 auch für das Jahr 2016.

§ 6
Förderquote, kommunaler Eigenanteil und Eigenanteil anderer Träger

(1) Investitionen nach diesem Gesetz werden mit bis zu 90 Prozent des öffentlichen Finanzierungsanteils gefördert. Die Gemeinde oder der Kreis beteiligt sich mit mindestens 10 Prozent daran.

(2) Fördert eine Gemeinde oder ein Kreis Investitionsmaßnahmen anderer Träger, ergeben sich die förderfähigen Kosten aus der Differenz zwischen den Gesamtkosten der Maßnahme und dem Eigenanteil des anderen Trägers. Die Höhe des Eigenanteils des anderen Trägers soll in der Regel der des kommunalen Eigenanteils entsprechen.

§ 7
Zuständigkeit und Verfahren

(1) Zuständig für die Umsetzung des Kommunalinvestitionsförderungsgesetzes in Nordrhein-Westfalen ist das für Kommunales zuständige Ministerium. Bewilligungsbehörde ist die örtlich zuständige Bezirksregierung.

(2) Die Bereitstellung der Mittel sowie die Einzelheiten insbesondere des Mittelabrufs, der Mittelweiterleitung an Dritte, des Verwendungsnachweises, der Rückforderung und deren Verzinsung regelt die zuständige Bezirksregierung gegenüber der jeweiligen Kommune vor dem ersten Mittelabruf auf der Grundlage des § 8 durch Bescheid.

§ 8
Mittelabruf, Verwendungsnachweis

(1) Die Gemeinden und Kreise können im Förderzeitraum gemäß § 5 des Kommunalinvestitionsförderungsgesetzes Mittel bis zur Höhe der für sie nach diesem Gesetz bereitgestellten Mittel bei der Bezirksregierung abrufen, sobald diese zur Begleichung erforderlicher Zahlungen benötigt werden.

(2) Spätestens mit dem ersten Mittelabruf legt die Gemeinde oder der Kreis die erforderlichen Informationen zur jeweiligen Maßnahme vor. Dem Mittelabruf ist eine Bestätigung der Hauptverwaltungsbeamtin oder des Hauptverwaltungsbeamten beizufügen, dass die Fördervoraussetzungen vorliegen, insbesondere

1. die Übereinstimmung der Maßnahme mit § 3 des Kommunalinvestitionsförderungsgesetzes,
2. das Nichtvorliegen einer Doppelförderung gemäß § 4 Absatz 1 des Kommunalinvestitionsförderungsgesetzes,
3. die Nachhaltigkeit der Maßnahme gemäß § 4 Absatz 3 des Kommunalinvestitionsförderungsgesetzes,
4. die Vorgaben des § 5 des Kommunalinvestitionsförderungsgesetzes und
5. die Erforderlichkeit der abgerufenen Mittel zur Begleichung von Zahlungen gemäß § 6 Absatz 2 Satz 2 des Kommunalinvestitionsförderungsgesetzes.

(3) Die Beendigung einer Maßnahme ist der Bezirksregierung unverzüglich, spätestens sechs Monate nach der Beendigung, anzuzeigen. Dieser Anzeige ist eine Bestätigung der Hauptverwaltungsbeamtin oder des Hauptverwaltungsbeamten beizufügen, dass die örtliche Rechnungsprüfung die zweckentsprechende Verwendung der Mittel bescheinigt hat. Diese Beendigungsanzeige gilt als Verwendungsnachweis.

Anhang 41 Kommunalinvestitionsförderungsgesetz NRW

(4) Die Informationen und die Bestätigung gemäß Absatz 2 sowie gemäß Absatz 3 erfolgen nach dem durch das für Kommunales zuständige Ministerium vorgegebenen Muster.

(5) Die Gemeinden und Kreise rufen auch die Mittel für Maßnahmen anderer Träger ab. Das Verhalten der anderen Träger wird den Gemeinden und Kreisen zugerechnet.

§ 9
Berichtspflicht

Die Gemeinden und Kreise berichten unverzüglich der zuständigen Bezirksregierung, sobald absehbar wird, dass sie die Mittel nicht vollständig in Anspruch nehmen können.

Kapitel 2
Finanzhilfen zur Verbesserung der Schulinfrastruktur finanzschwacher Kommunen nach Artikel 104c des Grundgesetzes

§ 10
Förderziel und Fördervolumen

(1) Zur Verbesserung der Schulinfrastruktur allgemeinbildender Schulen und berufsbildender Schulen unterstützt der Bund die Länder bei der Stärkung der Investitionstätigkeit finanzschwacher Gemeinden und Gemeindeverbände. Hierzu stellt der Bund dem Land Nordrhein-Westfalen einen Betrag in Höhe von 1 120 602 000 Euro nach Maßgabe des Kapitels 2 des Kommunalinvestitionsförderungsgesetzes und der Verwaltungsvereinbarung zur Durchführung von Kapitel 2 - Finanzhilfen zur Verbesserung der Schulinfrastruktur finanzschwacher Kommunen nach Artikel 104c Grundgesetz - des Gesetzes zur Förderung von Investitionen finanzschwacher Kommunen (Kommunalinvestitionsförderungsgesetz - KInvFG) vom 20. Oktober 2017 (MBl. NRW. 2017 S. 986) zur Verfügung.

(2) Finanzschwach im Sinne des Absatzes 1 sind alle Gemeinden und Kreise, die in den Jahren 2015 bis 2017 in einem oder mehreren Jahren Schlüsselzuweisungen nach Maßgabe der jeweiligen Gemeindefinanzierungsgesetze erhalten haben.

§ 11
Verteilungsschlüssel

(1) Der Betrag nach § 10 Absatz 1 Satz 2 wird auf die nach § 10 Absatz 2 finanzschwachen Gemeinden und Kreise

1. zu 60 Prozent nach dem Verhältnis der Summe der Schlüsselzuweisungen der einzelnen Gemeinde oder des einzelnen Kreises für die Jahre 2013 bis 2017 zur Summe der Schlüsselzuweisungen der gemäß § 10 Absatz 2 finanzschwachen Gemeinden und Kreise und

2. zu 40 Prozent nach dem Verhältnis der Schulpauschale/Bildungspauschale der einzelnen Gemeinde oder des einzelnen Kreises nach dem Gemeindefinanzierungsgesetz 2017 zur Summe der Schulpauschalen/Bildungspauschalen der gemäß § 10 Absatz 2 finanzschwachen Gemeinden und Kreise

verteilt.

(2) Die Höhe der für die einzelnen Gemeinden und Kreise bereitzustellenden Mittel ergibt sich aus der Anlage "Fördermittel gemäß Kapitel 2 KInvFöG NRW" zu diesem Gesetz.

§ 12
Beschleunigung der Investitionen

Im Haushaltsjahr 2017 können Aufwendungen und Auszahlungen der Gemeinden und Kreise für nach diesem Kapitel geförderte Investitionsmaßnahmen als überplanmäßige oder außerplanmäßige Aufwendungen oder Auszahlungen behandelt werden. Sie bedürfen dann der vorherigen Zustimmung des Rates oder des Kreistages. Insoweit finden § 81 und § 83 der Gemeindeordnung für das Land Nordrhein-Westfalen für Gemeinden und § 53 Absatz 1 der Kreisordnung für das Land Nordrhein-Westfalen in Verbindung mit § 81 und § 83 der Gemeindeordnung für das Land Nordrhein-Westfalen für Kreise keine Anwendung. Sofern für die Haushaltsjahre 2017/2018 ein Doppelhaushalt gemäß § 78 Absatz 3 Satz 2 der Gemeindeordnung für das Land Nordrhein-Westfalen beschlossen wurde, gelten die vorausgegangenen Sätze auch für das Jahr 2018.

§ 13
Entsprechende Anwendung von Vorschriften

§ 2, § 4, § 6, § 7 Absatz 1 und § 9 gelten entsprechend für die Gemeinden und Kreise, die Finanzhilfen gemäß § 10 Absatz 1 erhalten.

§ 14
Verfahren

Die Bereitstellung der Mittel sowie die Einzelheiten, insbesondere des Mittelabrufs, der Mittelweiterleitung an Dritte, des Verwendungsnachweises, der Rückforderung und deren Verzinsung, regelt die zuständige Bezirksregierung gegenüber der jeweiligen Kommune vor dem ersten Mittelabruf auf der Grundlage des § 15 durch Bescheid.

§ 15
Mittelabruf, Verwendungsnachweis

(1) Die Gemeinden und Kreise können im Förderzeitraum gemäß § 13 des Kommunalinvestitionsförderungsgesetzes Mittel bis zur Höhe der für sie nach diesem Gesetz bereitgestellten Mittel bei der Bezirksregierung abrufen, sobald diese zur Begleichung erforderlicher Zahlungen benötigt werden.

(2) Vor dem ersten Abruf der Mittel gemäß § 10 Absatz 1 legt die Gemeinde oder der Kreis die erforderlichen Informationen zur jeweiligen Maßnahme vor. Dem Mittelabruf ist eine Bestätigung der Hauptverwaltungsbeamtin oder des Hauptverwaltungsbeamten beizufügen, dass die Fördervoraussetzungen vorliegen, insbesondere

1. die Übereinstimmung der Maßnahme mit § 12 des Kommunalinvestitionsförderungsgesetzes,

2. das Nichtvorliegen einer Doppelförderung gemäß § 14 in Verbindung mit § 4 Absatz 1 des Kommmalinvestitionsförderungsgesetzes,

3. die Nachhaltigkeit der Maßnahme gemäß § 14 in Verbindung mit § 4 Absatz 3 des Kommunalinvestitionsförderungsgesetzes,

4. die Vorgaben des § 13 des Kommunalinvestitionsförderungsgesetzes und

5. die Erforderlichkeit der abgerufenen Mittel zur Begleichung von Zahlungen gemäß § 14 in Verbindung mit § 6 Absatz 2 Satz 2 des Kommunalinvestitionsförderungsgesetzes.

(3) Die Beendigung einer Maßnahme ist der Bezirksregierung unverzüglich, spätestens sechs Monate nach der Beendigung, anzuzeigen. Der Anzeige ist eine Bestätigung der Hauptverwaltungsbeamtin oder des Hauptverwaltungsbeamten beizufügen, dass die örtliche Rechnungsprüfung die zweckentsprechende Verwendung der Mittel bescheinigt hat. Die Beendigungsanzeige gilt als Verwendungsnachweis.

(4) Die Informationen gemäß Absatz 2 und die Bestätigung gemäß Absatz 3 Satz 2 erfolgen nach dem durch das für Kommunales zuständige Ministerium vorgegebenen Muster.

(5) Die Gemeinden und Kreise rufen auch die Mittel für Maßnahmen anderer Träger ab. Das Verhalten der anderen Träger wird den Gemeinden und Kreisen zugerechnet.

Kapitel 3
Schlussbestimmungen

§ 16
Rückforderung

(1) Das Land fordert die nach diesem Gesetz gezahlten Mittel zurück, wenn

1. der Bund Finanzhilfen vom Land gemäß § 8 oder § 15 des Kommunalinvestitionsförderungsgesetzes zurückfordert oder

2. ein Verstoß gegen dieses Gesetz oder gegen auf Grund dieses Gesetzes ergangene Bescheide vorliegt.

(2) Nach Absatz 1 zurückzuzahlende Mittel sind zu verzinsen. Die Höhe der Verzinsung richtet sich

1. für die Finanzhilfen gemäß § 1 Absatz 1 nach § 8 Absatz 2 der Verwaltungsvereinbarung zur Durchführung des Gesetzes zur Förderung von Investitionen finanzschwacher Kommunen und
2. für die Finanzhilfen gemäß § 10 Absatz 1 nach § 10 Absatz 2 der Verwaltungsvereinbarung zur Durchführung von Kapitel 2 des Gesetzes zur Förderung von Investitionen finanzschwacher Kommunen.

(3) Eine Rückforderung ist ausgeschlossen, wenn Rückforderungsansprüche nicht innerhalb eines Jahres nach Erhalt der für die Finanzhilfen nach § 1 Absatz 1 in § 8 und für die Finanzhilfen nach § 10 Absatz 1 in § 15 genannten Unterlagen gegenüber dem jeweiligen Empfänger geltend gemacht werden. Satz 1 gilt nicht, wenn nachträglich Tatsachen bekannt werden, die einen Rückforderungsanspruch begründen, oder der Bund seinen Rückforderungsanspruch geltend macht. In diesem Fall endet die Rückforderungsfrist mit Ablauf eines Jahres nach Bekanntwerden der Tatsache oder nach Geltendmachung des Anspruchs durch den Bund.

§ 17
Inkrafttreten, Befristung

Dieses Gesetz tritt am Tag nach der Verkündung in Kraft und mit Ablauf des 31. Dezember 2040 außer Kraft.

Anhang 41 Kommunalinvestitionsförderungsgesetz NRW

Anlage gemäß Kapitel 1 KInvFöG NRW

Gebietskörperschaft	Investitionsfördermittel gemäß KInvFöG NRW (in Euro)
Duisburg, kreisfreie Stadt	73.031.503,74
Essen, kreisfreie Stadt	64.281.005,62
Krefeld, kreisfreie Stadt	19.944.482,22
Mönchengladbach, krfr. Stadt	26.417.239,01
Mülheim a.d. Ruhr, krfr. Stadt	8.236.334,05
Oberhausen, kreisfreie Stadt	24.336.492,83
Remscheid, kreisfreie Stadt	6.647.108,60
Solingen, kreisfreie Stadt	9.090.162,18
Wuppertal, kreisfreie Stadt	37.329.227,15
Kleve, Kreis	5.560.972,36
Bedburg-Hau	593.661,20
Emmerich am Rhein, Stadt	1.152.944,89
Geldern, Stadt	1.151.430,53
Goch, Stadt	1.481.743,15
Issum	191.738,84
Kalkar, Stadt	508.497,87
Kerken	96.373,96
Kevelaer, Stadt	931.192,75
Kleve, Stadt	3.687.110,19
Kranenburg	441.782,94
Rees, Stadt	1.197.085,40
Rheurdt	116.004,76
Uedem	163.307,89
Weeze	265.768,73
Erkrath, Stadt	395.068,77
Heiligenhaus, Stadt	768.027,51
Mettmann, Stadt	722.103,77
Monheim am Rhein, Stadt	207.087,52
Velbert, Stadt	3.585.161,72
Wülfrath, Stadt	37.963,38
Rhein-Kreis Neuss, Kreis	4.251.437,31
Dormagen, Stadt	1.603.615,81
Grevenbroich, Stadt	433.502,53
Jüchen	218.898,54
Kaarst, Stadt	39.784,76
Korschenbroich, Stadt	78.759,66
Neuss, Stadt	141.590,51
Rommerskirchen	78.045,14
Viersen, Kreis	5.109.796,00
Brüggen	483.366,73
Grefrath	300.287,15
Nettetal, Stadt	1.517.556,98
Niederkrüchten	358.025,45
Schwalmtal	742.316,10
Tönisvorst, Stadt	301.419,45
Viersen, Stadt	4.394.774,12
Willich, Stadt	70.456,31
Wesel, Kreis	6.645.930,71
Dinslaken, Stadt	4.332.287,19
Hamminkeln, Stadt	465.866,94
Hünxe	108.662,06
Kamp-Lintfort, Stadt	3.322.825,49
Moers, Stadt	7.083.488,52
Neukirchen-Vluyn, Stadt	1.054.936,35
Rheinberg, Stadt	125.314,22
Schermbeck	506.587,56

Gebietskörperschaft	Investitionsfördermittel gemäß KInvFöG NRW (in Euro)
Sonsbeck	128.795,70
Voerde (Niederrhein), Stadt	2.223.560,38
Wesel, Stadt	3.785.910,13
Xanten, Stadt	739.280,43
Bonn, kreisfreie Stadt	12.890.864,98
Köln, kreisfreie Stadt	52.636.422,22
Leverkusen, kreisfreie Stadt	8.660.193,16
Aachen, Städteregion	5.057.121,14
Aachen, kreisfreie Stadt	14.712.390,28
Alsdorf, Stadt	4.624.077,65
Baesweiler, Stadt	1.809.544,59
Eschweiler, Stadt	2.732.034,35
Herzogenrath, Stadt	2.305.611,17
Monschau, Stadt	105.074,66
Simmerath	329.311,10
Stolberg (Rhld.), Stadt	4.253.297,42
Würselen, Stadt	988.052,42
Düren, Kreis	3.299.331,82
Aldenhoven	845.493,52
Düren, Stadt	9.026.042,61
Heimbach, Stadt	218.760,99
Hürtgenwald	221.571,42
Inden	8.792,02
Jülich, Stadt	915.455,79
Kreuzau	384.545,92
Langerwehe	653.380,12
Linnich, Stadt	52.694,93
Merzenich	114.717,58
Nideggen, Stadt	376.653,70
Niederzier	229.396,39
Nörvenich	396.389,38
Titz	188.134,34
Vettweiß	324.897,12
Rhein-Erft-Kreis, Kreis	5.663.299,28
Bedburg, Stadt	646.783,77
Bergheim, Stadt	2.886.109,27
Brühl, Stadt	1.381.831,41
Elsdorf, Stadt	320.341,17
Erftstadt, Stadt	1.882.445,68
Hürth, Stadt	105.896,19
Kerpen, Stadt	2.680.620,77
Pulheim, Stadt	149.373,75
Wesseling, Stadt	859.743,59
Euskirchen, Kreis	3.930.744,82
Bad Münstereifel, Stadt	568.187,03
Blankenheim	564.021,06
Dahlem	209.072,61
Euskirchen, Stadt	2.776.886,44
Hellenthal	189.233,01
Kall	202.741,03
Mechernich, Stadt	1.411.795,64
Nettersheim	162.978,23
Schleiden, Stadt	625.741,65
Weilerswist	499.569,93
Zülpich, Stadt	490.116,09
Heinsberg, Kreis	5.288.515,19

Anhang 41 Kommunalinvestitionsförderungsgesetz NRW

Anlage gemäß Kapitel 1 KInvFöG NRW

Gebietskörperschaft	Investitionsfördermittel gemäß KInvFöG NRW (in Euro)	Gebietskörperschaft	Investitionsfördermittel gemäß KInvFöG NRW (in Euro)
Erkelenz, Stadt	987.319,27	Borken, Stadt	991.295,36
Gangelt	451.611,27	Gescher, Stadt	299.615,17
Geilenkirchen, Stadt	1.389.467,43	Heek	49.679,82
Heinsberg (Rhld), Stadt	1.696.609,27	Heiden	71.941,04
Hückelhoven, Stadt	2.813.688,19	Isselburg, Stadt	302.591,95
Selfkant	525.171,78	Legden	101.440,42
Übach-Palenberg, Stadt	1.383.880,23	Raesfeld	112.280,57
Waldfeucht	340.735,71	Reken	121.269,36
Wassenberg, Stadt	1.308.803,03	Rhede, Stadt	99.157,50
Wegberg, Stadt	932.485,90	Schöppingen	78.757,79
Oberbergischer Kreis	4.504.860,71	Stadtlohn, Stadt	10.412,83
Bergneustadt, Stadt	1.452.012,92	Südlohn	41.703,57
Engelskirchen	125.626,95	Velen, Stadt	405.687,47
Gummersbach, Stadt	1.601.163,97	Vreden, Stadt	384.579,29
Hückeswagen, Stadt	331.959,15	Coesfeld, Kreis	5.734.707,48
Lindlar	147.551,54	Ascheberg	131.585,80
Marienheide	301.048,40	Billerbeck, Stadt	61.607,93
Morsbach	107.709,18	Coesfeld, Stadt	696.962,13
Nümbrecht	151.353,48	Dülmen, Stadt	722.847,72
Radevormwald, Stadt	173.000,91	Havixbeck	450.915,79
Reichshof	141.869,55	Lüdinghausen, Stadt	429.571,50
Waldbröl, Stadt	1.709.214,97	Nordkirchen	365.945,80
Wipperfürth, Stadt	323.921,51	Nottuln	226.835,13
Rhein.-Berg. Kreis	4.774.067,90	Olfen, Stadt	527.899,63
Bergisch Gladbach, Stadt	4.200.082,59	Rosendahl	203.338,43
Burscheid, Stadt	329.295,60	Senden	391.735,63
Kürten	478.750,84	Recklinghausen, Kreis	3.507.275,73
Leichlingen (Rhld.), Stadt	551.212,85	Castrop.Rauxel, Stadt	8.062.979,25
Odenthal	26.967,92	Datteln, Stadt	2.937.744,43
Overath, Stadt	517.394,58	Dorsten, Stadt	5.968.084,16
Rösrath, Stadt	470.874,08	Gladbeck, Stadt	8.152.872,95
Wermelskirchen, Stadt	71.886,78	Haltern am See, Stadt	930.095,25
Rhein-Sieg-Kreis	11.856.112,72	Herten, Stadt	6.177.961,61
Alfter	495.177,05	Marl, Stadt	4.584.631,65
Bornheim, Stadt	1.454.029,48	Oer-Erkenschwick, Stadt	2.907.285,72
Eitorf	1.086.790,66	Recklinghausen, Stadt	12.909.232,43
Hennef (Sieg), Stadt	1.815.972,46	Waltrop, Stadt	2.286.668,70
Königswinter, Stadt	575.350,31	Steinfurt, Kreis	9.729.969,32
Lohmar, Stadt	455.526,34	Altenberge	83.385,07
Much	397.540,14	Emsdetten, Stadt	592.710,54
Neunkirchen-Seelscheid	401.311,03	Greven, Stadt	977.816,40
Niederkassel, Stadt	848.855,09	Hörstel, Stadt	343.468,48
Rheinbach, Stadt	100.915,29	Hopsten	282.295,80
Ruppichteroth	512.502,49	Horstmar, Stadt	183.018,15
Sankt Augustin, Stadt	2.418.125,78	Ibbenbüren, Stadt	2.225.504,88
Siegburg, Stadt	1.481.955,62	Ladbergen	63.646,46
Swisttal	568.329,38	Laer	153.704,97
Troisdorf, Stadt	1.738.571,87	Lengerich, Stadt	367.733,53
Wachtberg	74.597,35	Lienen	249.025,69
Windeck	1.685.223,63	Lotte	183.892,54
Bottrop, kreisfreie Stadt	11.213.477,25	Metelen	229.260,38
Gelsenkirchen, krfr. Stadt	42.225.956,11	Mettingen	222.417,09
Münster, krfr. Stadt	2.815.053,60	Neuenkirchen	215.439,25
Borken, Kreis	8.150.963,51	Nordwalde	287.959,12
Ahaus, Stadt	140.728,48	Ochtrup, Stadt	434.470,45
Bocholt, Stadt	1.195.459,99	Recke	567.628,53

Anhang 41 Kommunalinvestitionsförderungsgesetz NRW

Anlage gemäß Kapitel 1 KInvFöG NRW

Gebietskörperschaft	Investitionsfördermittel gemäß KInvFöG NRW (in Euro)	Gebietskörperschaft	Investitionsfördermittel gemäß KInvFöG NRW (in Euro)
Rheine, Stadt	4.068.732,69	Kalletal	807.001,73
Saerbeck	82.089,93	Lage, Stadt	2.202.602,87
Steinfurt, Stadt	2.153.057,27	Lemgo, Stadt	1.507.620,97
Tecklenburg, Stadt	339.545,08	Leopoldshöhe	248.436,09
Westerkappeln	443.311,40	Lügde, Stadt	590.857,63
Wettringen	158.658,68	Oerlinghausen, Stadt	252.563,50
Warendorf, Kreis	5.319.862,29	Schieder-Schwalenberg, Stadt	460.615,37
Ahlen, Stadt	2.552.798,25	Schlangen	276.443,36
Beckum, Stadt	1.254.795,66	Minden-Lübbecke, Kreis	4.294.636,47
Beelen	46.540,23	Bad Oeynhausen, Stadt	2.062.710,02
Drensteinfurt, Stadt	304.511,08	Hille	533.981,70
Ennigerloh, Stadt	309.717,56	Hüllhorst	160.606,88
Ostbevern	307.019,95	Lübbecke, Stadt	220.455,76
Sassenberg, Stadt	275.588,96	Minden, Stadt	6.073.604,70
Telgte, Stadt	191.266,13	Petershagen, Stadt	1.172.126,97
Wadersloh	224.358,43	Porta Westfalica, Stadt	388.287,61
Warendorf, Stadt	1.023.029,52	Preußisch Oldendorf, Stadt	486.068,71
Bielefeld, kreisfreie Stadt	27.523.705,69	Rahden, Stadt	391.072,88
Gütersloh, Kreis	1.106.433,06	Stemwede	194.736,39
Borgholzhausen, Stadt	19.929,16	Paderborn, Kreis	4.339.006,85
Gütersloh, Stadt	1.365.206,75	Altenbeken	491.927,97
Harsewinkel, Stadt	87.160,72	Bad Lippspringe, Stadt	1.317.071,22
Herzebrock-Clarholz	53.135,61	Borchen	402.914,37
Langenberg	1.805,05	Büren, Stadt	652.250,32
Rietberg, Stadt	31.823,55	Delbrück, Stadt	151.362,95
Schloß Holte-Stukenbrock, Stadt	46.649,58	Hövelhof	28.229,41
Versmold, Stadt	124.653,89	Lichtenau, Stadt	536.289,13
Werther (Westf.), Stadt	60.795,93	Paderborn, Stadt	9.187.284,38
Herford, Kreis	3.563.581,46	Salzkotten, Stadt	447.679,44
Bünde, Stadt	1.571.447,84	Bad Wünnenberg, Stadt	177.932,49
Enger, Stadt	694.726,77	Bochum, kreisfreie Stadt	37.858.835,37
Herford, Stadt	2.642.061,39	Dortmund, kreisfreie Stadt	75.902.038,63
Hiddenhausen	450.022,53	Hagen, kreisfreie Stadt	18.841.398,70
Löhne, Stadt	1.433.781,29	Hamm, kreisfreie Stadt	20.631.843,16
Spenge, Stadt	505.736,70	Herne, kreisfreie Stadt	21.756.479,89
Vlotho, Stadt	92.475,49	Ennepe-Ruhr-Kreis	3.194.485,53
Höxter, Kreis	3.442.479,28	Breckerfeld, Stadt	94.544,21
Bad Driburg, Stadt	1.000.031,12	Gevelsberg, Stadt	1.311.252,61
Beverungen, Stadt	778.668,87	Hattingen, Stadt	3.364.765,69
Borgentreich, Stadt	457.988,85	Herdecke, Stadt	48.912,51
Brakel, Stadt	530.499,68	Schwelm, Stadt	749.034,50
Höxter, Stadt	1.235.967,64	Witten, Stadt	6.134.133,60
Marienmünster, Stadt	230.412,24	Hochsauerlandkreis	5.080.180,49
Nieheim, Stadt	388.082,14	Arnsberg, Stadt	3.602.452,77
Steinheim, Stadt	540.904,61	Bestwig	258.886,48
Warburg, Stadt	975.929,89	Brilon, Stadt	64.984,76
Willebadessen, Stadt	689.860,55	Eslohe (Sauerland)	252.305,93
Lippe, Kreis	5.463.749,90	Hallenberg, Stadt	31.935,33
Augustdorf	616.807,61	Marsberg, Stadt	657.123,38
Bad Salzuflen, Stadt	2.572.120,95	Medebach, Stadt	236.354,30
Barntrup, Stadt	141.244,95	Meschede, Stadt	305.942,51
Blomberg, Stadt	251.156,67	Schmallenberg, Stadt	984.087,32
Detmold, Stadt	2.797.732,99	Sundern (Sauerland), Stadt	290.023,64
Dörentrup	340.092,85	Winterberg, Stadt	595.692,02
Extertal	774.255,40	Märkischer Kreis	4.454.342,32
Horn-Bad Meinberg, Stadt	1.294.779,64	Altena, Stadt	633.488,12

Anhang 41 Kommunalinvestitionsförderungsgesetz NRW

Anlage gemäß Kapitel 1 KInvFöG NRW

Gebietskörperschaft	Investitionsfördermittel gemäß KInvFöG NRW (in Euro)
Balve, Stadt	209.382,61
Halver, Stadt	259.113,56
Hemer, Stadt	1.844.144,24
Herscheid	51.370,42
Iserlohn, Stadt	6.208.339,90
Kierspe, Stadt	974.152,87
Lüdenscheid, Stadt	2.419.249,25
Menden (Sauerland), Stadt	1.512.651,53
Nachrodt-Wiblingwerde	210.432,72
Plettenberg, Stadt	28.744,18
Werdohl, Stadt	897.399,61
Olpe, Kreis	1.859.893,77
Drolshagen, Stadt	7.929,02
Finnentrop	252.248,01
Kirchhundem	5.609,13
Lennestadt, Stadt	100.248,03
Olpe, Stadt	228.719,91
Siegen-Wittgenstein, Kreis	2.200.111,50
Bad Berleburg, Stadt	462.268,07
Freudenberg, Stadt	69.041,05
Hilchenbach, Stadt	50.778,69
Bad Laasphe, Stadt	190.155,46
Netphen, Stadt	176.031,58
Neunkirchen	98.113,89
Siegen, Stadt	5.316.474,90
Soest, Kreis	4.905.929,37
Anröchte	86.493,14
Bad Sassendorf	605.782,12
Geseke, Stadt	990.326,28
Lippetal	463.734,76
Lippstadt, Stadt	3.277.979,52
Möhnesee	225.341,11
Rüthen, Stadt	327.405,26
Soest, Stadt	1.976.010,64
Warstein, Stadt	213.721,13
Welver	491.042,81
Werl, Stadt	1.809.678,08
Wickede (Ruhr)	188.719,63
Unna, Kreis	3.807.897,01
Bergkamen, Stadt	5.187.389,70
Bönen	745.993,00
Fröndenberg/Ruhr, Stadt	1.198.877,95
Holzwickede	132.465,43
Kamen, Stadt	3.443.872,84
Lünen, Stadt	7.291.440,63
Schwerte, Stadt	1.854.687,05
Selm, Stadt	2.028.148,40
Unna, Stadt	4.020.077,32
Werne, Stadt	436.069,72

Anhang 41 Kommunalinvestitionsförderungsgesetz NRW

Anlage Fördermittel gemäß Kapitel 2 KInvFöG NRW

Gebietskörperschaft	Fördermittel gemäß Kapitel 2 KInvFöG NRW Euro
Duisburg, krfr. Stadt	56.510.416
Essen, krfr. Stadt	56.727.929
Krefeld, krfr. Stadt	19.529.035
Mönchengladbach, krfr. Stadt	24.476.588
Mülheim an der Ruhr, krfr. Stadt	10.512.526
Oberhausen, krfr. Stadt	20.560.701
Remscheid, krfr. Stadt	7.484.582
Solingen, krfr. Stadt	9.863.209
Wuppertal, krfr. Stadt	31.173.101
Kleve, Kreis	5.248.261
Bedburg-Hau	495.540
Emmerich am Rhein, Stadt	1.345.988
Geldern, Stadt	1.680.399
Goch, Stadt	1.676.061
Issum	291.771
Kalkar, Stadt	701.703
Kerken	218.508
Kevelaer, Stadt	1.244.139
Kleve, Stadt	3.606.813
Kranenburg	433.916
Rees, Stadt	1.271.720
Rheurdt	221.602
Uedem	224.200
Wachtendonk	173.077
Weeze	350.835
Erkrath, Stadt	1.164.896
Heiligenhaus, Stadt	1.126.520
Mettmann, Stadt	1.218.833
Velbert, Stadt	3.610.570
Rhein-Kreis Neuss, Kreis	4.679.358
Dormagen, Stadt	2.351.124
Grevenbroich, Stadt	1.945.220
Jüchen	635.485
Rommerskirchen	200.062
Viersen, Kreis	4.634.845
Brüggen	572.424
Grefrath	456.151
Nettetal, Stadt	1.851.674
Niederkrüchten	427.636
Schwalmtal	1.048.173
Tönisvorst, Stadt	762.784
Viersen, Stadt	4.259.409
Wesel, Kreis	6.674.626
Dinslaken, Stadt	4.157.540
Hamminkeln, Stadt	711.972
Kamp-Lintfort, Stadt	2.944.539
Moers, Stadt	6.691.709
Neukirchen-Vluyn, Stadt	1.193.659
Schermbeck	601.106
Sonsbeck	224.663
Voerde (Niederrhein), Stadt	2.026.705
Wesel, Stadt	3.846.179
Xanten, Stadt	960.810
Bonn, krfr. Stadt	17.366.415
Köln, krfr. Stadt	60.718.639
Leverkusen, krfr. Stadt	11.108.562
Städteregion Aachen, Kreis	7.530.197
Aachen, Stadt	13.411.126
Alsdorf, Stadt	3.969.645

Anlage gemäß Kapitel 2 KInvFöG NRW

Gebietskörperschaft	Fördermittel gemäß Kapitel 2 KInvFöG NRW Euro
Baesweiler, Stadt	1.679.183
Eschweiler, Stadt	3.103.396
Herzogenrath, Stadt	2.755.927
Monschau, Stadt	276.378
Simmerath	384.251
Stolberg (Rhld.), Stadt	3.933.439
Würselen, Stadt	1.278.249
Düren, Kreis	3.435.485
Aldenhoven	783.622
Düren, Stadt	7.821.380
Heimbach, Stadt	309.459
Hürtgenwald	289.588
Inden	202.892
Jülich, Stadt	1.293.298
Kreuzau	584.338
Langerwehe	671.769
Linnich, Stadt	258.884
Merzenich	277.770
Nideggen, Stadt	363.244
Niederzier	454.460
Nörvenich	399.097
Titz	262.131
Vettweiß	362.505
Rhein-Erft-Kreis, Kreis	5.529.919
Bedburg, Stadt	949.351
Bergheim, Stadt	3.832.891
Brühl, Stadt	1.786.986
Elsdorf, Stadt	716.874
Erftstadt, Stadt	2.135.104
Frechen, Stadt	959.646
Kerpen, Stadt	3.350.980
Wesseling, Stadt	1.019.430
Euskirchen, Kreis	3.318.743
Bad Münstereifel, Stadt	707.612
Blankenheim	512.031
Dahlem	297.435
Euskirchen, Stadt	2.738.182
Hellenthal	231.925
Kall	306.411
Mechernich, Stadt	1.340.202
Nettersheim	284.325
Schleiden, Stadt	710.928
Weilerswist	626.527
Zülpich, Stadt	769.691
Heinsberg, Kreis	4.953.291
Erkelenz, Stadt	1.854.847
Gangelt	388.790
Geilenkirchen, Stadt	1.319.336
Heinsberg, Stadt	1.723.880
Hückelhoven, Stadt	2.711.847
Selfkant	464.963
Übach-Palenberg, Stadt	1.387.817
Waldfeucht	358.961
Wassenberg, Stadt	1.166.360
Wegberg, Stadt	1.047.208
Oberbergischer Kreis, Kreis	4.123.269
Bergneustadt, Stadt	1.314.553
Gummersbach, Stadt	1.863.152
Hückeswagen, Stadt	498.310

Anhang 41 Kommunalinvestitionsförderungsgesetz NRW

Anlage Fördermittel gemäß Kapitel 2 KInvFöG NRW

Gebietskörperschaft	Fördermittel gemäß Kapitel 2 KInvFöG NRW Euro
Lindlar	544.480
Marienheide	515.876
Nümbrecht	522.237
Radevormwald, Stadt	534.640
Reichshof	437.446
Waldbröl, Stadt	1.628.449
Wipperfürth, Stadt	557.185
Rheinisch-Bergischer Kreis, Kreis	3.246.638
Bergisch Gladbach, Stadt	5.744.569
Burscheid, Stadt	324.614
Kürten	745.698
Leichlingen (Rhld.), Stadt	954.522
Overath, Stadt	933.138
Rösrath, Stadt	882.479
Wermelskirchen, Stadt	854.159
Rhein-Sieg-Kreis, Kreis	9.573.746
Alfter	438.207
Bad Honnef, Stadt	498.094
Bornheim, Stadt	1.744.778
Eitorf	1.089.193
Hennef (Sieg), Stadt	2.200.521
Königswinter, Stadt	1.058.987
Lohmar, Stadt	784.153
Much	515.535
Neunkirchen-Seelscheid	542.996
Niederkassel, Stadt	1.105.274
Ruppichteroth	434.530
Sankt Augustin, Stadt	2.522.683
Siegburg, Stadt	1.863.614
Swisttal	543.024
Troisdorf, Stadt	2.964.706
Windeck	1.229.795
Bottrop, krfr. Stadt	9.524.904
Gelsenkirchen, krfr. Stadt	35.099.276
Münster, krfr. Stadt	11.564.810
Borken, Kreis	7.910.718
Bocholt, Stadt	2.514.924
Borken, Stadt	1.494.429
Gescher, Stadt	469.264
Gronau (Westf.), Stadt	1.302.813
Heiden	213.545
Isselburg, Stadt	330.619
Legden	203.637
Raesfeld	204.858
Reken	241.315
Rhede, Stadt	371.232
Südlohn	181.501
Velen, Stadt	383.644
Vreden, Stadt	636.703
Coesfeld, Kreis	4.771.619
Ascheberg	350.950
Coesfeld, Stadt	1.398.373
Dülmen, Stadt	1.192.232
Havixbeck	540.585
Lüdinghausen, Stadt	881.636
Nordkirchen	440.797
Nottuln	355.041
Olfen, Stadt	555.351
Rosendahl	258.721

Anlage gemäß Kapitel 2 KInvFöG NRW

Gebietskörperschaft	Fördermittel gemäß Kapitel 2 KInvFöG NRW Euro
Senden	653.297
Recklinghausen, Kreis	5.926.465
Castrop-Rauxel, Stadt	6.593.105
Datteln, Stadt	2.592.068
Dorsten, Stadt	4.787.588
Gladbeck, Stadt	7.060.360
Haltern am See, Stadt	1.456.462
Herten, Stadt	5.090.227
Marl, Stadt	4.343.953
Oer-Erkenschwick, Stadt	2.342.207
Recklinghausen, Stadt	10.531.686
Waltrop, Stadt	2.073.454
Steinfurt, Kreis	8.826.655
Emsdetten, Stadt	1.083.929
Greven, Stadt	1.428.540
Hörstel, Stadt	515.091
Hopsten	318.212
Horstmar, Stadt	261.205
Ibbenbüren, Stadt	2.377.687
Ladbergen	217.883
Laer	255.829
Lienen	319.166
Lotte	272.730
Metelen	301.798
Mettingen	245.396
Neuenkirchen	386.063
Nordwalde	400.730
Ochtrup, Stadt	794.897
Recke	493.523
Rheine, Stadt	4.122.652
Saerbeck	334.662
Steinfurt, Stadt	2.204.761
Tecklenburg, Stadt	525.397
Westerkappeln	415.769
Wettringen	236.299
Warendorf, Kreis	4.685.033
Ahlen, Stadt	2.976.763
Beckum, Stadt	1.728.212
Beelen	195.384
Drensteinfurt, Stadt	446.120
Ennigerloh, Stadt	463.423
Ostbevern	380.672
Sassenberg, Stadt	437.778
Sendenhorst, Stadt	183.969
Telgte, Stadt	515.986
Wadersloh	320.093
Warendorf, Stadt	1.637.485
Bielefeld, krfr. Stadt	26.849.652
Gütersloh, Kreis	2.942.038
Gütersloh, Stadt	2.723.675
Langenberg	182.385
Versmold, Stadt	263.616
Herford, Kreis	4.237.551
Bünde, Stadt	2.302.135
Enger, Stadt	906.368
Herford, Stadt	3.699.942
Hiddenhausen	625.188
Löhne, Stadt	1.646.633
Spenge, Stadt	623.447

Anhang 41 Kommunalinvestitionsförderungsgesetz NRW

Anlage Fördermittel gemäß Kapitel 2 KInvFöG NRW

Gebietskörperschaft	Fördermittel gemäß Kapitel 2 KInvFöG NRW Euro
Vlotho, Stadt	481.214
Höxter, Kreis	2.901.323
Bad Driburg, Stadt	980.614
Beverungen, Stadt	795.055
Borgentreich, Stadt	460.571
Brakel, Stadt	683.481
Höxter, Stadt	1.222.130
Marienmünster, Stadt	298.175
Nieheim, Stadt	376.323
Steinheim, Stadt	639.722
Warburg, Stadt	1.227.928
Willebadessen, Stadt	589.186
Lippe, Kreis	5.682.981
Augustdorf	525.723
Bad Salzuflen, Stadt	2.731.283
Barntrup, Stadt	406.255
Blomberg, Stadt	544.585
Detmold, Stadt	3.557.820
Dörentrup	365.659
Extertal	642.862
Horn-Bad Meinberg, Stadt	1.157.566
Kalletal	655.213
Lage, Stadt	1.970.358
Lemgo, Stadt	1.587.226
Leopoldshöhe	439.406
Lügde, Stadt	460.449
Oerlinghausen, Stadt	608.081
Schieder-Schwalenberg, Stadt	422.067
Schlangen	378.442
Minden-Lübbecke, Kreis	4.757.142
Bad Oeynhausen, Stadt	2.237.702
Hille	675.800
Lübbecke, Stadt	716.898
Minden, Stadt	5.671.957
Petershagen, Stadt	1.329.451
Porta Westfalica, Stadt	895.898
Preußisch Oldendorf, Stadt	447.194
Rahden, Stadt	798.231
Stemwede	255.076
Paderborn, Kreis	4.848.034
Altenbeken	441.894
Bad Lippspringe, Stadt	1.030.938
Borchen	420.927
Büren, Stadt	660.435
Delbrück, Stadt	820.567
Lichtenau, Stadt	452.208
Paderborn, Stadt	9.164.615
Salzkotten, Stadt	687.041
Bad Wünnenberg, Stadt	290.624
Bochum, krfr. Stadt	32.608.389
Dortmund, krfr. Stadt	63.016.361
Hagen, krfr. Stadt	18.021.139
Hamm, krfr. Stadt	17.958.629
Herne, krfr. Stadt	17.255.369
Ennepe-Ruhr-Kreis, Kreis	3.532.728
Breckerfeld, Stadt	209.691
Gevelsberg, Stadt	1.339.870
Hattingen, Stadt	3.109.762
Herdecke, Stadt	476.086

Anlage gemäß Kapitel 2 KInvFöG NRW

Gebietskörperschaft	Fördermittel gemäß Kapitel 2 KInvFöG NRW Euro
Schwelm, Stadt	968.904
Witten, Stadt	5.932.546
Hochsauerlandkreis, Kreis	5.191.991
Arnsberg, Stadt	3.520.111
Bestwig	298.875
Eslohe (Sauerland)	371.520
Hallenberg, Stadt	176.348
Marsberg, Stadt	716.215
Medebach, Stadt	241.338
Meschede, Stadt	717.796
Schmallenberg, Stadt	1.066.413
Sundern (Sauerland), Stadt	677.439
Winterberg, Stadt	647.891
Märkischer Kreis, Kreis	5.239.742
Altena, Stadt	709.665
Balve, Stadt	335.338
Halver, Stadt	566.256
Hemer, Stadt	1.489.302
Iserlohn, Stadt	5.629.887
Kierspe, Stadt	959.494
Lüdenscheid, Stadt	2.925.460
Menden (Sauerland), Stadt	1.864.383
Nachrodt-Wiblingwerde	285.093
Werdohl, Stadt	881.291
Olpe, Kreis	1.908.920
Finnentrop	361.811
Kirchhundem	179.195
Lennestadt, Stadt	650.975
Siegen-Wittgenstein, Kreis	3.615.600
Bad Berleburg, Stadt	662.032
Hilchenbach, Stadt	299.316
Bad Laasphe, Stadt	389.625
Netphen, Stadt	530.241
Siegen, Stadt	5.805.015
Soest, Kreis	4.898.910
Anröchte	222.253
Bad Sassendorf	509.168
Geseke, Stadt	1.189.440
Lippetal	534.055
Lippstadt, Stadt	2.980.339
Möhnesee	321.941
Rüthen, Stadt	505.453
Soest, Stadt	2.891.950
Warstein, Stadt	721.108
Welver	415.755
Werl, Stadt	1.747.402
Wickede (Ruhr)	185.244
Unna, Kreis	4.278.029
Bergkamen, Stadt	4.267.341
Bönen	1.112.330
Fröndenberg / Ruhr, Stadt	1.123.931
Holzwickede	387.272
Kamen, Stadt	3.047.491
Lünen, Stadt	6.550.152
Schwerte, Stadt	2.100.456
Selm, Stadt	1.739.658
Unna, Stadt	4.006.321
Werne, Stadt	846.471

Gesetz
zur Isolierung der aus der COVID-19-Pandemie folgenden Belastungen der kommunalen Haushalte im Land Nordrhein-Westfalen
(NKF-COVID-19-Isolierungsgesetz - NKF-CIG NRW)

vom 29.09.2020 (GV. NRW. S. 916),
zuletzt geändert durch Gesetz vom 01.12.2021 (GV. NRW. S. 1346)

§ 1
Anwendungsbereich

(1) Dieses Gesetz gilt für die Haushaltswirtschaft der Gemeinden und Gemeindeverbände, für die die Regelungen des Achten Teils der Gemeindeordnung für das Land Nordrhein-Westfalen in der Fassung der Bekanntmachung vom 14. Juli 1994 (GV. NRW. S. 666), die zuletzt durch Artikel 7 des Gesetzes vom 01. Dezember 2021 (GV. NRW. S. 1346) geändert worden ist, Anwendung finden.

(2) Des Weiteren findet dieses Gesetz Anwendung auf die wirtschaftlichen Unternehmen der Gemeinden ohne eigene Rechtspersönlichkeit gemäß § 114 sowie die eigenbetriebsähnlichen Einrichtungen gemäß § 107 Absatz 2 Satz 2 der Gemeindeordnung für das Land Nordrhein-Westfalen, sofern diese von der Option des § 27 der Eigenbetriebsverordnung für das Land Nordrhein-Westfalen vom 16. November 2004 (GV. NRW. S. 644, ber. 2005 S. 15), die zuletzt durch Verordnung vom 22. März 2021 (GV. NRW. S. 348) geändert worden ist, Gebrauch machen.

§ 2
Nachtragssatzung zur Haushaltssatzung 2021

(1) Im Haushaltsjahr 2021 finden § 81 Absatz 2 Satz 1 Nummer 1 und 2 der Gemeindeordnung für das Land Nordrhein-Westfalen keine Anwendung. § 81 Absatz 2 Satz 1 Nummer 3 der Gemeindeordnung für das Land Nordrhein-Westfalen findet im Haushaltsjahr 2021 keine Anwendung, soweit Investitionen zur Bekämpfung der COVID-19-Pandemie erfolgen. Auf überplanmäßige und außerplanmäßige Aufwendungen und Auszahlungen findet insoweit § 83 der Gemeindeordnung für das Land Nordrhein-Westfalen Anwendung. Ist eine Haushaltssatzung gemäß § 78 Absatz 3 Satz 2 der Gemeindeordnung für das Land Nordrhein-Westfalen beschlossen, die Festsetzungen für zwei Jahre enthält, gelten die Sätze 1 und 2 ausschließlich für die das Haushaltsjahr 2021 betreffende Anpassung.

(2) Die Kämmerin oder der Kämmerer berichtet dem für den Beschluss über die Haushaltssatzung zuständigen Organ vierteljährlich über die finanzielle Lage.

§ 3
Liquiditätssicherung zur rechtzeitigen Leistung von Auszahlungen

Nachtragssatzungen zur Haushaltssatzung 2021, welche ausschließlich die Anpassung des in der Haushaltssatzung festgesetzten Höchstbetrages für die Aufnahme von Krediten zur Liquiditätssicherung zum Gegenstand haben, werden vom jeweils zuständigen Organ beschlossen. Ein vorgeschaltetes Verfahren zur öffentlichen Bekanntgabe und zur Erhebung von Einwendungen findet nicht statt. Die vom jeweiligen Vertretungsorgan beschlossene Nachtragssatzung ist der Aufsichtsbehörde anzuzeigen. Dies gilt auch dann, wenn die ursprüngliche Haushaltssatzung einem Genehmigungserfordernis unterlag. Die Nachtragssatzung darf frühestens eine Woche nach der Anzeige bei der Aufsichtsbehörde öffentlich bekannt gemacht werden.

§ 4
Aufstellungen der Haushaltssatzungen für die Jahre 2021 und 2022

(1) Die Haushaltssatzung und der Haushaltsplan für die jeweiligen Haushaltsjahre 2021 und 2022 sind nach den Vorschriften des Achten Teils der Gemeindeordnung für das Land Nordrhein-Westfalen aufzustellen.

(2) Bei der Aufstellung der Haushaltssatzung und der mittelfristigen Finanzplanung für das jeweilige Haushaltsjahr ist die Summe der auf das Haushaltsjahr infolge der COVID-19-Pandemie entfallenden Haushaltsbelastung durch Mindererträge beziehungsweise Mehraufwendungen zu prognostizieren. Hierzu ist eine Gegenüberstellung des im Rahmen der Aufstellung der Haushaltssatzung erstellten Ergebnisplans mit einer Nebenrechnung für das jeweilige Haushaltsjahr vorzunehmen.

(3) Die Nebenrechnung erfolgt auf der Ebene des Ergebnisplans. Für das Haushaltsjahr 2021 liegt die mit der Aufstellung der Haushaltssatzung für das Jahr 2020 vorgenommene mittelfristige Ergebnis- und Finanzplanung gemäß § 84 der Gemeindeordnung für das Land Nordrhein-Westfalen, welche Haushaltsbelastungen aus der COVID-19-Pandemie noch nicht enthält und um zwischenzeitliche nicht krisenbedingte Veränderungen fortzuschreiben ist, zugrunde. Mit der Haushaltsplanung für das Jahr 2022 ist die so erstellte Nebenrechnung fortzuschreiben.

(4) Ist eine Haushaltssatzung gemäß § 78 Absatz 3 Satz 2 der Gemeindeordnung für das Land Nordrhein-Westfalen beschlossen, die Festsetzungen für die Haushaltsjahre 2019 und 2020 enthält, ist die dortige mittelfristige Finanzplanung für das Haushaltsjahr 2021 bei der Aufstellung der Nebenrechnung zugrunde zu legen. Ist eine Haushaltssatzung gemäß § 78 Absatz 3 Satz 2 der Gemeindeordnung für das Land Nordrhein-Westfalen beschlossen, die Festsetzungen für die Haushaltsjahre 2020 und 2021 enthält, und wird für das Haushaltsjahr 2021 eine Nachtragssatzung beschlossen, ist der der ursprünglich beschlossenen Haushaltssatzung für das Haushaltsjahr 2021 anliegende Teil des Ergebnisplans dem Entwurf des Ergebnisplans der Nachtragssatzung für das Haushaltsjahr 2021 gegenüberzustellen.

(5) Die gemäß den Absätzen 2 bis 4 prognostizierte Haushaltsbelastung ist als außerordentlicher Ertrag in den Ergebnisplan aufzunehmen. Dies ist im Vorbericht zum Haushaltsplan zu erläutern. Die Nebenrechnung ist dem Vorbericht als Anlage beizufügen.

§ 5
Jahresabschlüsse 2020 bis 2022

(1) Bei der Aufstellung der Jahresabschlüsse für die Haushaltsjahre 2020 bis 2022 finden die Vorschriften des Achten Teils der Gemeindeordnung für das Land Nordrhein-Westfalen Anwendung.

(2) Bei der Aufstellung der Jahresabschlüsse für die Haushaltsjahre 2020 bis 2022 ist die Summe der Haushaltsbelastung infolge der COVID-19-Pandemie durch Mindererträge beziehungsweise Mehraufwendungen zu ermitteln.

(3) Für den Jahresabschluss 2020 erfolgt diese Ermittlung durch eine gesonderte Erfassung der konkreten Belastungen des beschlossenen Haushaltes 2020. Soweit die Haushaltsbelastungen nicht oder nicht in vollem Umfang konkret ermittelt werden können, ist hilfsweise eine Nebenrechnung vorzunehmen. Hierzu erfolgt eine Gegenüberstellung der entsprechenden Teile der Ergebnisplanung des Haushaltsjahres 2020, für welche die Haushaltsbelastung nicht oder nicht in vollen Umfang ermittelt werden konnte, mit dem korrespondierenden Entwurf der Ergebnisrechnung für 2020. Ist im Haushaltsjahr 2020 eine Änderung der ursprünglich beschlossenen Ergebnisplanung durch eine Nachtragssatzung vorgenommen worden,

ist die Ergebnisplanung in Gestalt der Nachtragssatzung der Nebenrechnung nach Satz 2 und 3 zugrunde zu legen.

(4) Für die Jahresabschlüsse 2021 und 2022 ist Absatz 3 sinngemäß anzuwenden. Für die hilfsweise vorzunehmende Nebenrechnung zum Jahresabschluss 2021 ist der Ergebnisplan der Haushaltssatzung 2021 zu verwenden. Ist im Haushaltsjahr 2021 eine Änderung der ursprünglich beschlossenen Ergebnisplanung durch eine Nachtragssatzung vorgenommen worden, ist die Ergebnisplanung in Gestalt der Nachtragssatzung der Nebenrechnung zugrunde zu legen. Für den Jahresabschluss 2022 ist entsprechend zu verfahren.

(5) Die gemäß den Absätzen 2 bis 4 ermittelte Summe der Haushaltsbelastung ist im jeweiligen Jahresabschluss als außerordentlicher Ertrag im Rahmen der Abschlussbuchungen in die Ergebnisrechnung einzustellen und bilanziell gemäß § 6 gesondert zu aktivieren. Dies ist im Anhang zum Jahresabschluss zu erläutern.

(6) Im Anhang zum Jahresabschluss ist die Summe der auf die COVID-19-Pandemie entfallenden Verbindlichkeiten aus Krediten zur Liquiditätssicherung zu ermitteln und zu erläutern. Hierzu sind die bilanzierten Verbindlichkeiten aus Krediten zur Liquiditätssicherung auf den auf die COVID-19-Pandemie entfallenden Anteil, der höchstens dem Bilanzwert der Bilanzierungshilfe nach § 6 entspricht, und dem verbleibenden Anteil aufzuteilen. Der nach Satz 2 ermittelte, auf die COVID-19-Pandemie entfallende, Anteil der Verbindlichkeiten aus Krediten zur Liquiditätssicherung kann über einen Zeitraum von 50 Jahren, längstens aber über die Abschreibungsdauer der mit § 6 bilanzierten Aktivierungshilfe zurückgeführt werden.

§ 6
Behandlung der Bilanzierungshilfe in den Haushaltsjahren nach 2021

(1) Die mit dem Jahresabschluss 2020 erstmalig anzusetzende Bilanzierungshilfe ist, unter Berücksichtigung ihrer Fortschreibung, beginnend im Haushaltsjahr 2025 linear über längstens 50 Jahre erfolgswirksam abzuschreiben.

(2) Den Gemeinden und Gemeindeverbänden sowie den weiteren in den Anwendungsbereich nach § 1 Absatz 2 einbezogenen Betrieben und Einrichtungen steht im Jahr 2024 für die Aufstellung der Haushaltssatzung 2025 das einmalig auszuübende Recht zu, die Bilanzierungshilfe ganz oder in Anteilen gegen das Eigenkapital erfolgsneutral auszubuchen. Über die Entscheidung ist ein Beschluss des zuständigen Organs für den Beschluss über die Haushaltssatzung herbeizuführen. Eine Überschuldung darf dadurch weder eintreten noch eine bereits bestehende Überschuldung erhöht werden.

(3) Außerplanmäßige Abschreibungen sind zulässig, soweit sie mit der dauernden Leistungsfähigkeit der Gemeinde in Einklang stehen.

§ 7
Ausführung des Gesetzes

(1) Das für Kommunales zuständige Ministerium wird ermächtigt, die zur Durchführung dieses Gesetzes erforderliche Rechtsverordnung sowie die erforderlichen Verwaltungsvorschriften und Muster zu erlassen.

(2) Soweit zur Durchführung dieses Gesetzes erforderlich, können auch in den auf der Grundlage des § 133 der Gemeindeordnung für das Land Nordrhein-Westfalen erlassenen Rechtsverordnungen und Verwaltungsvorschriften ergänzende Regelungen getroffen und Muster bekannt gegeben werden.

(3) Die Landesregierung berichtet dem für Kommunales zuständigen Ausschuss des Landtags jährlich über die Auswirkungen dieses Gesetzes.

§ 8
Inkrafttreten, Außerkrafttreten

Dieses Gesetz tritt am Tag nach der Verkündung in Kraft. Die §§ 2 und 3 treten am 31. Dezember 2021 außer Kraft.

Anhang 43 Kontenplan HSPV NRW

Kontenplan
für die Ausbildung an der
Hochschule
für Polizei und öffentliche Verwaltung Nordrhein-Westfalen (HSPV NRW)

Kontenklasse	Kontengruppe	Konto	Bezeichnung
0			**Immaterielles Vermögen und Sachanlagen**
	01		**Immaterielles Vermögen**
		011	Konzessionen
		012	DV-Software
		013	Patente, Nutzungsrechte
	02	020	**Unbebaute Grundstücke und grundstücksgleiche Rechte**
	03	030	**Bebaute Grundstücke und grundstücksgleiche Rechte**
	04		**Infrastrukturvermögen**
		041	Grund und Boden des Infrastrukturvermögens
		042	Infrastrukturvermögen
	05	050	**Bauten auf fremdem Grund und Boden**
	06	060	**Kunstgegenstände, Kulturdenkmäler**
	07		**Maschinen und technische Anlagen, Fahrzeuge**
		071	Maschinen und technische Anlagen
		073	Betriebsvorrichtungen
		074	Fahrzeuge
	08		**Betriebs- und Geschäftsausstattung**
		081	Betriebs- und Geschäftsausstattung
		082	Geringwertige Wirtschaftsgüter
	09		**Geleistete Anzahlungen, Anlagen im Bau**
		091	Geleistete Anzahlungen auf Sachanlagen
		092	Anlagen im Bau
1			**Finanzanlagen**
	10	100	**Anteile an verbundenen Unternehmen**
	11	110	**Beteiligungen**
	12	120	**Sondervermögen**
	13	130	**Ausleihungen**
	14		**Wertpapiere** [in der Bilanz getrennt bei Anlage- oder Umlaufvermögen anzusetzen]
		141	Wertpapiere des Anlagevermögens
		142	Wertpapiere des Umlaufvermögens
	15		**Vorräte**
		151	Roh-, Hilfs- und Betriebsstoffe
		152	Waren
		153	Unfertige und fertige Erzeugnisse und Leistungen
		154	Zu veräußernde Bau- und Gewerbegrundstücke
		155	Geleistete Anzahlungen auf Vorräte
		159	Sonstige Vorräte
	16		**Öffentlich-rechtl. Forderungen u. Forderungen aus Transferleistungen**
		161	Gebühren-, Beitrags- und Steuerforderungen
		164	Forderungen aus Transferleistungen
		165	Sonstige öffentlich-rechtliche Forderungen
		166	Zweifelhafte öffentlich-rechtliche Forderungen
	17		**Privatrechtliche Forderungen, sonstige Vermögensgegenstände**
		171	Forderungen aus Lieferungen und Leistungen
		172	Sonstige privatrechtliche Forderungen
		173	Zweifelhafte privatrechtliche Forderungen
		174	Sonstige Vermögensgegenstände
		176	Vorsteuer
		177	Sonstige Forderungen (Rechnungsabgrenzung)
	18		**Liquide Mittel**
		181	Guthaben bei Banken und Kreditinstituten (Sichteinlagen)
		182	Kasse (Bargeld)
	19		**Aktive Rechnungsabgrenzung (ARAP) und nicht gedeckter Fehlbetrag**
		191	Aktive RAP für Kreditbeschaffungskosten (Disagio)
		192	Aktive RAP für geleistete Zuwendungen
		193	Sonstige aktive RAP
		199	Nicht durch Eigenkapital gedeckter Fehlbetrag

Anhang 43 Kontenplan HSPV NRW

Kontenklasse	Kontengruppe	Konto	Bezeichnung
2			**Eigenkapital, Sonderposten und Rückstellungen**
	20		**Eigenkapital**
		201	Allgemeine Rücklage
		203	Sonderrücklagen
		204	Ausgleichsrücklage
		205	Jahresüberschuss / Jahresfehlbetrag
	21		**Wertberichtigungen** [In der Bilanz Verrechnung mit den Forderungen, da Bilanzausweis nicht zulässig.]
		211	Einzelwertberichtigung zu privatrechtlichen Forderungen
		212	Pauschalwertberichtigungen zu privatrechtlichen Forderungen
		213	Einzelwertberichtigung zu öffentlich-rechtlichen Forderungen
		214	Pauschalwertberichtigungen zu öffentlich-rechtlichen Forderungen
	23		**Sonderposten**
		231	Sonderposten aus Zuwendungen
		232	Sonderposten aus Beiträgen
		233	Sonderposten für den Gebührenausgleich
		239	Sonstige Sonderposten
	25		**Pensionsrückstellungen**
		251	Pensionsrückstellungen für aktive Beschäftigte
		252	Pensionsrückstellungen für Versorgungsempfänger
	26	260	**Rückstellungen für Deponien und Altlasten**
	27	270	**Instandhaltungsrückstellungen**
	28		**Sonstige Rückstellungen**
		280	Sonstige Rückstellungen
		281	Urlaubsrückstellungen
		282	Überstundenrückstellungen
		283	Rückstellungen für drohende Verluste aus schwebenden Geschäften
		284	Rückstellungen für die erhöhte Heranziehung zu Umlagen [nach § 37 Abs. 5 S. 3 KomHVO]
3			**Verbindlichkeiten und passive Rechnungsabgrenzung**
	30	300	**Anleihen**
	32	320	**Verbindlichkeiten aus Krediten für Investitionen**
	33	330	**Verbindlichkeiten aus Krediten zur Liquiditätssicherung**
	34		**Verbindlichkeiten aus Vorgängen, die Kreditaufnahmen wirtschaftlich gleichkommen**
		341	Schuldübernahmen
		342	Leibrentenverträge
		345	Leasingverträge
	35		**Verbindlichkeiten aus Lieferungen und Leistungen**
		351	Verbindlichkeiten aus Lieferungen und Leistungen gegen verbundene Unternehmen, Beteiligungen und Sondervermögen
		352	Verbindlichkeiten aus Lieferungen und Leistungen gegen den privaten Bereich
		353	Verbindlichkeiten aus Lieferungen und Leistungen gegen den öffentlichen Bereich
	36	360	**Verbindlichkeiten aus Transferleistungen**
	37		**Sonstige Verbindlichkeiten**
		371	Steuerverbindlichkeiten (z.B. einbehaltene lohnabhänige Steuern)
		372	Verbindlichkeiten gegenüber Sozialversicherungsträgern
		373	Umsatzsteuer
		374	Umsatzsteuerverrechnung
		375	Verbindlichkeiten gegenüber Beschäftigten
		376	Sonstige Verbindlichkeiten (Rechnungsabgrenzung)
		378	Ungeklärte Zahlungseingänge [Einzahlungskonto 699]
		379	Andere sonstige Verbindlichkeiten
	38	380	**Erhaltene Anzahlungen**
	39		**Passive Rechnungsabgrenzung (PRAP)**
		391	Passive RAP für erhaltene Zuwendungen
		392	Sonstige passive RAP
4			**Erträge**
	40		**Steuern und ähnliche Abgaben**
		401	Grundsteuer A
		402	Grundsteuer B
		403	Gewerbesteuer
		404	Gemeindeanteil an der Einkommensteuer
		405	Gemeindeanteil an der Umsatzsteuer
		406	Sonstige Gemeindesteuern
		407	Steuerähnliche Erträge

Anhang 43 Kontenplan HSPV NRW

Kontenklasse	Kontengruppe	Konto	Bezeichnung
		408	Ausgleichsleistungen
	41		Zuwendungen und allgemeine Umlagen
		411	Schlüsselzuweisungen
		412	Bedarfszuweisungen
		413	Sonstige allgemeine Zuweisungen
		414	Zuweisungen und Zuschüsse für laufende Zwecke
		415	Erträge aus der Auflösung von Sonderposten aus Zuwendungen
		416	Allgemeine Umlagen (z.B. Kreisumlage)
	42		Transfererträge
		421	Ersatz von sozialen Leistungen außerhalb von Einrichtungen
		422	Ersatz von sozialen Leistungen in Einrichtungen
		423	sonstige Transfererträge
	43		Öffentlich-rechtliche Leistungsentgelte
		431	Verwaltungsgebühren
		432	Benutzungsgebühren und ähnliche Entgelte
		433	Erträge aus der Auflösung von Sonderposten für Beiträge
		434	Ertragskorrektur aus der Bildung und Auflösung von Sonderposten für den Gebührenausgleich
		436	Zweckgebundene Abgaben (z.B. Kurtaxen, Kurbeiträge)
	44		Privatrechtliche Leistungsentgelte, Kostenerstattungen und Kostenumlagen
		441	Umsatzerlöse
		442	Erlösberichtigungen [Separates Korrekturkonto, Buchung auch direkt auf 441 zulässig]
		443	Mieten und Pachten
		444	Erträge aus dem Verkauf von Vorräten
		445	Sonstige privatrechtliche Leistungsentgelte
		446	Erträge aus Kostenerstattungen, Kostenumlagen
	45		Sonstige ordentliche Erträge
		451	Erträge aus der Veräußerung von immateriellem Vermögen und Sachanlagen
		452	Erträge aus der Veräußerung von Finanzanlagen
		453	Verrechnung von Veräußerungserträgen und Zuschreibungen bei Finanzanlagen mit der Allgemeinen Rücklage [bei Vorliegen der Voraussetzungen des § 44 Abs. 3 KomHVO]
		454	Bußgelder, Verwarngelder (Ordnungswidrigkeiten)
		455	Konzessionsabgaben
		456	Säumniszuschläge, Stundungszinsen
		457	Erträge aus Zuschreibungen
		458	Erträge aus der Auflösung oder Herabsetzung von Rückstellungen oder Wertberichtigungen
		459	Andere sonstige ordentliche Erträge
	46		Finanzerträge
		461	Zinserträge
		462	Sonstige Finanzerträge
	47		Aktivierte Eigenleistungen und Bestandsveränderungen
		471	Aktivierte Eigenleistungen
		472	Bestandsveränderungen an unfertigen und fertigen Erzeugnissen und Leistungen
	48	480	Erträge aus internen Leistungsbeziehungen
	49	490	Außerordentliche Erträge
5			Aufwendungen
	50		Personalaufwendungen
		501	Dienstbezüge der Beamten
		502	Dienstbezüge der tariflich Beschäftigten
		503	Dienstbezüge der sonstigen Beschäftigten
		504	Beiträge zu Versorgungskassen
		505	Beiträge zur gesetzlichen Sozialversicherung (Arbeitgeberanteil)
		506	Beihilfen und Unterstützungsleistungen für Beschäftigte
		507	Zuführungen zu Pensionsrückstellungen für Beschäftigte
		508	Pauschalierte Lohnsteuer
	51		Versorgungsaufwendungen
		511	Bezüge der Versorgungsempfänger
		512	Beiträge zur gesetzlichen Sozialversicherung für Versorgungsempfänger
		513	Beihilfen und Unterstützungsleistungen für Versorgungsempfänger
		514	Zuführungen zu Pensionsrückstellungen für Versorgungsempfänger
	52		Aufwendungen für Sach- und Dienstleistungen
		521	Instandhaltung der Grundstücke und baulichen Anlagen
		522	Instandhaltung des Infrastrukturvermögens
		523	Erstattungen für Aufwendungen von Dritten aus laufender Verwaltungstätigkeit
		524	Unterhaltung und Bewirtschaftung des unbeweglichen Vermögens

Anhang 43 Kontenplan HSPV NRW

Kontenklasse	Kontengruppe	Konto	Bezeichnung
		525	Instandhaltung und Unterhaltung des beweglichen Vermögens
		526	Aufwendungen für Roh-, Hilfs-, Betriebsstoffe und Waren
		527	Schülerbeförderungen und Lernmittel nach dem Lernmittelfreiheitsgesetz
		528	Aufwendungen für Festwerte
		529	Sonstige Aufwendungen für Sach- und Dienstleistungen (inkl. Sofortaufwand nach § 36 Abs. 3 KomHVO)
	53		Transferaufwendungen
		531	Leistungen der Sozialhilfe außerhalb von Einrichtungen
		532	Leistungen der Sozialhilfe in Einrichtungen
		533	Schuldendiensthilfen
		534	Sonstige Sozialtransferaufwendungen
		535	Gewerbesteuerumlage
		536	Finanzierungsbeteiligung Fonds Deutscher Einheit
		537	Allgemeine Umlagen an das Land (Solidarbeitrag)
		538	Allgemeine Umlagen an Gemeinde und Gemeindeverbände
		539	Sonstige Transferaufwendungen
	54		Sonstige ordentliche Aufwendungen
		541	Sonstige Personal- und Versorgungsaufwendungen
		542	Mieten, Pachten und Leasing
		543	Geschäftsaufwendungen
		544	Steuern, Versicherungen, Schadensfälle
		545	Verluste aus dem Abgang von Vermögensgegenständen des Anlagevermögens
		546	Verrechnung von Veräußerungsverlusten mit der Allgemeinen Rücklage [bei Vorliegen der Voraussetzungen des § 44 Abs. 3 KomHVO]
		547	Wertberichtigungen von Forderungen
		548	Verfügungsmittel [Separater Ausweis in Plan und Rechnung erforderlich!]
		549	Sonstige Aufwendungen aus laufender Verwaltungstätigkeit
	55		Zinsen und sonstige Finanzaufwendungen
		551	Zinsaufwendungen
		552	Auflösung ARAP für Disagio
		553	Sonstige Finanzaufwendungen
	57		Bilanzielle Abschreibungen
		571	Abschreibungen auf immaterielles Vermögen und Sachanlagen
		572	Abschreibungen auf geringwertige Wirtschaftsgüter [Vollabschreibung im Jahr der Anschaffung]
		573	Verrechnung von außerplanmäßigen Abschreibungen auf Finanzanlagen nach § 44 Abs. 3 KomHVO
		574	Außerplanmäßige Abschreibungen auf Umlaufvermögen [außer Forderungen, siehe 547]
		575	Andere außerplanmäßige Abschreibungen
	58	580	Aufwendungen aus internen Leistungsbeziehungen
	59	590	Außerordentliche Aufwendungen
6			Einzahlungen
	60		Steuern und ähnliche Abgaben
		601	Grundsteuer A
		602	Grundsteuer B
		603	Gewerbesteuer
		604	Gemeindeanteil an der Einkommensteuer
		605	Gemeindeanteil an der Umsatzsteuer
		606	Sonstige Gemeindesteuern
		607	Steuerähnliche Einzahlungen
		608	Ausgleichsleistungen
	61		Zuwendungen und allgemeine Umlagen
		611	Schlüsselzuweisungen
		612	Bedarfszuweisungen
		613	Sonstige allgemeine Zuweisungen
		614	Zuweisungen und Zuschüsse für laufende Zwecke
		616	Allgemeine Umlagen (z.B. Kreisumlage)
	62		Transfereinzahlungen
		621	Ersatz von sozialen Leistungen außerhalb von Einrichtungen
		622	Ersatz von sozialen Leistungen in Einrichtungen
		623	Sonstige Transfereinzahlungen
	63		Öffentlich-rechtliche Leistungsentgelte
		631	Verwaltungsgebühren
		632	Benutzungsgebühren und ähnliche Entgelte
		636	Einzahlungen aus zweckgebundenen Abgaben (z.B. Kurtaxen, Kurbeiträge)

Anhang 43 Kontenplan HSPV NRW

Kontenklasse	Kontengruppe	Konto	Bezeichnung
	64		**Privatrechtliche Leistungsentgelte, Kostenerstattungen und Kostenumlagen**
		641	Umsatzerlöse
		642	Erlösschmälerungen (Korrekturkonto)
		643	Mieten und Pachten
		644	Einzahlungen aus dem Verkauf von Vorräten
		645	Sonstige privatrechtliche Leistungsentgelte
		646	Einzahlungen aus Kostenerstattungen, Kostenumlagen
	65		**Sonstige Einzahlungen aus laufender Verwaltungstätigkeit**
		654	Bußgelder, Verwarngelder (Ordnungswidrigkeiten)
		655	Konzessionsabgaben
		656	Säumniszuschläge, Stundungszinsen
		659	Sonstige ordentliche Einzahlungen
	66		**Finanzeinzahlungen**
		661	Zinseinzahlungen
		662	Sonstige Finanzeinzahlungen
	68		**Einzahlungen aus Investitionstätigkeit**
		681	Einzahlungen aus Zuwendungen für Investitionsmaßnahmen
		682	Einzahlungen aus der Veräußerung von immateriellen Vermögensgegenständen und Sachanlagen
		683	Einzahlungen aus der Veräußerung von Finanzanlagen
		684	Beiträge und ähnliche Entgelte
		685	Rückflüsse von Ausleihungen
		689	Sonstige Investitionseinzahlungen
	69		**Einzahlungen aus Finanzierungstätigkeit**
		691	Einzahlungen aus Anleihen
		692	Kreditaufnahmen für Investitionen
		693	Aufnahme von Krediten zur Liquiditätssicherung
		694	Einzahlung aus sonstiger Wertpapierverschuldung
		695	Rückflüsse von Darlehen (ohne Ausleihungen)
		699	Ungeklärte Einzahlungen
7			**Auszahlungen**
	70		**Personalauszahlungen**
		701	Dienstbezüge der Beamten
		702	Dienstbezüge der tariflich Beschäftigten
		703	Dienstbezüge der sonstigen Beschäftigten
		704	Beiträge zu Versorgungskassen
		705	Beiträge zur gesetzlichen Sozialversicherung (Arbeitgeberanteil)
		706	Beihilfen und Unterstützungsleistungen für Beschäftigte
		708	Pauschalierte Lohnsteuer
	71		**Versorgungsauszahlungen**
		711	Auszahlungen für die Bezüge von Versorgungsempfängern
		712	Beiträge zur gesetzlichen Sozialversicherung für Versorgungsempfänger
		713	Beihilfen und Unterstützungsleistungen für Versorgungsempfänger
	72		**Auszahlungen für Sach- und Dienstleistungen**
		721	Instandhaltung der Grundstücke und baulichen Anlagen
		722	Instandhaltung des Infrastrukturvermögens
		723	Erstattungszahlungen für Aufwendungen von Dritten aus laufender Verwaltungstätigkeit
		724	Unterhaltung und Bewirtschaftung des unbeweglichen Vermögens
		725	Instandhaltung und Unterhaltung des beweglichen Vermögens
		726	Auszahlungen für Roh-, Hilfs-, Betriebsstoffe und Waren
		727	Schülerbeförderungen und Lernmittel nach dem Lernmittelfreiheitsgesetz
		729	Sonstige Auszahlungen für Sach- und Dienstleistungen (inkl. Auszahlungen nach § 36 Abs. 3 KomHVO)
	73		**Transferauszahlungen**
		731	Leistungen der Sozialhilfe außerhalb von Einrichtungen
		732	Leistungen der Sozialhilfe in Einrichtungen
		733	Schuldendiensthilfen
		734	Sonstige Sozialtransferauszahlungen
		735	Gewerbesteuerumlage
		736	Finanzierungsbeteiligung Fonds Deutscher Einheit
		737	Allgemeine Umlagen an das Land (Solidarbeitrag)
		738	Allgemeine Umlagen an Gemeinde und Gemeindeverbände
		739	Sonstige Transferauszahlungen
	74		**Sonstige Auszahlungen aus laufender Verwaltungstätigkeit**
		741	Sonstige Personal- und Versorgungsauszahlungen

Anhang 43 Kontenplan HSPV NRW

Kontenklasse	Kontengruppe	Konto	Bezeichnung
		742	Mieten, Pachten und Leasing
		743	Geschäftsauszahlungen
		744	Steuern, Versicherungen, Schadensfälle
		748	Verfügungsmittel
		749	Sonstige Auszahlungen aus laufender Verwaltungstätigkeit
	75		**Zinsen und sonstige Finanzauszahlungen**
		751	Zinsauszahlungen
		752	Sonstige Finanzauszahlungen
	78		**Auszahlungen für Investitionstätigkeit**
		781	Auszahlungen für den Erwerb von Grundstücken und Gebäuden
		782	Auszahlungen für Baumaßnahmen
		783	Auszahlungen für den Erwerb von immateriellen Vermögensgegenständen und beweglichen Sachen des Anlagevermögens
		784	Auszahlungen für den Erwerb von Finanzanlagen (ohne Ausleihungen)
		785	Auszahlungen von aktivierbaren Zuwendungen
		786	Gewährung von Ausleihungen
		787	Auszahlungen für die Ablösung von Dauerlasten
		789	Sonstige Investitionsauszahlungen
	79		**Auszahlungen aus Finanzierungstätigkeit**
		791	Tilgung von Krediten für Investitionen
		792	Tilgung von Krediten zur Liquiditätssicherung
		793	Tilgung von sonstigen Wertpapierschulden
		794	Auszahlungen aus Anleihen
		795	Gewährung von Darlehen (ohne Ausleihungen)
8			**Abschlusskonten**
	80		**Eröffnungskonten und Abschlusskonten**
		801	Eröffnungsbilanzkonto
		802	Schlussbilanzkonto
		803	Ergebnisrechnungskonto
		804	Finanzrechnungskonto
		805	Bestandsveränderungskonto
9			**Kosten- und Leistungsrechnung (KLR)**
	90	900	Kosten- und Leistungsrechnung (KLR)

Fassung 2019
Christoph Stockel-Veltmann, Dozent HSPV NRW, Abt. Münster

Stichwortverzeichnis

A

Abberufung
- Allgemeiner Vertreter des Landrats KrO § 47, S.127
- Beigeordnete GO § 71, S.26
- Betriebsleitung EigVO § 4, S.141
- Bürgermeister GO § 66, S.25
- Direktor des LV LVerbO § 20, S.138
- Kreisdirektor KrO § 47, S.127
- Landesräte des LV LVerbO § 20, S.138
- Landrat KrO § 45, S.126
- Stellvertreter des Bürgermeisters GO § 67, S.25
- Stellvertreter des Landrats KrO § 46, S.126
- Vertreter des
  - Landschaftsverbandes in Gremien LVerbO § 17, S.137
  - Kreises in Gremien KrO § 26, S.121
- Vorsitzender der Landschaftsversammlung LVerbO § 8, S.134

Abbildung
- Bewirtschaftungsregeln KomHVO § 4, S.44
- Erträge und Aufwendungen KomHVO §§ 1,2,4,10,11,20,21,22,25, 33,39, S.43,44,45,46,47,50,52
- interne Leistungsbeziehungen KomHVO § 16, S.46

Abfallentsorgung
- Einrichtungen der - GO § 107, S.34

Abgabeanspruch
- Aufrechnung AO § 226, S.214
- Erlass AO § 227, S.214
- Fälligkeit AO § 218f, S.214
- Stundung AO § 222, S.214
- Zahlung AO § 224, S.214

Abgabe von Erklärungen
- von Erklärungen
  - der Gemeinde GO § 64, S.24
  - des Kreises KrO § 43, S.126
  - des LV LVerbO § 21, S.138
  - des Zweckverbandes GkG § 16, S.150
- der Steuererklärungen AO § 149, S.209

Abgaben S.153f.
- Anwendung der AO KAG § 12, S.156
- Begriff KAG § 1, S.153
- Kein Bürgerbegehren GO § 26, S.13
- Erhebung (Finanzmittelbeschaffung) GO § 77, S.27
- Europäische Gemeinschaften GG Art.106, S.184
- Festsetzung durch den Rat/Kreistag GO § 41, S.18; KrO § 26 S.121
- Rückzahlungen bei - KomHVO § 18, S.46
- von Spielbanken GG Art.106, S.184
- Verpflichtung zur Erhebung GO § 77, S.27; KAG § 6, S.154

Abgabenbescheide
  KAG § 14, S.157

Abgabenerhebung
- nach KAG 153f.
- Pflicht zur - GO § 77, S.27

Abgabengefährdung
- KAG § 20, S.158

Abgabengesetz
- Kommunal- für das Land NRW S.153f.

Abgabenhinterziehung
  KAG § 17, S.157

Abgabenordnung (AO)
- (Auszug) S.205f
- Anwendung der - auf Kommunalabgaben KAG § 12, S.156
- Begriff Realsteuern AO § 3, S.205
- Begriff Steuern AO § 3, S.205
- Festsetzung, Zerlegung und Erhebung von Realsteuern AO § 22, S.207
- Geltung für Realsteuern AO § 1, S.205

Abgabenpflichtige
- Einwendungen der - gegen Entwurf der Haushaltssatzung GO § 80, S.28; KrO § 54, S.128
- Rücksichtnahme auf die - GO § 10, S.10

Abgabensatzung
- Genehmigungsbedürftigkeit KAG § 2, S.153
- Satzungszwang KAG § 2, S.153
- Zustimmung des Ministeriums für Kommunales und für Finanzen bei erstmaliger oder erneuter Einführung einer Steuer KAG § 2, S.153

Abgabenverkürzung
  KAG § 20, S.158

Abgleich
- der Finanzmittelkonten KomHVO § 31, S.49

Abgrenzung
- von Herstellungskosten und Erhaltungsaufwand KomHVO § 34, S.50; Erlass des BFM S.265

Ablaufhemmung
- bei Steuerbescheiden AO § 171, S.212

Ablehnung
- der Aussetzung der Vollziehung AO § 361, S.218a
- der ersten und zweiten Wiederwahl eines Beigeordneten GO § 71, S.26
- der Wiederbestellung des Präsidenten der GPA GPAG § 6, S.254

Ablehnungsgründe
- für Ehrenämter GO § 29, S.15; KrO § 24, S.120
- für ehrenamtlicher Tätigkeit GO § 29, S.15; KrO § 24, S.120
- Entscheidung über - GO § 29, S.15; KrO § 24, S.120
- Ordnungsgeld GO § 29, S.15; KrO § 24, S.120

Ableitung der Finanzausgleichsmasse
- GFG § 2 Abs.3, S.229
- Anlage zum GFG 237

Ablieferungen
- wirtschaftlicher Unternehmen GO § 109, S.38

Abnutzbare Vermögensgegenstände
- Abschreibungstabelle KomHVO § 36, S.51
- Auflösung von Sonderposten KomHVO § 44, S.53

Abrechnung
- der Gewerbesteuer GewStG § 20, S.179
- der Grundsteuer GrStG § 30, S.167

Abrundung
- bei Abgaben gemäß KAG § 13, S.157
- Gewerbeertrag GewStG § 11, S.178

Abschlagszahlungen
- auf Schlüsselzuweisungen, Investitionspauschalen, Schulpauschale/ Bildungspauschale, Sportpauschale GFG § 28, S.235

Abschluss der Bücher
- Bund und Länder HGrG § 36, S.195

Abschlussgebühren
- bei Kreditaufnahmen (Disagio) RdErl. S.281

Abschlusskonten
- Kontenklasse 8 gemäß Kontenrahmen 97
- Zuordnung gemäß Kontierungsplan 105

Abschlussprüfung
- HGB §§ 317,322, S.280, 280a

Abschlussstichtag
  GO § 116, S.40a; KomHVO §§ 32,35,36,42,45,46,47,52,57, S.49, 50,52,53,54,55,56

Abschlusszahlung
- Gewerbesteuer GewStG § 20, S.179
- Grundsteuer GrStG § 30, S.167

Abschreibungen
- im Anlagenspiegel VV Muster zur GO Ziff.1.6.6 S.62
- Außerplanmäßige - KomHVO § 36, S.51
- Begriff KomHVO § 36, S.50
- Bilanzielle - KomHVO § 2, S.43, Kennzahlenset S.338
- Degressive - KomHVO § 36, S.50
- bei Eigenbetrieben EigVO § 10, S.142
- HGB §§ 253,268,275,277,309, S.273,275,276,277,280
- kumulierte - VV Muster Ziff.1.6.6, S.62; Muster S.110
- lineare - KomHVO §§ 36,45, S.50,51,54
- Linearität der - KAG § 6, S.154
- Umlaufvermögen KomHVO § 36, S.51
- Vermögensgegenstände KomHVO § 36, S.50
- Zuordnung gemäß Kontierungsplan S.103

Abschreibungsintensität
- Ermittlung der Kennzahl S.338

Abschreibungstabelle
- Abweichungen KomHVO § 45, S.54
- des Kommunalministeriums KomHVO § 36, S.51
- Muster S.60,92-94
- Vorlage an Aufsichtsbehörde KomHVO § 36, S.51

Absehen von öffentlicher Ausschreibung
  KomHVO § 26, S.47

Absetzung
- für Abnutzung oder Substanzverringerung EStG § 7, S.261
- von der Einnahme bei Rückzahlung von Abgaben und allgemeinen Zuweisungen KomHVO § 18, S.46

Absolute Mehrheit
- Beschlussfassung über die Hauptsatzung GO § 7, S.10; KrO § 5, S.117
- Antrag über die Abberufung des Stellvertreters des Bürgermeisters / Landrats GO § 67, S.25; KrO § 46, S.126
- Antrag über die Abberufung des allgemeinen Vertreters des Landrats KrO § 47, S.127

Stichwortverzeichnis

Abstimmung der Konten
- örtliche Vorschriften des Bürgermeisters für die Finanzbuchhaltung
  KomHVO § 33, S.50

Abstimmungen
- Begriff GO § 50, S.21; KrO § 35, S.124; LVerbO § 10, S.134
- Digitale und hybride Sitzungen DigiSiVO § 4, S.373
- Geheime GO § 50, S.21; KrO § 35, S.124
- Namentliche GO §§ 50,66, S.21,24; KrO § 35, S.124
- Offene GO § 50, S.21; KrO § 35, S.124
- Stimmenthaltungen
  GO § 50, S.21; KrO §35, S.124; LVerbO § 10, S.134
- Ungültige Stimmen
  GO § 50, S.21; KrO §35, S.124; LVerbO § 10, S.134

Abtretung
  AO-Regelung AO § 46, S.208

Abwahl
- Beigeordnete GO § 71, S.26
- Bürgermeister GO § 66, S.25
- Landrat KrO § 45, S.126

Abwasserbeseitigung
- Einrichtungen der - GO § 107, S.34
- Pflicht zur - GO § 9, S.10
- Zwang zur Benutzung der - GO § 9, S.10

Abwasserbeseitigungsanlagen
  KAG § 6, S.154

Abwassergebührenhilfe
- Zuweisungen gemäß GFG § 19, S.233

Abweichende Festsetzung von Steuern
- aus Billigkeitsgründen AO § 163, S.210

Abweichendes Wirtschaftsjahr
- Gewerbesteuer GewStG § 10, S.177

Abweichung
- von den Mustern zum Haushalt VV Muster zur GO S.59

Abweichungen vom Entwurf der Haushaltssatzung
- Stellungnahme des Kämmerers GO § 80, S.28
- Recht des Bürgermeisters GO § 80, S.28

Abweichungsbefugnis
- in besonderen Ausnahmefällen (z.B. epidemischen Lagen)
  GO § 96a, S.31; KrO § 50, S.127
- der Länder
  - Erhebung der Grundsteuer GG Art. 125b, S.186a
- des zuständigen Ministeriums
  - bei Katastrophen, epidemischen Lagen und Notstand GO § 96a, S.31

Abwicklung
- Gemeinsames Kommunalunternehmen GkG § 27, S.152a
- Verbandssatzungsbestimmungen GkG § 9, S.148
- Zweckverband GkG § 20, S.151

Ackerland
- Bilanz KomHVO § 42, S.52

Additiver Schwellenwert
- bei Aufgabenwahrnehmung mit benachbarten Gemeinden
  GO § 4, S.9

A D V
- Buchführung mit Hilfe der - KomHVO § 28, S.48
- Prüfung der Programme vor der Anwendung GO § 93, S.30

Akteneinsicht
- durch Ausschussmitglieder GO § 55, S.22
- durch Ausschussvorsitzende GO § 55, S.22; KrO § 26, S.121
- durch Bezirksvertreter GO § 55, S.22
- durch Bezirksvorsteher GO § 55, S.22
- durch Kreistagsmitglieder KrO § 26, S.121
- durch Mitglied der Landschaftsversammlung LVerbO § 7a, S.132
- durch Mitglied des Verwaltungsrats der GPA GPAG § 5, S.254
- durch Ratsmitglieder GO § 55, S.22
- durch Steuerberechtigte AO § 187, S.214
- durch Verwaltungsrat der GPA GPAG § 5, S.254
- durch Vorsitzenden der Landschaftsversammlung LVerbO § 7a, S.132
- durch Vorsitzende der Fachausschüsse des LV LVerbO § 7a, S.132

Aktien
- Eröffnungsbilanz KomHVO § 56, S.56

Aktiengesellschaften
- Gewerbesteuer GewStG § 2, S.171
- HGB-Regelungen HGB § 266f, S.274
- als Rechtsform gemeindlicher Unternehmen GO § 108, S.35

Aktive Rechnungsabgrenzung (RAP)
- Bilanz KomHVO § 42, S.52
- Zuordnung gemäß Kontierungsplan S.99

Aktivierte Eigenleistungen, Bestandsveränderungen
- Zuordnung gemäß Kontierungsplan S.102

Aktivierung
- von Zuwendungen und Gegenleistungsverpflichtungen
  KomHVO § 44, S.53
- von Vermögensgegenständen (Komponentenansatz)
  Erlass S.371

Aktivlegitimation
  GO § 63, S.24; KrO § 42, S.126

Aktivseite der Bilanz
- Ansätze der - VV Muster zur GO, Ziff 1.6.5, S.62
- Regelung der KomHVO S.51,52
- Regelung des Handelsgesetzbuches HGB § 266, S.274

Allgemeine Aufsicht
  GO § 119, S.40b; KrO § 59, S.128; LVerbO § 24, S.139; GkG § 29, S.152a
  (s. auch Aufsicht)

Allgemeine Bewertungsanforderungen
  KomHVO § 33, S.50

Allgemeine Bewertungsgrundsätze
- GO § 91, S.30
- HGB § 252, S.272

Allgemeine Finanzwirtschaft
- Produktbereich gemäß Produktrahmen S.73

Allgemeine Grundsätze
- für Kreditaufnahmen RdErl. S.281

Allgemeine Haushaltsgrundsätze
  GO § 75, S.27

Allgemeine Planungsgrundsätze
  KomHVO § 11, S.45

Allgemeine Rücklage
- Haushaltssicherungskonzept bei Aufbrauch der - GO § 76, S.27
- Posten der Passivseite der Bilanz KomHVO § 42, S.52
- Verringerung
  - bei Aufstellung der Haushaltssatzung GO § 75, S.27
  - bei HSK (Stufenmodell)
- Wertgröße des Kennzahlensets S.338
- Zuordnung gemäß Kontierungsplan S.99

Allgemeine Umlagen
- Position des Ergebnisplanes KomHVO § 2, S.43

Allgemeine Umlagenquote
- Ermittlung der Kennzahl S.340

Allgemeiner Vertreter
- Abberufung KrO § 47, S.127
- Ausführung von Beschlüssen
  - des Kreistages KrO § 38, S.124
  - des Rates GO § 53, S.21
- des Bürgermeisters GO § 68, S.25
- des Direktors des LV LVerbO § 20, S.138
- Dringliche Entscheidungen GO § 60, S.24; KrO § 50, S.127
- Erster Landesrat LVerbO § 20, S.138
- Kreisdirektorenlösung KrO § 47, S.127
- des Landrats KrO §§ 46,47, S.126,127
- Laufbahnbeamtenlösung des Kreises KrO § 47, S.127
- Qualifikation GO §§ 68,71, S.25, KrO § 47 S.127; LVerbO § 20, S.138
- Unterzeichnung von Urkunden und Arbeitsverträgen
  GO § 74, S.26; KrO § 49, S.127
- Wahl GO §§ 68,71, S.25; KrO § 47 S.127; LVerbO § 20, S.138
- Wahlzeit GO §§ 68,71, S.25; KrO § 47 S.127; LVerbO § 20, S.138
- Wiederwahl GO § 71, S.26; KrO § 47 S.127; LVerbO § 20, S.138

Allgemeine Zuweisungen
- Bemessung der Ausgleichsrücklage GO § 75, S.27
- GFG-Regelungen 229f
- Zuordnung gemäß Kontierungsplan S.101

Allzuständigkeit der Gemeinde
  GO § 2, S.9

Altersvorsitzender
- Kreistag KrO § 46, S.126
- Landschaftsversammlung LVerbO § 8, S.134
- Rat GO §§ 65,67, S.24,25

Amtsbezeichnung
- Bezirksbürgermeister GO § 36, S.16
- Bürgermeister GO § 40, S.18
- Oberbürgermeister GO § 40, S.18
- Ortsbürgermeister GO § 39, S.17

Amtsblatt
- Öffentliche Bekanntmachungen
  BekanntmVO § 4,5,6, S.257,258

Amtseinführung
- Bürgermeister GO § 65, S.24
- Landrat KrO § 46, S.126
- Vorsitzener der Landschaftsversammlung LVerbO § 8, S.134

Stichwortverzeichnis

Amtsführung
- Bürgermeister GO § 53, S.21
- Direktor des LV LVerbO § 17, S.137
- Landrat KrO § 42, S.126

Amtsgeschäfte
- Ruhen der - während des Abwahlverfahrens
  - Bürgermeister GO § 66, S.25
  - Landrat KrO § 45, S.126

Amtshandlung
- Erhebung von Verwaltungsgebühren KAG § 5, S.153

Amtsträger
- Regelung der AO § 7, S.206

Analyse der Haushaltswirtschaft
  KomHVO § 49, S.55

Andere Finanzierung
- anstelle von Krediten GO § 77, S.27; RdErl. S.281f

Änderung
- Abschreibungszeitraum KomHVO § 36, S.51
- Bestand der Finanzmittel KomHVO § 40, S.52
- Beteiligung an einer Gesellschaft GO § 115, S.40
- Gebiet der Landschaftsverbände LVerbO § 3, S.131
- Gemeindegebiet GO §§ 17-20, S.11
- Gewerbesteuermessbescheid von Amts wegen
  GewStG § 35b, S.181
- Grundsteuerwerte BewG § 225, S.270
- Hauptsatzung GO § 7, S.10; KrO § 5, S.117
- Haushaltssatzung GO § 81, S.28
- Jahresabschluss KomHVO § 58, S.56
- Kreisgebiet KrO §§ 16-19, S.118,119
- Kreisumlage KrO § 56, S.128
- Name und Wahrzeichen GO §§ 13,14, S.11; KrO §§ 12,13, S.118
- Rechtsform eines Unternehmens GO § 115, S.40
- Satzungen
  GO §§ 7,41, S.10,18; KrO §§ 5,26, S.117,120; LVerbO § 7, S.132
- Stellenplan KomHVO § 8, S.45
- Steuerbescheide AO §§ 172-175, S.212
- Unternehmens- oder Gesellschaftszweck GO § 115, S.40
- Verbandsaufgabe bei Zweckverbänden GkG § 20, S.151
- Verbandssatzung bei Zweckverbänden GkG §§ 20,21, S.151
- Wirtschaftsplan EigVO §§ 4,14, S.141,143

Anfechtung von Aufsichtsmaßnahmen
- Gemeinde GO § 126, S.40b
- Kreis KrO § 57, S.129
- LV LVerbO § 28, S.139
- Zweckverbände GkG § 29, S.152a

Angehörige
- Begriff gemäß Abgabenordnung AO § 15, S.206
- Begriff gemäß Gemeindeordnung GO § 31, S.15
- bei Ehrenamt/ehrenamtlicher Tätigkeit GO § 31, S.15
- gegenüber den Beigeordneten GO § 72, S.26
- gegenüber dem Bürgermeister GO § 72, S.26
- gegenüber dem Verantwortlichen für die Zahlungsabwicklung
  und deren Stellvertreter GO § 93, S.30
- gegenüber der Leitung der örtlichen Rechnungsprüfung
  GO § 104, S.33

Angelegenheiten
- Akteneinsicht der Bezirksvorsteher und Ausschussvorsitzenden
  GO § 55, S.22
- Anregungen und Beschwerden GO § 24, S.12
- Ausschluss der Öffentlichkeit bei Ratssitzungen GO § 48, S.21
- Bearbeitung einzelner - durch den Bürgermeister GO § 62, S.24
- Betriebsleitung des Eigenbetriebs GO § 114, S.39
- Bürgerbegehren
- Entscheidungen durch den Bürgermeister GO § 62, S.24
- Entscheidungen des Verwaltungsrats der AöR GO § 114a, S.39
- der Gemeinde GO §§ 23,24,27,41,55, S.12,13,18,22
- der Gleichstellungsbeauftragten GO § 5, S.10
- Informationsrecht der Aufsichtsbehörde GO § 121, S.40b
- Integrationsrat GO § 27, S.13
- des Kreises KrO § 26, S.121
- Satzungen GO § 7, S.10; KrO § 5, S.117
- Tagesordnung GO § 48, S.21
- Teilnahme von Bürgermeister und Beigeordneten an Sitzungen der
  Ausschüsse GO § 69, S.25
- Übertragung auf Ausschüsse oder Bürgermeister GO § 41, S.18
- Übertragung der Erledigung von - auf Bedienstete oder Beigeordnete
  GO § 68, S.25
- Unterrichtung des Rates
  - durch den Bürgermeister GO §§ 55,62, S.22,23
  - durch Vertreter der Gemeinde in Unternehmen GO § 113, S.39
- Unterrichtung
  - der Bezirksvertretung durch den Bürgermeister GO § 55, S.22
  - der Einwohner durch den Rat GO § 23, S.12
- Verschwiegenheitspflicht GO § 30, S.15
- der zivilen Verteidigung
  GO § 6, S.10; KrO § 4, S.117; LVerbO § 5a, S.132
- Zuständigkeiten
  - der Bezirksvertretungen GO § 37, S.17
  - des Hauptausschusses GO § 60, S.24
  - des Rates GO § 41, S.18

Angemessenes Wirtschaftswachstum
- Regelung des StWG § 1, S.187

Anhang
- zur Eröffnungsbilanz GO § 92, S.30
- zum Jahresabschluss der AöR GO § 114a, S.39
- zum Jahresabschluss der Gemeinde GO § 95, S.31
  KomHVO §§ 39,46, S. 52,54

Anhörung
- Bezirksvertretung GO § 37, S.17
- vor Bildung eines Pflichtverbandes GkG § 13; S.148
- vor Gebietsänderungen GO § 19, S.11; KrO § 16, S.118
- von Sachverständigen und Einwohnern GO §§ 36,58, S.16,22

Anhörungsrecht
- der Bezirksvertretung bei wichtigen Angelegenheiten des Stadtbezirks
  GO § 37, S.17

Anlage nicht benötigter Zahlungsmittel
- Örtliche Vorschriften des Bürgermeisters KomHVO § 32, S.49

Anlage von Kapital
- durch Gemeinden und GV RdErl. S.289

Anlageformen
- bei kommunalen Kapitalanlagen RdErl. S.289

Anlagen
- zum Gesamtabschluss KomHVO § 50, S.55
- zum Haushaltsplan GO § 79, S.28; KomHVO § 1, S.43
- zur Haushaltssatzung GO § 80, S.28
- zum Jahresabschluss KomHVO § 38, S.52
- 1 bis 28 als Muster zur GO S.64-116d

Anlagendeckungsgrad
- Ermittlung der Kennzahl S.338

Anlagenspiegel
- Eigenbetriebe EigVO § 24, S.144
- Inhalt KomHVO §§ 46,47, S.54
- Muster 110

Anlagevermögen
- Abschreibungen KomHVO § 36, S.50
- Anhang KomHVO § 45, S.54
- Anlagenspiegel KomHVO § 46, S.54; VV Muster zur GO, S.112
- Bewertung KomHVO §§ 33-36, S.50; EStG § 6, S.259,260
- Bilanz KomHVO § 42, S.52
- Eröffnungsbilanz KomHVO § 55, S.56
- Finanzplan KomHVO § 3, S.44
- Geringwertige Vermögensgegenstände (800 Euro-Grenze)
  KomHVO § 36, S.51
- Geringwertige Wirtschaftsgüter EStR R 6.13, S.263
- HGB §§ 240,247,248,253,255,266,268,275, S.271-276
- Immaterielle Vermögensgegenstände KomHVO § 42, S.52
- Inventurvereinfachungsverfahren (60 Euro-Grenze)
  KomHVO § 30, S.48
- Nutzungsdauer KomHVO § 36, S.51
- Sachanlagevermögen KomHVO §§ 35,37,42,57, S.51,52,56
- Sammelposten EStR R 6.13, S.263
- Vermögensgegenstände des - KomHVO § 34, S.50
- Wertgröße der Kennzahlensets S.338,339
- Wertpapiere KomHVO § 56, S.56

Anleihen
- Bilanz KomHVO § 42, S.52; HGB § 266, S.274
- Zuordnung gemäß Kontierungsplan S.100

Anliegerversammlungen
- bei Straßenausbaumaßnahmen KAG § 8a, S.155

Anordnung
- der Aufsichtsbehörde GO § 123, S.40b; LVerbO § 27, S.139

Anordnungen
- Aufhebung von - des Bürgermeisters GO § 122, S.40b
- Aufsichtsbehörde GO § 123, S.40b; LVerbO § 27, S.139

Anordnungsrecht
- der Aufsichtsbehörde GO § 123, S.40b; LVerbO § 27, S.139

Anpassung
- der Gewerbesteuervorauszahlungen GewStG § 19, S.179

Anregungen
- an den Kreistag KrO § 21, S.119

Stichwortverzeichnis

- an den Rat GO § 24, S.12
Ansatzfähige Kosten
- bei Berechnung der Benutzungsgebühren KAG § 6, S.154
Anschaffungskosten
- Begriff KomHVO § 34, S.50
Anschaffungs- oder Herstellungskosten (-werte)
- Abgänge VV Muster zur GO, Ziff. 1.6.6, S.62; Muster S.110
- Abgrenzung
  - vom Erhaltungsaufwand EStR R 21.1, S.263,264
  - bei Instandsetzung und Modernisierung Erlass des Bundesministeriums der Finanzen S.265
- 250 Euro-Grenze EStG § 6, S.260
- 800 Euro-Grenze KomHVO § 36, S.51
- Abschreibungen
  KomHVO § 36, S.50;VV Muster zur GO, Ziff.1.6.6,S.62; Muster S.110
- Allgemeines EStG S.259-264
- Begriff EStG S.259-264
- Eröffnungsbilanz GO § 92, S.30
- HGB §§ 253,255,268,272, S.273,276
- historische - VV Muster zur GO, Ziff. 1.6.6, S.62
- Umbuchungen VV Muster zur GO, Ziff. 1.6.6, S.62; Muster S.110
- Zugänge VV Muster zur GO, Ziff. 1.6.6, S.62; Muster S.110

Anschaffungs- oder Herstellungswert
- Abschreibung von - KomHVO § 36, S.50

Anschlussbeiträge
- KAG § 8, S.154

Anschluss- und Benutzungszwang
- bei Anstalten des öffentlichen Rechts GO § 114a, S.39
- für bestimmte Einrichtungen
  - der Gemeinde GO § 9, S.10
  - des Kreises KrO § 7, S.118

Ansprüche
- gegen den Bürgermeister GO § 53, S.21
- gegen den Landrat KrO § 38, S.124
- gegen Ratsmitglieder GO § 43, S.19
- Erlass KomHVO § 27, S.47; GrStG §§ 32-34, S.167; AO § 227, S.214
- in geringer Höhe KomHVO § 27, S.47
- Niederschlagung KomHVO § 27, S.47
- Rechtzeitige Geltendmachung KomHVO § 27, S.47
- aus dem Steuerschuldverhältnis AO § 38, S.207
- Stundung KomHVO § 27, S.47; AO § 222, S.214

Anstalten des öffentlichen Rechts
- Anhang des Jahresabschlusses GO § 114a, S.39
- Anschluss- und Benutzungszwang GO § 114a, S.39
- Aufgaben der örtlichen Rechnungsprüfung GO § 105, S.34
- Auflösung (Zuständigkeit) GO § 41, S.18; KrO § 26, S.121
- Aufsicht GO § 114a, S.39
- Beteiligung an anderen Unternehmen GO § 114a, S.39
- Dienstherrenfähigkeit GO § 114a, S.39
- Erhebung von Gebühren und Beiträgen KAG § 1, S.153
- Errichtung (Zuständigkeit) GO § 41, S.18; KrO § 26, S.121
- Gemeindeprüfungsanstalt GPAG § 2, S.253
- gemeinsame Kommunalunternehmen GkG § 27, S.152
- Gründung anderer Unternehmen GO § 114a, S.39
- Jahresabschluss GO § 114a, S.39
- Lagebericht GO § 114a, S.39
- Satzung GO § 114a, S.39
- Tarife GO § 114a, S.39
- Verbindlichkeiten (Haftung der Gemeinde) GO § 114a, S.39
- Vergabegrundsätze RdErl. Ziff. 1.2, S.245
- Verwaltungsrat GO § 114a, S.39
- Vorstand GO § 114a, S.39
- Zuständigkeit des Rates / Kreistages
  GO § 41, S.18; KrO § 26, S.121

Anstellungsverträge
- Unterzeichnung GO § 74, S.26; KrO § 49, S.127

Anteile anderer Gesellschafter
- im Konzernabschluss HGB § 307, S.279

Anteile an verbundenen Unternehmen
- Bilanz KomHVO § 42, S.52
- Zuordnung gemäß Kontierungsplan 98

Anteilmäßige Konsolidierung
- HGB § 310, S.280

Anträge
- auf Abwahl des Bürgermeisters GO § 66, S.25
- auf Konsolidierungshilfe StärkungspaktG § 4, S.353
- auf Bestimmung als
  - Große oder Mittlere kreisangehörige Stadt GO § 4, S.9
- auf geheime Abstimmung GO § 50, S.21; KrO § 35, S.124
- auf namentliche Abstimmung GO § 50, S.21; KrO § 35, S.124

- von Einwohnern GO § 25, S.12; KrO § 22, S.119
Antragsrecht
- beratender Mitglieder GO § 58, S.23; KrO § 41, S.125
Anzeige
- Befreiung von der Aufstellungspflicht des Gesamtabschlusses
  GO § 116a, S.40a
- Beteiligung an einer Gesellschaft GO § 115, S.40
- Bürgschaften GO § 87, S.29
- Eröffnungsbilanz GO § 92, S.30
- Errichtung, Übernahme oder Erweiterung eines Unternehmens
  GO § 115, S.40
- Erwerbstätigkeit AO § 138, S.208
- Erwerb von Genossenschaftsanteilen GO § 115, S.40
- Fehlbetrag in der Ergebnisrechnung GO § 75, S.27
- Gesamtabschluss GO § 116, S.40a; BeschleunigungsG S.379
- Gewährverträge GO § 87, S.29
- Gründung oder Erweiterung einer Gesellschaft GO § 115, S.40
- Haushaltssatzung und Anlagen GO § 80, S.28
- Jahresabschluss GO § 96, S.31;
- Kündigung oder Aufhebung einer öffentlich-rechtlichen Vereinbarung
  GkG § 24, S.152
- Kreditähnliche Rechtsgeschäfte GO § 86, S.29; RdErl. S.282
- Leasingverträge RdErl. S.282,283
- Veräußerung
  - einer Gesellschaft GO § 111, S.39
  - Beteiligung an einer Gesellschaft GO § 111, S.39

Anzeigepflicht
- Freiverbände GkG § 20. S.151
- Grundsteuer GrStG § 19; S.166
- Leasingverträge RdErl. S.282,283
- der Steuerpflichtigen AO § 138, S.208
- bei neuen Unternehmen und Beteiligungen GO § 115, S.40

Anzeige-/Mitteilungspflicht gegenüber dem Rat/Kreistag
- von Beanstandungen GO § 54, S.22; KrO § 39, S.124
- von Dringlichkeitsentscheidungen GO § 60, S.24; KrO § 50, S.127

Arbeit
- Einkünfte aus selbständiger oder unselbststständiger - EStG § 19, S.262

Arbeitnehmer-Entsendegesetz
  TVgG § 2, S.377

Arbeitnehmermitbestimmung
- in fakultativen Aufsichtsräten GO § 108a, S.37

Arbeitnehmervertreter
- in Unternehmen oder Einrichtungen GO § 108, S.35

Arbeitsbefreiung
- für Kreistagsmitglieder KrO § 29, S.122
- für Ratsmitglieder GO § 44, S.19

Arbeitsgemeinschaft, kommunale
- Gemeinsame Wahrnehmung von Aufgaben durch - GkG §§ 2,3, S.147

Arbeitslöhne
- bei Zerlegung der GewSt GewStG § 31, S.180

Arbeitsverträge
- Unterzeichnung GO § 74, S.26; KrO § 49, S.127

Arbeitszeit, regelmäßige
- Entschädigung bei Mandatsausübung GO § 44, S.19; KrO § 29, S.122

Arbeitszeitrahmen
- von Mandatsträgern GO § 44, S.19; KrO § 29, S.122

Assoziierte Unternehmen
- gemäß HGB §§ 311,312, S.280

Auf Antrag teilnehmende Gemeinden
- an der Konsolidierungshilfe Stärkungspaktgesetz
  §§ 4,5,6,10, S.353,354

Aufbau- und Ablauforganisation der Finanzbuchhaltung
- Örtliche Vorschriften des Bürgermeisters KomHVO § 32, S.49

Aufbewahrung
- Bücher und Belege KomHVO § 59, S.57
- Eröffnungsbilanz KomHVO § 59, S.57
- Inventur KomHVO § 59, S.57
- Jahresabschlüsse KomHVO § 59, S.57
- Unterlagen gemäß HGB § 239, S.271

Aufbewahrungsfristen
  KomHVO § 59, S.57

Aufgaben
- Anstalten des öffentlichen Rechts GO § 114a, S.39
- Aufsichtsbehörden GO § 119f., S.40b
- Bezirksausschüsse GO § 39, S.17
- Bezirksvertretungen GO § 37, S.17
- Bürgermeister GO §§ 37,39,40,41,47,48, 51-55,57,58,60-64,67-70
  73,74,80,81,83,85,96,102,104,122 S.17,18,20-26,28,29,31,33,40b,
  KomHVO §§ 14,25,29,31,32 S.46-49, EigVO §§ 3,5,6 S.141,142
  BekanntmVO §§ 2,3,5,7 S. 257,258

Stichwortverzeichnis

- Finanzausschuss GO § 57, S.23
- Fraktionen GO § 56, S.22; KrO § 40, S.124
- Gemeinde GO §§ 3,4,5,15,35,75,77,79,87,90,100,107,111, S. 9-11,16,26,27,27,29,30,31,32,34,38; GkG § 1, S.147
- Gemeindeprüfungsanstalt GO § 105, S.34; GPAG § 2, S.253
- Gemeindeverbände GkG § 1, S.147
- gemeinsames Unternehmen GkG § 27, S.152
- interkommunale Zusammenarbeit GO § 3, S.9: KrO § 2, S.117
- Kommunale Arbeitsgemeinschaften GkG § 3, S.147
- Kreis KrO § 2, S.117
- Landrat KrO § 42, S.126
- Landschaftsverband LVerbO § 5, S.131
- Örtliche Rechnungsprüfung GO §§ 41,103, S.18,32
- Rat GO § 41, S.18
- Rechnungsprüfungsausschuss GO § 102, S.33
- Verwaltungsvorstand GO § 70, S.26
- nach Weisung GO §§ 3,62,105,119,132, S.9,23,33,40a,40b; KrO §§ 2,57, S.117,129; LVerbO § 24, S.139
- Weiterführung der - bei vorläufiger Haushaltsführung GO § 82, S.28
- Übergang der - auf Zweckverband GkG § 6, S.147
- Überörtliche - KrO § 2, S.117
- Überörtliche Prüfung GO § 105, S.34
- Übertragung auf den Landrat KrO § 42, S.126
- Übertragung neuer - GO § 3, S.9; KrO § 2, S.117; LVerbO § 5, S.131
- Zweckverband GkG § 1f, S.147

Aufgabenerfüllung
- Errichtung von Stiftungen im Rahmen der - GO § 100, S.32
- Erwerb von Vermögen im Rahmen der - GO § 90, S.30
- Inanspruchnahme der Ermächtigungen zur - KomHVO § 24, S.47
- Sicherung der stetigen - GO § 75, S.27
- Stetige - GO § 75, S.27
- Übernahme von Gewährleistungen im Rahmen der - GO § 87, S.29
- Veräußerung von Vermögen im Rahmen der - GO § 90, S.30
- Veräußerung von wirtschaftlichen Unternehmen im Rahmen der - GO § 111, S.39
- Zuweisungen des Landes GFG S.229

Aufgabensicherung
- Grundsatz der - GO § 75, S.27

Aufgabenübertragung
- durch
  - Kreisausschuss KrO § 50, S.127
  - Kreistag KrO § 26, S.121
  - Rat GO § 41, S.18
- Vorbehaltskatalog
  - für Kreistagszuständigkeiten KrO § 26, S.121
  - für Ratszuständigkeiten GO § 41, S.18

Aufhebung
- Anordnungen
  - des Bürgermeisters GO § 122, S.40b
  - des Direktors des LV LVerbO § 26, S.139
- Beschlüsse GO § 122, S.40b; LVerbO § 26, S.139
- Grundsteuerwerte BewG § 224, S.270
- Satzungen GO § 41, S.18
- Steuerbescheide AO §§ 172,173, S.212
- Steuermessbetrag Grundsteuer GrStG § 20, S.166
- Stiftungen GO §§ 41,100, S.18,32; KrO § 26, S.121

Auflagen
- Genehmigung zur Kreditaufnahme bei vorläufiger Haushaltsführung GO § 82, S.28
- Haushaltssicherungskonzept GO § 76, S.27
- Verringerung der allgemeinen Rücklage GO § 75, S.27

Auflösung
- Anstalten des öffentlichen Rechts GO §§ 41,114a, S.18,39; KrO § 26, S.121
- Ausschüsse KrO § 41, S.125
- Gemeinden GO § 17, S.11; GkG § 21, S.151
- Gemeindeverbände GkG § 21, S.151
- Kommunalunternehmen GkG § 27, S.152; KUV § 28, S.251
- Kreise KrO § 16, S.118
- Kreistag KrO § 57, S.129
- Rat GO § 125, S.40b
- Rechnungsabgrenzungsposten KomHVO § 43, S.53
- Rückstellungen KomHVO § 37, S.51
- Sonderposten KomHVO § 44, S.53
- Zweckverband GkG § 20, S.151

Aufnahme von Krediten
- zur Sicherstellung der Liquidität GO § 89, S.30

Aufrechnung
- GewSt-Vorauszahlungen GewStG § 20, S.179
- Regelung der AO § 226, S.214

Aufschiebende Wirkung
- von Beanstandung und Widerspruch GO §§ 54,122, S.22,40a; KrO § 39, S.124; LVerbO §§ 19,26, S.137, 139

Aufsicht
- Allgemeine - GO § 119, S.40b; KrO § 59, S.129; LVerbO § 24, S.139
- Auftrag GO § 11, S.11; KrO § 10, S.118
- Dienst- GO § 73, S.26
- Sonder- GO § 119, S.40b; KrO §§ 57,59, S.129; LVerbO § 24, S.139
- über Finanzbuchhaltung KomHVO § 32, S.49
- über Gemeindeprüfungsanstalt GPAG § 12, S.254
- über Kommunalunternehmen GkG § 29, S.152a
- über Körperschaften, Anstalten, Stiftungen KrO § 59, S.129
- über kreisangehörige Gemeinden GO § 120, S.40b; KrO § 59, S.129
- über kreisfreie Städte GO § 120, S.40b
- über Kreise KrO § 57, S.129
- über LV LVerbO § 24, S.139
- über Zweckverbände GkG § 29, S.152a

Aufsichtsbehörde
- Anfechtung von Maßnahmen GO § 126, S.40b; LVerbO § 28, S.139
- Anordnungsrecht GO § 123, S.40b; LVerbO § 27, S.139
- Anzeige der beschlossenen Haushaltssatzung GO § 80, S.28
- Anzeige bei wirtschaftlicher Betätigung GO § 115, S.40
- Anzeige bei Begründung einer Zahlungsverpflichtung GO § 86, S.29
- Aufhebungsrecht GO § 122, S.40b; LVerbO § 26, S.139
- Auflösung des Rates GO § 125, S. 40b
- Ausnahmen bei Sicherheitsbestellung GO § 87, S.29
- Beanstandungsrecht GO § 122, S.40b; LVerbO § 26, S.139
- Befreiung von der Genehmigungspflicht GO § 131, S.40c
- Beschluss über den Jahresabschluss GO § 96, S.31
- Bestellung von Beauftragten GO § 124, S.40b
- Bestimmung der - GO § 120, S.40b
- Beteiligung an Gesellschaften GO § 115, S.40
- Bildung von Zweckverbänden GkG § 13, S.148
- Durchführung von Weisungen der - GO § 62, S.24
- Einberufung
  - des Kreistages KrO § 32, S.123
  - des Rates GO § 47, S.20
- Eingreifen nach Beanstandung GO § 54, S.22; KrO § 39, S.124; LVerbO § 19, S.137
- Eingriffe durch andere Behörden als die - GO §127, S.40a
- Einteilung der - GO § 120, S.40b
- Entscheidung über
  - Anschluss und Austritt bei Zweckverbänden GkG § 21, S.151
  - Auseinandersetzung bei Zweckverbänden GkG § 20, S.151
- Ersatzvornahme GO § 123, S.40b; LVerbO § 27, S.139
- Fristveränderung bei Bekanntmachung der beschlossenen Haushaltssatzung GO § 80, S.28
- Gebietsänderung GO §§ 18,19, S.11; KrO §§ 16,17, S.118,119
- Gebietsänderungsverträge GO §§ 18,20, S.11; KrO §§ 17,19, S.119
- Genehmigung
  - der Auflösung des Zweckverbandes GkG § 20, S.151
  - der Aufnahme von Krediten GO § 86, S.29
  - Bekanntmachung der Verbandssatzung des Zweckverbandes GkG § 11, S.148
  - der Bestellung von Sicherheiten GO § 87, S.29
  - der Erhöhung
    - der Kreisumlage KrO § 56, S.128
    - der Landschaftsumlage LVerbO § 22, S.138
  - des Haushaltssanierungsplanes Erl. S.345
  - des Haushaltssicherungskonzeptes GO § 76, S.27; Erl.S.345
  - der Regelung des Ausgleichs bei Zweckverbänden GkG § 12,13, S.148
  - der Verbandssatzung des Zweckverbandes GkG § 10, S.148
  - der Verbandsumlage des Zweckverbandes GkG § 19, S.150,151
- Grenzstreitigkeiten GO §16, S.11
- Haushaltssicherungskonzept GO § 76, S.27
- Kennzahlenset zur Bewertung des Haushalts S.337f
- Kreditaufnahme in der vorläufigen Haushaltsführung GO § 82, S.28
- des Kreises KrO § 57, S.129
- des LV LVerbO § 24, S.139
- Obere - GO § 120, S.40b; KrO § 57, S.129
- Oberste - GO § 120, S.40b; KrO § 57, S.129
- Prüfung mittels Kennzahlen S.337f
- Ruhen der Amtsgeschäfte während des Abwahlverfahrens
  - Bürgermeister GO § 66, S.25
  - Landrat KrO § 45, S.126

Stichwortverzeichnis

- Satzungen GO § 7, S.10; KrO § 5, S.117
- Siegel, Wappen, Flagge GO § 14, S.11; KrO § 13, S.118
- Stadtbezirke in kreisfreien Städten GO § 35, S.16
- Stiftungen GO § 100, S.32
- Unterrichtsrecht GO § 121, S.40b; LVerbO § 25, S.139
- Unwirksame Rechtsgeschäfte mangels Genehmigung
  GO § 130, S.40c
- Verbot von Eingriffen anderer Stellen GO § 127, S.40b
- Vorläufige Haushaltsführung GO § 82, S.28
- Zwangsvollstreckung gegen
  - Gemeinde GO § 128, S.40a
  - LV LVerbO § 29, S.139
- für Zweckverbände GkG § 29, S.152a

Aufsichtsmaßnahmen
- Anfechtung GO § 126, S.40b
- gegenüber Gemeinde GO §§ 121-125, S.40b
- gegenüber Kreis KrO § 57, S.129
- gegenüber LV LVerbO §§ 25-27, S.139
- Vorlage des Haushaltssanierungsplans StärkungspaktG § 8, S.354
- Zustimmung des Kreisausschusses KrO § 59, S.129
- Zweckverbände GkG § 29, S.152a

Aufsichtsrat
- Ausweisung der Bezüge und Leistungszusagen im Anhang zum Jahresabschluss GO § 108, S.35
- fakultativer - in Unternehmen und Einrichtungen GO § 108, S.35
- Mitwirkungsverbot für Vertreter der Gemeinde im - GO § 31, S.15
- Rechte und Pflichten der Vertreter der Gemeinde in Unternehmen
  GO § 113, S.39
- Vertreter des Kreises im - KrO § 26, S.121

Aufstellung
- neuer Beteiligungsbericht NKFEG § 3, S.41
- Doppischer / kameraler Haushaltsplan NKFEG § 6, S.41
- Entwurf der Haushaltssatzung GO § 80, S.28
- Eröffnungsbilanz GO § 92, S.30; NKFEG § 1, S.41; KomHVO § 54, S.56; HGB § 242, S.271
- erster Gesamtabschluss NKFEG § 2, S.41
- Gesamtabschluss GO § 116, S.40a; BeschleunigungsG S.379
- Haushaltsplan
  - Beteiligung der kreisangehörigen Gemeinden KrO § 55, S.128
  - Mitwirkung des Verwaltungsvorstandes GO § 70, S.26
- Haushaltssanierungsplan Stärkungspaktgesetz § 6, S.353
- Haushaltssatzung und Haushaltsplan 2021 NKF-COVID-19-Isolierungsgesetz § 4, S.389
- Haushaltssicherungskonzept GO § 76, S.27
- Jahresabschluss GO § 95, S.31
- Nachtragshaushaltsplan KomHVO § 10, S.45
- Teilpläne KomHVO § 4, S.44
- Teilrechnungen KomHVO § 41, S.52

Aufträge
- über Bauleistungen RdErl. S,245
- über Bau- und Dienstleistungen TVgG §§ 2f, S.377f
- bei freihändiger Vergabe RdErl. S.245,246
- über Liefer- und Dienstleistungen RdErl. S.245
- Vergabe von - KomHVO § 26, S.47

Auftraggeber
- bei Auftragsvergaben TVgG §§ 2,3,4 S.377,378

Auftragnehmer
- bei Auftragsvergaben TVgG §§ 2,3,4 S.377,378

Auftragsangelegenheiten
  GO § 132, S.40c; KrO § 64, S.130

Auftragswerte
- bei beschränkter Abschreibung RdErl. S.245
- bei freihändiger Vergabe RdErl. S.245
- 25.000 € gemäß Tariftreue- und Vergabegesetz TVgG § 1, S.377

Aufwandsdeckungsgrad
- Ermittlung der Kennzahl S.337

Aufwandsentschädigung
- Anpassung GO § 45, S.20; KrO § 30, S.123; LVerbO § 16, S.137
- Ausschussmitglieder
  GO § 45, S.20; KrO § 30, S.123; LVerbO § 16, S.137
- Bezirksvorsteher GO § 36, S.16
- Festsetzung durch das Ministerium für Kommunales
  GO § 45, S.20; KrO § 30, S.123
- Fraktionsvorsitzende und Stellvertreter
  GO § 46, S.20; KrO § 31, S.123; LVerbO § 16, S.137
- Höhe RdErl. S.258a
- Kreistagsmitglieder KrO § 30, S.123
- Mitglieder
  - der Bezirksvertretungen GO § 45, S.20
  - des Landschaftsausschusses LVerbO § 16, S.137
  - der Landschaftsversammlung LVerbO § 16, S.137
- für Ortsvorsteher GO § 38, S.17
- für Ratsmitglieder GO § 45, S.20
- für Stellvertreter
  - des Bürgermeisters GO § 46, S.20
  - des Fraktionsvorsitzenden GO § 46, S.20; KrO § 30, S.123
  - des Landrats KrO § 31, S.123
  - des Vorsitzenden der Landschaftsversammlung LVerbO § 16, S.137
- Vorsitzende von Ausschüssen des Kreistages KrO § 31, S.123
- zusätzliche - für bestimmte Mandatsträger RdErl. S.258b

Aufwandspauschale
- Regelungen des GFG § 16, S.232

Aufwandsrückstellungen
  GO § 46, S.20; KomHVO § 37, S.51

Aufwandsteuer, örtliche
- Regelung des Grundgesetzes GG Art.106, S.184

Aufwands- und Ertragskonsolidierung
- gemäß HGB § 305, S.279

Aufwendungen
- Anlagen im Bau KomHVO § 56, S.56
- Anschaffungskosten KomHVO § 34, S.50
- Außerplanmäßige - GO § 83, S.29
- Ausgleich des Haushalts GO § 75, S.27
- Budgetbildung KomHVO § 21, S.47
- Dienstleistungen KomHVO § 2, S.43
- Durchführungsverordnung des Ministerium GO § 133, S.40c
- Ergebnisplan KomHVO § 2, S.43
- Ergebnisrechnung KomHVO § 39, S.52
- Erhaltung der gemeindlichen Leistungsfähigkeit als Bilanzierungshilfe im Jahresabschluss KomHVO § 33a, S.50
- Ermächtigungsübertragung KomHVO § 22, S.47
- Festsetzung in der Haushaltssatzung GO § 78, S.27
- Gesamtdeckung KomHVO § 20, S.46
- Haftung der Ratsmitglieder bei Bewilligungen ohne Deckungsmittel
  GO § 43, S.19
- Haushaltsplan für 2 Jahre KomHVO § 9, S.45
- Haushaltswirtschaftliche Sperre GO § 81, S.28; KomHVO § 25, S.47
- Herstellungskosten KomHVO § 34, S.50
- Inhalt des Haushaltsplanes GO § 79, S.28
- Jahresabschluss KomHVO § 33, S.50
- Jahresgewinn der wirtschaftlichen Unternehmen GO § 109, S.38
- Kommunalunternehmen KUV § 17, S.250
- Kontenklasse 5 gemäß Kontenrahmen 97
- Kontierungsplan KomHVO § 2, S.43
- Mehrleistungen KomHVO § 21, S.47
- Nachtragshaushaltsplan KomHVO § 10, S.45
- Nachtragssatzung GO § 81, S.28
- Planungsgrundsätze KomHVO § 11, S.45
- Rückstellungen für bestimmte - GO § 88, S.29
- für Sach- und Dienstleistungen KomHVO § 2, S.43; 340
- Teilergebnispläne KomHVO § 4, S.44
- Teilpläne KomHVO § 4, S.44
- Übertragung von Ermächtigungen KomHVO § 22, S.47
- Überplanmäßige - GO § 83, S.29
- Veranschlagung im Haushaltsplan KomHVO § 1, S.43
- Verwaltungsvorschriften des IM GO § 133, S.40c
- Vorläufige Haushaltsführung GO § 82, S.28
- Weitere Vorschriften in der Haushaltssatzung GO § 78, S.27
- Zuordnung zu den Positionen des Ergebnisplans
  KomHVO § 2, S.43
- Zuordnung gemäß Kontierungsplan S.102
- Zustimmung zu außerplanmäßigen und überplanmäßigen -
  GO § 41, S.18
- Zuwendungen an Fraktionen für -
  GO § 56, S.22; KrO § 40, S.124; LVerbO § 16a, S.137
- Zweckbindung KomHVO § 22, S.47

Aufwendungen aus internen Leistungsbeziehungen
- Zuordnung gemäß Kontierungsplan 103

Aufwendungen für Sach- und Dienstleistungen
- Orientierungsdaten RdErl. S.288
- Zuordnung gemäß Kontierungsplan 102

Aufwendungsersatz
- bei Übertragung öffentlicher Aufgaben auf die Gemeinden
  LVerf NRW Art.78, S.201

Aufzeichnungspflicht
- für gemeindliche Geschäftsvorfälle KomHVO § 29, S.48

Auktion, elektronische
- bei Auftragsvergaben RdErl.S.246

Ausbildung an der HSPV NRW
- Kontenplan S.391

Stichwortverzeichnis

Auseinandersetzung
- nach Grenzänderung GO § 18, S.11
- bei Zweckverbänden GkG § 20, S.151

Ausführung
- von Ausschussbeschlüssen GO § 62, S.24
- von Beschlüssen des Kreistags und Kreisausschusses KrO § 42, S.126
- von Beschlüssen des Landschaftsausschusses und der übrigen Fachausschüsse durch den Direktor des LV LVerbO § 17, S.137
- des doppischen/kameralen Haushaltsplanes NKFEG § 7, S.42
- Haushaltsplan von Bund und Ländern HGrG § 19f, S.193f.
- von Ratsbeschlüssen GO §§ 53,62, S.21,23
- der Gemeindeordnung GO § 133, S.40c
- von Weisungen GO § 62, S.24; KrO § 42, S.126

Ausführungserlass
- zur Haushaltskonsolidierung S.345

Ausgabenverteilung
- auf Bund und Länder GG Art.104a, S.183

Ausgangsmesszahl
- Berechnung der Schlüsselzuweisungen GFG §§ 7,8,9,10, S.231, S.232

Ausgleich
- Haushaltsplan GO § 75, S.27
- Haushaltsplan des Bundes GG Art.110, S.185
- Haushaltsplan des Landes LVerf Art.81, S.201
- Haushalt der Gemeindeprüfungsanstalt GPAG § 9, S.254
- Haushaltssatzung GO § 78, S.27
- HSK GO § 76, S.27
- Mehrbelastung bei Auferlegung neuer Pflichten GO § 3, S.9
- Mittelfristige Ergebnis- und Finanzplanung GO § 84, S.29
- Nachtragssatzung GO § 81, S.28
- Soziale Härten bei Benutzungszwang für Fernwärme GO § 9, S.10
- bei Zweckverbänden GkG §§ 12,13, S.148

Ausgleichsrücklage
- Festsetzung in der Haushaltssatzung GO § 78, S.27
- Gemeindeprüfungsanstalt GPAG § 9, S.254
- Inanspruchnahme zur Deckung
  - eines Fehlbedarfs im Ergebnisplan GO § 75, S.27
  - eines Fehlbetrags in der Ergebnisrechnung GO § 75, S.27
- Kreis KrO § 56a, S.129
- Landschaftsverband LVerbO § 23a, S.139
- Passivseite der Bilanz KomHVO § 42, S.52
- Posten des Eigenkapitals in der Bilanz GO § 75, S.27
- Wertgröße des Kennzahlensets S.338
- Zweckverband GkG § 19a, S.151

Aushang
- Zeit/Ort/Tagesordnung der Ratssitzungen BekanntmVO § 4, S.257

Auskünfte, mündliche
- Gebührenfreiheit KAG § 5, S.153

Auskunftserteilung
- über Verhältnisse der Mandatsträger GO § 43, S.19; KrO § 28, S.123; LVerbO § 15, S.136

Auskunftspflicht
- des Bürgermeisters GO §§ 55,62, S.22,23
- des Landrats KrO § 26, S.121

Auskunftsrecht
- des Ausschussvorsitzenden GO § 55, S.22; KrO § 26, S.121
- des Bezirksvorstehers GO § 55, S.22
- des Kreistags KrO § 26, S.121
- Kreistagsmitglieder KrO § 26, S.121
- Landschaftsausschuss LVerbO § 7a, S.132
- Landschaftsversammlung LVerbO § 7a, S.132
- Mitglieder der Bezirksvertretung GO § 55, S.22
- Ratsmitglieder GO § 55, S.22

Auslagenersatz
- Ehrenamtlich Tätige GO § 33, S.16
- Gemeindeprüfungsanstalt (Verwaltungsrat) GPAG § 4, S.255
- Mitglieder der Verbandsversammlung GkG § 17, S.150
- Ortsvorsteher GO § 39, S.17
- Rechtsverordnung des MIK betr. Ratsmitglieder GO § 45, S.20; EntschVO S. 258a
- Verbandsvorsteher GkG § 17, S.150

Ausländer
- Wahl des Integrationsrates GO § 27, S.13

Ausländische Märkte
- energiewirtschaftliche Betätigung GO § 107a, S.35
- wirtschaftliche und nichtwirtschaftliche Betätigung GO § 107, S.34

Auslandskredite
- Anforderungen RdErl. S.281

Auslegung, öffentliche
- Entwurf der Haushaltssatzung GO § 80, S.28; LVerbO § 23, S.138
- Haushaltssatzung GO § 80, S.28
- Jahresabschluss GO § 96, S.31
- Karten, Pläne, Zeichnungen als Bestandteile einer Satzung BekanntmVO § 3, S.257

Ausleihungen
- Bilanz KomHVO § 42, S.52
- Zuordnung gemäß Kontierungsplan S.99

Ausnahmen
- vom Anschluss- und Benutzungszwang GO § 9, S.10; KrO § 7, S.118
- vom Bruttoprinzip KomHVO § 18, S.46
- der Aufsichtsbehörde bei der Errichtung von Stadtbezirken GO § 35, S.16
- von organisations- und haushaltsrechtlichen Vorschriften GO § 129, S.40b
- vom Verbot der Bestellung von Sicherheiten
  - für Dritte GO § 87, S. 29
  - für Kredite GO § 86, S.29
- bei Gründung von Unternehmen und Beteiligungen GO § 108, S.35

Aussagegenehmigung
- ehrenamtlich Tätiger GO § 30, S.15

Ausscheiden
- Ausschussvorsitzender GO § 58, S.23
- Bürgermeister GO § 66, S.25
- Gemeinde oder Kreis aus Zweckverband GkG § 15a, S.149
- Landrat KrO § 45, S.126
- Mitglied des Zweckverbandes GkG § 21, S.151
- Stellvertreter
  - des Bürgermeisters GO § 67, S.25
  - des Landrats KrO § 46, S.126

Ausschließung vom Amt
GO § 72, S.26

Ausschließungsgründe
- Angehörige GO § 31, S.15
- Ausnahmen vom Mitwirkungsverbot GO § 31, S.15
- für Beigeordnete GO § 72, S.26
- für Bürgermeister GO § 72, S.26
- für Dritte als Prüfer GO § 103, S.33
- für ehrenamtlich Tätige GO § 31, S.15
- Offenbarungspflicht GO §§ 31,43, S.15,18; KrO § 28, S.122; LVerbO § 15, S.136
- Rechtsfolgen bei Mitwirkungsverbot GO § 43, S.19; KrO § 28, S.122; LVerbO § 15, S.136
- Verstoß gegen Offenbarungspflicht GO § 43, S.19; KrO § 28, S.122; LVerbO § 15, S.136

Ausschluss
- Einspruch AO § 348, S.218
- aus Fraktionen GO § 56, S.22; KrO § 40, S.124; LVerbO § 16a, S.137
- Mitglied eines Zweckverbandes GkG § 21, S.151
- der Öffentlichkeit GO § 48, S.21; KrO § 33, S.123; LVerbO § 9, S.134
- aus Sitzungen GO § 51, S.21; KrO § 36, S.124
- von der Beschlussfassung GO §§ 31,43, S.15,18; KrO § 28, S.122; LVerbO § 15, S.136

Ausschreibung
- Aufträge KomHVO § 26, S.47; HGrG § 30, S.194; RdErl. S.245,246
- Beigeordnetenstellen GO § 71, S.26
- beschränkte - RdErl. S.245,246
- Bund und Länder HGrG § 30, S.194
- EU-Schwellenwerte RdErl. S.245,283
- Kreisdirektorenstellen KrO § 47, S.127
- Leasingverträge RdErl. S.283
- öffentliche - RdErl. S.245
- ÖPP-Projekte RdErl. S.283
- Präsident und stellvertretender Präsident der GPA GPAG § 6, S.254
- Verbandsvorsteher bei Zweckverbänden GkG § 17, S.150

Ausschüsse
- Änderung der Besetzung KrO § 41, S.125
- Auflösung GO § 58, S.23; KrO § 41, S.125
- Befugnisse KrO § 41, S.125
- Benannte Mitglieder KrO § 41, S.125
- Beschließende Ausschüsse KrO § 41, S.125
- Beschwerden bei Zuständigkeiten der - GO § 24, S.12
- Besetzung GO §§ 50,58, S.21,22
- Betriebsausschuss EigVO §§ 4,5,10,15,16,20,24,26, S.141-145
- Bildung GO § 57, S.23; KrO § 41, S.125; LVerbO § 13, S.135
- Keine Bildung durch Bezirksvertretung GO § 36, S.16
- Dringlichkeitsentscheidung bei Zuständigkeit von entscheidungs-befugten - GO § 60, S.24

49. Auflage 2022 / DRESBACH

Stichwortverzeichnis

- Einspruch gegen Entscheidungen der - GO § 57, S.23
- Entschädigung GO § 45, S.20; KrO § 30, S.123; LVerbO 16, S.137
- Entscheidungsbefugte - GO § 57, S.23
- Fachausschüsse des LV LVerbO §§ 13-16, S.135,136
- Finanzausschuss GO §§ 57,59, S.23
- Hauptausschuss GO §§ 57,59, S.23
- Hybride Sitzungen der Ausschüsse GO § 58a, S.23, KrO § 41a, S.125, LVerbO § 13a, S. 136
- Kreisausschuss KrO §§ 50-52,59, S.127-129
- Landschaftsausschuss LVerbO §§ 11-16,19, S.135-136,137
- mit Entscheidungsbefugnis GO § 57, S.23
- Mitberatungsrechte KrO § 41, S.125
- Niederschrift GO § 58, S.23; KrO § 41, S.125
- Öffentlichkeit GO § 58, S.23
- Pflicht- GO § 57, S.23; LVerbO § 13, S.135
- Rechnungsprüfungsausschuss GO §§ 57,59, S.23
- Rechtsverletzung eines Beschlusses GO § 54, S.22; KrO § 39, S.124
- Richtlinien des Rates/Kreistags GO § 58, S.23; KrO § 41, S.125
- Stellung der Mitglieder GO § 58, S.23; KrO § 41, S.125
- Stellvertretende Mitglieder GO § 58, S.23; KrO § 41, S.125
- Teilnahme an Sitzungen GO § 58, S.23; KrO § 41, S.125
- Verfahrensvorschriften GO § 58, S.23; KrO § 41, S.125
- Vorsitz
  GO § 58, S.23; KrO § 41, S.125; LVerbO §§ 12-16, S.135-136
- Zuständigkeit des Rates/Kreistags für Wahl der Mitglieder der -
  GO § 41, S.18; KrO § 26, S.121
- Zusammensetzung
  GO § 58, S.23; KrO § 41, S.125; LVerbO §§ 12-16, S.135-136
- Zuständigkeiten
  GO § 41, S.18; KrO § 26, S.121; LVerbO §§ 11,13, S.135,135

Ausschussbeschlüsse
- Beanstandung GO § 54, S.22; KrO § 39, S.124
- Durchführung
  GO § 62, S.24; KrO § 42, S.126; LVerbO § 17, S.137
- Einspruch GO § 57, S.23
- Niederschrift über - GO § 58, S.23; KrO § 41, S.125
- Rechtswidrige - GO § 54, S.22
- Vorbereitung GO § 62, S.24; KrO § 42, S.126; LVerbO § 17, S.137

Ausschussmitglieder
- Akteneinsichtsrecht einzelner - GO § 55, S.22
- Aufwandsentschädigung der - GO § 45, S.20
- Auslagenersatz der - GO § 45, S.20
- Bestellung GO § 58, S.23
- mit beratender Stimme GO § 58, S.23
- Ersatz des Verdienstausfalls GO § 45, S.20; KrO § 30, S.123
- Sachkundige Bürger als - GO § 58, S.23
- Sachkundige Einwohner als - GO § 58, S.23
- Sitzungsgeld GO § 45, S.20; KrO § 30, S.123
- Stellvertretende - GO § 58, S.23
- Teilnahme der - an nichtöffentlichen Ausschusssitzungen
  GO § 58, S.23
- Urlaubsanspruch GO § 44, S.19; KrO § 29, S.122

Ausschusssitzungen
- Öffentliche Ankündigung der - GO § 58, S.23
- Öffentlichkeit der - GO § 58, S.23
- Teilnahme des Bürgermeisters an - GO § 58, S.23
- Teilnahme von Ausschussmitgliedern an nichtöffentlichen -
  GO § 58, S.23

Ausschussvorsitze
- Einigung der Fraktionen
  GO § 58, S.23; KrO § 41, S.125; LVerbO § 13, S.135
- Zuteilung nach d'Hondt'schem Höchstzahlenverfahren
  GO § 58, S.23; KrO § 41, S.125; LVerbO § 13, S.135

Ausschussvorsitzende
- Akteneinsichtsrecht GO § 55, S.22
- Auskunftsrecht GO § 55, S.22
- Ausscheiden von -
  GO § 58, S.23; KrO § 41, S.125; LVerbO § 13, S.135
- Bestimmung der -
  GO § 58, S.23; KrO § 41, S.125; LVerbO § 13, S.135
- der Fachausschüsse des LV LVerbO §§ 13-15, S.135,136
- des Hauptausschusses GO § 57, S.23
- des Kreisausschusses KrO § 51, S.128
- des Landschaftsausschusses LVerbO §§ 12,14, S.135,136

Außenwirkung des Haushaltsplanes
  GO § 79, S.28

Außenwirtschaftliches Gleichgewicht
- Regelung des StWG § 1, S.187

Außerordentliche Aufwendungen
- Ergebnisplan KomHVO § 2, S.43
- Zuordnung gemäß Kontierungsplan 103

Außerordentliche Erträge
- Ergebnisplan KomHVO § 2, S.43
- Zuordnung gemäß Kontierungsplan 102

Außerordentliches Ergebnis
- Ergebnisplan KomHVO § 2, S.43

Außerplanmäßige Abschreibungen
  KomHVO § 36, S.51

Außerplanmäßige Aufwendungen
- Entscheidung durch Kämmerer GO § 83, S.29
- Erhebliche - GO § 83, S.29
- Mitwirkung des Rates GO § 83, S.29
- Veranschlagung im Nachtragshaushalt KomHVO § 10, S.45
- Zustimmung durch den Rat/Kreistag
  GO §§ 41,83, S.18,28; KrO § 26, S.121

Außerplanmäßige Ausgaben
- des Bundes GG Art.112, S.186
- des Landes LVerf NRW Art.85, S.201

Außerplanmäßige Auszahlungen
- Entscheidung durch Kämmerer GO § 83, S.29
- Erhebliche - GO § 83, S.29
- Mitwirkung des Rates GO § 83, S.29
- Veranschlagung im Nachtragshaushalt KomHVO § 10, S.45
- Zustimmung durch den Rat/Kreistag
  GO §§ 41,83, S.18,28; KrO § 26, S.121

Außerplanmäßige Verpflichtungsermächtigungen
  GO § 85, S.28

Aussetzung der Vollziehung
- AO-Regelung § 361, S.218a

Ausstattung
- von öffentlichen Einrichtungen (Bezirksvertretung)
  GO § 37, S.17

Austritt
- aus dem Zweckverband GkG § 20, S.151
- eines Trägers eines gemeinsamen Kommunalunternehmens
  GkG § 27, S.152

Ausweisungspflicht
- für Bezüge und Leistungszusagen an Geschäftsführung, Aufsichtsrat und Beirat in kommunalen Unternehmen im Anhang zum Jahresabschluss GO § 108, S.35

Auszahlungen
- aus laufender Verwaltungstätigkeit KomHVO § 3, S.44
- Außerplanmäßige - GO §§ 41,83, S.18,28
- Bisher nicht veranschlagte Investitionen GO § 81, S.28
- Budgetbildung KomHVO § 21, S.47
- Durchführungsverordnung des IM GO § 133, S.40c
- Festsetzung in der Haushaltssatzung GO § 78, S.27
- Finanzplan GO § 78, S.27; KomHVO § 3, S.44
- Finanzrechnung KomHVO § 40, S.52
- Fortsetzungsinvestition GO § 82, S.28
- Gesamtdeckung KomHVO § 20, S.46
- Haftung der Mandatsträger bei Bewilligung von - ohne Deckungsmittel
  GO § 43, S.19; KrO § 28, S.122; LVerbO § 15, S.136
- Haushaltsplan für 2 Jahre KomHVO § 9, S.45
- Inhalt des Haushaltsplanes GO § 79, S.28
- Kommunalunternehmen KUV § 18, S.250
- Konsolidierungshilfe StärkungspaktG § 5, S.353
- Kontenklasse 7 gemäß Kontenrahmen 97
- Kontierungsplan KomHVO §§ 2,3, S.43,44
- Kredite zur Liquiditätssicherung GO § 89, S.30
- Mehrleistungen KomHVO § 21, S.47
- Nachtragshaushaltsplan KomHVO § 10, S.45
- Nachtragssatzung GO § 81, S.28
- NKF-Kontenrahmen KomHVO § 28, S.48
- Planungsgrundsätze KomHVO § 11, S.45
- Teilergebnisplan KomHVO § 4, S.44
- Teilfinanzplan KomHVO § 4, S.44
- Teilpläne KomHVO § 4, S.44
- Überplanmäßige - GO §§ 41,83, S.18,28
- Übertragbarkeit KomHVO § 22, S.47
- Veranschlagung im Haushaltsplan KomHVO § 1, S.43
- Verpflichtungsermächtigungen GO § 85, S.28
- Vorläufige Haushaltsführung GO § 82, S.28
- Weitere Vorschriften in der Haushaltssatzung
  GO § 78, S.27
- Zahlungsabwicklung KomHVO § 31, S.49
- Zuordnung gemäß Kontierungsplan 104
- Zweckbindung KomHVO § 22, S.47
- Zulässigkeit erheblicher - GO § 83, S.29
- Zulässigkeit für laufende Investitionen GO § 83, S.29

Stichwortverzeichnis

Auszahlungen aus Investitionstätigkeit
- Zuordnung gemäß Kontierungsplan 105

Auszahlungen aus Finanzierungstätigkeit
- Zuordnung gemäß Kontierungsplan 105

Auszahlungen für Sach- und Dienstleistungen
- Zuordnung gemäß Kontierungsplan 104

Auszahlungsermächtigungen
- Inanspruchnahme KomHVO § 24, S.47
- Sperrung von - KomHVO § 25, S.47
- Übertragung von KomHVO § 22, S.47

Auszahlungstermine
- der Zuweisungen GFG S.234

Auszubildende
- in der Stellenübersicht VV Muster zur GO, S.88,89

Automaten
- Örtliche Vorschriften des Bürgermeisters über Zahlungsmittel in - KomHVO § 32, S.49

Automatisierte Datenverarbeitung
- Örtliche Vorschriften des Bürgermeisters KomHVO § 32, S.49

B

Bankkonten
- Örtliche Vorschriften des Bürgermeisters über die Einrichtung von - KomHVO § 32, S.49

Bankunternehmen
- Verbot der Errichtung oder Übernahme GO § 107, S.34

Bankverkehr
- Örtliche Vorschriften des Bürgermeisters KomHVO § 32, S.49

Barwert
- bei Pensionsrückstellungen KomHVO § 37, S.51

Basiszinssatz nach BGB
- bei Verrentung des Erschließungsbeitrags BauGB § 135, S.221

Baudenkmäler
- Bewertung KomHVO § 56, S.56

Bauen und Wohnen
- Produktbereich gemäß Produktrahmen S.73

Baugesetzbuch
  (Auszug) 219

Bauleistungsaufträge
- Vergabegrundsätze S.245

Baumaßnahmen
- Erhaltungsaufwand S.263-268
- Herstellungsaufwand S.263-268
- in der vorläufigen Haushaltsführung GO § 82, S.28
- Verbot der Mehrausgaben für - GO § 82, S.28
- Vorlage von Plänen, Kostenberechnungen und Erläuterungen vor der Veranschlagung von - KomHVO § 13, S.46

Bautechnische Fragen
- Beratung durch Gemeindeprüfungsanstalt GPAG § 2, S.253

Bauten
- auf fremdem Grund und Boden KomHVO § 42, S.52
- des Infrastrukturvermögens KomHVO § 42, S.52
- Verzicht auf Nachtragssatzung bei unabweisbaren Instandsetzungen GO § 81, S.28
- Voraussetzungen für Veranschlagung KomHVO § 13, S.46

Bauten auf fremdem Grund und Boden
- Zuordnung gemäß Kontierungsplan S.98

Bauzeitplan
- bei Veranschlagung von Ermächtigungen von Baumaßnahmen KomHVO § 13, S.46

Beamte
- auf Zeit KrO § 47, S.127; LVerbO § 20, S.138
- Dienstaufsicht über -
  GO § 73, S.26; KrO § 49, S.127; LVerbO § 20, S.138
- Ernennung, Beförderung, Entlassung LVerbO § 20, S.138
- Gemeindeprüfungsanstalt GPAG § 8, S.254
- Leitende - GO § 73, S.26; KrO § 49, S.127
- Stellenplan KomHVO § 8, S.45; VV Muster zur GO S.82
- Stellenübersicht (Muster) S.85
- Urkunden für - GO § 74, S.26; KrO § 49, S.127
- von Anstalten des öffentlichen Rechts der Gemeinde GO § 114a, S.39

Beamtenrechtliche Entscheidungen
- Gemeinden GO § 73, S.26
- Gemeindeprüfungsanstalt GPAG § 8, S.254
- Kreise KrO § 49, S.127

- LV LVerbO § 20, S.138

Beanstandung
- Anordnungen des Bürgermeisters GO § 122, S.40b
- Ausschussbeschlüsse GO § 54, S.22
- Kreistagsbeschlüsse KrO § 39, S.124
- Entscheidungen der Fachausschüsse des LV LVerbO § 19, S.137
- Beschlüsse
  - des Kreisausschusses KrO §§ 39,50, S.124,127
  - des Landschaftsausschusses LVerbO § 19, S.137
  - der Landschaftsversammlung LVerbO § 19, S.137
- Ratsbeschlüsse durch den Bürgermeister GO § 54, S.22
- Recht der Aufsichtsbehörde
  GO § 122, S.40b; KrO § 39, S.124; LVerbO § 26, S.139

Beauftragter
- der Aufsichtsbehörde GO § 124, S.40b
- für den Haushalt GO § 75, S.27
- bei Pflichtverstößen gegen den Haushaltssanierungsplan StärkungspaktG § 8, S.354

Bebaute Grundstücke
- Bilanz KomHVO § 42, S.52; HGB § 266, S.274

Bebaute Grundstücke und grundstücksgleiche Rechte
- Begriff BewG § 248, S.270
- Bewertung BewG § 250, S.270
- Zuordnung gemäß Kontierungsplan S.98

Bebauungsplan
- Anhörung der Bezirksvertretung GO § 37, S.17
- Regelungen des BauGB §§ 124,125,130, S.219,221

Bedarfszuweisungen
  GFG § 19, S.233

Bedienstete
- Entscheidung über die Leistung von überplanmäßigen und außerplanmäßigen Aufwendungen und Auszahlungen GO § 83, S.29
- Fachliche Voraussetzungen GO § 74, S.26; KrO § 49, S.127
- Feststellung von Zahlungsansprüchen und -verpflichtungen GO § 93, S.30
- in Führungsfunktionen GO § 73, S.26; KrO § 49, S.127
- der Mitgliedskörperschaften bei der Bildung der Verbandsversammlung des Zweckverbandes GkG § 15a, S.149
- Stellenplan GO § 74, S.26
- Unterzeichnung
  - Arbeitsverträge GO § 74, S.26; KrO § 49, S.127
  - Verpflichtungserklärungen GO § 64, S.24; KrO § 43, S.126
- Vertretung der Gemeinde/des Kreises in Unternehmen und Einrichtungen GO § 113, S.39; KrO § 26, S.121

Bedingungen
- bei der Genehmigung des Haushaltssicherungskonzepts GO § 76, S.27
- Kreditaufnahmen bei vorläufiger Haushaltsführung GO § 82, S.28

Bedürfnis, öffentliches
- bei Anschluss- und Benutzungszwang GO § 9, S.10; KrO § 7, S.118

Befähigung
- Bedienstete GO § 74, S.26; KrO § 49, S.127
- Beigeordnete in kreisfreien Städten und Großen kreisangehörigen Städten GO § 71, S.26
- Direktor des LV LVerbO § 20, S.138
- Erster Landesrat LVerbO § 20, S.138
- Kreisdirektor KrO § 47, S.127
- Landesräte LVerbO § 20, S.138
- Präsident der GPA GPAG § 6, S.254
- Stellvertreter des Präsidenten der GPA GPAG § 6, S.254

Befangenheit
- Ehrenamtlich Tätige GO § 31, S.15
- Gremienmitglieder DigiSiVO NRW § 6, S. 374
- Prüfer der GPA GPAG § 8, S.254
- Sanktionslosigkeit bei Verletzung des Mitwirkungsverbots GO § 54, S.22; KrO § 39, S.124; LVerbO § 19, S.137

Beförderung
- von Beamten
  - der GPA GPAG § 8, S.254
  - des LV LVerbO § 20, S.138

Befreiung
- Aufstellung des Gesamtabschlusses GO § 116a, S.40a
- Gewerbesteuer GewStG § 3, S.171-173
- Grundsteuer GrStG §§ 3-8, S.163,164
- von der Buchführungspflicht HGB § 241a, S.271
- von der Genehmigungspflicht GO § 131, S.40c

Befugnisse
- der Ausschüsse GO §§ 57, 58, 59, 60, 61, S.23,24
- des Kreisausschusses KrO § 50, S.127
- des Landschaftsausschusses LVerbO § 11, S.135

Stichwortverzeichnis

Beginn
- der Festsetzungsfrist AO § 170, S.211
- der Verjährung AO § 230, S.215

Begründende Unterlagen
- bei der Buchführung KomHVO § 28, S.48

Beigeordnete
- Abberufung GO § 71, S.26
- Abweichende Meinung im Verwaltungsvorstand GO § 70, S.26
- Allgemeiner Vertreter GO § 68, S.25
- Aufsicht über die Finanzbuchhaltung KomHVO § 32, S.49
- Ausschließungsgründe GO § 72, S.26
- Ausschreibung GO § 71, S.26
- Befähigung GO § 71, S.26
- Befugnis zur Übertragung bestimmter Angelegenheiten GO § 68, S.25
- Beratung mit - GO § 70, S.26
- Betriebsleitung eines Eigenbetriebs EigVO § 2, S.141
- Eignung GO § 71, S.26
- Fachliche Voraussetzungen GO § 71, S.26
- Geschäftsbereich GO §§ 69,70,114, S.25,38
- Geschäftskreis GO § 73, S.26
- Pflicht zur Stellungnahme
  - im Ausschuss GO § 69, S.25
  - im Rat GO § 69, S.25
- Rederecht im Ausschuss GO § 69, S.25
- als Stadtkämmerer in kreisfreien Städten GO § 71, S.26
- Status GO § 71, S.26
- Teilnahme an Sitzungen der Bezirksvertretungen GO § 36, S.16
- Teilnahmepflichten GO § 69, S.25
- Teilnahmerechte GO § 69, S.25
- Vereidigung GO § 71, S.26
- Vertretungsmacht GO § 68, S.25
- Verwaltungsvorstand GO § 70, S.26
- Verwandtschaftsverbot GO § 72, S.26
- Vorsitz im Verwaltungsrat von AöR GO § 114a, S.39
- Wahl GO §§ 41,71, S.18,25
- Wahlbeamte GO § 71, S.26
- Wahlzeit GO § 71, S.26
- Wiederwahl GO § 71, S.26
- Zahl GO § 71, S.26

Beihilfeaufwendungen
- Veranschlagung in Teilplänen KomHVO § 18, S.46

Beihilfeverpflichtungen
- Bewertung von - RdErl. S.370

Beirat
- Ausweisung der Bezüge und Leistungszusagen in kommunalen Unternehmen im Anhang zum Jahresabschluss GO § 108, S.35

Beiträge
- Begriff KAG § 8, S.154
- Einzahlungen aus Investitionstätigkeit KomHVO § 3, S.44
- Erschließungsbeiträge BauGB § 127, S.220f
- Fremdenverkehrsbeiträge KAG § 11, S.155
- Kurbeiträge KAG § 11, S.155
- KAG-Bestimmungen S.154
- Satzung KAG §§ 2,8, S.154
- Wasser- und Bodenverbände KAG § 7, S.154
- Wegebeiträge KAG § 9, S.155
- Zuordnung gemäß Kontierungsplan S.104
- Zweckverband GkG § 19, S.150

Beitragsfähiger Aufwand
- Regelung des KAG § 8, S.154,155

Beitragsfähiger Erschließungsaufwand
  BauGB § 129, S.220

Beitragsfreie Straßenunterhaltungsmaßnahmen
- KAG § 8a, Muster, S.155,160

Beitragsmaßstab
  KAG § 8, S.154

Beitragspflicht
- nach KAG § 8, S.154
- nach BauGB § 134, S.221

Beitragspflichtiger
- bei Erschließungsbeiträgen BauGB § 134, S.221
- bei Straßenausbaubeiträgen KAG § 8a, S.155

Beitragspflichtige Straßenunterhaltungsmaßnahmen
- KAG § 8a, Muster S.155,160

Beitragssatzung
  KAG §§ 2,8-11, S.153-155

Beitritt
- zum gemeinsamen Kommunalunternehmen GkG § 27, S.152
- zum Zweckverband GkG § 20, S.151

Beitrittsbeschluss
- bei Satzungen BekanntmVO § 2, S.257

Bekanntgabe, öffentliche
- der Auslegung des Entwurfs der Haushaltssatzung GO § 80, S.28
- von Beschlüssen GO § 52, S.21; KrO § 37, S.124

Bekanntmachung, öffentliche
- Amtsblatt BekanntmVO S.257
- Haushaltssatzung GO § 80, S.28; VV Muster zur GO, S.65
- Jahresabschluss GO § 96, S.31
- Nachtragssatzung VV Muster zur GO, S.67
- Formen der - BekanntmVO § 4, S.257
- Genehmigung zur Errichtung und Ausgliederung gemeinsamer Kommunalunternehmen GkG § 27, S.152
- Inhalt der - BekanntmVO § 3, S.257
- Notbekanntmachung BekanntmVO § 4, S.257
- Ratsbeschlüsse GO § 52, S.21
- Unternehmenssatzung GkG § 27, S.152
- Verfahren der - BekanntmVO § 2, S.257
- Vollzug der - BekanntmVO § 6, S.257,258
- von Satzungen GO § 7, S.10; KrO § 5, S.117; LVerbO § 6, S.132; BekanntmVO § 6, S.258
- von Tagesordnungen GO §§ 48,58, S.21,22; KrO §§ 33,41, S.123,125; LVerbO § 9, S.134; BekanntmVO § 4, S.257
- Verbandssatzung des Zweckverbandes GkG § 11, S.148

Bekanntmachungsverordnung (BekanntmVO)
  (Volltext) S.257

Belastungssituationen
- Zuweisungen gemäß GFG 232f

Belege
- Aufnahme auf Bildträger KomHVO § 59, S.57
- Aufbewahrung der - KomHVO § 59, S.57
- bei Buchungen KomHVO § 28, S.48

Bemessung
  Gewerbesteuer GewStG §§ 7-11, S.173-178
  Grundsteuer GrStG §§ 13-24, S.164-166

Benutzungsgebühren
- Gemeindeprüfungsanstalt GPAG § 10, S.254; Benutzungsgebührensatzung S.255
- KAG-Regelungen KAG § 6, S.154
- Zuordnung gemäß Kontierungsplan S.101

Benutzungsrecht
- an öffentlichen Einrichtungen GO § 8, S.10; KrO § 6, S.118

Benutzungszwang
- bei Anstalten des öffentlichen Rechts GO § 114a, S.39
- für bestimmte Einrichtungen der Gemeinde/des Kreises GO § 8, S.10; KrO § 6, S.118

Bepackungsverbot
- Haushaltssatzung GO § 78, S.27

Beratende Mitglieder
- in Ausschüssen GO § 58, S.23; KrO § 41, S.125
- in Bezirksausschüssen GO § 39, S.17
- in Bezirksvertretungen GO § 36, S.16
- in Fachausschüssen des LV LVerbO § 14, S.136
- im Landschaftsausschuss LVerbO § 14, S.136

Beratende Teilnahme
- des Direktors des LV und der Landesräte LVerbO § 18, S.137
- in Fachausschüssen LVerbO § 14, S.136

Beratung
- über Entwurf der Haushaltssatzung GO § 80, S.28
- durch Gemeindeprüfungsanstalt GPAG § 2, S.253, StärkungspaktG § 9, S.354

Bereichsabgrenzungen
- innerhalb der Finanzstatistiken S.335

Berichtigung
- Eröffnungsbilanz GO § 92, S.30
- Steuerbescheide AO §§ 172-175, S.211,212

Berichtsjahr
- Muster Beteiligungsbericht S.116g

Berichtspflicht
- des Kommunalunternehmens KUV § 21, S.251
- des Landrats als untere staatliche Verwaltungsbehörde KrO § 60, S.130
- nach dem StärkungspaktG § 7, S.354; Erl. S.345

Beschäftigte
- der Gemeindeprüfungsanstalt GPAG § 8, S.54
- im Stellenplan (Muster) S.83

Beschäftigungsstand
- hoher - gemäß StWG § 1, S.187

Beschaffungen
- zeitliche Verfügbarkeit der Mittel KomHVO § 22, S.47

Stichwortverzeichnis

Beschlussaufhebung
- durch die Aufsichtsbehörde GO § 122, S.40b; LVerbO § 26, S.139

Beschlüsse, Abstimmungen
- Ausführung durch
  - Bürgermeister GO §§ 53,62, S.21,23
  - Direktor des LV LVerbO § 17, S.137
  - Landrat KrO § 38, S.124
- Durchführung durch
  - Bürgermeister GO § 62, S.24
  - Landrat KrO § 42, S.126
  - Landschaftsausschuss LVerbO § 11, S.135
  - Stellvertreter
    - des Bürgermeisters GO § 53, S.21
    - des Landrats KrO § 38, S.124
- Vereinfachtes Verfahren GkG § 15b, S.150
- Vorbereitung
  GO § 62, S.24; KrO §§ 42,50, S.126,127; LVerbO §§ 11,17, S.135,137
- mit der Mehrheit der gesetzlichen Mitgliederzahl
  GO §§ 7,71, S.10,25; KrO §§ 5,45, S.117,126
- mit 2/3-Mehrheit
  GO §§ 26,34,66, S.12,16,24; KrO §§ 23,45, S.119,126
- mit 3/4-Mehrheit GO § 13, S.10; KrO § 12, S.118

Beschlussfähigkeit
- Ausschüsse GO § 58, S.23; KrO § 41, S.125
- Fachausschüsse des LV LVerbO § 14, S.136
- Fiktion GO § 49, S.21; KrO § 34, S.123; LVerbO § 10, S.134
- Kreisausschuss KrO § 52, S.128
- Kreistag KrO § 34, S.123
- Landschaftsversammlung LVerbO § 10, S.134
- Mangelnde - auf Dauer GO § 125, S.40b
- Rat GO § 49, S.21
- Verbandsversammlung GkG § 15, S.148
- Verwaltungsrat der Kommunalunternehmen KUV § 5, S.249

Beschlussfassung
- über Entwurf der Haushaltssatzung GO § 80, S.28
- über Haushaltssanierungsplan Stärkungspaktgesetz § 6, S.353
- über geprüften Jahresabschluss GO § 96, S.31

Beschlussunfähigkeit
- Dauernde - GO § 125, S.40b
- Feststellung GO § 49, S.21; KrO § 34, S.123; LVerbO § 10, S.134
- Zweitladung
  GO § 49, S.21; KrO § 34, S.123; LVerbO § 10, S.134

Beschränkte Ausschreibung
- vor Vergabe von Aufträgen KomHVO § 25, S.47; RdErl. S.245

Beschränkung der Kreditaufnahme
- nach § 19 StWG GO § 86, S.29; StWG § 19, S.189

Beschwer
- Einspruchsbefugnis gemäß AO § 350, S.218

Beschwerden
- an den Kreistag KrO § 21, S.119
- an den Rat GO § 24, S.12

Beschwerdeausschuss
  GO § 24, S.12; KrO § 21, S.119

Besetzung
- der Ausschüsse
  GO § 58, S.23; KrO § 41, S.125; LVerbO §§ 12,13, S.135,135
- freier Ausschusssitze GO § 58, S.23

Besorgung der Finanzbuchhaltung
- durch Dritte GO § 93, S.30

Bestandsanlagen
- Komponentenbildung Erlass S.371

Bestandsaufnahme
- des Inventars KomHVO §§ 28,29, S.48

Bestätigung
- Entwurf der Haushaltssatzung GO § 80, S.28
- Entwurf des Jahresabschlusses GO § 95, S.31
- der Wahl des allgemeinen Vertreters des Landrats KrO § 47, S.127

Bestätigungsvermerk
- nach Prüfung des Jahresabschlusses
  GO §§ 59,92,101, S.23,30,31
- HGB § 322, S.280a

Bestattungswesen
- Wirtschaftliche Betätigung GO § 107, S.34

Bestellung
- Mitglieder der Bezirksausschüsse GO § 39, S.17
- Beauftragter der Aufsichtsbehörde GO § 124, S.40b
- Beigeordnete als Stadtkämmerer GO § 71, S.26
- Gleichstellungsbeauftragte GO § 5, S.10
- Leitung und Prüfer der örtlichen Rechnungsprüfung
  GO § 104, S.33
- Präsident und Stellvertreter der GPA GPAG § 6, S.254
- Sicherheiten für Kredite GO § 86, S.29
- Sicherheiten-Verbot GO § 87, S.29
- Stellvertreter der Finanzbuchhaltung GO § 93, S.30
- Verantwortlichen der Finanzbuchhaltung GO § 93, S.30

Bestellungsrecht
- des Kreistags bzgl. örtlicher Rechnungsprüfung KrO § 26, S.121

Besteuerungsgrundlagen
- Feststellung AO §§ 179,180, S.213
- Gesonderte Feststellung AO §§ 180, 182, S.213
- Gewerbesteuer GewStG § 6, S.174
- Schätzung AO § 162, S.211

Besteuerungsunterlagen
- Offenlegung AO § 364, S.218b

Bestimmung
- der Mittleren und Großen kreisangehörigen Städte durch Rechtsverordnung der Landesregierung GO § 4, S.9
- der Produktbereiche VV Muster zur GO, Ziff.1.2.3, S.59

Bestimmungen
- bei Gebietsänderungen GO § 18, S.11; KrO § 17, S.118

Beteiligte
- am Zerlegungsverfahren AO § 186, S.213

Beteiligung
- am allgemeinen wirtschaftlichen Verkehr (Gewerbebetrieb)
  EStG § 15, S.260
- an wirtschaftlichen Unternehmen GO §§ 41,107-115, S.18,34-39

Beteiligungen
- Bilanz KomHVO § 42, S.52
- HGB § 266, S.274
- Muster Beteiligungsbericht S.116g
- an Versorgungs- und Verkehrsunternehmen (LV) LVerbO § 5, S.131
- Zuordnung gemäß Kontierungsplan S.99

Beteiligungen an Gesellschaften
- GO §§ 108,111,112,115, S.35-39

Beteiligungen an Kreditgenossenschaften
- GO § 108, S.35

Beteiligungen an Unternehmen
- Bewertung KomHVO § 56, S.56

Beteiligungsbericht
- Beteiligungsportfolio S. 116j
- Beteiligungsstruktur S.116j
- Einsichtsrecht GO § 117, S.40a
- bei größenabhängiger Befreiung vom Gesamtabschluss
  GO § 116a,117, S.40a
- Finanz- und Leistungsbeziehungen S.116k
- Gegenstand und Zweck S.116i
- Inhalt des - GO § 117, S.40a
- Mittelbare Beteiligungen S.116o
- Muster S.116g-116p
- Organisation der Beteiligungsverwaltung S.116p
- Public Corporate Governance Kodex S.116p
- Pflicht zur Erstellung GO § 117, S.40a
- Rechtliche Grundlagen S.116i
- Unmittelbare Beteiligungen S.116l

Beteiligungsrechte
- der kreisangehörigen Gemeinden bei Aufstellung des Entwurfs der
  Haushaltssatzung des Kreises KrO § 55, S.128
- der Kreise und kreisfreien Städte bei Aufstellung des Entwurfs der
  Haushaltssatzung des LV LVerbO § 23, S.138

Betriebe des Bundes und Landes
  HGrG § 18, S.193

Betriebe der Land- und Forstwirtschaft
- Gewerbesteuer (kein Gewerbebetrieb) EStG § 15, S.260
- Grundsteuer GrStG §§ 2,6,14,22,24,33,40, S.163f
- in der Haushaltssatzung VV Muster zur GO S.64,66

Betriebsausschuss
- Arbeitnehmervertreter GO § 114, S.39
- Eigenbetriebe GO § 114, S.39; EigVO § 5f, S.141f
- GkG-Regelung für Zweckverbände GkG § 18, S.150
- Betriebsleiter EigVO § 2, S.141f
- Betriebsleitung GO § 114, S.39; EigVO § 2f, S.141f

Betriebsfinanzamt
- Zuständigkeit AO § 18, S.207

Betriebsleitung
- des Eigenbetriebs EigVO § 2f, S.141f

Betriebsprüfungen
- der örtlichen Rechnungsprüfung GO § 103, S.33

Betriebssatzung
- der Eigenbetriebe GO § 114, S.39; EigVO § 2f, S.141f

Stichwortverzeichnis

Betriebsstätten
- Begriff AO § 12, S.206
- Geschäftsleitung im Ausland GewStG § 2, S.171
- Heberecht der Gemeinde GewStG § 4, S.173
- in mehreren Gemeinden GewStG § 4, S.173
- Zerlegung bei mehrgemeindlichen - GewStG § 30, S.180

Betriebs- und Geschäftsausstattung
- Bilanz KomHVO § 42, S.52
- Zuordnung gemäß Kontierungsplan S.98

Betriebsvermögen
- Kürzung bei Gewerbesteuer GewStG § 9, S.175

Betriebsversammlung
- Wahl der Aufsichtsräte für Unternehmen und Einrichtungen GO § 108a, S.37

Betriebsvorrichtungen
- Regelung des BewG § 68, S.269

Beurteilung
- der wirtschaftlichen Lage der Kommunen im NKF mittels Kennzahlen NKF-Kennzahlenset S.337f
- des Lageberichts GO § 101, S.32

Bevölkerungszahl
- im Sinne des Gemeindefinanzierungsgesetzes GFG § 27, Anl. 3, S.234,239f

Bevollmächtigter
- bei Verpflichtungserklärungen
  - der Gemeinde GO § 64, S.24
  - des Kreises KrO § 43, S.126
  - des LV LVerbO § 21, S.138

Bewerbung
- um ein Ratsmandat GO § 44, S.19
- um ein Kreistagsmandat KrO § 29, S.122

Bewertung
- Bebaute Grundstücke BewG §§ 249,250, S.270a
- Besondere - von Vermögen KomHVO § 56, S.56
- Erstmalige - von Vermögen KomHVO § 54f, S.56
- des Haushalts durch Kennzahlen S.337f
- Unbebaute Grundstücke BewG § 247, S.270a
- von Vermögen und Schulden im Jahresabschluss KomHVO § 33, S.50

Bewertung der Wirtschaftsgüter
- gemäß EStG § 6, S.259

Bewertungsanforderungen
  KomHVO § 33, S.50

Bewertungseinheiten
- bei Kreditaufnahmen KomHVO § 35a, S.5
- bei Zinsderivaten RdErl. S.281

Bewertungsgesetz (BewG)
  (Auszug) **S.269**

Bewertungsgrundsätze
  HGB § 252 f, S.272-274

Bewertungsmaßstäbe
  HGB § 255, S.273

Bewertungsprinzip für Vermögensgegenstände
- Komponentenansatz Erlass S.371

Bewertungs- und Kooridnierungsstelle
- auf dem Gebiet der Informationstechnik GPAG § 2a, S.253

Bewertungsvereinfachungsverfahren
- Regelung der KomHVO § 35, S.51
- Regelung des HGB § 256, S.274

Bewertungsvorschriften
  KomHVO § 33f, S.50; HGB § 252f, S.272f

Bewirtschaftung
- der Ermächtigungen KomHVO § 24, S.47
- von Verpflichtungsermächtigungen KomHVO § 24, S.47

Bewirtschaftungsregelungen
  KomHVO § 4, S.44

Bezeichnung
- Gemeinde GO § 13, S.11
- Kreis KrO § 12, S.118

Bezirke (kreisfreie Städte)
- Abgrenzung GO § 35, S.16
- Anhörung von Sachverständigen und Einwohnern GO § 36, S.16
- Akteneinsicht und Auskunft GO § 55, S.22
- Anhörungsrecht der Bezirksvertreter GO § 37, S.17
- Aufgaben der Bezirksvertretungen GO § 37, S.17
- Aufwandsentschädigung des Bezirksvorstehers und der Mitglieder der Bezirksvertretung GO § 36, S.16
- Auskunftsrecht der Bezirksvorsteher gegenüber dem Bürgermeister GO § 55, S.22
- Ausnahme bei Errichtung von Stadtbezirken GO § 35, S.16
- Beteiligung des Oberbürgermeisters an Sitzungen der Bezirksvertretungen GO § 36, S.16
- Beteiligung von Ratsmitgliedern an Sitzungen der Bezirksvertretung GO § 36, S.16
- Beteiligungsverfahren bei Aufstellung von Bebauungsplänen GO § 37, S.17
- Bezirksvertretung GO § 36, S.16
- Bezirksverwaltungsstellen GO § 38, S.17
- Bezirksvorsteher GO § 36, S.16
- Dringlichkeitsentscheidungen der Bezirksvertretung GO § 36, S.16
- Einteilung in Stadtbezirke GO § 35, S.16
- Geltendmachung von Ansprüchen anderer gegen die Gemeinde GO § 43, S.19
- Haushaltsmittel der Bezirke GO § 37, S.17
- Recht der Bezirksvertretung auf Anhörung in wichtigen Angelegenheiten GO § 37, S.17
- Teilnahme der Bezirksvertreter an nichtöffentlichen Ratssitzungen GO § 48, S.21
- Verdienstausfall der Bezirksvertreter GO § 45, S.20
- Ortsnahe Erledigung von Verwaltungsaufgaben durch Bezirksverwaltungsstellen GO § 38, S.17
- Teilnahmepflicht des Leiters der Bezirksverwaltungsstelle an den Sitzungen der Bezirksvertretung GO § 38, S.17
- Teilnahmerecht und -pflicht des Oberbürgermeisters an den Sitzungen der Bezirksvertretung GO § 36, S.16
- Zahl der Mitglieder der Bezirksvertretungen GO § 36, S.16
- Zahl der Stadtbezirke GO § 35, S.16
- Zusammensetzung der Bezirksvertretungen GO § 36, S.16

Bezirke (kreisangehörige Gemeinden)
- Abgrenzung GO § 39, S.17
- Aufgaben der Bezirksausschüsse GO § 39, S.17
- Aufwandsentschädigung der Ortsvorsteher GO § 39, S.17
- Bezirksausschüsse GO § 39, S.17
- Bezirksverwaltungsstellen GO § 39, S.17
- Sachkundige Bürger in Bezirksausschüssen GO § 39, S.17
- Teilnahme des Ortsvorstehers an Ratssitzungen GO § 39, S.17
- Wahl der Ortsvorsteher GO § 39, S.17

Bezirksausschüsse
- für Gemeindebezirke in kreisangehörigen Gemeinden GO § 39, S.17

Bezirksbezogene Haushaltsansätze
- Anlage zum Haushaltsplan KomHVO § 1, S.43
- Grundsatzregelung der GO § 37, S.17
- Muster
  - für Geldleistungen VV Muster zur GO, S.90
  - für geldwerte Leistungen VV Muster zur GO, S.91

Bezirksbürgermeister
- Bezeichnung für Bezirksvorsteher GO § 36, S.16

Bezirkseinteilung
- Gemeindebezirke in den kreisangehörigen Gemeinden GO § 39, S.17
- Stadtbezirke in den kreisfreien Städten GO §§ 35-38, S.16-17

Bezirksregierung
- Änderung von Gemeindegrenzen GO § 16f, S.11
- Antrag auf Konsolidierungshilfe StärkungspaktG § 4, S.353
- Aufsichtsbehörde für Kreise KrO § 57, S.129
- Aufsichtsbehörde für kreisfreie Städte GO § 120, S.40b
- Bericht über die Einhaltung des Haushaltssanierungsplans StärkungspaktG § 7, S.354
- Bestätigung der Wahl des Kreisdirektors KrO § 47, S.127
- Einreichung von Anträgen für die - GO § 25, S.12
- Entgelt für Unterstützung der Gemeinde b.d. Haushaltskonsolidierung StärkungspaktG § 2, S.353
- Festsetzung der Konsolidierungshilfen StärkungspaktG § 10, S.354
- Genehmigung
  - Anpassung des Haushaltssanierungsplans StärkungspaktG § 8, S.354
  - Haushaltssanierungsplan StärkungspaktG § 6, S.353,354
  - Haushaltssicherungskonzept AusführErl. S.353
- Obere Aufsichtsbehörde für kreisangehörige Gemeinden GO § 120, S.40b
- Pflichtverstöße gegen Haushaltssanierungsplan StärkungspaktG § 8, S.354
- Reduzierung der Konsolidierungshilfe StärkungspaktG § 5, S.353
- Überwachung des Hh-sanierungsplans StärkungspaktG § 7, S.354
- Vorlage des Hh-sanierungsplans StärkungspaktG §§ 6,7, S.353,354
- Zweckverbände GkG § 29, S.152a

Bezirksvertretungen
- Anregungen und Beschwerden GO § 26, S.12
- Aufgaben GO § 37, S.17
- Beteiligung bei Unterrichtung der Einwohner GO § 23, S.12
- Bürgerbegehren GO § 26, S.12,13

Stichwortverzeichnis

- Dringlichkeitsentscheidungen GO § 36, S.16
- Einwohnerantrag GO § 25, S.12
- Entschädigung GO §§ 36,45, S.16,19
- Freistellung GO § 44, S.19
- Genehmigung von Verträgen mit Mitgliedern der - GO § 41, S.18
- Haushaltsmittel GO § 37, S.17
- Informationsrechte GO § 37, S.17
- Integrationsrat, Stellungnahmen GO § 27, S.14
- Monatspauschale GO § 45, S.20
- Rechte und Pflichten GO § 36, S.16
- Sitzzahl GO § 36, S.16
- Teilnahmerechte von Ratsmitgliedern GO § 36, S.16
- Teilnahmerecht/-pflicht des Oberbürgermeisters GO § 36, S.16
- Überwachung der Durchführung der Beschlüsse GO § 55, S.22
- Vorsitzender GO § 36, S.16
- Wahlverfahren GO § 36, S.16
- Widerspruch gegen Beschlüsse GO § 37, S.17

Bezirksverwaltungsstellen
- in Gemeindebezirken der kreisangehörigen Gemeinden GO § 39, S.17
- in kreisfreien Städten GO § 38, S.17
- Leiter der - GO § 38, S.17

Bezirksvorsteher
- Akteneinsichtsrecht GO § 55, S.22
- Anhörungsrecht in Ratssitzungen GO § 37, S.17
- Aufwandsentschädigung GO § 36, S.16; EntschVO § 3, S.258a
- Auskunftsrecht GO § 55, S.22
- Wahl GO § 36, S.16
- Widerspruchsrecht bei Beschlüssen der Bezirksvertretung GO § 37, S.17

Bezüge der Beamten
- Zuordnung gemäß Kontierungsplan 102

Bezüge in kommunalen Unternehmen
- Ausweisung im Anhang zum Jahresabschluss GO § 108, S.35

Biersteuer
- Ertragshoheit gemäß Grundgesetz Art.106, S.184

Bilanz
- Aktiva KomHVO § 42, S.52
- Anteile an verbundenen Unternehmen KomHVO § 42, S.52
- Aufwendungen für Leistungsfähigkeit KomHVO § 42, S.52
- Ausgleichsrücklage GO § 75, S.27; KomHVO § 42, S.52
- Berichtigung von Wertansätzen KomHVO § 58, S.57
- Bestandteil des Jahresabschlusses GO § 95, S.31; KomHVO § 38, S.52
- Bilanzposten im Anhang KomHVO § 45, S.54
- Bildung der Ausgleichsrücklage GO § 75, S.27; KrO § 56a, S.129; LVerbO § 23a, S.139; GkG § 19a, S.151
- Eigenbetriebe EigVO § 22, S.144
- Eigenkapital-Aufbrauch GO § 75, S.27
- Erläuterung HGB § 284, S.277
- Fehlbetrag KomHVO § 42, S.52
- Gemeinden KomHVO § 42f, S.52f
- Gliederung gemäß HGB § 266, S.274
- HGB § 266f, S.271f
- Inhalt HGB § 247, S.272
- im Jahresabschluss GO § 95, S.31
- Jahresüberschuss/Jahresfehlbetrag KomHVO § 42, S.52
- Kommunalunternehmen KUV § 23, S.251
- Kreis KrO § 56a, S.129
- LV LVerbO § 23a, S.139
- Passiva KomHVO § 42, S.52
- Pflichtangaben im Anhang HGB § 285, S.277
- Posten KomHVO § 42, S.52
- Sonderposten HGB § 312, S.280
- Struktur der kommunalen - (Muster) VV Muster zur GO, S.109
- Überschuss der Passivposten KomHVO § 42, S.52
- Umrechnung einer auf fremde Währung lautenden - HGB § 308a, S.280
- Verbindlichkeiten KomHVO § 42, S.52
- Vermögensgegenstände in der - KomHVO §§ 34,42, S.50,52
- Verwaltungsvorschriften des IM GO § 133, S.40c
- des Vorvorjahres als Anlage zum Haushaltsplan KomHVO § 1, S.43

Bilanzielle Abschreibungen
- Wertgröße des Kennzahlensets S.338
- Zuordnung gemäß Kontierungsplan S.101

Bilanzierung
- bei ÖPP-Projekten RdErl. S.283
- von Zinsderivaten RdErl. S. 281, Ziff 2.2.3

Bilanzierungshilfe
- Ausweisung NKF-COVID-19-Isolierungsgesetz §§ 5,6, S.389,390
- Behandlung NKF-COVID-19-Isolierungsgesetz §§ 5,6, S.389,390
- Bewertung NKF-COVID-19-Isolierungsgesetz §§ 5,6, S.389,390

- bilanzielle Behandlung KomHVO § 33a, S.50
- im Jahresabschluss als Aufwendungen zur Erhaltung der gemeindlichen Leistungsfähigkeit KomHVO § 33a, S.50
- Posten in der Bilanz KomHVO § 33a, S.50

Bilanzierungs- und Bewertungsmethoden
- Angaben im Anhang der Bilanz KomHVO § 45, S.54

Bilanzierungsverbote
- HGB § 248, S.272

Bilanzposten
  KomHVO § 42, S.52

Bilanzsumme
- bei Kapitalgesellschaften HGB § 267, S.275
- Wertgröße des Kennzahlensets S.337-339

Bilanzstichtag
- Eröffnungsbilanz GO § 92, S.30
- Rechnungsabgrenzungsposten KomHVO § 43, S.53
- Verbindlichkeiten in ausländischer Währung KomHVO § 57, S.56
- Wertpapiere KomHVO § 56, S.56

Bilanzvermerke
- HGB § 268, S.275

Bild-Ton
- Störung der Bild-Ton Übertragung DigiSiVO NRW § 10, S.374

Bildträger
  KomHVO § 59, S.57

Bildung
- Ausschüsse GO § 57, S.23; KrO § 41, S.125
- Bewertungseinheiten KomHVO § 35a, S.51
- Budgets KomHVO § 21, S.47
- Fachausschüsse des LV LVerbO § 13, S.135
- Festwerte KomHVO § 35, S.51
- Landschaftsversammlung LVerbO § 7b, S.133
- Landschaftsausschuss LVerbO § 12, S.135
- Pensionsrückstellungen KomHVO § 37, S.51
- Produkte KomHVO § 4, S.44
- Produktbereiche KomHVO § 4, S.44; VV Muster zur GO, S.71-73
- Rückstellungen GO § 88, S.29; KomHVO § 37, S.51
- Sonderrücklagen KomHVO § 44, S.53
- Zweckverband GkG § 9, S.148

Bildungspauschale
  GFG § 17, S.232

Bildungsveranstaltungen, Kommunalpolitische
- für Mandatsträger GO § 44, S.19; KrO § 29, S.122

Billigkeitsgründe
- bei der Steuerfestsetzung AO § 163, S.210

Bindung
- an den Bebauungsplan BauGB 125, S.219
- Sachliche und zeitliche - HGrG § 27, S.194

Bodenrichtwerte
  BewG 247, S.270; BauGB 196, S.221

Bruttoinvestitionen
- Wertgröße des Kennzahlensets 339

Bruttoprinzip
- Anlagenspiegel VV Muster zur GO, Ziff.1.6.6, S.63

Bruttoveranschlagung
- Bund und Länder HGrG § 20, S.194
- im Haushalt KomHVO § 11, S.45

Bücher
- Aufbewahrung KomHVO § 59, S.57

Buchführung
- Aufsicht und Kontrolle über die - KomHVO § 33, S.50
- Bund und Länder HGrG § 32f, S.195
- Örtliche Vorschriften des Bürgermeisters KomHVO § 32, S.49
- Beauftragung einer anderen Stelle GO § 94, S.31
- der Eigenbetriebe EigVO § 19, S.144
- der Gemeindeprüfungsanstalt GPAG § 9 S.254
- Grundsätze für die - KomHVO § 29, S.48
- mit Hilfe automatisierter Datenverarbeitung (DV-Buchführung) KomHVO § 28, S.48
- Kommunalunternehmen KUV § 20, S.250
- Kontenrahmen KomHVO § 29, S.48; VV Muster zur GO, S.61,97
- NKF-Kontenrahmen S.48

Buchführungspflicht
- Befreiung HGB § 241a, S.271
- HGB § 238f, S.271

Buchungen
- in den Büchern KomHVO, § 28, S.48

Buchungsverfahren
- Örtliche Vorschriften des Bürgermeisters für die Finanzbuchhaltung KomHVO § 32, S.49

Stichwortverzeichnis

Budgetierung
  HGrG § 6a, S.191
Budgets
- Bewirtschaftung KomHVO § 21, S.47
- Bildung von - KomHVO § 21, S.47
- Teilpläne KomHVO § 4, S.44

Bundesautobahnen
  GG Art.143e, S.186b
Bundesbetriebe
- Einstellung der Zuführungen/Ablieferungen im Haushaltsplan des Bundes GG Art.110, S.185

Bundeshaushaltsplan
  StWG S.187f
Bundesrat
  GG S.183-185,187f; GemFinRefG S.223
Bundesrechnungshof
  GG Art.114, S.186
Bundesregierung
- Ausgabeleistungen während der vorläufigen Haushaltswirtschaft GG Art.111, S.186
- Bericht des Bundesrechnungshofes zur Jahresrechnung GG Art.114, S.186
- Bestellung der Leiter der Mittelbehörden GG Art.108, S.185
- Entlastung der - GG Art.114, S.186
- Erlass allgemeiner Verwaltungsvorschriften GG Art.108, S.185
- Kreditaufnahme während der vorläufigen Haushaltswirtschaft GG Art.111, S.186
- Standardisierung des staatlichen Rechnungswesens HGrG § 49a, S.197
- Unterrichtung über Finanzhilfen des Bundes GG Art.104b, S.183
- Zustimmung bei Ausgabenerhöhungen und Einnahmeminderungen GG Art.113, S.186

Bundesstattliche Finanzbeziehungen
  GG Art.1143f, S.186b
Bundessteuern
- Ertragshoheit gemäß Grundgesetz Art.106, S.184

Bundestag
  GG Art.104b,110,113,114,115, S.183,185,186
Bundesvervielfältiger
- für die Gewerbesteuerumlage GemFinRefG § 6, S.222,223

Bürger
- Begriff GO § 21, S.11
- Bürgerbegehren GO § 26, S.12,13
- Ehrenamt GO § 28, S.15
- Sachkundige - GO § 58, S.23
  - in Ausschüssen der Gemeinde GO § 58, S.23
  - in Ausschüssen des Kreises KrO § 41, S.125
- Wahl des Bürgermeisters GO § 65, S.24

Bürgerbegehren
- Antragsberechtigung GO § 26, S.12; KrO § 23, S.119
- Ausschlussstatbestände GO § 26, S.12; KrO § 23, S.119
- Finanzierungsvorschlag GO § 26, S.12; KrO § 23, S.119
- Frist GO § 26, S.12; KrO § 23, S.119
- Mindestinhalt GO § 26, S.12; KrO § 23, S.119
- Transparenzpflicht bei Bürgerbegehren und Bürgerentscheid GO § 26a, S. 13, KrO § 23a, S. 120

Bürgerberatung
  GO § 22, S.11
Bürgerentscheid
  GO § 26, S.12; KrO § 23, S.119
- Sperrwirkung des zulässigen - GO § 26, S.12; KrO § 23, S.119
- Transparenzpflicht bei Bürgerbegehren und Bürgerentscheid GO § 26a, S. 13, KrO § 23a, S. 120

Bürgermeister
- Abberufung der Stellvertreter des - GO § 67, S.25
- Abwahl GO § 66, S.25
- Abgabe von Erklärungen GO § 64, S.24
- Allgemeine Vertretung GO § 68, S.25
- Amtseinführung GO § 65, S.24
- Amtsführung (Beschlussausführung) GO § 53, S.21
- Amtszeit GO § 65, S.24
- Angaben im Anhang des Jahresabschlusses GO § 95, S.31
- Anordnungen (rechtsverletzende) des - GO § 122, S.40b
- Ansprüche gegen den - GO § 53, S.21
- Antragsrecht zur Ausschließung der Öffentlichkeit GO § 48, S.21
- Anweisungsrecht der Aufsichtsbehörde gegenüber dem - GO § 122, S.40b
- Aufgaben GO § 62f, S.24f
- Aufhebung von Anordnungen des - GO § 122, S.40b
- Aufsicht über Finanzbuchhaltung KomHVO § 32, S.49
- Ausführung von Ratsbeschlüssen GO §§ 53,62, S.21,23
- Auskunftpflicht
  - ggü. Rat, Bezirksvorsteher und Ausschussvorsitzenden GO § 55, S.22
  - ggü. Prüfern bei Prüfung des Jahresabschlusses GO §102, S.32
- Ausschließung vom Amt GO § 72, S.26
- beamten-, arbeits- und tarifrechtliche Entscheidungen GO § 73, S.26
- Beanstandung von Anordnungen des - GO § 122, S.40b
- Beanstandung von Ratsbeschlüssen GO § 54, S.22
- Beratende Stimme in Ausschüssen GO § 58, S.23
- Beratung mit dem Verwaltungsvorstand GO § 70, S.26
- Bericht über Haushaltssanierungsplan StärkungspaktG § 7, S.354; Erl. 345
- Bestätigung des Entwurfs
  - der Haushaltssatzung GO § 80, S.28
  - des Jahresabschlusses GO § 95, S.31
- Dienstanweisung für Übertragung der Unterschriftsbefugnis gemäß § 74 GO, S.26
- Dienstvorgesetzter
  - der Bediensteten GO § 73, S.26
  - der Dienstkräfte des Eigenbetriebs EigVO § 6, S.142
- Dringlichkeitsentscheidungen GO § 60, S.24
- Durchführung von Beschlüssen GO §§ 53,62, S.21,23
- Ehrenamtlicher Stellvertreter GO § 67, S.25
- Einberufung des Rates GO § 47, S.20
- Einführung und Verpflichtung durch den Altersvorsitzenden GO § 65, S.24
- Einspruch gegen Beschlüsse der Ausschüsse mit Entscheidungsbefugnis GO § 57, S.23
- Entlastung GO § 95, S.31
- Entscheidungsbefugnis in übertragenen Angelegenheiten GO § 62, S.24
- Erklärungen GO § 64, S.24
- Erledigung gesetzlich übertragener Aufgaben GO § 62, S.24
- Festsetzung der Tagesordnung des Rates GO § 48, S.21
- Geschäfte der laufenden Verwaltung GO § 41, S.18
- Geschäftsleitung GO § 62, S.24
- Geschäftsverteilungsbefugnis GO § 62, S.24
- Gesetzlicher Vertreter der Gemeinde GO § 63, S.24
- Haushaltswirtschaftliche Sperre GO § 81, S.28; KomHVO § 25, S.47
- Hausrecht GO § 51, S.21
- Inventurregelung KomHVO § 29, S.48
- Leitung der Sitzung bei Wahl der Stellvertreter GO § 67, S.25
- Leitung der Verhandlungen GO § 51, S.21
- Mitglied des Rates kraft Gesetzes GO § 40, S.18
- Mitberatungsrecht in Ausschüssen GO § 58, S.23
- Letztentscheidungsrecht im Verwaltungsvorstand GO § 70, S.26
- Ordnungsrecht in den Sitzungen GO § 51, S.21
- Örtliche Vorschriften
  - über den Einsatz von automatisierter Datenverarbeitung KomHVO § 32, S.49
  - für die Finanzbuchhaltung KomHVO § 32, S.49
  - zur Inventur KomHVO § 32, S.49
  - Befugnis für die sachliche und rechnerische Feststellung KomHVO § 32, S.49
  - über die Verwahrung und Verwaltung von Wertgegenständen KomHVO § 32, S.49
  - über die Verwaltung der Zahlungsmittel KomHVO § 32, S.49
- Pflicht
  - zur Stellungnahme im Rat GO § 69, S.25
  - zur Teilnahme an Ratssitzungen GO § 69, S.25
- Ratsvorsitzender GO § 40, S.18
- Rederecht im Rat GO § 69, S.25
- Repräsentant des Rates GO § 40, S.18
- Sachliche und rechnerische Feststellung KomHVO § 31, S.49
- Sitzungsleitung GO § 51, S.21
- Sperre von Ausgabeermächtigungen und VE KomHVO § 25, S.47
- Stellvertreter GO § 67, S.25
- Stimmrecht im Hauptausschuss GO § 57, S.23
- Stimmrecht im Rat GO § 40, S.18
- Teilnahme an Sitzungen
  - der Ausschüsse GO §§ 58,69, S.23,25
  - der Bezirksausschüsse GO §§ 37,39, S.17
  - des Rates GO § 69, S.25
- Träger der Gemeindeverwaltung GO § 40, S.18
- Unterrichtung
  - des Hauptausschusses über Planungsvorhaben GO § 61, S.24
  - des Rates über wichtige Angelegenheiten der Gemeinde § 55, S.22
- Unterzeichnung
  - Arbeitsverträge für Angestellte und Arbeiter GO § 74, S.26
  - Niederschrift der Ratsbeschlüsse GO § 52, S.21
  - Urkunden für Beamte GO § 52, S.21
- Verpflichtungserklärungen GO § 64, S.24

Stichwortverzeichnis

- Verantwortlichkeit für Leitung und Beaufsichtigung des Geschäftsgangs der gesamten Verwaltung GO § 62, S.24
- Vereidigung GO § 65, S.24
- Verfügungsmittel KomHVO § 14, S.46
- Verhandlungsleitung im Rat GO § 51, S.21
- Verpflichtungserklärungen GO § 64, S.24
- Vertretung im Amt GO § 68, S.25
- Vertretung der Bürgerschaft neben dem Rat GO § 40, S.18
- Vertretung des Rates GO § 40, S.18
- Vertretungsmacht GO § 63, S.24
- Verwandtschaftsverbot GO §§ 72,93, S.26,30
- Verzicht auf Entscheidung der Bürger über Abwahl des - GO § 66, S 25
- Vorbereitung von Beschlüssen GO § 62, S.24
- Vorschläge zur Tagesordnung für Ausschusssitzungen GO § 58, S.23
- Vorsitz im
  - Hauptausschuss GO § 57, S.23
  - Rat GO § 40, S.18
  - Verwaltungsvorstand GO § 70, S.26
- Wahl durch die Bürger GO § 65, S.24
- Wahl der Stellvertreter durch den Rat GO § 67, S.25
- Wählbarkeit GO § 65, S.24
- Wahlzeit GO § 65, S.24
- Wahrnehmung der vom Rat übertragenen Aufgaben GO § 41, S.18
- Weisungen
  - bei Pflichtaufgaben (Ausführung) GO § 62, S.24
  - an Betriebsleitung des Eigenbetriebs EigVO § 6, S.142
- Widerspruch gegen Ratsbeschlüsse GO § 54, S.22
- Zuleitung der Niederschrift über Ausschussbeschlüsse GO § 58, S.23
- Zuständigkeit für arbeits- und tarifrechtliche Entscheidungen GO § 74, S.26
- Zuständigkeiten bei der Bekanntmachung kommunalen Ortsrechts BekanntmVO § 2f, S.257,258

Bürgerschaft
- Abwahl
  - des Bürgermeisters durch die -   GO § 66, S.25
  - des Landrats durch die -   KrO § 45, S.126
- Vertreter der - GO § 40, S.18

Bürgschaften
- Anzeigepflichten GO § 87, S.29
- Bund GG Art. 115, S.186
- Voraussetzungen für Übernahme GO § 87, S.29
- Zuständigkeit
  - Gemeinde GO § 41, S.18
  - Kreis KrO § 26, S.121

Bußgeld
- in Satzungen GO § 7, S.10; KrO § 5, S.117

Bußgeldvorschriften
- im Abgabenrecht KAG § 20, S.157

C

Cashpooling
- Liquiditätsverbund s. Krediterlass S.283

Cent-Beträge
- bei der Festsetzung von Abgaben KAG § 13, S.157

COVID-19-Pandemie
- Ausgleich für Mindereinnahmen aus der Gewerbesteuer zu gleichen Teilen durch Bund und Land NRW GG Art. 143h, S.186b
- Haushaltssperre GO § 81, S.28
- NKF-COVID-19-Isolierungsgesetz S.389
- Auszahlung der Konsolidierungshilfe im Hj 2020
- StärkungspaktG § 12a, S.355

D

Datenaufbewahrung
  KomHVO § 59, S.57
Datenschutz
- bei digitalen und hybriden Sitzungen DigiSiVO § 7, S. 374
Datenverarbeitung, automatisierte
- Örtliche Vorschriften des Bürgermeisters KomHVO § 32, S.49
Dauerabgabenbescheide
- KAG § 14, S.157
Dauernde Aufbewahrung
- Unterlagen der Finanzbuchhaltung KomHVO § 59, S.57
Dauernde Leistungsfähigkeit
- bei Kreditaufnahmen GO § 86, S.29

Dauernde Überwachung
- der Zahlungsabwicklung durch die Rechnungsprüfung GO § 103, S.33
Dauernde Wertminderung
- eines Vermögensgegenstandes KomHVO § 36, S.51
Dauer der Kreditermächtigung
  GO § 86, S.29
Deckung
- des Aufwands der Gemeindeprüfungsanstalt GPAG § 11, S.254
- der Aufwendungen durch Erträge KomHVO § 20, S.46
- der Auszahlungen durch Einzahlungen KomHVO § 20, S.46
- investiver Auszahlungen
  - durch die Aufnahme von Krediten KomHVO § 20, S.46
  - mit Überschüssen aus Verwaltungstätigkeit KomHVO § 20, S.46
- Eigenbedarf bei wirtschaftlicher Betätigung GO § 107, S.34
- Kosten der verlangten Maßnahme des Bürgerbegehrens GO § 20, S.12
- des Landesbedarfs im Landeshaushalt LVerf Art.81, S.201
- der überplanmäßigen und außerplanmäßigen Ausgaben GO § 83, S.29
- durch spezielle Entgelte GO § 77, S.27
Deckungsmittel
- Kommunalunternehmen KUV § 17, S.250
Degressive Abschreibung
  KomHVO § 36, S.51
Demografiefaktor
- GFG § 8, S.231
Denkmalpflege
- Aufgabe des LV LVerbO § 5, S.131
Denkmalschutz
- in Stadtbezirken GO § 37, S.17
Derivate
- bei Kreditgeschäften RdErl. S.281
Deutsche Bundesbank
- Kreditbeschränkung gem. § 19 StWG ohne Kredite der - StWG § 20, S.189
- Teilnahme an den Beratungen des Konjunkturrates StWG § 18, S.189
- Zeitplan für die Kreditaufnahmen StWG § 22, S.189
- Zusätzliche Tilgung von Schulden bei der - StWG §§ 5,6, S.182
Deutsche Einheit
- Berücksichtigung gemäß Orientierungsdaten S.285
Deutscher Rechnungslegungsstandard
  KomHVO § 52, S.55; VV Muster zur GO, Ziff.1.7.4, S.63a
Dezentrale Zahlungsabwicklung
- Örtliche Vorschriften des Bürgermeisters KomHVO § 32, S.49
D'Hondt'sches Höchstzahlenverfahren
- Wahl der Stellvertreter
  - des Bürgermeisters GO § 67, S.25
  - des Landrats KrO § 44, S.126
Dienstanweisung
- für die Finanzbuchhaltung KomHVO § 32, S.49
- für Übertragung der Unterschriftsbefugnis GO § 74, S.26; KrO § 49, S.127
- für den Umgang mit Zinsderivaten RdErl. S.281
Dienstaufsicht
- über Bedienstete GO § 73, S.26; KrO § 49, S.127
Dienstkräfte
- in der Probe- und Ausbildungszeit VV Muster zur GO, S.88,89
- der unteren staatlichen Verwaltungsbehörde KrO § 61, S.130
Dienstleistungsaufträge
- Vergabe RdErl. S.245
Dienstrechtliche Entscheidungen
- für Bedienstete GO § 73, S.26; KrO § 49, S.127
Dienstsiegel
- der Gemeinde GO § 14, S.11
- des Kreises KrO § 13, S.118
Dienstvorgesetzter
- der Dienstkräfte
  - des Eigenbetriebs EigVO § 6, S.142
  - der Gemeinde GO § 73, S.26
  - der Gemeindeprüfungsanstalt GPAG § 7, S.254
  - des Kreises KrO § 49, S.127
  - des LV LVerbO § 20, S.138
  - des Zweckverbandes GkG § 16, S.149
Differenzierte Kreisumlage
  KrO § 56, S.128; GFG § 24, S.233
Digitale Sitzungen
- DigiSiVO §§ 2ff, S. 373f
- Öffentlichkeit in digitalen Sitzungen, DigiSiVO NRW, S. 373
- Zulassungsverfahren bei der Durchführung digitaler und hybrider Sitzungen, DigiSiVO NRW § 11, S.375

Stichwortverzeichnis

Digitalsitzungsverordnung NRW (DigiSiVO NRW)
 (Volltext) S.373
Dingliche Sicherung
- bei Krediten GO § 86, S.29
Direktor des LV
- Abberufung LVerbO § 20, S.138
- Allgemeiner Vertreter LVerbO § 20, S.138
- Akteneinsicht
  - durch Vorsitzenden der Landschaftsversammlung LVerbO § 7a, S.132
  - durch Vorsitzenden der Fachausschüsse LVerbO § 7a, S.132
  - Mitglied eines Fachausschusses LVerbO § 7a, S.132
- Anordnungen (rechtsverletzende) des - LVerbO § 26, S.139
- Anweisungsrecht der Aufsichtsbehörde gegenüber dem - LVerbO § 26, S.139
- Aufgaben LVerbO § 17, S.137
- Ausführung der Beschlüsse des Landschaftsausschüsse und der übrigen Fachausschüsse LVerbO § 17, S.137
- Auskunftspflicht gegenüber dem Vorsitzenden der Landschaftsversammlung und den Fachausschüssen LVerbO § 7a, S.132
- Beanstandung von Beschlüssen LVerbO § 19, S.137
- Befähigung LVerbO § 20, S.138
- Dienstvorgesetzter LVerbO § 20, S.138
- Dringlichkeitsentscheidungen LVerbO § 17, S.137
- Einreichung der Reservelisten LVerbO § 7b, S.133
- Erledigung von Dienstgeschäften durch Landesräte LVerbO § 20, S.138
- Festsetzung der Tagesordnung
  - für die Landschaftsversammlung LVerbO § 9, S.134
  - für den Landschaftsausschuss LVerbO § 14, S.136
- Feststellung eines Nachfolgers für die Landschaftsversammlung LVerbO § 7b, S.133
- Führung der Geschäfte der laufenden Verwaltung LVerbO § 17, S.137
- Nachweis über Zuwendungen an Fraktionen LVerbO § 16a, S.137
- Sanktionslosigkeit bei Verletzung des Mitwirkungsverbots LVerbO § 19, S.137
- Verletzung von Verfahrens- und Formvorschriften bei Satzungen LVerbO § 6, S.132
- Vertretung des LV in Rechts- und Verwaltungsgeschäften LVerbO § 17, S.137
- Vorschlag des - auf Ausschluss der Öffentlichkeit LVerbO § 14, S.135
- Wahl durch die Landschaftsversammlung LVerbO §§ 7,20, S.132,137
- Wahlzeit LVerbO § 20, S.138
- Widerspruch der Gleichstellungsbeauftragten LVerbO § 5b, S.132
- Unterzeichnung der Verpflichtungserklärungen LVerbO § 21, S.138

Disagio
- für Kredite RdErl. S.281
Diskontsatz
- Anbindung an - bei Zinsgleitklauseln RdErl. S.281
Dokumentation
- der Bestandsaufnahme bei der Inventur KomHVO §§ 29,30, S.48
- der Daten in der Finanzbuchhaltung
- örtliche Vorschriften des Bürgermeisters KomHVO § 32, S.49
Doppelhaushalt
 GO § 78, S.27; KomHVO § 9, S.45
Doppelte Buchführung
- Aufzeichnung aller Geschäftsvorfälle nach dem System der - NKFEG §§ 1,5, S.41; KomHVO § 28, S.48
- Bund und Länder HGrG § 7a, S.191
- Eigenbetriebe EigVO § 19, S.144
- Eröffnungsbilanz GO § 92, S.30
- Kommunalunternehmen KUV § 20, S.250
- nicht umgestellte Aufgabenbereiche NKFEG §§ 6,7, S.42
- Rechnungslegung NKFEG § 8, S.42
- Stichtag NKFEG § 1, S.41
- Umstellung auf die - NKFEG § 1, S.41
Doppelunterzeichnung
- bei Verpflichtungserklärungen GO § 64, S.24; KrO § 43, S.126; LVerbO § 21, S.138
Doppik
- Staatliche - HGrG § 7a, S.191,192
Doppisch basierter Haushalt
- bei Bund und Ländern HGrG § 1a ff, S.191f
Doppischer Haushaltsausgleich
 NKFEG § 6, S.41
Doppische Haushaltsführung
 NKFEG S.41,42
Doppischer Kommunalhaushalt
 NKFEG S.41,42

Doppische Rechnungslegung
 HGrG §§ 1a,37f, S.191,196
Dreiviertelmehrheit
- Änderung des
  - Gemeindenamens GO § 13, S.11
  - Kreisnamens KrO § 12, S.118
- Bestimmung der Zusatzbezeichnung der Gemeinde GO § 13, S.11
Dringlichkeitsentscheidungen
- in Angelegenheiten
  - der entscheidungsbefugten Ausschüsse GO § 60, S.24
  - der Bezirksvertretung GO § 36, S.16
  - der Eigenbetriebe EigVO § 5, S.142
  - des Kreisausschusses KrO § 50, S.127
  - des Kreistages KrO § 50, S.127
  - der Landschaftsversammlung LVerbO § 17, S.137
  - des Rates GO § 60, S.24
- Genehmigung durch den Rat GO § 60, S.24
Dritte
- Haftung aus dem Steuerschuldverhältnis AO § 48, S.208
- Leistungen aus dem Steuerschuldverhältnis AO § 48, S.208
- Verbot der Sicherheitsleistung zugunsten - GO § 87, S.29
Drittelparität
- bei fakultativen Aufsichtsräten GO § 108b, S.38
Dritte Stufe Stärkungspakt
- Stärkungspaktgesetz § 12, S.355
Drittfinanzierungsquote
- Ermittlung der Kennzahl S.338
Drittstaaten-Gesellschaft
 AO § 138, S.208
Drohverlustrückstellungen KomHVO § 37, S.51
Durchführung
- Auftragsangelegenheiten GO § 132, S.40c; KrO § 64, S.130
- Ausschussbeschlüsse GO § 62, S.24
- Beschlüsse
  - der Ausschüsse GO § 62, S.24
  - der Bezirksvertretungen GO § 62, S.24
  - des Kreisausschusses KrO § 42, S.126
  - des Kreistages KrO § 42, S.126
  - der Landschaftsversammlung LVerbO § 11, S.135
  - des Landschaftsausschusses und der Fachausschüsse LVerbO § 17, S.137
  - des Rates GO § 62, S.24
- Digitale und hybride Sitzungen DigiSiVO § 2, S.373
- Gemeindeaufgaben durch die Aufsichtsbehörde GO § 124, S.40b
- Gemeindeaufgaben durch den Bürgermeister GO § 62, S.24
- GewStG § 35c, S.181
- Organleihe GO § 62, S.24
- Ratsentscheidungen GO § 62, S.24
- Weisungen der Aufsichtsbehörde GO § 62, S.24
Durchführungshinweise
- zur Bewertung von Pensionsverpflichtungen und Beihilfeverpflichtungen, RdErl., S.370
Durchführungsverordnungen
- Ermächtigung
  GO § 133, S.40c; KrO § 65, S.130; LVerbO § 31, S.140
- GewStG § 35c, S.181
- Zustimmungsvorbehalte bei Eingriffen in die Rechte der Gemeinden GO § 3, S.9; KrO § 2, S.117
Durchlaufende Finanzierungsmittel
 KomHVO §§ 15,28, S.46,48
Durchlaufende Zahlungsabwicklung
- Örtliche Vorschriften des Bürgermeisters KomHVO § 32, S.49
DV-Buchführung
- Voraussetzungen KomHVO § 28, S.48
Dynamischer Verschuldungsgrad
- Ermittlung der Kennzahl S.339

E

Eckgrundstücke
- Beitragsermäßigung KAG § 8a, S.155
Effektivverschuldung
- Wertgröße des Kennzahlensets S.339
Effektivzinssatz RdErl. S.281
Effizienzsteigerung
- Übertragung von Aufgaben GO § 3, S.9; KrO § 2, S.117
EG-Vertrag
- Grundsätze für Auftragsvergaben RdErl. S.245

Stichwortverzeichnis

Ehegatte
- Angehöriger i.S. der GO § 31, S.15
- Vollstreckung gegen - AO § 263, S.218

Ehrenamt
- Ablehnungsgründe GO § 29, S.15
- Auslagenersatz GO § 33, S.16
- Ausschließungsgründe GO § 31, S.15
- für den Kreis KrO § 24, S.120
- Ordnungsgeld bei Ablehnung GO § 29, S.15
- Treuepflicht GO § 32, S.16
- Verdienstausfall GO § 33, S.16
- Verschwiegenheitspflicht GO § 30, S.15

Ehrenamtliche Tätigkeit
- Ablehnungsgründe GO § 29, S.15
- Auslagenersatz GO § 33, S.16
- Ausschließungsgründe GO § 31, S.15
- für den Kreis KrO § 24, S.120
- Mitglieder der Verbandsversammlung des Zweckverbandes GkG § 17, S.150
- Ordnungsgeld bei Ablehnung GO § 29, S.15
- Treuepflicht GO § 32, S.16
- Verbandsvorsteher des Zweckverbandes GkG § 17, S.150
- Verdienstausfall GO § 33, S.16
- Verschwiegenheitspflicht GO § 30, S.15

Ehrenamtlicher Stellvertreter des Bürgermeisters
GO §§ 36,46,67, S.16,20,25

Ehrenbeamte
- Mitglieder des Kreisausschusses KrO § 62, S.130
- Ortsvorsteher GO § 39, S.17

Ehrenbezeichnung
GO § 34, S.16

Ehrenbürgerrecht
GO § 34, S.16

Eigenbetriebe
- Allgemeines GO § 114, S.39
- Anlagenspiegel EigVO § 24, S.144
- Anwendung
  - der Vorschriften über - auf andere Einrichtungen GO § 107, S.34
  - des NKF EigVO § 27, S.145
- Anzeigepflichten GO § 115, S.40
- Auflösung (Zuständigkeit) GO § 41, S.18
- Begriff GO § 114, S.39
- Betriebsausschuss GO § 114, S.39; EigVO, S.141f
- Betriebsleitung GO § 114, S.39; EigVO, S.141f
- Betriebssatzung GO § 114, S.39; EigVO, S.141f
- Bilanz EigVO § 22, S.144
- Buchführung EigVO § 19, S.144
- Bürgermeister als Dienstvorgesetzter EigVO § 6, S.142
- Dringlichkeitsentscheidungen EigVO § 5, S.142
- EigVO (Volltext) S.141
- Erfolgsplan EigVO § 15, S.143
- Ergebnis- und Finanzplanung EigVO § 18, S.144
- Eröffnungsbilanz EigVO § 9, S.142
- Errichtung (Zuständigkeit) GO § 41, S.18
- Geltung der KomHVO § 60, S.57; EigVO § 27, S.145
- Gemeindeprüfungsanstalt EigVO § 5, S.141; GPAG § 2, S.253
- Gemeindevermögen GO § 97, S.31
- Geschäfte der laufenden Verwaltung EigVO § 3, S.141
- Gewinn- und Verlustrechnung EigVO § 23, S.144
- HGB-Anwendung EigVO § 22, S.144
- Jahresabschluss EigVO §§ 21,26, S.144,145
- Jahresgewinn GO § 109, S.38; EigVO §§ 10,26, S.143,145
- Jahresverlust EigVO § 10, S.142,143
- Kostenrechnung EigVO § 19, S.144
- Lagebericht EigVO § 25, S.144
- Leistungsfähigkeit EigVO § 10, S.142
- Leitung des Rechnungswesens EigVO § 13, S.143
- Liquiditätsplanung EigVO § 11, S.143
- Marktübliche Verzinsung des Eigenkapitals GO § 109, S.38
- Mehraufwendungen EigVO §§ 5,15, S.141,143
- Mindererträge EigVO § 15, S.143
- Mittelfristige Ergebnis- und Finanzplanung EigVO § 18, S.144
- NKF-Anwendung EigVO §§ 19,27, S.144,145
- Pensionsverpflichtungen EigVO § 22, S.144
- Planungsverbände EigVO § 32, S.152
- Prüfung der - GO § 103, S.33
- Rechenschaft EigVO § 26, S.144
- Rechnungswesen EigVO § 13, S.143
- Rückstellungen EigVO § 10, S.143
- Sondervermögen GO § 97, S.31
- Stammkapital EigVO §§ 9,27, S.142,144
- Stellenübersicht EigVO § 17, S.143
- Umwandlung der Rechtsform GO § 41, S.18; KrO § 26, S.121
- Unterrichtungspflicht gegenüber dem Kämmerer EigVO § 7, S.142
- Veräußerung (Zuständigkeit) GO § 41, S.18; KrO § 26, S.121
- Vergütung für Lieferungen und Leistungen EigVO § 10, S.142
- Verlustausgleich aus Haushaltsmitteln der Gemeinde EigVO § 10, S.143
- Vermögen der - EigVO § 9, S.142
- Vermögensplan EigVO § 16, S.143
- Verpachtung (Zuständigkeit) GO § 41, S.18; KrO § 26, S.121
- Verpflichtungserklärungen EigVO § 3, S.141
- Verpflichtungsermächtigungen EigVO §§ 14,16, S.143
- Vertretung der - EigVO § 3, S.141
- Wahl der Arbeitnehmervertreter GO § 114, S.39
- Wirtschaftsführung EigVO § 9f, S.142
- Wirtschaftsgrundsätze GO § 109, S.38
- Wirtschaftsjahr EigVO § 12, S.143
- Wirtschaftsplan
  - Anlage zum Haushaltsplan KomHVO § 1, S.43
  - Änderung EigVO § 14, S.143
  - Aufstellung EigVO § 14, S.143
  - Bestandteile EigVO § 14, S.143
- Wirtschaftsprüfer EigVO § 5, S.141
- Zahlungsabwicklung EigVO § 11, S.143
- Zusammenfassung von Betrieben EigVO § 8, S.142
- Zuständigkeiten des Rates GO § 41, S.18; EigVO § 4, S.141
- Zwischenberichte EigVO § 20, S.144

Eigenbetriebsähnliche Einrichtung
GO § 114a, S.39; GkG § 27, S.152

Eigenbetriebsverordnung (EigVO)
(Volltext) S.141
- Anwendung der - auf andere Einrichtungen GO § 107, S.34
- Grundlage für die Wirtschaftsführung der Eigenbetriebe GO § 114, S.39

Eigenkapital
- Ausgleichsrücklage
  - als besonderer Posten des - in der Bilanz GO § 75, S.27
  - Grundlage der Ermittlung der - GO § 75, S.27
- Bilanz KomHVO § 42, S.52
- Entwicklung (Schema) 349
- HGB S.274,275
- der Gemeindeprüfungsanstalt GPAG § 9, S.254
- der Kreise KrO § 56a, S.129
- der Landschaftsverbände LVerbO § 23a, S.139
- der Zweckverbände GkG § 19a, S.151
- Überschuldung bei aufgebrauchtem - GO § 75, S.27
- Verzinsung bei wirtschaftlichen Unternehmen GO § 109, S.38
- Zuordnung gemäß Kontierungsplan 99

Eigenkapital, Sonderposten und Rückstellungen
- Kontenklasse 2 gemäß Kontenrahmen 97
- Zuordnung gemäß Kontierungsplan 99

Eigenkapitalquote
- Ermittlung der Kennzahl S.337

Eigenkapitalspiegel
- Anlage zum Anhang KomHVO § 45, S.54
- Bestandteil des Gesamtabschlusses KomHVO § 50, S.55
- Muster S.112

Eigenkapitalverzinsung
- bei Unternehmen GO § 109, S.38

Eignung
- des Kreisdirektors KrO § 47, S.127

Eilentscheidungen
- Eigenbetrieb EigVO § 5, S.142
- entscheidungsbefugter Ausschuss GO § 60, S.24
- Gemeinde GO § 60, S.24
- Kreis KrO § 50, S.127
- LV LVerbO § 19, S.137

Einberufung
- Rat/Kreistag durch die Aufsichtsbehörde GO § 47, S.20; KrO § 32, S.123
- Ausschüsse GO §§ 57-59, S.23; LVerbO §§ 13-15, S.135-136
- Bezirksvertretungen GO §§ 36,37, S.16
- Fachausschüsse des LV 135
- in besonderen Ausnahmefällen GO § 47a, S.20, KrO § 32a, S.123, LVerbO § 8b, S.134
- Kreisausschuss KrO § 52, S.128
- Kreistag KrO § 32, S.123
- Landschaftsausschuss LVerbO § 14, S.136

Stichwortverzeichnis

- Landschaftsversammlung LVerbO § 8, S.134
- Rat GO § 47, S.20
- Verbandsversammlung GkG § 15, S.148
- Verwaltungsvorstand GO § 70, S.26

Einbringung von Gemeindevermögen in Stiftungsvermögen
 GO § 100, S.32

Eingliederung
- Zweckverband GkG §§ 21, 22a, S.151

Eingriffe in die Gemeindeverwaltung
- Verbot von - durch andere Behörden GO § 127, S.40b

Einheitliche Bewertung
- im Konzernabschluss gemäß HGB § 308, S.279

Einheitlicher Wahlvorschlag
- bei Ausschussbesetzungen GO § 50, S.21; KrO § 35, S.124

Einheitswert
- Gewerbesteuer GewStG § 9, S.175
- Grundsteuer GrStG § 18, S.166

Einkaufsgeld
- bei Gemeindegliedervermögen GO § 99, S.32

Einkommensteuer
- Bestandteil der Steuerkraftzahl GFG § 9, S.231
- Gemeindeanteil GemFinRefG § 1, S.223
- Regelung des EStG 259f
- Regelung des GG (Gemeinschaftssteuer) Art.106, S.184

Einkommensteueranteil
- Regelung des GG Art.106, S.184
- Höhe GemFinRefG § 1, S.223
- Teil des allgemeinen Steuerverbundes GFG § 2, S.229
- Ermittlung der Steuerkraftmesszahl GFG § 9, S.231

Einkommensteuergesetz
 (Auszug) S.259f.

Einkommensteuerrichtlinien
 (Auszug) S.263

Einkommensteuerschlüsselzahlenermittlungsverordnung (EStSchlEV)
- (Volltext) S.225

Einkünfte
- aus Gewerbebetrieb EStG § 15, S.261
- aus nichtselbständiger Arbeit EStG § 19, S.262
- aus selbständiger Arbeit EStG § 18, S.262

Einrichtungen
- der Abfallentsorgung GO § 107, S.34
- der Abwasserbeseitigung GO § 107, S.34
- Anzeigepflichten GO § 115, S.40
- Arten GO § 8, S.10; KrO § 6, S.118
- Benutzungsrecht GO § 8, S.10; KrO § 6, S.118
- Bereitstellung für die untere staatliche Verwaltungsbehörde KrO § 61, S.130
- Gemeindliche - GO §§ 8,108, S.10,35
- Gründung und Beteiligung GO §§ 41,108, S.18,34; KrO § 26, S.121
- Kostenrechnende - KomHVO § 44, S.54
- Öffentliche - GO § 8, S.10; KrO § 6, S.118
- des privaten Rechts GO § 108, S.35
- Stellenplan KomHVO § 8, S.45
- Unterlagen über - im Haushaltsplan KomHVO § 1, S.43
- Veräußerung GO §§ 41,111, S.18,38; KrO § 26, S.121
- Vertretung
  - der Gemeinde in - GO § 113, S.39
  - des Kreises in - KrO § 26, S.121
  - des LV in - LVerbO § 17, S.137
- Wirtschaftsgrundsätze GO § 109, S.38
- Wirtschaftspläne KomHVO § 1, S.43

Einsatz von automatisierter Datenverarbeitung
- Buchführung KomHVO § 28, S.48
- Örtliche Vorschriften des Bürgermeisters KomHVO § 32, S.49
- Änderung des Verfahrens KomHVO § 59, S.57

Einsichtnahme
- in Akten
 GO § 55, S.22; KrO § 26, S.121; LVerbO § 7a, S.132; GPAG § 6, S.254
- in den Beteiligungsbericht GO § 117, S.40a
- in den Gesamtabschluss GO § 116, S.40a
- in den Entwurf der Haushaltssatzung
  - der Gemeinde GO § 80, S.28
  - des Kreises KrO § 55, S.128
- in den Jahresabschluss GO § 96, S.31

Einspruch
- in Abgabenangelegenheiten AO § 347f, S.218
- gegen Ausschussbeschlüsse GO § 57, S.23

Einspruchsentscheidung
- Form, Inhalt und Erteilung AO § 366, S.218b
- Verfahren AO § 367, S.218b

Einspruchsfrist
- bei Verwaltungsakten AO § 355, S.218a

Einstimmigkeit
- der Ratsmitglieder/Kreistagsmitglieder bei einheitlichem Wahlvorschlag zur Besetzung der Ausschüsse GO § 58, S.23; KrO § 41, S.125

Eintragungen
- in die Bücher KomHVO § 29, S.48

Einwanderungsgeschichte
- Politische Teilhabe von Menschen mit Einwanderungsgeschichte GO § 27, S. 14

Einwendungen
- gegen Entwurf der Haushaltssatzung
  - der Gemeinde GO § 80, S.28
  - des Kreises KrO § 54, S.128
  - des LV LVerbO § 23, S.138

Einwohner
- Anträge von - GO § 25, S.12; KrO § 22, S.119
- Ausländische - im Integrationsrat GO § 27, S.13,14
- Ausschließungsgründe für sachkundige - GO § 58, S.23
- Begriff GO § 21, S.11; KrO § 20, S.119
- Benutzungsrecht für öffentliche Einrichtungen GO § 8, S.10; KrO § 6, S.118
- Ehrenamtliche Tätigkeit GO § 28, S.14; KrO § 24, S.120
- Einsichtnahme in den Jahresabschluss GO § 96, S.31
- Einwendungen der - gegen Entwurf der Haushaltssatzung
  - der Gemeinde GO § 80, S.28
  - des Kreises KrO § 54, S.128
  - des LV LVerbO § 23, S.138
- Fragestunden für - GO § 48, S.21; KrO § 33, S.123
- des Kreises KrO § 20, S.119
- Lastentragung GO § 8, S.10; KrO § 6, S.118
- Sachkundige - in Ausschüssen GO §§ 45,58, S.20,22; KrO § 41, S.125
- Pflichten der Gemeinden gegenüber - GO § 22, S.11,12
- Rechte der - des LV LVerbO § 4, S.131
- Unterrichtung der - GO § 23, S.12
- Unterschriftenquorum GO § 26, S.12; KrO § 23, S.119
- Wohl der - GO § 1, S.9

Einwohnerantrag
 GO § 25 S.12; KrO § 22, S.119

Einwohnerfragestunden
 GO § 48, S.21; KrO § 33, S.123; DigiSiVO § 3, S.373

Einwohnerschwellenwerte
- für Große und Mittlere kreisangehörige Städte GO § 4, S.9

Einwohnerunterrichtung
 GO § 23, S.12

Einwohnerversammlung
 GO § 23, S.12

Einwohnerzahl
- i.S. des GFG § 27, S.233,234
- für die Bestimmung als Große oder Mittlere kreisangehörige Stadt GO § 4, S.9

Einzahlungen
- Budgetbildung KomHVO § 21, S.47
- Durchführungsverordnung des IM 38
- Festsetzung in der Haushaltssatzung GO § 78, S.27
- aus Finanzierungstätigkeit
  - Finanzplan KomHVO § 3, S.44
  - Zuordnung gemäß Kontierungsplan S.104
- Finanzplan GO § 78, S.27; KomHVO § 3, S.44
- Finanzrechnung KomHVO § 40, S.52
- Gesamtdeckung KomHVO § 20, S.46
- Haushaltsplan für 2 Jahre KomHVO § 9, S.45
- Inhalt des Haushaltsplanes GO § 79, S.28; KomHVO § 1, S.43
- aus Investitionstätigkeit
  - Zuordnung gemäß Kontierungsplan S.104
- Kommunalunternehmen KUV § 18, S.250
- Kontenklasse 6 gemäß Kontenrahmen 97
- aus laufender Verwaltungstätigkeit KomHVO § 3, S.44
- Nachtragshaushaltsplan KomHVO § 10, S.45
- im NKF-Kontenrahmen KomHVO § 3, S.44
- Planungsgrundsätze KomHVO § 11, S.45
- Teilergebnisplan KomHVO § 4, S.44
- Teilfinanzplan KomHVO § 4, S.44
- Teilpläne KomHVO § 4, S.44
- Veranschlagung im Haushaltsplan GO § 79, S.28; KomHVO § 1, S.43
- Verwaltungsvorschriften des IM GO § 133, S.40c
- Weitere Vorschriften in der Haushaltssatzung GO § 78, S.27
- Zahlungsabwicklung KomHVO § 31, S.49

Stichwortverzeichnis

- Zahlungsfähigkeit KomHVO § 31, S.49
- Zweckbindung KomHVO § 22, S.47
- Zuordnung gemäß Kontierungsplan 44,104

Einzelgenehmigung der Kredite
- bei Beschränkung der Kreditaufnahme
  GO § 86, S.29; StWG § 19, S.189

Einzelpläne
- Bund und Länder HGrG § 10, S.192,193

Einzelveranschlagung
- Allgemeiner Planungsgrundsatz KomHVO § 11, S.45

Einziehung der Ansprüche der Gemeinde
  KomHVO § 23, S.47

Elektrofahrzeuge
- EStG § 6, S.259

Elektronische Auktion bei Auftragsvergaben
  RdErl. S.246

Elektronische Signaturen
- örtliche Vorschriften des Bürgermeisters KomHVO § 32, S.49

Endgültige Herstellung einer Erschließungsanlage
  BauGB S.220

Energieversorgung
- Wirtschaftliche Betätigung GO § 107, S.34

Energiewirtschaftliche Betätigung
  GO § 107a, S.35

Energiewirtschaftsgesetz
  GO § 107, S.34; KAV S.247,248

Entgegennahme von Anträgen durch die Gemeinden
- für die Bezirksregierung GO § 22, S.12
- für den Kreis GO § 22, S.12

Entgelte
- Erhebung (Finanzmittelbeschaffung) GO § 77, S.27
- Gemeindeprüfungsanstalt GPAG § 10, S.254
- Zuordnung gemäß Kontierungsplan 101

Entgelte, privatrechtliche
- Abgrenzung von öffentlichen und privatrechtlichen - KAG § 6, S.154
- Festsetzung durch Rat/Kreistag GO § 41, S.18; KrO § 26, S.121

Entgeltgruppe
- im Stellenplan VV Muster zur GO, S.83

Entlassung
- von Beamten des LV LVerbO § 20, S.138

Entlastung
- Betriebsausschuss des Eigenbetriebes EigVO § 5, S.141
- Bundesregierung GG Art. 114, S.186
- Bürgermeister GO §§ 41,96, S.18,31
- Direktor des Landschaftsverbandes LVerbO § 7, S.132
- Landrat KrO § 26, S.121
- Regierung HGrG §§ 46,47, S.197

Entschädigung
- Ausschussmitglieder GO § 45, S.20
- für Bezirksvorsteher GO § 36, S.16
- Entziehung des Sitzungsgeldes GO § 51, S.21; KrO § 36, S.124
- für Fraktionssitzungen GO § 45, S.20
- für ehrenamtliche Tätigkeit GO § 33, S.16; KrO § 24, S.120
- Kreistagsmitglieder KrO § 30, S.123
- LV LVerbO § 16, S.137
- Mitglieder
  - der Bezirksvertretung GO § 45, S.20
  - der Mitglieder der Verbandsversammlung bei Zweckverbänden
    GkG § 17, S.150
- für Ortsvorsteher GO § 39, S.17
- für Ratsmitglieder GO § 45, S.20
- Sachkundige Bürger und Einwohner GO § 58, S.23
- bei Umwandlung von Gemeindegliedervermögen GO § 99, S.32

Entschädigungsverordnung (EntschVO)
  (Volltext) S.258a

Entscheidungen
- über Einspruch AO § 367, S.218b
- nicht übertragbare GO § 41, S.18
- Rücknahmerecht GO § 41, S.18
- Übertragbare - GO § 41, S.18

Entscheidungsübertragungen
- auf Ausschüsse GO § 41, S.18
- auf Bezirksvertretungen GO § 37, S.17
- auf Bürgermeister GO § 41, S.18
- auf Direktor des LV LVerbO § 11, S.135
- Kreisausschuss KrO § 26, S.121
- auf Landrat KrO § 42, S.126

Entsendungsrechte
- Gemeinde GO § 113, S.39
- Kreis KrO § 26, S.121

Entstehung
- der Beitragspflicht nach KAG § 8, S.154
- der Beitragspflicht nach BauGB § 133, S.221
- des gemeinsamen Kommunalunternehmens GkG § 27, S.152
- der Geschäftsvorfälle (Buchführung) KomHVO § 28, S.48
- der Gewerbesteuer GewStG § 18, S.179
- der Grundsteuer GrStG § 9, S.164
- der Vorauszahlungen GewStG § 21, S.179
- des Zweckverbandes GkG § 11, S.148

Entwicklung
- Erträge oder Aufwendungen (Haushaltssperre)
  KomHVO § 25, S.47

Entwurf
- Haushaltssatzung GO § 80, S.28
- Jahresabschluss GO § 95, S.31

Entziehung
- einer Ehrenbezeichnung GO § 34, S.16
- des Ehrenbürgerrechts GO § 34, S.16
- des Sitzungsgeldes GO § 51, S.21; KrO § 36, S.124

Epidemische Lage von landesweiter Tragweite
- GO § 60, S.24; KrO § 50, S.127; LVerbO § 11, S.135; GkG § 15b, S.150

Erben
- Vollstreckung gegen - AO § 265, S.218

Erbschaftsteuer
- Ertragshoheit gemäß Grundgesetz GG Art.106, S.184

Erfassung
- Ansprüche KomHVO § 24, S.47
- Forderungen KomHVO § 29, S.48
- Geschäftsvorfälle nach dem System der doppelten Buchführung
  GO § 92, S.30
- geringwertige Wirtschaftsgüter KomHVO § 36 Abs. 3, S.51
- Verbindlichkeiten KomHVO § 29, S.48

Erfolgsplan
- Eigenbetriebe EigVO § 15, S.143
- Kommunalunternehmen KUV § 17, S.250

Erfolgsübersicht
- Kommunalunternehmen KUV § 19, S.250

Erfordernisse des gesamtwirtschaftlichen Gleichgewichts
  StWG § 1, S.187

Ergebnisplan
- Bestandteil des doppischen Haushaltsplanes
  GO § 79, S.28; NKFEG S.41
- in der Haushaltssatzung GO § 78, S.27
- Haushaltssicherungskonzept Erl. S.345
- Inhalt KomHVO § 2, S.43
- Muster S.59,69

Ergebnisplanung
- Bedeutung und Zeitraum GO § 84, S.29
- Erfordernis des Ausgleichs GO § 84, S.29
- Orientierungsdaten RdErl. S.288

Ergebnisrechnung
  KomHVO § 39, S.52
- Muster S.61,104

Ergebnisrechnungs-Konto
- Zuordnung gemäß Kontierungsplan S.103

Ergebnis- und Finanzplanung
  GO § 84, S.29; KomHVO § 6, S.45
- Eigenbetriebe EigVO § 18, S.144
- Fortschreibung EigVO § 18, S.144

Erhaltungsaufwand
- im Steuerrecht EStR S.263-268

Erhebliche Härte
- bei Stundung von Ansprüchen KomHVO § 27, S.47

Erheblichkeit
- Aufwendungen oder Auszahlungen (Nachtragssatzung)
  GO § 81, S.28
- Jahresfehlbetrag (Nachtragssatzung) GO § 81, S.28
- von überplanmäßigen und außerplanmäßigen Aufwendungen
  und Auszahlungen GO § 83, S.29

Erhebung
- Abgaben KAG § 1, S.153
- Beiträge KAG §§ 7-9, S.154,155
- Benutzungsgebühren KAG § 6, S.154
- Gebühren und Beiträge der Zweckverbände GkG § 19 S.150
- Daten zur Berechnung von Zuweisungen aus dem Steuerverbund
  GFG § 27, S.233
- Einnahmen von Bund und Ländern HGrG § 12, S.193
- Entgelte der GPA GPAG § 10, S.254; Gebührensatzung S.255,256
- Erschließungsbeitrag BauGB § 127, S.220
- Fremdenverkehrsbeiträge KAG § 11, S.155

Stichwortverzeichnis

- Gebühren KAG §§ 4-7, S.153,154
- Gewerbesteuer GewStG §§ 1,16, S.171,178
- Grundsteuer GrStG § 1, S.163
- Hundesteuer KAG § 3, S.153
- Jagdsteuer KAG §§ 3,22, S.154,161
- Kreisumlage KrO § 56, S.128
- Kurbeiträge KAG § 11, S.155
- Landschaftsumlage LVerbO § 22, S.138
- Realsteuern 203
- Steuern KAG § 3, S.153
- Straßenausbaubeiträge KAG § 8a, S.155
- Umlagen
  - Wasser- und Bodenverbände KAG § 7, S.154
  - Zweckverbände GkG § 19, S.150
- Verbandsumlage des Regionalverbandes Ruhr GFG § 26, S.233
- Vergnügungssteuer KAG § 3, S.153
- Verwaltungsgebühren KAG § 5, S.153
- Wegebeiträge KAG § 9, S.155

Erklärungen, verpflichtende
  GO § 64, S.24; KrO § 43, S.126; LVerbO § 21, S.138

Erlass
- Erschließungsbeitragssatzung BauGB 132, S.220
- Hauptsatzung GO § 7, S.10; KrO § 5, S.117
- Haushaltssatzung
  GO §§ 41,80, S.18,27; VV Muster zur GO, S.64; KrO §§ 54,55, S.128; LVerbO § 23, S.138
- Nachtragssatzung GO § 81, S.28
- örtliche Vorschriften KomHVO § 32, S.49
- Stellenplan GO §§ 41,79, S.18,27
- von Satzungen
  GO §§ 7,41, S.10,18; KrO §§ 5,26, S.117,120; LVerbO §§ 6,7, S.132; GPAG §§ 1,5, S.253; BekanntmVO § 6, S.258

Erlass von Ansprüchen
- Beauftragung von Beschäftigten der Zahlungsabwicklung KomHVO § 32, S.49
- Grundsteuer GrStG §§ 32-34, S.167,168
- Örtliche Vorschriften des Bürgermeisters KomHVO § 32, S.49
- Regelung der KomHVO § 27, S.47
- Regelung der AO § 227, S.214
- Voraussetzungen für den - KomHVO § 27, S.47

Erläuterungen
- im Anhang zum Jahresabschluss KomHVO § 45, S.54
- Außerplanmäßige Abschreibungen KomHVO § 36, S.51
- Beteiligungsbericht GO § 117, S.40a; KomHVO § 53, S.56
- Ermächtigungen für Baumaßnahmen KomHVO § 13, S.46
- Abweichungen vom Stellenplan KomHVO § 8, S.45

Erlöschen
- von Ansprüchen aus dem Steuerschuldverhältnis
  AO § 47, S.208

Ermächtigungen
- Aufnahme von Krediten für Investitionen GO § 86, S.29
- für Baumaßnahmen KomHVO § 13, S.46
- für zwei Jahre KomHVO § 9, S.45
- Inanspruchnahme KomHVO § 24, S.47
- Sperre GO § 81, S.28
- Übertragung KomHVO § 22, S.47

Ermittlung
- Beihilferückstellungen KomHVO § 37, S.51
- Grundstückswerte BauGB § 192, S.221
- Pensionsrückstellungen KomHVO § 37, S.51
- Wertansätze für die Eröffnungsbilanz KomHVO § 55, S.56

Ermessen
- der Finanzbehörde AO § 5, S.205

Ernennung
- Allgemeiner Vertreter des Landrats KrO § 47, S.127
- Beamte des LV LVerbO § 20, S.138
- Präsident der GPA GPAG § 6, S.254
- Stv. Präsident der GPA GPAG § 6, S.254
- Präsident des Landesrechnungshofes LVerf. Art.87, S.201,202
- Vizepräsident des Landesrechnungshofes LVerf. Art.87, S.201,202

Erneuerbare-Energien-Gesetz
- Befreiung von der Gewerbesteuer GewStG § 3, S.173

Eröffnungsbilanz
- Abbildung von Vermögen und Schulden GO § 92, S.30
- Aktien KomHVO § 56, S.56
- Aufbewahrung KomHVO § 59, S.57
- Aufstellung
  GO § 92, S.30; KomHVO § 54, S.56; HGB § 242, S.271
- Ausgleichsrücklage GO § 75, S.27
- Berichtigung von Wertansätzen GO § 92, S.30; KomHVO § 58, S.57
- Bestätigungsvermerk GO § 92, S.30
- Bestimmung der Restnutzungsdauer KomHVO § 55, S.56
- Beteiligungen an Unternehmen KomHVO § 56, S.56
- Bewertung von Grund und Boden KomHVO § 56, S.56
- Bewertung von Wertpapieren KomHVO § 56, S.56
- Bewertungsrichtlinien des Kommunalministeriums KomHVO § 56, S.56
- Bilanzstichtag GO § 92, S.30
- Bild der Vermögens- und Schuldenlage GO § 92, S.30
- Durchführungsverordnung des Kommunalministeriums GO § 133, S.40c
- Eigenbetrieb EigVO § 9, S.142
- Ermittlung der Wertansätze
  GO §§ 92,133, S.30,40b; KomHVO § 55, S.56
- Ertragswertverfahren KomHVO § 56, S.56
- kein Bürgerbegehren GO § 26, S.12,13
- Kommunalunternehmen vor Umwandlung eines Regiebetriebes KUV § 7, S.249
- nicht umgestellte Aufgabenbereiche NKFEG § 9, S.42
- Prüfung GO § 92, S.30
- Übereinstimmung mit Schlussbilanz KomHVO § 33, S.50
- Übernahme von Wertansätzen der Gebührenkalkulation KomHVO § 57, S.56
- Zeitwerte GO § 92, S.30
- zum Stichtag 1. Jan. 2009 NKFEG § 1, S.41

Eröffnungsbilanz-Konto
- Zuordnung gemäß Kontierungsplan 105

Eröffnungsbilanzstichtag
  GO § 92, S.30; NKFEG § 1, S.41; KrO § 56a, S.129; LVerbO § 23a, S.139; GkG § 19a, S.151

Eröffnungs-/Abschlusskonten
- Zuordnung gemäß Kontierungsplan 105

ERP-Sondervermögen
- Anwendung des StWG StWG § 13, S.188

Errichtung
- Gemeindeprüfungsanstalt GPAG § 1, S.253
- gemeinsames Kommunalunternehmen GkG § 27, S.152
- Wirtschaftliche Unternehmen GO §§ 41,108, S.18,35

Ersatz von Auslagen
- ehrenamtlich Tätige GO § 33, S.16
- Mandatsträger GO § 45, S.20

Ersatz des Verdienstausfalls
- bei Mandatsträgern GO § 44, S.19; KrO § 29, S.122

Ersatzvornahme
- durch die Aufsichtsbehörde
  GO § 123, S.40b; KrO § 57, S.129; LVerbO § 27, S.139

Ersatzwahl
- der Stellvertreter des Landrats KrO § 46, S.126
- Vorsitzender der Landschaftsversammlung LVerbO § 8, S.134

Erschließung
  BauGB § 123f, S.219f

Erschließungsanlagen
  BauGB § 123f, S.219f

Erschließungsaufwand
  BauGB § 123f, S.219f

Erschließungsbeitrag
  BauGB S.219f

Erschließungsbeitragssatzung
  BauGB § 123, S.219

Erschließungslast
  BauGB § 123, S.219

Erschließungsvertrag
- Übertragung der Erschließung auf einen Dritten BauGB § 124, S.219

Erstattung
- bei Gewerbesteuer GewStG § 20, S.179
- bei Grundsteuer GrStG § 30, S.167

Erster Landesrat
- Abberufung LVerbO § 20, S.138
- Allgemeiner Vertreter des Direktors des LV LVerbO § 20, S.138
- Ausschreibung LVerbO § 20, S.138
- Befähigung LVerbO § 20, S.138
- Wahl LVerbO § 20, S.138
- Wahlzeit LVerbO § 20, S.138

Erstes NKF-Weiterentwicklungsgesetz
- GO S.40d

Erststimme
- bei Bildung der Landschaftsversammlung LVerbO § 7b, S.133

Erträge
- Abgabeähnliche - KomHVO § 18, S.46
- Absetzung bei - KomHVO § 18, S.46

- Ausgleich des Haushalts GO § 75, S.27
- Budgetbildung KomHVO § 21, S.47
- Durchführungsverordnung des Kommunalministeriums GO § 133, S.40c
- Eigenbetriebe EigVO § 15, S.143
- Entwicklung der - KomHVO § 25, S.47
- Ergebnisplan KomHVO § 2, S.43
- Ergebnisrechnung KomHVO § 39, S.52
- Festsetzung in der Haushaltssatzung GO § 78, S.27
- Gemeindegliedervermögen GO § 99, S.32
- Gesamtdeckung KomHVO § 20, S.46
- Haushaltskonsolidierung Erl. S.345
- Haushaltsplan GO § 78, S.27; KomHVO § 1, S.43
- Haushaltsplan für 2 Jahre KomHVO § 9, S.45
- Haushaltssatzung VV Muster zur GO, S.64
- Haushaltswirtschaftliche Sperre KomHVO § 25, S.47
- Inhalt des Haushaltsplanes GO § 79, S.28
- Jahresabschluss KomHVO § 33, S.50
- Kommunalunternehmen KUV §§ 17,19, S.250
- Kontenklasse 4 gemäß Kontenrahmen 97
- Kontierungsplan KomHVO § 2, S.43; VV Muster zur GO, S.101
- des Kreises KrO § 56, S.128
- des LV LVerbO § 22, S.138
- Nachtragshaushaltsplan KomHVO § 10, S.45
- Nachtragssatzung GO § 81, S.28; VV Muster zur GO, S.66
- Planungsgrundsätze KomHVO § 11, S.45
- Teilergebnisplan KomHVO § 4, S.44
- Teilpläne KomHVO § 4, S.44
- Veranschlagung im Haushaltsplan KomHVO § 1, S.43
- Vermögen GO § 90, S.30
- Verwaltungsvorschriften des IM GO § 133, S.40c
- Weitere Vorschriften in der Haushaltssatzung GO § 78, S.27
- Wirtschaftliche Unternehmen GO § 108, S.35
- Zuordnung Ergebnisplan KomHVO § 2, S.43
- Zuordnung gemäß Kontierungsplan 101
- Zweckbindung KomHVO § 22, S.47

Erträge aus der Auflösung von Sonderposten
- Wertgröße des Kennzahlensets S.338

Erträge aus internen Leistungsbeziehungen
- Zuordnung gemäß Kontierungsplan S.102

Erträge aus Zuwendungen
- Wertgröße des Kennzahlensets S.340

Ertragshoheit
- Finanzmonopole GG Art.106, S.184
- Steuern GG Art.106, S.184

Erweiterung
- Anstalten des öffentlichen Rechts GO §§ 41,114a, S.18,39
- Eigenbetriebe GO § 41, S.18
- öffentliche Einrichtungen GO § 41, S.18
- Tagesordnung GO § 48, S.21; KrO § 33, S.123
- Wirtschaftliche Unternehmen GO §§ 41,108, S.18,35

Erwerb
- Anzeige bei - eines Geschäftsanteiles einer Genossenschaft GO § 115, S.40
- bewegliches Anlagevermögen KomHVO § 3, S.44
- Finanzanlagen KomHVO § 3, S.44
- Geschäftsanteil einer Kreditgenossenschaft GO § 41, S.18
- Grund- KomHVO § 13, S.46
- Grundstücke und Gebäude KomHVO § 3, S.44
- Unternehmen und Beteiligungen GO § 108, S.35
- Vermögensgegenstände GO § 90, S.30

Euribor
- Anbindung an - bei Zinsgleitklauseln RdErl. S.281

Euro
- Aufstellung des Jahresabschlusses in - gemäß HGB S.271

Euro-Beträge
- bei der Festsetzung von Abgaben KAG § 13, S.157

Europäische Gemeinschaft
- Abgaben im Rahmen der - GG Art.106,108, S.184,185
- Wahlberechtigung bei Wahlen in Kreisen und Gemeinden GG Art.28, S.183

Europäische Kommission
- Anforderungen für Auftragsvergaben RdErl. S.245

Europäische Union
- länderübergreifende Finanzkorrekturen GG Art.104a, S.183
- Schwellenwerte KomHVO § 26, S.47; RdErl. S.245

Europäische Vergaberichtlinien
RdErl. S.245

Europäische Wirtschafts- und Währungsunion
HGrG § 51, S.198

EU-Bestimmungen
- bei Kreditgeschäften der Gemeinden RdErl. S.282

EU-Schwellenwerte
- bei der Vergabe öffentlicher Aufträge KomHVO § 26, S.47; RdErl. S.245,283

Evaluierung
- StärkungspaktG § 13, S.355

Experimentierklausel
- Gemeinde GO § 129, S.40b
- Kreis KrO § 63, S.130
- Kommunale Gemeinschaftsarbeit GkG § 33, S.152b

F

Fachausschüsse des LV
- Aufgaben LVerbO § 13, S.135
- Beschlussfähigkeit LVerbO § 14, S.136
- Bildung LVerbO § 13, S.135
- Einberufung LVerbO § 14, S.136

Fachkunde
- Präsident der Gemeindeprüfungsanstalt GPAG § 6, S.254

Fachliche Voraussetzungen
- der Bediensteten GO § 74, S.26

Fachlose
- bei Auftragsvergaben RdErl. S.245

Fachprogramme der GPA
- für automatisierte Ausführung der Geschäfte der kommunalen Haushaltswirtschaft GO § 94, S.31
- Verwaltungsgebühren Verwaltungsgebührensatzung S.256a

Fährgelder
KAG § 6, S.154

Fahrkosten
- für Mitglieder kommunaler Vertretungen und Ausschüsse sowie Ortsvorsteher EntschVO § 5, S.258c

Fahrtkostenerstattung
- Gemeinde GO § 45, S.20
- Kreis KrO § 30, S.123
- LV LVerbO § 16, S.137

Fahrzeuge
- Bilanz KomHVO § 42, S.52

Fakultativer Aufsichtsrat
GO §§ 108a, 108b, S.37,38

Fälligkeit
- Erschließungsbeitrag BauGB § 135, S.221
- Gewerbesteuer GewStG § 19, S.179
- Grundsteuer GrStG § 28, S.167

Familienleistungsausgleich
- Orientierungsdaten RdErl. S.288
- Zuweisungen des Landes GFG § 21, S.233

Fehlbedarf
- im Ergebnisplan GO § 75, S.27

Fehlbetrag
- Bilanz KomHVO § 42, S.52
- Ergebnisrechnung GO § 75, S.27
- Finanzmittel - KomHVO § 3, S.44
- Jahres - KomHVO § 42, S.52
- Nachtragssatzung bei drohendem - GO § 81, S.28
- Nicht durch Eigenkapital gedeckter - KomHVO § 44, S.54

Fehlbetragsquote
- Ermittlung der Kennzahl S.338

Fehlentwicklung
- Beschreibung der Ursachen im Haushaltssicherungskonzept KomHVO § 5, S.44

Fernwärme
- Anschluss- und Benutzungszwang GO § 9, S.10; KrO § 7, S.118

Festlegung
- örtliche Nutzungsdauer der Vermögensgegenstände KomHVO § 36, S.51
- Wertgrenzen für Investitionen durch den Rat KomHVO § 13, S.46

Festsetzung
- Gewerbesteuer GewStG § 16, S.178
- Grundsteuer GrStG § 27, S.167
- Haushaltsplan GO § 78, S.27
- Hebesatz der Gewerbesteuer GewStG § 16, S.178
- Hebesatz der Grundsteuer GrStG § 27, S.166,167

Stichwortverzeichnis

- Höchstbetrag der Kredite zur Liquiditätssicherung GO § 78, S.27
- Kreditaufnahmen GO § 78, S.27
- Kreisumlage KrO § 56, S.128
- Landschaftsumlage LVerbO § 22, S.138
- Schlüsselzuweisungen GFG §§ 7,10,13, S.231, S.232, S.232
- Steuern AO § 155f, S.210f
- Steuermessbeträge
   GewStG § 14, S.178; GrStG § 16, S.165, AO § 184, S.213
- Steuersätze GO § 78, S.27
- Tagesordnung GO § 48, S.21; KrO § 33, S.123
- Verpflichtungsermächtigungen GO § 78, S.27
- Zweckverbandsumlage GkG § 19, S.150

Festsetzungsfrist
- bei Steuern AO §§ 169,170, S.211

Festsetzungsverfahren
- bei Steuern AO § 155, S.210

Festsetzungsverjährung
- bei Steuern AO § 169f, S.211

Feststellung
- Abwahl des Bürgermeisters/Landrats GO § 66, S.25; KrO § 45, S.126
- Beschlussfähigkeit
   - Gemeinde GO § 49, S.21
   - Kreis KrO § 34, S.123
   - LV LVerbO § 10, S.134
- von Besteuerungsgrundlagen AO § 157, S.210
- Entlastung GO § 96, S.31
- Ergebnis des Bürgerentscheids GO § 26, S.13
- Grundsteuerwerte BewG § 219, S.269
- Jahresabschluss GO §§ 41,95,96,108, S.18,30,31,35
- Mindeststärke einer Fraktion GO § 56, S.22
- Sachliche und rechnerische - KomHVO § 31, S.49
- Wirtschaftsplan einer AöR GO § 114a, S.39
- einer Zahlungsverpflichtung KomHVO § 31, S.49

Feststellungsvermerk
- bei Zahlungsansprüchen und Zahlungsverpflichtungen KomHVO § 31, S.49

Festwerte
- Vermögensgegenstände und Waren KomHVO § 35, S.51

Finanzanlagen, Umlaufvermögen und aktive Rechnungsabgrenzung
- Bilanz KomHVO § 42, S.52
- HGB § 266, S.274
- Kontenklasse 1 gemäß Kontenrahmen S.97
- Zuordnung gemäß Kontierungsplan S.98

Finanzaufwendungen
- Wertgröße des Kennzahlensets S.339

Finanzausgleich
- zwischen Bund und Ländern GG Art.106-107, S.184,185
- Regelungen des GFG S.229f
- Übergemeindlicher - des Landes NRW zugunsten der Gemeinden LVerf NRW Art.79, S.201

Finanzausgleichsmasse
- Steuerverbund gemäß GFG S.229,230,237

Finanzausschuss
- Aufgaben GO § 59, S.23
- Bildung GO § 59, S.23

Finanzausstattung
- der Kommunalunternehmen 249

Finanzbuchhaltung
- Aufgabe GO § 93, S.30
- Aufsicht KomHVO § 32 Abs.4, S.50
- Durchführungsverordnung des IM GO § 133, S.40c
- Örtliche Vorschriften des Bürgermeisters KomHVO § 32, S.49
- Prüfung der Vorgänge GO § 103, S.33
- Übertragung auf Dritte GO § 94, S.31

Finanzerträge
- Zuordnung gemäß Kontierungsplan S.102

Finanzhilfen des Bundes
- Regelung des GG Art.104b,104c,104d, S.183,184

Finanzieller Ausgleich
- bei neuen Aufgaben GO § 3, S.9; KrO § 2, S.117; LVerbO § 5, S.131

Finanzierung
- Andere - anstelle von Krediten GO § 77, S.27
- von Investitionen GO § 75, S.27
- der Konsolidierungshilfen StärkungspaktG §§ 1,2, S.353

Finanzierungstätigkeit
- Auszahlungen KomHVO § 3, S.44
- Einzahlungen KomHVO § 3, S.44

Finanzmittel
- Andere öffentliche Haushalte KomHVO § 15, S.46
- Durchlaufende - KomHVO §§ 15,28, S.46,48
- für fremde Haushalte KomHVO § 15, S.46
- sonstige - GO § 77, S.26

Finanzmittelbeschaffung
- Pflicht zur Abgabenerhebung GO § 77, S.26
- Rangfolge GO § 77, S.27

Finanzmittelkonten
  KomHVO § 31, S.49

Finanzmonopole
- Ertrag der - GG Art.106, S.184

Finanzplan
- Bestandteil des doppischen Haushaltsplanes GO § 79, S.28; KomHVO § 3, S.44; HGrG § 10, S.192
- Fortsetzung von Bauten und Beschaffungen im - GO § 82, S.28
- in der Haushaltssatzung GO § 78, S.27
- Inhalt KomHVO § 3, S.44; HGrG § 10, S.192
- Muster 59,70

Finanzplanung
- Bund und Länder StWG § 9 S.188; HGrG § 50, S.198

Finanzplanung, mittelfristige
- Bedeutung und Zeitraum GO § 84, S.29; KomHVO § 6, S.45
- Erfordernis des Ausgleichs GO § 84, S.29
- Fortschreibung KomHVO § 6, S.45
- Orientierungsdaten RdErl. S.288

Finanzrechnung
- Bestandteil des Jahresabschlusses GO § 95, S.31
- Inhalt KomHVO § 40, S.52
- Muster 62,106

Finanzrechnungs-Konto
- Zuordnung gemäß Kontierungsplan 105

Finanzstatistik
  VV Muster zur GO; Ziff.1.2.3, S.59; Zuordnungsvorschriften S.291f

Finanzverfassung der Bundesrepublik
- Regelung des Grundgesetzes GG S.183f

Finanzwesen des Bundes
  (GG Art. 104a - 115,143g) S.183f

Finanzwirtschaft
- des LV LVerbO §§ 22f, S.138

Fiskalische Betriebe
  LVerf NRW Art.88, S.202

Flächenansatz
- GFG § 8, S.231

Flächennutzungsplan
  GO §§ 7,41, S.10,18

Flaggen
  GO § 14, S.11; KrO § 13, S.118

Flexible Haushaltsbewirtschaftung
- Bildung von Budgets KomHVO § 21, S.47

Folgebescheid
  AO §§ 182,236,237,361, S.212,215,216,218a

Folgebewertung
- von Vermögensgegenständen HGB § 253, S.273

Förderrichtlinie Straßenausbaubeiträge
  KAG S.161

Forderungen
- Bilanz KomHVO § 42, S.52
- HGB § 266, S.274

Forderungen, kurzfristige
- Wertgröße des Kennzahlensets 339

Forderungsspiegel
- Eröffnungsbilanz KomHVO § 54, S.56
- Inhalt KomHVO § 47, S.55
- Muster 63,111

Form
- der Einspruchsentscheidung AO § 366, S.218b
- der Steuerbescheide AO § 157, S.211
- der Steuererklärungen AO § 150, S.210

Formvorschriften
- bei Verpflichtungserklärungen
   - Gemeinde GO § 64, S.24
   - Kreis KrO § 43, S.126
   - LV LVerbO § 6, S.132
   - Zweckverband GkG § 16, S.149

Form- und Verfahrensvorschriften
- Gemeinde GO §§ 7,64, S.10,24
- Kreis KrO §§ 5,43, S.117,126
- LV LVerbO § 6, S.132

Forsten
  KomHVO § 42, S.52

Forstpauschale
- Regelungen des GFG § 16, S.232

Forstverbände
- Geltung des GkG GkG § 32, S.152b

Fortschreibung
- des Grundsteuerwertes AO § 222, S.269
- der mittelfristigen Ergebnis- und Finanzplanung
  GO § 84, S.29; KomHVO § 6, S.45
- Haushaltssanierungsplan StärkungspaktG § 6, S.354

Fortsetzung
- Bauten, Beschaffungen und sonstige Leistungen GO § 82, S.28
- Investitionsmaßnahmen GO § 82, S.28

Fragerecht
- Kreistagsmitglieder KrO § 32, S.123
- Mitglieder der Landschaftsversammlung LVerbO § 8, S.134
- Ratsmitglieder GO § 47, S.20

Fragestunden
- für Einwohner GO § 48, S.21; KrO § 33, S.123

Fraktionen
- Antrag auf Einberufung
  - des Rates GO § 47, S.20
  - des Kreistags KrO § 32, S.123
  - der Landschaftsversammlung LVerbO § 8, S.134
- Aufgaben GO § 56, S.22; KrO § 40, S.124; LVerbO § 16a, S.137
- Aufnahme von Hospitanten
  GO § 56, S.22; KrO § 40, S.124; LVerbO § 16a, S.137
- Aufwendungen für die Geschäftsführung
  GO § 56, S.22; KrO § 40, S.124; LVerbO § 16a, S.137
- Ausschluss aus - GO § 56, S.22
- Begriff GO § 56, S.22
- Bestimmung der Ausschussvorsitzenden KrO § 41, S.125
- Bildung GO § 56, S.22; KrO § 40, S.124; LVerbO § 16a, S.137
- Definition GO § 56, S.22; KrO § 40, S.124; LVerbO § 16a, S.137
- Entschädigung für Vorsitzenden
  GO § 45, S.20; KrO § 30, S.123; LVerbO § 16, S.137
- Entsendung beratender Mitglieder GO § 58, S.23
- Fraktionsmitarbeiter GO § 56, S.22
- Größe GO § 56, S.22
- Hospitanten GO § 56, S.22; KrO § 40, S.124; LVerbO § 16a, S.137
- Mindeststärke GO § 56, S.22; KrO § 40, S.124; LVerbO § 16a, S.137
- Nachweis über Zuwendungen
  GO § 56, S.22; VV Muster zur GO, Ziff.1.4, Muster S.88,89;
  KrO § 40, S.124; LVerbO § 16a, S.137
- Personenbezogene Daten
  GO § 56, S.22; KrO § 40, S.124; LVerbO § 16a, S.137
- Rechte und Pflichten der -
  GO § 56, S.22; KrO § 40, S.124; LVerbO § 16a, S.137
- Sitzungsgeld GO § 45, S.20; KrO § 30, S.123; LVerbO § 16, S.137
- Verteilung der Ausschussvorsitze GO § 58, S.23; KrO § 41, S.125
- Vorschläge zur Tagesordnung GO §§ 48,58, S.21,23; KrO § 33, S.123
- Zugreifverfahren GO § 58, S.23; KrO § 41, S.125
- Zuwendungen aus Haushaltsmitteln
  GO § 56, S.22; VV Muster zur GO, Ziff.1.4, Muster S.88,89; KrO § 40, S.124; LVerbO § 16a S.137

Fraktionsarbeitskreise
- ersatzpflichtige Sitzungen GO § 45, S.20; KrO § 30, S.123

Fraktionssitzungen
- Aufwandsentschädigungen
  GO § 45, S.20; KrO § 30, S.123; LVerbO § 16, S.137
- Sitzungen von Teilen einer Fraktion GO § 45, S.20; KrO § 30, S.123

Fraktionsstatut
GO § 56, S.22; KrO § 40, S.124; LVerbO § 16a, S.137

Fraktionsvorsitzender
- Aufwandsentschädigung GO § 46, S.20; KrO § 31, S.123; LVerbO § 16, S.137; EntschVO § 2, S.258b

Fraktionsvorstand
- ersatzpflichtige Sitzungen GO § 45, S.20; KrO § 30, S.123

Freiberufliche Tätigkeit
- Begriff EStG § 18, S.261

Freibetrag
- Gewerbeertrag GewStG § 11, S.178

Freie Berufe
- Aufzählung EStG § 18, S.261

Freies Gemeindevermögen
GO § 99, S.32

Freigabe von Zahlungsaufträgen
KomHVO § 31, S.49

Freihändige Vergabe von Aufträgen
KomHVO § 26, S.47; S.245

Freiheitsstrafe
- bei Abgabenhinterziehung KAG § 17, S.157

Freistellung
- anlässlich der Bewerbung, Annahme oder Ausübung eines Mandats
  GO § 44, S.19; KrO § 29, S.122; LVerbO § 16, S.137

Freiverband
- bei Zweckverbänden GkG §§ 4,13,20, S.147,148,151

Freiwillige Teilnahme
- an der Konsolidierungshilfe gem. StärkungspaktG § 4, S.353

Fremde Finanzmittel
- Keine Veranschlagung im Finanzplan KomHVO § 15, S.46
- Örtliche Vorschriften des Bürgermeisters KomHVO § 32, S.49

Fremde Währung
- Kredite in - RdErl. S.281,282

Fremdenverkehrsbeiträge
- bei besonderen wirtschaftlichen Vorteilen KAG § 11, S.156

Fremdkapital, langfristiges
- Wertgröße des Kennzahlensets S.338

Frist
- für die Anzeige der Haushaltssatzung GO § 80, S.28
- zur Berichtigung der Eröffnungsbilanz GO § 92, S.30
- für Einwendungen gegen Entwurf der Haushaltssatzung
  - der Gemeinde GO § 80, S.28
  - des Kreises KrO § 54, S.128
  - des LV LVerbO § 23, S.138
- für die Haushaltsausgleicherreichung bei der Genehmigung von
  Haushaltssicherungskonzepten GO § 76, S.27
- für die Zuleitung des Entwurfs des Jahresabschlusses an den Rat
  GO § 95, S.31

Fristen
- zur Aufbewahrung der Bücher, Belege, Jahresabschlüsse,
  Eröffnungsbilanz usw. KomHVO § 59, S.57

Fristsetzung
- der Finanzbehörde gegenüber dem Einspruchsführer
  AO § 364b, S.218b

Führung der Handelsbücher
HGB § 239, S.271

Führungsfunktionen
- Bedienstete in - GO § 73, S.26; KrO § 49, S.127

Fünfjährige Ergebnis- und Finanzplanung
GO § 84, S.29

Funktionsbezeichnungen
- in weiblicher oder männlicher Form
  GO § 12, S.11; KrO § 11, S.118; LVerbO § 5b, S.132

G

Garantie der kommunalen Selbstverwaltung
- Grundgesetz Art.28, S.183
- Landesverfassung Art.78, S.201

Gas, Energiekosten
- Konzessionsabgaben KAV § 2, S.247

Gasversorgung GO § 107a, S.35

Gaststreitkräfte
- Zuweisungen gemäß GFG § 19, S.233

Gebäude
- Koomponentenansatz Erlass S.371

Gebiet
- Bestand GO § 15f, S.11; KrO § 14f, S.118
- Gebietsänderungen
  GO §§ 17f,41, S.11,18; KrO §§ 16f,26, S.118-120; LVerbO § 3, S.131
- Grenzstreitigkeiten GO § 16, S.11
- Kreis KrO § 14f, S.118,119
- Landschaftsverband LVerbO § 3, S.131
- Wirkungsbereich des Kreises KrO § 2, S.117
- Wirkungskreis der Gemeinde GO § 2, S.9
- Zuständigkeit des Rates/Kreistages GO § 41, S.18; KrO § 26, S.121

Gebietsänderungen
- Abgabenfreiheit
  GO § 20, S.11; KrO § 19, S.119; LVerbO § 3, S.131
- Änderung von Gemeindeverbandsgrenzen GO § 17, S.11
- Anhörung der beteiligten Gemeinden GO § 19, S.11
- Gebührenfreiheit GO § 20, S.11
- Gründe GO § 17, S.11; KrO § 16, S.118
- Kreis KrO §§ 15-19, S.118,119
- LV LVerbO § 3, S.131
- Verfahren
  GO § 19, S.11; KrO §§ 16f, S.118,119; LVerbO § 3, S.131

Stichwortverzeichnis

- Verträge GO §§ 18,20 S.11; KrO §§ 17,19, S.118,119
- Wirkungen GO § 20, S.11; KrO § 19, S.119
- Zuständigkeit des Rates/Kreistages
  GO § 41, S.18; KrO § 26, S.121

Gebietsänderungsverträge
  GO §§ 18,20 S.11; KrO §§ 17,19, S.119

Gebietsfläche
- Regelung des GFG §§ 16,27, S.231,234

Gebietskörperschaft
- Gemeinde GO § 1, S.9
- Kreis KrO § 1, S.117

Gebühren
- Allgemeines KAG S.153f
- Abgrenzung Verwaltungsgebühr/Benutzungsgebühr
  KAG §§ 5,6, S.153,154
- Begriff KAG § 4, S.153
- Benutzungsgebühren KAG §§ 6,7, S.154
- Gegenleistung KAG § 4, S.153
- Gemeindeprüfungsanstalt GPAG § 10, S.254
  - Benutzungsgebührensatzung S.255
  - Verwaltungsgebührensatzung S.256a
- Satzungszwang KAG § 2, S.153
- der unteren staatlichen Verwaltungsbehörde KrO § 61, S.130
- bei Widerspruchsbescheiden KAG § 5, S.153
- Wirklichkeits-/Wahrscheinlichkeitsmaßstab KAG § 6, S.154
- Zuordnung gemäß Kontierungsplan 101
- Zweckverband GkG § 19, S.150

Gebührenaufkommen
- Kostendeckungsgebot KAG § 6, S.154
- Kostenüberschreitungsverbot KAG § 6, S.154

Gebührenfreiheit
- bei Gebietsänderungen GO § 20, S.11; KrO § 19, S.119
- Mündliche Auskünfte KAG § 5, S.153

Gebührenmaßstab der GPA
- Gebührensatzungen GPA, S.255, S.256a

Gebührensätze der GPA
- Benutzungsgebührenssatzung § 3, S.255
- Verwaltungsgebührensatzung § 5, S.256a

Gebührensatzungen der GPA
- Benutzungsgebührensatzung S.255
- Verwaltungsgebührensatzung S.256a

Geheime Wahl
- Grundsatz der - GO § 42, S.19

Geheimhaltung
  GO §§ 6,30, S.10,15; KrO § 4, S.117; LVerbO § 5a, S.132

Geheimhaltungsbedürftige Angelegenheiten
  GO § 30, S.15; KrO § 4, S.117; LVerbO § 5a, S.132

Geldanlagen
- ausreichende Sicherheit GO § 90, S.30

Geldforderungen
- an die Gemeinde GO § 128, S.40a

Geldleistungen
- an Fraktionen VV Muster zur GO, S.90

Geldmittel des Eigenbetriebs
- Anlegung EigVO § 11, S.143
- Vorübergehende Bewirtschaftung durch Gemeinde
  EigVO § 11, S.143

Geldstrafe
- bei Abgabenhinterziehung KAG § 17, S.157

Geldwerte Leistungen
- an Fraktionen VV Muster zur GO, S.91

Geleistete Anzahlungen, Anlagen im Bau
- Zuordnung gemäß Kontierungsplan 98

Geltung
- der AO § 1, S.205
- DigiSiVO § 1, S.373
- der Haushaltspläne von Bund und Ländern HGrG § 9, S.192
- der Haushaltssatzung GO § 78, S.27
- der Kredite zur Liquiditätssicherung GO § 89, S.30
- der Kreditermächtigung GO § 86, S.29
- der Verpflichtungsermächtigung GO § 85, S.28

Gemeinde
- Abgabenerhebung GO § 77, S.27
- Abgrenzung zu den Aufgaben des Kreises KrO § 2, S.117
- Allzuständigkeit GO § 2, S.9
- Änderung des Gebiets GO §§ 17f,41, S.11,18
- Anschluss- und Benutzungszwang GO § 9, S.10
- Arten GO § 4, S.9
- Auf Antrag teilnehmende - an der Haushaltskonsolidierung
  StärkungspaktG §§ 4,5,6,10, S.353,354

- Aufgaben GO §§ 3,4, S.9
- Auflösung GO § 17, S.11
- Aufsicht GO § 119f, S.40b
- Auseinandersetzung bei Gebietsänderung GO § 18, S.11
- Ausländerbeiräte GO § 27, S.13
- Bedienstete GO § 74, S.26
- Beigeordnete GO § 71, S.26
- Beteiligungsbericht NKFEG § 3, S.41
- Bürger GO § 21, S.11
- Bürgerbegehren GO § 26, S.12,13
- Bürgerentscheid GO § 26, S.12,13
- Dienstsiegel GO § 14, S.11
- Doppelte Buchführung NKFEG § 1, S.41
- Doppischer Haushalt NKFEG § 4, S.41
- Einnahmeerhebung durch die - GO § 77, S.27
- Einrichtungen der - GO § 8, S.10
- Ehrenamt GO § 28, S.14
- Ehrenamtliche Tätigkeit GO § 28, S.14
- Ehrenbezeichnung GO § 34, S.16
- Ehrenbürgerrecht GO § 34, S.16
- Einrichtungen GO § 8, S.10
- Einwohner GO § 21, S.11
- Einwohnerantrag GO § 25, S.12
- Einwohnerfragestunde GO § 48, S.21
- Einwohnerunterrichtung GO § 23, S.12
- Eröffnungsbilanz NKFEG § 1, S.41
- Finanz- und Lastenausgleich GFG S.229f
- Finanzplanung GO § 84, S.29
- Flagge der - GO § 14, S.11
- Gebiet GO § 15f, S.11
- Gebietskörperschaft GO § 1, S.9
- gemeinsames Kommunalunternehmen GkG §§ 27,28, S.152,152a
- Gesamtabschluss NKFEG § 2, S.41
- Grundlage des demokratischen Staatsaufbaus GO § 1, S.9
- Hauptsatzung GO § 7, S.10
- Haushaltsgrundsätze, allgemeine GO § 75, S.27
- Haushaltsplan GO § 79, S.28
- Haushaltssatzung GO § 78, S.27
- Hilfspflicht in Verwaltungsangelegenheiten GO § 22, S.12
- kreisangehörige -
  GO §§ 4,5,13,25,39,56,71,102,120, S.9-12,17,22,25,32,40a;
  KrO §§ 1,9,20,23,24,25,41,44,45,54-56,58,59, S.117-120,126,128,129
- Kreisumlage KrO § 56, S.128; GFG § 24, S.233
- Leistungsfähigkeit
  GO §§ 8,10,15,76,82,86,107,108, S.10,11,26,28,29,34,35
  - Haushaltssicherungskonzept GO § 76, S.27
  - Kreditaufnahme GO § 86, S.29
- Name und Bezeichnung GO § 13, S.11
- Namenszusätze GO § 13, S.11
- Neubildung GO § 17, S.11
- Nichtwirtschaftliche Betätigung GO § 107, S.34
- NKF-Kennzahlenset S.337
- Organe GO § 1, S.9
- Petitionsrecht GO § 24, S.12
- Pflichtaufgaben GO § 3, S.9
- Pflichtig teilnehmende - an der Haushaltskonsolidierung
  StärkungspaktG §§ 3,4,5,6, S.353,354
- Rat GO S.17-23
- Wesen der - GO § 1, S.9
- Rechtsform GO § 1, S.9
- Satzungen GO § 7, S.10
- Schaden der - infolge eines Beschlusses des Rates GO § 43, S.19
- Selbstverwaltung GO § 1, S.9
- Siegel, Wappen, Flagge GO § 14, S.11
- Sondervermögen GO § 97, S.31
- Stetige Aufgabenerfüllung GO § 75, S.27
- Übernahme von Bürgschaften GO § 87, S.29
- Überörtliche Prüfung der - GO § 105, S.34
- Übertragung der Finanzbuchhaltung GO § 94, S.31
- Unterrichtungspflicht gegenüber den Einwohnern GO § 23, S.12
- Verhältnis - und Kreis KrO § 2, S.117
- Vermögen der - GO § 90, S.30
- Verpflichtungserklärungen GO § 64, S.24
- Vertreter der - in Organen juristischer Personen GO § 113, S.39
- Vertretung, gesetzliche GO § 63, S.24
- Verwaltung der - GO § 40, S.18
- Wahrnehmung von Aufgaben mit benachbarten Gemeinden
  GO § 3, S.9
- Wappen GO § 14, S.11
- Willensbildung in der - GO § 40, S.18

- Wirkungskreis GO § 2, S.9
- Wirtschaftsführung GO § 10, S.10
- Wirtschaftliche Betätigung GO § 107f, S.34f
- Zuweisungen an - GFG S.229f

Gemeindeanteil
- am beitragsfähigen Erschließungsaufwand
  BauGB § 129, S.220
- an der Einkommensteuer
  GG Art.106, S.184; GemFinRefG § 1f, S.223; GFG S.229f; RdErl. S.288
- an der Kapitalertragssteuer GemFinRefG § 1, S.223
- an der Umsatzsteuer
  GG Art.106, S.184; GemFinRefG § 5a ff, S.223f; UStSchlFestV S.227; RdErl. S. 288

Gemeindeaufgaben
- Abgrenzung zu den Kreisaufgaben KrO § 2, S.117
- Generelle und zusätzliche - GO §§ 3,4, S.9

Gemeindebezirke
- in kreisangehörigen Gemeinden GO § 39, S.17

Gemeindefinanzen
- Gesunderhaltung GO § 10, S.10

Gemeindefinanzierungsgesetz (GFG)
  (Volltext) 229f

Gemeindefinanzreformgesetz (GemFinRefG)
  (Volltext) 223f

Gemeindegebiet
  GO §§ 9,10,15-20,41, S.9,10,11,18

Gemeindegliedervermögen
  GO §§ 41,97,99, S.18,31

Gemeindegrenzen
- Auseinandersetzung GO § 18, S.11
- Gebührenfreiheit GO § 20, S.11
- Grenzänderungen GO §§ 17-19, S.11
- Grenzstreitigkeiten GO § 16, S.11

Gemeindenamen
  GO § 13, S.11

Gemeindeordnung NRW (GO NRW)
  (Volltext) S.9f

Gemeindeprüfungsanstalt
- Aufgaben GPAG § 2, S.253
- Aufgaben auf dem Gebiet der Informationstechnologie
  GPAG § 2a, S.253
- Aufsicht GPAG § 12, S.254a
- Ausgleichsrücklage GPAG § 9, S.254
- Benutzungsgebührensatzung S.255
- Beratung
  - Gemeinden, Körperschaften, Anstalten, Stiftungen, Verbände und Einrichtungen des öffentlichen Rechts und deren Eigenbetriebe
    GO § 105, S.34; GPAG § 2, S.253
- Beschäftigte GPAG § 8, S.254
- Deckung des Aufwands GPAG § 11, S.254a
- Eigenbetriebe EigVO § 5, S.141
- Entgelte GPAG § 10, S.254
- Entgelte für die Unterstützung der Gemeinden bei der Erarbeitung von Haushaltssanierungsplänen
  StärkungspaktG §§ 2,9, S.353; Erl. S.345
- Erarbeitung und Umsetzung des Hauhaltssanierungsplans der Gemeinden StärkungspaktG § 9, S.354
- Erarbeitung des Kennzahlensets S.337
- Errichtung GPAG § 1, S.253
- Gebühren
  - GPAG § 10, S.254
  - Benutzungsgebührensatzung S.255,
  - Verwaltungsgebührensatzung S.256a
- Gebührenmaßstäbe
  - Benutzungsgebührensatzung § 2, S.255
  - Verwaltungsgebührensatzung § 3, S.256a
- Gebührensätze
  - Benutzungsgebührensatzung § 3, S.255
  - Verwaltungsgebührensatzung § 5, S.256a
- GkG-Regelung GkG § 18, S.150
- GO-Regelung § 105, S.34
- Informationen für Bilanzierung von Zinsderivaten
  RdErl. S.281, Ziff. 2.2.3
- Informationstechnologie GPAG § 2a, S.253
- Jahresabschlussprüfung GPAG § 2, S.253
- KrO-Regelung § 53, S.128
- LVerbO-Regelung § 23, S.138
- Landeszuschuss zur Deckung des durch Gebühren und Entgelte nicht gedeckten Aufwands GPAG § 11, S.254a
- Leistungen gem. StärkungspaktG § 2, S.353
- NKF-Kennzahlenset S.337
- Organe GPAG § 3, S.253
- Örtliche Prüfung des Jahresabschlusses GO § 102, S.33
- Präsident GPAG §§ 2,6,7,8, S.253,254
- Überörtliche Prüfung
  - der Gemeinden GO § 105, S.34
  - der Kreise KrO § 53, S.128
  - der LV LVerbO § 23, S.138
  - der Zweckverbände GkG § 18, S.150
- Unterstützung der Gemeinden bei der Erarbeitung von Haushaltssanierungsplänen StärkungspaktG § 9, S.354
- Verwaltungsgebührensatzung S.256a
- Verwaltungsrat GPAG §§ 4,5, S.253,254
- Verwaltungsvorschriften GPAG § 13, S.254
- Wirtschaftsführung GPAG § 9, S.254
- Wirtschaftsprüfer GPAG § 2, S.253
- Zulassung von Anwendungen zur Bild-Ton-Übertragung zur Durchführung digitaler Abstimmungen DigiSiVO §11, S.375

Gemeindeprüfungsanstaltsgesetz (GPAG)
  (Volltext) S.253

Gemeindesteuern
- Hebesätze GO § 78, S.27
- in der Haushaltssatzung VV Muster zur GO, S.65
- in der Nachtragssatzung VV Muster zur GO, S.67
- Regelung des GFG § 9, S.231
- Regelung des GG Art.106, S.184
- Regelung der LVerf NRW Art.79, S.201

Gemeindeverband
- Recht der Selbstverwaltung
  GG Art.28, S.183; LVerf NRW Art.78, S.201
- Wesen der Kreise KrO § 1, S.117
- Zweckverband GkG § 5, S.147

Gemeindeverbandsgrenzen
- Änderung von - GO § 17, S.11

Gemeindevermögen
  (s. Vermögen)

Gemeindewaldungen
  GO § 90, S.30

Gemeindewerke
  EigVO § 8, S.142

Gemeindliche Einrichtungen und Lasten
  GO § 8, S.10

Gemeindliche Leistungsfähigkeit
  KomHVO §§ 33a, 42, S.50,52

Gemeinsames Kommunalunternehmen
- Auflösung GkG § 27, S.152
- Entstehung GkG § 27, S.152
- Erhebung von Gebühren und Beiträgen KAG § 1, S.153
- Unternehmenssatzung GkG § 27, S.152

Gemeinschaftsarbeit
- Kommunale - GkG § 147f

Gemeinschaftssteuern
  GG Art.106, S.184; GFG § 2, S.229

Genehmigung
- Allgemeines GO § 120, S.40b
- Änderung des
  - Gemeindenamens GO § 13, S.11
  - Kreisnamens KrO § 12, S.118
- Aufnahme
  - einer energiewirtschaftlichen Betätigung im Ausland
    GO § 107a, S.35
  - einer wirtschaftlichen Betätigung GO § 107, S.34
- Befreiung von der Genehmigungspflicht GO § 131, S.40c
- Beitritt zu einem gemeinsamen Kommunalunternehmen
  GkG § 27, S.152
- Dienstsiegel GO § 14, S.11
- Dringlichkeitsentscheidung
  - durch den Kreistag KrO § 50, S.127
  - durch den Landschaftsausschuss LVerbO § 17, S.137
  - durch den Rat GO § 60, S.24
- Erhöhung des Umlagesatzes
  - der Kreisumlage KrO § 56, S.128
  - der Landschaftsumlage LVerbO § 22, S.138
- Errichtung und Ausgliederung eines gemeinsamen Kommunalunternehmens GkG § 27, S.152
- Flaggen GO § 14, S.11
- Folgen fehlender - GO § 130, S.40c
- Gebietsänderungsverträge GO § 18, S.11
- gemeinsames Kommunalunternehmen GkG § 27, S.152

Stichwortverzeichnis

- Haushaltssanierungsplan Stärkungspaktgesetz § 6, S.353; Erl. S.345
- Haushaltssatzung GO § 80, S.28
- Haushaltssicherungskonzept GO § 76, S.27; Erl. S.345
- Kreditaufnahmen bei Kreditbeschränkung nach dem StWG
  GO § 86, S.29
- Kreditaufnahme während der vorläufigen Haushaltsführung
  GO § 82, S.28
- Rechtsgeschäfte ohne - GO § 130, S.40c
- Regelung der BekanntmVO § 2, S.257
- Satzungen GO § 7, S.10; KrO § 5, S.117
- Steuersätze GrStG § 26, S.166; GewStG § 16, S.178
- Steuersatzungen KAG §§ 2,3, S.153
- Stiftungen GO § 100, S.32
- Umlage des Zweckverbandes GkG § 19, S.150,151
- Umwandlung des Stiftungszwecks GO § 100, S.32
- Verbandsumlage des Zweckverbandes GkG § 19, S.150,151
- Verbandssatzung des Zweckverbandes GkG § 10, S.148
- Verringerung der allgemeinen Rücklage GO § 75, S.27
- Wappen GO § 14, S.11
- Zweckverband GkG §§ 4,10,20,24, S.147,152

Genehmigungspflicht
- Befreiung von der - GO § 131, S.40c
- der Haushaltssatzung GO §§ 75,76,80,82,86, S.27,27,28,28,29
- Kredite bei Anwendung des § 19 StWG GO § 86, S.29

Generationen
- Handeln der Gemeinden in Verantwortung für die zukünftigen -
  GO § 1, S.9

Geordnete Haushaltswirtschaft
- Haushaltssicherungskonzept GO § 76, S.27

Geplante Unterhaltungsmaßnahme
  KAG Muster S.160

Geringfügige Investitionen und Instandsetzungen
- keine Nachtragssatzung GO § 81, S.28

Geringwertige Vermögensgegenstände
  (bis 800 Euro) KomHVO § 36, S.51

Geringwertige Wirtschaftsgüter
- Inventurvereinfachung KomHVO § 30, S.48
- Regelung des EStG § 6, S.259
- Regelung der ESt-Richtlinien 263

Gesamtabschluss
- Befreiung von der Aufstellungspflicht GO § 116a, S.40a
- größenabhängige Befreiungen GO § 116a, S.40a
- Grundlagen
  GO § 116, S.40a; NKFEG § 2, S.41; KomHVO § 50, S.55
- Konsolidierung GO § 116, S.40a; KomHVO § 51, S.55
- Positionenrahmen
  - VV Muster zur GO, Ziff.1.7.1, S.63
  - Muster S.115-116f
- Prüfung GO § 116, S.40a
- Verzicht auf Aufgabenbereiche von untergeordneter Bedeutung
  GO § 116b, S.40a

Gesamtanhang
- zum Gesamtabschluss KomHVO §§ 50,52, S.55

Gesamtansatz
- gemäß GFG 229f

Gesamtbeträge
- in der Haushaltssatzung GO § 78, S.27

Gesamtbezüge
- der Geschäftsführer, Vorstände und Aufsichtsräte der wirtschaftlichen
  Unternehmen im Jahresabschluss GO § 108, S.35

Gesamtbilanz
- Grundlagen GO § 116, S.40a; KomHVO § 50, S.55
- Muster VV Muster zur GO und KomHVO, Ziff.1.7.2, S.63;
  Muster S.113-115,116c

Gesamtdeckung
  KomHVO § 20, S.46; HGrG § 7, S.191

Gesamteigenkapitalspiegel
- Muster S.116f

Gesamtergebnisrechnung
- Bestandteil des Gesamtabschlusses GO § 116, S.40a
- Muster VV Muster zur GO, Ziff.1.73, S.63,64; S.116-116b,116d

Gesamtkapitalflussrechnung
- VV Muster zur GO, Ziff. 1.74, S.63a

Gesamtlagebericht
  GO § 116, S.40a; KomHVO § 52, S.55
- Befreiung von der Aufstellungspflicht GO § 116a, S.40a

Gesamtplan
- Bund und Länder HGrG § 10, S.192

Gesamtrechtsnachfolge
- AO § 45, S.208

- bei gemeinsamen Kommunalunternehmen GkG § 27, S.152

Gesamtschuldner
- AO § 44, S.208
- bei gemeinsamen Kommunalunternehmen GkG § 28, S.152a

Gesamtwirtschaftliches Gleichgewicht
  GO § 75, S.27; GG Art.104b, S.109; StWG § 1, S.187

Geschäfte
- des Rechtsverkehrs, nichtige GO § 130, S.40c
- der laufenden Verwaltung
  GO § 37,39,41,64,86, S.17,18,24,29;
  KrO § 42, S.126; LVerbO § 17, S.137
- Eigenbetriebe EigVO § 3, S.141
- laufende - des Zweckverbandes GkG § 16, S.150

Geschäftsablauf der Finanzbuchhaltung
- örtliche Vorschriften des Bürgermeisters für die Finanzbuchhaltung
  KomHVO § 32, S.49

Geschäftsanteile
- Erwerb GO § 41, S.18
- Veräußerung GO § 41, S.18

Geschäftsbereiche
- der Beigeordneten GO §§ 69,70,114a, S.25,39
- des Bürgermeisters GO §§ 69,70, S.25
- der Landesräte des LV LVerbO § 20, S.138

Geschäftsführung
- Anstalt des öffentlichen Rechts GO § 114a, S.39
- Arbeitsgemeinschaften GkG § 3, S.147
- Ausweisung der Bezüge bei kommunalen Unternehmen GO § 108, S.35
- Eigenbetriebe EigVO § 2, S.141
- Fraktionen GO § 56, S.22
- Gemeinden GO § 62, S.24
- Kreise KrO § 42, S.126
- Kreistag KrO § 26, S.121
- LV LVerbO § 17, S.137
- Landschaftsversammlung LVerbO § 17, S.137
- Rat GO § 47, S.20
- Unternehmen und Einrichtungen in Gesellschaftsform GO § 108, S.35
- Zweckverbände GkG § 16, S.150

Geschäftskreise
- der Beigeordneten GO § 73, S.26

Geschäftsleitung
- Begriff AO § 10, S.206
- Bürgermeister GO § 62, S.24
- Landrat KrO § 42, S.126
- des Zweckverbandes GkG § 16, S.150

Geschäftsordnung
- des Integrationsrates GO § 27, S.13
- des Kreistages
  - Ausschluss
    - der Öffentlichkeit KrO § 33, S.123
    - eines Kreistagsmitglieds KrO § 36, S.124
  - Durchführung eines Beschlusses zur - KrO § 36, S.124
  - Entzug der Entschädigung eines Kreistagsmitglieds KrO § 36, S.124
  - Form der Einberufung des Kreistages KrO § 32, S.123
  - Geschäftsführung des Kreistages KrO § 32, S.123
  - Ladungsfrist des Kreistages KrO § 32, S.123
  - Vorschläge zur Tagesordnung KrO § 33, S.123
  - Regelungen
    - zum Abstimmungsverfahren im Kreistag KrO § 35, S.124
    - für Fraktionen KrO § 40, S.124
  - Teilnahme an nichtöffentlichen Sitzungen des Kreistages
    KrO § 33, S.123
- des Landschaftsverbandes LVerbO § 20, S.138
  - Ausschluss der Öffentlichkeit LVerbO § 14, S.136
  - Form der Einberufung der Landschaftsversammlung
    LVerbO § 8, S.134
  - Fragerecht der Mitglieder der Landschaftsversammlung
    LVerbO § 8, S.134
  - Geschäftsführung der Landschaftsversammlung LVerbO § 8, S.134
  - Ladungsfrist der Landschaftsversammlung LVerbO § 8, S.134
  - Regelungen für Fraktionen LVerbO § 16a, S.137
  - Teilnahme an nichtöffentlichen Sitzungen des Landschaftsausschusses
    LVerbO § 14, S.136
  - Vertretung des Direktors und Geschäftsverteilung
    LVerbO § 20, S.138
- Meldung einer Störung der Bild-Ton-Übertragung bei digitalen und
  hybriden Sitzungen DigiSiVO § 10, S.374
- des Rates GO §§ 36,47,48,50,51,53,56,57,58, S.16,20,21,21,21,22
  - Ausschluss
    - der Öffentlichkeit GO § 48, S.21
    - eines Ratsmitglieds GO § 51, S.21

Stichwortverzeichnis

- Durchführung eines Beschlusses zur - GO § 53, S.21
- Entzug der Entschädigung eines Ratsmitgliedes GO § 51, S.21
- Form der Einberufung des Rates GO § 47, S.20
- Frist für Durchführung von Ausschussbeschlüssen GO § 57, S.23
- Geschäftsführung des Rates GO § 47, S.20
- Hospitanten GO § 56, S.22
- Ladungsfrist des Rates GO § 47, S.20
- Regelungen
  - zum Abstimmungsverfahren im Rat GO § 50, S.21
  - für Bezirksvertretungen GO § 36, S.16
  - für Fraktionen GO § 56, S.22
  - Teilnahme an nichtöffentlichen Sitzungen
    - der Ausschüsse GO § 58, S.23
    - der Bezirksvertretungen GO § 36, S.16
    - des Rates GO § 48, S.21
  - Vorschläge zur Tagesordnung GO § 48, S.21
- Verantwortung der Gremienmitglieder für die digitale Teilnahmemöglichkeit DigiSiVO § 9, S.374
- Verwaltungsrat des Kommunalunternehmens KUV § 5, S.249
- Vorschläge zur Tagesordnung
  GO § 48, S.21; KrO § 33, S.123; LVerbO § 9, S.134

Geschäftsordnungsbeschlüsse
- Gemeinde GO § 53, S.21
- Kreis KrO § 38, S.124

Geschäftsverteilung
- durch den Bürgermeister GO §§ 62,73, S.24,26
- beim Eigenbetrieb EigVO § 2, S.141
- durch den Landrat KrO § 42, S.126
- beim LV LVerbO § 17, S.137

Gesellschaften (AG, GmbH und dgl.)
- Allgemeines zur Beteiligung an - GO § 108, S.35
- Anzeigepflicht an Aufsichtsbehörde GO § 115, S.40
- Ausgestaltung des Geseeeschaftsvertrages GO § 108, S.35
- Beteiligungen GO § 108, S.35
- Beteiligungsbericht GO § 117, S.40a
- Gemischt-wirtschaftliche - GO § 117, S.40a
- Gründung GO § 108, S.35
- Informations- und Prüfungsrechte GO § 112, S.39
- Pflichten der Gemeinde bei Mehrheitsbeteiligung
  GO § 108, S.35
- Veräußerung einer Beteiligung GO § 111, S.39

Gesellschafterversammlungen
- Anforderungen bei wirtschaftlicher Betätigung GO § 108, S.35
- Vertreter der Gemeinde in - GO § 113, S.39

Gesellschaftsvertrag
- bei wirtschaftlichen Unternehmen GO § 108, S.35

Gesetz
- Begriff AO § 4, S.206

Gesetz über kommunale Gemeinschaftsarbeit (GkG)
  (Volltext) S.147

Gesetz zur Einführung des Neuen Kommunalen Finanzmanagements (NKFEG)
  (Volltext) S.41

Gesetz zur Förderung der Stabilität und des Wachstums der Wirtschaft (StWG)
  (Volltext) S.187
- Einzelgenehmigung bei Kreditaufnahmen GO § 86, S.29

Gesetz zur Unterstützung der kommunalen Haushaltskonsolidierung im Rahmen des Stärkungspakts Stadtfinanzen (Stärkungspaktgesetz)
  (Volltext) S.353

Gesetz gegen Wettbewerbsbeschränkungen
- Vergabegrundsätze RdErl. S.245

Gesetzgebungskompetenz
- im Steuerwesen GG Art.105, S.183

Gesetzliche Mitgliederzahl
- des Rates GO § 49, S.21
- des Kreistags KrO § 34, S.123
- der Landschaftsversammlung LVerbO § 10, S.134

Gesetzliche Vertretung
- der Gemeinde GO § 63, S.24
- der Gemeindeprüfungsanstalt GPAG § 7, S.254
- des Kreises KrO § 42, S.126
- des LV LVerbO § 17, S.137

Gesonderter Nachweis
- des Sondervermögens im Haushaltsplan GO § 97, S.31

Gesundheit
- der Finanzen GO § 10, S.10; KrO § 9, S.118

Gesundheitsangelegenheiten
- Aufgabe des LV 131

Gesundheitsdienste
- Produktbereich gemäß Produktrahmen 73

Gewährleistung für Dritte
- durch die Gemeinde GO § 87, S.29

Gewährverträge
- Abschluss GO § 87, S.29

Gewährung von Darlehen
- Zuordnung gemäß Kontierungsplan 105

Gewaltenteilung
- Regelung der LVerf Art. 3, S.201

Gewerbebetrieb
- Begriff EStG § 15, S.260
- Einkünfte EStG § 15, S.261
- Erwerbs- und Wirtschaftsgenossenschaften
  GewStG §§ 3,9, S.171,175
- Gewerbesteuerpflicht GewStG § 2, S.171
- Kapitalgesellschaften GewStG § 2, S.171
- Nichtrechtsfähige Vereine GewStG § 2, S.171
- Personengesellschaften EStG § 15, S.260
- Sonstige juristische Personen GewStG § 2, S.171
- Versicherungsvereine GewStG § 2, S.171

Gewerbeertrag
  GewStG § 7f, S.174f

Gewerbesteuer
- Abrechnung über die Vorauszahlungen GewStG § 20, S.179
- Abschlusszahlung GewStG § 20, S.179
- Änderung in Nachtragssatzung Muster S.67
- Aufrechnung GewStG § 20, S.179
- Befreiungen GewStG § 3, S.171f.
- Besteuerungsgrundlagen GewStG § 6, S.173
- Festsetzung in Haushaltssatzung Muster S.65
- Fiktiver Hebesatz GFG § 9, S.231
- Finanzausgleich GFG § 9, S.231
- Gewerbeertrag GewStG § 6f, S.173f.
- Gewerbeverlust GewStG §§ 10a,35b, S.178,181
- Haushaltssatzung GO § 78, S.27; Muster S.65
- Hebesatz GewStG § 16, S.178; GFG § 9, S.231
- Hinzurechnungen GewStG § 8, S.174
- Kleinbeträge GewStG § 34, S.180
- Kürzungen GewStG § 9, S.175-177
- Mindest-Hebesatz GewStG § 16, S.178
- Nachtragssatzung Muster S.67
- Orientierungsdaten RdErl. S.288
- Rückzahlung GewStG § 20, S.179
- Realsteuer AO § 3, S.205
- Reisegewerbebetriebe GewStG § 35a, S.180
- Steuergegenstand GewStG § 2, S.171
- Steuermesszahl und Steuermessbetrag für den Gewerbeertrag
  GewStG § 11, S.178
- Steuerschuldner GewStG § 5, S.173
- Vorauszahlungen §§ 19,20,21, S.179
- Zerlegung GewStG §§ 28-34, S.179,180
- Zuordnung gemäß Kontierungsplan S.101

Gewerbesteuerbescheid
  GewStG § 20, S.179; AO § 237, S.216

Gewerbesteuergesetz (GewStG)
  (Volltext) S.171f

Gewerbesteuermessbescheid
  AO § 237, S.216

Gewerbesteuermessbetrag
  GewStG §§ 4,10-16,28,30,33,34,35c,36, S.173,177-182

Gewerbesteuermindereinnahmen
- Kompensation von pandemiebedingten - durch Bund und Land NRW
  GG Art. 143h, S.186b

Gewerbesteuerpflicht
  GewStG § 2, S.171

Gewerbesteuerumlage
- Abführungspflicht GemFinRefG § 6, S.222,223
- Aufteilung GemFinRefG § 6, S.222,223
- Berechnung GemFinRefG § 6, S.222,223
- Berechnung der fiktiven Steuerkraftmesszahl GFG § 9, S.231
- gemäß Orientierungsdaten S.285
- Regelung des GG Art.106, S.184
- Vervielfältiger GemFinRefG § 6, S.222,223

Gewerbetreibende
- Benutzungsrecht für öffentliche Einrichtungen GO § 8, S.10
- Lastentragung GO § 8, S.10

Gewerbeverlust
- Kürzung des maßgebenden Gewerbeertrags
  GewStG § 10a, S.177,178

Stichwortverzeichnis

Gewinn
- bei Gewerbesteuer GewStG §§ 7-9, S.173-177
- bei Kommunalunternehmen KUV § 14, S.250
- bei wirtschaftlichen Unternehmen GO § 109, S.38

Gewinnanteil
- bei Gewerbesteuer GewStG §§ 8,9, S.174-177

Gewinnermittlungszeitraum
  EStG § 4a, S.259

Gewinnerzielungsabsicht
- bei Gewerbebetrieben EStG § 15, S.260
- bei Betreiben eines Telekommunikationsnetzes GO § 107, S.34
- bei wirtschaftlicher Betätigung der Gemeinden GO § 109, S.38

Gewinn- und Verlustrechnung
- Eigenbetriebe EigVO § 23, S.144
- HGB-Regelungen
  §§ 242,274,275,277,284,285305,307,308a,312, S.271,276-280
- Kommunalunternehmen KUV § 24, S.251

Gewöhnlicher Aufenthalt
- Regelung der AO § 9, S.206

Gleichartigkeitsverbot
- bei Steuern GG Art.105, S.183,184

Gleichgewicht
- außenwirtschaftliches - StWG § 1, S.187
- gesamtwirtschaftliches -
  GO § 75, S.27; GG Art.104b, S.109; StWG § 2, S.191

Gleichstellung von Mann und Frau
- Gemeinden GO § 5, S.10
- Funktionsbezeichnungen
  GO § 12, S.11; KrO § 11, S.118; LVerbO § 5b, S.132
- Kreise KrO § 3, S.117
- LV LVerbO § 5b, S.132

Gleichstellungsbeauftragte
- Aufgaben GO § 5, S.10; KrO § 3, S.117; LVerbO § 5b, S.132
- Bestellung GO § 5, S.10; KrO § 3, S.117; LVerbO § 5b, S.132
- Hauptamtliche Tätigkeit GO § 5, S.10; KrO § 3, S.117; LVerbO § 5b, S.132

Gliederung
- Anlagenspiegel KomHVO § 46, S.54
- Bilanz KomHVO § 42, S.52; HGB § 266, S.274
- Eröffnungsbilanz KomHVO § 54, S.56
- Forderungsspiegel KomHVO § 47, S.55
- Gewinn- und Verlustrechnung gemäß HGB § 275, S.276
- Haushaltsplan von Bund und Ländern HGrG § 10, S.192
- kommunaler Haushalte gemäß NKF
  - nach Produktbereichen (Muster)
    VV Muster zur GO S.59; Muster S.71f,74f
- Teilrechnungen KomHVO § 41, S.52
- Verbindlichkeitenspiegel KomHVO § 48, S.55

Globaler Minderaufwand
- Pauschale Kürzung von Aufwendungen GO § 75, S.27
- VV Muster zur GO und KomHVO Ziff. 1.2.2, 1.6.1, 1.6.2

Grenzstreitigkeiten
- unter Gemeinden GO § 16, S.11

Große kreisangehörige Städte
- Befähigung eines Beigeordneten GO § 71, S.26
- Bestimmung
  - von Amts wegen GO § 4, S.9
  - auf eigenen Antrag GO § 4, S.9
  - durch das Kommunalministerium GO § 4, S.9
- maßgebliche Einwohnerzahl GO § 4, S.9
- örtliche Rechnungsprüfung GO § 102, S.33
- Vereinbarung zur Aufgabenübertragung GO § 4, S.9
- Voraussetzung GO § 4, S.9
- Zusätzliche Aufgaben GO § 4, S.9

Größenabhängige Befreiungen
- von der Aufstellungspflicht eines Gesamtabschlusses und Gesamtlageberichts GO § 116a, S.40a

Grünflächen
- Bilanz KomHVO § 42, S.52

Grundbetrag
- gemäß GFG 229f

Grundbesitz
- Kürzungen bei Gewerbesteuer GewStG § 9, S.175

Grundbesitzer
- Benutzungsrecht für öffentliche Einrichtungen GO § 8, S.10
- Lastentragung GO § 8, S.10

Grunderwerbsteuer
- allgemeiner Steuerverbund gemäß GFG S.229f

Grundgesetz (Auszug)
  (Art. 28,72,104 a - 115,143a) S.183f

Grundlagen
- der Orientierungsdaten RdErl. S.285

Grundlagenbescheid
  AO §§ 155,171,175,237,351,361, S.210,211,216,218,218a

Grundrechtseinschränkungen
- gemäß KAG § 22a, S.158

Grundsatz
- der Allzuständigkeit GO § 1, S.9
- der Aufgabensicherung GO § 75, S.27
- der Gesamtdeckung
- der Öffentlichkeit der Ratssitzungen GO § 48, S.21
- der Sparsamkeit GO § 75, S.27
- der Wirtschaftlichkeit GO § 75, S.27

Grundsätze
- Allgemeine - für die Verwaltungsführung GO § 41, S.18
- Allgemeine Haushaltsgrundsätze GO § 75, S.27
- Allgemeine Planungsgrundsätze KomHVO § 11, S.45
- der Aufsicht GO § 11, S.10
- Demokratische und rechtsstaatliche - bei Fraktionen
  GO § 56, S.22
- der Finanzmittelbeschaffung GO § 77, S.27
- Gesamtdeckung KomHVO § 20, S.46
- Haushalts- GO § 75, S.27
- der Kosten- und Leistungsrechnung KomHVO § 17, S.46
- für die Kreditwirtschaft RdErl. S.281f
- der Mehrheitswahl bei der Wahl des Bürgermeisters GO § 65, S.24
- der Organisation und Verwaltungsführung GO § 70, S.26
- ordnungsgemäßer Buchführung GO §§ 91,92,93,95,101,116, S.30,30, 30,31,32,40a; KomHVO §§ 11,28,29,32,37,53, S.45,48,49,51,55
- ordnungsgemäßer Inventur GO § 91, S.30
- der Personalführung und Personalverwaltung GO § 70, S.26
- Prüfungs- GO § 101, S.32
- Rechnungslegungs- GO § 101, S.32
- der staatlichen Doppik HGrG § 7a, S.191,192
- der Verhältniswahl
  - bei Besetzung der Ausschüsse GO § 50, S.21
  - bei der Wahl der Stellvertreter des Bürgermeisters
    GO § 67, S.25
- der Verwaltungsführung
  GO § 41, S.18; KrO § 26, S.121; LVerbO § 7, S.132
- der Wahl GO § 42, S.19
- Wirtschaftsgrundsätze GO §§ 108,109, S.35,38

Grundsteuer
- Abweichendes Landesrecht GG Art. 125b, S.186a
- Änderung in Nachtragssatzung Muster S.67
- Anzeigepflicht GrStG § 19, S.166
- Befreiungen GrStG §§ 3-8, S.163,164
- Dingliche Haftung § 12, S.164
- Erlass GrStG §§ 32,33, S.167,168
- Fälligkeit GrStG § 28, S.167
- Festsetzung in Haushaltssatzung Muster S.65
- Festsetzung für das Kalenderjahr GrStG § 27, S.167
- Finanzausgleich GFG S.229f.
- Haftung GrStG § 11, S.164
- Hauptfeststellung auf den 01.01.2022 BewG § 266, S.270
- Heberecht GrStG § 1, S.163
- Hebesatz GrStG §§ 25-27, S.166
- Konkurriende Gesetzgebung GG Art. 72, S.183,184
- Nachtragssatzung Muster S.67
- Orientierungsdaten RdErl. S.288
- Realsteuer AO § 3, S.205
- Steuerbefreiung GrStG §§ 3-8, S.163,164
- Steuergegenstand GrStG § 2, S.163
- Steuermessbescheid GrStG § 21, S.166
- Steuermesszahlen GrStG §§ 13-15, S.164,165
- Steuerschuldner GrStG § 10, S.164
- Verjährung AO § 228f, S.214
- Vorauszahlungen GrStG §§ 29,30, S.167
- Zerlegung GrStG §§ 22-24, S.166
- Zuordnung gemäß Kontierungsplan S.101

Grundsteuerbescheid
  GrStG § 27, S.167

Grundsteuergesetz (GrStG)
  (Volltext) 163f

Grundsteuerwert
  GrStG §§ 10,13,20,22,23,33,34, S. 164, 166,168; AO S.218b
- Änderung von Feststellungsbescheiden BewG § 225, S.270
- Aufhebung BewG § 224, S.270
- des Betriebs der Land- und Forstwirtschaft BewG § 239, S.270
- Festellung BewG § 219, S.269

Stichwortverzeichnis

- Hauptfeststellung BewG § 221, S.269
- Nachfeststellung BewG § 223, S.269

Grundstücke
- Begriff BewG §§ 244,248, S.270,270a
- Bestellung von Sicherheiten GO § 87, S.29
- Bilanz KomHVO § 42, S.52
- des Gemeindegliedervermögens GO § 99, S.32
- Erwerb GO § 90, S.30
- Gebietsbestand der Gemeinde GO § 16, S.11
- gemeindefreie - GO § 16, S.11
- Gemeindegliedervermögen GO § 99, S.32
- Satzung über Anschluss- und Benutzungszwang für die - GO § 9, S.10
- Verkauf GO § 90, S.30
- Zuordnung gemäß Kontierungsplan S.98

Grundstücksgleiche Rechte
- Bilanz KomHVO § 42, S.52

Grundstücksarten
BewG §§ 243,249, S.270,270a

Grundvermögen
- Begriff gemäß BewG § 68, S.270

Gruppe
- im Kreistag KrO §§ 35,40,41,51, S.124,125,128
- im Rat GO §§ 39,50,56,58,67, S.17,21,22,22,25

Gruppierungsplan
- Bund und Länder HGrG § 10, S.192

Gültige Stimmen
GO § 50, S.21; KrO § 35, S.124; LVerbO § 10, S.134

Gutachten
- der Gemeindeprüfungsanstalt GPAG § 2, S.253

Gutachterausschuss
- Bildung BauGB § 192, S.221
- Zusammensetzung BauGB § 192, S.221
- Ermittlung von Grundstückswerten BauGB § 192, S.221

H

Hafengelder
KAG § 6, S.154

Haftung
- bei Beteiligungen GO § 108, S.35
- Grundsteuer GrStG § 11, S.164
- Mandatsträger
  - Kreistagsmitglieder KrO § 28, S.121
  - LV LVerbO § 15, S.136
  - Ratsmitglieder GO § 43, S.19
- für Personen, die zur Wahrnehmung von Mitgliedschaftrechten bestellt sind GO § 113, S.39; KrO § 26, S.121; LVerbO § 17, S.137
- nach Abgabenrecht KAG § 12, S.156
- aus dem Steuerschuldverhältnis AO § 48, S.208

Haftungsverhältnisse
- HGB § 251, S.272

Handelsbücher
- Führung HGB § 239, S.271

Handelsgesetzbuch (HGB)
271f
- Anwendung auf
  - Anstalten des öffentlichen Rechts GO § 114a, S.39
  - Bilanz der Eigenbetriebe EigVO § 22, S.144
  - Gesamtabschluss der Gemeinde KomHVO § 50, S.55
  - Gesamtanhang KomHVO § 52, S.55
  - Gründung oder Beteiligung von Unternehmen und Einrichtungen des privaten Rechts GO § 108, S.35
  - Jahresabschluss und Lagebericht der AöR GO § 114a, S.39
  - Jahresabschluss des Eigenbetriebs EigVO § 21, S.144
  - Kapitalflussrechnung KomHVO §§ 50,52, S.55
  - Konsolidierung KomHVO § 51, S.55
- Auszug 271f

Hare-Niemeyer
- Zählverfahren
  - bei Besetzung der Ausschüsse GO § 50, S.21; KrO § 35, S.124
  - Nachbesetzung ausgeschiedener Vertreter in Organen juristischer Personen oder Personenvereinigungen GO § 50, S.21; KrO § 35, S.124

Härte bei Stundungen
- besondere KomHVO § 27, S.47
- erhebliche KomHVO § 27, S.47; AO § 222, S.214

Hauptansatz
- Berechnung der Schlüsselzuweisungen GFG S.229f.

Hauptansatzstaffel
- Berechnung der Schlüsselzuweisungen 230f.,238

Hauptausschuss
- Aufgaben GO §§ 59,60,61 S.23,24
- Auskunftsrecht des - bei Planungsvorhaben von besonderer Bedeutung GO § 61, S.24
- Befugnisse bei Streit zwischen Bezirksvertretungen GO § 37, S.17
- Beigeordnete im - GO § 70, S.26
- Bildung GO § 57, S.23
- Dringliche Entscheidungen GO § 60, S.24
- Entscheidungen
  - betr. Bedienstete in Führungsfunktionen GO § 73, S.26
  - über Planung der Veraltungsaufgaben besonderer Bedeutung GO § 61, S.24
- Epidemische Lage von besonderer Tragweite GO § 60, S.24
- Koordinierung der Ausschussarbeiten GO § 59, S.23
- Pflichtausschuss GO § 57, S.23
- Planung der Veraltungsaufgaben von besonderer Bedeutung GO § 61, S.24
- Stimmrecht des Bürgermeisters GO § 57, S.23
- Streitigkeiten der Bezirksvertretungen untereinander GO § 37, S.17
- Vertreter des Vorsitzenden GO § 57, S.23
- Vorsitz GO § 57, S.23
- Zusammenlegung mit Finanzausschuss GO § 57, S.23

Hauptfeststellung
- der Grundsteuerwerte BewG §§ 221,266, S.269,270a

Hauptfürsorgestellen
- Aufgabe der LV LVerbO § 5, S.131

Hauptsatzung
- Akteneinsichtsrecht
  - für Bezirksvorsteher und Ausschussvorsitzende GO § 55, S.22
  - Mandatsträger des Kreises KrO § 26, S.121
- Anregungen und Beschwerden GO § 24, S.12; KrO § 21, S.119
- Aufwandsentschädigung für
  - Bezirksvorsteher GO § 36, S.16
  - Fraktionsvorsitzende GO § 45, S.20; KrO § 30, S.123
  - Kreistagsmitglieder KrO § 30, S.123
  - Mitglieder der Bezirksvertretungen GO § 45, S.20
  - Ortsvorsteher GO § 39, S.17
  - Ratsmitglieder GO § 45, S.20
  - Stellvertreter des Bürgermeisters GO § 46, S.20
- Bedienstete in Führungsfunktionen GO § 73, S.26; KrO § 49, S.127
- Bekanntgabe von Zeit/Ort/Tagesordnung der Ratssitzungen durch Aushang BekanntmVO § 2, S.257
- Bezirksvertretung GO § 36,37, S.16
- Einzelheiten über die Bezirksverfassung in kreisfreien Städten GO § 36, S.16
- Einzelheiten über die Unterrichtung der Einwohner GO § 23, S.12
- Entscheidungen nach Beamten- und Tarifrecht GO § 73, S.26
- Entschädigung
  - für Mandatsträger
    - der Gemeinde GO § 45, S.20
    - des Kreises KrO § 30, S.123
    - des LV LVerbO § 16, S.137
- Form der Notbekanntmachung BekanntVO § 4, S.257
- Formen der öffentlichen Bekanntmachung BekanntmVO § 4, S.257
- Fraktionssitzungen, ersatzpflichtige GO § 45, S.20; KrO § 30, S.123
- Gemeindebezirke in kreisangehörigen Gemeinden GO § 39, S.17
- Genehmigung von Verträgen der Gemeinde mit Mitgliedern von Rat/Bezirksvertretungen/Ausschüssen/Bürgermeister/leitenden Dienstkräften GO § 41, S.18; KrO § 26, S.121
- Höchstzahl der Fraktionssitzungen mit Sitzungsgeld GO § 45, S.20; KrO § 30, S.123
- Hybride Sitzungen der Ausschüsse GO § 58a, S.23, KrO § 41a, S.125, LVerbO § 13a, S. 136
- Inhalt GO § 7, S.10; KrO § 5, S.117
- Kinderbetreuungskosten GO § 45, S.20; KrO § 30, S.123
- Mehrheit, absolute, bei Erlass und Änderung der - GO § 7, S.10; KrO § 5, S.117
- Pflichtsatzung GO § 7, S.10; KrO § 5, S.117
- Regelung betr. Anregungen und Beschwerden GO § 24, S.12; KrO § 21, S.119
- Regelung der Bezirksverfassung GO § 39, S.17
- Regelung betr. Gleichstellung von Mann und Frau GO § 5, S.10
- Sitzungsgeld
  - für Fraktionssitzungen GO § 45, S.20
  - für Ratsmitglieder GO § 45, S.20

Stichwortverzeichnis

- Stadtbezirke GO § 35, S.16
- Verdienstausfallentschädigung GO § 45, S.20; KrO § 30, S.123
- Wahl des allgemeinen Vertreters des Landrats KrO § 47, S.127
- Zahl
  - der Beigeordneten GO § 71, S.26
  - der ersatzpflichtigen Fraktionssitzungen
    GO § 45, S.20; KrO § 30, S.123
- Zulässigkeit von Video- und Tonaufnahmen von hybriden Sitzungen
  DigiSiVO § 7, S.374

Hauptveranlagung
- Grundsteuer GrStG §§ 18,20,36, S.166,166,168,169

Hausgewerbetreibende
- Steuermesszahl bei der Gewerbesteuer GewStG § 11, S.178

Haus- und Grundstücksanschlüsse
- Kostenersatz an Gemeinden (GV) KAG § 10, S.155

Haushalt
- Ausgleich GO § 75, S.27
- Bewertung per NKF-Kennzahlenset S.337f.
- Buchung in den - eines anderen öffentlichen Aufgabenträgers
  KomHVO § 15, S.46
- Bund und Länder GG Art.109, S.185
- Doppisch basierter - bei Bund und Ländern HGrG S.191f.
- Haushaltssanierungsplan Erl. S.345
- Haushaltssicherungskonzept GO § 76, S.27; Erl. S.345
- Kreise KrO § 53f, S.128
- Landschaftsverbände LVerbO §§ 22f, S.138
- Ertrag wirtschaftlicher Unternehmen für den - GO § 109, S.38
- Muster GO § 133, S.40c
- Gemeindeprüfungsanstalt GPAG § 9, S.254
- Nachweis von Sondervermögen im - GO § 97, S.31
- Nachweis von Treuhandvermögen im - GO § 98, S.32
- Treuhandvermögen GO § 98, S.32
- Verdienstausfallentschädigung GO § 45, S.20
- Vorläufige Haushaltsführung GO § 82, S.28
- Zweckverband GkG § 18f, S.150

Haushaltsanalyse
- mittels Kennzahlen S.337f.

Haushaltsausgleich
- AusführErl. S.345
- Bestimmung des Jahres des - im HSK GO § 75, S.27
- Gefährdung des - als Voraussetzung für Nachtragssatzung
  GO § 81, S.28
- Haushaltssanierungsplan StärkungspaktG §§ 5,6,12, S.353,354
- Haushaltssatzung GO § 78, S.27
- bei HSK GO § 76, S.27
- Reduzierung der Konsolidierungshilfe StärkungspaktG § 5, S.353
- nur durch Erhöhung des Umlagesatzes
  - der Kreisumlage KrO § 56, S.128
  - der Landschaftsumlage LVerbO § 22, S.138
- Wiedererlangung des - per HSK KomHVO § 5, S.44
- Ziel des StärkungspaktG § 1, S.353

Haushaltsentschädigung
- bei entgeltlicher Kinderbetreuung wegen mandatsbedingter Abwesenheit vom Haushalt
  GO § 45, S.20; KrO § 30, S.123; LVerbO § 16, S.137

Haushaltsführung
- Sicherung der stetigen Aufgabenerfüllung GO § 75, S.27
- vorläufige - GO § 82, S.28

Haushaltsgesetz
- des Bundes GG Art.104b,110, S.183,186; HGrG S.191f
- des Landes HGrG S.191f.

Haushaltsgrundsätze, allgemeine
- Bund/Länder HGrG S.191f
- Gemeinden GO § 75, S.27

Haushaltsgrundsätzegesetz
- (Volltext) S.191f
- Rechte gegenüber privatrechtlichen Unternehmen GO § 112, S.39

Haushaltsjahr
  GO §§ 75-86,89,91,92,95,96,116, S. 27-31,40a; KomHVO §§ 1-3,8,9,
  11,12,18,22,29,31,33,34,36-40,42,46,49,59, S.43-55,57;
  KrO §§ 56,56a, S.128,129; LVerbO §§ 23,23a, S.138, S.139;
  GkG §§ 19,19a, S.150,151

Haushaltskonsolidierung
- GG Art. 143d, S.186a
- GO §§ 76,117, S.27,40a; Erl. S.345
- StärkungspaktG §§ 2,3, S.353

Haushaltsmittel
- Bewirtschaftung KomHVO § 24, S.47
- für Bezirksausschüsse GO § 39, S.17
- für Bezirksvertretungen GO § 37, S.17
- für Fraktionen GO § 56, S.22
- Inanspruchnahme der - KomHVO § 24, S.47
- Teilfinanzplan KomHVO § 4, S.44

Haushaltsnotlagen
- Regelung des Grundgesetzes GG Art.109a, S.186

Haushaltsplan
- Änderung des - KomHVO § 10, S.45
- Anlagen KomHVO § 14, S.46
- Ansprüche und Verbindlichkeiten GO § 79, S.28
- Aufwendungen GO § 79, S.28
- Ausgleich GO § 75, S.27
- Auslegung GO § 80, S.28
- Auszahlungen GO § 79, S.28
- Bedeutung
  - Bund und Länder HGrG § 2, S.191
- Begründung oder Aufhebung von Ansprüchen und Verbindlichkeiten
  GO § 79, S.28
- Bestandteile KomHVO § 1, S.43
- Bewirtschaftung KomHVO § 24, S.47
- Bewirtschaftungsregelungen KomHVO § 4, S.44
- Bezirksvertretungen
  - Mitwirkung GO § 37, S.17
- COVID-19 Pandemie NKF-COVID-19-Isolierungsgesetz § 4, S.389
- des Bundes GG Art.110, S.185; HGrG S.191f
- der Kreise KrO § 53f, S.128
- des Landes HGrG S.191f; LVerf Art.81, S.201
- der Landschaftsverbände LVerbO §§ 23,23a, S.138, S.139
- Doppelhaushalt KomHVO § 9, S.45
- Doppischer - NKFEG §§ 6,7,8, S.41,42
- Dreijahresnachweise KomHVO § 1, S.43
- Durchführungsverordnung des IM GO § 133, S.40c
- Einzahlungen GO § 79, S.28
- Ergebnis- und Finanzplanung GO § 84, S.29; KomHVO § 6, S.45
- Ermächtigungsübertragung KomHVO § 22, S.47
- Erträge GO § 79, S.28
- für zwei Jahre KomHVO § 9, S.45
- Festsetzung in der Haushaltssatzung GO § 78, S.27
- Finanzausschuss
  - Entscheidungen für die Ausführung des - GO § 59, S.23
- Gliederung GO § 79, S.28; VV Muster zur GO S.74f
- Grundlage für die Haushaltswirtschaft GO § 79, S.28
- Haushaltsausgleich GO § 75, S.27
- Haushaltssicherungskonzept als Bestandteil
  GO § 76, S.27; KomHVO § 1, S.43
- Inhalt GO § 79, S.28; KomHVO §§ 1-4, S.43-44
- Investitionen KomHVO § 13, S.46
- Kameraler - NKFEG §§ 6,8, S.41,43
- des Landes LVerf NRW Art. 81, S. 201
- Mittelfristige Ergebnis- und Finanzplanung
  GO § 84, S.29; KomHVO § 6, S.45
- Muster 59f
- Nachtragshaushaltsplan KomHVO § 10, S.45
- Öffentliche Auslegung GO § 80, S.28
- ÖPP-Projekte RdErl. S.283
- für örtliche Stiftungen GO § 100, S.32
- Sonderhaushaltspläne GO § 98, S.32
- Sondervermögen im - GO § 97, S.31
- Sperrvermerke KomHVO § 24, S.47
- Stellenplan GO § 78, S.27; KomHVO § 8, S.45
- für Treuhandvermögen GO § 98, S.32
- Übersichten zum - bei Bund und Ländern HGrG § 11, S.192
- unausgeglichener - GO §§ 75,76, S.27; KomHVO § 5, S.44
- Verbindlichkeit für die Haushaltsführung GO § 79, S.28
- Verfügungsmittel KomHVO § 14, S.46
- Verwaltungsvorschriften des IM GO § 133, S.40c
- Verwaltungsvorstand
  - Mitwirkung bei der Aufstellung des - GO § 70, S.26
- Vorbericht KomHVO §§ 1,7, S.43,45
- Vorläufige Haushaltsführung GO § 82, S.28
- Verpflichtungsermächtigungen
  GO § 85, S.28; KomHVO § 12, S.46
- Wirkungen HGrG § 3, S.191
- Zuwendungen an Fraktionen GO § 56, S.22

Haushaltspositionen
- bezirksbezogene - GO § 37, S.17; KomHVO § 1, S.43

Haushaltsquerschnitt
- KomHVO § 1, S.43
- Muster S.69

Stichwortverzeichnis

Haushaltsrechnung
- Bund und Länder
  GG Art.114, S.186; HGrG § 38, S.196; LVerf NRW Art.86, S.201

Haushaltsrechtliche Voraussetzungen
- bei der Zahlungsabwicklung KomHVO § 31, S.49

Haushaltssanierungsplan
- Anpassung StärkungspaktG § 8, S.354
- Ausführungserlass S.354
- Bericht des Bürgermeisters an das MIK StärkungspaktG § 7, S.354
- Form Erl. S.345
- Fortschreibung StärkungspaktG § 6, S.354
- Freiwillige Leistungen Erl. S.345
- Genehmigung durch die Bezirksregierung StärkungspaktG § 6, S.354; AusführErl. S.345
- Haushaltsausgleich StärkungspaktG § 6, S.353,354
- Orientierungsdaten Erl. S.285
- Pflichtverstöße StärkungspaktG § 8, S.354
- an Stelle des Haushaltssicherungskonzepts StärkungspaktG § 6, S.354
- Überwachung d.d. Bezirksregierung StärkungspaktG § 7, S.354
- Unterstützung durch die Gemeindeprüfungsanstalt StärkungspaktG § 9, S.354; AusführErl. S.345
- Vorlage bei der Bezirksregierung StärkungspaktG § 6, S.353
- Zahlungsvoraussetzung StärkungspaktG § 5, S.353

Haushaltssatzung
- Abweichen vom amtlichen Muster VV Muster zur GO, S.59
- Änderung GO § 81, S.28
- Anlagen GO § 80, S.28
- Anzeige der beschlossenen - bei der Aufsichtsbehörde GO § 80, S.28
- Aufstellung GO § 80, S.28
- Bekanntgabe des Entwurfs GO § 80, S.28
- Bekanntmachung GO § 80, S.28
- Beratung und Beschlussfassung GO § 80, S.28
- Beschlussfassung GO § 80, S.28
- Bestätigung durch den Bürgermeister GO § 80, S.28
- Beteiligung der Gemeinden beim Erlass der Kreis - KrO § 55, S.128
- kein Bürgerbegehren GO § 26, S.12
- COVID-19 Pandemie NKF-COVID-19-Isolierungsgesetz § 4, S.389
- Doppelhaushalt GO § 78, S.27
- Einwendungen gegen den Entwurf
  - Gemeinde GO § 80, S.28
  - Kreis KrO § 54, S.128
  - LV LVerbO § 23, S.138
- Entwurf GO § 80, S.28
- Erlass GO § 80, S.28; KrO § 54, S.128; LVerbO § 23, S.138;
  - Gemeinde GO § 80, S.28
  - Gemeindeprüfungsanstalt GPAG § 5, S.253
  - Kreis KrO § 54, S.128
  - LV LVerbO § 23, S.138
- Festsetzung für zwei Jahre GO § 78, S.27
- Form VV Muster zur GO, S.64
- Geltungsdauer GO § 78, S.27
- Gemeindeprüfungsanstalt GPAG § 9, S.254
- Genehmigungspflicht GO § 78, S.27
- Haushaltssatzung 2021 NKF-COVID-19-Isolierungsgesetz § 4, S.291
- Heilung von Verfahrens- und Formfehlern GO § 7, S.10
- Inhalt GO § 78, S.27
- Inkrafttreten GO § 78, S.27
- Kreis KrO § 54, S.128
- Landschaftsverband LVerbO § 23, S.138
- Liquiditätsprüfung GO § 89, S.30
- Mitwirkung der Bezirksvertretung GO § 37, S.17
- Muster S.59,64,65
- bei Sondervermögen GO § 97, S.31
- Vorlage des Entwurfs an den Rat GO § 80, S.28
- zeitliche Geltung GO § 78, S.27
- Zuständigkeit
  - des Kreistages KrO §§ 26,54,55, S.121,128,128
  - der Landschaftsversammlung LVerbO §§ 7,23, S.132,138
  - des Rates GO §§ 41,80, S.18,27
  - Verwaltungsrat der Gemeindeprüfungsanstalt GPAG § 5, S.253
- Zweckverband GkG §§ 15,18, S.148,150
- Zweijährige - GO § 78, S.27

Haushaltssicherung
- Ausführungserlass S.345
- ÖPP-Projekte RdErl. S.282

Haushaltssicherungskonzept
- Abweichung vom Konsolidierungszeitraum GO § 76, S.27
- Anforderungen Erl. S.346
- Aufgabe GO § 76, S.27
- Aufstellung bei unausgeglichenem Haushalt GO §§ 75,76, S.27,27
- Ausführungserlass S.345
- Ausgestaltung GO § 76, S.27
- Bekanntmachung der Haushaltssatzung GO § 80, S.28
- Bepackungsverbot GO § 78, S.27
- Bestandteil des Haushaltsplanes KomHVO § 1, S.43
- Ersatz durch Haushaltssanierungsplan StärkungspaktG § 6, S.354
- Freiwillige Aufgaben Erl. S.345
- Genehmigung GO § 76, S.27; AusführErl. S.345
- Genehmigung unter Bedingungen und Auflagen GO § 76, S.27
- Genehmigungsfähigkeit AusführErl. S.345
- Genehmigungsvermerk in der Haushaltssatzung
  Muster (§ 8), S.65
- Haushaltsausgleich Erl. S.345
- Inhalt KomHVO § 5, S.44
- Konsolidierungszeitraum GO § 76, S.27
- Kreise KrO § 56b, S.129
- Mittelfristige Ergebnis- und Finanzplanung Erl. S.345
- Plandaten Erl. S.345
- Regelungsmöglichkeit in der Haushaltssatzung GO § 78, S.27
- Teil des Haushaltsplanes GO § 79, S.28; KomHVO § 1, S.43
- Überschuldung Erl. S.345
- Veränderungen im laufenden - Erl. S.345
- Vorläufige Haushaltsführung GO § 82, S.28
- Zehn-Jahres-Frist GO § 76, S.27
- Ziel GO § 76, S.27
- Zuständigkeit
  - des Rates GO § 41, S.18
  - des Kreistags KrO § 26, S.121

Haushaltssituation
  StärkungspaktG §§ 1,2, S.353

Haushaltssperre
- Aufhebung GO § 81, S.28
- Bund und Länder HGrG § 25, S.194
- Kämmerer KomHVO § 25, S.47
- Rat GO § 81, S.28

Haushaltsüberwachung
- Regelung durch Rechtsverordnung des IM GO § 133, S.40c
- Überwachung der Inanspruchnahme der Ermächtigungen KomHVO § 24, S.47

Haushaltswirtschaft
- allgemeine Grundsätze GO § 75, S.27
- Ergebnis- und Finanzplanung als Grundlage der - GO § 84, S.29
- in Bund und Ländern GG Art.109f, S.185; HGrG S.191f
- in Gemeinden 25f
- Gemeindeprüfungsanstalt GPAG § 9, S.254
- Haushaltssicherungskonzep
  - bei Veränderung der - GO § 76, S.27
  - zur Erreichung einer geordneten - § 76, S.27
- Jahresabschluss 95, S.31
- der Kreise KrO §§ 53f, S.128
- der LV LVerbO § 23, S.138
- Örtliche Prüfung GO § 101, S.32
- der Sondervermögen GO § 97, S.31
- der Treuhandvermögen GO § 98, S.32
- Überörtliche Prüfung GO § 105, S.34
- Zweckverbände GkG § 18, S.150

Haushaltswirtschaftliche Sperre
- Aufhebung durch den Rat GO § 81, S.28
- Bund und Länder HGrG § 25, S.194
- Erforderlichkeit KomHVO § 25, S.47
- Erlass durch den Kämmerer oder Bürgermeister KomHVO § 25, S.47
- Erlass durch den Rat GO § 81, S.28
- Unterrichtung des Rates KomHVO § 25, S.47

Hausrecht
- in Sitzungen des Kreistags KrO § 36, S.124
- in Sitzungen des Rates GO § 51, S.21

Haus- und Grundstücksanschlüsse
- Kostenersatz KAG § 10, S.156

Hebeberechtigte Gemeinde
- Realsteuern AO § 22, S.207

Heberecht
- Gewerbesteuer GewStG § 1, S.171
- Grundsteuer GrStG § 1, S.163

Hebesätze
- fiktive - gemäß GFG § 9, S.231
- GG-Regelung Art.106, S.184
- Gewerbesteuer GewStG § 16, S.178; GFG § 9, S.231
- Grundsteuer GrStG §§ 25,26, S.166,167,169; GFG § 9, S.231

Stichwortverzeichnis

- Haushaltssatzung GO § 78, S.27; Muster S.64
- Nachtragssatzung Muster S.67
- Realsteuern GG Art.106, S.184

Hebesatz-Satzung
- Fußnoten in den Mustern der Haushaltssatzung/Nachtragssatzung S.65,68

Heilung
- von Verfahrens- und Formvorschriften
  - Gemeinde GO § 7, S.10
  - Kreis KrO § 5, S.117
  - LV LVerbO § 6, S.132

Heimatmuseen
- Aufgabe des LV LVerbO § 5, S.131

Hemmung
- der Verjährung AO § 230, S.215

Herstellungsaufwand
- im Steuerrecht S.259-266

Herstellungskosten
- Abgrenzung
  - 250 Euro-Grenze EStG § 6, S.259
  - 800 Euro-Grenze KomHVO § 36, S.51
- Ausführungserlass S.265
- Begriff KomHVO § 34, S.50

HGB
 (Auszug) S.271f.

Hilfspflicht
- der Gemeinde gegenüber Einwohnern GO § 22, S.12

Hinterlegung
- von Zahlungsmitteln AO § 242, S.217

Hinterzogene Steuern
- Verzinsung AO § 235, S.215

Hinzurechnungen
- beim Gewerbeertrag GewStG § 8, S.174,175

Historische Anschaffungs- oder Herstellungskosten
 VV Muster zur GO, Ziff.1.6.6, S.62

Hochschule für Polizei und öffentliche Verwaltung NRW
- Kontenplan für die Ausbildung S.391

Höchstbetrag der Kredite zur Liquiditätssicherung
 GO § 78, S.27

Höchsthebesätze
- Gewerbesteuer GewStG § 16, S.178,179
- Grundsteuer GrStG § 26, S.167

Höchstzahlverfahren nach d'Hondt
 GO § 67, S.25; KrO § 46, S.126

Höhe der Konsolidierungshilfe
 StärkungspaktG § 5, S.353

Hospitanten
- in Fraktionen
  - Gemeinde GO § 56, S.22
  - Kreis KrO § 40, S.124
  - LV LVerbO § 16a, S.137

HSPV NRW
- Kontenplan für die Ausbildung S.391

Hundesteuer
- KAG-Regelung § 3, S.153

Hybride Sitzungen
- der Ausschüsse GO § 58a, S.23, KrO § 41a, S.125, LVerbO § 13a, S. 136, DigiSiVO NRW, S. 373, DigiSiVO NRW § 5, S. 374
- in besonderen Ausnahmefällen GO § 47a, S.20, KrO § 32a, S.123, LVerbO § 8b, S.134
- Zulassungsverfahren bei der Durchführung digitaler und hybrider Sitzungen, DigiSiVO NRW § 11, S.375

Hybridelektrofahrzeuge
- EStG § 6, S.259

I

Immaterielle Vermögensgegenstände
- Bilanz KomHVO § 42, S.52

Immaterielle Vermögensgegenstände und Sachanlagen
- Kontenklasse 0 gemäß Kontenrahmen S.97
- Zuordnung gemäß Kontierungsplan S.98

Immobilien-Leasing RdErl. S.283

Inanspruchnahme
- Haushaltsmittel KomHVO § 24, S.47
- Verpflichtungsermächtigungen KomHVO § 24, S.47

Individualisierte Ausweisungspflicht von Bezügen
- Mitglieder von Geschäftsführungen und Aufsichtsgremien in kommunalen Unternehmen GO § 108, S.35

Informationsrecht
- der Aufsichtsbehörde GO § 121, S.40b; LVerbO § 25, S.139

Informationstechnologie
- GPAG § 2a, S.253

Informations- und Prüfungsrecht
- der Gemeinde bei Beteiligungen GO § 112, S.39

Infrastrukturquote
- Ermittlung der Kennzahl S.338

Infrastrukturvermögen
- Bewertung KomHVO § 56, S.56
- Bilanz KomHVO § 42, S.52
- Eröffnungsbilanz KomHVO §§ 41,56, S.51,56
- Wertgröße des Kennzahlensets S.338
- Wertminderung durch - KomHVO § 36, S.51
- Zuordnung gemäß Kontierungsplan S.98

Inhalt
- Öffentliche Bekanntmachungen der Gemeinde BekanntmVO § 3, S.257
- Beteiligungsbericht KomHVO § 53, S.56
- Bilanz
  - gemäß KomHVO § 42, S.52
  - gemäß HGB § 247 S.272
- Einspruchsentscheidung AO § 366, S.218b
- Ergebnisplan KomHVO § 2, S.43
- Eröffnungsbilanz GO § 92, S.30
- Finanzplan KomHVO § 3, S.44
- Haushaltsplan KomHVO § 1, S.43
- Haushaltssatzung GO § 78, S.27
- mittelfristige Ergebnis- und Finanzplanung GO § 84, S.29
- Steuerbescheide AO § 157, S.211
- Steuererklärungen AO 150, S.210
- Verbindlichkeitenspiegel KomHVO § 48, S.55

Inkrafttreten
- BekanntmVO § 9, S.258
- DigiSiVO NRW § 13, S.375
- Erstes NKF-Weiterentwicklungsgesetz NKFWG § 11, S.40d
- Gebührensatzung GPAG § 5, S.255
- GFG § 34, S.236
- GkG § 34, S.152b
- GO § 135, S.40d
- GPAG § 14, S.254
- HGrG § 60, S.199
- Haushaltssatzung GO § 78, S.27
- KAG § 26, S.158
- KAV § 9, S.248
- KInvFöG NRW § 17, S.381
- KomHVO § 61, S.57
- KrO § 67, S.130
- KUV § 29, S.252
- LVerbO § 33, S.140
- Realsteuerzuständigkeitsgesetz § 4, S.203
- Satzungen GO § 7, S.10; KrO § 5, S.117
- Stärkungspaktgesetz § 13, S.354
- StWG § 33, S.190
- TVgG § 4, S.378
- Umsatzsteueranteilverordnung S.227
- Zweites NKF-Weiterentwicklungsgesetz 2. NKFWG, S.40e

Innenminister/Innenministerium/MHKBG
- Abschreibungstabelle KomHVO § 36, S.51
- Auflösung des Rates GO § 125, S.40b
- Aufsicht über Gemeinden GO § 119f, S.40b
- Aufsicht über Landschaftsverbände LVerbO §§ 24f, S.139
- Aufsichtsbehörde der Kreise KrO § 57, S.129
- Ausnahmen von organisations- und haushaltsrechtlichen Vorschriften (Experimentierklausel) GO § 129, S.40b; KrO § 63, S.130
- Beauftragung der GPA mit Prüfungen und Gutachten GPAG § 2, S.253
- Bekanntmachungsverordnung NRW 257
- Bestellung eines Beauftragten GO § 124, S.40b
- Bewertungsrichtlinie KomHVO § 56, S.56
- Entschädigungsverordnung NRW S.258a
- Erlass von Durchführungs- und Verwaltungsverordnungen
- Experimentierklausel GO § 129, S.40b; KrO § 63, S.130
- Gebietsänderungen GO § 19, S.11
- Muster zu Bestimmungen der GO GO § 133, S.40c; VV Muster zur GO S.59f
- Kommunalhaushaltsverordnung NRW § 43 GO § 133, S.40c; KrO § 65, S.130; LVerbO § 31, S.140
- Kommunalunternehmensverordnung NRW S.249
- Oberste Aufsichtsbehörde GO § 120, S.40b

- RVO betr. Aufwandsentschädigung, Sitzungsgeld, Fahrtkostenerstattung und Auslagenersatz GO § 45, S.20
- RVO betr. Integrationsrat GO § 27, S.13
- RVO betr. gemeinsame Kommunalunternehmen
  GkG § 28, S.152a
- RVO betr. Kreisordnung KrO § 65, S.130
- RVO betr. LVerbO § 31, S.140
- RVO betr. öffentliche Bekanntmachung von kommunalem Ortsrecht
  S. 257
- RVO betr. Durchführung des Bürgerbegehrens / Bürgerentscheids
  GO § 26, S.13
- RVO über die Durchführung des Einwohnerantrags GO § 25, S.12
- Richtlinien betr. Aufwandsentschädigung der stellvertretenden
  Bürgermeister und Fraktionsvorsitzenden GO § 45, S.20
- VV Muster für das doppische Rechnungswesen und zu Bestimmungen
  der GO S.59f
- Vertreter im Verwaltungsrat der GPA GPAG § 4, S.253
- Wahlen zum Integrationsrat GO § 27, S.13
- Zuständigkeiten des - gemäß GFG 229f

Innere Verwaltung
- Produktbereich gemäß Produktrahmen S.72

Inspektoranwärter
- in der Stellenübersicht VV Muster zur GO S.88

Instandhaltungsrückstellungen
- Zuordnung gemäß Kontierungsplan 100

Instandsetzungen an Bauten
  GO § 81, S.28

Institutionelle Garantie
- der kommunalen Selbstverwaltung
  GG Art.28, S.183; LVerf. Art.78, S.201

Integration
  GO § 27, S.13

Integrationsrat
  GO § 27, S.13

Interessenkollision
  GO §§ 31,53, S.15,21

Internationale Koordination
  StWG § 4, S.187

Interne Aufsicht
- bei der Finanzbuchhaltung KomHVO § 32, S.49

Interne Kontrollen
- GO § 104, S.33

Internes Kontrollsystem
- GO §§ 59, 104, S.23,33

Interne Leistungsbeziehungen
  KomHVO §§ 4,16, S.44,46

Internet
- Hinweis auf Aushang von öffentlichen Bekanntmachungen
  BekanntmVO §§ 4,6,7, S.257,258

Internet-Marktplatz
- bei Auftragsvergaben RdErl. S.246

Inventar
  GO § 91, S.30; KomHVO §§ 29,30,54, S.48,48,56; HGB § 241, S.271

Inventur
  GO § 91, S.30; KomHVO §§ 29,54, S.48,56

Inventurvereinfachungsverfahren
  KomHVO § 30, S.48; HGB § 241, S.271

Investitionen
- Allgemeines KomHVO § 13, S.46
- Beschleunigung durch Vereinfachungen im Vergaberecht
  RdErl.S.245
- Keine Nachtragssatzung bei geringfügigen - GO § 81, S.28
- i.S. des KInvFöG NRW § 2; S.379
- Kreditaufnahmen für - GO § 86, S.29
- Kreditaufnahmen für - bei vorläufiger Haushaltsführung
  GO § 82, S.28
- Nachtragssatzung für bisher nicht veranschlagte - GO § 81, S.28
- Nachweis in Teilfinanzrechnung
  VV Muster zur GO, Ziff.1.6.4, S.62; Muster S.110
- Überplanmäßige Auszahlungen bei Fortsetzung von -
  GO § 83, S.29
- Verpflichtungsermächtigungen für Auszahlungen für -
  GO §§ 78,85, S.27,28; KomHVO § 12, S.46
- Zuwendungen und Beiträge für - KomHVO § 44, S.54

Investitionsförderungsgesetz NRW
  (Volltext) S.361

Investitionsmaßnahmen
- im Haushaltssanierungsplan Erl. S.345

Investitionspauschale
- Regelung des GFG § 16, S.232

Investitionsquote
- Ermittlung der Kennzahl S.338

Investitionstätigkeit
- Auszahlungen KomHVO § 3, S.44
- Einzahlungen KomHVO § 3, S.44

Investive Maßnahmen
- Pauschale Zuweisung zur Förderung - GFG § 16, S.231,232

IT.NRW
  GFG §§ 27,28,31, S.234,235

IT-Sicherheit
- bei digitalen und hybriden Sitzungen DigiSiVO § 8, S.374

J

Jagdsteuer
- Erhebung durch kreisfreie Städte und Kreise
  KAG §§ 3,22, S.153,157

Jahresabschluss
- Anhang (Bestandteil) GO § 95, S.31
- Anstalten des öffentlichen Rechts GO § 114a, S.39
- Anzeige an die Aufsichtsbehörde und Bekanntmachung
  GO § 96, S.31
- Aufstellung durch den Kämmerer GO § 95, S.31
- Auslegung GO § 96, S.31
- Ausweisung der Bezüge der Geschäftsführer, Vorstände und
  Aufsichtsräte in kommunalen Unternehmen GO § 108, S.35
- Bekanntmachung GO § 96, S.31
- Berichtigung GO § 92, S.30; KomHVO § 58, S.57
- Bestandteile KomHVO § 38, S.52
- Bestätigung durch Bürgermeister GO § 95, S.31
- Beteiligungsunternehmen KomHVO § 1, S.43
- Bewertung von Vermögen und Schulden KomHVO § 33, S.50
- Bilanz (Bestandteil) GO § 95, S.31
- kein Bürgerbegehren GO § 26, S.13
- Eigenbetriebe EigVO § 21, S.144
- Einsichtnahme GO § 96, S.31
- Entlastung GO §§ 41,96, S.18,31
- Ergebnisrechnung (Bestandteil) GO § 95, S.31
- Ermittlung der Haushaltsbelastung infolge COVID-19-Pandemie
  NKF-COVID-19-Isolierungsgesetz § 5, S.390
- Feststellung durch den Rat GO §§ 41,96, S.18,31
- Finanzmittelkonten KomHVO § 31, S.49
- Finanzrechnung (Bestandteil) GO § 95, S.31
- Gesamtabschluss GO § 116, S.40a
- HGB § 242f, S.271f
- Inhalt § 95, S.31
- Interessenkollision GO § 104, S.33
- Kommunalunternehmen KUV §§ 22,27, S.251
- Lagebericht GO § 95, S.31; KomHVO §§ 38,49, S.52,55
- Mündelvermögen GO § 98, S.32
- örtliche Rechnungsprüfung GO § 103, S.33
- Prüfung durch den Rechnungsprüfungsausschuss
  GO §§ 59,101, S.23,31
- Prüfungsumfang GO § 101, S.32
- Rückstellungen KomHVO § 37, S.51
- Teilrechnungen (Bestandteil) GO § 95, S.31
- Übertragungen KomHVO § 23, S.47
- Unternehmen GO § 108, S.35
- Verfahren GO § 95, S.31
- Verfügbarhaltung GO § 96, S.31
- Vertretung der Meinung des Kämmerers in der Beratung des Rates
  GO § 96, S.31
- Wertansätze GO § 91, S.30
- Zuständigkeit für Prüfung GO § 101, S.32

Jahresabschluss 2020-2022
- COVID-19 Pandemie NKF-COVID-19-Isolierungsgesetz § 5,
  S.390

Jahresabschlussprüfung
- Auskunftsverlangen gegenüber dem Bürgermeister GO § 102, S.33
- Befreiung von der - 2. NKFWG, Art.8, S.40e
- Bericht über Ergebnis der Prüfung GO § 102, S.33
- Eigenbetriebe GO § 103, S.33; 2. NKFWG Art. 10, S.40e
- Prüfung
  - durch örtliche Rechnungsprüfung GO § 102, S.33
  - durch Wirtschaftsprüfer oder GPA GO § 102, S.33
  - durch andere örtliche Rechnungsprüfung GO § 102, S.33
- des Rechnungsprüfungsausschusses GO § 59, S.23

Stichwortverzeichnis

Jahresergebnis
- in der Ergebnisrechnung KomHVO § 39, S.52
- in der Finanzrechnung KomHVO § 40, S.52

Jahresfehlbetrag
- Behandlung (Ratsbeschluss) GO § 96, S.31
- Bilanz KomHVO § 42, S.52
- Zuordnung gemäß Kontierungsplan S.99

Jahresgewinn
- Eigenbetrieb EigVO § 10, S.142
- Höhe des - GO § 109, S.38
- Kommunalunternehmen KUV §§ 10,14,27, S.250,251

Jahresüberschuss
- Bilanz KomHVO § 42, S.52
- Verwendung (Ratszuständigkeit) GO § 96, S.31
- Zuführung zur Ausgleichsrücklage
   GO § 75, S.27; KrO § 56a, S.129;
   LVerbO § 23a, S.139; GkG § 19a, S.151; GPAG § 9, S.254
- Zuordnung gemäß Kontierungsplan S.99

Jahresverlust
- Eigenbetrieb EigVO § 10, S.143
- Kommunalunternehmen KUV § 14, S.250

Jahreswirtschaftsbericht
- der Bundesregierung StWG §§ 2,5, S.187

Jugendhilfe
- Aufgabe des LV LVerbO § 5, S.131
- Kreisumlagesatz bei Aufgaben der - KrO § 56, S.128

Juristische Personen
- Ausschließungsgründe GO § 31, S.15
- Benutzungsrecht GO § 8, S.10; KrO § 6, S.118
- Lastentragung GO § 8, S.10; KrO § 6, S.118
- Beratung durch die GPA GO § 105, S.34
- Vertretung in Organen von -
   GO §§ 63,113, S.24,38; KrO § 26, S.121; LVerbO § 17, S.137
- Verwaltungsrat der AöR GO § 114a, S.39

K

Kalenderjahr
   GO § 78, S.27

Kalkulationszeitraum
- bei Gebühren KAG § 6, S.154

Kameraler Haushaltsplan
- Bund und Länder HGrG S.191f
- Gemeinden NKFEG §§ 6-8, S.41,42

Kämmerer
- Abweichende Auffassung
   - zum Entwurf der Haushaltssatzung GO § 80, S.28
   - zum Jahresabschluss GO § 95, S.31
- Angaben im Anhang des Jahresabschlusses GO § 95, S.31
- Aufsicht über Finanzbuchhaltung KomHVO § 32, S.49
- Aufstellung
   - der mittelfristigen Ergebnis- und Finanzplanung GO § 84, S.29
   - des Entwurfs der Haushaltssatzung mit Anlagen GO § 80, S.28
   - des Entwurfs der Jahresrechnung GO § 95, S.31
   - des Jahresabschlusses GO § 95, S.31
- Bestellung in kreisfreien Städten GO § 71, S.26
- Entscheidung über die Leistung über- und außerplanmäßiger Aufwendungen und Auszahlungen GO § 83, S.29
- Haushaltswirtschaftliche Sperre
   GO § 81, S.28; KomHVO § 25, S.47
- Kreis - KrO § 47, S.127
- Lagebericht-Angaben GO § 95, S.31
- Stadtkämmerer in kreisfreien Städten als Beigeordneter GO § 71, S.26
- Stellungnahme bei Abweichungen des Bürgermeisters
   - vom Entwurf der Haushaltssatzung GO § 80, S.28
   - vom Entwurf des Jahresabschlusses GO § 95, S.31
   - zum Prüfungsbericht des Rechnungsprüfungsausschusses
     GO § 101, S.32
- Übertragung der Entscheidung betr. über- und außerplanmäßige Aufwendungen und Auszahlungen GO § 83, S.29
- Unterrichtung der Betriebsleitung des Eigenbetriebs EigVO § 7, S.142
- Unterrichtsrecht gegenüber den Eigenbetrieben EigVO § 7, S.142
- Vertretung seiner Meinung über den Jahresabschluss in der Beratung des Rates GO § 96, S.31
- Verwaltungsvorstand GO § 70, S.26
- Verwandtschaftsverbote GO §§ 93,104, S.30,33

Kanalisation
- Anschluss- und Benutzungszwang GO § 9, S.10

Kapitalanlagen
- RdErl. MIK S.289

Kapitalertragsteuer
- Anteil der Gemeinden GemFinRefG § 1, S.223

Kapitalflussrechnung
- Bestandteil des Gesamtabschlusses
   KomHVO §§ 50, 52, S.55; VV Muster zur GO, Ziff.1.7.4

Kapitalgesellschaften
- Gewerbebetrieb (Begriff) GewStG § 2, S.171
- Gewerbeertrag GewStG § 7, S.173,174
- kleine, mittelgroße, große - HGB § 267, S.275
- Kürzungen des Gewinns bei Gewerbebetrieben GewStG § 9, S.175-177

Kapitalkonsolidierung
- HGB § 301, S.278

Kapitalverkehrssteuern
   GG Art.106, S.184

Karten
- als Bestandteil von Satzungen BekanntmVO § 6, S.258

Kassengeschäfte
- Kommunalunternehmen KUV § 12, S.249

Kassenmäßiger Abschluss
- Bund und Länder HGrG § 39, S.196

Kaufmann
- HGB §§ 238-242,245, S.271,272

Kaufpreissammlung
- Grundlage für Bodenrichtwerte BauGB § 196, S.221

Kennzahlen
- RdErl. IM VV Muster zur GO, Ziff.1.2.5, S.60; Kennzahlenset S.337f
- im Gesamtlagebericht KomHVO § 52, S.55
- im Lagebericht KomHVO § 49, S.55
- zur Messung der Zielerreichung KomHVO § 4, S.44

Kennzahlenset
- für die Bewertung des Haushalts und die Beurteilung der wirtschaftlichen Lage der Kommunen S.337

Kennzahlen zur Zielerreichung
- im Lagebericht KomHVO § 49, S.55
- in produktorientierten Teilplänen VV Muster zur GO Ziff. 1.2.5, S.60

Kinderbetreuungskosten
- Erstattung der Kosten wegen mandatsbedingter Abwesenheit vom Haushalt GO § 45, S.20; KrO § 30, S.123; LVerbO § 16, S.137

Kinder-, Jugend- und Familienhilfe
- Produktbereich gemäß Produktrahmen S.72

Kinder- und Jugendeinrichtungen
- Bilanz KomHVO § 42, S.52

Klage
- gegen Aufsichtsmaßnahmen
   GO § 126, S.40b; LVerbO § 28, S.139

Kleinbeträge
- GewStG § 34, S.180
- GrStG §§ 28,45, S.167,169
- KAG § 13, S.157
- Örtliche Vorschriften des Bürgermeisters für die Behandlung von -
   KomHVO § 32, S.49

Klimapauschale
- Regelungen des GFG § 16, S.232

Kommanditgesellschaft
- Einkünfte aus Gewerbebetrieb EStG § 15, S.260

Kommunalabgaben
   S.153f.

Kommunalabgabengesetz NRW (KAG NRW)
   (Volltext) S.153f.

Kommunalaufsicht
   (s. Aufsicht und Aufsichtsbehörde)

Kommunale Arbeitsgemeinschaft
- gemeinsame Wahrnehmung von Aufgaben durch - GkG §§ 2,3, S.147

Kommunale Gemeinschaftsarbeit
- Gesetz über - (Volltext) S.147f.

Kommunale Haushaltskonsolidierung
   S.353f

Kommunale Kapitalanlagen
   RdErl. S.289

Kommunaler Kontierungsplan
   S.98f.

Kommunale Selbstverwaltung
- Institutionelle Garantie GG Art.28, S.183; LVerf Art.78, S.201
- Weiterentwicklung GO § 129, S.40a; KrO § 63, S.130

Kommunale Stiftungen
- Begriff GO § 100, S.32

Stichwortverzeichnis

- Beratung der GPA GO § 105, S.34
- Zuständigkeit
  - des Kreistages KrO § 26, S.121
  - des Rates GO § 41, S.18

Kommunale Vergabegrundsätze
RdErl. S.245,246

Kommunalhaushaltsverordnung (KomHVO)
(Volltext) S.43f.

Kommunalinvestitionsförderungsgesetz
S.379

Kommunalpolitische Bildungsveranstaltungen
- für Mandatsträger GO § 44, S.19; KrO § 29, S.122

Kommunalunternehmen
GkG §§ 27,28, S.152,152a; KUV S.249f.

Kommunalunternehmensverordnung (KUV)
(Volltext) S.249f.

Kommunalwirtschaft
- Aufgabe des LV LVerbO § 5, S.131

Kompensation Familienleistungsausgleich
- Orientierungsdaten RdErl. S.288

Kompensationsleistungen
- Regelung des GFG § 21, S.233

Komplementärmittel
- StärkungspaktG §§ 2,5, S.353

Komponentenansatz
- KomHVO § 36, S.51; Erlass S.371

Konjunkturpaket II
InvföG S.375

Konjunkturrat
StWG § 18, S.189

Konkrete Straßenausbaumaßnahme
KAG Muster S.160

Konkurrierende Gesetzgebung
- Fortgeltendes Recht GG Art.125, S.186a
- GG Art.72, S.183
- Grundsteuer GG Art.72,105 S.183,184

Konkursverfahren (Insolvenzverfahren)
- kein - über Vermögen
  - der Gemeinde GO § 128, S.40a
  - des LV LVerbO § 29, S.139

Konnexität
- bei Zinsderivaten RdErl. S.281

Konnexitätsprinzip
GO § 3, S.9; GG Art.104a, S.183; LVerf NRW Art.78, S.201; GFG § 1, S.229

Konsolidierung
- HGB §§ 271,300,301,303,305,309,310, S. 275,277-280
- der verselbständigten Aufgabenbereiche
  GO § 116, S.40a; KomHVO § 51, S.55

Konsolidierungsfrist
- AusführErl. S.345

Konsolidierungsgrundsätze
- HGB § 300, S.278

Konsolidierungshilfen
- Allgemeines StärkungspaktG § 1, S.353
- Auszahlung StärkungspaktG § 5, S.353
- Degressiver Abbau StärkungspaktG § 6, S.354
- Festsetzung durch die Bezirksregierung
  StärkungspaktG § 10, S.354
- Freiwillige Teilnahme StärkungspaktG § 4, S.353
- Haushaltssanierungsplan StärkungspaktG § 6, S.353,354
- Höhe StärkungspaktG § 5, S.353
- Komplementärmittel der Kommunen
  StärkungspaktG § 2, S.353
- Pflichtige Teilnahme StärkungspaktG § 3, S.353
- Umfang und Finanzierung StärkungspaktG § 2, S.353
- Verwendung StärkungspaktG § 5, S.353

Konsolidierungsmaßnahmen
- Erl. S.345

Konsolidierungsziel
StärkungspaktG § 5, S.353

Konsolidierungszeitraum
- bei HSK GO § 76, S.27; StärkungspaktG Erl. S.353

Konten
- Einrichtung von Bankkonten KomHVO § 32, S.49
- Örtliche Vorschriften des Bürgermeisters betr.
  - Jahresabstimmung KomHVO §§ 31,32, S.49
  - tägliche Abstimmung KomHVO §§ 31,32, S.49

Kontenklassen 0 - 9
- Haushaltsrechtlicher NKF-Kontenrahmen S.95

Kontenplan
- Verzeichnis der eingerichteten Konten KomHVO § 28, S.48

Kontenplan der HSPV NRW
S.391

Kontenrahmen
- für die Buchführung KomHVO § 28, S.48
- NKF- VV Muster zur GO Ziff. 1.5.2, S.61
- Muster S.95

Kontierungsplan
- KomHVO § 42, S.52
- Muster 61, S.96-103

Kontrolle
- Anlage von Kapital RdErl. S.289
- durch öffentliche Arbeitgeber TVgG § 2, S.377
- Durchführung der Beschlüsse und Weisungen unter - des Rates
  GO § 62, S.24
- Verwaltung GO § 55, S.22; KrO § 26, S.121

Konzernabschluss
- HGB §§ 271,290,300,301,303-308,310-312, S.275,279,280

Konzertierte Aktion
- bei Gefährdung des gesamtwirtschaftlichen Gleichgewichts
  StWG § 3, S.187

Konzessionsabgaben
- Begriff KAV § 1, S.247
- Bemessung KAV § 2, S.247
- Höhe KAV § 2, S.247
- an Landkreise KAV § 7, S.248
- Tarifgestaltung KAV § 4, S.248
- Zuordnung gemäß Kontierungsplan S.102,104

Konzessionsabgabenverordnung (KAV)
(Volltext) S.247

Konzessionsauftraggeber
TVgG § 1, S.377

Koordination
- der Landesbehörden durch den Landrat KrO § 59, S.129

Koppelungsverhältnis
- bei Hebesätzen
  - für Grundsteuer GrStG § 26, S.167
  - für Gewerbesteuer GewStG § 16, S.178,179

Körperschaft
- Aufsicht des Kreises über - KrO § 59, S.129
- Steuerliche Erfassung AO § 137, S.208
- Wesen des LV LVerbO § 2, S.131

Körperschaftsteuer
- Ertragshoheit gemäß Grundgesetz Art.106, S.184

Korrekturkonten
- Zuordnung gemäß Kontierungsplan S.105

Korruptionsbekämpfungsgesetz
- Beachtung bei Vergabe öffentlicher Aufträge RdErl. Nr.9, S.246

Kosten
- bei Bestellung eines Beauftragten GO § 124, S.40b
- Deckung der - bei Bürgerbegehren GO § 26, S.12
- der Ersatzvornahme GO § 123, S.40b
- Fahr- GO § 45, S.20
- Kinderbetreuung GO § 45, S.20
- des Kredits RdErl. S.281
- Neue Pflichtaufgaben der Gemeinden
  GO § 3, S.9; KrO § 2, S.117;
  LVerbO § 5, S.131; LVerf NRW Art.78, S.201
- der örtlichen Rechnungsprüfung GO § 102, S.33
- für eine Vertretung im Haushalt von Mitgliedern des Rates, der
  Bezirksvertretung oder eines Ausschusses GO § 45, S.20

Kostenberechnung
- bei Investitionen KomHVO § 13, S.46

Kostendeckung
- bei Gebühren KAG §§ 6,7, S.154

Kostendeckungsgebot
- bei Gebühren KAG § 6, S.154

Kostendeckungspflicht
- bei Gebühren KAG § 6, S.154

Kostenerstattungen
KomHVO § 2, S.43

Kostenfolgeabschätzung
- bei Übertragung öffentlicher Aufgaben auf die Gemeinden
  LVerf NRW Art.78, S.201

Kostenrechnende Einrichtungen
- Kostenüberdeckungen KomHVO § 44, S.54

Kostenrechnung
- Eigenbetriebe EigVO § 19, S.144
- Gemeinde KomHVO § 17, S.46

Stichwortverzeichnis

- Kommunalunternehmen KUV § 20, S.250

Kostenspaltung
- Beiträge nach KAG § 8, S.154
- Erschließungsbeiträge nach BauGB § 127f, S.220

Kostenüberdeckungen
- der kostenrechnenden Einrichtungen durch Gebühren 53,155,156

Kostenüberschreitungsverbot
- bei Gebühren KAG § 6, S.154

Kostenumlagen KomHVO § 2, S.43

Kosten- und Leistungsrechnung
- Bund und Länder HGrG § 6, S.191
- Eigenbetriebe EigVO § 19, S.144
- Gemeinde KomHVO § 17, S.46
- Kontenklasse 9 gemäß Kontenrahmen S.97
- Konzeption durch den Verwaltungsvorstand GO § 70, S.26
- Zuordnung gemäß Kontierungsplan 105

Kostenunterdeckungen
- durch Gebühren KomHVO § 44, S.54

Kraftfahrzeuge
- Bilanz KomHVO § 42, S.52

Kraftfahrzeugsteuer
- Ertragshoheit gemäß Grundgesetz GG Art.106, S.184
- Finanzausgleich infolge der Übertragung der - auf den Bund GG Art.106b, S.185

Krankenhäuser
  GO § 107, S.34

Kredite
- Angebote RdErl. S.281
- Ausgleich der Haushalte von Bund und Ländern ohne - GG Art.109,115, S.185,186
- bei vorläufiger Haushaltsführung GO § 82, S.28
- Begriff RdErl. S.281
- Bilanz KomHVO § 42, S.52
- Dauernde Leistungsfähigkeit GO § 86, S.29
- Disagio RdErl. S.281
- Effektivzinssatz RdErl. S.281
- Einzahlungen aus - KomHVO § 3, S.44
- Einzelgenehmigung GO § 86, S.29
- in fremder Währung RdErl. S.281,282
- Gesamtdeckung KomHVO § 20, S.46
- Haushaltssatzung GO § 78, S.27; Muster S.65
- Investitionen GO § 86, S.29
- Kreditähnliche Rechtsgeschäfte GO § 86, S.29; RdErl. S.281f
- Kreditausnahmen 2021 NKF-COVID-19-Isolierungsgesetz § 4, S.389
- Kreditaufnahmen für Investitionen GO § 86, S.29
- Kreditermächtigung in der Haushaltssatzung GO §§ 78,86, S.27,29
- Kreditkosten RdErl. S.281
- Kündigung von - RdErl. S.281
- Laufzeit RdErl. S.281
- Liquiditätssicherung GO § 89, S.30; RdErl. S.282
- Nachtragssatzung Muster S.67
- Örtliche Vorschriften des Bürgermeisters für die Aufnahme und Rückzahlung von Krediten für die Liquiditätssicherung KomHVO § 32, S.49
- Sicherheiten GO § 86, S.29
- Subsidiarität der - GO § 77, S.27
- Tilgung von - RdErl. S.281
- Umschuldung GO §§ 81,82,86, S.28,29
- Wirtschaftlich gleichkommende Rechtsgeschäfte GO § 86, S.29; RdErl. S.281f.

Kreditangebote
  RdErl. S.281f.

Kreditaufnahme
- Allgemeine Grundsätze GO § 86, S.29; RdErl. S.281
- Anzeige von wirtschaftlich gleichkommenden Entscheidungen GO § 86, S.29
- Beschränkung durch RVO gemäß StWG § 19, S.189
- des Bundes GG Art.109,115,143d, S.185,186,186a; StWG § 19f, S.189; HGrG § 13, S.193
- Festsetzung in der Haushaltssatzung GO § 78, S.27
- Geltungsdauer der Kreditermächtigung GO § 86, S.29
- Genehmigung bei Kreditbeschränkung aus konjunkturpolitischen Gründen GO § 86, S.29
- Grundsätze für - RdErl. S.281-284
- in fremder Währung RdErl. S.281,282
- Kreditbeschaffungskosten RdErl. S.281
- Kündigungsrechte RdErl. S.281
- des Landes GG Art.109,143d, S.185,186a; LVerf NRW Art.83, S.201
- zur Liquiditätssicherung RdErl. S.281
- Örtliche Vorschriften des Bürgermeisters für die - KomHVO § 32, S.49
- Prüfung der finanziellen Leistungsfähigkeit RdErl. S.281

- Risikovorsorge RdErl. S.281
- Schuldenbremse GG Art. 143d, S.186a
- Subsidiarität der - GO § 77, S.27
- Verbot der Sicherheitsbestellung GO § 86, S.29
- bei vorläufiger Haushaltsführung GO § 82, S.28
- Voraussetzungen für - GO § 86, S.29
- Wirtschaftlich gleichkommende Verbindlichkeiten VV Muster S.100
- Zuordnung gemäß Kontierungsplan 104

Kreditähnliche Rechtsgeschäfte
  GO § 86, S.29; RdErl. S.281f

Kreditbedingungen
- RdErl. des Ministeriums für Inneres und Kommunales S.281

Kreditbeschaffungskosten
- bei Prüfung der Kreditangebote RdErl. S.281

Kreditbeschränkungen
- nach § 19 StWG GO § 86, S.29

Kreditermächtigung
- Geltungsdauer GO § 86, S.29
- in der Haushaltssatzung GO § 78, S.27; VV Muster zur GO S.64
- in der Nachtragssatzung VV Muster zur GO S.66

Kreditgenossenschaft
- Erwerb von Geschäftsanteilen GO § 108, S.35

Kreditgesetze des Landes NRW
  LVerf NRW Art.83, S.202

Kreditkarte
- Örtliche Vorschriften des Bürgermeisters über den Einsatz von - KomHVO § 32, S.49

Kreditkosten
  RdErl. S.281

Kreditverpflichtungen 27

Kreditwirtschaft RdErl. S.281f.
- Angebote RdErl. S.281
- Grundsätze für die - RdErl. S.281f.
- Kreditähnliche Rechtsgeschäfte GO § 86, S.29; RdErl. S.282,283
- Kredite in fremder Währung RdErl. S.281,282
- Kreditkosten RdErl. S.281
- Kündigungsrechte RdErl. S.281
- Laufzeit RdErl. S.281
- Leasing RdErl. S.282,283
- Leibrentenverträge RdErl. S.282
- Risikoabwägung bei Krediten in fremder Währung RdErl. S.282
- Risikobegrenzung bei Zinsderivaten RdErl. S.281
- Tilgung RdErl. S.281
- Wirtschaftlich gleichkommende Rechtsgeschäfte GO § 86, S.29
- Zinsen RdErl. S.281

Kreis
- Abgrenzung zu den Aufgaben der Gemeinden KrO § 2, S.117
- Änderung des Gebiets KrO § 16, S.118
- Anschluss- und Benutzungszwang KrO § 7, S.118
- Anwendung der Vorschriften der GO für die Haushalts- und Wirtschaftsführung KrO § 53, S.128
- Aufgaben KrO § 2, S.117
- Auflösung KrO § 16, S.118
- Aufsicht KrO §§ 10,57f., S.118,129
- Aufsichtsbehörde des - KrO § 57, S.129
- Auftragsangelegenheiten KrO § 64, S.130
- Ausgleichsrücklage KrO § 56a, S.129
- Beamte, Angestellte und Arbeiter KrO § 49, S.127
- Bürgerbegehren KrO § 23, S.119
- Bürgerentscheid KrO § 23, S.119
- Dienstkräfte für die untere staatl. Verwaltungsbehörde KrO § 61, S.130
- Ehrenamt KrO § 24, S.120
- Ehrenamtliche Tätigkeit KrO § 24, S.120
- Einrichtungen und Lasten KrO § 6, S.118
- Einwendungen gegen Entwurf der Haushaltssatzung KrO § 54, S.128
- Einwohner KrO § 20, S.119
- Einwohnerantrag KrO § 22, S.119
- Einwohnerfragestunden KrO § 33, S.123
- Experimentierklausel KrO § 63, S.130
- Gebiet KrO §§ 14-19, S.118,119
- Gebietsänderungen KrO §§ 16-19, S.118,119
- Gebietskörperschaft KrO § 1, S.117
- Gebühren der unteren staatlichen Verwaltungsbehörde KrO § 61, S.130
- Gesetzliche Vertretung in Rechts- und Verwaltungsgeschäften KrO § 42, S.126
- Gleichstellung von Frau und Mann KrO § 3, S.117
- Haftung für Personen, die zur Wahrnehmung von Mitgliedschaftsrechten bestellt sind KrO § 26, S.121
- Hauptsatzung KrO § 5, S.117
- Haushaltsmittel für Fraktionen und Gruppen KrO § 40, S.124

Stichwortverzeichnis

- Haushaltssatzung KrO § 54, S.128
- Haushaltssicherungskonzept KrO § 56b, S.129
- Haushaltswirtschaft KrO § 53, S.128
- Kämmerer KrO § 47, S.128
- Kreisdirektor KrO § 47, S.127
- Kreisumlage KrO § 56, S.128, GFG § 24, S.233
- Landrat KrO §§ 3,5,8,21,25,26,28,31-33,36-52,58-61, S.117-129
- Mehr-/Minderbelastung von Gemeinden KrO § 56, S.128
- Mitgliedschaft des - in Verkehrsverbund/Verkehrsgemeinschaft KrO § 56, S.128
- Öffentliche Bekanntmachung des - BekanntmVO S.257,258
- Name und Sitz KrO § 12, S.118
- Namenszusätze KrO § 12, S.118
- Neubildung KrO § 16, S.118
- Örtliche Rechnungsprüfung KrO § 53, S.128
- Petitionsrecht KrO § 21, S.119
- Pflichtaufgaben KrO § 2, S.117
- Repräsentative Vertretung KrO § 25, S.121
- Rechnungsprüfung des - KrO § 53, S.128
- Rechtsform KrO § 1, S.117
- Satzungen KrO § 5, S.117
- Schaden des - infolge eines Beschlusses des Kreistags KrO § 28, S.122
- Siegel, Wappen, Flagge KrO § 13, S.118
- Sonderumlage KrO § 56c, S.129
- Träger der staatlichen Verwaltung KrO § 58, S.129
- Überörtliche Prüfung des - KrO § 53, S.128
- Verhältnis - und Gemeinden KrO § 2, S.117
- Verpflichtungserklärungen KrO § 43, S.126
- Verträge mit dem Landrat KrO § 26, S.121
- Vertreter des - in Organen juristischer Personen KrO § 26, S.121
- Vertretung, gesetzliche KrO § 42, S.126
- Verwaltung des - KrO § 8, S.118
- Wappen KrO § 13, S.118
- Wesen KrO § 1, S.117
- Wirkungsbereich KrO § 2, S.117
- Wirtschaftsführung des - KrO §§ 9,53, S.118,128
- Zusatzbezeichnungen KrO § 12, S.118
- Zuweisungen an - GFG S.229f.

Kreisangehörige Gemeinden
- Aufsicht GO § 119f., S.40b
- Befähigung eines Beigeordneten GO § 71, S.26
- Bestimmung zur Großen kreisangehörigen Stadt GO § 4, S.9
- Bezirksverfassung GO § 39, S.17
- Einrichtung einer örtlichen Rechnungsprüfung GO § 102, S.33
- Einwendungen gegen Haushaltssatzung des Kreises KrO § 55, S.128
- Gemeindebezirke GO § 39, S.17
- Gleichstellungsbeauftragte GO § 5, S.10
- Kreisumlage KrO § 56, S.128, GFG S.229f.
- Unterzeichnung des Einwohnerantrags GO § 25, S.12
- Zusätzliche Pflichtaufgaben GO § 4, S.9

Kreisangehörige Städte
- Einrichtung einer örtlichen Rechnungsprüfung GO § 102, S.33
- Große und Mittlere - GO § 4, S.9
- Zusätzliche Pflichtaufgaben GO § 4, S.9

Kreisausschuss
- Aufgaben der unteren staatlichen Verwaltungsbehörde KrO § 58, S.129
- Beanstandung von Beschlüssen des - KrO §§ 39,50, S.124,127
- Beschlussfähigkeit KrO § 52, S.128
- Beschlüsse KrO § 42, S.126
- Bindung der Vertreter des Kreises an Beschlüsse des - KrO § 26, S.121
- Dienstkräfte der unteren staatl. Verwaltungsbehörde KrO § 61, S.130
- Dringlichkeitsentscheidungen KrO § 50, S.127
- Ehrenbeamte KrO § 62, S.130
- Entschädigung KrO § 30, S.123
- Epidemische Lage von landesweiter Tragweite KrO § 50, S.127
- Genehmigung der Verbandssatzung des Zweckverbandes GkG § 10, S.148
- Gleichstellungsbeauftragte KrO § 3, S.117
- Hybride Sitzungen der Ausschüsse, KrO § 41a, S.125
- Kein Bürgerbegehren über Rechtsverhältnisse der Mitglieder des - KrO § 23, S.119
- Mitwirkung bei der unteren staatlichen Verwaltungsbehörde KrO § 59, S.129
- Nachwahl KrO § 51, S.128
- Pflichten der Mitglieder KrO § 28, S.122
- Planung der Verwaltungsaufgaben von besonderer Bedeutung KrO § 50, S.127
- Sitzungen KrO § 52, S.128
- Stellung KrO § 50, S.127
- Stellvertretende Mitglieder KrO § 51, S.128
- Übertragung bestimmter Geschäfte KrO §§ 26,42,50, S.121,126,127
- Verfahren KrO § 52, S.128
- Verwaltung des Kreises KrO § 8, S.118
- Vorsitz KrO § 51, S.128
- Wahl der Mitglieder KrO § 51, S.128
- Wahlzeit KrO § 51, S.128
- Zusammensetzung KrO § 51, S.128
- Zuständigkeit bei Beschwerden KrO § 21, S.119
- Zuständigkeiten KrO § 50, S.127
- Zustimmung bei aufsichtsbehördlichen Entscheidungen des Landrats KrO § 59, S.129

Kreisdirektor
- Abberufung KrO § 47, S.127
- Allgemeiner Vertreter KrO § 47, S.127
- Ausschreibung der Stelle KrO § 47, S.127
- Bestellung KrO § 47, S.127
- Eignung KrO § 47, S.127
- Teilnahmerechte KrO § 47, S.127
- Wahl KrO § 47, S.127
- Wahlzeit KrO § 47, S.127
- Wiederwahl KrO § 47, S.127

Kreisfreie Städte
- Aufsicht GO § 120, S.40b
- Befähigung eines Beigeordneten GO § 71, S.26
- Beigeordneter/Stadtkämmerer GO § 71, S.26
- Beteiligung der Bez.vertretung an der Unterrichtung der Einwohner GO § 23, S.11
- Bezirksbezogene Haushaltsansätze GO § 37, S.17
- Bezirksvertretungen GO §§ 23,36,37,41,43,44,48,55,58,62, S.12,16-20,22-23
- Bezirksverwaltungsstellen GO § 38, S.17
- Bürgerbegehren/Bürgerentscheid GO § 26, S.12
- Einteilung in Stadtbezirke GO § 35, S.16
- Einwohnerantrag GO § 25, S.12
- Einwohnerunterrichtung GO § 23, S.12
- Gleichstellungsbeauftragte GO § 5, S.10
- Oberbürgermeister GO § 40, S.18
- Örtliche Rechnungsprüfung GO § 102, S.33
- Stadtbezirke GO §§ 35-37, S.16,16
- Unterzeichnung des Einwohnerantrags GO § 25, S.12
- Widerspruch gegen Beschlüsse der Bezirksvertretung GO § 37, S.17

Kreisordnung (KrO)
- (Volltext) S.117f

Kreissitz
- Bestimmung durch den Kreistag KrO § 12, S.118

Kreisstadt
- Bezeichnung der kreisangehörigen Stadt mit Sitz der Kreisverwaltung GO § 13, S.11

Kreistag
- Abberufung
  - des Kreisdirektors KrO § 47, S.127
  - der Stellvertreter des Landrats KrO § 46, S.126
- Abstimmungen KrO § 35, S.124
- Abwahl des Landrats KrO § 45, S.126
- Akteneinsicht KrO § 26, S.121
- Änderung des Kreisnamens KrO § 12, S.118
- Ausgleichsrücklage
  - Zuführung von Jahresüberschüssen KrO § 56a, S.129
- Auskunft über wirtschaftliche Verhältnisse der Kreistagsmitglieder KrO § 28, S.122
- Ausschluss
  - eines Kreistagsmitglieds KrO § 36, S.124
  - des Landrats KrO § 25, S.121
- Beanstandung von Beschlüssen KrO § 39, S.124
- Befugnisse der Ausschüsse KrO § 41, S.125
- Beschlussfähigkeit KrO § 34, S.123
- Beschlussfassung über Einwendungen gegen den Entwurf der Haushaltssatzung KrO § 54, S.128
- Beschluss über Hauptsatzung mit Mehrheit der gesetzlichen Mitgliederzahl KrO § 5, S.117
- Beschlussunfähigkeit KrO § 34, S.123
- Beschwerden in Angelegenheiten des Kreises KrO § 21, S.119
- Besetzung der Ausschüsse KrO § 41, S.125
- Bestellung
  - des allgemeinen Vertreters KrO § 47, S.127

Stichwortverzeichnis

- von Vertretern des Kreises in Organen juristischer Personen KrO § 26, S.121
- Bildung von Ausschüssen KrO § 41, S.125
- Bürgerbegehren KrO § 23, S.119
- Bürgerentscheid KrO § 23, S.119
- Dienstrechtliche Entscheidungen für Bedienstete in Führungsfunktionen KrO § 49, S.127
- Dringlichkeitsentscheidungen KrO § 50, S.127
- Durchführung der Beschlüsse KrO § 42, S.126
- Einberufung KrO § 32, S.123
- Einberufung durch die Aufsichtsbehörde KrO § 32, S.123
- Einberufung von Sitzungen in besonderen Ausnahmefällen KrO § 32a, S.123
- Einwohnerantrag KrO § 22, S.119
- Erweiterung der Tagesordnung KrO § 33, S.123
- Entschädigung KrO § 30, S.123
- Entzug der Entschädigung KrO § 36, S.124
- Fraktionen KrO § 40, S.124
- Freistellung KrO § 29, S.122
- Geschäftsordnung KrO §§ 32,33,35,36,38,40, S.123,124,125
- Gleichstellungsbeauftragte KrO § 3, S.117
- Hauptsatzung KrO § 5, S.117
- Haushaltssatzung KrO §§ 54,55, S.128
- Heilung von Verfahrens- und Formvorschriften KrO §§ 5,39, S.117,124
- Kreistagsbürgerentscheid KrO § 23, S.119
- Kreisumlage KrO § 26, S.121
  - Mehr- oder Minderbelastung KrO § 56, S.128
- Nachwahl des Landrats KrO § 46, S.126
- Niederschrift der Beschlüsse KrO § 37, S.124
- Öffentlichkeit der Sitzungen KrO § 33, S.123
- Reihenfolge der Stellvertreter der Kreisausschussmitglieder KrO § 51, S.128
- Richtlinien für Ausschüsse KrO § 41, S.125
- Sitz der Kreisverwaltung KrO § 12, S.118
- Stimmrecht des Landrats KrO § 25, S.121
- Teilnahme an Sitzungen KrO § 48, S.127
- Unterrichtungsrecht KrO § 26, S.121
- Verdienstausfall KrO § 30, S.123
- Verwaltung des Kreises KrO § 8, S.118
- Vorbereitung der Beschlüsse KrO § 42, S.126
- Vorsitzender KrO § 25, S.121
- Wahl KrO §§ 25,27, S.121,121
  - des Kreisdirektors KrO § 47, S.127
  - der Mitglieder des Kreisausschusses KrO § 51, S.128
  - der Stellvertreter des Landrats KrO § 46, S.126
- Widerspruch gegen Beschlüsse KrO § 39, S.124
- Zeugenaussagen KrO § 28, S.122
- Zuführung von Jahresüberschüssen an die Ausgleichsrücklage KrO § 56a, S.129
- Zuhörer KrO § 33, S.123
- Zuständigkeit KrO § 26, S.121

Kreistagsbeschlüsse
- Beanstandung von - KrO § 39, S.124
- Durchführung von -
  - durch den Landrat KrO § 42, S.126
  - durch den Stellvertreter des Landrats KrO § 38, S.124
- Niederschrift der - KrO § 37, S.124
- Unterrichtung der Öffentlichkeit über - KrO § 37, S.124
- Vorbereitung von -
  - durch den Kreisausschuss KrO § 50, S.127
  - durch den Landrat KrO § 42, S.126
- Widerspruch gegen - KrO § 39, S.124
- zur Durchführung der Geschäftsordnung KrO § 38, S.124

Kreistagsbürgerentscheid
- Entscheidung des Kreistages mit 2/3-Mehrheit KrO § 23, S.119

Kreistagsmitglieder
- Abberufung
  - des Kreisdirektors KrO § 47, S.127
  - des Landrats KrO § 45, S.126
- Akteneinsicht für einzelne - KrO § 26, S.121
- Antrag
  - auf Ausschluss der Öffentlichkeit KrO § 33, S.123
  - auf Einberufung des Kreistags KrO § 32, S.123
- Aufwandsentschädigung KrO § 30, S.123; EntschVO S.258a
- Auskunft über wirtschaftliche Verhältnisse KrO § 28, S.122
- Ausschussmitglieder KrO § 41, S.125
- Beschluss über Hauptsatzung mit der Mehrheit der gesetzlichen Mitgliederzahl KrO § 5, S.117
- Besetzung der Ausschüsse KrO § 41, S.125
- Bestellung von Vertretern in Organen KrO § 26, S.121
- Bewilligung von Ausgaben ohne Ermächtigung KrO § 28, S.122
- Einberufung KrO § 32, S.123
- Einführung KrO § 46, S.126
- Entschädigungen KrO § 30, S.123
- Entsendung beratender - durch Fraktionen KrO § 40, S.124
- Fragerecht KrO § 32, S.123
- Fraktionen KrO § 40, S.124
- Freistellung KrO § 29, S.122
- Geheime Abstimmung KrO § 35, S.124
- Geschäftsordnung KrO §§ 32,33,35,36,38,40, S.123,124,125
- Haftung KrO § 28, S.122
- Namentliche Abstimmung KrO § 35, S.124
- Pflichten KrO § 28, S.122
- Rechte KrO § 28, S.122
- Sitzungsgeld EntschVO S.258a
- Stellungnahme des Landrats zu einem Punkt der Tagesordnung KrO §§ 26,48, S.121,127
- Teilnahme an nichtöffentlichen Ausschusssitzungen KrO § 41, S.125
- Urlaubsanspruch KrO § 29, S.122
- Verdienstausfall KrO § 30, S.123
- Vorschläge zur Tagesordnung KrO § 33, S.123
- Wahl der - KrO §§ 25,27, S.121,121
- Wahlen
  - Widerspruch gegen offene Abstimmung KrO § 35, S.124
- Zeugenaussagen KrO § 28, S.122

Kreisumlage
- Änderung im Laufe des Haushaltsjahres KrO § 56, S.128
- Aufgaben der Jugendhilfe KrO § 56, S.128
- im Benehmen mit den kreisangehörigen Gemeinden KrO § 55, S.128
- Differenzierte - KrO § 56, S.128
- Einrichtungen des ÖPNV KrO § 56, S.128
- Erhöhung KrO § 56, S.128
- Festsetzung KrO § 56, S.128
- Genehmigung der Umlagesätze KrO § 56, S.128
- Gespaltene - KrO § 56, S.128; GFG, S.234
- Mehr- oder Minderbelastung einzelner Kreisteile KrO § 56, S.128
- Mitgliedschaft in einem Verkehrsverbund KrO § 56, S.128
- Nachrangigkeit KrO § 56, S.128
- Umlagegrundlagen GFG § 23, S.233
- Zuordnung gemäß Kontierungsplan 101

Kriegsopferfürsorge
- Aufgabe des LV LVerbO § 5, S.131

Kulturpflege, landschaftliche
- Zuweisungen gemäß GFG § 19, S.233

Kultur und Wissenschaft
- Produktbereich gemäß Produktrahmen S.72

Kulturdenkmäler
- Bilanz KomHVO § 42, S.52

Kulturpflege
- Aufgabe des LV LVerbO § 5, S.131

Kumulierte Abschreibungen
VV Muster zur GO, Ziff.1.6.6, S.63; Anlage 23, S.112

Kündigungsrechte bei Krediten
RdErl. S.281

Kunstgegenstände, Kulturdenkmäler
- Bilanz KomHVO § 42, S.52
- Zuordnung gemäß Kontierungsplan S.98

Kurbeiträge
- KAG-Regelung KAG § 11, S.156

Kurorte
- Kurbeiträge für - KAG § 11, S.156

Kurortehilfe
- Zuweisungen gemäß GFG § 19, S.233

Kurzfristige Erfolgsrechnung
- Zuordnung gemäß Kontierungsplan S.105

Kurzfristige Forderungen
- Wertgröße des Kennzahlensets 339

Kurzfristige Verbindlichkeitsquote
- Ermittlung der Kennzahl 339

Kürzungen
- beim Gewerbeertrag GewStG § 9, S.175-177

L

Ladungsfrist
- für Ratssitzungen GO § 47, S.20

Stichwortverzeichnis

- für Kreistagssitzungen KrO § 32, S.123
Lagebericht
- Anlage zum Jahresabschluss GO § 95, S.31; KomHVO § 38, S.52
- Anforderungen an den - GO § 95, S.31; KomHVO § 49, S.55
- Anstalten des öffentlichen Rechts GO § 114a, S.39
- Beteiligungsunternehmen GO § 108, S.35
- Eigenbetriebe EigVO § 25, S.144
- Eröffnungsbilanz KomHVO § 54, S.56
- Kommunalunternehmen KUV § 26, S.251
- Kommunen
  - Anlage zum Jahresabschluss GO § 95, S.31; KomHVO § 38, S.52
  - Inhalt KomHVO § 49, S.55
Lagefinanzamt
- Zuständigkeit AO § 22, S.207
Länderfinanzausgleich
  StWG § 15, S.188
Landesbank NRW
- Gewährträgerschaft des LV LVerbO § 5, S.131
Landesbeamte
- Zuteilung an den Kreis KrO § 61, S.130
Landesbildstellen
- Aufgabe des LV LVerbO § 5, S.131
Landesdirektor
  LVerbO §§ 5b,6,7,7b,9,14,16a,17,19,20,21,26, S.132-136,137-139
  (s. auch Direktor des LV)
Landesforstgesetz
- Verwaltung und Bewirtschaftung von Gemeindewaldungen
  GO § 90, S.30
Landeshaushalt
- Regelung der Landesverfassung NRW Art.81f., S.201
Landesjugendamt
- Aufgabe des LV LVerbO § 5, S.131
Landesmuseen
- Aufgabe des LV LVerbO § 5, S.131
Landesräte des LV
- Abberufung LVerbO § 20, S.138
- Ausschreibung LVerbO § 20, S.138
- Befähigung LVerbO § 20, S.138
- Stellung LVerbO § 20, S.138
- Teilnahme an Sitzungen LVerbO § 18, S.137
- Unterzeichnung von Verpflichtungserklärungen LVerbO § 21, S.138
- Vertretung in bestimmten Geschäftsbereichen LVerbO § 20, S.138
- Wahl LVerbO § 20, S.138
- Wahlzeit LVerbO § 20, S.138
Landesrechnungshof
  LVerf NRW Art.86,87, S.202
Landesregierung
- Auflösung des Rates GO § 125, S.40b
- Beachtung der Richtlinien der - durch den Landrat KrO § 60, S.130
- Bestimmung der Großen und Mittleren kreisangehörigen Städte durch RVO GO § 4, S.9
- Berichterstattung des Landrats über Vorgänge von Bedeutung
  KrO § 60, S.130
- Eingriffe in Rechte
  - der Gemeinde GO § 3, S.9
  - der Kreise KrO § 2, S.117
- Entlastung LVerf Art.86, S.201
- Ermächtigung des MHKBG zur Auflösung eines Rates
  GO § 125, S.40b
- Genehmigung des Kreistagsbeschlusses betr. Sitz der Kreisverwaltung KrO § 12, S.118
- Verleihung der Bezeichnung "Stadt" GO § 13, S.10
- Weisungen auf dem Gebiet des Geheimschutzes
  GO § 6, S.10; KrO § 4, S.117; LVerbO § 5a, S.132
- Zuweisung von Aufgaben der unteren staatlichen Verwaltungsbehörde an die Bürgermeister KrO § 58, S.129
Landessteuern
- Regelung des Grundgesetzes Art.106, S.184
Landesverfassung NRW (LVerf)
  (Art. 1,3,78,79,81-88 LVerf) S.201,202
Landesvervielfältiger
- für die Gewerbesteuerumlage GemFinRefG § 6, S.222,223
Landeszuschuss an GPA
- zur Deckung des durch Gebühren und Entgelte nicht gedeckten Aufwands GPAG § 11, S.254a
Landkreistag NRW
- Verteter im Verwaltungsrat der GPA GPAG § 4, S.253
Landrat
- Abwahl KrO § 45, S.126
- Altersgrenze KrO § 44, S.126

- Amtsführung (Beschlussausführung) KrO § 38, S.124
- Akteneinsicht KrO § 26, S.121
- Allgemeine Aufsicht über kreisangehörige Gemeinden, Körperschaften, Anstalten und Stiftungen KrO § 59, S.129
- Allgemeiner Vertreter KrO § 47, S.127
- Arbeitsrechtliche Entscheidungen KrO § 49, S.127
- Aufgaben KrO § 42, S.126
- Aufgaben der unteren staatlichen Verwaltungsbehörde
  KrO §§ 58-61, S.129
- Auskunft der Mandatsträger über wirtschaftliche Verhältnisse
  KrO § 28, S.122
- Auskunftspflicht KrO § 26, S.121
- Beamtenrechtliche Entscheidungen KrO § 49, S.127
- Beanstandung von
  - Kreisausschussbeschlüssen KrO §§ 39,50, S.124,127
  - Kreistagsbeschlüssen KrO § 39, S.124
- Bekanntmachung von Zeit, Ort und Tagesordnung der Kreistagssitzungen KrO § 33, S.123
- Berichterstattung an die Landesregierung über bedeutsame Vorgänge KrO § 60, S.130
- Beschlussfassung unter Verletzung des Mitwirkungsverbots
  KrO § 39, S.124
- Beschwerden in Angelegenheiten des Kreises KrO § 21, S.119
- Dienstaufsicht der Bezirksregierung KrO § 60, S.130
- Dienstvorgesetzter der Beamten, Angestellten und Arbeiter
  KrO § 49, S.127
- Eilentscheidung KrO § 50, S.127
- Einberufung
  - des Kreisausschusses KrO § 52, S.128
  - des Kreistags KrO § 32, S.123
- Einführung KrO § 46, S.126
- Festsetzung der Tagesordnung
  - für die Ausschüsse im Benehmen mit dem Ausschussvorsitzenden
    KrO § 41, S.125
  - für den Kreisausschuss KrO § 52, S.128
  - für den Kreistag KrO § 33, S.123
- Finanzaufsicht über kreisangehörige Gemeinden Erl. S.345
- Gebühren als untere staatliche Verwaltungsbehörde
  KrO § 61, S.130
- Genehmigung der Verbandssatzung des Zweckverbandes
  GkG § 10, S.148
- Heilung von Verfahrens- und Formvorschriften KrO § 5, S.117,118
- Losziehung
  - bei der Wahl des Stellvertreters des - KrO § 46, S.126
  - bei der Zuteilung der Ausschussvorsitze KrO § 41, S.125
- Nachwahl KrO § 46, S.126
- Offenbarungspflicht der Mandatsträger über Ausschließungsgründe
  KrO § 28, S.122
- Organ KrO § 8, S.118
- Repräsentative Vertretung KrO § 25, S.121
- Ruhen der Amtsgeschäfte KrO § 45, S.126
- Sitzungsausschluss eines Kreistagsmitglieds KrO § 36, S.124
- Sitzungsleitung KrO § 36, S.124
- Sonderaufsicht über kreisangehörige Gemeinden, Körperschaften, Anstalten und Stiftungen KrO § 59, S.129
- Status KrO § 25, S.121
- Stellungnahme zu einem Punkt der Tagesordnung
  KrO §§ 26,48, S.121,127
- Stellvertreter KrO §§ 31,45,46, S.123,126,127
- Stimmrecht KrO §§ 25,51, S.121,128
- Teilnahme an Sitzungen
  - der Ausschüsse KrO §§ 41,48, S.125,127
  - des Kreistages KrO § 48, S.127
- Übertragung einzelner Verwaltungsaufgaben durch den Kreisausschuss
  KrO § 50, S.127
- Überwachung der Geschäftsführung KrO § 50, S.127
- Unterrichtung des Kreisausschusses über Planungsvorhaben
  KrO § 50, S.127
- als untere staatliche Verwaltungsbehörde GO § 120, S.40b
- Unterrichtungspflicht KrO § 26, S.121
- Unterzeichnung der Sitzungsniederschrift KrO § 37, S.124
- Unterzeichnung
  - von Urkunden und Arbeitsverträgen KrO § 49, S.127
  - von Verpflichtungserklärungen KrO § 43, S.126
- Verhinderung bei der Stichwahl KrO § 46, S.126
- Verletzung der Einberufungspflicht KrO § 32, S.123
- Verträge des - mit dem Kreis KrO § 26, S.121
- Vertreter des Kreises in Organen juristischer Personen
  KrO § 26, S.121
- Verwaltung des Kreises KrO § 8, S.118

49. Auflage 2022 / **DRESBACH** 435

Stichwortverzeichnis

- Verwaltungsbehörde i.S.des OWiG KrO § 5, S.117
- Verwendungsnachweis für Zuwendungen an die Fraktionen
  KrO § 40, S.124
- Verzicht auf Entscheidung der Bürger über Abwahl des Landrats
  KrO § 45, S.126
- Vorschlag des - auf Ausschluss der Öffentlichkeit KrO § 33, S.123
- Vorschläge zur Tagesordnung für Ausschusssitzung
  KrO § 41, S.125
- Vorsitz
  - im Kreisausschuss KrO § 51, S.128
  - im Kreistag KrO § 25, S.121
- Wahl KrO § 44, S.126
- Wahlbeamter KrO § 44, S.126
- Wählbarkeitsvoraussetzungen KrO § 44, S.126
- Wahlzeit KrO § 44, S.126
- Widerspruch
  - der Gleichstellungsbeauftragten KrO § 3, S.117
  - gegen Kreisausschussbeschlüsse KrO §§ 39,50, S.124,127
  - gegen Kreistagsbeschlüsse KrO § 39, S.124
- Zuleitung der Niederschrift der Ausschussbeschlüsse KrO § 41, S.125
- Zusammenarbeit mit Landesbehörden KrO § 59, S.129
- Zuständigkeiten KrO § 42, S.126
- Zuteilung von Landesbeamten KrO § 61, S.130

Landschaftliche Kulturpflege
- Zuweisungen gemäß GFG § 19, S.233

Landschaftsausschuss
- Abgrenzung der Zuständigkeiten der Fachausschüsse
  LVerbO §§ 11,13, S.135,135
- Aufgaben LVerbO § 11, S.135
- Aufhebung und Änderung von Beschlüssen der Fachausschüsse
  LVerbO § 11, S.135
- Aufhebungsrecht der Aufsichtsbehörde LVerbO § 26, S.139
- Aufwandsentschädigung LVerbO § 16, S.137
- Auskunft der Mandatsträger über wirtschaftliche Verhältnisse
  LVerbO § 15, S.136
- Ausschluss der Öffentlichkeit LVerbO § 14, S.136
- Beanstandung von Beschlüssen LVerbO § 19, S.137
- Beanstandungsrecht der Aufsichtsbehörde LVerbO § 26, S.139
- Bestellung von Vertretern des LV LVerbO § 17, S.137
- Bildung LVerbO § 12, S.135
- Dienstvorgesetzter des Direktors des LV LVerbO § 20, S.138
- Dringlichkeitsentscheidungen LVerbO § 17, S.137
- Durchführung der Beschlüsse der Landschaftsversammlung
  LVerbO § 11, S.135
- Einberufung LVerbO § 14, S.136
- Einberufung von Sitzungen in besonderen Ausnahmefällen LVerbO § 8b, S.134
- Einfache Mehrheit bei Hybriden Sitzung der Fachausschüsse LVerbO § 13a, S. 136
- Entlastung des - durch Fachausschüsse LVerbO § 13, S.135
- Entscheidung über Ausschließungsgründe LVerbO § 15, S.136
- Epidemische Lage von landesweiter Tragweite LVerbO § 11, S.135
- Festsetzung der Tagesordnung LVerbO § 14, S.136
- Genehmigung für Zeugenaussagen LVerbO § 15, S.136
- Geschäftsordnung LVerbO §§ 14,20, S.136,137
- Haftung LVerbO § 15, S.136
- Nachwahl LVerbO § 12, S.135
- Offenbarungspflicht LVerbO § 15, S.136
- Sachkundige Bürger LVerbO §§ 12,13, S.135
- Sitzungen LVerbO § 14, S.136
- Sitzungsgeld LVerbO § 16, S.137
- Stellvertreter der Mitglieder LVerbO § 12, S.135
- Teilnahme
  - an nichtöffentlichen Sitzungen LVerbO § 14, S.136
  - des Landesdirektors und der Landesräte an Sitzungen des -
    LVerbO § 18, S.137
- Übertragung
  - von Entscheidungen auf Fachausschüsse LVerbO § 11, S.135
  - der Erledigung einzelner Verwaltungsaufgaben auf den Landesdirektor LVerbO § 11, S.135
- Überwachung
  - der Tätigkeit der Ausschüsse LVerbO § 11, S.135
  - der Verwaltungsführung des Landesdirektors LVerbO § 11, S.135
- Verdienstausfallersatz LVerbO § 16, S.137
- Vorbereitung
  - der Beschlüsse des - LVerbO § 17, S.137
  - der Beschlüsse der Landschaftsversammlung LVerbO § 11, S.135
- Vorsitzende der Fachausschüsse LVerbO § 13, S.135
- Wahl durch Landschaftsversammlung
  LVerbO §§ 7,12, S. 132,135

- Wahlzeit LVerbO § 12, S.135
- Zuständigkeit LVerbO § 11, S.135
- Zustimmung zu Beschlüssen der Fachausschüsse
  LVerbO § 11, S.135

Landschaftsumlage
- Änderung im Laufe des Haushaltsjahres LVerbO § 22, S.138
- Erhöhung LVerbO § 22, S.138
- Festsetzung LVerbO § 22, S.138
- Genehmigung LVerbO § 22, S.138
- Nachrangigkeit LVerbO § 22, S.138
- Umlagegrundlagen GFG § 25, S.233
- Zuordnung gemäß Kontierungsplan S.101

Landschaftsverband (LV)
- Anfechtung von Aufsichtsmaßnahmen LVerbO § 28, S.139
- Anordnungsrecht der Aufsichtsbehörde LVerbO § 27, S.139
- Anwendung der Vorschriften der GO für die Haushaltswirtschaft
  und das Prüfungswesen LVerbO § 23, S.138
- Aufgaben LVerbO § 5, S.131
- Aufhebungsrecht der Aufsichtsbehörde LVerbO § 26, S.139
- Aufsicht über - LVerbO §§ 24f, S.139
- Ausgleichsrücklage LVerbO § 23a, S.139
- Beamte, Angestellte und Arbeiter LVerbO § 20, S.138
- Beanstandungsrecht der Aufsichtsbehörde LVerbO § 26, S.139
- Direktor LVerbO §§ 5b,6,7,7a,7b,9,11,14-21,26, S.132-139
- Einwendungen gegen Entwurf der Haushaltssatzung des -
  LVerbO § 23, S.138
- Einwohnerrechte LVerbO § 4, S.131
- Ersatzvornahme LVerbO § 27, S.139
- Finanzwirtschaft LVerbO § 22f, S.138
- Gebiet LVerbO § 3, S.131
- Gebietsänderungen LVerbO § 3, S.131
- Geheimhaltung LVerbO § 5a, S.132
- Geschäfte der laufenden Verwaltung LVerbO § 17, S.137
- Gleichstellung von Frau und Mann LVerbO § 5b, S.132
- Haushaltssatzung LVerbO § 23, S.138
- Haushaltssicherungskonzept LVerbO § 23b, S.139
- Haushaltwirtschaft LVerbO § 23, S.138
- Mitgliedskörperschaften LVerbO § 1, S.131
- Landesräte LVerbO § 20, S.138
- Landschaftsausschuss LVerbO §§ 7,11-16, S. 132-136
- Landschaftsumlage LVerbO § 22, S.138; GFG § 25, S.233
- Landschaftsversammlung LVerbO §§ 5b,6-20,23,23a, S.132-138
- Mitgliedskörperschaften
  LVerbO §§ 1,3,4,7b,15,23, S.131-133,136,138
- Öffentliche Einrichtungen LVerbO § 5, S.131
- Rechte der Einwohner LVerbO § 4, S.131
- Rechtsform LVerbO § 2, S.131
- Satzungen LVerbO § 6, S.132
- Schaden des - infolge eines Beschlusses der Gremien des LV
  LVerbO § 15, S.136
- Sonderumlage LVerbO § 23c, S.139
- Überörtliche Prüfung des - LVerbO § 23, S.138
- Überörtlicher Träger der Sozialhilfe LVerbO § 5, S.131
- Unterrichtungsrecht der Aufsichtsbehörde LVerbO § 25, S.139
- Verpflichtungserklärungen LVerbO § 21, S.138
- Vertretung, gesetzliche LVerbO § 17, S.137
- Wirkungskreis LVerbO § 3, S.131
- Umlage des - LVerbO § 22, S.138; GFG § 25, S.233
- Zuweisungen an - GFG S.229f.
- Zwangsvollstreckung LVerbO § 29, S.139

Landschaftsverbandsordnung (LVerbO)
  (Volltext) S.131

Landschaftsverband Westfalen-Lippe
- Aufgaben LVerbO § 5, S.131

Landschaftsversammlung
- Abberufung
  - des Direktors des LV LVerbO § 20, S.138
  - der Landesräte LVerbO § 20, S.138
  - des Vorsitzenden der - LVerbO § 8, S.134
- Akteneinsichtsrecht LVerbO § 7a, S.132
- Aufhebungsrecht der Aufsichtsbehörde LVerbO § 26, S.139
- Aufwandsentschädigung LVerbO § 16, S.137
- Auskunft der Mandatsträger über wirtschaftliche Verhältnisse
  LVerbO § 15, S.136
- Ausschließungsgründe LVerbO § 15, S.136
- Ausschluss der Öffentlichkeit LVerbO § 9, S.134
- Beanstandung von Beschlüssen LVerbO § 19, S.137
- Beanstandungsrecht der Aufsichtsbehörde LVerbO § 26, S.139
- Befugnisse LVerbO § 7, S.132

Stichwortverzeichnis

- Benachrichtigung des IM über Einberufung der - LVerbO § 9, S.134
- Benannte Mitglieder der - für den Landschaftsausschuss LVerbO § 12, S.135
- Beschlussfähigkeit LVerbO § 10, S.134
- Beschlussfassung LVerbO § 10, S.134
- Beschlussunfähigkeit LVerbO § 10, S.134
- Besetzung der Ausschüsse LVerbO § 13, S.135
- Bestimmung der Fachausschüsse LVerbO § 13, S.135
- Bildung LVerbO § 7, S.132
- Bindung der Vertreter des LV an Beschlüsse der - LVerbO § 17, S.137
- Einberufung LVerbO § 8, S.134
- Einberufung von Sitzungen in besonderen Ausnahmefällen LVerbO § 8b, S.134
- Einfache Mehrheit bei Hybriden Sitzung der Fachausschüsse LVerbO § 13a, S. 136
- Einführung
  - der Mitglieder LVerbO § 8, S.134
  - des Vorsitzenden LVerbO § 8, S.134
- Einwendungen gegen den Entwurf der Haushaltssatzung LVerbO § 23, S.138
- Entlastung LVerbO § 7, S.132
- Erlass der Haushaltssatzung LVerbO §§ 7,23, S.132,138
- Festsetzung der Tagesordnung LVerbO § 9, S.134
- Fiktion der Beschlussfähigkeit LVerbO § 10, S.134
- Fraktionen LVerbO § 16a, S.137
- Freies Mandat LVerbO § 15, S.136
- Geschäftsordnung LVerbO §§ 8,9, S.134,134
- Gleichstellungsbeauftragte
  - Teilnahme an Sitzungen der - LVerbO § 5b, S.132
- Haftung LVerbO § 15, S.136
- Landschaftsumlage LVerbO § 7, S.132
- Nachwahl für den Landschaftsausschuss LVerbO § 12, S.135
- Niederschrift über Verhandlungen und Beschlüsse der - LVerbO § 9, S.134
- Offenbarungspflicht LVerbO § 15, S.136
- Reservelisten LVerbO § 7b, S.133
- Sanktionslosigkeit von Verfahrensfehlern LVerbO §§ 6,19, S.132,137
- Sitzungen LVerbO § 9, S.134
- Sitzungsgeld LVerbO § 16, S.137
- Sitzverteilung LVerbO § 7b, S.133
- Stellvertreter des Vorsitzenden LVerbO § 8a, S.134
- Teilnahme an nichtöffentlichen Sitzungen des Landschaftsausschusses LVerbO § 14, S.136
- Teilnahme an Sitzungen LVerbO § 18, S.137
- Übermittlung personenbezogener Daten LVerbO § 16a, S.137
- Unterrichtungsrecht LVerbO § 7a, S.132
- Verdienstausfallersatz LVerbO § 16, S.137
- Verstoß gegen Offenbarungspflicht LVerbO § 15, S.136
- Verteilung der Ausschussvorsitze LVerbO § 13, S.135
- Vorsitzender LVerbO §§ 8a,9,12,15, S.134-136
- Vorsitzende der Fachausschüsse aus der Mitte der - LVerbO § 13, S.135
- Wahl des Vorsitzenden LVerbO § 8a, S.134
- Wahlverfahren LVerbO § 7b, S.133
- Wahlzeit LVerbO § 7b, S.133
- Wartezeit bis zum Zusammentritt der neugewählten - LVerbO § 11, S.135
- Weisungen der - LVerbO § 17, S.137
- Widerspruch gegen Verteilung der Ausschussvorsitze LVerbO § 13, S.135
- Zuführung von Jahresüberschüssen an die Ausgleichsrücklage LVerbO § 23a, S.139
- Zusammensetzung LVerbO § 7b, S.133
- Zusammentritt LVerbO § 8, S.134
- Zuständigkeiten LVerbO § 7, S.132
- Zweitladung wegen Beschlussunfähigkeit LVerbO § 10, S.134

Landtag
- Unterrichtung über Auswirkungen des Stärkungspaktgesetzes § 13, S.354

Land- und forstwirtschaftlich genutzter Grundbesitz
- Befreiung von der Grundsteuer GrStG § 6, S.164

Land- und forstwirtschaftliches Vermögen
- Begriff BewG § 232, S.270

Langfristiges Fremdkapital
- Wertgröße des Kennzahlensets S.338

Lastentragungspflicht
- Gemeinde GO § 8, S.10
- Kreis KrO § 6, S.118

Latente Steuern
- HGB §§ 266,268,274,274a,301,306, S.274-279

Laufende Geschäfte
- des Zweckverbandes GkG § 16, S.150

Laufende Prüfung
- der Finanzbuchhaltung GO § 103, S.33

Laufende Überwachung
- der Zahlungsabwicklung GO § 103, S.33

Laufende Verwaltung
- Erledigung der Geschäfte der - durch
  - Betriebsleitung des Eigenbetriebs EigVO § 2, S.141
  - Bürgermeister GO § 41, S.18
  - Direktor des LV LVerbO § 17, S.137
  - Landrat KrO § 42, S.126
  - Ortsvorsteher GO § 39, S.17
- Formlose Verpflichtungserklärungen für Geschäfte der -
  - Gemeinden GO § 64, S.24
  - Kreise KrO § 43, S.126
- LV LVerbO § 21, S.138

Laufende Verwaltungstätigkeit
- Auszahlungen (Finanzplan) KomHVO § 3, S.43
- Einzahlungen (Finanzplan) KomHVO § 3, S.43

Laufzeit
- von Krediten RdErl. S.281

Leasing
- Allgemeine Grundsätze RdErl. S.283
- Ausschreibungspflicht RdErl. S.283, Ziff.5.1.1
- Begriff RdErl. S.282,283, Ziff.4.1,4.3
- Finanzierung RdErl. S.283, Ziff.5.3.1
- Immobilien-Leasing RdErl. S.282,283, Ziff.4.3,5.3.1
- Kosten für den Erwerb RdErl. S.283, Ziff.5.3.1
- Kreditähnliche Rechtsgeschäfte RdErl. S.282,283, Ziff.4.1,4.3,5.2
- Leasingfinanzierung RdErl. S.283, Ziff.5.3.1
- Leasingraten RdErl. S.283, Ziff. 5.3.1
- Leasingobjekte RdErl. S.283, Ziff.5.3.1
- Mobilien-Leasing RdErl. S.283, Ziff.5.3.1
- Sale-and-lease-back-Verträge RdErl. S.284, Ziff.5.3.2
- Wirtschaftlichkeitsvergleich RdErl. S.283, Ziff.5.2.1
- Zuwendungsfähigkeit RdErl. S.283, Ziff.5.1.2

Leasingfinanzierung
RdErl. S.283, Ziff.5.3.1

Leasinggeber
RdErl. S.283, Ziff.5.3.1

Leasingnehmer
RdErl. S.283, Ziff.5.3.1

Leasingraten
- Hinzurechnung bei der Gewerbesteuerberechnung GewStG § 8, S.174
- Höhe RdErl. S.283, Ziff.5.3.1
- bei ÖPP-Projekten RdErl. S.283, Ziff.5.2
- Zusammensetzung RdErl. S.283, Ziff.5.3.1

Leasingverträge
- Anzeigepflicht RdErl. S.282, Ziff.4.2
- Ausschreibungspflicht RdErl. S.283, Ziff.5.1.1
- Begriff RdErl. S.281f
- Kreditähnliches Rechtsgeschäft RdErl. S.281f.
- Vergleichsrechnung RdErl. S.283, Ziff.5.2.1
- Wirtschaftlichkeitsvergleich RdErl. S.283, Ziff.5.2.1
- Zuordnung gemäß Kontierungsplan S.100
- Zuwendungen des Landes RdErl. S.283, Ziff.5.1.2

Lebenspartner
- Angehöriger gemäß GO § 31, S.15
- Vollstreckung AO § 263, S.218

Leertitel
- im Bundeshaushalt StWG § 8, S.187

Leibrentenverträge
- einer Kreditaufnahme wirtschaftlich gleichkommende Rechtsgeschäfte RdErl. S.282, Ziff.4.1

Leistungen
- im Verhältnis zwischen Kommunalunternehmen und Gemeinden KUV § 13, S.250

Leistungsbeziehungen, interne
- KomHVO § 16, S.46

Leistungsentgelte
- Ergebnisplan KomHVO § 2, S.43
- Finanzplan KomHVO § 3, S.44
- eines ÖPP-Projektes RdErl. S.282, Ziff.5.2.3
- Zuordnung gemäß Kontierungsplan 101,102

Leistungsfähigkeit der Gemeinde
- Aufwendungen für die Erhaltung der - KomHVO § 33a, S.50

Stichwortverzeichnis

- bei energiewirtschaftlicher Betätigung GO § 107a, S.35
- Bilanz KomHVO § 42, S.52
- Grenzen der - GO § 8, S.10
- Grundlage für die Aufgabenerfüllung GO § 15, S.11
- Haushaltssicherungskonzept GO § 76, S.27
- bei Kreditaufnahmen GO §§ 82,86, S.28,29; RdErl. S.281,282
- Laufzeit von Krediten RdErl. S.281
- bei Leasinggeschäften RdErl. S.281f
- bei Errichtung wirtschaftlicher Unternehmen
  GO § 107,108, S.34,35

Leistungsmengen
- in den Teilrechnungen KomHVO § 41, S.52

Leistungsort
- bei Zahlungen AO § 224, S.214

Leitung und Prüfer der Rechnungsprüfung
- Bestellung und Abberufung GO §§ 41,104, S.18,33
- Keine Zahlungsabwicklung durch - GO § 104, S.33
- Keine Mitgliedschaft der - im Rat GO § 104, S.33
- Rechnungswesen des Kommunalunternehmens KUV § 11, S.249
- Unterstellung der - unter den Rat GO § 104, S.33
- Verwandtschaftsverbote GO § 104, S.33

Leitung
- der Verwaltungsgeschäfte
  - Gemeinde GO § 62, S.24
  - Kreis KrO § 42, S.126
- der Kreistagssitzungen KrO § 36, S.124
- der Ratssitzungen GO § 51, S.21
- der örtlichen Rechnungsprüfung GO § 104, S.33
- des Rechnungswesens der Eigenbetriebe EigVO § 13, S.142
- der Verwaltung GO § 63, S.24; KrO § 42, S.126

Lieferaufträge
- Vergabe von - RdErl. S.245

Lineare Abschreibung
- Regelung der KomHVO § 36, S.50

Liquide Mittel
- Bilanz KomHVO § 42, S.52
- Finanzrechnung KomHVO § 40, S.52
- Umlaufvermögen KomHVO § 57, S.56
- Wertgröße des Kennzahlensets S.339
- Zuordnung gemäß Kontierungsplan S.99

Liquidität
- Gemeinde GO § 89, S.30
- Haushaltswirtschaftliche Sperre zur Erhaltung der -
  KomHVO § 25, S.47
- Örtliche Vorschriften des Bürgermeisters für die Ermittlung der -
  KomHVO § 32, S.49

Liquidität 2. Grades
- Ermittlung der Kennzahl 339

Liquiditätsplanung
- Eigenbetrieb EigVO § 11, S.143
- Gemeinde GO § 89, S.30; KomHVO § 31, S.49

Liquiditätssicherung
- COVID-19 Pandemie NKF-COVID-19-Isolierungsgesetz
  § 3, S.389
- Kreditaufnahme
  GO § 89, S.30; KomHVO § 40, S.52; Krediterlass S.282, Ziff.3

Liquiditätsverbund (Cashpooling)
- Krediterlass Ziffer 3.2, S.283

Listenwahl
- bei Bildung der Verbandsversammlung des Zweckverbandes
  GkG § 15a, S.149

Lizenzen
- Hinzurechnung bei der Gewerbesteuerberechnung
  GewStG § 8, S.174

Lohnsteuer
  GemFinRefG § 3, S.223

Lombardsatz
- Anbindung an - bei Zinsgleitklauseln RdErl. S.281, Ziff.2.1.1

Lose
- bei Auftragsvergaben RdErl. S.245, Ziff.3.2

Losentscheid
- bei Wahlen
  - Gemeinde GO §§ 50,58, S.21,22
  - Kreis KrO §§ 35,41, S.124,125
  - LV LVerbO § 8a, S.134
- bei Zuteilung der Ausschussvorsitze
  GO § 58, S.23; KrO § 41, S.125; LVerbO § 13, S.135

M

Mahnung
Regelung der Abgabenordnung AO § 259, S.218

Mahnverfahren
- Örtliche Vorschriften des Bürgermeisters KomHVO § 32, S.49

Management
VV Muster zur GO, Ziff. 1.2.5, S.59

Mandat
- Freies - GO § 43, S.19; KrO § 28, S.122; LVerbO § 15, S.136

Marktanalyse
- bei wirtschaftlicher Betätigung
  GO § 107, S.34; KrO § 26, S.121

Marktübliche Verzinsung des Eigenkapitals
- bei Eigenbetrieben EigVO § 10, S.142,143
- bei wirtschaftlichen Unternehmen GO § 109, S.38

Maschinen und technische Anlagen
- Bilanz KomHVO § 42, S.52

Maschinen und technische Anlagen, Fahrzeuge
- Zuordnung gemäß Kontierungsplan S.98

Maßgaben bei der Genehmigung
- von Satzungen BekanntmVO § 2, S.257

Maßgebender Gewerbeertrag
  GewStG § 10, S.177

Maßgeblicher Einfluss der Kommune
- bei verselbständigten Aufgabenbereichen KomHVO § 52, S.55

Mathematische Proportion
- bei der Bildung der Verbandsversammlung des Zweckverbandes
  GkG § 15a, S.149

Mathematisch-statistische Methoden
- bei der Aufstellung des Inventars KomHVO § 30, S.48

Mehraufwendungen in Budgets
- überplanmäßige Aufwendungen KomHVO § 21, S.47

Mehrauszahlungen
- in Budgets KomHVO § 21, S.47
- überplanmäßige Auszahlungen KomHVO § 21, S.46

Mehrbelastung
- der Gemeinden GO § 3, S.9
- von Kreisteilen durch die Kreisumlage KrO § 56, S.128; GFG S.234

Mehreinzahlungen
- in Budgets KomHVO § 21, S.47
- für Investitionen KomHVO § 21, S.47
- Veranschlagung im Nachtragshaushaltsplan KomHVO § 10, S.45

Mehrerträge
- in Budgets KomHVO § 21, S.47
- Veranschlagung im Nachtragshaushaltsplan KomHVO § 10, S.45

Mehrheit
- Einfache - GO § 50, S.21; KrO § 35, S.124; LVerbO § 10, S.134
- Einfache Mehrheit bei Hybriden Sitzungen der Ausschüsse GO § 58a,
  S.23, KrO § 41a, S.125, LVerbO § 13a, S. 136
- Qualifizierte - GO §§ 50,66, S.21,24; KrO §§ 35,45,46, S.124,126,127
  LVerbO § 10, S.134
- Zweidrittel - GO §§ 26,34,56,66,67,71,73, S.12,16,22,24,25,25;25
  KrO §§ 23,40,45,46,47,49, S.119,125,126,127,127,127

Mehrheitsbeteiligungen
- Pflichten bei - GO § 108, S.35

Mehr- oder Minderbelastung von Kreisteilen
- allgemeine - im Rahmen der Kreisumlage KrO § 56, S.128
- für die Jugendhilfe KrO § 56, S.128
- für Verkehrsverbünde KrO § 56, S.128

Mehrwertsteuer
- Behandlung nach dem EStG S.259,260

Menschen mit Einwanderungsgeschichte
- Politische Teilhabe von Menschen mit Einwanderungsgeschichte GO
  § 27, S. 14

Messbare Kennzahlen
- im Haushaltsplan VV Muster zur GO, S.60, Ziff.1.2.5

Messewesen
- Wirtschaftliche Betätigung GO § 107, S.34

Mieten und Pachten
- Zuordnung gemäß Kontierungsplan S.102

Miet- und Pachtzinsen
- Gewerbesteuer GewStG § 8, S.175

Mietverträge, langfristige
- als kreditähnliche Rechtsgeschäfte RdErl. S.282, Ziff.4.1

Minderaufwand
  GO § 75, S.27

Stichwortverzeichnis

Minderbelastung von Kreisteilen
- mittels Kreisumlage KrO § 56, S.128; GFG § 24, S.233

Mindereinzahlungen
- für Investitionen in Budgets KomHVO § 21, S.47

Minderheitsrecht
- Einberufung der Gremien
  GO § 47, S.20; KrO § 32, S.123; LVerbO §§ 8,14, S.134,136
- Festsetzung der Tagesordnung
  GO § 48, S.21; KrO § 33, S.123; LVerbO § 9, S.134
- Verteilung der Ausschussvorsitze
  GO § 58, S.23; KrO § 41, S.125; LVerbO § 13, S.135

Mindererträge
- in Budgets KomHVO § 21, S.47

Minderungen des Anschaffungspreises
- bei Vermögensgegenständen KomHVO § 34, S.50

Mindestarbeitsbedingungen
  TVgG § 2, S.377

Mindestentgelt
  TVgG § 2, S.377

Mindest-Hebesatz
  GewStG § 16, S.178

Mindestlohn
- bei Vergabe öffentlicher Aufträge TVgG § 2, S.377

Mindestlohngesetz
  TVgG § 2, S.377

Mindestzahl für Fraktionsbildung
- Gemeinden GO § 56, S.22
- Kreise KrO § 40, S.124
- LV LVerbO § 16a, S.137

Missbrauch
- wirtschaftlicher Machtstellung GO § 110, S.39

Mitbestimmung
- bei Eigenbetrieben GO § 114, S.39

Mitglieder der Bezirksausschüsse
  GO § 39, S.17

Mitglieder der Bezirksvertretungen
- Aufwandsentschädigung EntschVO § 1, S.258a

Mitglieder kommunaler Vertetungen
- Aufwandsentschädigung EntschVO § 1, S.258a
- Fahrkosten EntschVO § 5, S.258c
- Monatliche Pauschale EntschVO § 1, S.258a
- Reisekosten EntschVO § 6, S.258c
- Sitzungsgeld EntschVO § 1, S.258a
- Unfallversicherung EntschVO § 7, S.258c

Mitglieder der Landschaftsversammlung
- Aufwandsentschädigung EntschVO § 1, S.258a
- Sitzungsgeld EntschVO § 1, S.258a
- Übernachtungsgeld EntschVO § 5, S.258c

Mitglieder der Verbandsversammlung des RVR
- Aufwandsentschädigung EntschVO § 1, S.258a
- Übernachtungsgeld EntschVO § 5, S.258c

Mitgliedskörperschaften
- Beteiligung bei der Festsetzung der Landschaftsumlage LVerbO § 22
- Bildung der Landschaftsversammlung LVerbO § 7b, S.133
- des LV LVerbO § 1, S.131
- Einwendungen von Einwohnern der - gegen die Haushaltssatzung des LV LVerbO § 23, S.138
- Ende der Wahlzeit der Landschaftsversammlung LVerbO § 7b, S.133
- Gebiet des LV LVerbO § 3, S.131
- Rechte der Einwohner der - LVerbO § 4, S.131
- Reservelisten des LV LVerbO § 7b, S.133

Mitteilung an Finanzamt
- über Erwerb/Gründung von Betrieben im Ausland AO § 138, S.208
- über Erwerb/Veräußerung einer Beteiligung an ausländischen Gesellschaften AO § 138, S.208

Mittelbare Wahl
- der Landschaftsversammlung LVerbO § 7b, S.133

Mittelfristige Ergebnis- und Finanzplanung
- Allgemeines GO § 84, S.29
- Eigenbetriebe EigVO § 18, S.144
- Kommunalunternehmen KUV § 19, S.250

Mittlere kreisangehörige Städte
- Bestimmung
  - auf eigenen Antrag GO § 4, S.9
  - durch das Kommunalministerium GO § 4, S.9
- Örtliche Rechnungsprüfung GO § 102, S.33
- Vereinbarung zur Aufgabenübertragung GO § 3, S.9
- Voraussetzung GO § 4, S.9
- Zusätzliche Aufgaben GO § 4, S.9

Mitwirkungsrechte der Mandatsträger
- Gemeinden GO § 43, S.19
- Kreise KrO § 28, S.122
- LV LVerbO § 15, S.136

Mitwirkungsverbot
- Angehörige GO § 31, S.15
- Ausnahmen vom - GO § 31, S.15
- Heilungsklausel bei Verletzung des -
  GO § 54, S.22; KrO § 39, S.124; LVerbO § 11, S.135
- Mandatsträger
  GO § 43, S.19; KrO § 28, S.122; LVerbO § 15, S.136
- Offenbarungspflicht
  GO §§ 31,43, S.15,18; KrO § 28, S.122; LVerbO § 15, S.136
- Rechtsfolgen bei Verletzung eines -
  GO §§ 31,43, S.15,18; KrO § 28, S.122; LVerbO § 15, S.136

Mobilien-Leasing
  RdErl. S.283, Ziff.5.3.1

Moderne Dienstleistungen am Arbeitsmarkt
- Zuweisungen des Landes GFG §§ 2,8, S.229,231

Monatliche Pauschale
- für Mitglieder kommunaler Vertretungen EntschVO § 1, S.258a

Monopolmissbrauch
- bei Unternehmen ohne Wettbewerb GO § 110, S.39

Mündelvermögen
- im Jahresabschluss GO § 98, S.32

Mündliche Auskünfte
- Gebührenfreiheit für - KAG § 5, S.153

Muster
- Abschreibungstabelle S.92-94
- Anlagenspiegel S.62,110
- Bildung von Produktbereichen S.71-73
- Buchführung S.60
- Eigenkapitalspiegel S.112
- Ergebnisplan S.59,69
- Ergebnisrechnung S.61,104
- Finanzplan S.59,70
- Finanzrechnung S.62,106
- Forderungsspiegel S.63,111
- Gesamtbilanz S.63,113-115,116c
- Gesamteigenkapitalspiegel S. 116f
- Gesamtergebnisrechnung S.63,116-116b,116d
- Gliederung des örtlichen Haushaltsplanes S.59,74-76
- Haushaltscontrolling Erl. S.351
- Haushaltsquerschnitt S.69
- HSP-Controlling Erl. S.351
- HSP-Maßnahmenübersicht Erl. S.362
- Haushaltssatzung S.59,64-65
- Kontenrahmen S.61,95
- Kontierungsplan 61,98-105
- Nachtragssatzung S.66-68
- NKF-Kennzahlenset S.342-344
- NKF-Kontenrahmen S.61,97
- NKF-Positionenrahmen für den Gesamtabschluss S.63,113-116b
- NKF-Rahmentabelle S.92-94
- Produktorientierte Teilpläne S.59
- Sanierungsplanung Erl. S.349
- Stellenplan S.60,82,83
- Stellenübersicht S.84-87
- Straßen- und Wegekonzept KAG § 8a, S.155,160
- Struktur der Bilanz S.62,109
- Teilergebnisplan S.60,79
- Teilergebnisrechnung S.61,105
- Teilfinanzplan S.80,81
- Teilfinanzrechnung S.62,107,108
- Teilpläne S.77-78
- Übersicht über den Stand der Verbindlichkeiten S.60,90,112
- Übersicht über die Verpflichtungsermächtigungen S.60,91
- Verbindlichkeitenspiegel S.63,112
- Zuwendungen an Fraktionen S.88,89

N

Nachbesetzung
- ausgeschiedener Mitglieder von Ausschüssen GO § 50, S.21
- ausgeschiedener Vertreter in Organen juristischer Personen oder Personenvereinigungen GO § 50, S.21; KrO § 35, S.124

Stichwortverzeichnis

Nachfestellung
- Grundsteuerwerte BewG § 223, S.269

Nachfolgeregelung
- Bildung der Landschaftsversammlung LVerbO § 7b, S.133

Nachholung von Wertansätzen
  GO § 92, S.30

Nachteil, unmittelbarer
- beim Mitwirkungsverbot GO § 31, S.15

Nachträgliche Anschaffungskosten
- bei Vermögensgegenständen KomHVO § 34, S.50

Nachtragshaushaltsplan
- Inhalt KomHVO § 10, S.45
- Auswirkungen auf den Finanzplan KomHVO § 10, S.45
- Mehrerträge und Mehreinzahlungen KomHVO § 10, S.45
- Neue Verpflichtungsermächtigungen KomHVO § 10, S.45

Nachtragssatzung
- Abweichen vom amtlichen Muster VV Muster zur GO, S.59
- Bekanntmachung VV Muster zur GO, S.66-68
- COVID-19-Pandemie GO § 81, S.28
- Form VV Muster zur GO, S.66-68
- Fehlbetrag, erheblicher GO § 81, S.28
- Heilung von Verfahrens- und Formfehlern GO § 7, S.10
- Investitionen GO § 81, S.28
- Geringfügige Investitionen GO § 81, S.28
- Muster VV Muster zur GO, S.66-68
- Öffentliche Bekanntmachung VV Muster zur GO, S.68
- Umschuldung von Krediten GO § 81, S.28
- Überplanmäßige Auszahlungen gemäß § 83 Abs.3 GO   § 81, S.28
- Unabweisbare Ausgaben GO § 81, S.28
- Verpflichtung zum Erlass der - GO § 81, S.28
- zur Haushaltssatzung 2020 NKF-COVID-19-Isolierungsgesetz § 2, S.389
- Zusätzliche Ausgaben GO § 81, S.28
- Zustandekommen GO § 81, S.28

Nachtragssatzung 2021
- COVID-19 Pandemie NKF-COVID-19-Isolierungsgesetz § 2, S.389

Nachunternehmer
- bei der Ausführung öffentlicher Aufträge TVgG § 2, S.377

Nachwahl
- Stellvertreter des Bürgermeisters GO § 67, S.25
- Stellvertreter des Landrats KrO § 46, S.126
- Vorsitzender der Landschaftsversammlung LVerbO § 8, S.134

Nachweis der kreditähnlichen Rechtsgeschäfte
  RdErl. S.283, Ziff.4.3

Nachweis des Vermögens
- Inventur, Inventar GO § 91, S.30

Nachwuchskräfte
- in der Stellenübersicht VV Muster zur GO, S.89

Name
- der Gemeinde GO § 13, S.11
- des Kreises KrO § 12, S.118

Namenszusätze
- Gemeinde GO § 13, S.11
- Kreis KrO § 12, S.12, S.118

Namentliche Abstimmung
- GO §§ 50,66, S.21,24; KrO §§ 35,45, S.124,126

Nationale Vergaben
  RdErl. S.245

Natur- und Landschaftspflege
- Produktbereich gemäß Produktrahmen 73

Nebenkosten
- bei Anschaffungskosten KomHVO § 34, S.50

Negatives Jahresergebnis
- Wertgröße des Kennzahlensets 339

Neubildung von Gemeinden/Kreisen
  GO § 17, S.11; KrO § 16, S.118

Neue Steuerungsmodelle
  VV Muster zur GO, Ziff.1.2.4, S.59

Neuveranlagung
- der Grundsteuer GrStG § 17, S.165

Neuwahl
- des Kreistages KrO § 27, S.122
- des Rates GO § 40, S.18
  - nach Ablauf der Legislaturperiode GO § 42, S.19
  - nach Auflösung des Rates GO § 125, S.40b

Nichtigkeit
- von Rechtsgeschäften GO § 130, S.40c

Nichtöffentliche Sitzungen
  GO § 48, S.21; KrO § 33, S.123; LVerbO § 14 S.136

Nichtselbstständige Arbeit
- Einkünfte aus - EStG § 19, S.261

Nichtwirtschaftliche Betätigung
- Anzeigepflichten GO § 115, S.40
- Auslandsgeschäft GO § 107, S.34
- Einrichtungen der - GO § 107, S.34
- Wirtschaftsführung GO § 107, S.34
- Wirtschaftsgrundsätze GO § 109, S.38

Niederschlagung von Ansprüchen
- Örtliche Vorschriften des Bürgermeisters KomHVO § 32, S.49
- Regelung der AO   § 261, S.218
- Voraussetzungen für die - KomHVO § 27, S.47

Niederschrift
- Ausschussbeschlüsse GO § 58, S.23; KrO § 41, S.125
- Beschlüsse der Landschaftsversammlung LVerbO § 9, S.134
- Kreistagsbeschlüsse KrO § 37, S.124
- Ratsbeschlüsse GO § 52, S.21
- Unterzeichnung GO § 52, S.21; KrO § 37, S.124; LVerbO § 9, S.134

Nießbraucher
- Haftung als Steuerschuldner GrStG § 11, S.164

NKF
- Abschreibungstabelle KomHVO § 36, S.51
- Bereichsabgrenzungen S.335
- Beurteilung des Haushalts und der wirtschaftlichen Lage der Kommunen NKF-Kennzahlenset S.337
- NKF-COVID-19-Isolierungsgesetz S.389
- Einführungsgesetz S.41
- Kontenrahmen KomHVO § 28, S.48; VV Muster zur GO, S.61
- Kreditaufnahmen im NKF RdErl. S.281
- Produkte VV Muster zur GO, S.75
- Produktgruppen VV Muster zur GO, S.75
- Weiterentwicklungsgesetz S.40d,40e
- Zuordnungsvorschriften
  - zum Kontenrahmen S.291
  - zum Produktrahmen S.313

NKF-COVID-19-Isolierungsgesetz
  (Volltext) S.389

NKF-Abschreibungstabelle
  VV Muster zur GO, Ziff.151, S.60

NKF-Einführungsgesetz
  S.41

NKF-Gesamtabschluss
  VV Muster zur GO, Ziff.1.7.1, S.63

NKF-Kennzahlenset
  S.337f.

NKF-Kontenrahmen
  S.61,95

NKF-Positionenrahmen
  S.113-116b

NKF-Rahmentabelle
- der Gesamtnutzungsdauer für Vermögensgegenstände Muster S.92-94

Notbekanntmachung
- von Satzungen BekanntmVO § 4, S.257

Nutzung
- von Gemeindegliedervermögen GO § 99, S.32
- von öffentlichen Einrichtungen GO § 8, S.10
- von Vermögen GO § 90, S.30

Nutzungsberechtigte
- des Gemeindegliedervermögens GO § 99, S.32

Nutzungsdauer
- für kommunale Vermögensgegenstände VV Muster zur GO, S.94-96
- Übersicht über örtlich festgelegte - KomHVO § 36, S.51

Nutzungsüberlassung
- Gemeindegliedervermögen GO § 99, S.32
- Vermögensgegenstände GO § 90, S.30

Nutzungsüberlassungsverträge
- als kreditähnliche Rechtsgeschäfte RdErl. Ziff. 4.1, S.283

Nutzungszusammenhang
- bei beweglichen Wirtschaftsgütern EStG § 6, S.259

O

Oberbürgermeister
- Teilnahme an Sitzungen der Bezirksvertretung GO § 36, S.16
- Unterrichtung der Öffentlichkeit über Sitzungen der Bezirksvertretung GO § 36, S.16
- Vertretung und Repräsentation des Rates in kreisfreien Städten GO § 40, S.18

Stichwortverzeichnis

Offenbarungspflicht
- bei Ausschließungsgründen ehrenamtlich Tätiger GO § 31, S.15
- Gemeinde GO § 43, S.19
- Kreis KrO § 28, S.122
- LV LVerbO § 15, S.136

Offene Abstimmung
- Kreistag KrO § 33, S.123
- Rat GO § 48, S.21

Offene Handelsgesellschaft
- Einkünfte aus Gewerbebetrieb EStG § 15, S.260

Offenlegung
- Besteuerungsunterlagen AO § 364, S.216a
- Bezüge in kommunalen Unternehmen GO § 108, S.35

Öffentliche Abgaben
- Festsetzung durch Rat/Kreistag GO § 41, S.18; KrO § 26, S.121

Öffentliche Aufträge
  TVgG §§ 1,2, S.377

Öffentliche Auftraggeber
- Tariftreue- und Vergabegesetz TVgG §§ 1,2, S.377
- Vergabegrundsätze S.245, Ziff.1.1

Öffentliche Auslegung
- Jahresabschluss GO § 96, S.31
- Entwurf der Haushaltssatzung
  - der Gemeinde GO § 80, S.28
  - des Kreises KrO § 54, S.128
  - des Landschaftsverbandes LVerbO § 23, S.138
- Gesamtabschluss GO § 116 i.V.m. § 96, S. 40a, 31
- Haushaltsplan GO § 80, S.28
- Karten, Pläne, Zeichnungen als Bestandteile von Satzungen
  BekanntmVO § 3, S.257

Öffentliche Ausschreibung
- Regelung
  - der KomHVO § 26, S.47
  - des HGrG § 30, S.194
  - des TVgG S.377f
- Vergabegrundsätze RdErl. S.245

Öffentliche Bekanntgabe
- der Auslegung des Entwurfs der Haushaltssatzung
  GO § 80, S.28; KrO § 54, S.128
- von Beschlüssen GO § 52, S.21; KrO § 37, S.124

Öffentliche Bekanntmachung
- Jahresabschluss
  - der Eigenbetriebe EigVO § 26, S.145
  - der Gemeinde GO § 96, S.31
  - der Kommunalunternehmen KUV § 27, S.251
- Haushaltsplan der Sondervermögen GO § 98, S.32
- Haushaltssatzung GO § 80, S.28; VV Muster zur GO, S.65
- Öffentlich-rechtliche Vereinbarung GkG § 24, S.152
- Satzungen
  - Form- und Verfahrensvorschriften der BekanntmVO S.257
  - Gemeinde GO § 7, S.10
  - Kreis KrO § 5, S.117
  - LV LVerbO § 6, S.132
- Sonstige - GO § 52, S.21; KrO § 37, S.124
- Zeit, Ort und Tagesordnung der Rats-/Kreistagssitzungen
  GO § 48, S.21; KrO § 33, S.123; BekanntmVO § 4, S.257
- Zusammensetzung der Landschaftsversammlung
  LVerbO § 7b, S.133

Öffentliche Einrichtungen
- Anschluss- und Benutzungszwang GO § 9, S.10; KrO § 7, S.118
- Anspruch auf Nutzung GO § 9, S.10; KrO § 7, S.118
- Begriff GO § 9, S.10; KrO § 7, S.118
- Lastentragungspflicht GO § 9, S.10; KrO § 7, S.118
- LV LVerbO § 4, S.131

Öffentliche Last
- Beiträge KAG § 8, S.154
- Benutzungsgebühren KAG § 6, S.154

Öffentliche Personenverkehrsdienste
- TVgG § 1, S.377

Öffentliche Sitzung
- Aufenthalt eines Befangenen im Zuhörerraum GO § 31, S.15
- Haushaltssatzung GO § 80, S.28; KrO § 54, S.128
- Kreistagssitzungen KrO § 33, S.123
- Sitzungen der Landschaftsversammlung LVerbO § 9, S.134
- Ratssitzungen GO § 48, S.21
- Unterrichtung der Öffentlichkeit über Inhalt der Beschlüsse
  GO § 52, S.21 KrO § 37, S.124

Öffentlicher Personenverkehr
   TVgG §§ 1-3, S.377,378

Öffentlicher Verkehr
- als wirtschaftliche Betätigung GO § 107, S.34

Öffentlicher Zweck
- bei wirtschaftlicher Betätigung GO § 107, S.34

Öffentliches Bedürfnis
- bei Anschluss- und Benutzungszwang
  GO § 9, S.10; KrO § 7, S.118

Öffentliches Interesse
- bei der Verschwiegenheitspflicht GO § 30, S.15

Öffentliches Wohl
- bei Gebietsänderungen GO § 17, S.11; KrO § 16, S.118
- bei Bildung eines Zweckverbandes GkG § 13, S.148

Öffentlichkeit
- Ausnahmen GO § 48, S.21; KrO § 33, S.123; LVerbO § 9, S.134
- Ausschluss der -
  GO § 48, S.21; KrO § 33, S.123; LVerbO § 9, S.134
- der Ausschusssitzungen
  GO § 58, S.23; KrO § 41, S.125; LVerbO § 14, S.136
- der Kreisausschusssitzungen KrO § 52, S.128
- der Kreistagssitzungen KrO § 33, S.123
- der Sitzungen
  - der Fachausschüsse des LV LVerbO § 14, S.136
  - des Landschaftsausschusses LVerbO § 14, S.136
  - der Landschaftsversammlung LVerbO § 9, S.134
- der Ratssitzungen GO § 48, S.21
- in digitalen Sitzungen, DigiSiVO NRW, S. 373
- Unterrichtung der - über Beschlüsse des Rates/Kreistages
  GO § 52, S.21; KrO § 37, S.124

Öffentlich Private Partnerschaft (ÖPP)
- als kreditähnliche Rechtsgeschäfte RdErl. S.283, Ziff.5.2

Öffentlich-rechtliche Forderungen und Forderungen aus Transferleistungen
- Bilanz KomHVO § 42, S.52
- Zuordnung gemäß Kontierungsplan S.99

Öffentlich-rechtliche Leistungsentgelte
- im Ergebnisplan KomHVO § 2, S.43
- Zuordnung gemäß Kontierungsplan S.101,104

Öffentlich-rechtliche Vereinbarung
- gemäß GkG §§ 23-26, S.152

ÖPNV
- als Einrichtung des Kreises KrO § 56, S.128
- Produktbereich gemäß Produktrahmen S.73

ÖPP-Projekte
- Bilanzierung RdErl. S.283
- in der Haushaltssicherung RdErl. S.283
- in der vorläufigen Haushaltsführung RdErl. S.283
- als kreditähnliche Rechtsgeschäfte RdErl. S.282,283,284
- Veranschlagung im Haushaltsplan RdErl. S.284
- Wirtschaftlichkeitsuntersuchung RdErl. S.284
- Zuwendungen des Landes RdErl. S.284

Ordentliche Aufwendungen
- im Ergebnisplan KomHVO § 2, S.43
- Wertgröße des Kennzahlensets S.337

Ordentliche Erträge
- im Ergebnisplan KomHVO § 2, S.43
- Wertgröße des Kennzahlensets S.337

Ordentliches Ergebnis
 KomHVO § 2, S.43

Ordentliches Jahresergebnis
- im Ergebnisplan KomHVO § 2, S.43

Ordnung
- in den Sitzungen GO § 51, S.21; KrO § 36, S.124

Ordnungsgeld
- bei Ablehnung von Ehrenämtern oder ehrenamtlichen Tätigkeiten
  GO § 29, S.14
- bei Verletzung der Verschwiegenheitspflicht GO § 30, S.15

Ordnungsgemäße Aufgabenerledigung
- durch Dritte (Finanzbuchhaltung) GO § 94, S.31

Ordnungsmäßige Buchführung
- Bestätigungsvermerk GO § 101, S.32
- Bewertung von Vermögensgegenständen, Schulden und Rechnungsabgrenzungsposten GO § 91, S.30
- Buchführung GO § 93, S.30
- Doppelte Buchführung KomHVO § 28, S.48
- DV-gestützte Buchführungssysteme KomHVO § 28, S.48
- Eröffnungsbilanz GO § 92, S.30; KomHVO § 54, S.56
- Gesamtabschluss GO § 116, S.40a
- HGB § 238, S.271
- Inventurvereinfachungsverfahren KomHVO § 30, S.48
- Jahresabschluss GO § 95, S.31; KomHVO § 38, S.52

Stichwortverzeichnis

- Planungsgrundsatz KomHVO § 11, S.45
- Prüfung
  - Gesamtabschluss GO § 116, S.40a
  - Jahresabschluss GO § 101, S.32

Ordnungsmäßige Inventur
- Grundsätze der - GO § 91, S.30; KomHVO § 29, S.48

Ordnungsmäßigkeit
- Buchführung GO § 93, S.30
- Finanzbuchhaltung GO § 93, S.30
- Prüfung der - der Buchführung u. Zahlungsabwicklung GO § 103, S.33
- Zahlungsabwicklung GO § 93, S.30

Ordnungsrecht
- des Bürgermeisters GO § 51, S.21
- des Landrats KrO § 36, S.124

Ordnungswidrigkeit
- bei Abgabenverkürzung und Abgabengefährdung KAG § 20; S.158

Organe
- Gemeindeprüfungsanstalt GPAG § 3, S.253
- Gewählte - der Gemeinde GO § 1, S.9
- LV LVerbO § 2, S.131
- Vertreter der Gemeinden/des Kreises/des LV in - von juristischen Personen
  GO § 113, S.39; KrO § 26, S.121; LVerbO § 17, S.137
- Zweckverband GkG § 14, S.148

Organisation der Beteiligungsverwaltung
- Muster Beteiligungsbericht S.116g

Organisatorisch verselbständigte Einrichtungen (Sondervermögen)
  GO § 97, S.31

Organleihe
- Bürgermeister GO § 62, S.24
- Kreisausschuss KrO § 52, S.128
- Landrat KrO § 52, S.128

Orientierungsdaten
- Aufstellung und Fortschreibung der Ergebnis- und Finanzplanung KomHVO § 6, S.45
- der Bundesregierung StWG § 3, S.187
- Grundlage für HSK und HSP Erl. S.345
- Runderlass des MIK S.285-288

Örtliche Dienstanweisung
- für den Umgang mit Zinsderivaten RdErl. S.281, Ziff.2.2.4

Örtliche Gliederung
- des Haushaltsplans VV Muster zur GO, Ziff.1.2.4, S.59

Örtliche Prüfung
  Eigenbetriebe GO § 103, S.33
- Eröffnungsbilanz GO § 92, S.30
- Gemeindeprüfungsanstalt GPAG § 9, S.254
- Gesamtabschluss GO §§ 103,116, S.33,40
- Jahresabschluss GO § 103, S.33

Örtliche Rechnungsprüfung
- Aufgaben GO § 103, S.33
- Dritter als Prüfer GO § 103, S.33
- Eigenbetriebe EigVO § 26, S.144
- Freiwillige Einrichtung bei Gemeinden GO § 102, S.33
- Leitung und Prüfer GO § 104, S.33
- Mitwirkungsverbote GO § 104, S.33
- Örtliche Vorschriften des Bürgermeisters über die Beteiligung der - an der Überwachung der Finanzbuchhaltung KomHVO § 32, S.49
- Pflicht zur Einrichtung
  - bei Kreisen KrO § 53, S.128
  - bei Städten GO § 102, S.33
- Prüfungsaufträge des Bürgermeisters GO § 103, S.33
- Übernahme der Aufgaben der - durch die örtliche Rechnungsprüfung des Kreises GO § 102, S.33
- Übertragung von Aufgaben durch den Rat GO § 103, S.33
- Wahrnehmung der - durch den Kreis GO § 102, S.33

Örtliche Stiftungen
  GO § 100, S.32

Örtliche Verbrauch- und Aufwandsteuern
- Ertragshoheit gemäß Grundgesetz Art.106, S.184

Örtliche Vorschriften
- über den Einsatz von automatisierter Datenverarbeitung KomHVO § 32, S.49
- für die Finanzbuchhaltung KomHVO § 31, S.49
- zur Inventur KomHVO § 31, S.49
- Befugnis für die sachliche und rechnerische Feststellung KomHVO § 31, S.49
- über die Verwahrung und Verwaltung von Wertgegenständen KomHVO § 32, S.49
- über die Verwaltung der Zahlungsmittel KomHVO § 31, S.49

Örtliche Zuständigkeit
- der Finanzbehörden AO § 17, S.207

Ortsbild
- in Stadtbezirken GO § 37, S.17

Ortsbürgermeister
- Bezeichnung für Ortsvorsteher GO § 39, S.17

Ortschaften
  GO §§ 23,39, S.12,17

Ortsrecht
- Überleitung des - bei Gebietsänderungen GO § 18, S.11

Ortsvorsteher
- Aufwandsentschädigung EntschVO § 3, S.258b
- in Gemeindebezirken kreisangehöriger Gemeinden GO § 39, S.17

P

Parkgebühren
- Zuordnung gemäß Kontierungsplan 101

Parteien (s. auch Fraktionen)
- Bildung der Landschaftsversammlung LVerbO § 7b, S.133
- Regelungen für Bezirksausschüsse GO § 39, S.17

Passiva in der Bilanz
  KomHVO § 42, S.52

Passive Rechnungsabgrenzung (RAP)
- Bilanz KomHVO § 41, S.52
- Zuordnung gemäß Kontierungsplan 101

Passivseite der Bilanz
  KomHVO § 42, S.52; Muster S.62; HGB §§ 246,250,251,266,268, 272,301,308a,309, S.272,274,279,280

Pauschalentschädigung
- für Mitglieder einer Bezirksvertretung GO § 45, S.20

Pauschale Zuweisungen
- für kommunale Investitionsmaßnahmen GFG S.231f

Pauschalierte Förderung investiver Maßnahmen
- gemäß GFG § 16, S.231

Pauschfestsetzung
- Gewerbesteuer GewStG § 15, S.178

Pensionsrückstellungen KomHVO § 37, S.51
- Bilanz KomHVO § 42, S.52
- Zuordnung gemäß Kontierungsplan 100

Pensionsverpflichtungen
- Bewertung von - RdErl. S.370
- Eigenbetrieb EigVO § 22, S.144

Personalaufwendungen
- Orientierungsdaten RdErl. S.288
- Veranschlagung in den Teilplänen KomHVO § 18, S.46
- Wertgröße des Kennzahlensets S.340
- Zuordnung gemäß Kontierungsplan S.102

Personalauszahlungen
- Zuordnung gemäß Kontierungsplan S.104

Personalentwicklungsmaßnahmen
- im Haushaltssanierungsplan Erl. S.345

Personalführung
- durch den Verwaltungsvorstand GO § 70, S.26

Personalintensität
- Ermittlung der Kennzahl S.340

Personenbezogene Daten
- Offenbarung GO § 48, S.21; KrO § 33, S.123; LVerbO § 16a, S.137
- Regelung in der Geschäftsordnung
  GO § 56, S.22; KrO § 40, S.124; LVerbO § 16a, S.137
- Übermittlung an Fraktionsmitarbeiter
  GO § 56, S.22; KrO § 40, S.124; LVerbO § 16a, S.137

Personengesellschaften
- Einkünfte aus Gewerbebetrieb EStG § 15, S.260

Personennahverkehr
- Finanzausgleich für den - GG Art.106a, S.185
- bei Vergabe öffentlicher Aufträge TVgG § 1,2, S.377

Personenvereinigungen
- Nutzung öffentlicher Einrichtungen durch - GO § 8, S.10
- Vollstreckung AO § 267, S.218

Personenverkehrsdienste
  TVgG § 1, S.377

Pfändung
- eines Anspruchs AO § 46, S.208

Pflicht
- zur Aufstellung
  - eines Beteiligungsberichts GO § 117, S.40a
  - des Gesamtabschlusses GO § 116, S.40a

Stichwortverzeichnis

- des Jahresabschlusses GO § 95, S.31
- eines Haushaltssicherungskonzeptes GO §§ 75,76, S.27,27
- Berichtigung der Eröffnungsbilanz KomHVO § 58, S.57
- Einrichtung einer örtlichen Rechnungsprüfung GO § 102, S.33
- zum Erlass
  - Hauptsatzung GO § 7, S.10
  - der Haushaltssatzung GO § 80, S.28
  - einer Nachtragssatzung GO § 81, S.28
- Gebührenerhebung KAG § 6, S.154
- Haushaltsausgleich GO § 75, S.27
- Haushaltssanierungsplan StärkungspaktG § 6, S.353
- angemessene Liquiditätsplanung
  GO § 89, S.30; KomHVO § 31, S.49
- mittelfristige Ergebnis- und Finanzplanung GO § 84, S.29
- öffentliche Ausschreibung vor Auftragsvergaben KomHVO § 26, S.47
- örtliche Rechnungsprüfung GO § 102, S.33
- Rückstellungsbildung GO § 88, S.29
- zur Sicherstellung
  - der Finanzierung von Investitionen GO § 75, S.27
  - der Liquidität GO § 75, S.27

Pflichtaufgaben
- Kosten GO § 3, S.9; KrO § 2, S.117; LVerbO § 5, S.131; LVerf NRW Art.78, S.201
- neue - GO § 3, S.9; KrO § 2, S.117; LVerbO § 5, S.131; LVerf NRW Art.78, S.201
- zur Erfüllung nach Weisung
  GO §§ 3,132, S.9,40b; KrO §§ 2,64, S.117,130; LVerbO § 24, S.139
- Weisungsrecht des Landes LVerf NRW Art.78, S.201
- Zusätzliche - GO § 4, S.9; KrO § 2, S.117

Pflichtausschüsse
- Gemeinden GO § 57, S.23
- LV LVerbO § 13, S.135

Pflichten
- der Beteiligten bei Gebietsänderung GO § 20, S.11
- der Gemeinde GO §§ 3,11,22,82,118,123, S.9,10,12,28,40a,40a
- des Eigentümers bei der Erschließung BauGB § 126, S.219
- der Einwohner GO § 8, S.10
- der ehrenamtlich Tätigen GO §§ 30-32, S.15,15
- der Fraktionen GO § 56, S.22; KrO § 40, S.124; LVerbO § 16a, S.137
- des Kreises KrO §§ 2,10, S.117,118
- der Kreistagsmitglieder KrO § 28, S.122
- des LV LVerbO § 30, S.139
- der Mitglieder der Landschaftsversammlung, des Landschaftsausschusses und der Fachausschüsse LVerbO § 15, S.136
- der Ratsmitglieder GO § 43, S.19
- des Steuerpflichtigen und seiner gesetzlichen Vertreter
  AO §§ 33,34, S.207
- Verschwiegenheit GO § 30, S.15

Pflichtige Teilnahme
- an der Konsolidierungshilfe des Landes
  StärkungspaktG §§ 3,4,5,6, S.353,354

Pflichtig teilnehmende Gemeinden
- an der Konsolidierungshilfe des Landes
  StärkungspaktG §§ 3,4,5,6, S.353,354

Pflichtregelung
- bei öffentlich-rechtlichen Vereinbarungen GkG § 26, S.152

Pflichtverband
- bei Zweckverbänden GkG §§ 4,13,20, S.148

Pflichtverstöße
- bei Haushaltssanierungsplan StärkungspaktG § 8, S.354

Plandaten
- für das Haushaltssicherungskonzept AusführErl. S.346-358
- Beispielrechnung AusführErl. S.348

Pläne
- Bestandteile von Satzungen BekanntmVO § 3, S.257
- Unterlagen für Investitionen KomHVO § 13, S.46

Plan-/Ist-Vergleich
- Ergebnisrechnung KomHVO §§ 22,39, S.47,52; VV Muster S.61
- Finanzrechnung KomHVO §§ 22,39, S.47,52

Planmäßige Abschreibungen
- bei Vermögensgegenständen des Anlagevermögens
  KomHVO § 36, S.50

Planung
- der Verwaltungsaufgaben von besonderer Bedeutung
  GO §§ 61,70, S.24,25; KrO § 50, S.127

Planungsgrundsätze
- allgemeine KomHVO § 11, S.45

Planungsverbände
- gemäß GkG § 32, S.152b

Politische Teilhabe
- Politische Teilhabe von Menschen mit Einwanderungsgeschichte GO § 27, S. 14

Positionenrahmen
- Muster S.115

Posten
- im Anhang KomHVO § 45, S.54
- im Anlagenspiegel KomHVO § 46, S.54
- in der Bilanz HGB § 266, S.274
- im Forderungsspiegel KomHVO § 47, S.55
- in der Gewinn- und Verkustrechnung HGB § 275, S.276
- im Verbindlichkeitenspiegel KomHVO § 48, S.55

Präsident
- der Gemeindeprüfungsanstalt GPAG §§ 3-8, S.253,254

Preisangabenverordnung
- Grundlage für die Ermittlung der Kreditkosten RdErl. S.281

Preisindex
- Anpassung der Aufwandsentschädigung und Sitzungsgelder
  GO § 45, S.20; KrO § 30, S.123; LVerbO § 16, S.137

Preisniveaustabilität
- Regelung des StWG § 1, S.187

Privatrechtliche Entgelte
- Anstatt Benutzungsgebühren KAG § 6, S.154
- Festsetzung durch Rat/Kreistag
  GO § 41, S.18; KrO § 26, S.121
- kein Bürgerbegehren GO § 26, S.12,13; KrO § 23, S.119

Privatrechtliche Forderungen, sonstige Vermögensgegenstände
- Bilanz KomHVO § 42, S.52
- Zuordnung gemäß Kontierungsplan 99

Privatrechtliche Leistungsentgelte, Kostenerstattungen, Kostenumlagen
- Zuordnung gemäß Kontierungsplan 102,104

Produktbereiche
- Produktorientierter Teilplan KomHVO §§ 4,8, S.44,45; VV Muster zur GO, Ziff.1.2.5, S.59; Muster 5, S.71-73
- Gliederung nach - Muster 5, S.71-73
- Organisationsbezogene Untergliederung Muster 6, S.74-76
- Produktorientierte Gliederung Muster 5+6, S.71-76
- Aufteilung der Stellen des Stellenplans auf die - KomHVO § 8, S.45
- Verbindliche - VV Muster zu GO, S.74f

Produkte
- der Informationstechnik GPAG § 2a, S.253
- in Teilplänen KomHVO § 4, S.44; VV Muster zur GO S.74

Produktgruppen KomHVO § 4, S.44; VV Muster zur GO S.74f
- Zuordnungsvorschriften S.313f

Produkthaushalt
- Bund und Länder HGrG §§ 1a,10,11,12,37,49a, S.191-193,196,197

Produktorientierte Gliederung
- Muster S.71-78

Produktorientierte Teilpläne
  NKFEG § 6, S.41; KomHVO § 4, S.44; Muster S.59,77,78

Produktorientierte Teilrechnungen
  NKFEG § 8, S.42; KomHVO § 41, S.52

Produktorientierte Ziele
- im Lagebericht KomHVO § 49, S.55
- im Gesamtlagebericht KomHVO § 52, S.55

Produktrahmen
- Bekanntgabe durch Ministerium KomHVO § 4, S.44
- gemäß Muster Anlage 5 des IM S.71
- Zuordnungsvorschriften S.313

Programme
- Fachliche geprüfte - für die Buchführung KomHVO § 28, S.48
- Dokumentation der eingesetzten - KomHVO § 28, S.48
- Prüfung durch die örtliche Rechnungsprüfung GO § 103, S.33
- Zulassung durch GPA GO § 91, S.30

Provinzialversicherungen
- Gewährträgerschaft des LV LVerbO § 5, S.131

Prozessführung
  GO § 63, S.24; KrO § 42, S.126

Prozesszinsen
- auf Erstattungsbeträge AO § 236, S.216

Prüfer
- Bestellung und Abberufung GO § 41, S.18; KrO § 26, S.121
- Gemeindeprüfungsanstalt GPAG § 8, S.254,255
- Örtliche Rechnungsprüfung GO § 104, S.33

Prüfpunkte
- für die Genehmigung von HSK und HSP Erl. S.346

Prüfung
- ADV-Programme GO § 93, S.30
- Auftragserteilung zur - durch den Bürgermeister GO § 103, S.32

Stichwortverzeichnis

- Beachtung ortsrechtlicher Bestimmungen GO § 101, S.32
- Bestätigungsvermerk GO §§ 59,92,101, S.23,30,31
- Buchführung GO §§ 93,103,105, S.30,32,33
  - durch Dritte GO § 93, S.30
- Durchführungsverordnung des IM GO § 132, S.40c
- DV-Programme vor ihrer Anwendung GO § 103, S.32
- Eigenbetriebe GO § 103, S.33
- Ergebnis der - GO § 59, S.23
- Eröffnungsbilanz GO § 92, S.30
- Finanzbuchhaltung GO §§ 93,103, S.30,32
- Finanzvorfälle nach § 100 LHO GO § 103, S.33
- Gegenstand und Umfang HGB § 317, S.280
- Gesamtabschluss GO §§ 103,116, S.33,40
- Gesamtlagebericht GO § 116, S.40a
- Inventar GO §§ 92,101, S.30,31
- Inventur GO §§ 92,101, S.30,31
- Jahresabschluss GO §§ 101,103, S.32; HGB § 317, S.280
- Jahresabschlüsse
  - der AöR GO § 114a, S.39
  - der Sondervermögen GO § 103, S.33
- Kennzahlenset S.337
- Konsolidierungserfolge der Gemeinden StärkungspaktG § 12, S.354
- Lagebericht GO § 101, S.32
- LV LVerbO § 23, S.138
- Laufende Prüfung der Finanzbuchhaltung GO § 103, S.33
- Nutzungsdauern der Vermögensgegenstände
  GO §§ 92,101, S.30,31
- Örtliche - GO §§ 102,103, S.33; KrO § 53, S.128
- Regelmäßige und unvermutete -
  - örtliche Vorschriften des Bürgermeisters KomHVO § 32, S.49
- Restnutzungsdauern GO § 92, S.30
- Sondervermögen GO § 103, S.33
- Überörtliche - GO § 105, S.34; KrO § 53, S.128; LVerbO § 23, S.138
- bei Übertragung der Finanzbuchhaltung auf Stellen außerhalb der Gemeindeverwaltung GO § 94, S.31
- Umfang der Prüfung HGB § 317, S.280
- Unvermutete - KomHVO § 32, S.49
- Vergaben GO § 103, S.33
- Verselbstständigte Aufgabenbereiche GO § 103, S.33
- Verwendung von Staatszuschüssen GO § 105, S.34
- Vorgänge aus delegierten Aufgaben GO § 103, S.33
- Wahlprüfung GO § 27, S.14
- Zahlungsabwicklung GO § 103, S.33
- Zahlungsanspruch GO § 93, S.30
- Zahlungsverpflichtung GO § 93, S.30
- Zweckmäßigkeit und Wirtschaftlichkeit GO § 103, S.33

Prüfungen
- Nachweis der - für Bedienstete GO § 74, S.26; KrO § 49, S.127

Prüfungsaufträge
- des Bürgermeisters GO § 103, S.33
- des Rates GO § 103, S.33

Prüfungsbeanstandungen
  GO §§ 101,105, S.32,33

Prüfungsbericht
- Eröffnungsbilanz GO § 92, S.30
- der GPA GO § 105, S.34
- Regelung des HGB § 321, S.280a
- Inventar, Inventur GO § 92, S.30
- Jahresabschluss GO § 101, S.32
- Lagebericht GO § 101, S.32
- Prüfung durch Rechnungsprüfungsausschuss GO § 59, S.23
- des Rechnungsprüfungsausschusses GO § 101, S.32
- überörtliche Prüfung durch die GPA GO § 105, S.34
- Unterrichtung des Rates über den wesentlichen Inhalt des -
  GO § 105, S.34
- Verwaltungsvorschriften über Inhalt und Gestaltung von -
  GO § 133, S.40c
- Zuleitung
  - an die Aufsichtsbehörde GO § 105, S.34
  - an den Rechnungsprüfungsausschuss GO § 105, S.34

Prüfungsergebnis
  GO §§ 101,105, S.32,33

Prüfungsgrundsätze
  GO § 101, S.32

PSC
- bei ÖPP-Projekten RdErl. S.283, Ziff.5.2.1

Psychiatrie
- Aufgabe des LV LVerbO § 5, S.131

Public Corporate Governance Kodex
  Muster Beteiligungsbericht S.116g

Public Sector Comparator (PSC)
- bei ÖPP-Projekten RdErl. S.283

Q

Qualifikation
- Beigeordnete GO § 71, S.26
- Beschäftigte der GPA GPAG § 8, S.254
- Bürgermeister GO § 65, S.24
- Dienstkräfte GO § 74, S.26; KrO § 49, S.127
- Direktor des LV LVerbO § 20, S.138
- Erster Landesrat LVerbO § 20, S.138
- Kreisdirektor KrO § 47, S.127
- Landesräte des LV LVerbO § 20, S.138
- Landrat KrO § 44, S.126
- Präsident der GPA GPAG § 6, S.254
- Stellvertreter des Präsidenten der GPA GPAG § 6, S.254

Quorum
- für Bürgerbegehren/Bürgerentscheid
  - Gemeinde GO § 26, S.12,13
  - Kreis KrO § 23, S.119
- für Einwohnerantrag GO § 25, S.12; KrO § 22, S.119

R

Rahmentabelle
- Gesamtnutzungsdauer für kommunale Vermögensgegenstände
  VV Muster zur GO, Anlage 15, S.94

Rangfolge
- der Finanzmittelbeschaffung GO § 75, S.27

Rat
- Abberufung
  - der Beigeordneten GO § 71, S.26
  - des Bürgermeisters GO § 66, S.25
  - eines Vertreters der Gemeinde in Unternehmen oder Einrichtungen
    GO § 113, S.39
- Abgrenzung der Aufgaben der Bezirksvertretung GO § 37, S.17
- Abstimmungen GO § 50, S.21
- Akteneinsichtsrecht GO § 55, S.22
- Allzuständigkeit GO § 41, S.18
- Anregungen und Beschwerden GO § 24, S.11
- Anspruch auf Unterrichtung durch den Bürgermeister GO § 62, S.24
- Aufhebung von Beschlüssen des - durch die Aufsichtsbehörde
  GO § 122, S.40b
- Auflösung des - durch die Aufsichtsbehörde GO § 125, S.40b
- Ausschüsse GO §§ 57, 58, 59, 60, 61, S.23,24
- Ausübung von Bestellungs- und Vorschlagsrechten GO § 50, S.21
- Beschlüsse GO § 50, S.21
- Beschlussfähigkeit des - GO § 49, S.21
- Besetzung der Ausschüsse GO § 50, S.21
- Bestellung
  - der Leitung und Prüfer der örtlichen Rechnungsprüfung
    GO §§ 41,104, S.18,33
  - Mitglieder des Integrationsrats GO § 27, S.13
  - von Vertretern der Gemeinde in Organen juristischer Personen
    GO §§ 41,108, S.18,34,35
- Beteiligung der Bezirksvertretung GO § 37, S.17
- Bürgerbegehren (Zulässigkeitsentscheidung) GO § 26, S.13
- Delegationsbefugnis GO § 41, S.18
- Dienstrechtliche Entscheidungen für Bedienstete in Führungsfunktionen GO § 73, S.26
- Ehrenbürgerrecht, Entziehung und Verleihung GO § 34, S.16
- Einberufung GO § 47, S.20
- Einberufung durch die Aufsichtsbehörde GO 47, S.20
- Einspruch gegen Beschlüsse von Ausschüssen GO § 57, S.23
- Einwohnerantrag (Zulässigkeitsentsceiung) GO § 25, S.12
- Ehrenbezeichnung, Verleihung und Entziehung GO § 34, S.16
- Ehrenbürgerrecht, Verleihung und Entziehung GO § 34, S.16
- Entlastung des Bürgermeisters GO § 96, S.31
- Entscheidung über Einspruch gegen Ausschussentscheidung
  GO § 57, S.23
- Erweiterung der Tagesordnung GO § 48, S.21
- Festlegung des Geschäftskreises der Beigeordneten GO § 73, S.26
- Fraktionen GO §§ 45,46,47,48,50,55,56,58,67,69, S.20-25
- Freistellung von der Arbeit zur Ausübung des Mandats GO § 44, S.19
- Genehmigung von Eilbeschlüssen und Dringlichkeitsentscheidungen
  GO § 60, S.24

Stichwortverzeichnis

- Gesamtabschluss /Befreiung von Aufstellungspflicht GO § 116a, S.40a
- Geschäfte der laufenden Verwaltung GO § 41, S.18
- Geschäftsordnung
  GO §§ 36,47,48,50,51,53,56,57,58, S.16,20,20,21,21,21,22,22,22
- Handhabung der Ordnung GO § 51, S.21
- Haushaltmittel
  - für Bezirksausschüsse GO § 39, S.17
  - für Bezirksvertretungen GO § 37, S.17
- Haushaltssatzung GO §§ 41,80, S.18,27
- Haushaltssicherungskonzept GO §§ 41,76, S.18,26
- Haushaltssperre GO § 81, S.28; KomHVO § 25, S.47
- Jahresabschluss (Beschlussfassung) GO §§ 41,96, S.18,31
- Kontrollrechte des - GO §§ 55,62, S.22,23
- Nicht übertragbare Entscheidungen GO § 41, S.18
- Öffentlichkeit GO § 48, S.21
- Prüfungsbericht GO § 105, S.34
- Ratsbürgerentscheid GO § 26, S.12
- Richtlinien GO §§ 37,39,57,61, S.17,22,23
- Rückholrecht bei einfachen Geschäften der laufenden Verwaltung
  GO § 41, S.18
- Satzungen; Erlass, Änderung, Aufhebung GO §§ 7,41, S.10,18
- Sitzungsleitung GO § 51, S.21
- Stimmrecht im - (Bürgermeister) GO § 40, S.18
- Tagesordnung, Festsetzung GO § 48, S.21
- Übertragbare Entscheidungen GO § 41, S.18
- Überwachungsrecht des - GO § 55, S.22
- Unterrichtungspflicht des - gegenüber den Einwohnern
  GO § 23, S.12
- Unterrichtungsrecht des - GO §§ 55,62 S.22,23
- Verfahren bei Beschlussunfähigkeit GO § 49, S.21
- Verschwiegenheitspflicht, Beschluss GO § 30, S.15
- Vertreter der Bürgerschaft GO § 40, S.18
- Vertretung der Gemeinde
  - nach außen GO § 40, S.18
  - in Unternehmen GO § 113, S.39
- Vorsitzender GO § 40, S.18
- Wahl
  - der Beigeordneten GO § 71, S.26
  - der Ortsvorsteher GO § 39, S.17
- Wahlen GO § 50, S.21
- Zuständigkeiten bei Angelegenheiten der Eigenbetriebe 141f
- Zuständigkeit für beamtenrechtliche Entscheidungen GO § 73, S.26
- Zuständigkeiten (enumerativ) GO § 41, S.18

Ratenkaufmodelle
- als kreditähnliche Rechtsgeschäfte RdErl. S.283, Ziff.4.1

Ratsbeschlüsse
- Aufhebung von - durch die Aufsichtsbehörde
  GO §§ 54,122, S.22,40a
- Beanstandung durch den Bürgermeister GO § 54, S.22
- Durchführung von - durch den Bürgermeister GO §§ 53,62, S.21,23
- Durchführung von - durch den Stellvertreter des Bürgermeisters
  GO § 53, S.21
- zur Handhabung der Ordnung in den Sitzungen GO § 51, S.21
- Niederschrift über - GO § 52, S.21
- Unterrichtung der Öffentlichkeit über - GO § 52, S.21
- Vorbereitung von - GO § 62, S.24
- Widerspruch des Bürgermeisters gegen - GO § 54, S.22
- zur Durchführung der Geschäftsordnung GO § 53, S.21
- zur Handhabung der Ordnung GO § 51, S.21

Ratsbürgerentscheid
  GO § 26, S.12

Ratsmitglieder
- Akteneinsichtsrecht einzelner - GO § 55, S.22
- Angaben im Anhang des Jahresabschlusses GO § 95, S.31
- Anspruch auf Verdienstausfall GO § 45, S.20
- Aufwandsentschädigung
  GO § 45, S.20; BekanntmVO §§ 1,3,4, S.258b
- Auskunftpflicht über wirtschaftliche und persönliche Verhältnisse
  gegenüber dem Bürgermeister GO § 43, S.19
- Auslagenersatz GO § 45, S.20
- Einberufung GO § 47, S.20
- Entschädigung GO § 45, S.20
- Fragerecht GO § 47, S.20
- Freistellung GO § 44, S.19
- Haftung GO § 43, S.19
- Hauptberuflich tätige Mitarbeiter einer Fraktion GO § 56, S.22
- Kinderbetreuung GO § 45, S.20
- Pflichten GO § 43, S.19
- Rechte GO § 43, S.19
- Sitzungsgeld GO § 45, S.20
- Teilnahme an Sitzungen
  - der Ausschüsse GO § 58, S.23
  - der Bezirksvertretungen GO § 36, S.16
- Urlaubsanspruch GO § 44, S.19
- Verdienstausfall GO § 45, S.20
- Vertreter der Gemeinde in Unternehmen oder Einrichtungen
  GO § 113, S.39
- Wahl GO § 42, S.19
- Wahrnehmung von Mitgliedschaftsrechten GO § 113, S.39

Ratssitzungen
- Ausschließung der Öffentlichkeit GO § 48, S.21
- Datenschutz GO § 48, S.21
- Erweiterung der Tagesordnung GO § 48, S.21
- Festsetzung der Tagesordnung GO § 48, S.21
- Öffentliche Bekanntmachung der Tagesordnung
  GO § 48, S.21; BekanntmVO § 4, S.257
- Niederschrift GO § 52, S.21
- Öffentlichkeit von - GO § 48, S.21
- Öffentliche Bekanntmachung der - GO § 48, S.21
- Ordnung in den - GO § 51, S.21
- Teilnahme des Bürgermeisters und der Beigeordneten GO § 69, S.24
- Teilnahmerecht an nichtöffentlichen - GO § 48, S.21
- Verhandlungsleitung GO § 51, S.21

Ratsvorsitzender
  GO § 40, S.18

Räumliche Planung und Entwicklung, Geoinformation
- Produktbereich gemäß Produktrahmen S.73

Realsteuern
- Aufkommen der - GG Art.106, S.184
- Begriff der - AO § 3, S.205
- Erhebung bei vorläufiger Haushaltsführung GO § 82, S.28
- Festsetzung und Erhebung Gesetz S.203; AO § 22, S.207
- Hebesätze
  - Fiktive - gemäß GFG § 9, S.231
  - GG-Regelung Art.106, S.184
  - Gewerbesteuer GewStG § 16, S.178
  - Grundsteuer GrStG §§ 25,26, S.166
  - Haushaltssatzung VV Muster zur GO, S.65
  - Nachtragssatzung VV Muster zur GO, S.67
- Gesetz über die Zuständigkeit für die Festsetzung und Erhebung der - S.203
- Zerlegung AO § 22, S.207
- Zuordnung gemäß Kontierungsplan 101
- Zuständigkeit des Finanzamtes AO § 22, S.207

Realsteuergarantie
- des Grundgesetzes Art.106 Abs.6, S.184

Realsteuerzuständigkeitsgesetz
  (Volltext) S.203

Rechenfehler
- bei Erstellung der Steuererklärung AO § 173a, S.212

Rechenschaft
- der Eigenbetriebe EigVO § 26, S.144

Rechenschaftslegung
  KomHVO § 49, S.55

Rechnerische Feststellung
- jeden Zahlungsanspruchs und jeder Zahlungsverpflichtung
  KomHVO § 31, S.49

Rechnungsabgrenzung
- Aktive - KomHVO § 42,43 S.52,53
- Passive - KomHVO § 42,43, S.52,53

Rechnungsabgrenzungsposten
- Aktive - KomHVO § 43, S.53
- Bilanz KomHVO § 42, S.52
- HGB §§ 250,266, S.272,274
- Inventur GO § 91, S.30
- Passive - KomHVO § 44, S.53

Rechnungshof
- Aufgaben HGrG § 42f, S.196,197
- Entlastung HGrG § 47, S.197
- Prüfung HGrG § 43-46, S.196,197
- Rechnung HGrG § 47, S.197

Rechnungslegung
- Anstalten des öffentlichen Rechts GO § 114a, S.39
- Bund GG Art.114, S.186; HGrG § 37, S.196
- Land HGrG § 37, S.196; LVerf NRW Art. 86, S.201
- über den doppischen/kameralen Haushalt NKFEG § 8, S.42

Rechnungslegungsstandard
  KomHVO § 52, S.55; VV Muster zur GO, Ziff.1.7.4, S.63a

Rechnungsprüfung
- Aufgaben GO § 103, S.33

Stichwortverzeichnis

- Bedienung des Rechungsprüfungsausschusses GO § 101, S.32
- Bestellung der Leitung und Prüfer GO § 41, S.18
- Einbeziehung Dritter als Prüfer GO § 103, S.33
- Einrichtung einer - GO § 102, S.33
- des Kreises GO § 102, S.33
- Kosten GO § 102, S.33
- des Landes LVerf NRW, Art.86, S.201
- Leitung GO § 104, S.33
- Örtliche Prüfung durch - des Kreises GO § 102, S.33
- Örtliche Rechnungsprüfung des Kreises
  GO § 102, S.33; KrO § 53, S.128
- Prüfer GO § 104, S.33
- Prüfung
  - des Gesamtabschlusses GO § 116, S.40a
  - des Jahresabschlusses GO § 101, S.32
  - der Finanzbuchhaltung GO §§ 93,103, S.30,32
  - der Vergaben GO § 103, S.33
  - Vorgänge aus deligierten Aufgaben GO § 103, S.33
  - Zweckmäßigkeit und Wirtschaftlichkeit der Verwaltung
    GO § 103, S.33
- Prüfungsaufträge des Bürgermeisters GO § 103, S.33
- Übertragung weiterer Aufgaben durch den Rat
  GO §§ 41,103, S.18,32
- Überwachung der Zahlungsabwicklung der Gemeinde und ihrer Sondervermögen GO § 103, S.33
- Unterstellung der - unter den Rat GO § 104, S.33
- Verpflichtung zur Einrichtung GO § 102, S.33
- Verwandtschaftsverbote GO § 93, S.30
- Wirtschaftlichkeitsprüfung GO § 103, S.33

Rechnungsprüfungsausschuss
- Aufgaben GO § 59, S.23
- Bedienung durch die örtliche Rechnungsprüfung
  GO §§ 59,101, S.23,31
- Bestätigungsvermerk GO § 101, S.32
- Bildung GO § 57, S.23
- Gesamtabschluss GO § 116, S.40a
- Informationsrecht bei Auftragserteilung durch den Bürgermeister
  GO § 103, S.33
- Prüfung
  - der Eröffnungsbilanz GO § 92, S.30
  - des Jahresabschlusses GO § 101, S.32
- Prüfungsbericht GO § 105, S.34
- Zustimmung bei Einbeziehung Dritter als Prüfer GO § 103, S.33

Rechnungswesen
- der Eigenbetriebe EigVO § 13, S.143
- der Kommunalunternehmen KUV § 11, S.249

Rechnungszinsfuß bei Pensionsrückstellungen
  KomHVO § 37, S.51

Rechte
- Anderer bei dringlichen Entscheidungen GO § 60, S.24
- aus einer Beteiligung GO §§ 108,113, S.35,38
- Dingliche - bei Zwangsvollstreckung gegen die Gemeinde
  GO § 128, S.40b
- Fraktionen GO § 56, S.22; KrO § 40, S.124
- Gebietsänderungen GO § 20, S.11
- der Gemeinde GO §§ 3,11, S.9,10
- Grundstücksgleiche - in der Bilanz KomHVO § 42, S.52
- nach § 53 HGrG bei Beteiligungen an Unternehmen
  GO § 112, S.39
- des Kämmerers
  GO §§ 70,71,80,81,93,95,96,101, S.26,26,28,28,30,31,31,32
- der Kreistagsmitglieder KrO § 28, S.122
- der Mitglieder der Landschaftsversammlung, des Landschaftsausschusses und der Fachausschüsse 136f
- der Prüfer auf Nachweise und Unterlagen GO § 103, S.33
- der Ratsmitglieder GO § 43, S.19

Rechte Dritter
- bei Vollstreckung AO § 262, S.218

Rechtlich unselbständige
- örtliche Stiftungen GO § 97, S.31
- Versorgungs- und Versicherungseinrichtungen GO § 100, S.32

Rechtsbehelfe
- gemäß AO § 347f, S.218
- gegen Maßnahmen der Aufsichtsbehörden GO § 126, S.40b

Rechtsbehelfsbelehrung
- bei Verwaltungsakten gemäß AO § 356, S.218a

Rechtsbehelfsfrist
- AO-Regelung AO § 355, S.218a

Rechtsberatung
- keine Verpflichtung der Gemeinde GO § 22, S.11

Rechtsfähige Anstalten des öffentlichen Rechts
- Anschluss- und Benutzungszwang GO § 114a, S.39
- Anzeige an die Aufsichtsbehörde GO § 115, S.40
- Aufsicht GO § 114a, S.39
- Beratung durch die GPA GO § 105, S.34
- Dienstherrnfähigkeit GO § 114a, S.39
- Durchführungsverordnung des IM GO § 133, S.40c
- Errichtung GO § 114a, S.39
- Haftung der Gemeinde GO § 114a, S.39
- Jahresabschluss GO § 114a, S.39
- Lagebericht GO § 114a, S.39
- Prüfung durch die örtliche Rechnungsprüfung GO § 103, S.33
- Rechnungslegung GO § 114a, S.39
- Rechtsverordnung des Kommunalministeriums
  GO § 133, S.40c
- Satzung GO § 114a, S.39
- Umwandlung GO § 114a, S.39
- Verwaltungsrat GO § 114a, S.39
- Vorstand GO § 114a, S.39
- Zuständigkeit des Rates GO § 41, S.18

Rechtsgeschäfte
- Anzeige an die Aufsichtsbehörde GO § 115, S.40
- Befreiung von der Genehmigungspflicht GO § 131, S.40c
- Gebührenfreie - bei Gebietsänderungen GO § 20, S.11
- Unwirksame - GO § 130, S.40c
- Veräußerung von Unternehmen, Einrichtungen und Beteiligungen
  GO § 111, S.39
- Vertretung
  - der Gemeinde GO § 63, S.24
  - des Kreises KrO § 42, S.126
  - des LV LVerbO § 17, S.137
- Wirtschaftlich gleichkommende - GO § 41, S.18

Rechtsnachfolge
- bei gemeinsamen Kommunalunternehmen GkG § 27, S.152
- Regelung im Gebietsänderungsvertrag GO § 18, S.11

Rechtsnatur
- der Gemeinde GO § 1, S.9
- der Gemeindeprüfungsanstalt GPAG § 1, S.253
- der gemeinsamen Kommunalunternehmen
  GkG §§ 27,28, S.152,152a
- der Kommunalunternehmen KUV § 1 S.249
- des Kreises KrO § 1, S.117
- des LV LVerbO § 2, S.131
- des Zweckverbandes GkG § 5, S.147

Rechtsschutz
- gegen Einheitswertbescheid AO § 347-351, S.218
- gegen Gewerbesteuermessbescheid AO §§ 347-351, S.218
- gegen Grundsteuermessbescheid AO § 347-351, S.218
- gegen Zerlegungsbescheid AO § 347-351, S.218

Rechtsstellung
- Beamte der Anstalt des öffentlichen Rechts GO § 114a, S.39
- Ratsmitglieder GO § 43, S.19
- Kreistagsmitglieder KrO § 28, S.122

Rechtsverletzung
- Beanstandungs- und Aufhebungsrecht der Aufsichtsbehörde
  GO § 122, S.40b

Rechtsverordnung
- der Bundesregierung zur Beschränkung der Kreditaufnahme
  StWG § 19, S.189
- zur Befreiung von der Genehmigungspflicht bei Rechtsgeschäften gemäß Gemeindeordnung GO § 131, S.40c
- zur Bekanntmachung von Satzungen
  GO § 4, S.10; KrO § 5, S.117
- zur Durchführung
  - des Bürgerbegehrens und des Bürgerentscheids GO § 26, S.13
  - der Gemeindeordnung GO § 133, S.40c
  - der Kreisordnung KrO § 65, S.130
  - der Landschaftsverbandsordnung LVerbO § 31, S.140
- über Aufbau und Verwaltung, Wirtschaftsführung, Rechnungswesen und Prüfung der Eigenbetriebe GO § 133, S.40c
- bei Eingriffen in die Rechte der Gemeinden GO § 3, S.9
- über die Entschädigung der Mitglieder kommunaler Vertretungen und Ausschüsse EntschVO S.258a
- für gemeinsame Kommunalunternehmen GkG § 33, S.152b
- für das Haushalts- und Rechnungswesen GO § 133, S.40c
- zur Bestimmung kreisangehöriger Gemeinden zur Mittleren oder Großen kreisangehörigen Stadt GO § 4, S.9
- zur Experimentierklausel GO § 129, S.40b

- zur Höhe der
  - Aufwandsentschädigung für Bezirksvorsteher, stv. Bezirksvorsteher und Fraktionsvorsitzende GO § 16, S.36
  - Aufwandsentschädigung für Ortsvorsteher GO § 39, S.17
  - Entschädigungen für Mandatsträger
    GO § 45, S.20; KrO § 30, S.123; LVerbO § 16, S.137
- Übertragung zusätzlicher Aufgaben GO § 4, S.9
- zur Wahl des Integrationsrats GO § 27 S.14

Rechtswirkung des Haushaltsplanes
GO § 79, S.28

Rechtzeitige Bereitstellung
- der Finanzmittel KomHVO § 24, S.47

Rechtzeitige Geltendmachung
- der Ansprüche KomHVO § 24, S.47

Rechtzeitige Einziehung
- der Ansprüche KomHVO § 23, S.47

Rederecht
- der Gleichstellungsbeauftragten
  GO § 5, S.10; KrO § 3, S.117; LVerbO § 5b, S.132

Regelstundensatz
- für Mandatsträger
  GO § 45, S.20; KrO § 30, S.123; LVerbO § 16, S.137

Regiebetriebe
- Umwandlung eines - in ein Kommunalunternehmen
  KUV § 7, S.249

Regionalverband Ruhr
- Verbandsumlage VV Muster zur GO, S.99; GFG § 26, S.233

Regionsangehörige Gemeinden
- GFG §§ 1,23, S.229,233

Regionsumlage
  GFG § 24, S.233

Reisegewerbe
- Gewerbesteuerpflicht GewStG § 35a, S.180

Reisekostenvergütung
- für Mitglieder kommunaler Vertretungen EntschVO § 6, S.258c

Repräsentation
- des Kreises durch den Landrat KrO § 25, S.121
- des Rates durch den Bürgermeister GO § 40, S.18
- durch Stellvertreter des Bürgermeisters GO § 67, S.25

Reservelisten
- Bildung
  - der Landschaftsversammlung LVerbO § 7b, S.133
  - der Verbandsversammlung des Zweckverbandes
    GkG § 15a, S.149,150

Ressourcen
  GO § 41, S.18; KrO § 26, S.121; LVerbO § 7, S.132

Ressourcenaufkommen
  KomHVO §§ 11,16,36, S.45,46,50; Muster zur GO S.59,61

Ressourcenverbrauch
  KomHVO §§ 11,16,36, S.45,46,50; Muster zur GO S.59,61

Restnutzungsdauer
- Vermögensgegenstände des Anlagevermögens
  GO § 92, S.30; KomHVO §§ 36,55, S.51,56

Rhein-Kreis Neuss
- Zuweisungen für die Lastenausgleichsverwaltung GFG § 20, S.233

Richteramt
- Befähigung
  - eines Beigeordneten in kreisfreien Städten GO § 71, S.26
  - des Kreisdirektors KrO § 47, S.127
  - des Landesdirektors LVerbO § 20, S.138
  - der Landesräte des LV LVerbO § 20, S.138

Richtlinien
- für die Arbeit der Ausschüsse GO § 57, S.23; KrO § 41, S.125
- für Bezirksausschüsse GO § 39, S.17
- für Bezirksvertretungen GO § 37, S.17
- für die Zuständigkeit bei der Planung von Verwaltungsaufgaben
  GO § 61, S.24

Risikoabwägung
- bei Kreditaufnahmen in fremder Währung
  RdErl. S.282, Ziff.2.3.1

Risikobegrenzung
- bei Zinsderivaten RdErl. S.281, Ziff.2.2.1

Risikofrüherkennung
- bei Eigenbetrieben EigVO § 10, S.142

Risikovorsorge
- bei Kreditaufnahmen in fremder Währung
  RdErl. S.282, Ziff.2.3.2

Roh-, Hilfs- und Betriebsstoffe
  KomHVO §§ 30,42, S.48,52; HGB §§ 240,266, S.271,274

Rückholrecht
- des Landschaftsausschusses LVerbO § 11, S.135
- des Rates GO § 41, S.18

Rücklagen
- Allgemeine - GO §§ 75,76,78, S.27,27,27; KomHVO § 42, S.52
- Ausgleichsrücklage
  GO §§ 75,78, S.27,27; KomHVO § 42, S.52; KrO § 56a, S.129;
  LVerbO § 23a, S.139; GkG § 19a, S.151
- Betriebsmittelrücklage des Bundes GG, Art.111, S.186
- Rechtsverordnung des Kommunalministeriums GO § 133, S.40c
- Sonderrücklagen KomHVO § 42, S.52
- Verringerung der allgemeinen - GO § 76, S.27
- Wirtschaftliche Unternehmen GO § 109, S.38

Rücknahme des Einspruchs
  AO § 362, S.218a

Rückstellungen
- Absicherung eines Fremdwährungsrisikos RdErl. S.281,282
- Auflösung KomHVO § 37, S.51
- Bewertungsvereinfachung KomHVO § 35, S.51
- Bilanz KomHVO § 42, S.52
- Deponien KomHVO § 38, S.52
- Drohende Verluste aus schwebenden Geschäften und laufenden
  Verfahren GO § 88, S.29; KomHVO § 37, S.51
- Durchführungsverordnung des IM GO § 133, S.40c
- Eigenbetriebe EigVO § 22, S.144
- Ermittlung der Wertansätze KomHVO § 55, S.56
- HGB § 249, S.272
- Höhe GO § 88, S.29
- Kreditaufnahme in fremder Währung RdErl. S.281, Ziff.2.3
- Pensionsverpflichtungen KomHVO § 37, S.51
- Rekultivierung und Nachsorge von Deponien KomHVO § 37, S.51
- Schwebende Geschäfte KomHVO § 37, S.51
- Sonstige - KomHVO § 37, S.51
- Ungewisse Verbindlichkeiten GO § 88, S.29
- Unterlassene Instandhaltung von Sachanlagen KomHVO § 37, S.51
- Voraussichtliche Verpflichtungen KomHVO § 37, S.51
- Drohende Verluste aus schwebenden Geschäften
  GO § 88, S.29; KomHVO § 37, S.51

Rückstellungen für Deponien und Altlasten
- Zuordnung gemäß Kontierungsplan 100

Rückzahlungen
- von Abgaben und abgabeähnlichen Erträgen KomHVO § 18, S.46
- von allgemeinen Zuweisungen KomHVO § 18, S.46
- von Gewerbesteuer-Vorauszahlungen GewStG § 20, S.179

Ruhen der Amtsgeschäfte
- des Bürgermeisters GO § 66, S.25
- des Landrats KrO § 25, S.121

S

Sachanlagen
- Bilanz KomHVO § 42, S.52
- HGB § 266, S.274

Sacheinlagen
- bei gemeinsamen Kommunalunternehmen GkG § 28, S.152a

Sachkundige Bürger
- im Betriebsausschuss des Eigenbetriebs GO § 114, S.39
- in Bezirksausschüssen GO § 39, S.17
- als Mitglieder von Ausschüssen
  - Gemeinde GO § 58, S.23
  - Kreis KrO § 41, S.125
  - LV LVerbO § 13, S.135
- Rechte und Pflichten GO § 43, S.19
- Sitzungsgeld GO § 45, S.20; EntschVO § 2, S.258a

Sachkundige Einwohner
- Mitglieder von Ausschüssen GO § 58, S.23
- Rechte und Pflichten GO § 43, S.19
- Sitzungsgeld GO § 45, S.20; EntschVO § 2, S.258a

Sach- und Dienstleistungsintensität
- Ermittlung der Kennzahl 340

Sachliche Feststellung
- von Zahlungsansprüchen und -verpflichtungen KomHVO § 31, S.49

Sachliche Zuständigkeit
- der Finanzbehörden AO § 16, S.207

Sachverständige
- Anhörung von - GO §§ 36,58, S.16,22; KrO § 41, S.125

Sachverständigenrat
  StWG §§ 2,31, S.187,190

Stichwortverzeichnis

Saldo aus laufender Verwaltungstätigkeit
- Wertgröße des Kennzahlensets 339

Sale-and-lease-back-Geschäfte
  RdErl. S.284, Ziff.5.3.2

Sammelposten
- für bewegliche Wirtschaftsgüter EStG § 6, S.259,260

Sanierung
- Ermittlung des Gewerbeertrags GewStG § 7b, S.174

Sanierungsertrag
  GewStG §§ 7b,36, S.174,181

Sanierungskonzept
- zur Genehmigung des Haushaltssicherungskonzepts
  GO § 76, S.27

Sanierungsplanung
- AusführErl. S.345

Satzungen
- Abgaben- KAG § 2, S.153
- Allgemeine rechtliche Regelung
  GO § 7, S.10; KrO § 5, S.117; LVerbO § 6, S.132
- Änderung GO § 7, S.10; KrO § 26, S.121; LVerbO § 7, S.132
- Anschluss- und Benutzungszwang GO § 9, S.10; KrO § 7, S.118
- Anstalten des öffentlichen Rechts GO § 114a, S.39
- Aufhebung GO § 41, S.18; KrO § 26, S.121; LVerbO § 7, S.132
- Bußgeldandrohung bei Verstößen gegen -
  GO § 7, S.10; KrO § 5, S.117
- Erhebung von Abgaben KAG § 2, S.153
- Erhebung von Erschließungsbeiträgen BauGB § 132, S.218
- Erlass
  GO §§ 7,114a, S.10,39; KrO § 5, S.117; LVerbO § 6, S.132;
  BekanntmVO §§ 1-3, S.258
- Gemeindeprüfungsanstalt GPAG § 5,7, S.253,254
- gemeinsame Kommunalunternehmen GkG §§ 27,28, S.152,152a
- Genehmigung GO § 7, S.10; KrO § 5, S.117; LVerbO § 6, S.132;
  BekanntmVO § 2, S.257
- Hauptsatzung GO § 7, S.10; KrO § 5, S.117
- Haushaltssatzung
  GO §§ 26,37,41,43,59,75,78,80-82,85,86,89,133, S.12,16,18,18,23,
  26-29,40b; Muster S.64; KrO §§ 53,54, S.128; LVerbO § 23, S.138
- LV LVerbO §§ 16,23, S.137,138
- Notbekanntmachung BekanntmVO § 4, S.257
- Öffentliche Bekanntmachung GO § 7, S.10; KrO § 5, S.117;
  LVerbO § 6, S.132; BekanntmVO § 2, S.257
- Übergangsregelungen Satzungen GO § 134, S.40d, KrO § 66, S.130,
  LVerbO § 32, S.140
- Verletzung von Form- und Verfahrensvorschriften
  GO § 7, S.10; KrO § 5, S.117; LVerbO § 6, S.132
- Zuständigkeit für Erlass von -
  GO § 7, S.10; KrO § 5, S.117; LVerbO § 6, S.132
- Zuwiderhandlungen gegen - GO § 7, S.10; KrO § 5, S.117
- Zweckverband GkG §§ 6-13,15-21,25, S.147-150

Satzungszwang nach KAG
  KAG § 2, S.153

Säumniszuschläge
- AO-Regelung AO § 240, S.217

Schadensersatzansprüche
- gegen Kreistagsmitglieder KrO § 28, S.122
- gegen Mitglieder der Landschaftsversammlung, des Landschaftsausschusses und der Fachauschüsse LVerbO § 15, S.136
- gegen Ratsmitglieder GO § 43, S.19
- Vertreter in Organen GO § 113, S.39

Schätzung
- Erträge und Aufwendungen KomHVO § 11, S.45
- von Besteuerungsgrundlagen AO § 162, S.211
- Wertansätze für die Eröffnungsbilanz GO § 92, S.30

Scheck
- Örtliche Vorschriften des Bürgermeisters über den Einsatz von -
  KomHVO § 32, S.49

Schiedsverfahren
- gemäß GkG § 30, S.152a

Schlachthöfe
- Benutzungszwang GO § 9, S.10

Schleusengelder
  KAG § 6, S.154

Schlichtung von Streitigkeiten
- der Zweckverbände GkG § 30, S.152a

Schlussbilanz
  GO § 76, S.27; KomHVO § 33, S.50

Schlussbilanz-Konto
- Zuordnung gemäß Kontierungsplan 105

Schlüsselmasse
- gemäß GFG 229f

Schlüsselzahlen
- für die Umsatzsteueranteile der Gemeinden VO S.227

Schlüsselzuweisungen
- für die Gemeinden GFG S.229f
- für die Kreise GFG S.231f
- für die Landschaftsverbände GFG S.231f
- Zuordnung gemäß Kontierungsplan S.101

Schreib- und Rechenfehler
- bei Erstellung einer Steuererklärung AO § 173a, S.212

Schriftform
- bei örtlichen Vorschriften des Bürgermeisters für die Finanzbuchhaltung KomHVO § 32, S.49
- bei Verpflichtungserklärungen
  GO § 64, S.24; KrO § 43, S.126; LVerbO § 21, S.138

Schriftführer
- Gemeinde GO § 52, S.21
- Kreis KrO § 37, S.124
- LV LVerbO § 9, S.134

Schulden
- Bewertung KomHVO §§ 33,55, S.50,56
- Berichtigung KomHVO § 58, S.57
- Bilanz KomHVO § 42, S.52
- Eröffnungsbilanz GO § 92, S.30; KomHVO § 55, S.56
- Inventur GO § 91, S.30; KomHVO § 29, S.48

Schuldenbremse
  Grundgesetz Art.109 Abs.3,143d, S.185,186a

Schuldendiensthilfe
- Zuordnung gemäß Kontierungsplan 101

Schuldenlage
- Anhang KomHVO § 45, S.54
- Beanstandungen GO § 101, S.32
- Bestätigungsvermerk GO § 101, S.32
- Bilanz KomHVO § 42, S.52
- Buchführung KomHVO § 28, S.48
- Eröffnungsbilanz GO § 92, S.30
- Gesamtabschluss GO § 116, S.40a
- Gesamtlagebericht KomHVO § 52, S.55
- Jahresabschluss GO § 95, S.31
- Lagebericht KomHVO § 49, S.55
- Prüfungsergebnis GO § 101, S.32

Schuldenkonsolidierung
  HGB § 303, S.279

Schulen
- Bilanz KomHVO § 42, S.52

Schüleransatz
- Berechnung der Schlüsselzuweisungen GFG § 8, S.231

Schüleransatzstaffel
- Zuweisungen gemäß Gemeindefinanzreformgesetz
  GFG § 8, S.231, Anlage 3, S.,239

Schulinfrastruktur
- Finanzhilfen zur Verbesserung der - KInvFöG NRW § 10f, S.380

Schulpauschale
- Zuweisungen gemäß GFG § 17, S.232

Schulträgeraufgaben
- Produktbereich gemäß Produktrahmen S.72

Schulverbände
- gemäß GkG § 31, S.152a

Schwägerschaft als Befangenheit
- bei ehrenamtlicher Tätigkeit GO § 31, S.15
- zwischen Bürgermeister und Beigeordneten GO § 72, S.26
- des Kämmerers GO § 93, S.30
- der Leitung und der Prüfer der örtlichen Rechnungsprüfung
  GO § 104, S.33
- des Verantwortlichen für die Zahlungsabwicklung GO § 93, S.30

Schwebende Geschäfte
- Rückstellungen für drohende Verluste aus -
  KomHVO § 37, S.51; HGB §§ 249,254, S.272,273

Schweigepflicht
  GO § 30, S.15

Schwellenwert, additiver
- bei Wahrnehmung von Aufgaben mit benachbarten Gemeinden
  GO § 4, S.9

Schwellenwerte
- der EU bei der Vergabe öffentlicher Aufträge RdErl. S.245
- Vergaben unterhalb der - KomHVO § 26, S.47

Schwerbehindertenhilfe
- Aufgabe des LV LVerbO § 5, S.131

Stichwortverzeichnis

Sektorenauftraggeber
TVgG § 1, S.377
Selbstständige
- Verdienstausfallersatz
  GO § 45, S.20; KrO § 30, S.123; LVerbO § 16, S.137
- Verdienstausfallpauschale
  GO § 45, S.20; KrO § 30, S.123; LVerbO § 16, S.137

Selbstständige Arbeit
- Einkünfte aus - EStG § 15, S.260

Selbstverwaltung
- Begriff, Inhalt
  - Grundgesetz Art.28, S.183
  - Landesverfassung NRW Art.78, S.201
- Recht
  - der Gemeinde GO § 1, S.9
  - des Kreises KrO § 1, S.117
  - des LV LVerbO § 2, S.131
- Weiterentwicklung (Experimentierklausel)
  GO § 129, S.40b; KrO § 63, S.130

Selbstverwaltungsgarantie
- Grundgesetz Art.28, S.183
- Landesverfassung NRW Art.78, S.201

Sicherheit
- der Finanzbuchhaltung
  - örtliche Vorschriften des Bürgermeisters
    KomHVO § 32, S.49
- Geldanlagen GO § 90, S.30

Sicherheiten
- bei Krediten GO § 86, S.29
- zugunsten Dritter GO § 87, S.29
- nach den Steuergesetzen AO § 241, S.216

Sicherheitsbestellung
- Nichtigkeit der - für Kreditverpflichtungen GO § 86, S.29
- Verbot der - zugunsten Dritter GO § 87, S.29

Sicherheitsleistung
- nach den Steuergesetzen AO § 241, S.217

Sicherheitsstandards
- für die Finanzbuchhaltung KomHVO § 32, S.49

Sicherheit und Ordnung
- Produktbereich gemäß Produktrahmen 72

Sicherstellung
- der Aufgabenerledigung der Finanzbuchhaltung KomHVO § 32, S.49
- der Finanzierung von Investitionen GO § 75, S.27
- der Liquidität GO §§ 75,89, S.27,29
- der Zahlungsfähigkeit GO § 89, S.30; KomHVO § 31, S.49

Sicherung
- der aufbewahrten Unterlagen auf Datenträgern oder Bildträgern
  KomHVO § 59, S.57
- der Aufgabenerfüllung GO § 75, S.27
- der Finanzmittel KomHVO § 24, S.47
- von Krediten GO § 86, S.29
- der Pflichterfüllung durch Aufsicht GO § 11, S.10

Siegel
- GO § 14, S.11
- KrO § 11, S.118

Signaturen
- Örtliche Vorschriften des Bürgermeisters für die Finanzbuchhaltung
  KomHVO § 32, S.49

Sitz
- Körperschaft, Personenvereinigung AO § 11, S.206

Sitzgemeinde
- Zerlegung GrStG § 24, S.166

Sitzungen
- Ausschluss GO § 51, S.21; KrO § 36, S.124
- Ausschüsse GO § 58, S.23; KrO § 41, S.125; LVerbO § 14, S.136
- Bezirksvertretungen GO § 36, S.16
- Eröffnung GO § 51, S.21; KrO § 36, S.124
- Hausrecht GO § 51, S.21; KrO § 36, S.124
- Digitale und hybride - DigiSiVO S.373f
- Hybride Sitzungen der Ausschüsse GO § 58a, S.23, KrO § 41a, S.125
- in besonderen Ausnahmefällen GO § 47a, S.20; KrO § 32a, S.123, LVerbO § 8b, S.134
- Kreisausschuss KrO § 52, S.128
- Kreistag KrO § 32, S.123
- Landschaftsausschuss und Fachausschüsse LVerbO § 14, S.136
- Landschaftsversammlung LVerbO § 9, S.134
- Leitung GO § 51, S.21; KrO § 36, S.124
- Nichtöffentliche -
  GO §§ 48,58; S.21,22; KrO § 33, S.123; LVerbO § 9, S.134
- Öffentliche -
  GO §§ 31,36,48,52,80,114a, S.15,16,20,21,27,39; KrO § 33, S.123; LVerbO § 9, S.134
- Rat GO § 48, S.21
- Schließung GO § 51, S.21; KrO § 36, S.124
- Zeit und Ort GO § 47, S.20; KrO § 32, S.123; LVerbO § 9, S.134

Sitzungsentschädigung
- für Rats-, Bezirksvertretungs-, Ausschuss- und Fraktionssitzungen GO § 45, S.20
- für Kreistags-, Kreisausschuss-, Ausschuss- und Fraktionssitzungen KrO § 30, S.123
- für Sitzungen der Landschaftsversammlung, der Ausschüsse und der Fraktionen LVerbO § 16, S.137
- Entzug GO § 51, S.21; KrO § 36, S.124

Sitzungsgelder
- Allgemeines GO § 45, S.20; KrO § 30, S.123; LVerbO § 16, S.137; EntschVO S.258a
- Anpassung der Höhe GO § 45, S.20; KrO § 30, S.123; LVerbO § 16, S.137

Sitzungsraum
- Verlassen des - bei Befangenheit GO § 31, S.15

Sitzungsvorsitzender
- Gemeinde GO §§ 27,36,39,40,43,55,57,58,65,67,70,101,114a, S.14,16,17,18,18,22-25,31,39
- Kreis KrO §§ 25,26,28,41,46,51, S.121,121,122,125-128
- LV LVerbO §§ 5b,7a,7b,8,8a,9,12-17, S.132-137
- Zweckverband GkG § 15, S.148

Sonderaufsicht
- bei Pflichtaufgaben zur Erfüllung nach Weisung
  GO § 119, S.40b; KrO § 57, S.129; LVerbO § 24, S.139

Sondernachweis
- für Sondervermögen GO § 97, S.31
- für Treuhandvermögen GO § 98, S.32

Sonderposten
- Auflösung KomHVO § 44, S.53
- Bilanz KomHVO § 42, S.52
- Erträge aus der Auflösung von - Kennzahlenset S.338
- Gebührenausgleich KomHVO §§ 42,44, S.52,53
- Zuordnung gemäß Kontierungsplan S.100

Sonderrechnungen
- Anwendung der KomHVO § 60, S.57
- Gemeindegliedervermögen GO § 99, S.32
- für örtliche Stiftungen GO § 100, S.32
- Stellenplan KomHVO § 8, S.45
- für Treuhandvermögen GO § 98, S.32
- Wirtschaftspläne als Anlage zum Haushaltsplan KomHVO § 1, S.43

Sonderrücklagen
- Passivseite der Bilanz KomHVO § 42, S.52

Sonderschulen
- Aufgabe des LV LVerbO § 5, S.131

Sonderumlage
- Kreis KrO § 56c, S.129
- Landschaftsverband LVerbO § 23c, S.139

Sondervermögen
- Allgemeines GO § 97, S.31
- Anwendung der KomHVO § 60, S.57
- Arten der - GO § 97, S.31
- Beamtenstellen in Einrichtungen von - KomHVO § 8, S.45
- Bilanz KomHVO § 42, S.52
- Geltung der KomHVO § 60, S.57
- Geschäftsvorfälle GO § 93, S.30
- Haushaltsrechtliche Behandlung GO § 97, S.31
- Jahresabschlüsse als Anlage zum Haushaltsplan
  KomHVO § 1, S.43
- Nachweis GO § 97, S.31
- Prüfung GO § 103, S.33
- Prüfung der Programme GO § 103, S.33
- Rechnungsprüfung der - GO § 103, S.33
- Sonderhaushaltspläne GO § 98, S.32
- Sonderrechnungen GO § 98, S.32
- Stellenplan KomHVO § 8, S.45
- Überörtliche Prüfung der - GO § 105, S.34
- Überwachung der Zahlungsabwicklung GO § 103, S.33
- Verbindlichkeitenspiegel KomHVO § 48, S.55
- Wirtschaftspläne als Anlage zum Haushaltsplan
  KomHVO § 1, S.43
- Zuordnung gemäß Kontierungsplan S.99

Sonstige Auszahlungen aus laufender Verwaltungstätigkeit
- Zuordnung gemäß Kontierungsplan S.104

Stichwortverzeichnis

Sonstige Einzahlungen aus laufender Verwaltungstätigkeit
- Zuordnung gemäß Kontierungsplan S.104

Sonstige ordentliche Aufwendungen
- Zuordnung gemäß Kontierungsplan S.103

Sonstige ordentlche Erträge
- Zuordnung gemäß Kontierungsplan S.102

Sonstige Rückstellungen
- Zuordnung gemäß Kontierungsplan S.100

Sonstige Transfereinzahlungen
- Zuordnung gemäß Kontierungsplan S.104

Sonstige Transfererträge
- Zuordnung gemäß Kontierungsplan S.101

Sonstige Verbindlichkeiten
- Zuordnung gemäß Kontierungsplan S.101

Sonstige Vermögensgegenstände
- in der Bilanz KomHVO § 42, S.52

Soziale Leistungen
- Produktbereich gemäß Produktrahmen S.72

Sozialhilfe
- Aufgabe des LV (überörtlicher Träger) LVerbO § 5, S.131

Soziallastenansatz
- Berechnung der Schlüsselzuweisungen gemäß GFG GFG § 8, S.231

Sozialtransferaufwendungen
- Orientierungsdaten RdErl. S.288

Sparkassenwesen
GO § 107, S.34

Sparsame Haushaltswirtschaft
GO § 75, S.27

Sparsamkeit
- als haushaltsrechtlicher Grundsatz GO § 75, S.27

Spenden
- von Körperschaften GewStG § 9, S.175
- von natürlichen Personen und Personengesellschaften (GewSt.) GewStG § 9 Ziff.5, S.176

Sperre
- von Ermächtigungen und Verpflichtungsermächtigungen GO § 81, S.28; KomHVO § 25, S.47

Sperrvermerke
KomHVO § 25, S.47

Sperrwirkung des Bürgerbegehrens
GO § 26, S.13; KrO § 23, S.119

Spezielle Entgelte
- Finanzmittelbeschaffung durch - GO § 77, S.27

Spielbankenabgabe
- Ertragshoheit gemäß Grundgesetz GG Art.106, S.183

Sportförderung
- Produktbereich gemäß Produktrahmen 73

Sportpauschale
- Zuweisungen gemäß GFG § 18, S.233

Staatliche Doppik
HGrG §§ 1a,7a,19,49a, S.191,194,197,198

Staatsaufbau
- Gemeinde als Grundlage des demokratischen - GO § 1, S.9

Staatsaufsicht
GO § 11, S.10

Staatsverfassung
LVerf NRW Art. 1, S.201

Staatszuweisungen
- Prüfung der Verwendung von - GO § 105, S.34

Stabilität des Preisniveaus
- Regelung des StWG § 1, S.187

Stabilitätsgesetz (StWG)
(Volltext) 187
- Beschränkung bei Kreditaufnahmen GO § 86, S.29

Stabilitätsrat
GG Art.109a,143d, S.186,186a; HGrG § 51, S.198

Stadt
- Bezeichnung GO § 13, S.11
- Gleichstellungsbeauftragte GO § 5, S.9
- Große kreisangehörige -
  - Befähigung eines Beigeordneten GO § 71, S.26
  - Bestimmung durch die Landesregierung GO § 4, S.9
  - Örtliche Rechnungsprüfung GO § 102, S.33
  - Vereinbarung zur Aufgabenübertragung GO § 4, S.9
  - Voraussetzung GO § 4, S.9
  - Zusätzliche Aufgaben GO § 4, S.9
- Kreisfreie -
  - Aufsicht GO § 120, S.40b
  - Befähigung eines Beigeordneten GO § 71, S.26
  - Bestellung eines Beigeordneten zum Stadtkämmerer GO § 71, S.26
  - Bezirksvertretungen GO §§ 35,36,37, S.16,16,16
  - Bezirksverwaltungsstellen GO § 38, S.17
  - Bürgerbegehren/Bürgerbescheid GO § 26, S.12,13
  - Einteilung in Stadtbezirke GO § 35, S.16
  - Einwohnerantrag GO § 25, S.12
  - Einwohnerunterrichtung GO § 23, S.12
  - Gleichstellungsbeauftragte GO § 5, S.10
  - Oberbürgermeister GO § 40, S.18
  - Öffentlich-rechtliche Vereinbarung zur Effizienzsteigerung
    - mit benachbarter Gemeinde GO § 3, S.9
    - mit benachbartem Kreis GO § 3, S.9
  - Örtliche Rechnungsprüfung GO § 102, S.33
  - Stadtbezirke GO §§ 35-38, S.16-17
  - Widerspruch gegen Beschluss der Bezirksvertretung GO § 37, S.17
- Mittlere kreisangehörige -
  - Bestimmung durch die Landesregierung GO § 4, S.9
  - Örtliche Rechnungsprüfung GO § 102, S.33
  - Vereinbarung zur Aufgabenübertragung GO § 3, S.9
  - Voraussetzung GO § 3, S.9
  - Zusätzliche Aufgaben GO § 4, S.9

Stadtbezirke (kreisfreie Städte)
- Ausnahmen zur Bildung von - GO § 35, S.16
- Bezirksvertretungen GO §§ 36,37, S.16,16
- Bezirksverwaltungsstellen GO § 38, S.17
- Bürgerbegehren / Bürgerentscheid GO § 26, S.13
- Einteilung GO § 35, S.16
- Regelung in Hauptsatzung GO § 35, S.16

Stadtgebiet
- in kreisfreien Städten GO § 35, S.16

Stadtwerke
EigVO § 8, S.142

Städtepartnerschaften
- Aufgabe der Bezirksvertretung GO § 37, S.17

Städteregion Aachen
GFG §§ 1,23, S.229,233

Städtetag NRW
- Vertreter im Verwaltungsrat der GPA GPAG § 4, S.253

Städte- und Gemeindebund NRW
- Vertreter im Verwaltungsrat der GPA GPAG § 4, S.253

Staffelklassen
- Berechnung der Schlüsselzuweisungen GFG § 8, S.231f, Anlage 2, S.238

Stammeinlage
- bei gemeinsamen Kommunalunternehmen GkG § 28, S.152a

Stammkapital
- Eigenbetrieb EigVO § 22, S.144
- gemeinsame Kommunalunternehmen GkG § 28, S.152a
- Kommunalunternehmen KUV §§ 9,23, S.249,251

Standards
- für kamerale und doppische Haushalte HGrG § 49a, S.197

Ständiger Vertreter
- im Abgabenrecht AO § 13, S.206

Stärkungspaktgesetz NRW
(Volltext) S.353
- Ausführungserlass S.345
- Dritte Stufe S.355
- Haushaltssanierungsplan Erl. S.345

Stationierung von Gaststreitkräften
- Zuweisungen gemäß GFG §§ 19,27, S.233,234, Anlage S.242

Statthaftigkeit des Einspruchs
AO § 347, S.218

Stellenausschreibung
- Beigeordnete GO § 71, S.26
- Allgemeiner Vertreter des Landrats KrO § 47, S.127

Stellenplan
- Abweichungen vom -
  GO § 74, S.26; KomHVO § 8, S.45; KrO § 49, S.127; LVerbO § 20, S.138
- als Anlage zum Haushaltsplan
  GO § 79, S.28; KomHVO § 1, S.43
- Einhaltung
  GO § 74, S.26; KrO § 49, S.127; LVerbO § 20, S.138
- Inhalt GO § 74, S.26; KomHVO § 8, S.45
- Kommunalunternehmen KUV § 16, S.250
- Muster S.82,83
- Vorschriften in der Haushaltssatzung GO § 78, S.27
- Zuständigkeit
  - des Kreistags KrO § 26, S.121
  - des Rates GO § 41, S.18

Stichwortverzeichnis

Stellenübersicht
- Eigenbetriebe EigVO § 17, S.143
- Kommunalunternehmen KUV § 16, S.250
- Muster S.84-87
- über die Aufteilung der Stellen auf die Produktbereiche
  KomHVO § 8, S.45
- über die Dienstkräfte in der Probe- oder Ausbildungszeit
  KomHVO § 8, S.45

Stellungnahme
- des Kämmerers zum Jahresabschluss GO § 95, S.31
- zum Prüfungsbericht
  - des Bürgermeisters GO § 101, S.32
  - des Kämmerers GO § 101, S.32
- zu Punkten der Tagesordnung
  - Bürgermeister vor dem Rat GO § 69, S.25
  - Landrat vor dem Kreistag KrO § 48, S.127
  - Landesdirektor und Landesräte LVerbO § 18, S.137

Stellvertreter
- der Ausschussmitglieder GO § 58, S.23; KrO § 41, S.125
- des Ausschussvorsitzenden GO § 58, S.23; KrO § 41, S.125
- des Bezirksvorstehers GO § 38, S.17
- des Bürgermeisters
  GO §§ 46,53,60,67,68, S.20,21,23,25,25
- des Fraktionsvorsitzenden GO § 46, S.20
- des Landrats KrO §§ 31,46,47,50, S.123,127,127,127
- der Mitglieder
  - des Kreisausschusses KrO § 51, S.128
  - des Landschaftsausschusses LVerbO § 12, S.135
  - des Präsidenten der GPA GPAG § 6, S.254
- des Verantwortlichen für die Zahlungsabwicklung
  GO § 93, S.30
- des Vorsitzenden
  - des Hauptausschusses GO § 57, S.23
  - des Kreisausschusses KrO § 51, S.128
  - der Landschaftsversammlung LVerbO § 8a, S.134
- zusätzliche Aufwandsentschädigung EntschVO § 3, S.258b

Stetige Aufgabenerfüllung
- GO §§ 75,101, S.27,31

Stetiges Wirtschaftswachstum
  StWG § 1, S.187

Steueraufkommen
- Verteilung GG Art.106, S.184

Steuerbefreiungen
- Gewerbesteuer GewStG § 3, S.171-173
- Grundsteuer GrStG §§ 3-8, S.163,164

Steuerbescheide
- Abrechnung der Vorauszahlungen
  GewStG § 20, S.179; GrStG § 30, S.167
- Änderung von - AO §§ 172-175, S.212
- Anfechtung von - AO § 171, S.212
- Aufhebung von - AO § 173, S.212
- Festsetzung der Steuern durch - AO § 155, S.210
- Form und Inhalt der - AO § 157, S.210
- Öffentliche Bekanntmachung GrStG § 27, S.167
- bei Vorauszahlungen GewStG § 20, S.179; GrStG § 30, S.167

Steuererhebung
- durch Zweckverbände GkG § 19, S.151

Steuererklärungen
- Abgabe der - AO § 149, S.209
- Form und Inhalt AO § 150, S.210
- Schreib- und Rechenfehler AO § 173a, S.212

Steuererklärungspflicht
- bei der Gewerbesteuer GewStG § 14a, S.178

Steuererstattungen
  Verzinsung AO § 233a, S.215

Steuerertrag
  GG Art.106, S.184

Steuererträge
- Wertgröße des Kennzahlensets 339,340

Steuerfestsetzung
  AO § 155, S.210
- Absehen von der - AO § 156, S.210

Steuerfindungsrecht
- der Gemeinden KAG §§ 1,3, S.153; LVerf NRW Art.79, S.201

Steuergegenstand
- Gewerbesteuer GewStG § 2, S.171
- Grundsteuer GrStG § 2, S.163

Steuergeheimnis
  KAG § 12, S.156; AO § 1, S.205

Steuergesetzgebung
  GG Art.105, S.183

Steuerhinterziehung
  AO §§ 169,173,236, S.211,215

Steuerkraftmesszahl
  GFG S.229f

Steuerliche Nebenleistungen
  AO § 3, S.205

Steuermessbescheid
  GrStG § 21, S.166; GewStG § 35b, S.181; AO §§ 171,184,237, S.212,213,216

Steuermessbetrag
- Abgabenordnung
  AO §§ 22,184,188,236,357, S.207,213,211,215,218a
- Gewerbesteuer
  §§ 4,10,11,14,14a,16,28,30,33,34,35c, S.173,176-180
- Grundsteuer GrStG §§ 13,16-25, S.164-166

Steuermesszahl
- Gewerbesteuer GewStG § 11, S.178
- Grundsteuer GrStG § 13, S.164,165

Steuern
- Aufwandsteuern GG Art.106, S.184
- Begriff AO § 3, S.205
- Biersteuer GG Art.106, S.184
- von Einkommen und Ertrag in der Bilanz gemäß HGB
  HGB § 277, S.277
- Einkommensteuer
  GG Art.106,107, S.184,185; GFG § 2, S.229; EStG § 15, S.260
- Erbschaftsteuer GG Art.106, S.184
- Erhebungsrecht KAG § 3, S.153
- Finanzmittelbeschaffung GO § 77, S.27
- Gemeinschaftsteuern GG Art.106, S.184
- Gesetzgebungskompetenz GG Art.106, S.184
- Gewerbesteuer VV Muster zur GO, S.65,67; GewStG S.171f;
  GG Art.106, S.184
  AO §§ 3,22, S.205,207; GFG § 9, S.231
- Gleichartigkeitsverbot GG Art.106, S.184
- Grundsteuer VV Muster zur GO, S.65,67; GrStG § S.163f;
  GG Art.106, S.184
- Hundesteuer KAG § 3, S.153
- Jagdsteuer KAG §§ 3,22, S.153,157
- Kapitalertragsteuer GemFinRefG § 1, S.223
- Kapitalverkehrsteuern GG Art.106, S.184
- Körperschaftsteuer GG Art.106, S.184; GFG § 2, S.229
- Kraftfahrzeugsteuer GG Art.106, S.184
- Latente - HGB §§ 266,274,306, S.274,276,279
- Lohnsteuer GG Art.107, S.184; GemFinRefG § 3, S.223
- Realsteuern GG Art.106, S.184; Realsteuerzuständigkeitsgesetz S.203; AO § 3, S.205
- auf sexuelle Vergnügungen
  Zuordnungsvorschriften zum Kontenrahmen S.291
- Subsidiarität GO § 77, S.27; KAG § 3, S.153
- Übernachtungssteuer ZuordnungsV zum Kontenrahmen S.291
- Umsatzsteuer GG Art.106, S.184; VO S.227
- Verbrauchsteuern GG Art.106, S.184
- Vergnügungssteuer KAG § 3, S.153
- Verkehrsteuern GG Art.106, S.184
- Vermögensteuer GG Art.106, S.184
- Versicherungsteuer GG Art.106, S.184
- Verteilung GG Art.106, S.184
- Zweckverband GkG §§ 19,25, S.150,151,152
- Zweitwohnungssteuer VV Muster zur GO, S.101

Steuern und ähnliche Abgaben
- Zuordnung gemäß Kontierungsplan S.101,104

Seuernachforderungen
- Verzinsung AO § 233a, S.215

Steuerpflichtiger
- AO-Regelung § 33, S.207

Steuerquellen
- Erschließung eigener - LVerf NRW Art.79, S.201

Steuerquote
- Ermittlung der Kennzahl S.339,340

Steuerrechtliche Erfassung
- von Körperschaften AO § 137, S.208

Steuersätze
- Gewerbesteuer GewStG § 16, S.177
- Grundsteuer GrStG § 25, S.166
- Haushaltssatzung VV Muster zur GO, S.65
- Nachtragssatzung VV Muster zur GO, S.67

Stichwortverzeichnis

Steuersatzung
- KAG-Regelung KAG §§ 2,3, S.153

Steuerschätzungen
- Orientierungsdaten RdErl. S.288

Steuerschuldner
- AO § 43, S.208
  Gewerbesteuer GewStG § 5, S.173
- Grundsteuer GrStG § 10, S.164

Steuerschuldverhältnis
- Abtretung der Ansprüche AO § 46, S.208
- Ansprüche aus dem - AO § 37, S.207
- Entstehung der Ansprüche AO § 38, S.207
- Erlöschen der Ansprüche AO § 47, S.208
- Pfändung AO § 46, S.208
- Verwirklichung von Ansprüchen aus dem - AO § 218, S.214

Steuerungsmodelle, neue
- Ausnahmen von organisations- und haushaltsrechtlichen Vorschriften
  GO § 129, S.40b

Steuerverbund
- GFG-Regelungen GFG §§ 1,2,28,29,30,32, S.229,233-235
- Orientierungsdaten RdErl. S.288

Steuervergütungsgläubiger
  AO § 43, S.208

Steuerverkürzung
  AO §§ 169,174,235, S.211,212,215

Steuerverteilung
  GG Art.106, S.184

Stichproben
- Aufstellung des Inventars KomHVO § 30, S.48
- Bewertung von Vermögensgegenständen
  KomHVO § 57, S.56

Stiftungen
- Aufhebung und Zusammenlegung GO § 100, S.32
- Aufsicht KrO § 53, S.128
- Begriff GO §§ 97,100, S.32
- Beratung durch Gemeindeprüfungsamtalt GO § 105, S.34
- Örtliche - GO § 100, S.32
- privaten Rechts GO § 100, S.32
- Produktbereich gemäß Produktrahmen 73
- Vermögen GO §§ 97,100, S.31,32
- Zuständigkeit
  - des Rates GO § 41, S.18
  - des Kreistags KrO § 26, S.121
- Zweck örtlicher - GO § 100, S.32

Stiftungsaufsicht
  GO § 100, S.32; KrO § 53, S.128

Stiftungsrecht
  GO § 100, S.32

Stiftungsvermögen
  GO § 100, S.32

Stimmengleichheit
- bei Beschlüssen
  GO § 50, S.21; KrO § 35, S.124; LVerbO § 10, S.134
- bei Besetzung der Ausschüsse GO § 50, S.21; KrO § 35, S.124
- bei Bürgerentscheid GO § 26, S.13; KrO § 23, S.119
- bei Wahlen GO § 50, S.21; KrO § 35, S.124
- bei Wahl der Stellvertreter
  - des Bürgermeisters GO § 67, S.25
  - des Landrats KrO § 46, S.126

Stimmenmehrheit
- bei Beschlüssen und Wahlen
  GO § 50, S.21; KrO § 35, S.124; LVerbO § 10, S.134

Stimmenthaltungen
  GO § 50, S.21; KrO § 35, S.124; LVerbO § 10, S.134

Stimmrecht
- des Bürgermeisters
  - im Hauptausschuss GO § 50 S.21
  - im Rat GO § 40, S.18
- des Landrats
  - im Kreisausschuss KrO § 51, S.128
  - im Kreistag KrO § 25, S.121

Stimmzettel
- bei Wahlen GO § 50, S.21; KrO § 35, S.124

Störungen
- der Bild- und Tonübertragungen bei digitalen und hybriden Sitzungen
  DigiSiVO § 10, S.374

Straf- und Bußgeldvorschriften
- im Abgabenrecht KAG §§ 17,20, S.157
- in Satzungen GO § 7, S.10; KrO § 5, S.117

Strafrechtliche Haftung
- der Ratsmitglieder GO § 30, S.15
- der Kreistagsmitglieder KrO § 28, S.122
- der Mitglieder in Gremien des LV LVerbO § 15, S.136

Straßen
- Komponentenansatz Erlass S.371
- Zuordnung gemäß Kontierungsplan 98

Straßenausbaubeiträge
  KAG § 8a, S.155

Straßenausbaumaßnahmen
- KAG § 8a, S.155
- Förderrichtlinie S.161

Straßennetz
- Bilanz KomHVO § 42, S.52
- Zuordnung 98

Straßenreinigung
- Benutzungsgebühren gemäß KAG § 6, S.154
- Keine wirtschaftliche Betätigung GO § 107, S.34

Straßen- und Wegekonzept
- KAG § 8a, S.155
- Muster KAG S.159

Strom
- Konzessionsabgaben KAV § 2, S.247

Stromversorgung
- Wirtschaftliche Betätigung GO §§ 107,107a, S.34

Struktur der Bilanz
- Muster VV Muster zur GO, Ziff.1.6.5, S.62; Anlage 27, S.109

Stundensatz
- für Verdienstausfall GO § 45, S.20

Stundung von Ansprüchen
- Beauftragung von Beschäftigten der Zahlungsabwicklung
  KomHVO § 32, S.49
- Durchführungsverordnung des IM GO § 133, S.40c
- Örtliche Vorschriften des Bürgermeisters
  KomHVO § 32, S.49
- Regelung der AO § 222, S.214
- Voraussetzungen KomHVO § 27, S.47

Stundung von Straßenausbaubeiträgen
  KAG § 8a, S.155

Stundungszinsen
- AO-Regelung AO § 234, S.216

Subsidiarität
- Kreditaufnahmen GO §§ 77,86, S.27,29
- Steuern GO § 77, S.27; KAG § 3, S.153

T

Tagesabstimmung der Finanzmittelkonten
  KomHVO § 31, S.49

Tagesordnung
- Amtsblatt BekanntmVO § 4, S.257
- Aushang BekanntmVO § 4, S.257
- Ausschüsse GO § 58, S.23
- Bezirksvertretungen GO § 36, S.16
- Erweiterung GO § 48, S.21; KrO § 33, S.123
- Fachausschüsse des LV LVerbO § 14, S.136
- Festsetzung
  GO § 48, S.21; KrO § 33, S.123; LVerbO §§ 9,14, S.134,136
- Fragestunden für Einwohner GO § 48, S.21; KrO § 33, S.123
- Kreisausschuss KrO § 52, S.128
- Kreistag KrO § 33, S.123
- Landschaftsausschuss LVerbO § 14, S.136
- Landschaftsversammlung LVerbO § 9, S.134
- Öffentliche Bekanntmachung GO § 48, S.21; KrO § 33, S.123; LVerbO §§ 9,14, S.134,136; BekanntmVO S.257
- Rat GO § 48, S.21
- Vorschläge von einem Fünftel der Mitglieder
  - des Kreistags oder einer Fraktion KrO § 33, S.123
  - der Landschaftsversammlung oder einer Fraktion LVerbO § 9, S.134
  - des Rates oder einer Fraktion GO § 48, S.21

Tageszeitungen
- Form der öffentlichen Bekanntmachung BekanntmVO § 4, S.257

Tantiemen
- Vorwegabzug von der Finanzausgleichsmasse gemäß GFG
  GFG § 3, S.230

Tarifbeschäftigte
- im Stellenplan VV Muster zur GO; S.83,86

Stichwortverzeichnis

Tarifgestaltung
- bei Konzessionsabgaben KAV § 2, S.247

Tarifrecht
- für Bedienstete GO § 74, S.26; KrO § 49, S.127; LVerbO § 20, S.138

Tariftreuegesetz NRW (TVgG)
 (Volltext) S.377

Tariftreuepflicht
- TVgG § 2, S.377

Tarifverträge
- TVgG §§ 1-3, S.377,378

Tätigkeit, ehrenamtliche
- Gemeinde GO § 28, S.15
- Kreis KrO § 24, S.120

Technische Anlagen
 KomHVO § 42, S.52

Teilergebnisplan
 KomHVO §§ 4,16, S.44,46
- Muster S.79

Teilergebnisrechnung
 KomHVO §§ 16,41, S.46,52
- Muster S.105

Teilfinanzplan
 KomHVO § 4, S.44
- Muster S.80-81

Teilfinanzrechnung
 KomHVO § 41, S.52
- Muster S.107,108

Teillose
- bei Auftragsvergaben RdErl. S.245

Teilnahme
- Ausschüsse GO § 58, S.23
- Bezirksausschüsse GO § 39, S.17
- Bezirksvertretungen GO §§ 36,38, S.16,17
- Befangene Personen an Entscheidungen GO §§ 27,43,50,54, S.14,18, 21;21 KrO §§ 28,35,39, S.122,124,124; LVerbO §§ 15,19, S.136,137
- Beigeordnete an Sitzungen GO § 69, S.25
- Bürgermeister an Sitzungen GO § 69, S.25
- Gemeinden am Stärkungspakt Stadtfinanzen StärkungspaktG S.353
- an der Haushaltskonsolidierung StärkungspaktG §§ 3,4, S.353
- Landesdirektor und Landesräte an Sitzungen der Landschaftsversammlung und des Landschaftsausschusses LVerbO § 18, S.137
- Landrat an Kreistagssitzungen KrO § 48, S.127
- Mitglieder von Bezirksvertretungen und Ausschüssen an nichtöffentlichen Ratssitzungen GO § 48, S.21
- Mitglieder der Ausschüsse des Kreises an nichtöffentlichen Kreistagssitzungen KrO § 33, S.123
- Mitglieder der Fachausschüsse an nichtöffentlichen Sitzungen des Landschaftsausschusses LVerbO § 14, S.136
- der Öffentlichkeit an Sitzungen GO § 48, S.21
- Ortsvorsteher an Sitzungen des Rates u. der Ausschüsse GO § 39, S.17
- Präsident der Gemeindeprüfungsanstalt an den Sitzungen des Verwaltungsrats GPAG § 4, S.253
- Stellvertreter des Landrats an Kreistagssitzungen KrO § 48, S.127
- Vorsitzender der Landschaftsversammlung mit beratender Stimme an den Sitzungen der Ausschüsse LVerbO § 14, S.136

Teilnahmewettbewerb
- Ausschreibungen KomHVO § 36, S.47
- Einholung von Angeboten RdErl. S.245

Teilpläne
 KomHVO §§ 1,4,8,15,17,42, S.43-46,52
- Muster 77,78

Teilrechnungen
 GO § 95, S.31; KomHVO §§ 39,42, S.52

Telekommunikation
- als wirtschaftliche Betätigung GO §§ 107,108, S.34,35

Tilgung
- im Finanzplan KomHVO § 3, S.44
- in der Finanzrechnung KomHVO § 40, S.52
- Grundsätze der Kreditwirtschaft RdErl. S.281
- Reihenfolge der - AO § 225, S.214
- Zuordnung gemäß Kontierungsplan 105

Ton-Übertragung
- Störung der Bild-Ton-Übertragung DigiSiVO NRW § 10, S.374

Träger der öffentlichen Verwaltung
- Gemeinden GO § 2, S.9; LVerf. Art.78, S.201
- Kreis KrO § 2, S.117; LVerf. Art.78, S.201

Transferaufwandsquote
- Ermittlung der Kennzahl S.340

Transferaufwendungen
- Zuordnung gemäß Kontierungsplan 102

Transferauszahlungen
- Finanzplan KomHVO § 3, S.43
- Zuordnung gemäß Kontierungsplan 104

Transfereinzahlungen
- Finanzplan KomHVO § 3, S.43

Transfererträge
- Zuordnung gemäß Kontierungsplan 101

Transparenz der Bezüge
- Geschäftsführung, Aufsichtsrat und Beiräte in kommunalen Unternehmen GO § 108, S.35

Transparenzpflicht
- bei Bürgerbegehren und Bürgerentscheid GO § 26a, S. 13, KrO § 23a, S. 120

Trennung
- von Zahlungsabwicklung und Buchführung KomHVO § 31, S.49

Treuhandvermögen
- Anwendung der KomHVO § 60, S.57
- Begriff GO § 98, S.32
- Geschäftsvorfälle GO § 93, S.30
- Haushalt der Gemeinde GO § 98, S.32
- Jahresabschluss GO § 93, S.30
- Mündelvermögen GO § 98, S.32
- Sonderhaushaltspläne GO § 98, S.32
- Sonderrechnungen GO § 98, S.32
- Stiftungen GO § 98, S.32
- Zahlungsabwicklung GO § 93, S.30

Treupflicht
 GO § 32, S.16; KrO § 28, S.122; LVerbO § 15, S.136

U

Übergangsregelungen
- GO § 134, S. 40d
- GPAG Fn. S.254
- KrO § 66, S.130
- LVerbO § 32, S.140
- Wahl der Bürgemeister und Landräte S. 40f

Übergangswirtschaft
 GO § 82, S.28

Überleitung
- von Beamten, Angestellten und Arbeitern LVerbO § 30, S.139
- von Ortsrecht bei Gebietsänderungen GO § 18, S.11
- von Rechten und Pflichten LVerbO § 30, S.139

Übernachtungsgeld
- für Mitglieder
  - der Landschaftsversammlung EntschVO § 5, S.258b
  - der Verbandsversammlung RVR EntschVO § 5, S.258b

Übernahme
- von Bediensteten durch Verbandsmitglieder des Zweckverbandes GkG § 17, S.150

Überörtliche energiewirtschaftliche Betätigung
 GO § 107a, S.35

Überörtliche Prüfung
- Eigenbetriebe EigVO § 26, S.144
- Eröffnungsbilanz GO § 92, S.30
- Gemeinde GO § 105, S.34
- Gemeindeprüfungsanstalt GO § 105, S.34
- Inhalt GO § 105, S.34
- Kreis KrO § 53, S.128
- LV LVerbO § 23, S.138
- Zweckverband EigVO § 18, S.149

Überörtlicher Sozialhilfeträger
- Aufgabe des LV LVerbO § 5, S.131

Überplanmäßige Aufwendungen und Auszahlungen
- des Bundes GG Art.112, S.186
- Entscheidung durch Kämmerer GO § 83, S.29
- Erhebliche - GO § 83, S.29
- Geringfügige - GO § 83, S.29
- bei Investitionen GO § 83, S.29
- des Landes LVerf Art.85, S.201
- Veranschlagung im Nachtragshaushalt KomHVO § 10, S.45
- Voraussetzungen für - GO § 83, S.29
- Zustimmung durch Rat GO §§ 41,83, S.18,29

Überplanmäßige Verpflichtungsermächtigungen
 GO § 85, S.29

Überprüfung
- der Auswirkungen des NKFEG § 10, S.42

Stichwortverzeichnis

Überschuldung
- Gemeinde GO § 75, S.27

Überschuldungssituation
  StärkungspaktG §§ 3,4, S.353

Überschuss
- im Finanzplan - KomHVO § 3, S.44
- Jahres - KomHVO § 42, S.52
- der Passivposten über Aktivposten KomHVO § 42, S.52

Übersicht
- Beteiligungen KomHVO § 53, S.56
- Bezirksbezogene Haushaltsangaben KomHVO § 1, S.43
- Entwicklung des Eigenkapitals KomHVO § 1, S.43
- Ermächtigungsübertragungen KomHVO § 22, S.47
- Haushaltspositionen des Bezirks für die Bezirksvertretung GO § 37, S.17
- Örtlich festgesetzte Restnutzungsdauern der Vermögensgegenstände GO § 92, S.30; KomHVO §§ 38,57, S.52,56
- Produktbereiche in Teilplänen KomHVO § 4, S.44
- Stellen - KomHVO § 8, S.45; VV Muster zur GO S.84-87
- Verbindlichkeiten KomHVO § 1, S.43; VV Muster zur GO S.90,112
- Verpflichtungsermächtigungen KomHVO § 1, S.43; VV Muster zur GO, S.91
- Zuwendungen an Fraktionen KomHVO § 1, S.43; VV Muster zur GO, S.88,89

Übersichten
- zum Haushaltsplan KomHVO § 1, S.43

Übertragbarkeit
- Aufwendungen KomHVO § 22, S.47
- Auszahlungen KomHVO § 22, S.47
- Auszahlungen für Investitionen KomHVO § 22, S.47
- Baumaßnahmen KomHVO § 22, S.47
- Beschaffungen KomHVO § 22, S.47
- Übersicht der Übertragungen für den Rat KomHVO § 22, S.47
- Zweckgebundene Erträge oder Einzahlungen KomHVO § 22, S.47

Übertragene Aufgaben
- Erledigung durch den Bürgermeister GO § 62, S.24

Übertragung
- der Finanzbuchhaltung GO § 94, S.31
- Angaben im Jahresabschluss KomHVO § 22, S.47
- Zweckgebundene Erträge oder Einzahlungen KomHVO § 22, S.47

Überwachung
- Anlage von Kapital RdErl. S.289
- bestimmter Verwaltungsangelegenheiten durch Ausschüsse des Kreises KrO § 41, S.125
- der Finanzbuchhaltung GO § 103, S.33
  - örtliche Vorschriften des Bürgermeisters KomHVO § 32, S.49
- Geschäftsführung des Landrats durch den Kreisausschuss KrO § 50, S.127
- des Haushaltssanierungsplans durch die Bezirksregierung StärkungspaktG § 7, S.354
- Inanspruchnahme der Ermächtigungen KomHVO § 24, S.47
- Zahlungsabwicklung durch die örtliche Rechnungsprüfung GO § 103, S.33

Überwachungsorgan
- Einflussnahme der Gemeinde gegenüber Unternehmen und Einrichtungen des privaten Rechts GO § 108, S.35

Umfang der Konsolidierungshilfen
- StärkungspaktG § 2, S.353

Umlagegrundlagen
- zur Berechnung der Kreisumlage GFG § 24, S.233
- für Schlüsselzuweisungen GFG § 23, S.234

Umlagekraftmesszahl
- für die Kreise GFG § 12, S.232
- für die Landschaftsverbände GFG § 15, S.231

Umlagen
- Gewerbesteuerumlage GG Art.106, S.183; GemFinRefG § 6, S.222,223
- Kreise KrO § 56, S.128; GFG S.229f
- Landschaftsverbände LVerbO § 22, S.138; GFG S.229f
- Regionalverband Ruhr GFG S.229f
- Regionsumlage GFG § 24, S.233
- Wasser- und Bodenverbände KAG § 7, S.154
- Zweckverbände GkG § 19, S.150,151
- Zuordnung gemäß Kontierungsplan 101

Umlagenquote
- Ermittlung der Kennzahl 340

Umlagesatz
- Kreisumlage KrO § 56, S.128
- Landschaftsumlage LVerbO § 22, S.138
- Regelungen des GFG 229f
- Genehmigung der Erhöhung
  - Kreisumlage KrO § 56, S.128
  - Landschaftsumlage LVerbO § 22, S.138

Umlaufverfahren
- bei epidemischer Lage von besonderer Tragweite durch Mitglieder der Verbandsversammlung GkG § 15b, S.150

Umlaufvermögen
- Abschreibungen bei Vermögensgegenständen des - KomHVO § 36, S.50
- Bilanz KomHVO § 42, S.52; HGB § 266, S.274
- Eröffnungsbilanz KomHVO § 56, S.56
- HGB § 266, S.274

Umrechnung
- einer auf fremde Währung lautenden Bilanz HGB § 308a, S.280

Umsatzsteuer
- Anteil der Gemeinden GG Art.106, S.184; GemFinRefG §§ 5b-5d, S.222
- Berechnung des Gemeindeanteils Verordnung S.227
- Ermittlung der Schlüsselzahlen für den Gemeindeanteil UStSchlFestV S.227
- bei der Gebührenkalkulation KAG § 6, S.154
- Gemeinschaftssteuer GG Art.106, S.184
- Festsetzung der Anteile von Bund und Ländern GG Art.106, S.184
- Mittel des allgemeinen Steuerverbundes 229
- Vorsteuerabzug EStG §§ 6,9b, S.259,260
- Vorsteuerbetrag EStG §§ 6,9b, S.259,260

Umsatzsteuerschlüsselzahlenfestsetzungsverordnung (UStSchlFestV)
  (Volltext) S.227

Umschuldung
- Finanzierung der - durch Kredite GO § 86, S.29; RdErl. S.281
- Keine Nachtragssatzung bei - GO § 81, S.28

Umstellung
- von Aufgabenbereichen NKFEG § 4, S.41
- auf die doppelte Buchführung NKFEG §§ 1,7, S.41,42

Umwandlung
- Anstalten des öffentlichen Rechts GO §§ 41,114a, S.18,39
- Auftragsverwaltung in Bundesverwaltung GG Art.143e, S.186a
- Eigenbetriebe GO § 41, S.18
- Gemeindegliedervermögen GO §§ 41,99, S.18,31
- Gemeindevermögen GO §§ 41,99, S.18,31
- Öffentliche Einrichtungen GO § 41, S.18
- Regiebetriebe KUV § 7, S.249
- Stiftungszweck GO §§ 41,100, S.18,32

Umweltschutz
- Produktbereich gemäß Produktrahmen 73

Unabweisbarkeit
- der Instandsetzungen an Bauten GO § 81, S.28
- bei überplanmäßigen und außerplanmäßigen Aufwendungen und Auszahlungen GO § 83, S.29
- bei überplanmäßigen und außerplanmäßigen Verpflichtungsermächtigungen GO § 85, S.28

Unbebaute Grundstücke
- Begriff BewG § 246, S.270a
- Bewertung BewG § 247, S.270a
- Bilanz KomHVO § 42, S.52

Unbebaute Grundstücke und grundstücksgleiche Rechte
- Zuordnung gemäß Kontierungsplan 98

Unbilligkeit
- Erlass von Ansprüchen AO § 227, S.214

Unfallversicherung
- für Mitglieder kommunaler Vertretungen EntschVO § 7, S.258c

Ungültige Stimmen
  GO § 50, S.21; KrO § 35, S.124; LVerbO § 10, S.134

Unmittelbare Wahl
- Bürgermeister GO § 65, S.24
- Mitglieder des und Integrationsrats GO § 27, S.13
- Kreistagsmitglieder KrO § 27, S.122
- Landrat KrO § 44, S.126
- Mitglieder der Bezirksvertretungen GO § 36, S.16
- Ratsmitglieder GO § 42, S.19

Unselbstständige
- Verdienstausfallersatz GO § 45, S.20

Unselbstständige Arbeit
- Einkünfte aus - EStG § 19, S.261

Stichwortverzeichnis

Unterbrechung der Verjährung
AO § 231, S.215

Untere staatliche Verwaltungsbehörde
- Allgemeine Aufsicht und Sonderaufsicht
  GO § 119, S.40b; KrO §§ 57f, S.129
- Aufgaben KrO § 58, S.129
- Gebiet KrO § 1, S.117
- Gesetzlich übertragene Aufgaben KrO § 59, S.129
- Kosten KrO § 61, S.130
- Übertragung von Aufgaben auf die - KrO § 58, S.129
- Übertragung von Aufgaben der - KrO § 59, S.129
- Verfahren des Kreisausschusses bei der Mitwirkung bei der Aufsicht KrO § 59, S.129
- Zustimmung des Kreisausschusses KrO § 59, S.129

Unterhaltung von öffentlichen Einrichtungen
- Aufgabe der Bezirksvertretung GO § 37, S.17

Unterhaltungspauschale
- Regelungen des GFG § 16, S.232

Unternehmen, assoziierte
- HGB §§ 311,312, S.280

Unternehmen, gemeinsame
GkG §§ 27,28, S.152,152a

Unternehmen, wirtschaftliche
- Aktiengesellschaft GO § 108, S.35
- Allgemeines GO § 108, S.35; EigVO S.141f
- Angaben über Mitgliedschaften des Verwaltungsvorstandes im Lagebericht GO §§ 95,116, S.31,40
- Anstalt des öffentlichen Rechts GO § 114a, S.39
- Anteile an einem - GO § 111, S.39
- Anzeigepflicht bei unmittelbarer oder mittelbarer Beteiligung GO § 115, S.40
- Aufsichtsrat GO § 108a, S.37
- Ausweisung der Bezüge und Leistungszusagen der Mitglieder der Geschäftsführung, des Aufsichtsrates und des Beirates GO § 108, S.35
- Bankunternehmen GO § 107, S.34
- Begriff GO § 107, S.34
- Beteiligungsbericht GO § 117, S.40a
- Bilanz KomHVO § 42, S.52
- Eigenbetriebe GO § 114, S.39
- Einflussnahme auf - GO § 108, S.35
- Errichtung und Erweiterung GO § 108, S.35
- Ertrag GO § 109, S.38
- Finanzplanung GO § 108, S.35
- Gesamtlagebericht GO § 116, S.40a
- GmbH GO § 108, S.35
- Gründung und Beteiligung GO § 108, S.35
- Informations- und Prüfungsrechte bei - GO § 112, S.39
- Jahresabschluss GO § 108, S.35; KomHVO § 1, S.43
- Jahresabschlussprüfung GO § 103, S.33
- Jahresgewinn GO § 109, S.38
- Keine Bankunternehmen GO § 107, S.34
- Konsolidierung KomHVO § 51, S.55
- Lagebericht GO § 108, S.35
- Leistungsfähigkeit der Gemeinden GO § 107, S.34
- Marktanalyse GO § 107, S.34; KrO § 26, S.121
- Marktübliche Verzinsung des Eigenkapitals GO § 109, S.38
- Öffentlicher Zweck GO § 107, S.34
- des privaten Rechts GO § 108, S.35
- Prüfung GO § 103, S.33
- Rechte des Haushaltsgrundsätzegesetzes GO § 112, S.39
- Teil des Sondervermögens GO § 97, S.31
- Telekommunikation GO § 108, S.35
- Übersicht über die Wirtschaftslage der Unternehmen und Einrichtungen (Anlage des Haushaltsplans) KomHVO § 1, S.43
- Übernahme GO §§ 41,108, S.18,35
- Veräußerung GO §§ 41,108, S.18,35
- Verbindlichkeitenspiegel KomHVO § 48, S.55
- Verbot des Missbrauchs wirtschaftlicher Machtstellung GO § 110, S.39
- Verluste des Eigenbetriebs EigVO §§ 10,26, S.143,145
- Vertretung der Gemeinde in Organen der - GO § 113, S.39
- Verwaltungsrat der Anstalt des öffentlichen Rechts GO § 114a, S.39
- Voraussetzungen GO §§ 107,108, S.34,35
- Wirtschaftsgrundsätze GO § 109, S.38
- Wirtschaftsplan GO § 108, S.35

Unternehmenssatzung bei Kommunalunternehmen
GkG §§ 28,30, S.152a; KUV S.249-251

Unterrichtung
- der Aufsichtsbehörde vor Verhandlungen betr. Gebietsänderungen GO § 19, S.11
- des Bürgermeisters durch die Betriebsleitung des Eigenbetriebs EigVO §§ 6,15, S.142,143
- der Einwohner durch den Rat GO § 23, S.12
- des Kämmerers durch die Betriebsleitung des Eigenbetriebs EigVO § 7, S.142
- des Kreistages durch den Landrat KrO § 26, S.121
- der Öffentlichkeit über wesentlichen Inhalt der Beschlüsse GO § 52, S.21; KrO § 37, S.124
- des Verwaltungsrats durch den Präsidenten der GPA GPAG § 5, S.254

Unterrichtung des Rates/Kreistags
- Erhöhung von Investitionszahlungen KomHVO § 28, S.48
- über haushaltswirtschaftliche Sperren KomHVO § 25, S.47
- über alle wichtigen Gemeindeangelegenheiten GO § 62, S.24
- über alle wichtigen Angelegenheiten der Kreisverwaltung KrO § 26, S.121
- über wichtige Anordnungen der Aufsichtsbehörde KrO § 26, S.121

Unterrichtungspflicht
- des Bürgermeisters gegenüber dem Rat GO §§ 55,62, S.22,23
- Direktor des LV LVerbO § 17, S.137
- bei Gebietsänderungen GO § 18, S.11
- kreisangehörige Gemeinden vor Bildung eines Zweckverbandes GkG § 9, S.148
- des Landrats gegenüber dem Kreistag KrO § 26, S.121
- des Rates gegenüber den Einwohnern GO § 23, S.12
- der Vertreter der Gemeinde GO § 113, S.39
- des Vorsitzenden der LV LVerbO § 7a, S.132

Unterrichtungsrecht
- der Aufsichtsbehörde GO § 121, S.40b; LVerbO § 25, S.139
- des Vorsitzenden der Landschaftsversammlung LVerbO § 7a, S.132
- des Kreistags KrO § 26, S.121
- der Öffentlichkeit GO §§ 23,52, S.12,21; KrO § 37, S.124
- des Rates GO §§ 55,113, S.22,38; KomHVO § 25, S.47

Unterschriftenlisten
- für die Einleitung der Abwahl des Bürgermeisters/Landrats GO § 66, S.25; KrO § 45, S.126
- für Einwohnerantrag GO § 25, S.12

Unterschriftenquorum
- Bürgerbegehren GO § 26, S.12; KrO § 23, S.119
- Bürgerentscheid GO § 26, S.12; KrO § 23, S.119
- Einwohnerantrag GO § 25, S.12; KrO § 22, S.119

Unterschriftsbefugnisse
- Örtliche Vorschriften des Bürgermeisters für die Finanzbuchhaltung KomHVO § 32, S.49

Unterstützung
- der kommunalen Haushaltskonsolidierung StärkungspaktG §§ 2,5,9, S.353,354

Unterzeichnung
- Arbeitsverträge GO § 74, S.26
- der Bekanntmachungsanordnung durch den Bürgermeister VV Muster zur GO, S.65,68; BekanntmVO S.257
- Jahresabschluss vom Kaufmann gemäß HGB § 245, S.272
- Niederschriften der Ratsbeschlüsse GO § 52, S.21
- Sonstige öffentliche Bekanntmachungen GO § 52, S.21
- Urkunden für Beamte GO § 74, S.26
- Verpflichtungserklärungen GO § 64, S.24; KrO § 43, S.126; LVerbO § 21, S.138

Unvermutete Prüfung
- der Zahlungsabwicklung KomHVO § 31, S.49
- Örtliche Vorschriften des Bürgermeisters KomHVO § 32, S.49

Unwirksamkeit von Rechtsgeschäften
- bei fehlender Genehmigung der Aufsichtsbehörde GO § 130, S.40c
- bei Rechtsverstößen gegen Vorschriften der GO GO § 130, S.40c

Urkunden
- für Beamte GO § 74, S.26; KrO § 49, S.127

Urlaubsanspruch
- für Mandatsträger GO § 44, S.19; KrO § 29, S.122

V

Veranschlagung
- Aufwendungen im Haushaltsplan KomHVO § 1, S.43
- Auszahlungen im Haushaltsplan KomHVO § 1, S.43
- Beihilfeaufwendungen KomHVO § 18, S.46
- Durchlaufende Finanzmittel KomHVO § 15, S.46
- Einzahlungen im Haushaltsplan KomHVO § 1, S.43
- Ermächtigungen für Baumaßnahmen KomHVO § 13, S.46
- Erträge KomHVO § 1, S.43
- Finanzmittel für fremde Haushalte KomHVO § 15, S.46
- ÖPP-Projekte RdErl. S.283

Stichwortverzeichnis

- Personalaufwendungen KomHVO § 18, S.46
- Verpflichtungsermächtigungen KomHVO § 12, S.46
- Versorgungsaufwendungen KomHVO § 18, S.46

Verantwortlicher
- für die Finanzbuchhaltung GO § 93, S.30; KomHVO § 31, S.49
- für die Zahlungsabwicklung GO § 93, S.30; KomHVO § 31, S.49
- Verwandtschaftsverbote GO §§ 93,104, S.30,33

Verantwortlichkeiten
- Örtliche Vorschriften des Bürgermeisters für die Finanzbuchhaltung KomHVO § 32, S.49

Verantwortung
- für die digitale Teilnahmemöglichkeit DigiSiVO § 9, S.374

Veräußerung
- Abschreibungen bei - von Vermögensgegenständen KomHVO § 36, S.50
- Anzeige GO § 115, S.40
- Beteiligungen GO §§ 108,111, S.35,38
- Eigenbetrieb (Zuständigkeit) GO § 41, S.18; KrO § 26, S.121
- Einrichtungen GO § 111, S.39
- Finanzanlagen im Finanzplan KomHVO § 3, S.44
- Gesellschaften GO §§ 111,115, S.39,39
- Sachanlagen im Finanzplan KomHVO § 3, S.44
- Unternehmen GO § 111, S.39
- Vermögensgegenstände GO § 90, S.30
- Wertpapiere KomHVO § 56, S.56

Verbandsaufgaben
- Änderung GkG § 20, S.151
- Anzeigepflicht GkG § 20, S.151

Verbandssatzung
- Abwicklung im Fall der Auflösung GkG § 9, S.148
- Änderung GkG § 20, S.151
- Aufgaben des Verbandes GkG § 9, S.148
- Bekanntmachung GkG § 11, S.148
- Form der öffentlichen Bekanntmachung GkG § 9, S.148
- Kündigung der Verbandsmitgliedschaft GkG § 9, S.148
- Maßstab für Umlegung der Aufwendungen GkG § 9, S.148
- Name und Sitz des Verbandes GkG § 9, S.148
- Regelung der Rechtsverhältnisse GkG §§ 7,9, S.147,48

Verbandsumlage
- Regionalverband Ruhr VV Muster zur GO Nr.41, S.99; GFG § 26, S.233
- Zweckverband GkG § 19, S.151

Verbandsversammlung
- Regionalverband Ruhr (Aufwandsentschädigung) EntschVO S.258a
- Zweckverband GkG §§ 15,15b, S.148

Verbandsvorsteher
- des Zweckverbandes GkG §§ 14-17, S.148-150

Verbindliche Produktbereiche
- VV Muster zur GO, S.75,76

Verbindlichkeit
- der Budgets KomHVO § 21, S.47
- des Haushaltsplans GO § 79, S.28
- der Muster zur GO S.59f

Verbindlichkeiten
- Anhang KomHVO § 45, S.54
- Anstalt des öffentlichen Rechts GO § 114a, S.39
- auf ausländische Währung lautende - KomHVO § 57, S.56
- Bilanz KomHVO § 42, S.52
- HGB §§ 249-251,253,266,268,272,274a,303, S.272-276,279
- Inventar GO § 91, S.30; KomHVO § 29, S.48
- Rechnungsabgrenzungsposten KomHVO § 43, S.53
- Rückstellungen für
  - ungenaue - KomHVO § 37, S.51
  - ungewisse - GO § 88, S.29
- Übersicht über Stand der - KomHVO § 1, S.43; VV Muster zur GO, S.92
- Verbindlichkeitenspiegel KomHVO § 48, S.55
- Wertansätze GO § 91, S.30
- Wertgröße des Kennzahlensets 339

Verbindlichkeitenspiegel
  KomHVO § 48, S.55
- Eröffnungsbilanz KomHVO § 54, S.56
- Muster 112

Verbindlichkeiten und passive Rechnungsabgrenzung
- Kontenklasse 3 gemäß Kontenrahmen 97
- Zuordnung gemäß Kontierungsplan 100

Verbindlichkeiten aus Krediten für Investitionen
- Zuordnung gemäß Kontierungsplan 100

Verbindlichkeiten aus Krediten zur Liquiditätssicherung
- Zuordnung gemäß Kontierungsplan 100

Verbindlichkeiten aus Vorgängen, die Kreditaufnahmen wirtschaftlich gleichkommen
- Zuordnung gemäß Kontierungsplan 100

Verbindlichkeiten aus Lieferungen und Leistungen
- Zuordnung gemäß Kontierungsplan 100

Verbindlichkeiten aus Tranferleistungen
- Zuordnung gemäß Kontierungsplan 101

Verbindlichkeitsquote
- Ermittlung der Kennzahl 339

Verbot
- der Bestellung von Sicherheiten GO § 87, S.29
- des Missbrauchs wirtschaftlicher Machtstellung GO § 110, S.39
- der Mitwirkung im Rat GO §§ 31,43, S.15,18
- Überschuldung GO § 75, S.27
- der Umwandlung von Gemeindegliedervermögen GO § 99, S.32

Verbrauchsteuern, örtliche
- Aufhebung und Änderung von Steuerbescheiden AO § 172, S.211
- Ertragshoheit gemäß Grundgesetz - GG Art.106, S.184

Verbundbetrag
- gemäß GFG 229

Verbundene Unternehmen
- HGB §§ 266,268,271,275, S.274-276

Verdienstausfall
- Ausschussmitglieder GO §§ 44,45, S.19,20; KrO §§ 29,30, S.122,123; LVerbO § 16, S.137
- ehrenamtlich Tätige GO § 33, S.16
- Hausfrauen GO § 45, S.20; KrO § 30, S.123; LVerbO § 16, S.137
- Kreistagsmitglieder KrO §§ 29,30, S.122,123
- Mitglieder
  - der Bezirksvertretungen GO § 45, S.20
  - der Landschaftsversammlung LVerbO § 16, S.137
  - der Verbandsversammlung GkG § 17; S.150
  - Verbandsvorsteher GkG § 17, S.150
- Ortsvorsteher GO § 39, S.17
- Ratsmitglieder GO §§ 44,45, S.19,20
- Selbstständige GO § 45, S.20; KrO § 30, S.123
- Verwaltungsräte der GPA GPAG § 4, S.253
- Zuhörer in Ausschüssen GO § 58, S.23; KrO § 41, S.125

Verdienstausfallpauschale
- für Mandatsträger GO § 45, S.20

Verdingungsordnung
- für freiberufliche Leistungen (VOF) RdErl. S.245
- für Leistungen (VOL) S.245

Vereidigung
- der Beigeordneten GO § 71, S.26
- des Bürgermeisters GO § 65, S.24
- des stellvertretenden Bürgermeisters und der Ratsmitglieder GO § 67, S.25
- des Landrats KrO § 46, S.126
- Stellvertreter des Landrats 125

Vereinfachungsverfahren
- Ermittlung von Wertansätzen KomHVO § 57, S.56

Verfahren
- bei Abstimmungen GO § 50, S.21
- Abstimmungsverfahren der Fraktionen GO § 56, S.22
- Abwahlverfahren für den Bürgermeister GO § 66, S.25
- der Ausschüsse GO § 58, S.23; KrO § 41, S.125
- bei der öffentlichen Bekanntmachung von Satzungen und sonstigen ortsrechtlichen Bestimmungen GO § 7, S.10
- Beratungsverfahren für die Haushaltssatzung GO § 80, S.28
- Besetzung der Ausschüsse GO § 50, S.21
- in den Bezirksvertretungen GO § 36, S.16
- bei ehrenamtlich Tätigen GO § 30, S.15
- bei Erlass der Grundsteuer GrStG § 35, S.168
- bei Gebietsänderungen GO § 19, S.11; KrO § 16-19, S.118,119
- Insolvenzverfahren GO § 128, S.40a
- Rückstellungen für drohende Verluste aus laufenden Verfahren GO § 88, S.29
- Verwaltungsstreitverfahren GO § 128, S.40a

Verfahrens- und Formfehler
- beim Erlass von Satzungen GO § 7, S.10; KrO § 5, S.117; LVerbO § 6, S.132

Verfahrensvorschriften
- der Abgabenordnung AO §§ 355-367, S.218a-218b
- bei Satzungen GO § 7, S.10

Verfassung des Landes NRW (LVerf NRW)
  (Auszug) 201

Verfassungsbeschwerden
- von Gemeinden und Gemeindeverbänden LVerf Art. 75, S.201

Stichwortverzeichnis

- von jedermann LVerf Art. 75, S.201
Verfassungsgerichtshof NRW
  LVerf Art. 75, S.201
Verfassungsmäßige Ordnung
- in den Ländern GG Art.28, S.183
Verfügbarhaltung
- des Entwurfs der Haushaltssatzung GO § 80, S.28
Verfügbarkeit der Ermächtigungen
- bei Baumaßnahmen und Beschaffungen KomHVO § 22, S.47
Verfügung über Gemeindevermögen
  GO § 90, S.30
Verfügungsmittel
- Keine Deckungsfähigkeit bei - KomHVO § 14, S.46
- Keine Übertragbarkeit bei - KomHVO § 14, S.46
- Überschreitungsverbot KomHVO § 14, S.46
- Veranschlagung im Haushaltsplan KomHVO § 14, S.46
Vergaben
- EU-Schwellenwerte RdErl. S.245
- von Aufträgen KomHVO § 26, S.47; RdErl. S.245
- von Bauleistungen RdErl. S.245
- von freiberuflichen Leistungen RdErl. S.245
- freihändige - KomHVO § 26, S.47; RdErl. S.245,246
- Investitionsaufträge StWG § 11, S.188
- von Liefer- und Dienstleistungsaufträgen RdErl. S.245
- Prüfung von - durch die örtliche Rechnungsprüfung GO § 103, S.33
- Tariftreue- und Vergabegesetz TVgG §§ 1-3, S.377,378
Vergabeart
  RdErl. des IM S.245, Ziff. 7
Vergabebestimmungen
- des Kommunalministeriums KomHVO § 26, S.47
Vergabegesetz NRW (TVgG)
  (Volltext) S.377
Vergabegrundsätze für Gemeinden (GV)
- RdErl. S.245
- Anwendung auf Kommunalunternehmen KUV § 8, S.249
Vergabe- und Vertragsordnung
- für Bauleistungen (VOB) RdErl. S.245
Vergabeverfahren
- TVgG §§ 1,2, S.377, 378
Vergleichsrechnung
- bei Investitionen KomHVO § 13, S.46
- bei Leasingfinanzierung RdErl. S.283
Verhältnisse
- Auskunftserteilung über wirtschaftliche und persönliche - GO § 43, S.19; KrO § 28, S.122
Verhältniswahl
  GO §§ 50,67, S.21,25; KrO §§ 35,46, S.124,127; LVerbO §§ 7b,8a, S.133,134
Verhandlungsleitung
- des Bürgermeisters GO § 51, S.21
- des Landrats KrO § 36, S.124
Verjährung
- Beginn AO § 229, S.214
- Gegenstand AO § 228, S.214
- Hemmung AO § 230, S.215
- Unterbrechung AO § 231, S.215
- Wirkung AO § 232, S.215
Verjährungsfrist
- AO-Regelung § 228, S.214
Verkehr
- Wirtschaftliche Betätigung GO § 107, S.34
Verkehrsbetriebe
- Wirtschaftliche Betätigung GO § 107, S.34
- Zusammenfassung von Betrieben zu - EigVO § 8, S.142
Verkehrsflächen und -anlagen, ÖPNV
- Produktbereich gemäß Produktrahmen 73
Verkehrsteuern
- Ertragshoheit gemäß Grundgesetz Art.106, S.184
Verkehrsübung
- bei Sicherheitsbestellung GO § 86, S.29
Verlassen des Sitzungsraumes
- bei Interessenkollision GO § 31, S.15
Verleihung
- von Ehrenbürgerrecht und Ehrenbezeichnung GO § 34, S.16
Verlust
- des Eigenbetriebs EigVO § 10, S.143
- Gewerbe- GewStG § 10a, S.178
- des Kommunalunternehmens KUV § 14, S.250

Verlustfeststellungsbescheid
- Gewerbesteuer GewStG § 35b, S.181
Vermerke
- im Haushaltsplan KomHVO § 24, S.47
Vermittlungsgebühren
- bei Kreditaufnahmen RdErl. S.281, Ziff.2.1.1
Vermögen
- Anstalt des öffentlichen Rechts GO § 114a, S.39
- Bewertung KomHVO §§ 34-37, S.50-51
- Durchführungsverordnung des Kommunalministeriums GO § 133, S.40c
- Eigenbetrieb EigVO § 9, S.142
- Erwerb GO § 90, S.30; KomHVO § 3, S.44
- Gemeindeglieder- GO § 99, S.32
- Insolvenzverfahren GO § 128, S.40a
- Keine Umwandlung in Gemeindegliedervermögen GO § 99, S.32
- Nutzungsüberlassung GO § 90, S.30
- Sondervermögen GO §§ 79,93,97,103,105, S.28,30,31,32,33; KrO § 53, S.128
- Stiftungs - GO § 100, S.32
- Treuhand - GO § 98, S.32
- Veräußerung GO § 90, S.30
- Verwaltung GO §§ 10,90, S.10,30
- Verwaltungsvorschriften des Kommunalministeriums GO § 133, S.40c
- Wertpapiere KomHVO § 56, S.56
- Zuständigkeit des Rates/Kreistags GO § 41, S.18; KrO § 26, S.121
Vermögensarten
  BewG § 218, S.269
Vermögensbewertung
- Inventur und Inventar GO § 91, S.30
- Wertansaätze GO § 91, S.30
Vermögensgegenstände
- Abschreibungen KomHVO § 36, S.50
- Anhang KomHVO § 45, S.54
- Anlagenspiegel KomHVO § 46, S.54
- Anschaffungskosten KomHVO § 34, S.50
- Anschaffungskosten bis 800 Euro KomHVO § 30, S.49
- Berichtigung der Wertansätze GO § 92, S.30; KomHVO § 58, S.57
- Bewertung KomHVO §§ 55-57, S.56
- Bewertung zum Abschlussstichtag KomHVO § 33, S.50
- Bewertungsvereinfachungsverfahren KomHVO § 35, S.51
- Bilanz KomHVO §§ 34,42, S.50,52
- Durchführungsverordnung des IM GO § 133, S.40c
- Erinnerungswert KomHVO § 56, S.56
- Ermächtigungsübertragung KomHVO § 22, S.47
- Eröffnungsbilanz GO § 92, S.30
- Erwerb GO § 90, S.30
  - Zuständigkeit des Kreistages KrO § 26, S.121
- Geförderte - KomHVO § 57, S.57
- Geringwertige - KomHVO § 36 Abs. 3, S.51
- Herstellungskosten KomHVO § 34, S.50
- Immaterielle - KomHVO § 42, S.52
- Inventar KomHVO § 29, S.48
- Inventur GO § 91, S.30; KomHVO § 29, S.48
- Kontierungsplan KomHVO § 42, S.53
- Kulturobjekte KomHVO § 56, S.56
- Nutzungsdauer KomHVO §§ 36,45, S.51,54
- Nutzungsüberlassung GO § 90, S.30
- Restnutzungsdauer GO § 92, S.30; KomHVO § 55, S.56
- Scheinbestandteile KomHVO § 57, S.57
- Umlaufvermögen KomHVO § 36, S.51
- Veräußerung GO § 90, S.30
- Verwaltung GO § 90, S.30
- Verwaltungsvorschriften des IM GO § 133, S.40c
- Wertansätze GO § 92, S.30; KomHVO §§ 55-55, S.55-57; HGB § 252f, S.272f
- Zeitwert unter 800 Euro KomHVO § 57, S.57
- Zuwendungen für - KomHVO § 44, S.53,54
- Zwangsvollstreckung GO § 128, S.40a
Vermögenslage
- Anhang KomHVO § 45, S.55
- Bestätigungsvermerk GO § 101, S.32
- Buchführung KomHVO § 28, S.48
- Eröffnungsbilanz GO § 92, S.30
- Gesamtabschluss GO § 116, S.40a; KomHVO § 50, S.55
- Jahresabschluss GO § 95, S.31
- Lagebericht KomHVO § 49, S.55
- Prüfung durch Rechnungsprüfungsausschuss GO § 101, S.32
- Prüfungsergebnis GO § 101, S.32

Stichwortverzeichnis

Vermögensplan
- Eigenbetriebe EigVO § 16, S.143
- Kommunalunternehmen KUV § 18, S.250

Vermögensteuer
- Ertragshoheit gemäß Grundgesetz GG Art.106, S.184

Vermögens- und Schuldenübersicht
- Erste - gemäß NKF NKFEG § 5, S.41

Vermögensveräußerung
  GO § 90, S.30

VERPA
- Erarbeitung des Kennzahlensets Ziff.2, S.337

Verpfändung
- AO § 46, S.208
- von Wertpapieren als Sicherheitsleistung AO § 243, S.217

Verpflichtung
- zur Erhebung von Abgaben GO § 77, S.27
- in feierlicher Form GO § 67, S.25; KrO § 46, S.126; LVerbO § 8, S.134
- zur Weiterführung des Amtes (Beigeordnete) GO § 71, S.26

Verpflichtungserklärungen
- Gemeinde GO § 64 S.24
- Kreis KrO § 43, S.126
- LV LVerbO § 21, S.138
- Eigenbetrieb EigVO § 3, S.141
- Zweckverband GkG § 16, S.150

Verpflichtungsermächtigungen
- Allgemeines GO § 85, S.29; KomHVO § 12, S.46
- Außerplanmäßige - GO § 85, S.29
- Begriff GO § 78, S.27
- Bund und Länder HGrG § 22, S.193,194
- bei vorläufiger Haushaltsführung GO § 82, S.28
- der Eigenbetriebe EigVO §§ 14,16, S.143
- Festsetzung des Gesamtbetrages durch die Haushaltssatzung
  GO § 78, S.27; VV Muster zur GO, S.64
- Geltungsdauer GO § 85, S.29
- im Haushaltsplan GO § 79, S.28
- durch die Nachtragssatzung VV Muster zur GO, S.66
- Sperre von - KomHVO § 25, S.47
- im Teilfinanzplan KomHVO § 12, S.46
- Überplanmäßige - GO § 85, S.29
- Übersicht über die -
  KomHVO § 1, S.43; VV Muster zur GO, S.93
- Veranschlagung im Nachtragsplan KomHVO § 10, S.45

Verringerung der allgemeinen Rücklage
- bei Aufstellung der Haushaltssatzung GO § 75, S.27

Versagung
- Aussagegenehmigung GO § 30, S.15
- Genehmigung der Verbandssatzung des Zweckverbandes
  GkG § 9, S.148
- Kreditgenehmigung GO § 86, S.29

Verschuldungsgrad
- Ermittlung der Kennzahl 339

Verschwägerte
- als Angehörige GO § 31, S.15

Verschwiegenheitspflicht
- Aussagegenehmigung GO § 30, S.15
- Ausschussmitglieder GO §§ 30,43, S.15,18
- Ehrenamtlich Tätige GO § 30, S.15
- Inhaber von Ehrenämtern GO § 30, S.15
- Kreistagsmitglieder KrO § 28, S.122
- Mitglieder
  - der Bezirksvertretungen GO §§ 30,43, S.15,18
  - der Fachausschüsse des LV LVerbO § 15, S.136
  - des Landschaftsausschusses LVerbO § 15, S.136
  - der Landschaftsversammlung LVerbO § 15, S.136
- KUV-Regelung § 4, S.249
- Ratsmitglieder GO §§ 30,43, S.15,18

Versicherungssteuer
- Ertragshoheit gemäß Grundgesetz GG Art.106, S.184

Versorgungsaufwendungen
- Veranschlagung in den Teilplänen KomHVO § 18, S.46
- Zuordnung gemäß Kontierungsplan 102

Versorgungsauszahlungen
- Zuordnung gemäß Kontierungsplan 104

Versorgungsbetriebe
- Wirtschaftliche Betätigung GO § 107, S.34
- Zusammenfassung von Betrieben zu - EigVO § 8, S.142

Versorgungs- und Verkehrsunternehmen
- Aufgabe des LV LVerbO § 5, S.131

Versorgungs- und Versicherungseinrichtungen
- Rechtlich unselbständige - GO § 97, S.31

Verspätungszuschlag
- Gewerbesteuer GewStG § 14b, S.178

Verstoß
- gegen die Ordnung GO § 51, S.21; KrO § 36, S.124

Verteidigung, zivile
- Geheimhaltung der Angelegenheiten der -
  GO § 6, S.10; KrO § 4, S.117; LVerbO § 5a, S.132

Verteilbare Finanzausgleichsmasse
  GFG § 4, Anlage 1, S.230,237

Verteilung
- der Finanzausgleichsmasse nach dem GFG 229f
- des Steueraufkommens GG Art.106, S.184

Verteilungsschlüssel
- für die Aufteilung des Gemeindeanteils
  - an der Einkommensteuer GemFinRefG S.223
  - an der Umsatzsteuer GemFinRefG 223; VO S.227

Verträge der Gemeinde/des Kreises
- Genehmigung von - mit Mandatsträgern, Bürgermeister/Landrat und leitenden Dienstkräften GO § 41, S.18; KrO § 26, S.121

Vertraulichkeit
- der persönlichen Auskünfte
  GO § 43, S.19; KrO § 28, S.122; LVerbO § 15, S.136

Vertreter
- gemäß Abgabenordnung AO § 13, S.206

Vertreter der Gemeinde
- Gesetzlicher - GO § 63, S.24
- in Organen
  - Abberufung GO §§ 63,113, S.24,38
  - Bestellung GO §§ 63,113, S.24,38

Vertreter der Gemeindeprüfungsanstalt
  GPAG § 7, S.254

Vertreter des Kreises
- Gesetzlicher - KrO § 42, S.126
- in Organen
  - Abberufung KrO § 26, S.121
  - Bestellung KrO § 26, S.121

Vertreter des LV
- Gesetzlicher - LVerbO § 17, S.137
- in Organen
  - Abberufung LVerbO § 17, S.137
  - Bestellung LVerbO § 17, S.137

Vertretung des Eigenbetriebs
  EigVO § 3, S.141

Vertretung Gemeinde
- des Bürgermeisters GO § 68, S.25
- durch den Bürgermeister GO § 63, S.24
- Gerichtliche - GO § 63, S.24
- Gesetzliche - GO § 63, S.24
- Repräsentative - GO § 40, S.18
- in Organen juristischer Personen GO § 63, S.24
- in Unternehmen oder Einrichtungen GO § 113, S.39
- Weisungsrecht GO § 113, S.39

Vertretung des Kommunalunternehmens
  KUV § 3, S.249

Vertretung Kreis
- der Ausschussmitglieder KrO § 41, S.125
- der Kreisausschussmitglieder KrO § 51, S.128
- des Landrats KrO § 46, S.126
- Gerichtliche - KrO § 42, S.126
- Gesetzliche - KrO § 42, S.126
- Repräsentative - KrO § 25, S.121
- in Organen juristischer Personen KrO § 26, S.121

Vertretung LV
- Fachausschussmitglieder LVerbO § 13, S.135
- Landschaftsausschussmitglieder LVerbO § 12, S.135
- des Direktors des LV LVerbO § 20, S.138
- Gerichtliche LVerbO § 17, S.137
- Gesetzliche LVerbO § 17, S.137

Vertretung des Zweckverbandes
- GkG § 16, S.150

Vertretungsverbot
- Gemeinde GO §§ 32,43, S.16,18
- Kreis KrO § 28, S.122
- LV LVerbO § 15, S.136

Ver- und Entsorgung
- Produktbereich gemäß Produktrahmen 73

Vervielfältiger für die Gewerbesteuerumlage
  GemFinRefG § 6, S.222,223

Verwaltung
- des Kreises KrO § 8, S.118

Stichwortverzeichnis

- örtliche Stiftungen GO § 100 S.32
- Vermögen GO § 90, S.30
- des Zweckverbandes GkG § 14f, S.148f

Verwaltung der Gemeinden
- Allgemeine Grundsätze GO § 41, S.18
- Eingriffe in die - durch andere als die Aufsichtsbehörde
  GO § 127, S.40b
- Geschäfte der laufenden Verwaltung
  GO §§ 41,64, S.18,24
- Hilfe bei Einleitung von
  - Bürgerbegehren GO § 26, S.12
  - Einwohneraqntrag GO § 25, S.12
- Kontrolle der Verwaltung GO § 55, S.22
- Leitung und Beaufsichtigung des Geschäftsgangs durch den
  Bürgermeister GO § 62, S.24
- Beauftragung des Ortsvorstehers mit der Erledigung bestimmter
  Geschäfte GO § 39, S.17
- Träger der - GO § 40, S.18

Verwaltungsakte
- Bindungswirkung AO § 351, S.218
- Rechtsbehelfsbelehrung AO § 356, S.218a

Verwaltungsaufgaben
- Planung der - GO § 61, S.24

Verwaltungsgebühren
- Gemeindeprüfungsanstalt GPAG § 10, Verwaltungsgebührensatzung
  S.256a
- KAG-Regelung §§ 4,5, S.153
- Zuordnung gemäß Kontierungsplan 101

Verwaltungsrat
- Gemeindeprüfungsanstalt GPAG §§ 3-6, S.253,254
- bei gemeinsamen Kommunalunternehmen
  GkG § 28, S.152a
- KUV-Regelung § 2, S.249
- bei wirtschaftlichen Unternehmen GO § 114a, S.39

Verwaltungsstreitverfahren
- Gemeinden GO § 126, S.40b
- LV LVerbO § 28, S.139

Verwaltungsvorschriften
- zur DigiSiVO § 12, S.375
- zur Gemeindeordnung GO § 132, S.40c
- zum GkG § 33, S.152b
- zu § 8a KAG S.159
- zur Landschaftsverbandsordnung LVerbO § 31, S.140
- zur Kreisordnung KrO § 65, S.130

Verwaltungsvorstand der Gemeinde
- Angaben im Anhang des Jahresabschlusses GO § 95, S.31
- Beratungsgegenstände GO § 70, S.26
- Einberufung GO § 70, S.25
- Meinungsverschiedenheiten GO § 70, S.26
- Vorsitz GO § 70, S.26
- Zusammensetzung GO § 70, S.26

Verwandtschaftsverbot
- bei ehrenamtlicher Tätigkeit GO § 31, S.15
- zwischen Bürgermeister und Beigeordneten GO § 72, S.26
- des Kämmerers GO § 93, S.30
- der Leitung und Prüfer der örtlichen Rechnungsprüfung GO § 104, S.33
- des Verantwortlichen für die Zahlungsabwicklung GO § 93, S.30

Verwendung der Konsolidierungshilfe
  StärkungspaktG § 5, S.353

Verwendungsnachweis
- nach dem Kommunalinvestitionsförderungsgesetz
  KInvFöG § 8, S.379

Verwirklichung des Abgabeanspruchs
- AO-Regelung § 218, S.214

Verzicht auf einen Anspruch
  (s. Erlass)

Verzicht auf Einbeziehung
- in den Gesamtabschluss GO § 116b, S.40a

Verzinsung
- AO-Bestimmungen §§ 233-239, S.215-216
- Gestundete Beträge KomHVO § 27, S.47
- Kredite RdErl. S.281
- Marktübliche - des Eigenkapitals GO § 109, S.38
- Hinterzogene Steuern AO § 235, S.216
- Steuererstattungen AO § 233a, S.215
- Steuernachforderungen AO § 233a, S.215

Vier-Augen-Prinzip
- beim Zahlungsverkehr KomHVO § 31, S.49

VOB
- Anwendung bei Vergabe von Bauleistungen RdErl. S.245

VOL
- Anwendung bei Vergabe von Liefer- und Dienstleistungsaufträgen
  RdErl. S.245

Völkerrechtliche Vereinbarungen
- Vorrang vor Steuergesetzen AO § 2, S.205

Volle Euro-Beträge
- bei der Festsetzung von Abgaben KAG § 13, S.157

Voller Wert
- bei Vermögensveräußerungen GO § 90, S.30

Vollkonsolidierung
- HGB §§ 271,300f, S.275,278f

Vollmacht
- für Abgabe von Verpflichtungserklärungen
  GO § 64, S.24; KrO § 43, S.126; LVerbO § 21, S.138

Vollparität
- bei fakultativen Aufsichtsräten GO § 108b, S.38

Vollständigkeit
- des Jahresabschlusses gemäß HGB § 246, S.272

Vollstreckung
- Anwendung der AO gemäß KAG KAG § 12, S.156
- Aufgabe der Zahlungsabwicklung KomHVO § 32, S.49
- gegen Ehegatten AO § 263, S.218
- gegen Erben AO § 265, S.216a
- gegen Lebenspartner AO § 263, S.218
- gegen Nießbraucher AO § 264, S.218
- wegen Geldforderungen AO § 259f, S.218

Vollstreckungsverfahren
- gegen nicht rechtsfähige Personenvereinigungen AO § 267, S.216b
- örtliche Vorschriften des Bürgermeisters KomHVO § 32, S.49

Vorausleistungen
- auf den Erschließungsbeitrag BauGB § 133, S.221

Vorauszahlungen
- auf Gemeindesteuern KAG § 3, S.153
- auf Gewerbesteuer GewStG §§ 18-21, S.179
- auf Grundsteuer GrStG §§ 29-31, S.167

Vorbehaltskatalog
- für Kreistagszuständigkeiten KrO § 26, S.121
- für Ratszuständigkeiten GO § 41, S.18

Vorbereitung
- der Beschlüsse
  GO § 62, S.24; KrO §§ 41,42,50, S.125,126,127;
  LVerbO §§ 11,17, S.135,137
- der Haushaltssatzung durch den Finanzausschuss GO § 59, S.23

Vorbericht
- zum Haushaltsplan KomHVO §§ 1,7, S.43,45

Vorbildung
- Beigeordnete GO § 71, S.26
- Beschäftigte der GPA GPAG § 8, S.254
- Dienstkräfte GO § 74, S.26; KrO § 49, S.127
- Direktor des LV LVerbO § 20, S.138
- Erster Landesrat LVerbO § 20, S.138
- Kreisdirektor KrO § 47, S.127
- Landesräte des LV LVerbO § 20, S.138
- Präsident der GPA GPAG § 6, S.254
- Stellvertreter des Präsidenten der Gemeindeprüfungsanstalt
  GPAG § 6, S.254

Vordrucke
- Bereithaltung von - anderer Behörden GO § 20, S.11

Vorgesetzter
  GO § 73, S.26; KrO § 49, S.127; LVerbO § 20, S.138

Vorjahr
  GO §§ 76,82, S.27,28; KomHVO §§ 1,4,8,18,39,42,53, S.43,44,46,52,
  55

Vorlage
- Haushaltssicherungskonzept und Haushaltssanierungsplan
  Ausführungserlass S.345

Vorvorjahr
  KomHVO §§ 1,4, S.43,44

Vorläufige Haushaltsführung
- Aufwendungen und Auszahlungen in der - GO § 82, S.28
- Bund GG Art.111, S.186
- Gemeinden GO § 82, S.28
- bei Haushaltssicherungskommunen GO § 82, S.28
- Kreditaufnahmen in der - GO § 82, S.28
- ÖPP-Projekte RdErl. S.284
- Realsteuern in der - GO § 82, S.28
- Verpflichtungsermächtigungen GO § 82, S.28

Vorrang
- der speziellen Entgelte GO § 77, S.27

Stichwortverzeichnis

- völkerrechtlicher Vereinbarungen AO § 2 S.205

Vorräte
- Bilanz KomHVO § 42, S.52
- HGB-Regelung § 266, S.274

Vorsitzender
- Anstalt des öffentlichen Rechts GO § 114a, S.39
- Ausschüsse GO § 58, S.23; KrO § 41, S.125
- Betriebsausschuss des Eigenbetriebes EigVO § 5, S.141,142
- Bezirksausschuss GO § 38, S.17
- Bezirksvertretung GO § 36, S.16
- Fachausschüsse des LV LVerbO § 13, S.135
- Hauptausschuss GO § 57, S.23
- Integrationsrat GO § 27, S.14
- Kreisausschuss KrO § 51, S.128
- Kreistag KrO § 25, S.121
- Landschaftsausschuss LVerbO § 12, S.135
- Landschaftsversammlung LVerbO § 8a, S.134
- Rat GO § 40, S.18
- Verbandsversammlung GkG § 15, S.148
- Verwaltungsrat der GPA GPAG § 4, S.253
- Verwaltungsvorstand GO § 70, S.26

Vorsitzende der Fachausschüsse des LV
- Akteneinsichtsrecht LVerbO § 7a, S.132
- Auskunftserteilungsrecht LVerbO § 7a, S.132
- Bestimmung LVerbO § 13, S.135
- Einberufung der Ausschüsse LVerbO § 14, S.136
- Festsetzung der Tagesordnung LVerbO § 14, S.136
- Mitglied des Landschaftsausschusses LVerbO § 13, S.135
- Mitglied der Landschaftsversammlung LVerbO § 13, S.135

Vorsitzender des Landschaftsausschusses
- Dringlichkeitsentscheidungen LVerbO § 17, S.137
- Einberufung LVerbO § 14, S.136
- Festsetzung der Tagesordnung LVerbO § 14, S.136
- "Geborener" Vorsitzender - LVerbO § 12, S.135

Vorsitzender der Landschaftsversammlung
- Abberufung LVerbO § 8a, S.134
- Aufwandsentschädigung LVerbO § 16, S.137
- Auskunft der Mandatsträger über wirtschaftliche Verhältnisse LVerbO § 15, S.136
- Auskunftserteilungsrecht LVerbO § 7a, S.132
- Auskunftsrecht LVerbO § 7a, S.132
- Ausschluss der Öffentlichkeit bei Sitzungen des Landschaftsausschusses LVerbO § 14, S.136
- Einberufung der Landschaftsversammlung LVerbO § 8, S.134
- Einführung durch den Altersvorsitzenden LVerbO § 8a, S.134
- Einladung zur ersten Sitzung der Landschaftsversammlung durch den bisherigen - LVerbO § 8, S.134
- Entschädigung LVerbO § 16, S.137
- Festsetzung der Tagesordnung der Landschaftsversammlung LVerbO § 9, S.134
- Losziehung bei der Zuteilung der Ausschussvors. LVerbO § 13, S.135
- Pflicht zur Einberufung der Landschaftsversammlung LVerbO § 8, S.134
- Sitzungsleitung bei der Wahl des - LVerbO § 8, S.134
- Unterrichtung der Landschaftsversammlung LVerbO § 7a, S.132
- Unterzeichnung der Niederschrift der Beschlüsse LVerbO § 9, S.134
- Vorsitzender des Landschaftsausschusses LVerbO § 12, S.135
- Wahl LVerbO § 8a, S.134
- Wahlzeit LVerbO § 8a, S.134
- Widerspruch der Gleichstellungsbeauftragten gegen Beschlussvorlagen des Direktors des LV LVerbO § 5b, S.132

Vorstand
- Anstalten öffentlichen Rechts GO § 114a, S.39
- Fraktionsvorstand GO § 45, S.20
- KUV-Regelung KUV § 3, S.249
- Mitwirkungsverbot GO § 31, S.15
- Verwaltungsvorstand GO §§ 70, 101,116, S.26,31,40
  - im Jahresabschluss GO § 95, S.31
- bei wirtschaftlichen Unternehmen GO § 113, S.39

Vorstandsbezüge bei kommunalen Unternehmen
- Ausweisung im Jahresabschluss GO § 108, S.35

Vorsteuerabzug
- bei Anschaffungs- und Herstellungskosten 259,260

Vorsteuerbetrag
- bei Anschaffungs- und Herstellungskosten EStG § 6, S.260

Vorteile
- einzelner Personen KAG § 6, S.154
- Unmittelbare - bei Entscheidungen ehrenamtlich Tätiger GO § 31, S.15
- Wirtschaftliche - bei der Beitragserhebung KAG § 8, S.154

W

Wachstumsraten
- für die Zeit nach dem Orientierungsdatenzeitraum Ausführungserlass S.345
- Beispielrechnung AusführErl. S.345

Wahl(en)
- allgemeiner Vertreter
  - des Bürgermeisters GO § 65, S.24
  - des Landrats KrO § 44, S.126
  - des Landesdirektors LVerbO § 20, S.138
- Ausschussmitglieder GO §§ 41,58, S.18,22; KrO § 41, S.125; LVerbO §§ 12,13, S.135
- Beigeordnete GO §§ 41,71, S.18,25
- Betriebsausschuss GO § 114, S.39
- Bezirksvertretung GO § 36, S.16
- Bezirksvorsteher GO § 36, S.16
- Bürgermeister GO § 65, S.24
- Digitale und hybride Sitzungen DigiSiVO § 4, S.373
- Direktor des LV LVerbO § 20, S.138
- Erster Landesrat LVerbO § 20, S.138
- Grundsätze GO § 42, S.19
- Integrationsrat GO § 27, S.13
- Kämmerer in kreisfreien Städten GO § 71, S.26
- Kreisausschussmitglieder KrO § 51, S.128
- Kreisdirektor KrO § 47, S.127
- Kreistagsmitglieder KrO § 27, S.122
- Landesräte des LV LVerbO § 20, S.138
- Landrat KrO § 44, S.126
- Landschaftsversammlung LVerbO § 7b, S.133
- Leitung und Prüfer der örtlichen Rechnungsprüfung GO §§ 41,104, S.18,33
- Nachfolger
  - des amtierenden Bürgermeister GO § 65, S.24
  - des amtierenden Landrats KrO § 44, S.126
- Ortsvorsteher GO § 39, S.17
- Ratsmitglieder GO § 42, S.19
- Stellvertreter
  - des Bürgermeisters GO § 67, S.25
  - des Landesdirektors LVerbO § 20, S.138
  - des Landrats KrO § 46, S.126
- Stimmenmehrheit GO § 50, S.21
- Verbandsvorsteher GkG § 16, S.150
- Verwaltungsräte der GPA GPAG § 4, S.253
- Vorsitzender
  - des Bezirksausschusses GO § 39, S.17
  - der Landschaftsversammlung LVerbO §§ 7,8a, S.132-134
  - der Verbandsversammlung GkG § 15, S.148
- Wahlberechtigung von Personen aus der Europäischen Gemeinschaft GG Art.28, S.183

Wählbarkeit
- in die Landschaftsversammlung LVerbO § 7b, S.133

Wahlbeamte
- Gemeinde GO §§ 62,71, S.24,25
- Kreis KrO § 44, S.126
- LV LVerbO § 20, S.138

Wahlgrundsätze
- Bürgermeisterwahl GO § 65, S.24
- Landratswahl KrO § 44, S.126
- Integrationsrat GO § 27, S.13,14

Wahlprüfung
- bei Wahl des Intetgrationsrates GO § 27, S.13

Wahlrecht
- bei Wahl des Integrationsrates GO § 27, S.13

Wahlvorschläge
- bei Ausschusswahlen GO § 58, S.23; KrO § 41, S.125
- bei Wahl der Stellvertreter des Bürgermeisters GO § 67, S.25
- bei Einzelwahlen KrO § 35, S.124
- Integrationsrat GO § 27, S.14
- bei der Wahl der Stellvertreter des Landrats KrO § 46, S.126

Wahlzeit
- Allgemeiner Vertreter des Landrats KrO § 47, S.127
- Bezirksvertretung GO § 36, S.16
- Bürgermeister GO § 65, S.24
- Beigeordnete GO § 71, S.26
- Fachausschüsse des LV LVerbO § 13, S.135
- Integrationsrat GO § 27, S.14
- Kreisausschussmitglieder KrO § 51, S.128

- Kreisdirektor KrO § 47, S.127
- Kreistagsmitglieder KrO § 27, S.122
- Landrat KrO § 44, S.126
- Landschaftsausschuss LVerbO § 12, S.135
- Landschaftsversammlung LVerbO § 7b, S.133
- Ortsvorsteher GO § 39, S.17
- Präsident der Gemeindeprüfungsanstalt
  GPAG § 6, S.254
- Ratsmitglieder GO § 42, S.19
- Stellvertreter des Bürgermeisters GO § 67, S.25
- Verwaltungsrat
  - der Anstalten öffentlichen Rechts GO § 114a, S.39
  - der Gemeindeprüfungsanstalt GPAG § 4, S.253
- Vorsitzender des Bezirksausschusses GO § 39, S.17

Wahrscheinlichkeitsmaßstab
- bei Ermittlung der Benutzungsgebühren KAG § 6, S.154

Währungsumrechnungen
- HGB-Regelung § 256a, S.274

Wappen
- Gemeinde GO § 14, S.11
- Kreis KrO § 13, S.118

Wärmeversorgung
  GO § 107a, S.35

Wasser- und Bodenverbände
- Regelung des KAG § 7, S.154

Wasserversorgung
- Anschluss- und Benutzungszwang GO § 9, S.10
- Wirtschaftliche Betätigung GO § 107, S.34

Wechselkursschwankungen
- bei Kreditaufnahmen in fremder Währung RdErl. S.281

Wechselsteuer
- Ertragshoheit gemäß Grundgesetz GG Art.106, S.184

Wegebeiträge, besondere
  KAG § 9, S.155

Wegfall von Verbandsmitgliedern
- bei Zweckverbänden GkG § 21, S.151

Weisungen
- Ausführung von - durch den
  - Bürgermeister GO § 62, S.24
  - Landrat KrO § 42, S.126
- Bürgermeister gegenüber der Finanzbuchhaltung KomHVO § 32, S.49
- auf dem Gebiet des Geheimschutzes
  GO § 9, S.10; KrO § 4, S.117; LVerbO § 5a, S.132
- Keine fachlichen - an örtliche Rechnungsprüfung
  GO § 104, S.33
- Pflichtaufgaben zur Erfüllung nach Weisung
  - Aufgaben
    - der Gemeinden GO § 3, S.9
    - der Kreise KrO § 2, S.117
  - Auftragsangelegenheiten GO § 132, S.40c
  - Ausführung durch den Bürgermeister § 62, S.24
  - Sonderaufsicht
    GO § 119, S.40b; KrO § 57, S.129; LVerbO § 24, S.139
  - überörtliche Prüfung GO § 105, S.34
- gegenüber Prüfern der Gemeindeprüfungsanstalt
  GO § 105, S.34; GPAG § 8, S.254
- des Rates gegenüber
  - Aufsichtsrat einer GmbH GO § 108, S.35
  - Vertreter der Gemeinde in Unternehmen GO § 113, S.39
  - Verwaltungsrat in einer Anstalt ö.R. GO § 114a, S.39
- bei Sonderaufsicht GO § 119, S.40b; KrO § 57, S.129
- bei Wahrnehmung von Mitgliedschaftsrechten
  GO § 113, S.39; KrO § 26, S.121; LVerbO § 17, S.137

Weisungsgebundenheit
- Prüfer der GPA GPAG § 8, S.254
- der Vertreter in Beiräten, Ausschüssen, Gesellschafterversammlungen, Aufsichtsräten oder sonstigen Organen
  - Gemeinde GO § 113, S.39
  - Kreis KrO § 26, S.121
  - LV LVerbO § 17, S.137

Weisungsrechte
- der Aufsichtsbehörde KrO §§ 42,57, S.126,129
- des Bürgermeisters gegenüber der Finanzbuchhaltung
  KomHVO § 32, S.49
- des Landes LVerf NRW Art.78, S.201
- des Rates oder eines Ausschusses GO § 113, S.39

Weiterentwicklung der kommunalen Selbstverwaltung (Experimentierklausel)
- Gemeinden GO § 129, S.40b
- Kreise KrO § 63, S.130

- Kommunale Gemeinschaftsarbeit GkG § 33, S.152b

Weiterführung
- notwendiger Aufgaben bei vorläufiger Haushaltsführung
  GO § 82, S.28

Wertansatz
- der Beteiligung an einem assoziierten Unternehmen HGB § 312, S.280

Wertansätze für Vermögensgegenstände
- Bilanz KomHVO § 34, S.50
- Eröffnungsbilanz GO § 92, S.30, KomHVO §§ 55-58, S.56,57
- HGB § 252f, S.272,273

Wertberichtigungen
- nach Feststellung der Eröffnungsbilanz GO § 92, S.30; KomHVO § 58, S.57
- Zuordnung gemäß Kontierungsplan S.100

Wertermittlung
  BauGB § 192, S.221

Wertgegenstände
- Örtliche Vorschriften des Bürgermeisters für Verwahrung und Verwaltung KomHVO § 32, S.49

Wertgrenzen
- bei Auftragsvergaben RdErl. S.245

Wertgrößen
- Kennzahlenset S.337

Wertpapiere
- Bewertung von - aus Beteiligungen an Unternehmen
  KomHVO § 56, S.56
- Bilanz KomHVO § 42, S.52; HGB § 266, S.274
- als Sicherheitsleistung AO § 241, S.216
- Verpfändung AO § 243, S.217
- Zuordnung gemäß Kontierungsplan S.99

Wesen
  der Gemeinden GO § 1, S.9
- der Kreise KrO § 1, S.117

Wettbewerbsbeschränkungen
- Gesetz gegen - RdErl. S.245; RdErl. S.283; TVgG § 1, S.377

Wichtiger Grund
- für die Ablehnung einer ehrenamtlichen Tätigkeit/eines Ehrenamtes
  GO § 29, S.15

Widerspruch
- des Bezirksvorstehers GO § 37, S.17
- des Bürgermeisters GO § 54, S.22
- des Landrats KrO § 39, S.124
- des Oberbürgermeisters GO § 37, S.17

Widerspruchsbescheide
- Gebühr für - KAG § 5, S.153

Wiederbestellung
- Präsident der Gemeindeprüfungsanstalt GPAG § 6, S.254

Wiederwahl
- der Beigeordneten GO § 71, S.26
- des Kreisdirektors KrO § 47, S.127
- des Landesdirektors LVerbO § 20, S.138
- der Landesräte LVerbO § 20, S.138

Wirklichkeitsgetreue Bewertung
- GO § 91, S.30; KomHVO § 33, S.50

Wirklichkeitsmaßstab
- bei Ermittlung der Benutzungsgebühren KAG § 6, S.154

Wirklichkeitsprinzip
- GO § 91, S.30; KomHVO § 33, S.50

Wirkungen
- der Gebietsänderung GO § 20, S.11; KrO § 19, S.119
- der Verjährung AO § 232, S.215

Wirkungsbereich
- der Kreise KrO § 2, S.117

Wirkungskreis
- der Gemeinden GO § 2, S.9

Wirtschaftliche Betätigung
- Abgrenzung zur nichtwirtschaftlichen Betätigung
  GO § 107, S.34
- Anzeigepflichten GO § 115, S.40
- auf ausländischen Märkten GO § 107, S.34
- außerhalb des Gemeindegebiets GO § 107, S.34
- Bankunternehmen GO § 107, S.34
- Beteiligungen GO § 107, S.34
- in Form des Eigenbetriebs GO § 114, S.39
- in Form von Unternehmen GO § 108, S.35
- Krankenhäuser GO § 107, S.34
- Leistungsfähigkeit der Gemeinde GO § 107, S.34
- Marktanalyse vor der Entscheidung über Gründung oder Beteiligung an Unternehmen GO § 107, S.34
- Missbrauch einer Monopolstellung GO § 110, S.39

Stichwortverzeichnis

- Muster Beteiligungsbericht S.116h
- öffentlicher Zweck GO § 107, S.34
- Rechtsform des privaten Rechts GO § 108, S.35
- Sparkassen GO § 107, S.34
- Telekommunikationsnetz GO § 107, S.34
- Voraussetzungen GO § 107, S.34
- Wirtschaftsgrundsätze GO § 109, S.38
- Zulässigkeit GO § 107, S.34

Wirtschaftliche Leistungsfähigkeit
- der Abgabepflichtigen GO § 8, S.10; KrO § 6, S.118

Wirtschaftlicher Geschäftsbetrieb
- Erzielung von Einkünften oder anderen wirtschaftlichen Vorteilen
  AO § 14, S.206

Wirtschaftlichkeit
- Aufnahme von Krediten GO § 77, S.27; RdErl. S.281
- Beratung von Körperschaften, Anstalten, Stiftungen, Verbänden und Einrichtungen des öffentlichen Rechts durch die GPA GO § 105, S.34
- Errichtung oder Erweiterung wirtschaftlicher Unternehmen
  GO § 108, S.35
- Haushaltsführung der Bezirksverwaltungsstellen
  GO § 38, S.17
- Haushaltswirtschaft GO § 75, S.27
- Investitionen von erheblicher finanzieller Bedeutung
  KomHVO § 16, S.46
- Kosten- und Leistungsrechnung KomHVO § 17, S.46
- Kreditaufnahmen GO § 77, S.27
- eines ÖPP-Projektes RdErl. S.284
- Prüfung der - durch die örtliche Rechnungsprüfung GO § 103, S.33
- Überörtliche Prüfung der - GO § 105, S.34
- Verwaltung der Vermögensgegenstände GO § 90, S.30
- der Verwaltung GO § 103, S.33

Wirtschaftlichkeitsuntersuchung
- bei ÖPP-Projekten RdErl. S.283

Wirtschaftlichkeitsvergleich
- bei Investitionen ab bestimmten Wertgrenzen KomHVO § 13, S.46
- bei Leasing RdErl. S.283

Wirtschaftsförderung
- Einrichtungen GO § 107, S.34

Wirtschaftsführung
- Anstalten des öffentlichen Rechts GO §§ 114a,133, S.39,40b
- Eigenbetriebe GO § 133, S.40c; EigVO S.141f
- Gemeinden GO § 10, S.10
- Kommunalunternehmen KUV S.250
- Kreise KrO §§ 9,53, S.118,128
- Unternehmen GO § 108, S.35
- Zweckverbände GkG § 18, S.150

Wirtschaftsgrundsätze
- der wirtschaftlichen Unternehmen GO § 109, S.38

Wirtschaftsgüter
- des Anlagevermögens EStG § 6, S.259
- Bewertung EStG § 6, S.259
- Geringwertige -
  KomHVO § 36, S.51; EStG § 6, S.259; EStR S.263
- Selbständige Nutzung EStG § 6, S.; EStR S.263
- Technisch oder wirtschaftlich miteinander verbundene -
  EStG § 6, S.260; EStR S.263

Wirtschaftsjahr
- Eigenbetriebe
  EigVO §§ 12,14,15,16,17,21-24,26, S.143-145
- Gewerbetreibende EStG § 4a, S.259
- Gewerbesteuerermittlung (Gewerbeertrag)
  GewStG §§ 9,10,19,36, S.175-179,181
- Kommunalunternehmen KUV §§ 15-18,22, S.250,251
- Land- und Forstwirte EStG § 4a, S.259

Wirtschaftsplan
- Allgemeines EigVO § 14, S.143
- Änderung EigVO §§ 4,14, S.141,143
- Anlage zum Haushaltsplan KomHVO § 1, S.43
- Anstalt des öffentlichen Rechts GO § 114a, S.39
- Bestandteile EigVO § 14, S.143
- Betriebe des Bundes oder des Landes HGrG § 18, S.193
- Feststellung durch den Rat EigVO § 4, S.141
- Kommunalunternehmen KUV § 16, S.250
- bei Mehrheitsbeteiligung an einer Gesellschaft GO § 108, S.35
- Vorlage des - an den Kämmerer EigVO § 7, S.142
- Zuständigkeit des Rates für Feststellung und Änderung
  EigVO § 4, S.141
- Zweckverband GkG § 18, S.150

Wirtschaftsprüfer / Wirtschaftsprüfungsgesellschaft
- Durchführung der Jahresabschlussprüfung GO § 102, S.33
- Gebühren bei Beteiligung von -
  Gebührensatzung GPAG § 3, S.255
- Mitwirkung bei der Erfüllung der Aufgaben der GPA
  GPAG § 2, S.253
- Örtliche Prüfung des Jahresabschlusses GO § 102, S.33

Wirtschaft und Tourismus
- Produktbereich gemäß Produktrahmen 73

Wirtschaftsunternehmen (s. Unternehmen)

Wirtschaftswachstum, stetiges und angemessenes
- Regelung des StWG § 1, S.187

Wohl
- der Einwohner GO § 1, S.9
- der Gemeinde bei Widerspruch des Bürgermeisters GO § 54, S.22
- des Kreises bei Widerspruch des Landrats KrO § 39, S.124
- öffentliches -
  GO §§ 17,43, S.10,18; KrO §§ 14,28, S.118,122; LVerbO § 15, S.136

Wohnsitz
  GO § 21, S.11; AO § 8, S.206

Z

Zahl
- der Mitglieder
  - der Bezirksvertretungen GO § 36, S.16
  - einer Fraktion GO § 56, S.22; KrO § 40, S.124
  - einer Gruppe GO § 56, S.22; KrO § 40, S.124
  - des Kreisausschusses KrO § 51, S.128
  - des Landschaftsausschusses LVerbO § 12, S.135
- der sachkundigen Bürger in Ausschüssen
  GO § 58, S.23; KrO § 41, S.125; LVerbO § 13, S.135
- der Stadtbezirke GO § 35, S.16

Zahlung
- Leistungsort AO § 224, S.214
- Tag der - AO § 224, S.214

Zahlungsabwicklung
- Aufgaben der - KomHVO § 31, S.49
- Dauernde Überwachung durch örtliche Rechnungsprüfung
  GO § 103, S.33
- Finanzbuchhaltung GO § 93, S.30
- Musterverwendung GO § 133, S.40c
- Örtliche Vorschriften des Bürgermeisters KomHVO § 32, S.49
- Trennung von - und Buchführung KomHVO § 31, S.49
- Überörtliche Prüfung durch die GPA GO § 105, S.34
- Unvermutete Prüfung KomHVO §§ 31,32, S.49
- Verantwortlicher GO § 93, S.30
- Verwandtschaftsverbot GO §§ 93,104, S.30,33

Zahlungsmittel
- Hinterlegung AO §§ 241,242, S.217
- Örtliche Vorschriften des Bürgermeisters für die Verwaltung, Aufbewahrung, Beförderung und Entgegennahme von -
  KomHVO § 32, S.49

Zahlungsverjährung
- bei Ansprüchen aus dem Steuerschuldverhältnis AO § 228, S.214

Zahlungsverpflichtung
- aus kreditähnlichen Geschäften GO § 86, S.29; RdErl. S.283

Zehn-Jahres-Frist
- Haushaltssicherungskonzept GO § 76, S.27

Zeichnungen
- als Bestandteile von Satzungen BekanntmVO §§ 3,6, S.257,258

Zeitwert
- von Vermögensgegenständen KomHVO § 57, S.57

Zentrale Zahlungsabwicklung
- Örtliche Vorschriften des Bürgermeisters KomHVO § 32, S.49

Zentralitätsansatz
- Berechnung der Schlüsselzuweisungen gemäß GFG 230,231

Zerlegung
- AO-Regelung AO §§ 22,185-188, S.207,213-214
- Gewerbesteuer GewStG §§ 28-33, S.179,180
- Grundsteuer GrStG §§ 22-24, S.166

Zerlegungsbescheid
  AO § 188, S.214

Zerlegungsmaßstab
- Gewerbesteuer GewStG § 29, S.179,180
- Grundsteuer GrStG § 22, S.166

Zertifikate der GPA für Produkte der Informationstechnik
  GPAG § 2a, S.253

Zeugen
- Aussagegenehmigung
  GO § 30, S.15; KrO § 28, S.122; LVerbO § 15, S.136

Stichwortverzeichnis

Ziele
- Haushaltssicherungskonzept GO § 76, S.27
- zur Messung der Zielerreichung KomHVO § 4; S.44
- Strategische -
  GO § 41, S.18; KrO § 26, S.121; LVerbO § 7, S.132

Zinsanpassungsklausel
- bei Kreditaufnahmen RdErl. S.281

Zinsderivate
  RdErl. S.281,282

Zinsen (s. auch Verzinsung)
- bei Aussetzung der Vollziehung AO § 237, S.216
- Berechnung AO § 238, S.216
- Ergebnisplan KomHVO § 2, S.43
- Festsetzung AO § 239, S.216
- Finanzplan KomHVO § 3, S.44
- für gestundete Beträge KomHVO § 27, S.47
- bei hinterzogenen Steuern AO § 235, S.216
- Höhe laut Abgabenordnung AO § 238, S.216
- für Kredite RdErl. S.281
- Prozesszinsen auf Erstattungsbeträge AO § 236, S.216
- bei Steuererstattungen AO § 233a, S.215
- bei Steuernachforderungen AO § 233a, S.215
- Zuordnung gemäß Kontierungsplan S.103

Zinsen und sonstige Finanzaufwendungen
- Zuordnung gemäß Kontierungsplan S.103

Zinsen und sonstige Finanzauszahlungen
- Zuordnung gemäß Kontierungsplan S.104

Zinsen und sonstige Finanzeinzahlungen
- Zuordnung gemäß Kontierungsplan S.104

Zinsentwicklung RdErl. S.281

Zinserträge - Zuordnung gemäß Kontierungsplan S.102

Zinsgleitklausel RdErl. S.281

Zinslastquote - Ermittlung der Kennzahl S.338

Zinssatz
- AO-Regelung § 238, S.216
- für Kredite RdErl. S.281

Zins- und Schuldenmanagement RdErl. S.281

Zinsvariable Darlehen RdErl. S.281

Zivile Verteidigung
- Geheimhaltung von Angelegenheiten der -
  GO § 6, S.10; KrO § 4, S.117; LVerbO § 5a, S.132

Zölle
- Ertragshoheit GG Art.106, S.184
- Gesetzgebungskompetenz GG Art.105, S.184
- AO-Regelung § 3, S.205

Zugangsbewertung
- von Vermögensgegenständen HGB § 253, S.273

Zugreifverfahren
- für Ausschussvorsitzende
  GO § 58, S.23; KrO § 41, S.125: LVerbO § 13, S.135

Zuhörer
- in Ausschüssen
  GO § 58, S.23; KrO § 41, S.125: LVerbO § 14, S.136
- in Bezirksvertretungen GO § 36, S.16
- in nichtöffentlichen Sitzungen des Kreistages
  KrO § 33, S.123
- in Ratssitzungen GO § 48, S.21

Zukunftsinvestitionsgesetz
  (Volltext) S.359

Zukunftsinvestitions- und Tilgungsfondsgesetz NRW
  (Volltext) S.369

Zulässigkeit
- Abweichungen vom Stellenplan GO § 74, S.26
- Antrag auf Abwahl des Bürgermeisters GO § 66, S.25
- Bürgerbegehren GO § 26, S.13
- Eingriffe in die Rechte der Gemeinden GO § 3, S.9
- Einwohnerantrag GO § 25, S.12
- Energiewirtschaftliche Betätigung GO § 107a, S.35
- Erneute Bestellung des Vorstands einer AöR GO § 114a, S.39
- Ersatz von Auslagen GO § 39, S.17
- von Kreditaufnahmen im Rahmen der vorläufigen Haushaltsführung
  GO § 82, S.28
- von über- und außerplanmäßigen Aufwendungen GO § 83, S.29
- von über- und außerplanmäßigen Auszahlungen GO § 83, S.29
- von überplanmäßigen Investitionsauszahlungen GO § 83, S.29
- der Rechtsbehelfe AO § 347f, S.218
- Veräußerung von Unternehmen, Einrichtungen und Beteiligungen
  GO § 111, S.39
- der vorläufigen Haushaltsführung GO § 82, S.28
- Wirtschaftliche Betätigung GO § 107, S.34

Zulassung
- Anwendungen bei digitalen und hybriden Sitzungen
  DigiSiVO § 11, S.375
- Fachprogramme durch die GPA GO § 94, S.31
- zu öffentlichen Einrichtungen GO § 8, S.10; KrO § 6, S.118

Zulassungsverfügung
- der Aufsichtsbehörde zur Zwangsvollstreckung gegen die Gemeinde
  GO § 128, S.40b; KrO § 59, S.129

Zulassungsverfahren
- bei der Durchführung digitaler und hybrider Sitzungen, DigiSiVO
  NRW § 11, S.375

Zuordnungsvorschriften
- zum kommunalen haushaltsrechtlichen Kontenrahmen (Kommunaler Kontierungsplan) S.96
- zum finanzstatistischen Kontenrahmen 291
- zum statistischen Produktrahmen 313

Zurechnung
- von Wirtschaftsgütern AO § 39, S.208

Zusammenarbeit, kommunale
- Ausnahmen von Vorschriften der GO, KrO und dazu erlassenen Rechtsverordnungen GO § 129, S.40b; KrO §§ 2,63, S.117,130
- Gesetz über kommunale Gemeinschaftsarbeit S.147f

Zusammenlegung
- von Stiftungen GO §§ 41,100, S.18,32

Zusammenfassung
- von Versorgungs- und Verkehrsbetrieben EigVO § 8, S.142

Zusammensetzung
- der Ausschüsse GO § 58, S.23
- der Bezirksvertretungen GO § 36, S.16
- des Kreisausschusses KrO § 51, S.128
- der Verbandsversammlung GkG § 15, S.148

Zusatzbezeichnung
- der Gemeinde GO § 13, S.11
- des Kreises KrO § 12, S.118

Zusätzliche Aufgaben
- kreisangehöriger Gemeinden GO § 4, S.9

Zusätzliche Aufwandsentschädigung
- für Mandatsträger EntschVO § 3, S.258b

Zuschuss des Landes
- an die Gemeindeprüfungsanstalt GPAG § 11, S.254

Zuschüsse
- Zuordnung gemäß Kontierungsplan 101

Zuständigkeit
- Beigeordnete GO §§ 70,73, S.26,26
- Bezirksausschüsse GO § 39, S.17
- Bezirksvertretung GO § 37, S.17
- Bürgermeister GO §§ 62-64, S.24
- Direktor des LV LVerbO § 17, S.137
- Fachausschüsse des LV LVerbO § 13, S.135
- Festsetzung und Erhebung der Realsteuern S.203
- Finanzausschuss GO § 59, S.23
- Finanzbehörden AO §§ 16-22, S.207
- Gemeinde GO §§ 2-4, S.9
- Gemeindeprüfungsanstalt GPAG § 2, S.253
- Genehmigung
  - Haushaltssanierungsplan StärkungspaktG § 6, S.353
  - Haushaltssicherungskonzept GO § 76, S.27; Ausführungserlass S.345
- Integrationsrat GO § 27, S.14
- Hauptausschuss GO § 59, S.23
- Kämmerer GO §§ 70,80,81,83,93,95,96,101,103,104,116, S.26,28,28,29,30,31,31,32,33,33,40a;
  KomHVO §§ 26,33, S.47,50; EigVO § 7, S.142
- Kreis KrO § 2, S.117
- Kreisausschuss KrO § 50, S.127
- Kreistag KrO § 26, S.121
- Landrat KrO § 42, S.126
- Landschaftsausschuss LVerbO § 11, S.135
- LV LVerbO § 5, S.131
- Landschaftsversammlung LVerbO § 7, S.132
- Örtliche - der Finanzbehörden gemäß AO § 17, S.207
- Präsident der Gemeindeprüfungsanstalt GPAG § 7, S.254
- Rat GO § 41, S.18; EigVO § 4, S.141
- Rechnungsprüfungsausschuss
  GO §§ 59,92,101-103,105, S.23,30,31-32,33
- Sachliche - der Finanzbehörden gemäß AO § 16, S.207
- Verbandsversammlung GkG § 15, S.148
- Verbandsvorsteher GkG § 16, S.150
- Verwaltungsrat der Gemeindeprüfungsanstalt GPAG § 5, S.253,254
- Verwaltungsvorstand GO § 70, S.26

Stichwortverzeichnis

Zustimmung
- der Bundesregierung bei Ausgabeerhöhungen/Einnahmeminderungen GG Art.113, S.186
- des Kreisausschusses bei Entscheidungen des Landrats auf dem Gebiet der unteren staatlichen Verwaltungsbehörde KrO § 59, S.129
- des Rates bei bedeutsamen Entscheidungen der AöR GO § 114a, S.39
- des Rechnungsprüfungsausschusses bei Bestellung Dritter als Prüfer GO § 103, S.33
- zu Rechtsgeschäften Dritter, aus denen Leistungsverpflichtungen erwachsen können GO § 87, S.29
- zu überplanmäßigen oder außerplanmäßigen Aufwendungen und Auszahlungen durch den Rat GO § 41, S.18

Zustimmungsvorbehalt
- des Bürgermeisters bei der Finanzbuchhaltung KomHVO § 32, S.49
- bei Erlass von Rechtsverordnungen, die in Rechte der Gemeinde eingreifen GO § 3, S.9

Zuweisungen
- Allgemeine - gemäß GFG 229f
- für kreisfreie Städte und Kreise GFG § 20, S.232
- nach Maßgabe des Haushaltsplanes des Landes GFG § 22, S.234
- Orientierungsdaten RdErl. S.288
- Prüfung der bestimmungsgemäßen Verwendung GO § 105, S.34
- Rückzahlung von allgemeinen - KomHVO § 18, S.46
- Schlüsselzuweisungen GFG S.229f
- Zuordnung gemäß Kontierungsplan 101
- Zweckgebundene - gemäß GFG S.229f

Zuwendungen
- Bilanz
  - für Vermögensgegenstände (Bilanzposten) KomHVO § 42, S.52
  - für Anschaffung oder Herstellung von Vermögensgegenständen (Bilanzposten) KomHVO § 42, S.52
- Ergebnisplan KomHVO § 2, S.43
- Erträge aus - gemäß Kennzahlenset 340
- Finanzplan KomHVO § 3, S.44
- an Fraktionen
  GO § 56, S.22; KrO § 40, S.124; LVerbO § 16a, S.137; Muster S.88,89
- des Landes RdErl. S.283
- für Leasingprojekte RdErl. S.283
- für ÖPP-Projekte RdErl. S.283
- Straßenausbaumaßnahmen KAG-Förderrichtlinie S.161
- Übersicht über - an Fraktionen
  KomHVO § 1, S.43; VV Muster zur GO S.60
- Muster S.88,89

Zuwendungsquote
- Ermittlung der Kennzahl S.340

Zuwendungsrecht
- bei Leasingobjekten RdErl. S.283

Zuwendungen und allgemeine Umlagen
- Zuordnung gemäß Kontierungsplan S.101,104

Zuwiderhandlungen
- gegen Satzungen GO § 7, S.10; KrO § 5, S.117

Zwangsvollstreckung
- gegen die Gemeinde GO § 128, S.40b
- Zulassungsverfügung der Aufsichtsbehörde zur - GO § 128, S.40b; KrO § 59, S.129

Zweck, öffentlicher
- Voraussetzung für wirtschaftliche Betätigung GO § 107, S.34

Zweckbindung
- Übertragbarkeit von zweckgebundenen Erträgen und Einzahlungen KomHVO § 22, S.47
- von Zuwendungen KomHVO § 44, S.54

Zweckgebundene Erträge und Einzahlungen
- Übertragung in das nächste Haushaltsjahr KomHVO § 22, S.47

Zweckgebundene Zuweisungen
  GFG S.229f

Zweckgebundene Zuwendungen
- Bilanzposten KomHVO § 44, S.53

Zweckmäßigkeitsprüfung
- durch die örtliche Rechnungsprüfung GO § 103, S.33

Zweckverband
- Abwicklung GkG § 20, S.151
- Anwendung der für Gemeinden, Kreise oder LV geltenden Bestimmungen GkG § 8, S.147
- Beschlüsse im vereinfachten Verfahren GkG § 15b, S.150
- Bildung der Verbandsversammlung GkG §§ 15,15a, S.148,149
- Allgemeine Rücklage GkG § 19a, S.151
- Aufgabenübergang GkG § 6, S.147
- Auflösung GkG §§ 9,20, S.148,151
- Aufsichtsbehörde GkG § 29, S.152a
- Auseinandersetzung GkG § 20, S.151
- Ausgleichsrücklage GkG § 19a, S.151
- Ausscheiden aus dem - GkG § 20, S.151
- Austritt aus dem - GkG § 20, S.151
- Beitritt GkG § 20, S.151
- Betriebsausschuss GkG § 18, S.150
- Bildung GkG §§ 9-13, S.148
- Deckung der Aufwendungen GkG § 19, S.151
- Eingliederung GkG § 22a, S.151
- Entstehung GkG § 11, S.148
- Epidemische Lage von besonderer Tragweite GkG § 15b, S.150
- Experimentierklausel GkG § 33, S.152b
- Freiverband GkG §§ 4,9,20,22 S.147,148,151
- Gebühren und Beiträge GkG § 19, S.151
- Gemeindeverband GkG § 5, S.147
- Genehmigung der Auflösung GkG § 5, S.147
- Gesetzlicher - GkG § 22, S.151
- Haushaltssatzung GkG §§ 15,18,19, S.148,150,151
- Haushaltswirtschaft GkG § 18, S.150
- Jahresabschluss GkG §§ 15,18, S.148-150
- Kein Steuererhebungsrecht GkG § 19, S.151
- Körperschaft des öffentlichen Rechts GkG § 5, S.147
- Kündigung der Mitgliedschaft GkG § 20, S.151
- Mitglieder
  - der Verbandsversammlung GkG §§ 15,16,17, S.148-150
  - des Zweckverbandes GkG §§ 4,19, S.147,151
- Mitgliedschaft außerhalb des Landes NRW GkG § 4, S.147
- Öffentlich-rechtliche Vereinbarung GkG §§23-26, S.152
- Organe GkG § 14, S.148
- Pflichtverband GkG §§ 4,13,20, S.147,148,151
- Prüfung, überörtliche GkG § 18, S.150
- Rechtsform GkG § 5, S.147
- Satzungen GkG §§ 7-12, S.147,148
- Selbstverwaltung GkG § 5, S.147
- Streitigkeiten GkG § 30, S.152a
- Übergang der Aufgaben GkG § 6, S.147
- Umlage GkG § 19, S.151
- Verbandssatzung GkG §§ 7-12,15-19,20,21,31, S.147-151,152a
- Verbandsumlage GkG § 19, S.151
- Verbandsversammlung GkG §§ 14,15,15a,17,19a, S.148-151
- Verbandsvorsteher GkG §§ 14-17, S.148,149
- Wegfall von Verbandsmitgliedern GkG § 21, S.151
- Wirtschaftsführung GkG § 18, S.150
- Zusammenschluss GkG § 22, S.151

Zweidrittelmehrheit
- Abberufung
  - der Beigeordneten GO § 71, S.26
  - der Stellvertreter des Bürgermeisters GO § 67, S.25
  - der Stellvertreter des Landrats KrO § 46, S.126
- Abwahl
  - des Bürgermeisters GO § 66, S.25
  - des Landrats KrO § 45, S.126
- Dienstrechtliche Entscheidungen für Bedienstete in Führungsfunktionen GO § 73, S.26; KrO § 49, S.127
- Entziehung einer Ehrenbezeichnung GO § 34, S.16
- Ruhen der Amtsgeschäfte während des Abwahlverfahrens
  - Bürgermeister GO § 66, S.25
  - Landrat KrO § 45, S.126
- Verleihung und Entziehung des Ehrenbürgerrechts GO § 34, S.16
- Zulässigkeit eines Bürgerentscheids
  GO § 26, S.12; KrO § 23, S.119

Zweijahreshaushalt
  GO § 78, S.27; KomHVO § 9, S.45; VV Muster zur GO, S.65

Zweijährige Haushaltssatzung
- Haushaltsplan KomHVO § 9, S.45
- Haushaltssatzung GO § 78, S.27
- Muster zur GO (s. Fußnote 1) S.65

Zweites NKF-Weiterentwicklungsgesetz
  S.40e

Zweitstimme
- bei Bildung der
  - Landschaftsversammlung LVerbO § 7b, S.133
  - Verbandsversammlung des Zweckverbandes GkG § 15a, S.149,150

Zweitwohnungssteuer
- Zuordnung gemäß Kontierungsplan 101

Zwischenbericht
- der Eigenbetriebe EigVO § 20, S.144